2022

Adalberto Simão Filho • *Alexandre* Guerra • *Alinne* Arquette Leite Novais • *Antonio* dos Reis Júnior • *Arthur* Pinheiro Basan • *Audrea* Pedrollo Lago • *Carina* de Castro Quirino • *Carlos Edison* do Rêgo Monteiro Filho • *Carolina* Medeiros Bahia • *Caroline* Vaz • *Cássio* Monteiro Rodrigues • *Cíntia Rosa* Pereira de Lima • *Claudia* Lima Marques • *Cláudio José* Franzolin • *Clayton Douglas* Pereira Guimarães • *Daniel* Dias • *Daniel Henrique* Rennó Kisteumacher • *Dante* Ponte de Brito • *Diana* Loureiro Paiva de Castro • *Elcio* Nacur Rezende • *Emanuelle Clayre* Silva Banhos • *Felipe* Braga Netto • *Felipe* Probst Werner • *Fernanda* Nunes Barbosa • *Fernanda* Schaefer • *Fernando* Rodrigues Martins • *Filipe* Medon • *Flaviana* Rampazzo Soares • *Frederico* E. Z. Glitz • *Gabriel* Oliveira de Aguiar Borges • *Guilherme* Magalhães Martins • *Hamid* Bdine • *Hildeliza* Lacerda Tinoco Boechat Cabral • *João Victor* Rozatti Longhi • *José Luiz* de Moura Faleiros Júnior • *José Roberto* Trautwein • *Júlio* Moraes Oliveira • *Karina* da Silva Magatão • *Laís* Bergstein • *Leandro* Cardoso Lages • *Luis Miguel* Barudi • *Marcelo* Benacchio • *Marcelo* Junqueira Calixto • *Marcos* Catalan • *Marilia* Ostini Ayello Alves de Lima • *Maristela Denise* Marques de Souza • *Michael César* Silva • *Moyana* Mariano Robles-Lessa • *Nelson* Rosenvald • *Paulo Antônio* Grahl Monteiro de Castro • *Pedro* Modenesi • *Rafael* A. F. Zanatta • *Rafael* Ferreira Bizelli • *Rafael* Viola • *Rafaela* Nogueira • *Renata* Peruzzo • *Roberta* Densa • *Rodrigo* Tissot de Souza • *Sabrina* Jiukoski da Silva • *Samir* Alves Daura • *Thatiane Cristina* Fontão Pires • *Walter* A. Polido

Responsabilidade Civil *nas* Relações *de* Consumo

Tecnologia • Risco do Desenvolvimento
Proteção de Dados Pessoais • Superendividamento
Novas Situações Lesivas

COORDENADORES

Carlos Edison do **Rêgo Monteiro Filho**

Guilherme **Magalhães Martins**

Nelson **Rosenvald**

Roberta **Densa**

Dados Internacionais de Catalogação na Publicação (CIP) de acordo com ISBD

R434

Responsabilidade civil nas relações de consumo / Adalberto Simão Filho ... [et al.] ; coordenado por Carlos Edison do Rêgo Monteiro Filho ... [et al.]. - Indaiatuba, SP : Editora Foco, 2022.

712 p. ; 17cm x 27cm.

Inclui bibliografia e índice.

ISBN: 978-65-5515-512-9

1. Direito. 2. Direito civil. 3. Responsabilidade civil. 4. Relações de consumo. I. Simão Filho, Adalberto. II. Guerra, Alexandre. III. Novais, Alinne Arquette Leite. IV. Reis Júnior, Antonio dos. V. Basan, Arthur Pinheiro. VI. Lago, Audrea Pedrollo. VII. Quirino, Carina de Castro. VIII. Monteiro Filho, Carlos Edison do Rêgo. IX. Bahia, Carolina Medeiros. X. Vaz, Caroline. XI. Rodrigues, Cássio Monteiro. XII. Lima, Cíntia Rosa Pereira de. XIII. Marques, Claudia Lima. XIV. Franzolin, Cláudio José. XV. Guimarães, Clayton Douglas Pereira. XVI. Dias, Daniel. XVII. Kisteumacher, Daniel Henrique Rennó. XVIII. Brito, Dante Ponte de. XIX. Castro, Diana Loureiro Paiva de. XX. Rezende, Elcio Nacur. XXI. Banhos, Emanuelle Clayre Silva. XXII. Netto, Felipe Braga. XXIII. Werner, Felipe Probst. XXIV. Barbosa, Fernanda Nunes. XXV. Schaefer, Fernanda. XXVI. Martins, Fernando Rodrigues. XXVII. Medon, Filipe. XXVIII. Soares, Flaviana Rampazzo. XXIX. Glitz, Frederico E. Z. XXX. Borges, Gabriel Oliveira de Aguiar. XXXI. Martins, Guilherme Magalhães. XXXII. Bdine, Hamid. XXXIII. Cabral, Hildeliza Lacerda Tinoco Boechat. XXXIV. Longhi, João Victor Rozatti. XXXV. Faleiros Júnior, José Luiz de Moura. XXXVI. Trautwein, José Roberto. XXXVII. Oliveira, Júlio Moraes. XXXVIII. Magatão, Karina da Silva. XXXIX. Bergstein, Laís. XL. Lages, Leandro Cardoso. XLI. Barudi, Luis Miguel. XLII. Benacchio, Marcelo. XLIII. Calixto, Marcelo Junqueira. XLIV. Catalan, Marcos. XLV. Lima, Marilia Ostini Ayello Alves de. XLVI. Souza, Maristela Denise Marques de. XLVII. Silva, Michael César. XLVIII. Robles-Lessa, Moyana Mariano. XLIX. Rosenvald, Nelson. L. Castro, Paulo Antônio Grahl Monteiro de. LI. Modenesi, Pedro. LII. Zanatta, Rafael A. F. LIII. Bizelli, Rafael Ferreira. LIV. Viola, Rafael. LV. Nogueira, Rafaela. LVI. Peruzzo, Renata. LVII. Densa, Roberta. LVIII. Souza, Rodrigo Tissot de. LIX. Silva, Sabrina Jiukoski da. LX. Daura, Samir Alves. LXI. Pires, Thatiane Cristina Fontão. LXII. Polido, Walter A. LXIII. Título.

2022-1086   CDD 347   CDU 347

Elaborado por Vagner Rodolfo da Silva – CRB-8/9410

Índices para Catálogo Sistemático:

1. Direito civil 347

2. Direito civil 347

Adalberto Simão Filho • **Alexandre** Guerra • **Alinne** Arquette Leite Novais • **Antonio** dos Reis Júnior • **Arthur** Pinheiro Basan • **Audrea** Pedrollo Lago • **Carina** de Castro Quirino • **Carlos Edison** do Rêgo Monteiro Filho • **Carolina** Medeiros Bahia • **Caroline** Vaz • **Cássio** Monteiro Rodrigues • **Cíntia Rosa** Pereira de Lima • **Claudia** Lima Marques • **Cláudio José** Franzolin • **Clayton Douglas** Pereira Guimarães • **Daniel** Dias • **Daniel Henrique** Rennó Kisteumacher • **Dante** Ponte de Brito • **Diana** Loureiro Paiva de Castro • **Elcio** Nacur Rezende • **Emanuelle Clayre** Silva Banhos • **Felipe** Braga Netto • **Felipe** Probst Werner • **Fernanda** Nunes Barbosa • **Fernanda** Schaefer • **Fernando** Rodrigues Martins • **Filipe** Medon • **Flaviana** Rampazzo Soares • **Frederico** E. Z. Glitz • **Gabriel** Oliveira de Aguiar Borges • **Guilherme** Magalhães Martins • **Hamid** Bdine • **Hildeliza** Lacerda Tinoco Boechat Cabral • **João Victor** Rozatti Longhi • **José Luiz** de Moura Faleiros Júnior • **José Roberto** Trautwein • **Júlio** Moraes Oliveira • **Karina** da Silva Magatão • **Laís** Bergstein • **Leandro** Cardoso Lages • **Luis Miguel** Barudi • **Marcelo** Benacchio • **Marcelo** Junqueira Calixto • **Marcos** Catalan • **Marilia** Ostini Ayello Alves de Lima • **Maristela Denise** Marques de Souza • **Michael César** Silva • **Moyana** Mariano Robles-Lessa • **Nelson** Rosenvald • **Paulo Antônio** Grahl Monteiro de Castro • **Pedro** Modenesi • **Rafael** A. F. Zanatta • **Rafael** Ferreira Bizelli • **Rafael** Viola • **Rafaela** Nogueira • **Renata** Peruzzo • **Roberta** Densa • **Rodrigo** Tissot de Souza • **Sabrina** Jiukoski da Silva • **Samir** Alves Daura • **Thatiane Cristina** Fontão Pires • **Walter** A. Polido

Responsabilidade Civil *nas* Relações *de* Consumo

Tecnologia • Risco do Desenvolvimento
Proteção de Dados Pessoais • Superendividamento
Novas Situações Lesivas

COORDENADORES

Carlos Edison do
**Rêgo Monteiro
Filho**

Guilherme
**Magalhães
Martins**

Nelson
Rosenvald

Roberta
Densa

2022 © Editora Foco

Coordenadores: Carlos Edison do Rêgo Monteiro Filho, Guilherme Magalhães Martins,
Nelson Rosenvald e Roberta Densa

Autores: Adalberto Simão Filho, Alexandre Guerra, Alinne Arquette Leite Novais, Antonio dos Reis Júnior,
Arthur Pinheiro Basan, Audrea Pedrollo Lago, Carina de Castro Quirino, Carlos Edison do Rêgo Monteiro Filho,
Carolina Medeiros Bahia, Caroline Vaz, Cássio Monteiro Rodrigues, Cíntia Rosa Pereira de Lima,
Cláudia Lima Marques, Cláudio José Franzolin, Clayton Douglas Pereira Guimarães, Daniel Dias,
Daniel Henrique Rennó Kisteumacher, Dante Ponte de Brito, Diana Loureiro Paiva de Castro,
Elcio Nacur Rezende, Emanuelle Clayre Silva Banhos, Felipe Braga Netto, Felipe Probst Werner,
Fernanda Nunes Barbosa, Fernanda Schaefer, Fernando Rodrigues Martins, Filipe Medon,
Flaviana Rampazzo Soares, Frederico E. Z. Glitz, Gabriel Oliveira de Aguiar Borges,
Guilherme Magalhães Martins, Hamid Bdine, Hildeliza Lacerda Tinoco Boechat Cabral,
João Victor Rozatti Longhi, José Luiz de Moura Faleiros Júnior, José Roberto Trautwein, Júlio Moraes Oliveira,
Karina da Silva Magatão, Laís Bergstein, Leandro Cardoso Lages, Luis Miguel Barudi, Marcelo Benacchio,
Marcelo Junqueira Calixto, Marcos Catalan, Marilia Ostini Ayello Alves de Lima,
Maristela Denise Marques de Souza, Michael César Silva, Moyana Mariano Robles-Lessa, Nelson Rosenvald,
Paulo Antônio Grahl Monteiro de Castro, Pedro Modenesi, Rafael A. F. Zanatta, Rafael Ferreira Bizelli,
Rafael Viola, Rafaela Nogueira, Renata Peruzzo, Roberta Densa, Rodrigo Tissot de Souza,
Sabrina Jiukoski da Silva, Samir Alves Daura, Thatiane Cristina Fontão Pires e Walter A. Polido

Diretor Acadêmico: Leonardo Pereira
Editor: Roberta Densa
Assistente Editorial: Paula Morishita
Revisora Sênior: Georgia Renata Dias
Revisora: Simone Dias
Capa Criação: Leonardo Hermano
Diagramação: Ladislau Lima e Aparecida Lima
Impressão miolo e capa: FORMA CERTA

DIREITOS AUTORAIS: É proibida a reprodução parcial ou total desta publicação, por qualquer forma ou meio, sem a prévia autorização da Editora FOCO, com exceção do teor das questões de concursos públicos que, por serem atos oficiais, não são protegidas como Direitos Autorais, na forma do Artigo 8º, IV, da Lei 9.610/1998. Referida vedação se estende às características gráficas da obra e sua editoração. A punição para a violação dos Direitos Autorais é crime previsto no Artigo 184 do Código Penal e as sanções civis às violações dos Direitos Autorais estão previstas nos Artigos 101 a 110 da Lei 9.610/1998. Os comentários das questões são de responsabilidade dos autores.

NOTAS DA EDITORA:

Atualizações e erratas: A presente obra é vendida como está, atualizada até a data do seu fechamento, informação que consta na página II do livro. Havendo a publicação de legislação de suma relevância, a editora, de forma discricionária, se empenhará em disponibilizar atualização futura.

Erratas: A Editora se compromete a disponibilizar no site www.editorafoco.com.br, na seção Atualizações, eventuais erratas por razões de erros técnicos ou de conteúdo. Solicitamos, outrossim, que o leitor faça a gentileza de colaborar com a perfeição da obra, comunicando eventual erro encontrado por meio de mensagem para contato@editorafoco.com.br. O acesso será disponibilizado durante a vigência da edição da obra.

Impresso no Brasil (05.2022) – Data de Fechamento (05.2022)

2022
Todos os direitos reservados à
Editora Foco Jurídico Ltda.
Avenida Itororó, 348 – Sala 05 – Cidade Nova
CEP 13334-050 – Indaiatuba – SP

E-mail: contato@editorafoco.com.br
www.editorafoco.com.br

APRESENTAÇÃO

A obra coletiva "Responsabilidade civil nas relações de consumo", consiste em mais um empreendimento do Instituto Brasileiro de Estudos de Responsabilidade Civil (IBERC), aqui estruturado no sentido de sistematizar e apresentar as discussões mais recentes relativas ao tema.

Para tanto, os coordenadores Carlos Edison do Rêgo Monteiro Filho, Guilherme Magalhães Martins, Nelson Rosenvald e Roberta Densa optaram por fracionar o conteúdo de artigos em quatro eixos temáticos. São eles: Responsabilidade civil e consumo: teoria geral (parte I); Responsabilidade civil, consumidor, tecnologia e risco do desenvolvimento (parte II); Responsabilidade civil, consumo e proteção de dados pessoais (parte III); Responsabilidade civil, superendividamento e novas situações lesivas (parte IV).

Fernanda Schaefer e Frederico E. Z. Glitz nos brindam com oportuna abordagem da "Obsolescência programada: entre a legalidade e a abusividade da conduta: notas a partir das decisões do STJ", tema que se impõe em nome da preservação dos valores fundamentais do ordenamento jurídico brasileiro, sendo certo que a efemeridade característica do hiperconsumo acaba impactando não apenas no meio ambiente, alertam os autores, mas nas próprias relações sociais criando uma sociedade ansiosa por 'inovação'. Partindo da constatação de que, hoje, a obsolescência programada – definida como "redução ou limitação planejada da vida útil de um produto ou serviço, criando necessidade de sua substituição sem, no entanto, permitir ao consumidor imputar essa necessidade à baixa qualidade do bem ou a um comportamento proposital do fornecedor" – integra o modelo de produção e distribuição de grande parte da indústria, o artigo procura discutir a relação entre sua prática e as noções de sustentabilidade, investigando os necessários limites à obsolescência planejada e sua eventual caracterização como prática abusiva.

Cássio Monteiro Rodrigues delineia com rigor técnico "A distinção entre os prazos prescricionais e decadenciais para o exercício de pretensões por inadimplemento contratual nas relações de consumo". Tema recorrente nos tribunais, mas muitas vezes objeto de confusão, a devida qualificação da situação como fato do produto, vício do produto ou inadimplemento contratual mostra-se fundamental à identificação correta do prazo prescricional ou decadencial incidente na espécie. Fundamental, portanto, a contribuição do autor para trazer luz à questão.

No artigo "Controvérsias sobre a responsabilidade do comerciante pelo fato do produto", Júlio Moraes Oliveira pontua que, apesar de grande parte da doutrina afirmar que a responsabilidade do comerciante pelo defeito é em regra subsidiária, na prática ela também pode ser principal e solidária. A expressão "igualmente" utilizada no texto da lei é objeto de controvérsia, já que, na visão do autor, igualmente significa da mesma forma, semelhante, ou seja, responder da mesma forma ou semelhante ao fornecedor é responder de forma direta e não solidária, melhor seria se o legislador tivesse usado outro termo, o que poderia gerar uma melhor compreensão da matéria.

Já o autor Felipe Probst Werner explora o tema da análise econômica do direito com o artigo intitulado "Análise econômica da responsabilidade civil pelo fato e vício do produto ou serviço no código de defesa do consumidor". O faz uma análise crítica da responsabilidade civil nas relações de consumo, e, a seguir, estuda as consequências e incentivos que o modelo escolhido pelo Código de Defesa do Consumidor traz para a vida social brasileira. Sugere que, com o auxílio da análise econômico-jurídica, a lei brasileira incentiva boas práticas de mercado, fomenta o desenvolvimento da qualidade trazer um prêmio àquele fornecedor diligente que busca evitar o dano à pessoa do consumidor, e, ainda, promove o crescimento da boa concorrência ao dar tratamento diferenciado ao comerciante.

"Vedação à discriminação de preços sem justa causa: uma interpretação constitucional e útil do art. 39, x, CDC" é o título do artigo de Daniel Dias, Rafaela Nogueira e Carina de Castro Quirino. Os autores abordam as possíveis interpretações dadas ao dispositivo legal e busca-se uma interpretação constitucional e útil ao dispositivo. Sugere-se que a lei veda a discriminação de preços sem justa causa, ou seja, proíbe o fornecedor de cobrar preços diferentes por um mesmo produto ou serviço, salvo se houver justa causa para tal discriminação.

Hamid Bdine constrói o título de seu artigo em forma de indagação: "Há incompatibilidade entre o art. 13 do CDC e o art. 931 do CC?". Pretende-se neste artigo verificar os reflexos ao art. 931 do CC na responsabilidade do comerciante regida pelo art. 13 do CDC. Neste último, está prevista a responsabilidade do comerciante de modo mais restrito do que aquela imputada no art. 12, aos fabricantes de produtos defeituosos. Assim, há uma responsabilidade subsidiária do comerciante em relação aos danos que um produto defeituoso cause ao consumidor. Após a entrada em vigor do CDC, contudo, entrou em vigor o CC, cujo art. 931 imputou responsabilidade a todos os que colocarem em circulação o produto, ressalvando os casos previstos em lei especial. A regra do CC impõe ao comerciante responsabilidade solidária ao comerciante – na medida em que ele coloca o produto em circulação. Desse modo, apesar da ressalva do art. 931 de que ele não se aplica aos casos já previstos em lei especial – no CDC, por exemplo -, há incompatibilidade aparente entre os dispositivos insanável pela exceção expressa no dispositivo. É que a solidariedade do comerciante é mais benéfica ao consumidor, tal como prevista no CC, do que o art. 13 do CDC, legislação que veio à lume para protegê-lo em decorrência de sua vulnerabilidade. Assim, o objetivo do artigo é colaborar com a discussão a respeito do tema.

Antonio dos Reis Júnior trata da "Função promocional da responsabilidade civil nas relações de consumo". Trabalha, inicialmente, com os instrumentos colocados à disposição da função promocional da responsabilidade civil no nosso ordenamento jurídico (de *lege data*) e sugere a criação de novos instrumentos, para além da transação, capazes de fomentar a reparação espontânea e a satisfação eficiente dos interesses da vítima (de *lege ferenda*), afirmando ser longo o caminho a percorrer para o desenvolvimento da função promocional da responsabilidade civil, a começar por um amplo programa de pontuação às empresas/fornecedores de produtos e serviços, com parâmetros bem definidos e critérios transparentes, que atribuam aos agentes benefícios de imagem – e de vantagem mercadológica – conforme o índice de resolução dos conflitos e de satisfação dos consumidores que foram vítimas de danos provenientes de defeitos no produto ou no serviço.

Walter A.Polido disserta sobre " Seguro de Responsabilidade Civil Produtos: efetividade da garantia de indenização aos consumidores", concluindo tratar-se de importante instrumento na distribuição dos riscos, sendo que, no Brasil, este tipo de seguro, facultativo, já apresenta produção relevante, mas os benefícios ainda não alcançaram os *consumidores finais dos produtos*, massivamente

Daniel Henrique Rennó Kisteumacher apresenta o resultado de suas pesquisas no texto "Shopping Center: inexistência de responsabilidade civil nos casos de roubo". Tema que já foi objeto de acalorado debate doutrinário e jurisprudencial, parecia de certa forma pacificado pelos tribunais, inclusive com enunciado da Súmula do Superior Tribunal de Justiça a respeito. O autor, porém, a demonstrar a vocação da doutrina avessa ao comodismo e a consensos perenes, lança mão de instigantes argumentos ao se propor a revisitar o problema da responsabilidade civil dos centros comerciais por ilícitos ocorridos em suas dependências.

Dante Ponte de Brito e Leandro Cardoso Lages escrevem sobre o impactante ponto da "Responsabilidade civil em casos de recall automotivo e a possibilidade de apreensão do bem". A relevância do assunto decorre do crescente número de casos de recall, nos mais variados segmentos da atividade empresarial, em especial no setor automotivo. Nesse campo, em vigor desde abril de 2021, a Lei 14.071/2020 alterou a legislação de trânsito e trouxe novas regras a respeito do instituto. Segundo os autores, o recall representa um alerta aos consumidores acerca de produtos ou serviços com alto grau de periculosidade, convocando-os para sanar a falha gratuitamente. Previsto no art. 10, parágrafo 1º a 3º da Lei n. 8.078/90 (Código de Defesa do Consumidor), o recall é visto como uma política de respeito ao consumidor, eis que, em virtude da industrialização e da produção em série, por vezes o vício somente é constatado após a inserção do produto no mercado. Assim sendo, o texto aborda problemas centrais ligados à prática de recall, em especial: a necessidade de fixação de um prazo para atendimento do chamado por parte do consumidor; a delimitação da responsabilidade do fornecedor em caso de não atendimento do chamado por parte do consumidor efetivamente convocado; e, ainda, a possibilidade de apreensão pelo poder público do veículo envolvido no recall não atendido pelo consumidor.

Carlos Edison do Rêgo Monteiro Filho e Nelson Rosenvald contribuem com o artigo: "A responsabilidade civil por vícios construtivos para além do Código Civil e do Código de Defesa do Consumidor". Quando se enfoca a responsabilidade civil decorrente do fato jurídico da construção, verifica-se um quadro disperso em um cipoal de normas, em que se podem destacar dois grandes setores: a responsabilidade contratual na incorporação e a responsabilidade contratual e extracontratual pelos vícios construtivos. A disciplina dos vícios construtivos é normatizada de forma assistemática, em uma série de preceitos difusamente localizados no Código Civil e no Código de Defesa do Consumidor. Diferentemente da responsabilidade civil na incorporação – que lida com os fenômenos da resilição e resolução contratual – os vícios construtivos se afeiçoam à rescisão contratual, como forma de desconstituição do negócio jurídico por vícios objetivos na edificação (qualitativos ou quantitativos), anteriores à entrega da obra. Vícios construtivos são anomalias que afetam o desempenho da obra, tornando-a inadequada aos seus fins. O estudo se restringe ao plano contratual dos vícios construtivos, considerando a possibilidade de mitigação nos riscos de litigiosidade entre incorporadores, construtores e adquirentes, com base na função preventiva da responsabilidade civil. Se a Lei nº 13.786/18 representou uma perspectiva renovada de equalização de conflitos na responsabilidade contratual da incorporação, os autores procuram encontrar alternativas viáveis para as tensões entre contratantes por vícios construtivos.

Marcos Catalan apresenta "Inteligências artificialmente moldadas e a necessária proteção do consumidor no Direito brasileiro: singelas rubricas inspiradas em Janus", esgrimindo os principais problemas da inteligência artificial, compreendida como referência a sistemas capazes da tomada de decisões que dispensam a necessária intromissão de seres humanos, raciocinando ou atuando baseando-se em cálculos estatísticos e prognoses probabilísticas em um processo que envolve, pelo menos, o acoplamento de *software* e *hardware*. Os principais dilemas éticos do *Big Data* são igualmente expostos pelo autor, seja na opacidade e discriminação algorítmica, no âmbito do *geopricing* e *geoblocking,* ou no ramo securitário, seja no monitoramento e reconhecimento facial, causando a erosão da privacidade e da cláusula geral de proteção da pessoa humana, sobretudo considerando o direito básico do consumidor à proteção contra métodos comerciais considerados desleais e, ainda, em face das práticas que se aproveitem de sua vulnerabilidade estrutural para impingir-lhes seus produtos ou serviços são expressamente vedadas pelo direito brasileiro.

Felipe Braga Netto visita o tema da "Responsabilidade civil em tempos velozes e ultraconectados: em busca de novos modos de percepção". Vivemos na sociedade da hiperinformação. Trata-se de algo realmente sem paralelo na história humana. O fluxo de dados é incessante e não conhece limitação geográfica. Tudo isso possibilita que nossos dados pessoais sejam cruzados e armazenados, dizendo muito sobre nós. O artigo propõe a tese de que a proteção de dados é, por natureza, uma área extraordinariamente complexa e exige, por isso, uma regulamentação complexa e de múltiplos níveis. O autor pondera que a economia colaborativa digital, quando disruptiva, torna disponíveis recursos que anteriormente eram privados e inacessíveis, permitindo o desenvolvimento de modelos de negócio em contínua evolução e transformação. Emerge, assim, a figura do 'pro-sumidor', isto é, do sujeito que, ao mesmo tempo em que participa de forma intensa do mercado de consumo, fornece bens e serviços seus a outros consumidores. Não é exagero afirmar que a responsabilidade civil é possivelmente um dos temas mais ágeis do direito. As abordagens jurídicas sobre o tema devem, por isso, talvez tentar refletir um pouco dessa agilidade, um pouco da velocidade tão definidora dos nossos dias. A responsabilidade civil avança não apenas adquirindo conhecimentos técnicos, mas também ganhando novos modos de percepção. Nesse sentido, exige um intérprete mais sensível, mais dedicado ao que mora além das aparências. Um intérprete que tente indagar pelo essencial das coisas.

Clayton Douglas Pereira Guimarães e Michael César Silva escolheram o tema "A responsabilidade civil das empresas de jogos pela prática de microtransações e *loot boxes*". Iniciam o debate apresentando a sociedade de consumo hiperconectada e a importância do entretenimento nos dias atuais, chamando a atenção para a vulnerabilidade agravada do público infanto-juvenil no âmbito das relações de consumo. A partir da daí, exploram as *loot boxes* ou 'caixas de recompensa' que se referem à oferta de itens virtuais consumíveis, os quais podem ser adquiridos a fim de que o consumidor receba uma seleção aleatória de outros itens virtuais, discutindo, então, as práticas comerciais daí decorrentes.

Fernanda Nunes Barbosa e Renata Peruzzo retratam a atualíssima questão da "Responsabilidade civil por fraudes via WhatsApp: conteúdo e legitimação". Numa realidade em que a virtualização da comunicação se mostra inevitável e especialmente potencializada pela pandemia, o WhatsApp hoje representa provavelmente o mais relevante meio de comunicação entre os brasileiros, o que, por outro lado, torna esse aplicativo veículo das mais variadas fraudes, que se multiplicam a cada dia. Diante disso, em boa hora as autoras buscam identificar a quem são imputáveis os danos decorrentes desses ilícitos.

Cláudio José Franzolin, por sua vez, revela o relevante significado do "Greenwashing e o apelo ambiental nas mensagens publicitárias e o dano moral coletivo nas relações de consumo", tema relevantíssimo nos tempos atuais, em que os empreendimentos ESG – comprometidos com governança ambiental, social e corporativa – ganham cada vez mais destaque. O aumento da consciência ecológica por parte do mercado de consumo provocou, na sua esteira, retorno econômico aos negócios que se dizem comprometidos com a pauta ambiental, o que torna fundamental a discussão a respeito da utilização abusiva do discurso sustentável por fornecedores que pretendem angariar consumidores sem se comprometerem efetivamente com práticas sustentáveis.

No artigo intitulado "*E-commerce e marketplaces*: responsabilidade civil na relação de consumo eletrônica", Luiz Miguel Barudi desenvolve o conceito de sociedade em rede, tão caro à obra do sociólogo espanhol Manuel Castells, enquanto um conjunto de nós interconectados, sendo cada um desses nós o ponto no qual uma curva se entrecorta. Para o autor, o ciberespaço, localização virtual no qual se insere o *e-commerce* e a rede do sistema jurídico, se caracteriza como um espaço criativo e cooperativo que altera as formas de atuação dos nós pertencentes com relação às formas anteriores de atuação, bem como no sentido de seu desempenho e inserção no novo sistema. Diante dos desafios da contratação eletrônica de massa, conclui o autor que o *marketplace* responderá direta e objetivamente pelo descumprimento dos deveres próprios da atividade de intermediação que desempenhe, assim como em relação à segurança dos atos que venha a desempenhar. Além do descumprimento de deveres próprios, os *marketplaces* se responsabilizam solidariamente por eventuais acidentes de consumo causados pelos produtos e serviços que oferecem. Considerando sua atuação como plataforma intermediadora que disponibiliza o produto ou o serviço em seu site, promovendo o risco atinente a esses bens, deverá também ser responsabilizado por eventuais danos que possam causar.

Marcelo Benachhio e Emanuelle Clayre Silva Banhos se dedicam ao tema da "Responsabilidade civil do comerciante no comércio eletrônico". O avanço tecnológico gerado pela globalização culminou no surgimento da sociedade da informação, com o crescimento e dependência da Internet pela sociedade. Diante disso, uma das principais características da pós-modernidade é a aceleração de processos globais e o encurtamento de distâncias entre pessoas, empresas e lugares. Em que pese os benefícios gerados por esta modalidade de comércio, este trouxe dificuldades para o direito do consumidor, advindas da massificação de contratos e da dificuldade de promover a adequada proteção ao consumidor. Diante desse cenário, faz-se necessário analisar a responsabilidade civil do comerciante no âmbito do comércio eletrônico, a fim de compreender quando esta ocorrerá nesta modalidade de comércio típica da pós-modernidade. Considerando-se que o comércio eletrônico pode ser realizado por qualquer via eletrônica, o texto se limita ao exame da responsabilidade do comerciante no caso de lojas virtuais, por meio da Internet. Portanto, a pesquisa fere as características do comércio eletrônico para, em seguida, avaliar as normas e leis aplicáveis a esta modalidade de comércio no Brasil, e o papel da responsabilidade civil no mercado consumidor, o sistema de responsabilidade civil do Código de Defesa do Consumidor (CDC), a compreensão da situação jurídica do fornecedor comerciante e, enfim, a responsabilidade civil do comerciante no âmbito das lojas virtuais, por meio da Internet, e no *marketplace*.

Audrea Pedrollo Lago, Rodrigo Tissot de Souza e Carolina Medeiros Bahia abordam "A responsabilidade civil das plataformas digitais de compartilhamento por danos ao consumidor usuário", levando em conta os pilares desse novo modelo de negócio que se utilizou da estrutura e dos princípios do consumo colaborativo para oferecer produtos e serviços com capacidade ociosa excedente no mercado por meio de plataformas digitais on-line, tais como sites e aplicativos. Trata-se de relação que é, no mínimo, triangular, contrastando com a relação linear fornecedor-consumidor do consumo realizado nos moldes tradicionais, concluindo os autores que a plataforma digital de compartilhamento é, longe de uma mera intermediária, possui função central: é ela quem, ao desenvolver o site ou aplicativo, ao criar estratégias de marketing e de publicidade, ao impor contratos-padrões aos integrantes, condições de uso e de sanções para o seu descumprimento, organiza e controla o modelo de negócio.

Na sequência, Pedro Modenesi discorre sobre "A responsabilidade civil por danos causados por medicamentos na jurisprudência do STJ: risco do desenvolvimento e dever de informar", comentando os três principais acórdãos proferidos pelo Superior Tribunal de Justiça (STJ) a respeito do tema, quais sejam: o REsp 971.845-DF (*caso Survector*), o REsp 1.599.405-SP (*caso Vioxx*) e o REsp 1.774.372-RS (*caso Sifrol*), destacando-se este último, que reconheceu expressamente o risco do desenvolvimento como fundamento para a imputação de responsabilidade civil objetiva ao fabricante de medicamento causador de danos ao usuário. Não bastasse a reconhecida fundamentalidade jurídica do tema, o autor destaca sua importância diante da pandemia de coronavírus, que tem provocado acelerado e intenso desenvolvimento de pesquisas científicas e ensaios clínicos voltados à criação de vacinas – que são uma espécie de medicamento imunobiológico – e medicamentos com finalidade profilática, curativa ou paliativa destinados a prevenção, tratamento e combate da Covid-19.

Na mesma linha, Marcelo Junqueira Calixto debate o tema da "Responsabilidade civil pelos riscos do desenvolvimento, pandemia de COVID-19 e vacinas". Define "riscos do desenvolvimento" como sendo aqueles riscos desconhecidos pelo mais avançado estado da ciência e da técnica, no momento da prestação do serviço, ou da introdução do produto no mercado, e que só vêm a ser descobertos mais tarde, por força do desenvolvimento científico. Parte do pressuposto de que o tema não foi regulamentado pelo CDC e busca interpretação ao dispositivo e da Lei 14.125/2021 quanto à vacina contra o coronavírus.

Caroline Vaz nos brinda com o texto intitulado "A responsabilidade civil pelos riscos do desenvolvimento nas relações de consumo e o contexto da Pandemia Covid-19", narrando diversas situações ligadas aos riscos incognoscíveis por ocasião da introdução dos produtos no mercado de consumo, em especial em matéria de medicamentos, como o Sifrol, o Talidomida Contergam e a vacina Salk, dentre outros. Na segunda parte do artigo, a autora se dedica ao tema das vacinas utilizadas no combate à COVID-19, concluindo que o risco do desenvolvimento não exclui a responsabilidade civil do fornecedor, ante a existência do defeito e da responsabilidade objetiva. Não responsabilizar o fornecedor, para a autora, seria deletério à vida e à saúde das futuras gerações, devendo ser ainda levado em conta o princípio da confiança.

Carlos Edison do Rêgo Monteiro Filho e Diana Loureiro Paiva de Castro tratam do importante tema da "Proteção de dados pessoais e cláusulas de não indenizar em relações de consumo: tutela da vulnerabilidade do consumidor e teoria dos efeitos da lesão". Diante da possibilidade da gestão de riscos contratuais pelas partes, como manifestação de autonomia privada, o artigo investiga um dos instrumentos que podem ser utilizados para tanto, as chamadas "cláusulas de não indenizar" – trata--se da inclusão, no contrato, de cláusula que exclui a reparação por perdas e danos decorrentes do inadimplemento (cláusula de exoneração) ou que fixa valor máximo de reparação pecuniária (cláusula de limitação). Referidas cláusulas não contam com normativa específica no Código Civil brasileiro, mas tal omissão não impede a construção de certos requisitos de validade pelo sistema. Nesse cenário, os autores questionam: seria possível limitar ou excluir, por meio de cláusula contratual, a reparação por perdas e danos decorrentes de incidentes de segurança com dados pessoais? Faz diferença se o dano for moral ou material? A solução se altera se, em vez de cláusula limitativa ou excludente do dever de reparar, a previsão do contrato for de cláusula penal ou de cláusula limitativa do objeto contratual? São alguns dos problemas abordados nesse instigante artigo, com enfoque específico nas relações de consumo.

José Luiz de Moura Faleiros Júnior e Filipe Medon discorrem sobre a "Discriminação algorítmica de preços, perfilização e responsabilidade civil nas relações de consumo". Afirmam que tem sido intensamente debatido o impacto da utilização de estruturas algorítmicas para a otimização de resultados nas relações de consumo e que, a partir dessa modelagem negocial pautada pela coleta massiva de dados pessoais que se tem hoje a possibilidade de estratificação das preferências de consumo. Concluem que a transparência deve ser buscada, em respeito aos direitos básicos dos consumidores, que devem estar cientes, o tanto quanto possível, que suas vidas estão sendo comandadas por decisões automatizadas. Afirmam ser necessário estipular soluções adequadas para as peculiaridades de cada modelo de predição voltada à definição de preços, pois nem toda prática será automaticamente abusiva ou ilícita.

Cíntia Rosa Pereira de Lima e Marilia Ostini Ayello Alves de Lima escrevem sobre "o princípio da precaução e o princípio da prevenção: diálogos entre a LGPD e o CDC". A preocupação com a proteção da privacidade e da intimidade dos indivíduos tem raízes profundas no tempo, mas a partir das impactantes transformações ocorridas nas últimas décadas, advindas dos avanços tecnológicos, a discussão ganhou grande relevância. Neste sentido, a proteção à privacidade e à intimidade passou a não ser mais suficiente para a tutela da pessoa humana no contexto do capitalismo informacional, dando ensejo à tutela específica dos dados pessoais. Para além da seara econômica, este fenômeno gera repercussões nas esferas individuais dos cidadãos, ganhando, assim, os dados, uma importância transversal, tornando-se vetores das vidas e das liberdades individuais, bem como da sociedade e da democracia. É necessário, portanto, proteger os direitos fundamentais à liberdade, intimidade e privacidade, bem como resguardar a específica proteção jurídica à hipervulnerabilidade do titular de dados pessoais. A Lei n° 13.709/18 (LGPD), instrumentaliza a dinâmica que contribui para o incremento da importância e do valor dos dados pessoais. Sob a ótica principiológica, é necessária a análise da implementação de mecanismos focados na identificação e mitigação dos riscos decorrentes da manipulação de dados pessoais, buscando-se, desta forma, evitar severos danos aos titulares de dados. Aliada a necessidade de se gerar efetiva proteção e segurança ao tratamento dos dados pessoais e sob o olhar do risco em relação ao tratamento de dados pessoais, o texto examina o princípio da prevenção, previsto expressamente na LGPD e no Código de Defesa do Consumidor e do princípio da precaução, implícito no Código de Defesa do Consumidor, devendo ser feita uma leitura transversal sobre o tema.

Flaviana Rampazzo Soares aborda o delicado problema do "Dever de cuidado e responsabilidade civil das instituições financeiras nas operações em ambiente digital", em texto que procura avaliar a incidência do dever de cuidado aplicado à atividade bancária executada on-line quanto aos serviços ofertados a clientes, os quais se qualificam como consumidores à luz do enunciado 297 da Súmula do Superior Tribunal de Justiça (STJ), de 2004, segundo o qual "o Código de Defesa do Consumidor é aplicável às instituições financeiras". Em especial, o texto tem como objeto a tormentosa questão das fraudes em contas bancárias, agravada em ambiente digital, diante da ampliação da exposição a riscos de perdas financeiras decorrentes de acessos irregulares, fraudes e operações irregulares. O estudo abrange, outrossim, o sentido e alcance da Súmula 479 do STJ, de 2012, a qual preceitua que as instituições financeiras "respondem objetivamente pelos danos gerados por fortuito interno relativo a fraudes e delitos praticados por terceiros no âmbito de operações bancárias", à luz do sistema de responsabilidade previsto no referido Código (CDC).

Adalberto Simão Filho apresenta relevante estudo sobre os "Limites e contornos da responsabilidade civil dos agentes de tratamento de dados: diálogo entre o CDC e a LGPD", em ensaio que propõe a efetivação de um sistema interpretativo que leve em conta o diálogo necessário entre os dois diplomas legais protetivos, permeado pelos princípios advindos da Lei nº 13.874/19, que instituiu a declaração de direitos de Liberdade Econômica e garantias de livre mercado, para melhor fixar a interpretação dos níveis e responsabilidades que possam ser carreados aos agentes geradores do danos relacionados a eventos de vazamento de dados pessoais, buscando a reparabilidade e a proteção. De fato, afigura-se de todo necessário harmonizar as atividades protetivas da LGPD com os ditames do CDC, sendo certo que, em muitas das hipóteses legais, a coleta e tratamento de dados pessoais e sensíveis é efetivada em face de consumidor titular de dados pessoais.

Com o texto intitulado "Dano moral coletivo e incidentes envolvendo dados pessoais: necessário diálogo de fontes entre a LGPD, o CDC e as demais normas que regem a matéria", Gabriel Oliveira de Aguiar Borges analisa a Lei Geral de Proteção de Dados e afirma que há previsão expressa de indenização de danos morais coletivos, sem maiores detalhamentos sobre como se deve realizar essa indenização, sendo necessária a aplicação de outros dispositivos, além da análise doutrinas acerca do tema para que possa compreender a forma de processamento dessas indenizações. Conclui pela aplicação do Código de Defesa do Consumidor e da Lei de Ação Civil Pública com vistas ao *disgorgement* e à aplicação da função punitiva da responsabilidade civil, por meio da ação civil pública, ajuizada por qualquer um dos colegitimados, recuperando-se o lucro ilícito, indenizando-se as vítimas e, ainda possibilitando a aplicação da pena civil nos casos de violação ao direito fundamental à proteção de dados de uma coletividade.

Sabrina Jiukoski da Silva e Thatiane Cristina Fontão Pires se desincumbem de minudenciar o tema "A inteligência artificial aplicada ao marketing e a Lei Geral de Proteção de Dados (LGPD): perspectivas sobre a responsabilidade civil no tratamento de dados pessoais para delineamento do perfil do consumidor". Na visão das autoras, o desenvolvimento da inteligência artificial (IA), no entanto, promoveu uma verdadeira revolução, uma vez que possibilitou a mimetização da maneira como o cérebro humano funciona – e, consequentemente, da forma como os seres humanos aprendem e se comportam –, por meio de algoritmos aplicados em programas de computador. Concluem que, a partir da caracterização da perfilização como atividade de tratamento de dados pessoais dos usuários-consumidores, os agentes de tratamento de dados devem ser responsabilizados independentemente de culpa, em consonância com os diplomas normativos aplicáveis (Lei Geral de Proteção de Dados e Código de Defesa do Consumidor).

Guilherme Magalhães Martins e João Victor Rozatti Longhi enfrentam o difícil tema da "Responsabilidade civil na Lei Geral de Proteção de Dados, consumo e a intensificação da proteção da pessoa humana na Internet", concluindo, a partir da evolução histórica da culpa ao risco, que a responsabilidade civil dos agentes de tratamento de dados, ou seja, operadores e controladores, deve ser aferida pelo critério objetivo, na forma do artigo 42 e seguintes da Lei Geral de Proteção de Dados, tendo em vista os acentuados riscos envolvidos no tratamento.

Rafael A. F. Zanatta redigiu o artigo intitulado "A genealogia de um litígio: um relato sobre o caso Idec versus ViaQuatro". O ensaio tem como propósito promover uma reflexão sobre o surgimento de um dos litígios mais emblemáticos do emergente campo da proteção de dados pessoais no Brasil: a ação civil pública promovida pelo Instituto Brasileiro de Defesa do Consumidor (Idec) contra a concessionária ViaQuatro, da Linha Amarela do metrô de São Paulo, pela instalação das Portas Interativas Digitais (PIDs), dispositivos de publicidade que coletavam dados biométricos dos passageiros do metrô, inferindo quatro tipos de emoção diante da reação perante peças publicitárias. O autor se dedica a suprir uma lacuna, na literatura especializada, sobre o surgimento deste litígio, a partir de uma narrativa sobre os bastidores de elaboração da ação, o modo como a tese foi construída e o processo de colaboração entre academia e sociedade civil na construção desta ação civil pública. A intenção é apresentar um conjunto de elementos factuais importantes que auxiliam a compreensão de como surgiu esta ação civil pública e o empreendimento coletivo em sua elaboração. Uma das grandes lições deste caso é precisamente o método de colaboração e de investigação conjunta, o que abre novos caminhos de reflexão sobre as colaborações entre Ministérios Públicos, Defensorias Públicas, Organizações Não-Governamentais (ONGs) e Núcleos de Universidades ou Projetos de Extensão.

Hildeliza Lacerda Tinoco Boechat Cabral, Alinne Arquette Leite Novais e Moyana Mariano Robles-Lessa, agregam à obra coletiva com artigo nomeado: "Responsabilidade civil por superendividamento nas relações de consumo: o papel do fornecedor na concessão de crédito ao consumidor". A sociedade contemporânea se estrutura sobre as bases de um mercado de consumo em que a informação, a vigilância, a objetificação das pessoas, a comparação, a competição impulsionam a população à busca pela satisfação pessoal por meio da aquisição desenfreada de produtos e a contratação de serviços, além de práticas mercadológicas que violam a boa-fé do consumidor, cotidianamente inundado por uma enxurrada de publicidade de produtos que o agressivo marketing cria envolvimento por uma falsa facilidade que, ao final, se revela uma verdadeira armadilha. Dentre essas promessas está a excessiva oferta de crédito a consumidores pouco informados a respeito de seus direitos e dos encargos do futuro contrato. O consumo desenfreado, a suposta facilidade de crédito e parcelamento ofertados a todo instante ao consumidor concorrem para o superendividamento em que muitos se encontram. Tal situação, materializou a criação da Lei nº 14.181 de 2021 – conhecida como lei do superendividamento. Vários são os abusos relacionados aos créditos disponíveis no mercado de consumo, iniciando-se nas práticas de oferta, que revelam um assédio das instituições financeiras. Assim, o artigo tem por objetivo analisar tais práticas desleais ofertadas aos consumidores capazes de gerar endividamento tal que chega a violar sua dignidade, analisando os dispositivos da nova legislação, procurando ressaltar os aspectos relevantes a serem observados da normatização que tem como interesse fundamental e estrutural aperfeiçoar a disciplina do crédito ao consumidor, observando a prevenção e o tratamento do superendividamento.

Samir Alves Daura e Rafael Ferreira Bizelli propõe a reflexão de dois problemas a serem respondidas ao longo do artigo "Influenciadores digitais de finanças e os riscos do superendividamento: do crédito ao investimento responsável": os influenciadores digitais que atuam na área de investimentos e finanças pessoais podem ser responsabilizados quando suas orientações causarem danos aos seguidores? Nesse contexto, seria possível defender a ideia do "investimento responsável" como corolário do princípio da boa-fé e dos deveres anexos de cuidado, informação, lealdade e transparência? Afirmam que a relação de confiança entre os seguidores e os influenciadores digitais, torna-os fornecedores equiparados, a partir da incidência da boa-fé objetiva e dos deveres anexos de cuidado, informação, lealdade e transparência, posto que a violação do padrão de conduta esperado levará à responsabilização civil objetiva daquele que se aproveita da sua condição de prestígio para causar danos a terceiros.

Karina da Silva Magatão e Maristela Denise Marques de Souza exploram a "Responsabilidade civil das instituições financeiras na prevenção e tratamento do superenvidamento do consumidor: análise na Lei 14.181/2021", o que pressupõe deveres anexos, laterais ou instrumentais de conduta, com a atuação da boa-fé objetiva nas fases pré-contratual, contratual e pós-contratual. O crédito, para as autoras, deve ser concedido de maneira responsável, tutelando-se a função social do contrato, a justiça social e a dignidade da pessoa humana.

"A lesão ao tempo como interesse juridicamente protegido nas relações de consumo" é o título do artigo de Rafael Viola. O texto busca identificar o conceito de lesão ao tempo, afirmando que o tempo se torna aspecto intrínseco à própria esfera jurídica do indivíduo, de tal maneira que possa utilizá-lo da forma que melhor lhe aprouver na persecução de seus interesses. Privar o consumidor do tempo pode afetar decisivamente aspectos existenciais ligados diretamente à liberdade individual e, a depender do caso, da integridade psicofísica. Assim, o reconhecimento do tempo enquanto interesse juridicamente protegido integra a esfera jurídica do ofendido, e sua lesão, desencadeará os mecanismos da responsabilidade civil com a respectiva indenização por danos morais, cujos critérios de quantificação estão amplamente debatidos e consagrados na jurisprudência, sem prejuízo de eventual dano material.

Laís Bergstein e José Roberto Trautwein enfocam o desafiador problema do desperdício do tempo livre do consumidor, no artigo intitulado "A tutela do tempo do consumidor: por uma evolução das práticas contenciosas", em que, após substanciosa análise do desenvolvimento doutrinário ocorrido no Brasil nos últimos anos, propõem interessante critério para qualificação e valoração dos danos decorrentes da perda de tempo pelo consumidor. Trata-se de relevantíssima contribuição para o processo de reconhecimento do tempo como bem juridicamente tutelado, para a adequada prevenção dessa modalidade de dano ao consumidor e, em última análise, para a efetividade do princípio da reparação integral.

Elcio Nacur Rezende e Paulo Antônio Grahl Monteiro de Castro tratam da "Responsabilidade civil pela publicidade abusiva decorrente de ligações de 'telemarketing': uma abordagem a partir do direito do consumidor ao sossego". O texto busca demonstrar a abusividade da prática de direcionamento de ligações reiteradas de "telemarketing", violadoras ao direito do consumidor ao sossego, cuja natureza jurídica é de direito da personalidade. Concluem que a atual disciplina legal brasileira já haveria de ser suficiente para que se entendesse ser devido o pagamento de indenização por danos morais caso ocorra violação ao sossego do consumidor em decorrência da prática apontada dada a natureza de direito da personalidade. No entanto, a jurisprudência pátria ainda se revela deveras vacilante, o que tem implicado proteção deficitária do direito do consumidor, razão pela qual os autores apresentam os projetos de lei tendentes a regulamentar o tema.

Com o título "Contornos da licitude da publicidade infantil", Roberta Densa analisa os limites da publicidade infantil conforme a regulação e autorregulação brasileira, para que seja possível compreender quando a publicidade é ilícita e passa a ensejar responsabilidade civil do anunciante. Inicia-se pelo estudo da regulamentação da publicidade no Código de Defesa do Consumidor, passando para a análise da publicidade de bebidas alcoólicas, e, posteriormente, para a Lei 11.265/2006, que trata da publicidade de produtos alimentícios voltados para a primeira infância. A resolução Conanda também foi analisada, bem como o Código de Ética Publicitária do Conar, culminando com a análise do compromisso público dos fornecedores. Conclui a autora que a licitude de tais campanhas tentem a ser discutidas no Poder Judiciário, posto que não há orientação clara sobre a temática, levando, muitas vezes, ao questionamento a respeito de qual regramento já existente deve prevalecer.

Arthur Pinheiro Basan explora o tema "Do idoso sossegado ao aposentado telefonista: a responsabilidade civil pelo assédio do telemarketing de crédito", analisando o assédio provocado pelas ofertas de crédito direcionadas aos idosos aposentados, sugerindo uma revisitação dos procedimentos de tutela presentes no sistema jurídico. Conclui que a publicidade, enquanto prática de mercado, está estritamente relacionada à livre iniciativa econômica, e, por outro lado, a tutela dos direitos fundamentais é uma das necessárias formas para impedir que o avanço mercadológico viole o direito das pessoas de viverem sem interferências alheias. Defende que o assédio de consumo pode se enquadrar como dano consiste sobretudo em razão de o idoso possuir o direito de não ser molestado ou perturbado com a finalidade única de induzir à aquisição de crédito financeiro.

Alexandre Guerra escreve sobre o "Método bifásico de arbitramento da indenização por danos morais nas relações de consumo", buscando atender, na justa e comutativa medida, às funções compensatória e pedagógico/punitiva e promocional da responsabilidade civil. Em um primeiro momento, deve o julgador identificar um valor básico para a reparação, *considerando o interesse jurídico lesado e um grupo de precedentes do Tribunal*. Em um segundo momento, deverá verificar quais são as circunstâncias do caso que merecem concretamente sobre ele incidir, seja para manter o valor inicialmente fixado, seja para reduzi-lo, seja para elevá-lo, fixando dessa forma, em definitivo, o valor da indenização. Busca-se, desta forma, corrigir a assimetria entre as partes na relação de consumo e concretizar a proteção constitucional do Direito do Consumidor (artigos 5º., XXXII e 170, V, Constituição da República).

Com o texto intitulado "Deveres e responsabilidade no tratamento e na promoção do consumidor superendividado" Claudia Lima Marques e Fernando Rodrigues Martins fazem análise acurada sobre os deveres imputados pela Lei 14.181/2021, que atualizou o Código de Defesa do Consumidor. Concluem que os novos deveres e novas deveres podem tornar mais eficientes e melhorar o mercado brasileiro, especialmente as questões relacionadas à prevenção do superendividamento, que são em sua maioria pré-contratuais ou contratuais. Com a atualização do CDC, a responsabilidade civil se adequa, repagina e evolui para servir aos vulneráveis e hipervulneráveis atendendo os objetivos elencados na legalidade constitucional, mesmo porque permeada de cláusulas gerais e conceitos jurídicos indeterminados que permitem o (re)ingresso de direitos e valores fundamentais.

Carlos Edison do Rêgo Monteiro Filho
Guilherme Magalhães Martins
Nelson Rosenvald
Roberta Densa

SUMÁRIO

APRESENTAÇÃO

Carlos Edison do Rêgo Monteiro Filho, Guilherme Magalhães Martins, Nelson Rosenvald e Roberta Densa V

PARTE I
RESPONSABILIDADE CIVIL E CONSUMO: TEORIA GERAL

OBSOLESCÊNCIA PROGRAMADA: ENTRE A LEGALIDADE E A ABUSIVIDADE DA CONDUTA (NOTAS A PARTIR DAS DECISÕES DO STJ)

Fernanda Schaefer e Frederico E. Z. Glitz 3

DISTINÇÃO ENTRE OS PRAZOS PRESCRICIONAIS E DECADENCIAIS PARA O EXERCÍCIO DE PRETENSÕES POR INADIMPLEMENTO CONTRATUAL NAS RELA-ÇÕES DE CONSUMO

Cássio Monteiro Rodrigues 21

CONTROVÉRSIAS SOBRE A RESPONSABILIDADE DO COMERCIANTE PELO FATO DO PRODUTO

Júlio Moraes Oliveira 33

ANÁLISE ECONÔMICA DA RESPONSABILIDADE CIVIL PELO FATO E VÍCIO DO PRODUTO OU SERVIÇO NO CÓDIGO DE DEFESA DO CONSUMIDOR

Felipe Probst Werner 43

VEDAÇÃO À DISCRIMINAÇÃO DE PREÇOS SEM JUSTA CAUSA: UMA INTERPRE-TAÇÃO CONSTITUCIONAL E ÚTIL DO ART. 39, X, CDC

Daniel Dias, Rafaela Nogueira e Carina de Castro Quirino 55

HÁ INCOMPATIBILIDADE ENTRE O ART. 13 DO CDC E O ART. 931 DO CC?

Hamid Bdine 93

A FUNÇÃO PROMOCIONAL DA RESPONSABILIDADE CIVIL NAS RELAÇÕES DE CONSUMO

Antonio dos Reis Júnior 99

SEGURO DE RESPONSABILIDADE CIVIL PRODUTOS: EFETIVIDADE DA GARANTIA DE INDENIZAÇÃO AOS CONSUMIDORES

Walter A. Polido 119

SHOPPING CENTER: INEXISTÊNCIA DE RESPONSABILIDADE CIVIL NOS CASOS DE ROUBO

Daniel Henrique Rennó Kisteumacher.. 135

A RESPONSABILIDADE CIVIL EM CASOS DE *RECALL* AUTOMOTIVO E A POSSIBILIDADE DE APREENSÃO DO BEM

Dante Ponte de Brito e Leandro Cardoso Lages... 157

A RESPONSABILIDADE CIVIL POR VÍCIOS CONSTRUTIVOS PARA ALÉM DO CÓDIGO CIVIL E DO CÓDIGO DE DEFESA DO CONSUMIDOR

Carlos Edison do Rêgo Monteiro Filho e Nelson Rosenvald 173

PARTE II
RESPONSABILIDADE CIVIL, CONSUMIDOR, TECNOLOGIA
E RISCO DO DESENVOLVIMENTO

INTELIGÊNCIAS ARTIFICIALMENTE MOLDADAS E A NECESSÁRIA PROTEÇÃO DO CONSUMIDOR NO DIREITO BRASILEIRO: SINGELAS RUBRICAS INSPIRADAS EM *JANUS*

Marcos Catalan 193

RESPONSABILIDADE CIVIL EM TEMPOS VELOZES E ULTRACONECTADOS: EM BUSCA DE NOVOS MODOS DE PERCEPÇÃO

Felipe Braga Netto.. 207

A RESPONSABILIDADE CIVIL DAS EMPRESAS DE JOGOS PELA PRÁTICA DE MICROTRANSAÇÕES E *LOOT BOXES*

Clayton Douglas Pereira Guimarães e Michael César Silva 221

RESPONSABILIDADE CIVIL POR FRAUDES VIA *WHATSAPP*: CONTEÚDO E LEGITIMAÇÃO

Fernanda Nunes Barbosa e Renata Peruzzo 237

GREENWASHING E O APELO AMBIENTAL NAS MENSAGENS PUBLICITÁRIAS E O DANO MORAL COLETIVO NAS RELAÇÕES DE CONSUMO

Cláudio José Franzolin.. 251

E-COMMERCE E *MARKETPLACES*: RESPONSABILIDADE CIVIL NA RELAÇÃO DE CONSUMO ELETRÔNICA

Luis Miguel Barudi 269

RESPONSABILIDADE CIVIL DO COMERCIANTE NO COMÉRCIO ELETRÔNICO

Marcelo Benacchio e Emanuelle Clayre Silva Banhos............................... 281

A RESPONSABILIDADE CIVIL DAS PLATAFORMAS DIGITAIS DE COMPARTILHA-MENTO POR DANOS AO CONSUMIDOR USUÁRIO

Audrea Pedrollo Lago, Rodrigo Tissot de Souza e Carolina Medeiros Bahia 297

A RESPONSABILIDADE CIVIL POR DANOS CAUSADOS POR MEDICAMENTOS NA JURISPRUDÊNCIA DO STJ: RISCO DO DESENVOLVIMENTO E DEVER DE IN-FORMAR

Pedro Modenesi 313

RESPONSABILIDADE CIVIL PELOS RISCOS DO DESENVOLVIMENTO, PANDE-MIA DE COVID-19 E VACINAS

Marcelo Junqueira Calixto 329

A RESPONSABILIDADE CIVIL PELOS RISCOS DO DESENVOLVIMENTO NAS RE-LAÇÕES DE CONSUMO E O CONTEXTO DA PANDEMIA COVID-19

Caroline Vaz.. 339

PARTE III
RESPONSABILIDADE CIVIL, CONSUMO E PROTEÇÃO DE DADOS PESSOAIS

PROTEÇÃO DE DADOS PESSOAIS E CLÁUSULAS DE NÃO INDENIZAR EM RE-LAÇÕES DE CONSUMO: TUTELA DA VULNERABILIDADE DO CONSUMIDOR E TEORIA DOS EFEITOS DA LESÃO

Carlos Edison do Rêgo Monteiro Filho e Diana Loureiro Paiva de Castro 357

DISCRIMINAÇÃO ALGORÍTMICA DE PREÇOS, PERFILIZAÇÃO E RESPONSABILI-DADE CIVIL NAS RELAÇÕES DE CONSUMO

José Luiz de Moura Faleiros Júnior e Filipe Medon 371

O PRINCÍPIO DA PRECAUÇÃO E O PRINCÍPIO DA PREVENÇÃO: DIÁLOGOS ENTRE A LGPD E O CDC

Cíntia Rosa Pereira de Lima e Marilia Ostini Ayello Alves de Lima.......................... 393

DEVER DE CUIDADO E RESPONSABILIDADE CIVIL DAS INSTITUIÇÕES FINAN-
CEIRAS NAS OPERAÇÕES EM AMBIENTE DIGITAL

Flaviana Rampazzo Soares 405

LIMITES E CONTORNOS DA RESPONSABILIDADE CIVIL DOS AGENTES DE TRA-
TAMENTO DE DADOS. "DIÁLOGO ENTRE O CDC E A LGPD"

Adalberto Simão Filho 423

DANO MORAL COLETIVO E INCIDENTES ENVOLVENDO DADOS PESSOAIS:
NECESSÁRIO DIÁLOGO DE FONTES ENTRE A LGPD, O CDC E AS DEMAIS NOR-
MAS QUE REGEM A MATÉRIA

Gabriel Oliveira de Aguiar Borges 437

A INTELIGÊNCIA ARTIFICIAL APLICADA AO *MARKETING* E A LEI GERAL DE PRO-
TEÇÃO DE DADOS (LGPD): PERSPECTIVAS SOBRE A RESPONSABILIDADE CIVIL
NO TRATAMENTO DE DADOS PESSOAIS PARA DELINEAMENTO DO PERFIL DO
CONSUMIDOR

Sabrina Jiukoski da Silva e Thatiane Cristina Fontão Pires 459

RESPONSABILIDADE CIVIL NA LEI GERAL DE PROTEÇÃO DE DADOS, CONSU-
MO E A INTENSIFICAÇÃO DA PROTEÇÃO DA PESSOA HUMANA NA INTERNET

Guilherme Magalhães Martins e João Victor Rozatti Longhi 477

A GENEALOGIA DE UM LITÍGIO: UM RELATO SOBRE O CASO IDEC *VERSUS*
VIAQUATRO

Rafael A. F. Zanatta 493

PARTE IV
RESPONSABILIDADE CIVIL, SUPERENDIVIDAMENTO
E NOVAS SITUAÇÕES LESIVAS

RESPONSABILIDADE CIVIL POR SUPERENDIVIDAMENTO NAS RELAÇÕES DE
CONSUMO: O PAPEL DO FORNECEDOR NA CONCESSÃO DE CRÉDITO AO
CONSUMIDOR

Hildeliza Lacerda Tinoco Boechat Cabral, Alinne Arquette Leite Novais e Moyana
Mariano Robles-Lessa.. 513

INFLUENCIADORES DIGITAIS DE FINANÇAS E OS RISCOS DO SUPERENDIVI-
DAMENTO: DO CRÉDITO AO INVESTIMENTO RESPONSÁVEL

Samir Alves Daura e Rafael Ferreira Bizelli 531

A RESPONSABILIDADE CIVIL DAS INSTITUIÇÕES FINANCEIRAS NA PREVENÇÃO E TRATAMENTO DO SUPERENDIVIDAMENTO DO CONSUMIDOR: ANÁLISE DA LEI 14.181/2021

Karina da Silva Magatão e Maristela Denise Marques de Souza 551

A LESÃO AO TEMPO COMO INTERESSE JURIDICAMENTE PROTEGIDO NAS RELAÇÕES DE CONSUMO

Rafael Viola 567

A TUTELA DO TEMPO DO CONSUMIDOR: POR UMA EVOLUÇÃO DAS PRÁTICAS CONTENCIOSAS

Laís Bergstein e José Roberto Trautwein 581

RESPONSABILIDADE CIVIL PELA PUBLICIDADE ABUSIVA DECORRENTE DE LIGAÇÕES DE "TELEMARKETING": UMA ABORDAGEM A PARTIR DO DIREITO DO CONSUMIDOR AO SOSSEGO

Elcio Nacur Rezende e Paulo Antônio Grahl Monteiro de Castro 603

CONTORNOS DA LICITUDE DA PUBLICIDADE INFANTIL

Roberta Densa 619

DO IDOSO SOSSEGADO AO APOSENTADO TELEFONISTA: A RESPONSABILIDADE CIVIL PELO ASSÉDIO DO *TELEMARKETING* DE CRÉDITO

Arthur Pinheiro Basan 641

O MÉTODO BIFÁSICO DE ARBITRAMENTO DA INDENIZAÇÃO POR DANOS MORAIS NAS RELAÇÕES DE CONSUMO

Alexandre Guerra 655

DEVERES E RESPONSABILIDADE NO TRATAMENTO E NA PROMOÇÃO DO CONSUMIDOR SUPERENDIVIDADO

Fernando Rodrigues Martins e Cláudia Lima Marques 671

Parte I
RESPONSABILIDADE CIVIL E CONSUMO: TEORIA GERAL

OBSOLESCÊNCIA PROGRAMADA: ENTRE A LEGALIDADE E A ABUSIVIDADE DA CONDUTA (NOTAS A PARTIR DAS DECISÕES DO STJ)

Fernanda Schaefer

Pós-Doutorado no Programa de Pós-Graduação *Stricto Sensu* em Bioética da PUC-PR, bolsista CAPES. Doutorado em Direito das Relações Sociais na Universidade Federal do Paraná, curso em que realizou Doutorado Sanduíche nas Universidades do País Basco e Universidade de Deusto (Espanha) como bolsista CAPES. Professora do UniCuritiba. Assessora Jurídica CAOP Saúde MPPR. Contato: ferschaefer@hotmail.com.

Frederico E. Z. Glitz

Advogado. Mestre e Doutor em Direito das Relações Sociais pela Universidade Federal do Paraná. Professor de Direito Internacional Privado. Professor do UniCuritiba. Componente da lista de árbitros da Câmara de Arbitragem e Mediação da Federação das Indústrias do Paraná (CAMFIEP) e da Câmara de Mediação e Arbitragem do Brasil (CAMEDIARB). Presidente da Comissão de Educação da OAB-PR. frederico@fredericoglitz.adv.br.

Sumário: 1. Introdução – 2. Obsolescência programada (ou planejada) – 3. Consumismo x consumo sustentável: é possível conciliar? – 4. Obsolescência programada como prática abusiva – 5. Obsolescência programada: análise da recente jurisprudência do Superior Tribunal de Justiça – 6. Considerações finais – 7. Referências bibliográficas

1. INTRODUÇÃO

O documentário *The Light Bulb Conspiracy* (A Conspiração da Lâmpada) apresenta, entre outros,[1] o famoso caso da lâmpada Livermore, acesa em rede americana de 110V desde 1901.[2] O caso representa como um produto que poderia ter sua vida extremamente longa, teve sua durabilidade propositadamente reduzida pela indústria (em 1920[3]) a fim de garantir o consumo alto e frequente. E esse talvez seja um dos mais antigos exemplos da obsolescência programada como estratégia de mercado e enquanto conceito que se confunde com o próprio desenvolvimento industrial.

---

1. São exemplos de produtos que poderiam durar muito mais, não fosse a pressão que sofreram para ter sua durabilidade reduzida: as meias de *nylon*; os primeiros modelos dos carros Ford; impressoras a jato de tinta que travam o uso após atingir o máximo de folhas impressas previstas pelo fabricante ou os mais recentes *smartphones* que impedem a atualização de sistemas operacionais e/ou de aplicativos em suas versões mais antigas.
2. Para assistir o funcionamento da lâmpada ao vivo, acesse: https://www.centennialbulb.org/photos.htm. Acesso em: 20 jun. 2021.
3. Segundo o documentário, em 1920, em Genebra, fabricantes do mundo inteiro se reuniram (Cartel Phoebus) e determinaram que as lâmpadas deveriam durar 1.000 horas.

Com base em um discurso sedutor que promete emprego, prosperidade, acesso a um número cada vez maior de bens de consumo e crescimento econômico a obsolescência programada faz hoje parte do modelo de produção e distribuição de grande parte da indústria. O imediatismo do consumo, a obsolescência, as frustrações geradas pelo 'não ter', chegaram a níveis nunca vivenciados e as preocupações decorrentes desses comportamentos apresentam-se cada vez mais presentes.

As novas fases da Revolução Industrial vivenciadas no século XX intensificaram o consumo para além de um direito, passando a substituí-lo por desejos que rapidamente são trocados por novas cobiças e ambições. A publicidade se encarrega de vincular a satisfação pessoal à satisfação daquele desejo e, assim, encurta-se propositadamente o ciclo de vida de produtos e serviços para que novas vontades sejam diariamente criadas. Se para alguns economistas e fornecedores esses movimentos se justificam, toda essa efemeridade gerada pelo hiperconsumo acaba impactando não apenas no meio ambiente, mas nas próprias relações sociais criando uma sociedade ansiosa por 'inovação'.

É nesse cenário e às portas da nova Revolução Industrial (4.0) que o presente trabalho, sem pretensão de esgotar o tema, a partir de pesquisa normativa, jurisprudencial e bibliográfica, recortada segundo a perspectiva brasileira, procura discutir a relação entre a obsolescência programada e as noções de sustentabilidade investigando os necessários limites a essa prática e eventual caracterização como prática abusiva.

2. OBSOLESCÊNCIA PROGRAMADA (OU PLANEJADA)

Conceito desenvolvido após a grande crise econômica de 1929[4] e que se popularizou na década de 1950 (com Brooks Stevens), como mecanismo de recuperação econômica, a obsolescência programada (ou planejada), chegou ao século XXI como marca registrada do consumo em excesso, irrefletido, exagerado, movido por desejos e não por necessidades, estabelecendo seus fundamentados até mesmo como parte de políticas públicas (vide, por exemplo, o *American way of life*). Em algum sentido, pode-se dizer que a prática se naturalizou ao ponto de se tornar quase imperceptível (ASSUMPÇÃO, 2017, p. 147), conduzindo e formatando as decisões de consumo.

A obsolescência programada refere-se à redução ou limitação planejada da vida útil de um produto ou serviço, criando necessidade de sua substituição sem, no entanto, permitir ao consumidor imputar essa necessidade à baixa qualidade do bem ou a um comportamento proposital do fornecedor. São estratégias que buscam incentivar o consumo contínuo de bens, descartando-os sem ter esgotado sua potencialidade ou uso e, ao mesmo tempo, diluindo a responsabilidade do fornecedor pelo incentivo ao consumo muitas vezes irracional e insustentável.

---

4. Embora possam ser encontradas notícias de que a prática já havia sido identificada e era utilizada desde o início do século XIX, o fenômeno ganha visibilidade e passa a ser estudado a partir do primeiro quarto do século XX.

A conduta pode se manifestar de diferentes formas: desde a diminuição proposital da vida útil do objeto (seja pela utilização de materiais de menor durabilidade ou pela redução do prazo de validade sem razão científica, isto é, a obsolescência de qualidade); a introdução de novas funções que tornam o produto anterior ultrapassado (obsolescência funcional – funções que muitas vezes o consumidor nem precisava); a alteração apenas na sua aparência e/ou *desing* (obsolescência de desejabilidade, psicológica, progressiva ou dinâmica, focada nos sentidos e tão bem promovida pela indústria da moda e da estética) (PACKARD, 1965); a obsolescência por incompatibilidade (que torna o bem incompatível com as novas versões ou com outros produtos e acessórios, afetando inclusive, sua usabilidade e encampada escancaradamente pela indústria tecnológica); a obsolescência pela dificuldade ou impossibilidade de reparação (inexistência de peças de reposição ou dificuldade na localização de serviços autorizados); a obsolescência indireta caracterizada pela facilitação do crédito de consumo (e até mesmo de superendividamento); a obsolescência ambiental (normalmente vinculada ao *greenwashing*, torna o produto incompatível com novos *standards* ambientais) e a obsolescência comportamental (torna o produto incompatível com novos padrões aceitos de conduta social).

São ações mascaradas e institucionalizadas pelas mais diferentes empresas e que tornam o objeto obsoleto, descartável, inútil ou simplesmente indesejado e/ou facilmente substituível muito mais rapidamente do que o seu ciclo de vida poderia determinar. É, em algum sentido, a reformatação do conceito de durabilidade. Parte do problema, aliás, decorre da ausência de informação e a confusão com o descartável, conforme constatou pesquisa realizada por Assumpção (2017, p. 148-149). Neste sentido, deve-se destacar que a mais recente alteração do Código de Defesa do Consumidor incluiu a educação ambiental como um princípio da Política Nacional de Relações de Consumo associado à prevenção ao superendividamento.[5]

Assim, para cada tipo de obsolescência considerada abusiva deverá ser utilizada uma ou mais ferramentas que previnam ou punam a sua prática ou ainda que removam seus devastadores efeitos.

A obsolescência é uma "estratégia tal que faz do produto, embora novo, seja considerado ultrapassado e velho; embora útil, seja considerado inútil; embora durável, seja efêmero; embora adequado, seja superado; embora valioso, seja depreciado; embora, ainda, eficiente, seja descartado". Conduta que promove a competitividade entre os fornecedores a partir "i. da criação de novas necessidades por meio de novos produtos; ii. mercantilização das satisfações das necessidades e iii. valorização de ciclos de vida mais efêmeros para os produtos; iv. Apresentação de novos designs e novos estilos para despertar desejo e estímulo nos consumidores, ainda que os produtos mantenham as funções e tecnologia" (FRANZOLIN, 2017, p. 42).

---

5. Nova redação do art. 4º, IX do Código de Defesa do Consumidor (Lei 8.078/1990) dada pela Lei 14.181/2021.

Tratam-se, portanto, de técnicas de mercado que artificialmente limitam a durabilidade, a desejabilidade ou funcionalidade do bem para estimular o consumo repetitivo (SLADE, 2007, p. 4) e em massa e, nesse sentido, afirma Bauman que "prometem tudo que os outros podiam fazer, só que melhor e mais rápido", criando a falsa sensação de "nova e inexplorada oportunidade de felicidade" (BAUMAN, 2008, p. 51 e 54) que, como se sabe, são inatingíveis nos atuais padrões de consumo.

O hiperconsumo provocado por essas práticas deixou marcas indeléveis no século XX e chega ao século XXI na mira dos movimentos consumeristas e ambientalistas que exigem dos fornecedores maior responsabilidade não só com seus consumidores diretos, mas também, com os impactos que suas condutas geram nas mais diversas coletividades.

3. CONSUMISMO X CONSUMO SUSTENTÁVEL: É POSSÍVEL CONCILIAR?

O atual modelo de produção ocidental parece organizar-se, atualmente, em sociedades consumocentristas, altamente determinadas por desejos de consumo que definem *status* social e estilo de vida, fixando apenas os índices de crescimento econômico como indicadores sociais universais. O consumismo, próprio dessas sociedades, impõe pressão social e ambiental extrema que leva ao questionamento sobre os limites legais das práticas que visam maximizar o bem-estar em todas as escolhas (máxima Utilitarista), independente dos impactos no desenvolvimento social[6] e no meio ambiente.

No entanto, se consumo é "condição permanente e inviolável da vida e um aspecto inalienável desta" (BAUMAN, 2008, p. 34) não pode ele tomar lugar da própria vida humana seja pelos excessos, seja pela compulsividade com que se consome atualmente. No consumismo do século XX,

> As necessidades dos consumidores são ilimitadas e insaciáveis. Na cultura do consumidor as necessidades de cada um de nós são insaciáveis. Esta sensação de insaciabilidade é interpretada de duas formas distintas. A primeira vê como consequência da sofisticação, do refinamento, da imaginação e da personalização dos desejos e necessidades das pessoas e/ou da vontade individual do progresso econômico e social. A segunda, como uma exigência do sistema capitalista para a sua sobrevivência. A necessidade deste por um crescimento permanente cria uma ansiedade acerca da possibilidade de algum dia essas necessidades serem satisfeitas ou financiadas (BARBOSA, 2008, p. 34).

O consumismo, enquanto acordo social, passa a ser o principal impulso das forças de mercado, força que coordena a reprodução sistêmica, a integração social, a

---

6. Vale lembrar que "o crescimento remete ao aumento quantitativo da produção material, medido pelo Produto Nacional Bruto e é, evidente– mente, essencial ao desenvolvimento (em particular com o crescimento da população). Mas o desenvolvimento remete a um processo muito mais rico, complexo e multidimensional, em que a economia é apenas um dos componentes (SILVA, 2021, p. 185)". O desenvolvimento, em sua pluridimensionalidade é, inclusive, assegurado como direito humano na Declaração sobre o Direito ao Desenvolvimento (1986) e deve objetivar o bem-estar dos seres humanos coletiva e individualmente.

estratificação social, desempenhando um papel importante, inclusive, na autoidentificação de indivíduos e grupos (BAUMAN, 2008, p. 47).[7] O consumo em excesso não gera danos apenas individuais, mas desigualdades cada vez mais evidentes que impactam diretamente na própria condução (e condições) da vida.

Do esgotamento desse modelo em que o foco está no querer, desejar e almejar e de seus devastadores efeitos, surge o movimento consumerista, no Brasil encabeçado pelo Código de Defesa do Consumidor que agrega um conjunto de princípios e ações que buscam educar para o consumo e incentivar o que se conhece por consumo responsável (ou sustentável) e prevenir o superendividamento. Não é por acaso, portanto, que a observância das desigualdades regionais e da sustentabilidade, aliás, componham os princípios de implementação da Política Nacional de Inovação[8] e o desenvolvimento sustentável, a ecoeficiência, a responsabilidade compartilhada pelo ciclo de vida dos produtos[9] e o direito à informação são princípios da Política Nacional de Resíduos Sólidos,[10] sendo objetivos nacionais o estímulo à adoção de padrões sustentáveis de produção e consumo de bens e serviços e à implementação da avaliação do ciclo de vida do produto (art. 7º, III e XIII da Lei 12.305/2010).

O ponto de equilíbrio entre o hiperconsumo e o consumo sustentável está justamente em se reconhecer a esgotabilidade dos recursos e os impactos da lógica Utilitarista na estratificação social[11] agora baseada, também, na capacidade de consumo. Nesse sentido, afirma Lipovestsky (2003, p. 171) que

---

7. "Pode-se dizer que o consumismo é um tipo de arranjo social resultante da reciclagem de vontades, desejos e anseios humanos rotineiros, permanentes [...] transformando-os na principal força propulsora e operativa da sociedade, uma força que coordena a reprodução sistêmica, a integração e a estratificação sociais, além da for– mação de indivíduos humanos, desempenhando ao mesmo tempo um papel importante nos processos de auto-identificação individual e de grupo, assim como na seleção e execução de políticas de vida individuais" (BAUMAN, 2008, p. 41).

8. Vide art. 4º, IV da Lei 10.534/2020.

9. Art. 30 da Lei 10.534/2020: "É instituída a responsabilidade compartilhada pelo ciclo de vida dos produtos, a ser implementada de forma individualizada e encadeada, abrangendo os fabricantes, importadores, distribuidores e comerciantes, os consumidores e os titulares dos serviços públicos de limpeza urbana e de manejo de resíduos sólidos, consoante as atribuições e procedimentos previstos nesta Seção.

Parágrafo único. A responsabilidade compartilhada pelo ciclo de vida dos produtos tem por objetivo: I – compatibilizar interesses entre os agentes econômicos e sociais e os processos de gestão empresarial e mercadológica com os de gestão ambiental, desenvolvendo estratégias sustentáveis; II – promover o aproveitamento de resíduos sólidos, direcionando os para a sua cadeia produtiva ou para outras cadeias produtivas;

III – reduzir a geração de resíduos sólidos, o desperdício de materiais, a poluição e os danos ambientais; IV – incentivar a utilização de insumos de menor agressividade ao meio ambiente e de maior sustentabilidade; V – estimular o desenvolvimento de mercado, a produção e o consumo de produtos derivados de materiais reciclados e recicláveis; VI – propiciar que as atividades produtivas alcancem eficiência e sustentabilidade; VII – incentivar as boas práticas de responsabilidade socioambiental".

10. Vide art. 6 º, IV, V, VII e X da Lei 12.305/2010.

11. Importante aqui também lembrar daqueles que não têm acesso ao mercado de consumo. Afirmam Joaquim e Vieira (2020, p. 6) que "não ficou, portanto, fora de sentido a apresentação da figura do *homo sacer*, que diante da lógica massificada do consumo vê sua dignidade violada de forma bem extensa: por não poder participar do mercado de consumo, quando assume posição de excluído do mercado consumidor; por se ver aprisionado em um ciclo vicioso de trocas de produtos seminovos por total impossibilidade de reparo ou manutenção em decorrência da obsolescência; e, por participar do ciclo de vida do bem de consumo

a sociedade de consumo, com sua obsolescência orquestrada, suas marcas mais ou menos cotadas, suas gamas de objetos, não é senão um imenso processo de produção de valores signos cuja função é conotar posições, reinscrever diferenças sociais em uma era igualitária que destruiu as hierarquias de nascimento.

Trata-se aqui de desaceleração do crescimento e não simplesmente de descrescimento generalizado. Segundo Silva (2012, p. 186-187),

> A desaceleração do crescimento seria, para Harribey, uma primeira etapa, antes de visar-se o decrescimento seletivo (começando por aquela das atividades nocivas ao meio ambiente e ao trabalho), de uma economia orientada na busca de qualidade dos produtos e dos serviços coletivos, de uma repartição primária dos lucros mais igualitária, de uma diminuição regular do tempo de trabalho na medida dos ganhos de produtividade – única maneira de promover o emprego fora do crescimento.

Busca-se um crescimento econômico qualificado, capaz de garantir acesso a bens de consumo de forma mais equânime,[12] com incentivo à melhoria de produtos e serviços que devem também ser duráveis. Trata-se de compreender que quantidade de coisas não é necessariamente sinônimo de qualidade de vida e que os excessos impactam diretamente na sociedade e no meio ambiente. Portanto, satisfação de necessidades (de gerações presentes e futuras) não deve se confundir com satisfação de desejos e estando, também, intimamente ligada à sustentabilidade (em suas variadas dimensões).[13]

Então, falar em consumo sustentável é fazer um claro apelo ao princípio da solidariedade social, em que consumir não deve ser um indicador soberano para o que se pretende por qualidade de vida. Lembre-se, para além de princípio da Ordem Econômica (art. 170, V, CF), a própria Constituição Federal reconheceu o consumo como direito fundamental (art. 5º, XXXII, CF) e, por isso, não deve ser encarado não apenas como um direito individual à tutela legal, mas sim um direito que está intimamente relacionado à cidadania e à dignidade da pessoa humana, devendo, também, ser exercido com um sentido coletivo.

---

não como consumidor propriamente dito, mas agente na exploração da matéria-prima necessária para a produção ou descarte excessivo – um Outsider".

12. Até porque consumo, já dizia Bauman (2008, p. 37), é inseparável da própria sobrevivência biológica humana. "Aparentemente o consumo é algo banal, até mesmo trivial. É uma atividade que fazemos todos os dias. Se reduzido à forma arquetípica do ciclo metabólico de ingestão, digestão e excreção, o consumo é uma condição, e um aspecto, permanente e irremovível, sem limites temporais ou históricos; um elemento inseparável da sobrevivência biológica que nós humanos compartilhamos com todos os outros organismos vivos".

13. Vide, por exemplo, os Objetivos do Desenvolvimento Sustentável (ODS-ONU, 2015-Agenda 2030) que, em suas diversas dimensões, preveem: 1 – a erradicação da pobreza; 2 – fome zero e agricultura sustentável; 3 – saúde e bem-estar; [...]; 6 – água potável e saneamento; 7 – trabalho decente e crescimento econômico; [...]; 9 – indústria, inovação e infraestrutura; 10– redução das desigualdades; 11 – cidades e comunidades sustentáveis; 12 – consumo e produção responsáveis etc. Os 17 ODS fazem parte de um Pacto Global que tem por missão engajar entes públicos e privados com a nova agenda, restando clara a sua íntima relação com o desenvolvimento econômico.

Consumo sustentável, portanto, é consumo responsável que se relaciona diretamente com a qualidade de vida e com o meio ambiente e que se opõe à eternização da insatisfação que procura a felicidade apenas em atos de consumo. Preocupa-se com a quantidade de produtos produzida e com o consequente descarte.[14] Impõe não só mudanças comportamentais do consumidor, mas exige ações governamentais que visem estabelecer políticas públicas[15] de sustentabilidade (art. 225, CF) e responsabilidade dos agentes econômicos.

No primeiro quarto do século XXI a mudança nos padrões de consumo é mandatória não apenas como critério de desenvolvimento, mas também, em razão de seus extensos impactos ambientais e, por isso, a transformação foi incluída na novo Pacto Global que fixou a Agenda 2030.

Movimentos como o encabeçado pela Resolução n. 44/228, ONU, que expressa preocupação com o manejo dos resíduos sólidos; o movimento espanhol Sem Obsolescência Programada (SOP) que busca colocar no mercado produtos com vida útil mais longa para provocar a competição entre as empresas; a aprovação pela União Europeia[16] de recomendação aos fabricantes para que produzam produtos mais duráveis (vide Resolução n. 4 de jul. 2017); as leis belga e francesa que visam combater a obsolescência programada estabelecendo formas de incentivo a produtos com vida útil mais longa; ao conserto de itens e ao descarte correto de lixo; as normas ISO para emissão de Certificado do Rótulo Ecológico de Qualidade Ambiental (ex.: ISO 14001), entre tantas outras iniciativas.

Além dos movimentos mundiais, outro fator que importa também na revisão da livre prática da obsolescência programada no Brasil é a Política Nacional de Re-

---

14. Cite-se, por exemplo: (i) o Decreto 10.388/2020 que institui o sistema de logística reversa de medicamentos domiciliares vencidos ou em desuso, de uso humano, industrializados e manipulados, e de suas embalagens após o descarte pelos consumidores e o (ii) Decreto 10.240/2020 que trata da implementação de sistema de logística reversa de produtos eletroeletrônicos e seus componentes de uso doméstico.

15. Pasqualotto e Sartori (2017, p. 203) citam como exemplos de ações que podem ser encabeçadas pelo Poder Público: "a imposição legislativa e regulamentações de processos específicos de produção a serem observados pelos fabricantes, coibindo, por exemplo, a prática da obsolescência programada ou ainda o uso de materiais impossíveis de serem reciclados. Outro exemplo é a utilização de instrumentos econômicos, como a tributação com finalidade extrafiscal, induzindo o comportamento dos agentes para que se alcance a sustentabilidade. Tanto uma tributação incisiva sobre condutas incompatíveis com o consumo sustentável, quanto a utilização de incentivos para, por exemplo, que as empresas adotem processos de logística reversa devem ser considerados. Por fim, o Poder Público também pode utilizar instrumentos sociais como a promoção da educação ambiental nas escolas e campanhas de informação para toda a sociedade, gerando uma consciência ecológica na população".

16. O Comitê Econômico e Social Europeu em 2013 adotou parecer sobre o ciclo de vida dos produtos e as informações disponibilizadas ao consumidor, recomendando a divulgação do tempo de vida útil ao consumidor e a criação do Observatório Europeu da Obsolescência Programada. "Ademais, o parecer recomenda que as empresas facilitem o reparo dos produtos, mediante a (i) possibilidade técnica de reparo; a (ii) possibilidade de substituição dos componentes por até 05 anos após a compra do produto; e a (iii) disponibilização de informação sobre as possibilidades de reparo do produto. Outro ponto abordado foi o fomento a medidas de certificação voluntárias, com a padronização das garantias a nível da União Europeia e a manutenção de estoques dos componentes que mais apresentem defeitos" e estabelecimento dos três eixos de combate à obsolescência programada: *ecodesign* dos produtos; economia circular; economia funcional (SCHMIDT NETO, 2021, p. 242).

cursos Sólidos (PNRS, Lei 12.305/10, regulamentada pelo Decreto 7.404/10) que organiza os resíduos e impõe aos setores público e privado o correto gerenciamento destes, além estabelecer uma espécie de corresponsabilidade entre consumidores e fornecedor em todo o ciclo de vida do produto ou serviço (arts. 3°, XVII; 6°, VII, 7°, III; 30, parágrafo único). Além disso, ela também ampliou a responsabilidade dos fornecedores impondo que ao desenvolverem e conceberem seus produtos estejam atentos à possibilidade de reciclagem (art. 30, VI e art. 31, I, 'a'); que gerem a menor quantidade de resíduos possível (art. 31, I, 'b'); que seu ciclo de vida seja continuamente reavaliado (art. 7°, XIII) e que se observem as regras de logística reversa (art. 33).

Implantados adequadamente os princípios e diretrizes da gestão integrada e gerenciamento de resíduos sólidos da PNRS, a prática da obsolescência ganhará novos limites e, talvez, seus efeitos negativos possam ser mitigados, especialmente com a publicação do Decreto 10.240/20 que estabelece as normas de implantação do sistema de logística reversa de eletrônicos de uso doméstico. Mas frise-se, implantar políticas públicas que pensem só sobre o final do ciclo não é suficiente, nem tampouco adequado.

Não bastam iniciativas legislativas,[17] a transformação só virá a partir do momento que os protagonistas da relação de consumo (consumidor e fornecedor) tomarem consciência da necessidade de mudança condutas, comportamentos e hábitos, repensando o ciclo de vida dos produtos, reconhecendo os riscos sociais e ambientais do consumismo e pensando para além do ato de consumir, nos impactos pós-consumo para as presentes e futuras gerações.

---

17. O item V.H. das Diretrizes das Nações Unidas de Proteção do Consumidor por meio de formulação de políticas públicas, estabelece as principais medidas a serem adotadas pelos Estados para se alcançar o consumo sustentável: a) compartilhar a responsabilidade pelo consumo sustentável entre todos, ou seja, Estado, empresa, sindicatos, consumidores. Nesse sentido, as políticas de consumo sustentável e sua integração com outras políticas; responsabilizar as empresas pela promoção do consumo sustentável, que deve ir desde a concepção e produção até a distribuição de bens e serviços; responsabilizar as organizações ambientais e de consumidores para que participem dos debates sobre o consumo sustentável e a adoção de modalidades de consumo sustentáveis; b) adotar estratégias de promoção do consumo sustentável, por meio da combinação de políticas (legislação, instrumentos econômicos e sociais, planos setoriais de uso do solo, transporte, energia e habitação), programas de informação sobre impactos de padrões de produção e consumo insustentáveis, promoção de boas práticas no setor; c) promover o desenvolvimento e a utilização de produtos e serviços que economizem energia e recursos, bem como programas de reciclagem; d) promover a adoção de normas nacionais e internacionais sobre saúde e segurança alimentar de produtos e serviços; e) controlar o uso de substâncias nocivas ao meio ambiente; f) sensibilizar o público em geral sobre os benefícios para a saúde derivados de padrões de consumo e produção sustentáveis; g) promover a modificação de padrões de consumo insustentáveis, por meio do desenvolvimento e utilização de novos produtos e serviços que sejam racionalmente ambientais; h) criar mecanismos regulatórios eficazes para a proteção do consumidor que contemplem o consumo sustentável; i) utilizar instrumentos fiscais e de internalização de custos ambientais para promover o consumo sustentável; j) desenvolver indicadores, metodologias e bancos de dados públicos para medir os avanços rumo ao consumo sustentável; k) introduzir práticas sustentáveis na própria operação do Estado, nomeadamente no que se refere às suas aquisições; l) promover pesquisas sobre o comportamento do consumidor e os danos ambientais relacionados, a fim de determinar padrões de consumo mais sustentáveis.

4. OBSOLESCÊNCIA PROGRAMADA COMO PRÁTICA ABUSIVA

Para além de questões de moralidade,[18] tão difíceis de serem notadas em ambientes empresariais altamente competitivos, é necessário pensar na legalidade da conduta que adota o efêmero como algo natural aos produtos e serviços que ingressam no mercado.

Frise-se, não se quer aqui afirmar freios às inovações tecnológicas, nem tão pouco ao desenvolvimento de produtos e serviços ou muito menos se falar em consumo apenas para subsistência. O que se está a afirmar é que os excessos devem ser combatidos não só porque impõem vantagens manifestamente excessivas aos fornecedores (vide a proibição do enriquecimento ilícito, art. 884, CC e os arts. 39, V e 51, IV, CDC), mas porque trazem altíssimos danos ao consumidor (individual e coletivo), à sociedade e ao meio ambiente.

O consumidor não é apenas bombardeado por novos produtos que despertam desejos de consumo, mas é duramente afetado pela diminuição do tempo de vida útil desses mesmos bens. A baixa durabilidade, no entanto, não é apenas determinada pelas limitações de matéria-prima ou técnicas de fabricação, mas sim, pela redução proposital da utilidade e usabilidade de produtos que poderiam ter uma vida mais longa, não fosse a ausência de limites à obsolescência programada.

E é nesse sentido que diversos países vêm condenando por obsolescência programada práticas como a da *Apple* que quando atualizou o sistema operacional do *iPhone* em 2017 deixou maliciosamente os aparelhos mais antigos lentos, além de provocar a perda proposital de vida útil da bateria inviabilizando o uso dos *iPhones* 5, 6, 7 e SE. Em diversos países, também, estão sendo adotadas medidas que incentivam o reparo de produtos e organizações não governamentais acabam acusando empresas como a *Samsung* de impedir ou dificultar que o próprio usuário possa realizar reparos (*repair right* e *self repair*) nos seus produtos.

Em sociedades consumocentristas como a brasileira ao consumidor não pode ser relegado o papel exclusivo de consumir. A ele deve ser garantido o protagonismo na relação o que, inclui, o direito de exigir produtos cuja durabilidade não seja ardilosamente reduzida pelo fornecedor apenas com a intenção de fazê-lo consumir mais. A obsolescência programada não pode agravar a condição de vulnerabilidade do consumidor.

Assim, quando um fornecedor reduz propositadamente a vida útil de seus produtos, sem que haja uma justificativa exclusivamente técnica para isso, está a praticar ato ilícito passível de responsabilização, especialmente porque a informação (princípio da Política Nacional das Relações de Consumo estabelecido no art. 4º, III,

---

18. Como afirma Bauman (2011, p. 64) "a forma como a mercadoria penetra e reordena as dimensões da vida social até então isentada da sua lógica, a tal ponto que a própria subjetividade se torna uma mercadoria a ser comprada e vendida, sob a forma de beleza, limpeza, sinceridade e autonomia".

IV e direito básico do consumidor, nos termos do art. 6º, III, CDC) sobre a conduta raramente estará clara para o consumidor.

A informação que acompanha o produto ou serviço e sua publicidade têm por finalidade esclarecer, permitindo ao consumidor realizar uma opção racional sobre a aquisição do bem, ponderando, inclusive, o custo-benefício em razão do preço e durabilidade. Deve, ainda, destacar as consequências daquele consumo e explicando o que seria o "consumo adequado" daquele produto, uma vez que também a educação é direito básico do consumidor (art. 6º, II do CDC). A falta ou inadequação do dever de informar agrava a situação de vulnerabilidade do consumidor, dificultando a realização de escolhas que realizem suas expectativas e produzindo claro desequilíbrio nas prestações.

> É que tendo a informação acerca do período do ciclo de vida do produto e verificando que ele não irá superar o mínimo razoável para recuperar seu investimento, permitirá ao consumidor mais racionalidade para deliberar se irá: i. adquirir ou não o produto de reduzido ciclo de vida; ii. adiar sua aquisição, considerando o ciclo de vida informado; iii. avaliar se o produto compromete ou não o desenvolvimento sustentável, entre outros critérios de racionalidade para a sua decisão (FRANZOLIN, 2017, p. 49).

Por isso, o dever de informar o consumidor é instrumental e quando não alcança o resultado esclarecimento (ou informação qualificada) a violação do princípio resta evidente. Por isso, a informação sobre o que o fabricante pretende por vida útil do bem deve ser tratada como obrigatória, porque, a partir dela, o consumidor pode fazer uma opção refletida sobre o custo-benefício, garantindo-lhe, também, livre escolha.[19] Assim, o simples fato de esclarecer ao consumidor qual é a vida útil prevista para o produto o serviço, já seria uma forma de colocar freios no uso descontrolado da obsolescência programada. Em algum sentido, a doutrina jurídica e a jurisprudência também precisarão reavaliar o que significa a categoria do bem durável, segundo estas mesmas diretrizes.

É de idoneidade e transparência que se está a falar aqui. A obsolescência programada é uma das mais repudiáveis práticas adotadas por fornecedores dos mais variados produtos uma vez que viola escancaradamente a confiança (frustração da legítima expectativa), elemento central do próprio princípio da boa-fé. Não informar a durabilidade do produto configura, por si só, vício de informação capaz gerar a responsabilização do fornecedor nos termos dos arts. 18 e 20, CDC.

A obsolescência programada pode, ainda, ser considerada, vício oculto do produto ou serviço uma vez que prática deliberada do fornecedor e não informada ao consumidor no momento da aquisição. Configurado o dano resultante de diminuição forçada da vida útil do bem, presente, mais uma vez, a possibilidade de responsabilização do fornecedor por vícios de qualidade nos termos dos arts. 18 e 20, CDC (em

---

19. A liberdade de escolha não pode continuar sendo mitigada e manipulada seja pelo excesso, seja pela falta de informação.

clara aplicação da teoria do risco), uma vez que deixa de assegurar ao consumidor as qualidades substanciais (e muitas vezes anunciadas) dos produtos e serviços.

É preciso também lembrar que o consumo de produtos e serviços é altamente influenciado por campanhas publicitárias (muitas delas milionárias) que deixam de fazer referência ao ciclo de vida do produto, outro fato, que por si só, poderia caracterizar publicidade enganosa (art. 37, § 1º, CDC) porque induz o consumidor a adquirir o bem omitindo maliciosamente a sua durabilidade ou usabilidade que será reduzida propositadamente pelo fornecedor (informação que pode ser determinante para o ato de consumo). Ainda, poderia ser considerada publicidade abusiva uma vez que desrespeita valores ambientais (também vedada como cláusula contratual no art. 51, XIV, CDC), tirando vantagem da vulnerabilidade do consumidor e incentiva comportamentos contrários à ideologia consumerista que perpassa todo o CDC[20] (art. 37, § 2º, CDC).

Além disso, o art. 32, CDC, determina que é responsabilidade do fornecedor assegurar a oferta de componentes e peças de reposição,[21] enquanto durar o processo de fabricação, comercialização ou importação, devendo ser mantida por prazo razoável após a cessação da oferta. Portanto, é direito do consumidor reparar bens que tenham sofrido danos materiais em razão do uso ou até do desgaste natural de peças. O CDC garante a manutenção do ciclo de vida do produto, além de se preocupar em evitar descarte desnecessário.

Embora nunca se tenha regulado especificamente o que seria o tal do 'prazo razoável', certo é que um *smartphone* não pode ter (ou pelo menos não deveria ter) prazo de durabilidade de menos de três anos. No entanto, fabricantes precisando manter os altos níveis de consumo e visando criar desejos de consumo, acabam por meio de práticas ilícitas, reduzindo a usabilidade desses equipamentos simplesmente por atualizações de *softwares* que, em muitas circunstâncias, têm como única intenção: reduzir a velocidade do aparelho; impedir a continuidade de uso de aplicativos; ou até mesmo 'matar' a bateria do equipamento. Se o fabricante intencionalmente retira a utilidade do equipamento, independente do seu tempo de vida útil, a obsolescência programada extrapola os limites de uma possível legalidade e da própria boa-fé.

A inexistência de um conceito de ciclo de vida dos bens de consumo impede a clara delimitação do que seria excepcionalmente aceitável em termos de obsolescência programada. No entanto, a identificação da vida útil é critério essencial para se

---

20. "Os estudiosos apontam o amplo campo da publicidade abusiva ao classificá-la como aquela "que contrarie o sistema valorativo que permeia o ordenamento jurídico da nossa sociedade, sobretudo nos mandamentos da Constituição Federal e das leis, tais como o valor da dignidade da pessoa humana (art. 1º, III, da CF), da paz social, da igualdade e não discriminação (arts. 3º, IV, e 5º, *caput*, da CF), de proteção à criança e ao adolescente (art. 227 da CF) e ao idoso (art. 230 da CF), da tutela à saúde (art. 196 da CF) e ao meio ambiente (art. 225 da CF), dentre tantos outros de importância para o desenvolvimento de uma sociedade justa e solidária" (NEVES, 2013, p. 331).

21. Saliente-se que não basta assegurar, é preciso oferecer preços de peças e assistência técnica razoáveis e/ou acessíveis. Impor preços elevados caracterizará também uma forma de obsolescência identificada pela irreparabilidade do objeto pelo alto custo imposto.

estabelecer o equilíbrio entre a responsabilidade do fornecedor e a legítima expectativa do consumidor (analisada a partir das informações prestadas pelo fornecedor na comercialização ou divulgação do bem), utilizando-se parâmetros razoáveis de durabilidade e usabilidade.

No entanto, trata-se de critério que embora possa ter contornos legais, exige aferição concreta, devendo-se analisar desde a expectativa criada no consumidor, até o material empregado, o propósito funcional, a manutenção realizada, a utilidade esperada e quando se tratar de produtos sujeitos à regulamentação (Lei 9.933/1999) ainda se deve observar as normas técnicas estabelecidas pelo Instituto Nacional de Metrologia, Qualidade e Tecnologia (Inmetro). E é exatamente essa análise que permitirá esclarecer se o bem padeceu de uma obsolescência natural (esperada) ou se ela foi provocada por condutas ilegais do fornecedor.

5. OBSOLESCÊNCIA PROGRAMADA: ANÁLISE DA RECENTE JURISPRUDÊNCIA DO SUPERIOR TRIBUNAL DE JUSTIÇA

Se não bastasse a inexistência de limites legais específicos para a obsolescência,[22] os tribunais brasileiros parecem também ainda não ter compreendido quais os contornos entre a legalidade e a abusividade da conduta, bem como, parecem não as compreender, ainda, como violações não só à legislação consumerista, mas também às políticas de proteção ao meio ambiente.

Em pesquisa realizada junto ao Superior Tribunal de Justiça (STJ), entre os anos de 2015-2021, utilizando-se a expressão obsolescência foram encontradas pouquíssimas decisões, dentre as quais, se destacam: (i) o AREsp 1.099.033-GO (16 ago. 18); (ii) o AREsp 1.229.225-SP (16 ago. 19); (iii) o AREsp 1.514.923-RJ (6 ago. 19); (iv) o AREsp 1.298.981-SP (21 out. 19); e (v) o AREsp 1.698.267-RJ (6 ago. 20).

5.1 O Agravo em Recurso Especial 1.099.033-GO foi interposto contra decisão do Tribunal de Justiça do Estado de Goiás em caso que discutia prazo de permanência mínima em contrato de telefonia móvel e comodato de aparelho. O agravante, entre outros argumentos sustentou a necessidade de substituição do aparelho uma vez que menos de cinco meses após a adesão ao serviço o equipamento foi tirado de linha e substituído por outro com tecnologia mais avançada. O STJ conheceu o recuso, mas desproveu-o, sustentando não haver ofensa ao art. 32, CDC, com a obsolescência do aparelho durante o período de garantia, confirmando a decisão recorrida. Afirmou o tribunal que "foge a razoabilidade a pretensão de um consumidor de exigir que a empresa de telefonia lhe venda um produto de tecnologia diferenciada por preço

---

22. Conclui Neves (2013, p. 329) que "no atual estado do regramento brasileiro (e, cremos, assim será enquanto a sociedade se pretender capitalista), transita entre a legalidade e a ilegalidade, conforme a modalidade de sua manifestação. Em uma frase: a obsolescência programada em abstrato é lícita, constituindo exercício regular da livre-iniciativa constitucionalmente consagrada, salvo quando houver norma (regra ou princípio) proibitiva incidente à espécie".

de custo ou inferior, sob o argumento de que a fornecedora realizou venda casada, o produto adquirido saiu rápido de linha ou que não foi suficientemente informado de que, em caso de dano causado por culpa do consumidor, teria que adquirir outro produto pelo preço de mercado".

Embora a decisão pareça ter sido acertada quanto à possibilidade de fidelização e sua não caracterização como venda casada, deixou clara também a completa incompreensão do fenômeno obsolescência e seus impactos no contrato firmado, confundindo a conduta com a possibilidade de existência de inovações tecnológicas durante a vigência do contrato. A decisão também parece ter ignorado os reflexos das omissões informativas no momento de formação do vínculo contratual, o que é preocupante quando se pensa em relações de consumo e agravamento da vulnerabilidade do consumidor.

5.2 O Agravo em Recurso Especial 1.229.225-SP foi interposto em face de decisão que inadmitiu Recurso Especial contra acórdão do Tribunal de Justiça do Estado de São Paulo no qual se discutiu a impossibilidade de continuidade de serviços de implementação, manutenção e licenciamento de *software* em razão da obsolescência do programa objeto do contrato. No caso, afirmou-se que o desenvolvimento de novas versões do programa não desobriga a contratada a manter assistência do *software* antigo ainda em uso. Discutiu-se a legalidade de cláusula contratual que previa a possibilidade de interrupção do serviço no caso de utilização de versões em desacordo com as exigências técnicas e legais; a legalidade da permissão de uso adquirida limitada à vida útil do *software*; a possibilidade de cobrança sobre atualização do programa; e o fato da agravada querer continuar a usar o *software* sem as atualizações coloca em risco o serviço oferecido não podendo a contratada garantir segurança e compatibilidade com outros programas.

A decisão agravada não reconheceu existência de previsão contratual de descontinuação do serviço em razão de evolução tecnológica ou qualquer referência ao ciclo de vida do programa, afirmando, no entanto, haver previsão quanto ao fornecimento de versões atualizadas do *software* contratado.

Trata-se de interessante discussão sobre a obsolescência programada tecnológica que afeta diretamente serviços contratados e que contrapõe as noções de atualização de versão e nova versão do sistema. A decisão reconheceu que a hipótese versava sobre nova versão do programa e que o fornecimento desta estaria abarcada por cláusula contratual que previa a substituição do sistema caso fosse liberada versão mais atualizada, no entanto, condicionada ao pagamento do preço correspondente. Afirmou ter a requerente contratualmente direito a eventuais atualizações do *software* contratado, mas que não era esse o caso. Determinou a manutenção dos serviços contratados e ao acesso às atualizações do *software* sem qualquer custo adicional, sem, no entanto, obrigar a contratada a implantar um sistema diverso do contratado.

A obsolescência tecnológica talvez hoje seja a mais preocupante em razão da efemeridade dos *softwares* e *hardwares* e, por isso, a discussão sobre a possibilidade de continuidade de uso de equipamentos e programas que rapidamente perdem sua utilidade em razão de atualizações lançadas pelos fabricantes precisa ser analisada com cautela em especial quando previstas em cláusulas contratuais. Infelizmente, contudo, a análise de cláusulas contratuais é obstada, para os Tribunais Superiores, pela Súmula n. 5 do STJ. Neste sentido, também se pode destacar as situações que envolvem contratações internacionais e a limitação da garantia contratual a um determinado território[23] ou em confronto a normas de ordem pública nacionais.

5.3 O Agravo em Recurso Especial 1.514.923-RJ interposto em face de decisão proferida pelo Tribunal de Justiça do Estado do Rio de Janeiro que discutia a obsolescência de técnica de serviço hospitalar em caso de infecção por microbactéria. Para além das sensíveis questões que envolvem a discussão sobre responsabilidade das instituições de saúde em razão de infecção hospitalar, a decisão discutiu suposta desatualização da técnica empregada pelo nosocômio na prestação de seus serviços.

Afirmou a decisão agravada que ficou demonstrado que a autora contraiu infecção hospitalar no estabelecimento réu, restando provado que a microbactéria causadora da infecção era resistente aos métodos químicos de esterilização do material cirúrgico vigentes à época dos fatos. A decisão reconheceu a possibilidade de responsabilização do hospital que conhecia a epidemia do dito agente infeccioso e não adicionou outros meios de proteção às suas técnicas de esterilização.

Essa decisão, embora de passagem, tenha contraposto aquilo que se afirma ser obsolescência natural do serviço e obsolescência programada, caracterizada aquela no caso analisado, acabou por não aprofundar o assunto. A importância de se pontuar esse julgado aqui ocorre justamente por deixar evidenciado que muitas vezes, apenas a análise da hipótese concreta poderá oferecer elementos para garantir a correta diferença entre os dois tipos de conduta e os reflexos na responsabilização do fornecedor, podendo eventualmente a primeira hipótese ser invocada como excludente de responsabilidade pelo risco do desenvolvimento.

5.4 O Agravo em Recurso Especial 1.298.981-SP direcionou-se contra decisão do Tribunal de Justiça do Estado de São Paulo em que se discutiu a possibilidade de reajustamento de preços em contrato de fornecimento de equipamentos de informática, de peças de manutenção e *software* firmado com a Administração Pública.

---

23. Cite-se o interessante caso Panasonic que envolvia a pretensão de consumidor de ser ressarcido pelos custos de conserto de equipamento adquirido no exterior. Este caso, pioneiro de aplicação do CDC e de discussão de consumo internacional, acabou não deixando claro o fundamento da responsabilização (se baseada na garantia, por exemplo) (BRASIL. Superior Tribunal de Justiça, Recurso Especial n. 63.981, 4ª T., rel. Min. Aldir Passarinho Junior, Plinio Augusto Prado Garcia versus Panasonic do Brasil Ltda, j. 11 abr. 2000).

A decisão agravada reconheceu que esses bens e serviços são notoriamente sujeitos à obsolescência e à desvalorização ao longo do tempo. No entanto, afirmou não ser possível se presumir em contratos com a Administração Pública que a pretendida atualização de valores de cada ordem de serviço teria por escopo garantir equilíbrio econômico-financeiro do contrato ou dos valores nele expressos. Sequer a autora chegou a alegar eventual desequilíbrio capaz de impedir o cumprimento do contrato. Do julgado pode-se notar o impacto do reconhecimento de eventual obsolescência (natural ou programada) para contratações com a Administração Pública. Poder-se-ia, então, questionar até onde este tema precisaria ser endereçado a partir do edital de aquisição e até onde se trata de aplicação decorrente de dois princípios: interesse público e desenvolvimento nacional sustentável.[24]

5.5 O Agravo em Recurso Especial 1.698.267-RJ foi interposto contra decisão do Tribunal de Justiça do Estado do Rio de Janeiro que julgou parcialmente procedente pedido formulado por consumidor de substituição de seu aparelho auditivo. Em suas razões sustentou a pretensão alegando vício oculto manifestado após o término do prazo de garantia em razão da cessação da comercialização da órtese. Sustentou a empresa fornecedora que o contrato concede prazo de garantia de 3 anos dentro dos quais garante o regular funcionamento e assistência técnica do aparelho sem custo para o consumidor. Finda a garantia, correm por conta do consumidor os custos com eventuais reparos.

O acórdão recorrido, no entanto, reconheceu que não houve prova sobre o tipo de vício que maculou o aparelho para concluir, sem muitos elementos, que houve obsolescência programada. Ressaltou, ainda, que a disponibilização de novas tecnologias pelo fornecedor não torna o produto anterior obrigatoriamente defeituoso. A decisão afirmou que a obsolescência não é presumida, sendo imprescindível análise probatória que conduza à sua caracterização, o que não foi realizado no caso.

A decisão reconheceu que o aparelho auditivo não é mais fabricado e que há dificuldade em se encontrar peças disponíveis para consertos. Dada a sua defasagem e a custosa reposição de peças, entendeu o tribunal ser dever do fornecedor proceder a substituição do equipamento, caracterizando a obsolescência programada.

Dos poucos julgados encontrados pode-se concluir que: 1 – o tema é pouco debatido nos tribunais brasileiros; 2 – o tema exige um maior refinamento técnico para evitar confusões que podem causar prejuízo do consumidor (direta ou indiretamente); 3 – obsolescência programada e obsolescência natural não se confundem e muitas vezes apenas a partir da análise probatória se poderá determinar a espécie; 4 – a obsolescência programada pode impactar diretamente em certas cláusulas contratuais e deveres anexos à boa-fé objetiva.

Não há dúvidas, a obsolescência programada é método comercial agressivo, enganoso e abusivo que não só causa uma série de prejuízos ao consumidor, mas

---

24. Vide o art. 5º, da Lei 14.133/2021 que estabelece a Lei de Licitações e Contratos Administrativos.

também ao meio social e ao meio ambiente. A mudança de cultura e de estratégia é necessária não só em atenção à proteção do consumidor, mas também razão da própria tutela da dignidade da pessoa humana.

6. CONSIDERAÇÕES FINAIS

Enquanto em 1933, o economista Bernard London (o primeiro a teorizar sobre obsolescência programada) chegou a defender no livro *The New Prosperity* que a prática da obsolescência fosse inclusive estabelecida em lei como obrigatória (compulsória),[25] hoje percorre-se o caminho oposto. Ainda que se possa reconhecer que, de certa forma, faz a conduta parte do modo operacional da sociedade consumista, fato é que limites precisam ser estabelecidos por leis que tutelam o consumidor e o meio ambiente e que visam o desenvolvimento sustentável.

Infelizmente o CDC, embora seja uma norma informada por claros princípios consumeristas, não dá conta sozinho da obsolescência cada vez mais nefasta e as iniciativas legislativas brasileiras para estabelecer freios mínimos são praticamente inexistentes não só pelo baixo interesse, mas também pelo alto *lobby* que utiliza discursos sedutores como o do alto impacto na indústria, economia e a limitação ao desenvolvimento tecnológico, como os principais argumentos contra eventuais limitações à prática da obsolescência.

Passou do momento de escolhas serem feitas! Não só porque o custo ambiental se tornou insuportável, mas porque os reflexos sociais dessas práticas têm afetado duramente a própria dignidade da pessoa humana. Para além da visão Utilitarista, o ordenamento brasileiro impõe se pensar a própria proteção da pessoa (visão Personalista), uma vez que a dignidade foi estabelecida como valor-fonte (art. 1º, III, CF).

A pauta de valores não pode ser informada apenas por argumentos econômicos, mas valores sociais e ambientais devem prevalecer. O preço social, reflexo da atividade econômica, deve entrar no cálculo daquilo que se define por custo-benefício das práticas empresariais. O consumo consciente e responsável deve ser incentivado adotando-se padrões mais sustentáveis de produção, melhores práticas de comercialização e informação mais transparente sobre o ciclo de vida do bem e sua durabilidade que permitam decisões e escolhas mais racionais pelos consumidores.

---

25. "O plano consistia em atribuir uma vida útil a todos os produtos de manufatura, mineração e agricultura no momento de sua produção. Uma vez expirado esse prazo legal, atribuído por engenheiros, economistas e matemáticos a serviço do Governo, os bens estariam 'legalmente mortos'. Sua crença era que após um primeiro processo de 'varredura' necessário para eliminar os produtos obsoletos em uso, o sistema funcionaria sem problemas no futuro. Novos produtos seriam constantemente produzidos para tomar o lugar dos obsoletos. Os empregos seriam restaurados e a prosperidade das empresas recuperaria o país. A proposta de obsolescência compulsória não encontrou acolhida legislativa e obsolescência programada difundiu-se com a manipulação da estrutura e dos materiais empregados na fabricação de produtos (obsolescência programada técnica, de qualidade ou em sentido estrito), tal como preconizava sua gênese na adulteração de mercadorias (SCHMIDT NETO, 2021, p. 231).

7. REFERÊNCIAS BIBLIOGRÁFICAS

ASSUMPÇÃO, Lia. *Obsolescência programada, práticas de consumo e design:* uma sondagem sobre bens de consumo. Dissertação (Mestrado em Arquitetura e Urbanismo) – Faculdade de Arquitetura e Urbanismo, Universidade de São Paulo. São Paulo, 2017.

BARBOSA, Lívia. *Sociedade de consumo.* Rio de Janeiro: Zahar, 2008.

BAUMAN, Zygmunt. *Vida para consumo:* A transformação das pessoas em mercadoria. Rio de Janeiro: Zahar, 2008.

BRASIL. Superior Tribunal de Justiça, Agravo em Recurso Especial 1.099.033, 1ª T., rel. Min. Sérgio Kukina, Edmar Lazaro Borges versus Oi Móvel S/A, j. 15 ago. 2018.

BRASIL. Superior Tribunal de Justiça, Agravo em Recurso Especial 1.229.225, 4ª T., rel. Min Raul Araújo, Totvs S/A versus UNIMED de Monte Alto Cooperativa de Trabalho, j. 16 ago. 2019.

BRASIL. Superior Tribunal de Justiça, Agravo em Recurso Especial 1.514.923, Presidência do STJ, Amparo Feminino de 1912 versus Pedro MuxFeldt Paim Benet, j. 06 ago. 2019.

BRASIL. Superior Tribunal de Justiça, Agravo em Recurso Especial 1.298.981, 2ª T., rel. Min. Assusete Magalhães, Procomp Indústria Eletrônica Ltda. versus Fundação para o desenvolvimento da Educação, j. 17 out. 2019.

BRASIL. Superior Tribunal de Justiça, Agravo em Recurso Especial 1.698.267, Presidência do STJ, Advanced Bionics Instrumentos Auditivos do Brasil Ltda. versus M. A. P. de S, j. 04 ago 2020.

BRASIL. Superior Tribunal de Justiça. Recurso Especial 63.981, 4ª T., rel. Min. Aldir Passarinho Junior, Plinio Augusto Prado Garcia versus Panasonic do Brasil Ltda, j. 11 abr. 2000.

FRANZOLIN, Cláudio José. Obsolescência planejada e pós-consumo e a tutela do consumidor. *Revista de Direito do Consumidor,* v. 109/2017, p. 39-75, jan.-fev. 2017.

JOAQUIM, Juliana Mattos do Santos; VIEIRA, Patrícia Ribeiro Serra. A obsolescência programada no contexto das relações de consumo. *Caderno de Direito e Políticas Públicas,* a. 2, v. 1, n. 1, p. 57-75, jan.-jun. 2020.

LIPOVETSKY, Gilles. *O império do efêmero:* A moda e seu destino nas sociedades modernas. 6. ed. São Paulo: Companhia das Letras, 1989.

NEVES, Julio Gonzaga Andrade. A obsolescência programada: desafios contemporâneos da proteção do consumidor. *Revista de Direito do Consumidor,* v. 23/2013, p. 321-340, jan.-jun. 2013.

PACKARD, Vance. *A estratégia do desperdício.* São Paulo: Ibrasa, 1965.

PASQUALOTTO, Adalberto de Souza; SARTORI, Paola Mondardo. Consumo sustentável: limites e possibilidades das práticas de consumo no contexto nacional. *Revista de Direito do Consumidor,* Revista dos Tribunais, v. 85/2017, p. 191-216, jan.-mar. 2017.

SCHMIDT NETO, André Perin. Obsolescência programada nas relações de consumo. *Revista de Direito do Consumidor,* v. 134/2021, p. 227-249, mar.-abr. 2021.

SILVA, Maria Beatriz Oliveira. Obsolescência programada e teoria do decrescimento versus direito ao desenvolvimento e ao consumo (sustentáveis). *Veredas do Direito,* Belo Horizonte, v. 9, n. 17, p. 181-196, jan.-jun. 2012.

SLADE, Giles. *Made to break:* technology and obsolescence in America. London: Harvard University, 2007.

DISTINÇÃO ENTRE OS PRAZOS PRESCRICIONAIS E DECADENCIAIS PARA O EXERCÍCIO DE PRETENSÕES POR INADIMPLEMENTO CONTRATUAL NAS RELAÇÕES DE CONSUMO

Cássio Monteiro Rodrigues

Doutorando e Mestre em Direito Civil pela UERJ. Especialista em Responsabilidade Civil e Direito do Consumidor pela EMERJ. Graduado em Direito pela UFRJ. Professor convidado dos cursos de Especialização da PUC-Rio e do CEPED-UERJ. Advogado

Sumário: 1. Introdução – 2. Prescrição e decadência no CDC: compatibilização dos prazos e hipóteses para exercício da pretensão por fato e por vício do produto e do serviço – 3. Prazo prescricional da pretensão reparatória por inadimplemento contratual no âmbito do CDC – 4. Conclusão – 5. Referências bibliográficas.

1. INTRODUÇÃO

Novas formulações e instrumentos da responsabilidade civil são elaborados a todo momento pela doutrina jurídica. Pautada pelo paradigma da personalização e despatrimonialização do direito civil, que a levou a se voltar para a proteção da vítima,[1] com vistas a sua reparação integral, ampliam-se as hipóteses de danos indenizáveis, seja o dano que decorre do ato ilícito ou do inadimplemento do contrato, ou a flexibilização de seus pressupostos, a fim de se tutelar novos interesses merecedores de tutela.

Nesse processo, importante ressaltar o procedimento de qualificação das situações jurídicas, apto a deflagrar diferentes remédios do ordenamento jurídico para o exercício do direito das pessoas. Essa valoração deve ser realizada com base no papel funcional dos institutos jurídicos,[2] de modo que prevaleça sua função social perante seu perfil estrutural, que pode não apresentar a resposta mais adequada aos problemas complexos da realidade social.

---

1. Nesse sentido, vide BODIN DE MORAES, Maria Celina. Constituição e Direito Civil: Tendências. *Revista dos Tribunais*, n. 779, 2000; E, ainda, RAMOS, Carmem Lucia Silveira. "A constitucionalização do direito privado e a sociedade sem fronteiras". In: FACHIN, Luiz Edson (Coord.). *Repensando fundamentos do Direito Civil contemporâneo*. Rio de Janeiro: Renovar, 1998.
2. Antes de se adentrar no estudo das funções da responsabilidade civil, relembre-se a lição de Salvatore Pugliatti, para quem a função é "a razão genética do instrumento, e a razão permanente de seu emprego, isto é a sua razão de ser. Por via de consequência, é a função que irá determinar a estrutura, pois o interesse tutelado é o centro de unificação em respeito do qual se compõem os elementos estruturais do instituto." (PUGLIATTI, Salvatore. *La proprietà nel nuovo diritto*, Milano: Giuffrè, 1954. p. 300).

No tocante à tutela do consumidor, cabe ressaltar, então, a divisão existente na lei e na doutrina, que separa, com base no critério do tempo, a possibilidade de exercício das pretensões reparatórias decorrentes dos fatos e vícios do produto e do serviço, sujeitas à prescrição ou à decadência, ou mesmo a prazos prescricionais distintos.

Assim, em breves linhas e sem pretensão de esgotar o tema, o presente artigo busca destacar a importância da identificação criteriosa da pretensão reparatória para correta correlação ao prazo prescricional ou decadencial previsto em lei e, ainda, busca analisar uma assimetria em especial, que toca todas as pretensões condenatórias, qual seja, a distinção existente entre o prazo prescricional aplicável às hipóteses de responsabilidade por fatos do produto e serviço em relação às de inadimplemento contratual, no âmbito do Código de Defesa do Consumidor ("CDC") e, mais especificamente, qual o prazo desta última, se o prazo geral do art. 205 do Código Civil ("CC/02") ou aqueles constantes do art. 26 do CDC.

De modo a aclarar o debate e demonstrar a importância da matéria, o estudo se valerá da análise funcional dessa distinção, bem como da fundamentação utilizada pelo Superior Tribunal de Justiça ("STJ") ao julgar o REsp 1.721.694/SP, para demonstrar qual é o instituto e prazo aplicável no âmbito do CDC.

2. PRESCRIÇÃO E DECADÊNCIA NO CDC: COMPATIBILIZAÇÃO DOS PRAZOS E HIPÓTESES PARA EXERCÍCIO DA PRETENSÃO POR FATO E POR VÍCIO DO PRODUTO E DO SERVIÇO

A fim de compatibilizar os anseios sociais com as normas do ordenamento, naturalmente unitário e sistemático,[3] a doutrina e jurisprudência da responsabilidade civil voltam seus olhos para uma sistematização da matéria, inclusive com relação às hipóteses em que ocorreriam a perda de um direito, já que o decurso do tempo é algo que afeta toda e qualquer relação jurídica, especialmente as relações contratuais.

O ordenamento jurídico trabalha com a prescrição, a punição de perda do exercício do direito de ação,[4] mas também com o instituto da decadência, ambas as espécies conhecidas de extinção de um direito, sendo esta última a "(...) perda efetiva de um direito, pelo seu não exercício no prazo estipulado, somente pode ser relacionada aos direitos potestativos, que exijam uma manifestação judicial".[5]

O instituto da prescrição[6] tem como função conferir certeza e estabilidade às relações jurídicas, eis que não seria possível suportar uma situação eterna de insegu-

---

3. Nesse sentido, vide CANARIS, Claus-Wilhein. *Pensamento sistemático e conceito de sistema na ciência do direito*. Introdução e Trad. A. Menezes Cordeiro. Lisboa: Fundação Calouste Gulbenkian, 1989.
4. PONTES DE MIRANDA, Francisco Cavalcanti. *Tratado de direito privado*. 2. ed. Borsoi, 1984. t. VI, § 699, item.2, p. 283; e, DANTAS, F. C. de San Tiago. *Programa de direito civil*. Atual. Gustavo Tepedino et alii. 3. ed. Rio de Janeiro: Forense, 2001. v. I. p. 342.
5. GAGLIANO, Pablo Stolze; PAMPLONA FILHO, Rodolfo. *Novo curso de direito civil, volume I: parte geral*. 12. ed. rev. e atual. São Paulo: Saraiva, 2010. p. 513.
6. "É o instituto pelo qual o ordenamento busca punir o titular de um direito ou pretensão que, sabendo do prazo que tinha para exercê-la, não o faz, deixando que o tempo passe sem qualquer movimentação passível

rança, com o "papel de punir o titular que se mantém inerte em seu exercício".[7] Nas palavras de Arnaldo Rizzardo, "se perpétuo ou reservado indefinidamente o direito de reclamar, desapareceria a estabilidade de toda a espécie de relações".[8]

O critério temporal se revela pilar fundamental da possibilidade de exercício de pretensões pelo consumidor no tocante ao descumprimento de deveres no âmbito de relações de consumo, para casos de fato e vício do produto e do serviço.

É interessante notar que o CDC *não* adota a divisão basilar entre responsabilidade contratual e extracontratual, para fins de responsabilização do fornecedor. As regras de responsabilidade civil no diploma consumerista, apesar de possuírem a mesma base da lógica do CC/02 (diga-se, necessidade de comprovação dos seus elementos, conduta, nexo causal e dano), possuem fonte distinta.[9]

Nessa linha, veja-se a lição de Antônio Herman Benjamin:

"O tratamento que o Código dá a essa matéria [da responsabilidade] teve por objeto superar, de uma vez por todas, a dicotomia clássica entre responsabilidade contratual e responsabilidade extracontratual. Isso porque o fundamento da responsabilidade civil do fornecedor deixa de ser a relação contratual (responsabilidade contratual) ou o fato ilícito (responsabilidade aquiliana) para se materializar em função da existência de um outro tipo e vínculo: a relação jurídica de consumo, contratual ou não. (...) O texto legal simplesmente não as teve em mente. Muito ao contrário, procurou delas se afastar, sepultando, por assim, dizer, a *summa divisio* clássica."[10]

A leitura do art. 2º do CDC poderia levar a crer que o consumidor seria sempre um contratante e, como consequência, que o regramento de responsabilidade do CDC obedeceria aos ditames da responsabilidade contratual. Na realidade, o CDC possui regime singular, que não é baseado nessa clássica distinção, mas sim no regime de tutela do fato/vício do produto ou do serviço,[11] que possibilita, conforme seu art. 17, que vítimas do evento sejam equiparadas como se consumidores fossem, como se tivessem adquirido aquele produto ou serviço, de modo a reclamar a responsabilização do fornecedor.

---

de impedir sua fluência." (LEITE, Marina Duque Moura. VAZ, Marcella Campinho. Causas suspensivas e interruptivas da prescrição no Código Civil. In: BODIN DE MORAES, Maria Celina (Coord.). *A juízo do tempo*: estudos atuais sobre prescrição. Rio de Janeiro: Processo, 2019. p. 150-151).

7. SOUZA, Eduardo Nunes de. SILVA, Rodrigo da Guia. Incapacidade civil e discernimento reduzido como causas obstativas da prescrição e da decadência. In: BODIN DE MORAES, Maria Celina (Coord.). *A juízo do tempo*: estudos atuais sobre prescrição. Rio de Janeiro: Processo, 2019. p. 39.

8. RIZZARDO, Arnaldo. *Parte geral do Código Civil*. 2. ed. Forense, 2003. p. 593

9. TEPEDINO, Gustavo. A Responsabilidade Civil por acidentes de consumo na ótica civil-constitucional In: *Temas de Direito Civil*. 4. ed. rev. e atual. Rio de Janeiro: Renovar, 2008. p. 280.

10. BENJAMIN, Antônio Herman V.; MARQUES, Claudia Lima; BESSA, Leonardo Roscoe. *Manual de direito do consumidor*. 5. ed. rev., atual. e ampl. São Paulo: Ed. RT, 2013. p. 138.

11. "No direito do consumidor é possível enxergar duas órbitas distintas – embora não absolutamente excludentes – de preocupações. A primeira centraliza suas atenções na garantia da incolumidade físico-psíquica do consumidor, protegendo sua saúde e segurança, ou seja, preservando sua vida e integridade contra os acidentes de consumo provocados pelos riscos de produtos e serviços. Está órbita, pela natureza do bem jurídico tutelado, ganha destaque em relação à segunda. (...) A segunda esfera de inquietação, diversamente, busca regrar a incolumidade econômica do consumidor em face dos incidentes (e não acidentes!) de consumo capazes de atingir seu patrimônio." (BENJAMIN, op. cit., p. 139).

No âmbito das relações de consumo, é comum que a divergência de entendimentos acerca dos prazos que incidem sobre as pretensões condenatórias e reparatórias conferidas ao consumidor cause intensos debates e insegurança, tudo que o instituto idealiza evitar. E, como se sabe, de um mesmo evento podem surgir diversas pretensões de naturezas distintas.

Determinada falha do fornecedor poderá acarretar tanto danos ao consumidor, configurando fato do produto ou do serviço, nos termos dos arts. 12 e 14 do CDC, ou então representar problemas de qualidade ou quantidade em relação ao produto ou serviço comercializados, fazendo surgir a prerrogativa de optar pela sua correção, de abatimento do preço ou de desfazimento do negócio com devolução do valor pago, nos termos dos arts. 18 e 20 do CDC, garantido, ainda, o ressarcimento pelas perdas e danos decorrentes do vício.

E para tais pretensões distintas, o CDC prevê prazos prescricionais ou decadenciais. Em relação às pretensões indenizatórias decorrentes do fato do produto ou do serviço, que podem surgir independentemente de relação contratual entre consumidor e fornecedor, a lei expressamente determina a aplicação do prazo prescricional de 5 anos, nos termos do art. 27 do CDC.

Por outro lado, em reforço ao ideal sistemático da responsabilidade civil, a depender da qualificação da relação jurídica material do caso concreto, o CDC adota o regime da decadência para lidar com os casos de responsabilização do fornecedor pelos vícios do produto ou do serviço, que tratam da perda do próprio direito por parte do consumidor que restar inerte.

Na seara consumerista, os vícios possuem o mesmo núcleo conceitual tal como tratado pelo CC/02, qual seja, é a característica que determinado produto ou serviço possui e que o torna imprestável para o fim a qual se destina ou lhe diminua o valor.[12]

Mas a tutela do vício no CDC não se limita apenas ao vício oculto, mas também aos aparentes de fácil constatação, com remédios que o consumidor possui com exclusividade (opções dos incisos dos arts. 18 e 20 do CDC), tais como o desfazimento do negócio, o abatimento do preço ou, ainda, a substituição da coisa por outra da mesma espécie e valor, em perfeito estado de uso. Ou seja, pode-se afirmar que a tutela disciplinada no CDC é mais abrangente do que a prevista no CC/02, vez que neste não há diferenciação entre os vícios aparentes dos ocultos.

E, também no CDC, a reclamação para solução dos vícios, aparente ou oculto, está sujeito ao prazo decadencial, conforme estipulado pelo art. 26 do CDC, sendo o prazo de garantia de 30 dias para reclamação quanto aos bens não duráveis e de 90 dias para os casos de bens duráveis, naturalmente se iniciando do descobrimento

---

12. "(...) pode perceber que vício de qualidade é tudo aquilo que torne o produto impróprio ou inadequado ao uso ou consumo a que se destine. E, como se viu, o vício de qualidade é um *minus* do direito do consumidor simplesmente – e logicamente– porque ele pagou o preço pedido pelo fornecedor. Se o dinheiro do consumidor foi entregue, o produto tem de vir em perfeitas condições de uso e consumo". (NUNES, Luiz Antônio Rizzato. *Curso de Direito do Consumidor*. 6. ed. rev. e atual. São Paulo: Saraiva, 2011. p. 224).

do vício, para a modalidade redibitória, ou do recebimento do bem ou execução do serviço, para aqueles aparentes.

Nessa linha, leciona Bruno Miragem que tais prazos elencados pelo CDC são o que a doutrina chama de garantia legal, ou seja, o prazo para que o consumidor exerça o seu direito de relação sobre vícios do produto ou do serviço existentes e por ele percebido.[13]

Ainda, importante ressaltar que por se tratar de garantia legal com prazo decadencial, as partes não podem a ela renunciar, conforme o disposto no art. 209 do CC/02 ("É nula a renúncia à decadência fixada em lei"), bem como os prazos estabelecidos pelo artigo 26 do CDC não podem sofrer qualquer alteração, mesmo que decorrente da autonomia dos fornecedores e consumidores envolvidos, regime distinto do que ocorre com as garantias contratuais.[14]

Mas e qual seria o instituto aplicado à responsabilidade do fornecedor não pelos danos causados por fato decorrente do produto e do serviço, mas por inadimplemento contratual, ou seja, quando não há vício de qualidade? Prescrição ou decadência? E por qual prazo, eis que não há previsão legislativa no CDC para tal hipótese?

3. PRAZO PRESCRICIONAL DA PRETENSÃO REPARATÓRIA POR INADIMPLEMENTO CONTRATUAL NO ÂMBITO DO CDC

Relembre-se que, segundo o CC/02, a pretensão de reparação civil se extingue no prazo de três anos, conforme demonstra o art. 206, § 3º, inciso V.[15] Nessa linha, desenvolveu-se forte divergência quanto a determinação do sentido e alcance da expressão "reparação civil" elencada no citado artigo.[16]

Recentemente, o STJ decidiu, em 02 de agosto de 2018, por meio do julgamento dos Embargos de Divergência em Recurso Especial de 1.280.825, que aos casos de responsabilidade contratual seria aplicável o prazo residual de dez anos, disposto no art. 205 do CC/02.[17]

Há de se considerar, ainda, a previsão do art. 27 do CDC, que afirma ser de 5 anos o prazo prescricional da pretensão reparatória do consumidor para reclamar dos fatos do produto e do serviço.

Nesse sentido, indaga-se qual o prazo a ser utilizado para exercício da pretensão reparatória pelo consumidor nas ações de inadimplemento contratual, diante da falta de prazo específico no CDC, que regule tal hipótese de pretensão condenatória.

---

13. MIRAGEM, Bruno. *Curso de Direito do Consumidor*. 2. ed. revisada, atualizada e ampliada. São Paulo: Ed. RT, 2010. p. 432.
14. Nesse sentido, vide BESSA, Leonardo Roscoe. *O Consumidor e seus direitos*: ao alcance de todos. 2. ed. Brasília: Brasília Jurídica, 2004; e, também, NUNES, Luiz Antônio Rizzato. Op. cit., p. 423.
15. Art. 206. Prescreve: § 3º Em três anos: V – a pretensão de reparação civil.
16. MONTEIRO FILHO, Carlos Edison do Rêgo. *Responsabilidade contratual e extracontratual*: contrastes e divergências no direito civil contemporâneo. Rio de Janeiro: Processo, 2016. p. 70.
17. Art. 205. A prescrição ocorre em dez anos, quando a lei não lhe haja fixado prazo menor.

Os partidários da não adoção do prazo de prescrição decenal argumentam, inicialmente, que o estabelecimento do prazo de dez anos para a prescrição de pretensões oriundas de relações contratuais demonstra-se demasiadamente excessivo[18] e não seria apto a tutelar mais adequadamente o direito da vítima do evento danoso.[19] De fato, com o advento do CC/02, o ordenamento jurídico brasileiro, seguindo a tendência do direito alienígena,[20] experimentou uma significativa redução dos prazos prescricionais,[21] e a necessidade de conferir maior celeridade às demandas que abarrotam o judiciário.[22]

No entanto, a busca pela celeridade na resolução de litígios, diminuindo a carga submetida ao judiciário e, de certo modo, facilitando e agilizando a colheita probatória[23] (e a defesa do réu),[24] deve ser sopesada com a necessidade de efetiva tutela dos interesses privados em jogo[25] e não pode ser critério definidor para a perda da pretensão ao exercício do direito de ação.

Na realidade, a opção do legislador pela inserção da disciplina relativa aos prazos prescricionais na parte geral do CC/02 teve como objetivo, somente, conferir maior

---

18. "(...) a opção do codificador civil pelo prazo trienal não se mostra aleatória, mas tem em conta, além da aludida coerência com o CDC – que estipula prazo de 5 anos – a objetivação de inúmeras hipóteses de responsabilidade civil e a velocidade dos meios de comunicação – que atua tanto na produção quanto na dissipação das provas." (TEPEDINO, Gustavo José Mendes. *A prescrição trienal para a reparação civil*. Disponível em: http://www.cartaforense.com.br/conteudo/artigos/a-prescricao-trienal-para-a-reparacao-civil/4354.)

19. BANDEIRA, Paula Greco. *A prescrição na responsabilidade civil contratual em debate*. Disponível em: http://www.rkladvocacia.com/prescricao-na-responsabilidade-civil-contratual-em-debate/. Acesso em: 14 jul. 2021.

20. "The more recent history of the law of prescription is, essentially, the history of a shortening of the periods of prescription". (ZIMMERMAN, Reinhard. *The new german law of obligations: historical and comparative perspectives*. New York: Oxford University Press, 2010. p. 124).

21. O Código Civil de 1916 estabelecia um prazo geral de 20 anos, em seu artigo 177, para a prescrição de quaisquer pretensões que não fossem previstas em lei, como é o caso das relacionadas à responsabilidade civil contratual e extracontratual.

22. Exemplo: a previsão da possibilidade de declaração de ofício da prescrição pelo juiz, disposta no art. art. 219, § 5º do CPC/73 e reiterada pelo art. 487, II, do CPC/15, e a positivação da possibilidade de decretação da prescrição civil intercorrente, prevista no art. 921 e §§ do CPC.

23. "Impõe-se ao credor, como dispõe o art. 206, ajuizar, em três anos, a ação de danos O prazo decenal, nesse caso, seria nocivo porque permitiria que o ajuizamento da ação, como se dava inúmeras vezes sob a égide do regime vintenário do Código de 1916, ocorresse quando as provas já não mais estivessem preservadas. Nesse aspecto, o prazo trienal e a contemporânea técnica processual da repartição dinâmica do ônus probatório mostram-se convergentes e harmônicos para a promoção do direito de ação." (TEPEDINO, Gustavo José Mendes. *A prescrição trienal para a reparação civil*. Disponível em: http://www.cartaforense.com.br/conteudo/artigos/a-prescricao-trienal-para-a-reparacao-civil/4354.)

24. "(...) aponta-se a proteção do devedor como fundamento da prescrição extintiva, defendendo-se espécie de benefício ao devedor no âmbito prescricional. A tutela do devedor se justificaria, de um lado, pela dificuldade em provar o cumprimento da prestação, após o decurso de considerável período, e, de outra parte, pela segurança de não estar indefinidamente sujeito a cobranças feitas pelo credor. Considerando que as provas se deterioram com o passar do tempo, permitir a cobrança de uma dívida a qualquer momento colocaria o devedor em posição de extrema desvantagem." (LIMA, Rachel Maçalam Saab. "*Análise funcional do termo inicial da prescrição: violação do direito ou possibilidade de exercício da pretensão?*". Dissertação – Universidade do Estado do Rio de Janeiro, Rio de Janeiro, 2017. p. 23).

25. BODIN DE MORAES, Maria Celina. Prescrição, efetividade dos direitos e danos à pessoa humana. Editorial, *Civilistica.com*, a. 6. n. 1. 2017. p. 2.

sistematicidade à disciplina da prescrição, extremamente confusa no código antecessor, não revelando, portanto, qualquer objetivo de tornar o art. 206, § 3º, inciso V, aplicável a ambas as espécies de responsabilidade – contratual e aquiliana. Assim, o legislador reuniu os prazos prescricionais nos artigos 205 e 206, espalhando os prazos decadenciais ao longo de toda disciplina do CC/02.[26]

Os defensores do prazo de prescrição decenal, por outro lado, argumentam que a principal razão justificadora de sua adoção se encontra na natureza do vínculo que envolve as partes contratantes. No âmbito da relação contratual, existe um aspecto duradouro, consubstanciado em uma verdadeira sucessão de condutas das partes voltadas à obtenção do fim comum, qual seja, o escopo do adimplemento contratual.[27] Desta forma, o prazo longo de dez anos teria o condão de conferir aos contratantes mais tempo e tranquilidade para dedicar-se às idas e vindas implicadas por uma negociação complexa.[28]

Após anos de debates na jurisprudência do STJ – a questão foi objeto de vinte e um recursos favoráveis à tese de aplicação do prazo decenal às hipóteses de responsabilidade contratual[29] – a Corte Superior definiu sua posição acerca da matéria.

Nos Embargos de Divergência em Recurso Especial de 1.280.825, discutia-se uma disputa promovida dez anos antes pela Apevale – Associação dos Aposentados, Pensionistas e Empregados Ativos e Ex-Empregados da Companhia Vale do Rio Doce, Suas Empreiteiras, Controladas e Coligadas em função de prejuízos sofridos por seus associados como consequência da administração alegadamente fraudulenta de

---

26. "Preferimos, por tais motivos, reunir as normas prescricionais, todas elas, enumerando-as na Parte Geral do Código. Não haverá dúvida nenhuma: ou figura no artigo que rege as prescrições, ou então se trata de decadência. Casos de decadência não figuram na Parte Geral, a não ser em cinco ou seis hipóteses em que cabia prevê-la, logo após, ou melhor, como complemento do artigo em que era, especificamente, aplicável." (REALE, Miguel. *Visão Geral do Projeto de Código Civil*. Disponível em: https://edisciplinas.usp.br/pluginfile. php/3464464/mod_resource/content/1/O%20novo%20C%C3%B3digo%20Civil%20-%20Miguel%20Reale. pdf. Acesso em: 14 jul. 2021).
27. COSTA, Judith Martins; ZANETTI, Cristiano de Sousa. Responsabilidade contratual: prazo prescricional de dez anos. *Conjur.com.br*. Disponível em: https://www.conjur.com.br/2017-mai-29/direito-civil-atual- -prazo-prescricional-responsabilidade-contratual-parte.
28. Idem.
29. Constam do voto da Ministra Relatora no Eresp 1.280.825, os seguintes julgados. REsp 616.069/MA (4ª T., j. 26 fev. 2008, DJe 14 abr. 2008); REsp 1.121.243/PR (4ª T., j. 25 ago. 2009, DJe 05 out. 2009); REsp 1.222.423/SP (4ª T., j. 15 set. 2011, DJe 01 fev. 2012); REsp 1.276.311/RS (4ª T., j. 20 set. 2011, DJe 17 out. 2011); REsp 1.150.711/MG (4ª T., j. 06 dez. 2011, DJe 15 mar. 2012); AgRg no REsp 1.057.248/PR (3ª T., j. 26 abr. 2011, DJe 04 maio 2011); e AgRg no AREsp 14.637/RS (4ª T., j. 27 set. 2011, DJe 05 out. 2011); AgRg no Ag 1.401.863/PR (4ª T., j. 12 nov. 2013, DJe 19 nov. 2013); AgRg no AREsp; 426.951/PR (4ª T., j. 03 dez. 2013, DJe 10 dez. 2013); REsp 1.326.445/PR, (3ª T., j. 04 fev. 2014, DJe 17 fev. 2014); REsp 1.159.317/SP (3ª T., j. 11 mar. 2014, DJe 18 mar. 2014); AgRg no AREsp 477.387/DF (4ª T., j. 21 out. 2014, DJe 13 nov. 2014); AgRg no REsp 1.436.833/RS (3ª T., j. 27 maio 2014, DJe 09 jun. 2014); AgRg no REsp 1.485.344/SP (3ª T., julgado em 05 fev. 2015, DJe 13 fev. 2015); AgRg no REsp 1516891/RS (2ª T., j. 28 abr. 2015, DJe 06 maio 2015); AgRg no Ag 1327784/ES (4ª T., j. 27 ago. 2013, DJe 06 set. 2013); AgRg no REsp 1317745/SP (3ª T., j. 06 maio 2014, DJe 14 maio 2014); AgRg no REsp 1.411.828/RJ (3ª T., j. 07 ago. 2014, DJe 19 ago. 2014); AgRg no AREsp 783.719/SP (4ª T., j. 10 mar. 2016, DJe 17 mar. 2016); e AgInt REsp 1.112.357/SP (1ª T., j. 14 jun. 2016, DJe 23 jun. 2016).

investimentos realizados na Companhia Vale do Rio Doce – CVRD ("Companhia") pelo Clube de Investimento dos Empregados da Vale – Investvale ("Clube").

Em 2016, a 4ª Turma do STJ decidiu que a violação dos estatutos do Clube configurava-se hipótese de inadimplemento contratual, e que, portanto, estaria sujeita a prazo prescricional de dez anos. O Clube e seu administrador, então, interpuseram embargos de divergência em função da existência de diversos outros julgados dos tribunais aplicando o prazo trienal,[30] o que levou a submissão da questão à 2ª seção do STJ.

Em 2018, quando do apertado julgamento dos embargos de divergência, evidenciando a complexidade do tema, adotou-se a orientação por maioria defesa da aplicação do prazo decenal às pretensões relacionadas ao regime de responsabilidade contratual. A Ministra Relatora Nancy Andrighi aduziu que:

> "há muitas diferenças de ordem fática, de bens jurídicos protegidos e regimes jurídicos aplicáveis entre responsabilidade contratual e extracontratual que largamente justificam o tratamento distinto atribuído pelo legislador civil pátrio, sem qualquer ofensa ao princípio da isonomia."[31]

A opção do STJ por privilegiar a tese referente à aplicação do prazo prescricional decenal às relações contratuais, não representa incoerência sistêmica, mesmo diante da previsão do art. 27 do CDC. É essencial realizar a qualificação funcional das situações jurídicas, de modo a definir o regime jurídico e remédios aplicáveis a cada relação, inclusive o da prescrição.[32]

A uma, porque tal prazo é referente à pretensão indenizatória decorrente de fato do produto e do serviço (Seção II do CDC), ou seja, o acidente de consumo, modalidade distinta da pretensão que surge para o consumidor decorrente dos vícios de quantidade e qualidade dos produtos e serviços, bem como eventuais perdas e danos que deles decorram.

A duas, pois os prazos decadenciais previstos no art. 26 do CDC para reclamar dos vícios aparentes ou ocultos se referem tão somente ao exercício das prerrogativas constantes neste dispositivo e nos arts. 18 e 20 do mesmo diploma legal, não se confundindo com o prazo para exercício da pretensão à condenação do fornecedor em perdas e danos.

Esta seria a mesma razão pela qual parece não se sustentar o argumento de que não caberia prazo maior aos casos de responsabilidade contratual do que aquele de 5

---

30. Nesse sentido, em defesa do prazo trienal: Resp 1577229/MG (3ª T., j. 08.11.2016, Dje 14.11.2016), Resp 1361182/RS (2ª Seção, j. 10 ago. 2016, Dje 19 set. 2016), Resp 1360969/RS (2ª Seção, j. 10 ago. 2016, Dje 10 set. 2016).
31. STJ, Voto no EREsp 1.280.825/RJ, 2ª Seção, rel. Min. Nancy Andrighi, DJe 02 ago. 2018.
32. "Quando a pretensão não é qualificada corretamente, a consequência pode ser fatal: se equivocada, leva À aplicação do prazo errado, o que, por sua vez, em se tratando de prescrição, pode ser decisivo". (BODIN DE MORAES, Maria Celina; GUEDES, Gisela Sampaio da Cruz. A prescrição e o problema da efetividade dos direitos. In: BODIN DE MORAES, Maria Celina (Coord.). *A juízo do tempo*: estudos atuais sobre prescrição. Rio de Janeiro: Processo, 2019. p. 18).

anos constante do CDC. Isto porque, como bem se sabe, as relações consumeristas, em geral, são marcadas pela hipossuficiência técnica e econômica de uma das partes e, na grande maioria das vezes, celebradas por meio de contratos de adesão. Portanto, parece factível que no âmbito destas relações, por natureza desiguais, seja aplicado o prazo mais favorável ao sujeito hipossuficiente da relação.[33]

Para exemplificar, destaca-se o resultado do julgamento do Recurso Especial 1.721.694/SP, reproduzido por outros precedentes do STJ,[34] no qual o consumidor buscou a condenação da incorporadora na obrigação de reparar os vícios na edificação em desatenção ao memorial descritivo divulgado (faltando a instalação de piscina, acabamento de escadaria que dá acesso ao andar superior (cobertura) e instalação de elevador que atenda a tal piso), no qual se adotou o prazo prescricional de 10 (dez) anos, previsto no art. 205 do CC/02.

No referido julgado, também de relatoria da Ministra Nancy Andrighi, entendeu-se que o prazo para pleitear indenização decorrente do inadimplemento contratual é o de 10 anos, que se distingue do prazo quinquenal do art. 27 do CDC, que incide nos casos indenizatórios de fato do produto ou do serviço:

> "o prazo decadencial previsto no art. 26 do CDC se relaciona ao período de que dispõe o consumidor para exigir em juízo alguma das alternativas que lhe são conferidas pelos arts. 18, § 1º, e 20, caput do mesmo diploma legal (a saber, a substituição do produto, a restituição da quantia paga, o abatimento proporcional do preço e a reexecução do serviço), não se confundindo com o prazo prescricional a que se sujeita o consumidor para pleitear indenização decorrente da má-execução do contrato. E, à falta de prazo específico no CDC que regule a hipótese de inadimplemento contratual – o prazo quinquenal disposto no art. 27 é exclusivo para as hipóteses de fato do produto ou serviço – entende-se que deve ser aplicado o prazo geral decenal do art. 205 do CC/02."

Importante notar que o voto mencionado confirma a fundamentação do Tribunal *a quo* no sentido de que são identificadas no caso 3 espécies de pretensão do consumidor, sujeitas a diferentes prazos prescricionais: "i) a pretensão de reexecução do contrato, isto é, de conclusão da obra, (...); ii) a pretensão de redibição do contrato ou abatimento do preço, tendo em vista a suposta depreciação do preço do bem; e iii) os pleitos indenizatórios, concernentes à reparação dos danos".

Assim, quando houver inadimplemento contratual, o consumidor poderá exigir tanto a solução do vício quanto o abatimento do preço ou desfazimento do negócio, no prazo decadencial respectivo, a depender se o bem for durável ou não durável, além do pagamento por perdas e danos, este pelo prazo prescricional de dez

---

33. Nesse sentido, BENJAMIN, Antônio Herman V.; MARQUES, Claudia Lima; BESSA, Leonardo Roscoe. *Manual de direito do consumidor*. 5. ed. rev., atual. e ampl. São Paulo: Ed. RT, 2013. p. 219; em sentido contrário, de que a aplicação do prazo mais favorável em favor do consumidor enfraquece todo o sistema jurídico, vide, por todos, SANSEVERINO, Paulo de Tarso Vieira. *Responsabilidade civil no Código do Consumidor e a defesa do fornecedor*. 3. ed. São Paulo: Saraiva, 2010. p. 330.

34. (i) STJ. REsp 1534831/DF, Rel. Ministro Ricardo Villas Bôas Cueva, rel. p/ Acórdão Min. Nancy Andrighi, 3ª T., DJe 02 mar. 2018; (ii) STJ. REsp n. 1.717.160, Rel. Min. Nancy Andrighi, 3ª T., DJe 26 mar. 2018.

anos, não se aplicando o prazo do art. 27 do CDC ou o prazo decadencial do art. 26 do mesmo diploma legal.

4. CONCLUSÃO

Conclui-se, por fim, que a distinção entre os regimes de responsabilidade civil se pelo fato ou pelo vício do produto ou do serviço é de extrema importância para a definição dos limites temporais de exercício da pretensão reparatória pela vítima, já que apesar do CC/02 sujeitar a responsabilidade contratual ao regime da prescrição, no âmbito do CDC, os vícios de qualidade por insegurança (fato) estão sujeitos à prescrição e os vícios de quantidade ou qualidade por inadequação (aparentes ou ocultos) estão sujeitos à decadência.

Com a definição pelo STJ, por meio do EREsp 1.280.825/RJ, de que se aplica o prazo decenal às hipóteses de responsabilidade contratual, não se pode ignorar que o prazo prescricional da regra geral prevista no art. 205 do CC/02 se aplica às hipóteses de responsabilidade por inadimplemento contratual no âmbito das relações de consumo, hipótese para a qual o legislador não previu expressamente prazo diverso.

É o caso, por exemplo, da responsabilidade por vício aparente ou oculto para fins de execução de obra ou construção ofertada em publicidade ou contrato ao consumidor, que foge à regra da submissão ao prazo prescricional do art. 27 do CDC, eis que não se trata de pretensão indenizatória por fato do produto ou serviço, mas outra, de verdadeira responsabilidade por descumprimento contatual, tal como conclui o STJ no REsp 1.721.694/SP acima examinado.

De fato, a escolha do regramento aplicável à hipótese concreta se revela, em muitos casos, tarefa extremamente difícil ao intérprete. A existência de diferentes normas a incidir sob a mesma hipótese concreta torna necessária sua redobrada atenção. No entanto, é preciso rejeitar soluções que busquem oferecer tratamento meramente estrutural a hipóteses funcionalmente diversas, sob a justificativa de uma pretensa facilitação da matéria. Isso porque se, por um lado, tornam mais simples a execução da questão pelos aplicadores do direito, por outro, correm o risco de amesquinhar a adequada tutela oferecida pelo ordenamento às vítimas do evento danoso.

5. REFERÊNCIAS BIBLIOGRÁFICAS

BANDEIRA, Paula Greco. *A prescrição na responsabilidade civil contratual em debate*. Disponível em: http://www.rkladvocacia.com/prescricao-na-responsabilidade-civil-contratual-em-debate/. Acesso em: 25 set. 2018.

BENJAMIN, Antônio Herman V.; MARQUES, Claudia Lima; BESSA, Leonardo Roscoe. *Manual de direito do consumidor*. 5. ed. rev., atual. e ampl. São Paulo: Ed. RT, 2013.

BESSA, Leonardo Roscoe. O Consumidor e seus direitos: ao alcance de todos. 2. ed. Brasília: Brasília Jurídica, 2004.

BODIN DE MORAES, Maria Celina. Constituição e Direito Civil: Tendências. *Revista dos Tribunais*, n. 779, 2000.

BODIN DE MORAES, Maria Celina. Prescrição, efetividade dos direitos e danos à pessoa humana. Editorial, *Civilistica.com*, a. 6. n. 1. 2017.

BODIN DE MORAES, Maria Celina; GUEDES, Gisela Sampaio da Cruz. A prescrição e o problema da efetividade dos direitos. In: BODIN DE MORAES, Maria Celina (Coord.). *A juízo do tempo*: estudos atuais sobre prescrição. Rio de Janeiro: Processo, 2019.

CANARIS, Claus-Wilhein. *Pensamento sistemático e conceito de sistema na ciência do direito*. Introdução e Trad. de A. Menezes Cordeiro. Lisboa: Fundação Calouste Gulbenkian, 1989.

COSTA, Judith Martins; ZANETTI, Cristiano de Sousa. Responsabilidade contratual: prazo prescricional de dez anos. *Conjur.com.br*. Disponível em: https://www.conjur.com.br/2017-mai-29/direito-civil--atual-prazo-prescricional-responsabilidade-contratual-parte

COUTO E SILVA, Clóvis. *Principes fondamentaux de la responsabilité civile em droit brésilien et compare*. Cours fait à la Faculté de Droit et des Sciences Politiques de St. Maur (Paris XII). Paris: [s.n.], 1988.

DANTAS, F. C. de San Tiago. *Programa de direito civil*. Atual. Gustavo Tepedino et alii. 3. ed. Rio de Janeiro: Forense, 2001. v. I.

DUARTE, Ronnie. Responsabilidade civil e o novo código: contributo para uma revisitação conceitual. In.: NERY JUNIOR, Nelson. NERY, Rosa Maria de Andrade (Org.). Responsabilidade civil. Doutrinas essenciais. São Paulo: Ed. RT, 2010. v. I.

EHRHARDT JUNIOR, Marcos. *Em busca de uma teoria geral da responsabilidade civil*. Disponível em: http://www.marcosehrhardt.com.br/index.php/artigo/2014/03/12/em-busca-de-uma-teoria-geral--da– responsabilidade-civil.

GAGLIANO, Pablo Stolze; PAMPLONA FILHO, Rodolfo. *Novo curso de direito civil, volume I*: parte geral. 12. ed. rev. e atual. São Paulo: Saraiva, 2010.

GUEDES, Gisela Sampaio da Cruz; LGOW, Carla Wainer Chalréo. Prescrição extintiva: questões controversas. In: TEPEDINO, Gustavo; FACHIN, Luiz Edson (Org.). *Diálogos sobre direito civil*. Rio de Janeiro, São Paulo: Renovar, 2012. vol. III.

LEONARDO, Rodrigo Xavier. Responsabilidade civil contratual e extracontratual: primeiras anotações em face do novo Código Civil brasileiro. In.: NERY JUNIOR, Nelson. NERY, Rosa Maria de Andrade (Org.). *Responsabilidade civil. Doutrinas essenciais*. São Paulo: Ed. RT, 2010. v. 1.

LEITE, Marina Duque Moura. VAZ, Marcella Campinho. Causas suspensivas e interruptivas da prescrição no Código Civil. In: BODIN DE MORAES, Maria Celina (Coord.). *A juízo do tempo*: estudos atuais sobre prescrição. Rio de Janeiro: Processo, 2019.

LIMA, Maria Teresa Moreira. *Relações entre responsabilidade contratual e extracontratual*. In. MONTEIRO FILHO, Carlos Edison (Org.); GUEDES, Gisela Sampaio da Cruz (Org.) MEIRELES, Rose Melo Venceslau. *Direito Civil*. Rio de Janeiro: Freitas Bastos, 2015.

LIMA, Rachel Maçalam Saab. *"Análise funcional do termo inicial da prescrição: violação do direito ou possibilidade de exercício da pretensão?"*. Dissertação – Universidade do Estado do Rio de Janeiro, Rio de Janeiro, 2017.

MAZEAUD, Henri e Léon; TUNC, André. *Traité Théorique et Pratique de la Responsabilité Civile Delictuelle et Contractuelle*. t. I, Ed. Paris: Montchrestien, 1957.

MANASSÉS, Diogo Rodrigues; Nalin, Paulo. Responsabilidade civil extracontratual e contratual: razões e funções da distinção. In: TEPEDINO, Gustavo; FACHIN, Luiz Edson; Lôbo, Paulo (Coord.). *Direito civil-constitucional*: a ressignificação da função dos institutos fundamentais do direito civil contemporâneo e suas consequências. Florianópolis: Conceito, 2014.

MARTINS-COSTA, Judith; ZANETTI, Cristiano de Sousa. Responsabilidade contratual: prazo prescricional de dez anos. *Revista dos Tribunais*, São Paulo, v. 979/2017, p. 215-241, maio 2017.

MIRAGEM, Bruno. *Curso de Direito do Consumidor*. 2. ed. revisada, atualizada e ampliada. São Paulo: Ed. RT, 2010.

MONTEIRO FILHO, Carlos Edison do Rêgo. *Responsabilidade Contratual e Extracontratual*: contrates e convergências no direito civil contemporâneo. Rio de Janeiro: Processo, 2016.

NORONHA, Fernando. Responsabilidade civil: uma tentativa de ressistematização. In.: NERY JUNIOR, Nelson. NERY, Rosa Maria de Andrade (Org.). *Responsabilidade civil. Doutrinas essenciais*. São Paulo: Ed. RT, 2010. v. 1.

NUNES, Luiz Antônio Rizzato. *Curso de Direito do Consumidor*. 6. ed. revisada e atualizada. São Paulo: Saraiva, 2011.

OLIVEIRA, Marco Aurélio Belizze de. Questões polêmicas sobre a prescrição. In: SALOMÃO, Luis Felipe; TARTUCE, Flávio (Coord). *Direito Civil*: diálogos entre a doutrina e a jurisprudência. São Paulo: Atlas, 2018.

PEREIRA, Caio Mário da Silva. *Responsabilidade Civil*. 3. ed. Rio de Janeiro: Forense, 1992.

PONTES DE MIRANDA, Francisco Cavalcanti. *Tratado de direito* privado. 3. ed. São Paulo: Ed. RT, 1984. t. XXII.

PONTES DE MIRANDA, Francisco Cavalcanti. Tratado de direito privado. 2. ed. Borsoi, 1984. t. VI.

PUGLIATTI, Salvatore. *La proprietà nel nuovo diritto,* Milano: Giuffrè, 1954.

RAMOS, Carmem Lucia Silveira. "A constitucionalização do direito privado e a sociedade sem fronteiras". In: FACHIN, Luiz Edson (Coord.). *Repensando fundamentos do Direito Civil Contemporâneo*. Rio de Janeiro: Renovar, 1998.

REALE, Miguel. *Visão geral do projeto de Código Civil*. Disponível em: https://edisciplinas.usp.br/pluginfile.php/3464464/mod_resource/content/1/O%20novo%20C%C3%B3digo%20Civil%20-%20Miguel%20Reale.pdf.

RIZZARDO, Arnaldo. *Parte geral do Código Civil*. 2. ed. Forense, 2003.

SANSEVERINO, Paulo de Tarso Vieira. *Responsabilidade civil no Código do Consumidor e a defesa do fornecedor.* 3. ed. São Paulo: Saraiva, 2010.

SCHREIBER, Anderson. *Manual de Direito Civil contemporâneo*. São Paulo: Saraiva, 2018.

SCHREIBER, Anderson. A Decadência da Prescrição? In: *Direito Civil e Constituição*. São Paulo: Atlas, 2013.

SOUZA, Eduardo Nunes de. SILVA, Rodrigo da Guia. Incapacidade civil e discernimento reduzido como causas obstativas da prescrição e da decadência. In: BODIN DE MORAES, Maria Celina (Coord.). *A juízo do tempo*: estudos atuais sobre prescrição. Rio de Janeiro: Processo, 2019.

TEPEDINO, Gustavo José Mendes. *A prescrição trienal para a reparação civil*. Disponível em: http://www.cartaforense.com.br/conteudo/artigos/a-prescricao-trienal-para-a-reparacao-civil/4354.

TEPEDINO, Gustavo José Mendes. A Responsabilidade Civil por acidentes de consumo na ótica civil-constitucional. In: *Temas de Direito Civil*, 4. ed. rev. e atual. Rio de Janeiro: Renovar, 2008.

VINEY, Geneviève. *Introduction à la responsabilité. Traité du droit civil sous la direction de Jacques Ghestin*. 2. Ed. Paris: LGDJ, 1995.

ZIMMERMAN, Reinhard. *The new german law of obligations*: historical and comparative perspectives. 2010, Oxford University Press, New York.

CONTROVÉRSIAS SOBRE A RESPONSABILIDADE DO COMERCIANTE PELO FATO DO PRODUTO

Júlio Moraes Oliveira

Mestre em Instituições Sociais, Direito e Democracia pela Universidade FUMEC (2011). Especialista em Advocacia Civil pela Escola de Pós-Graduação em Economia e Escola Brasileira de Administração Pública e de Empresas da Fundação Getulio Vargas EPGE/FGV e EBAPE/FGV. (2007). Bacharel em Direito pela Faculdade de Direito Milton Campos – FDMC (2005). Membro da Comissão de Defesa do Consumidor – Seção Minas Gerais – OAB/MG. Membro do Instituto Brasileiro de Política e Direito do Consumidor (BRASILCON). Membro Suplente do Conselho Municipal de Proteção e Defesa do Consumidor – Comdecon-BH. Professor da FAPAM – Faculdade de Pará de Minas. Professor da Faculdade Asa de Brumadinho. Foi professor do Centro Universitário Newton Paiva e orientador e advogado do CEJU – Centro de Exercício Jurídico do Centro Universitário Newton Paiva. Parecerista da Revista da Faculdade de Direito do Sul de Minas (FDSM) Qualis B1. Parecerista da Revista Quaestio Iuris da Universidade do Estado Rio de Janeiro (UERJ) Qualis B1. Pesquisador com diversos artigos publicados em periódicos. Autor dos Livros: Curso de Direito do Consumidor Completo, 7. Edição; Consumidor-Empresário: a defesa do finalismo mitigado e Organizador e coautor da obra Direito do Consumidor Contemporâneo. Advogado, com experiência em contencioso e consultivo, em direito civil, consumidor, empresarial e trabalhista.

juliomoliveira@hotmail.com

Sumário: 1. A teoria da qualidade – 2. A responsabilidade pelo fato do produto – 3. Os tipos de responsabilidade do comerciante – 4. Conclusão – 5. Referências bibliográficas.

1. A TEORIA DA QUALIDADE

O direito do consumidor com sua teoria da qualidade alterou sobremaneira a disciplina da responsabilidade civil tradicional já que a mesma era incapaz de solucionar os problemas da sociedade de massas. Todo o direito civil, e portanto, o direito privado, fundou-se em uma relação entre duas partes: de um lado o credor, e de outro, o devedor.

Com o advento da industrialização e, por conseguinte, da sociedade de massas, os institutos tradicionais da responsabilidade civil mostraram-se insuficientes mesmo que houvesse uma intenção no sentido de se adaptar o que já existia. Jean Calais-Auloy afirma que existia uma desconformidade entre a realidade econômico-social e as respostas jurídicas, geradora uma proteção imperfeita fruto de uma adaptação forçada.[1] Um sistema cristalizado em 1804, com o Código de Napoleão que permaneceu inalterado durante quase dois séculos, não poderia dar respostas apropriadas às necessidades do mundo industrializado.[2]

---

1. CALAIS-AULOY, Jean. *Droit de la consommation.* Paris: Dalloz, 1985. p. 233.
2. BENJAMIN, Antônio Herman V.; MARQUES, Claudia Lima; BESSA, Leonardo Roscoe. *Manual de Direito do Consumidor.* 7. ed. rev. atual. e ampl. São Paulo: Ed. RT, 2016. p. 157.

José Reinaldo de Lima Lopes afirma que a realidade social e econômica da sociedade de massas é distinta da anterior, pois não é um único causador do dano, mas sim uma organização ou empresa,[3] e também o atingido não é mais uma única pessoa, mas um grupo de pessoas, muitas vezes indefinidas, além do que a responsabilidade civil passa a decorrer de um processo anônimo, despersonalizado.[4]

Cristiano Chaves de Farias e Nelson Rosenvald afirmam que a pós-modernidade é marcada pela fragmentação. Sai de cena o cidadão comum e entra em cena a pessoa dotada de situação subjetivas existências e patrimoniais. Para cada papel que exercite há uma lei ou microssistema que regule essa situação.[5]

A responsabilidade civil clássica era baseada em um modelo dualista de responsabilidade civil contratual e extracontratual ou aquiliana. O Código Brasileiro de Defesa do Consumidor representa uma superação desse modelo dual, unificando a responsabilidade civil. Tal opção visa facilitar a tutela dos direitos do consumidor, em prol da reparação integral dos danos.[6]

A teoria da qualidade vem então para resolver esse problema de uma sociedade de massas, de consumo, na qual os produtos são fabricados e consumidos em larga escala.

A teoria da qualidade no CDC comporta dois principais aspectos: a proteção do patrimônio do consumidor (vícios de qualidade por inadequação e vícios de quantidade), e a proteção da saúde do consumidor (vícios de qualidade por insegurança – defeitos), respectivamente: a proteção da incolumidade econômica e da incolumidade físico-psíquica.[7]

Segundo Antônio Herman V. Benjamin, no Código de Defesa do Consumidor é possível enxergar duas órbitas distintas, embora não absolutamente excludentes.[8] A proteção da incolumidade físico-psíquica do consumidor, que protege sua saúde, segurança, protegendo sua vida e integridade contra os chamados acidentes de con-

---

3. "Segundo amplamente divulgado, a Agência de Proteção Ambiental dos EUA constatou que a Volkswagen instalava em seus veículos à Diesel um software capaz de enganar as autoridades nos exigentes testes de emissão de NOx. O inteligente sistema da montadora alemã percebia que o carro estava sendo testado e burlava inspetores, colocando o motor em modo "econômico". Todavia fora dos laboratórios, o software era desativado e os veículos expeliam gases acima de 40 vezes o limite permitido pela legislação ambiental. O Fato é gravíssimo, repercutindo na órbita metaindividual em três níveis: a) atinge interesses individuais homogêneos de consumidores de 482.000 veículos da VW nos EUA entre 2009/2015." In: ROSENVALD, Nelson. *O Direito Civil em movimento*. Desafios Contemporâneos. Salvador: JusPodivm, 2017. p. 223.
4. LOPES, José Reinaldo de Lima. *Responsabilidade civil do fabricante e a defesa do consumidor*. São Paulo: Ed. RT, 1992.
5. FARIAS, Cristiano Chaves de; ROSENVALD, Nelson. *Curso de Direito Civil*. Obrigações. 7 ed. Salvador: JusPodivm, 2013. p. 55.
6. TARTUCE, Flávio; NEVES, Daniel Amorim Assumpção. *Manual de Direito do Consumidor*. Direito Material e processual. 5. ed. São Paulo: Editora Método, 2016. p. 152.
7. OLIVEIRA, Júlio Moraes. *Curso de Direito do Consumidor Completo*. 7. ed. Belo Horizonte: D´Plácido Editora, 2021. p. 239.
8. BENJAMIN, Antônio Herman V.; MARQUES, Cláudia Lima; BESSA, Leonardo Roscoe. *Manual de Direito do Consumidor*, p. 140.

sumo; e a segunda órbita, a incolumidade econômica do consumidor, que protege aspectos econômicos, como variações de quantidade, qualidade, preço etc. Afeta o bolso do consumidor. São os chamados incidentes de consumo. Como dito anteriormente, elas não são excludentes e, muitas vezes, nos casos concretos, a incolumidade físico-psíquica acabará refletindo em um prejuízo econômico para o consumidor.

Mesmo depois de 30 anos de aplicação de do CDC em nosso país, algumas questões ainda permanecem nebulosas na aplicação da teoria. São alguns desses elementos que o presente estudo pretende abordar, sem contudo, trazer uma solução definitiva, mas um reflexão que ajude a sedimentar as divergências.

2. A RESPONSABILIDADE PELO FATO DO PRODUTO

Bruno Miragem define que a responsabilidade civil pelo fato do produto ou do serviço consiste no efeito de imputação ao fornecedor, de sua responsabilização em razão dos danos causados por defeito de concepção, produção, comercialização ou fornecimento de produto ou serviço, determinando seu dever de indenizar pela violação do dever geral de segurança inerente a sua atuação no mercado de consumo.[9]

Em seu art. 8º, o CDC dispõe que "os produtos e serviços colocados no mercado de consumo não acarretarão riscos à saúde ou segurança dos consumidores, exceto os considerados normais e previsíveis em decorrência de sua natureza e fruição, obrigando-se os fornecedores, em qualquer hipótese, a dar as informações necessárias e adequadas a seu respeito". Como os vícios de qualidade por insegurança violam a saúde e a segurança do consumidor, seu regime jurídico é mais rígido, pois, no acidente de consumo, qualquer pessoa pode ser protegida contra os seus danos.

Quando um produto ou serviço traz esse risco, pode-se dizer que verifica-se um vício de inadequação por insegurança. Esse vício de inadequação por insegurança comporta dois elementos: a desconformidade com uma expectativa legítima e a capacidade de provocar acidentes. Na desconformidade da expectativa legítima do consumidor, pode-se abarcar a normalidade que se espera de um produto ou serviço e a previsibilidade de riscos que esses mesmos produtos e serviços podem gerar. Desse modo, apesar de posicionamentos contrários, o conceito de vício de qualidade por insegurança se equipara ao conceito de defeito para o CDC. Defeito, então, seria um vício de qualidade por insegurança, é a carência de segurança.[10]

O defeito, como pressuposto da responsabilidade pelo fato do produto ou do serviço, é uma falha do atendimento do dever de segurança imputado aos fornecedores de produtos e serviços no mercado de consumo.[11] O art. 12, § 1º, aponta que

---

9. MIRAGEM, Bruno. *Curso de Direito do Consumidor*, p. 691.
10. Zelmo Denari afirma que existe uma tendência doutrinária que se preocupa em estabelecer uma dicotomia entre vício de qualidade e defeito, que segundo o autor não existe. In: GRINOVER, Ada Pelegrini et al. *Código de Defesa do Consumidor, comentado pelos autores do anteprojeto*. 7. ed. São Paulo: Forense Universitária, 2001. p. 155.
11. MIRAGEM, Bruno. Curso de Direito do Consumidor, p. 513.

"o produto é defeituoso quando não oferece a segurança que dele legitimamente se espera, levando-se em consideração as circunstâncias relevantes, entre as quais: I – sua apresentação; II – o uso e os riscos que razoavelmente dele se esperam; III – a época em que foi colocado em circulação".

Aponta Paulo de Tarso Sanseverino que a primeira grande decisão sobre acidentes de consumo, no início do século, foi proferida no caso *MacPherson v. Buick Motor Co.*, julgado em 1916 pela Suprema Corte de Nova York. Segundo o referido autor, *MacPherson* foi um cidadão americano que adquiriu um automóvel *Buick* novo. No ano seguinte à compra, envolveu-se em um grave acidente que decorreu da quebra de uma das rodas por defeito de fabricação. A decisão do Juiz Cardoso foi no sentido da responsabilização direta do fabricante, reconhecendo que ele teria um dever de diligência (*duty of care*) perante o público consumidor. Essa decisão constitui um dos mais importantes precedentes *product liability*.[12]

Por essa via, superou-se a regra do *privity of contract*, semelhante à regra da relatividade dos contratos, e passou a reconhecer-se a responsabilidade objetiva do fabricante, a *strict products liability*. "A grande conquista desse julgado foi distinguir um dever de diligência (*duty of care*) frente a terceiros no âmbito obrigacional da compra e venda, tradicional campo em que vinha sendo limitada a responsabilidade".[13]

Nesse mesmo sentido, o direito britânico, em 1932, responsabilizou através da Câmara dos Lordes, o fabricante de uma garrafa de cerveja por danos causados ao consumidor por ingerir o produto com restos de um caracol em decomposição.[14]

A inovação desses casos residiu na superação da exigência de um vínculo jurídico antecedente.

Estudos europeus acerca do *product liability*, demonstraram que a partir de 1960, na Califórnia, no caso *Greenman v. Yuba Powers Product Inc.*, reconhece-se pela primeira vez a responsabilidade objetiva (*strict liability*) do fabricante pode danos causados por produtos defeituosos.[15]

Em 1985, o Conselho da Comunidade Europeia editou a Diretiva n. 85/374/CEE, estabelecendo normas uniformes sobre a responsabilidade civil por danos causado por produtos defeituosos.

As principais regras foram: (a) a responsabilidade objetiva do produtor por danos causados por produtos defeituosos; (b) a possibilidade de demandar diretamente contra o fabricante; a fixação do que é um produto defeituoso; (d) causas

---

12. SANSEVERINO, Paulo de Tarso Vieira. *Responsabilidade Civil no Código do Consumidor e a defesa do fornecedor.* São Paulo: Saraiva, 2002. p. 11.
13. ROCHA, Silvio Luis Ferreira da. *Responsabilidade civil do fornecedor pelo fato do produto no direito brasileiro.* 2. ed. São Paulo: Ed. RT, 2000. p. 26.
14. ZWEIGERT, Konrad; KÖTZ, Hein. *Introducción al derecho comparado.* Trad. Arturo Aparício Vazquez. México: Oxford University Press. 2002. p. 649.
15. ALPA, Guido & BESSONE, Mario. *Lá responsabilità del produttore.* Milano: Giuffrè. 1987. p. 440.

excludentes da responsabilidade; (e) limitação de valores por danos; (f) fixação de prazos de prescrição.

O artigo 1º da referida diretiva dispõe que "o produtor é responsável pelo dano causado por um defeito do seu produto.". Essa norma é uma das principais inspirações do capítulo da responsabilidade pelo fato do produto no Código de Defesa do Consumidor Brasileiro, e, portanto, da Teoria da qualidade.

O CDC é resultado da influência da experiência jurídica de diferentes ordenamentos jurídicos, em especial, do direito norte americano e do direito europeu. Desse modo, enquanto o direito norte americano partiu do sistema de garantia implícitas (*implied warranties*), o direito europeu incorporou no direito brasileiro a noção de defeito do produto. Daí surge a Teoria da qualidade.[16]

3. OS TIPOS DE RESPONSABILIDADE DO COMERCIANTE

Os pressupostos lógico-jurídicos da responsabilidade civil mantêm-se exigíveis também na responsabilidade pelo fato do produto, isto é, a conduta, o dano e o nexo de causalidade.[17]

O CDC adota uma técnica peculiar na responsabilidade pelo fato do produto ou serviço. Ao utilizar os termos "fabricante, o produtor, o construtor, nacional ou estrangeiro, importador, comerciante, representante autônomo, preposto, profissionais liberais, órgãos públicos, concessionários, permissionários e patrocinador da publicidade", são exemplos os arts. 12, 13, 22, 32, 34 e 38, o CDC imputa deveres especiais a esses fornecedores de produtos ou serviços nominados.

Quando o CDC utiliza a expressão "fornecedor", a imputação de deveres é solidária para a cadeia de fornecedores nos termos do art. 7º, parágrafo único, ao expor que, "tendo mais de um autor a ofensa, todos responderão solidariamente pela reparação dos danos previstos nas normas de consumo". São exemplos os arts. 8º, 10, 14, 18, 19, 20, 34, 35, 36, 39, 40 e 101 do CDC.[18]

Desse modo, ao utilizar os termos fabricante, produtor, construtor e importador no art. 12, o CDC imputa a responsabilidade, num primeiro momento, a esses personagens designados no artigo referido. O verdadeiro introdutor e responsável pelo produto perigoso no mercado é o fabricante. Pode-se falar em responsáveis reais que seriam os fornecedores que efetivamente participaram do processo de produção, pois deram causa ao defeito. Nesse rol estão o fabricante, o produtor e o construtor. O responsável presumido é o importador, ao introduzir um produto estrangeiro no mercado de consumo. O responsável aparente é o comerciante.

---

16. MIRAGEM, Bruno. *Curso de Direito do Consumidor*, p. 694.
17. MIRAGEM, Bruno. *Curso de Direito do Consumidor*. p. 695.
18. OLIVEIRA, Júlio Moraes. Aspectos relevantes do acidente de consumo infantil. *Revista Brasileira de Direito Comercial, Empresarial, Concorrencial e do Consumidor*, Porto Alegre, v. 30, ago.-set. 2019. p. 67.

O comerciante, nesse primeiro momento, é excluído da responsabilidade por questão de política legislativa, mas a exclusão do comerciante não é absoluta. No contexto do Código de Defesa do Consumidor, a responsabilidade do comerciante é subsidiária. Guido Alpa observa que a maioria dos defeitos tem sua origem na fabricação, na construção do projeto do bem, e não na sua comercialização.[19] Parece ter sido esse o motivo da decisão do legislador do CDC em imputar a responsabilidade àqueles que poderiam ter evitado o defeito.[20]

Nesse sentido, o Tribunal de Justiça do Rio Grande do Sul já se posicionou:

> Apelação cível. Responsabilidade civil. Acidente de consumo. Legitimidade ativa do autor. Consumidor por equiparação. Ilegitimidade passiva da ré comerciante. 1. Legitimidade ativa. Afirmando o autor ter experimentado danos decorrentes da explosão de um aparelho de som negociado com a ré, ainda que comprovado não tenha sido ele o adquirente do produto, tem-se a figura do consumidor por equiparação, o que confere legitimidade ao demandante para postular a reparação pelos danos experimentados. 2. Ilegitimidade passiva. Tratando-se o caso dos autos de responsabilidade pelo fato do produto, decorrente de acidente de consumo, a responsabilidade do comerciante do produto, como a ré, é subsidiária a dos demais integrantes da cadeia dos fornecedores. Somente em casos excepcionais é que o comerciante responde perante o consumidor por acidente de consumo, excepcionalidade que não se verifica no presente caso. Assim, a loja ré é ilegítima para responder à ação. Nego provimento ao apelo. Unânime. (Apelação Cível, º 70023025455, Nona Câmara Cível, Tribunal de Justiça do RS, rel. Odone Sanguiné, julgado em: 02 jul. 2008).

O art. 13 do CDC dispõe que "o comerciante é igualmente responsável, nos termos do artigo anterior, quando: I – o fabricante, o construtor, o produtor ou o importador não puderem ser identificados; II – o produto for fornecido sem identificação clara do seu fabricante, produtor, construtor ou importador; III – não conservar adequadamente os produtos perecíveis". O CDC imputou responsabilidade também ao comerciante, quando este for o único fornecedor acessível (art. 13, I), ou, em decisão inovadora dos legisladores do CDC, também, quando este descumprir seu dever anexo de identificação clara da origem do produto (violação ao art. 31) ou quando for o real causador do defeito do produto perecível, por não ter cumprido seu dever de conservá-lo corretamente (violação ao art. 8º).[21]

A reponsabilidade direta ou principal é aquela em que o comerciante diretamente responde perante o consumidor, sem necessidade de discussão sobre outros envolvidos.

A responsabilidade solidária é aquela em que o comerciante será acionado juntamente com o fabricante, ela é um reforço de garantia para o recebimento de uma futura indenização. O Código civil dispõe que "há solidariedade, quando na mesma

---

19. ALPA, Guido. *Diritto privatto dei consumi*. Bologna: Il Milano, 1986. p. 302.
20. MARQUES, Claudia Lima; BENJAMIM, Antônio Herman V.; MIRAGEM, Bruno. *Comentários ao Código de Defesa do Consumidor*. Arts. 1º a 74 – Aspectos materiais. 2ª tiragem. São Paulo: Ed. RT, 2004. p. 225.
21. MARQUES, Claudia Lima; BENJAMIM, Antônio Herman V.; MIRAGEM, Bruno. *Comentários ao Código de Defesa do Consumidor*, p. 240.

obrigação concorre mais de um credor, ou mais de um devedor, cada um com direito, ou obrigado, à dívida toda."

Já a reponsabilidade subsidiária ocorre quando existe um responsável principal, que em um primeiro momento responderia normalmente pelo evento, mas que por algum motivo circunstancial, naquele caso concreto não irá responder. Desse modo, o consumidor ficaria sem reparação pelo evento. Diante disso, o Código, para se evitar esse vácuo na cadeia de fornecedores, coloca o comerciante como uma garantia.[22] A responsabilidade subsidiária tem caráter acessório ou suplementar. Existe uma ordem preferencial a ser observada para se cobrar a dívida, na qual o devedor subsidiário só pode ser acionado após a dívida não ter sido totalmente adimplida pelo devedor principal.

Quando o fabricante, o construtor, o produtor ou o importador não puderem ser identificados, o comerciante passa a ser o responsável principal da reparação civil. Seriam, por exemplo, os produtos anônimos. Muito comum em mercados de frutas, nos quais o fornecedor mistura vários produtos de vários fornecedores diferentes.

Na segunda hipótese, o responsável principal está mal identificado e, desse modo, o comerciante, por ficção jurídica, será responsabilizado. Já na terceira hipótese, o comerciante será responsabilizado por aqueles produtos perecíveis que competia a ele, comerciante, acondicionar de forma adequada. Entende Bruno Miragem, acertadamente, que esta última hipótese do art. 13 seria responsabilidade direta do comerciante, e não subsidiária.

Na verdade, nessa hipótese, o fabricante também pode ser acionado solidariamente. Como já afirmado, existe divergência doutrinária se a responsabilidade do fornecedor seria realmente subsidiária ou solidária, uma vez que o art. 13 usa o termo "igualmente". Entende-se, neste trabalho, que as duas coisas podem acontecer no caso concreto, aliás, a três situações, ou seja, responsabilidade direta ou principal do comerciante, responsabilidade solidária e responsabilidade subsidiária.

A expressão "igualmente", significa da mesma forma, semelhante, que não apresenta diferenças. Ora, se o comerciante é igualmente responsável aos designados no *caput* do art. 12, pode-se entender que o comerciante é responsável da mesma forma que os sujeitos do art. 12. Nesse caso, seria responsabilidade direta. Outra interpretação que se pode fazer sobre a intenção do legislador é a de que a palavra

---

22. Apelação cível. Responsabilidade civil. Acidente de consumo. Fezes de roedores em pão de sanduíche. Fato do produto evidenciado. Defeito decorrente da fabricação. Ilegitimidade passiva do comerciante por ser a sua responsabilidade subsidiária. 1. O comerciante possui responsabilidade subsidiária à do fabricante, do produtor, do construtor e do importador nos casos de fato do produto, salvo se evidenciada alguma das hipóteses do artigo 13 do CDC, quando responderá solidariamente com aqueles. 2. Caso em que demonstrado que a impropriedade para o consumo do pão de sanduíche adquirido pela autora era originária de fábrica e a identificação do fabricante era perfeitamente possível, pois constante na embalagem do produto. Por outro lado, não foi atribuída ao comerciante qualquer outra conduta, salvo a de vender o produto, que justificasse a sua responsabilização. Evidenciada, portanto, a sua ilegitimidade passiva no caso concreto. Precedentes jurisprudenciais. Apelação Desprovida. (Apelação Cível, 70068939453, 9ª Câmara Cível, Tribunal de Justiça do RS, rel. Carlos Eduardo Richinitti, Julgado em: 08 jun. 2016).

igualmente significa uma soma, isto é, os sujeitos do art. 12 e o comerciante seriam solidariamente responsáveis pelo defeito do produto.

Imagine-se uma situação em que o fabricante não possa ser identificado de forma clara. Nesse caso, o consumidor pode acionar o comerciante e o fabricante mal identificado, de forma solidária; assim, seria mais correto dizer que a responsabilidade do comerciante, em regra será subsidiária, nos casos do art. 13, mas também pode ser direta (inciso III) ou solidária a depender das circunstâncias.[23]

A reponsabilidade do comerciante será direta ou principal nas hipóteses do art. 13, quando for impossível identificar o fabricante em qualquer um dos 3 incisos. Como o consumidor não terá a quem recorrer, o comerciante, que é o sujeito de quem foi adquirido o produto responderá mesmo que se trate de um defeito do produto. Imagina-se uma hipótese de um pequeno mercado que adquire produtos cosméticos que venham sem identificação do fabricante, ou mesmo que essa tenha desaparecido no armazenamento, não há que se falar em igualmente responsável, mas sim em único responsável já que nem o comerciante nem o consumidor vão conseguir identificar o fabricante.

A responsabilidade solidária pode dar-se de inúmeras maneiras. Imagine-se uma situação em que seja impossível se determinar quem é responsável pelo evento causador do dano ao consumidor. Mesmo na hipótese do inciso terceiro, a responsabilidade pode ser da cadeia de fornecedores, pois a conservação inadequada pode decorrer de qualquer um deles. Pegue-se como exemplo uma situação em que o produto perecível se deteriorou no transporte ou mesmo antes, na fábrica. É possível que se identifique qual fornecedor foi o responsável, ou na hipótese de não se identificar, todos poderiam ser responsabilizados. O comerciante, pode por exemplo, comprovar no caso concreto que não há nenhum problema nos seus equipamentos de armazenamento e sim no transporte, ou que o produto já saiu da fábrica deteriorado. Isso seria possível hoje, com a tecnologia disponível.

O Tribunal de Justiça do Paraná possui um interessante julgado a respeito da responsabilidade solidária do comerciante em caso de fato do produto:

---

23. O tema é bastante controverso na doutrina. "Veja-se agora o caso do inciso III do art. 13, que deixei para analisar separadamente, pois alguns autores entendem ter havido um equívoco por parte do legislador ao estabelecer que o comerciante é igualmente responsável nesse caso, entendimento do qual partilho. O dispositivo diz ser o comerciante responsável quando não conservar adequadamente os produtos perecíveis. Nessa hipótese, contudo, a melhor exegese é no sentido de que este sujeito será integralmente responsável, pois a má conservação de produtos perecíveis não guarda relação com a atividade dos sujeitos do art. 12. Imagine-se a hipótese de o fabricante entregar o produto em prefeitas condições ao comerciante, mas este, por ato exclusivamente seu (desligar os freezers do supermercado durante a noite, por exemplo), permitir que o produto se deteriore. Que responsabilidade terá o fabricante nesse caso? Nenhuma, obviamente. Por isso o comerciante responderá sozinho, de forma objetiva." In: GUGLISNKI, Vitor. *Responsabilidade civil do comerciante no sistema do Código de Defesa do Consumidor*. Disponível: https://meusitejuridico.editorajuspodivm.com.br/2019/04/04/responsabilidade-civil-comerciante-no-sistema-codigo-de-defesa-consumidor/ acesso em: 12 jul. 2021.

> Considerando que o chocolate se enquadra naquilo que se entende por alimento perecível, visto que, além de conter prazo de validade, exige armazenamento em local fresco, seco e inodoro, perfeitamente possível que o varejista figure no polo passivo da ação de indenização por danos morais (art. 13, III, do Código de Defesa do Consumidor). Legitimidade do supermercado reconhecida "ex-officio (TJPR, Ap. Cív. 13658454, 9ª Câmara Cível – rel. Des. Vilma Régia de Rezende, Dj 30 set. 2015.)

Desse modo, entende-se que a questão pode depender única e exclusivamente da prova.

Infere-se de tudo que foi exposto que apesar da intenção do legislador, em um primeiro momento, em retirar a responsabilidade do comerciante por defeitos do produto, haja vista que de um modo geral o mesmo não tem controle ou atuação sobre isso, a vida real demonstra que a situação pode não ser assim tão simples. Existem casos em que o comerciante vai ser o responsável principal, mesmo sendo defeito do produto, em outras situações o comerciante será acionado juntamente com os sujeitos do artigo 12, de forma solidária e, por fim, poderá ser responsabilizado de forma subsidiária.

4. CONCLUSÃO

O presente texto apresentou as controvérsias que ainda existem acerca da responsabilidade pelo fato do produto, em especial quanto à figura do comerciante. Demonstrou-se que a chamada teoria da qualidade surgiu porque o direito civil clássico não foi criado para solucionar os problemas da sociedade de massas, na qual os produtos são fabricados em larga escala e comercializados em larga escala também. Como os sujeitos são diferentes, a regras de responsabilização também precisaram evoluir.

Foi apresentado um escorço histórico da responsabilidade civil, em especial quanto ao aspecto do acidente de consumo. O direito brasileiro, influenciado pelo direito europeu e norte-americano acabou criando um sistema peculiar de responsabilização civil pelo defeito do produto.

Demonstrou-se que apesar de grande parte da doutrina afirmar que a responsabilidade do comerciante pelo defeito é em regra subsidiária, na prática ela também pode ser principal e solidária. A expressão "igualmente", utilizada no texto da lei é objeto de controvérsia, já que igualmente significa da mesma forma, semelhante, ou seja, responder da mesma forma ou semelhante ao fornecedor é responder de forma direta e não solidária, melhor seria se o legislador tivesse usado outra palavra o que poderia causar menos desentendimentos.

A realidade dos fatos tem demonstrado que o tema merece uma análise mais apurada dos operadores do direito já que a lei não foi muito clara a esse respeito. Cabe então à doutrina trazer subsídios para a elucidação do tema.

5. REFERÊNCIAS BIBLIOGRÁFICAS

ALPA, Guido. *Diritto privatto dei consumi*. Bologna: Il Milano,1986.

ALPA, Guido & BESSONE, Mario. *Lá responsabilità del produttore*. Milano: Giuffrè. 1987.

BENJAMIN, Antônio Herman V.; MARQUES, Claudia Lima; BESSA, Leonardo Roscoe. *Manual de Direito do Consumidor*. 7. ed. rev. atual. e amp. São Paulo: Ed. RT, 2016.

CALAIS-AULOY, Jean. *Droit de la consommation*. Paris: Dalloz, 1985.

EFING, Antônio Carlos. *Fundamentos dos direitos da relação de consumo*. 4. ed. rev. atual. e ampl. Curitiba: Juruá Editora, 2020.

FARIAS, Cristiano Chaves de; ROSENVALD, Nelson. *Curso de Direito Civil*. Obrigações. 7. ed. Salvador: JusPodivm, 2013.

GRINOVER, Ada Pelegrini et al. *Código de Defesa do Consumidor, comentado pelos autores do anteprojeto*. 7. ed. São Paulo: Forense Universitária, 2001.

GUGLISNKI, Vitor. *Responsabilidade civil do comerciante no sistema do Código de Defesa do Consumidor*. Disponível em: https://meusitejuridico.editorajuspodivm.com.br/2019/04/04/responsabilidade-civil-comerciante-no-sistema-codigo-de-defesa-consumidor/ acesso em: 12 jul. 2021.

LOPES, José Reinaldo de Lima. *Responsabilidade civil do fabricante e a defesa do consumidor*. São Paulo: Ed. RT, 1992.

MARQUES, Claudia Lima; BENJAMIM, Antônio Herman V.; MIRAGEM, Bruno. *Comentários ao Código de Defesa do Consumidor*. Arts. 1º a 74 – Aspectos materiais. 2ª tiragem. São Paulo: Ed. RT, 2004.

MIRAGEM, Bruno. *Curso de Direito do Consumidor*. 6. ed. rev. atual. e ampl. São Paulo: Ed. RT, 2016.

OLIVEIRA, Júlio Moraes. Aspectos relevantes do acidente de consumo infantil. *Revista Brasileira de Direito Comercial, Empresarial, Concorrencial e do Consumidor*, Porto Alegre, v. 30, p. 34-50, ago.-set. 2019.

OLIVEIRA, Júlio Moraes. A responsabilidade pelo fato do produto e a prática do *recall*. *Revista Brasileira de Direito Comercial, Empresarial, Concorrencial e do Consumidor*, Porto Alegre, v. 9, p. 62-76, fev.-mar. 2016.

OLIVEIRA, Júlio Moraes. *Curso de Direito do Consumidor Completo*. 7 ed. rev. atual. e ampl. Belo Horizonte: D´Plácido Editora, 2021.

ROCHA, Silvio Luis Ferreira da. *Responsabilidade civil do fornecedor pelo fato do produto no direito brasileiro*. 2. ed. São Paulo: Ed. RT, 2000.

ROSENVALD, Nelson. *O Direito Civil em movimento*. Desafios Contemporâneos. Salvador: JusPodivm, 2017.

TARTUCE, Flávio; NEVES, Daniel Amorim Assumpção. *Manual de Direito do Consumidor*. Direito Material e processual. 5. ed. São Paulo: Editora Método, 2016.

SANSEVERINO, Paulo de Tarso Vieira. *Responsabilidade civil no Código do Consumidor e a defesa do fornecedor*. São Paulo: Saraiva, 2002.

ZWEIGERT, Konrad; KÖTZ, Hein. *Introducción al derecho comparado*. Trad. Arturo Aparício Vazquez. México: Oxford University Press. 2002.

ANÁLISE ECONÔMICA DA RESPONSABILIDADE CIVIL PELO FATO E VÍCIO DO PRODUTO OU SERVIÇO NO CÓDIGO DE DEFESA DO CONSUMIDOR

Felipe Probst Werner

Doutor em Direito Civil (PUC-SP). Mestre em Ciência Jurídica (UNIVALI). Especialista em Direito Contratual (PUC-SP). Professor Titular da Universidade do Vale do Itajaí (UNIVALI). Parecista e advogado.

E-mail: felipe@pwa.adv.br

Sumário: 1. Introdução – 2. Dos modelos de responsabilidade civil previstos no Código de Defesa do Consumidor – 3. Da análise econômica do fato e vício do produto ou serviço no Código de Defesa do Consumidor – 4. Considerações finais – 5. Referências bibliográficas.

1. INTRODUÇÃO

O presente estudo tem como objetivo uma crítica da responsabilidade civil pelo fato do produto ou serviço por meio da análise econômica do direito. Serão definidos os principais aspectos da responsabilidade civil dentro da esfera consumerista e apresentar-se-á as diferenças entre as duas formas de responsabilização elencadas no Código de Defesa do Consumidor.

A seguir, por meio de uma análise econômico-jurídica, trar-se-á as consequências e incentivos que o modelo escolhido pelo Código de Defesa do Consumidor traz para a vida social brasileira.

Sucessivamente, serão expostas anotações acerca da razoabilidade na interferência Estatal como forma de desenvolver de forma sustentável o mercado de consumo e as consequências de diferenciação existente dentro do direito consumerista brasileiro entre a forma de responsabilização por fato do produto ou serviço e vício no produto ou serviço.

O objetivo do estudo é realizar investigação diferenciada e crítica das regras de responsabilização da cadeia de fornecedores no Direito do Consumidor Pátrio, de acordo com a análise econômica do direito. O tema tem justificativa em sua relevância para o desenvolvimento socioeconômico brasileiro por sua capacidade de interessar, praticamente, todos os cidadãos brasileiros, seja na qualidade de empreendedores ou de consumidores.

A metodologia de abordagem é a dedutiva, pois serão trazidas as normas aplicáveis além da manifestação doutrinária acerca do tema. Trata-se, pois, de pesquisa qualitativa, de método dedutivo e com recurso à análise bibliográfica e documental. O tema será abordado em três tópicos a saber: 1 Introdução; 2 Dos modelos de Responsabilidade Civil Previstos no Código de Defesa do Consumidor; 3 Da análise econômica do fato e vício do produto ou serviço no Código de Defesa do Consumidor e 4 Considerações finais.

2. DOS MODELOS DE RESPONSABILIDADE CIVIL PREVISTOS NO CÓDIGO DE DEFESA DO CONSUMIDOR

Sabe-se que o risco é item inerente e de extrema relevância na atividade econômica. A relação entre sucesso e fracasso de um empreendedor, além de da capacidade de inovação e redução de custos, pode ser medida pelo cálculo do risco que seu negócio terá quando em operação.

Neste contexto, considerando que nem sempre o risco pode ser facilmente mensurável, uma das alternativas dos fornecedores acaba sendo a máxima diminuição de custos do produto ou serviço que colocará à disposição do mercado. Ocorre que não rao que esta quase insaciável busca por diminuição de custos culmina na criação de episódios capazes de desrespeitar princípios básicos do consumidor, como problemas na adequação, segurança, durabilidade do produto ou serviço, coisa que, aliada à produção em série e massificação dos contratos, pode acarretar forte desacerto entre interesses dos consumidores e fornecedores.

Ao considerar que a princípio a produção em série não apresenta de forma explícita os elementos de negligência, imprudência ou imperícia - requisitos imprescindíveis para a caracterização da responsabilidade civil subjetiva trazida como regra geral no Código Civil de 2002 – a resposta a que se chega é que seria dificílimo que um consumidor conseguisse comprovar, em caso de dano, culpa do fornecedor do produto ou serviço consumido. Isto significa dizer que dentro das características da responsabilidade civil prevista na legislação comum, há um forte incentivo para que seja transferido o risco do negócio do fornecedor para o consumidor.

A lógica é que a diferença do poder econômico e do acesso à informação diminuem sensivelmente a possibilidade de um consumidor comprovar que o fornecedor agiu culposamente ao fabricar ou comercializar um produto ou fornecer um serviço. Dentro deste contexto que o Código de Defesa do Consumidor buscou com sua sistemática de responsabilização "presumida" garantir o ressarcimento pelos prejuízos eventualmente sofridos pelo consumidor.[1]

Por esta razão é que possível dizer sistemática de responsabilização civil adotada pelo Código de Defesa do Consumidor é objetiva já que o legislador fez foi determinar que havendo problema no produto ou serviço a responsabilidade passaria a ser diretamente do fornecedor, independentemente da necessidade de demonstração de sua negligência, imprudência ou imperícia.

---

1. NUNES, Rizzato. *Curso de direito do consumidor*. 6. ed. São Paulo: Saraiva, 2011.

Sobre este tema, cumpre lembrar excelente estudo realizado por Antônio Herman Benjamin quando desenvolvida sua "teoria da qualidade" que entende que deveria ser imposto um dever de qualidade ao fornecedor que se descumprido gera responsabilidade contratual ou extracontratual.[2]

Antes de seguir adiante, importante destacar que mesmo que não seja necessário demonstrar ou comprovar a culpa ou que inexista uma relação contratual entre fornecedor e consumidor, cabe ao consumidor demonstrar a existência de nexo causal entre o dano alegado e o produto adquirido ou serviço prestado.

Presentes os elementos da responsabilidade civil consumerista, entrará em cena uma das duas modalidades dispostas no Código de Defesa do Consumidor: aquela pelo fato do produto ou serviço; ou aquela pelo vício do produto ou serviço.

A primeira modalidade de responsabilização civil trazida na legislação consumerista é aquele proveniente do fato do produto ou serviço. Disposta do artigo 12 ao 17 da Lei 8.078/90, vê-se de forma clara que sua lógica é a proteção da pessoa do consumidor por defeitos dos produtos ou serviços colocados no mercado.

Elucida o conceito de fato do produto ou serviço com peculiar clareza Antônio Herman Benjamin quando dispõe que "'fato do produto' ou 'fato do serviço' quer significar dano causado por um produto ou por um serviço, ou seja, dano provocado (fato) por um produto ou um serviço".[3]

Por sua vez, Bruno Miragem destaca que a responsabilidade pelo defeito ou fato do produto advém da violação de um dever de segurança que se pode legitimamente esperar do produto ou serviço. Para o autor, tal proteção abarca tanto os interesses patrimoniais, que é o produto ou serviço adquirido, como aqueles extrapatrimoniais que possam ser apreciados economicamente.[4]

Ainda que no Brasil esta sistemática de proteção ao consumidor tenha iniciado apenas com a vigência do Código de Defesa do Consumidor, possível dizer esta forma de raciocínio jurídico já existe há mais de 100 anos, quando, em 1916, o Tribunal de Apelações de Nova Iorque de forma inovadora decidiu o caso *Donald C. McPherson vc. Buick Motor Co.*

O caso referia-se a um problema na roda de automóvel vendido que culminou num acidente, e, por sua vez, em dano à pessoa do consumidor. Ocorre que a roda não teria sido fabricada pela *Buick Motor Co.* e por isto esta empresa sustentava sua ilegitimidade passiva. Durante o processo ficou constatado que o problema na roda poderia ter sido detectado pela fabricante do veículo, coisa que não foi oportunamente

---

2. BENJAMIN, Antônio Herman V. et al. *Manual de direito do consumidor*. 6. ed. São Paulo: Ed. RT, 2014.
3. BENJAMIN, Antônio Herman V. et al. *Manual de direito do consumidor*. 6. ed. São Paulo: Ed. RT, 2014. p. 162,
4. MIRAGEM, Bruno. *Curso de direito do consumidor*. 5. ed. São Paulo: Ed. RT, 2014.

feita. Assim, foi esta condenada não pela fraude na venda de veículo defeituoso, mas na sua conduta negligente.[5]

Alguns anos depois, na Grã-Bretanha, a Câmara dos Lordes, em 1932, solucionou o emblemático caso de *Donoghue v Stevenson* no qual discutia-se a responsabilidade da fabricante de cerveja por ter o consumidor encontrado uma lesma em decomposição quando bebia uma cerveja num *coffee shop*, ocasião em que a demanda foi julgada procedente e teve a cervejaria que indenizar a consumidora.[6]

Possível extrair destes dois conhecidos julgamentos que independentemente de um vínculo direto entre fornecedor e consumidor poderia ser o primeiro responsabilizado, situação que culminou por criar uma obrigação de cuidado e precaução dos fabricantes em relação aos seus produtos colocados no mercado.

Atualmente, como se pode depreender da própria legislação consumerista brasileira, o tema do defeito no produto ou serviço assumiu contornos nítidos quando passa a dispor que além de não ser necessário o vínculo direto entre o fornecedor e o consumidor, aquele será responsável por qualquer dano causado ao consumidor pelos seus produtos ou serviços colocados ao consumidor, exceto se demonstrar que não colocou o produto no mercado, que o defeito inexiste ou que a culpa é exclusivamente do consumidor ou terceiro.[7]

Em paralelo à modalidade de responsabilização civil por defeito no produto ou serviço há aquela que decorre do vício do produto ou serviço.

Ao contrário do defeito, que é um acidente de consumo que causa um dano ao consumidor em si, vício é uma imperfeição que pode atingir tanto um produto quanto um serviço comercializado.

O vício do produto ou na prestação de serviços está disposto no artigo 18 e seguintes da Lei 8.078/90 e ocorre quando são desrespeitadas as características que legitimamente poderia o consumidor esperar quanto à qualidade e quantidade do produto adquirido, ou do serviço contratado pelo consumidor.

Para a legislação brasileira, são considerados vícios características de qualidade ou quantidade que tornem os produtos ou serviços impróprios ou inadequados ao consumo a que se destinam ou que lhes diminuam o valor.

Neste sentido, Ada Pellegrini Grinover, expõe que enquanto o vício de qualidade está disposto no artigo 18 do Código de Defesa do Consumidor e tem como exemplos um problema no sistema de freio, no sistema de refrigeração, vencimento do prazo de validade, falsificação, avariação, desobediência de normas técnicas regulamentares de fabricação, dentre outros, o vício de quantidade, disciplinado pelo artigo 19 do

---

5. NEW YORK. Court of appels. *217 NY 382*: Macpherson v Buick Motor Co. 1916. Disponível em: https://www.nycourts.gov/reporter/archives/macpherson_buick.htm. Acesso em: 12 jun. 2021.

6. SCOTISH COUNCIL OF LAW REPORTING. *Donoghue v Stevenson*. 1932. Disponível em: http://www.scottishlawreports.org.uk/resources/dvs/donoghue-v-stevenson-report.html. Acesso em: 12 jun. 2021.

7. BRASIL. Código de defesa do consumidor. Lei 8.078 de 11 set. 1990. Brasília: *Diário Oficial da União*, 1990.

Código de Defesa do Consumidor, trata basicamente da disparidade do conteúdo líquido dos produtos colocados no mercado de consumo, ou seja, informação prestada e real conteúdo fornecido.[8]

Além destas duas formas de vício do produto, importa destacar que também é possível que ocorra um vício no serviço prestado, tanto no que tange à qualidade, como à disparidade de indicações constantes na oferta ou mensagem publicitária e a efetiva prestação do serviço.

Por derradeiro, ainda quanto ao vício no produto ou serviço, não poderia deixar de lembrar que configurado estará o vício, também, quando não respeitado o dever de informação por parte do fornecedor.

Em síntese, portanto, o produto ou serviço viciado, são aqueles que afetam apenas o produto fornecido ou serviço prestado, violam um dever de adequação, não representando risco à integridade física do consumidor.

Uma vez apresentadas as duas modalidades de responsabilização do fornecedor prevista no Código de Defesa do Consumidor, resta trazer as diferenças entre uma e outra a ponto de justificar a análise econômico-jurídica que será feita no tópico seguinte.

Em primeiro lugar, relevante destacar que não é uníssona a doutrina brasileira[9] acerca da diferenciação entre os institutos e em muitos países tampouco é feita tal distinção. Na Colômbia, Itália e Espanha, por exemplo, os temas de qualidade, quantidade e segurança nos produtos ou serviços são trazidos de forma conjunta, sendo a forma de responsabilização do fornecedor ou sua cadeia a mesma.[10]

Na Colômbia, o artigo 6º da legislação consumerista daquele país aduz que todo produtor deve assegurar a idoneidade e segurança, assim como a qualidade, dos bens e serviços que coloca no mercado.[11] Idêntica situação ocorre no Código de Consumo Italiano, que em seu artigo 5º estabelece como obrigação geral aos fornecedores o dever de segurança, composição e qualidade dos produtos e serviços.[12] Na Espanha, mais um vez, a lei geral de defesa do consumidor em seu artigo 128 e seguintes dispõe sobre a responsabilidade por danos causados pelo produto ao consumidor, enquanto o artigo 118 e seguintes trata dos direitos de reparação, substituição, diminuição do

---

8. GRINOVER, Ada Pellegrini et al. *Código brasileiro de defesa do consumidor*: comentado pelos autores do anteprojeto. Rio de Janeiro: Forense, 2011. v. 1.
9. Zalmo Denari, por exemplo, é da corrente que sustenta que não há diferença entre defeito e vício. Vide GRINOVER, Ada Pellegrini et al. *Código brasileiro de defesa do consumidor*: comentado pelos autores do anteprojeto. Rio de Janeiro: Forense, 2011. v. 1. p. 191.
10. WERNER, Felipe Probst. *Dano moral e o comerciante*. Belo Horizonte: Editora Del Rey, 2019.
11. COLOMBIA. *Artigo 6, Estatudo del Consumidor*. Ley 1480 de 2011. Disponível em: www.anato.org/sites/default/files/LEY%201480%20DE%202011.pdf. Acesso em: 12 jun. 2012.
12. ITALIA. *Articolo 5*. Codice del consumo, 2005. Disponível em: http://www.codicedelconsumo.it. Acesso em: 12 jun. 2021.

preço ou resolução do contrato.[13] A solução para todas estas normas pesquisadas é isonômica: responsabilidade solidária da cadeia de fornecedores.

Ao nosso ver, contudo, a legislação brasileira além de diferenciar as modalidades, traz respostas ligeiramente diferentes para cada uma delas, notadamente quanto ao comerciante, que não figura, em regra, como responsável solidário quando da ocorrência de fato do produto ou serviço, mas apenas no caso de vício.

Por esta razão, imprescindível se faz a correta distinção entre uma modalidade e outra, pois para aquele fornecedor que se enquadra como comerciante a consequência será abissalmente diferente.

Para que seja fácil a compreensão da diferença entre as modalidades trazidas pelo Código de Defesa do Consumidor, colaciona-se didático exemplo explanado pelo jurista Rizzato Nunes: dois consumidores adquirem dois veículos de igual marca e modelo, ambos com problema no freio. O primeiro ao sair da concessionária, percebe o problema logo no primeiro quarteirão, porém como tinha tempo e espaço, consegue encostar o veículo e pará-lo, sem sofrer qualquer dano. O segundo, sai da concessionária e apenas percebe o problema quando se depara com um sinal fechado, não consegue parar e acaba se chocando com outros veículos e lesionando sua mão.[14]

A primeira situação do exemplo acima colacionado, segundo a legislação consumerista brasileira, se enquadraria como vício no produto, já a segunda, fato do produto. Isto porque uma vez configurada imperfeição na segurança, que é o risco exposto ou até causado ao consumidor, diante de um fato do produto (defeito) se estará. Caso não haja risco há segurança, mas apenas imperfeição qualitativa, quantitativa ou informacional, a fatispécie do caso será vício do produto.

O mesmo raciocínio acerca da diferenciação é trazido por Sergio Cavalieri Filho quando dispõe que tanto vício como o fato do produto "decorrem de um defeito do produto ou serviço, só que no *fato do produto* ou do serviço o defeito é tão grave que prova um acidente que atinge o consumidor, causando-lhe dano material ou moral"[15].

Por esta razão, pode-se dizer que a diferença das fatispécies acima tratada é, portanto, a extrapolação à segurança em relação a sua apresentação ou usos e riscos que razoavelmente poder-se-ia esperar, ou não, da esfera do produto ou serviço colocado no mercado.

Verificado que existe verdadeira diferença entre uma modalidade e outra, cabe demonstrar, a seguir, por meio de uma análise econômica, quais as consequências legais e econômico-jurídicas que decorrem de tal distinção.

---

13. ESPAÑA. *Ley general para la defense de los consumidores y usuarios y otras leyes complementarias*, 2007. Disponível em: https://boe.es/buscar/act.php?id=BOE-A-2007-20555. Acesso em: 12 jun. 2021.
14. NUNES, Rizzato. *Curso de direito do consumidor*. 6. ed. São Paulo: Saraiva, 2011.
15. CAVALIERI FILHO, Sergio. *Programa de responsabilidade civil*. 12. ed. São Paulo: Atlas, 2015. p. 590.

3. DA ANÁLISE ECONÔMICA DO FATO E VÍCIO DO PRODUTO OU SERVIÇO NO CÓDIGO DE DEFESA DO CONSUMIDOR

Antes de ingressar nas já pinceladas consequências de se enquadrar uma situação à fato do produto ou serviço ou vício do produto ou serviço, relevante se faz anotar por qual razão haveria tal distinção e quais suas consequências.

Para tanto, como adiantado, utilizar-se-á do ferramental da análise econômica do direito enquanto metodologia capaz de contribuir para a compreensão de fenômenos jurídico-econômico-sociais que possam auxiliar a interpretação de normas ao considerar a racional tomada de decisões jurídicas tanto da parte dos fornecedores como daquela dos consumidores.[16]

Necessário ponderar que a racionalidade é a "faculdade que tem o ser humano de avaliar, julgar, ponderar ideias universais"[17] e, portanto, sempre terá que ser levada em consideração quando se estiver diante de um contexto no qual o ser humano terá que tomar uma decisão.

Isto significa dizer que ciente o indivíduo de que seus recursos são limitados, racionalmente tenderá ele a uma decisão voltada a não os desperdiçar ou não os colocar em risco. Por esta razão, a diferenciação das consequências legais da responsabilidade civil por fato ou vício do produto ou serviço inevitavelmente culminará por diferentes incentivos a uma ou outra prática por aqueles afetados, afinal, o resultado que se obtém com esta criação legislativa humana é a necessidade de observação das normas pela sociedade como um todo, já "a violência que mantém o direito é uma violência que ameaça"[18], e que, portanto, impõe certas formas de comportamento.

Neste sentido, deve se estar ciente de que a resposta legal para as situações que se enquadram como vício de qualidade ou quantidade do produto ou serviço será a possibilidade do consumidor exigir alternativamente e à sua escolha, a substituição do produto, restituição de valores pagos ou abatimento do preço, mas, tão somente, se o fornecedor não sanar tal problema restrito ao produto ou serviço dentro de trinta dias.

É importante ressaltar que apenas haverá possibilidade de alguma exigência por parte do consumidor quando da ocorrência de vício se o mesmo não for efetivamente reparado no prazo legal, situação esta que não ocorre quando a fatispécie é de fato do produto ou serviço.

Por sua vez, quanto ao fato do produto ou serviço a legislação consumerista reporta como sanção apenas reparação dos danos causados. Assim, para cada caso concreto deverá ser apurado o dano sofrido pelo consumidor, que pode abranger além do produto, o abalo moral, perda patrimonial/material, agressão estética ou à imagem.

---

16. TIMM, Luciano Benetti (Org.). *Direito e Economia no Brasil*. 2. ed. São Paulo, Atlas, 2018.
17. CUNHA, Antônio Geraldo. *Dicionário Etimológico da Língua Portuguesa*. 3. ed. Rio de Janeiro: Lexikon, 2007.
18. BENJAMIN, Walter. *Escritos sobre mito e linguagem*. 2. ed. São Paulo: Editora 34, 2013. p. 133.

Não há dúvidas de que estas modalidades de responsabilização criam especiais incentivos de comportamento aos fornecedores. Em primeiro lugar porque ao diferenciar as consequências para fato e vício do produto ou serviço, notadamente dando uma saída honrosa de reparo do vício no chamado trintídio legal, haverá um esforço para que os produtos ou serviços colocados no mercado não apresentem riscos à saúde ou segurança do consumidor. Explica-se:

Caso não houvesse a diferenciação e não dispusesse o fornecedor de um prazo para saneamento do vício em trinta dias para fins de evitar qualquer tipo de penalidade, não veria o fornecedor diferença em colocar um produto ou serviço no mercado que pudesse apresentar problema capaz de ensejar risco à saúde ou segurança do consumidor, ou não. Por outro lado, existindo a possibilidade de saneamento apenas do vício, haverá um esforço maior do fornecedor em fazer com que eventual problema de seu produto ou serviço limite-se e restrinja-se ao produto, sem chegar à pessoa do consumidor, afinal, poderá, sanando tal vício dentro do prazo legal, exonerar-se de qualquer outra responsabilidade.

Não menos importante que este primeiro incentivo acima transcrito é aquele de criar-se a possibilidade de uma vez constatado o vício, o fornecedor repará-lo de forma célere a fim de eximir-se das obrigações de desfazimento do negócio ou abatimento do preço já recebido.

As consequências das modalidades de responsabilidade civil criadas pelo Código de Defesa do Consumidor, que neste momento chama-se de gerais, cria incentivos à toda a gama de fornecedores que se comportarão de forma a diligenciar a fim de garantir a melhor eficiência de seus negócios.

A eficiência, que é a alocação de recursos numa posição em que ele terá seu valor maximizado[19], será impressa pelo fornecedor no sentido de minimizar riscos de danos à saúde ou segurança, já que com isso poupará recursos ao evitar situações que culminem em dano ao consumidor em si.

Necessário destacar que ainda que este incentivo culmine por aumentar custos de produção ou prestação de serviços, fato é que se mostra extremamente benéfico ao consumidor, que, por sempre encontrar-se em situação de déficit informacional, nem sempre conseguiria optar por aquele produto ou serviço que de fato não lhe apresentasse risco à saúde ou segurança.[20]

Por outro lado, chegando-se agora ao cerne da questão que pretende este estudo, não se pode perder vista que entre as duas modalidades de responsabilidade civil

---

19. POSNER, Richard A. *Economic analysis of law*. 4. ed. Boston: Little, Brown and Company, 1992.
20. Neste sentido, colhe-se lição de George A. Akerlof, que afirma que a regulação do mercado é fundamental para seu próprio bom desenvolvimento em razão do déficit cognitivo do consumidor que normalmente atua inclinado, preponderantemente, ao preço dos produtos ou serviços sem atentar-se às características menos aparentes dos mesmos. AKERLOF, George A. The market of "lemons": quality uncertainty and the market mechanism. *The Quaterly Journal of Economics*, v. 84, n. 3, Oxford: Oxford University Press, 1970. p. 488-500.

do Código de Defesa do Consumidor há um elemento de aguda diferença, que é o formato de responsabilidade do comerciante.

Consoante se denota nos resultados previstos das fatispécies de fato e vício do produto ou serviço, possível perceber que caso identificado o vício de qualidade, quantidade ou informação, a responsabilidade entre toda a cadeia de fornecedores será solidária, isto é, respondem todos aqueles que fizeram parte de produção, distribuição e comercialização de forma conjunta. Por outro lado, verificado que se trata de situação relacionada a segurança esperada do produto ou serviço, a responsabilidade será primeiramente do fabricante, produtor, construtor, importador, e, apenas em caráter subsidiário, do comerciante.[21]

Em outras palavras, quando da ocorrência de um fato do produto ou serviço o comerciante apenas será responsabilizado se não for possível identificar ou não houver clara identificação do fabricante, construtor, produtor ou importador; ou quando ele próprio não conservar adequadamente produtos perecíveis.

Tal distinção já foi reconhecida pelo Superior Tribunal de Justiça[22], em brilhante estudo formulado por Guilheme Reinig[23], e é de relevante destaque porque inicialmente retira o comerciante de situações graves de dano ao consumidor em si por produtos ou serviços pelos quais não possui nenhuma ingerência.

Isto significa dizer que o comerciante, que em regra possui a menor capacidade financeira e informacional da cadeia de fornecedores apenas fica solidariamente responsável com aqueles quando a fatispécie for de vício do produto ou serviço, ou seja, quando o problema ficar restrito ao produto ou serviço e não atingir à pessoa do consumidor.

Desta forma, num contexto da massificação da economia no qual o poderio econômico, técnico e informacional polariza-se naqueles que produzem ou importam bens, ou prestem serviços, mas que, ao mesmo tempo, necessitam de comerciantes na ponta final da cadeia para atender aquele final consumidor, vê-se que esta resposta legislativa que "isola" o comerciante está respaldada de significativa sensibilidade e relevância.

No que tange à análise econômica desta diferenciação dada exclusivamente ao consumidor pela legislação consumerista, possível perceber que se por um lado facilita a vida dos comerciantes por diminuir-lhes custos de transação da atividade, por outro não culmina por prejudicar o consumidor a ponto deste não conseguir sua devida reparação por danos sofridos.

---

21. WERNER, Felipe Probst. *Dano moral e o comerciante*. Editora Del Rey: Belo Horizonte, 2019.
22. Neste sentido ver BRASIL, *Superior Tribunal de Justiça*. Recurso especial 1.176.323/SP, rel. Min. Ricardo Villas Bôas Cueva, 2005.
23. Neste sentido ver REINIG, Guilherme H. L. A responsabilidade do produtor por defeitos originários do âmbito de atividade do comerciante. In: *Revista do Direito do Consumidor*, v. 89/2013. p. 109.

Para melhor compreender o que acima se afirma, cumpre esclarecer que custos de transação são os atritos associados à transferência, captura e proteção de direitos[24], e que ficasse o comerciante solidariamente responsável por danos decorrentes de produtos ou serviços sobre os quais não possui nenhuma ingerência, isto é, não poderia imprimir maior segurança ao produto por ele apenas comercializado, mas não desenvolvido nem produzido ou importado, certamente teria este comerciante que suportar custos extraordinários capazes de aumentar, às vezes insustentavelmente, o custo de sua operação.

Impende destacar que este custo invariavelmente seria repassado ao consumidor final e não poderia ser pelo comerciante evitado, razão pela qual realmente não parece correto que o seja atribuído já que não lhe traria nenhum incentivo à melhores práticas.

Como exemplo, imagine-se que uma padaria de bairro comercialize um refrigerante de uma grande fabricante mundial que culmine por fazer com que o consumidor venha a óbito. Não constatado problemas na conservação do refrigerante, seria desarrazoado responsabilizar este comerciante pelo óbito do consumidor, afinal, o fabricante de tal refrigerante seria o único que poderia evitar este tipo de acidente. Ao mesmo tempo, considerando que a família do consumidor poderia demandar tão somente a padaria de bairro se fosse ela considerada solidária (tal qual ocorre no vício do produto), o montante que teria de despender para compensar tal dano seria capaz de arruiná-la antes mesmo de um possível regresso contra a fabricante do produto.

Para que não paire dúvidas, a situação com vício do produto ou serviço é diferente daquela do fato do produto ou serviço, já que no primeiro caso o comerciante, na ponta e em contato direto com o consumidor, é capaz de empreender todos os esforços possíveis para que o produto ou serviço seja efetivamente reparado dentro do prazo legal de trinta dias.

Outro ponto que merece atenção nesta distinção trazidas pela norma em relação ao comerciante é que ao reduzir seus custos de transação, potencializada fica sua lucratividade, e, por consequência, um possível interesse de novos empreendedores em tal tipo de atividade, coisa que culminaria, no final das contas, com o saudável aumento da concorrência.

Assim, o que se observa é que a legislação tal como posta atualmente contribui para a diminuição de custos de transação do comerciante sem causar maiores prejuízos ao consumidor, e, por isso, a crítica que se faz é tão somente a de necessidade de manutenção e observação desta peculiar característica do direito consumerista brasileiro.

Neste sentido, nunca demais relembrar ensinamentos de Adam Smith, que sustentava que mesmo diante de um sistema de liberdade natural, com o Estado com poucos e específicos poderes, necessário seria que ele efetuasse a proteção de cada membro da sociedade quanto à injustiça e opressão de qualquer outro membro da mesma.[25]

---

24. SADDI, Jairo. Análise econômica da falência. In: TIMM, Luciano Benetti (Org.). *Direito e Economia no Brasil*. 2. ed. São Paulo: Atlas, 2018.

25. VENANCIO FILHO, Alberto. *A intervenção do Estado no domínio econômico*: o Direito Público Econômico no Brasil. Rio de Janeiro: Renovar, 1998.

No caso estudado, entende-se que a proteção ao comerciante dada pela legislação culmina por dar-lhe proteção contra casos sobre os quais não teria nenhuma possibilidade de interferência em favor de seu consumidor, e que, portanto, tornaria a sistemática de responsabilidade civil não só inócua, mas prejudicial para a sociedade como um todo.

4. CONSIDERAÇÕES FINAIS

Este estudo apresentou as modalidades de responsabilização civil presentes do Código de Defesa do Consumidor e suas diferentes consequências dentro do contexto de desenvolvimento econômico e social. Desta premissa, demonstrou-se os conceitos de fato e vício do produto e serviço.

Neste ponto, cuidou-se da apresentação da legislação consumerista com um breve histórico, momento em que pontuada a técnica legislativa utilizada no Código de Defesa do Consumidor que culmina por diferir as duas modalidades de responsabilidade civil lá presentes.

A seguir, foram tratadas das diferentes consequências legislativas decorrentes de situação de fato do produto ou serviço e vício do produto ou serviço, ocasião em que restou consignado que há distinção não só quanto à responsabilidade entre um e outro caso, mas, também, aos responsáveis pelos mesmos.

De forma oportuna, foi concisamente trazido um comparativo da legislação brasileira com aquela de outros países, como Colômbia, Itália e Espanha, demonstrando-se que apenas a brasileira possui a peculiaridade de retirar o comerciante da solidária responsabilidade decorrente de fato do produto ou serviço.

Com o auxílio da análise econômico-jurídica verificou-se que a norma consumerista como atualmente posta incentiva boas práticas de mercado, fomenta o desenvolvimento da qualidade trazer um prêmio àquele fornecedor diligente que busca evitar o dano à pessoa do consumidor, e, ainda, promove o crescimento da boa concorrência ao dar tratamento diferenciado ao comerciante.

Finaliza-se este estudo atingindo-se seu objetivo no sentido de concluir-se, a partir do marco teórico da análise econômica do direito, a diferenciação das consequências entre as modalidades de responsabilidade civil prevista no Código de Defesa do Consumidor são suficientes e trazem benefício à sociedade como um todo.

5. REFERÊNCIAS BIBLIOGRÁFICAS

AKERLOF, George A. *The Market of Lemons*: The Quaterly Journal of Economics, v. 84. 3, The MIT Press: Disponível em: https://www.jstor.org/stable/1879431?origin=JSTOR-pdf&seq=1. Acesso em: 09 mar. 2021.

BENJAMIN, Antôno Herman V. et al. *Manual de Direito do Consumidor*. 6. ed. São Paulo: Ed. RT, 2014.

BENJAMIN, Walter. *Escritos sobre mito e linguagem*. 2. ed. São Paulo: Editora 34, 2013. p. 133.

BRASIL. *Lei 8.078 de 11 de setembro de 1990.* Disponível em: http://www.planalto.gov.br/ccivil_03/leis/l8078.htm. Acesso em: 12 jun. 2021.

BRASIL. *Superior Tribunal de Justiça.* Recurso especial 1.176.323/SP, rel. Min. Ricardo Villas Bôas Cueva, 2005.

CAVALIERI FILHO, Sergio. *Programa de responsabilidade civil.* 12. ed. São Paulo: Atlas, 2015. p. 590.

COLOMBIA. Artigo 6, *Estatudo del Consumidor.* Ley 1480 de 2011. Disponível em: www.anato.org/sites/default/files/LEY%201480%20DE%202011.pdf. Acesso em: 12 jun. 2012.

ESPAÑA. *Ley general para la defense de los consumidores y usuarios y otras leyes complementarias,* 2007. Disponível em: https://boe.es/buscar/act.php?id=BOE-A-2007-20555. Acesso em: 12 jun. 2021.

CUNHA, Antônio Geraldo. *Dicionário Etimológico da Língua Portuguesa.* 3. ed. Rio de Janeiro: Lexikon, 2007.

GONÇALVES, Everton das Neves; STELZER, Joana. Princípio da Eficiência Econômico-Social no Direito Brasileiro: a tomada de decisão normativo-judicial. *Revista Sequência.* Florianópolis (SC), v. 35, n. 68, 261-290, jun. 2014.

GONÇALVES, Everton das Neves e QUEIROZ Bruna Pamplona. Análise Econômica do Direito: a responsabilidade civil na prevenção do dano ao consumidor. In: *CONPEDI Law Review/Anais do Encontro do Congresso internacional do Conselho Nacional de Pós-Graduação em Direito* – CONPEDI, 2017, Braga/Portugal – Florianópolis: Fundação Boiteux, v. 3, n. 2. 2017. p. ISSN: 2448-3931. DOI: http://dx.doi.org/10.26668/2448-3931_conpedilawreview/2017.v3i2.3704 Disponível em: http://www.indexlaw.org/index.php/conpedireview/article/view/3704/pdf. Acesso em: 12 jun. 2021.

GRINOVER, Ada Pellegrini et al. *Código de Defesa do Consumidor comentado pelos autores do anteprojeto.* 10. ed. Rio de Janeiro: Forense, 2011.

ITALIA. Articolo 5. *Codice del consumo,* 2005. Disponível em: http://www.codicedelconsumo.it. Acesso em: 12 jun. 2021.

MARQUES, Claudia Lima. *Contratos no Código de Defesa do Consumidor:* o novo regime das relações contratuais. 7. ed. São Paulo: Ed. RT, 2014.

MENDONÇA, Diogo Naves. *Análise econômica da responsabilidade civil:* o dano e a sua quantificação. São Paulo: Atlas, 2012.

MIRAGEM, Bruno. *Curso de Direito do Consumidor.* 5. ed. São Paulo: Ed. RT, 2014.

NEW YORK. Court of appels. *217 NY 382:* Macpherson v Buick Motor Co. 1916. Disponível em: https://www.nycourts.gov/reporter/archives/macpherson_buick.htm. Acesso em: 12 jun. 2021.

NUNES, Rizzatto. *Curso de Direito do Consumidor.* 6. ed. São Paulo: Saraiva, 2011.

POSNER, Richard A. *Economic Analysis of Law.* 4. ed. Chicago: Little, Brown and Company, 1992.

REINIG, Guilherme H. L. A responsabilidade do produtor por defeitos originários do âmbito de atividade do comerciante. In: *Revista do Direito do Consumidor,* v. 89/2013. p. 109.

RIBEIRO, Joaquim de Sousa. *Direito dos contratos:* estudos. Coimbra: Coimbra Editora, 2007.

SADDI, Jairo. Análise econômica da falência. In: TIMM, Luciano Benetti (Org.). *Direito e Economia no Brasil.* 2. ed. São Paulo: Atlas, 2018.

SCOTISH COUNCIL OF LAW REPORTING. *Donoghue v Stevenson.* 1932. Disponível em: http://www.scottishlawreports.org.uk/resources/dvs/donoghue-v-stevenson-report.html. Acesso em: 12 jun. 2021.

TIMM, Luciano Benetti (Org.). *Direito e economia no Brasil.* 2. ed. São Paulo, Atlas, 2018.

VENANCIO FILHO, Alberto. *A intervenção do Estado no domínio econômico:* o direito público econômico no Brasil. Rio de Janeiro: Renovar, 1998.

WERNER, Felipe Probst. *Dano moral e o comerciante.* Editora Del Rey: Belo Horizonte, 2019.

VEDAÇÃO À DISCRIMINAÇÃO DE PREÇOS SEM JUSTA CAUSA: UMA INTERPRETAÇÃO CONSTITUCIONAL E ÚTIL DO ART. 39, X, CDC

Daniel Dias

Professor da FGV Direito Rio. Doutor em Direito Civil pela USP (2013-2016), com período de pesquisa na LMU, em Munique, e no Instituto Max-Planck, em Hamburgo (2014-2015). Pesquisador visitante na Harvard Law School (2016-2017).

daniel.dias@fgv.br

Rafaela Nogueira

Professora da FGV Direito Rio. Pós-doutora e doutora em Economia pela Escola de Pós-Graduação em Economia da Fundação Getulio Vargas (EPGE/FGV).

rafaela.nogueira@fgv.br

Carina de Castro Quirino

Pesquisadora da FGV Direito Rio. Professora substituta de Direito Constitucional e Administrativo da Faculdade Nacional de Direito (FND/UFRJ). Doutoranda em Direito Público na Universidade do Estado do Rio de Janeiro (UERJ).

carinacastrodir@gmail.com

1. Introdução – 2. A origem do art. 39, X, CDC; 2.1 Vedação ao aumento de preços sem justa causa no direito da concorrência; 2.2 Transposição para o CDC – 3. Propostas de interpretação e sua crítica; 3.1 Propostas que levam à inconstitucionalidade do dispositivo; 3.1.1 Vedação ao aumento de preço superior à elevação do custo dos insumos; 3.1.2 Vedação ao aumento de preço em aproveitamento de "dependência" ou "catividade" do consumidor; 3.2 Propostas que levam à inutilidade do dispositivo; 3.2.1 Vedação ao aumento de preço após a celebração do contrato; 3.2.2 Vedação ao preço excessivo; 3.2.3 Vedação ao aumento desproporcional e oportunista de preço; 3.2.4 Vedação ao aumento de preço de forma dissimulada; 3.2.5 Vedação ao aumento de preço controlado ou tabelado – 4. Interpretação constitucional e útil do art. 39, X, CDC – 5. Aplicação do art. 39, X, CDC; 5.1 Discriminação de preços pela quantidade de água consumida (tarifa progressiva); 5.2 Discriminação de preços pelo método de pagamento; 5.3 Discriminação de preços em casas noturnas pelo gênero do consumidor; 5.4 Discriminação de preços pela localização do consumidor (*geopricing*) – 6. Conclusão – 7. Referências bibliográficas.

1. INTRODUÇÃO

Segundo o art. 39, inc. X, do Código de Defesa do Consumidor (CDC), é vedado ao fornecedor "elevar sem justa causa o preço de produtos ou serviços".[1] Apesar da

---

1. Agradecemos aos colegas da FGV Direito Rio que contribuíram com a leitura e comentários a versão anterior desse artigo no seminário de pesquisa da escola, em especial a Carlos Ragazzo, que, na qualidade de

aparente clareza – com exceção da expressão "justa causa", o conteúdo da vedação parece ser bem claro –, há grave divergência na doutrina e jurisprudência em relação à interpretação e aplicação desse dispositivo.

Há sete propostas de interpretação do art. 39, X, CDC. Elas têm em comum o objetivo de resguardar o consumidor da cobrança de preços excessivamente altos. Segundo uma tradicional posição, por exemplo, essa previsão exigiria que as elevações de preços dos produtos ou serviços estivessem justificadas em aumentos dos custos dos respectivos insumos. Segundo uma outra proposta difundida, esse dispositivo teria a finalidade de impedir que os fornecedores se aproveitassem de situações de escassez de produtos para elevar imoderadamente os seus preços e assim lucrar exageradamente. As linhas de interpretação até hoje propostas são, contudo, insatisfatórias, pois levam ou à inconstitucionalidade do dispositivo ou à sua inutilidade prática.

O problema enfrentado nesse artigo é, portanto, o de se é possível extrair do art. 39, X, CDC uma interpretação constitucional e útil. Em outras palavras: se é possível dele extrair norma jurídica que, para além de garantir sua constitucionalidade, tenha efeitos práticos significativos. A hipótese da qual se parte é a de que há sim espaço para uma tal interpretação do art. 39, X, CDC, não obstante as insuficiências das posições doutrinárias mapeadas no cenário brasileiro.

No presente artigo, propomos que o art. 39, X, CDC veda a discriminação de preços sem justa causa. Ou seja, ele proíbe o fornecedor de cobrar preços diferentes por um mesmo produto ou serviço, salvo se houver justa causa para tal discriminação. De fato, essa não é uma interpretação a que se chega logo a partir de uma primeira leitura do dispositivo, mas que exige algum esforço hermenêutico. Trata-se, no entanto, de esforço necessário, pois essa é uma interpretação que, por um lado, está dentro do âmbito do sentido literal possível do texto legal e que, de outro, garante ao dispositivo a sua constitucionalidade e utilidade prática.

No desenvolvimento dessa posição, o artigo se divide em quatro partes. Primeiramente, apresenta-se a origem do art. 39, X, CDC. Em seguida, são analisadas criticamente as propostas existentes de interpretação desse dispositivo. Em terceiro lugar, é apresentada a nossa proposta de interpretação e, por fim, são analisados alguns grupos de casos de aplicação do art. 39, X, CDC.

A metodologia utilizada é a analítico-dogmática, uma vez que se busca nesse artigo identificar uma interpretação operacional do art. 39, X, CDC. Na interpretação desse dispositivo, vale-se especialmente dos elementos histórico e sistemático de interpretação.[2] O recorte temático para a pesquisa sedimenta-se essencialmente no campo do

---

primeiro comentador, fez relevantes sugestões. Agradecemos também a Francisco Medina pelas conversas sobre o tema, pela leitura atenta e pelas numerosas observações.

2. Sobre uma recente revalorização dos elementos savignyanos de interpretação, ver: HERZOG, Benjamin. *Anwendung und Auslegung von Recht in Portugal und Brasilien*: eine rechtsvergleichende Untersuchung aus genetischer, funktionaler und postmoderner Perspektive: zugleich ein Plädoyer für mehr Savigny und weniger Jhering. Tübingen: Mohr Siebeck, 2014.

Direito do Consumidor, apesar de breve análise do Direito Concorrencial em função da origem histórica do referido dispositivo. O procedimento de pesquisa obedece a dois ditames gerais: a) a identificação exaustiva e análise crítica dos posicionamentos doutrinários sobre a interpretação do referido dispositivo; b) a análise de decisões judiciais que utilizam o dispositivo na sua fundamentação; e c) a apresentação de grupos de casos de aplicação do art. 39, X, CDC à luz da interpretação proposta no presente artigo.

2. A ORIGEM DO ART. 39, X, CDC

O art. 39, X, CDC tem sua origem em previsão da segunda lei de defesa da concorrência que vedava, como potencial infração da ordem econômica, o aumento de preço sem justa causa. A compreensão dos pressupostos, da finalidade e mesmo das dificuldades práticas de aplicação dessa norma no seu contexto original, levam, todavia, à conclusão de que ela não deveria ter sido transposta para o CDC. Contudo, como a transposição de fato ocorreu, em função dessa sua inserção em sistema jurídico consideravelmente diferente, no direito do consumidor a vedação ao aumento de preço sem justa causa passou a ser objeto de novas e diferentes interpretações e a ter de assumir um novo sentido normativo.

Portanto, antes de tratar da sua transposição para o direito do consumidor, cumpre analisar a experiência da vedação ao aumento de preço sem justa causa no direito da concorrência.

2.1 Vedação ao aumento de preços sem justa causa no direito da concorrência

No direito da concorrência, a vedação ao aumento de preço sem justa causa surgiu em um contexto de tentativa de concretizar a imposição constitucional de que a lei deve reprimir o abuso de poder econômico que vise ao aumento arbitrário dos lucros. Contudo, a elevação injustificada de preços nunca foi, por si só, proibida. Ela era relevante apenas quando o agente se encontrava em posição dominante no mercado, de modo que, sem fazer face a uma concorrência efetiva, era capaz de simplesmente "impor" aos consumidores a elevação do preço. Porém, por dificuldades práticas de aplicação, a previsão acabou sendo revogada da legislação concorrencial.

Desde 1946, todas as Constituições Federais – de 1946[3], de 1967[4] e a atual de 1988[5] – contém previsões que estabelecem como meta a repressão ao abuso do poder

---

3. "Art. 148. A lei reprimirá toda e qualquer forma de abuso do poder econômico, inclusive as uniões ou agrupamentos de empresas individuais ou sociais, seja qual for a sua natureza, que tenham por fim dominar os mercados nacionais, eliminar a concorrência e aumentar arbitrariamente os lucros."
4. "Art. 157. A ordem econômica tem por fim realizar a justiça social, com base nos seguintes princípios: [...] VI - repressão ao abuso do poder econômico, caracterizado pelo domínio dos mercados, a eliminação da concorrência e o aumento arbitrário dos lucros.
5. "Art. 173. [...] § 4º A lei reprimirá o abuso do poder econômico que vise à dominação dos mercados, à eliminação da concorrência e ao aumento arbitrário dos lucros."

econômico que vise, entre outras finalidades, ao aumento arbitrário dos lucros. Em 1962, em uma tentativa inicial do legislador de dar concreção a esse mandamento, a primeira lei de defesa da concorrência previu que se considerava, como como "forma de abuso do poder econômico", "elevar sem justa causa os preços, nos casos de monopólio natural ou de fato, com o objetivo de aumentar arbitràriamente os lucros sem aumentar a produção" (art. 2º, II, Lei 4.137).[6]

Para que fosse caracterizado o abuso, entendia-se então que era necessária a presença conjunta dos seguintes requisitos: (i) caso de monopólio; (ii) elevação de preço sem justa causa e (iii) o objetivo de aumentar arbitrariamente os lucros. Em relação ao primeiro requisito, a sua inserção durante o processo legislativo foi para melhor caracterizar a abusividade da conduta. Segundo o deputado Alde Sampaio, autor da proposta de emenda que resultou no texto final do dispositivo, "em verdade todo e qualquer ato econômico, praticado por emprêsa, pode ser posto sob o objetivo de procura de aumento de lucro, com o que o ato realmente delituoso deixa de ser caracterizado." E com razão concluía que só para as empresas monopolistas seria possível "admitir que o lucro seja procurado *por arbitrio da própria emprêsa* e ainda assim como uma consequência do aumento arbitrário dos preços e não como uma figura primária do ato que se quer condenar."[7]

Em relação ao segundo requisito, a principal questão era determinar o que seria "justa causa" para fim de elevação de preço. Entre os exemplos mais comuns eram citados "os custos de produção, seja custos de matérias-primas, seja custos de mão-de-obra", e a "necessidade de proteger a empresa contra os efeitos nocivos da inflação." Vale notar que, no processo legislativo, tentaram suprimir essa norma, porque a expressão "justa causa" seria vaga demais e a mera intenção de aumentar o lucro seria uma causa justa para elevação de preço. Em sua proposta de supressão, o deputado Nestor Duarte assim argumentou: "Ademais, o que é a 'justa causa'? Parece que, em nosso regime, ter lucros maiores é uma justa causa."[8] Apesar de a norma ter permanecido, remanesceu também o entendimento de que "o mero fato de auferir mais lucros" constituía "justa causa" para elevação de preços. Segundo o doutrinador Benjamin Shieber, que escreveu durante a vigência da lei, "parece certo que em algumas situações, como, por exemplo, o desejo de auferir maiores lucros para expansão das atividades da emprêsa, o desejo de auferir maiores lucros é justa causa." Por outro

---

6. De maneira análoga, essa lei previa também: "Art. 3º Quando em relação a uma emprêsa exista um restrito número de emprêsas que não tenham condições de lhe fazer concorrência num determinado ramo de negócio ou de prestação de serviços, ficará, aquela obrigada à comprovação do custo de sua produção, se houver indícios veementes de que impõe preços excessivos."

7. Esses trechos encontram-se citados na obra de Benjamin Shieber com a seguinte referência: Diário do Congresso Nacional (DCN), de 22 de setembro de 1961, Seção I, Suplemento ao n. 163, p. 22 (SHIEBER, Benjamin. *Abusos do poder econômico*: direito e experiência antitruste no Brasil e nos EUA. São Paulo: Ed. RT, 1966, p. 192-193). Apesar de reiteradas tentativas, não conseguimos encontrar esses trechos no próprio DCN. Em verdade, não conseguimos encontrar publicação do DCN que correspondesse à exata referência citada por Shieber. Por exemplo, não conseguimos encontrar publicação do DCN na data de 22 de setembro de 1961. É, portanto, possível que a referência citada por Shieber contenha erros.

8. SHIEBER. Op. cit., p. 194.

lado, o próprio Shieber contrapunha, a norma em questão expressava uma decisão do legislador de que, "nos casos de monopólio, a certo ponto, êste desejo de lucrar mais pára de ser 'justa causa' e torna-se em aumento arbitrário de lucros."[9]

Em relação ao terceiro requisito, destacava-se à época que esta era uma das "raríssimas" vezes em que a lei antitruste fazia menção ao "motivo do agente" e que esse seria um "requisito essencial para distinguir conduta nociva à comunidade, da conduta que não o é." Isso porque, sem um requisito que expressamente exigisse prova de que o objetivo da conduta era contrário aos "interêsses da comunidade", toda elevação de preços restaria como uma possível conduta abusiva.[10]

Em 1994, a segunda lei de defesa da concorrência (Lei n. 8.884) previu que constituíam "infração da ordem econômica" os atos que tivessem por objeto ou pudessem produzir os seguintes efeitos: I – prejudicar a livre concorrência ou a livre-iniciativa; II – dominar mercado relevante de bens ou serviços; III – aumentar arbitrariamente os lucros; e IV – exercer de forma abusiva posição dominante (art. 20). Em seguida, a lei previa um rol ilustrativo de condutas que caracterizariam "infração da ordem econômica", na medida em que tivessem por objeto ou pudessem produzir algum dos referidos efeitos (art. 21, *caput*). Nesse rol, constavam em um mesmo inciso as condutas de "impor preços excessivos, ou aumentar sem justa causa o preço de bem ou serviço" (art. 21, XXIV).

Para a conduta de aumento de preço sem justa causa, uma inovação relevante foi o tratamento em separado dos elementos do aumento arbitrário dos lucros (inc. III) e do exercício abusivo de posição dominante (inc. IV). A razão para isso foi tornar abusiva a conduta de elevação injustificada de preços independentemente de ela gerar efetivamente aumento do lucro.[11] Não obstante, entendia-se que permanecia vigente a vinculação entre os elementos da posição dominante e do aumento arbitrário dos lucros, embora o primeiro fosse o elemento principal e o segundo fosse apenas acidental ou potencial.[12]

---

9. SHIEBER. Op. cit. p. 192-193.

10. SHIEBER. Op. cit., p. 194.

11. É o que se extrai do Relatório do Deputado Fábio Feldman sobre o Projeto de Lei n. 3.712/1993, que se transformou na Lei n. 8.884/1994: "há mais de 30 anos a Lei veda a elevação injustificada de preços, por parte de empresas monopolistas (monopólio natural) ou que tenham poder de monopólio (monopólio de fato), que agora passam a ser denominada[s] empresas com posição dominante em determinados mercados. Impor preços excessivos, desde 1962 é considerada prática abusiva, quando a empresa que assim procede não estiver sujeita à concorrência efetiva por parte de outros produtores. A dificuldade de aplicação da referida lei [Lei n. 4.137/1962] deveu-se apenas à vinculação da prática abusiva a um resultado concreto, o aumento de lucros. Como não existem grandes dificuldades para a ocultação de lucros e sua distribuição disfarçada, a vinculação do aumento injustificado de preços ao resultado de aumento de lucros inviabilizou a aplicação da lei. Nossa proposta é que [...] seja desvinculada a prática abusiva da comprovação de lucro em balanço obtido pela empresa." (Relatório do Deputado Fábio Feldman sobre o Projeto de Lei 3.712/1993, no Dossiê do PL 3.712/1993, p. 214-215. Disponível em: <http://www.camara.gov.br/proposicoesWeb/prop_mostrarintegra?codteor=1138249&filename=Dossie+-PL+3712/1993>. Acesso em: 10 jul. 2018).

12. A esse respeito, ver: SALOMÃO FILHO, Calixto. *Direito concorrencial*: as estruturas. 2. ed. São Paulo: Malheiros, 2002, p. 94-95; SALOMÃO FILHO, Calixto. *Direito concorrencial*: as condutas. São Paulo: Malheiros, 2003, p. 220-223.

Essa segunda lei de defesa da concorrência previa também um elenco ilustrativo de circunstâncias a serem consideradas na caracterização da imposição de preços excessivos ou do aumento de preços. Por exemplo, devia ser levada em conta, entre outras, a circunstância do "preço do produto ou serviço, ou sua elevação, não justificados pelo comportamento do custo dos respectivos insumos, ou pela introdução de melhorias de qualidade" (art. 21, parágrafo único).

Segundo Tercio Sampaio Ferraz Jr., "a coibição do aumento abusivo de preços, na defesa da livre concorrência, tem por escopo imediato o chamado abuso de posição dominante." Essa é a posição da "empresa que, num determinado mercado (relevante), atua sem concorrência ou sem concorrência decisiva, tendo em relação às demais uma situação privilegiada por força de sua potencialidade financeira, sua facilidade de acesso aos fornecedores etc." Tercio Sampaio explica que "uma das formas de abuso de posição dominante" consiste em ditar ou impor preços de uma maneira que não seria possível se houvesse uma efetiva concorrência. "O abuso de poder econômico, portanto," conclui Tercio, "não está no preço nem no tamanho do aumento, mas na imposição cogente e irresistível do aumento, ferindo a liberdade dos agentes."[13]

De maneira crítica, Fábio Ulhoa Coelho entendia que o objetivo perseguido pela lei com a vedação ao aumento de preço sem justa causa denotaria "a absoluta impropriedade no entendimento da matéria antitruste, pelos parlamentares e pelo próprio Poder Executivo." Coelho conta que, de acordo com notícias amplamente divulgadas pela mídia na época da aprovação dessa lei, o seu objetivo seria aparelhar o Estado para combater os preços abusivos que estavam sendo praticados pelo empresariado. Nesse período estava sendo implantado no Brasil o Real como padrão monetário e havia uma expectativa de considerável diminuição da inflação. Acontece que grande parte da receita dos empresários em geral era composta por ganhos no mercado financeiro, os quais seriam sensivelmente reduzidos com a diminuição inflacionária. "Antecipando-se à provável redução da taxa inflacionária, diversos empresários compensaram a diminuição dos ganhos financeiros com aumentos nos preços de seus produtos, de modo a preservar a margem de lucro." Pela avaliação de Fábio Ulhoa, embora muitos empresários tenham de fato cometido abusos, essa redução dos ganhos no mercado financeiro constituiu justa causa para elevação dos preços. Nesse sentido, "desde que demonstrada a vinculação entre a majoração do preço dos produtos ou serviços e a redução proporcional dos ganhos gerados pelo investimento no mercado financeiro, não ocorre qualquer forma de ilicitude."[14]

---

13. FERRAZ JR., Tercio Sampaio. *Aumento abusivo ou preço abusivo?*, 1994. Disponível em: <http://www1.folha.uol.com.br/fsp/1994/3/17/painel/3.html>. Acesso em: 26 maio 2018.
14. COELHO, Fábio Ulhoa. *Direito antitruste brasileiro*: comentários à Lei n. 8.884/94. São Paulo: Saraiva, 1995, p. 85.

Nada obstante, essa previsão legal sobre preços excessivos praticamente não teve aplicação. No STJ, foi utilizada uma única vez para fundamentar decisão monocrática.[15] E, administrativamente, nunca foi aplicada pelo Conselho Administrativo de Defesa Econômica (CADE).[16] Em artigo sobre o tema, Carlos Ragazzo concluiu que isso representava a ineficácia da norma sobre preços excessivos, a qual se explicaria pela "impossibilidade fática" de se criar um critério para determinar a abusividade do preço.[17]

A atual lei de defesa da concorrência (Lei 12.259/2011) não elenca o aumento de preço sem justa causa dentro do rol ilustrativo de condutas potencialmente caracterizadoras de infração da ordem econômica. A dificuldade de caracterização da abusividade do preço é tida como relevante para essa revogação.[18] De maneira mais geral, na exposição de motivos do projeto da atual lei antitruste consta que várias das condutas tidas como configuradoras de infração da ordem econômica eram previstas "de maneira ambígua" ou não podiam "ser consideradas efetivamente condutas anticompetitivas".[19]

Apesar disso, entende-se que a elevação injustificada de preço constitui infração da ordem econômica, desde que tenha por objeto ou por efeito o aumento arbitrário dos lucros (art. 36, III) ou o exercício abusivo de posição dominante (art. 36, IV).[20] Persiste, todavia, a dificuldade de demonstrar a excessividade do preço.[21] A previsão de aumento arbitrário dos lucros também continua sendo criticada pela sua vagueza e dificuldade prática de caracterização. Segundo Leonor Cordovil, "este é certamente o efeito mais questionável e cuja prova é mais complexa." E há também o aspecto conjuntural. Conforme explica Cordovil, "o Brasil deixou de ser, há pouco tempo, um país que realizava um criticado e trabalhoso controle de preços. Após a abertura econômica observada na década de 90, reprime-se toda intervenção do Estado no

---

15. Medida cautelar n. 5.697 – AM (2002/0137066-1), Rel. Min. Antônio de Pádua Ribeiro, DJ 07 nov. 2002. Resultado de pesquisa no site de jurisprudência do STJ, onde, na opção de pesquisa livre, buscou-se a expressão "aumentar sem justa causa". Ao se pesquisar pela expressão "preços excessivos", surgem onze decisões monocráticas, mas nenhuma delas diretamente ligada ao. art. 21, XXIV da Lei 8.884/1994.
16. Segundo o ex-superintendente geral do CADE, Carlos Ragazzo, embora várias denúncias envolvendo diferentes setores tenham sido apresentadas ao Sistema Brasileiro de Defesa da Concorrência (SBDC), todos os votos resultaram na mesma conclusão de arquivamento (RAGAZZO, Carlos Emmanuel Joppert. A eficácia jurídica da norma de preço abusivo. *Revista de Concorrência e Regulação*, v. 7/8, 2012, p. 189-191. Disponível em: <http://works.bepress.com/carlos_ragazzo/16/>). Acesso em: 3 jun. 2018.
17. RAGAZZO. Op. cit., p. 193.
18. RAGAZZO. Op. cit., p. 207-208 ("As razões para tal [supressão da norma de preço abusivo] não são difíceis de serem explicadas. Simplesmente não há um critério jurídico-econômico para definir abusividade de preços"). De maneira menos contundente, embora implicitamente reconhecendo uma relação entre "a dificuldade de caracterizar preços excessivos" e o fato de não haver previsão da prática de preço abusivo como infração da ordem econômica, ver: CORDOVIL, Leonor. Capítulo II – Das infrações. In: CORDOVIL, Leonor et al. *Nova lei de defesa da concorrência comentada*: Lei 12.529, de 30 de novembro de 2011. São Paulo: Ed. RT, 2011, p. 116.
19. Justificação do Projeto de Lei n. 3.937/2004 (transformado na Lei 12.529/2011), do Deputado Federal Carlos Eduardo Cadoca, p. 11-12. Disponível em: <http://www.camara.gov.br/proposicoesWeb/prop_mostrarintegra?codteor=233311&filename=PL+3937/2004>. Acesso em: 22 maio 2018.
20. CORDOVIL. Op. cit., p. 116, comentando que, apesar de não haver na atual lei antitruste dispositivo correspondente ao art. 21, XXIV da Lei n. 8.884/1994, essas condutas não deixam de ser puníveis.
21. CORDOVIL. Op. cit., p. 116.

sentido a determinar preços ou parâmetros de preços. Por isso, não é simples, a uma autoridade concorrencial, determinar o que seja aumento arbitrário de lucros."[22]

2.2 Transposição para o CDC

No texto original do CDC não havia dispositivo vedando o fornecedor de elevar preços sem justa causa. Ele foi introduzido por meio de acréscimo previsto na segunda lei de defesa da concorrência: "Art. 87. O art. 39 da Lei 8.078, de 11 de setembro de 1990, passa a vigorar com a seguinte redação, acrescendo-se-lhe os seguintes incisos: "Art. 39. É vedado ao fornecedor de produtos ou serviços, dentre outras práticas abusivas: [...] X – elevar sem justa causa o preço de produtos ou serviços."

A introdução foi sugerida pelo Min. Herman Benjamin, quando ele foi revisor do texto primitivo da Medida Provisória que deu origem à segunda lei antitruste.[23] É razoável supor que a sugestão do Ministro foi diretamente inspirada na previsão dessa mesma lei que elencava o ato de "aumentar sem justa causa o preço de bem ou serviço" no rol ilustrativo de condutas que poderiam caracterizar infração da ordem econômica (art. 21, XXIV, Lei 8.884/1994).

Na transposição dessa norma foi, contudo, negligenciado o fato de que, no direito concorrencial, a vedação ao aumento de preço sem justa causa tem a finalidade de reprimir o abuso de posição dominante. Em face disso, e pelo fato de o direito do consumidor não ter vocação para regular questões de direito da concorrência, essa norma não deveria ter sido transposta. Mas, como de fato houve a transposição, o contexto normativo bem diferente do direito do consumidor (em comparação com o direito da concorrência) fez com que o mesmo texto legal passasse a ser objeto de interpretações novas e tivesse de ganhar um conteúdo normativo distinto daquele que ele tinha antes. É o que se passa a apresentar a partir de agora.

3. PROPOSTAS DE INTERPRETAÇÃO E SUA CRÍTICA

Desde a sua entrada em vigor, surgiram várias propostas de interpretação do art. 39, X, CDC. Apesar de louváveis tentativas, essas propostas não são, todavia, satisfatórias para determinar a norma jurídica a ser extraída desse dispositivo, por padecerem em geral de dois graves vícios. De um lado, há as propostas que levam à inconstitucionalidade do dispositivo. De outro, as que levam à sua inutilidade prática. A seguir, apresentaremos individualmente essas propostas, acompanhadas da nossa crítica.

---

22. CORDOVIL. Op. cit., p. 105.
23. BENJAMIN, Antonio Herman. Capítulo V – Das práticas comerciais. In: GRINOVER, Ada Pellegrini et. al. *Código brasileiro de defesa do consumidor*: comentado pelos autores do anteprojeto. 11. ed. Rio de Janeiro: Forense, 2017, p. 380; BENJAMIN, Antonio Herman. Cap. IX. Práticas abusivas. In: BENJAMIN, Antonio Herman; MARQUES, Claudia Lima; BESSA, Leonardo Roscoe. *Manual de direito do consumidor*. 7. ed. São Paulo: Ed. RT, 2016, p. 308.

3.1 Propostas que levam à inconstitucionalidade do dispositivo

Duas são as propostas de interpretação que levam à inconstitucionalidade do art. 39, X, CDC. Uma propõe que o dispositivo vedaria a elevação de preços em valor superior ao aumento dos custos dos insumos (item 3.1.1). A outra defende que a previsão proibiria o aumento de preços em situações de aproveitamento, por parte do fornecedor, de "dependência" ou "catividade" do consumidor (item 3.1.2).

Essas propostas são inconstitucionais por violarem a livre-iniciativa (art. 170, *caput*, CF) e a livre concorrência (art. 170, IV, CF), respectivamente fundamento e princípio da ordem econômica. A livre fixação de preços integra o conteúdo da livre-iniciativa[24] e da livre concorrência[25]. E as referidas propostas de interpretação, por sua vez, restringem de maneira desproporcional a liberdade de preços e, consequentemente, a livre-iniciativa e a livre concorrência.

É possível que haja intervenção do Estado na ordem econômica, impondo limites à estipulação de preços.[26] Contudo, toda e qualquer intervenção nesse sentido tem de observar, entre outros limites, a regra da proporcionalidade.[27] Em termos gerais, "a regra da proporcionalidade é uma regra de interpretação e aplicação do direito [...] empregada especialmente nos casos em que um ato estatal, destinado a promover a realização de um direito fundamental ou de um interesse coletivo, implica a restrição de outro ou outros direitos fundamentais. O objetivo da aplicação da regra da proporcionalidade, como o próprio nome indica, é fazer com que nenhuma restrição a direitos fundamentais tome dimensões desproporcionais."[28] No presente caso, as propostas de interpretação do art. 39, X, CDC resultam em normas jurídicas ou medidas que têm por objetivo promover a defesa do consumidor (art. 170, V, CF), mas que limitam a livre-iniciativa e a livre concorrência do fornecedor (art. 170, *caput* e IV, CF).

A regra da proporcionalidade é formada por três sub-regras: a adequação, a necessidade e a proporcionalidade em sentido estrito. Já as aplicando à presente proble-

---

24. BARROSO, Luís Roberto. A ordem econômica constitucional e os limites à atuação estatal no controle de preços. *Revista de Direito Administrativo*, Rio de Janeiro, v. 226, p. 208, out.-dez. 2001; COMPARATO, Fábio Konder. Regime constitucional do controle de preços no mercado. *Revista de direito público*, n. 97, ano 24, p. 18-19, jan.-mar. 1991, referindo-se a "liberdade de empresa" ou empresarial, a qual no fundo corresponde à livre iniciativa aplicada ao âmbito da atividade empresarial, ou seja, "à organização autônoma dos meios de produção para o mercado".

25. FERRAZ JR., Tercio Sampaio. *Interpretação e estudos da Constituição de 1988*. São Paulo: Atlas, 1990, p. 30-31; LOPES, Maristela Santos de Araújo. *A atuação do estado sobre o domínio econômico e o princípio da livre iniciativa como fundamento da república e da ordem econômica em um estado democrático de direito*. Rio de Janeiro: Lumen Juris, 2015, p. 32.

26. BARROSO. Op. cit., p. 188; COMPARATO. Op. cit., p. 22; FERRAZ JR. Op. cit., 1990, p. 21 e ss., estabelecendo a distinção entre intervencionismo e dirigismo econômico, sendo que a Constituição Federal aceita o primeiro, mas não o segundo.

27. BARROSO. Op. cit., p. 209, falando em "princípio da razoabilidade", mas com o mesmo conteúdo daquilo que está sendo chamado no texto de "regra da proporcionalidade"; COMPARATO. Op. cit., p. 23; FERRAZ JR. Op. cit., 1990, p. 28.

28. SILVA, Virgílio Afonso da. O proporcional e o razoável. *Revista dos Tribunais*, v. 91, n. 798, p. 24, abr. 2002.

mática, essas sub-regras propõem os seguintes exames: primeiramente, se a medida proposta é adequada, ou seja, se ela é apta a fomentar a defesa do consumidor. Em segundo lugar, se a medida proposta é necessária, o que ocorre quando nenhuma outra medida é capaz de fomentar, em igual intensidade, a defesa do consumidor e ao mesmo tempo limitar, em menor grau, a livre-iniciativa e a livre concorrência. E, por fim, se a medida proposta é proporcional em sentido estrito. Neste último exame procede-se a um sopesamento para determinar se o grau de realização da proteção do consumidor justifica a intensidade da restrição à livre-iniciativa e à livre concorrência.[29]

3.1.1   Vedação ao aumento de preço superior à elevação do custo dos insumos

Segundo uma primeira linha de interpretação, o art. 39, X, CDC proibiria a elevação de preço de produtos ou serviços sem ter havido um correspondente aumento dos custos dos seus respectivos insumos, ou seja, de algum dos elementos necessários para a fabricação do produto ou prestação do serviço.[30] Nessa linha de entendimento, o fornecedor não poderia, por exemplo, elevar o preço em valor "superior aos índices de inflação",[31] ou sem correspondente aumento dos custos das matérias-primas ou dos salários mínimos dos seus empregados.[32]

Antes de apresentar as críticas, essa posição precisa ser contextualizada. Essa proposta de interpretação é inspirada na previsão da segunda lei de defesa da concorrência que vedava, como elevação sem justa causa, os aumentos dos preços de produto ou serviço "não justificados pelo comportamento do custo dos respectivos insumos" (art. 21, parágrafo único, I, Lei 8.884/1994).[33] Acontece que, como já vis-

---

29. Sobre a regra da proporcionalidade e suas três sub-regras em termos gerais, ver SILVA. Op. cit., 2002, p. 34 e ss.

30. GARCIA, Leonardo de Medeiros. *Direito do consumidor.* 5. ed. Niterói: Impetus, 2009, p. 250. Bruno Miragem, embora faça a ressalva de que o art. 39, X, CDC não seria aplicável a mercados de concorrência perfeita, vê na dissociação entre a elevação de preço e o aumento de custo um critério determinante para que a referida elevação seja sem justa causa (MIRAGEM, Bruno. O ilícito e o abusivo: propostas para uma interpretação sistemática das práticas abusivas nos 25 anos do Código de Defesa do Consumidor. *Revista de Direito do Consumidor,* v. 104, ano 25, p. 117, mar.-abr. 2016).

31. BENJAMIN. Op. cit., 2017, p. 394; BENJAMIN. Op. cit., 2016, p. 321; TAVARES, André Ramos. *Direito constitucional econômico.* 2. ed. São Paulo: Método, 2006, p. 271. Esses autores sustentam que o aumento de preço superior aos índices de inflação geraria uma presunção de ausência de justa causa. Eles não esclarecem, contudo, questões práticas relevantes para a aplicação de sua posição. Por exemplo, qual inflação deve ser a utilizada, a passada ou a expectativa da futura? E qual índice de inflação? No Brasil, como sabido, existem diversos índices, como o Índice Nacional de Preços ao Consumidor Amplo (IPCA), o Índice de Preços por Atacado (IPA), o Índice de Preços ao Consumidor (IPC) e o Índice Nacional de Custo da Construção (INCC).

32. GARCIA. Op. cit., p. 350.

33. Autores de direito do consumidor fazem inclusive referência expressa a esse e outros dispositivos da segunda lei antitruste ao comentar o art. 39, X, CDC. Nesse sentido, ver: OLIVEIRA, James Eduardo. *Código de defesa do consumidor:* anotado e comentado – doutrina e jurisprudência. 6. ed. São Paulo: Atlas, 2015, p. 498-499; PFEIFFER, Roberto Augusto Castellanos. O Código de Defesa do Consumidor e a proibição de práticas abusivas. *Revista do Advogado – Associação dos Advogados de São Paulo,* ano 31, n. 114, p. 132-133, 2011; PFEIFFER, Roberto Augusto Castellanos. Proteção do consumidor e defesa da concorrência: paralelo entre práticas abusivas e infrações contra a ordem econômica. *Revista de Direito do Consumidor,* n. 76, p. 149-150, out.-dez. 2010.

to, no direito da concorrência a vedação ao aumento injustificado de preços tinha a finalidade imediata de coibir o abuso de posição dominante. O abuso não estava, portanto, no preço e nem na extensão do aumento, mas na imposição unilateral dessa elevação de preço.[34] Por isso que fazia sentido vedar a elevação de preço não justificada pelo comportamento dos custos dos respectivos insumos, mesmo que esses aumentos não necessariamente resultassem em preços excessivos para os agentes ou consumidores. No direito do consumidor, contudo, como as práticas abusivas não pressupõem que o fornecedor detenha posição dominante, o objetivo imediato de tutela da vedação à elevação de preço sem justa causa tem de estar no consumidor concretamente considerado. Nesse sentido, segundo Tercio Sampaio, no direito do consumidor, "o escopo imediato da coibição" ao aumento abusivo "está no preço abusivo, no seu caráter excessivo [...] em face da fragilidade do consumidor que, coagido pela necessidade, precisa do produto ou serviço e não tem como adquiri-lo ou o adquire com altos custos pessoais".[35]

Com base nessa contextualização, parte-se agora para a crítica. A presente proposta de interpretação não deve prosperar, porque ela levaria o art. 39, X, CDC à inconstitucionalidade, por limitar de maneira desproporcional a livre-iniciativa e a livre concorrência. A norma ou medida proposta é adequada e necessária, mas não é proporcional em sentido estrito. Primeiramente, a vedação ao aumento de preço superior à elevação dos custos dos insumos pode ser considerada medida adequada, porque fomenta a defesa do consumidor. Essa medida evitaria, por exemplo, que, em momentos de escassez e necessidade dos consumidores, os fornecedores pudessem elevar imoderadamente os preços dos produtos e assim exigir dos consumidores vantagem manifestamente excessiva.[36]

Em segundo lugar, a medida pode ser considerada necessária. Apesar de ser fácil imaginar medidas que restringiriam menos a livre-iniciativa e a livre concorrência, é difícil pensar em medida que promova a proteção do consumidor com a mesma intensidade do que a proposta.

---

34. A esse respeito, ver item 2.1.
35. FERRAZ JR. Op. cit., 1994.
36. É possível conceber, todavia, sob uma perspectiva mais global e de mais longo prazo que a medida não seria adequada para promover a defesa dos interesses dos consumidores. De modo análogo, embora em termos mais amplos, Barroso noticia objeção à adequação de quaisquer medidas estatais de controle de preço: "tem amplo curso na teoria econômica e entre seus tradutores jurídicos a tese de que a interferência estatal no preço de bens e serviços não promove justiça social nem protege efetivamente o consumidor, antes pelo contrário: reduz o investimento pelas empresas, diminui a oferta de emprego e torna desinteressante a produção de determinados produtos ou a prestação de serviços. E que a permanente tentação populista do tabelamento e do congelamento de preços foi responsável por mais de uma década de estagnação econômica do país. Vale dizer: não se trataria sequer de medida adequada para os fins visados. Isto independentemente da vedação do excesso e da proporcionalidade em sentido estrito." (BARROSO. Op. cit., p. 210). Contudo, de acordo com a doutrina especializada, segundo a sub-regra da adequação, "uma medida somente pode ser considerada inadequada se sua utilização não contribuir em nada para fomentar a realização do objetivo pretendido." (SILVA. Op. cit., 2002, p. 37). E, como vimos no texto acima, a medida pode, mesmo que pontualmente, satisfazer a interesses dos consumidores. Os efeitos perniciosos da medida para os próprios consumidores são, contudo, apresentados ao final desse tópico.

A medida não é, contudo, proporcional em sentido estrito, porque a importância da realização da defesa do consumidor nesse caso não justifica o grau de restrição da livre-iniciativa e da livre concorrência. Três são os argumentos para demonstrar isso: a fragilidade *in concreto* do direito tutelado, a gravidade da limitação à livre-iniciativa e à livre concorrência e, por fim, a potencial perniciosidade da medida para os próprios consumidores.

Para entender a fragilidade *in concreto* do direito tutelado, é necessário contrapor a medida com a sua finalidade. A medida visa promover a defesa do consumidor, mais especificamente resguardando os consumidores da cobrança de preços excessivos.[37] Acontece que o CDC já tutela isso ao proibir o fornecedor de "exigir do consumidor vantagem manifestamente excessiva" (art. 39, V, CDC). Por outro lado, a medida proposta vai muito além dessa proteção, uma vez que nem toda elevação de preço sem correspondente aumento de custo dos insumos implicaria preço "manifestamente excessivo" ou mesmo apenas excessivo. Nesse sentido, a interpretação proposta acabaria promovendo a defesa do consumidor em um grau maior do que aquele que o legislador quis fazê-lo, donde se extrai a fragilidade, quiçá insustentabilidade, da defesa do consumidor que se pretende nesse caso promover.

Por outro lado, a medida é brutalmente gravosa à livre-iniciativa e à livre concorrência dos fornecedores, aniquilando quase que totalmente a liberdade de fixação de preço. Partindo-se da livre-iniciativa, da livre concorrência e do consequente regime de liberdade de preços, o fornecedor é, por via de regra, autorizado a elevar o preço de seus produtos e serviços a seu bel prazer. Eventual aumento de preço pode decorrer de mero interesse do fornecedor em ampliar a sua margem de lucro (seja para fazer frente a gastos de ordem pessoal, seja por mera ganância), mas também para buscar outros objetivos lícitos, como dirigir seu produto a um público de maior renda.

Parte da doutrina consumerista reconhece e defende expressamente essa liberdade do fornecedor de estipulação de preço. Rizzatto Nunes afirma que, "no regime atualmente vigente no País de liberdade de preços[,] não se pode falar de aumento abusivo *antes* da contratação ou da oferta tendente à contratação (que vincula o fornecedor). Se o fornecedor está vendendo num dia por um preço e resolve no dia seguinte aumentá-lo, pode fazê-lo à vontade".[38] De maneira análoga, Bruno Miragem leciona que, "em um regime de livre-iniciativa, [...] frente à ausência de controle direto de preços, não se pode, *a priori,* retirar do fornecedor a possibilidade de readequar os preços de seus produtos e serviços, inclusive para – se entender correto – aumentar sua margem de lucro."[39]

---

37. Essa é a justificativa apresentada pelos defensores dessa proposta de interpretação. Essa fundamentação é examinada mais detalhadamente no item 3.2.2.
38. NUNES, Rizzatto. *Comentários ao Código de Defesa do Consumidor*. 8. ed. São Paulo: Saraiva, 2015, p. 625, grifo no original
39. MIRAGEM. Op. cit., 2018, p. 343, grifo no original.

De maneira distinta, a proposta interpretativa ora analisada proibiria, por exemplo, o fornecedor de adequar o preço com base na "lei" da oferta e da demanda, uma das diretrizes mais básicas da formação de preço. Essa proposta vai também de encontro à lógica econômica do sistema de fornecimento de produtos e serviços. Um fornecedor não é e nem deve ser um "mero repassador de custos". Pelo contrário, ele visa em geral ao lucro. Essa legítima finalidade encontra normalmente o devido contraponto na concorrência com os demais fornecedores, o que acaba "forçando" a todos eles a apresentarem preços competitivos e consequentemente limitando o aumento excessivo dos preços.[40] E nos casos de mercado sem concorrência perfeita, em que empresa com posição dominante aumente injustificadamente o preço de seus produtos ou serviços, essa conduta caracterizará infração da ordem econômica e deverá ser combatida pela lei antitruste.[41]

Na prática, levando essa proposta de interpretação a sério, o art. 39, X, CDC implicaria um congelamento geral e *ad aeternum* da margem de lucro de todos os fornecedores em relação aos produtos ou serviços já lançados no mercado. Isso representaria um engessamento quase que total e permanente do mercado de consumo. Esse cenário é tão claramente negativo que a adesão de parte da doutrina a essa proposta de interpretação só pode ter decorrido de uma percepção superficial dos efeitos que a medida produziria.

Por fim, vale mencionar a perniciosidade da medida para a defesa do consumidor. Isso decorre do próprio conteúdo da norma, que limita apenas a elevação de preços, ou seja, o aumento propriamente dito do preço de produto ou serviço já ofertado no mercado, mas não restringe o preço inicial de lançamento de novos produtos ou serviços. Em face disso, e no longo prazo, os fornecedores terão incentivos para, por exemplo, lançar seus produtos com preços iniciais inflados, mais elevados do que seriam se não houvesse essa norma, exatamente para poderem garantir por mais tempo a permanência de uma margem de lucro satisfatória. Os fornecedores também terão incentivos para lançar no mercado produtos ou serviços com "vida útil" curta. Assim, o fornecedor poderá encerrar a oferta de produtos e serviços quando o seu preço não estiver mais sendo suficientemente vantajoso, e ofertar outros produtos e serviços com preços iniciais com novas margens de lucro. Atentando-se para esses efeitos colaterais, vê-se que, na prática, apesar da interpretação proposta, os consumidores poderao continuar sendo vitimas da cobrança de preços excessivos.

---

40. MIRAGEM. Op. cit., 2018, p. 341. Um exemplo concreto e grave em que o fornecedor é tratado como um mero "repassador de custos" é o do Projeto de Lei n. 2848/2014, do Estado do Rio de Janeiro, que proíbe a cobrança de preços diferenciados na venda de bebidas geladas e em temperatura ambiente. (art. 1.º). O deputado Paulo Ramos, apresenta como justificativa para esse projeto o fato de que "os custos da energia [com a refrigeração da bebida] são bem inferiores às diferenças nos preços." (Disponível em: <http://alerjln1.alerj.rj.gov.br/scpro1115.nsf/1061f759d97a6b24832566ec0018d832/b427152e87237f0f83257ca-6007237db?OpenDocument&ExpandSection=-1>. Acesso em: 18 jul. 2018). A medida e a sua justificava refletem claramente a lógica de que os fornecedores seriam meros "repassadores de custos".

41. A esse respeito, ver item 2.1.

3.1.2 Vedação ao aumento de preço em aproveitamento de "dependência" ou "catividade" do consumidor

Segundo Bruno Miragem, haveria prática abusiva de elevação de preço sem justa causa quando houvesse, por parte do fornecedor, "claro aproveitamento da posição dominante que exerce frente ao consumidor". Esse aproveitamento seria, a seu ver, diferente daquele que ocorre no direito da concorrência, pois no direito do consumidor o abuso seria da "desigualdade de posição contratual".[42]

Essa posição fica mais clara quando analisada em conjunto com outro trecho em que o autor menciona alguns casos a que o art. 39, X, CDC seria aplicável. Segundo Miragem, esse dispositivo se aplicaria às situações "em que o fornecedor eleva preços de modo excessivo, mantendo clientela, sobretudo em vista de sua catividade ou extrema necessidade." Ele ilustra essa ideia com os contratos de prestação de serviço de longa duração: "No caso da prestação de serviços, hipoteticamente considere[m]--se contratos de longa duração, nos quais o consumidor enfrente certos obstáculos para migrar de um concorrente a outro, tais como prazo de carência para fruição dos serviços, cláusulas de fidelização, ou simplesmente entraves burocráticos comuns, como ligações intermináveis, ou série de providências sucessivas que devem ser adotadas para encerrar a contratação. É esta dependência ou catividade que fará com que parcela de consumidores, mesmo percebendo o aumento excessivo, mantenha-se vinculado ao contrato original."[43]

Antes de apresentar as objeções, essa posição precisa ser melhor compreendida. Analisando cuidadosamente, percebe-se que o problema apresentado não é propriamente de elevação, mas sim de *reajuste* de preços. Ou seja, a questão não se põe em face de um aumento pré-contratual, mas sim quando o preço de produto ou serviço sofre majoração durante a vigência do contrato, em função e com base em critério previsto em lei ou no próprio contrato.[44] A previsão de cláusula de reajuste de preços é fundamental e muito comum em contratos de longa duração. Nos contratos de plano de saúde, por exemplo, a sua estipulação é obrigatória (art. 16, XI, Lei 9.656/1998). As razões para a previsão desse tipo de cláusula estão ligadas à manutenção do equilíbrio econômico entre prestação e contraprestação. Ilustrativamente, nos contratos de plano de saúde, o reajuste do valor da mensalidade pode ocorrer em três situações: (i) pela necessidade de atualização da mensalidade decorrente da variação dos custos assistenciais; (ii) pela mudança de faixa etária do consumidor; e (iii) em decorrência de uma reavaliação do plano, designada como "revisão técnica"[45].

---

42. MIRAGEM. Op. cit., 2018, p. 343.
43. MIRAGEM. Op. cit., 2018, p. 341-342.
44. À luz dos exemplos que cita, Júlio Moraes Oliveira também defende a aplicação do art. 39, X, CDC a casos de reajuste e não de elevação pré-contratual de preços (OLIVEIRA, Júlio Moraes. *Curso de direito do consumidor completo*. Belo Horizonte: Editora D'Plácido, 2014, p. 228-230).
45. Sobre o tema, ver SCHMITT, Cristiano Heineck. Reajustes em contratos de planos e de seguros de assistência privada à saúde. *Revista de Direito do Consumidor*, v. 60, p. 58-79, out.-dez. 2006.

Sob essa perspectiva, a posição de Bruno Miragem pode ser mais claramente compreendida. Parte o autor da seguinte situação: o consumidor celebra contrato de longa duração com previsão de cláusula de reajuste; escoado o prazo, geralmente anual, opera-se o reajuste, tornando o preço do serviço nominalmente mais elevado. O consumidor fica, então, insatisfeito com o valor e quer rescindir o contrato. Mas, para isso, ele vai ter de enfrentar o que Miragem chama de "obstáculos", que nada mais são do que questões ligadas ao contrato em vigor (como a cláusula de fidelização), ao futuro contrato com o concorrente (como os prazos de carência), ou mesmo entraves burocráticos de natureza diversa. A tese de Miragem é a de que, em função desses "obstáculos", o reajuste de preço seria abusivo, por configurar elevação de preço sem justa causa.

Essa posição não pode, contudo, ser acolhida, porque ela levaria o art. 39, X, CDC à inconstitucionalidade, por restringir de maneira desproporcional a livre-iniciativa e a livre concorrência. Apesar de poder ser considerada adequada e necessária, a norma não é proporcional em sentido estrito. A medida de vedar a elevação de preço em aproveitamento de "dependência" ou "catividade" do consumidor é adequada para a promover a defesa do consumidor, pois resguarda o consumidor de reajustes de preços em relações contratuais relevantes e das quais ele teria dificuldades de sair para contratar com um concorrente. A medida também é necessária, uma vez que é difícil imaginar uma outra medida que promoveria a proteção do consumidor nessa mesma intensidade e limitando menos os direitos e interesses dos fornecedores.

Contudo, a medida não é proporcional em sentido estrito, porque a importância da realização da defesa do consumidor nesse caso não justifica o grau de restrição da livre-iniciativa e da livre concorrência. Mais uma vez, três são os argumentos que respaldam isso: a fragilidade *in concreto* do direito tutelado, a gravidade da limitação à livre-iniciativa e à livre concorrência e, por fim, a perniciosidade da medida para a própria defesa do consumidor.

Em primeiro lugar, a defesa do consumidor é pouco (ou mesmo nada) meritória nesse caso. Como visto acima, o problema não é propriamente de elevação (pré-contratual) de preços, mas sim de reajuste. Mas mesmo que se considerasse o "reajuste" de preço como "elevação", no sentido do dispositivo em causa, não seria correto encará-lo como elevação *sem justa causa*. Essa elevação tem "causa", que é a sua prévia previsão em contrato ou em lei. E essa causa é "justa", por decorrer de fórmula ou índice pactuado pelas partes ou previsto em lei. Caso essa fórmula ou índice se revelem excessivamente onerosos para o consumidor, ainda assim o problema não será resolvido pelo art. 39, X, CDC. A questão será então, de um lado, de nulidade da cláusula contratual de reajuste por estabelecer "obrigações iníquas, abusivas, que coloquem o consumidor em desvantagem exagerada" (art. 51, IV, CDC), ou, de outro, de eventual inconstitucionalidade da referida previsão legal. Vale lembrar que, nos contratos que lidam com bens mais sensíveis, como os de plano de saúde, há um maior controle dos índices de reajuste. Por exemplo, nos contratos de plano de saúde, quando se trata de reajuste decorrente da majoração dos valores cobrados pelos prestadores de serviços ligados ao plano (hospitais, clínicas, médicos etc.), o índice aplicável ao contrato do consumidor-pessoa física é indicado pela Agência Nacional de Saúde (ANS), ao menos para os contratos ajustados em conformidade com a Lei 9.656/98.

Por outro lado, a medida promove gravíssima limitação da livre-iniciativa e da livre concorrência, chegando a afetar até mesmo a propriedade privada (art. 170, II, CF). A medida proposta representa a vedação por tempo indeterminado dos reajustes de preços de um número considerável de contratos de consumo de longa duração. Essa tese implicaria, por exemplo, que a maioria (se não a totalidade) dos reajustes dos contratos de plano de saúde fossem abusivos. Seguindo à risca a interpretação proposta, haveria congelamento irrestrito dos preços em fração considerável de contratos de consumo. No longo prazo, essa situação implicaria que, em algum momento, os fornecedores seriam obrigados a vender bens ou prestar serviço abaixo do preço de custo, o que é evidentemente insustentável tanto do ponto de vista econômico quanto do ponto de vista jurídico.[46]

Além disso, uma medida dessa gravidade também teria efeitos negativos para os próprios consumidores. Na prática, não sendo possível reajustar os preços dos contratos, por exemplo de plano de saúde, os fornecedores passariam a não mais querer fornecer esse serviço, ou a fixar um preço inicial muito superior ao praticado normalmente, exatamente para poder preservar por mais tempo uma margem de lucro vantajosa. Ou então iriam querer rescindir ou não renovar o contrato assim que ele passasse a não ser economicamente vantajoso.

Por fim, vale acrescentar que, apesar das objeções, essa linha de interpretação poderia ainda parecer meritória pelo fato de, mesmo que por "vias tortas", ter a vantagem de "pressionar" os fornecedores a não dificultarem a migração dos seus clientes para os concorrentes. Esse mérito, contudo, é apenas aparente. Isso porque, dentre os "obstáculos" citados para justificar a medida, há questões que são ou lícitas, como as cláusulas de fidelização,[47] ou que estão fora da esfera de influência do fornecedor acusado de reajuste abusivo, como o prazo de carência para fruição de serviços, que pode ser exigido apenas pelo fornecedor para o qual o consumidor quer migrar, não tendo então nada que ver com aquele envolvido no reajuste.

---

46. Nesse sentido, dentre as "limitações insuperáveis" para o controle estatal de preços, Luís Roberto Barroso destaca que "em nenhuma hipótese pode impor a venda de bens ou [a prestação de] serviços por preço inferior ao preço de custo, acrescido de um retorno mínimo, compatível com as necessidades de reinvestimento e de lucratividade próprias do setor privado." (BARROSO. Op. cit., p. 209). Sob a perspectiva do direito do consumidor, criticando o controle de preços que chega a retirar o lucro do fornecedor, ver: SAYEG, Ricardo Hasson, Práticas comerciais abusivas. In: MARQUES, Claudia Lima; MIRAGEM, Bruno (Org.). *Doutrinas Essenciais de Direito do Consumidor*, v. 3. São Paulo: Ed. RT, 2011, p. 909.

47. Sobre a licitude de cláusula de fidelização em contratos de consumo, embora falando mais especificamente sobre contratos de telefonia, ver: AgRg no AREsp 253.609/RS, Rel. Min. Mauro Campbell Marques, 2ª Turma, j. 18 dez. 2012, DJe 05 fev. 2013. Esse acórdão integrou o Informativo 0515 do STJ.

3.2 Propostas que levam à inutilidade do dispositivo

Superadas as propostas de interpretação que levariam o art. 39, X, CDC à inconstitucionalidade, resta agora analisar as propostas que, caso acatadas, levá-lo-iam à inutilidade prática. Essa inutilidade decorreria do fato de que o dispositivo seria aplicável a casos que já são satisfatoriamente regulados por outros dispositivos do CDC. A previsão legal em causa não teria, portanto, nenhuma autonomia ou utilidade dogmática. Não haveria nenhum caso cuja solução seria determinada apenas pela aplicação do art. 39, X, CDC, de modo que o dispositivo poderia mesmo ser suprimido do ordenamento jurídico, sem que houvesse qualquer consequência perceptível.

As linhas de interpretação aqui analisadas propõem que o art. 39, X, CDC implicaria vedação: ao aumento de preço após a celebração do contrato (item 3.2.1.); ao preço ou lucro excessivo (item 3.2.2.); à elevação desproporcional e oportunista de preço (item 3.2.3.); ao aumento de preço de forma dissimulada (item 3.2.4.); e à elevação de preço controlado ou tabelado (item 3.2.5.).

3.2.1 Vedação ao aumento de preço após a celebração do contrato

Segundo uma proposta de interpretação, o art. 39, X, CDC teria a finalidade de impedir que o fornecedor elevasse unilateralmente o preço de produto ou serviço após a celebração do contrato.[48] Flávio Tartuce e Daniel Neves fundamentam essa posição com base na boa-fé objetiva e nas expectativas legítimas do consumidor contratante: "a prática de alteração do preço sem motivo representa afronta à boa-fé objetiva e às justas expectativas depositadas no negócio de consumo. Como é notório, não se pode aceitar atos praticados pelos fornecedores e prestadores com o intuito de surpreender os consumidores em relação ao originalmente contratado, situação típica do abuso de direito não tolerado pelo sistema consumerista."[49]

Esse problema já é, todavia, solucionado no CDC. O art. 30 prevê que a oferta "obriga o fornecedor". Assim, já tendo havido oferta com um determinado preço – ou, com maior razão, a celebração de contrato por um certo valor –, o fornecedor não pode mais elevar o preço do produto ou serviço. Caso o faça, essa conduta caracterizaria recusa ao cumprimento da oferta, abrindo-se para o consumidor a possibilidade de exigir o seu adimplemento forçado, ou mesmo a rescisão do contrato, com direito à restituição de quantia eventualmente antecipada (art. 35, inc. I e III). Para proteger o consumidor, o CDC vai além e proíbe inclusive que as partes prevejam no contrato a possibilidade de o fornecedor, no curso do contrato, elevar unilateralmente o preço do produto ou serviço. Segundo o CDC, são abusivas e consequentemente nulas as

---

48. TARTUCE, Flávio; NEVES, Daniel Amorim Assumpção. *Manual de direito do consumidor*: direito material e processual. 6. ed. Rio de Janeiro: Forense; São Paulo: Método, 2017, p. 494-495. Embora crítico da utilidade dessa interpretação, Rizzatto Nunes entende que essa seria uma das poucas opções hermenêuticas para que o dispositivo tivesse "validade jurídica" (NUNES. Op. cit., p. 625).

49. TARTUCE; NEVES. Op. cit., p. 494-495.

cláusulas contratuais que "permitam ao fornecedor, direta ou indiretamente, [promover a] variação do preço de maneira unilateral" (art. 51, X, CDC).[50]

É, por fim, criticável o recurso à boa-fé objetiva e às legítimas expectativas dos consumidores para justificar a interpretação de que o art. 39, X, CDC impediria o fornecedor de elevar o preço após a celebração do contrato. É de conhecimento comum dos consumeristas que, de acordo com regramento expresso do CDC, o fornecedor se vincula às ofertas que ele fizer. Sabendo disso, recorrer à boa-fé para justificar a impossibilidade de o fornecedor elevar o preço após a celebração do contrato, configura um uso da boa-fé como mero adorno retórico. Trata-se de prática infelizmente comum na doutrina e jurisprudência de tentar fundamentar na boa-fé posições ou decisões que já encontram suficiente respaldo em texto expresso de lei.[51] Aparentemente inofensiva, essa prática deve ser combatida, pois leva a graves consequências negativas, como à banalização do instituto da boa-fé, a uma dificuldade de se entender qual é o verdadeiro fundamento das posições ou decisões, e também revela uma compreensão equivocada da relação entre os princípios ou cláusulas gerais e as regras específicas positivadas.[52]

3.2.2   Vedação ao preço excessivo

De acordo com uma outra linha de entendimento, o art. 39, X, CDC serviria para vedar o aumento que implicasse preço excessivo. Segundo Herman Benjamin, o principal representante dessa posição, esse dispositivo "visa a assegurar que, mesmo num regime de liberdade de preços, o Poder Público e o Judiciário tenham mecanismos de controle do chamado *preço abusivo*. [...] A regra, então, é que os aumentos de preço devem sempre estar alicerçados em *justa causa*, vale dizer, não podem ser arbitrários, leoninos ou abusivos."[53] Essa linha de entendimento estaria, inclusive, em harmonia com a imposição constitucional de que a lei deve reprimir

---

50. De maneira análoga, em crítica à percepção de que o art. 39, X, CDC vedaria a elevação de preço após a celebração contratual, Rizzatto Nunes afirma que "é estranhíssimo que seja preciso o legislador ter de dizer que, feito o contrato, o vendedor esteja proibido de mudar o preço, aumentando-o. Isso é o óbvio ululante das relações contratuais de compra e venda." E conclui que, seguindo essa interpretação, o art. 39, X, CDC estaria "bastante esvaziado" (NUNES. Op. cit., p. 625). Ao nosso ver, contudo, como defendemos no texto, por essa interpretação, o dispositivo estaria totalmente "esvaziado".

51. Sobre o apelo à boa-fé como mero adorno retórico, ver SCHMIDT, Jan Peter. Dez anos do Art. 422 do Código Civil: luz e sombra na aplicação do princípio da boa-fé objetiva na práxis judicial brasileira. In: GOMES, Elena de Carvalho; MARX NETO, Edgard Audomar; FÉRES, Marcelo Andrade (Orgs.). *Estudos de direito privado*: Liber Amicorum para João Baptista Villela. Belo Horizonte: Editora D'Plácido, 2017, p. 125-129.

52. RODRIGUES JR., Otavio Luiz; RODAS, Sergio. Entrevista com Reinhard Zimmermann e Jan Peter Schmidt. *Revista de Direito Civil Contemporâneo*, v. 5, ano 2, p. 351. São Paulo: Ed. RT out.-dez. 2015.

53. BENJAMIN. Op. cit., 2017, p. 394; BENJAMIN. Op. cit., 2016, p. 321, grifos no original. De maneira análoga, ver: RAGAZZI, José Luiz. *Código de defesa do consumidor comentado*. 2. ed. São Paulo: Verbatim, 2017, p. 217, citando a referida lição do Herman Benjamin; SILVA NETO, Orlando Celso da. *Comentários ao Código de Defesa do Consumidor*. Rio de Janeiro: Forense, 2013, p. 565 (o art. 39, X, CDC "deve ser interpretado de forma a só coibir o aumento que implique em lucro excessivo, não sendo aplicável aos aumentos que decorrem de variações de mercado, ainda que excepcionais."); TAVARES. Op. cit., p. 271 ("considerando abusivos aqueles preços exorbitantes (art. 39, inc. X, do CDC)").

o abuso de poder econômico que vise ao aumento arbitrário de lucros (art. 173, § 4.º, CF).[54]

No entanto, o CDC já oferece outras normas que tutelam satisfatoriamente o consumidor em caso de cobrança de preço excessivo. Segundo o art. 39, V, é vedado ao fornecedor "exigir do consumidor vantagem manifestamente excessiva". E caso o contrato chegue a ser celebrado, o art. 51, IV prevê ainda que são nulas de pleno direito as cláusulas que "estabeleçam obrigações consideradas iníquas, abusivas, que coloquem o consumidor em desvantagem exagerada, ou sejam incompatíveis com a boa-fé ou a equidade".

Se comparadas com a vedação ao aumento de preço sem justa causa, essas normas protegem melhor o consumidor contra a cobrança de preços excessivos. Elas são mais claras, mais seguras e mais amplas. São mais claras, porque por meio da simples leitura dos arts. 39, V e 51, IV o intérprete entende o que está em questão: se o preço cobrado, entre possíveis outras vantagens, é ou não excessivo. Já no caso da leitura do art. 39, X, a determinação do que está sendo tutelado pressupõe um esforço hermenêutico muito maior. A própria existência e extensão do presente artigo servem para ilustrar e demonstrar esse ponto.

Elas são mais seguras, porque o CDC oferece mais instrumentos para determinação do que seria "vantagem exagerada", reduzindo assim a indeterminação da norma e consequentemente a imprevisibilidade na sua aplicação. Segundo o art. 51, § 1.º, CDC, "presume-se exagerada, entre outros casos, a vantagem que: I – ofende os princípios fundamentais do sistema jurídico a que pertence; II – restringe direitos ou obrigações fundamentais inerentes à natureza do contrato, de tal modo a ameaçar seu objeto ou equilíbrio contratual; III – se mostra excessivamente onerosa para o consumidor, considerando-se a natureza e [o] conteúdo do contrato, o interesse das partes e outras circunstâncias peculiares ao caso."

Elas são mais amplas, porque se aplicam também ao caso de produto ou serviço que está sendo lançado pela primeira vez no mercado. Se o preço original do produto ou serviço for considerado uma vantagem manifestamente excessiva, a sua cobrança será considerada prática abusiva por aplicação do art. 39, V, CDC. Já o art. 39, X, CDC não seria aplicável, uma vez que não se trata de caso de elevação de preço, mas sim de preço originariamente excessivo. Ora, se a finalidade do art. 39, X, CDC fosse mesmo a de tutelar o consumidor contra a cobrança de preços excessivos, não faria sentido protegê-lo só em caso de aumentos imoderados, mas não em situação de preços excessivos desde a origem.

---

54. SILVA, Jorge Alberto Quadros de Carvalho. *Código de Defesa do Consumidor anotado e legislação complementar*. 6. ed. São Paulo: Saraiva, 2008, p. 194, defendendo que o art. 39, X, CDC estaria "em harmonia" com a vedação constitucional ao aumento arbitrário de lucros.

3.2.3 Vedação ao aumento desproporcional e oportunista de preço

Bruno Miragem afirma que configurariam a prática abusiva de elevação de preço sem justa causa as situações em que o fornecedor aumentasse o preço com "propósitos egoísticos", ou com "certo oportunismo em vista da situação de dificuldade ou extrema necessidade dos consumidores pelo acesso a estes bens." Ele ilustra essa situação com a hipótese dos fornecedores que se aproveitam do aumento da demanda causado por desastres naturais para "multiplicar" os preços de seus produtos ou serviços. E cita como exemplo o caso de um comerciante de telhas que, em face de um temporal ou vendaval que destelhasse diversas casas da região, aumentasse em 1.000% o preço das telhas à venda.[55]

Acontece que, por meio dessa linha de entendimento, o art. 39, X, CDC não teria utilidade prática. Partindo da exposição de Miragem, é possível concluir que a aplicação do art. 39, X, CDC exigiria a presença conjunta dos seguintes elementos: a excessividade do preço do produto ou serviço; a premente necessidade do consumidor em adquirir o produto ou serviço; e o dolo de aproveitamento do fornecedor, que é o elemento que une os dois primeiros: é por saber da necessidade do consumidor que o fornecedor eleva imoderadamente o preço e exige dele vantagem excessiva.

Mas a reunião desses três elementos torna a aplicação do art. 39, X, CDC mais difícil e rara do que a aplicação de outras previsões. Para incidência do art. 39, V, CDC, por exemplo, não se exige nem a necessidade premente do consumidor e nem o dolo de aproveitamento do fornecedor. E fora do CDC pode-se pensar no instituto da lesão no Código Civil. A lesão ocorre "quando uma pessoa, sob premente necessidade, ou por inexperiência, se obriga a prestação manifestamente desproporcional ao valor da prestação oposta." (art. 157, CC). Note-se que mesmo esse tradicional instituto do direito civil tem a sua configuração mais simplificada do que a acima proposta para o art. 39, X, CDC, uma vez que não exige o dolo de aproveitamento do credor/fornecedor, isto é, a consciência e intenção de se aproveitar da inexperiência ou premente necessidade do devedor/consumidor.[56] O citado caso de elevação do preço das telhas, por exemplo, caracteriza a prática abusiva de exigência de vantagem manifestamente excessiva (art. 39, V, CDC). E se o Código Civil fosse aplicável, seria caso de lesão (art. 157, CC)

Por fim, vale lembrar que, fora desses casos excepcionais, que são devidamente regulados, é legítimo que o fornecedor eleve o preço do produto ou serviço em caso de diminuição da oferta. Em um caso, por exemplo, de elevação do preço do combustível por causa de "desabastecimento do produto", o magistrado de primeira instância

---

55. MIRAGEM. Op. cit., 2016, p. 110 e 114. De maneira menos acabada, mas defendendo que "a mera escassez do bem no mercado não bastará" para justificar a elevação do seu preço, ver: BDINE JÚNIOR, Hamid Charaf. Práticas abusivas e cláusulas abusivas. In: SILVA, Regina Beatriz Tavares da (Coord.). *Responsabilidade civil nas relações de consumo*. São Paulo: Saraiva, 2009, p. 236.

56. Segundo o Enunciado 150 da III Jornada de Direito Civil, "a lesão de que trata o art. 157 do Código Civil não exige dolo de aproveitamento."

entendeu não ter havido abusividade no referido aumento. Entre outros argumentos, embasou-se na normalidade de, em uma sociedade de consumo capitalista, haver elevação de preços em função de uma menor disponibilidade de produtos no mercado. Nesse sentido, argumentou que "é cediço que os preços variam de acordo com o número de produtos disponíveis no mercado, bem como do número de consumidores dispostos a adquiri-los, [e] assim sobrevive a sociedade de consumo capitalista."[57]

3.2.4 Vedação ao aumento de preço de forma dissimulada

Bruno Miragem propõe uma outra hipótese de elevação injustificada de preço. Segundo ele, essa prática abusiva se configuraria quando o aumento de preço se desse "de forma dissimulada",[58] isto é, quando houvesse elevação de preço embasada em justificativas falsas. Miragem ilustra essa hipótese dizendo que "dissimula aquele que se utiliza da repercussão do aumento de certos custos e tributos em percentual significativamente maior do que efetivamente impactam na formação do preço final."[59] Ele apresenta também o seguinte exemplo mais concreto de elevação dissimulada: "revendedores de combustíveis que, se antecipando à majoração de tributo que ainda não passou a incidir, aumentam o preço cobrado dos consumidores em percentual muito acima daquele que resulta da repercussão das novas alíquotas sobre o valor até então praticado."[60]

Essa interpretação do art. 39, X, CDC também não deve ser seguida. O problema levantado por Miragem já é resolvido pelas normas do CDC que regulam o direito à informação do consumidor e a publicidade enganosa. Em primeiro lugar, em caso de elevação de preço, há deveres especiais de informação a serem observados pelo fornecedor.[61] Como bem adverte Rizzatto Nunes, o fornecedor pode elevar o preço dos produtos ou serviços, mas "desde que respeite as demais normas do CDC aplicáveis", como, por exemplo, "anuncie e apresente claramente o novo preço".[62] E segundo José Luiz Ragazzi, em casos de elevação de preços, é "necessária a ampla e respectiva informação em termos de legislação consumerista."[63]

---

57. TJRS, Apelação e Reexame Necessário 70067235796, 20ª Câmara Cível, Relator: Carlos Cini Marchionatti, Julgado em 16 dez. 2015, DJ 20 jan. 2016, relatório e voto, fl. 6. Sobre a aplicação do art. 39, X, CDC para impedir a elevação do preço da gasolina em períodos de escassez de combustível e as implicações jurídicas negativas daí decorrentes, ver: DIAS, Daniel; NOGUEIRA, Rafaela; QUIRINO, Carina. *A alta da gasolina por conta da greve de caminhoneiros:* a inconstitucional exigência de justa causa para elevação de preço. Disponível em: <https://www.jota.info/opiniao-e-analise/artigos/a-alta-da-gasolina-por-conta-da-greve--de-caminhoneiros-04062018>. Acesso em: 12 jul. 2018.

58. MIRAGEM. Op. cit., 2018, p. 343.

59. MIRAGEM. Op. cit., 2016, p. 117.

60. MIRAGEM. Op. cit., 2016, p. 110.

61. E não só em situações de simples aumento de preço, mas também em casos de alteração de quantidade do produto. Para combater a prática da "maquiagem de preço", em que o fornecedor diminui a quantidade usual do produto, mas mantém o preço até então praticado, o Ministério da Justiça publicou Portaria n. 81/2002 estabelecendo regras detalhadas "para a informação aos consumidores sobre mudança de quantidade de produto comercializado na embalagem."

62. NUNES. Op. cit., p. 625.

63. RAGAZZI. Op. cit., p. 217.

A elevação dissimulada de preço viola o direito do consumidor à informação. Segundo o art. 6º, III, CDC, é direito básico do consumidor "a informação adequada e clara sobre os diferentes produtos e serviços, com especificação correta de quantidade, características, composição, qualidade, tributos incidentes e preço, bem como sobre os riscos que apresentem". Como o fornecedor precisa informar corretamente o consumidor sobre os tributos incidentes, a elevação de preço da gasolina em descompasso temporal ou quantitativo com determinado tributo viola essa previsão, pois ele estaria especificando incorretamente o tributo incidente sobre o combustível vendido.

Além disso, ao anunciar elevação de preço baseada em informações falsas, o fornecedor incorre também na prática de publicidade enganosa. Segundo o art. 37, § 1.º, CDC, "é enganosa qualquer modalidade de informação ou comunicação de caráter publicitário, inteira ou parcialmente falsa". E, por fim, a elevação dissimulada de preços caracteriza inclusive infrações penais. De um lado, constitui crime contra as relações de consumo fazer afirmação falsa ou enganosa, ou omitir informação relevante sobre preço de produtos ou serviços, entre outros elementos (art. 66, CDC). De outro, é também crime contra as relações de consumo "fazer ou promover publicidade que sabe ou deveria saber ser enganosa ou abusiva" (art. 67, CDC).

3.2.5 Vedação ao aumento de preço controlado ou tabelado

Rizzatto Nunes sugere que o art. 39, X, CDC vedaria a elevação dos preços de produtos e serviços que estivessem sujeitos ao regime de controle ou de tabelamento.[64] A violação do regime de controle ou de tabelamento de preços já se encontra, porém, regulada pelo CDC. Segundo o art. 41, em caso de elevação de preço em desrespeito aos limites oficiais, o consumidor tem direito à restituição do valor pago em excesso, corrigido monetariamente, ou a desfazer o negócio, sem prejuízo de demais sanções penais ou administrativas cabíveis. Pretender que, para além disso, a referida elevação corresponda a prática abusiva não agrega nada à resolução do caso. Pelo contrário, o art. 39, X, CDC findaria sem utilidade prática.[65]

Superadas todas as linhas de interpretação encontradas, resta-nos apresentar a nossa.

---

64. Em verdade, Nunes não é um entusiasta dessa posição. Ela no fundo decorre de uma tentativa dele de extrair alguma eficácia do art. 39, X, CDC. Nessa linha, Nunes parte da premissa de que esse dispositivo não seria aplicável antes da celebração dos contratos ou antes da oferta por parte do fornecedor. Segundo ele, para ter eficácia jurídica, o art. 39, X, CDC teria de ser entendido como uma espécie de prática abusiva pós-contratual. "Ou, *na pior das hipóteses*, terá eficácia quando se tratar de caso de preço controlado ou tabelado, conforme previsão do art. 41." (NUNES. Op. cit., p. 625).

65. De maneira análoga, entende Herman Benjamin que o art. 39, X, CDC não "cuida de tabelamento ou controle prévio de preço (art. 41)" (BENJAMIN. Op. cit., 2017, p. 394; BENJAMIN. Op. cit., 2016, p. 321).

4. INTERPRETAÇÃO CONSTITUCIONAL E ÚTIL DO ART. 39, X, CDC

O art. 39, X, CDC proíbe a discriminação de preços sem justa causa. Ele veda que o fornecedor cobre preços diferentes por um mesmo produto ou serviço sem justa causa para tal distinção. Em especial, a prática abusiva se configura quando o fornecedor cobra de um consumidor um preço mais elevado (= eleva o preço) do que o cobrado para os demais consumidores, sem que haja justa causa para essa discriminação. Essa interpretação garante ao dispositivo legal a sua constitucionalidade e a sua utilidade prática.

À luz dessa interpretação, o art. 39, X, CDC é constitucional, porque não viola direta ou indiretamente nenhuma norma da Constituição Federal, com destaque para a livre-iniciativa e a livre concorrência. Mas, além disso, trata-se de interpretação que concretiza o princípio constitucional da igualdade (art. 5.º, *caput*, CF). Assim interpretado, o art. 39, X, CDC impõe aos fornecedores que cobrem o mesmo preço dos consumidores em situação de igualdade e os autoriza a cobrar preços diferentes quando os consumidores estiverem em situação de desigualdade compatível com tal discriminação, ou seja, quando houver justa causa.

Essa interpretação confere também utilidade prática ao art. 39, X, CDC. Ao cobrar preços distintos dos consumidores sem que haja justa causa, o fornecedor incorre em prática abusiva por aplicação do art. 39, X, CDC. Esse dispositivo passa a ser determinante para a resolução desse problema, não mais sendo aplicado somente a reboque, por exemplo, do art. 39, V, CDC.

A percepção de que, à luz desse entendimento, o art. 39, X, CDC concretiza o princípio constitucional da igualdade pode gerar, todavia, dúvidas sobre a sua utilidade. Afinal, se o dispositivo concretiza o princípio constitucional da igualdade, mas esse princípio é aplicável diretamente às relações entre particulares,[66] o art. 39, X, CDC poderia ser tido como dispensável. Esse não é, todavia, o caso, pois mesmo os defensores da eficácia direta dos direitos fundamentais reconhecem ser preferível que essa incidência seja mediada por lei e que as opções do legislador devem ser respeitadas.[67]

Nada obstante, a nossa proposta de interpretação não é de todo original. Alguns autores e tribunais já haviam considerado a aplicação do art. 39, X, CDC para solucionar casos cujo problema de fundo era a cobrança de preços diferenciados por um mesmo produto ou serviço. Por exemplo, como será melhor visto a seguir, essa era a questão que estava por trás da discussão, hoje já superada, de se o for-

---

66. Como exemplo de aplicação direta do princípio da igualdade a relações entre particulares, ver o caso decidido pelo STF envolvendo a Air France: RE 161.243-6/DF, de 1996, relatado pelo Min. Carlos Velloso. Para comentários sobre o caso, ver: SARLET, Ingo Wolfgang. A influência dos direitos privados no direito privado: notas sobre a evolução brasileira. In: GRUNDMANN et al. (Org.). *Direito privado, constituição e fronteiras*: encontros da associação luso-alemã de juristas no Brasil. 2. Ed. RT: São Paulo, 2014, p. 82.

67. SARLET. Op. cit., p. 77; SILVA, Virgílio Afonso da. *A constitucionalização do direito*: os direitos fundamentais nas relações entre particulares. São Paulo: Malheiros, 2011, p. 147.

necedor poderia cobrar preços diferentes a depender do método de pagamento, em dinheiro ou com cartão de crédito. Contudo, nem por parte da doutrina e nem da jurisprudência envolvida, havia uma compreensão inteiramente clara de qual era o problema jurídico que a aplicação do art. 39, X, CDC estava resolvendo e muito menos de que essa era possivelmente a única questão que o dispositivo é vocacionado a solucionar.

Portanto, além de garantir a constitucionalidade e conferir utilidade ao art. 39, X, CDC, essa proposta de interpretação também contribui ao apresentar de maneira clara e acabada qual é exatamente o problema jurídico que o dispositivo soluciona. Isso é determinante para seu funcionamento dogmático, pois influencia direta e decisivamente o conteúdo dos seus pressupostos de incidência e o seu âmbito de aplicação.

Fora do CDC, há outro dispositivo com conteúdo análogo ao ora proposto para o art. 39, X, CDC. O Decreto 5.903/2006 prevê como infração ao direito básico do consumidor à informação adequada e clara sobre os diferentes produtos e serviços, entre outras, a conduta de "atribuir preços distintos para o mesmo item" (art. 9º, VII). Essa previsão vai na mesma linha do art. 39, X, CDC, reafirmando-o de maneira clara e concreta. A rigor, contudo, a previsão do art. 39, X, CDC é mais técnica e melhor formulada. Por um lado, atribuir preços distintos para o mesmo item não representa uma violação ao direito à informação propriamente. Por outro, a norma é criticável por não permitir a discriminação de preços, mesmo que excepcional. Como será ilustrado abaixo, existem diversas situações em que é justificado atribuir diferentes preços para o mesmo produto ou serviço. O art. 39, X, CDC, por sua vez, proíbe em regra a discriminação de preços, mas abre margem para que ela ocorra excepcional e justificadamente.

Por fim, vale mencionar que a discriminação de preços é vedada também fora do direito do consumidor. A atual e a antiga leis de defesa da concorrência previam como infração da ordem econômica "discriminar adquirentes ou fornecedores de bens ou serviços por meio da fixação diferenciada de preços, ou de condições operacionais de venda ou prestação de serviços" (art. 36, § 3.º, X, Lei n. 12.529 e art. 21, XII, Lei. n. 8.884/1994).

5. APLICAÇÃO DO ART. 39, X, CDC

Como uma norma que veda a discriminação injustificada de preços, o art. 39, X, CDC pode ser aplicado a um amplo e indeterminado número de casos. Para fins ilustrativos, apresenta-se a seguir quatro grupos de casos de aplicação do dispositivo à luz da proposta interpretativa ora defendida. Trata-se de casos de discriminação de preços em função: da quantidade de água consumida (item 5.1.); do método de pagamento (item 5.2.); do gênero do cliente (item 5.3.); e da localização do consumidor (item 5.4.).

5.1 Discriminação de preços pela quantidade de água consumida (tarifa progressiva)

Um primeiro grupo de casos de aplicação do art. 39, X, CDC é a cobrança do fornecimento de água por tarifa progressiva. Entre os anos de 2002 e 2005, o TJRJ decidiu pela impossibilidade da cobrança de tarifa progressiva pelo serviço de fornecimento de água, pois isso implicaria elevação do preço do serviço sem justa causa (art. 39, X, CDC).[68] A tarifa progressiva é modalidade tarifária pela qual o preço de fornecimento da água leva em conta as faixas de consumo dos usuários, sendo progressivamente elevado conforme o aumento do consumo, de modo que quanto mais água é consumida, mais caro é o seu fornecimento.

Na fundamentação, o tribunal argumentou que não haveria justa causa "para tal elevação, vez que o aumento do consumo eleva por si só o débito em compasso com o volume consumido."[69] E, em outra decisão, afirmou que "o princípio da capacidade contributiva não pode ser aplicado, pois o consumo maior de água não demonstra capacidade financeira para suportar um ônus maior."[70]

Sendo a tarifa progressiva um caso de elevação de preço cobrado por um mesmo serviço (fornecimento de água), resta saber se esse aumento tem ou não justa causa. Atualmente é mais fácil responder a essa questão, pois a licitude da tarifa progressiva encontra-se agora consolidada. Contudo, para que se possa entender os termos em que essa discussão se deu à época dessas decisões do TJRJ e como ela se dá hoje, é necessário explicar brevemente a história da problemática jurídica dessa tarifa.

A Constituição Federal prevê que incumbe ao Poder Público, diretamente ou sob regime de concessão ou permissão, a prestação de serviços públicos (art. 175, *caput*, CF). E prevê também que a lei disporá, entre outros temas, sobre política tarifária (art. 175, parágrafo único, III, CF). Em um primeiro momento, a tarifa progressiva era prevista expressamente no ordenamento jurídico.[71] Essa previsão foi, porém, revogada em 1991[72] e essa revogação passou a fundamentar a posição de que a cobrança de tarifa progressiva não teria base no ordenamento brasileiro.[73]

---

68. TJRJ, Apelação, Num. Única: 0087101-68.2003.8.19.0001, 14ª Câmara Cível, Des(a). Walter Felippe D'Agostino, j. 21 jun. 2005; TJRJ, Apelação, Num. Única: 0067208-96.2000.8.19.0001, 18ª Câmara Cível, Des. Nascimento Antonio Povoas Vaz, j. 25 abr. 2002. Essa segunda decisão foi citada como exemplo de aplicação do art. 39, X, CDC por TARTUCE; NEVES. Op. cit., p. 495.

69. Juíza Helena Belc Klausner, na sentença do caso que deu origem ao citado acórdão: TJRJ, Apelação, Num. Única: 0067208-96.2000.8.19.0001, 18ª Câmara Cível, Des. Nascimento Antonio Povoas Vaz, j. 25 abr. 2002.

70. TJRJ, Apelação, Num. única: 0087101-68.2003.8.19.0001, 14ª Câmara Cível, Des(a). Walter Felippe D'Agostino, j. 21 jun. 2005.

71. No art. 11 do Decreto 82.587/1978, que regulamentava a Lei que dispunha sobre as tarifas dos serviços públicos de saneamento básico (Lei 6.528/1978): "Art. 11. As tarifas deverão ser diferenciadas segundo as categorias de usuários e *faixas de consumo* (grifo nosso), assegurando-se o subsídio dos usuários de maior para os de menor poder aquisitivo, assim como dos grandes para os pequenos consumidores."

72. Art. 3.º do Decreto de 05 set. 1991.

73. Cf. TJRJ, 18ª Câmara Cível, Apelação, Num. Única: 0067208-96.2000.8.19.0001, Des(a). Nascimento Antonio Povoas Vaz, j. 25 abr. 2002.

Contudo, a legislação seguiu sendo alterada. Em 1995 foi promulgada lei que dispõe sobre o regime de concessão e permissão da prestação de serviços públicos (Lei 8.987), a qual prevê no art. 13 que "as tarifas poderão ser diferenciadas em função das características técnicas e dos custos específicos provenientes do atendimento aos distintos segmentos de usuários." E em 2007 foi promulgada a chamada Lei Federal de Saneamento Básico. Na parte de política de subsídios tarifários, há uma referência expressa à possibilidade de fixação de tarifa progressiva. Segundo o art. 30, a estrutura de remuneração e cobrança dos serviços públicos de saneamento básico poderá levar em consideração, entre outros fatores, "categorias de usuários, distribuídas por faixas ou quantidades crescentes de utilização ou de consumo" (art. 30, I, da Lei 11.445).

Atualmente, o STJ tem entendimento sumulado pela licitude da cobrança do fornecimento de água pelo regime de tarifa progressiva. Em 2009, o tribunal publicou a Súmula n. 407: "É legítima a cobrança da tarifa de água fixada de acordo com [...] as faixas de consumo." A base legal dessa Súmula é essencialmente a legislação citada no parágrafo anterior. Os argumentos apresentados pelos Ministros são basicamente de duas ordens. De um lado, a finalidade social do escalonamento de preço, "de tal sorte que os mais abastados pagam mais e os menos abastados pagam menos. E, no traçar critérios objetivos para tal, considera-se mais abastado aquele que consome mais o serviço."[74] De outro, o estímulo ao uso racional dos recursos hídricos.[75]

A tarifa progressiva representa, portanto, elevação com justa causa do preço do serviço de fornecimento de água.[76] Em primeiro lugar, a estipulação legal de tarifa progressiva corresponde ao exercício pelo legislador ordinário de competência prevista constitucionalmente de dispor sobre política tarifária (art. 175, III, CF).[77] Além disso, a tarifa progressiva está respaldada em fundamentos que atendem às razões de política tarifária. A tarifa progressiva tem a finalidade social de cobrar mais de quem pode pagar mais para poder cobrar menos de quem pode pagar menos e assim manter um serviço público globalmente sustentável do ponto de vista econômico--financeiro. De fato, em face apenas desse fundamento, seria possível questionar a correção da medida, pois quem consome mais não necessariamente é aquele que tem maior capacidade contributiva, como corretamente argumentou o TJRJ em decisão mencionada acima. Contudo, essa objeção não é suficiente para ilidir a medida, pois esse não é o único fundamento para adoção da tarifa progressiva. Como visto,

---

74. REsp 485.842/RS, Rel. Min. Eliana Calmon, 2ª Turma, j. em 06 abr. 2004, DJ 24 maio 2004, p. 237, fl. 8 do relatório e voto.

75. REsp 861.661/RJ, Rel. Min. Denise Arruda, 1ª Turma, j. em 13 nov. 2007, DJ 10 dez. 2007, p. 304.

76. De maneira análoga, MIRAGEM. Op. cit., 2018, p. 343.

77. Essa competência não é ilimitada, contudo os seus limites são essencialmente os presentes na própria Constituição. Nesse sentido, cf. REsp 485.842/RS, Rel. Min. Eliana Calmon, 2ª Turma, julgado em 06 abr. 2004, DJ 24 maio 2004, p. 237, fl. 8 do relatório e voto: "Não se pode ter dúvida de que a determinação constitucional [art. 175, parágrafo único, III] não estabelece poder ilimitado de normatização das tarifas, devendo ser obedecida uma moldura legal que atenda aos princípios constitucionais que regem os atos administrativos, dentre os quais o princípio da finalidade, que não é outro senão a proteção dos usuários dos serviços públicos."

essa modalidade tarifária tem também a finalidade de estimular o uso racional dos recursos hídricos, o que atende ao interesse público.[78]

5.2 Discriminação de preços pelo método de pagamento

Um outro grupo de casos de aplicação do art. 39, X, CDC trata da discriminação de preços em função do método de pagamento, em especial se com cartão de crédito ou em dinheiro. Mais concretamente, a questão é se o fornecedor poderia ou não dar descontos para aqueles consumidores que pagassem em dinheiro, de modo que quem optasse pelo cartão de crédito acabaria pagando valor comparativamente mais elevado pelo mesmo produto ou serviço. Essa questão gerou controvérsia na doutrina[79] e na jurisprudência[80], mas já foi pacificada em 2017 com a promulgação de lei que autorizou expressamente a cobrança diferenciada de preços em função do método de pagamento. Nos termos do art. 39, X, CDC, pode-se dizer que, com essa lei, consagrou-se por determinação legislativa que essa diferenciação corresponde a elevação de preço com justa causa. Apesar dessa controvérsia não ser mais atual, a sua análise serve bem para ilustrar a aplicação do dispositivo em foco.

Em termos materiais, a discussão contava com argumentos razoáveis de ambos os lados. Pela admissibilidade da discriminação, sustentava-se que "a adoção de preços diferenciados, devidamente informados aos consumidores, permite que os custos maiores do pagamento com cartão de crédito – representado especialmente pela remuneração devida pelo fornecedor ao administrador do meio de pagamento – sejam repassados apenas aos consumidores que efetivamente façam uso dessa facilidade."[81] Por outro lado, pela impossibilidade de cobrança de preços diferenciados, argumentava-se que o cartão de crédito oferece vantagens para o fornecedor, como redução do risco de inadimplência e ampliação da clientela, de modo que seus custos não deveriam ser repassados diretamente aos consumidores que pagassem com cartão de crédito. Esses custos deveriam, pelo contrário, ser internalizados pelo fornecedor e distribuídos homogeneamente no preço dos seus produtos ou serviços para todos os consumidores.

---

78. REsp 861.661/RJ, Rel. Min. Denise Arruda, 1ª Turma, julgado em 13 nov. 2007, DJ 10 dez. 2007, p. 304 ("O faturamento do serviço de fornecimento de água com base na tarifa progressiva, de acordo com as categorias de usuários e as faixas de consumo, é legítimo e atende ao interesse público, porquanto estimula o uso racional dos recursos hídricos."). A doutrina também entende que a tarifa progressiva é uma tarifa extrafiscal, ou seja, "orientada a alterar o comportamento do usuário quanto a fruição do serviço." (JUSTEN FILHO, Marçal. *Curso de direito administrativo*. 12. ed. São Paulo: Ed. RT, 2016, p. 620).
79. MIRAGEM. Op. cit., 2016, p. 118-119, aparentemente favorável à possibilidade de diferenciação de preço; GARCIA. Op. cit., p. 250.
80. Decidindo pela possibilidade de cobrança diferenciada: REsp 229.586/SE, Rel. Min. Garcia Vieira, 1ª Turma, julgado em 16 dez. 1999, DJ 21 fev. 2000, p. 103; REsp 827.120/RJ, Rel. Ministro Castro Meira, 2ª Turma, julgado em 18 maio 2006, DJ 29 maio 2006, p. 223. Mais recentemente, contudo, o STJ vinha se inclinando pelo reconhecimento de que essa diferenciação configuraria prática abusiva. Nesse sentido, além da decisão analisada no texto, ver: REsp 1133410/RS, Rel. Ministro Massami Uyeda, 3ª Turma, julgado em 16 mar. 2010, DJe 07 abr. 2010.
81. MIRAGEM. Op. cit., 2016, p. 119.

Em decisão de 2015, o STJ decidiu que constituiria prática abusiva a diferenciação de preços em função da forma de pagamento, sob o argumento de que tal discriminação seria "nociva ao equilíbrio contratual" e que essa seria a "exegese" dos incisos V e X do art. 39 do CDC.[82] Em seu voto, o Min. Relator Humberto Martins afirma que o pagamento com cartão de crédito é, assim como o pagamento em dinheiro, um pagamento à vista, pois em ambos os casos o consumidor fica imediatamente liberado de qualquer obrigação em face do fornecedor. Partindo disso e com base nos incisos V e X do art. 39 do CDC, o Ministro concluiu que a diferenciação do preço em função dessas formas de pagamento configuraria prática abusiva.[83]

Trocando em miúdos, o tribunal implicitamente entendeu que, se ambas as formas são de pagamento à vista, os consumidores que pagam em dinheiro e com cartão estariam em situação de igualdade em relação ao preço, devendo-lhes ser cobrado preços iguais. Nessa linha, o desconto para quem paga em dinheiro corresponderia a discriminação injustificada de quem utiliza cartão de crédito. Nos termos do art. 39, X, CDC, o desconto corresponderia a uma elevação sem justa causa do preço de produtos e serviços para quem paga com cartão.

Esse entendimento, contudo, não prospera. Para o fim de fixação do preço, os consumidores que pagam em dinheiro e com cartão de crédito não estão em situação de igualdade. Como a emissora do cartão de crédito cobra uma porcentagem da transação, isso encarece o custo do fornecedor e acaba sendo, de uma maneira ou de outra, repassado para o preço final do produto ou serviço. Nesse caso, diferenciar os preços de quem paga em dinheiro e com cartão de crédito significa, na realidade, tratar os diferentes de maneira diferente e na medida da sua diferença. Isso porque a diferenciação de preços permite que apenas aquele consumidor que se beneficia das vantagens de pagar com cartão de crédito (por exemplo, adquirir o produto sem ter dinheiro disponível no momento da compra, ou acumular milhas de viagem) arque com os custos desse meio de pagamento.

A percepção de que essa discriminação de preços é com justa causa acabou sendo consolidada pela via legislativa. Em 2017, a Lei 13.455 passou a autorizar "a diferenciação de preços de bens e serviços oferecidos ao público em função do prazo ou do instrumento de pagamento utilizado." (art. 1.º) Trata-se de lei fruto de conversão da Medida Provisória 764/2016. A exposição de motivos dessa MP apresenta bem as razões que levaram à liberação da prática. A concisão e clareza do texto justificam a sua transcrição literal: "A possibilidade de diferenciação de preços constitui mecanismo importante para a melhor aferição do valor econômico de produtos e serviços e traz benefícios relevantes para a relação com os consumidores, entre os quais se destacam: i) permitir que os estabelecimentos tenham a liberdade de sinalizar, por meio de seus preços, os custos de cada instrumento de pagamento, promovendo maior eficiência econômica – a impossibilidade de diferenciar preços

---

82. REsp 1479039/MG, Rel. Min. Humberto Martins, 2ª Turma, j. em 06 out. 2015, DJe 16 out. 2015.
83. Relatório e voto, fls. 5 e 6.

tende a distorcer a natureza da contestabilidade entre os diversos instrumentos de pagamento, dificultando a escolha do instrumento menos oneroso na relação de consumo; ii) alterar o equilíbrio de forças entre os agentes do mercado – o fato de os estabelecimentos terem a possibilidade de praticar preços diferenciados pode promover um maior equilíbrio no processo de negociação entre os agentes de mercado com benefícios para o consumidor; e iii) minimizar a existência de subsídio cruzado dos consumidores que não utilizam cartão (majoritariamente população de menor renda) para os consumidores que utilizam esse instrumento de pagamento (majoritariamente população de maior renda)."[84]

5.3 Discriminação de preços em casas noturnas pelo gênero do consumidor

Um controverso e complexo caso de aplicação do art. 39, X, CDC é o de diferenciação de preços em casas noturnas em função do gênero dos consumidores. Em bares, discotecas e casas de shows é prática comum cobrar ingressos mais elevados dos homens do que das mulheres. No entanto, em 2017, a licitude dessa prática foi questionada judicialmente e está sendo atualmente discutida em ação civil pública na justiça federal de São Paulo.

A prática da discriminação de preços em casas noturnas em função do gênero dos consumidores já era denunciada pela doutrina como abusiva,[85] mas sem maiores repercussões práticas. A situação mudou quando, no ano passado, um estudante de direito, do sexo masculino, ajuizou ação em face de uma produtora de eventos, alegando ilegalidade na diferenciação de preços com base no gênero dos consumidores e pedindo que lhe fosse reconhecido o direito de pagar o mesmo valor do ingresso feminino, inferior ao valor do ingresso masculino.

Em decisão interlocutória de 6 de junho de 2017, a magistrada entendeu que a prática seria mesmo ilícita, porque não observaria o direito dos consumidores à igualdade nas contratações, caracterizando então cláusula discriminatória. Citando o art. 51, IV e § 1.º, I, CDC, a magistrada afirmou que essa prática discriminatória de preços atentaria contra a igualdade e contra a dignidade das mulheres, e que o consumidor teria direito ao tratamento isonômico, de modo que o fornecedor deveria ofertar produtos ou serviços de maneira igualitária a homens e mulheres, "salvo a existência de justa causa a lastrear a cobrança diferenciada com base no

---

84. Disponível em: <http://www.planalto.gov.br/ccivil_03/_ato2015-2018/2016/Exm/Exm-MP-764-16.pdf>. Acesso em: 11 jul. 2018.

85. ROLLO, Arthur Luis Mendonça. *Responsabilidade civil e práticas abusivas nas relações de consumo*. São Paulo: Atlas, 2011, p. 151: "Não existe relação lógica entre o sexo feminino e a isenção do pagamento de entrada ou entre a concessão de desconto. Trata-se de estratégia de marketing, que visa a atrair maior público, mas configura prática comercial abusiva, porquanto a própria Constituição Federal veda distinções que levem em consideração o sexo, ressalvando as hipóteses em que as discriminações são lícitas no seu próprio bojo. Na verdade, o ônus da não cobrança da entrada ou do desconto concedido às mulheres está sendo repassado aos homens, que acabam pagando por elas. Não existe justificativa jurídica para essa prática. Muito ao contrário, a Constituição Federal veda-a expressamente."

gênero."[86] A violação à dignidade das consumidoras residiria no fato de que, ao cobrar preços mais baratos de ingressos, os fornecedores estariam instrumentalizando as mulheres, utilizando-as como "iscas" para atrair mais clientes do sexo masculino e assim lucrar mais. Ela afirmou também que o fato de essa prática ser reiterada não teria o condão conferir-lhe licitude, "pois o mau costume não é fonte do direito." Por fim, a magistrada determinou ainda o encaminhamento de cópia da decisão para a Promotoria de Justiça de Defesa do Consumidor para que se apurasse a prática abusiva e, se fosse o caso, ajuizasse ação coletiva.[87]

O caso ganhou notoriedade, tendo essa decisão recebido ampla divulgação pela mídia.[88] Isso culminou com que, no dia 30 de junho de 2017, o Ministério da Justiça, por meio do Departamento de Proteção e Defesa do Consumidor e da Secretaria Nacional do Consumidor, emitisse a Nota Técnica 2/2017, reconhecendo a abusividade da prática de diferenciação de preços entre homens e mulheres, por violação dos princípios da isonomia (art. 5º, I, CF) e da dignidade humana (art. 1º, CF), pois "a mulher estaria sendo utilizada como estratégia de marketing que a coloca em situação de inferioridade." Em relação ao CDC, a Nota Técnica se baseia nas previsões do art. 51, IV e do art. 37, § 2º (publicidade abusiva). E, por fim, é também citada a proibição de cobrança de preços distintos para um mesmo produto ou serviço oferecido no mercado de consumo (art. 9º, VII, Decreto 5.903/2006).[89]

Contudo, logo no mês seguinte, começaram a surgir decisões judiciais em favor da licitude da prática de discriminação de preços em função do gênero. A sentença do referido caso do estudante de direito foi pela improcedência do pedido. A magistrada, que não foi a mesma da decisão interlocutória, entendeu que não teria havido violação ao princípio da igualdade. A cobrança de preços mais baratos das mulheres seria justificada "tendo em vista que é notória a desigualdade da mulher em relação ao homem, no nosso país, em termos de salário, jornada de trabalho, pequena representatividade

---

86. Apesar de utilizar a expressão "justa causa" – presente em todo o CDC apenas no art. 39, inc. I e X –, a magistrada curiosamente não menciona nenhum desses dispositivos.

87. Distrito Federal. 4º Juizado Especial Cível de Brasília. Processo judicial eletrônico 0718852-21.2017.8.07.0016. Juíza de Direito Substituta Caroline Santos Lima. Brasília, 28 ago. 2017. A magistrada, todavia, indeferiu o pedido liminar. Em sua fundamentação, afirmou: "Em que pese a flagrante ilegalidade da cobrança discriminatória, não é possível estabelecer, em sede de liminar, o valor para cobrança dos ingressos de todos os consumidores. Isso porque, uma vez afastada a cláusula discriminatória, caberá ao empresário-fornecedor refazer a composição dos preços dos ingressos, de forma a fixar o mesmo valor para todos, independentemente do gênero do consumidor. Ademais, como se trata de questão pecuniária, é perfeitamente possível que se aguarde a fase de conciliação e, se necessário, a instrução processual, momento em que será possível avaliar planilhas de custos, margem de lucro e demais questões relacionadas à política de preços, de forma a adequá-la à legislação consumerista. A simples redução dos preços dos ingressos masculinos poderia gerar desequilíbrio econômico não desejável, em afronta ao princípio da livre iniciativa."

88. A decisão foi inclusive tema de reportagem do programa de televisão "Fantástico" da Rede Globo, um dos programas com maior audiência da televisão brasileira, transmitida no dia 25/06/2017: *Homem entra na Justiça contra preço menor para mulher em show e balada*. Disponível em <http://g1.globo.com/fantastico/noticia/2017/06/homem-entra-na-justica-contra-preco-menor-para-mulher-em-show-e-balada.html>. Acesso em: 19 maio 2018.

89. Nota Técnica 2/2017/GAB-DPDC/DPDC/SENACON, exarada nos autos do Processo 08012.001609/2017-25, elaborada pelo Departamento de Proteção e Defesa do Consumidor e pela Secretaria Nacional do Consumidor.

nas grandes empresas, diminuta participação percentual em elevados cargos públicos e na política". Além disso, a prática não inferiorizaria a mulher, mas sim permitiria que ela pudesse escolher participar de tais eventos sociais. Por outro lado, segundo a magistrada, não caberia ao Judiciário estabelecer o valor a ser cobrado pelos ingressos de determinado evento, uma vez que a análise de custo-benefício econômico é precipuamente do empresário, o qual assume os riscos da atividade econômica. Por fim, argumentou que "a intervenção do Poder Judiciário na esfera privada deve ser mínima, em casos excepcionais, com a máxima prudência, sob pena de gerar desequilíbrio econômico indesejável, insegurança jurídica para quem se dedica a investir no setor privado, além de representar uma verdadeira afronta ao princípio da livre-iniciativa."[90]

Nesse mesmo mês de julho, a Associação Brasileira de Bares e Restaurante – Seccional de São Paulo ajuizou ação civil pública em face da União Federal para obter a revogação da Nota Técnica 2/2017 e, liminarmente, para que a ré se abstivesse de autuar ou aplicar punições aos estabelecimentos associados à autora. O pedido liminar foi deferido, sob o argumento de que a diferenciação de preços entre homens e mulheres não afrontaria os princípios da dignidade humana e da isonomia e, consequentemente, não configuraria prática comercial abusiva. Em breve resumo, os fundamentos elencados foram os seguintes: (i) a mulher ainda se encontra em situação desigual em relação ao homem, com remuneração mais baixa, de modo que, nesse contexto, a diferenciação de preços poderia ter a finalidade de ampliar a participação das mulheres no meio social; (ii) ao tentar equilibrar o acesso de ambos os gêneros, a prática teria também a finalidade de "proporcionar um ambiente mais favorável à sociabilidade"; (iii) supor que a diferenciação de preços conferiria à mulher a conotação de "isca" para atrair homens ao estabelecimento, "conduz à ideia de que a mulher não tem capacidade de discernimento para escolher onde quer frequentar, e ainda, traduz o conceito de que não sabe se defender ou, em termos mais populares[, de] que não sabe 'dizer não' a eventuais situações de assédio de qualquer homem que dela se aproximar"; (iv) a dignidade da pessoa é atendida "no respeito a sua possibilidade de defesa, de opinar, de discernir, de se impor nas relações sociais e individuais", de modo que "o que deve prevalecer é sempre a vontade da mulher em se afirmar na situação em concreto, ao fazer suas escolhas sem a necessidade de uma intervenção direta do Estado"; (v) o desconto oferecido às mulheres é prática aceita há muito tempo pela sociedade e, conforme previsão do art. 4º da LINDB, o costume é fonte do direito; e, por fim, (vi) a regulamentação dos preços cobrados do consumidores homens e mulheres violaria o princípio constitucional da livre-iniciativa, uma vez que pode haver intervenção estatal apenas em casos de abuso e concorrência desleal, o que não se verifica com a presente prática.[91]

---

90. Distrito Federal. 4º Juizado Especial Cível de Brasília. Processo judicial eletrônico 0718852-21.2017.8.07.0016. Juíza Oriana Piske. Brasília, 28 ago. 2017
91. São Paulo. 17ª Vara Cível Federal de São Paulo. Decisão monocrática 5009720-21.2017.403.6100. Autor: Associação Brasileira de Bares e Restaurantes – Seccional São Paulo. Réu: União Federal. Juiz: Paulo Cezar Duran. São Paulo, 31 jul. 2017.

Desse breve resumo da discussão, nota-se que diversas normas do CDC são mencionadas, mas não o art. 39, X, CDC. A contribuição do presente artigo para esse grupo de casos, cuja discussão está ainda pendente, é a de chamar a atenção para o fato de o art. 39, X, CDC ser *a* norma aplicável ao caso. Nessa linha, a questão da licitude ou não da discriminação de preços em função do gênero dos consumidores deve ser analisada por meio do critério de se há ou não justa causa para elevar os preços cobrados dos homens em comparação com o das mulheres. Por outro lado, deixa-se em aberto a questão de se, nesse caso, a discriminação em função do gênero tem justa causa ou não. Por se tratar de questão complexa, que envolve a ponderação de direitos fundamentais, a adoção de uma posição assertiva demandaria um estudo voltado apenas para essa questão.

5.4 Discriminação de preços pela localização do consumidor (geopricing)

Um último grupo de casos de aplicação do art. 39, X, CDC é o de diferenciação de preços com base na localização do consumidor, prática comumente referida pelo termo em inglês *geopricing*. A prática ocorre no comércio eletrônico quando o fornecedor oferta um mesmo produto ou serviço com preços diferenciados para consumidores em localidades distintas.[92] Essa discriminação tornou-se possível por meio do desenvolvimento e utilização, pelos fornecedores, de algoritmos capazes de coletar dados dos consumidores, como a sua posição geográfica quando estão comprando produtos em sites de vendas na internet.[93]

O exemplo mais emblemático dessa prática no Brasil pode ser extraído da ação civil pública que o Ministério Público do Rio de Janeiro (MPRJ) ajuizou contra a empresa de comércio eletrônico "Decolar.com". Segundo o MPRJ, essa empresa estaria cobrando preços mais caros dos consumidores brasileiros em comparação com consumidores argentinos pelos mesmos serviços de hospedagem – mesmos hotéis, mesmos níveis de acomodação e mesmos períodos de estadia. Para o MPRJ, a empresa ré estaria cometendo "evidente e manifesta discriminação" do consumidor brasileiro em face do consumidor estrangeiro.[94] Em paralelo a essa ação civil pública, a empresa foi condenada pelo Departamento de Proteção e Defesa do Consumidor (DPDC), órgão do Ministério da Justiça, a pagar multa no valor de sete milhões e quinhentos

---

92. Sobre o tema, ver: FÁVARO, Heitor Tales de Lima. *E-commerce vs geodiscriminação*: o que é geoblocking e geopricing? Disponível em: <https://www.jota.info/opiniao-e-analise/colunas/coluna-do-l-o-baptista--advogados/geoblocking-geopricing-28042018#sdfootnote3sym>. Acesso em: 26 jun. 2018; VAINZOF, Roney. *Geopricing é ilegal?* Disponível em: <https://www.jota.info/opiniao-e-analise/colunas/direito-digital/geopricing-e-ilegal-12012017>. Acesso em: 26 jun. 2018.

93. Esse é, na verdade, apenas um dos diversos dados que muitos fornecedores têm coletado de seus consumidores para discriminar preços. O fenômeno é melhor documentado e descrito no mercado de consumo americano. Para mais detalhes, ver: EZRACHI, Ariel; STUCKE, Maurice. *Virtual competition*: The promise and perils of the algorithm-driven economy. Cambridge; London: Harvard University Press, 2016, p. 85 e ss.

94. Para mais informações sobre o caso, ver a notícia disponibilizada no site institucional do MPRJ: *MPRJ ajuíza ação inédita contra empresa de comércio eletrônico – Decolar.com*. Disponível em: <https://www.mprj.mp.br/home/-/detalhe-noticia/visualizar/54503>. Acesso em: 26 jun. 2018.

mil reais (Despacho n. 299/2018). Como fundamento legal, é citado, entre outros dispositivos, o art. 39, X, CDC.[95]

A prática de discriminação de preços em função da localização do consumidor (*geopricing*) tem chamado atenção da comunidade jurídica inclusive em âmbito internacional. Por exemplo, o Parlamento Europeu e o Conselho da União Europeia aprovaram em fevereiro de 2018 o Regulamento (UE) 2018/302 "que visa prevenir [...] formas de discriminação baseadas na nacionalidade, no local de residência ou no local de estabelecimento dos clientes no mercado interno". Segundo o art. 4.º/1, "os comerciantes não podem aplicar condições gerais de acesso diferentes aos bens ou serviços, por razões relacionadas com a nacionalidade, com o local de residência ou com o local de estabelecimento do cliente". E, entre as condições gerais de acesso, estão os "preços líquidos de venda" (art. 2.º, "14)").

No Brasil, ao *geopricing* aplica-se, entre outras previsões legais,[96] o art. 39, X, CDC. Em face disso, a abusividade ou não da prática depende de se a diferenciação de preços tem ou não uma "justa causa". Em princípio, é possível pensar que a simples localização do consumidor não corresponderia a uma "justa causa" para fins de discriminação de preços, uma vez que a localização do consumidor não teria, ou não deveria ter, pertinência em relação ao preço que é dele cobrado. A questão, contudo, não é tão simples. Imagine-se a seguinte situação: um determinado fornecedor local cobra preços mais baixos de consumidores que acessam o seu site de regiões do subúrbio da cidade por estimar que esses consumidores têm em geral uma renda menor do que a dos moradores do centro da cidade. A discriminação de preços então, apesar de objetivamente seguir um critério de localização, tem por base material uma estimativa do poder aquisitivo dos consumidores. Acontece que o Direito normalmente não só aceita hipóteses de discriminação de preços com base em estimativas de renda dos consumidores, como por vezes as impõe. É o caso, por exemplo, dos descontos para estudantes (art. 1º, Lei 12.933/2013).

Por outro lado, imagine-se que um determinado fornecedor queira aproveitar a data comemorativa do aniversário de um determinado município e lance promoção, ofertando preços mais baixos nesse dia para os moradores dessa cidade – na prática, para os consumidores que acessarem o site de um computador situado na cidade. Uma discriminação de preços como essa é comum e não é considerada abusiva.[97]

---

95. *Diário oficial da união.* Publicado em 18 jun. 2018, Edição 115, Seção 1, p. 73.

96. Ilustrativamente, a prática de *geopricing* precisa observar deveres de informação previstos no CDC (art. 6.º, III) e no Marco Civil da Internet (art. 7.º, VIII).

97. Em sentido análogo, ver: VAINZOF. Op. cit. ("as empresas de comércio eletrônico podem [...] realizar promoções para consumidores de determinadas localidades"). No âmbito internacional, o Regulamento (UE) 2018/302 do Parlamento Europeu e Conselho da União Europeia prevê que a vedação à discriminação com base em nacionalidade, local de residência ou local de estabelecimento do consumidor "não deverá ser interpretada como impeditiva da liberdade de os comerciantes oferecerem, numa base não discriminatória, condições diferentes, incluindo preços diferentes, em diferentes pontos de venda, como lojas e sítios Web, ou de fazerem ofertas específicas apenas para determinado território de um Estado-Membro." (Considerando n. 27)

O problema, portanto, não está ligado essencialmente ao fato de a discriminação de preços ter como base a localização geográfica do consumidor. Antes é um problema que decorre principalmente do fato de o consumidor não saber que está ocorrendo o *geopricing*. Em observância ao direito básico do consumidor à informação, o fornecedor precisa informar os consumidores de que essa prática está sendo realizada. Sendo isso satisfeito, passa-se a analisar se há ou não justa causa para a sua realização (art. 39, X, CDC). A solução para essa questão depende, no mais das vezes, de se, no caso concreto, há uma justificação objetiva para a discriminação de preços por localização geográfica que está sendo praticada.[98] Se houver fundamento objetivo, como é o caso do exemplo referido de promoção envolvendo o aniversário da cidade, haverá justa causa e a prática não será abusiva.

6. CONCLUSÃO

O art. 39, X, CDC tem sua origem em previsão análoga do direito da concorrência. Nessa área, contudo, o aumento de preço sem justa causa era vedado apenas se essa conduta tivesse efeitos anticoncorrenciais, como o aumento arbitrário dos lucros ou o exercício abusivo de posição dominante. A hipótese típica era a de empresa monopolista que elevasse injustificadamente o preço de seus produtos ou serviços, aumentando arbitrariamente os seus lucros. O fundamento da vedação não estava propriamente na extensão do aumento, mas no fato de que o agente, sem concorrência ou sem concorrência decisiva, podia impor os aumentos e assim ditar os preços ao mercado. Na transposição para o CDC, esse relevante contexto original foi negligenciado, o que resultou no fato de que, no direito do consumidor, a vedação ganhou sentido bem diverso daquele que tinha originalmente.

Identifica-se na doutrina sete propostas de interpretação do art. 39, X, CDC. Essas propostas não são satisfatórias, porque algumas delas levariam o dispositivo à inconstitucionalidade, enquanto outras o levariam à inutilidade prática. A inconstitucionalidade decorre da limitação desproporcional à livre-iniciativa (art. 170, *caput*, CF) e à livre concorrência (art. 170, IV, CF), fundamento e princípio da ordem econômica respectivamente. A inutilidade prática, por sua vez, decorreria do fato de que o art. 39, X, CDC acabaria sendo aplicado apenas a casos que já são satisfatoriamente resolvidos por outras normas do CDC.

Duas são as propostas que levariam o dispositivo à inconstitucionalidade. A primeira defende que o art. 39, X, CDC vedaria o aumento de preço superior à elevação do custo dos insumos. Essa medida é inconstitucional, porque levaria ao congelamento por tempo indeterminado da *margem de lucro* dos fornecedores em relação a todos os produtos e serviços já lançados no mercado de consumo. A segunda linha de interpretação propõe que o art. 39, X, CDC proibiria a elevação de preço em caso

---

98. Cf., em sentido análogo, o Considerando n. 1 do Regulamento (UE) 2018/302 do Parlamento Europeu e do Conselho da União Europeia.

de aproveitamento de "dependência" ou "catividade" do consumidor. Essa medida é inconstitucional, porque levaria ao congelamento por tempo indeterminado do *preço* de um grande número de tipos contratuais, como os contratos de plano de saúde.

Cinco são as propostas de interpretação que levariam o art. 39, X, CDC à inutilidade prática. A primeira delas propõe que o art. 39, X, CDC vedaria a elevação de preço por parte do fornecedor após à celebração do contrato. Todavia, a elevação unilateral de preço já é vedada pelo CDC, uma vez que a "oferta obriga o fornecedor" (art. 30, CDC), podendo o consumidor exigir o cumprimento forçado ou desistir do contrato (art. 35, inc. I e III, CDC). A segunda e terceira linhas de interpretação propõem respectivamente que o dispositivo vedaria o preço excessivo e a elevação de preço desproporcional e oportunista. Acontece que essas situações já são melhor reguladas pelo CDC por meio da vedação ao fornecedor de exigir do consumidor vantagem manifestamente excessiva (art. 39, V, CDC), como também pela previsão de nulidade de cláusulas que coloquem o consumidor em desvantagem exagerada (art. 51, IV, CDC). A quarta linha hermenêutica sugere que o art. 39, X, CDC proibiria a elevação de preço de forma dissimulada, mas essa hipótese já é vedada pelo direito básico à informação clara e adequada (art. 6.º, III) e pela vedação à propaganda enganosa (art. 37, § 1°). Por fim, a quinta e última proposta defende que a previsão serviria para os casos de preço controlado ou tabelado, mas essas situações já são reguladas pelo art. 41, CDC.

Como solução, propomos que o art. 39, X, CDC veda a discriminação de preços sem justa causa. Ou seja, proíbe que o fornecedor cobre preços diferenciados por um mesmo produto ou serviço sem que haja justa causa para tal discriminação. Essa interpretação garante ao mesmo tempo a constitucionalidade e utilidade prática do art. 39, X, CDC. Por meio dessa interpretação, o dispositivo, além de constitucional, concretiza o princípio da igualdade em uma questão sensível e relevante como é a da discriminação de preços. Essa proposta confere também utilidade prática à previsão, pois a sua aplicação é determinante para a solução dos casos envolvendo essa prática.

Em relação à aplicação do art. 39, X, CDC, foram apresentados ilustrativamente quatro grupos de casos relevantes. Em primeiro lugar, a cobrança do fornecimento de água por tarifa progressiva não é prática abusiva, pois corresponde a elevação de preço com justa causa, porque o aumento do preço dos consumidores que mais consomem água é fundada em uma justificada presunção de maior capacidade contributiva e no estímulo à utilização racional dos recursos hídricos. Em segundo lugar, dar desconto ao consumidor que paga em dinheiro é prática de elevação de preço com justa causa, uma vez que essa discriminação de preços é autorizada em lei específica e encontra respaldo em sólidos argumentos econômicos.

Em terceiro lugar, o art. 39, X, CDC é aplicável à prática de cobrar preços mais elevados dos homens do que das mulheres para ingresso em casas noturnas. A licitude ou não dessa prática ainda está em discussão, havendo argumentos ponderosos de ambos os lados. Os participantes desse debate não atentaram, contudo, para o fato de que o dispositivo aplicável é o art. 39, X, CDC. Em relação a esse grupo de casos, a contribuição do presente artigo é o de chamar atenção para a norma aplicável, de modo que a discussão da abusividade ou não dessa discriminação de preços deve girar em torno da questão de se a diferença de gênero é ou não uma justa causa para o fim de elevar o preço dos homens em comparação com o das mulheres para o ingresso em casas noturnas.

Por fim, o art. 39, X, CDC aplica-se também à prática de *geopricing*, que corresponde à discriminação de preços no comércio eletrônico em função da localização do consumidor. Essa prática deve, em primeiro lugar, observar os direitos dos consumidores à informação. Sendo isso satisfeito, a abusividade ou não dessa prática depende de se há ou não, no caso concreto, uma justa causa. A solução para essa questão, por sua vez, depende da existência ou não de uma justificação objetiva para a discriminação de preços concretamente realizada. Se houver fundamento objetivo, há justa causa, não sendo, portanto, a prática abusiva.

7. REFERÊNCIAS BIBLIOGRÁFICAS

BARROSO, Luís Roberto. A ordem econômica constitucional e os limites à atuação estatal no controle de preços. *Revista de Direito Administrativo*, Rio de Janeiro, v. 226, p. 187-212, out.-dez. 2001.

BDINE JÚNIOR, Hamid Charaf. Práticas abusivas e cláusulas abusivas. In: SILVA, Regina Beatriz Tavares da (Coord.). *Responsabilidade civil nas relações de consumo*. São Paulo: Saraiva, 2009, p. 217-263.

BENJAMIN, Antonio Herman. Capítulo V – Das práticas comerciais. In: GRINOVER, Ada Pellegrini et. al. *Código brasileiro de defesa do consumidor*: comentado pelos autores do anteprojeto. 11. ed. Rio de Janeiro: Forense, 2017.

BENJAMIN, Antonio Herman. Cap. IX. Práticas abusivas. In: BENJAMIN, Antonio Herman; MARQUES, Claudia Lima; BESSA, Leonardo Roscoe. *Manual de direito do consumidor*. 7. ed. São Paulo: Ed. RT, 2016.

COELHO, Fábio Ulhoa. *Direito antitruste brasileiro*: comentários à lei n. 8.884/94. São Paulo: Saraiva, 1995.

COMPARATO, Fábio Konder. Regime constitucional do controle de preços no mercado. *Revista de direito público*, n. 97, ano 24, p. 17-28, jan.-mar. 1991.

DIAS, Daniel; NOGUEIRA, Rafaela; QUIRINO, Carina. *A alta da gasolina por conta da greve de caminhoneiros*: a inconstitucional exigência de justa causa para elevação de preço. Disponível em: <https://www.jota.info/opiniao-e-analise/artigos/a-alta-da-gasolina-por-conta-da-greve-de-caminhoneiros-04062018>. Acesso em: 12 jul. 2018.

EZRACHI, Ariel; STUCKE, Maurice. *Virtual competition*: The promise and perils of the algorithm-driven economy. Cambridge; London: Harvard University Press, 2016.

FÁVARO, Heitor Tales de Lima. *E-commerce vs geodiscriminação*: o que é geoblocking e geopricing? Disponível em: <https://www.jota.info/opiniao-e-analise/colunas/coluna-do-l-o-baptista-advogados/geoblocking-geopricing-28042018#sdfootnote3sym>. Acesso em: 26 jun. 2018;

FERRAZ JR., Tercio Sampaio. *Aumento abusivo ou preço abusivo?*, 1994. Disponível em: <http://www1.folha.uol.com.br/fsp/1994/3/17/painel/3.html>. Acesso em: 26 maio 2018.

FERRAZ JR., Tercio Sampaio. *Interpretação e estudos da Constituição de 1988*. São Paulo: Atlas, 1990.

GARCIA, Leonardo de Medeiros. *Direito do consumidor*. 5. ed. Niterói: Impetus, 2009.

HERZOG, Benjamin. *Anwendung und Auslegung von Recht in Portugal und Brasilien*: eine rechtsvergleichende Untersuchung aus genetischer, funktionaler und postmoderner Perspektive: zugleich ein Plädoyer für mehr Savigny und weniger Jhering. Tübingen: Mohr Siebeck, 2014.

JUSTEN FILHO, Marçal. *Curso de direito administrativo.* 12. ed. São Paulo: Ed. RT, 2016.

LOPES, Maristela Santos de Araújo. *A atuação do estado sobre o domínio econômico e o princípio da livre iniciativa como fundamento da república e da ordem econômica em um estado democrático de direito.* Rio de Janeiro: Lumen Juris, 2015.

MARTINEZ, Ana Paula. A proteção dos consumidores pelas normas concorrenciais. In *Revista de Direito do Consumidor*, v. 52, p. 7-36, out.-dez. 2004.

MIRAGEM, Bruno. *Curso de direito do consumidor.* 7. ed. São Paulo: Ed. RT, 2018.

MIRAGEM, Bruno. O ilícito e o abusivo: propostas para uma interpretação sistemática das práticas abusivas nos 25 anos do Código de Defesa do Consumidor. *Revista de Direito do Consumidor*, v. 104, ano 25, p. 99-127, mar.-abr. 2016.

NUNES, Rizzatto. *Comentários ao Código de Defesa do Consumidor.* 8. ed. São Paulo: Saraiva, 2015.

OLIVEIRA, James Eduardo. *Código de defesa do consumidor*: anotado e comentado – doutrina e jurisprudência. 6. ed. São Paulo: Atlas, 2015.

OLIVEIRA, Júlio Moraes. *Curso de direito do consumidor completo.* Belo Horizonte: Editora D'Plácido, 2014.

PFEIFFER, Roberto Augusto Castellanos. Proteção do consumidor e defesa da concorrência: paralelo entre práticas abusivas e infrações contra a ordem econômica. *Revista de Direito do Consumidor*, n. 76, p. 131-151, out.-dez. 2010.

PFEIFFER, Roberto Augusto Castellanos. O Código de Defesa do Consumidor e a proibição de práticas abusivas. *Revista do Advogado – Associação dos Advogados de São Paulo*, ano 31, n. 114, p. 119-136, 2011.

RAGAZZI, José Luiz. *Código de Defesa do Consumidor comentado.* 2. ed. São Paulo: Verbatim, 2017.

RAGAZZO, Carlos Emmanuel Joppert. A eficácia jurídica da norma de preço abusivo. *Revista de Concorrência e Regulação*, v. 7-8, 2012, p. 189-211. Disponível em: <http://works.bepress.com/carlos_ragazzo/16/>. Acesso em: 3 jun. 2018.

RODRIGUES JR., Otavio Luiz; RODAS, Sergio. Entrevista com Reinhard Zimmermann e Jan Peter Schmidt. *Revista de Direito Civil Contemporâneo*, v. 5, ano 2, p. 329-362. São Paulo: Ed. RT out.-dez. 2015.

ROLLO, Arthur Luis Mendonça. *Responsabilidade civil e práticas abusivas nas relações de consumo.* São Paulo: Atlas, 2011.

SALOMÃO FILHO, Calixto. *Direito concorrencial*: as estruturas. 2. ed. São Paulo: Malheiros, 2002.

SALOMÃO FILHO, Calixto. *Direito concorrencial*: as condutas. São Paulo: Malheiros, 2003.

SAYEG, Ricardo Hasson, Práticas comerciais abusivas. In: MARQUES, Claudia Lima; MIRAGEM, Bruno (Org.). *Doutrinas Essenciais de Direito do Consumidor*, v. 3. São Paulo: Ed. RT, 2011, p. 879-912.

SHIEBER, Benjamin. *Abusos do poder econômico*: direito e experiência antitruste no Brasil e nos EUA. São Paulo: Ed. RT, 1966.

SCHMIDT, Jan Peter. Dez anos do Art. 422 do Código Civil: luz e sombra na aplicação do princípio da boa-fé objetiva na práxis judicial brasileira. In: GOMES, Elena de Carvalho, MARX NETO, Edgard Audomar; FÉRES, Marcelo Andrade (Orgs.). *Estudos de direito privado*: *Liber Amicorum* para João Baptista Villela. Belo Horizonte: Editora D'Plácido, 2017, p. 119-135.

SILVA, Jorge Alberto Quadros de Carvalho. *Código de Defesa do Consumidor anotado e legislação complementar.* 6. ed. São Paulo: Saraiva, 2008.

SILVA NETO, Orlando Celso da. *Comentários ao Código de Defesa do Consumidor.* Rio de Janeiro: Forense, 2013.

SILVA, Virgílio Afonso da. O proporcional e o razoável. *Revista dos Tribunais*, v. 91, n. 798, p. 23-50, abr. 2002.

SILVA, Virgílio Afonso da. *A constitucionalização do direito*: os direitos fundamentais nas relações entre particulares. São Paulo: Malheiros, 2011.

TARTUCE, Flávio; NEVES, Daniel Amorim Assumpção. *Manual de direito do consumidor*: direito material e processual. 6. ed. Rio de Janeiro: Forense; São Paulo: Método, 2017.

TAVARES, André Ramos. *Direito constitucional econômico*. 2. ed. São Paulo: Método, 2006.

VAINZOF, Roney. *Geopricing é ilegal?* Disponível em: <https://www.jota.info/opiniao-e-analise/colunas/direito-digital/geopricing-e-ilegal-12012017>. Acesso em: 26 jun. 2018.

HÁ INCOMPATIBILIDADE ENTRE O ART. 13 DO CDC E O ART. 931 DO CC?

Hamid Bdine

Doutor e Mestre em Direito Civil pela PUC-SP. Professor da Faculdade de Direito do Mackenzie. Desembargador aposentado do Tribunal de Justiça de São Paulo. Advogado.

Sumário: 1. Introdução – 2. A compreensão do art. 13 do CDC – 3. A compreensão do art. 931 do CC – 4. A contribuição do art. 7º do CDC – 5. Conclusões.

1. INTRODUÇÃO

Pretende-se neste artigo verificar os reflexos ao art. 931 do CC na responsabilidade do comerciante regida pelo art. 13 do CDC.

Neste último,[1] está prevista a responsabilidade do comerciante de modo mais restrito do que aquela imputada no art. 12[2] aos fabricantes de produtos defeituosos.

Assim, há uma responsabilidade subsidiária do comerciante em relação aos danos que um produto defeituoso cause ao consumidor.

Após a entrada em vigor do CDC, contudo, entrou em vigor o CC, cujo art. 931[3] imputou responsabilidade a todos os que colocarem em circulação o produto, ressalvando, contudo, os casos previstos em lei especial.

A regra do CC impõe ao comerciante responsabilidade solidária ao comerciante – na medida em que ele coloca o produto em circulação.

Desse modo, apesar da ressalva do art. 931 de que ele não se aplica aos casos já previstos em lei especial – no CDC, por exemplo –, há incompatibilidade aparente entre os dispositivos insanável pela exceção expressa no dispositivo.

---

1. Art. 13. O comerciante é igualmente responsável, nos termos do artigo anterior, quando: I – o fabricante, o construtor, o produtor ou o importador não puderem ser identificados; II – o produto for fornecido sem identificação clara do seu fabricante, produtor, construtor ou importador; III – não conservar adequadamente os produtos perecíveis. Parágrafo único. Aquele que efetivar o pagamento ao prejudicado poderá exercer o direito de regresso contra os demais responsáveis, segundo sua participação na causação do evento danoso.
2. Art. 12. O fabricante, o produtor, o construtor, nacional ou estrangeiro, e o importador respondem, independentemente da existência de culpa, pela reparação dos danos causados aos consumidores por defeitos decorrentes de projeto, fabricação, construção, montagem, fórmulas, manipulação, apresentação ou acondicionamento de seus produtos, bem como por informações insuficientes ou inadequadas sobre sua utilização e riscos.
3. Art. 931. Ressalvados outros casos previstos em lei especial, os empresários individuais e as empresas respondem independentemente de culpa pelos danos causados pelos produtos postos em circulação.

É que a solidariedade do comerciante é mais benéfica ao consumidor, tal como prevista no CC, do que o art. 13 do CDC, legislação que veio à lume para protegê-lo em decorrência de sua vulnerabilidade.

Para situações como esta, o legislador incluiu no CDC, a regra do art. 7º,[4] por intermédio da qual deixou assentado que a legislação consumerista não excluiria a incidência de legislação interna ordinária.

E o fez porque pretendeu impedir que dispositivos que fossem mais benéficos ao consumidor do que o próprio CDC pudessem acabar por prejudicá-lo, o que seria contraditório, em especial tendo em vista a regra do art. 5º, XXIII, e 170, V, da CF.

Assim, o objetivo deste estudo é colaborar com a discussão a respeito do tema.

2. A COMPREENSÃO DO ART. 13 DO CDC

O Código consumerista reconheceu a responsabilidade objetiva dos fabricantes, produtores, construtores, nacionais ou estrangeiros, e importadores pelos danos originados de produtos defeituosos, definidos em seu parágrafo 1º como os que não oferecem ao consumidor a segurança que dele legitimamente se espera.

Aos comerciantes, contudo, conferiu um tratamento distinto.

A responsabilidade destes últimos só se dá nos casos restritos do parágrafo único do art. 13. São hipóteses em que é possível identificar uma ação específica praticada pelo próprio comerciante: comercializar bens sem identificar o fabricante, ou sem fazê-lo claramente, ou não conservar adequadamente produtos perecíveis.

Assim, salvo essas hipóteses restritas, não haverá dever indenizatório do comerciante.

3. A COMPREENSÃO DO ART. 931 DO CC

O art. 931 do CC pretendeu estender aos não consumidores, em relações paritárias, a responsabilidade pelos danos provocados por produtos postos em circulação.

Não afirmou que o produto a que se refere é defeituoso, mas sua existência está implícita na leitura atenta do dispositivo. Não haveria sentido imputar responsabilidade indenizatória a quem faz circular produto que não tem defeito, ou seja, aquele que oferece a segurança que dele é legítimo esperar.

A respeito é pertinente a observação, sempre percuciente, de *Cláudio Godoy* ao observar que o art. 931 tem pertinência apenas se visto em consonância com o fato do produto "de que cuida o Código de Defesa do Consumidor, assim marcado pelo

---

4. Art. 7º Os direitos previstos neste código não excluem outros decorrentes de tratados ou convenções internacionais de que o Brasil seja signatário, da legislação interna ordinária, de regulamentos expedidos pelas autoridades administrativas competentes, bem como dos que derivem dos princípios gerais do direito, analogia, costumes e eqüidade.

defeito, sintomaticamente em seu próprio texto ressalvando-se a lei especial, apenas que, de seu turno, com aplicação para as relações paritárias".[5]

Em lição em que enfrenta a falta de indicação do defeito no art. 931, o autor registra que deve haver preservação da coerência dos sistemas, que conserve sua unidade.[6]

De fato, não parece possível considerar que um produto sem defeito possa gerar dever indenizatório apenas porque "colocado em circulação".

Seria, então, de se supor que um produto com risco inerente – uma faca, exemplificativamente – geraria dever indenizatório se ferisse alguém (afastados, por certo, alguma das excludentes do dever de indenizar).

Ou pensar que o dano proveniente do produto gera responsabilidade indenizatória com amparo no risco da atividade prevista no art. 927, parágrafo único, do CPC, descuidando-se do fato de que este dispositivo só contempla os casos de uma atividade, ou um atuar, um agir sujeito a controle do responsável, ao contrário do produto, uma vez que este, colocado em circulação, já não se sujeita, em regra, a qualquer controle do usuário.[7]

E dizer que o risco inerente afasta o dever de indenizar equivale a dizer que não tem defeito, porque não representa falta de segurança que legitimamente se espera.

Contudo, não fez distinção ao imputar responsabilidade a todos aqueles que coloquem o produto defeituoso em circulação, de modo que basta produzi-lo ou aliená-lo para surgir o dever indenizatório solidário.

A obrigação tem origem no mero fato de se dispor a exercer atividade ao mercado de consumo – em geral, e não apenas em relação aos que visam ao consumidor definido como tal no art. 2º do CDC.

É o que sustenta *Sérgio Cavalieri Filho,* ao tratar do dispositivo, para quem a responsabilidade se funda no mero fato de alguém se dispor a, entre outras atividades, estocar, distribuir e comercializar produtos. Há, assim, um dever de garantir a qualidade e a segurança dos produtos postos em circulação.[8]

Bruno Miragem se dedica ao tema e conclui: "Imputa-se responsabilidade a quem tenha colocado o produto no mercado, o que inclui o comerciante".[9]

---

5. GODOY, Claudio Luiz Bueno de. *Responsabilidade civil pelo risco da atividade.* Saraiva, 2009. p. 82, invocando, a propósito, críticas endereçadas à omissão do dispositivo, por Luiz Gastão Paes de Barros Leães e Marcelo Junqueira Calixto.
6. GODOY, Claudio Luiz Bueno de. *Responsabilidade civil pelo risco da atividade.* Saraiva, 2009. p. 83.
7. GODOY, Claudio Luiz Bueno de. *Responsabilidade civil pelo risco da atividade.* Saraiva, 2009. p. 84-90.
8. CAVALIERI FILHO, Sérgio. *Programa de responsabilidade civil.* Atlas, 2008. p. 171/172. Ressalve-se, porém, que algumas páginas adiante, já comentando o tema à luz do CDC, o autor registra sua concordância com a norma mais restritiva do art. 13 do CDC.
9. MIRAGEM, Bruno. *Direito do Consumidor.* São Paulo: Ed. RT, 2008. p. 296.

Elemento fundamental à responsabilidade prevista no dispositivo é o fazer circular produto defeituoso.[10]

A relevância do art. 931 do CC pode ser extraída, não apenas da extensão do dever indenizatório ao comerciante, mas igualmente da ampliação de seus destinatários, uma vez que pelos danos provenientes do defeito do produto responderá também perante os que não se inserem no conceito de destinatário final do art. 2º do CDC.[11]

A solidariedade pode ser extraída da leitura do próprio artigo, à luz do art. 265 do CC, pois ela pode ser compreendida no dispositivo sem necessidade de que seja expressa.

Veja-se que a ampliação da responsabilidade ao comerciante não é insuperável, sob o fundamento de que nenhuma participação no surgimento do defeito lhe pode ser imputada.

Ora, a imputação lhe é feita porque ele compõe a cadeia viabilizadora da circulação do produto a partir da relação jurídica e negocial que mantém com o fabricante. Tal fato amplia a perspectiva indenizatória para a vítima – consumidor ou não – sem prejuízo de ação de regresso do comerciante perante o fabricante.

Em lugar de subtrair da vítima do dano uma maior possibilidade de ser indenizada, remete o comerciante a uma ação de ressarcimento em face do produtor.

Note-se não ser essa a única hipótese em que o Código Civil atribui responsabilidade a quem não é, diretamente, o causador do dano pela prática de um ilícito, ou de um enquadramento em responsabilidade objetiva. Basta observar o disposto nos arts. 929 e 930 do CC (em que aquele que licitamente age em estado de necessidade é responsável pelo dano que causa).

A compreensão de que o comerciante é responsável solidário pelo fato do produto equipara sua posição ao do prestador de serviços.

É que ao prestador de serviços se imputa responsabilidade solidária pelo fato do produto, quando ele utiliza em sua atividade produto defeituoso.

É o que se extrai de acórdão relatado pelo Des. Francisco Loureiro, que reconheceu responsabilidade indenizatória de Hospital por marca-passo defeituoso:

> "Se o material utilizado na prestação desse serviço é ruim ou inadequado, e acaba por gerar um acidente de consumo, parece evidente que se está diante de situação em que um vício do produto acarretou fato do serviço, a gerar responsabilidade tanto do fornecedor do serviço como do produto" (*Ap. 0069617-39.2017.8.26.0100, j. 26.4.2012*).

---

10. Em sentido diverso, porém, o aprofundado estudo de WESENDONCK, Tula. O regime da responsabilidade civil pelo fato dos produtos postos em circulação. *Livraria do Advogado*, 2015. p. 147-148. Segundo a autora, "No Código Civil brasileiro, a responsabilidade civil se impõe em virtude do dano provocado pelo produto que é posto em circulação pelo empresário, não havendo discussão a respeito da existência de defeito do produto, como se verifica no Código de Defesa do Consumidor" (p. 147).

11. Sem prejuízo, é certo, do consumidor contemplado por equiparação no art. 17 do CDC.

A decisão tem fundamento na posição externada pelo *Min. Paulo de Tarso Sanseverino*, que, em sede doutrinária, sustenta que se o produto defeituoso foi utilizado na prestação de um serviço, haverá responsabilidade solidária (*Responsabilidade civil do fornecedor no CDC e a defesa do consumidor*. Saraiva, 2010. p. 139-140).

Ora, se o prestador de serviço é solidariamente responsável como fabricante pelo produto defeituoso que utiliza, não se pode tratar de modo diverso o comerciante, sob pena de inadmissível contradição do sistema.

Assim como o comerciante, o prestador de serviços não tem controle sobre a fabricação do produto, de modo que os mesmos fundamentos pelos quais se poderia excluir a responsabilidade solidária de um haveria de beneficiar o outro, o que, como se viu, não ocorre.

A interpretação que se dá ao art. 931, portanto, é coincidente com a visão contemporânea da responsabilidade civil, voltada para a eliminação do dano injusto, identificada, no caso, pelo prejuízo originado do defeito.

4. A CONTRIBUIÇÃO DO ART. 7º DO CDC

O art. 7º do CDC ressalvou a incidência de normas de ordem interna às relações de consumo.

Por certo não o fez para que elas fossem aplicadas quando não fossem incompatíveis com a legislação consumerista, uma vez que essa solução já decorreria do art. 2º, § 2º,[12] da LINDB.

A interpretação que se deve conferir ao mencionado dispositivo é a de que prevalecerão as normas que, embora distintas daquilo que consta do CDC, forem mais benéficas ao consumidor, preservando-se, em consequência, sua proteção oriunda da vulnerabilidade que a ele se reconhece.

Mais uma vez, invoque-se a propósito *Bruno Miragem*, para quem:

"Estar-se-ia, portanto, frente a uma situação no mínimo contraditória, pela qual no regime de uma norma protetiva da vítima com o CDC, um dos sujeitos principais da cadeia de fornecimento – o comerciante – só responderia por danos causados por produtos colocados em circulação em situações bastante restritas. Enquanto na norma geral do Código Civil, que regula as relações entre iguais, este mesmo comerciante estivesse sendo responsabilizado solidariamente com os demais agentes, sem qualquer espécie de restrição".[13]

No caso, a prevalência do art. 931 do CC, portanto, também decorre do disposto no art. 7º do CDC, uma vez que, insista-se, ao consumidor é mais protetiva a imposição de solidariedade, e não de subsidiariedade, à responsabilidade dos comerciantes.

---

12. A lei nova, que estabeleça disposições gerais ou especiais a par das já existentes, não revoga nem modifica a lei anterior.
13. MIRAGEM, Bruno. *Direito do Consumidor*. São Paulo: Ed. RT, 2008. p. 296.

5. CONCLUSÕES

O CC contém no art. 931 regra que atribui a todos os que colocam produtos defeituosos em circulação o dever de indenizar pelos danos deles decorrentes.

Destarte, há conflito entre a solidariedade reconhecida no mencionado dispositivo e a subsidiariedade da responsabilidade do comerciante regulada no art. 13 do CDC. Neste caso, a responsabilidade só se justifica no rol restrito ali estabelecido, conferindo ao consumidor menores possibilidades de ser indenizado.

A aparente contradição pode ser superada pelo disposto no art. 7º do CDC, que assegura a prevalência de normas de ordem interna sobre a legislação consumerista, sempre que mais benéficas ao consumidor.

Assim sendo, impõe-se concluir que também nas relações de consumo, a responsabilidade do comerciante pelos danos decorrentes do fato do produto é solidária com as pessoas indicadas no art. 12 do CDC.

A FUNÇÃO PROMOCIONAL DA RESPONSABILIDADE CIVIL NAS RELAÇÕES DE CONSUMO

Antonio dos Reis Júnior

Doutor e Mestre em Direito Civil pela Universidade do Estado do Rio de Janeiro (UERJ). Especialista em Direito Privado Europeu pela Universidade de Coimbra (UC--PT). Professor de Direito Civil do IBMEC-RJ e UCAM-RJ. Professor dos programas de pós-graduação em Direito Civil na PUC-RJ, EMERJ e CEPED-UERJ.

Sumário: 1. A função promocional da responsabilidade civil – 2. A função promocional da responsabilidade civil, a máxima efetividade e a noção de reparação suficiente (e eficiente) do dano – 3. As sanções positivas da função promocional da responsabilidade civil – 4. Aplicação da função promocional nas relações de consumo – 5. Proposições conclusivas – 6. Referências bibliográficas.

1. A FUNÇÃO PROMOCIONAL DA RESPONSABILIDADE CIVIL

Assentir com a existência de uma *função promocional da responsabilidade civil* pressupõe, fundamentalmente, aderir à tese de que (i) a ordem jurídica positiva visa a cumprir determinadas finalidades, podendo delas extrair uma teleologia; (ii) em razão disso, os institutos e categorias devem ser interpretados de maneira funcionalizada ao cumprimento de tais finalidades; (iii) os mecanismos normativos, definidores dos comportamentos desejados, pela via da previsão de reação do direito diante da conduta dos sujeitos, apresentam-se de duas formas: sanções negativas e positivas; (iv) a sanção positiva, definida como uma resposta benéfica do ordenamento a um comportamento desejável, que se faz necessário *estimular*, é admitida no âmbito da responsabilidade civil e extraída do contexto global do sistema;[1] (v) os seus efeitos podem ser revelados mediante uma interpretação teleológica do direito posto, no qual já se pode vislumbrar uma *aplicação prática*, mesmo sem a existência de uma regulamentação específica; (vi) a sua construção dogmática goza de autonomia

---

1. "A noção de sanção positiva deduz-se, *a contrario sensu*, daquela mais bem elaborada de sanção negativa. Enquanto o castigo é uma reação a uma ação má, o prêmio é uma reação a uma ação boa. No primeiro caso, a reação consiste em restituir o mal ao mal; no segundo, o bem ao bem. Em relação ao agente, diz-se, ainda que de modo um tanto forçado, que o castigo retribui, com uma dor, um prazer (o prazer do delito), enquanto o prêmio retribui, com um prazer, uma dor (o esforço pelo serviço prestado). Digo que é um tanto forçado porque não é verdade que o delito sempre traz prazer a quem o pratica nem que a obra meritória seja sempre realizada com sacrifício. Tal como o mal do castigo pode consistir tanto na atribuição de uma desvantagem quanto na privação de uma vantagem, o bem do prêmio pode consistir tanto na atribuição de uma vantagem quanto na privação de uma desvantagem" (BOBBIO, Norberto. *Da estrutura à função*: novos estudos de teoria do direito. Trad. Daniela Beccaccia Versiani. Barueri: Manole, 2007. p. 24-25).

suficiente para não se confundir com as demais funções já consagradas, ainda que possa ter relação de dependência com uma delas.[2]

Em cumprimento a este itinerário, é cediço que o direito contemporâneo, pós-positivista, organiza-se por um conjunto de normas cujo escopo não se resume a garantir o seu próprio cumprimento, numa perspectiva puramente formal, mas vinculado às finalidades materialmente determinadas na Constituição.[3] Se o direito atende, desta forma, a uma teleologia que se pode extrair da tábua de valores definida na Carta Maior, a responsabilidade civil se vincula a axiologia que não se limita ao aspecto lógico e interno do instituto, mas que se conecta com os valores globais do ordenamento (daí a sua faceta funcional).[4]

Desta forma, se de seu aspecto interno, inerente ao instituto, que remonta às suas origens e aos alicerces de sustentação de sua existência, emerge a sua finalidade primária (função reparatória/compensatória), como resposta negativa (sanção negativa) do ordenamento a um dano injusto produzido na esfera jurídica de alguém,[5] o desafio do intérprete é obter o significado de sua finalidade última.[6] Nesse sentido, entende-se por finalidade última aquela que se realiza no escopo global do ordenamento jurídico, como último degrau de concretização do direito, em sua unidade. Tal sentido só pode ser identificado através do reconhecimento de um *objetivo final* destacado na tábua de valores que compõem o vértice da escala hierárquica do ordenamento, cujo teor encontre perfeita harmonização com a intencionalidade primeira do instituto da responsabilidade civil.[7]

Eis por que a finalidade última da responsabilidade civil só pode estar associada ao comando do art. 3º, I, da CF, que define como "objetivo fundamental" da

---

2. REIS JÚNIOR, Antonio dos. Por uma função promocional da responsabilidade civil. SOUZA, Eduardo Nunes; SILVA, Rodrigo da Guia (Coord.). *Controvérsias atuais em responsabilidade civil*. São Paulo: Almedina, 2018. p. 597.

3. PERLINGIEIRI, Pietro. *O direito civil na legalidade constitucional*. Rio de Janeiro: Renovar, 2008. p. 589-591.

4. Nesta direção, acerca do "dano injusto", muito caro ao direito italiano, como já demonstrado no capítulo 1, *supra*, notadamente em face da previsão legal do art. 2.043 do Código Civil, leciona Adolfo DI MAJO que "il concetto di 'danno ingiusto' realizza una 'clausola generale', la quale ha riguardo a tutte le situazioni giuridiche che possono ricondursi alla violazione di principi, anche più generali, come quello di solidarietà, di cui è parola massimamente nella Costituzione (art. 2) ma non solo in essa" (Discorso generale sulla responsabilità civile. In: LIPARI, Nicolò; RESCIGNO, Pietro (Coord.). *Diritto civile*. Milano: Giuffrè, 2009. v. IV. t. III. p. 23).

5. Importante reforçar que a ideia de sanção não se confunde com a de punição, ou imposição de pena. Neste sentido, sanção negativa representa, em termos gerais, uma resposta negativa a um comportamento negativo, rejeitado pela ordem jurídica, motivo pelo qual a imputação do dever de indenizar ao responsável representa uma forma de aplicação de uma sanção negativa, mesmo que desprovida de viés punitivo (REALE, Miguel. *Filosofia do direito*. 12. ed. São Paulo: Saraiva, 1987. p. 673).

6. Segundo Mafalda Miranda BARBOSA, a teleologia última da responsabilidade civil corresponde à "intencionalidade que a caracteriza e que lhe comunica um determinado sentido do direito enquanto direito" (Reflexões em torno da responsabilidade civil: teleologia e teleonomologia em debate. *Boletim da Faculdade de Direito da Universidade de Coimbra*. Coimbra: FDUC, 2005. v. 81. p. 512).

7. Mais uma vez, saliente-se, a referência à finalidade primária, primeira ou originária não implica superioridade hierárquica do *thelos* reparatório, em comparação, por exemplo, à finalidade preventiva, mas apenas que ela representa a referência teleológica nuclear do instituto, sem a qual a responsabilidade não encontra razão de ser.

República Federativa do Brasil "construir uma sociedade livre, justa e solidária".[8] À solidariedade, assim, atribui-se um novo sentido que não se contrapõe à liberdade, mas que se comunica com ela, extraindo dessa relação a finalidade última do instituto.[9] Exprime, quando conectada à função primária, um sentido (ligado à ideia de uma liberdade positiva) que convoca os atores envolvidos no evento danoso (que *já ocorreu*) a movimentarem-se (como senso de dever) do modo mais eficaz possível à realização da reparação/compensação dos danos concretizados na esfera jurídica da vítima. De um lado, convoca o agente à busca pela maneira mais eficiente de reparar ou compensar a vítima. De outro, concretizado o dano, invoca a vítima a abrir os canais de comunicação para a realização de tal desiderato, exigindo-se cooperação de sua parte. Abre-se um canal de diálogo possível e desejável (daí o sentido ético) na ambiência normalmente hostil da responsabilidade extracontratual ou aquiliana, onde agente e vítima não mantinham relações ou vínculos pretéritos. É um passo adiante na escala do avanço civilizatório e comunitário.

A função promocional da responsabilidade civil, portanto, define-se como finalidade última da responsabilidade civil, como degrau derradeiro de seu aperfeiçoamento, cujo sentido, conectado à sua finalidade primária, revela-se pelo conjunto de medidas que visam a *estimular*, com amparo na ideia de sanção positiva, a reparação ou compensação *espontânea* dos danos.[10]

2. A FUNÇÃO PROMOCIONAL DA RESPONSABILIDADE CIVIL, A MÁXIMA EFETIVIDADE E A NOÇÃO DE REPARAÇÃO SUFICIENTE (E EFICIENTE) DO DANO

A *função promocional da responsabilidade civil* é expressão da finalidade última do instituto que se liga às exigências comportamentais e éticas derradeiras, para que

---

8. Marcante a passagem de Maria Celina BODIN DE MORAES, ao identificar o conteúdo do princípio da solidariedade: "a pessoa humana, no que se difere diametralmente da concepção jurídica de indivíduo, há de ser apreciada a partir da sua inserção no meio social, e nunca como célula autônoma, nunca microcosmo cujo destino e cujas atitudes possam ser diferentes aos destinos e às atitudes dos demais (...). O princípio da solidariedade, ao contrário, é a expressão mais profunda da sociabilidade que caracteriza a pessoa humana. No contexto atual, a Lei Maior determina – ou melhor, exige – que nos ajudemos, mutuamente, a conservar a nossa humanidade porque a construção da sociedade justa, livre e solidária cabe a todos e a cada um de nós" (*O princípio da solidariedade. Na medida da pessoa humana*. Rio de Janeiro: Renovar, 2008. p. 264-265)

9. "Não se trata (...) somente de impor limites à liberdade individual, atribuindo inteira relevância à solidariedade social: o princípio cardeal do ordenamento é o da dignidade humana, que se busca atingir através deu uma medida de ponderação que oscila entre os dois valores, ora propendendo para a liberdade, ora para a solidariedade. A resultante dependerá dos interesses envolvidos, de suas consequências perante terceiros, de sua valoração em conformidade com a tábua axiológica constitucional, e determinará a disponibilidade ou indisponibilidade da situação jurídica protegida" (BODIN DE MORAES, Maria Celina. *O princípio da solidariedade*, cit., p. 264-265).

10. REIS JÚNIOR, Antonio dos. *Por uma função promocional da responsabilidade civil*, cit., p. 601. Em perspectivas diversas, também tratam da função promocional da responsabilidade civil: RODRIGUES, Francisco Luciano Lima; VERAS, Gésio de Lima. Dimensão funcional do dano moral no direito civil contemporâneo. *Civilistica. com.*, Rio de Janeiro, a. 4, n. 2, 2015. p. 18. Disponível em: <http://civilistica.com/tracos-positivistas-das-teorias-de-pontes-de-miranda/>. Acesso em: 1º ago. 2021; e, com maior profundidade, ROSENVALD, Nelson. *As funções da responsabilidade civil*: a reparação e a pena civil. 3. ed. São Paulo: Saraiva, 2017. p. 161.

as pessoas, no exercício da solidariedade, corrijam seus equívocos espontaneamente, ainda que pela via de um estímulo. Como está ligada umbilicalmente à finalidade primária, pressupõe o dano e se orienta para a sua *melhor* reparação ou compensação.[11] Como direciona o foco ao comportamento elogiável (ético) das partes envolvidas, para solver o litígio e restabelecer a harmonia social, *não se prende inexoravelmente à exata medida da extensão do dano*,[12] mas ao aspecto *subjetivo* dos envolvidos: o agente causador quer e se comporta de maneira a compensar de forma célere, eficiente e segura; enquanto a vítima quer e se comporta de modo favorável à resolução rápida, também eficiente e de tal sorte que satisfaça o seu interesse.[13]

Quando se diz que a função promocional é modelo de estímulo à reparação espontânea do dano, faz-se necessário esclarecer alguns pontos, de maneira a afastar desde já algumas objeções razoáveis. O primeiro deles é o conceito de espontaneidade. No sentido jurídico, considera-se *espontânea* tanto a conduta motivada pelo despertar íntimo e pessoal, de raiz puramente religiosa ou moral subjetiva, quanto o comportamento impulsionado pela existência de uma sanção determinada (a qual a pessoa prestou obediência), como senso de dever (ético-moral objetivo ou simplesmente jurídico),[14] ainda que se utilizem de uma ponte oferecida pela ordem jurídica (*nudge*) para convencer-se acerca da tomada de decisão.[15] Portanto, é espontânea a reparação realizada pelo estímulo próprio das sanções positivas positivadas pelo ordenamento jurídico, como expressão da função promocional da responsabilidade civil.

Outra objeção de extrema relevância é aquela que pode invocar suposta contradição entre a ideia de *reparação espontânea dos danos* e a utilização da *transação* como um dos mecanismos de direito material essencial à concretização da função promocional da responsabilidade civil.[16] Em outras palavras, pode traduzir-se em

---

11. A alteração do perfil de satisfação da vítima é um dos traços marcantes que distinguem a função reparatória/compensatória clássica, da função promocional. Enquanto aquela visa a *reparação integral*, aos moldes tradicionais, esta vislumbra uma ideia ressignifica de reparação integral, no sentido de *reparação eficiente* e, portanto, suficiente, que satisfaça os interesses da vítima.

12. Embora a função promocional pressuponha o dano, não se rende a ele, na medida em que o critério para a sua concretização não depende da apuração perfeita da recomposição danosa, pois se volta ao comportamento colaborativo das partes para o alcance da satisfação do interesse da vítima, cuja régua pode não equivaler à exata medida da extensão do dano.

13. Para além dos critérios de eficiência, celeridade e segurança, traduz-se em comportamento cooperativo que homenageia a boa-fé objetiva. Todos esses são fatores de concretização do princípio da solidariedade.

14. Na filosofia moral, Immanuel KANT ressalta que a "vontade absolutamente boa" é apenas aquela formal, que atua "enquanto autonomia; isto é, a aptidão da máxima de toda boa vontade a se tornar um alei universal" (*Fundamentação da metafísica dos costumes*. Trad. Guido Antônio de Almeida. São Paulo: Barcarola, 2009, p. 301), no sentido de que apenas o comportamento que cumpre o dever proveniente da razão é aquele "bom comportamento". Aqui não se restringe o móvel subjetivo a este espectro, podendo mesmo tratar-se de atuação espontânea influenciada por fontes heterônomas, ou mesmo senso meramente intuito ou benevolente (não racional).

15. Dedica-se ao estudo dos "incentivos" para a prática das boas condutas sociais a escola *behaviorista* do direito. Por todos, cf. ALEMANNO, Alberto; SIBONY, Anne-Lise. *Nudge and the law*: a european perspective. London: Bloomsbury, 2015.

16. Como é cediço, a transação é o negócio jurídico, de direito material, que se busca alcançar pelos meios processuais da conciliação e da mediação, *supra* referenciados, cujo espoco é a prevenção ou o término do litígio, mediante concessões mútuas (art. 840 do Código Civil). A aludida autocomposição é formatada por

sofisma a consideração de que a transação é meio de reparação dos danos.[17] De fato, em termos dogmáticos, a composição negocial do litígio não pode ser interpretada como equivalente à reparação de danos. É instrumento, de direito material, cuja função é auxiliar, na responsabilidade civil, a vítima de danos sofridos a alcançar a satisfação de seu interesse, mediante concessões recíprocas. Logo, também não pode corresponder à ideia de reparação ou compensação *integral* dos danos (ao menos em seu sentido clássico). Esta representa a exata medida (extensão) da lesão experimentada (art. 944, *caput*, do Código Civil).[18] A transação corresponde a instrumento negocial por via do qual os interessados buscam evitar ou pôr termo a litígio, *mediante concessões mútuas* (art. 840 do Código Civil).[19-20] Logo, são situações jurídicas distintas.

A transação é acordo de vontades que tem por finalidade *evitar* ou *extinguir* um litígio,[21] tornando-se natural que os interessados formem o consentimento considerando a redução recíproca da posição jurídica atual de cada um.[22] A sua função é garantir a paz e a harmonia entre as partes, que rejeitam a sua manutenção em zona de litígio, eliminando a incerteza da relação jurídica e certificando-se de que a controvérsia será prontamente solucionada, por via de instrumento negocial juridicamente seguro.[23] Ambos têm *pressa* em resolver a disputa, sendo o interesse pela celeridade uma característica imanente da transação. O devedor se prontifica a solver imediatamente o débito acordado, para que a situação não se prolongue no tempo, causando-lhe prejuízos maiores. O credor aceita o pagamento célere da prestação definida no acordo, sabendo que provavelmente não corresponderá à exata medida do dano (reparação integral), mas ciente de que lhe causará maior satisfação, pela rápida composição. Os interesses da vítima encerram complexidade que não

---

via da transação. Nesse sentido, afirma Francisco Cavalcanti PONTES DE MIRANDA que "ainda quando feitas em juízo, as transações regem-se pelo direito material" (*Tratado de direito privado*. Rio de Janeiro, Borsoi, 1971. v. 25. p. 142).

17. Evidentemente, não poderia um contrato representar uma modalidade de extinção da obrigação. Extinção de relação jurídica é efeito (situação jurídica extintiva), sendo o contrato, quando muito, o título que integra a causa da extinção. Acerca da distinção entre causa, título e efeito (situação jurídica subjetiva), Cf. PERLINGIERI, Pietro. *O direito civil na legalidade constitucional*, cit., p. 737-740.

18. Art. 944. A indenização mede-se pela extensão do dano.

19. Art. 840. É lícito aos interessados prevenirem ou terminarem o litígio mediante concessões mútuas.

20. A propósito, desta Orlando GOMES ser "necessário que haja concessões mútuas, de qualquer teor", pois "concessões feitas somente por um dos interessados implicam renúncia ou reconhecimento do direito do outro". E segue: "tudo conceder sem nada receber não é transigir" (*Contratos*. 26. ed. Rio de Janeiro: Forense, 2007. p. 544).

21. "La transazione infime è il contratto con il quale le parti pongono fine a una lite già cominciata o prevengono una lite che sta per sorgere tra loro, facendosi reciproche concessioni" (TRABUCCHI, Alberto. *Istituzioni di diritto civile*. 47. ed. Padova: CEDAM, 2015. p. 1089).

22. A reciprocidade de concessões é elemento essencial da transação, residindo daí o seu caráter constitutivo, como defende MESSINEO, Francesco. *Manuale di diritto civile*. Milano: Giuffrè, 1947. v. 3. p. 236.

23. A *eliminação das incertezas* é a finalidade nodal do instituto, identificada por ENNECCERUS, Ludwig; KIPP, Theodor; WOLFF, Martin. *Tratado de derecho civil*. Barcelona: Bosch Publicaciones Jurídicas, 1948. t. 2. v. 2. p. 495. No mesmo sentido, SANTORO-PASSARELI, Francesco. *La transazione*. 2. ed. Napoli: Jovene, 1963. v. 1. p. 12. Destaca-se, aliás, que a intenção de eliminar as incertezas não precisa se calcar em fato objetivamente incerto, bastando a que haja incerteza do ponto de vista subjetivo (ENNECCERUS, Ludwig; KIPP, Theodor; WOLFF, Martin. *Tratado de derecho civil*, cit., p. 496).

pode se restringir ao desejo da recomposição exata do prejuízo ou da compensação equivalente da lesão sofrida.

Assim, não há contradição ao indicar a transação como um dos meios relevantes para a concretização da função promocional da responsabilidade civil. É que, como já se acentuou, a novel função persegue um modelo instrumental de *fomento à reparação espontânea do dano*, pela via das chamadas sanções positivas: se agires do modo desejado, terás um determinado benefício, alçando uma posição jurídica necessariamente mais favorável que a anterior.

Portanto, sendo a função promocional uma finalidade voltada ao controle de comportamentos, não se vincula ela ao cumprimento da obrigação de indenizar de *forma integral*, orientada à recomposição perfeccionista da lesão. A reparação integral é tradicionalmente um componente da função reparatória-compensatória. O estímulo a condutas desejadas, ainda que não se alcance a totalidade da finalidade primária (função reparatória-compensatória), voltando os olhos ao bom comportamento humano e inter-relacional, é o ingrediente que compõe a função promocional da responsabilidade civil.[24] Exatamente por isso, é razoável que um dos benefícios possíveis da atuação conforme o valor da autocomposição seja a desnecessidade de cumprir com a reparação integral, desde que tenha realizado uma prestação que seja equivalente ao que seria uma *reparação suficiente* (e *eficiente*), satisfazendo plenamente o interesse do credor (vítima).[25]

Na função promocional, a *integralidade* ou *plenitude* que deve ser buscada é da realização do interesse subjetivo da vítima, para uma reparação que preencha sufi-

---

24. Eis aqui o marco que define a autonomia entre a função reparatória e a função promocional, não sendo esta mera parte integrante daquela. Não se trata, pois, a função promocional, de uma função da função. Na perseguição do sentido ético da finalidade última do direito dos danos, o ordenamento prevê que mesmo a possibilidade de superação da ideia central originária da reparação integral, por outra ético-comportamental, de autocomposição, que já não visa a restituição ao *status quo ante*, mas, simplesmente, a uma forma alternativa, eficaz, célere e humana (inter-relacional) de *satisfação* do interesse da vítima no pós-dano.

25. Fala-se em reparação *suficiente* como aquela que é capaz de ocupar, de alguma forma, o vazio deixado pela lesão, substituindo, satisfatoriamente, o conteúdo do interesse violado (patrimonial ou existencial). Esse juízo de suficiência é subjetivo e, por essa razão, só pode ser realizado pela própria vítima, pela via da transação, nunca por terceiros ou pelo juiz. Por sua vez, a *eficiência* é mais um valor do ordenamento que se mostra mais apto à realização na função promocional que no âmbito judicial da função reparatória-compensatória. A reparação espontânea do dano, quando extrajudicial, é evidentemente mais eficiente que aquela imposta pela resolução de uma lide judicial. Mesmo a autocomposição judicial ganha em eficiência, porque poupa os atos processuais subsequentes que são obrigatórios para a prolação da sentença (devido processo legal). Quer-se dizer que a transação exala eficiência naturalmente superior à resolução judicial das controvérsias, no sentido de que os benefícios alcançados por ambas as partes foram atingidos, necessariamente, com menores custos, em comparação àqueles que seriam obtidos na relação jurídica processual. Neste quesito, essa perspectiva econômica do direito é uma visão que agrega a realização dos valores civis-constitucionais. Como ainda se mencionará, a *eficácia* é outro valor que é concretizado na transação, desde que o objetivo seja alcançado de modo seguro, em negócio firmado sem vícios. Daí apresentar, ao remate, a necessidade de buscar, à guisa de completude, a *máxima efetividade* dos valores que norteiam a responsabilidade civil, especialmente aqueles de natureza constitucional, no sentido de propor instrumentos suficientes a alcançar a maior eficácia possível (Cf. SARLET, Ingo Wolfgang. *A eficácia dos direitos fundamentais*. 12. ed. Porto Alegre: Livraria do Advogado, 2015, passim).

cientemente o vácuo causado pelo dano, já não a recomposição perfeita do dano.[26] Pelo lado do agente, busca-se o agir conforme o direito em sua máxima efetividade. Se aquele que causou o dano extracontratual deve repará-lo, estando em mora desde o instante em que o praticou (art. 398 do Código Civil), que seja purgada prontamente, beneficiando-se, também, o ofensor, por sua conduta louvável.[27]

Daí se percebe que a função promocional representa, em última análise, a concretização do *princípio da máxima efetividade* ao sistema de proteção à vítima conferido pela responsabilidade civil contemporânea.[28] Toda vez que se fala de máxima efetividade, quer-se afirmar que é possível formatar um arranjo normativo que realize, no grau mais alto de eficácia, os princípios que norteiam determinado instituto. Na função promocional da responsabilidade civil, para além do respeito aos seus princípios e regras mais característicos, está ela a realizar os contornos axiológicos mais abrangentes, delineados pela Constituição da República, notadamente os valores da solidariedade, celeridade, eficácia, eficiência e do bem-estar social.[29]

3. AS SANÇÕES POSITIVAS DA FUNÇÃO PROMOCIONAL DA RESPONSABILIDADE CIVIL

Como bem definido em linhas anteriores, a função promocional é realizada mediante a previsão de sanções positivas, como medidas que visam a impulsionar

---

26. Substitui-se o perfeccionismo e a infalibilidade da aritmética da função reparatória-compensatória por uma ética comportamental de composição dos interesses em litígio, como concretização do princípio da solidariedade. Afinal, já afirmava Maurice BLONDEL que "La responsabilité est la solidarité de la personne humaine avec ses actes, condition préalable de toute obligation" (*Vocabulaire technique et critique de la philosophie*. Paris: Ed. PUF, 1947. p. 907). Como lembra Geneviève VINEY, se a evolução da responsabilidade civil levou à admissão de objetivos até mesmo distintos da reparação (*l'evolution des idées sur la responsabilité civile a fait apparaître d'autres perspectives qui conduisent à assigner également à cette institution des objectifs nettement distincts de la réparation, même entendue le plus largement possible*), maior razão haverá em reconhecer objetivos a ela conectados (*Traité de droit civil: la responsabilité – effects*. Paris, LGDJ, 1988. p. 4).

27. Se é certo que a prevenção do dano é a função cronologicamente prioritária, também é verdade que, numa concepção realista do direito, nem mesmo a sociedade mais bem ordenada será capaz de evitar certos danos, o que não implica sacrificar, de plano, o agente causador, quando se pode oferecer a ele a alternativa da redenção. Deste modo, caso busque, prontamente, compensar a vítima do modo mais eficiente possível, realizando integralmente o seu interesse (que não se confunde com o aritmético princípio da reparação integral), tendo na transação um dos instrumentos propícios a tal desiderato, deve gozar de certos benefícios que não teria se inerte se mantivesse. Sobre que tipo de benefícios seriam esses, cf. *infra*.

28. Nas palavras de Maria Celina BODIN DE MORAES, "a responsabilidade civil hoje é o principal instrumento com que conta o ordenamento para garantir efetividade aos interesses existenciais, sendo o principal remédio adotado para enfrentar a violação da maior parte deles" (*A prescrição e o problema da efetividade do direito. A juízo do tempo*. BODIN DE MORAES, M. C. et all. (Coord.). Rio de Janeiro: Ed. Processo, 2019. p. 14).

29. Os valores da solidariedade e do bem-estar social estão previstos como objetivos da república, no art. 3º, incisos I e IV da Constituição da República: "Constituem objetivos fundamentais da República: I – construir uma sociedade justa, livre e *solidária*; (...) IV – *promover o bem de todos* (...). Note-se que o conceito de *bem* extraído do art. 3º, IV é axiológico, distinto daquele de natureza utilitarista (BENTHAM, Jeremy. *An introduction to the principles of morals and legislation* [1781]. Kitchner: Batoche Books, 2000, passim). Por sua vez, os princípios da celeridade e da eficácia e eficiência estão previstos, respectivamente, no art. 5º, LXXVIII: "a todos, no âmbito judicial e administrativo, são assegurados a razoável duração do processo e os meios que garantam a celeridade de sua tramitação" e art. 5º, § 1º: "As normas definidoras dos direitos e garantias fundamentais têm aplicação imediata".

comportamentos desejáveis por parte daqueles que integram a ordem social.[30] Tem sentido marcadamente ético, mas incrementado pela juridicidade conferida pelo conjunto normativo que fomenta a prática de condutas almejadas pelo direito objetivo.

Ilustrativamente, são comportamentos estimulados pela função promocional da responsabilidade civil: (i) a composição do litígio, por via do instrumento de transação; (ii) o reconhecimento do direito alheio, com confissão de dívida, seguida de pagamento espontâneo; (iii) o reconhecimento da procedência do pedido formulado, na ação ou na reconvenção; dentre outras condutas por via das quais é possível valer-se de categorias, de direito material ou processual, que servem de *instrumentos* para a concretização da função promocional. Resta, assim, apresentar quais os benefícios experimentados por agente e vítima, em termos de *sanções positivas*, por se comportarem conforme o desejo da ordem jurídica.

Com efeito, a vítima é *premiada* (sanção positiva), como retribuição ao seu comportamento colaborativo para o sepultamento da controvérsia (exercício do dever de cooperação), (i) pela *célere* satisfação de seu interesse, em comparação ao tempo que duraria eventual demanda judicial; (ii) pela *economia de custos* que o processo judicial pode impor (honorários contratuais de advogado, eventual condenação a honorários sucumbenciais, assim como despesas processuais caso seja a parte total ou parcialmente vencida,[31] eventuais custos de deslocamento para audiências ou outros atos que exijam a presença pessoal, eventuais custos com produção de prova técnica, etc.); e (iii) pela possibilidade de obter prestações a seu favor (seja pelo reconhecimento por parte do agente, seja como produto do acordo em transação), que se distanciam da tradição pecuniária e se aproximam das obrigações *in natura*, que podem ser capazes de elevar a satisfação de seu interesse ao patamar mais completo possível, sobretudo nas hipóteses de danos extrapatrimoniais.[32]

---

30. "Inserida no grupo das sanções retributivas, a sanção premial ou positiva consiste em um benefício para quem cumpre o comando contido em determinada norma, por meio da atribuição de um bem, privação de um mal ou isenção de um encargo. Isto é: a concessão de um prêmio tem o condão de aprovação daquela conduta" (VENTURI, Thais Goveia Pascoaloto. *Responsabilidade civil preventiva*: a proteção contra a violação dos direitos e a tutela inibitória material. São Paulo: Malheiros, 2014. p. 322).

31. Como se sabe, cabe ao derrotado no processo o pagamento das despesas processuais (art. 82, § 2º do CPC) e honorários de sucumbência (art. 85 do CPC). Ainda que o caso resultasse em sucumbência recíproca, há divisão das despesas (que já representa custo), além da necessidade de pagar integralmente os honorários de advogado da parte contrária, eis que insuscetíveis de compensação (art. 85, § 14 do CPC). Ainda que a parte ré vença integralmente a demanda, pelo julgamento da improcedência total dos pedidos autorais, o réu ainda terá, em regra, custos contratuais em face de seu patrono.

32. Como já exposto, Geneviève VINEY, ressalta que "les auteurs admettant (...) unanimement la validité des condamnations non pécuniaires rangées habituellement, bien que la généralité de cette qualification ait été récemment contestée sous l'étiquette de condamnations en nature ou de procédés de réparation en nature" (*Traité de droit civil*: la responsabilité – effets, cit., p. 22-58). Na dogmática alemã, fala-se de uma preferência pela condenação *in natura* (WESTERMANN, Harm Petter. *Código Civil alemão*: direito das obrigações – parte geral. Trad. LAUX, A. E. Porto Alegre: Sergio Fabris, 1983. p. 136). Na doutrina brasileira, SCHREIBER, Anderson. Reparação não pecuniária dos danos morais. *Direito civil e Constituição*. São Paulo: Atlas, 2013. p. 205-219. Maior razão, ainda, admitir ampla liberdade na conformação de novas prestações por ocasião do acordo de transação.

Na perspectiva do agente causador do dano, ele é *premiado* (sanção positiva), em retribuição ao seu comportamento de reparar/compensar voluntariamente o dano, (i) pela rápida resolução da controvérsia, com o sepultamento da *incerteza* e *ansiedade* sobre aquilo que seria imputado a seu desfavor; (ii) com a desnecessidade de pagamento das despesas processuais; (iii) escapando, também, à condenação judicial ao pagamento de honorários contratuais e sucumbenciais (ou reduzindo-os à metade, em caso de reconhecimento judicial do pedido ou pagamento espontâneo dos processos de execução de quantia certa); (iv) evitando, em determinadas atividades e sob certas condições, a imposição de penalidades administrativas, no âmbito da atuação fiscalizatória de agências reguladoras;[33] (iv) eventualmente, pela *redução* de custos da indenização, caso a reparação espontânea tenha sido realizada pela via da transação, em contexto de concessões mútuas;[34] (v) ou, ainda que preste a indenização integral, uma maior *segurança* de que evitou o drama da ação judicial,[35] com os custos patrimoniais e emocionais que ela envolve; ou, caso ainda assim sobrevenha demanda, uma *defesa forte* no sentido de comprovar o pagamento, como fato extintivo do direito do autor[36]; (vi) na pior das hipóteses, caso seja o acordo de transação excepcionalmente considerado nulo,[37] ou o pagamento espontâneo, com reconhecimento do direito do autor, insuficiente à reparação integral, eventual condenação

---

33. É exemplar o que dispõe o art. 20 da Resolução Normativa 388, de 25 de novembro de 2015, da Agência Nacional de Saúde Suplementar (ANS), acerca da chamada Reparação Voluntária e Eficaz: "Considera-se reparação voluntária e eficaz – RVE a adoção pela operadora de medidas necessárias para a solução da demanda, resultando na reparação dos prejuízos ou danos eventualmente causados e no cumprimento útil da obrigação". Seguem os parágrafos primeiro e segundo: "§ 1º Nos casos tratados através do procedimento NIP, a reparação voluntária e eficaz somente será reconhecida caso a operadora adote as medidas previstas no caput deste artigo nos prazos definidos no art. 10 desta Resolução. § 2º Nos demais casos, somente será reconhecida a RVE caso a operadora adote as medidas previstas no caput em data anterior à lavratura do auto de infração ou de representação". Em termos de sanção positiva, o prêmio conquistado pela operadora que realiza a reparação voluntária e eficaz é evitar o auto de infração, na medida em que este somente é lavrado se a demanda for classificada como "não resolvida" (art. 14 c/c art. 16). Em derradeiro, se houve a "Reparação Posterior", sendo ela voluntária e subsequente à lavratura do auto de infração, será ainda "premiado" com "um desconto percentual de 80% (oitenta por cento) sobre o valor da multa correspondente à infração administrativa apurada no auto de infração lavrado" (art. 34). É, portanto, uma tendência que se observa a implementação regulamentar paulatina da função promocional da responsabilidade.
34. Note-se que, mesmo que o agente causador do dano se prontifique a pagar valor muito próximo ou igual àquele correspondente à exata extensão do dano, já haverá benefício econômico pela economia das custas judiciais, em se tratando de transação extrajudicial.
35. Em termos de segurança jurídica, é inegável que a experiência jurisprudencial aponta para maior estabilidade em acordo obtido em juízo, ou ao menos no âmbito institucional, como nos novos Centros de Conciliação e Mediação. É que a presença de um terceiro que conduz a negociação confere maior credibilidade no sentido de que as partes tomaram decisões no exercício pleno de suas autonomias.
36. Código de Processo Civil. Art. 373. O ônus da prova incumbe: II – ao réu, quanto à existência de fato impeditivo, modificativo ou *extintivo* do direito do autor.
37. São hipóteses de nulidade [absoluta], nos termos do art. 166 do Código Civil, o negócio jurídico quando: "I – celebrado por pessoa absolutamente incapaz; II – for ilícito, impossível ou indeterminável o seu objeto; III – o motivo determinante, comum a ambas as partes, for ilícito; IV – não revestir a forma prescrita em lei; V – for preterida alguma solenidade que a lei considere essencial para a sua validade; VI – tiver por objetivo fraudar lei imperativa; VII – a lei taxativamente o declarar nulo, ou proibir-lhe a prática, sem cominar sanção. Por sua vez, somente se anula [nulidade relativa] a transação "por dolo, coação, ou erro essencial quanto à pessoa ou coisa controversa." (art. 849 do Código Civil).

será necessariamente menor, em razão da antecipação de parcela do pagamento da indenização; (vii) acrescente-se, ainda, um *ganho de imagem* para alguns casos, nos quais o agente é sociedade empresária fornecedora de produtos ou serviços e presta serviço de resolução de conflitos, em canal direto com o consumidor, com alto índice de resolução e satisfação dos clientes.[38]

Decerto que toda essa sistemática de *ganhos* a favor do agente que repara espontaneamente o dano já consta do contexto atual do ordenamento jurídico positivo, o que não impede sejam novas medidas de estímulo aperfeiçoadas pela legislação. Aliás é o que aqui se defende, *de lege ferenda*.[39]

Em vias de sistematização, portanto, a função promocional (i) persegue a finalidade última da responsabilidade civil, (ii) pressupõe a ocorrência do dano; (iii) é direcionada à realização plena dos interesses da vítima; (iv) é fundamentada no *princípio* da solidariedade, exige a ambas partes o agir colaborativo voluntário e espontâneo; (v) confere à parte ofensora um ônus maior em direção à reparação espontânea do dano; (vi) implica concessão de prêmios ou benefícios (sanções positivas) maiores ao agente que se conduz no sentido da tutela plena da vítima; (v) utiliza-se de ferramentas de estímulo para a reparação espontânea do dano; (vi) sendo elas de natureza processual, como aquele expresso pelo vetor hermenêutico da primazia da conciliação e mediação, assim como a categoria do reconhecimento jurídico do pedido; (vii) e de natureza material, pela via de categorias como a transação, a confissão de dívida, em conexão com o ato material de pagamento; (viii) podendo ser realizada tanto em ambiente extraprocessual, quanto no contexto da relação jurídica processual, ainda que seja preferível a primeira opção; (ix) a sua realização representa a concretização, em máxima efetividade, de diversos princípios constitucionais, para além da solidariedade, tais como a celeridade, razoabilidade, eficiência e o valor do bem-estar social.

Expostos os fundamentos teóricos da função promocional da responsabilidade civil, passa-se, assim, a desenvolver a sua aplicação prática, especificamente no contexto das relações jurídicas de consumo.

4. APLICAÇÃO DA FUNÇÃO PROMOCIONAL NAS RELAÇÕES DE CONSUMO

No âmbito do conjunto de instrumentos postos à disposição da função promocional da responsabilidade civil, vislumbra-se caminhos distintos à normativa

---

38. Já são vários os canais existentes de resolução extrajudicial de controvérsias no mercado de consumo, a exemplo do "Reclame aqui" https://www.reclameaqui.com.br/, onde empresas exemplares ganham selos de qualidade no atendimento e, não raro, utilizam tal "prêmio" como mensagem publicitária na oferta de seus serviços.

39. A edição de lei que sistematize os prêmios ou benesses aos agentes que reparam espontaneamente os danos por eles causados só traria benefícios à sociedade como um todo. De antemão já se destaca ganho excepcional pela simples facilidade de acesso ao conhecimento geral em torno da matéria, com conscientização ampla por parte dos setores produtivos e de toda a sociedade (afinal, pessoas naturais também causam danos acidentais a terceiros). Além disso, seria mais um passo em direção à concretização da efetividade do ordenamento.

da reparação espontânea à medida em que (i) o dano ocasionado for de natureza individual e em ambiente relacional paritário; (ii) o dano causado for de natureza individual, estando a vítima em situação de vulnerabilidade (relação não paritária); ou (iii) o dano provocado for de natureza metaindividual. Portanto, a tutela da vítima seguirá padrões diferenciados, a depender não apenas das vicissitudes do caso concreto, mas também das próprias características subjetivas da relação jurídica.

Nos limites desta exposição, tratar-se-á das idiossincrasias próprias das relações de consumo, em situações de danos ou interesses de natureza individual, cujo principal desafio repousa na identificação dos limites da transação, partindo-se do pressuposto da vulnerabilidade presumida do consumidor (art. 4º, I, da Lei 8.078/90). Quanto à utilização deste importante mecanismo, faz-se necessário estabelecer o difícil equilíbrio entre os interesses constitucionais de proteção do consumidor e os interesses constitucionais ligados à função promocional da responsabilidade civil, como modelo de estímulos à reparação espontânea dos danos. Em última análise, não pode a normativa consumerista servir de obstáculo instransponível ao cumprimento dos desígnios da função promocional, como não pode a função promocional perseguir modelo de reparação espontânea em desconsideraçao do perfil de vulnerabilidade do consumidor.

Imagine-se o seguinte caso concreto: José adquire bilhetes aéreos para viajar a Chicago, partindo do Rio de Janeiro, onde haverá um casamento de um amigo, para o qual foi convidado para ser padrinho. Planeja, assim, a estadia de quatro dias, hospedando-se em hotel de quinta-feira a domingo, data do voo de volta. O casamento estava marcado para a sexta-feira. Reserva o hotel, aproveitando oferta promocional mediante a qual pagou antecipadamente todo o valor da hospedagem, sem que tivesse o direito de cancelamento da reserva. Chegar pontualmente ao aeroporto e descobre que o voo acabara de ser cancelado, sem prévio aviso, por "motivos técnicos" e de "adequação da malha aérea". Mesmo diante de seu inconformismo, obtém proposta de acomodação apenas para o voo de sexta-feira à noite, materializando, assim, que chegará em Chicago somente ao sábado pela manhã, após o casamento. Neste contexto, perderá o principal evento que era a causa principal da viagem, assim como duas diárias, já pagas e não reembolsáveis, no hotel. Mesmo assim, ponderando que o prejuízo maior era não viajar de forma alguma, José aceita os termos da proposta e embarca na sexta-feira a noite.

Retornando ao Brasil, é procurado pela companhia aérea a fim de obter composição sobre os danos causados pelo cancelamento daquele voo. A proposta é que ele aceite o estorno de 20% (vinte por cento) sobre o valor pago pelas passagens aéreas como forma de compensação por todos os prejuízos sofridos, sejam eles de natureza material ou moral, renunciando, pelo acordo, ao direito de ação, que porventura venha a propor em face da companhia. Julgando que qualquer oferta era melhor do que nada, adere aos termos do acordo, celebrando o pacto de transação extrajudicial, recebendo, *incontinenti*, os valores acordados como estorno em seu cartão de crédito. Após maior reflexão, José percebe que os seus prejuízos foram muito maiores e que, se tivesse consciência deles à época da adesão à proposta da companhia, não teria aderido ao acordo. A questão que se põe é saber se teria ele direito a questionar, sob algum aspecto, o acordo firmado livremente entre as partes.

Mesmo o Código Civil – norma geral a qual normalmente, e por equívoco, defende-se a aplicação às relações paritárias – prevê que a autonomia privada pode ser unilateralmente reduzida em certos tipos de relações jurídicas.[40] São aquelas nas quais não há paridade de armas na negociação, vale dizer, inexiste equivalência no exercício da autonomia privada por parte dos interessados. De um lado, figura uma parte designada de *proponente*, ou *estipulante*, em situação de plena liberdade contratual, que pré-estabelece os termos do acordo, de forma unilateral. De outro, aquele que só "adere" às cláusulas preformuladas, chamado de *aderente*, exercendo sua autonomia *até certo ponto*, na medida em que não contribui na conformação de seu conteúdo. A este acordo de vontades desiguais, qualifica-se o contrato de adesão.[41]

Contudo, a maior parte dos contratos de adesão são firmados no ambiente das relações de consumo, tendo o Código de Defesa do Consumidor (Lei 8.078/90) definido o negócio como "aquele cujas cláusulas tenham sido aprovadas pela autoridade competente ou estabelecidas unilateralmente pelo fornecedor de produtos ou serviços, sem que o consumidor possa discutir ou modificar substancialmente seu conteúdo" (art. 54, *caput*). Ademais, destaca-se que: (i) na norma geral, há previsão de que "são nulas as cláusulas que estipulem a renúncia antecipada do aderente a direito resultante da natureza do negócio" (art. 424 do Código Civil); (ii) nas relações de consumo, prescreve-se que as cláusulas que implicarem "limitação do direito do consumidor deverão ser redigidas com destaque permitindo sua imediata e fácil compreensão" (art. 54, § 4º do Código de Defesa do Consumidor), sendo nulas *de pleno direito* quaisquer cláusulas contratuais relativas ao fornecimento de produtos ou serviços, que "impossibilitem, exonere ou atenue a responsabilidade do fornecedor de serviços por vícios de qualquer natureza dos produtos ou serviços ou que impliquem renúncia ou disposição de direitos" (art. 51, I do Código de Defesa do Consumidor), ou "estabeleçam obrigações consideradas iníquas, abusivas, que coloquem o consumidor em desvantagem exagerada, ou sejam incompatíveis com a boa-fé ou a equidade". Por fim, é um direito básico do consumidor a efetiva prevenção e reparação de danos materiais e morais, individuais, coletivos e difusos (art. 6º, VI do Código de Defesa do Consumidor).

Pelo conjunto normativo, poder-se-ia imaginar que a *transação* é instrumento inviável ou inadequado para concretizar a função promocional no âmbito das relações de adesão, ou nas relações de consumo. É que a mínima unidade de efeitos do instrumento transacional pressupõe que os interessados realizem "concessões mú-

---

40. Prevê o art. 423 do Código Civil que, "quando houver no contrato de adesão cláusulas ambíguas ou contraditórias, *dever-se-á adotar a interpretação mais favorável ao aderente*", bem como o art. 424, o qual estipula que "nos contratos de adesão, *são nulas as cláusulas que estipulem a renúncia antecipada do aderente a direito resultante da natureza do negócio*". (g.n.).

41. ROPPO, Enzo. *O contrato*. Trad. Ana Coimbra e Januário Gomes. Coimbra: Almedina, 2009. p. 311-312.

tuas", o que inexoravelmente implicará na redução das situações jurídicas ativas da vítima, relativizando a *reparação integral*, por meio de cláusulas que *limitam* (*rectius*: reduzem) a responsabilidade do agente. Seria, assim, incompatível a utilização da transação nas relações não paritárias.

Sucede que não é essa a interpretação que merece prevalecer. Por variadas razões, aqui se defende que a transação é instrumento útil e eficaz, mesmo nas hipóteses de relações de adesão e de consumo.

Em primeiro lugar, o contrato de transação não se confunde com a renúncia. Quando as partes abrem mão, ou aceitam reduzir proporcionalmente, algumas de suas situações jurídicas ativas, com a aquisição de outras vantagens em contrapartida, é equivocada toda e qualquer referência à renúncia, ainda que parcial, na medida em que esta se qualifica como "ato jurídico pelo qual o titular de um direito extingue-o em decorrência de sua própria vontade".[42] Logo, seus efeitos estão previamente determinados pela ordem jurídica positiva, e não pela vontade do renunciante.[43] Não cabe a este definir os efeitos de sua renúncia.[44] Assim como a vontade do renunciante não é composta por interferência de vontades externas. Se determinado interessado opta por abrir mãos de certas posições jurídicas ativas em ambiente de *negociação*, para obter vantagens outras como contrapartida, trata-se de negócio jurídico bilateral que, se tiver por escopo evitar ou pôr termo a litígio, será qualificado como transação. Neste caso, uma realidade não integra a outra. A renúncia *não está contida* na transação. É alheia a ela, porque cumpre função absolutamente distinta.

Se a transação não abrange a renúncia, ainda que seja equívoco comum tal referência na realidade jurisprudencial,[45] a cláusula que elimina ou reduz certa posição

---

42. Ainda, "sua prática compete exclusivamente ao titular do direito e seus efeitos decorrem da lei, inclusive no plano da incidência destes em relação a outros sujeitos de direito" (TEPEDINO, Gustavo; BODIN DE MORAES, Maria Celina; BARBOSA, Heloísa Helena. *Código Civil interpretado conforme a Constituição da República*. Rio de Janeiro: Renovar, 2008. v. I. p. 232). Na mesma rota, NERY JÚNIOR, Nelson; NERY, Rosa Maria de Andrade. *Código Civil comentado*. 5. ed. São Paulo: Ed. RT, 2007. p. 301-302.

43. Em sentido contrário, qualificando a renúncia de direitos como "negócio jurídico unilateral", entre tantos, cf. AMARAL, Francisco. *Direito civil*: introdução. 7. ed. Rio de Janeiro: Renovar, 2008. p. 60; e MELLO, Marcos Bernardes de. *Teoria do fato jurídico*: plano da existência. São Paulo: Saraiva, 2012. p. 239.

44. É que os atos jurídicos em sentido estrito correspondem àqueles "cuja vontade não tem aptidão para produzir o regulamento ou a normativa a ser aplicada, vez que está já está previamente regulamentada por lei ou por negócio jurídico" (REIS JÚNIOR, Antonio dos. O fato jurídico em crise: uma releitura sob as bases do direito civil-constitucional. *Revista de Direito Privado*, São Paulo, v. 67, jul. 2016. p. 33).

45. Tal confusão é bastante comum na jurisprudência, atingindo mesmo as decisões do Superior Tribunal de Justiça, como se pode verificar no Recurso Especial 1.115.265-RS, rel. Min. Sidnei Beneti, j. 24 abr. 2012, resumido no Informativo 469 da Corte Superior: "Cinge-se a controvérsia à análise da ocorrência da renúncia tácita à impenhorabilidade de pequena propriedade rural familiar dada em garantia pelo recorrido, em acordo extrajudicial posteriormente homologado judicialmente, o qual nele figura como garantidor solidário de obrigação de terceiro. Na espécie, a recorrente alega que a garantia oferecida pelo recorrido equipara-se à garantia real hipotecária, prevista no art. 3º, V, da Lei 8.009/1990. Contudo, o Min. Relator salientou que a ressalva prevista nesse dispositivo legal não alcança a hipótese dos autos, limitando-se, unicamente, à execução hipotecária, não podendo tal benefício (o da impenhorabilidade) ser afastado para a execução de outras dívidas. Assim, salvo as situações compreendidas nos incisos I a VII do art. 3º da Lei 8.009/1990, descabe a penhora de imóvel ou a sua oferta em garantia. Além do mais, o bem é uma pequena propriedade rural, cuja impenhorabilidade encontra-se garantida constitucionalmente (art. 5º, XXVI, da

jurídica, para a obtenção de outra, como contrapeso, não é nula por violação ao art. 424 do Código Civil ou ao art. 51, I do Código de Defesa do Consumidor. Sendo o negócio qualificado como *transação*, a declaração de nulidade do contrato (ou de uma cláusula) dependerá da análise do conteúdo do contrato no caso concreto, de modo a saber se ele se inclui em algumas das causas previstas no art. 166 e seguintes do Código Civil, ou em alguma causa extravagante de nulidade prevista no ordenamento positivo.[46]

Um segundo argumento importante, malgrado recaia sobre si a pecha de demasiadamente "formalista" ou "exegético-literal", é que a incidência do art. 51 do Código de Defesa do Consumidor parece restringir-se às "cláusulas contratuais relativas ao fornecimento de produtos e serviços", como bem delimita o caput do referido dispositivo legal. Como é cediço, o contrato de transação que é realizado para pôr termo a determinado litígio não tem como objeto o "fornecimento de produtos ou serviços", mas a autocomposição do litígio. Isso não significa que o intérprete ou aplicador do direito deva desprezar a situação de debilidade contratual do consumidor, especialmente por ser ele um sujeito presumidamente vulnerável (art. 4º, I do Código de Defesa do Consumidor), mas é necessário destacar que os critérios serão diversos daqueles constantes do art. 51 da Lei 8.078/90, e deverão ser apurados em cada caso concreto. Cabe ao intérprete, portanto, verificar se na negociação entre agente-fornecedor e vítima-consumidora, aquele impõe, por sua posição de superioridade contratual, "prevalecendo-se da fraqueza ou ignorância do consumidor" (art. 39, IV do Código de Defesa do Consumidor), alguma cláusula que exija da vítima vantagem manifestamente excessiva (art. 39, V do Código de Defesa do Consumidor). Se assim o for, restará qualificada a conduta do fornecedor como "prática abusiva", expressamente proibida por lei, autorizando a declaração de sua nulidade na forma do art. 166, VII, parte final, do Código Civil.[47]

De igual modo, a transação não contraria o disposto no art. 6º, VI do Código de Defesa do Consumidor. A doutrina costuma identificar neste texto normativo a positivação, nas relações de consumo, do *princípio da reparação integral*, caracterizando-o como um *direito elementar* do consumidor.[48] Dada a sua natureza basilar, atrairia para si a característica da indisponibilidade. Afinal, as normas de proteção e defesa do consumidor são consideradas como de *ordem pública* e *interesse social*, traduzindo-se, assim, como *normas cogentes*.[49]

CF). De modo que, a exceção à impenhorabilidade do bem de família previsto em lei ordinária não pode afetar direito reconhecido pela Constituição, nem pode ser afastada por renúncia, por tratar-se de princípio de ordem pública que visa à proteção da entidade familiar. Precedentes citados: REsp 470.935-RS, *DJ* 1º mar. 2004, e REsp 526.460-RS, *DJ* 18 out. 2004".

46. Para um estudo abrangente das invalidades nas relações civis, cf., por todos, SOUZA, Eduardo Nunes. *Teoria geral das invalidades*: nulidade e anulabilidade no direito civil contemporâneo. São Paulo: Almedina, 2017.

47. Código Civil. "Art. 166. É nulo o negócio jurídico quando: (...) VII – a lei taxativamente o declarar nulo, ou *proibir-lhe a prática, sem cominar sanção*". (g.n.).

48. Entre tantos outros, NUNES, Rizzato. *Curso de direito do consumidor*. São Paulo: Saraiva, 2013. p. 191-192.

49. BENJAMIN, Antônio Herman V.; MARQUES, Cláudia Lima; BESSA, Leonardo Roscoe. *Manual de Direito do Consumidor*. São Paulo: Ed. RT, 2007. p. 53.

Finalmente, o Código de Defesa do Consumidor (Lei 8.078/90) passou a consagrar de forma expressa (artigos 104-A, 104-B e 104-C, inseridos pela Lei 14.181/2021) a possibilidade de conciliação no superendividamento, sem impor qualquer limite excepcional à hipótese de transação pelo simples fato do perfil subjetivo do consumidor. Pelo contrário, encara a possibilidade de repactuação das dívidas, pela via de acordo, como algo benéfico aos consumidores. Os limites à transação, portanto, não devem ir além daqueles presentes para todo tipo de contratação (requisitos de validade e eficácia) e dos limites já impostos nos artigos 840 e seguintes do Código Civil.

A propósito, não se nega a natureza imperativa das normas de proteção ao consumidor, cuja incidência é uma das mais expressivas manifestações do dirigismo contratual. Contudo, é preciso reconhecer que o Código de Defesa do Consumidor (Lei 8.078/90), como demonstração clara de *legislação avançada*, optou, conscientemente, por não utilizar o tradicional termo *reparação integral* ao fazer referência ao direito básico do consumidor, preferindo conferir-lhe o direito elementar à "*efetiva prevenção e reparação de danos* (...)".[50] A preferência pela *efetiva* reparação não é por acaso.[51] A moderna legislação brasileira sabe que a ideia de reparação pela exata extensão dos danos sofridos (reparação integral) representa apenas uma das possibilidades de satisfação plena do interesse do consumidor lesado. Por vezes, ainda mais importante que a recomposição matematicamente perfeita das perdas, é a possibilidade de autocomposição célere, segura e eficaz, por vezes valendo-se de benefícios alternativos à indenização pecuniária,[52] mas sem perder de vista que a possibilidade de evitar ou extinguir um litígio judicial pela via do acordo é exigência que se impõe pelo princípio da solidariedade (*ex vi* art. 104-A da Lei 8.078/90, com as alterações da Lei 14.181/21).

No caso hipotético exposto no início deste capítulo, apesar de suscitar dúvida a respeito da natureza da responsabilidade (contratual ou extracontratual), é preciso ter em mente que o *direito de ação*, como corolário do *acesso à justiça* (art. 5º, XXXV da CF), permite que toda e qualquer pessoa que entenda ter algum interesse violado possa demandar em juízo pelo seu reconhecimento.[53] Deste modo, interpretando o

---

50. Art. 6º. São direitos básicos do consumidor: (...) VI – a efetiva prevenção e reparação de danos patrimoniais e morais, individuais, coletivos e difusos (...).
51. Como bem destaca Gustavo TEPEDINO: "sublinhe-se a significativa alusão do legislador à efetividade da tutela, acentuando desse modo não somente a integralidade de eventual indenização – danos emergentes e lucros cessantes – mas, principalmente, a sobreposição conceitual do conteúdo sobre a forma, ou seja, o preceito refuta qualquer classificação formal – espécies de danos ou de ritos – que pudesse sacrificar o resultado reparatório pretendido" (A responsabilidade civil por acidentes de consumo na ótica civil-constitucional. *Temas de direito civil*. Rio de Janeiro: Renovar, 2008. v. 1. p. 283).
52. Na negociação, é possível ainda incluir instrumentos variados como a reparação física ou substituição de produtos ou reexecução de serviços, com oferta de *upgrade*, como alguns dos exemplos de reparação *in natura* que o consumidor tem à sua disposição no âmbito da autocomposição (SCHREIBER, Anderson. *Reparação não pecuniária dos danos morais*, cit., p. 213-216).
53. Conferindo ampla interpretação ao princípio constitucional do acesso à justiça (art. 5º, XXXV da CF), para além do corolário da inafastabilidade do controle jurisdicional (art. 3º do Código de Processo Civil), cf. MARINONI, Luiz Guilherme. *Curso de Processo Civil*. 3. Ed. São Paulo: Ed. RT, 2008. v. 1. p. 221.

direito civil na legalidade constitucional, mesmo um acordo de transação bem sucedido não tem o condão *impedir* a propositura de uma ação por aquele que se comprometeu a evitá-la.[54] Seria, sim, *matéria de defesa* por parte do réu, que deve invocar e comprovar a existência de acordo prévio e extrajudicial, como fato impeditivo do direito do autor.[55] É matéria de defesa forte, que só será ultrapassada se (i) a parte autora (consumidora) comprovar algum vício que possa eivar o acordo com alguma nulidade ou anulabilidade,[56] (ii) demonstrar alguma circunstância excepcional qualificada como prática comercial abusiva, seja porque se aproveitou da fraqueza ou ignorância do consumidor, ou porque exigiu dele, na negociação, vantagem manifestamente excessiva (art. 39, IV e V do Código de Defesa do Consumidor), não se podendo *presumir* tal circunstância.

Assim devem ser interpretados os acordos de transação nas relações de consumo, levando-se em conta o interesse prevalecente do ordenamento em prol da concretização da função promocional da responsabilidade civil, sem descuidar da defesa dos interesses da parte mais vulnerável na relação de consumo. Se, de um lado, promove-se o instrumento da transação, não sendo prudente presumir qualquer nulidade aos acordos, por outro é preciso interpretá-los em cada contexto concreto, de forma a preservar as garantias constitucionais de tutela do consumidor, especialmente diante de vulnerabilidades concretas (e não simplesmente presumidas).

5. PROPOSIÇÕES CONCLUSIVAS

O estudo aqui apresentado procurou expor os fundamentos e o conteúdo da função promocional da responsabilidade civil, com ênfase na sua aplicabilidade às relações de consumo.

Em suma, pelos instrumentos postos à disposição da função promocional da responsabilidade civil – *de lege lata* – é a transação o meio mais eficaz para alcançar a desejada "reparação espontânea dos danos", no sentido da satisfação plena dos interesses da vítima, pondo-se fim ao litígio ou evitando-o. Não se nega a utilidade da categoria processual do reconhecimento do pedido, cuja benesse está prevista no art. 90, § 4º, do CPC, nem mesmo dos instrumentos de confissão de dívida eventualmente realizados pelo agente causador do dano. Mas são instrumentos de rara utilização. O caminho da função promocional na responsabilidade civil passa pela valorização da transação, como mecanismo posto a favor dos consumidores.

---

54. Terá a parte autora, portanto, interesse de agir se o provimento jurisdicional for útil à sua satisfação. Não poderá, então, um juiz deixar de conhecer a demanda, por ausência de condição da ação, ao argumento de preexistir acordo de transação no qual as partes se comprometeram a não litigar judicialmente. Trata-se de matéria de mérito, em que o pedido deve ser apreciado, no sentido de sua procedência ou improcedência.
55. Código de Processo Civil. "Art. 373. O ônus da prova incumbe: (...) II – ao réu, quanto à existência de fato impeditivo, modificativo ou extintivo do direito do autor".
56. É o mesmo fato impeditivo que é válido também para as relações paritárias, como já mencionado no capítulo infra.

Como parâmetros para a aferição dos aspectos que tornariam a transação ineficaz, pela exploração da fraqueza ou ignorância do consumidor, ou pela exigência de vantagem manifestamente excessiva, propõe-se que os fornecedores de produtos e serviços (i) tenham o cuidado de emitir propostas com linguagem clara e precisa; (ii) com razoável tempo de reflexão, evitando o acerto por impulso, de maneira a privilegiar o estudo e o conhecimento, por parte da vítima, acerca da amplitude da proposta; (iii) estejam abertos ao recebimento de contrapropostas, evidenciando a existência real de exercício da autonomia do consumidor, como ator relevante da modelação do conteúdo do contrato de transação; (iv) redijam com destaque as situações jurídicas ativas que o consumidor abrirá mão, como contrapartida para a rápida e eficaz resolução da controvérsia; (v) proponham concessões mútuas razoavelmente equilibradas e *proporcionais*, como forma de afastar o risco de haver exigência manifestamente excessiva., sem descuidar dos aspectos subjetivos que costumam nortear a autocomposição.[57] Quanto maior a medida de cumprimento de tal itinerário, maior higidez será conferida à transação, tornando-a mais segura, de forma a potencializar o uso na praxe, fortificando a eficácia da função promocional da responsabilidade civil nas relações de consumo.

Naquela hipótese casuística exposta no capítulo anterior, se José comprova que houve a aceitação do acordo, por mera adesão, em contexto no qual lhe foi retirada a possibilidade de reflexão sobre a amplitude dos fatos danosos, havendo insistência em torno da aceitação imediata da composição civil, sem destaque para as cláusulas restritivas ou de limitação a certas situações jurídicas subjetivas, é possível vislumbrar prevalecimento do fornecedor sobre sua *ignorância* ou *fraqueza* (que se potencializa se o consumidor for idoso, ou portador de deficiência mental ou intelectual, ainda que não curatelado, etc.). Tais elementos ampliam a possibilidade de ver reconhecida a nulidade do contrato, embora não se possa presumir tal vício.[58] Seria forte, também, o argumento de que é nulo o acordo que reduz determinada situação jurídica ativa de maneira desproporcional, evidenciando-se a exigência de *vantagem manifestamente excessiva*. Deve-se apenas atentar para o fato de que a desproporcionalidade não deve ser apurada por meros critérios objetivos, na medida em que o interesse subjetivo que envolve a transação tem peso relevante na autocomposição. Daí a razão pela qual a discrepância objetiva *precisa saltar aos olhos* para ser declarada sem maiores dificuldades, mas sempre em contexto com os demais critérios

Por outro lado, é evidente que, *de lege ferenda*, há um longo caminho a percorrer para o desenvolvimento da função promocional da responsabilidade civil, que

---

57. Uma boa baliza para apurar a quantificação ideal do dano sofrido pela vítima é a verificar a média das indenizações pecuniárias impostas pela jurisprudência, para hipóteses semelhantes, evitando-se reduzir desproporcionalmente tais valores na negociação. Quando mais próximo os valores acordados estiverem daquilo que normalmente se reconhece em juízo para situações semelhantes, maior será a higidez do acordo, evidenciando que não houve exploração da fraqueza ou ignorância do consumidor, ou exigência de vantagem manifestamente excessiva. Maior será também, em última análise, a prova da boa-fé dos fornecedores na contratação.
58. Nos termos do art. 166, VII do Código Civil c/c art. 39, IV do Código de Defesa do Consumidor.

inclui a criação de novos instrumentos, para além da transação, capazes de fomentar a reparação espontânea e a satisfação eficiente dos interesses da vítima. A começar por um amplo programa de pontuação às empresas/fornecedores de produtos e serviços, com parâmetros bem definidos e critérios transparentes, que atribuam aos agentes benefícios de imagem – e de vantagem mercadológica – conforme o índice de resolução dos conflitos e de satisfação dos consumidores que foram vítimas de danos provenientes de defeitos no produto ou no serviço.

O leque de "prêmios" por boa conduta é vastíssimo, passando pelo desenvolvimento de ferramentas eficientes de divulgação e transparência dos perfis das "boas empresas", incluindo o fomento à possibilidade de obter vantagens em sites de buscas, com auxílio da inteligência artificial, até o nível máximo da sanção positiva, representada por benefícios de ordem econômica, como aqueles de índole fiscal. Neste ponto, exige-se apenas que o critério definidor dos benefícios inclua filtros eficientes que evitem o estímulo à conduta oposta: causar muitos danos para repará-los espontaneamente e, assim, gozar de benefícios. Uma sugestão seria estipular metas progressivas de redução da quantidade de danos causados a cada ano, como baliza para a manutenção no *ranking* de boas empresas.

De todo modo, enquanto o sistema de sanções positivas ainda é embrionário, os instrumentos já consagrados pelo legislador à disposição da função promocional da responsabilidade civil respondem bem ao desiderato ético-jurídico da nova perspectiva funcional do instituto. É papel da doutrina e da jurisprudência promovê-los e aperfeiçoá-los, havendo amplo espaço de concretização da função promocional nas relações consumeristas.

6. REFERÊNCIAS BIBLIOGRÁFICAS

ALEMANNO, Alberto; SIBONY, Anne-Lise. *Nudge and the law*: a european perspective. London: Bloomsbury, 2015.

AMARAL, Francisco. *Direito civil*: introdução. 7. ed. Rio de Janeiro: Renovar, 2008.

BARBOSA, Mafalda Miranda. Reflexões em torno da responsabilidade civil: teleologia e teleonomologia em debate. *Boletim da Faculdade de Direito da Universidade de Coimbra*, v. 81, Coimbra: FDUC, 2005.

BENJAMIN, Antônio Herman V.; MARQUES, Cláudia Lima; BESSA, Leonardo Roscoe. *Manual de Direito do Consumidor*. São Paulo: Ed. RT, 2007.

BENTHAM, Jeremy. *An introduction to the principles of morals and legislation* [1781]. Kitchner: Batoche Books, 2000.

BLONDEL, Maurice. *Vocabulaire technique et critique de la philosophie*. Paris: Ed. PUF, 1947.

BOBBIO, Norberto. *Da estrutura à função*: novos estudos de teoria do direito. Trad. Daniela Beccaccia Versiani. Barueri: Manole, 2007.

BODIN DE MORAES, Maria Celina. A prescrição e o problema da efetividade do direito. *A juízo do tempo*. BODIN DE MORAES, M. C. et all. (Coord.). Rio de Janeiro: Ed. Processo, 2019.

BODIN DE MORAES, Maria Celina. *O princípio da solidariedade*: na medida da pessoa humana. Rio de Janeiro: Renovar, 2008.

DI MAJO, Adolfo. Discorso generale sulla responsabilità civile. In: LIPARI, Nicolò; RESCIGNO, Pietro (Coord.). *Diritto civile*. Milano: Giuffrè, 2009. v. IV. t. III.

ENNECCERUS, Ludwig; KIPP, Theodor; WOLFF, Martin. *Tratado de derecho civil*. Barcelona: Bosch Publicaciones Jurídicas, 1948. v. 2. t. 2.

GOMES, Orlando. *Contratos*. 26. ed. Rio de Janeiro: Forense, 2007.

KANT, Immanuel. *Fundamentação da metafísica dos costumes*. Trad. Guido Antônio de Almeida. São Paulo: Barcarola, 2009.

MARINONI, Luiz Guilherme. *Curso de Processo Civil*. 3. ed. São Paulo: Ed. RT, 2008. v. 1.

MELLO, Marcos Bernardes de. *Teoria do fato jurídico*: plano da existência. São Paulo: Saraiva, 2012.

MESSINEO, Francesco. *Manuale di diritto civile*. Milano: Giuffrè, 1947. v. 3.

NERY JÚNIOR, Nelson; NERY, Rosa Maria de Andrade. *Código Civil comentado*. 5. ed. São Paulo: Ed. RT, 2007.

NUNES, Rizzato. *Curso de direito do consumidor*. São Paulo: Saraiva, 2013.

PERLINGIEIRI, Pietro. *O direito civil na legalidade constitucional*. Rio de Janeiro: Renovar, 2008.

PONTES DE MIRANDA, Francisco Cavalcanti. *Tratado de direito privado*. v. 25. Rio de Janeiro: Borsoi, 1971.

REALE, Miguel. *Filosofia do direito*. 12. ed. São Paulo: Saraiva, 1987.

REIS JÚNIOR, Antonio dos. O fato jurídico em crise: uma releitura sob as bases do direito civil-constitucional. *Revista de Direito Privado*, São Paulo, v. 67, v. 67, jul. 2016.

REIS JÚNIOR, Antonio dos. Por uma função promocional da responsabilidade civil. SOUZA, Eduardo Nunes; SILVA, Rodrigo da Guia (Coord.). *Controvérsias atuais em responsabilidade civil*. São Paulo: Almedina, 2018.

RODRIGUES, Francisco Luciano Lima; VERAS, Gésio de Lima. Dimensão funcional do dano moral no direito civil contemporâneo. *Civilistica.com*. Rio de Janeiro, a. 4, n. 2, 2015, p. 18. Disponível em: <http://civilistica.com/tracos-positivistas-das-teorias-de-pontes-de-miranda/>.

ROPPO, Enzo. *O contrato*. Trad. Ana Coimbra e Januário Gomes. Coimbra: Almedina, 2009.

ROSENVALD, Nelson. *As funções da responsabilidade civil*: a reparação e a pena civil. 3. ed. São Paulo: Saraiva, 2017.

SANTORO-PASSARELI, Francesco. *La transazione*. 2. ed. Napoli: Jovene, 1963. v. 1.

SARLET, Ingo Wolfgang. *A eficácia dos direitos fundamentais*. 12. ed. Porto Alegre: Livraria do Advogado, 2015.

SCHREIBER, Anderson. *Reparação não pecuniária dos danos morais. Direito civil e Constituição*. São Paulo: Atlas, 2013.

SOUZA, Eduardo Nunes. *Teoria geral das invalidades*: nulidade e anulabilidade no direito civil contemporâneo. São Paulo: Almedina, 2017.

TEPEDINO, Gustavo. A responsabilidade civil por acidentes de consumo na ótica civil-constitucional. *Temas de direito civil*. Rio de Janeiro: Renovar, 2008. v. 1.

TEPEDINO, Gustavo; BODIN DE MORAES, Maria Celina; BARBOSA, Heloísa Helena. *Código Civil interpretado conforme a Constituição da República*. Rio de Janeiro: Renovar, 2008. v. 1.

TRABUCCHI, Alberto. *Istituzioni di diritto civile*. 47. ed. Padova: CEDAM, 2015.

VENTURI, Thais Goveia Pascoaloto. *Responsabilidade civil preventiva*: a proteção contra a violação dos direitos e a tutela inibitória material. São Paulo: Malheiros, 2014.

VINEY, Genevieve. *Traité de droit civil*: la responsabilité – effects. Paris, LGDJ, 1988.

WESTERMANN, Harm Petter. *Código Civil alemão*: direito das obrigações – parte geral. Trad. LAUX, A. E. Porto Alegre: Sergio Fabris, 1983.

SEGURO DE RESPONSABILIDADE CIVIL PRODUTOS: EFETIVIDADE DA GARANTIA DE INDENIZAÇÃO AOS CONSUMIDORES

Walter A. Polido

Mestre em Direitos Difusos e Coletivos pela PUC-SP; Árbitro em seguros e resseguro; Sócio e professor da Conhecer Seguros; Coordenador Acadêmico da Especialização em Direito do Seguro e Resseguro da ESA-OAB-São Paulo; Autor de livros; Consultor e Parecerista

walter@polidoconsultoria.com.br

Sumário: 1. Responsabilidade civil pela circulação de produtos – Defeito do produto – Código Civil e Código de Defesa do Consumidor – 2. Seguro de Responsabilidade Civil Produtos (RC Produtos); 2.1 Escopo da cobertura e os elementos essenciais da apólice; 2.2 RC Produtos e operações completadas – Conceitos; 2.3 Riscos excluídos na apólice – 3. Produtos exportados – 4. Rechamada de produtos; 4.1 *Products recall insurance;* 4.2 Tipos de coberturas de *recall* – 5. Conclusões – 6. Referências bibliográficas.

---

1. RESPONSABILIDADE CIVIL PELA CIRCULAÇÃO DE PRODUTOS – DEFEITO DO PRODUTO – CÓDIGO CIVIL E CÓDIGO DE DEFESA DO CONSUMIDOR

O Código de Defesa do Consumidor introduziu a definição legal de *produtos* e *serviços* no ordenamento nacional, em 1990, conforme o disposto no art. 3º, §§ 1º e 2º. O Código Civil de 1916 sequer mencionava a nomenclatura, acolhida pelo CC de 2002, imantado pelo CDC, assim como preconizou o artigo 931: "ressalvados outros casos previstos em lei especial, os empresários individuais e as empresas respondem independentemente de culpa pelos danos causados *pelos produtos postos em circulação*".

A condição definida no novo CC determinou uma amplitude considerável, nem sempre percebida integralmente: "produtos postos em circulação". Assim, o simples fato de o produto deixar a esfera privada do fabricante ou do distribuidor, *circulando,* impõe a responsabilidade civil para eles em face do consumidor, seja da esfera consumerista em sentido estrito ou equiparado, seja da esfera empresarial e paritária (fabricante/distribuidor cliente também empresário). Não bastando a abertura preconizada pelo CC em relação à responsabilização objetiva daquele que coloca o produto em circulação, a norma, com a natureza de *cláusula geral*, inovou ainda mais, e prescindiu do fator "defeito" em relação ao produto. Tula Wesendonck apresentou estudo primoroso sobre a hermenêutica subjacente no art. 931 do CC, concluindo: "a redação contida na legislação civilista é mais ampla que a consumerista, porque o nexo de imputação da responsabilidade civil não depende da existência de defeito do produto como previsto no Código de Defesa do Consumidor".[1] Este entendimento determina alguns desdobramentos, mas neste texto apenas aqueles que interessam diretamente ao estudo do Seguro de Responsabilidade Civil Produtos serão brevemente comentados. O *risco de desenvolvimento*, acolhido pelo CC, assim como o diálogo das fontes em razão do disposto nos artigos 7° e 12 do CDC e o art. 931 do CC, se sobressaem. O art. 7° do CDC, justamente por subsumir a *"legislação interna ordinária"* entre os direitos ou fontes, estabeleceu o entendimento de que a inovação trazida pelo CC pode perfeitamente ser aplicada também em sede consumerista. Desse modo, se o artigo 931 do CC prescindiu do *defeito do produto*, também o art. 12 do CDC pode ser relativizado, na medida em que puder beneficiar o consumidor prejudicado. O entendimento jurisprudencial caminha neste sentido, sendo que os Enunciados do Conselho da Justiça Federal – CJF[2], confirmam a posição.

No tocante ao contrato de Seguro de Responsabilidade Civil Produtos, impende destacar, desde logo, a necessidade de o produto *entregue* ao terceiro produzir perdas e danos efetivos e de modo a dispararem o mecanismo *(trigger)* reparatório da apólice contratada. O simples *não funcionamento* do produto, constitui um dos riscos excluídos pelo mencionado seguro, salvo se a inadequação também produzir danos patrimoniais e danos pessoais consequentes.

2. SEGURO DE RESPONSABILIDADE CIVIL PRODUTOS (RC PRODUTOS)

Entre as mais diversas modalidades de seguros de responsabilidade civil, a de RC Produtos representa uma das mais destacadas e complexas. Este seguro se envolve não só com os mais diferentes tipos de produtos industrializados, como também está sujeito a outras diferentes situações: risco de longa latência *(long-term exposure)*; probabilidade de ocorrer sinistros em série e todos eles decorrentes de um mesmo fato gerador; dificuldade quanto a determinação da data efetiva do sinistro e sobre qual apólice deve recair a obrigação de indenizar; entre outras. Dependendo do tipo de produto distribuído, várias teorias jurídicas já surgiram e continuam movimentando a doutrina e a prática cotidiana nas cortes de justiça mundiais: a do *risco integral*, que não leva mais em conta o ato culposo, mas o "controle de um risco ou de uma fonte de riscos ou de potenciais danos, aliado ao princípio da justiça distributiva segundo a qual quem tira o lucro ou beneficia de certa coisa ou actividade, que constitui uma fonte de riscos para terceiros, deve suportar os correspondentes encargos *(ubi commoda, ibi incommoda)*".[3] Também a teoria do *"market share liability"*, proveniente

---

1. WESENDONCK, Tula. O *Regime da Responsabilidade Civil pelo fato dos produtos postos em circulação. Uma proposta de interpretação do artigo 931 do Código Civil sob a perspectiva do direito comparado*. Porto Alegre: Livraria do Advogado, 2015. p. 232.
2. Ver Enunciados 42, 43, 190 e 378 do CJF. Disponíveis em: http://www.cjf.jus.br/enunciados. Acesso em: 23 nov. 2021.
3. SILVEIRA, Diana Montenegro da. *Responsabilidade civil por danos causados por medicamentos defeituosos*. Coimbra: Coimbra, 2010. p. 105.

do mercado norte-americano[4] e em face dos desastres espetaculares[5] já experimentados pela indústria não só farmacêutica, mas também de diversos outros tipos de produtos. Persistindo a dúvida de quem efetivamente produziu os danos de maneira disseminada, todos aqueles empresários que comercializaram o mesmo produto no mercado, deverão contribuir com a respectiva cota de produção e faturamento no pagamento das indenizações. Esta mesma teoria vem sendo aplicada em questões de danos ambientais.

Este seguro tem larga penetração nas sociedades desenvolvidas, sendo que em determinados países ele se apresenta sob a condição de contratação obrigatória, assim como na Alemanha em relação aos produtos farmacêuticos. Também no Brasil é um seguro comercializado em larga escala, com preponderância das grandes empresas e especialmente aquelas de origem estrangeira. Apesar da oferta disponível e da efetiva contratação do seguro RC Produtos no país, os sinistros que movimentam o mercado de seguros nacional ainda se situam, em grande parte, nas reclamações entre empresários. Dessa forma, os iguais, sequer hipossuficientes, conhecem as suas prerrogativas e reclamam com assiduidade. A sociedade consumidora brasileira, por seu turno, desconhece a existência deste tipo de seguro, assim como desconhece a maioria dos outros tipos, sendo que a cultura sobre esta ferramenta garantidora e eficaz ainda não é objeto da atenção devida no país, inclusive em sede acadêmica universitária.

Os seguros de responsabilidade civil, nos países industrializados, ocupam patamar de destaque, mesmo porque há a percepção pelas sociedades desenvolvidas do *dever social* que este tipo de seguro traz na sua essência garantidora múltipla. Há a convicção, naqueles países, de que a adoção maximizada deste instrumento econômico oferece a garantia da efetiva indenização aos cidadãos, toda vez que eles sofrerem danos. Não ficam, portanto, à mercê da solvência dos agressores. Através deste mecanismo reparador, ocorre a pulverização sistêmica dos riscos, literalmente. Orlando Gomes, por volta dos anos 1980, ao tratar do que ele chamou de *giro conceitual* em relação ao ato ilícito para a concepção de *dano injusto*, propugnou que a monetarização dos riscos importaria em adotar o mecanismo do seguro, de forma ampla.[6] Na via oposta, a Europa, que já havia alcançado este patamar ao abraçar o paradigma da obrigatoriedade dos mais diversos tipos de seguros de responsabilidade civil, questionava, na mesma ocasião, "se a socialização total do risco é compatível com a liberdade e a responsabilidade individual".[7] Considerando-se o fato de que nos países europeus a transferência do risco da responsabilidade civil para os seguros, nas mais diferentes atividades e situações foi extremamente massificada, o jurista

---

4. OWEN, David G. *Products Liability in a Nutshell*. 8th ed. USA: Thomson West, 2008. p. 349.
5. MOKHIBER, Russel. *Crimes corporativos. O poder das grandes empresas e o abuso da confiança pública*. São Paulo: Página Aberta, 1995.
6. GOMES, Orlando. Tendências modernas na teoria da responsabilidade civil. In: FRANCESCO, José Roberto Pacheco Di. (Org.). *Estudos em homenagem ao Professor Silvio Rodrigues*. São Paulo: Saraiva, 1989. p. 291-302.
7. BRUTAU, José Puig. *Fundamentos de Derecho Civil*. Barcelona: Bosch, 1983. t. II. v. 3. p. 176.

francês André Tunc chegou a asseverar que, num dado momento, a "modernização e a clarificação do direito da responsabilidade civil são uma necessidade urgente"[8], justamente no sentido de simplificar a responsabilização dos agentes, em face da securitização maximizada dos danos. Passado algum tempo, os países europeus não arrefeceram quanto à compulsoriedade da contratação de seguros de responsabilidade civil e nem o Brasil amadureceu de maneira objetiva a proposição de Gomes, mas o tema tem evoluído, ainda que a passos curtos, em relação à compreensão da função social e garantidora dos seguros. A jurisprudência parece abrir o caminho neste sentido. O Enunciado 544, do Conselho de Justiça Federal, resume didaticamente a exposição feita até aqui: "[art. 787, caput] – O seguro de responsabilidade civil facultativo garante dois interesses, o do segurado contra os efeitos patrimoniais da imputação de responsabilidade e o da vítima à indenização, ambos destinatários da garantia, com pretensão própria e independente contra a seguradora".

Há, ainda, um caminho longo a ser trilhado e com vistas na evolução, não só do mercado de seguros brasileiro, como também do legislador e o judiciário. A tese do *enriquecimento sem causa*, preconizada pelo CC, arts. 884-886, sendo ainda aplicada na composição do *quantum* indenizatório relativo a lesões corporais irreversíveis perpetradas às vítimas, não deixa de patentear o atraso vivenciado no Brasil, ainda com o direito civil preso no patrimonialismo oitocentista. Enquanto não for superada esta e outras situações jurídicas insustentáveis neste século XXI, a doutrina de Sessarego permanecerá apenas no campo doutrinário e acadêmico, fora do alcance do cidadão que vive e padece na sociedade pós-moderna, plena de riscos: "O 'dano à pessoa' supõe a reparação das consequências de toda ordem de danos causados a essa 'unidade psicossomática constituída e sustentada em sua liberdade'".[9] Os danos à pessoa não podem ser avaliados apenas sob a *perspectiva laboral*, assim como tem prevalecido no Brasil, de maneira acentuada e desde sempre. O homem é muito mais do que um ser laboral.

A matriz normativa da responsabilidade civil deve sofrer reformulação ou, mantendo-se assim como ela se encontra positivada no ordenamento nacional, determinados institutos do direito que orbitam ao redor dela, devem ser relativizados. O ser humano difere das coisas. Carlos Portugal, buscando incessantemente pelo reconhecimento no ordenamento pátrio da responsabilidade civil pelo *dano ao projeto de vida*, resume grande parte da questão aqui aventada: "dar fundamentação para uma possível nova classificação dos danos extrapatrimoniais para além da doutrina clássica do dano moral ainda resistente no Brasil".[10] Nessa mesma linha convergente e que propugna pela modernidade e a inovação do direito da responsabilidade civil, exsurgem os chamados "novos danos", situados num patamar além dos *não patrimo-*

---

8. TUNC, André. *La responsabilité civile*. Paris: Economica, 1981. p. 161.
9. SESSAREGO, Carlos Fernández. *Derecho y Persona*. 5. ed. Buenos Aires: Astrea, 2015. p. 209.
10. PORTUGAL, Carlos Giovani Pinto. *Responsabilidade civil por dano ao projeto de vida. Direito civil contemporâneo e os danos imateriais*. Curitiba: Juruá, 2016. p. 192.

niais, assim como leciona Schereiber[11] e vários outros autores.[12] O "dano futuro"[13], ainda pouco explorado no mercado brasileiro, vários tipos de seguros de responsabilidade civil estão a ele atrelados, assim como o da circulação de veículos (RCFV[14]), RC Empregador[15], além do seguro RC Produtos objeto deste texto. As seguradoras brasileiras optam sempre pelo pagamento único da indenização, liquidando o sinistro definitivamente e este procedimento pode não ser o mais recomendável sob a perspectiva do segurado, uma vez que pode remanescer para ele a responsabilidade civil sobre o terceiro prejudicado. O ministro do STJ, Sanseverino, referenda a possibilidade e o acolhimento do "dano futuro", afirmando que "é possível, no direito brasileiro, a revisão do valor da pensão por incapacidade nas hipóteses de melhora ou agravamento do estado de saúde da vítima do evento danoso".[16] Consentâneo a essa retórica do ponto de vista maximalista do *quantum debeatur*, embora raramente lembrado e sequer utilizado como balizador para justificar pedidos, o disposto no final do art. 949 do CC é promissor: *"além de algum outro prejuízo que o ofendido prove haver sofrido".*[17] Apesar da reverência ao positivismo civilista e patrimonialista que os operadores do direito pátrio ainda se prestam ao circunscreverem os fatos e a respectiva subsunção, a norma aqui retratada não deixa dúvidas quanto a sua inteligência e não há como ignorá-la. Ela acolhe perfeitamente os *novos direitos* e oferece a sustentação jurídica adequada para considerá-los no *quantum debeatur*. É necessário, contudo, evocá-la, com regularidade, de modo a torná-la eficaz no cenário jurídico.

2.1 Escopo da cobertura e os elementos essenciais da apólice

Qual o objeto da garantia do seguro de RC Produtos?

A apólice garante ao segurado que ele será indenizado uma vez que produza danos a terceiras pessoas, em razão da entrega de produtos por ele fabricado ou simplesmente distribuído. O ato da *entrega* do produto ao terceiro, definitiva ou provisória, deter-

---

11. SCHREIBER, Anderson. *Novos paradigmas da responsabilidade civil. Da erosão dos filtros da reparação à diluição dos danos.* 6. ed. São Paulo: Atlas, 2015. p. 92.
12. BORGES, Gustavo. MAIA, Maurílio Casas (Orgs.). *Novos danos na pós-modernidade.* Belo Horizonte: D'Plácido, 2020.
13. Ver GASPAR, Cátia Marisa. RAMALHO, Maria Manuela. *A valoração do dano corporal.* 3. ed. Coimbra: Almedina, 2017. BRANDIMILLER, Primo Alfredo. *Conceitos médico legais para indenização do dano corporal.* São Paulo: Thomson Reuters Brasil, 2018.
14. Seguro de Responsabilidade Civil Facultativo de Veículos – RCFV (vinculado a um determinado veículo) e Seguro de Responsabilidade Civil de Condutores de Veículos – RCFC (não vinculado a um veículo).
15. Seguro de Responsabilidade Civil Empregador, garante a indenização de morte e invalidez permanente causadas a empregados do segurado, no exercício das atividades laborativas ou durante o trajeto de ida e volta, residência/trabalho/residência, em veículos contratados pelo segurado. A garantia oferecida por este seguro tem como base a responsabilidade do empregador prevista na Constituição Federal, art. 7.º – dos direitos dos trabalhadores, inciso XXVIII [XXVII – Seguro contra acidentes de trabalho, a cargo do empregador, *sem excluir a indenização a que este está obrigado, quando incorrer em dolo ou culpa;*].
16. SANSEVERINO, Paulo de Tarso Vieira. *Princípio da reparação integral.* São Paulo: Saraiva, 2010. p. 338.
17. CC, Art. 949. No caso de lesão ou outra ofensa à saúde, o ofensor indenizará o ofendido das despesas do tratamento e dos lucros cessantes até o fim da convalescença, além de algum outro prejuízo que o ofendido prove haver sofrido.

mina o *start* da cobertura da apólice. Além dos *danos materiais* e *pessoais* causados ao terceiro, o seguro garante também as *perdas financeiras* diretamente decorrentes dos referidos danos patrimoniais e pessoais[18], mais as *despesas com a defesa do segurado* em qualquer esfera, ou seja, administrativa, cível, criminal e também quando relativas a procedimentos arbitrais e/ou de mediação. Os danos extrapatrimoniais, assim como os *danos morais*, agregam as coberturas da apólice RC Produtos.

A responsabilidade civil atribuída ao segurado pode decorrer de sentença judicial ou de acordo entre as partes, desde que haja a anuência prévia da seguradora nesta segunda hipótese. A garantia imediata oferecida pelo referido contrato de seguro, portanto, objetiva manter o segurado *indene*, uma vez sobrevindo a obrigação de indenizar terceiros que foram prejudicados pela utilização do produto por ele distribuído. O sinalagma que permeia este contrato comutativo pode ser assim resumido: a seguradora *presta a garantia imediatamente*, diante da *contraprestação* do segurado representada pelo pagamento do prêmio devido na contratação do seguro. A aleatoriedade repousa apenas no fator *risco* do contrato de seguro, inerente à espécie de forma geral. Assim estabelecidas, a *prestação* e a *contraprestação*, o contrato de seguro RC Produtos garante o *interesse legítimo* do segurado, assim como está disposto no art. 757 do CC.

Qual apólice será acionada para o pagamento de um determinado sinistro de RC Produtos coberto?

A resposta a esta indagação não é tão simples, se comparada a outros tipos de seguros também da área de danos, assim como o de Automóveis ou Incêndio. Nestes, a apólice eficaz será aquela vigente na data da colisão do veículo ou do roubo, sendo que na apólice de Incêndio, aquela dentro da qual houve a destruição do bem garantido pela ação do fogo. No seguro de RC Produtos, todavia, entre o fato gerador do sinistro e a constatação efetiva do dano pode ocorrer um largo período de tempo. De acordo com a técnica aplicada a este tipo de seguro, dá-se o nome, a este fenômeno, de "longa latência", conforme a terminologia inglesa *"long-term exposure"*. A depender do tipo de produto segurado, este fenômeno, também conhecido por "sinistros tardios" ou *"long tail"*, pode ocorrer com frequência e especialmente nas categorias representadas por produtos farmacêuticos; alimentícios e forragens de animais; químicos; próteses; entre outros. Neste sentido, o autor espanhol assevera que "períodos de tempo de cinco ou mais anos entre a produção, a ocorrência do sinistro e a comunicação ao segurador de responsabilidade civil não são um fato raro, sobretudo nos setores farmacêuticos e químicos".[19]

---

18. Ver POLIDO, Walter A. O estágio atual da cobertura para danos pessoais (corporais) nos contratos de seguros de responsabilidade civil no Brasil. *Novos danos e(ou) novos direitos*. *E-book* gratuito In: www.conhecerseguros.com.br. Acesso: 25 jun. 2021.

19. FIDALGO, J. Alarcón. Ultimas tendencias del Seguro de Responsabilidad Civil de Productos en Estados Unidos. In: *Seguridad y Responsabilidad de Productos*. *Temas de Seguros*. Madrid: Mapfre, 1986. p. 148.

As primeiras apólices elaboradas no mercado norte-americano previam o modelo de "ocorrências" *(occurrence basis)*, o qual determina que a apólice responsável pelos pagamentos das indenizações é aquela em cujo período de vigência o dano garantido efetivamente ocorreu. Este modelo, utilizado praticamente por todos os mercados de seguros internacionais, gerou muitos questionamentos e motivou inúmeras ações judiciais, inclusive coletivas, especialmente nos EUA, até os anos 1980 aproximadamente. Em razão de determinadas teorias que acabaram sendo criadas e acolhidas pelas cortes de justiça daquele país, todas elas contrárias às limitações das apólices *"occurrence"* e que eram aplicadas para produtos como a talidomida, próteses de silicone, DIU[20], ascarel[21], amianto e outros sujeitos especificamente ao fenômeno da latência prolongada, as seguradoras tiveram de rever o modelo e acabaram criando um novo: apólice à base de reclamações *(claims made)*. Se o gatilho *(trigger)* que dispara o mecanismo indenizatório da apólice de ocorrências é representado pela *data da ocorrência do dano*, na de reclamações, ele é disparado com a *reclamação feita pelo terceiro* prejudicado ao segurado. Nas sucessivas renovações da apólice *"claims made"*, ela mantém a denominada "data retroativa de cobertura" *(retroactive date)*, a qual é estabelecida na primeira contratação de uma apólice deste tipo. Dessa forma, o dano de latência prolongada pode ocorrer entre a data retroativa de cobertura e o período de vigência da apólice de reclamações. Resolve a questão a partir das sucessivas renovações, uma vez que não se discutirá com afinco a data da ocorrência efetiva do sinistro, mas cria outro, quando a apólice *"claims made"* não for renovada ou, sendo em outra seguradora, a nova não acolher a data de retroatividade de cobertura da apólice vincenda. O mercado de seguros internacional criou, como paliativo a esta situação, a possibilidade de ser concedido um *prazo adicional (extended reporting period)* para reclamações de terceiros após o vencimento da última apólice de reclamações contratada. Ele não amplia a vigência da apólice, uma vez que os sinistros reclamados dentro do referido prazo adicional devem se referir a sinistros ocorridos entre a data de retroatividade de cobertura e o último dia de vigência da apólice *"claims made"*.

Para os seguros de RC Produtos, assim como para outras categorias sujeitas à latência prolongada, como os *riscos ambientais* (danos a pessoas e a bens de terceiros, assim como à fauna, flora, ecossistemas, etc.) e os *riscos profissionais* (garantia das consequências de erros e omissões no desempenho de atividades profissionais), o modelo aplicável é este, *"claims made"*, sem exceção, sendo que para os seguros ambientais há o desdobramento do *trigger*, acolhendo também as reclamações do segurado apresentadas à seguradora, quando da descoberta ou da primeira manifestação do sinistro *(discovery - manifestation trigger)*.[22]

---

20. DIU = dispositivo intrauterino.
21. Bifenilas policloradas ou PCB's (PolyChlorinated Biphenyl), substância sintética, utilizada como isolante térmico.
22. Ver: Apólice de Reclamações com Notificações – conceito e aplicação. In: Colunistas – POLIDO, Walter A. Os *triggers* das apólices RC, E&O, D&O e Ambiental. Disponível em: www.editoraroncarati.com.br Acesso em: 28 jun. 2021.

A importância segurada ou o limite máximo de indenização da apólice RC Produtos é escolhido pelo proponente do seguro.

Exemplo de condições contratuais do seguro de RC Produtos:

> Produto Segurado – EXCETO IMÓVEIS, quaisquer bens fabricados, vendidos, distribuídos, manuseados ou descartados:
> (a) pelo Segurado;
> (b) por outras pessoas ou organizações, comercializando em nome do Segurado; ou
> (c) por uma pessoa ou organização, cujos negócios ou ativos o Segurado tenha adquirido; e
> (d) recipientes, embalagens, materiais, peças, acessórios ou equipamentos fornecidos no contexto desses bens, conforme (a) e (b).
> "Produto segurado" inclui as garantias, informações ou recomendações prestadas, em qualquer momento, com relação à adequação, qualidade, durabilidade ou desempenho de qualquer dos itens designados em (a) e (b) acima.
> "Produto segurado" inclui, ainda, máquinas de venda automática ou outros equipamentos ativos alugados, locados ou fornecidos em comodato para o uso de pessoas e desde que diretamente relacionados aos produtos fabricados, vendidos, distribuídos ou manuseados pelo Segurado.

2.2   RC Produtos e Operações Completadas – conceitos

Considerando-se que as condições contratuais de coberturas dos seguros de RC Produtos devem equipar os *serviços* à condição de *produto*, assim como ocorre nos mercados desenvolvidos, necessário apresentar os conceitos pertinentes. Essa equiparação tem como objetivo evitar que discussões mais acirradas possam acontecer quando da apuração das causas dos sinistros, sendo que muitas vezes há apenas uma linha tênue entre a falha do produto e a falha do processo de instalação e montagem do mesmo produto. Não existindo qualquer tipo de distinção ou separação de cobertura entre um elemento e outro, ambos representando o produto final entregue, possíveis conflitos deixam de existir. Este é o critério técnico mais eficaz, o qual é adotado por praticamente todos os mercados internacionais: RC Produtos e Operações Completadas (*completed operations*)[23], ambos os riscos sob as mesmas condições de coberturas (clausulado), sem qualquer tipo de separação. Qualquer divisão que porventura seja empreendida, pode propiciar hiatos de coberturas, refletindo na possibilidade de existir conflitos no momento do sinistro, como também pode prejudicar o segurado pela ausência de parcela significativa de cobertura com relação à sua atividade empresarial. Todos os empresários devem exigir este grau máximo de garantia nas suas apólices de RC Produtos. Os corretores de seguros, por sua vez, são obrigados, profissionalmente, a buscarem apenas as seguradoras que ofertam o referido seguro com este padrão de garantia.

---

23. *Products and Completed Operations Coverage*, constitui um modelo de cobertura criado nos EUA, pelo Insurance Services Offices – ISO, uma entidade privada que presta serviços gerais ao mercado de seguros norte-americano. Naquele país, a cobertura é oferecida em complemento à apólice Commercial General Liability – CGL ou isoladamente, conforme MALECKI, Donald S. HORN, Ronald C. WIENING, Eric A. FLITNER, Arthur L. *Commercial Liability Insurance and Risk Management*. 3[th.] v. I, USA: American Institute for CPCU, 1995. p. 110.

SEGURO DE RESPONSABILIDADE CIVIL PRODUTOS **127**

Para os efeitos dos contratos de seguros de RC Produtos e Operações Completadas, entende-se que o termo "produto" empregado no clausulado, assim como toda e qualquer disposição aplicável a ele, se estende, por analogia ou equiparação, aos serviços ou trabalhos de instalações ou montagens, serviços de manutenção e assistência técnica prestadas pelo segurado ou por terceiros a seu mando.[24]

2.3   Riscos excluídos na apólice

Sob a condição de riscos excluídos absolutos, ou seja, não cabe negociação que possa modificá-los ou conduzi-los à condição de risco coberto, as apólices de RC Produtos usualmente trazem os seguintes: (a) danos sofridos pelo próprio produto distribuído ou pelo serviço prestado; (b) o fato de o produto não funcionar ou não apresentar o desempenho dele esperado; (c) multas impostas ao segurado; (d) responsabilidade pelo inadimplemento da entrega de produtos; (e) produtos não testados ou não experimentados adequadamente, conforme as normas previstas para cada categoria. Outras situações podem protagonizar a lista de exclusões e depende muito da política de subscrição (*underwriting*) de cada seguradora. Em alguns modelos, as seguradoras podem excluir riscos de maneira relativa, ou seja, elas acabam aceitando a inclusão dos referidos riscos de forma adicional e mediante estudo de cada caso individualmente.

A parcela de risco referente às despesas com a rechamada (*recall*) e retirada do produto do mercado é um exemplo clássico de exclusão relativa. Em determinados mercados, inclusive, o seguro de *recall* é um ramo autônomo e apresenta série de situações passíveis de coberturas além das despesas em si com a retirada, como por exemplo: despesas com a recuperação da imagem da empresa; lucros cessantes do segurado pela destruição dos produtos e a suspensão temporária da comercialização, até o saneamento do defeito; outras.

No tocante à exclusão relativa a não *performance* do produto, conforme indicado *supra*, o conceito é aplicado de forma restritiva, ou seja, na medida em que o produto resultar algum tipo de dano consequencial em função da sua ineficiência, estará amparado pela garantia da apólice. "A chamada garantia do produto não é objeto de cobertura pelo seguro de RC produtos".[25]

Usualmente, a apólice de seguro RC Produtos oferece cobertura restritiva para o risco de *poluição ambiental*, limitando-a a ocorrências acidentais e súbitas, até mesmo com limitação temporal de 72 horas para o fato ocorrido ser conhecido e debelado integralmente, diante dos danos efetivamente materializados. Determinadas linhas de produtos estão sensivelmente mais expostas a este tipo de risco: tanques subterrâneos; filtros antipoluição; painéis de controles de emissões, dutos de modo geral

---

24.   Conforme POLIDO, Walter A. *Seguros de responsabilidade civil*: manual prático e teórico. Curitiba: Juruá, 2013. p. 640.

25.   *Manual del Seguro de Responsabilidad Civil*. Madrid: Fundación Mapfre, 2004. p. 90.

e afins. As indenizações a título de reparações de danos ambientais, provocados por essas linhas de produtos, podem ocorrer de forma transversa, ou seja, por intermédio de pedidos de ressarcimento às empresas fornecedoras dos produtos. Uma vez que eles produziram os danos, a empresa adquirente, obrigada pela legislação ambiental a indenizá-los, fica sub-rogada e exerce o direito. De igual modo, a seguradora de riscos ambientais da empresa adquirente dos produtos também pode promover a ação ressarcitória. É necessário que os fabricantes dessas linhas de produtos contratem o Seguro Ambiental específico, inclusive em relação aos produtos distribuídos (*products pollution liability*), sendo que esta apólice não apresenta as limitações encontradas na tradicional de RC Produtos.[26]

Na área de produtos farmacêuticos, abrangendo nesta categoria os procedimentos, as próteses e afins, como também nos mercados de cosméticos e de alimentos humanos e animais, o risco da experimentação pode ser garantido através de apólice específica, Seguro de Ensaios Clínicos (*Clinical Trials Insurance*). O tema é complexo e demandaria comentários pontuais sobre as mais diferentes vertentes, mas não serão abordadas neste texto, em face da limitação de espaço. Na preleção de Paula Pereira, "o seguro de responsabilidade civil no âmbito das pesquisas clínicas serve, portanto, para assegurar os participantes, garantindo que a vítima não fique irressarcida, além de estimular a pesquisa por parte dos patrocinadores e das indústrias farmacêuticas".[27] Relevante, também, a abordagem de Heloisa Barboza: "os riscos gerados por atividades em que se busca exatamente descobrir ou dimensionar o seu grau de nocividade, como a pesquisa e experimentação em humanos, à evidência desconhecidos e imprevisíveis, embora inerentes à atividade, não podem ser tolerados, havendo responsabilidade por eventuais danos, com fundamento do princípio da solidariedade e como imperativo da tutela da pessoa humana".[28] O objetivo da cobertura é a garantia da responsabilidade civil do promotor do ensaio, em caso de danos às pessoas voluntárias que se submeteram ao respectivo projeto de ensaio clínico. O seguro garante o pagamento das despesas médicas com primeiros socorros, serviços de ambulância, serviços de atendimento médico e hospitalar, serviços de enfermagem, além de possível indenização que pode ser arbitrada contra o segurado, em caso de lesão ou até mesmo de morte da(s) pessoa(s) submetida(s) ao ensaio. Pode abranger, ainda, a parcela conhecida por "*compassionate use*" (uso compassivo), ou seja, o fornecimento obrigatório e continuado do medicamento aos voluntários, uma vez concluído o ensaio.[29]

---

26. Ver POLIDO, Walter Antonio. *Seguros para riscos ambientais no Brasil*. 5. ed. Curitiba: Juruá, 2021. p. 231-237 [Distribuição de Produtos e(ou) Operações Completadas – *Products Pollution Liabiliy – Completed Operations*].
27. PEREIRA, Paula Moura Francesconi de Lemos. *Responsabilidade civil nos ensaios clínicos*. São Paulo: Foco, 2019.
28. BARBOZA, Heloisa Helena. Responsabilidade Civil em face das pesquisas em seres humanos: efeitos do consentimento livre e esclarecido. In: MARTINS-COSTA, Judith. MÖLLER, Letícia Ludwig. (Orgs.). *Bioética e responsabilidade*. Rio de Janeiro: Forense, 2009. p. 214.
29. Conforme Capítulo VI – *Clinical Trials Coverage* – Seguro de Responsabilidade Civil para Ensaios ou Experimentos Clínicos em Seres Humanos. In: POLIDO, Walter A. *Seguros de responsabilidade civil*: manual

3.   PRODUTOS EXPORTADOS

Além da garantia oferecida pela apólice de RC Produtos para a produção distribuída no Brasil, ela admite a extensão territorial da cobertura em relação aos países para os quais o segurado *exportou diretamente*. Pode abranger, ainda, a hipótese de existir *exportação indireta*, ou seja, o produto é distribuído no país mas, sendo incorporado a outros produtos, é exportado pelo fabricante final.

4.   RECHAMADA DE PRODUTOS

4.1   *Products Recall Insurance*

As despesas com a rechamada e a retirada de produtos do mercado podem ser garantidas através de apólice de seguro específico, o chamado *Products Recall Insurance*. No Brasil, essa cobertura ainda tem sido ofertada através da apólice de seguro de Responsabilidade Civil Operações Comerciais-Industriais, Produtos e Operações Completadas, sob a condição de cobertura adicional.

Este tipo de garantia securitária passou a ser requerido no país a partir da edição do CDC, especialmente em razão das normas preconizadas pelos artigos 10 e 64 do referido códex.

A incidência de *recall* é bastante acentuada no Brasil, principalmente em relação a veículos[30], dentre eles motocicletas. Os demais produtos[31] sofrem a operação, mas em menor escala.

A operação de *recall* pode ser determinada por diversas fontes, sendo que a responsabilidade pelas despesas sempre alcançará o responsável pela nocividade ou inadequação do produto que foi colocado no mercado. Podem ser resumidas da seguinte forma:

- Retirada de Produtos do Mercado determinada pela própria empresa – *first party recall* – significa que o próprio segurado da apólice, como fabricante de um produto final ou intermediário, promove a retirada dos produtos.

- Retirada de Produtos do Mercado determinada por terceiros – *third party recall* – significa que a retirada de produtos do mercado é determinada por um

---

prático e teórico. Curitiba: Juruá, 2013. p. 1189-1198. Ver, também, LOUSANA. Greyce. ACCETTURI, Conceição. *Pesquisa clínica. Fluxos regulatórios no Brasil*. Rio de Janeiro: Revinter, 2013.

30. Ver a Portaria Conjunta 3, de 1º de julho de 2019, do Ministério da Justiça e Segurança Pública e Ministério da Infraestrutura, a qual disciplina o procedimento de chamamento dos consumidores – *recall*, para substituição ou reparo de veículos que forem considerados nocivos ou perigosos após a sua introdução no mercado de consumo. O Ministério da Justiça e Segurança Pública divulga o Boletim de *Recall*, anualmente, informando todos os procedimentos realizados no país.

31. Ver a Portaria 618, de 1º de julho de 2019, Ministério da Justiça e Segurança, a qual disciplina o procedimento de comunicação da nocividade ou periculosidade de produtos e serviços após sua colocação no mercado de consumo.

terceiro, por exemplo o fabricante final, enquanto o segurado é o fornecedor de componentes.

* Retirada de Produtos do Mercado determinada por Órgãos Públicos – *recall by competent authority* – significa que a retirada de produtos do mercado é determinada por autoridades públicas competentes.

Em alguns países, existe a possibilidade de o *recall* ser realizado de maneira silenciosa, também conhecido por *recall* branco, sendo que a legislação permite que o fornecedor providencie a troca do produto inadequado, substituindo-o por outro, sem chamar ostensivamente os consumidores. Durante a manutenção regular ou preventiva de veículos novos, por exemplo, a peça inadequada é substituída. O parágrafo 1º, do art. 10 do CDC, não permite esta modalidade de *recall*, na medida em que o fornecedor é obrigado a comunicar o fato às autoridades competentes e aos consumidores, mediante anúncios publicitários ostensivos. Desse modo, também a apólice de seguro brasileira não pode garantir este tipo de situação, em face da determinação legal indicada.

4.2 Tipos de coberturas de *recall*

As despesas garantidas pela apólice tradicional são usualmente listadas nominalmente e convergem para as seguintes: veiculação de anúncios em diversos tipos de mídia; correspondência pessoal dirigida a clientes consumidores; transportes dos produtos retirados; armazenagem dos produtos defeituosos até o reparo ou a destruição, sendo que dependendo do tipo de produto e/ou da inadequação, eles devem ser destruídos, incinerados; contratação de empresa especializada para a operação, assim como para a reabilitação da reputação e/ou da imagem da empresa fornecedora; outras.

A destruição dos produtos tem como objetivo evitar que eles possam ser reintroduzidos no mercado de consumo e, em face da Lei de Política Nacional de Resíduos Sólidos[32], associada às práticas ambientais ESG[33], também o descarte deve ser controlado e adequado, cuja preocupação, na contemporaneidade, é mandatória mundialmente. Conforme lembra Barnard, "o descarte correto (incluindo suas implicações financeiras) deve fazer parte de qualquer estratégia de recall)."[34]

Apólices autônomas podem ser encontradas no mercado, ao invés da cobertura alocada na apólice de RC Produtos como adicional. Em determinados países, o *Products Recall Insurance* apresenta várias possibilidades de coberturas, incluindo lucros cessantes do fornecedor. Sendo um ramo autônomo, o *recall* não se enquadra

---

32. Lei 12.305, de 02 de agosto de 2010.
33. Environmental, Social and Governance – ESG = Práticas Ambientais, Sociais e de Governança – ASG. Pacto Global de Sustentabilidade.
34. BARNARD, Jacolien. Práticas de *recall* da África do Sul e do Brasil no âmbito dos BRICS: uma análise jurídica. In: *Revista de Direito do Consumidor,* São Paulo, n. 135, maio-jun. 2021. p. 242.

nos seguros de responsabilidade civil tradicionais, uma vez que estes trazem sempre a figura do terceiro prejudicado, sendo que no *recall* as despesas incorridas são do próprio segurado da apólice.

Além das coberturas clássicas encontradas neste tipo de seguro, podem ser comercializadas algumas especiais, assim resumidas:

- Cobertura para a Reabilitação de Produtos – *Product Rehabilitation Policy*

Abrangência do seguro: erros/contaminações não premeditadas

Coberturas: as mesmas constantes da apólice de cobertura básica, no entanto incluindo os lucros cessantes decorrentes, os quais, usualmente, são cobertos por 12 meses. Despesas com a publicidade ou encargos profissionais para o restabelecimento da imagem do produto no mercado consumidor (*good will*). Esses custos apresentam, invariavelmente, um sublimite de cobertura na apólice.

- Cobertura para o risco de Adulteração Maliciosa de Produtos – *Malicious Products Tampering Policy*

Abrangência do seguro: erros/contaminações premeditadas por terceiros

Coberturas: as mesmas do modelo anterior.

Neste caso específico do risco de adulteração de produtos, a retirada é devida em decorrência da manipulação criminosa, especialmente com a finalidade de chantagear os fabricantes.[35] Produtos farmacêuticos e alimentícios são os que apresentam maior exposição a este tipo de ocorrência, nos mais diversos países.

5. CONCLUSÕES

Pode denotar repetição, mas o contrato de seguro é ainda o mecanismo mais eficaz de transferência de riscos empresariais e individuais que a sociedade pós-moderna dispõe. Numa sociedade hedonista como a atual, onde até mesmo compensações são feitas em nome no consumismo desenfreado, ainda que o meio ambiente seja agredido mortalmente, mesmo assim a produção de determinados itens continua e se avoluma, a cada ano. As sociedades materializam a troca através da legislação: determinam, por exemplo, a *responsabilidade civil integral* e os cidadãos usufruem os bens produzidos, ainda que muitos deles sejam supérfluos. Citando Bauman, "para que as expectativas se mantenham vivas e novas esperanças preencham de pronto o vácuo deixado pelas esperanças já desacreditadas e descartadas, o caminho da loja à lata de lixo deve ser encurtado, e a passagem, mais suave".[36] Schwartz, traz luz e objetividade ao tema: "a obsolescência, nos dias atuais, caracteriza-se não por

---

35. Ver Despesas com a Rechamada e Retirada de Produtos do Mercado – *Products Recall Insurance* – POLIDO, Walter. *Seguros de responsabilidade civil*: manual prático e teórico. Curitiba: Juruá, 2013. p. 752-771.
36. BAUMAN, Zygmunt. *Vida para consumo. A transformação das pessoas em mercadorias*. Rio de Janeiro: Zahar, 2008. p. 65.

um processo de degradação do produto consumido, mas, sim, de mudanças nas exigências do usuário. Portanto, a vida útil do bem é definida socialmente, com as bênçãos do marketing, que vende e incentiva esta ideia".[37] Os temas se desdobram no segmento de RC produtos: conceito de vida útil[38]; risco do desenvolvimento;[39] ogms;[40][41] nanotechs;[42] outros. O caminho é, indubitavelmente, sem volta. Produtos se multiplicam e criam riscos aos consumidores. As perdas e danos consequentes devem ser indenizadas.

Os seguros de responsabilidade civil, neste particular o de RC Produtos, constituem instrumentos econômicos essenciais para os empresários em face das exposições de riscos a que estão expostos na contemporaneidade. Do mesmo modo, a garantia que estes instrumentos podem representar para a sociedade é incontestável e buscou-se evidenciá-la neste texto. As sociedades desenvolvidas acolhem o seguro de RC Produtos, para diversas categorias, sob a condição de contratação compulsória. No Brasil, este tipo de seguro, facultativo, já apresenta produção relevante, mas os benefícios ainda não alcançaram os *consumidores finais dos produtos*, massivamente. Esta realidade precisa ser mudada.

6. REFERÊNCIAS BIBLIOGRÁFICAS

BARBOZA, Heloisa Helena. Responsabilidade Civil em face das pesquisas em seres humanos: efeitos do consentimento livre e esclarecido. in: MARTINS-COSTA, Judith. MÖLLER, Letícia Ludwig. (Orgs.) *Bioética e responsabilidade*. Rio de Janeiro: Forense, 2009.

BARNARD, Jacolien. Práticas de *recall* da África do Sul e do Brasil no âmbito dos BRICS: uma análise jurídica. In: *Revista de Direito do Consumidor*, São Paulo, n. 135, maio-jun. 2021.

BAUMAN, Zygmunt. *Vida para consumo. A transformação das pessoas em mercadorias*. Rio de Janeiro: Zahar, 2008.

BEZERRA, Mário de Quesado Miranda. LOBATO, Mariana Araújo. CARMO, Valter Moura do. Rotulagem de alimentos transgênicos e o direito à informação: aspectos de boa-fé objetiva e transparência. *Revista de Direito do Consumidor*: RDC, São Paulo, n. 119, ano 27, p. 167-183, set.-out. 2018.

BORGES, Gustavo. MAIA, Maurílio Casas (Orgs.). *Novos Danos na pós-modernidade*. Belo Horizonte: D'Plácido, 2020.

---

37. SCHWARTZ, Fábio. *Hiperconsumo & hiperinovação. Combinação que desafio a qualidade da produção. Análise crítica sobre o aumento dos recalls*. Curitiba: Juruá, 2016. p. 142.
38. Right to repair rules will extend lifespan of products, government says. Tom Espiner & Rebecca Wearn. Disponível em: https://www.bbc.com/news/business-57665593. Acesso em 13 jul. 2021. REsp 1.734.541/SE (2015/0150772-8). rel. Min. Nancy Andrighi – Data do Julgamento 13 nov. 2018; REsp 1.661.913/MG (2017/0043222-0) rel. Min. Luis Felipe Salomão – Data do Julgamento 21 out. 2020.
39. EDcl no REsp 1.774.372 – RS (2018/0272691-3), rel. Min. Nancy Andrighi – Data do Julgamento 23 jun. 2020. Enunciado 43 do CJF – Conselho da Justiça Federal.
40. Resolução Normativa 24, de 07 de janeiro de 2020 – dispõe sobre normas para liberação comercial e monitoramento de Organismos Geneticamente Modificados – OGMs e seus derivados.
41. BEZERRA, Mário de Quesado Miranda. LOBATO, Mariana Araújo. CARMO, Valter Moura do. Rotulagem de alimentos transgênicos e o direito à informação: aspectos de boa-fé objetiva e transparência. *Revista de Direito do Consumidor*: RDC, São Paulo, n. 119, ano 27, p. 167-183, set.-out. 2018.
42. BORJES, Isabel Cristina Porto. GOMES, Taís Ferraz. ENGELMANN, Wilson. *Responsabilidade civil e nanotecnologias*. São Paulo Atlas, 2014.

BORJES, Isabel Cristina Porto. GOMES, Taís Ferraz. ENGELMANN, Wilson. *Responsabilidade civil e nanotecnologias*. São Paulo Atlas, 2014.

BRANDIMILLER, Primo Alfredo. *Conceitos médico-legais para indenização do dano corporal*. São Paulo: Thomson Reuters Brasil, 2018.

BRUTAU, José Puig. *Fundamentos de Derecho Civil*. Barcelona: Bosch, 1983. t. II. v. 3.

CATALAN, Marcos. *O direito do consumidor em movimento*: diálogos com tribunais brasileiros. Canoas: Unilasalle, 2017.

CONSELHO DA JUSTIÇA FEDERAL, CJF. *Enunciados 42, 43, 190 e 378*. Disponíveis em: http://www.cjf.jus.br/enunciados. Acesso em: 23 nov. 2021.

ESPINER, Tom. WEAR, Rebecca. Right to repair rules will extend lifespan of products, government says. In: https://www.bbc.com/news/business-57665593. Acesso em: 13 jul. 2021.

FIDALGO, J. Alarcón. Ultimas tendencias del Seguro de Responsabilidad Civil de Productos en Estados Unidos. In: *Seguridad y Responsabilidad de Productos. Temas de Seguros*. Madrid: Mapfre, 1986.

GASPAR, Cátia Marisa. RAMALHO, Maria Manuela. *A valoração do dano corporal*. 3. ed. Coimbra: Almedina, 2017.

GOMES, Orlando. Tendências modernas na teoria da responsabilidade civil. In: FRANCESCO, José Roberto Pacheco Di. (Org.). *Estudos em homenagem ao Professor Silvio Rodrigues*. São Paulo: Saraiva, 1989.

LIABILITY AND PERSONAL ACCIDENT INSURANCE POLICY MANUAL. Germany: Munich Re.

LOUSANA. Greyce. ACCETTURI, Conceição. *Pesquisa clínica. Fluxos regulatórios no Brasil*. Rio de Janeiro: Revinter, 2013.

MALECKI, Donald S. HORN, Ronald C. WIENING, Eric A. FLITNER, Arthur L. *Commercial Liability Insurance and Risk Management*. 3th. v. I, USA: American Institute for CPCU, 1995.

MANUAL DEL SEGURO DE RESPONSABILIDAD CIVIL. Madrid: Fundación Mapfre, 2004.

MOKHIBER, Russel. *Crimes corporativos. O poder das grandes empresas e o abuso da confiança pública*. São Paulo: Página Aberta, 1995.

OWEN, David G. *Products Liability in a Nutshell*. 8th ed. USA: Thomson West, 2008.

PEREIRA, Paula Moura Francesconi de Lemos. *Responsabilidade civil nos ensaios clínicos*. São Paulo: Foco, 2019.

POLIDO, Walter A. Apólice de Reclamações com Notificações – conceito e aplicação. Os *triggers* das apólices RC, E&O, D&O e Ambiental. In: www.editoraroncarati.com.br Colunistas – Walter A. Polido. Acesso em: 28 jun. 2021.

POLIDO, Walter A. O estágio atual da cobertura para danos pessoais (corporais) nos contratos de seguros de responsabilidade civil no Brasil. *Novos danos e(ou) novos direitos. E-book* gratuito. In: www.conhecerseguros.com.br. Acesso em: 25 jun. 2021.

POLIDO, Walter A. *Seguros de responsabilidade civil*: manual prático e teórico. Curitiba: Juruá, 2013.

POLIDO, Walter A. Coronavírus e o contrato de seguro. In: MONTEIRO FILHO, Carlos Edson do Rêgo. ROSENVALD, Nelson. DENSA, Roberta. (Coords.) *Coronavírus e responsabilidade civil Impactos contratuais e extracontratuais*. 2. ed. São Paulo: Foco, 2021.

POLIDO, Walter Antonio. *Seguros para riscos ambientais no Brasil*. 5. ed. Curitiba: Juruá, 2021.

PORTUGAL, Carlos Giovani Pinto. *Responsabilidade civil por dano ao projeto de vida. Direito civil contemporâneo e os danos imateriais*. Curitiba: Juruá, 2016.

SANSEVERINO, Paulo de Tarso Vieira. *Princípio da reparação integral*. São Paulo: Saraiva, 2010.

SCHREIBER, Anderson. *Novos paradigmas da responsabilidade civil. Da erosão dos filtros da reparação à diluição dos danos*. 6. ed. São Paulo: Atlas, 2015.

SCHWARTZ, Fábio. *Hiperconsumo & hiperinovação. Combinação que desafiou a qualidade da produção. Análise crítica sobre o aumento dos recalls.* Curitiba: Juruá, 2016.

SESSAREGO, Carlos Fernández. *Derecho y Persona.* 5. ed. Buenos Aires: Astrea, 2015.

SILVEIRA, Diana Montenegro da. *Responsabilidade civil por danos causados por medicamentos defeituosos.* Coimbra: Coimbra, 2010.

TUNC, André. *La responsabilité civile.* Paris: Economica, 1981.

WESENDONCK, Tula. *O regime da responsabilidade civil pelo fato dos produtos postos em circulação. Uma proposta de interpretação do artigo 931 do Código Civil sob a perspectiva do direito comparado.* Porto Alegre: Livraria do Advogado, 2015.

SHOPPING CENTER:
INEXISTÊNCIA DE RESPONSABILIDADE CIVIL NOS CASOS DE ROUBO

Daniel Henrique Rennó Kisteumacher

Mestre em Direito Empresarial pela Faculdade de Direito Milton Campos. Pós-Graduado em Direito Constitucional pela Pontifícia Universidade Católica de Minas Gerais (IEC). *Master of Laws* (LL.M.) em Direito Empresarial pela FGV. Professor de Direito Civil na Faculdade de Direito Milton Campos (Contratos). Membro fundador da Associação Mineira de Direito e Economia (AMDE). Associado titular do Instituto Brasileiro de Estudos de Responsabilidade Civil (IBERC).

Advogado.

Sumário: 1. Introdução – 2. Inexistência de responsabilidade civil dos *shoppings centers* por roubos ocorridos nas suas dependências – 3. Análise de julgados do STJ – 4. Considerações finais – 5. Referências bibliográficas – Anexo.

1. INTRODUÇÃO

Várias são as notícias de furtos e roubos ocorridos nas dependências de um Shopping Center, mais específica e comumente nos seus estacionamentos, locais que na maioria das vezes são bastante amplos e possuem enorme facilidade de acesso e rápida saída, verdadeiro chamariz para a logística criminosa.

Não se olvida que já se encontra superada a discussão a respeito dos furtos ocorridos em estacionamentos privados de centros comerciais, tendo o Superior Tribunal de Justiça (doravante citado apenas como STJ), ainda em 1995, publicado a Súmula 130, no sentido de que "a empresa responde, perante o cliente, pela reparação de dano ou furto de veículo ocorridos em seu estacionamento".[1]

O debate a respeito do tema, destarte, não é novo, mas ao longo dos anos tem evoluído na jurisprudência, especialmente no próprio STJ, que oportunamente ressalvou a ausência de responsabilidade civil do centro comercial no caso de furto ocorrido em estacionamento público e externo, pois nesse caso a utilização não seria restrita aos seus consumidores. Cita-se, por exemplo, o julgamento do Agravo Interno no Recurso Especial (REsp) 1.544.076/ES, Quarta Turma, Relator Ministro Marco Buzzi, julgado no dia 11 dez 2018, publicado no dia 18 dez. 2018.

Já com relação ao roubo, conforme mencionado pelo também Ministro do STJ Ricardo Vilas Bôas Cueva, no julgamento do Resp 1.642.397/DF, Terceira Turma,

---

1. STJ. Superior Tribunal de Justiça. Disponível em https://ww2.stj.jus.br/docs_internet/revista/eletronica/stj-revista-sumulas-2010_9_capSumula130.pdf. Acesso em: 1º jul. 2021.

julgado no dia 20 mar. 2018, publicado no dia 23 mar. 2018, o STJ de maneira geral tem admitido a interpretação extensiva da Súmula acima citada, entendendo também estar configurado o dever de indenizar mesmo nos casos de roubo.

Referida responsabilidade teria amparo na teoria do risco da atividade ou mesmo na ideia de frustração de legítima expectativa de segurança do consumidor, ligada ao conceito de 'fortuito interno. Fundamentos aplicados de acordo com quem fosse o responsável pela exploração econômica do estacionamento (exploração direta pelo Shopping ou indireta via outra sociedade empresária).

Ao longo dos últimos anos, essa tem se mostrado a tendência esmagadora da jurisprudência nacional que, alicerçada também na ideia da reponsabilidade objetiva consagrada pelo Código de Defesa do Consumidor, tem se mostrado pacífica na imputação de responsabilidade ao Shopping Center – ou mesmo outros centros comerciais como hipermercados, galerias de lojas etc. – por furtos, roubos, balas perdidas e até mesmo sequestros relâmpagos ali ocorridos, independentemente da culpa do estabelecimento.

Decisões muito aplaudidas, defendidas pelos consumidores e pela comunidade jurídica de modo geral, tanto que atualmente se mostra difícil encontrar entendimentos contrários, jurisprudenciais ou doutrinários.

Claro que como consumidor é bastante cômodo saber que um determinado Shopping Center, com presumível poder econômico, será o responsável por eventual pagamento de indenização caso alguma ação delitiva ocorra em suas dependências. Ação delitiva que não necessariamente advém de falha na sua segurança, mas que mesmo assim por ela o Shopping será responsabilizado, nos termos do que vem sendo definido e decidido, por doutrina e jurisprudência, ambas majoritárias.

Porém, essa imputação de responsabilidade com eficácia compensatória, especialmente se considerada sua 'modalidade' objetiva, deve ser avaliada com cautela e muito bom senso, ligada sempre aos aspectos concretos da situação, não bastando apenas tecer belas citações doutrinárias ou repetir julgados já proferidos, sem qualquer explicação coerente dos fundamentos invocados (risco da atividade, legítima expectativa etc.) e sua relação com o caso em concreto.

Analisando esses fundamentos por vezes invocados e a própria realidade do Shopping Center no Brasil, questionamentos merecem ser feitos, cujas respostas esse trabalho tentará obter, claro que sem intenção de esgotar o tema ou aprofundar demasiadamente no debate de teorias ou conceitos jurídicos.

Seria a atividade desenvolvida pelo Shopping Center uma atividade que, por sua natureza, teria potencialidade lesiva maior do que as outras, capaz de justificar uma reponsabilidade objetiva com base na ideia do risco da atividade (artigo 927, parágrafo único, Código Civil)?

Ou mesmo uma responsabilidade com base na ideia de legítima expectativa de segurança por parte do consumidor, tida como um dos fundamentos do denominado 'fortuito interno', devendo o centro comercial assumir indistintamente a responsabilidade por toda e qualquer situação delitiva ocorrida em suas dependências, inclusive aquelas oriundas de grave ameaça, praticada por terceiros, muitas vezes com emprego de arma de fogo?

Não serviria essa conduta violenta praticada por um terceiro verdadeira excludente de responsabilidade, capaz de romper completamente o nexo de causalidade (leia-se nexo de imputabilidade, conforme mais abalizada doutrina), nos termos do próprio Código de Defesa do Consumidor?

Ainda, caso se entenda pela responsabilidade do Shopping Center para tais casos, do ponto de vista prático, como deve ele orientar seus seguranças a fim de minorar seu risco? Trocar tiros com o assaltante a fim de tentar evitar o crime? Como deveriam ser as regras do Shopping a fim evitar que uma pessoa aborde outros frequentadores para a prática de crimes? O Shopping pode e/ou deve atuar com poder de polícia?

Claro que essas são algumas poucas indagações provocativas, a fim de estimular uma reflexão sobre tema que, muito embora possa parecer superado ou pacificado pela jurisprudência, em especial do STJ, merece ser revisitado e debatido, mas sem a perigosa tendência de proteção desmedida do consumidor, o que muitos jurisprudentes insistem em fazer, muitas das vezes utilizando de forma genérica fundamentos jurídicos ou mesmo sem qualquer coerência com o cenário fático analisado.

2. INEXISTÊNCIA DE RESPONSABILIDADE CIVIL DOS *SHOPPINGS CENTERS* POR ROUBOS OCORRIDOS NAS SUAS DEPENDÊNCIAS

A fim de fugir do padrão de pesquisa que se percebe em muitos artigos jurídicos, nos quais os capítulos introdutórios por vezes abordam uma parte histórica desnecessária, conceitos abstratos ou análise de institutos já estudados exaustivamente, deixando o objeto central do tema proposto como um último – e às vezes tímido – capítulo antes da conclusão, já se apresenta de imediato o ponto central que se propõe defender: não parece razoável que o Shopping Center possa ser responsabilizado por roubo (frise-se: roubo, nos termos do art. 157 do Código Penal) eventualmente ocorrido nas suas dependências, seja no seu interior ou mesmo no seu estacionamento, independentemente de ser explorado comercialmente, direta ou indiretamente.

Embora a responsabilidade objetiva pelo chamado risco da atividade, consagrada pelo Código Civil no seu artigo 927, parágrafo único, se dê sem qualquer análise da eventual conduta antijurídica praticada pelo agente – que normalmente atua de forma escrupulosa e lícita, mesmo assim deve ser responsabilizado porque sua atividade é mais propensa a causar danos do que outras – não parece ser o caso das atividades exercidas pelo Shopping Center.

Shopping Center que, segundo a Associação Brasileira de Shopping Center (ABRASCE), claramente embasada nas lições de Nadib Slaibi Filho, pode ser conceituado como:

Empreendimento constituído por um conjunto planejado de lojas, operando de forma integrada, sob administração única e centralizada; composto de lojas destinadas à exploração de ramos diversificados ou especializados de comércio e prestação de serviços; estejam os locatários lojistas sujeitos a normas contratuais padronizadas, além de ficar estabelecido nos contratos de locação da maioria das lojas cláusula prevendo aluguel variável de acordo com o faturamento mensal dos lojistas; possua lojas-âncora, ou características estruturais e mercadológicas especiais, que funcionem como força de atração e assegurem ao 'shopping center' a permanente afluência e trânsito de consumidores essenciais ao bom desempenho do empreendimento; ofereça estacionamento compatível com a área de lojas e correspondente afluência de veículos ao 'shopping center'; esteja sob o controle acionário e administrativo de pessoas ou grupos de comprovada idoneidade e reconhecida capacidade empresarial.[2]

Conforme ensina Nelson Rosenvald, no caso de uma responsabilidade objetiva pelo risco da atividade, "basta que a atividade danosa seja indutora de um risco anormal, excessivo no cotejo com as demais atividades, por ser apta a produzir danos quantitativamente numerosos ou qualitativamente graves, independentemente da constatação de um defeito ou perigo".[3]

Em outras palavras e salvo melhor juízo, não parece ser a atividade exercida por um Shopping Center indutora de um risco anormal ou excessivo no cotejo com as demais atividades exercidas no mercado de consumo, já que o Shopping Center consiste essencialmente em um conjunto planejado de lojas, operando de forma integrada, sob administração única e centralizada, nada mais.

Também conforme as lições de Nelson Rosenvald, durante suas aulas, "onde há controle, há responsabilidade", ou seja, tudo que está no controle do agente é de sua responsabilidade. Raciocínio contrário, se não há possibilidade de controle, não pode haver responsabilidade objetiva com base na ideia do risco da atividade.

A utilização de violência, com o consequente constrangimento da vítima, é um ato de terceiro que foge do normal, do cotidiano e daquilo que o Shopping Center pode esperar no seu dia a dia de atividades ou mesmo controlar, não parecendo ser o caso de aplicação do chamado 'fortuito interno', não se tratando de risco ordinário, pertencente ao comum, corriqueiro da atividade comercial de um Shopping.

Não se questiona que o Shopping Center, como conjunto planejado que é, se obriga a zelar pela segurança de seus clientes e frequentadores, devendo propiciar um ambiente seguro, pois realmente ele cria uma legítima expectativa de segurança àqueles que ali frequentam.

Contudo, esse dever de vigilância não pode ser tido como absoluto e os consumidores, de modo geral, sabem que existem situações anormais, que fogem do

---

2. ABRASCE – Associação Brasileira de Shopping Center. Disponível em: http://www.abrasce.com.br. Acesso em: 15 jul. 2021.

3. ROSENVALD, Nelson. Do *risco da atividade ao 'alto' risco da atividade algorítmica*. Disponível em: https://www.nelsonrosenvald.info/single-post/2019/09/18/DO-RISCO-DA-ATIVIDADE-AO-%E2%80%9CAL-TO%E2%80%9D-RISCO-DA-ATIVIDADE-ALGOR%C3%8DTMICA. Acesso em: 15 jul. 2020.

cotidiano e do controle de qualquer empresário ou sociedade empresária, tais como eventuais condutas violentas praticadas por um terceiro.

Também não se questiona que o Shopping Center deva ser responsabilizado por eventuais danos causados por sua negligência, imprudência ou imperícia, por exemplo, em decorrência de atuação falha de sua equipe de segurança, sendo exatamente o caso de incidência da eficácia compensatória da responsabilidade civil subjetiva ou mesmo aquela consagrada pelo artigo 14 do Código de Defesa do Consumidor, já que ligada ao risco qualificado pelo 'defeito' do serviço e não ao risco qualificado pela atividade exercida.

Aliás, muito menos se questiona a legitimidade da ideia de responsabilidade com eficácia compensatória com base no conceito do 'fortuito interno' ligada aos eventos do cotidiano, ordinário, corriqueiros da atividade comercial de um Shopping, o que não parece ser o caso de uma ação delitiva com grave ameaça ou violência.

Não obstante, existem excludentes de responsabilidade que podem e devem incidir mesmo no caso de uma responsabilidade tida como objetiva, especialmente quando uma conduta violenta praticada por um terceiro rompe completamente o nexo de imputabilidade e impede qualquer atuação preventiva ou mesmo repressiva do Shopping Center, que obviamente não possui poder de polícia e na maior parte das vezes não conta com equipe armada de segurança privada.

Com efeito, a existência de uma grave ameaça praticada por terceiros, especialmente se tiver ocorrido o emprego de arma de fogo, configura verdadeira hipótese de caso fortuito ou força maior,[4] situação que verdadeiramente não pode ser imputada como responsabilidade de qualquer centro de compras.

Como já bem expôs o Ministro do STJ Ricardo Vilas Bôas Cueva em seu voto no Julgamento do REsp 1.431.606 –SP:

> (...) fato é que não seria mesmo possível ao referido estabelecimento – nem constituía ônus que lhe pudesse ser atribuído em virtude da natureza da atividade comercial ali desenvolvida – impedir o roubo da motocicleta do recorrido, especialmente porque o bem foi subtraído diretamente da vítima e o delito foi praticado por meliantes que fizeram uso de arma de fogo, situação que caracteriza, indubitavelmente, causa excludente de responsabilidade.[5]

Não se pode concordar, por exemplo, com o entendimento adotado pela 11ª Câmara Cível do Tribunal de Justiça de Minas Gerais (TJMG) que, por unanimidade, no julgamento da Apelação Cível 1.0000.18.026420-2/002, julgada no dia 08 jul. 2020, publicado no dia 10 jul. 2020, entendeu que o roubo nas dependências de um Shopping de Montes Claros não teria o condão de romper o nexo causal, ou seja, não seria o caso de uma excludente de responsabilidade.

---

4. Excludente de responsabilidade prevista no art. 393 do Código Civil, cuja distinção teórica proposta pela doutrina não será abordada no presente artigo, embora muito oportuna e importante.
5. Recurso Especial 1.431.606-SP, 3ª Turma do Superior Tribunal de Justiça, rel. Min. para acórdão Ricardo Villas Bôas Cueva, jurisprudência de Brasília, julgado em 15 ago. 2017, publicado em 13 out. 2017.

Ao contrário, a 11ª Câmara Cível do TJMG entendeu que a utilização de uma arma de fogo serviria para majorar o prejuízo extrapatrimonial experimentado pela vítima do roubo, fixando indenização em R$ 10.000,00 (dez mil reais) a ser paga pelo Shopping Center e não pelo autor do crime.

A ementa do acórdão foi a seguinte:

> Apelação cível. Ação indenizatória. Roubo em estacionamento de shopping. Responsabilidade objetiva. Danos materiais e morais comprovados. Recurso provido. 1 – Segundo orientação firmada pelo Superior Tribunal de Justiça, "É dever de estabelecimentos como shoppings centers e hipermercados zelar pela segurança de seu ambiente, de modo que não se há falar em força maior para eximi-los da responsabilidade civil decorrente de assaltos violentos aos consumidores". Precedentes. 2 – O roubo em dependências de shopping centers gera danos morais indenizáveis, mormente se perpetrado com uso de arma de fogo. 3 – Os danos materiais devidamente comprovados devem ser ressarcidos.[6]

Salvo melhor juízo, o entendimento acima não é razoável. A ocorrência de um crime de roubo (e não um mero furto), que pressupõe a grave ameaça, evidencia a inevitabilidade do resultado danoso, não podendo o Shopping controlar, prevenir, intervir ou mesmo agir, ainda mais não detendo poder de polícia.

A Terceira Turma do STJ em 2018, também sob a Relatoria do Ministro Ricardo Vilas Bôas Cueva:

> Agravo interno em recurso especial. Responsabilidade civil. Ação de indenização por danos materiais. Shopping center. Lojista. Roubo. Fortuito externo. Causa excludente de responsabilidade. Negativa de prestação jurisdicional. Art. 535 do CPC/1973. Não ocorrência. Prequestionamento. Ausência. Súmula 211/STJ. Reexame de cláusulas contratuais e de provas. Inviabilidade. Súmulas 5 e 7/STJ. 1. Recurso especial interposto contra acórdão publicado na vigência do Código de Processo Civil de 1973 (Enunciados Administrativos 2 e 3/STJ). 2. Não há falar em negativa de prestação jurisdicional se o tribunal de origem motiva adequadamente sua decisão, solucionando a controvérsia com a aplicação do direito que entende cabível à hipótese, apenas não no sentido pretendido pela parte. 3. A ausência de prequestionamento da matéria suscitada no recurso especial, a despeito da oposição de embargos de declaração, impede o conhecimento do recurso especial (Súmula 211/STJ). 4. *Segundo a jurisprudência desta Corte, em regra, o roubo mediante a utilização de arma de fogo é fato de terceiro equiparável à força maior excluindo o dever de indenizar.* 5. A reforma do julgado demandaria interpretação de cláusulas contratuais e reexame do contexto fático-probatório, procedimentos vedados na estreita via do recurso especial, a teor das Súmulas 5 e 7/STJ. 6. Agravo interno não provido.[7] (destacou-se).

E como bem definido por Sérgio Cavaliere:

> Fala-se em caso fortuito ou força maior quando se trata de acontecimento que escapa a toda diligência, inteiramente estranho à vontade do devedor da obrigação. É circunstância irresistível, externa, que impede o agente de ter a conduta devida para cumprir a obrigação a que estava

---

6. Apelação Cível 1.0000.18.026420-2/002, 11ª Câmara Cível do Tribunal de Justiça de Minas Gerais, rel. Des. Marcos Lincoln, jurisprudência de Minas Gerais, julgado em 08 jul. 0020, publicado em 10 jul. 2020.

7. Agravo Interno no Recurso Especial 1.496-577/ES, 3ª Turma do Superior Tribunal de Justiça, rel. Min. Ricardo Villas Bôas Cueva, jurisprudência de Brasília, julgado em 21 ago. 2018, publicado em 30 ago. 2018.

obrigado. Ocorrendo o fortuito ou a força maior a conduta devida fica impedida em razão de um fato não controlável pelo agente.[8]

Caio Mário da Silva Pereira, ainda em 1998, bem definia a consequência advinda da ocorrência de uma força maior como escusativa do dever de indenizar, pois "se a obrigação de ressarcimento não é causada pelo fato do agente mas em decorrência de acontecimento que escapa ao seu poder, por se filiar a um fator estranho, ocorre a isenção da própria obrigação de compor as perdas e danos".[9]

Nem mesmo a alegação de previsibilidade quanto ao evento pode ser acolhida como absoluta, porquanto ainda que determinado fato possa ser previsível, sua irresistibilidade seria suficiente para restar configurada a exclusão do dever de indenizar, conforme o próprio Caio Mário sempre ensinou: "A meu ver, a imprevisibilidade não é requisito necessário, porque muitas vezes o evento, ainda que previsível, dispara como força indomável e irresistível".[10]

Neste cenário de ideias, o roubo praticado nas dependências do Shopping Center é situação completamente estranha à sua conduta e evidencia a inevitabilidade do resultado danoso, não podendo o Shopping controlar, prevenir, intervir ou mesmo (re)agir.

Isso sem contar que o fato de terceiro também é excludente de responsabilidade prevista no próprio Código de Defesa do Consumidor, conforme artigo 14, § 3º: "(...) O fornecedor de serviços só não será responsabilizado quando provar: I – que, tendo prestado o serviço, o defeito inexiste; *II – a culpa exclusiva do consumidor ou de terceiro*". (grifou-se).

Esse parece ser o entendimento mais razoável, equiparando a ocorrência de um roubo ao ato de terceiro equiparado à excludente de responsabilidade tida como caso fortuito ou força maior, conduta que pode até se prever, mas jamais impedir.

3. ANÁLISE DE JULGADOS DO STJ

A fim limitar a pesquisa de julgados oriundos do STJ e não tornar esse trabalho bastante extenso, optou-se por realizar um corte metodológico para localizar arestos do STJ cuja ementa contém a expressão *roubo e shopping center e responsabilidade civil,* sem adoção de qualquer critério temporal.

Chegou-se a um universo amostral de 14 (quatorze) acórdãos, o mais antigo julgado e publicado em 2005 e o mais recente julgado e publicado em 2020, todos devidamente citados no Anexo do presente trabalho.

Analisando o teor desses 14 (quatorze) acórdãos publicados no interregno exposto, apenas 02 (dois) julgados, ambos de Relatoria do Ministro Ricardo Villas Bôas

---

8. CAVALIERI FILHO, Sergio. *Programa de responsabilidade civil*. 10. ed. São Paulo: Atlas, 2012. p. 96.

9. PEREIRA, Caio Mário da Silva. *Responsabilidade Civil*. 9. ed. Rio de Janeiro: Forense, 1998. p. 302-303.

10. PEREIRA, Caio Mário da Silva. Op. cit., p. 304.

Cueva, consagraram o entendimento aqui defendido, no sentido de não ser cabível a responsabilização do Shopping Center por conduta antijurídica perpetrada por terceiros, equiparando-a ao caso fortuito e força maior.

As ementas destes 02 (dois) julgados, com os devidos destaques:

> Agravo interno em recurso especial. *Responsabilidade civil.* Ação de indenização por danos materiais. *Shopping center.* Lojista. *Roubo.* Fortuito externo. *Causa excludente de responsabilidade.* Negativa de prestação jurisdicional. Art. 535 do CPC/1973. Não ocorrência. Prequestionamento. Ausência. Súmula 211/STJ. Reexame de cláusulas contratuais e de provas. Inviabilidade. Súmulas 5 e 7/STJ. 1. Recurso especial interposto contra acórdão publicado na vigência do Código de Processo Civil de 1973 (Enunciados Administrativos 2 e 3/STJ). 2. (...). 3. A ausência de prequestionamento da matéria suscitada no recurso especial, a despeito da oposição de embargos de declaração, impede o conhecimento do recurso especial (Súmula 211/STJ). *4. Segundo a jurisprudência desta Corte, em regra, o roubo mediante a utilização de arma de fogo é fato de terceiro equiparável à força maior excluindo o dever de indenizar.* 5. A reforma do julgado demandaria interpretação de cláusulas contratuais e reexame do contexto fático-probatório, procedimentos vedados na estreita via do recurso especial, a teor das Súmulas 5 e 7/STJ. 6. Agravo interno não provido.[11]

> Agravo interno nos embargos de divergência em recurso especial. Responsabilidade civil. Ação criminosa perpetrada por terceiro. Disparos dentro de cinema. Caso fortuito. Imprevisibilidade e inevitabilidade. Prestação de serviço. Defeito. Não ocorrência. Arestos confrontados. Ausência de similitude fática. Indeferimento liminar dos embargos. Súmula 168/STJ. 1. *Consoante entendimento pacificado no âmbito das Turmas que compõem a Segunda Seção, a culpa de terceiro, que realiza disparos de arma de fogo contra o público no interior de sala de cinema, rompe o nexo causal entre o dano e a conduta do shopping center no interior do qual ocorrido o crime, haja vista configurar hipótese de caso fortuito, imprevisível, inevitável e autônomo, sem origem ou relação com o comportamento deste último.* 2. Não cabem embargos de divergência quando a jurisprudência do Tribunal se firmou no mesmo sentido do acórdão embargado. 3. A ausência de similitude fática entre os arestos confrontados, porquanto indispensável à configuração do dissídio, impõe a inadmissão dos embargos de divergência. 4. Agravo interno não provido.[12]

Perceba que a segunda citação se refere a julgamento realizado pela própria Segunda Seção do STJ, que analisou caso muito mais infeliz e grave do que um simples roubo, pois analisou a responsabilidade civil do Morumbi Shopping pelos homicídios praticados por estudante de medicina que, munido de metralhadora semiautomática, passou a atirar a esmo contra frequentadores dentro da sala de cinema enquanto era exibido o filme *Clube da Luta* (1999).

Fato ocorrido em 1999, amplamente divulgado pela mídia e conhecido como o Massacre do Morumbi Shopping.

A Segunda Seção do STJ se amparou, dentre outros, no julgamento tido como paradigma daquele caso, o REsp 1.384.630/SP, que acabou por definir como ato de

---

11. Recurso Especial 1.431.606/SP, 3ª Turma do Superior Tribunal de Justiça, rel. Min. Ricardo Villas Bôas Cueva, jurisprudência de Brasília, julgado em 21 ago. 2018, publicado em 30 ago. 2018.
12. Recurso Especial 1.087-717/SP, 2ª Seção do Superior Tribunal de Justiça, rel. Min. Ricardo Villas Bôas Cueva, jurisprudência de Brasília, julgado em 13 set. 2017, publicado em 20 set. 2017.

terceiro, equiparado a caso fortuito e força maior, os homicídios cometidos pelo estudante de medicina.

Já nos outros 12 (doze) julgados localizados nesta pesquisa, de forma contundente e sem muita discrepância, as Turmas competentes definiram pela responsabilidade com eficácia compensatória do Shopping Center por roubos ocorridos nas suas dependências, chamando a atenção para a semelhança entre as fundamentações, ora com base na tese do risco da atividade, ora na legítima expectativa de segurança do consumidor com base no conceito do fortuito interno, ora na reponsabilidade objetiva consagrada pelo CDC.

Interessante notar que em alguns destes julgados, a parte interessada citou, dentre outros, o julgamento do REsp 1.384.630/SP (tido como paradigma na análise do caso conhecido como Massacre do Morumbi Shopping), mas a Quarta Turma, por exemplo, no julgamento do Agravo Interno no Agravo em REsp 1.027.025/SP, fez questão de diferenciar o contexto e afastar qualquer aplicação daquele entendimento:

> (...) A propósito, cumpre ressaltar que os julgados citados pelo agravante tratam de hipóteses diversas, de responsabilidade da transportadora por assalto à mão armada no interior de ônibus coletivo. Já o Recurso Especial 1.164.889/SP examinou situação fática particular e distinta de um mero assalto à mão armada, pois se tratava de ação de indenização envolvendo o trágico homicídio praticado no Shopping Center Morumbi, em que houve uma série de disparos de metralhadora durante uma sessão de cinema, situação atípica e fora do "risco inerente" à atividade empresarial exercida pelo shopping center.[13]

Embora o caso tratado neste REsp 1.384.630/SP seja lamentável e obviamente muito mais grave do que a simples ocorrência de um roubo, o fundamento utilizado no seu julgamento é bastante lógico e, ressalvadas as diferenças entre os fatos e sua gravidade, pode e deve ser aplicado para os casos de roubo, corroborando o que já foi dito no presente trabalho.

Cita-se, pois, trecho do voto do Relator Ministro Ricardo Villas Bôas Cueva no julgamento desse REsp 1.384.630/SP, que resume muito bem o ponto de vista:

> O que se pretende, pelo que se extrai dos autos, é responsabilizar o condomínio recorrente e o cinema corréu a partir de mera presunção de culpa in eligendo e in vigilando pela contratação de equipe de segurança desprovida da capacidade de identificar pessoa suspeita da prática de atentado coletivo ou de impedir a execução de empreitada criminosa de tamanha gravidade.
>
> Referido pleito, com o perdão daqueles que entendem de modo diverso, afigura-se descabido.
>
> Não obstante a cuidadosa fundamentação externada pelo eminente Relator, fato é que, aqui, estamos diante de lamentável episódio, no qual, repita-se, além de imprevisível, era inevitável a conduta criminosa, já que nem mesmo uma eventual intervenção heróica da equipe de segurança do shopping center seria capaz de conter o ímpeto homicida daquele jovem fortemente armado.

---

13. Agravo Interno no Agravo em Recurso Especial 1.027.025/SP, 4ª Turma do Superior Tribunal de Justiça, rel. Min. Raul Araújo, jurisprudência de Brasília, julgado em 18 jun. 2019, publicado em 28 jun. 2019.

Tudo ocorreu em curtíssimo espaço de tempo, sendo completamente desarrazoado exigir da equipe de segurança de um cinema ou de uma administradora de shopping centers que previsse, evitasse ou estivesse antecipadamente preparada para conter os danos resultantes de uma investida criminosa que, até então, era, em verdade, estranha à realidade brasileira.

É evidente, portanto, que o odioso fato narrado na inicial constitui a excludente de caso fortuito, que desonera, como consabido, o condomínio ora recorrente do dever de indenizar.

Impende destacar, finalmente, que, na hipótese dos autos, não há falar também em responsabilidade do recorrente pela aplicação da chamada teoria do risco empresarial. A motivação, para tanto, é bastante simples, haja vista que não estão entre os deveres e cuidados ordinariamente exigidos de um cinema ou de um shopping center o de prever ou evitar ação criminosa como a que ora deu ensejo à presente ação indenizatória.

Vale dizer que, ainda hoje, passados mais de quatorze anos da ocorrência daquele grave incidente e mesmo diante do inegável barateamento na instalação de sistemas de monitoramento por câmeras, dificilmente seria evitável a prática de ilícito de tal natureza.

Não há, não apenas no Brasil, mas no mundo inteiro, em nenhum estabelecimento comercial, a utilização de sistema de detecção de metais -como há, por exemplo, nos aeroportos – que se revele capaz de indicar que um específico frequentador de cinema carrega consigo, no interior de uma mochila comum, pesado armamento de uso militar, com o intuito de utilizá-lo em uma insana e injustificada ação criminosa.[14]

Importante consignar que o voto vista proferido pela Ministra Nancy Andrighi, neste mesmo julgamento, também é bastante razoável e serve para corroborar o que se defende no presente trabalho, pois se houver provas de que o Shopping Center não adotou todas as cautelas que razoavelmente dele se poderia esperar -tendo sido negligente, imprudente ou imperito frente a determinada situação – não há dúvidas de sua responsabilidade pelo evento danoso e consequente dever de indenizar.

A Ministra Nancy chamou a atenção para o contexto fático – situação inusitada, diga-se de passagem, para um Tribunal que não se presta a reanalisar o contexto fático da lide, premissa exposta na sua Súmula 07 – ao perceber que havia provas concretas de uma demora na atuação preventiva da segurança do Morumbi Shopping, situação que em tese configuraria defeito na prestação dos serviços e consequentemente atrairia a responsabilidade pelo evento danoso.

Segundo a Ministra Nancy a respeito dessa falha de segurança:

Rememoro que o atirador adentrou o shopping armado, entrou no banheiro, municiou a arma, efetuou um disparo no espelho, foi abordado por segurança particular do shopping, e nenhuma interrupção ocorreu por parte dos agravados. Daí porque, na linha do sustentado pelo e. Min. Paulo de Tarso Sanseverino no Resp 1384630/SP (Dje 12 jun. 2014), que cuida do mesmo evento danoso, "houve, sem sombra de dúvida, demora na atuação por parte dos prestadores de serviço, pois o iter criminis foi longo, com diversas chances e oportunidades de ser interrompido, seja pelas câmeras de vigilância do estabelecimento, seja pelos vigilantes, seja pela advertência do primeiro

---

14. Recurso Especial 1.384.630/SP, 3ª Turma do Superior Tribunal de Justiça, rel. para acórdão Min. Ricardo Villas Bôas Cueva, jurisprudência de Brasília, julgado em 20 fev. 2014, publicado em 12 jun. 2014.

disparo efetua o no espelho do banheiro. Enfim, uma coleção de situações, que já permitiam a interrupção da atuação criminosa do agente.[15]

Sendo assim, percebe-se que o entendimento predominante do STJ a respeito do assunto é diametralmente oposto àquele que se defende no presente artigo, muito embora ainda assim se defenda a ideia aqui proposta, parecendo ser muito mais razoável, do ponto de vista fático e jurídico, o isolado entendimento já proferido pelo Ministro Ricardo Villas Bôas Cueva ao julgar o Agravo Interno no REsp 1.496.577/ ES, cuja ementa se transcreveu acima.

4. CONSIDERAÇÕES FINAIS

Não obstante a maciça jurisprudência em sentido contrário, sempre com o devido respeito aos entendimentos doutrinários divergentes, continua-se a defender que a ocorrência de roubo praticado nas dependências do Shopping Center é situação completamente estranha à sua atividade e conduta, evidenciando a inevitabilidade do resultado danoso, não podendo o Shopping controlar e, consequentemente, ser responsabilizado.

Preventivamente não é razoável ou possível logisticamente que o Shopping faça revistas pessoais ou mesmo instale detectores de metais em todas suas portarias e acessos, a fim de verificar quem estaria entrando armado em suas dependências, como se aeroporto fosse. Isso sem contar as possíveis repercussões e violações aos direitos da personalidade dos frequentadores.

Mas, mesmo hipoteticamente implementando essa política de controle prévio, como seria possível o Shopping evitar que uma determinada pessoa praticasse ato delitivo mediante emprego de violência, que normalmente dura segundos?

Nos vários processos acima citados, o criminoso chegou a ser identificado, detido e preso pela Polícia Militar, mesmo assim o Shopping amargou o pagamento de indenização por danos patrimoniais e na maioria das vezes extrapatrimoniais. É possível notar, inclusive, que algumas decisões fundamentam a existência do dano *in re ipsa* (dano presumido).

No caso específico julgado pela 11ª Câmara Cível do Tribunal de Justiça de Minas Gerais (TJMG), acima já citado, o emprego de arma de fogo no roubo foi considerado agravante que serviu para aumentar o valor da condenação por danos extrapatrimoniais.

Já repressivamente, também não se mostra razoável ou muito menos recomendado que o Shopping Center oriente sua equipe de segurança a reagir a roubos e empregar força física para deter criminosos, especialmente se estiverem armados, conforme alhures explicado.

---

15. Recurso Especial 1.384.630/SP, 3ª Turma do Superior Tribunal de Justiça, rel. Min. Ricardo Villas Bôas Cueva, jurisprudência de Brasília, julgado em 20 fev. 2014, publicado em 12 jun. 2014.

Concretamente não é recomendado ou prudente exigir que o Shopping oriente um segurança – que na sua maioria não tem treinamento militar e não tem autorização para portar arma de fogo– agir em resposta de fração de segundos, sem que isso implique, mesmo que indiretamente, risco à sua vida ou dos demais membros da equipe, funcionários e até mesmo demais frequentadores.

Em resumo, do ponto de vista prático, parece ser impossível que ele crie regras preventivas ou repressivas capazes de controlar o acesso de pessoas ou condutas antijurídicas de frequentador que, independentemente do porte de uma arma, resolva abordar outras pessoas para a prática de roubo. Especialmente considerando que tais atividades delitivas acontecem em questão de minutos ou mesmo segundos.

Já sobre os fundamentos jurídicos utilizados para embasar a responsabilidade do Shopping Center, não parece correta a aplicação da responsabilidade objetiva baseada no risco da atividade (art. 927, parágrafo único, Código Civil), pois a atividade desenvolvida pelo Shopping Center não é uma atividade que, por sua natureza, tem uma potencialidade lesiva maior que as outras, lembrando que a utilização de violência, com o consequente constrangimento da vítima, representa ato de terceiro que foge do normal, do cotidiano, daquilo que o Shopping Center pode controlar e, consequente, se responsabilizar. Ele pode até esperar e prever, mas jamais evitar.

Ademais, não se mostra razoável sustentar tal responsabilidade com base na ideia de 'fortuito interno' e frustração da legítima expectativa de segurança do consumidor, pois o dever de zelar pela segurança do consumidor não é absoluto, também conforme acima mais bem explicado.

Destarte, não parece razoável que o Shopping assuma a responsabilidade por toda e qualquer situação delitiva ocorrida em suas dependências, especialmente se adotou todas as cautelas que razoavelmente dele se poderia esperar (equipe de segurança especializada e bem localizada, câmeras de vigilância, rondas sistematizadas etc.).

Ao contrário, eventual responsabilidade civil com eficácia compensatória do Shopping Center deve se dar em razão de eventuais danos causados por sua negligência, imprudência ou imperícia, exatamente o caso de imputação da responsabilidade civil subjetiva clássica ou mesmo aquela consagrada pelo artigo 14 do Código de Defesa do Consumidor, ligada ao risco qualificado pelo 'defeito' do serviço e não ao risco qualificado pela atividade exercida.

Aliás, até mesmo na ideia de responsabilidade com eficácia compensatória com base no conceito do 'fortuito interno', que essa responsabilidade seja ligada aos eventos do cotidiano, ordinário, corriqueiros da atividade comercial de um Shopping, o que não parece ser o caso de uma ação delitiva com grave ameaça ou violência à pessoa nos casos de roubo.

5. REFERÊNCIAS BIBLIOGRÁFICAS

ABRASCE – *Associação Brasileira de Shopping Center*. Disponível em: http://www.abrasce.com.br. Acesso em: 15 jul. 2021.

ASSOCIAÇÃO BRASILEIRA DE NORMAS TÉCNICAS. *NBR 10520*: informação e documentação: apresentação de citações em documentos. Rio de Janeiro: 2002.

ASSOCIAÇÃO BRASILEIRA DE NORMAS E TÉCNICAS (ABNT). *Referências bibliográficas*: NBR 6023. São Paulo: ABNT, 2003.

BRASIL. Lei 10.406 de 10 de janeiro de 2002. Institui o Código Civil. *Diário Oficial*, Brasília, 10 de janeiro de 2002.

BRASIL. Lei 8.078 de 11 de setembro de 1990. *Dispõe sobre a proteção do consumidor e dá outras providências,* 11 de setembro de 1990.

BRASÍLIA. Superior Tribunal de Justiça. Jurisprudência sumulada. Disponível em https://ww2.stj.jus. br/docs_internet/revista/eletronica/stj-revista-sumulas-2010_9_capSumula130.pdf. Acesso em: 01 jul. 2021.

BRASÍLIA. Superior Tribunal de Justiça. Recurso especial. Ação indenizatória. Danos morais e materiais. Roubo de motocicleta. Emprego de arma de fogo. Área externa de lanchonete. Estacionamento gratuito. Caso fortuito ou força maior. Fortuito externo. Súmula 130/STJ. Inaplicabilidade ao caso. 1. Ação indenizatória promovida por cliente, vítima do roubo de sua motocicleta no estacionamento externo e gratuito oferecido por lanchonete. 2. Acórdão recorrido que, entendendo aplicável à hipótese a inteligência da Súmula 130/STJ, concluiu pela procedência parcial do pedido autoral, condenando a requerida a reparar a vítima do crime de roubo pelo prejuízo material por ela suportado. 3. A teor do que dispõe a Súmula 130/STJ, a empresa responde, perante o cliente, pela reparação de dano ou furto de veículos ocorridos no seu estacionamento. 4. Em casos de roubo, a jurisprudência desta Corte tem admitido a interpretação extensiva da Súmula 130/STJ para entender configurado o dever de indenizar de estabelecimentos comerciais quando o crime for praticado no estacionamento de empresas destinadas à exploração econômica direta da referida atividade (hipótese em que configurado fortuito interno) ou quando esta for explorada de forma indireta por grandes shopping centers ou redes de hipermercados (hipótese em que o dever de reparar resulta da frustração de legítima expectativa de segurança do consumidor). 5. No caso, a prática do crime de roubo, com emprego inclusive de arma de fogo, de cliente de lanchonete fast-food, ocorrido no estacionamento externo e gratuito por ela oferecido, constitui verdadeira hipótese de caso fortuito (ou motivo de força maior) que afasta do estabelecimento comercial proprietário da mencionada área o dever de indenizar (art. 393 do Código Civil). 6. Recurso especial provido. Recurso Especial 1.431.606-SP, 3ª Turma do Superior Tribunal de Justiça, rel. Min. para acórdão Ricardo Villas Bôas Cueva, jurisprudência de Brasília, julgado em 15 ago. 2017, publicado em 13 out. 2017.

BRASÍLIA. Superior Tribunal de Justiça. Agravo interno em recurso especial. Responsabilidade civil. Ação de indenização por danos materiais. Shopping center. Lojista. Roubo. Fortuito externo. Causa excludente de responsabilidade. Negativa de prestação jurisdicional. Art. 535 do CPC/1973. Não ocorrência. Prequestionamento. Ausência. Súmula 211/STJ. Reexame de cláusulas contratuais e de provas. Inviabilidade. Súmulas 5 e 7/STJ. 1. Recurso especial interposto contra acórdão publicado na vigência do Código de Processo Civil de 1973 (Enunciados Administrativos 2 e 3/STJ). 2. Não há falar em negativa de prestação jurisdicional se o tribunal de origem motiva adequadamente sua decisão, solucionando a controvérsia com a aplicação do direito que entende cabível à hipótese, apenas não no sentido pretendido pela parte. 3. A ausência de prequestionamento da matéria suscitada no recurso especial, a despeito da oposição de embargos de declaração, impede o conhecimento do recurso especial (Súmula 211/STJ). 4. Segundo a jurisprudência desta Corte, em regra, o roubo mediante a utilização de arma de fogo é fato de terceiro equiparável à força maior excluindo o dever de indenizar. 5. A reforma do julgado demandaria interpretação de cláusulas contratuais e reexame do contexto fático-probatório, procedimentos vedados na estreita via do recurso especial, a teor das

Súmulas 5 e 7/STJ. 6. Agravo interno não provido. Agravo Interno no Recurso Especial 1.496-577/ES, 3ª Turma do Superior Tribunal de Justiça, rel. Min. Ricardo Villas Bôas Cueva, jurisprudência de Brasília, julgado em 21 ago. 2018, publicado em 30 ago. 2018.

BRASÍLIA. Superior Tribunal de Justiça. Agravo interno em recurso especial. Responsabilidade civil. Ação de indenização por danos materiais. Shopping center. Lojista. Roubo. Fortuito externo. Causa excludente de responsabilidade. Negativa de prestação jurisdicional. Art. 535 Do CPC/1973. Não ocorrência. Prequestionamento. Ausência. Súmula 211/STJ. Reexame de cláusulas contratuais e de provas. Inviabilidade. Súmulas 5 e 7/STJ. 1. Recurso especial interposto contra acórdão publicado na vigência do Código de Processo Civil de 1973 (Enunciados Administrativos 2 e 3/STJ). 2. Não há falar em negativa de prestação jurisdicional se o tribunal de origem motiva adequadamente sua decisão, solucionando a controvérsia com a aplicação do direito que entende cabível à hipótese, apenas não no sentido pretendido pela parte. 3. A ausência de prequestionamento da matéria suscitada no recurso especial, a despeito da oposição de embargos de declaração, impede o conhecimento do recurso especial (Súmula 211/STJ). 4. Segundo a jurisprudência desta Corte, em regra, o roubo mediante a utilização de arma de fogo é fato de terceiro equiparável à força maior excluindo o dever de indenizar. 5. A reforma do julgado demandaria interpretação de cláusulas contratuais e reexame do contexto fático-probatório, procedimentos vedados na estreita via do recurso especial, a teor das Súmulas 5 e 7/STJ. 6. Agravo interno não provido. Recurso Especial 1.431.606/SP, 3ª Turma do Superior Tribunal de Justiça, rel. Min. Ricardo Villas Bôas Cueva, jurisprudência de Brasília, julgado em 21 ago. 2018, publicado em 30 ago. 2018.

BRASÍLIA. Superior Tribunal de Justiça. Agravo interno nos embargos de divergência em recurso especial. Responsabilidade civil. Ação criminosa perpetrada por terceiro. Disparos dentro de cinema. Caso fortuito. Imprevisibilidade e inevitabilidade. Prestação de serviço. Defeito. Não ocorrência. Arestos confrontados. Ausência de similitude fática. Indeferimento liminar dos embargos. Súmula 168/STJ. 1. Consoante entendimento pacificado no âmbito das Turmas que compõem a Segunda Seção, a culpa de terceiro, que realiza disparos de arma de fogo contra o público no interior de sala de cinema, rompe o nexo causal entre o dano e a conduta do shopping center no interior do qual ocorrido o crime, haja vista configurar hipótese de caso fortuito, imprevisível, inevitável e autônomo, sem origem ou relação com o comportamento deste último. 2. Não cabem embargos de divergência quando a jurisprudência do Tribunal se firmou no mesmo sentido do acórdão embargado. 3. A ausência de similitude fática entre os arestos confrontados, porquanto indispensável à configuração do dissídio, impõe a inadmissão dos embargos de divergência. 4. Agravo interno não provido. Recurso Especial 1.087-717/SP, 2ª Seção do Superior Tribunal de Justiça, rel. Min. Ricardo Villas Bôas Cueva, jurisprudência de Brasília, julgado em 13 set. 2017, publicado em 20 set. 2017.

BRASÍLIA. Superior Tribunal de Justiça. Agravo interno no agravo em recurso especial. Ação de indenização por danos morais e estéticos. Assalto nas dependências de shopping center. Vítima atingida por projétil de arma de fogo. Força maior. Inexistência. Valor dos danos morais/estéticos. Razoabilidade. Decisão mantida. Recurso desprovido. 1. O acórdão recorrido está em conformidade com a jurisprudência desta Corte, no sentido de que é dever de estabelecimentos como shopping centers zelar pela segurança de seu ambiente, de modo que não há falar em força maior para eximi-los da responsabilidade civil decorrente de roubos violentos. Precedentes. 2. Somente é admissível o exame do valor fixado a título de danos morais e estéticos em hipóteses excepcionais, quando for verificada a exorbitância ou a índole irrisória da importância arbitrada, em flagrante ofensa aos princípios da razoabilidade e da proporcionalidade, o que não se verifica no caso em debate. 3. Agravo interno a que se nega provimento. Agravo Interno no Agravo em Recurso Especial 1.027.025/SP, 4ª Turma do Superior Tribunal de Justiça, rel. Min. Raul Araújo, jurisprudência de Brasília, julgado em 18 jun. 2019, publicado em 28 jun. 2019.

BRASÍLIA. Superior Tribunal de Justiça. Recurso especial. Direito civil e processual civil. Violação ao art. 535 do CPC. Não ocorrência. Art. 538, parágrafo único do CPC. Multa. Inaplicabilidade. Intuito prequestionador dos declaratórios opostos. Súmula 98/STJ. Responsabilidade civil. Indenização. Dano moral. Ação criminosa perpetrada por terceiro. Realização de disparos a esmo com arma de fogo contra o público no interior de sala de cinema. Caso fortuito. Imprevisibilidade e inevitabilidade. Excludente do dever de indenizar. Ruptura do nexo causal entre a conduta do shopping center e os danos suportados por vítima dos disparos. 1. Não subsiste a alegada ofensa ao artigo 535 do CPC, pois o tribunal de origem enfrentou as questões postas, não havendo no aresto recorrido omissão, contradição ou obscuridade. 2. Evidenciado o caráter prequestionador dos embargos declaratórios, impõe-se afastar a aplicação da multa prevista no parágrafo único do art. 538 do Código de Processo Civil, a teor do que dispõe a Súmula 98/STJ. 3. A culpa de terceiro, que realiza disparos de arma de fogo contra o público no interior de sala de cinema, rompe o nexo causal entre o dano e a conduta do shopping center no interior do qual ocorrido o crime, haja vista configurar hipótese de caso fortuito, imprevisível, inevitável e autônomo, sem origem ou relação com o comportamento deste último. 4. Não se revela razoável exigir das equipes de segurança de um cinema ou de uma administradora de shopping centers que previssem, evitassem ou estivessem antecipadamente preparadas para conter os danos resultantes de uma investida homicida promovida por terceiro usuário, mesmo porque tais medidas não estão compreendidas entre os deveres e cuidados ordinariamente exigidos de estabelecimentos comerciais de tais espécies. 5. Recurso especial provido. Recurso Especial 1.384.630/SP, 3ª Turma do Superior Tribunal de Justiça, rel. para acórdão Min. Ricardo Villas Bôas Cueva, jurisprudência de Brasília, julgado em 20 fev. 2014, publicado em 12 jun. 2014.

CAVALIERI FILHO, Sergio. *Programa de direito do consumidor*. 3. ed. São Paulo: Atlas, 2011.

CAVALIERI FILHO, Sergio. *Programa de responsabilidade civil*. 10. ed. São Paulo: Atlas, 2012.

DINIZ, Maria Helena. *Curso de direito civil brasileiro, volume 3*: teoria das obrigações contratuais e extracontratuais. 30. ed. São Paulo: Saraiva, 2014.

FARIAS, Cristiano Chaves de; ROSENVALD, Nelson. *Curso de Direito Civil*: direito dos contratos. 4 ed. Salvador: JusPodivm, 2014. v. 4.

MINAS GERAIS. Tribunal de Justiça. Apelação cível. Ação indenizatória. Roubo em estacionamento de shopping. Responsabilidade objetiva. Danos materiais e morais comprovados. Recurso provido. 1 – Segundo orientação firmada pelo Superior Tribunal de Justiça, "É dever de estabelecimentos como shoppings centers e hipermercados zelar pela segurança de seu ambiente, de modo que não se há falar em força maior para eximi-los da responsabilidade civil decorrente de assaltos violentos aos consumidores". Precedentes. 2 – O roubo em dependências de shopping centers gera danos morais indenizáveis, mormente se perpetrado com uso de arma de fogo. 3 – Os danos materiais devidamente comprovados devem ser ressarcidos. Apelação Cível 1.0000.18.026420-2/002, 11ª Câmara Cível do Tribunal de Justiça de Minas Gerais, rel. Des. Marcos Lincoln, jurisprudência de Minas Gerais, julgado em 08 jul. 2020, publicado em 10 jul. 2020.

PEREIRA, Caio Mário da Silva. *Responsabilidade Civil*. 9. ed. Rio de Janeiro: Forense, 1998.

PEREIRA, Caio Mário da Silva. *Responsabilidade Civil*. 12. ed. Rio de Janeiro: Forense, 2018.

ROSENVALD, Nelson. *Do risco da atividade ao 'alto' risco da atividade algorítmica*. Disponível em https://www.nelsonrosenvald.info/single-post/2019/09/18/DO-RISCO-DA-ATIVIDADE-AO-%E2%80%-9CALTO%E2%80%9D-RISCO-DA-ATIVIDADE-ALGOR%C3%8DTMICA. Acesso em 15 jul. 2020

WALD, Arnoldo. *Curso de Direito Civil brasileiro*. São Paulo: Ed. RT, 2000.

ANEXO

1) AgInt no REsp 1.750.584 / DF – Julgado em 17 fev. 2020

Processual Civil. Agravo interno no recurso especial. Ação de indenização e compensação por danos materiais e morais. Violação de dispositivo constitucional e de súmula. Descabimento. Harmonia entre o acórdão recorrido e a jurisprudência do STJ. Reexame de fatos e provas. Inadmissibilidade. 1. Ação de indenização e compensação – respectivamente – por danos materiais e morais. 2. A interposição de recurso especial não é cabível quando ocorre violação de dispositivo constitucional ou de qualquer ato normativo que não se enquadre no conceito de lei federal, conforme disposto no art. 105, III, "a", da CF/88. 3. A prestação de segurança aos bens e à integridade física do consumidor é inerente à atividade comercial desenvolvida por hipermercado e shopping center. Nesse sentir, mesmo que o ato ilícito tenha ocorrido em estacionamento gratuito em área pública, a responsabilidade do estabelecimento comercial remanesce pelos danos ocorridos no local quando o referido estacionamento é utilizado exclusivamente por seus consumidores. Súmula 568/STJ. 4. Alterar o decidido no acórdão impugnado, no que se refere à destinação do estacionamento aos clientes da recorrente, à ocorrência de roubo de veículo automotor de cliente da recorrente no referido estacionamento, à distribuição dos ônus da prova, bem como no que tange à ausência de culpa exclusiva de terceiro capaz de romper com o nexo de causalidade, exige o reexame de fatos e provas, o que é vedado em recurso especial pela Súmula 7/STJ. 5. Agravo interno não provido. (AgInt no REsp 1.750.584/DF, Rel. Min. Nancy Andrighi, 3ª Turma, julgado em 17 fev. 2020, DJe 19 fev. 2020).

2) AgInt no AREsp 1.027.025 / SP – Julgado em 18 jun. 2019

Agravo interno no agravo em recurso especial. Ação de indenização por danos morais e estéticos. Assalto nas dependências de shopping center. Vítima atingida por projétil de arma de fogo. Força maior. Inexistência. Valor dos danos morais/estéticos. Razoabilidade. Decisão mantida. Recurso desprovido. 1. O acórdão recorrido está em conformidade com a jurisprudência desta Corte, no sentido de que é dever de estabelecimentos como shopping centers zelar pela segurança de seu ambiente, de modo que não há falar em força maior para eximi-los da responsabilidade civil decorrente de roubos violentos. Precedentes. 2. Somente é admissível o exame do valor fixado a título de danos morais e estéticos em hipóteses excepcionais, quando for verificada a exorbitância ou a índole irrisória da importância arbitrada, em flagrante ofensa aos princípios da razoabilidade e da proporcionalidade, o que não se verifica no caso em debate. 3. Agravo interno a que se nega provimento. (AgInt no AREsp 1.027.025/SP, Rel. Min. Raul Araújo, 4ª Turma, julgado em 18 jun. 2019, DJe 28 jun. 2019).

3) AgInt no AREsp 1.149.558 / DF – Julgado em 09 abr. 2019

Processual civil. Agravo interno no agravo em recurso especial. Ação de indenização. Violação do art. 1.022, II, do CPC/2015. Inexistência. Normas legais indicadas no especial. Falta de prequestionamento. Súmulas n. 282 e 356 do stf. Pretensão de reexame do conjunto fático-probatório dos autos. Inadmissibilidade. Súmula n. 7 do STJ. Roubo em estacionamento gratuito de "shopping center". Espaço vigiado pelo estabelecimento e utilizado pelos clientes do centro comercial. Responsabilidade civil. Existência. Entendimento em consonância com a jurisprudência do STJ. Súmula n. 83/STJ. Decisão Mantida. 1. Inexiste afronta ao art. 1.022 do CPC/2015 quando o acórdão recorrido pronuncia-se, de forma clara e suficiente, acerca das questões suscitadas nos autos, manifestando-se sobre todos os argumentos que, em tese, poderiam infirmar a conclusão adotada pelo Juízo. 2. A simples indicação dos dispositivos legais tidos por violados, sem que o tema tenha sido enfrentado pelo acórdão recorrido, obsta o conhecimento do recurso especial, por falta de prequestionamento, a teor das Súmulas n. 282 e 356 do STF. 3. O recurso especial não comporta exame de questões que impliquem revolvimento do contexto fático-probatório dos autos (Súmula n. 7 do STJ).

4. O Tribunal de origem asseverou que o "shopping center" recorrente é beneficiado pelo uso do estacionamento – o qual reformou, sinalizou e conserva, além de fornecer-lhe serviço de vigilância. Entender de modo contrário implicaria reexame de matéria fática, vedado em recurso especial.

5. "A prestação de segurança aos bens e à integridade física do consumidor é inerente à atividade comercial desenvolvida por hipermercado e shopping center. Assim, ainda que o ato ilícito tenha ocorrido em estacionamento gratuito em área pública, a responsabilidade do shopping remanesce pelos danos ocorridos no local quando o referido estacionamento é utilizado exclusivamente por seus consumidores, conforme ficou configurado na presente hipótese" (AgRg no AREsp 790.643/DF, Relator Ministro Marco Aurélio Bellizze, Terceira Turma, julgado em 15/12/2015, DJe 3/2/2016). 6. Agravo interno a que se nega provimento. (AgInt no AREsp 1.149.558/DF, Rel. Min. Antonio Carlos Ferreira, 4ª Turma, julgado em 09 abr. 2019, DJe 16 abr. 2019).

4) AgInt no REsp 1.496.577 / ES – Julgado em 21 ago. 2018

Agravo interno em recurso especial. Responsabilidade civil. Ação de indenização por danos materiais. Shopping center. Lojista. Roubo. Fortuito externo. Causa excludente de responsabilidade. Negativa de prestação jurisdicional. Art. 535 do CPC/1973. Não ocorrência. Prequestionamento. Ausência. Súmula 211/STJ. Reexame de cláusulas contratuais e de provas. Inviabilidade. Súmulas 5 e 7/STJ. 1. Recurso especial interposto contra acórdão publicado na vigência do Código de Processo Civil de 1973 (Enunciados Administrativos 2 e 3/STJ). 2. Não há falar em negativa de prestação jurisdicional se o tribunal de origem motiva adequadamente sua decisão, solucionando a controvérsia com a aplicação do direito que entende cabível à hipótese, apenas não no sentido pretendido pela parte. 3. A ausência de prequestionamento da matéria suscitada no recurso especial, a despeito da oposição de embargos de declaração, impede o conhecimento do recurso especial (Súmula 211/STJ). 4. Segundo a jurisprudência desta Corte, em regra, o roubo mediante a utilização de arma de fogo é fato de terceiro equiparável à força maior excluindo o dever de indenizar. 5. A reforma do julgado demandaria interpretação de cláusulas contratuais e reexame do contexto fático-probatório, procedimentos vedados na estreita via do recurso especial, a teor das Súmulas 5 e 7/STJ. 6. Agravo interno não provido.

(AgInt no REsp 1.496.577/ES, Rel. Min. Ricardo Villas Bôas Cueva, 3ª Turma, julgado em 21 ago. 2018, DJe 30 ago. 2018).

5) AgInt no AREsp 1.115.096 / RJ – Julgado em 21 ago. 2018

Agravo Interno No Agravo Em Recurso Especial – Ação Condenatória – Decisão Monocrática Que Negou Provimento Ao Reclamo – Insurgência Recursal Da Demandada. 1. Na hipótese, o acórdão recorrido está em conformidade com a jurisprudência desta Corte, no sentido de que é dever de estabelecimentos como shoppings centers e hipermercados zelar pela segurança de seu ambiente, de modo que não se há falar em força maior para eximi-los da responsabilidade civil decorrente de assaltos violentos aos consumidores. Incidência da Súmula 83/STJ. 2. A Corte local, à luz do caso concreto e com amparo nos elementos de convicção dos autos, decidiu pela existência de falha na prestação de serviços do estabelecimento, a ensejar na responsabilidade civil da demandada, afastando, assim, a excludente de responsabilidade prevista no § 3º do artigo 14 do CDC. Para reformar tais conclusões seria necessário a incursão no acervo fático-probatório dos autos, prática vedada pela Súmula 7/STJ. 3. Agravo interno desprovido. (AgInt no AREsp 1115096/RJ, rel. Min. Marco Buzzi, 4ª Turma, julgado em 21 ago. 2018, DJe 29 ago. 2018).

6) AgInt nos EDcl no REsp 1.330.040 / SC – Julgado em 05 dez. 2017

Agravo interno nos embargos de declaração no recurso especial. Ação de indenização por danos morais. Assalto nas dependências de shopping center. Força maior. Inexistência. Jurisprudência. Alegação de exorbitância do valor indenizatório. Incidência das súmulas 283 e 284/STF. Recurso Não Provido. 1. Na hipótese, o acórdão recorrido está em conformidade com a jurisprudência desta Corte, no sentido de que "é dever de estabelecimentos como shoppings centers e hipermercados zelar pela segurança de seu ambiente, de modo que não se há falar em força maior para eximi-los da responsabilidade civil decorrente de assaltos violentos aos consumidores". Precedentes.

2. No que diz respeito à alegação da exorbitância do valor indenizatório, por sua vez, não foram apresentados argumentos suficientes para demonstrar o desacerto das conclusões alcançadas pelo acórdão recorrido ou a indicação de dispositivo supostamente violado. Em âmbito de especial, é indispensável seja deduzida a necessária fundamentação, com a finalidade de demonstrar o cabimento do recurso e o desacerto do acórdão impugnado. Incidem, por analogia, as Súmulas 283 e 284 do excelso Supremo Tribunal Federal. 3. Agravo interno a que se nega provimento. (AgInt nos EDcl no REsp 1.330.040/SC, Rel. Min. Lázaro Guimarães (Desembargador convocado do TRF 5ª Região), 4ª Turma, julgado em 05 dez. 2017, DJe 14 dez. 2017).

7)bAgInt nos EREsp 1.087.717 / SP – Julgado em 13 set. 2017

AGRAVO INTERNO NOS EMBARGOS DE DIVERGÊNCIA EM RECURSO ESPECIAL. Responsabilidade civil. Ação criminosa perpetrada por terceiro. Disparos dentro de cinema. Caso fortuito. Imprevisibilidade e inevitabilidade. Prestação de serviço. Defeito. Não ocorrência. Arestos confrontados. Ausência de similitude fática. Indeferimento liminar dos embargos. Súmula 168/STJ. 1. Consoante entendimento pacificado no âmbito das Turmas que compõem a Segunda Seção, a culpa de terceiro, que realiza disparos de arma de fogo contra o público no interior de sala de cinema, rompe o nexo causal entre o dano e a conduta do shopping center no interior do qual ocorrido o crime, haja vista configurar hipótese de caso fortuito, imprevisível, inevitável e autônomo, sem origem ou relação com o comportamento deste último. 2. Não cabem embargos de divergência quando a jurisprudência do Tribunal se firmou no mesmo sentido do acórdão embargado. 3. A ausência de similitude fática entre os arestos confrontados, porquanto indispensável à configuração do dissídio, impõe a inadmissão dos embargos de divergência. 4. Agravo interno não provido. (AgInt nos EREsp 1.087.717/SP, Rel. Min. Ricardo Villas Bôas Cueva, 2ª Seção, julgado em 13 set. 2017, DJe 20 set. 2017).

8) AgInt no AREsp 790.302 / RJ – Julgado em 16 fev. 2017

Agravo interno no agravo em recurso especial. Tiroteio ocorrido em loja de shopping center. Disparo de arma de fogo que atingiu cliente do centro de compras. Responsabilidade civil configurada. Caso fortuito. Não ocorrência. Agravo não provido. 1. Nos termos da orientação jurisprudencial do Superior Tribunal de Justiça, faz parte do dever dos estabelecimentos comerciais, como shopping centers e hipermercados, zelar pela segurança de seus clientes, não sendo possível afastar sua responsabilidade civil com base em excludentes de força maior ou caso fortuito. 2. In casu, o autor da ação indenizatória foi vítima de disparo de arma de fogo ocorrido nas dependências do shopping center enquanto acontecia uma tentativa de assalto a uma de suas lojas, ficando configurada a responsabilidade do estabelecimento por indenizar os danos materiais e morais sofridos pelo autor. 3. Agravo interno a que se nega provimento. (AgInt no AREsp 790.302/RJ, Rel. Min. Raul Araújo, 4ª Turma, julgado em 16 fev. 2017, DJe 06 mar. 2017).

9) REsp 1.327.778 / SP – Julgado em 02 ago. 2016

Recurso especial. Assalto contra-carro forte que transportava malotes do supermercado instalado dentro do shopping center. Responsabilidade civil objetiva. Art. 14 do CDC. Responsabilidade solidária de todos da cadeia de prestação do serviço. Consumidor bystander. Art. 17 do CDC. 1. O Código de Defesa do Consumidor, em seu artigo 14, referindo-se ao fornecedor de serviços em sentido amplo, estatui a responsabilidade objetiva deste na hipótese de defeito na prestação do serviço, atribuindo-lhe o dever reparatório, desde que demonstrado o nexo causal entre o defeito do serviço e o acidente de consumo (fato do serviço), do qual somente é passível de isenção quando houver culpa exclusiva do consumidor ou uma das causas excludentes de responsabilidade genérica – força maior ou caso fortuito externo. 2. Nesse contexto consumerista, o campo de incidência da responsabilidade civil ampliou-se, pois passou a atingir não apenas o fornecedor diretamente ligado ao evento danoso, mas toda a cadeia de produção envolvida na atividade de risco prestada. 3. Ademais, a responsabilidade civil objetiva, por acidente de consumo, não alcança apenas o consumidor, previsto no artigo 2º do CDC, mas também, e principalmente, aqueles elencados no art. 17 do mesmo diploma legal. 4. Assim, é também responsável o Supermercado, instalado dentro de shopping center, em caso de assalto à transportadora de valores que retirava malotes de dinheiro daquele estabelecimento pela lesão provocada ao consumidor bystander, ocasionada por disparo de arma de fogo. 5. Recurso especial a que se nega provimento. (REsp 1327778/SP, Rel. Min. Luis Felipe Salomão, 4ª Turma, julgado em 02 ago. 2016, DJe 23 ago. 2016).

10) AgRg no AREsp 790.643 / DF – Julgado 15 fev. 2015

Agravo regimental no agravo em recurso especial. Responsabilidade civil. Negativa de prestação jurisdicional. Não ocorrência. Roubo em estacionamento gratuito do shopping. Espaço utilizado exclusivamente pelos clientes do estabelecimento. Súmula 130/STJ. Acórdão recorrido em harmonia com a jurisprudência desta corte. Súmula 83/STJ. Agravo Desprovido. 1. Não há que se falar em violação do art. 535 do CPC quando o acórdão recorrido aprecia todos os argumentos suscitados pelo recorrente, sendo certo que o mero descontentamento da parte com o resultado do julgamento não configura negativa de prestação jurisdicional. 2. A prestação de segurança aos bens e à integridade física do consumidor é inerente à atividade comercial desenvolvida por hipermercado e shopping center. Assim, ainda que o ato ilícito tenha ocorrido em estacionamento gratuito em área pública, a responsabilidade do shopping remanesce pelos danos ocorridos no local quando o referido estacionamento é utilizado exclusivamente por seus consumidores, conforme ficou configurado na presente hipótese (Súmula 130/STJ). O acórdão recorrido adotou entendimento em consonância com a jurisprudência desta Corte. Incidência da Súmula 83/STJ. 3. Agravo regimental desprovido. (AgRg no AREsp 790.643/DF, Rel. Min. Marco Aurélio Bellizze, 3ª Turma, julgado em 15 dez. 2015, DJe 03 fev. 2016)

11) AgRg no AREsp 188.113 / RJ – Julgado em 01 abr. 2014

Agravo regimental. Agravo em recurso especial. Ação indenizatória. Dano moral. Roubo em estacionamento de shopping center. Responsabilidade civil. Súmula 83/STJ. Sucumbência recíproca. Súmula 7/STJ. Recurso desprovido. 1. É dever de estabelecimentos como shopping centers, que oferecem estacionamento privativo aos consumidores ainda que de forma gratuita, zelar pela segurança dos veículos e dos clientes. 2. Tendo o Tribunal a quo concluído pela inexistência de sucumbência recíproca, a revisão dos critérios por ele adotados importaria em apreciação de matéria fático-probatória. Incidência da Súmula 7/STJ. 3. Agravo regimental desprovido. (AgRg no AREsp 188.113/RJ, rel. Min. João Otávio de Noronha, 3ª Turma, julgado em 1º abr. 2014, DJe 07 abr. 2014)

12) REsp 1.269.691 / PB – Julgado em 21 nov. 2013

Responsabilidade civil. Recurso especial. Tentativa de roubo em cancela de estacionamento de shopping center. Obrigação de indenizar. 1. A empresa que fornece estacionamento aos veículos de seus clientes responde objetivamente pelos furtos, roubos e latrocínios ocorridos no seu interior, uma vez que, em troca dos benefícios financeiros indiretos decorrentes desse acréscimo de conforto aos consumidores, o estabelecimento assume o dever -implícito em qualquer relação contratual – de lealdade e segurança, como aplicação concreta do princípio da confiança. Inteligência da Súmula 130 do STJ. 2. Sob a ótica do Código de Defesa do Consumidor, não se vislumbra a possibilidade de se emprestar à referida Súmula uma interpretação restritiva, fechando-se os olhos à situação dos autos, em que configurada efetivamente a falha do serviço -quer pela ausência de provas quanto à segurança do estacionamento, quer pela ocorrência do evento na cancela do estacionamento, que se situa ainda dentro das instalações do shopping. 3. É que, no caso em julgamento, o Tribunal a quo asseverou a completa falta de provas tendentes a demonstrar a permanência na cena do segurança do shopping; a inviabilidade de se levar em conta prova formada unilateralmente pela ré – que, somente após intimada, apresentou os vídeos do evento, os quais ainda foram inúteis em virtude de defeito; bem como enfatizou ser o local em que se encontra a cancela para saída do estacionamento uma área de alto risco de roubos e furtos, cuja segurança sempre se mostrou insuficiente.

4. Outrossim, o leitor ótico situado na saída do estacionamento encontra-se ainda dentro da área do shopping center, sendo certo que tais cancelas – com controles eletrônicos que comprovam a entrada do veículo, o seu tempo de permanência e o pagamento do preço – são ali instaladas no exclusivo interesse da administradora do estacionamento com o escopo precípuo de evitar o inadimplemento pelo usuário do serviço. 5. É relevante notar que esse controle eletrônico exige que o consumidor pare o carro, insira o tíquete no leitor ótico e aguarde a subida da cancela, para que, só então, saia efetivamente da área de proteção, o que, por óbvio, o torna mais vulnerável à atuação de criminosos, exatamente o que ocorreu no caso em julgamento. 6. Recurso especial a que se nega provimento. (REsp 1.269.691/PB, rel. Min. Maria Isabel Gallotti, Rel. p/ Acórdão Ministro Luis Felipe Salomão, 4ª Turma, julgado em 21 nov. 2013, DJe 05 mar. 2014).

13) REsp 582.047 / RS – Julgado em 17 fev. 2009

Recurso especial – Ação de indenização por danos morais em razão de roubo sofrido em estacionamento de supermercado – Procedência da pretensão – Força maior ou caso fortuito – Não reconhecimento – Conduta omissiva e negligente do estabelecimento comercial – Verificação – Dever de propiciar a seus clientes integral segurança em área de seu domínio – Aplicação do direito à espécie – Possibilidade, in casu – Dano moral – Comprovação – Desnecessidade – "Damnum in re ipsa?, na espécie – Fixação do quantum – Observância dos parâmetros da razoabilidade – Recurso Especial Provido. I – É dever de estabelecimentos como shoppings centers e hipermercados zelar pela segurança de seu ambiente, de modo que não se há falar em força maior para eximi-los da responsabilidade civil decorrente de assaltos violentos aos consumidores; II – Afastado o fundamento jurídico do acórdão a quo, cumpre a esta Corte Superior julgar a causa, aplicando, se necessário, o direito à espécie; III – Por se estar diante da figura do ?damnum in re ipsa?, ou seja, a configuração do dano está ínsita à própria eclosão do fato pernicioso, despicienda a comprovação do dano. IV – A fixação da indenização por dano moral deve revestir-se de caráter indenizatório e sancionatório, adstrito ao princípio da razoabilidade e, de outro lado, há de servir como meio propedêutico ao agente causador do dano; V – Recurso Especial conhecido e provido. (REsp 582.047/RS, Rel. Min. Massami Uyeda, 3ª Turma, julgado em 17 fev. 2009, DJe 04 ago. 2009).

14) REsp 419.059 / SP – Julgado em 19 out. 2004

Responsabilidade civil. Ação de conhecimento sob o rito ordinário. Assalto à mão armada iniciado dentro de estacionamento coberto de hipermercado. Tentativa de estupro. Morte da vítima ocorrida fora do estabelecimento, em ato contínuo. Relação de consumo. Fato do serviço. Força maior. Hipermercado e shopping center. Prestação de segurança aos bens e à integridade física do consumidor. Atividade inerente ao negócio. Excludente afastada. Danos materiais. Julgamento além do pedido. Danos morais. Valor razoável. Fixação em salários-mínimos. Inadmissibilidade. Morte da genitora. Filhos. Termo final da pensão por danos materiais. Vinte e quatro anos. – A prestação de segurança aos bens e à integridade física do consumidor é inerente à atividade comercial desenvolvida pelo hipermercado e pelo shopping center, porquanto a principal diferença existente entre estes estabelecimentos e os centros comerciais tradicionais reside justamente na criação de um ambiente seguro para a realização de compras e afins, capaz de induzir e conduzir o consumidor a tais praças privilegiadas, de forma a incrementar o volume de vendas. – Por ser a prestação de segurança e o risco ínsitos à atividade dos hipermercados e shoppings centers, a responsabilidade civil desses por danos causados aos bens ou à integridade física do consumidor não admite a excludente de força maior derivada de assalto à mão arma ou qualquer outro meio irresistível de violência. – A condenação em danos materiais e morais deve estar adstrita aos limites do pedido, sendo vedada a fixação dos valores em salários -mínimos. – O termo final da pensão devida aos filhos por danos materiais advindos de morte do genitor deve ser a data em que aqueles venham a completar 24 anos. – Primeiro e segundo recursos especiais parcialmente providos e terceiro recurso especial não conhecido. (REsp 419.059/SP, rel. Min. Nancy Andrighi, 3ª Turma, julgado em 19 out. 2004, DJ 29 nov. 2004, p. 315).

A RESPONSABILIDADE CIVIL EM CASOS DE *RECALL* AUTOMOTIVO E A POSSIBILIDADE DE APREENSÃO DO BEM

Dante Ponte de Brito

Professor Adjunto III da Faculdade de Direito (FADI) e do Programa de Pós-Graduação em Direito (PPGD) da Universidade Federal do Piauí (UFPI). Pós-Doutor em Direito pela Pontifícia Universidade Católica do Rio Grande do Sul (PUCRS). Doutor em Direito pela Universidade Federal de Pernambuco (UFPE). Mestre em Direito pela Universidade Federal da Paraíba (UFPB). Advogado atuante nas áreas de Direito Civil e do Consumidor. *E-mail*: dantephb@ufpi.edu.br

Leandro Cardoso Lages

Advogado e Professor Adjunto da Faculdade de Direito (FADI) da Universidade Federal do Piauí (UFPI). Doutor em Direito (PUC-SP). Mestre em Direito pela Universidade Católica de Brasília. Especialista em Direito Processual pela Universidade Federal de Santa Catarina. Especialista em Direito do Consumidor pela Universidade Estadual do Ceará. Autor dos livros "Direito do Consumidor: a lei, a jurisprudência e o cotidiano", "Transgênicos à luz do direito" e "Superendividamento empresarial", todos pela editora Lumen Juris.

E-mail: leandrolages@ufpi.edu.br

Sumário: 1. Introdução – 2. Abrangência do *recall* e forma de convocação – 3. A omissão da lei quanto ao prazo de convocação – 4. O *recall* como custo da atividade empresarial – 5. Conclusão – 6. Referências bibliográficas.

1. INTRODUÇÃO

Desde o advento do Código de Defesa do Consumidor tem-se observado um crescente número de recall nos mais variados segmentos da atividade empresarial, em especial no setor automotivo.

Em tradução livre do inglês, recall significa "chamar de volta", constituindo-se atualmente em um estrangeirismo, vocábulo livremente incorporado não só à linguagem jurídica, mas também ao cotidiano.

Por meio do recall o fornecedor convoca os consumidores para reparar gratuitamente as imperfeições manifestadas no produto que ponham em risco a vida, a saúde e a segurança ou, quando isto não for possível, ressarcir os valores com a aquisição do bem.

O instituto encontra-se previsto no art. 10, parágrafo 1º a 3º da Lei n. 8.078/90 (Código de Defesa do Consumidor). O referido artigo não se refere expressamente ao termo "recall", mas deixa clara a determinação no sentido de que, acaso a nocividade do produto seja constatada após a inserção no mercado de consumo, o fornecedor deverá comunicar o fato de imediato aos consumidores e autoridades competentes. Objetiva-se dar conhecimento ao mercado a respeito da nocividade do produto a fim de que o consumidor seja avisado do perigo e não sofra consequências lesivas.

Posteriormente, a Portaria Conjunta n. 03/2019, do Ministério da Justiça e do Ministério da Infraestrutura, trouxe novas regras sobre o recall automotivo, em especial sobre a abrangência, formas de convocação e inclusive com a possibilidade de constar uma observação no documento do veículo em caso de não atendimento do chamado.

O assunto restou complementado através da Lei n. 14.071/2020, em vigor desde abril de 2021, a qual impôs a necessidade de constar no documento do veículo o não atendimento ao recall não atendidos no prazo de 01 (um) ano após a efetiva convocação, bem como a proibição de renovação do licenciamento enquanto não houver a substituição ou reparo do veículo (art. 131, parágrafos 4° e 5°). Ou seja, sem o atendimento ao recall, o proprietário do veículo ficará impossibilitado de transitar por não conseguir renovar o licenciamento obrigatório anual.

De início, alguns fornecedores evitavam realizar o recall por entenderem que poderia comprometer a marca, pois representava a confissão de um erro. Tanto que na indústria automobilística era comum a realização de um "recall branco", no qual os reparos eram realizados quando o veículo era levado para as revisões de rotina, sem que o consumidor soubesse.

Como exemplo dessa postura omissiva dos fornecedores, merece destaque um fato ocorrido no ano de 2014 quando um determinado fabricante de automóveis recebeu nos EUA a maior multa até então aplicada por omitir-se quanto ao recall e colocar em risco a vida de consumidores que utilizavam seus automóveis em todo o mundo.[1] No Brasil, outro fabricante de automóveis também se omitiu quanto ao recall e foi compelido a realizar o chamamento, além de ter sido multado.[2]

Apesar de tais casos isolados, atualmente, o recall é visto como uma política de respeito ao consumidor, eis que, em virtude da industrialização e da produção em série, por vezes o vício somente é constatado após a inserção do produto no mercado.

O presente artigo objetiva abordar os seguintes aspectos relacionados ao recall: (1) a necessidade de fixação de um prazo para atendimento do chamado por parte do consumidor; (2) a delimitação da responsabilidade do fornecedor em caso de não atendimento do chamado por parte do consumidor efetivamente convocado;

---

1. TOYOTA pagará US$ 1,2 bilhão por problemas de acelerador nos EUA. *Globo.com*, 19 mar. 2014. Disponível em: http://g1.globo.com/carros/noticia/2014/03/toyota-pagara-us-12-bilhao-por-problemas-de-acelerador--nos-eua.html. Acesso em: 25 maio 2020.

2. FIAT terá que fazer recall do Stilo. *Portal G1*, 09 mar. 2010. Disponível em:http://g1.globo.com/Noticias/Carros/0,,MUL1522240-9658,00-FIAT+TERA+QUE+FAZER+RECALL+DO+STILO.html. Acesso em: 25 maio 2020.

(3) possibilidade de apreensão pelo poder público do veículo envolvido no recall não atendido pelo consumidor.

2. ABRANGÊNCIA DO RECALL E FORMA DE CONVOCAÇÃO

O instituto do recall encontra-se previsto no art. 10, parágrafos 1º a 3º da Lei 8.078 (Código de Defesa do Consumidor), que trata de produtos ou serviços que apresentam alto grau de nocividade à saúde ou segurança do consumidor.

Produtos com tal classificação de risco têm a sua inserção totalmente vedada no mercado de consumo, diferente do que ocorre com os níveis de risco previstos nos arts. 8º e 9º do Código de Defesa do Consumidor, nos quais a comercialização é permitida desde que o consumidor seja informado e alertado previamente. O texto legal assim esclarece:

> Art. 10. O fornecedor não poderá colocar no mercado de consumo produto ou serviço que sabe ou deveria saber apresentar alto grau de nocividade ou periculosidade à saúde ou segurança.
>
> § 1º. O fornecedor de produtos e serviços que, posteriormente à sua introdução no mercado de consumo, tiver, conhecimento da periculosidade que apresentem, deverá comunicar o fato imediatamente às autoridades competentes e aos consumidores, mediante anúncios publicitários.
>
> § 2º. Os anúncios publicitários a que se refere o parágrafo anterior serão veiculados na imprensa, rádio e televisão, às expensas do fornecedor do produto ou serviço.
>
> § 3º. Sempre que tiverem conhecimento de periculosidade de produtos ou serviços à saúde ou segurança dos consumidores, a União, os Estados, o Distrito Federal e os Municípios deverão informá-los a respeito.

Cláudia Lima Marques (2013, p. 422) define o recall como um dever pós-contratual do fornecedor de informar ao consumidor tão logo tome conhecimento da periculosidade de um produto que inseriu no mercado de consumo. Tem como fonte os princípios da boa-fé, informação e transparência nas relações contratuais, previstos no art. 4º do CDC.

Além do comunicado aos consumidores, o fato também deve ser informado às autoridades competentes, quais sejam: o Departamento de Proteção e Defesa do Consumidor, o Procon e o órgão normativo ou regulador competente, que pode ser a Agência de Vigilância Sanitária (Anvisa), o Ministério da Agricultura, Pecuária e Abastecimento (Mapa) ou o Departamento Nacional de Trânsito (Denatran), tudo a depender do produto ou serviço envolvido.

Da leitura do art. 10 e seus parágrafos percebe-se que o legislador destacou o fato de que a responsabilidade cabe não só o fornecedor que sabe da nocividade, mas também aquele que deveria saber, o que decorre da regra de responsabilidade civil objetiva adotada pelo CDC, no qual não se discute a culpa. A regra atinge todos os fornecedores envolvidos na cadeia de produção.

Com o intuito de prevenir a periculosidade, Fábio Ulhoa Coelho (1994, p. 77) esclarece textualmente que "o fornecedor deve estar certo de que esgotou todas as possibilidades de testes e investigações científicas ou tecnológicas concretamente oferecidas pelo estado de desenvolvimento do conhecimento especializado".

Acaso a nocividade do produto chegue ao conhecimento do fornecedor após a inserção no mercado de consumo, deverá comunicar o fato de imediato aos consumidores e autoridades competentes. A este comunicado aos consumidores o meio comercial batizou de *recall*, e consiste em dar conhecimento ao mercado a respeito do alto grau de nocividade do produto indevidamente comercializado a fim de que o consumidor seja avisado do perigo e não sofra consequências lesivas.

Antes da regulamentação do recall, chamou atenção do mundo um fato ocorrido nos EUA envolvendo a indústria automobilística, em 1970. Em virtude de um erro no projeto, o tanque de combustível do automóvel Ford Pinto explodia em algumas colisões. Várias pessoas morreram e outras sofreram graves sequelas. A empresa sabia do erro do projeto, mas realizaram um estudo analisando os custos e benefícios da modificação do projeto, e constataram que, em termos econômicos, valeria mais a pena responder pelas ações judiciais do que arcar com a modificação do projeto. O raciocínio econômico da empresa em detrimento do direito à vida e segurança dos consumidores revoltou o júri norte-americano, que elevou assustadoramente o valor das indenizações em ações movidas contra empresa (SANDEL, 2012, p. 57-59).

Usualmente costuma-se associar o recall apenas à indústria automobilística, área em que o chamamento ocorre com mais frequência e chama atenção em virtude dos acidentes envolvidos. Mas da leitura do art. 10 percebe-se que o legislador tornou obrigatório o instituto para quaisquer produtos ou serviços.

Dentre os casos mais inusitados e que chamaram a atenção do mercado, destaca-se o recall de um veículo automotivo que decepava os dedos do consumidor quando se reclinava o banco traseiro[3], de uma borracha de apagar que possuía uma substância tóxica em sua composição[4], de uma boneca infantil que deslocava pequenas peças que poderiam causar obstrução respiratória em crianças[5], de anticoncepcional ineficaz[6], de preservativos[7] e até mesmo de ovos com suspeita de contaminação por salmonela.[8]

---

3. CAMACHO, Karen. Volks deve convocar recall do fox e pagar multa de R$ 3 mi. *Folha de S. Paulo*, 04 abr. 2008. Disponível em: http://www1.folha.uol.com.br/folha/dinheiro/ult91u388804.shtml. Acesso em: 1º jun. 2020.
4. Spigliatti, Solange. Faber Castell nega 'recall' da borracha TK Plast. *O Estado de S. Paulo*, 28 fev. 2008. Disponível em: http://www.estadao.com.br/noticias/vidae,faber-castell-nega-recall-da-borracha-tk-plast,132248,0.htm Acesso em: 1º jun. 2020.
5. MATTEL muda recall de brinquedos após críticas; saiba o que fazer. *Folha de S. Paulo*, 17 ago. 2007. Disponível em: http://www1.folha.uol.com.br/folha/dinheiro/ult91u320900.shtml Acesso em: 1º jun. 2020.
6. Johnson & Johnson é notificada após recall de anticoncepcional. *Estado de S. Paulo*, 17 jun. 2013. Disponível em: http://economia.estadao.com.br/noticias/economia,johnson-e-johnson-e-notificada-apos-recall-de-anticoncepcional,156805,0.htm. Acesso em: 1º jun. 2020.
7. OLLA faz recall de 620 mil preservativos. *Portal G1*, 23 ago. 2012. Disponível em: http://g1.globo.com/economia/negocios/noticia/2012/08/olla-faz-recall-de-620-mil-preservativos.html. Acesso em: 1º jun. 2020.
8. ESTADOS Unidos têm recall de ovos por causa de surto de salmonela. *Globo. com*, 19 ago. 2010. Disponível em: http://g1.globo.com/bom-dia-brasil/noticia/2010/08/estados-unidos-tem-recall-de-ovos-por-causa-de-surto-de-salmonela.html Acesso em: 1º jun. 2020.

A fim de se tornar eficaz e chegar ao conhecimento do maior número possível de consumidores, o recall deve ser amplo e abrangente. O CDC faz referência à comunicação ao consumidor por meio de anúncios publicitários veiculados na imprensa, rádio e televisão, e que as despesas com tais veiculações cabem ao fornecedor do produto ou serviço.

Apesar de a legislação referir-se apenas a anúncios publicitários por meio da imprensa, rádio e televisão, deve-se proceder a uma interpretação ampla e histórica do dispositivo. Isto porque quando o CDC entrou em vigor no ano de 1990 a internet ainda não era popularizada como nos dias atuais. O propósito do legislador à época era assegurar uma ampla divulgação por todos os meios disponíveis, sendo os mais abrangentes à época a televisão e o rádio, além da imprensa escrita.

Atualmente estes meios tradicionais de comunicação perdem espaço para outras formas de acesso às informações propiciadas pela expansão da internet, as quais, muito embora não estejam previstas expressamente no texto de lei, também devem ser utilizadas como meios de divulgação do recall. Trata-se de uma interpretação que objetiva preservar a intenção do legislador de assegurar a divulgação do recall de forma ampla, utilizando-se de todos os meios de comunicação disponíveis.

A divulgação não deve se restringir apenas à publicidade nos meios de comunicação, mas também através de um contato direto e pessoal com o consumidor por intermédio de correspondências, mensagens eletrônicas ou telefonemas. O comunicado pessoal ao consumidor é uma exigência do art. 3º da Portaria Conjunta n. 03/2019, do Ministério da Justiça e Ministério da Infraestrutura.

Desta forma, com a adoção de todas estas medidas, atinge-se a finalidade proposta em lei de assegurar uma ampla divulgação do recall permitindo que o consumidor tome conhecimento do fato e adote as providências cautelatórias a fim de que não sofra consequências gravosas na utilização do produto ou serviço.

3. A OMISSÃO DA LEI QUANTO AO PRAZO DE CONVOCAÇÃO

Muito embora o CDC não determine um prazo para o chamamento dos consumidores, é razoável que o fornecedor fixe um intervalo de tempo a fim de que os consumidores compareçam para atender ao recall.

A Lei n. 14.071/2020 faz referência ao prazo de 01 (um) ano a partir do qual constará no certificado de registro veicular a informação a respeito do não atendimento do recall, impondo como consequência a impossibilidade de renovação do licenciamento enquanto não houver a substituição ou reparo do veículo (art. 131, parágrafos 4º e 5º). Mas este não corresponde ao prazo para atendimento do recall pelos consumidores, apenas o prazo a partir do qual a informação será encaminhada aos órgãos de trânsito.

Não fixar um prazo significaria permitir que os consumidores permanecessem por tempo indefinido com um produto que pode lhes causar danos, além de tornar mais rápido o processo de saneamento da nocividade do bem. A fixação de um prazo para atendimento ao recall, além de proteger o consumidor, também resguarda o fornecedor de futuras ações judiciais (LAGES, 2020, p. 173).

O termo responsabilidade é oriundo do verbo latino *respondere*, designando que responsabilizar-se significa exatamente responder pela prática de um ato comissivo ou omissivo. Quando algo sai da normalidade, seja no âmbito contratual ou extracontratual, seja por conta de ação ou omissão própria ou de terceiros, há o dever responsabilizar por eventuais danos (BRITO e NASCIMENTO, 2019, p. 42).

Desta forma, é possível identificar três momentos para a aferição da responsabilidade civil do fornecedor caso o consumidor sofra danos em virtude da utilização de um produto ou serviço com alto grau de periculosidade lançado no mercado de consumo sem conhecimento do fornecedor acerca da periculosidade: (1) antes do início do prazo do recall, (2) durante o prazo do recall e (3) após o encerramento do prazo de recall.

Quanto à primeira hipótese (1), ou seja, danos sofridos pelo consumidor antes do início do recall, o fornecedor responderá civilmente conforme expressamente previsto nos artigos 12 a 14 do Código de Defesa do Consumidor. Mesmo sendo um entendimento óbvio, cabe a transcrição julgado abaixo:

> *Defeito de fabricação. Relação de consumo. Ônus da prova.* No caso, houve um acidente de trânsito causado pela quebra do banco do motorista, que reclinou, determinando a perda do controle do automóvel e a colisão com uma árvore. A fabricante alegou cerceamento de defesa, pois não foi possível uma perícia direta no automóvel para verificar o defeito de fabricação, em face da perda total do veículo e venda do casco pela seguradora. Para a Turma, o fato narrado amolda-se à regra do art. 12 do CDC, que contempla a responsabilidade pelo fato do produto. Assim, considerou-se correta a inversão do ônus da prova, atribuído pelo próprio legislador ao fabricante. Para afastar sua responsabilidade, a montadora deveria ter tentado, por outros meios, demonstrar a inexistência do defeito ou a culpa exclusiva do consumidor, já que outras provas confirmaram o defeito do banco do veículo e sua relação de causalidade com o evento danoso. Além disso, *houve divulgação de recall pela empresa meses após o acidente, chamado que englobou, inclusive, o automóvel sinistrado,* para a verificação de possível defeito na peça dos bancos dianteiros. Diante de todas as peculiaridades, o colegiado não reconheceu cerceamento de defesa pela impossibilidade de perícia direta no veículo sinistrado. Precedente citado: REsp 1.036.485-SC, DJe 05 mar. 2009. STJ, – REsp 1.168.775-RS, 3ª Turma, rel. Min. Paulo de Tarso Sanseverino; origem: TJ-RS, apelação cível 2009/0234552-3; julgado em 10 abr. 2012. (Grifo nosso)

Quanto à segunda hipótese (2), ou seja, danos sofridos pelo consumidor durante o decurso do prazo fixado para o recall, também não há maiores controvérsias, eis que a partir do instante em que o fornecedor inicia o chamamento, trata-se de uma confissão pública quanto à existência de vícios no produto ou serviço capazes de causar danos ao consumidor. Portanto, caso estes danos se materializem, surge o nexo causal entre o referido dano e a autoria, consectários da responsabilidade civil.

A dúvida acerca da responsabilidade civil do fornecedor persiste quanto à terceira hipótese (3), ou seja, se o dano ocorrer após expirar o prazo do recall sem que o consumidor tenha atendido ao chamamento.

Ressalte-se que o campo de discussão se restringe à responsabilidade pela ocorrência de danos em virtude do não atendimento do recall no prazo. Caso o consumidor atenda extemporaneamente ao chamado, remanesce a obrigação do fornecedor de sanar o defeito do produto ou serviço gratuitamente. A mesma certeza não ocorre para as situações de danos sofridos pelo consumidor em acidente de consumo por não ter atendido o chamado.

Se o comunicado ocorreu em prazo razoável, de forma eficiente, ampla e pessoal ao consumidor, alertando-o dos riscos à sua vida e este ainda assim não atendeu ao chamado e veio a sofrer algum dano, não se deve imputar ao fornecedor uma responsabilidade integral, pois atendeu às exigências previstas na legislação consumeristas, agindo de boa-fé. O art. 3º, § 6º da Portaria Conjunta n. 03/2019, do Ministério da Justiça e Ministério da Infraestrutura, determina aos fornecedores a obrigatoriedade do armazenamento dos comprovantes de comunicação direta ao consumidor.

Não é possível admitir que o fornecedor permaneça infinitamente responsável por um fato que tentou sanar e o consumidor de forma negligente e desidiosa não atendeu a um chamado que visava proteger a sua própria vida, além de colocar em risco a vida e a segurança de terceiros que também possam vir a dirigir o veículo ou que estejam em seu interior como carona ou ainda na via pública e venha a ser atingido pelo bem que esteja desgovernado em virtude de problema decorrente do recall não atendido.

Ressaltando-se que o comportamento desidioso do consumidor se torna ainda mais grave ao colocar em risco não apenas a sua vida, mas também a de terceiros que porventura estejam a bordo do veículo na situação de carona ou ao volante, ou até mesmo de pedestres com risco de serem atingidos por um veículo desgovernado em virtude de problemas no sistema de freios ou qualquer outra intercorrência de comprometa a dirigibilidade, por exemplo.

Ressalte-se que para o comunicado ter o condão de eximir o fornecedor da responsabilidade deve alertar claramente o consumidor a respeito dos perigos a que está sujeito caso não atenda ao chamado.

O art. 131, parágrafos 4º e 5º, da Lei 14.071/2020 e a Portaria Conjunta 03, de 1/07/2019, do Ministério da Justiça e do Ministério da Infraestrutura determinam que após o prazo de um ano do recall sem atendimento pelo consumidor, o fornecedor deverá informar a situação ao Departamento Nacional de Trânsito, o qual lançará uma ressalva no documento do veículo indicando o fato, sujeitando ainda o consumidor a despesas para dar baixa na referida ressalva.

Além da ressalva no documento veicular, a Lei 14.071/2020 proíbe a renovação do licenciamento automotivo até que o recall seja atendido, admitindo-se, desta forma, a apreensão do veículo nas fiscalizações de trânsito. O veículo sem recall atendido oferece risco não apenas ao consumidor adquirente do bem, mas também a terceiros que possam ser vitimados pelo defeito manifestado, tais como outros condutores do veículo, caronas ou transeuntes em vias públicas que venham a ser atingidos pelo veículo desgovernado em virtude de problemas advindos do recall não atendido. A liberação do bem ficaria condicionada à realização do reparo objeto de recall.

Quanto à responsabilidade do fornecedor em virtude de recall não atendido pelo consumidor, não há unanimidade na doutrina.

Arruda Alvim (1995, p. 85) esclarece que "no caso da divulgação preventiva posterior à introdução do produto no mercado, a exoneração da responsabilidade somente se verifica após a realização de tal campanha acautelatória, se de acordo com as necessidades".

Por outro lado, Rizzatto Nunes (2013, p. 214) entende que o fornecedor continua responsável, mesmo após o recall, pois se trata de responsabilidade objetiva e no, máximo, poder-se-ia reconhecer a culpa concorrente do consumidor, o que apenas influenciaria no valor de eventual indenização.

Igualmente Flávio Tartuce (2019, p. 241) defende a culpa concorrente quando o consumidor não atende ao chamado e se envolve em acidentes, sugerindo ainda divisão do risco na proporção de 70% (setenta por cento) para o consumidor e 30% (trinta por cento) para o fornecedor. Ou seja, o autor reconhece uma parcela maior de responsabilidade para o consumidor na causação do dano ao não atender ao recall, mas desde que haja prova cabal de que o fornecedor efetivamente convocou o consumidor das mais variadas formas, inclusive pessoalmente.

Já Herman Benjamin (1991, p. 65) alerta para o fato de que "a informação posterior não impede a obrigação de indenizar, caso o consumidor não seja alcançado a tempo", ou seja, para o autor o não atendimento do recall por parte do consumidor mantém a responsabilidade objetiva e integral do fornecedor. O STJ julgou caso seguindo tal entendimento:

> Civil. Consumidor. Reparação de danos. Responsabilidade. Recall. Não comparecimento do comprador. Responsabilidade do fabricante. A circunstância de o adquirente não levar o veículo para conserto, em atenção a RECALL, não isenta o fabricante da obrigação de indenizar. STJ, REsp 1.010.392-RJ, 3ª Turma, rel. Min. Humberto Gomes de Barros; origem: TJ-RJ, apelação cível 2006/0232129-5; DJe 13 maio 2008.

No caso examinado, restou comprovado que o consumidor, além de não atender ao recall, também não levara o veículo para a realização das revisões de rotina conforme orientado pelo fornecedor, e ainda assim reconheceu-se o direito à indenização.

Idêntico desfecho ocorreu em outro caso de não atendimento de recall pelo consumidor, mas a responsabilidade restou reconhecida por envolver um terceiro que havia adquirido o bem e, obviamente, não recebera pessoalmente o comunicado do recall. Eis a ementa do caso:

> Agravo Regimental No Recurso Especial – Ação De Resolução Contratual C/C Indenização Por Danos Materiais E Morais – Decisão Monocrática Negando Seguimento Ao Recurso Especial – Insurgência Recursal Da Ré. 1. Não subsiste a alegada ofensa ao artigo 535 do CPC, pois o Tribunal de origem enfrentou as questões postas à apreciação, não havendo no aresto recorrido omissão

A RESPONSABILIDADE CIVIL EM CASOS DE *RECALL* AUTOMOTIVO **165**

a ser sanada. Precedentes. 2. A circunstância de o veículo não haver sido vistoriado periodicamente e não ter sido levado para conserto pelo proprietário anterior, em atenção a RECALL, não isenta o fabricante da obrigação de indenizar, sobretudo porque se trata de veículo de revenda. Responsabilidade objetiva. A aferição de culpa exclusiva da vítima enseja reexame de provas não condizente com a via especial. Súmula 7-STJ. 3. A incidência da Súmula 7/STJ sobre o tema objeto da suposta divergência impede o conhecimento do recurso lastreado na alínea "c" do permissivo constitucional ante a inexistência de similitude fática. 4. Agravo regimental desprovido. STJ, AgRg no REsp 126.1067-RJ, 4ª Turma, Min. Marco Buzzi. Origem: TJ-RJ, agravo 2011/0074432-1. Julgado em 17 nov. 2015, DJe 24 nov. 2015.

Em todo caso, indubitável que embora o consumidor atenda ao chamamento após o prazo fixado para o recall, o fornecedor continua obrigado a sanar o problema gratuitamente, seja efetuando a troca de peças ou componentes, entregando um produto novo ou até mesmo devolvendo o dinheiro ao consumidor devidamente corrigido.

No ano de 2006, o STJ julgou um caso peculiar envolvendo recall. Uma consumidora julgou-se ofendida moralmente por ter sido convocada via recall para comparecer à sede do fornecedor a fim de efetuar reparos no cinto de segurança de seu automóvel. A ementa do julgado dispôs o seguinte:

> Dano moral. Recall. Automóvel. A recorrente insiste na tese de que houve dano moral em razão da convocação (*recall*) feita pela montadora de veículos para que comparecesse a uma concessionária da marca para efetuar reparos nos cintos de segurança de seu automóvel, mesmo diante de não restarem dúvidas de que o defeito a ser sanado sequer se apresentou concretamente em seu veículo. Diante disso, apesar de aplicar a Súm. n. 7-STJ à hipótese e reconhecer que o aresto estadual tachou de sem relevância jurídica a tese de a recorrente ter sofrido "choque emocional", a Turma anotou que não convence a defesa de que o *recall* teria o condão de causar dano moral à compradora de veículo, pois essa prática é, sim, favorável ao consumidor, não podendo ser aceita como instrumento de oportunismo a alimentar infundados pleitos indenizatórios. STJ, AgRg no Ag 675.453-PR, 4ª Turma, rel. Min. Aldir Passarinho Junior; origem: TJ-PR, agravo 2005/0065225-2; julgado em 14 fev. 2006.

Sendo o recall previsto no próprio CDC como um mecanismo de proteção ao consumidor, não há como sustentar que o simples exercício do direito de realizar o recall possa acarretar danos morais ao consumidor. Ressalte-se que o acórdão não trata de dano concreto sofrido pelo consumidor em virtude da nocividade do bem, mas apenas e tão somente de um suposto choque emocional causado pelo recall.

Afora a responsabilidade civil, o fornecedor também responde criminalmente nos termos dos arts. 64 e 65 do CDC. São tipos penais no qual o fornecedor só vem a conhecer os riscos após a colocação do produto no mercado de consumo, ou seja, é omissão *a posteriori*. O sujeito ativo é o fornecedor; o passivo, a coletividade de consumidores. Trata-se de crime omissivo próprio, consumando-se com a abstenção do dever de chamamento, inexistindo na forma culposa. Sendo serviço, trata-se de crime comissivo. E além da responsabilidade no âmbito penal, cabem também sanções de ordem administrativa nos termos do art. 55-60, sendo a multa a mais comum.

Na redação do projeto de lei constava uma disposição que foi objeto de veto. O art. 11 do CDC, vetado, determinava a obrigatoriedade de retirada imediata do mercado de consumo de produto ou serviço que, mesmo adequadamente fruído, apresentasse alto grau de nocividade ou periculosidade, às expensas do fornecedor, sem prejuízo da responsabilidade pela reparação de eventuais danos.

Gabriel Saad (1998, p. 94) justificou e concordou com o veto na medida em que poderia dar margem a interpretações duvidosas e comprometer a indústria nacional, pois vários produtos, tais como químicos e equipamentos elétricos poderiam ser afetados pela medida do art. 11, eis que mesmo que utilizados cuidadosamente, apresentam alto grau de nocividade.

Em sentido contrário, Cláudia Lima Marques (2013, p. 423) discordou e lamentou o veto, mas entende que o teor do artigo vetado restou suprido por disposições criadas posteriormente nas portarias do Ministério da Justiça que regulamentaram o recall (Portarias-MJ n. 789/2001 e n. 487/2012).

4. O RECALL COMO CUSTO DA ATIVIDADE EMPRESARIAL

Sob a perspectiva empresarial, as despesas com o recall e acidentes de consumo representam um custo a ser previsto e consequentemente integrar a composição do preço de produtos e serviços.

Segundo Fábio Ulhoa Coelho (2013, p. 48), "toda atividade econômica insere-se necessariamente num contexto social, e, assim, gera custos não apenas para o empresário que a explora, mas, em diferentes graus, também para a sociedade".

Na composição do preço dos produtos e serviços que disponibiliza no mercado de consumo, o empresário realiza uma série de cálculos nos quais são levados em consideração não só a matéria prima e insumos, mas também a mão de obra e os encargos a ela inerentes, os tributos, o risco, as ações judiciais, a inadimplência e o lucro.

A definição do preço mostra-se uma tarefa complexa, pois alguns custos são de fácil definição, tais como a mão de obra, matéria prima e a tributação, eis que representam custos fixos e são previamente conhecidos. Mas alguns outros custos são indefinidos e muitas vezes conhecidos apenas posteriormente, apesar de previsíveis, tais como as ações judiciais, greves, acidentes, planos econômicos, dentre outros. O recall mostra-se como um desses custos indefinidos, mas previsíveis.

Quanto maior o número de intercorrências agregadas ao custo do produto ou serviço, mais elevado será o impacto no preço final a ser suportado pela sociedade. A elaboração do preço envolve a cada dia um cálculo cada vez mais complexo e um conhecimento bastante específico do mercado nas searas econômicas, políticas e jurídicas (responsabilidade civil, tributária, trabalhista, previdenciária).

Sem um bem elaborado cálculo do custo e sem o conhecimento do mercado, o empresário corre o risco de não assegurar a sua margem de lucro, finalidade primeira da atividade empresarial, o que fatalmente o levará ao encerramento de suas atividades, comprometendo dois princípios básicos do direito comercial: função social da empresa e preservação da empresa.

Discorrendo sobre o primeiro princípio, Fábio Ulhoa Coelho (2012, p. 37) explica que a empresa cumpre a função social ao gerar empregos, tributos e riquezas, ao contribuir para o desenvolvimento econômico, social e cultural de onde atua, ao adotar práticas empresariais sustentáveis visando à proteção do meio ambiente e respeitar o direito dos consumidores e empregados, desde que sujeita à obediência às leis a que se sujeita.

Já o princípio da preservação da empresa reconhece que em torno do funcionamento regular e desenvolvimento de cada empresa, não gravitam apenas os interesses individuais dos empresários e empreendedores, mas também os metaindividuais dos trabalhadores, consumidores e outras pessoas; e são estes últimos interesses que devem ser considerados e protegidos, na aplicação de qualquer norma de direito comercial (COELHO, 2012, p. 40).

Desta forma, sob pena de inviabilizar a atividade empresarial e até mesmo inibir investimentos, percebe-se que não cabe ao empresário suportar integralmente os custos referentes a um recall não atendido pelo consumidor, ainda mais sendo impossível ao fornecedor coagi-lo a apresentar o bem para reparo. Também não cabe tornar o empresário indefinidamente comprometido com os custos integrais advindos de ações de responsabilidade civil oriundas, por exemplo, de um recall que se protrai no tempo de forma permanente.

Na busca pelo lucro o empresário assume o risco de não alcançá-lo e/ou de não lograr êxito em seus projetos, inviabilizando a atividade. O risco inerente ao exercício da atividade empresarial decorre de sua própria complexidade, assim explicada por Ronald Coase (2016, p. 7):

> A fim de efetuar uma transação no mercado, é necessário descobrir com quem se deseja fazer a transação, informar às pessoas que se quer fazer a transação e em que termos, conduzir negociações que levem a um acordo, redigir o contrato, realizar o monitoramento necessário para assegurar que os termos do contrato estão sendo cumpridos, e assim por diante.

Ou seja, a atividade empresarial envolve uma trama complexa de interações que, habilmente articuladas, poderão conduzir ao lucro, muito embora estejam sujeitas ao risco de inadimplências, inexecuções contratuais e externalidades que podem fugir do controle e da previsão do empresário, não podendo o recall ser entendido desta forma.

Para Paula Forgioni (2005, p. 243), a eficiência dos mercados depende de um ambiente institucional estável, permitindo aos agentes econômicos calcular razoavelmente os seus custos e prever o resultado do seu comportamento e o daqueles com quem se relacionam. De igual forma, Raquel Sztajn (1998, p. 73) reforça que ambientes de incerteza geram desconforto e criam risco, elevando o retorno exigido pelo investidor.

Daí porque, mais uma vez, reforça-se o argumento no sentido de que o recall necessita de um prazo definido, um lapso temporal no qual o consumidor deve voluntariamente retornar o produto ou serviço ao fornecedor a fim de que a periculosidade seja sanada. Sendo o custo com o recall um elemento levado em consideração na elaboração do preço do produto ou do serviço, necessita de critérios mínimos de previsibilidade definidos pelo fator tempo.

Sem a adoção de critérios mínimos de previsibilidade, a atividade empresarial torna-se instável, o que culmina com duas consequências: (1) elevação do preço final dos produtos e serviços com o objetivo de assegurar a necessária margem de lucro, ou, (2) encerramento da atividade empresarial em curso ou a inibição de investimentos programados.

Tais fatores e consequências não trazem a garantia mínima ao investimento na atividade empresarial, com todas as suas consequências positivas para a sociedade, tais como: geração de emprego e renda, circulação de riquezas, arrecadação tributária, oferta de novas opções de produtos e serviços e estímulo a uma concorrência saudável que prima pela alta qualidade a preços justos. Como consequência de tudo isso, em larga escala gera estagnação econômica, impactando negativamente em toda a sociedade.

5. CONCLUSÃO

Apesar de ser um instituto jurídico recente, incorporado ao ordenamento jurídico com o advento da Lei n. 8.078/90 (Código de Defesa do Consumidor), o recall tornou-se bastante comum na atividade empresarial. Inicialmente visto com ressalvas, com risco de comprometer negativamente a imagem do fornecedor, atualmente o recall é considerado uma política empresarial saudável e transparente.

Com a adoção da produção em série e em larga escala, apesar do barateamento dos custos de produção, adveio o risco de que falhas ou características perigosas em produtos ou serviços passassem despercebidas com o consequente comprometimento da vida, saúde e segurança dos consumidores.

Por isso, a legislação impôs aos fornecedores a obrigação de, tão logo tomem conhecimento da inserção de produtos ou serviços com alto grau de periculosidade, que adotem as providências no sentido de impedir a ocorrência de acidentes de consumo não só informando e convocando os consumidores para sanar gratuitamente a falha, como também alertando as autoridades competentes.

Apesar da regulamentação posterior por meio de portaria do Ministério da Justiça, alguns pontos restaram omissos, cabendo à doutrina e à jurisprudência apontar as soluções cabíveis no sentido de harmonizar a relação entre consumidores e fornecedores, conciliando princípios do direito do consumidor e do direito comercial.

Conforme exposto neste trabalho, dois pontos ainda restam pendentes de esclarecimentos mais firmes: (1) a fixação de um prazo para o recall, e (2) a delimitação da responsabilidade do fornecedor caso o consumidor não atenda ao chamado no referido prazo.

Quanto ao primeiro ponto, mostra-se de mais fácil superação eis que já incorporado à rotina e às práticas comerciais, sempre há um prazo definido. Tal prazo pode ser fixado em comum acordo entre os fornecedores e órgãos de proteção ao consumidor não só para demonstrar ao consumidor a urgência das medidas que visem sanar as falhas no produto ou serviço, como também para não tornar o fornecedor eternamente vinculado a uma obrigação.

A própria Portaria Conjunta n. 03/2019, do Ministério da Justiça e Ministério da Infraestrutura informa que após o prazo de 01 (ano) sem atendimento do recall pelo consumidor, a informação deve ser encaminhada ao Departamento Nacional de Trânsito a fim de que seja lançada uma ressalva no "certificado de registro e licenciamento do veículo". E a Lei 14.071/2020, em seu art. 131, parágrafos 4º e 5º, ratifica o prazo de 01 (um) ano e informa sobre a impossibilidade de renovação do licenciamento veicular enquanto não atendido o recall. Portanto, o prazo de 01 (um) ano pode servir como referência para o problema suscitado neste trabalho.

Já quanto ao segundo ponto, ainda sem maiores enfrentamentos por parte da doutrina e da jurisprudência, torna-se importante para fins de definição da responsabilidade do fornecedor.

Considerando-se que as despesas não só com o recall como também com os acidentes de consumo representam custos que integram a composição do preço de produtos e serviços, tais custos necessitam de um mínimo de previsibilidade e definição.

Ainda mais levando-se em consideração que o fornecedor não tem como forçar o consumidor que não atendeu ao chamado a comparecer para sanar o defeito, o que o deixa de mãos atadas diante de um emitente acidente de consumo do qual não mais poderá ser responsabilizado. O fornecedor adotou todas as medidas possíveis para evitar o iminente acidente de consumo, ao contrário do consumidor que, mesmo ciente dos riscos, continua com o bem e ainda põe em risco não apenas a sua vida, mas a de terceiros.

Considerando-se a responsabilidade objetiva que decorre do risco da atividade empresarial desempenhada, a solução mais coerente corresponde a uma responsabilidade atenuada em virtude da culpa concorrente, o que impactaria no valor de eventual indenização a arbitrada. A proposta apresentada por Flávio Tartuce (2019, p. 241) de distribuição da responsabilidade no percentual de 70% para a consumidor e 30% para o fornecedor parece a mais razoável, haja vista o alto grau de comprometimento do consumidor que, mesmo ciente dos riscos envolvidos, ainda assim não atende ao chamado e põe em risco não apenas a sua vida, mas também a de terceiros.

Não fixar um prazo para o recall e, mesmo que fixado tal prazo, não limitar a responsabilidade do fornecedor por danos advindos do não atendimento do recall pelo consumidor, significa impor uma responsabilidade permanente ao empresário que não condiz com os padrões mínimos de previsibilidade e segurança que se deve outorgar ao investimento despendido na atividade empresarial, em clara afronta à função social da empresa como fator de desenvolvimento econômico da sociedade.

Ademais, considerando que o art. 131, parágrafos 4º e 5º, da Lei 14.071/2020 determina que após o prazo de 01 (um) ano do recall sem atendimento pelo consumidor, deve o fornecedor informar a situação ao Departamento Nacional de Trânsito para fins de lançamento de uma ressalva no documento do veículo e proibição da renovação do licenciamento, esta circunstância sujeita o consumidor a arcar com as despesas com a baixa da referida ressalva, bem como à apreensão do veículo nas fiscalizações de trânsito.

A justificativa para tal procedimento corresponde ao risco que o veículo oferece não apenas ao consumidor adquirente do bem, mas também a terceiros que possam ser vitimados pelo defeito manifestado, tais como outros condutores do veículo, caronas ou transeuntes em vias públicas que venham a ser atingidos pelo veículo desgovernado em virtude de problemas advindos do recall não atendido.

6. REFERÊNCIAS BIBLIOGRÁFICAS

BRASIL. Presidência da República. Lei 8.078, de 11 de setembro de 1990. Código de Defesa do Consumidor. Disponível em: http://www.planalto.gov.br/ccivil_03/leis/l8078.htm. Acesso em: 1º jun. 2020.

BRASIL Presidência da República. Portaria Conjunta 3, de 1 de julho de 2019, do Ministério da Justiça e Ministério da Infraestrutura. Disciplina o procedimento de chamamento dos consumidores – recall, para substituição ou reparo de veículos que forem considerados nocivos ou perigosos após a sua introdução no mercado de consumo. Publicada em 02 de julho de 2019. Disponível em: http://www.in.gov.br/web/dou/-/portaria-conjunta-n-3-de-1-de-julho-de-2019-185276034. Acesso em: 1º jun. 2020.

BRASIL Superior Tribunal de Justiça, AgRg no Ag 675.453-PR, 4ª Turma, rel. Min. Aldir Passarinho Junior; origem: TJ-PR, agravo 2005/0065225-2; julgado em 14 fev. 2006.

BRASIL. Superior Tribunal de Justiça, REsp 1.010.392-RJ, 3ª Turma, rel. Min. Humberto Gomes de Barros; origem: TJ-RJ, apelação cível 2006/0232129-5; DJe 13 maio 2008.

BRASIL. Superior Tribunal de Justiça. REsp 1.168.775-RS, 3ª Turma, rel. Min. Paulo de Tarso Sanseverino; origem: TJ-RS, apelação cível 2009/0234552-3; julgado em 10 abr. 2012.

BRASIL. Superior Tribunal de Justiça. AgRg no REsp 1.261.067-RJ, 4ª Turma, rel. Min. Marco Buzzi. Origem: TJ-RJ, agravo 2011/0074432-1. Julgado em 17 nov. 2015, DJe 24 nov. 2015.

BRITO, Dante Ponte; NASCIMENTO, André Luis Veneza. A responsabilidade civil do cirurgião plástico: obrigação de meio ou de resultado? In: Dante Ponte de Brito; Éfren Paulo Porfírio de Sá Lima. (Org.). *Novos paradigmas na ordem privada*. Rio de Janeiro/ Piauí: Lumen Juris/Edufpi, 2019. v. 1. p. 39-55.

ALVIM, Arruda et al. *Código do Consumidor Comentado*. São Paulo: Ed. RT, 1995.

BENJAMIN, Antônio Herman de Vasconcelos et al. *Comentários ao Código de Proteção ao Consumidor*. São Paulo: Saraiva, 1991.

CAMACHO, Karen. Volks deve convocar recall do fox e pagar multa de R$ 3 mi. *Folha de S. Paulo*, 04 abr. 2008. Disponível em: http://www1.folha.uol.com.br/folha/dinheiro/ult91u388804.shtml. Acesso em: 27 jan. 2014.

COASE, Ronald H. *A firma, o mercado e o direito*. Rio de Janeiro: Forense Universitária, 2016.

COELHO, Fábio Ulhoa. *O empresário e os direitos do consumidor*. São Paulo: Editora Saraiva, 1994.

COELHO, Fábio Ulhoa. *Princípios de Direito Comercial com anotações ao projeto de Código Comercial*. São Paulo: Editora Saraiva, 2012.

COELHO, Fábio Ulhoa. *Curso de Direito Comercial, vol. 1*. São Paulo: Editora Saraiva, 2013.

ESTADOS Unidos têm recall de ovos por causa de surto de salmonela. *Globo. com*, 19 ago. 2010. Disponível em: http://g1.globo.com/bom-dia-brasil/noticia/2010/08/estados-unidos-tem-recall-de-ovos-por--causa-de-surto-de-salmonela.html. Acesso em: 27 jan. 2014.

FIAT terá que fazer recall do Stilo. *Portal G1*, 09 mar. 2010. Disponível em:

http://g1.globo.com/Noticias/Carros/0,,MUL1522240-9658,00-FIAT+TERA+QUE+FAZER+RECALL+-DO+STILO.html. Acesso em: 19 mar. 2014.

FORGIONI, Paula Andrea. Análise econômica do direito (AED): paranoia ou mistificação? *Revista de Direito Mercantil, Industrial, Econômico e Financeiro*. São Paulo: Malheiros, v. 139, 2005.

Johnson & Johnson é notificada após recall de anticoncepcional. *Estado de S. Paulo*, 17 jun. 2013. Disponível em: http://economia.estadao.com.br/noticias/economia,johnson-e-johnson-e-notificada--apos-recall-de-anticoncepcional,156805,0.htm. Acesso em: 27 jan. 2014.

LAGES, Leandro Cardoso. *Direito do Consumidor*: a lei, a jurisprudência e o cotidiano. 4. ed. Rio de Janeiro: Editora Lumen Juris, 2020.

MARQUES, Cláudia Lima et al. *Comentários ao Código de Defesa do Consumidor*. São Paulo: Ed. RT, 2013.

MATTEL muda recall de brinquedos após críticas; saiba o que fazer. *Folha de S. Paulo*, 17 ago. 2007. Disponível em: http://www1.folha.uol.com.br/folha/dinheiro/ult91u320900.shtml. Acesso em: 27 jan. 2014.

OLLA faz recall de 620 mil preservativos. *Portal G1*, 23 ago. 2012. Disponível em: http://g1.globo.com/economia/negocios/noticia/2012/08/olla-faz-recall-de-620-mil-preservativos.html. Acesso em: 27 jan. 2014.

RIZZATTO NUNES, Luiz Antônio. *Curso de direito do consumidor*. São Paulo: Saraiva, 2013.

SAAD, Eduardo Gabriel. *Comentários ao Código de Defesa do Consumidor*. São Paulo: LTr, 1998.

SANDEL, Michael. *Justiça*: o que é fazer a coisa certa. Rio de Janeiro: Civilização Brasileira, 2012.

Spigliatti, Solange. Faber Castell nega 'recall' da borracha TK Plast. *O Estado de S. Paulo*, 28 fev. 2008. Disponível em: http://www.estadao.com.br/noticias/vidae,faber-castell-nega-recall-da-borracha--tk-plast,132248,0.htm. Acesso em: 27 jan. 2014.

SZTAJN, Raquel. Os custos provocados pelo Direito. In: *Revista de Direito Mercantil*, v. 112, out-dez 1998. São Paulo: Malheiros, 1998.

TARTUCE, Flávio; NEVES, Daniel Amorim Assumpção. *Manual de Direito do Consumidor*: direito material e processual. 8. ed. Rio de Janeiro: Forense, 2019.

TOYOTA pagará US$ 1,2 bilhão por problemas de acelerador nos EUA. *Globo.com*, 19 mar. 2014. Disponível em: http://g1.globo.com/carros/noticia/2014/03/toyota-pagara-us-12-bilhao-por-problemas--de-acelerador-nos-eua.html. Acesso em: 19 mar. 2014.

A RESPONSABILIDADE CIVIL POR VÍCIOS CONSTRUTIVOS PARA ALÉM DO CÓDIGO CIVIL E DO CÓDIGO DE DEFESA DO CONSUMIDOR

Carlos Edison do Rêgo Monteiro Filho

Professor Titular de Direito Civil da Universidade do Estado do Rio de Janeiro – UERJ (graduação, mestrado e doutorado). Ex-coordenador do Programa de Pós-Graduação em Direito da UERJ. Doutor em Direito Civil e Mestre em Direito da Cidade pela UERJ. Procurador do Estado do Rio de Janeiro. Vice-presidente do Instituto Brasileiro de Estudos de Responsabilidade Civil (IBERC). Associado Fundador do Instituto Avançado de Proteção de Dados (IAPD). Membro da Comissão de Direito Civil da Ordem dos Advogados do Brasil – Seccional do Rio de Janeiro (OAB/RJ), do Instituto Brasileiro de Direito Civil (IBDCivil) e do Comitê Brasileiro da *Association Henri Capitant des amis de la culture juridique française* (AHC-Brasil). Sócio fundador de Carlos Edison do Rêgo Monteiro Filho Advogados.

Nelson Rosenvald

Professor do corpo permanente do Doutorado e Mestrado do IDP/DF. Procurador de Justiça do Ministério Público de Minas Gerais. Pós-Doutor em Direito Civil na *Università Roma Tre* (IT-2011). Pós-Doutor em Direito Societário na Universidade de Coimbra (PO-2017). *Visiting Academic, Oxford University* (UK-2016/17). Professor Visitante na Universidade Carlos III (ES-2018). Doutor e Mestre em Direito Civil pela Pontifícia Universidade Católica de São Paulo – PUC-SP. Presidente do Instituto Brasileiro de Estudos de Responsabilidade Civil – IBERC.

> **Sumário:** 1. Introdução – 2. Responsabilidade civil do empreiteiro de construção perante o dono da obra por vícios construtivos – 3. Vícios construtivos e relação de consumo – 4. Da *liability* a *accountability* e a *responsibility* nos vícios construtivos – 5. Conclusão – 6. Referências bibliográficas.

1. INTRODUÇÃO

Quando do estudo das faculdades que compõem a estrutura do direito subjetivo de propriedade (art. 1.228, CC), referencia-se o *jus fruendi* como o direito de seu titular em explorar economicamente a coisa, dela extraindo todas as vantagens, percebendo frutos e produtos. Insere-se ainda na faculdade de gozo ou fruição o poder de introduzir acréscimos na coisa – as chamadas acessões (art. 1.253, CC). Destarte, o direito de construir é uma emanação dominial de grande relevância do direito de propriedade.

Contudo, há uma complexidade inerente ao fato jurídico da construção. Para além do espaço de liberdade constitucional de edificar, como direito fundamental do proprietário (art. 5º, XXII, CF), há uma necessária conformação entre a propriedade como "garantia" de seu titular – seja uma garantia pessoal de seu titular e garantia institucional da ordem econômica (art. 170, CF) – e a propriedade como "acesso" por parte daqueles não titulares que perseguem o direito à propriedade (art. 5º, caput, CF), pela via negocial (para as mais diversas finalidades), ou por políticas públicas de afirmação do direito social de moradia.[1] Nada obstante, a faculdade dominial da construção também se coaduna com o princípio e cláusula geral da função social da propriedade (art. 5º, XXIII, CF), evidenciando que a propriedade do século XXI é uma situação jurídica complexa, verdadeiro poder-dever, na qual o retorno individual ao titular não se destaca das suas responsabilidades perante a coletividade, concretizada em uma série de obrigações mediatizadas pelo legislador.

Verifica-se, outrossim, quando se enfoca a responsabilidade civil decorrente do fato jurídico da construção, um quadro disperso em um cipoal de normas, em que se podem destacar dois grandes setores: a responsabilidade contratual na incorporação e a responsabilidade contratual e extracontratual pelos vícios construtivos.

Em breve síntese, a responsabilidade na incorporação é originariamente tratada pela Lei 4.591/64 e atualizada pela Lei 13.786/18, cujo desiderato foi o de tornar os empreendimentos autossustentáveis, priorizando a conservação do negócio jurídico de incorporação e a sua função social perante a comunidade de adquirentes, considerando a existência de uma rede contratual coligada na qual há uma mitigação de riscos de cada contrato de promessa de compra e venda, desde o memorial de incorporação, passando pelo patrimônio de afetação e pelo quadro-resumo. A tutela ao adquirente é complementada por uma previsão das consequências jurídicas da resilição unilateral (por arrependimento ou denúncia) e da resolução por inadimplemento contratual, de modo a salvaguardar a construção das vicissitudes de cada relação obrigacional, priorizando o distrato (daí a menção a "lei do distrato"), em relação às demais formas patológicas de desfecho contratual.[2]

Além disso, a responsabilidade civil pelo fato jurídico da construção também é materializada pela disciplina dos vícios construtivos, normatizada de forma assistemática, em uma série de preceitos difusamente localizados no Código Civil e no Código de Defesa do Consumidor. Diferentemente da responsabilidade civil na incorporação – que lida com os fenômenos da resilição e resolução contratual – os vícios construtivos se afeiçoam à rescisão contratual, como forma de desconstituição

---

1. Sobre o direito de propriedade como acesso e como garantia, v. MONTEIRO FILHO, Carlos Edison do Rêgo. Usucapião imobiliária independente de metragem mínima: uma concretização da função social da propriedade. In: MONTEIRO FILHO, Carlos Edison do Rêgo. *Rumos contemporâneos do direito civil*: estudos em perspectiva civil-constitucional. Belo Horizonte: Fórum, 2017. p. 256, onde se lê: "Para além de corresponder à noção de garantia, o direito de propriedade, hoje, representa igualmente a ideia de acesso. Valoriza-se, funcionalmente, o dito *direito à propriedade*".

2. Certamente várias críticas pesam sobre a Lei 13.786/18, sobremaneira quanto à onerosidade da cláusula penal e disposições referentes à corretagem, a ponto de se arguir a sua inaplicabilidade às relações de consumo. No particular, Frederico da Costa Carvalho Neto pontua que "quem corre riscos nesta relação é o fornecedor e a nova lei quer eliminar esse risco, estipulando previamente uma multa absolutamente desproporcional e que certamente gerará o enriquecimento indevido, porque o bem na maioria das vezes não está concluído quando da desistência ou inadimplência, não perde valor, pelo contrário". A não incidência da Lei 13.786/2018 nas relações de consumo. In: MELLO GUERRA, Alexandre Dartanhan; MAISTRO JUNIOR, Gilberto Carlos. *Direito imobiliário*. Indaiatuba: Foco, 2019. p. 68.

do negócio jurídico por vícios objetivos na edificação (qualitativos ou quantitativos), anteriores à entrega da obra. Vícios construtivos são anomalias que afetam o desempenho da obra, tornando-a inadequada aos seus fins.[3]

Tais vícios transcendem eventualmente a eficácia intersubjetiva dos contratantes, gerando danos patrimoniais e extrapatrimoniais a proprietários, moradores, funcionários, transeuntes,[4] vizinhos ou prédios vizinhos.[5] Na verdade, as vítimas pouco têm como verificar a falta de reparos e se precaver contra vícios construtivos danosos.[6] Aqui se evidencia a responsabilidade extracontratual ou aquiliana, enucleada nos artigos 927 e seguintes do Código Civil, acrescida de dispositivos esparsos da lei civil e da Lei 8.078/90.

Nada obstante, restringiremos o presente estudo ao plano contratual dos vícios construtivos, considerando a possibilidade de mitigação nos riscos de litigiosidade entre incorporadores, construtores e adquirentes, com base na função preventiva da responsabilidade civil. Se a Lei 13.786/18 representou uma perspectiva renovada de equalização de conflitos na responsabilidade contratual da incorporação, cabe encontrarmos alternativas viáveis para as tensões entre contratantes por vícios construtivos.

2. RESPONSABILIDADE CIVIL DO EMPREITEIRO DE CONSTRUÇÃO PERANTE O DONO DA OBRA POR VÍCIOS CONSTRUTIVOS

No plano infraconstitucional, a necessidade de conformar a liberdade do construtor à igualdade substancial perante o adquirente e a solidariedade diante da

---

3. Conforme a ABNT NBR 13752 (item 3.75), vícios construtivos podem ser conceituados como: "Anomalias que afetam o desempenho de produtos ou serviços, ou os tornam inadequados aos fins a que se destinam, causando transtornos ou prejuízos materiais ao consumidor. Podem decorrer de falha no projeto, ou da execução, ou ainda da informação defeituosa sobre sua utilização ou manutenção."

4. Queda de materiais ou desabamento de partes do prédio igualmente podem ferir pedestres. No que tange a terceiros não vizinhos, aplica-se o artigo 937 do CC. A responsabilidade pela ruína do prédio (parcial ou total) é espécie de responsabilidade objetiva pelo fato da coisa (Enunciado 556 do CJF), atribuível ao dono do prédio em solidariedade passiva com o construtor. Importante ressaltar que, ao contrário do que se pode levar a concluir, a referência legal à necessidade "manifesta" não se refere à responsabilidade subjetiva (negligência, ao não providenciar os reparos necessários). Em qualquer caso é indiferente à vítima, a configuração de cláusula de exclusão de responsabilidade firmada entre o construtor e o dono da obra, res inter alios para o ofendido. Contudo, em um segundo momento, os termos do contrato serão importantes para avaliar eventual ação regressiva do proprietário contra o construtor.

5. Como se extrai do art. 1.299 do CC, o proprietário tem o seu direito de construir limitado pelo direito dos vizinhos – ilustrativamente, obra nova que dificulta o acesso à luz e ventilação). Rachaduras e abalos estruturais nos prédios vizinhos ocasionam responsabilidade extracontratual (art. 927, CC), impondo mesmo a adoção de uma tutela inibitória preventiva de ilícitos contra o construtor (art. 497, CPC).

6. Ilustrativamente, basta pensarmos em um elevador – cujos cabos de sustentação, ocultos para os usuários, estão em péssimo estado de conservação – cai, causando sérias lesões aos ocupantes. A responsabilidade não poderá ser afastada sob o fácil argumento de que as vítimas não conseguiram provar que havia "manifesta" necessidade de reparo. Ilustrativamente, o Tribunal de Justiça de Minas Gerais, manteve decisão de primeiro grau que condenou condomínio e empresa de manutenção a pagarem indenização no valor de R$ 8 mil a título de danos morais à vítima que caiu de um elevador do quarto andar. O judiciário entendeu que a inadequada prestação dos serviços de gestão do elevador, resultou no dever solidário de responder pelos danos causados à vítima. (Tribunal de Justiça de Minas Gerais, Apelação Cível 1.0024.13.394494-2/001, 16ª Câmara Cível, Rel. Des. Des.(a) Marcos Henrique Caldeira Brant, j. 03 abr. 2019.

coletividade tem como ponto de partida um microcosmo do microssistema denominado "responsabilidade civil decorrente da construção". De acordo com a redação do artigo 618 e o seu parágrafo único: "Nos contratos de empreitada de edifícios ou outras construções consideráveis, o empreiteiro de materiais e execução responderá, durante o prazo irredutível de 5 (cinco) anos, pela solidez e segurança do trabalho, assim em relação aos materiais, como do solo. Parágrafo único. Decairá do direito assegurado neste artigo o dono da obra que não propuser a ação contra o empreiteiro, nos 180 (cento e oitenta) dias seguintes ao aparecimento do vício ou defeito".

Conforme ressaí do *caput*, o referido dispositivo se aplica à empreitada mista – injustificadamente excluindo à empreitada de lavor – responsabilizando-se o empreiteiro pelos insumos e materiais incorporados e também quanto ao solo em que se encontre a edificação. Ademais, o conceito jurídico indeterminado "construções consideráveis" deve ser modelado de forma a excluir instalações transitórias (v.g. destinadas a festividades ou competições esportivas), pois a regra se justifica pela amplitude da obra, caso em que se faz necessário conceder tutela mais ampla ao proprietário da obra, assim como a vizinhos e terceiros expostos a riscos. A extensão do prazo é consequência da própria complexidade da empreitada e da gama de defeitos que apenas podem ser percebidos após a conclusão da obra.[7]

O artigo 618 do CC se refere apenas ao empreiteiro, omitindo-se quanto à responsabilidade do construtor. Todavia, ao especificar o campo de atuação à "empreitada de edifícios ou outras construções", deixa claro que o seu objetivo maior é o de definir a responsabilidade do construtor. Em um sentido *lato*, o construtor não apenas pode edificar por empreitada, mas também por administração (prestação de serviços) ou mesmo por conta própria. Seja por empreitada (inclusive a de lavor), como por administração, surge uma obrigação de resultado para o construtor, de executar a obra tal como lhe foi encomendada, de forma a garantir a sua solidez. Por vezes, a responsabilidade transcende a pessoa do construtor, também recaindo sobre o dono da obra e incorporador, por danos causados a consumidores ou a terceiros.

O eixo central do art. 618 consiste na responsabilidade civil do empreiteiro de construção perante o dono da obra, por vícios ocultos. A responsabilidade do empreiteiro por vícios detectados durante o lustro de garantia legal é objetiva, afastando-se eventual discussão sobre a sua culpa.[8] Não se trata de uma obrigação objetiva de indenizar atrelada ao risco da atividade (parágrafo único do art. 927, CC) – eventualmente isto possa ocorrer em contextos específicos de atividades de danosidade

---

7. ROSENVALD, Nelson; BRAGA NETTO, Felipe. *Código Civil comentado*. 2. Ed. Salvador; JusPodivm, 2021. p. 732.

8. Em sentido contrário, em defesa da aplicação ao art. 618 do Código Civil por uma técnica de distribuição do ônus da prova por presunção de culpa, Adriana Regina Sarra de Deus assevera que: "Não há que se cogitar de um período de responsabilidade objetiva, seguido de outro de responsabilidade subjetiva. Até o transcurso do prazo prescricional aplicável, a responsabilidade do empreiteiro por perdas e danos será por culpa presumida, afastando-se mediante a comprovação, pelo empreiteiro, da ocorrência de caso fortuito ou força maior." (DEUS, Adriana Regina Sarra de. Responsabilidade Civil dos Empreiteiros e Construtores. *Revista de Direito Privado*, São Paulo, v. 79, jul. 2017. p. 101-130).

elevada – porém decorrência da própria essência de uma garantia legal. Se o dono da obra argui a existência de vícios dentro do prazo de garantia, presume-se o empreiteiro responsável pelo defeito, cabendo a ele a prova de que inexiste defeito ou que não há nexo causal entre o defeito e a execução dos trabalhos, por força de fortuito externo.

O conceito de solidez é relacionado à própria obra, enquanto o de segurança concerne aos ocupantes dela; os conceitos estão relacionados, na medida em que a falta de solidez implica insegurança aos usuários. Problemas de segurança não estão, porém, necessariamente ligados aos de solidez; obras frequentemente apresentam defeitos que, embora não tenham qualquer repercussão sobre a solidez, afetam a segurança e a saúde dos usuários: odores fétidos provenientes de fossas, umidade excessiva, perigo de incêndio, gases perigosos, problemas acústicos. Assim, deve-se atribuir aos termos "segurança" e "solidez" uma compreensão em sentido amplo, englobando todo e qualquer problema que impeça a regular condição de salubridade e habitação do prédio, apesar de que no momento da entrega da obra tudo aparentasse estar em conformidade. Por conseguinte, os referidos termos não se limitam aos defeitos que acarretam eventual ruína da construção. O sentido a ser atribuído deve ser elastecido para alcançar vícios imperceptíveis à primeira vista, mas que rebaixem as condições normais de habitabilidade e salubridade, envolvendo solidez e segurança "parciais". Assim, ilustrativamente, são inseridos no conceito de solidez e segurança defeitos relativos a infiltrações e obstruções em redes de esgoto, problemas elétricos, rachaduras de paredes, pisos e tetos, porque afetam diretamente as condições da habitação, estendendo-se ao próprio "solo", nos casos em que seja impróprio para a construção indevidamente levada a efeito.[9]

Importante frisar que a ampliação da garantia legal concedida no dispositivo em análise comparativamente aos vícios ocultos em geral (art. 445, CC)[10] incide apenas nos vícios redibitórios que acarretem risco à solidez ou à segurança de prédios que constituam edifícios ou construções como viadutos, pontes, edifícios de apartamentos, hotéis etc. Exclui-se do âmbito do 618 não apenas aqueles contratos que tenham por objeto obras de menor monta, como também os defeitos que não apresentem riscos para segurança e solidez da obra – ainda que seja esta noção tomada de forma ampla. Ademais, a regra do art. 445 incide em transmissões de bens móveis e imóveis

---

9. "Seja na doutrina ou na jurisprudência dominante, vence a corrente que entende que o conceito de solidez e segurança da obra deve ser interpretado de forma extensiva, aplicando-se, portanto, o art. 618 do Código Civil não somente aos defeitos e vícios que comprometem a segurança e estabilidade da obra, mas a todos aqueles que possam comprometer a habitabilidade da edificação. Assim, sejam (i) infiltrações, (ii) vazamentos, (iii) problemas decorrentes de irregularidade de projeto, (iii) mau funcionamento de equipamentos (iv) ou mesmo o não atendimento, pela construção, do quanto determinam as normas técnicas – todas essas situações devem ser entendidas como suscetíveis da aplicação do art. 618 do Código Civil." (GOMIDE, Alexandre Junqueira. Contrato de Empreitada e Inexecução: aspectos controvertidos envolvendo prazos do exercício de pretensões e direitos. *Revista do Instituto dos Advogados*, São Paulo, n. 46, jul.-ago. 2018. p. 12-13).

10. Art. 445, CC: O adquirente decai do direito de obter a redibição ou abatimento no preço no prazo de trinta dias se a coisa for móvel, e de um ano se for imóvel, contado da entrega efetiva; se já estava na posse, o prazo conta-se da alienação, reduzido à metade.

que não se relacionem à obrigação de fazer do construtor. Se A é proprietário de um apartamento e o aliena a B, aplicam-se os prazos abreviados do art. 445. Não se pode perder de vista que, sendo o art. 618 regra especial de garantia, a sua aplicação não se estenderá a outras hipóteses reguladas em normas estanques, específicas. Por essa razão, quanto aos vícios ocultos em geral, aplicam-se as normas alocadas no art. 441, do CC/02 e seguintes.

Tratando-se de vício construtivo aparente e ostensivo, incide o artigo 615 do Código Civil, na medida em que defeitos flagrantes devem ser denunciados pelo comitente no momento de sua verificação.[11] Como regra natural do contrato de empreitada, o proprietário deverá receber a obra concluída. Porém, se o empreiteiro se afastou das instruções ou incorreu em mora, o dono da obra poderá rejeitá-la. Este não poderá ser obrigado a receber um trabalho imperfeito quando investiu toda a sua confiança em um profissional, mas recebeu algo que não se ajusta às suas legítimas expectativas, afrontando objetivamente os termos do contrato. A inobservância de critérios técnicos pelo empreiteiro abre caminho para a alegação de justa causa pelo dono da obra para recusar a prestação, em face da incorreção na forma da execução da obrigação.[12] Eventualmente, o comitente poderá reter o pagamento – exceção de contrato não cumprindo (art. 476, CC) – compelindo o construtor a sanar os vícios aparentes, ou, alternativamente, empregando a ação estimatória e recebendo a obra com abatimento proporcional no preço (*quanti minoris*), tal como estatui o art. 616 do Código Civil. A verificação e aceitação quanto aos vícios aparentes pode se dar em momentos distintos, respeitando-se a tipologia do contrato de empreitada, mediante a distinção entre obras por partes distintas, obra por etapas e obra por medida.

Outra variante dos vícios construtivos que não passa pelo art. 618 do Código Civil é o vício ostensivo quantitativo, vazado na desconformidade na medição do imóvel. Aqui incide o regramento específico do art. 500 do Código Civil,[13] cujo desiderato é o de evitar a disparidade entre a descrição física do imóvel e aquilo que materialmente se transmitiu. A venda *ad mensuram* se qualifica como negócio jurídico por medida de extensão, tendo como cerne a proporcionalidade entre a dimensão atribuída ao imóvel e o seu preço. A teor do art. 501 do CC, incide o prazo decadencial ânuo a contar do registro do título, para que o adquirente exerça a faculdade de optar entre

---

11. Art. 615, CC: Concluída a obra de acordo com o ajuste, ou o costume do lugar, o dono é obrigado a recebê-la. Poderá, porém, rejeitá-la, se o empreiteiro se afastou das instruções recebidas e dos planos dados, ou das regras técnicas em trabalhos de tal natureza; Art. 616, CC: No caso da segunda parte do artigo antecedente, pode quem encomendou a obra, em vez de enjeitá-la, recebê-la com abatimento no preço.

12. Importante ressaltar que os deveres anexos da boa-fé objetiva (art. 422, do CC/02) não restringem o perfeito cumprimento da obrigação apenas ao tempo de entrega e ao acabamento estrutural da obra. A perfeição no cumprimento da obrigação pelo empreiteiro engloba o lugar e o modo de sua execução, além dos deveres éticos implícitos em todo contrato, como lealdade, informação, segurança etc.

13. Art. 500, CC: Se, na venda de um imóvel, se estipular o preço por medida de extensão, ou se determinar a respectiva área, e esta não corresponder, em qualquer dos casos, às dimensões dadas, o comprador terá o direito de exigir o complemento da área, e, não sendo isso possível, o de reclamar a resolução do contrato ou abatimento proporcional ao preço.

o complemento da área (*actio ex empto*) – se possível –, o abatimento do preço quanto à diferença de extensão ou, no extremo, a desconstituição do negócio jurídico.

Por fim, ainda no quesito especialidade, não se aplica o prazo do *caput* do 618 para obra pública, que não se enquadra no conceito de empreitada quando levada a efeito pela administração pública, devendo ser utilizado o lustro referido no art. 1º, do Decreto 20.910/32.

Importante destacar duas questões relevantes que decorrem da exegese do artigo 618 do Código Civil. A primeira delas concerne à impossibilidade do empreendedor se isentar de responsabilidade por haver advertido o dono da obra sobre a ausência de solidez do solo. É obrigação do empreendedor fiscalizar a obra e entregá-la de forma perfeita, não se admitindo que se escuse na omissão na eventual negligência do dono da obra, do qual não se pode exigir conhecimentos técnicos sobre a segurança do empreendimento. Em segundo lugar, o quinquênio legal é irredutível por cláusula contratual, sendo eventual previsão de mitigação do prazo sancionada pela nulidade por ofensa à norma de ordem pública. Isto se justifica pelo fato de que a solidez e segurança da obra têm em mira a garantia de um risco futuro não apenas com vista aos contratantes, detendo eficácia transubjetiva, alcançando eventuais adquirentes, vizinhos e a sociedade em geral.[14]

Em sentido diverso, a fim de se conquistar a confiança do dono da obra, é lícita a ampliação da garantia por via de ajuste negocial. A garantia convencional se inicia após o encerramento do prazo de 5 anos. Portanto, eventual ajuste de 3 anos, abarcará uma garantia total de 8 anos. Vislumbra-se, então, uma aplicação do sistema de freios e contrapesos (*system of checks and balances*) na regulamentação da responsabilidade civil do empreiteiro – demonstrando patente preocupação com a boa-fé do dono da obra perante o empreiteiro.

Pois bem, respeitando a confiança do empreiteiro, caso o dono da obra descubra algum vício dentro do prazo legal de garantia (cinco anos), poderá o comitente reclamá-lo. Entretanto, qual o prazo para que o faça? Conforme o parágrafo único terá o direito potestativo de reclamá-lo em 180 dias, contados da sua descoberta (teoria da *actio nata*). Aliás, se a obra apresentar diversos defeitos em distintos momentos, para cada novo defeito surgirá novo prazo de 180 dias, contados a partir do aparecimento de cada qual. Saliente se que quando a empreitada se localizar no espaço de uma relação de consumo, será possível adotar uma compreensão mais arejada do prazo do parágrafo único, a fim de que a contagem dos 180 dias tenha início apenas quando o dono da obra constate a existência do vício construtivo. Para impedir que

---

14. Esta aliás é a postura histórica do Superior Tribunal de Justiça: "Pondero que a aplicação do artigo 1.245 do CC em garantia dos atuais proprietários do prédio, tenham sido estes ou não que contrataram com o construtor, revela-se a exegese que melhor consoa com as próprias finalidades da norma legal e com as exigências do bem comum. Quem constrói, garante a solidez e a segurança da obra durante o quinquênio, e os terceiros adquirentes sub-rogam-se nas pretensões que competiriam ao anterior dono da obra, que ao alienar unidades residenciais transmite ao comprador todos os seus direitos e acções relativos ao prédio transacionado." (REsp 7.363/SP, rel. Min. Athos Carneiro, 4ª T., *DJ* 09 dez. 1991).

prevaleça o subjetivismo e consequente insegurança jurídica, o ideal é que se registre o momento da ciência do vício pela notificação extrajudicial ao empreiteiro.

Observa-se que o dono da obra deve agir de boa-fé e de maneira diligente para invocar a aplicação do dispositivo. Ora, ninguém pode se valer da própria torpeza. Por essa razão, se o proprietário tiver ciência de um vício que surgiu na obra – por evidente, dentro do prazo de garantia –, terá um dever anexo de informação imediato perante o empreiteiro, para que este possa se posicionar sobre a questão, adotando providências para a solução do problema. Trata-se de mera obediência aos deveres anexos estabelecidos pela boa-fé objetiva (entre eles, os deveres de cooperação, lealdade, honestidade e respeito). Assim, a negligência do dono da obra em informar a existência de defeito implica em violação da confiança do empreendedor e abuso no exercício do direito subjetivo. Por isso, andou bem o parágrafo único do art. 618 em estabelecer um prazo decadencial exíguo para o ajuizamento das ações edilícias.

Em verdade, o artigo 618 do Código Civil apresenta dois prazos, com naturezas diversas. O *caput* contém prazo de garantia de cinco anos, contados da entrega da obra. Neste lapso temporal, eventuais vícios na solidez e segurança, o empreendedor responderá pelo vício oculto. Em contrapartida, o parágrafo único apresenta um breve prazo decadencial de 180 dias, a contar do conhecimento do vício, voltado à reclamação de defeitos de solidez e segurança. A modicidade do prazo se justifica como forma de estímulo a um comportamento conforme à boa-fé pelo proprietário, notificando o empreiteiro quanto aos vícios, propiciando soluções ágeis, direcionadas ao adimplemento. Então, se o vício é constatado após quatro anos e dez meses da entrega do prédio, o dono da obra disporá do prazo de 180 dias a partir de então para exercer a faculdade de resolução contratual, apesar de já ter sido superado o quinquênio da garantia. Em outras palavras, se a obra foi entregue há um ano e o defeito é descoberto, a partir desse momento fluirá o prazo decadencial de 180 dias para a reclamação do defeito, com as opções entre o desfazimento do negócio jurídico (ação redibitória) ou o abatimento do preço (ação estimatória ou *quanti minoris*). Após os 180 dias, a garantia restará esvaída, não mais sendo possível ao dono da obra adotar as referidas ações edilícias.

Contudo, o prazo de 5 anos que se inicia com a aceitação da obra sem ressalvas, ostenta a natureza de garantia legal – não se trata de prazo prescricional ou decadencial. O *caput* do art. 618 não delimita um período em que um direito potestativo ou uma pretensão serão exercitados, porém se destina a tutelar o comitente contra riscos futuros. Assim, o transcurso do quinquênio não afeta o posterior exercício de pretensão indenizatória decorrente de inadimplemento negocial por falha na execução do contrato. Isto é, ultrapassado o prazo legal sem que tenha o vício se manifestado, não obstante cesse a garantia legal que comporta à possibilidade de redibir o negócio ou obter abatimento do preço, sobeja viável a pretensão indenizatória por perdas e danos dentro do prazo prescricional, suportadas pelo empreiteiro. Na vigência do Código Civil de 1916 aplicava-se a Súmula 194 do STJ, prescrevendo o prazo de vinte anos para o exercício da pretensão para obter do construtor indenização por defeitos na obra. No Código civil vigente o prazo vintenário foi substituído pelo prazo decenal (art. 206, CC). Neste ponto, importante observar a redação do Enunciado 181 da Jornada de Direito Civil: "O prazo referido no art. 618, parágrafo único, do CC refere-se unicamente à garantia prevista no *caput*, sem prejuízo de poder o dono da obra, com base no mau cumprimento do contrato de empreitada, demandar perdas e danos".

A responsabilidade do empreiteiro é prolongada para além do prazo de garantia (cinco anos) – fixado em benefício do dono da obra ou de terceiro adquirente. Ultrapassado este prazo, o empreiteiro responderá por eventuais vícios existentes, mas apenas se demonstrada a sua culpa (responsabilidade subjetiva com culpa provada pela vítima), com base em pretensão por inadimplemento contratual no prazo prescricional de 10 (dez) anos.[15] A obrigação de indenizar assume na hipótese caráter acessório, pois advém do descumprimento de uma obrigação principal anterior (art. 389, CC), consistente na má-execução da obra.

Quer dizer, o prazo de 180 dias, de natureza decadencial, refere-se apenas ao direito potestativo constitutitivo/desconstitutitivo do dono da obra rescindir o contrato ou rever o seu preço, permanecendo a pretensão de indenização, veiculada em ação condenatória sujeita ao prazo prescricional do art. 205 do CC/02 – respeitando-se a dualidade da responsabilidade civil – e não o prazo prescricional trienal do art. 206, § 3º, V do Código Civil, aplicável exclusivamente às pretensões decorrentes da prática de ato ilícito absoluto (responsabilidade extracontratual), enquanto as pretensões decorrentes de violações contratuais se submetem à regra geral de dez anos, salvo prazo prescricional específico.[16]

Não se pode elidir, outrossim, a viabilidade de inserção de uma cláusula de não indenizar ou limitativas da indenização, como mecanismo de gestão de riscos em contratos paritários. Isto é, não se exclui a responsabilidade propriamente dita,[17] porém há uma alocação que define antecipadamente quem suportará os custos da reparação pelos vícios construtivos.

---

15. STJ, EREsp 1.280.825/RJ, rel. Min. Nancy Andrighi, 2ª Seção, j. 27 jun. 2018, *DJe* 02 ago. 2018.

16. A Corte Especial do Superior Tribunal de Justiça fixou o prazo de dez anos para prescrição de reparação civil contratual, em julgamento de reparação civil baseada no descumprimento de um contrato. Prevaleceu entendimento no sentido de que doutrina reserva o termo "reparação civil" para responsabilidade por ato ilícito, separando a responsabilidade civil entre contratual e extracontratual. EREsp 1.281.594/SP, rel. Min. Benedito Gonçalves, rel. p/ Acordao Min. Felix Fischer, Corte Especial, *DJe* 23 maio 2019).

Para uma análise crítica do entendimento fixado pelo STJ, v. MONTEIRO FILHO, Carlos Edison do Rêgo. Unificação da responsabilidade civil e seus perfis contemporâneos. In: PIRES, Fernanda Ivo (Org.); GUERRA, Alexandre; MORATO, Antonio Carlos; MARTINS, Fernando Rodrigues; ROSENVALD, Nelson (Coords.). *Da estrutura à função da responsabilidade civil:* Uma homenagem do Instituto Brasileiro de Estudos de Responsabilidade Civil (IBERC) ao professor Renan Lotufo. Indaiatuba: Foco, 2021. p. 551-562.

17. MONTEIRO, António Pinto: "Já nas cláusulas sobre responsabilidade a obrigação é assumida, faz parte do contrato, apenas se exclui ou limita antecipadamente a responsabilidade do devedor, razão por que o credor mantém todos os demais direitos, só estando prejudicado (total ou parcialmente) o direito a indemnização". *O contrato na gestão do risco e na garantia da equidade.* Coimbra: Instituto jurídico Faculdade de Direito da Universidade de Coimbra, 2015. p. 23.

3. VÍCIOS CONSTRUTIVOS E RELAÇÃO DE CONSUMO

E quando houver relação de consumo? Aplica-se o prazo prescricional do art. 205 do CC/02 às ações indenizatórias por danos patrimoniais decorrentes de vícios de qualidade e de quantidade do imóvel adquirido pelo consumidor ou o prazo decadencial estabelecido pelo art. 26 do CDC?[18] Temos que levar em conta que o construtor – e o incorporador a quem faremos ainda referência – é fornecedor quando edifica unidades imobiliárias, assumindo obrigação de fazer (serviço), seja por empreitada ou administração, bem como obrigação de dar coisa certa (produto) quando vende as ditas unidades para alguém que se coloca como consumidor, destinatário final do imóvel para si e/ou sua família, fechando a cadeia produtiva.[19] É no momento da entrega da obra que principia a parte mais relevante de sua responsabilidade: a responsabilidade pela qualidade e segurança da obra diante de eventual quebra de comutatividade obrigacional decorrente de desconformidade qualitativa do bem à oferta/publicidade, que objetivamente afeta a utilidade do imóvel e, consequentemente, o seu valor.

O incorporador não pode se alforriar perante o condômino (no caso de vício na unidade) ou o próprio condomínio (vício nas áreas comuns) sob a alegação de que empreitou as obras a um construtor, que seria o responsável pelo defeito, que por sua vez aduziria não ter contratado com aqueles, mas apenas com o incorporador. O art. 32 da Lei n. 4.591/64 enuncia a obrigação do incorporador que, embora não tenha efetuado a construção, concretizou a venda de frações ideais de terrenos, assumiu obrigação de fazer, consistente na entrega do prédio de acordo com o projeto e memorial descritivo. Como lembra Caio Mário da Silva Pereira, "o incorporador não se pode plantar na escusativa de que é mero intermediário".[20] Assim, na qualidade de contratante inadimplente, impulsionador e principal garantidor do empreendimento, responde o incorporador pela vulneração da garantia de solidez e segurança perante adquirentes de unidades e o condomínio, em solidariedade passiva com o construtor que lhe substitui na execução da obra (art. 942, CC), uma espécie de terceiro cúmplice na execução do contrato.[21] Eventualmente, o próprio

---

18. Art. 26, CDC: O direito de reclamar pelos vícios aparentes ou de fácil constatação caduca em: I – trinta dias, tratando-se de fornecimento de serviço e de produtos não duráveis; II – noventa dias, tratando-se de fornecimento de serviço e de produtos duráveis.

19. Indaga-se se o adquirente "investidor" também ingressa na qualidade de consumidor. A resposta varia conforme se trate de investidor ocasional ou profissional e se adotamos ou não a teoria finalista mitigada (ou aprofundada). Segundo a jurisprudência do STJ, "o adquirente de unidade imobiliária, mesmo não sendo o destinatário final do bem e apenas possuindo o intuito de investir ou auferir lucro, poderá encontrar abrigo da legislação consumerista com base na teoria finalista mitigada se tiver agido de boa-fé e não detiver conhecimentos de mercado imobiliário nem expertise em incorporação, construção e venda de imóveis, sendo evidente a sua vulnerabilidade. Em outras palavras, o CDC poderá ser utilizado para amparar concretamente o investidor ocasional (figura do consumidor investidor)" (REsp 1.785.802/SP, rel. Min. Villas Bôas Cueva, 3ª T., *DJe* 06 mar. 2019).

20. PEREIRA, Caio Mário da Silva. *Condomínio e incorporações*. 6. Ed. Rio de Janeiro: Forense, 1992. p. 283-284.

21. CAVALIERI FILHO, Sergio. A responsabilidade civil do construtor e do incorporador. In OLIVEIRA AZEVEDO, Fábio; MELO, Marco Aurélio Bezerra de. Direito imobiliário. São Paulo: Atlas, 2015. Como refere

agente financeiro ingressará no polo passivo, sobremodo nos casos de Programa de Arrendamento Urbano.[22]

Em matéria de vícios de qualidade ou de quantidade do produto ou serviço, o CDC discrepa do Código Civil. Primeiramente, não há na Lei 8.078/90 prazo fixo específico de garantia em relação à solidez e segurança de edifícios. Assim, possui o consumidor proteção mais abrangente quanto à baixa qualidade dos materiais empregados ou a má técnica aplicada na edificação. No que tange aos vícios aparentes, o sistema do CDC discrepa do Código Civil no qual a responsabilidade do empreiteiro cessa no momento do recebimento (art. 616, CC). O consumidor deve exigir a reparação no prazo de noventa dias,[23] em se tratando de produtos duráveis, iniciando a contagem a partir da entrega efetiva da obra, não fluindo o citado prazo durante a garantia contratual (art. 50, CDC).

Lado outro, relativamente aos vícios ocultos na obra, estará o adquirente resguardado ainda que estes surjam após o prazo de cinco anos do recebimento, mesmo que o vício só se manifeste após o término do prazo de garantia contratual estabelecido pelo fornecedor. A garantia certificada é meramente uma liberalidade do incorporador, materializada em prazos mínimos em que a experiência demonstra que não haverá deterioração dos produtos utilizados na construção. O desiderato é o de "cativar" o adquirente para um contrato de longa duração, acautelando-o em face de ocorrências que discrepem do desgaste natural da construção.

Todavia, se em sua dupla acessão, o vocábulo "cativo" remete ao verbo cativar, seduzir, também pode ser compreendido o "cativo" como aquele ser aprisionado, seja um consumidor a um contrato "cativo" de longa duração, seja o fornecedor a uma garantia *ad eternum*. Em ambos os casos as amarras devem ser soltas, ensejando-se ao consumidor a liberdade de se desvincular de um negócio jurídico cuja finalidade se frustrou por um vício construtivo que frustrou sua legítima expectativa, como também para o fornecedor que, ao contrário do dito de Saint-Exupéry, "não se torna eternamente responsável por aquele consumidor que cativa".[24]

---

o autor, "Dessa forma, quando o incorporador celebra contrato com o construtor, nada mais faz que estender-lhe a sua obrigação, passando ambos a ser responsáveis pela construção. O incorporador, na realidade, está apenas se fazendo substituir pelo construtor". Op. cit., p. 788.

22. "O exame da legitimidade passiva da CEF está relacionado com tipo de atuação da empresa pública no âmbito do Sistema Financeiro Habitacional, ora como agente meramente financeiro, em que não responde por pedidos decorrentes de danos na obra financiada, ora como agente executor de políticas federais para a promoção de moradia para pessoas de baixa ou baixíssima renda, em que responde por mencionados danos. Para o fim de verificar o tipo de atuação da CEF e concluir pela sua legitimidade para responder por danos relativos à aquisição do imóvel, devem ser analisar os seguintes critérios: i) a legislação disciplinadora do programa de política de habitacional; ii) o tipo de atividade por ela desenvolvida; iii) o contrato celebrado entre as partes e iv) a causa de pedir (STJ REsp 1.534.952/SC, rel. Min. Villas Bôas Cueva, 3ª T., *DJe* 14 fev. 2017).

23. § 1º, art. 26: Inicia-se a contagem do prazo decadencial a partir da entrega efetiva do produto ou do término da execução dos serviços.

24. SAINT-EXUPÉRY, Antoine. *O pequeno Príncipe*. Harper Collins. São Paulo, 2018. "Tu te tornas eternamente responsável por aquilo que cativas". Frase dita pela Raposa ao pequeno príncipe.

Em princípio, a literalidade do § 3º do art. 26 do CDC situa o limiar do prazo decadencial de 90 dias, no momento "em que ficar evidenciado o defeito". Em princípio, a abertura da norma aponta para uma indiscriminada margem de liberdade do adquirente para a qualquer tempo, sendo suficiente que interpele extrajudicialmente o fornecedor, preferencialmente com um laudo que indique o vício construtivo, de forma a interromper a fluência do prazo legal até que o construtor/incorporador informe a sua posição sobre a reclamação.[25] Nada obstante, como veremos, a liberdade do consumidor deve se adequar a sua responsabilidade, ou seja, a uma conduta diligente que se amolde a um standard normativo de um "bom consumidor".

Vale dizer, os prazos de garantia, sejam eles legais ou contratuais, na concepção adotada pelo STJ, "visam a acautelar o adquirente de produtos contra defeitos relacionados ao desgaste natural da coisa, consistindo em um intervalo mínimo de tempo no qual não se espera que haja deterioração do objeto". E prossegue o i. Min. Relator: "coisa diversa é o vício intrínseco do produto, existente desde sempre, mas que somente vem a se manifestar depois de expirada a garantia". Ou seja, a venda de um bem tido por durável com vida útil inferior àquela que legitimamente se esperava, além de configurar um vício de inadequação (art. 18 do CDC),[26] evidencia a frustração do fim do contrato, que era a compra de um bem cujo ciclo vital se esperava, de forma legítima e razoável, fosse mais longo, expectativa violada com o perecimento ou a danificação de bem durável, de forma prematura, causada por vício de fabricação. E arremata o acórdão: "nessa categoria de vício intrínseco, certamente se inserem os vícios de fabricação relativos a projeto, cálculo estrutural, resistência de materiais, entre outros, os quais, em não raras vezes, somente se tornam conhecidos depois de algum tempo de uso, todavia não decorrem diretamente da fruição do bem, e sim de uma característica oculta que esteve latente até então".[27]

Assim, deve ser observado como limite temporal para o surgimento do vício construtivo o critério de vida útil do bem, ou seja, o seu prazo normal de durabilidade, no caso a "razoável durabilidade do prédio".[28] Em um primeiro nível de tutela, em qualquer momento em que ficar evidenciado o vício – não o desgaste natural gerado

---

25. § 2º, art. 26 CDC: Obstam a decadência: I – a reclamação comprovadamente formulada pelo consumidor perante o fornecedor de produtos e serviços até a resposta negativa correspondente, que deve ser transmitida de forma inequívoca.

26. Art. 18, CDC: Os fornecedores de produtos de consumo duráveis ou não duráveis respondem solidariamente pelos vícios de qualidade ou quantidade que os tornem impróprios ou inadequados ao consumo a que se destinam ou lhes diminuam o valor, assim como por aqueles decorrentes da disparidade, com a indicações constantes do recipiente, da embalagem, rotulagem ou mensagem publicitária, respeitadas as variações decorrentes de sua natureza, podendo o consumidor exigir a substituição das partes viciadas.

27. REsp 1.123.004-DF, *DJe* 09 dez. 2011. REsp 984.106-SC, rel. Min. Luis Felipe Salomão.

28. Claudia Lima Marques observa: "Se o vício é oculto, porque se manifestou somente com o uso, experimentação do produto ou porque se evidenciará muito tempo após a tradição, o limite temporal da garantia legal está em aberto, seu termo inicial, segundo o § 3o do art. 26, é a descoberta do vício. Somente a partir da descoberta do vício (talvez meses ou anos após o contrato) é que passarão a correr os 30 ou 90 dias. Será, então, a nova garantia eterna? Não, os bens de consumo possuem uma durabilidade determinada. É a chamada vida útil do produto". In: *Contratos no Código de Defesa do Consumidor.* 8. ed. São Paulo: Ed. RT, 2016. p. 1196-1197.

pela fruição ordinária – poderá o consumidor enjeitá-lo, desde que o faça dentro do prazo decadencial de 90 dias a contar de seu aparecimento, o qual será suspenso pela reclamação do vício junto ao fornecedor ou pela instauração de inquérito civil (art. 26, § 2º, do CDC).

Ademais, frustrada a tentativa de sanação do vício, e já em um segundo nível de tutela, para além da possibilidade de redibir o contrato ou de pleitear o abatimento do preço – alternativas que vigoram no Código Civil para vícios ocultos – o CDC coloca à disposição do consumidor uma terceira opção, consistente na substituição do produto ou na reexecução do serviço (arts. 18, § 1º, I, e 20, I, do CDC). A nosso viso, sob o prisma do inarredável dever de cooperação e de informação quanto à mitigação de prejuízos, as três faculdades postas à escolha do Consumidor se condicionam ao exercício anterior da interpelação ao fornecedor objetivamente documentada quanto à obrigação de fazer de efetivação dos reparos necessários na edificação sob pena de resolução do processo sem análise de mérito.

A questão relativa à decadência do direito de reclamar por vícios no imóvel não se confunde com o prazo prescricional a que se sujeita o consumidor para pleitear indenização decorrente da má-execução do contrato. E, à falta de prazo específico no CDC que regule a hipótese de inadimplemento contratual – o prazo quinquenal disposto no art. 27 é exclusivo para as hipóteses de fato do produto ou do serviço – entende-se que deve ser aplicado o prazo geral decenal do art. 205 do CC/02.[29]

Com efeito, o fornecedor também se responsabiliza perante o consumidor por danos derivados da insegurança da obra. Enquanto o vício do produto ou serviço representa uma desconformidade em termos de frustração de legítima expectativa de qualidade, afetando a utilidade do imóvel e o seu valor em uma evidente quebra da comutatividade contratual, o defeito concerne a um acidente de consumo derivado de um produto ou serviço com periculosidade adquirida, que causa um dano ao consumidor, seja ele de natureza patrimonial ou extrapatrimonial (art. 12 e 14, CDC). Frustrado o dever de incolumidade, tratando-se de obrigação objetiva de indenizar, bastará à procedência da pretensão a demonstração do nexo causal entre o defeito e o dano, aplicando-se o prazo prescricional de 5 anos para a ação reparatória, do artigo 27 do CDC.[30]

Nada obstante, sendo o centro deste escrito o vício construtivo, devemos ir além para questionar se o sistema de responsabilidade civil erigido no Código Civil e no CDC é suficiente para conciliar as exigências do mercado, ou seja, adequar a liberdade de iniciativa dos empreendedores da construção com a necessária tutela aos adquirentes de imóveis.

---

29. REsp 1.534.831-DF, rel. Min. Ricardo Villas Bôas Cueva, rel. Acd. Min. Nancy Andrighi, por maioria, *DJe* 02 mar. 2018.

30. Art. 27, CDC: Prescreve em cinco anos a pretensão à reparação pelos danos causados por fato do produto ou do serviço prevista na Seção II deste Capítulo, iniciando-se a contagem do prazo a partir do conhecimento do dano e de sua autoria.

4. DA *LIABILITY* A *ACCOUNTABILITY* E A *RESPONSIBILITY* NOS VÍCIOS CONSTRUTIVOS

A normativa da responsabilidade civil, seja contratual ou extracontratual, classicamente tem como destinatário um magistrado, capaz de pacificar um conflito e através do princípio da reparação integral restaurar as partes, na medida do possível, ao estágio pré-dano. Em uma demanda versando sobre vícios construtivos, na ausência de conciliação ou mediação exitosa, surgem diversos cenários ressarcitórios, seja pela via natural ou pela obrigação de indenizar em pecúnia. Entretanto, como se interpretará em cada litígio o critério da "razoável durabilidade do bem"? Deixaremos a cada magistrado e a cada perito judicial a tarefa de determinar a medida da responsabilidade de construtores e incorporadores nos mais variados contextos? A discricionariedade e heterogeneidade das decisões ensejam invariavelmente o desequilíbrio no mercado da construção, seja por abusos por parte de consumidores no exercício de suas faculdades, como pela reação natural de fornecedores através do encarecimento de preços e adição de maiores entraves contratuais, tudo contribuindo para um quadro de insegurança jurídica.

Nas jurisdições do *common law* há um termo que se ajusta perfeitamente ao clássico sentido civil da responsabilidade. Trata-se da "liability". Várias teorias desenvolvem a *liability* no contexto da responsabilidade civil. Em comum, remetem a uma indenização cujo núcleo consiste em um nexo causal entre uma conduta e um dano, acrescido por outros elementos conforme o nexo de imputação concreto, tendo em consideração as peculiaridades de cada jurisdição. Porém, este é apenas um dos sentidos da responsabilidade. Ao lado dela, colocam-se três outros vocábulos: "responsibility", "accountability" e "answerability". Os três podem ser traduzidos em nossa língua de maneira direta com o significado de responsabilidade, mas na verdade diferem do sentido monopolístico que as jurisdições da *civil law* conferem a *liability*, como palco iluminado da responsabilidade civil (artigos 927 a 954 do Código Civil). Em comum, os três vocábulos transcendem a função judicial de desfazimento de prejuízos, conferindo novas camadas à responsabilidade, capazes de responder à complexidade e velocidade dos arranjos sociais.[31]

Cremos ser importante enfatizar o sentido de cada um dos termos utilizados na língua inglesa para ampliarmos o sentido de responsabilidade. Palavras muitas vezes servem como redomas de compreensão do sentido, sendo que a polissemia da responsabilidade nos auxilia a escapar do monopólio da função compensatória da responsabilidade civil (*liability*), como se ela se resumisse ao pagamento de uma quantia em dinheiro apta a repor o ofendido na situação pré-danosa. A *liability* não é o epicentro da responsabilidade civil, mas apenas a sua epiderme. Em verdade,

---

31. ROSENVALD, Nelson. A polissemia da responsabilidade civil na LGPD. Publicado em 06 nov. 2020 na coluna do *Migalhas de Proteção de Dados*. Disponível em: https://www.migalhas.com.br/coluna/migalhas--de-protecao-de-dados/336002/a-polissemia-da-responsabilidade-civil-na-lgpd.

trata-se apenas de um *last resort* para aquilo que se pretende da responsabilidade civil no século XXI.

Avançando para a "accountability", ampliamos o espectro da responsabilidade, mediante a inclusão de parâmetros regulatórios preventivos, que promovem uma interação entre a *liability* do Código Civil e do Código de Defesa do Consumidor com uma regulamentação voltada à governança, seja em caráter *ex ante ou ex post*. Especificamente, no plano *ex ante* a *accountability* é compreendida como um guia para construtores e incorporadores, protagonistas da atividade, mediante a inserção de regras de boas práticas que estabeleçam procedimentos, normas de segurança e padrões técnicos capazes de planificar e mitigar riscos e solidificar uma cultura de gestão corporativa.

Neste ponto se insere a NBR 15.575 da ABNT-2013, como uma normalização técnica,[32] norma de desempenho capaz de atribuir critérios mínimos de mensuração de habitabilidade do imóvel, seja quanto à segurança, conforto e resistência de materiais para fins de determinação de vida útil.[33] A norma técnica acrescenta parâmetros objetivos de *accountability*, proporcionando uma função preventiva à responsabilidade civil. Evidentemente a referida NBR não é prescritiva, mas pavimenta procedimentos e indica resultados na medida em que uma construção documentada pelas melhores práticas atua como padronização que impede interferências sobre a vida útil do projeto. O atendimento às normas técnicas é um dever do profissional de investimento em *standards* de integridade, constante do Código de Ética, e o seu cumprimento gera uma presunção de conformidade.[34]

Em complemento, na vertente *ex post*, a *accountability* atua como um guia para o magistrado, tanto para identificar e quantificar responsabilidades, como para estabelecer os remédios mais adequados. Se o caso concreto evidencia uma omissão às recomendações da NBR 15.575, pode-se alcançar uma presunção da configuração do

---

32. A norma técnica difere da regulamentação: "A regulamentação é produzida diretamente pelo Estado, provém de um ato de autoridade, enquanto que a normalização advém de um trabalho misto, cooperado, entre o Estado e entidades privadas. Além disso, ao contrário do que sucede com a normalização, a regulamentação se impõe de pleno direito, com um caráter de obrigatoriedade absoluta, a todos os agentes econômicos. Diversamente, muitas das normas permitem uma adesão voluntária, em particular quando emanadas de organismos totalmente privados". DEL MAR, Carlos Pinto. *Falhas, responsabilidades e garantias na construção civil*: identificação e consequências jurídicas São Paulo: Pini, 2007.

33. Conforme a Norma 15.575/13, no item '3.41', a vida útil (VU) é definida como: [...] período de tempo em que um edifício e/ou seus sistemas se prestam às atividades para as quais foram projetados e construídos considerando a periodicidade e correta execução dos processos de manutenção especificados no respectivo Manual de Uso, Operação e Manutenção".

34. No art. 39, VIII, o Código de Defesa do Consumidor recepcionou a necessidade de observância das normalizações técnicas a fim de garantir maior qualidade dos produtos e serviços: "Art. 39. É vedado ao fornecedor de produtos ou serviços, dentre outras práticas abusivas: VIII – colocar, no mercado de consumo, qualquer produto ou serviço em desacordo com as normas expedidas pelos órgãos oficiais competentes ou, se normas específicas não existirem, pela Associação Brasileira de Normas Técnicas ou outra entidade credenciada pelo Conselho Nacional de Metrologia, Normalização e Qualidade Industrial (Conmetro)".

vício construtivo. O investimento em *compliance*[35] à regulação por parte do fornecedor, com efetividade, poderá mesmo servir como fator de redução da indenização, espécie de sanção premial, a teor do parágrafo único do art. 944 do Código Civil.[36]

A seu turno, o vocábulo *responsibility* diz respeito ao sentido moral de responsabilidade, voluntariamente aceito e jamais legalmente imposto. É um conceito prospectivo de responsabilidade, no qual ela se converte em instrumento para autogoverno e modelação da vida que envolve um sentido de solidariedade. Para o incorporador e o construtor isso requer que a atividade exercitada seja proativa, diligenciando no sentido de efetuar pormenorizados laudos de conclusão de obra e laudo de impacto da obra sobre a vizinhança, além de um laudo de auditoria de manutenção, que servirá como ponto de partida para a fase de responsabilidade pós-contratual da obrigação de resultado da entrega da construção. Neste ponto, o fornecedor de produtos e serviços exerce a chamada "função promocional" da responsabilidade civil, tendo em vista que a sua credibilidade institucional é um fator imaterial determinante em uma economia de mercado, onde mais do que uma construção de um prédio, busca-se edificar com solidez um nome e uma reputação.[37]

A *responsibility* transcende o fornecedor e alcança o adquirente da obra. No contexto da incorporação, o consumidor se coloca como coprotagonista do processo, em vez de eventual vítima de um vício construtivo. Com a emissão do laudo conclusivo

---

35. O termo compliance é sabidamente oriundo da Língua Inglesa. Sua origem está na etimologia do verbo "to comply", que não possui tradução exata, mas revela a expectativa de uma postura de conformidade e adesão a parâmetros regulatórios que aclaram a interseção entre a tutela da privacidade e o direito da concorrência.

36. ROSENVALD, Nelson. *O compliance e a redução equitativa da indenização na LGPD*. Publicado em 19 mar. 2021. Coluna do *Migalhas de Proteção de Dados*: "Pode-se definir o 'encorajamento', com Norberto Bobbio, como aquela forma de persuasão em que Y tentará influenciar X a fazer, assegurando uma consequência agradável caso X faça. Enquanto o momento inicial de uma medida de desencorajamento é uma ameaça, o da medida de encorajamento é uma promessa que obrigatoriamente será mantida pelo promitente juridicamente autorizado. A técnica de encorajamento é conexa com a predisposição e a atuação das sanções positivas, com função promocional (ou propulsiva), de estímulo a atos inovadores. Ao contrário da sanção negativa, a sanção positiva não é devida. O prêmio pelo mérito não se encontra no nível estrutural da norma, mas psicológico daquele que agirá em busca da recompensa. Certamente, as sanções positivas surgirão eventualmente no ordenamento, isto por duas razões: (a) o sistema não possui recursos para premiar todo e qualquer comportamento meritório; (b) o direito não pode ser visto como um mínimo ético, mas um máximo ético. Neste sentido, colhe-se a função de incentivar o adimplemento e não o de reagir ao inadimplemento". Disponível em: https://www.migalhas.com.br/coluna/migalhas-de-protecao-de-dados/342032/o-compliance-e-a-reducao-equitativa-da-indenizacao-na-lgpd.
Ver também MONTEIRO FILHO, Carlos Edison do Rêgo. O princípio da reparação integral e sua exceção no direito brasileiro. In: MONTEIRO FILHO, Carlos Edison do Rêgo. *Rumos contemporâneos do direito civil*: estudos em perspectiva civil-constitucional. Belo Horizonte: Fórum, 2017. p. 101-135.

37. No campo do tratamento dos dados pessoais, a responsibility assume duas vertentes: para agentes de tratamento, significa a abertura de espaços para a internalização da ética em suas atividades; para os titulares dos dados, a educação digital, no sentido de "(...) capacitação, integrada a outras práticas educacionais, para o uso seguro, consciente e responsável da internet como ferramenta para o exercício da cidadania", como há tempos já descreve, no Brasil, o artigo 26 do Marco Civil da Internet Lei 12.965/2014: "Art. 26. O cumprimento do dever constitucional do Estado na prestação da educação, em todos os níveis de ensino, inclui a capacitação, integrada a outras práticas educacionais, para o uso seguro, consciente e responsável da internet como ferramenta para o exercício da cidadania, a promoção da cultura e o desenvolvimento tecnológico".

da obra, a auditoria de manutenção inclui um *check list* para cada condômino, a fim de que a construção mantenha o desempenho previsto. Ou seja, o usuário também se incumbe de contribuir com a manutenção periódica do prédio, assumindo a obrigação de não degradar a vida útil planejada para o projeto. Ilustrativamente, uma limpeza incorreta da calha pode fazer com que a vida útil do telhado seja inferior à vida útil planejada no projeto. Diga-se de passagem, a mesma diligência que sempre se exigiu de um proprietário de um veículo com relação à troca de óleo/filtro antes de se responsabilizar a montadora por vícios originários. Em termos de responsabilidade civil a desídia na manutenção do uso conforme os padrões da norma técnica implica em uma exclusão do nexo causal em razão da ausência do vício construtivo ou do próprio fato exclusivo do consumidor.

A adição das camadas de *responsibility e accountability* à *liability* é capaz de ensejar uma ruptura paradigmática com a cultura da litigiosidade, propiciando uma compartilhada gestão de riscos quanto aos vícios construtivos. Em uma época na qual a credibilidade institucional é um fator imaterial fundamental para a sobrevivência de incorporadores e construtores, o que menos se deseja são longos e arrastados processos, acrescidos dos elevados custos de perícias judiciais. A construção de um prédio caminha ao lado da construção de um bom nome e reputação. A seu turno, consumidores incorporam a ideia de mitigação dos próprios riscos, bilateralizando o processo obrigacional com base em comportamentos conforme a boa-fé objetiva.

5. CONCLUSÃO

A multifuncionalidade da responsabilidade civil não se resume a uma discussão acadêmica: a perspectiva plural da sua aplicabilidade ao setor da incorporação imobiliária é um bem-acabado exemplo legislativo da necessidade de ampliarmos a percepção sobre a responsabilidade civil, como se depreende do presente estudo. Não se trata tão somente de um mecanismo de contenção de danos, mas também de contenção de comportamentos. Transpusemos o "direito de danos" e alcançamos uma responsabilidade civil para muito além dos danos.

Evidencia-se, assim, uma renovada perspectiva bilateralizada: a responsabilidade como mecanismo de imputação de danos – foco da análise reparatória – no qual o agente se responsabiliza "perante" a vítima, convive com a responsabilidade "pelo outro", o ser humano. Aqui, agrega-se a pessoa do agente e a indução à conformidade mediante uma regulação de gestão de riscos, sobremaneira a sua mitigação, seja por parte de um construtor ou incorporador (*accountability*). Porém, em uma noção de reciprocidade, a mitigação de riscos e danos também incumbe a cada um de nós, mediante a paulatina construção de uma autodeterminação responsável que nos alforrie da heteronomia e vitimização (*responsibility*), pois como já inferia Isaiah Berlin, "O paternalismo é a pior forma de opressão".

6. REFERÊNCIAS BIBLIOGRÁFICAS

BERLIN, Isaiah. *Quatros ensaios sobre a liberdade*. Brasília: Editora Universidade de Brasília, 1981.

CARVALHO NETO, Frederico da. In: MELLO GUERRA, Alexandre Dartanhan; MAISTRO JUNIOR, Gilberto Carlos (Coord.). *Direito imobiliário*. Indaiatuba: Foco, 2019.

CAVALIERI FILHO, Sergio. A responsabilidade civil do construtor e do incorporador. In: OLIVEIRA AZEVEDO, Fábio; MELO, Marco Aurélio Bezerra de (Coord.). *Direito imobiliário*. São Paulo: Atlas, 2015.

DEL MAR, Carlos Pinto. Falhas, *Responsabilidades e Garantias na Construção Civil*: identificação e consequências jurídicas. São Paulo: Pini, 2007.

DEUS, Adriana Regina Sarra de. Responsabilidade Civil dos Empreiteiros e Construtores. *Revista de Direito Privado*, São Paulo, v. 79, jul. 2017.

GOMIDE, Alexandre Junqueira. *Contrato* de Empreitada e Inexecução: aspectos controvertidos envolvendo prazos do exercício de pretensões e direitos. *Revista do Instituto dos Advogados*, São Paulo, n. 46, jul.-ago. 2018.

MARQUES, Cláudia Lima. *Contratos no Código de Defesa do Consumidor*, 8. São Paulo: Ed. RT, 2016.

MONTEIRO, Antônio Pinto. *O contrato na gestão do risco e na garantia da equidade*. Coimbra: Instituto jurídico Faculdade de Direito da Universidade de Coimbra, 2015.

MONTEIRO FILHO, Carlos Edison do Rêgo. O princípio da reparação integral e sua exceção no direito brasileiro. In: MONTEIRO FILHO, Carlos Edison do Rêgo. *Rumos contemporâneos do direito civil: estudos em perspectiva civil-constitucional*. Belo Horizonte: Fórum, 2017.

MONTEIRO FILHO, Carlos Edison do Rêgo. Usucapião imobiliária independente de metragem mínima: uma concretização da função social da propriedade. In: MONTEIRO FILHO, Carlos Edison do Rêgo. *Rumos contemporâneos do direito civil*: estudos em perspectiva civil-constitucional. Belo Horizonte: Fórum, 2017.

MONTEIRO FILHO, Carlos Edison do Rêgo. Unificação da responsabilidade civil e seus perfis contemporâneos. In: PIRES, Fernanda Ivo (Org.) GUERRA, Alexandre; MORATO, Antonio Carlos; MARTINS, Fernando Rodrigues; ROSENVALD, Nelson (Coords.). *Da estrutura à função da responsabilidade civil*: uma homenagem do Instituto Brasileiro de Estudos de Responsabilidade Civil (IBERC) ao professor Renan Lotufo. Indaiatuba: Foco, 2021.

PEREIRA, Caio Mário da Silva. *Condomínio e incorporações*. 6. Ed. Rio de Janeiro: Forense, 1992.

ROSENVALD, Nelson. A polissemia da responsabilidade civil na LGPD. 6/11/2020 *Migalhas de Proteção de Dados*. Disponível em: https://www.migalhas.com.br/coluna/migalhas-de-protecao-de-dados/336002/a-polissemia-da-responsabilidade-civil-na-lgpd. Acesso em: 16 maio 2021.

ROSENVALD, Nelson. O compliance e a redução equitativa da indenização na LGPD. *Migalhas de Proteção de Dados*, 19 mar. 2021. Disponível em: http://s.migalhas.com.br/S/6869AE. Acesso em: 16 maio 2021.

ROSENVALD, Nelson; BRAGA NETTO, Felipe. *Código Civil comentado*: artigo por artigo. 2. ed. Salvador JusPodivm, 2021.

SAINT-EXUPÉRY, Antoine. *O pequeno Príncipe*. Harper Collins. São Paulo, 2018.

PARTE II
RESPONSABILIDADE CIVIL, CONSUMIDOR, TECNOLOGIA E RISCO DO DESENVOLVIMENTO

INTELIGÊNCIAS ARTIFICIALMENTE MOLDADAS E A NECESSÁRIA PROTEÇÃO DO CONSUMIDOR NO DIREITO BRASILEIRO: SINGELAS RUBRICAS INSPIRADAS EM *JANUS*[1]

Marcos Catalan

Doutor *summa cum laude* pela Faculdade do Largo do São Francisco, Universidade de São Paulo. Mestre em Direito pela Universidade Estadual de Londrina. Professor no PPG em Direito e Sociedade da Universidade LaSalle. *Visiting Scholar* no *Istituto Universitario di Architettura di Venezia* (2015-2016). Estágio pós-doutoral na *Facultat de Dret da Universitat de Barcelona* (2015-2016). Professor visitante no Mestrado em Direito de Danos da *Facultad de Derecho de la Universidade de la Republica*, Uruguai. Professor visitante no Mestrado em Direito dos Negócios da *Universidad de Granada*, Espanha. Professor visitante no Mestrado em Direito Privado da *Universidad de Córdoba*, Argentina. Editor da Revista Eletrônica Direito e Sociedade. Líder do Grupo de Pesquisas Teorias Sociais do Direito e Cofundador da Rede de Pesquisas Agendas de Direito Civil Constitucional. Diretor do Brasilcon (2020-2022). Advogado parecerista.

A normatividade germinal atribuída à Constituição retira esta do plano residualmente político e lança-a na arena hermenêutica do cotidiano jurídico, mormente no propalado Direito Privado. Esse papel dirigente lhe atribui a condição de meta a ser realizada pelo Estado e Sociedade, por meio de seus membros e instituições. Os direitos fundamentais, imantados pelo desígnio de realização da dignidade da pessoa humana, importam no motor de sentido desse horizonte normativo, implicando diuturnamente a atividade do intérprete do Direito na atualidade.[2]

Desnudadas, por completo, do colorido que vivifica a ousadia fundada a figuras como *Ada Lovelace*, privadas, por inteiro, da genialidade socialmente reprimida em prodígios como *Alan Turing*, despidas da criatividade imantada a espíritos inquietos como o de *Isaac Azimov* e, certamente, tendo sido escritas sem a indefectível generosidade e empatia que tantos, equivocadamente, afirmam caracterizar o povo brasileiro[3],

---

1. As ideias fundidas de modo a dar vida a este texto serviram como lastro para a comunicação intitulada *Artificial intelligence and consumer protection in Brazilian law*, proferida por ocasião da *International Conference on Artificial Intelligence and Law* havida em janeiro de 2021 na Universidade de Rzeszów, Polônia. O artigo tangencia o objeto delineado no projeto de investigação científica intitulado *Proteção do consumidor à deriva*: uma tentativa de aferição do estado da arte, na tutela jusconsumerista, no âmbito do Superior Tribunal de Justiça, financiado pelo CNPq (407142/2018-5) e desenvolvido junto à Universidade LaSalle, no Rio Grande do Sul.
2. ARONNE, Ricardo. A longa espera de Penélope: ensaio ligeiro sobre o lento direito privado, estado social e constituição. *Revista Fórum de Direito Civil*, Belo Horizonte, a. 4, n. 9, p. 235-262, maio-ago. 2015. p. 243.
3. Para interessante e atualíssima crítica formulada visando a desconstruir o senso comum erigido em torno da ideia do "brasileiro cordial" v. SOUZA, Jessé. *A elite do atraso*: da escravidão à bolsonaro. Rio de Janeiro: Estação Brasil, 2019.

as linhas adiante esboçadas, tendo por método a imaginação jus-sociológica[4], foram cosidas na tentativa de mapear alguns dos problemas vivenciados, cotidianamente, pelos consumidores no Brasil. Referidos problemas foram unidos e seccionados pelo fato de terem sido produzidos ou de qualquer modo potencializados pelo surgimento, acelerado desenvolvimento ou difusão exponencial da capacidade, das habilidades e dos usos dados a sistemas de inteligência artificial[5] na Contemporaneidade.

O texto doravante tracejado propõe-se, ademais, a pensar alguns dos dilemas que virão a ser experimentados em um futuro bastante próximo, em razão da crescente, irreprimível e incontrolável fusão das muitas possibilidades imanentes à inteligência artificial, à miríade de práticas que impulsionam o consumo no Brasil e, ainda, quiçá restando algum fôlego, a lapidar algumas poucas notas que estimulem reflexões acerca de como o Direito brasileiro resolveria, em tese, ao menos parte das celeumas grafadas ao largo das próximas páginas.

Referido desiderato torna imperiosa a proposição de acordo semântico prévio, um pacto que impõe aceitar que, no contexto das linhas adiante cosidas, eventuais alusões a *inteligência artificial* deverão ser compreendidas como referências a sistemas capazes da tomada de decisões que dispensam a necessária intromissão de seres humanos, sistemas que raciocinam, melhor, que atuam tendo por lastro cálculos estatísticos e prognoses probabilísticas em um processo que envolve, pelo menos, o acoplamento de *software*, *hardware* e ideia:

> Imaginar a inteligência artificial como *software* nos ajuda a concebê-la como uma sequência de códigos e instruções que pode, por exemplo, realizar tarefas humanas, como encontrar associações entre dados e fazer previsões de eventos futuros. Conceber a inteligência artificial como *hardware* nos força a ponderar a capacidade de processamento de informações que é sempre feita em computadores fisicamente presentes em algum lugar – mesmo que no seu celular – e que a inteligência artificial pode ainda ser associada às inovações da robótica, levando o *software* a poder coletar informações ou executar ações de forma autônoma. Por fim, a inteligência artificial precisa ser pensada como ideia, algo que não seja apenas um substituto da mente humana, mas paralelo.[6]

Antes de avançar, registre-se, ainda, no contexto destes prolegômenos, que sistemas de inteligência artificial, mesmo ao interagir com ambos, diferem tanto da *Internet das Coisas* como do *Big Data*. Este último consiste em uma gigantesca base de dados[7], um conjunto de informações cujas cercanias transcendem, em muito, os muitos saberes catalogados e arquivados na mítica biblioteca de Babel, esta magnífica

---

4. JACOBSEN, Michael Hviid; TESTER, Keith. Introdução. In: BAUMAN, Zygmunt. *Para que serve a sociologia?* Trad. Carlos Alberto Medeiros. Rio de Janeiro: Zahar, 2015. p. 13-14.
5. BOSTROM, Nick. *Superinteligência*: caminhos, perigos e estratégias para um novo mundo. Trad. Aurélio Antônio Monteiro et al. Rio de Janeiro: Darkside, 2018.
6. STEIBEL, Fabro et al. Possibilidades e potenciais da utilização da inteligência artificial. In: MULHOLLAND, Caitlin; FRAZÃO, Ana (Coord.). *Inteligência artificial e direito*: ética, regulação e responsabilidade. 2. ed. São Paulo: Thomson Reuters, 2020. p. 51-52.
7. Id.

ideia arquitetada, décadas atrás, entremeio a tantas outras lapidadas pelo gênio e pela pena de Jorge Luis Borges.[8]

Aquela, a seu turno, abarca dispositivos com sensores e câmeras, engrenagens que possuem dimensões e se movimentam com ritmos e velocidades distintas e, ainda, objetos com rodas, rolamentos e diferenciais, pés e pernas mecânicas com diferentes tamanhos e que foram concebidos, produzidos, fabricados mediante o uso de inúmeros materiais e formas e, ainda, evidentemente, ao *software* que lhes dá vida ao permitir a coleta e envio dos dados que alimentarão os sistemas de inteligência artificial, os quais, por sua vez, retroalimentarão os objetos abarcados pela *IoT*[9] em um processo circular que busca, ao menos abstratamente, e, em regra, a máxima eficiência.

Sem quaisquer chances de escapar dos labirintos espalhados por cenários compostos e recompostos, montados e desmontados nas flutuações dos humores da *Fortuna*[10], aqueles que porventura aceitarem percorrer, com vagar, a trilha metodológica elipticamente antecipada, provavelmente resgatarão dos porões da memória, algumas das muitas possibilidades imanentes à inteligência artificial, fato que reforça a intuição de que não se pode mais viver sem ela.

Dessarte, ao deixar-se levar, sem medo, por aludido caminho imaginário, talvez vislumbrem, ainda, quadros que ao retratarem os cisnes negros esboçados por Popper[11], reenviem seus pensamentos às inimagináveis situações nas quais – mesmo que ocultas pela bruma que alberga o porvir e suas quimeras – não podem ser antecipadas, em um sem número de ocasiões, nem mesmo probabilisticamente, em sua existência terrena.[12]

O exercício intelectual proposto permite compreender, ademais, que triunfos e gratificações, confortos físicos e psíquicos dispersos em um ambiente marcado por tão incontrolável quanto incontes te disrupção tecnológica só poderão ser ofuscados pelos perigos e riscos, individuais e sociais gestados entremeio às sístoles

---

8. BORGES, Jorge Luis. *Ficções*. Trad. Carlos Nejar. São Paulo: Abril, 1972.

9. Abreviatura de *Internet of Things*, no vernáculo, Internet das coisas.

10. A personagem integra o panteão dos deuses da mitologia romana, e tem, em Tique, seu correspondente grego. Ela é responsável pela sorte e pelo azar, pelos êxitos e pelas frustrações causadas no contexto do acaso, das incertezas contidas no porvir.

11. POPPER, Karl. *A lógica da pesquisa científica*. Trad. Leônidas Hegenberg et al. 9. ed. São Paulo: Cultrix, 2001.

12. Dias depois de lapidar o parágrafo que antecede esta nota de rodapé, a bela construção adiante transcrita visando a reforçar a assertiva lapidada no texto nos foi apresentada pelo acaso: MAGRANI, Eduardo. New perspectives on ethics and the laws of artificial intelligence. In: PARENTONI, Leonardo; CARDOSO, Renato César (Coord.). *Law, technology and innovation*: insights on artificial intelligence and the Law. Belo Horizonte: Expert, 2021. v. 2. p 53. "While technical artifacts, such as a chair or a glass, are artifacts "domesticated" by humans, i.e., more predictable in terms of their influence and agency power, it is possible to affirm that intelligent algorithms and robots are still non-domesticated technologies, since the time of interaction with man throughout history has not yet allowed us to foresee most of the risks in order to control them, or to cease them altogether".

e diástoles que põem em movimento a inteligência artificial[13], uma estética com força suficiente para arrestar na memória a contradição ínsita aos *Versos íntimos* de Augusto dos Anjos.

> Vês! Ninguém assistiu ao formidável
> Enterro de sua última quimera.
> Somente a Ingratidão – esta pantera –
> Foi tua companheira inseparável!
> Acostuma-te à lama que te espera!
> O homem, que, nesta terra miserável,
> Mora, entre feras, sente inevitável
> Necessidade de também ser fera.
> Toma um fósforo. Acende teu cigarro!
> O beijo, amigo, é a véspera do escarro,
> A mão que afaga é a mesma que apedreja.
> Se alguém causa inda pena a tua chaga,
> Apedreja essa mão vil que te afaga,
> Escarra nessa boca que te beija!

Ante a literal falta de espaço para maiores digressões e, especialmente, diante da inconteste ausência de legitimidade para fazê-lo, passa-se ao largo da discussão que se propõe a entender se as tecnologias são (ou não) ontologicamente neutras e, nesse contexto, se podem ser qualificadas como boas ou más.[14]

A fuga desse debate – talvez, de uma contenda sem fim – legitimou o metafórico recurso ao indelével apoio de *Janus*[15], deus que habita o panteão romano, usualmente identificado por suas duas faces e que é responsável por governar as transições, os

---

13. BOSTROM, Nick. *Superinteligência*: caminhos, perigos e estratégias para um novo mundo. Trad. Aurélio Antônio Monteiro et al. Rio de Janeiro: Darkside, 2018.

14. Para interessante *approach* a essa discussão, v.: OLIVEIRA, Marcos Barbosa de. Neutralidade da ciência, desencantamento do mundo e controle da natureza. *Scientiae Studia*, São Paulo, v. 6, n. 1, p. 97-116, 2008. V. ainda: MAGRANI, Eduardo. New perspectives on ethics and the laws of artificial intelligence. In: PARENTONI, Leonardo; CARDOSO, Renato César (Coord.). *Law, technology and innovation*: insights on artificial intelligence and the Law. Belo Horizonte: Expert, 2021. v. 2. p. 54. "A good example is Microsoft's robot Tay, which helps to illustrate the effects that a non-human element can have on society. In 2016, Microsoft launched an artificial intelligence program named Tay. Endowed with a deep learning ability, the robot shaped its worldview based on online interactions with other people and producing authentic expressions based on them. The experience, however, proved to be disastrous and the company had to deactivate the tool in less than 24 hours due to the production of worrying results. The goal was to get Tay to interact with human users on Twitter, learning human patterns of conversation. It turns out that in less than a day, the chatbot was generating utterly inappropriate comments, including racist, sexist and anti-Semitic publications".

15. Pouco após encontrar em Janus a metáfora que, semioticamente, serviu como fio condutor no enfrentamento de algumas das contradições impregnadas ao tempo presente, reforçando-a, este belo texto nos foi legado pela Fortuna: MESA, Marcelo López. El nuevo Código Civil y Comercial y la responsabilidad civil: de intenciones, realidades, concreciones y mitologías. *Revista Anales de la Facultad de Ciencias Jurídicas y Sociales*, La Plata, a. 13, n. 46, p. 47-53, 2016. p. 60-61.

câmbios e as flutuações cotidianas; logo, por compreender que paradoxos e aporias[16] são imanentes à Contemporaneidade.

A metáfora buscada em *Janus* procura solidificar semioticamente, sem seccioná-las, a possibilidade de valoração das experiências vividas no passado e, paralelamente, dos mistérios, das surpresas contidas no porvir, sem que isso conduza a aporias insolúveis ou a becos intransponíveis. Ela permite reviver, revisitar, revolver conhecimentos acumulados ao longo dos anos, prazeres e confortos vivenciados, bem como, dramas e tragédias que não devem ser repetidas. Situado na eterna transição que marca o presente, a face de *Janus* que observa o tempo passado, interpreta-o e, com isso, ensina, educa, recomenda condutas e protocolos empiricamente experimentados, a que olha furtivamente para o futuro – esse tempo tão incerto quanto indomável – excita, estimula e, ao mesmo tempo, sugere cautela, precaução, prevenção. Enfim, enquanto construção humana, *Janus* não poderia ser diferente: a dualidade está fundida a ele tal qual introjetada na subjetividade de cada ser, afinal, o ser humano parece ser incapaz de pensar para além das experiências que forjam sua existência.

Imagine-se, então, com *Janus*, o deus das dualidades, as muitas funcionalidades afetas aos sistemas de geolocalização.[17] É factível presumir que inúmeros aplicativos usados diariamente não funcionariam sem eles. Aliás, é deveras provável que muitas das pessoas que alcançaram este ponto do texto jamais tiveram contato com um mapa de trânsito impresso – aqueles mapas grandes, em papel, com dobras intermináveis e sérios problemas com o vento soprado para dentro de automóveis em movimento e sem ar condicionado – ou, ainda, com catálogos contendo os números dos telefones fixos – daqueles parcos brasileiros detentores desse histórico privilégio travestido de serviço *hodiernamente* considerado essencial –, bem como o endereço dos usuários.

Ocorre que essas mesmas ferramentas, graças à acurácia de algoritmos desenhados para identificar a localização dos usuários, permitem o recurso a práticas como o *geoblocking* e o *geoprincing*, condutas consistentes, respectivamente, na restrição ao acesso e na diferenciação dos preços praticados a partir da localização geográfica dos usuários da Internet, condutas que, no Brasil, são manifestamente contrárias ao Direito. A primeira, nos termos do artigo 39, inciso II[18], do Código de Defesa do

---

16. ARONNE, Ricardo. A longa espera de Penélope: ensaio ligeiro sobre o lento direito privado, estado social e constituição. *Revista Fórum de Direito Civil*, Belo Horizonte, a. 4, n. 9, p. 233-262, maio-ago. 2015. p. 237.

17. MENDES, Gabriel Lima; GREGORI, Isabel Christine Silva de. O uso do sistema de geolocalização de aplicativos de *startups* em tempos de pandemia covid-19: sob a ótica da *surveillance* e da proteção de dados pessoais. In: TOMASEVICIUS FILHO, Eduardo et al. (Orgs.). *Inteligência artificial, proteção de dados e cidadania*. Cruz Alta: Ilustração, 2020. v. 2. p. 388. Vale ressaltar que "uma das inovações transformadoras que se popularizou nos últimos anos foi o uso da geolocalização nos aplicativos de *startups*, tendo a função primordial de segmentar vários serviços de acordo com a localização geográfica de seus usuários, tais como: mapas, informações, georreferenciamento de dados e anúncios *online*".

18. Art. 39. É vedado ao fornecedor de produtos ou serviços, dentre outras práticas abusivas: [...]

II – recusar atendimento às demandas dos consumidores, na exata medida de suas disponibilidades de estoque [...].

Consumidor, a segunda, nos moldes do artigo 9, inciso VII, do Decreto 5903/06[19], soluções reforçadas no campo hermenêutico-normativo[20] pelos contornos jurídicos delineadores do princípio da igualdade.

A questão, é preciso dizê-lo, não se restringe ao campo teórico, valendo lembrar, por exemplo, que no início de 2018 a *Decolar.com* foi multada pela SENACON em R$ 7,5 milhões sob a acusação de manipular (a) o valor de reservas que custaram até 50% a mais para as pessoas discriminadas e, ainda, (b) a disponibilidade de vagas em hotéis, preterindo os consumidores brasileiros em favor de estrangeiros durante os Jogos Olímpicos no Rio de Janeiro.[21]

De outra banda, ainda sob os auspícios de *Janus*, é possível identificar no uso da inteligência artificial em estruturas de *call centers* a possibilidade de filtro das necessidades das pessoas que os demandam, isso, antes mesmo de os telefonemas serem atendidos por personagens reais ou eletrônicas – *chatboots, talkboots* e (ou) outras formas de assistentes virtuais ainda não catalogadas – e, com isso, atribuir, eficazmente, prioridade a situações de urgência, primazia a pessoas idosas ou que possuam alguma deficiência apta a transformar a espera em uma estada sombria e dolorosa às margens do *Styx*.

Ainda tendo referido tema na alça de mira, crê-se ser deveras conhecido o relato feito por Zygmunt Bauman – situações que podem estar sendo vividas, neste exato átimo de tempo, também no Brasil – sobre os critérios utilizados na seleção das prioridades de atendimento com base em balizas ética e juridicamente questionáveis[22], em especial, quando se resgata, uma vez mais, ser imperiosa a promoção da igualdade nas contratações[23] e, ainda, que o necessário respeito aos nem sempre antecipáveis deveres projetados normativamente pelo referido princípio constitucional deve ser

---

19. Decreto 5903/06.
   Art. 9º. Configuram infrações ao direito básico do consumidor à informação adequada e clara sobre os diferentes produtos e serviços [...]:
   VII – atribuir preços distintos para o mesmo item".
20. ARONNE, Ricardo. A longa espera de Penélope: ensaio ligeiro sobre o lento direito privado, estado social e constituição. *Revista Fórum de Direito Civil*, Belo Horizonte, a. 4, n. 9, p. 235-262, maio-ago. 2015. p. 244. Afinal, "o núcleo de sentido de tutela das relações de consumo não deve ser buscado no Código de Defesa do Consumidor. Quando se aplicam as normas consumeristas, deve ter-se em vista a realização do projeto constitucional que lhe impregna de sentido. O mesmo se dá com o Código Civil, rejeitando-se o discurso das cláusulas gerais, disfarçado de novo, mas proveniente do encerramento do século XIX, buscando apropriar o sentido da aplicação do Direito na sociedade do século XXI".
21. MARTINS, Guilherme. O geopricing e o geoblocking e seus efeitos nas relações de consumo. In: MULHOLLAND, Caitlin; FRAZÃO, Ana (Coord.). *Inteligência artificial e direito*: ética, regulação e responsabilidade. 2. ed. São Paulo: Thomson Reuters, 2020. p. 654.
22. BAUMAN, Zygmunt. *Vida para consumo*: a transformação das pessoas em mercadoria. Trad. Carlos Alberto Medeiros. Rio de Janeiro: Zahar, 2008. p. 10-11.
23. Código de Defesa do Consumidor.
   Art. 6º São direitos básicos do consumidor: [...]
   II – a educação e divulgação sobre o consumo adequado dos produtos e serviços, asseguradas a liberdade de escolha e a igualdade nas contratações [...].

lido como imperiosa observância a deveres que pululam por todo o contrato, logo, que podem se manifestar entre uma antípoda e outra.

A metáfora, semioticamente encontrada na alusão ao deus romano, autoriza explorar, outrossim, o advento das chamadas *Insuretechs*, dentre as quais podem ser listadas a *Lemonade*, nos Estados Unidos, a *Charles Taylor*, na Inglaterra, e a *Youse*, no Brasil, sociedades empresárias as quais, se ainda não o fazem, muito em breve terão condições de precificar as coberturas securitárias por elas ofertadas de forma individualizada.

Tais práticas tomaram – ou hão de assumir muito em breve – o lugar outrora ocupado pelo tradicional *profiling* e à correlata categorização dos segurados em grupos criados a partir da identificação de características comuns[24], grupos criados mediante o recurso a complexas e obscuras[25] fórmulas atuariais.

Como é possível intuir, em tal contexto, se de um lado, talvez, preços menores favoreçam algumas pessoas graças à redução dos custos operacionais obtida mediante a implementação do contato direto com os consumidores[26], ou ainda, por conta do acesso a informações mais detalhadas acerca dos segurados, de outro, dentre tantas consequências potencialmente nefastas[27] e deveras factíveis, muitos terão que suportar ônus financeiros mais elevados para terem acesso às mesmas coberturas securitárias, migrarão para contratos menos vantajosos ou, em um cenário bastante obscuro quando se pensa no Brasil, passarão a depender dos sistemas de saúde e de seguridade social públicos, situações que, notadamente fissuram a solidariedade social.

O emprego de sistemas de inteligência artificial no âmbito securitário permite antever, igualmente, a gênese ou o agravamento de problemas afetos ao cada vez mais crível monitoramento dos hábitos dos consumidores, sobretudo, diante das possibilidades latentes no contexto da *IoT* e seus sensores, microfones e câmeras fundidas a celulares, relógios e *notebooks*, automóveis e até mesmo roupas, calçados e óculos, *gadgets* que dentre outros papeis têm por escopo a coleta de dados que poderão influenciar a compreensão hermenêutica de aspectos contratuais em desfavor dos consumidores.

---

24. TZIRULNIK, Ernesto; BOAVENTURA, Vítor. Uma indústria em transformação: o seguro e a inteligência artificial. In: MULHOLLAND, Caitlin; FRAZÃO, Ana (Coord.). *Inteligência artificial e direito*: ética, regulação e responsabilidade. 2. ed. São Paulo: Thomson Reuters, 2020. p. 544-551.

25. Em detrimento da transparência normativamente prometida pelo Código de Defesa do Consumidor. Sobre o tema, nos seja permitido remeter a: CATALAN, Marcos. A hermenêutica contratual no Código de Defesa do Consumidor. *Revista de Direito do Consumidor*, São Paulo, v. 62, p. 139-161, 2007.

26. TZIRULNIK, Ernesto; BOAVENTURA, Vítor. Uma indústria em transformação: o seguro e a inteligência artificial. In: MULHOLLAND, Caitlin; FRAZÃO, Ana (Coord.). *Inteligência artificial e direito*: ética, regulação e responsabilidade. 2. ed. São Paulo: Thomson Reuters, 2020. p. 546-547.

27. NUNES, Gustavo Finotti dos Reis. Dados pessoais e sua tutela como direitos da personalidade. In: TOMASEVICIUS FILHO, Eduardo et al. (Orgs.). *Inteligência artificial, proteção de dados e cidadania*. Cruz Alta: Ilustração, 2020. v. 2. p. 141-142. "Exemplos de chances de prejuízos seriam a negativa de determinada seguradora em vista de um determinado histórico de saúde de determinado sujeito (que às vezes pode ser contrário à realidade, tendo em vista que o sujeito pode ter mudado os hábitos de vida) ou até a admissão ou não em determinada empresa que, por meio da consulta dos dados pessoais do Autor, o considera, de forma superficial, "desqualificado" para o cargo".

Tais instrumentos tantas vezes publicitariamente difundidos como necessidades humanas poderão, ainda, ofender direitos afetos à personalidade por meio de práticas como *I-tracking* e, ainda, de outras formas de vigilância eletrônica.[28]

Um único exemplo bem ilustra a preocupação antecipada, hipótese essa afeta à decodificação semântica do que considera-se *informação inexata* ou, ainda, *agravamento considerável dos riscos* previstos no contrato, situação hipotética alocada no factível cruzamento (a) das informações concedidas de boa-fé por segurados quase sempre vulneráveis por ocasião do preenchimento da proposta com (b) os dados capturados em contextos nos quais pode não haver a clara compreensão, quiçá a prévia e válida permissão outorgada pelo contratante, subsídios pinçados com o fim de alimentar algoritmos que, por terem sido moldados nas forjas da eficiência econômica, tenderão a ampliar, dogmaticamente, as situações que afastam a necessidade de cobertura securitária nos termos dos artigos 766 e 769 do Código Civil brasileiro[29], tensionando critérios interpretativos historicamente solidificados no Direito brasileiro, mormente, ante a aparente impossibilidade de transplantar soluções moldadas com recurso a uma hermenêutica adequada à Constituição abstratamente idealizada para o interior de molduras que abrigam o labor administrativo, judicial e (ou) arbitral.

A racionalidade econômica fundida ao parágrafo anterior, evidentemente, não considera importantes aspectos como a força normativa que pulsa do princípio da vulnerabilidade[30], tampouco o fato de que a proteção dos direitos da personalidade integra o núcleo duro do direito privado no Brasil, mormente diante do seu regramento constitucional.

Nunca é demais lembrar que, se de um lado

> o discurso é o instrumento de mobilização do sistema [jurídico] e [o espaço no qual] se revelam as hierarquizações axiológicas das diferentes densidades normatividades, resolvendo antinomias, colmatando lacunas e procedendo a relativizações no curso dessa trajetória ético comunicativa repleta de intersubjetividade[31],

---

28. CATALAN, Marcos. A difusão de sistemas de videovigilância na urbe contemporânea: um estudo inspirado em Argos Panoptes, cérebros eletrônicos e suas conexões com a liberdade e a igualdade. *Revista da Faculdade de Direito da Universidade Federal de Minas Gerais*, Belo Horizonte, v. 75, p. 303-321, 2019.

29. Código Civil.
    Art. 766. Se o segurado, por si ou por seu representante, fizer declarações inexatas ou omitir circunstâncias que possam influir na aceitação da proposta ou na taxa do prêmio, perderá o direito à garantia, além de ficar obrigado ao prêmio vencido. Parágrafo único. Se a inexatidão ou omissão nas declarações não resultar de má-fé do segurado, o segurador terá direito a resolver o contrato, ou a cobrar, mesmo após o sinistro, a diferença do prêmio.
    Art. 769. O segurado é obrigado a comunicar ao segurador, logo que saiba, todo incidente suscetível de agravar consideravelmente o risco coberto, sob pena de perder o direito à garantia, se provar que silenciou de má-fé.

30. Sobre o tema, por todos, v. MARQUES, Cláudia Lima. *Contratos no código de defesa do consumidor*. 6. ed. São Paulo: RT, 2011. E, mais recentemente, v. BAROCELLI, Sergio Sebastián. *Consumidores hipervulnerables*. Buenos Aires: El derecho. 2018.

31. ARONNE, Ricardo. A longa espera de Penélope: ensaio ligeiro sobre o lento direito privado, estado social e constituição. *Revista Fórum de Direito Civil*, Belo Horizonte, a. 4, n. 9, p. 235-262, maio-ago. 2015.

de outro, sem dúvida, não se pode olvidar que a linguagem poderá vir a ser utilizada como ferramenta para a manipulação das massas ou para legitimar escolhas ideológicas de critérios de justiça[32] aptos a fundarem não mais que esboços mal-acabados do Direito.

E, ainda mais pontualmente, vislumbram-se os seguros que têm a pessoa e sua saúde como seu eixo gravitacional. Neles, se de um lado o acesso a informações detalhadas permite a realização de diagnósticos médicos antecipados que fomentam a prevenção e o tratamento precoce de distintos males, de outro, a captura de dados pessoais tornada cada vez mais mundana diante do contato do *Big Data* com os algoritmos usados pelos sistemas de inteligência artificial, para além de potencialmente influenciar o valor do prêmio – o que carrega consigo problemas como os antevistos –, toca, também, a questão dos dados sensíveis[33], tema esse que se encontra tutelado, em abstrato, pela Lei de Geral de Proteção de Dados, vigente no Brasil desde meados de 2020[34], mas cuja efetividade se desconhece até o momento.

Obviamente, o universo de situações que podem ser antevistas na sobreposição dos temas que inspiram estas singelas notas é bastante mais amplo, alcançando as promessas de facilidade e segurança nas transações econômicas viabilizadas por causa do avanço do uso da biometria ou de tecnologias de reconhecimento facial – e os problemas daí resultantes, mormente no contexto da privacidade, da intimidade[35] e das fraudes deveras comuns na dimensão fenomênica –, abraçando aspectos cujas reações oscilam entre efusivos aplausos e preocupações fidedignas diante da emergência de "robôs domésticos, carros sem motorista, traduções simultâneas" e

---

32. JEVEAUX, Geovany Cardoso. *Direito e ideologia*. Rio de Janeiro: GZ, 2018.
33. Lei 13.709/18 (LGPD).

    Art. 5º Para os fins desta Lei, considera-se:

    I – dado pessoal: informação relacionada a pessoa natural identificada ou identificável; II – dado pessoal sensível: dado pessoal sobre origem racial ou étnica, convicção religiosa, opinião política, filiação a sindicato ou a organização de caráter religioso, filosófico ou político, dado referente à saúde ou à vida sexual, dado genético ou biométrico, quando vinculado a uma pessoa natural [...].
34. Lei 13.709/18 (LGPD)

    Art. 11. O tratamento de dados pessoais sensíveis somente poderá ocorrer nas seguintes hipóteses: [...]

    § 4º É vedada a comunicação ou o uso compartilhado entre controladores de dados pessoais sensíveis referentes à saúde com objetivo de obter vantagem econômica, exceto nas hipóteses relativas à prestação de serviços de saúde, de assistência farmacêutica e de assistência à saúde, desde que observado o § 5º deste artigo, incluídos os serviços auxiliares de diagnose e terapia, em benefício dos interesses dos titulares de dados, e para permitir: I – a portabilidade de dados quando solicitada pelo titular; ou II – as transações financeiras e administrativas resultantes do uso e da prestação dos serviços de que trata este parágrafo.

    § 5º É vedado às operadoras de planos privados de assistência à saúde o tratamento de dados de saúde para a prática de seleção de riscos na contratação de qualquer modalidade, assim como na contratação e exclusão de beneficiários.
35. V. CATALAN, Marcos. The diffusion of the video surveillance system in the contemporary urbe: Argus Panoptes, electronic brains and their connections with the violation of liberties and equalities. *Revista Jurídica Luso-Brasileira*, Lisboa, v. 4, p. 1029-1045, 2018.

do crescimento exponencial de ferramentas que permitem pesquisar os melhores preços de distintos produtos e serviços ofertados pelo mercado.[36]

O contato da imaginação com molduras fenomênicas sem-fim com a necessidade de pôr fim ao texto gestou uma última angústia, uma derradeira preocupação fecundada na constatação de que, se sistemas de inteligência artificial são capazes de identificar na "velocidade com a qual os usuários movem seu *mouse*" o estado emocional do usuário[37] e, ainda, de mapear pessoas insatisfeitas "por meio do reconhecimento facial"[38], parece factível supor que talvez conheçam as pessoas melhor que elas mesmas.

A dúvida suscitada permite pressupor, em tal contexto, que os algoritmos poderão usar as fragilidades fundidas ao DNA de cada consumidor individualmente considerado em seu favor, melhor, em prol daquele que pagou para que fosse modelado, forjado no utilitarismo que costuma informar as sístoles e diástoles que impulsionam os mercados; preocupação que se agrava face a ausência de transparência[39] travestida de proteção de segredos industriais.

A angústia externada reverbera quando se identifica que em torno de "85% de dados não estruturados – como *posts* em redes sociais –, vídeos e informações de geolocalização" são usados como o material fecundante em exitosas ações publicitárias pré-concebidas a partir da modelação de perfis de usuários com dezenas de dimensões[40], campanhas que se revelam capazes de fazer os consumidores – com acesso à tecnologia – gastarem mais[41] que outrora gastavam ou mesmo criarem apreço por produtos distintos daqueles que habitualmente compravam[42], valendo lembrar com David Sumpter, que

---

36. ALMEIDA, Gilberto Martins de. Notas sobre utilização de inteligência artificial por agentes empresariais e suas implicações no âmbito do direito do consumidor. In: MULHOLLAND, Caitlin; FRAZÃO, Ana (Coord.). *Inteligência artificial e direito*: ética, regulação e responsabilidade. 2. ed. São Paulo: Thomson Reuters, 2020. p. 423-424.
37. SUMPTER, David. *Dominados pelos números*: do Facebook e Google às fake news – os algoritmos que controlam nossa vida. Trad. Anna Maria Sotero e Marcello Neto. Rio de Janeiro: Bertrand Brasil, 2019. p. 44.
38. STEIBEL, Fabro et al. Possibilidades e potenciais da utilização da inteligência artificial. In: MULHOLLAND, Caitlin; FRAZÃO, Ana (Coord.). *Inteligência artificial e direito*: ética, regulação e responsabilidade. 2. ed. São Paulo: Thomson Reuters, 2020. p. 57.
39. V. PASQUALE. Frank. *The black box society*: the secret algorithms that control money and information. Cambridge: Harvard University, 2015.
40. SUMPTER, David. *Dominados pelos números*: do Facebook e Google às fake news – os algoritmos que controlam nossa vida. Trad. Anna Maria Sotero e Marcello Neto. Rio de Janeiro: Bertrand Brasil, 2019.
41. HANS, Daniela Kutschat. Experimentações contemporâneas: um olhar sobre tecnologia e consumo. In: HANS, Daniela Kutschat; GARCIA, Wilton. *#consumo_tecnologico*. São Paulo: Instituto Brasileiro de Filosofia e Ciência Raimundo Lúlio, 2015. p. 24.
42. Buscando inspiração em DUHIGG, Charles. How companies learn your secrets. *New York Times*, Nova York. 16 fev. 2012 em artigo ainda inédito Suzana Rahde Gerchmann lembra do "caso da rede norte-americana Target, a qual encarregou estatísticos da missão de prever se uma cliente estava grávida [e que o] texto explica que os novos pais são como o "Santo Graal" para o Mercado em geral, mas, especialmente, para os gigantes do varejo, como a Target, que vende desde o leite, passando pelos brinquedos de pelúcia, bem como equipamentos eletrônicos e móveis para o quarto. Além disso, a gestação e o nascimento de uma criança são valiosos pois são um dos raros momentos em que os hábitos de consumo mudam, nos quais é possível captar e fidelizar novos clientes. Assim, para a companhia, era preciso fidelizar esses clientes de

se você usa o Facebook, Instagram, Snapchat, Twitter ou qualquer outra rede social regularmente [...] você está permitindo que sua personalidade seja tratada como um ponto em centenas de dimensões, que suas emoções sejam enumeradas e que seu comportamento futuro seja modelado e previsto. Tudo isso é feito efetiva e automaticamente, de uma maneira que a maioria de nós dificilmente pode entender[43],

o que ocorre também porque nem sempre é possível *ver através* de algoritmos intencionalmente desenhados para serem opacos[44], mesmo quando no Brasil, como exposto linhas atrás, tal prática, ao menos em tese, esteja alocada para além dos umbrais da licitude ante seu caráter intencionalmente fosco, opaco, turvo.

Tais questões parecem ganhar corpo. Elas agravam-se quando se compreende, a partir de estudos comportamentais, que os seres humanos não são tão racionais como propõe aquele vetusto direito privado forjado ao largo da Modernidade, um direito que, paradoxalmente, ainda está tão presente no senso comum imaginário dos juristas.

Problemas que crescem em complexidade quando se imagina o potencial a ser explorado pelos sistemas de inteligência artificial aqui pensados idealmente, logo, despidos de críveis desvios éticos[45], em especial – e aqui tem-se em mente apenas aspectos cognitivo-comportamentais –, diante de sua incomensurável capacidade de capturar e processar dados perante consumidores sujeitos ao efeito *Dunning-Kruger* ou à heurística do afeto.[46]

Tudo isso leva a questionar em que medida o irrefreável avanço da inteligência artificial não ultrapassará, em momentos pontuais, os portais da licitude, mormente quando se resgata ser direito básico do consumidor a proteção contra métodos

---

forma oportuna, ou seja, antes de os registros do nascimento se tornarem públicos e, portanto, acessíveis à concorrência. Depois de muita pesquisa e análise de big data, a equipe da Target identificou 25 produtos que, quando analisados em conjunto, permitiam a previsão de gravidez. Porém, logo entenderam que não seria adequado enviar um catálogo parabenizando os pais pela novidade. Assim, a política dessa sociedade foi a de ser sutil, de misturar, dentre as ofertas enviadas, produtos que as clientes nunca compravam, incluindo artigos relacionados à gestação e aos bebês. Desde que não imaginassem que estivessem sendo espionadas, as pessoas compravam essas mercadorias. Desnecessário dizer que, após a campanha, as vendas da Target de Mamãe e Bebê subiram de US$ 44 bilhões para US$67 bilhões".

43. SUMPTER, David. *Dominados pelos números*: do Facebook e Google às fake news – os algoritmos que controlam nossa vida. Trad. Anna Maria Sotero e Marcello Neto. Rio de Janeiro: Bertrand Brasil, 2019. p. 44.

44. O´NEIL, Cathy. *Weapons of math destruction*: how big data increases inequality and threatens democracy. London: Penguin Books, 2017. p. 47.

45. CASTRO, Bruno Fediuk de; BOMFIM, Gilberto. A inteligência artificial, o direito e os vieses. In: FERRÃO, Angelo Viglianisi; HARTMANN, Gabriel Henrique; PIAIA, Thami Covati. *Inteligência artificial, proteção de dados e cidadania*. Cruz Alta: Ilustração, 2020. v. 1. p. 25. "Por mais que se confie na inteligência artificial para lidar com nossas frágeis limitações, os algoritmos ainda estão mal equipados para neutralizar conscientemente os vieses aprendidos com o pensamento humano. Com a evolução da inteligência artificial e sua curva de aprendizado, esses conflitos tendem a ficar mais latentes – e passíveis de correção, especialmente quando se fala de tendências ideológicas, de gênero ou raça. Assim, a IA terá o papel de guiar as decisões com maior precisão e sem os vieses de quem a programou".

46. V. THALER, Richard; SUNSTEIN, Cass. *Nudge*: improving decisions about health, wealth and happiness. New Haven: Yale University Press, 2008. E, ainda, KAHNEMAN, Daniel. *Rápido e devagar*: duas formas de pensar. Trad. Cássio de Arantes Leite. Rio de Janeiro: Objetiva, 2012.

comerciais considerados desleais[47] e, ainda, que práticas que se aproveitem de sua vulnerabilidade estrutural[48] para impingir-lhes seus produtos ou serviços são expressamente vedadas pelo direito brasileiro[49]; ilicitude, evidentemente, não afastada pela desregulamentação idealizada pela Lei da Liberdade Econômica[50], cujos efeitos começam a ser sentidos no Brasil apesar de sua questionável constitucionalidade.[51]

REFERÊNCIAS

ARONNE, Ricardo. A longa espera de Penélope: ensaio ligeiro sobre o lento direito privado, estado social e constituição. *Revista Fórum de Direito Civil*, Belo Horizonte, a. 4, n. 9, p. 235-262, maio-ago. 2015.

BAROCELLI, Sergio Sebastián. *Consumidores hipervulnerables*. Buenos Aires: El derecho. 2018.

BERCOVICI, G. Parecer sobre a inconstitucionalidade da Medida Provisória da Liberdade Econômica (Medida Provisória 881, de 30 de abril de 2019). *Revista Fórum de Direito Financeiro e Econômico*, Belo Horizonte, a. 8, n. 15, p. 173-202, mar.-ago. 2019.

BORGES, Jorge Luis. *Ficções*. Trad. Carlos Nejar. São Paulo: Abril, 1972.

BOSTROM, Nick. *Superinteligência*: caminhos, perigos e estratégias para um novo mundo. Trad. Aurélio Antônio Monteiro et al. Rio de Janeiro: Darkside, 2018.

BUNAZAR, Maurício. A Declaração de Direitos da Liberdade Econômica e seus impactos no regime jurídico do contrato de Direito Comum. In: GOERGEN, Jerônimo. (Org.). *Liberdade econômica*: o Brasil livre para crescer. Brasília: Câmara dos Deputados, 2019.

CASTRO, Bruno Fediuk de; BOMFIM, Gilberto. A inteligência artificial, o direito e os vieses. In: FERRAO, Angelo Viglianisi; HARTMANN, Gabriel Henrique; PIAIA, Thami Covati. *Inteligência artificial, proteção de dados e cidadania*. Cruz Alta: Ilustração, 2020. v. 1.

---

47. Código de Defesa do Consumidor.
    Art. 6º São direitos básicos do consumidor: [...]
    IV – a proteção contra a publicidade enganosa e abusiva, métodos comerciais coercitivos ou desleais, bem como contra práticas e cláusulas abusivas ou impostas no fornecimento de produtos e serviços [...].
48. CATALAN, Marcos. Uma ligeira reflexão acerca da hipervulnerabilidade dos consumidores no Brasil. In: Ricardo Sebastián Danuzzo. (Org.). *Derecho de daños y contratos*: desafíos frente a las problemáticas del siglo XXI. Resistencia: Contexto, 2019.
49. Código de Defesa do Consumidor.
    Art. 39. É vedado ao fornecedor de produtos ou serviços, dentre outras práticas abusivas: [...]
    IV – prevalecer-se da fraqueza ou ignorância do consumidor, tendo em vista sua idade, saúde, conhecimento ou condição social, para impingir-lhe seus produtos ou serviços [...].
50. Os estudos que temos dedicado ao assunto permitiu mapear – e, ainda, alinhavar – textos que em nosso sentir merecem ser lidos, dentre os quais *sugere-se*: BUNAZAR, Maurício. A Declaração de Direitos da Liberdade Econômica e seus impactos no regime jurídico do contrato de Direito Comum. In: GOERGEN, Jerônimo. (Org.). *Liberdade econômica*: o Brasil livre para crescer. Brasília: Câmara dos Deputados, 2019. CATALAN, Marcos. Na escuridão do labirinto, sem a companhia de Ariadne, tampouco a de Teseu: uma ligeira reflexão acerca da medida provisória da liberdade econômica. *Revista Eletrônica Direito e Sociedade*, Canoas, v. 7, n. 2, p. 07-14, 2019. MARQUES NETO, Floriano Peixoto; RODRIGUES JUNIOR, Otávio Luiz; LEONARDO, Rodrigo Xavier (Org.). *Comentários à Lei da Liberdade Econômica*. São Paulo: RT, 2019. PEDROSA, Laurício. La autonomía privada y la libertad contractual: evolución conceptual y análisis de las recientes alteraciones em el Código Civil Brasileño. *Revista Crítica de Derecho Privado*. Montevidéo, n. 16, p. 367-394, 2019.
51. V. BERCOVICI, G. Parecer sobre a inconstitucionalidade da Medida Provisória da Liberdade Econômica (Medida Provisória nº 881, de 30 de abril de 2019). *Revista Fórum de Direito Financeiro e Econômico*, Belo Horizonte, a. 8, n. 15, p. 173-202, mar./ago. 2019. CATALAN, Marcos. Devaneios de Ícaro: uma reflexão ligeira acerca de incongruências vivificadas pela Lei da Liberdade Econômica. *Revista Jurídica Luso-Brasileira*, a. 6, n. 3, p. 1453-1468, 2020.

CATALAN, Marcos. A difusão de sistemas de videovigilância na urbe contemporânea: um estudo inspirado em Argos Panoptes, cérebros eletrônicos e suas conexões com a liberdade e a igualdade. *Revista da Faculdade de Direito da Universidade Federal de Minas Gerais*, Belo Horizonte, v. 75, p. 303-321, 2019.

CATALAN, Marcos. A hermenêutica contratual no Código de Defesa do Consumidor. *Revista de Direito do Consumidor*, São Paulo, v. 62, p. 139-161, 2007.

CATALAN, Marcos. Devaneios de Ícaro: uma reflexão ligeira acerca de incongruências vivificadas pela Lei da Liberdade Econômica. *Revista Jurídica Luso-Brasileira*, a. 6, n. 3, p. 1453-1468, 2020.

CATALAN, Marcos. Na escuridão do labirinto, sem a companhia de Ariadne, tampouco a de Teseu: uma ligeira reflexão acerca da medida provisória da liberdade econômica. *Revista Eletrônica Direito e Sociedade*, Canoas, v. 7, n. 2, p. 07-14, 2019.

CATALAN, Marcos. Uma ligeira reflexão acerca da hipervulnerabilidade dos consumidores no Brasil. In: Ricardo Sebastián Danuzzo. (Org.). *Derecho de daños y contratos*: desafíos frente a las problemáticas del siglo XXI. Resistencia: Contexto, 2019.

DUHIGG, Charles. How companies learn your secrets. *New York Times*, Nova York. 16 fev. 2012.

HANS, Daniela Kutschat. Experimentações contemporâneas: um olhar sobre tecnologia e consumo. In: HANS, Daniela Kutschat; GARCIA, Wilton. *#consumo_tecnologico*. São Paulo: Instituto Brasileiro de Filosofia e Ciência Raimundo Lúlio, 2015.

JACOBSEN, Michael Hviid; TESTER, Keith. Introdução. In: BAUMAN, Zygmunt. *Para que serve a sociologia?* Trad. Carlos Alberto Medeiros. Rio de Janeiro: Zahar, 2015.

JEVEAUX, Geovany Cardoso. *Direito e ideologia*. Rio de Janeiro: GZ, 2018.

KAHNEMAN, Daniel. *Rápido e devagar*: duas formas de pensar. Trad. Cássio de Arantes Leite. Rio de Janeiro: Objetiva, 2012.

MAGRANI, Eduardo. New perspectives on ethics and the laws of artificial intelligence. In: PARENTONI, Leonardo; CARDOSO, Renato César (Coord.). *Law, technology and innovation*: insights on artificial intelligence and the Law. Belo Horizonte: Expert, 2021. v. 2.

MARQUES, Cláudia Lima. *Contratos no código de defesa do consumidor*. 6. ed. São Paulo: RT, 2011.

MARQUES NETO, Floriano Peixoto; RODRIGUES JUNIOR, Otávio Luiz; LEONARDO, Rodrigo Xavier (Org.). *Comentários à Lei da Liberdade Econômica*. São Paulo: Ed. RT, 2019.

MESA, Marcelo López. El nuevo Código Civil y Comercial y la responsabilidad civil: de intenciones, realidades, concreciones y mitologías. *Revista Anales de la Facultad de Ciencias Jurídicas y Sociales*, La Plata, a. 13, n. 46, p. 47-53, 2016.

NUNES, Gustavo Finotti dos Reis. Dados pessoais e sua tutela como direitos da personalidade. In: TOMASEVICIUS FILHO, Eduardo et al. (Orgs.). *Inteligência artificial, proteção de dados e cidadania*. Cruz Alta: Ilustração, 2020. v. 2.

O'NEIL, Cathy. *Weapons of math destruction*: how big data increases inequality and threatens democracy. London: Penguin Books, 2017.

OLIVEIRA, Marcos Barbosa de. Neutralidade da ciência, desencantamento do mundo e controle da natureza. *Scientiae Studia*, São Paulo, v. 6, n. 1, p. 97-116, 2008.

PASQUALE. Frank. *The black box society*: the secret algorithms that control money and information. Cambridge: Harvard University, 2015.

PEDROSA, Laurício. La autonomía privada y la libertad contractual: evolución conceptual y análisis de las recientes alteraciones em el Código Civil Brasileño. *Revista Crítica de Derecho Privado*. Montevídeo, n. 16, p. 367-394, 2019.

POPPER, Karl. *A lógica da pesquisa científica*. Trad. Leônidas Hegenberg et al. 9. ed. São Paulo: Cultrix, 2001.

SOUZA, Jessé. *A elite do atraso*: da escravidão à bolsonaro. Rio de Janeiro: Estação Brasil, 2019.

STEIBEL, Fabro et al. Possibilidades e potenciais da utilização da inteligência artificial. In: MULHOLLAND, Caitlin; FRAZÃO, Ana (Coord.). *Inteligência artificial e direito*: ética, regulação e responsabilidade. 2. ed. São Paulo: Thomson Reuters, 2020.

SUMPTER, David. *Dominados pelos números*: do Facebook e Google às fake news – os algoritmos que controlam nossa vida. Trad. Anna Maria Sotero e Marcello Neto. Rio de Janeiro: Bertrand Brasil, 2019.

THALER, Richard; SUNSTEIN, Cass. *Nudge*: improving decisions about health, wealth and happiness. New Haven: Yale University Press, 2008.

TZIRULNIK, Ernesto; BOAVENTURA, Vítor. Uma indústria em transformação: o seguro e a inteligência artificial. In: MULHOLLAND, Caitlin; FRAZÃO, Ana (Coord.). *Inteligência artificial e direito*: ética, regulação e responsabilidade. 2. ed. São Paulo: Thomson Reuters, 2020.

RESPONSABILIDADE CIVIL EM TEMPOS VELOZES E ULTRACONECTADOS: EM BUSCA DE NOVOS MODOS DE PERCEPÇÃO

Felipe Braga Netto

Pós-doutor em Direito Civil pela *Università di Bologna*, Itália (*Alma Mater Studiorum*). Doutor em Direito Constitucional e Teoria do Estado pela PUC-RIO. Mestre em Direito Civil pela UFPE. Membro do Ministério Público Federal (Procurador da República). Associado-fundador e 1º vice-presidente do IBERC (*Instituto Brasileiro de Responsabilidade Civil*, 2017-2019). Professor de Direito Civil da PUC-Minas (2002-2007). Professor de Direito Civil e Direito do Consumidor da Dom Helder – Escola de Direito (2003-2021). Publicou artigos em 36 obras coletivas, tendo coordenado 4 delas. Além das obras coletivas publicou 14 livros.

Sumário: 1. Vivendo dias velozes e ultraconectados – 2. A dinamicidade hermenêutica do Código de Defesa do Consumidor – 3. A integração do direito do consumidor com a sociedade civil: uma experiência de sucesso no Brasil – 4. O sistema aberto da responsabilidade civil: novos modos de percepção – 5. Referências bibliográficas.

1. VIVENDO DIAS VELOZES E ULTRACONECTADOS

Virou lugar-comum dizer que vivemos, hoje, na sociedade da informação – talvez não seja exagero ir além e afirmar que vivemos na sociedade da hiperinformação. Tamanho é o volume de informações disponível, tamanha é a velocidade de sua transmissão. Trata-se de algo realmente sem paralelo na história humana. Talvez baste mencionar a dimensão do alcance – para o bem e para o mal – das redes sociais, cujo eixo é essencialmente o intercâmbio de informações pessoais. O fluxo de dados é incessante e não conhece limitação geográfica. Nesse contexto, "as autodescrições da sociedade contemporânea podem apresentar algumas variações entre si, mas quase todas buscam enfatizar a função da informação no mundo atual: sociedade da informação ou sociedade do conhecimento, economia da informação ou sociedade em rede. Essa diversidade de expressões já é suficiente para constatar o papel fundamental que o fenômeno da informação desempenha na sociedade contemporânea e em todos os seus subsistemas".[1] Nesse contexto talvez seja interessante lembrar Stefano Rodotà, que já mencionava o *direito à autodeterminação informativa*. Temos direito de manter controle sobre as próprias informações? Podemos de alguma forma a modular a construção da própria esfera privada? Em sociedades plurais e complexas, como lidar com o tratamento de dados? Parece claro que algoritmos e códigos-fonte têm, no século XXI, função cada vez maior de regular comportamentos.

---

1. MENDES, Laura Schertel. *Privacidade, proteção de dados e defesa do consumidor. Linhas gerais de um novo Direito Fundamental*. São Paulo: Saraiva, 2014. Introdução.

Algo é certo, e até óbvio em nossos dias: a quantidade de dados coletados e processados é inédita, sem paralelo possível na história. Não só o volume é colossal, mas existe, pela primeira vez – com as ferramentas da inteligência artificial – a possibilidade de, por exemplo, analisá-los e catalogá-los à medida que vão sendo coletados. Vivemos entre algoritmos, reconhecimentos faciais, geolocalização, tecnologias de rede, serviços variados ao alcance do dedo. Tudo isso possibilita que nossos dados pessoais sejam cruzados e armazenados, dizendo muito sobre nós (quem somos, do que gostamos, o que compramos, com quem nos relacionamos). Mais ainda: o fornecimento de dados pessoais pelos cidadãos se tornou inevitável, tornou-se uma espécie de requisito para fazer comprar e adquirir serviços, para participar da vida social, enfim. Algo é certo: o tema é complexo e extremamente atual. Isso tem reflexos inesperados, como por exemplo a perda de prestígio da prova testemunhal, diante da "superdocumentação dos fatos da vida" que existe hoje. Assim, "qualquer aparelho portátil pode registrar fatos. Os telefones celulares inteligentes (*smartphones*) trazem câmeras fotográficas embutidas, e quase todo conflito é acompanhado de algum registro documental, em áudio e/ou em vídeo. Edifícios, escritórios e empresas catalogam a entrada e saída de pessoas em cadastros com fotos; registros telefônicos indicam as antenas que os celulares acessaram e a análise de GPS permite posicionar um indivíduo no planeta com menos de cinco metros de margem de erro. Isso tudo, acompanhado de sistemas de reconhecimento facial, permite comprovar onde e quando certas pessoas estiveram, ou mesmo traçar o trajeto pelo qual passaram em um determinado espaço de tempo".[2]

Podemos até dizer que o *novo modo de ser econômico*, no século XXI, tem no tratamento de dados pessoais parte essencial do seu perfil. Aliás, Marion Albers, professor na Universidade de Hamburgo, provoca: "Falar da complexidade da proteção de dados parece um pouco irritante. Não seria uma abordagem melhor estabelecer alguns princípios simples que oferecessem orientação jurídica para o processamento de dados pessoais? Em contraposição a esse pensamento, o presente artigo propõe a tese de que a proteção de dados é, por natureza, uma área extraordinariamente complexa e exige, por isso, uma regulamentação complexa e de múltiplos níveis".[3] Em termos mais amplos, sociais e econômicos, *estamos vivendo uma realidade inédita, com novos modelos de negócio baseados na economia colaborativa digital: "Como ensina Yochai Benkler, a revolução da internet, longe de ser ultrapassada, é fenômeno cada vez mais atual, na medida em que vem propiciando uma mudança radical na forma de organização da produção de informação, que passa a independer tanto do mercado como da propriedade. Daí se falar em nonmarket and nonproprietary production, caracterizada pelo protagonismo dos indivíduos ou por esforços cooperativos; e em economia da infor-*

---

2. CABRAL, Antonio do Passo. Processo e tecnologia: novas tendências. In: WOLKART, Erik Navarro; LAUX, Francisco de Mesquita; RAVAGNANI, Giovani dos Santos; LUCON, Paulo Henrique dos Santos (Coords.). *Direito, processo e tecnologia*. São Paulo: Thomson Reuters Brasil, 2020.

3. ALBERS, Marion. A complexidade da proteção de dados. *Direitos Fundamentais & Justiça*. Belo Horizonte, ano 10, n. 35, p. 19-45, jul.-dez. 2016.

mação estruturada em rede (networked information economy), marcada pela ação descentralizada, cooperativa e coordenada. A partir daí, cria-se até mesmo novo paradigma de produção e consumo, que se identifica não com a ideia absoluta de propriedade, mas com a noção de aproveitamento de bens ociosos mediante seu emprego remunerado por usuários que não podem ou não necessitam da aquisição de determinado bem. Emerge, assim, a figura do 'pro-sumidor', isto é, do sujeito que, ao mesmo tempo em que participa de forma intensa do mercado de consumo, fornece bens e serviços seus a outros consumidores".[4] A autora pondera que a economia colaborativa digital, quando disruptiva, torna disponíveis recursos que anteriormente eram privados e inacessíveis, permitindo o desenvolvimento de modelos de negócio em contínua evolução e transformação.

Vivemos dias que valorizam fortemente os direitos fundamentais. Trata-se de categoria jurídica que surgiu, historicamente, no direito constitucional, mas hoje repercute, com singular relevância, em todo o ordenamento jurídico. Quando surgiram, os direitos fundamentais buscavam evitar agressões estatais. Eram direitos de defesa *em face* do Estado (a prestação devida pelo Estado consistia numa abstenção). Atualmente essa dimensão originária continua existindo, mas há outras dimensões que se somaram àquela original. Basta lembrar que o Estado, hoje, não deve apenas se abster de lesar direitos fundamentais. Deve ter uma postura ativa para que outros também não violem tais direitos. Nesse contexto os direitos fundamentais, atualmente, são um sistema de valores que dão unidade à ordem jurídica. Podemos falar, nesse sentido, em dimensão objetiva dos direitos fundamentais, ou eficácia irradiante.[5] Conforme dissemos acima, hoje não basta que os poderes públicos se abstenham de violar tais direitos. Exige-se deles bem mais: exige-se que os protejam de modo ativo contra agressões e ameaças provindas de terceiros. Em conexão teórica com os pontos acima mencionados, está o reconhecimento dos *deveres de proteção* por parte do Estado.

Cada vez mais se percebe que os direitos fundamentais afetam todos os setores da experiência jurídica, horizontalmente. Nenhuma relevância apresenta o caráter público ou privado da norma, nem mesmo se o Estado está agindo ou se omitindo. Os direitos fundamentais – com o perdão da obviedade – podem ser violados por ações ou omissões estatais. Às vezes as lesões mais graves, hoje, decorrem de omissões, não de ações. Nesse contexto, se quisermos levar a sério os direitos fundamentais, toda a atividade interpretativa-aplicativa (do legislador, do administrador e do juiz) deve ser orientada para a maior realização possível dos direitos fundamentais. A tutela dos direitos fundamentais é uma tutela amplíssima, que não se esgota nesse ou naquele remédio, nesse ou naquele instituto. A energia criativa dos nossos dias

---

4. FRAZÃO, Ana. *Internet, novos negócios e economia do compartilhamento: desafios para a regulação jurídica. In: MENDES, Laura Schertel; ALVES, Sérgio Garcia; DONEDA, Danilo. Internet e regulação. São Paulo: Saraiva Educação, 2021. p. 837-838.*

5. SARMENTO, Daniel. *Dimensão objetiva dos direitos fundamentais: fragmentos de uma teoria. In: Ricardo Lobo Torres e Celso Albuquerque Mello (Orgs.). Arquivos de direitos humanos. Rio de Janeiro: Renovar, 2003. v. IV. p. 63-102.*

pode criar – e espera-se que crie sempre – novos meios e formas de se tutelar, eficazmente, os direitos fundamentais. Lembrando que a tutela deles será tanto melhor quanto mais envolver dimensões preventivas. Talvez outra observação inicial possa ser feita. A noção atual de interesse público está relacionada à promoção de direitos fundamentais. Temos, por exemplo, o direito fundamental não só a um meio-ambiente ecologicamente equilibrado como também em viver numa sociedade sem corrupção (no sentido de uma sociedade que combata, com seriedade e eficiência, a corrupção). Também podemos falar que a liberdade de informar e de ser informado como direito fundamental, sobretudo nas democracias constitucionais contemporâneas. Aliás, há interesse público na própria liberdade de informação. O STF afirmou existir *interesse público presumido na livre circulação de ideias e opiniões* (STF, Rcl 22.328).

2. A DINAMICIDADE HERMENÊUTICA DO CÓDIGO DE DEFESA DO CONSUMIDOR

É dinâmica a interpretação do Código de Defesa do Consumidor. Seus institutos – longe de nascerem prontos com a edição da lei, há mais de 30 anos – revelam-se em permanente processo de abertura e reformulação, renovando-se cotidianamente no trato com a sociedade e com os tribunais. O CDC talvez seja a mais importante lei da segunda metade do século XX, no direito privado brasileiro. Uma lei feita, por assim dizer, para o futuro, que dialoga com as gerações que chegam e que incorpora novos conhecimentos e novas soluções. O CDC é uma lei comprometida com os valores do seu tempo, que dirige os olhos para os interesses da vítima, especialmente em condições de vulnerabilidade. É um microssistema que vem, ao longo das décadas, sendo em grande parte reconstruído e forjado por intensa construção jurisprudencial, superando uma concepção individualista em favor de uma visão aberta, dinâmica e funcional.

O CDC foi uma lei avançada para a época em que surgiu, sobretudo no Brasil. Representa um raro caso em que o direito chegou primeiro, chegou antes dos fatos – e em certa medida os provocou. Não havia, em 1990, sequer consciência social sobre a figura do consumidor, era algo ainda distante da nossa realidade. O CDC, uma bela lei, arejou o direito privado brasileiro, trazendo conceitos, categorias e institutos que impactaram fortemente nas décadas seguintes. Muitos dos avanços podem ser creditados à jurisprudência do STJ. Houve um feliz encontro entre doutrina e jurisprudência que resultou no direito do consumidor que atualmente temos no Brasil. Naturalmente o ponto de partida foi a atividade do legislador (em geral tão mal exercida entre nós, sendo o CDC louvável exceção). O interessante é que a jurisprudência não se limitou a repetir a lei, indo além, com contribuições fortes e originais no STJ (sobretudo nos votos de Ruy Rosado, Sálvio de Figueiredo, inicialmente; depois com Nancy Andrighi e Herman Benjamin).

Hoje as leis principiológicas são cada vez mais uma realidade no Brasil (basta lembrar da LGPD e do Marco Civil da Internet), lidamos progressivamente com princípios, cláusulas gerais, conceitos jurídicos indeterminados. Não é possível pensar nenhum setor do direito contratual brasileiro sem pensar na boa-fé objetiva, sem pensar nos deveres anexos de lealdade, informação, cooperação, por exemplo. Não é possível pensar no direito contratual brasileiro sem pensar no princípio da equivalência material entre as prestações, na razoabilidade, na vedação ao abuso de direito. Hoje a proteção ao contratante vulnerável se incorporou não só às pautas decisórias como também ao nosso modo de pensar. O sistema jurídico cada vez mais se põe como um sistema aberto de princípios normativos. Esses princípios, que estabelecem objetivos e fins, são articulados de modo dinâmico, não estático. Não há nem mesmo uma hierarquia prévia entre eles. Eles trabalham com uma lógica de ponderação, o que significa que apenas nos casos concretos, devidamente contextualizados, é que os princípios se expandem ou se retraem, à luz das especificidades das circunstâncias.

Em sociedades plurais e complexas já não nos bastam as regras jurídicas, precisamos igualmente – e muito – dos princípios normativos. É com eles que solucionamos boa parte dos casos, sobretudo os difíceis. As soluções atuais não são – nem podem ser – estáticas, são funcionais (mas ao mesmo tempo sistemáticas). Há uma rede de conexões conceituais que possibilita determinadas soluções. Outro ponto importante é que hoje há uma convergência principiológica entre as leis brasileiras de direito privado – aí incluídos os diálogos entre o Código Civil e o CDC. Não que haja identidade absoluta, não é isso, mas existem fortíssimas opções valorativas compartilhadas, uma rede de princípios e regras que não só possibilita, mas convida ao diálogo. Boa-fé objetiva, tutela da informação e da confiança, proteção aos vulneráveis, vedação ao abuso de direito, padrões mínimos de razoabilidade e de proporcionalidade, respeito à autodeterminação nas questões existenciais, são apenas algumas diretrizes que iluminam o direito privado brasileiro atual.

Hoje há uma tendência de analisar de modo mais objetivo as cláusulas contratuais e os comportamentos das partes. As perguntas são outras (relativamente àquelas dos séculos passados): houve quebra de confiança? (princípio da confiança). Houve comportamento contraditório? (princípio do *venire contra factum proprium*). Uma das partes adimpliu substancialmente a sua prestação? (princípio do adimplemento substancial). Há desproporção entre as prestações? (princípio da equivalência material entre as prestações). Uma das partes frustrou as legítimas expectativas da outra? (princípio da boa-fé objetiva em uma de suas funções). Hoje, ademais, o dever de informar se incorporou ao direito contratual como dever geral de conduta. Nesse contexto, o direito do século XXI não pode se distanciar das legítimas expectativas sociais acerca do que é aceitável, legítimo, correto. A boa-fé objetiva desempenha funções fundamentais. O princípio normativo da boa-fé é dotado de incrível plasticidade, ele não é estático, é dinâmico. Adapta-se aos novos tempos conferindo um instrumental normativo para que o direito se aproxime da ética. Com a boa-fé objetiva, o direito passa a ter uma ferramenta ágil, flexível, arejada, para combater condutas desleais, ardilosas, ou mesmo pouco cooperativas. Por exemplo, o CDC adotou formas abertas e conceitos indeterminados para definir as práticas e cláusulas abusivas, encarregando o magistrado da tarefa de examinar, em cada hipótese concreta, a efetiva ocorrência de referidas práticas ilegais (STJ, REsp 1.737.428).

Muitos dos novos fenômenos e funções do direito privado atual podem também ser traduzidos pela teoria dos atos próprios. A teoria dos atos próprios, a rigor, postula que *nemo potest venire contra factum proprium* (ninguém pode vir contra os próprios atos). Trata-se, a rigor, da proibição do comportamento contraditório. É mais uma das muitas manifestações da (cláusula geral) boa-fé objetiva.[6] Aplicável, aliás, não só ao direito material, mas também processual. O STJ tem entendido, em sucessivas manifestações, que "o princípio da boa-fé objetiva proíbe que a parte assuma comportamentos contraditórios no desenvolvimento da relação processual, o que resulta na vedação do *venire contra factum proprium*, aplicável também ao direito processual" (STJ, AgRg no REsp 1.280.482; Edcl no REsp 1.435.400). Lembremos que o abuso de direito é ato ilícito, segundo o Código Civil (art. 187). As *Jornadas de Direito Civil*, aliás, já assentaram no Enunciado 412: "As diversas hipóteses de exercício inadmissível de uma situação jurídica subjetiva, tais como *supressio, tu quoque, surrectio* e *venire contra factum proprium*, são concreções da boa-fé objetiva".

As soluções que o direito privado precisa oferecer são mais complexas, porque a sociedade é mais complexa. Essa relação vai sempre existir. Sociedades marcadas por maior simplicidade e estabilidade nas relações sociais aceitam melhor soluções estáticas e relativamente simples. O século XXI exige, ao contrário, esquemas dinâmicos e funcionais, que devem refletir a pluralidade e os desafios imensos oriundos da revolução digital. *O direito do consumidor – a experiência jurídica como um todo – sofrerá fortes impactos das novas tecnologias. O mundo se alterou incrivelmente nas últimas décadas (basta lembrar que o comércio eletrônico, hoje tão marcante em nossa rotina, sequer existia quando o CDC foi criado). Presenciamos, em pouco tempo, mudanças espantosas, mudanças que talvez sejam apenas o pontapé inicial de mudanças ainda maiores. Aliás, não é exagero afirmar que o século XXI tem redefinido muitas de nossas antigas certezas. Novos modos de agir renovam velhos hábitos. Um dos modos mais eficazes de criar valor no século XXI é unir criatividade à tecnologia.*

A dimensão coletiva dos conflitos também marca decisivamente o nosso tempo. Do individual para o coletivo. Não que tenha se iniciado agora, mas se intensificou. Observa-se a passagem do singular para o plural em vários campos da experiência jurídica – seja no direito material, seja no direito processual. Do ilícito, no singular, para os ilícitos, no plural. Da família para as famílias. Da propriedade para as multipropriedades (os exemplos poderiam se multiplicar). Também no direito processual essa dimensão plural se fortalece, perdendo espaço a visão individual, atomizada, em favor da visão do todo, transindividual. O direito atual sugere ou impõe uma visão menos individualista, menos centrada no sujeito e no seu patrimônio. As vítimas e os ofensores são, muitas vezes, difusos, nem sempre facilmente identificáveis.

---

6. *DIEZ-PICAZO. La doctrina de los propios actos: Un estudo critico sobre la jurisprudencia del Tribunal Supremo. Barcelona: Bosch, 1963.*

Aliás, o direito do século XXI se timbra, em boa medida, pelo pluralismo. O direito dos nossos dias, de índole difusa, não opera na lógica mais – pelo menos não exclusivamente – na esfera do *um-contra-um*. Aliás, não são apenas os indivíduos que merecem proteção jurídica, mas as coletividades, a comunidade humana.[7]

Muitas das inovações que o CDC trouxe deram tão certo que hoje são lugares-comuns, isto é, se integraram às realidades brasileiras. Aliás, até simbolicamente o CDC deu certo: não é raro, sendo ao contrário muito comum, encontrarmos um exemplar do CDC em pequenos e humildes comércios brasileiros, como padarias e bares. José Roberto de Castro Neves pondera: "Não há dúvida de que a Lei do Consumidor foi um sucesso. Muitas vezes ela é citada, com razão, como exemplo de uma lei que deu certo, porque, de fato, educou e regulou um setor, antes muito carente, no qual grassava o desrespeito ao consumidor". Aliás, esse é um ponto do qual talvez devamos nos orgulhar. O Código de Defesa do Consumidor é um raro exemplo de lei conhecida e respeitada – ainda mais raro se pensarmos em como são desconhecidas e desrespeitadas as leis entre nós. Há, por certo, muito a evoluir, mas isso não nos impede de perceber como foi bela e cheia de sentido a caminhada até aqui, mais de 30 anos depois do nascimento do CDC.

Isso leva a outro ponto.

O CDC apresenta a interessante característica de possuir categorias, conceitos e normas que tendem a se expandir para outros setores da experiência jurídica (basta lembrar da inversão do ônus da prova, hoje amplamente usada no direito ambiental, por exemplo). Em parte, isso ocorreu porque, quando foi editado (em setembro de 1990) ainda estávamos sob a égide do Código Civil de 1916, que só veio a ser revogado mais de dez anos depois do início da vigência do CDC. Era natural, portanto, que a jurisprudência, e mesmo a doutrina, sentindo falta de institutos mais atuais no velho código civil, voltassem sua atenção ao CDC, fértil em novidades promissoras. Houve, então, um fenômeno de resultados fecundos, consistente na utilização de normas e conceitos do CDC para resolver conflitos não propriamente de consumo.

Escrevendo antes do advento do Código Civil de 2002, Antônio Junqueira de Azevedo ponderou: "Na impossibilidade de encontrar, no velho Código Civil, base para o desenvolvimento teórico do que há de mais apto para transformar o sistema fechado em sistema aberto – por exemplo, a referência expressa a cláusulas gerais, como a da boa-fé, e a dos princípios jurídicos, como o de exigência de igualdade real nos negócios jurídicos –, é no Código de Defesa do Consumidor que se pode encontrar um *ersatz* do Código Civil que não veio ou, no mínimo, um ponto de apoio para alavancar a atualização, eis que tudo que ocorre num microssistema, como o do consumidor, deve repercutir, depende do esforço do 'estamento jurídico', em todo o ordenamento".[8]

---

7. EDELMAN, Bernard. *La personne en danger.* Paris: PUF, 1999. p. 528.
8. AZEVEDO, Antônio Junqueira de. *Responsabilidade pré-contratual no Código de Defesa do Consumidor: estudo comparativo com a responsabilidade pré-contratual no Direito Comum. Cadernos da Pós-Graduação da Faculdade de Direito da UERJ – Edição Extra "Seminário Brasilcon", ano IV, n. 5, agosto 1998. p. 38.

O CDC, por assim dizer, atualizou a ordem jurídica brasileira, e não só no que se refere às relações de consumo, mas relativamente ao direito privado como um todo.[9] Aliás, se analisarmos as relações sociais no Brasil do século XXI, veremos, sem dificuldade, que o CDC é uma lei amplamente conhecida e aplicada. A verdade é que, com o CDC, os contratos praticamente deixaram de ser regidos pelo Código Civil. É uma afirmação forte, mas verdadeira. O Código Civil, que antes centralizava, de modo exclusivo, as relações privadas, hoje ocupa um espaço normativo residual, acessório, menor. A imensa maioria das relações contratuais que os brasileiros participam, no século XXI, são relações de consumo (cartões de crédito, bancos, seguros, passagens aéreas, planos de saúde, escolas e faculdades privadas, shoppings, serviços em geral etc.).

3. A INTEGRAÇÃO DO DIREITO DO CONSUMIDOR COM A SOCIEDADE CIVIL: UMA EXPERIÊNCIA DE SUCESSO NO BRASIL

O direito do consumidor dos nossos dias é um processo de elaboração contínua e realização permanente. Não é exagero afirmar que o direito do consumidor clareou o caminho dos brasileiros (pelo menos em certos setores sociais). Aliás, uma das razões do sucesso social do CDC talvez seja sua profunda integração com a sociedade civil, de modo colaborativo e aberto. Nota-se que o legislador buscou conjugar – na proteção do consumidor – entes públicos e privados, e essa é uma escolha feliz e necessária.

É dever da jurisprudência não permitir nem escrever retrocessos. Convém, talvez, lembrar algo elementar: o texto da lei não é a norma. É o ponto de partida da atividade hermenêutica. É possível, nesses mais de 30 anos de vigência do CDC, perceber claramente isso. O CDC, hoje, não é aquele que foi editado décadas atrás (e nem falamos das modificações legislativas que recebeu e continuará a receber, como na questão do superendividamento). A atividade jurisprudencial, sobretudo do STJ, reconstruiu o sentido de muitos conceitos, categorias e institutos do direito do consumidor. Trata-se, como se sabe, de corte de caráter nacional, destinada a firmar interpretação geral do direito federal para todo o país (STJ, AgRg no AREsp 175.663). No Brasil, na interpretação e aplicação do CDC, conhecer a posição do STJ a respeito de cada um dos temas talvez seja um dos aspectos mais importantes. O direito do consumidor, nesse sentido, vivo e dinâmico, exige atenção permanente. Daí a importância de acompanhar, sistemática e criticamente, as decisões dos tribunais superiores para traçar um panorama da matéria e saber onde estamos e para aonde estamos indo.

O estudo do direito do consumidor, hoje – como, aliás, ocorre com muitos temas – dialoga fortemente com os direitos fundamentais.

---

9. *Para todos esses aspectos: DENSA, Roberta. Direito do Consumidor. 8. ed. São Paulo: Atlas, 2012.*

Vivemos dias que valorizam fortemente os direitos fundamentais (com dimensões ativas, positivas). Cada vez mais se percebe que os direitos fundamentais afetam todos os setores da experiência jurídica, horizontalmente. Nenhuma relevância apresenta o caráter público ou privado da norma, nem mesmo se o Estado está agindo ou se omitindo. Às vezes as lesões mais graves, hoje, decorrem de omissões, não de ações. Nesse contexto, se quisermos levar a sério os direitos fundamentais, toda a atividade interpretativa-aplicativa (do legislador, do administrador e do juiz) deve ser orientada para a maior realização possível dos direitos fundamentais. A tutela dos direitos fundamentais é uma tutela amplíssima, que não se esgota nesse ou naquele remédio, nesse ou naquele instituto. A energia criativa dos nossos dias pode criar – e espera-se que crie sempre – novos meios e formas de se tutelar, eficazmente, os direitos fundamentais. Lembrando que a tutela deles será tanto melhor quanto mais envolver dimensões preventivas.

Importante dizer que hoje se aceita, de modo crescente, a tese da aplicação direta dos direitos fundamentais às relações de direito privado. É a tese que prevalece entre nós, no Brasil. Assim, virou consenso aos poucos que os direitos fundamentais têm eficácia nas relações privadas, algo que amadureceu a partir de debates na Alemanha, Espanha, Itália e Portugal nas últimas décadas (na Alemanha, prevalece na doutrina a tese da aplicação indireta – através da mediação do legislador; no Brasil, curiosamente, que importou a tese, prevalece a tese da aplicação direta – sem mediação legislativa). Podemos lembrar nesse sentido – embora fora das relações de consumo – o STF declarou inconstitucional o artigo do Código Civil (art. 1.790) que estabelecia regimes sucessórios distintos para o cônjuge e companheiro (menos favorável para esse último). O STF entende que casamento e união estável são iguais no que diz respeito à herança (incluindo os homoafetivos). Em outras palavras, não importa como foi constituída a família, importa apenas se é família (STF, RE 646.721 e RE 878.694). Valeu-se para isso dos direitos fundamentais, em aplicação direta.

No Brasil, à luz da Constituição Federal, o direito do consumidor ganha as cores de direitos fundamental e impõe ao Estado deveres de proteção. Aliás, *a noção atual de interesse público está relacionada à promoção de direitos fundamentais.*[10] *Temos, por exemplo, o direito fundamental não só a um meio-ambiente ecologicamente equilibrado como também em viver numa sociedade sem corrupção (no sentido de uma sociedade que combata, com seriedade e eficiência, a corrupção).*

Talvez seja importante, em nome da clareza, sistematizar alguns pontos: a) a aplicação direta dos direitos fundamentais às relações privadas é doutrina amplamente majoritária no Brasil. A aplicação direta também é conhecida como eficácia horizontal dos direitos fundamentais (aplicação direta dos direitos fundamentais nas relações privadas ou eficácia privada). Costuma-se, também, citar os termos originários, em alemão (Drittwirkung ou horizontalwirkung); b) o Estado deve não só se abster de lesar direitos

---

10. *BRAGA NETTO, Felipe. Manual de Direito do Consumidor à luz da jurisprudência do STJ. 17. ed. JusPodivm, 2022.*

fundamentais, deve agir para que terceiros não lesem (os direitos fundamentais, portanto, não são apenas direitos de defesa em face do Estado); c) vivemos uma fase que pode ser definida como o Estado dos direitos fundamentais (ou mais exatamente: o Estado como garantidor de direitos fundamentais); d) na atividade interpretativa-aplicativa deve-se buscar a máxima eficácia dos direitos fundamentais; e) os cidadãos são titulares de direitos fundamentais, mas o Estado não é.

Cabe destacar que as inovações trazidas pela Lei de Liberdade Econômica (Lei n. 13.874/2019) *não se aplicam* às relações de consumo. Estamos diante de normas que buscam fortalecer a segurança jurídica e a autonomia privada, porém apenas em relação às relações empresariais (e relações civis paritárias). Nas relações de consumo, ao contrário, haverá sempre a vulnerabilidade do consumidor – trata-se de princípio absoluto e norteador das relações de consumo. Aliás, o direito privado atual trabalha intensamente com a categoria conceitual da vulnerabilidade. Se isso se aplica a nós, adultos (pensemos nos consumidores), aplica-se sobretudo aos idosos, às crianças, aqueles enfim que se mostrem mais frágeis por esse ou aquele motivo (são aqueles a quem chamamos, hoje, de *hipervulneráveis*). Pensemos num consumidor idoso, por exemplo, em relação jurídica com o plano de saúde. Aliás, se há, hoje, um contrato que deve ser intensamente lido à luz de sua função social é aquele relativo à prestação de serviços de saúde.

A experiência jurídica atual busca, de algum modo, compensar a hipervulnerabilidade de certas pessoas ou grupos sociais. Por exemplo, os analfabetos – formalmente falando – são civilmente capazes, mas é inegável que são pessoas mais vulneráveis, sobretudo nas contratações escritas. Nesse contexto decidiu-se em 2021 que "a formalização de negócios jurídicos em contratos escritos – em especial, os contratos de consumo – põe as pessoas analfabetas em evidente desequilíbrio, haja vista sua dificuldade de compreender as disposições contratuais expostas em vernáculo. Daí porque, intervindo no negócio jurídico terceiro de confiança do analfabeto, capaz de lhe certificar acerca do conteúdo do contrato escrito e de assinar em seu nome, tudo isso testificado por duas testemunhas, equaciona-se, ao menos em parte, a sua vulnerabilidade informacional" (STJ, REsp 1.907.394).

4. O SISTEMA ABERTO DA RESPONSABILIDADE CIVIL: NOVOS MODOS DE PERCEPÇÃO

Estamos vivendo, atualmente, um processo histórico-cultural de renascimento da responsabilidade civil e de suas funções – tema de singular relevância nas relações de consumo. Argumenta-se aliás que, se o século XX foi devotado à reparação de danos, o presente será consagrado à prevenção.[11] Novas funções, novas percepções a respeito daquilo que configura um dano indenizável, novo olhar para os riscos.[12]

---

11. *SEGUÍ, Adela M. Aspectos relevantes de la responsabilidad civil moderna. Revista de Direito do Consumidor, São Paulo, n. 52, p. 267-318, out.-dez. 2004.*

12. *ROSENVALD, Nelson. As funções da Responsabilidade Civil. São Paulo: Saraiva, 2017.*

Talvez não seja exagero afirmar que a responsabilidade civil é um dos mais importantes e sedutores fenômenos sociojurídicos deste século. A discussão acerca de suas funções e possibilidades está renascendo. Aliás, acerca das funções da responsabilidade civil, ao contrário do que se poderia pensar, elas não estão, até hoje, suficientemente claras ou bem definidas. André Tunc, jurista francês, percebeu isso com clareza ao afirmar que a responsabilidade civil, resultado de uma evolução quase tão longa quanto à da humanidade, não possui – ao contrário do que poderíamos imaginar – funções bem estabelecidas e definidas.[13] Se, por um lado, ninguém duvida que a responsabilidade civil tem uma função de reparar danos sofridos, por outro lado há hoje intensa discussão sobre a natureza punitivo-pedagógica da responsabilidade civil. Seria uma nova função? Seria compatível com nossa ordem jurídica? Recentemente, belas exceções surgem na literatura jurídica brasileira. Nelson Rosenvald, por exemplo, em preciosas pesquisas (dialogando sobretudo com autores italianos e franceses), vem estudando com argúcia as funções da responsabilidade civil.[14] O jurista destaca que "discutir as funções da responsabilidade civil já é um avanço por estas bandas, tão acostumados que estamos a apenas investir os esforços doutrinários pela lente dos seus pressupostos: o alcance da ilicitude; a reinterpretação do nexo de causalidade e o reexame do conceito de lesão indenizável, conferindo à questão das condições da responsabilidade prevalência sobre os deveres que aquela justifica".

O conceito de risco, atualmente, é intensamente trabalhado pelo universo jurídico, sobretudo no chamado direito de danos. Não só em relação aos danos de massa (*mass exposure torts*), mas em relação a muitos e variados danos o modelo conceitual e normativo de risco tem sido fartamente invocado, não só na academia, também na jurisprudência. Ademais, as sociedades, em seus ciclos históricos, revisitam, de tempos em tempos, seus conceitos de danos indenizáveis. Mudam os conteúdos normativos do sistema, mudam os padrões de comportamentos aceitos como razoáveis, mudam as dimensões informativas que temos a respeito de algo.

O sistema conceitual-normativo de responsabilidade civil, no Brasil, está em processo de clara mudança, de notória reformulação. Temos dito que se trata de um edifício em construção. Nota-se o conflito entre velhas fórmulas e novas necessidades sociais. Aliás, a responsabilidade civil é possivelmente o instituto que melhor dialoga com as mudanças sociais.[15] Que incorpora, com maior rapidez, os novos ventos que revitalizam as sociedades. A sociedade contemporânea, nesse contexto, se renova, tem se renovado muito. E essa renovação contamina (ainda bem) a responsabilidade civil. A experiência jurídica incorporou a ideia do sistema jurídico como um sistema aberto formado por princípios e regras. Aliás, a própria noção de sistema jurídico, ou de ordenamento jurídico, mudou, está mudando. O sistema jurídico não é mais visto como um sistema fechado, mas um sistema aberto. Sua unidade não é lógica, é

---

13. TUNC, André. *Responsabilitè civile*. Paris: Económica, 1989. p. 133.
14. ROSENVALD, Nelson. *As funções da Responsabilidade Civil*. São Paulo: Saraiva, 2017. p. 100.
15. CASTRONOVO, Carlo. *La nuova responsabilità civile*. Milano: Giuffrè, 2006. p. 102.

valorativa. O civilista alemão Claus-Wilhelm Canaris define o sistema jurídico como "ordem teleológica de princípios gerais de direito".[16] Tem um caráter dinâmico, não estático, reflete as mudanças sociais e as incorpora às suas dimensões normativas através dos conceitos jurídicos.

As regras jurídicas, no direito da responsabilidade civil, continuam relevantes (embora, cada vez mais, trabalhemos com cláusulas gerais, como o art. 187 do Código Civil, ou o parágrafo único do art. 927). Porém a importância normativa dos princípios é algo que dispensa explicação. Nesse contexto, o dever de indenizar cada vez mais decorre, não de regras, mas de princípios (lembrando que tanto regras como princípios são normas jurídicas). Aliás, há cerca de 20 anos, destacamos – em livro publicado em 2003[17] – o caráter aberto, multifacetado, da ilicitude civil, que não resulta apenas de violação de regras jurídicas (e que, além do mais, possui uma ampla rede de efeitos, e não só o dever de indenizar, como por muito tempo se imaginou). A ilicitude civil não opera com tipo único. Não é singular, é plural. Dialoga com a abertura normativa do século XXI.

Hoje, por exemplo, a violação a deveres de cooperação pode ensejar dever de indenizar (não por acaso, tanto se fala em cooperação à luz do CPC/2015). O mesmo se diga em relação aos deveres de informação (e não só nas relações de consumo). O dever de informar ilumina generosamente a experiência jurídica atual (informação defeituosa ou ausente é causa frequente de indenização, algo frequente na responsabilidade civil médica). A boa-fé objetiva, com sua eficácia normativa plural, redefine o sentido dos deveres (que não resultam apenas das disposições contratuais, mas de expectativas sociais razoáveis e legítimas). Valoriza-se a lealdade e não a esperteza contratual (aliás, já se disse que nada é mais próximo do máximo da ingenuidade do que o máximo da esperteza). O direito do século XXI não está (nem poderia) preso a fórmulas rígidas e absolutas. Busca, ao contrário, reflexões contextualizadas, razoáveis, proporcionais. As amplas transformações ocorridas exigem que o direito incorpore a ética e não se mostre tão fechado como costumava ser no passado.

Convém lembrar que se altera, com o andar das décadas, nossa percepção acerca dos riscos. Os chamados danos de massa (*mass exposure torts*), nas sociedades de informação, não são raros. Em relação aos danos ambientais, podemos dizer que a complexidade que os abraça nem sempre se situa no domínio das causas visíveis. Há, em muitos casos, riscos invisíveis, que não podem ser prontamente detectados. Parece claro que o conceito de risco cada vez mais se aproxima da dimensão jurídica. Isto é, responsabiliza-se civilmente pessoas físicas e jurídicas pelos riscos de determinadas atividades, desde que haja – no desempenho dessas atividades – dano. O conceito de risco, assim, é juridicizado, ganha relevância conceitual específica no direito de danos do século XXI.

---

16. CANARIS, Claus-Wilhelm. *Pensamento sistemático e conceito de sistema na ciência do direito*. Introdução e Trad. A. Menezes Cordeiro. Lisboa: Calouste Gulbenkian, 1989.
17. BRAGA NETTO, Felipe. *Teoria dos ilícitos civis*. Belo Horizonte: Del Rey, 2003.

São tantos os diálogos possíveis da responsabilidade civil com outros conceitos, categorias e institutos (da experiência jurídica atual) que qualquer escolha que fizermos será apenas isso: uma escolha. Podemos, por certo, escolher as conexões mais atuais e mais relevantes. É isso que tentamos fazer, construindo uma rede de conexões conceituais que possa ser útil ao leitor, na solução dos problemas contemporâneos relacionados à matéria. Sabe-se que o instrumental teórico da responsabilidade civil surgiu no direito privado, particularmente no direito civil. Hoje, porém seus conceitos e aplicações se estendem para variados ramos do direito. Seria impossível, atualmente, tratar da responsabilidade civil como algo restrito ao campo do direito civil. Sabemos que as disciplinas jurídicas, hoje, dialogam, não há a separação rígida que havia no passado. A responsabilidade civil do Estado, ambiental, nas relações de consumo, entre tantas outras, mostram que a matéria já não é (há muito tempo) exclusivamente civil. Aliás, talvez devêssemos usar o plural (as *responsabilidades civis*, e não a *responsabilidade civil*, como se faz hoje em relação ao direito de família. Não se diz mais – ou se diz cada vez menos – *direito de família*, mas sim *direito das famílias*). O mesmo se diga da propriedade: passamos do singular, a propriedade, para o plural, as propriedades (basta lembrar do fenômeno da multipropriedade e da multititularidade).

Sem falar que a distinção entre direito público e direito privado, como modelo teórico, está claramente envelhecida. Não que devamos parar de usar tais expressões. Elas continuarão a ser usadas, pela conveniência didática que trazem. O intérprete, porém, deve ter consciência de que tais expressões não significam hoje o que significaram no passado. Deve sobretudo saber que nem sempre é possível – diria mesmo, nem sempre é conveniente – traçar uma nítida linha de separação entre o que chamamos direito público e o que chamamos direito privado. O desafio é abordar a responsabilidade civil com os olhos do século XXI, no contexto de sociedades plurais e complexas. O direito dos nossos dias é o direito da ponderação, da reflexão contextualizada, do percurso argumentativo. Vivemos numa república de razões e as democracias constitucionais atuais precisam continuamente se legitimar, de modo contínuo, transparente e dinâmico. A teoria dos direitos fundamentais, a força normativa dos princípios, a funcionalização dos conceitos e categorias, a priorização das situações existenciais em relação às patrimoniais, a repulsa ao abuso de direito, a progressiva consagração da boa-fé objetiva são algumas das ferramentas teóricas que ajudam a construir a teoria da responsabilidade civil do século XXI.

Virou lugar-comum dizer que o direito mudou, está mudando. De um sistema fechado, lógico-formal, passamos para um sistema aberto, valorativo. A ordem jurídica, antes estática e fechada, agora aberta e dinâmica, exige soluções que dialoguem com essa complexidade. Isso é particularmente verdadeiro na responsabilidade civil. Ela passa uma filtragem ética e ganha novas funções. Busca, cada vez mais, proteger as dimensões existenciais do ser humano.

Não é exagero afirmar que a responsabilidade civil é possivelmente um dos temas mais ágeis do direito. As abordagens jurídicas sobre o tema devem, por isso, talvez tentar refletir um pouco dessa agilidade, um pouco da velocidade tão definidora dos nossos dias. A responsabilidade civil avança não apenas adquirindo conhecimentos técnicos, mas também ganhando novos modos de percepção. Nesse sentido, exige um intérprete mais sensível, mais dedicado ao que mora além das aparências. Um intérprete que tente indagar pelo essencial das coisas. O desafio é apurar a sensibilidade diante dos novos olhares do século XXI, no contexto de sociedades plurais e complexas. Cecília Meireles escreveu: "Não é fácil compreender. Mas é belo fazer um esforço nesse sentido". Que possamos, individual e coletivamente, realizar esforços de compreensão nos mais diversos campos, sobretudo no olhar para o outro. Que possamos também nos esforçar para compreender o direito privado (e a responsabilidade civil) como construção cultural coletiva. Problemas inéditos não toleram soluções antigas, exigindo, ao contrário, respostas também inéditas.

5. REFERÊNCIAS BIBLIOGRÁFICAS

ALBERS, Marion. A complexidade da proteção de dados. *Direitos Fundamentais & Justiça*. Belo Horizonte, ano 10, n. 35, p. 19-45, jul.-dez. 2016.

AZEVEDO, Antônio Junqueira de. Responsabilidade pré-contratual no Código de Defesa do Consumidor: estudo comparativo com a responsabilidade pré-contratual no Direito Comum. Cadernos da Pós-Graduação da Faculdade de Direito da UERJ – Edição Extra "Seminário Brasilcon", ano IV, 5, ago. 1998.

BRAGA NETTO, Felipe. Teoria dos ilícitos civis. Belo Horizonte: Del Rey, 2003.

BRAGA NETTO, Felipe. Manual de Direito do Consumidor à luz da jurisprudência do STJ. 17. ed. Salvador: JusPodivm, 2022.

CABRAL, Antonio do Passo. Processo e tecnologia: novas tendências. In: WOLKART, Erik Navarro; LAUX, Francisco de Mesquita; RAVAGNANI, Giovani dos Santos; LUCON, Paulo Henrique dos Santos (Coords.). *Direito, processo e tecnologia*. São Paulo: Thomson Reuters Brasil, 2020.

CANARIS, Claus-Wilhelm. *Pensamento sistemático e conceito de sistema na ciência do direito*. Introdução e Trad. A. Menezes Cordeiro. Lisboa: Calouste Gulbenkian, 1989.

CASTRONOVO, Carlo. *La nuova responsabilità civile*. Milano: Giuffrè, 2006.

DENSA, Roberta. Direito do Consumidor. 8. ed. São Paulo: Atlas, 2012.

DIEZ-PICAZO. La doctrina de los propios actos: Un estudio critico sobre la jurisprudencia del Tribunal Supremo. Barcelona: Bosch, 1963.

EDELMAN, Bernard. La personne en danger. Paris: PUF, 1999.

FRAZÃO, Ana. Internet, novos negócios e economia do compartilhamento: desafios para a regulação jurídica. In: MENDES, Laura Schertel; ALVES, Sérgio Garcia; DONEDA, Danilo. Internet e regulação. São Paulo: Saraiva Educação, 2021.

MENDES, Laura Schertel. *Privacidade, proteção de dados e defesa do consumidor. Linhas gerais de um novo Direito Fundamental.* São Paulo: Saraiva, 2014.

ROSENVALD, Nelson. As funções da responsabilidade civil. São Paulo: Saraiva, 2017.

SARMENTO, Daniel. *Dimensão objetiva dos direitos fundamentais: fragmentos de uma teoria.* In: Ricardo Lobo Torres e Celso Albuquerque Mello (Orgs.). *Arquivos de direitos humanos*. Rio de Janeiro: Renovar, 2003. v. IV. p. 63-102.

SEGUÍ, Adela M. Aspectos relevantes de la responsabilidad civil moderna. Revista de Direito do Consumidor, São Paulo, 52, p. 267-318, out.-dez. 2004.

TUNC, André. Responsabilitè civile. Paris: Econômica, 1989.

A RESPONSABILIDADE CIVIL DAS EMPRESAS DE JOGOS PELA PRÁTICA DE MICROTRANSAÇÕES E *LOOT BOXES*

Clayton Douglas Pereira Guimarães

Especialista em Ciências Jurídicas com ênfase em Direito Civil e Processo Civil pela Faculdade Arnaldo Janssen. Advogado.

ORCID 0000-0001-5613-0443

Michael César Silva

Doutor e Mestre em Direito Privado pela Pontifícia Universidade Católica de Minas Gerais. Especialista em Direito de Empresa pela Pontifícia Universidade Católica de Minas Gerais. Professor Convidado do LLM em Lei Geral de Proteção de Dados da Universidade do Vale do Rio dos Sinos (UNISINOS). Professor Convidado do LLM em Fashion Law da Universidade Mackenzie. Professor da Escola Superior Dom Helder Câmara. Professor da Escola de Direito do Centro Universitário Newton Paiva. Membro fundador do Instituto Brasileiro de Estudos de Responsabilidade Civil (IBERC). Advogado. Mediador Judicial credenciado pelo Tribunal de Justiça de Minas Gerais (TJMG).

ORCID 0000-00021142-4672

Sumário: 1. Considerações iniciais – 2. A proteção do consumidor no contexto da sociedade de hiperconsumo – 3. A prática abusiva das *loot boxes* no mercado de jogos digitais; 3.1 A prática abusiva na oferta de *loot boxes* – 4. A responsabilidade civil decorrente de prática abusiva na oferta de *loot boxes* – 5. Considerações finais – 6. Referências bibliográficas.

1. CONSIDERAÇÕES INICIAIS

A sociedade contemporânea é marcada por diversas transformações, sobretudo, pelos avanços tecnológicos em seus mais variados suportes, que influenciaram diretamente o cotidiano das pessoas. As repercussões sociais e econômicas afetaram decisivamente a sociedade hodierna ensejando profundas alterações em sua estrutura, e, por conseguinte, qualificando-a como uma sociedade *hiperconectada* e do *hiperconsumo*, notadamente, pela utilização cotidiana e difundida de instrumentos tecnológicos, bem como pelo consumo massivo dos bens e serviços disponibilizados no mercado de consumo.

Nesse contexto, parte significativa do consumo da sociedade contemporânea é captada pelo setor do entretenimento, no qual se destacam os jogos eletrônicos, especialmente, pelo enorme potencial lucrativo. No mercado de jogos eletrônicos, tal qual em qualquer relação de consumo, o consumidor se encontra em uma posição de patente vulnerabilidade, sobretudo, em relação ao conhecimento técnico e informacional frente ao fornecedor. A mencionada situação é, ainda, agravada ante as inovações mercadológicas e tecnológicas fomentadas pelos referidos mercados, as quais ainda não possuem regulamentação específica.

Nesse giro, faz-se necessário, cada vez mais, estender proteção as crianças e adolescentes, em razão da *hipervulnerabilidade* ou *vulnerabilidade agravada* do público infanto-juvenil no âmbito do direito do consumidor.

Dentre as novidades decorrentes do mercado de jogos eletrônicos, dá-se ênfase as microtransações, as quais são funcionalidade adicionadas aos jogos eletrônicos por meio da aquisição pelos consumidores, e sua subespécie, as *loot boxes*, espécie de microtransação, na qual se adquire item desconhecido pelo jogador, dependendo tão somente de sua *alea* (sorte ou azar).

As *loot boxes* ou 'caixas de recompensa' referem-se à oferta de itens virtuais consumíveis, os quais podem ser adquiridos a fim de que o consumidor receba uma seleção aleatória de outros itens virtuais.[1]

Em decorrência da característica das *loot boxes* de depender da *alea* dos consumidores, é recorrente a discussão sobre as mesmas constituírem ou não, jogos de azar nos termos da lei de contravenção penal, bem como se discute se a oferta desses produtos está de acordo com as normas protetivas consumeristas, sobretudo, em decorrência do reconhecimento da vulnerabilidade do consumidor no mercado de consumo digital.

Nessa linha de intelecção, o estudo propõe analisar criticamente a controvérsia relacionada a possibilidade de imputação de responsabilidade civil as empresas de jogos pela prática abusiva das *loot boxes*.

Logo, impõem-se a necessidade de se tutelar adequadamente o público infantil, com a finalidade de se evitar lesões ocasionadas em razão de sua condição de vulnerabilidade agravada no mercado de consumo.

Por fim, o estudo visa a lançar luzes sobre a controvérsia com a finalidade de se apresentar soluções adequadas a temática em análise.

2. A PROTEÇÃO DO CONSUMIDOR NO CONTEXTO DA SOCIEDADE DE HIPERCONSUMO

Contemporaneamente, a sociedade consume massivamente bens e serviços, e em razão desse fenômeno se designa como uma sociedade de hiperconsumo. Salienta-se que todos os membros da sociedade estão sujeitos a esses hábitos de consumo, especialmente, as crianças e adolescentes, as quais se destacam pelo consumo expressivo de jogos eletrônicos.

---

1. FALEIROS JÚNIOR, José Luiz de Moura; DENSA, Roberta. Para além das Loot Boxes: Responsabilidade civil e novas práticas abusivas no mercado de games. In: FALEIROS JÚNIOR, José Luiz de Moura; ROZATTI LONGHI, João Victor; GUGLIARA, Rodrigo (Coords.). *Proteção de dados pessoais na sociedade da informação*: entre dados e danos. Indaiatuba: Editora Foco, 2021. p. 334.

Em nossa sociedade de consumo, a criança consumidora vive em um mercado globalizado, acessa internet para comprar jogos eletrônicos, identifica-se com as marcas de grandes empresas mundiais, quer viver experiências lúdicas e distrativas e, assim como os adultos, também quer consumir para satisfazer seus gostos e suas necessidades pessoais. Espelho dos pais e da sociedade que vive, a criança não está de fora da festa do consumo.[2]

O hábito massificado de consumo cria um loop perpétuo na sociedade, na medida em que se cria insatisfação do consumidor pelo produto ou serviço ultrapassado quando comparado com o novo, gerando assim um ciclo infinito. A esse respeito Zygmunt Bauman aponta que é a insatisfação dos desejos que faz com que prospere a sociedade de consumo.

> É exatamente a não satisfação dos desejos e a convicção inquebrantável, a toda hora renovada e reforçada, de que cada tentativa de satisfazê-los fracassou no todo ou em parte que constituem os verdadeiros volantes da economia voltada para o consumidor. A sociedade do consumo prospera enquanto consegue tornar perpétua a não satisfação de seus membros (e assim, em seus próprios termos, a infelicidade deles).[3]

Para além da latente necessidade pelo consumo, é possível elencar outro sintoma da sociedade de hiperconsumo, qual seja uma necessidade por parte dos indivíduos se destacar dos demais por intermédio da construção de uma identidade enquanto consumidor.[4]

> Na *sociedade de hiperconsumo* torna-se evidente a permeabilidade da mercantilização em todas as ambiências da vida social e individual. Os lazeres e as perspectivas hedonistas consubstanciam a mola propulsora desse novo modo de consumir, cada vez mais desligado da representação para o outro para ligar-se de modo potencializado a si mesmo. Em verdade, a centralização dos lazeres na *sociedade de hiperconsumo* representa a pedra fundamental para a compreensão de sua estrutura e seus efeitos. A subjetivação do consumo nada mais é que uma feérica busca pela concretização de experiências ainda desconhecidas. A novidade é o combustível do *hiperconsumidor*, é com ela que esse novo "*homo consumericus*" intentará renovar, de modo cíclico e incessante, o *agora*.[5]

---

2. DENSA, Roberta. Criança consumidora: A responsabilidade dos pais em relação aos filhos frente aos demais desafios da sociedade de consumo. In: ROSENVALD, Nelson; MILAGRES, Marcelo (Coords.). *Responsabilidade civil*: novas tendências. Indaiatuba: Editora Foco, 2017. p. 387.

3. BAUMAN, Zygmunt. *Vida para Consumo*: a transformação das pessoas em mercadoria. Rio de Janeiro: Editora Zahar, 2008. p. 64.

4. FACHIN, Luiz Edson. Da felicidade paradoxal à sociedade de riscos: reflexões sobre risco e hiperconsumo. In: LOPEZ, Teresa Ancona; LEMOS, Patrícia Faga Iglecias; RODRIGUES JUNIOR, Otavio Luiz (Coords.). *Sociedade de risco e direito privado*: desafios normativos, consumeristas e ambientais. São Paulo: Atlas, 2013. p. 387. Nesse mesmo sentido, José Gaspar Nayme Novelli preleciona que "Em síntese, a busca de diferenciação – esta sim objeto maior do consumo – se baseia em símbolos, não nos bens em si e nos seus valores de uso e de necessidades específicas, mas na qualidade que personaliza o indivíduo por detrás do consumidor." (NOVELLI, José Gaspar Nayme. *Confiança interpessoal na sociedade de consumo*: a perspectiva gerencial. 2004. 242 f. Tese (Doutorado em Administração) – Faculdade de Economia, Administração e Contabilidade. Universidade de São Paulo. São Paulo, São Paulo, 2004. p. 50).

5. FACHIN, Luiz Edson. Da felicidade paradoxal à sociedade de riscos: reflexões sobre risco e hiperconsumo. In: LOPEZ, Teresa Ancona; LEMOS, Patrícia Faga Iglecias; JUNIOR, Otavio Luiz Rodrigues. (Coords.). *Sociedade de risco e direito privado*: desafios normativos, consumeristas e ambientais. São Paulo: Atlas, 2013. v. 1. p. 385.

Verifica-se que o fato de um consumidor estar inserido em uma sociedade de hiperconsumo contribui para que se reconheça sua vulnerabilidade multifacetada, isto é sua vulnerabilidade em diversos prismas, haja vista o consumidor estar sendo impelido a consumir bens e serviços, sem dar conta de sua desnecessidade, simultaneamente, a sua vulnerabilidade técnica e informacional.

> O reconhecimento da fragilidade do consumidor no mercado está ligado à sua hipossuficiência técnica: ele não participa do ciclo de produção e, na medida que não participa, não têm acesso aos meios de produção, não tendo como controlar aquilo que compra de produtos e serviços; não tem como fazê-lo e, na medida em que não têm como fazê-lo, precisa de proteção.[6]

Diante do reconhecimento das inúmeras matizes de vulnerabilidade do consumidor no mercado de consumo, evidencia-se a necessidade de sua proteção pelo ordenamento jurídico. Nesse contexto, se insere a defesa constitucional (genérica) do consumidor esculpida no artigo 5°, XXXII CR/88 e a defesa infraconstitucional (específica) do consumidor delineada no Código de Defesa do Consumidor (Lei 8.078/90), qualificado enquanto *microssistema jurídico* de proteção ao consumidor.

> O conceito de vulnerabilidade (do latim *vulnerabilis*, "que pode ser ferido", de *vulnerare*, "ferir", de *vulnus*, "ferida") refere-se a qualquer ser vivo, sem distinção, o qual pode, em situações contingenciais, ser "vulnerado". Trata-se, portanto, de característica ontológica de todos os seres vivos. Determinados seres humanos são circunstancialmente afetados, fragilizados, desamparados ou vulnerados.[7]

Nessa linha de raciocínio, para além da vulnerabilidade do consumidor, destaca-se, ainda, a situação da *hipervulnerabilidade ou vulnerabilidade agravada*,[8] em razão de circunstâncias fáticas e especiais, que qualificam determinados agrupamentos sociais ou indivíduos, e na qual se inserem as crianças e adolescentes, uma vez que esse grupo possui uma acentuada vulnerabilidade quando comparados aos consumidores em geral.[9]

---

6. NUNES, Rizzatto. *Curso de direito do consumidor*. 12. ed. São Paulo: Saraiva Educação, 2018. p. 102.
7. BARBOZA, Heloisa Helena; ALMEIDA, Vitor. A tutela das vulnerabilidades na legalidade constitucional. In: TEPEDINO, Gustavo; TEIXEIRA, Ana Carolina Brochado; ALMEIDA, Vitor (Coord.). *Da dogmática à efetividade do Direito Civil:* Anais do Congresso Internacional de Direito Civil Constitucional – IV Congresso do IBDCivil. 2. ed. Belo Horizonte: Fórum, 2019. p. 42.
8. Segundo Claudia Lima Marques, "a hipervulnerabilidade seria uma situação social fática e objetiva de agravamento da vulnerabilidade da pessoa física consumidora, por circunstâncias pessoais aparentes ou conhecidas do fornecedor, como sua idade reduzida (assim o caso da comida de bebês, nomes e marcas de salgadinhos ou da publicidade para crianças) ou sua idade alentada (assim os cuidados especiais com os idosos, no Código em diálogo com o Estatuto do Idoso, e a publicidade de crédito para idosos) ou sua situação de doente (assim o caso do glúten e as informações na bula de remédios). [...] a hipervulnerabilidade seria inerente e 'especial' à situação pessoal de um consumidor, seja permanente (prodigalidade, incapacidade, deficiência física ou mental) ou temporária (doença, gravidez, analfabetismo, idade). (MARQUES, Claudia Lima. *Contratos no Código de Defesa do Consumidor*. 9. ed. São Paulo: Ed. RT, 2019. p. 350-352). Nesse sentido ver: MARQUES, Claudia Lima; MIRAGEM, Bruno O *novo direito privado e a proteção dos vulneráveis*. São Paulo: Ed. RT, 2012. p. 188-189.
9. MARQUES, Claudia Lima. *Contratos no Código de Defesa do Consumidor*. 9. ed. São Paulo: Ed. RT, 2019.

[...] o mercado de consumo foi desenvolvido, inicialmente, quase com exclusividade, para o público adulto. No entanto, no final do século XX e início do século XXI, a criança e o adolescente passaram também a fazer parte da festa do consumo.

Elas deixaram de ser apenas um "subconsumidor" para ser um "megaconsumidor". Por toda parte, os produtos destinados ao público infanto juvenil tomam as prateleiras, os espaços de publicidade em todos os produtos e serviços, especialmente no mundo do entretenimento. [10]

Esses sujeitos são elevados a essa condição de hipervulnerabilidade, devido a uma justificação material, merecendo, portanto, um tratamento desigual, pressupondo-se diferenciações a fim de que se reduza a desigualdade a que são submetidos.

Assevera-se que as crianças não têm condições de compreensão e entendimento do conteúdo implícito presente na informação publicitária, muito menos, seu caráter persuasivo, incentivador do consumo. Aliás, esses indivíduos sequer têm o entendimento necessário para observar que dada comunicação é publicidade. Evidentemente, um adulto possui muito mais força de resistência mental e de apreensão da realidade do que uma criança, podendo enfrentar a pressão exercida pela publicidade. A ausência dessa característica na criança, que não tem aptidão para analisar criticamente uma dada informação, deflagra um grau maior de vulnerabilidade, de forma que ela se enquadra também na concepção de hipervulnerabilidade, de forma que ela se enquadra também na concepção de hipervulnerável.[11]

Corroborando com esse entendimento, o próprio ordenamento jurídico brasileiro reconhece a hipervulnerabilidade do consumidor infanto-juvenil, tanto no Código de Defesa do Consumidor quanto em outros diplomas legais como a Lei Federal 8.069 (Estatuto da Criança e do Adolescente) e a Lei 12.852/2013 (Estatuto da Juventude).

Na análise, aparecem as duas faces da proteção à criança e ao adolescente, um direta (proteção da criança e do adolescente como sujeito), que encontra legislação própria no Estatuto da Criança e do Adolescente e no Código Civil de 2002 e uma indireta, enquanto igualdade na família, de direitos e de qualificações (art. 227, §º, da CF), as quais se entrelaçam.

[...] O pluralismo vem da própria identificação da criança e do adolescente como sujeito de direitos a proteger, hoje, sujeito de direitos fundamentais, *ex vi* arts. 226 e 227 da CF/1988. No direito pós-moderno, significa afirmar que hoje a expressão 'melhor interesse' (*best interest*), 'bem-estar' ou a expressão do art. 43 do ECA, 'vantagem' para a criança deve ser interpretada à luz da Convenção dos Direitos da Criança da ONU, à luz dos direitos básicos assegurados no ECA, exatamente como faz a Convenção de Haia.[12]

---

10. DENSA, Roberta. *Proteção jurídica da criança consumidora*: entretenimento, classificação indicativa, filmes, jogos, jogos eletrônicos, exposição de arte. Indaiatuba: Editora Foco, 2018. p. XVIII.

11. SCHMIT, Cristiano Heineck. *Consumidores hipervulneráveis*: A proteção do idoso no mercado de consumo. São Paulo: Atlas, 2014. p. 229. Nesse sentido ver: DIAS, Lúcia Ancona Lopes de Magalhães. Publicidade e hipervulneráveis: limitar, proibir ou regular? *Revista de Direito do Consumidor,* São Paulo, v. 99, ano 24, maio-jun. 2015. p. 287.

12. MARQUES, Claudia Lima; MIRAGEM, Bruno. *O novo direito privado e a proteção dos vulneráveis.* São Paulo: Ed. RT, 2012. p. 131. Nesse sentido ver: SCHMIT, Cristiano Heineck. *Consumidores hipervulneráveis:* a proteção do idoso no mercado de consumo. São Paulo: Atlas, 2014. p. 217.

A fim de proporcionar proteção ao consumidor infanto-juvenil, o Estatuto da Juventude, notadamente, em seu artigo 20 apresenta diretrizes que devem direcionar a criação de políticas públicas para crianças e adolescentes com enfoque na saúde, uma vez que se reconhece que resguardar à saúde física e, especialmente mental – incolumidade psicológica – da criança e do adolescente é condição necessária para o desenvolvimento integral desse grupo.[13]

O Estatuto da Criança e do Adolescente promove proteção ao público infanto-juvenil por intermédio da proteção integral e do princípio do melhor interesse. Os princípios retromencionados emanam o preceito geral de que tanto na elaboração quanto na aplicação das leis, deve-se considerar os possíveis impactos e efeitos deletérios às crianças e adolescentes.[14]

Por sua vez, o CDC estabelece em seu artigo 39 determinadas condutas abusivas do fornecedor consideradas como *práticas abusivas*, as quais, por conseguinte são vedadas pela legislação consumerista. Nesse contexto, destaca-se nos termos do art. 39, IV do CDC, o ato de prevalecer-se da fraqueza ou ignorância do consumidor em razão de sua vulnerabilidade agravada, para impingir-lhe seus produtos ou serviços.

Devido a condição de hipervulnerabilidade do consumidor criança-adolescente, recorrentes debates são suscitados sobre como possibilitar que essas exerçam seu direito de consumir sem lhes seja causado prejuízo.

> Diante desse cenário e diante da vulnerabilidade da criança e do adolescente, muito se discute sobre a possibilidade de limitação dos fornecedores ao colocar produtos e serviços no mercado de consumo ou determinar regras para a publicidade dirigida ao público infanto-juvenil.[15]

Dentre esses debates merece destaque a questão atinente as *loot boxes*.

3. A PRÁTICA ABUSIVA DAS *LOOT BOXES* NO MERCADO DE JOGOS DIGITAIS

Com o desígnio de se referenciar a teoria a fundamentar a presente pesquisa, faz-se referência aos termos microtransação e *loot boxes*, os quais exigem com finalidade didática, uma discussão teórico-discursiva acerca do conceito das referidas expressões.

> Microtransações são, essencialmente, funcionalidades adicionadas aos jogos eletrônicos – majoritariamente, nos que envolvem alguma espécie de interação competitiva dos jogadores via internet -, que permitem o intercâmbio de dinheiro real por créditos em um jogo específico. Esses créditos,

---

13. BRASIL. Lei 12.852. *Estatuto da Juventude*. 2013. Disponível em: http://www.planalto.gov.br/ccivil_03/_Ato2011-2014/2013/Lei/L12852.htm. Acesso em: 13 fev. 2021.
14. BRASIL. Lei 8.069. *Estatuto da Criança e Adolescente (ECA)*. 1990. Disponível em: http://www.planalto.gov.br/ccivil_03/leis/l8069.htm. Acesso em: 13 fev. 2021.
15. DENSA, Roberta. Criança consumidora: A responsabilidade dos pais em relação aos filhos frente aos demais desafios da sociedade de consumo. In: ROSENVALD, Nelson; MILAGRES, Marcelo (Coords.). *Responsabilidade civil*: novas tendências. Indaiatuba: Editora Foco. 2017. p. 387.

posteriormente, podem ser utilizados pelo jogador para adquirir algo dentro do jogo – seja um personagem, um equipamento, um item estético, entre outros.[16]

Há diversas espécies de microtransações, dentre as quais, merecem destaque as *loot boxes*, espécie nas quais se adquire item no jogo eletrônico. Todavia, nas *loot boxes* adquire-se item desconhecido pelo jogador, dependendo tão somente de sua *alea* para conseguir item de maior ou menor valor.

> As chamadas "loot boxes", que podem ser traduzidas como 'caixas de recompensas' designam um item virtual consumível que pode ser resgatado para receber uma seleção aleatória de itens adicionais, variando desde opções de personalização simples ao avatar ou personagem de um jogador, até um *upgrade* em equipamentos que garantem vantagens no progresso do jogo eletrônico.[17]

O item adquirido por meio da *loot box* pode ser de maior ou menor valor que o despendido em sua aquisição. Logo, resta evidente que essas têm um caráter de sorte. Entretanto, *loot box* é essencialmente diferente de um jogo de azar, pois, no último há chances de ganho ou de perda, ou seja, pode-se efetivamente perder dinheiro, enquanto no primeiro necessariamente se ganha algo.[18]

> Outro argumento comum para loot boxes, citado pela EA entre outros, é que não existe loot box vazio. Enquanto uma máquina caça-níqueis, um negociante de blackjack ou até uma loteria podem receber seu dinheiro e não oferecer nada em troca, se você perder, as caixas de saque sempre oferecem algo pelo seu dinheiro - embora possa ser uma pele duplicada e não negociável que tenha efetivamente não vale a pena para você. Não há perda no sentido de se afastar completamente de mãos vazias. Pelo menos legalmente falando, no entanto, isso parece mais um apelo à razão do que uma defesa legal, pois a legislação sobre jogos de azar que pode colidir com caixas de saque não veio recentemente desse ângulo.[19]

---

16. VIEIRA, Victor Barbieri Rodrigues. Loot Boxes como jogos de azar. *Instituto de Referência em Internet e Sociedade*, 2018. Disponível em: http://irisbh.com.br/loot-boxes-como-jogos-de-azar/. Acesso em: 13 jan. 2021.
17. FALEIROS JÚNIOR, José Luiz de Moura; DENSA, Roberta. Para além das Loot Boxes: Responsabilidade civil e novas práticas abusivas no mercado de games. In: FALEIROS JÚNIOR, José Luiz de Moura; ROZATTI LONGHI, João Victor; GUGLIARA, Rodrigo (Coords.). *Proteção de dados pessoais na sociedade da informação: entre dados e danos*. Indaiatuba: Editora Foco, 2021. p. 338.
18. No original: Gambling is quite diferente. The money comes in for entertainment and doesn't go back out. What makes gambling a very serious mechanic is the fact that money can come in and out, It's this distinction that is often used to delineate between traditional Las Vegas-style gambling, where players "cash out," versus the concept of gambling. (GILBERT, Ben. The vídeo game industry is facing government scrutiny over loot boxes, and the most powerful leaders in gaming are divided over what to do. *Business Insider*, 2019. Disponível em: https://www.businessinsider.com/video-game-industry-loot-box-legislation-2019-6#are-loot-boxes-gambling-yes-and-no-1. Acesso em: 25 jan. 2021).
19. No original: Another common argument for loot boxes, cited by EA among others, is that there is no such thing as an empty loot box. While a slot machine, a blackjack dealer, or even a lottery can take your money and give you nothing in return if you lose, loot boxes always give you something for your money—though it could be a non-tradable, duplicate skin that has effectively no worth to you. There is no "losing" in the sense of walking away completely empty-handed. At least legally speaking, however, this seems to be more of an appeal to reason than a legal defense as the gambling legislation that may collide with loot boxes hasn't recently come from that angle. (HAFER, T. J. The legal status of loot boxes around the world, and what's next in the debate. *PC Gamer*, 26 out. 2018. Disponível em: https://www.pcgamer.com/the-legal-status-of-loot-boxes-around-the-world-and-whats-next/. Acesso em: 26 fev. 2021).

O esclarecimento acerca da distinção das *loot boxes* e jogo de azar é essencialmente importante para afastar a incidência da contravenção penal de jogos de azar. Nesse giro, devido a característica de sempre se ganhar um item, fica afastada a hipótese das *loot boxes* se enquadrarem no tipo penal de jogos de azar consubstanciado no art. 50 da Lei de Contravenções Penais (Decreto-Lei n. 3.688/1941).[20]

Embora as *loot boxes* não contrariem normas penais, isso não significa que não há contrariedade entre elas e o ordenamento jurídico. Portanto, faz-se necessário apontar que atualmente há violações de disposições consumeristas, pois a oferta desses produtos desconsidera flagrantemente à vulnerabilidade do consumidor.

3.1 A prática abusiva na oferta de *loot boxes*

O ordenamento jurídico brasileiro reconhece o desequilíbrio na relação jurídica de consumo que se perfectibiliza por meio da presença da vulnerabilidade do consumidor. Com a finalidade de se mitigar tal disparidade atribuíram-se direitos básicos aos consumidores, que devem ser observados pelo fornecedor na oferta de um produto e serviço, inclusive, no ambiente de relações virtuais de consumo, como as estabelecidas pelas *loot boxes*.

Logo, diante da constatação da hipervulnerabilidade do público infanto-juvenil, caso o jogo tenha um caráter de *alea* (sorte ou azar) é imprescindível: I) que seja apresentado como tal ao consumidor; II) que se apresente pormenorizadamente as chances de se ganhar cada item dentre os possíveis; III) que os itens passíveis de serem ganhos por meio das *loot boxes* também sejam passíveis de ser adquiridos de forma individual – pois o preço do item individual indicará um preço razoável para a *loot boxes* que o ofereça como um dos prêmios possíveis.

> O problema principal gira em torno justamente de ser adquirida uma chance de se ganhar o que se quer dentro do jogo. Isso, juntamente com probabilidades excessivamente baixas de se ganhar o item desejado, corrobora para que os jogadores potencialmente gastem quantias cada vez mais elevadas nesses videogames, podendo facilmente superar o valor pago pelo jogo como um todo em busca de, por exemplo, um único personagem.[21]

Em virtude do reconhecimento da hipervulnerabilidade do consumidor criança e adolescente, fica evidente a incompatibilidade de oferta das *loot boxes* a esse grupo, devendo essa prática ser vedada, pois em seus moldes atuais, é considerada como uma *prática abusiva*.

Destarte, a incompatibilidade da oferta das *loot boxes* aos consumidores hipervulneráveis decorre dos direitos básicos assegurados ao consumidor, notadamente,

---

20. BRASIL. Decreto-lei 3.688. *Lei de Contravenções Penais*. 1941. Disponível em: http://www.planalto.gov.br/ccivil_03/decreto-lei/del3688.htm. Acesso em: 13 fev. 2021.
21. VIEIRA, Victor Barbieri Rodrigues. Loot Boxes como jogos de azar. *Instituto de Referência em Internet e Sociedade*, 2018. Disponível em: http://irisbh.com.br/loot-boxes-como-jogos-de-azar/. Acesso em: 13 jan. 2021.

o direito à saúde, no tocante à incolumidade psicológica, bem como segurança, informação e educação.

Em razão da consagração do direito à saúde e segurança assegurados no art. 6º, I, do CDC e da ofensa aos princípios da boa-fé objetiva, informação e transparência, seria vedada a oferta de *loot boxes* ante o caráter viciante que mesmas impõem ao público infanto-juvenil.[22]

De modo que, para que se admita a possibilidade de os fornecedores ofertarem *loot boxes* aos consumidores, se tem como imprescindível, em consonância com o *direito à informação*,[23] informar ao consumidor acerca do risco viciante das *loot boxes*, bem como apresentar pormenorizadamente as chances de se ganhar cada item dentre os possíveis.

Nesse mesmo sentido, em atenção ao direito a educação[24] deve-se assegurar a liberdade de escolha, ou seja, o direito do consumidor de escolher produtos diferentes de fornecedores distintos, direito que, de modo mais amplo, contempla também a obrigação do fornecedor de disponibilizar produtos individualizados.

> Nesse sentido, o trabalho entende que os jogos eletrônicos que disponibilizam a venda de produtos através de um sistema aleatório, em que não se permite a escolha do produto, como é o caso da loot box, devem fornecer meios mais diretos de aquisição dos mesmos produtos.[25]

A violação aos direitos básicos do consumidor pode caracterizar prática abusiva, e por conseguinte, ensejar sanções ao fornecedor, inclusive de natureza civil, consubstanciada na responsabilização civil em decorrência dos danos causados aos consumidores.

---

22. Art. 6º São direitos básicos do consumidor: I – a proteção da vida, saúde e segurança contra os riscos provocados por práticas no fornecimento de produtos e serviços considerados perigosos ou nocivos.
   Art. 31. A oferta e apresentação de produtos ou serviços devem assegurar informações corretas, claras, precisas, ostensivas e em língua portuguesa sobre suas características, qualidades, quantidade, composição, preço, garantia, prazos de validade e origem, entre outros dados, bem como sobre os riscos que apresentam à saúde e segurança dos consumidores. Parágrafo único. As informações de que trata este artigo, nos produtos refrigerados oferecidos ao consumidor, serão gravadas de forma indelével. (BRASIL. Lei 8.078. *Código de Defesa do Consumidor*, 1990. Disponível em: http://www.planalto.gov.br/ccivil_03/leis/l8078.htm. Acesso em: 13 fev. 2021).
23. Art. 6º São direitos básicos do consumidor: III – a informação adequada e clara sobre os diferentes produtos e serviços, com especificação correta de quantidade, características, composição, qualidade, tributos incidentes e preço, bem como sobre os riscos que apresentem; (...). (BRASIL. Lei 8.078. *Código de Defesa do Consumidor*, 1990. Disponível em: http://www.planalto.gov.br/ccivil_03/leis/l8078.htm. Acesso em: 13 fev. 2021).
24. Art. 6º São direitos básicos do consumidor: II – a educação e divulgação sobre o consumo adequado dos produtos e serviços, asseguradas a liberdade de escolha e a igualdade nas contratações; (...). (BRASIL. Lei 8.078. *Código de Defesa do Consumidor*, 1990. Disponível em: http://www.planalto.gov.br/ccivil_03/leis/l8078.htm. Acesso em: 13 fev. 2021).
25. FEITOSA, Carlos Eduardo Madruga Carneiro. A *Ludificação do Azar nos Jogos Eletrônicos*, 2019. 60 f. Monografia (Pós-graduação) – Faculdade de direito, Universidade Estadual da Paraíba, João Pessoa, 2019. Disponível em: http://dspace.bc.uepb.edu.br/jspui/handle/123456789/20679. Acesso em: 25 jan. 2021. p. 38.

4. A RESPONSABILIDADE CIVIL DECORRENTE DE PRÁTICA ABUSIVA NA OFERTA DE *LOOT BOXES*

O instituto da responsabilidade civil é o meio para obtenção de reparação de danos injustos causados pela oferta de *loot boxes*, com enfoque na imputação de responsabilidade objetiva.[26] No âmbito do Código de Defesa do Consumidor tal responsabilização decorre do artigo 12, o qual preceitua a responsabilização objetiva do fornecedor pelo fato do produto.

Frisa-se que a aplicação da responsabilidade civil objetiva no âmbito consumerista se fundamenta na *teoria do risco* da atividade desenvolvida pelo fornecedor, segundo a qual ao exercer alguma atividade no mercado de consumo, assume-se o risco de se reparar eventuais danos causados ao consumidor pelo produto/serviço disponibilizado, com esteio na previsão legal do artigo 6º, VI do CDC.

Nessa esteira, os fornecedores assumem o risco decorrente das atividades desenvolvidas no mercado de consumo, na medida em que detêm conhecimentos técnicos e informações privilegiadas sobre os produtos ou serviços ofertados aos consumidores. Lado outro, os consumidores, por sua vez, estão em uma situação de patente vulnerabilidade, pois, não detêm tais conhecimentos técnicos e informações suficientes, e por conseguinte, ficam sujeitos aos imperativos do mercado.

Tal situação se tem agravada na atualidade diante de uma produção massificada, na qual é impossível ao fornecedor assegurar que o produto ou o serviço não terá vício/defeito, pois, como produz em grande escala, realiza testes de qualidade por amostragem.[27]

O nexo de causalidade entre a atividade de risco dos fornecedores e o eventual dano decorrente da oferta de *loot boxes* é perceptível, posto que o dano só ocorreria diante da atividade dos fornecedores no exercício de um direito de forma abusiva.

A boa-fé objetiva e o abuso de direito são figuras autônomas e complementares, operando a primeira como parâmetro de valoração do comportamento das partes. Nesse sentido, considerar-se-á abusivo o exercício de um direito subjetivo, se consubstanciar na quebra dos padrões da lealdade e confiança.[28] Nesse sentido, o ordenamento jurídico brasileiro reconhece a atribuição de responsabilidade civil decorrente do exercício inadmissível de um direito subjetivo - abuso de direito -, e, por conseguinte, impõe no âmbito da legislação consumerista, uma série de condutas

---

26. Nesse sentido ver: FARIAS, Cristiano Chaves de; ROSENVALD, Nelson; BRAGA NETTO, Felipe Peixoto. *Novo tratado de responsabilidade civil*. 2. ed. São Paulo: Saraiva, 2017.

27. NUNES, Rizzatto. A base da responsabilidade objetiva no Código de Defesa do Consumidor: o risco da atividade. *Migalhas*. 2011. Disponível em: https://www.migalhas.com.br/coluna/abc-do-cdc/138170/a-base-da-responsabilidade-objetiva-no-codigo-de-defesa-do-consumidor---o-risco-da-atividade. Acesso em: 09 abr. 2021.

28. FARIAS, Cristiano Chaves de; ROSENVALD, Nelson; BRAGA NETTO, Felipe Peixoto. *Novo tratado de responsabilidade civil*. 2. ed. São Paulo: Saraiva, 2017.

consideradas como práticas abusivas, as quais são vedadas pelo Código de Defesa do Consumidor.[29]

Logo, se qualifica como uma prática abusiva *prevalecer-se da fraqueza ou ignorância do consumidor* para impingir-lhe produtos ou serviços. No entanto, é recorrente tal abuso de direito por parte dos fornecedores, como se verifica na hipótese de oferta de *loot boxes*. Por ser, nos moldes atuais, absolutamente incompatível com os direitos básicos do consumidor, a oferta de *loot boxes* às crianças e adolescentes implica no prevalecimento da ignorância/desconhecimento pelo consumidor sobre aspectos técnicos e informacionais fundamentais sobre o produto.

Ademais, o consumidor hipervulnerável é incapaz de notar a flagrante violação de seus direitos básicos, especialmente, o direito à informação e o direito à incolumidade psicológica, pois não lhe poderia ser ofertado produto potencialmente viciante.

Ainda que se admita a oferta de *loot boxes* ao público infanto-juvenil, deveriam ser observadas e atendidas uma séria de restrições legais previstas no CDC, notadamente, relacionadas às informações qualificadas acerca de seu caráter viciante, das chances de se obter cada item dentre os possíveis, e, ainda, que os mesmos itens passíveis de serem adquiridos por meio das *loot boxes* também fossem passíveis de serem obtidos de forma individual.

Todavia, os fornecedores inobservam tais restrições estabelecidas na legislação consumerista com a finalidade de se proteger o consumidor, de modo a prevalecer-se da ignorância dos consumidores hipervulneráveis, pois esses diante da omissão informacional acerca do caráter potencialmente viciante das *loot boxes* à sua saúde, e das diminutas chances de ganhos expressivos, se sujeitam à um produto potencialmente nocivo.

Nesse sentido, se tem como possível a atribuição de responsabilidade dos fornecedores, na vertente objetiva, pelos danos causados aos consumidores, sejam eles individuais, coletivos ou difusos.

> Tem-se que a diferenciação nuclear entre o dano social e o dano individual reside nos sujeitos lesionados por determinada conduta. Enquanto, o dano individual apresenta uma violação ao aspecto do direito individual, sendo a vítima determinada, o dano social apresenta uma violação ao aspecto do direito difuso, sendo as vítimas indeterminadas ou indetermináveis.[30]

---

29. Art. 39. É vedado ao fornecedor de produtos ou serviços, dentre outras práticas abusivas IV – prevalecer-se da fraqueza ou ignorância do consumidor, tendo em vista sua idade, saúde, conhecimento ou condição social, para impingir-lhe seus produtos ou serviços; V – exigir do consumidor vantagem manifestamente excessiva; (...). (BRASIL. Lei 8.078. *Código de Defesa do Consumidor*, 1990. Disponível em: http://www.planalto.gov.br/ccivil_03/leis/l8078.htm. Acesso em: 13 fev. 2021).

30. GUIMARÃES, Glayder Daywerth Pereira; SILVA, Michael César. Fake News à luz da responsabilidade civil digital: o surgimento de um novo dano social. *Revista Jurídica FA7*, Fortaleza, v. 16, n. 2, p. 99-114, jul.-dez. 2019. Disponível em: https://periodicos.uni7.edu.br/index.php/revistajuridica/article/view/940/764. Acesso em: 19 abr. 2021.

Desse modo, a diferenciação de dano individual e social se consubstancia tão somente em relação a vítima que sofre a lesão, por conseguinte, não havendo óbice que o dano social seja patrimonial ou não.

> O dano social diferencia-se do individual em relação à pessoa que sofre a lesão, não quanto ao conteúdo ser patrimonial ou não. Assim, um dano social pode ser patrimonial (no caso, por exemplo, de uma lesão na bolsa de valores) como pode ser não patrimonial (no caso de uma extinção de uma espécie).[31]

Em linhas gerais, os consumidores que efetivamente consomem as *loot boxes* sofrem um dano individualizado, e podem buscar reparação pelo dano material e moral. Por sua vez, os consumidores sujeitos a mera oferta de *loot boxes* são vítimas indeterminadas ou indetermináveis, e tal dano social é passível de ensejar responsabilização civil, em razão da inobservância de seus direitos básicos.

Cabe esclarecer que como os danos sociais atingem vítimas indeterminadas ou indetermináveis, é suficiente a demonstração do fato para concluir pela existência do dano, ou seja, o dano se tem como presumido.

> O dano social, por sua vez, é presumido (in re ipsa), decorrendo da força do próprio ato. Assim, há dano social quando o direito à qualidade de vida digna e bem-estar social é lesado por uma conduta socialmente reprovável ou antijurídica. Vale dizer, o dano social é presumido em razão da dimensão do próprio fato em si, sendo mesmo impossível não reconhecer que o prejuízo social efetivamente aconteceu. Com efeito, basta apenas a demonstração da ocorrência do fato para que se possa concluir pela existência do dano, não necessitando ser extensamente provado. Por exemplo, não há necessidade de se provar que toda a sociedade do município do Rio de Janeiro sofre danos sociais decorrentes da poluição da Baía da Guanabara, bem como que os moradores da Barra da Tijuca sofrem os mesmos efeitos em virtude da poluição do complexo lagunar existente na região. E, ainda, que parte da população dos Estados de Minas Gerais e do Espírito Santo sofre danos sociais decorrentes do rompimento da Barreira da Mineradora Samarco, desastre ambiental de proporções inimagináveis ocorrido em 5 de novembro de 2015.[32]

Frisa-se que a função da responsabilização decorrente de um dano social é dúplice, de

reparação da sociedade, e de desestímulo a que se perpetue condutas danosas a sociedade. Desestimular uma conduta é essencialmente diferente de penalizar, pois pena tem em vista um fato passado, lado outro o valor de desestímulo tem em vista o comportamento futuro.[33]

As funções da responsabilização decorrente de um dano social têm reflexos no que se refere a quantificação que deve considerar elementos como a extensão

---

31. FLUMIGNAN, Silvano José Gomes. A distinção entre dano moral, dano social e punitive damages a partir do conceito de dano-evento e dano-prejuízo: O início da discussão. *Revista Acadêmica da Faculdade de Direito do Recife*, Universidade Federal de Pernambuco, v. 87, 2015. p. 204.

32. FRIEDE, Reis; ARAGÃO, Luciano. Dos danos sociais. *Revista da ESMESC*, v. 23, n. 29, p. 29, 2016. Disponível em: https://revista.esmesc.org.br/re/article/view/137. Acesso em: 21 abr. 2021.

33. AZEVEDO, Antônio Junqueira de. Por uma nova categoria de dano na responsabilidade civil: o dano social. *Revista trimestral de Direito Civil*, v. 19, p. 211-218, 2004.

do dano, a capacidade econômica do agente causador, de modo que a indenização não seja desarrazoadamente punitiva, nem módica, pois se assim o for estimulará a reiteração de conduta danosa por parte do agente.

Segundo Reis Friede e Luciano Aragão, a quantificação do dano social deve encampar o caráter compensatório e pedagógico-inibitório suplementar. Os danos compensatórios ou remuneratórios se prestam a remunerar o dano sofrido na esfera extrapatrimonial como forma, no caso em destaque, de se indenizar pela piora provocada na qualidade de vida e no bem-estar da sociedade. Tal indenização deve ser direcionada ao grupo social que foram lesados. Os danos pedagógico-inibitório suplementar, por sua vez, possuem finalidade educativa, e não são aplicáveis apenas em decorrência da contumácia do causador, mas também diante da gravidade da conduta. Nessa perspectiva a indenização deve ser direcionada a fundos de órgãos com função constitucional garantidores dos direitos fundamentais e sociais, como, por exemplo, o Poder Judiciário.

Esclarece-se, por fim, que múltiplos são os legitimados a pleitear danos sociais, quais sejam, os legitimados a propositura de ação civil pública, como o Ministério Público, a Defensoria Pública, pessoas jurídicas da administração pública direta e indireta, e associações, bem como sindicatos, federação, confederação, e especialmente, o cidadão seja por intermédio de ação popular ou ação individual.

> A legitimidade para pleitear danos sociais é inerente às instituições listadas no art. 5º da Lei nº 7.347/85, além dos sindicatos, das federações e confederações, dos representantes dos empregados e empregadores e também do cidadão, neste último caso por meio de pedido cumulado em ação popular ou em ação individual (apenas na modalidade de dano pedagógico-inibitório).[34]

O reconhecimento pelo ordenamento jurídico de uma multiplicidade de legitimados aptos a pleitear os danos sociais é necessária, pois dessa forma possibilita-se que se cesse de modo mais célere os danos a sociedade.

5. CONSIDERAÇÕES FINAIS

O mercado de jogos eletrônicos é um segmento mercadológico importante, e trouxe novidades com profundas repercussões jurídicas como as microtransações e sua subespécie, *loot boxes*. A última especialmente enfrenta controvérsias, devido a características de depender da *alea* dos consumidores, sendo que, por esse motivo se ensejou uma discussão acerca se constituem jogos de azar nos termos da lei de contravenção penal. Entretanto, como nas mesmas há sempre êxito, consubstanciado no ganho de um item de maior ou menor valor, se tem afastada a possiblidade de considerar a prática um jogo de azar.

---

34. FRIEDE, Reis; ARAGÃO, Luciano. Dos danos sociais. *Revista da ESMESC*, v. 23, n. 29, p. 42, 2016. Disponível em: https://revista.esmesc.org.br/re/article/view/137. Acesso em: 21 abr. 2021.

Embora, as *loot boxes* não constituam jogos de azar, em alguma medida dependem de sorte, e em decorrência disso ensejam repercussões jurídicas no tocante as normas consumeristas.

Sob a ótica do direito do consumidor, crianças e adolescentes estão em uma situação de vulnerabilidade agravada ou hipervulnerabilidade frente ao fornecedor, sendo por isso imperioso o reconhecimento de direitos básicos para mitigar tal desigualdade. Em decorrência dos direitos básicos, notadamente, saúde, informação e educação, deduz-se que as *loot boxes* são produtos inadequados aos hipervulneráveis, em seus moldes atuais, devendo, portanto, observar a regulamentação relacionada a vedação de práticas abusivas previstas no CDC.

Constata-se, assim, de forma indubitável que a mera oferta de *loot boxes* aos hipervulneráveis consubstancia *prática comercial abusiva* perpetrada pelo fornecedor, que se prevalece da fraqueza ou ignorância do consumidor, tendo em vista sua idade, para impingir-lhe produtos, nos termos do artigo 39 do CDC.

Destarte, a prática abusiva relacionada a oferta de loot boxes a crianças e adolescentes se encontra em total dissonância com os preceitos normativos emanados pelos princípios da boa-fé objetiva, da transparência e informação, bem como com direitos básicos dos consumidores estabelecidos no Código de Defesa do Consumidor, por ensejarem danos à saúde dos referidos consumidores, notadamente, no tocante à sua incolumidade psicológica.

Ainda que se admita a realização da oferta de *loot boxes* ao público infanto-juvenil, se tem como imprescindível que o fornecedor observe a regulamentação estabelecida pelo CDC, de modo a informar de forma qualificada ao consumidor acerca do risco viciante das *loot boxes,* apresentar pormenorizadamente as chances de se ganhar cada item dentre os possíveis, assegurar a liberdade de escolha do consumidor, bem como a obrigação do fornecedor de disponibilizar os produtos contemplados pelas *loot boxes* de forma individualizada.

Por fim, há de se ressaltar que os eventuais danos provenientes da oferta de *loot boxes* aos hipervulneráveis, não causa somente dados individuais, de modo que poderá, também, ensejar danos sociais, ao passo que fere o direito da coletividade indeterminada.

6.   REFERÊNCIAS BIBLIOGRÁFICAS

AZEVEDO, Antônio Junqueira de. Por uma nova categoria de dano na responsabilidade civil: o dano social. *Revista trimestral de Direito Civil*, v. 19, p. 211-218, 2004.

BARBOZA, Heloisa Helena; ALMEIDA, Vitor. A tutela das vulnerabilidades na legalidade constitucional. In: TEPEDINO, Gustavo; TEIXEIRA, Ana Carolina Brochado; ALMEIDA, Vitor (Coord.). *Da dogmática à efetividade do Direito Civil*: Anais do Congresso Internacional de Direito Civil Constitucional – IV Congresso do IBDCivil. 2. ed. Belo Horizonte: Fórum, 2019.

BRASIL. Decreto-lei 3.688. *Lei de Contravenções Penais*. 1941. Disponível em: http://www.planalto.gov.br/ccivil_03/decreto-lei/del3688.htm. Acesso em: 13 fev. 2021.

BRASIL. Lei 8.069. *Estatuto da Criança e Adolescente (ECA)*. 1990. Disponível em: http://www.planalto. gov.br/ccivil_03/leis/l8069.htm. Acesso em: 13 fev. 2021.

BRASIL. Lei 8.078. *Código de Defesa do Consumidor*, 1990. Disponível em: http://www.planalto.gov.br/ ccivil_03/leis/l8078.htm. Acesso em: 13 fev. 2021.

BRASIL. Lei 12.852. *Estatuto da Juventude*. 2013. Disponível em: http://www.planalto.gov.br/ccivil_03/_ Ato2011-2014/2013/Lei/L12852.htm. Acesso em: 13 fev. 2021.

BAUMAN, Zygmunt. *Vida para Consumo*: a transformação das pessoas em mercadoria. Rio de Janeiro: Editora Zahar, 2008.

DIAS, Lúcia Ancona Lopes de Magalhães. Publicidade e hipervulneráveis: limitar, proibir ou regular? *Revista de Direito do Consumidor*, v. 99, ano 24, São Paulo, Revista dos Tribunais, maio/jun. 2015, p. 285-305.

DENSA, Roberta. Criança consumidora: A responsabilidade dos pais em relação aos filhos frente aos demais desafios da sociedade de consumo. In: ROSENVALD, Nelson; MILAGRES, Marcelo (Coords.). *Responsabilidade civil*: novas tendências. Indaiatuba: Editora Foco, 2017. p. 387-402.

DENSA, Roberta. *Proteção jurídica da criança consumidora*: entretenimento, classificação indicativa, filmes, jogos, jogos eletrônicos, exposição de arte. Indaiatuba: Editora Foco, 2018. p. XVIII.

FACHIN, Luiz Edson. Da felicidade paradoxal à sociedade de riscos: reflexões sobre risco e hiperconsumo. In: LOPEZ, Teresa Ancona; LEMOS, Patrícia Faga Iglecias; RODRIGUES JUNIOR, Otavio Luiz (Coords.). *Sociedade de risco e Direito privado: desafios normativos, consumeristas e ambientais*. São Paulo: Atlas, 2013. p. 380-393.

FALEIROS JÚNIOR, José Luiz de Moura; DENSA, Roberta. Para além das Loot Boxes: Responsabilidade Civil e Novas Práticas Abusivas no Mercado de Games. In: FALEIROS JÚNIOR, José Luiz de Moura; ROZATTI LONGHI, João Victor; GUGLIARA, Rodrigo (Coords.). *Proteção de dados pessoais na sociedade da informação*: entre dados e danos. Indaiatuba: Editora Foco, 2021. p. 333-355.

FARIAS, Cristiano Chaves de; ROSENVALD, Nelson; BRAGA NETTO, Felipe Peixoto. *Novo tratado de responsabilidade civil*. 2. ed. São Paulo: Saraiva, 2017.

FEITOSA, Carlos Eduardo Madruga Carneiro. *A Ludificação do Azar nos Jogos Eletrônicos*. 2019. 60 f. Monografia (Pós-graduação) – Faculdade de direito, Universidade Estadual da Paraíba, João Pessoa, 2019. Disponível em: http://dspace.bc.uepb.edu.br/jspui/handle/123456789/20679. Acesso em: 25 jan. 2021.

FLUMIGNAN, Silvano José Gomes. A distinção entre dano moral, dano social e punitive damages a partir do conceito de dano-evento e dano-prejuízo: O início da discussão. *Revista Acadêmica da Faculdade de Direito do Recife*. Universidade Federal de Pernambuco, v. 87, p. 190-219, 2015.

FRIEDE, Reis; ARAGÃO, Luciano. Dos danos sociais. *Revista da ESMESC*, v. 23, n. 29, p. 13-44, 2016. Disponível em: https://revista.esmesc.org.br/re/article/view/137. Acesso em: 21 abr. 2021.

GILBERT, Ben. The vídeo game industry is facing government scrutiny over loot boxes, and the most powerful leaders in gaming are divided over what to do. *Business Insider*, 2019. Disponível em: https:// www.businessinsider.com/video-game-industry-loot-box-legislation-2019-6#are-loot-boxes-gambling-yes-and-no-1. Acesso em: 25 jan. 2021.

GUIMARÃES, Glayder Daywerth Pereira; SILVA, Michael César. Fake News à luz da responsabilidade civil digital: o surgimento de um novo dano social. *Revista Jurídica FA7*, Fortaleza, v. 16, n. 2, p. 99-114, jul.-dez. 2019. Disponível em: https://periodicos.uni7.edu.br/index.php/revistajuridica/ article/view/940/764. Acesso em: 19 abr. 2021.

HAFER, T. J. The legal status of loot boxes around the world, and what's next in the debate. *PC Gamer*, 26 out. 2018. Disponível em: https://www.pcgamer.com/the-legal-status-of-loot-boxes-around-the- -world-and-whats-next/. Acesso em 26 fev. 2021.

MARQUES, Claudia Lima; MIRAGEM, Bruno. *O novo direito privado e a proteção dos vulneráveis*. São Paulo: Ed. RT, 2012.

MARQUES, Claudia Lima. *Contratos no Código de Defesa do Consumidor*. 9. ed. São Paulo: Revista dos Tribunais, 2019.

NOVELLI, José Gaspar Nayme. *Confiança interpessoal na sociedade de consumo*: a perspectiva gerencial. 2004. 242 f. Tese (Doutorado em Administração) – Faculdade de Economia, Administração e Contabilidade. Universidade de São Paulo. São Paulo, São Paulo.

NUNES, Rizzatto. A base da responsabilidade objetiva no Código de Defesa do Consumidor: o risco da atividade. *Migalhas*. 2011. Disponível em: https://www.migalhas.com.br/coluna/abc-do-cdc/138170/a-base-da-responsabilidade-objetiva-no-codigo-de-defesa-do-consumidor---o-risco-da-atividade. Acesso em: 09 abr. 2021.

NUNES, Rizzatto. *Curso de direito do consumidor*. 12. ed. São Paulo: Saraiva Educação, 2018.

SCHMIT, Cristiano Heineck. *Consumidores hipervulneráveis*: a proteção do idoso no mercado de consumo. São Paulo: Atlas, 2014.

VIEIRA, Victor Barbieri Rodrigues. Loot Boxes como jogos de azar. *Instituto de Referência em Internet e Sociedade*, 2018. Disponível em: http://irisbh.com.br/loot-boxes-como-jogos-de-azar/. Acesso em: 13 jan. 2021.

RESPONSABILIDADE CIVIL POR FRAUDES VIA *WHATSAPP*: CONTEÚDO E LEGITIMAÇÃO

Fernanda Nunes Barbosa

Doutora em Direito pela UERJ. Mestre em Direito pela UFRGS. Professora da Graduação e do Mestrado em Direitos Humanos da UniRitter. Advogada. Editora da Série *Pautas em Direito* da Arquipélago Editorial. Diretora do Brasilcon.

Renata Peruzzo

Mestranda em Direitos Humanos pela UniRitter, com bolsa CAPES. Especialista em Direito Civil e Processual Civil pela Faculdade IDC. Secretária de Desembargador no Tribunal de Justiça do Rio Grande do Sul.

Sumário: 1. Introdução – 2. A relação jurídica estabelecida entre aplicativo, titular da linha telefônica e operadora de telefonia móvel – 3. As configurações de segurança do *whatsapp*. É possível fazer mais e melhor? – 4. A responsabilidade civil e o risco da atividade diante da tecnologia digital: quais as fronteiras do fortuito interno? – 5. Conclusão – 6. Referências bibliográficas.

1. INTRODUÇÃO

Uma pesquisa sobre o uso de apps no Brasil realizada em parceria entre o site de notícias Mobile Time e a empresa de soluções em pesquisa Opinion Box, de fevereiro de 2021[1], mostrou que a popularidade dos principais aplicativos de mensagens usados no Brasil alcança os seguintes percentuais: 98% possuem o WhatsApp instalado em seus *smartphones*, 81% possuem o Instagram, 74%, o Facebook Messenger, 45% baixaram o Telegram e 12% contam com o aplicativo Signal. Relativamente ao WhatsApp, 86% disseram utilizar o app todos os dias, sendo 91% para troca de mensagens de texto. O Telegram, por sua vez, é o aplicativo de maior crescimento no país nos últimos dois anos. Atualmente, 45% dos *smartphones* nacionais possuem o app. Outra pesquisa da Mobile Time/Opinion Box, de junho de 2021, mostrou que o WhatsApp é o aplicativo (não apenas de mensagens) mais aberto por dia para 53% dos brasileiros, sendo também aquele no qual se passa mais tempo.[2]

---

1. Panorama Mobile Time/Opinion Box – Mensageria no Brasil – fev. 2021. file:///C:/Users/admin/Downloads/panorama-mensageria-fe2021.pdf. Acesso em: 02 jul. 2021. A mesma pesquisa também questionou aos entrevistados sobre seu interesse no uso de uma futura ferramenta que será oferecida pelo app no Brasil, o WhatsApp Pay. Trata-se de um serviço para transferências e pagamentos usando cartões de débito e crédito, inicialmente do Banco do Brasil, Nubank e Sicredi, pelo qual o usuário não terá de pagar para transferir dinheiro ou realizar pagamentos através do aplicativo, bastando apenas cadastrar seu cartão. À pergunta "você é cliente de um desses bancos e pretende usar esse serviço?" 38% responderam de maneira afirmativa.
2. Panorama Mobile Time/Opinion Box – Uso de Apps no Brasil – jun. 2021. file:///C:/Users/admin/Desktop/Panorama_APPS-JUN2021_FINAL.pdf. Acesso em: 02 jul. 2021.

À medida que o uso dessas já nem tão novas ferramentas de comunicação digital cresce, crescem também as fraudes por elas instrumentalizadas. O desafio passa a ser compatibilizar os interesses do desenvolvimento tecnológico para a sociedade com toda espécie de dano potencialmente viabilizado por fornecedores de produtos e serviços digitais no marco de um já teorizado *capitalismo de vigilância*, no qual a conexão digital é um meio para fins comerciais de terceiros.[3]

Partindo-se das premissas de que o incremento tecnológico é benéfico para todos e inexorável, e de que é também papel do Estado brasileiro promover, como direito e garantia fundamental, na forma da lei, a defesa do consumidor (art. 5º, XXXII, da CF/88), questiona-se: a quem compete arcar com os danos decorrentes de fraudes perpetradas por meio do uso do aplicativo de conversas WhatsApp?

2. A RELAÇÃO JURÍDICA ESTABELECIDA ENTRE APLICATIVO, TITULAR DA LINHA TELEFÔNICA E OPERADORA DE TELEFONIA MÓVEL

A forma mais conhecida de fazer uso do aplicativo (app) de troca de mensagens denominado WhatsApp é instalá-lo em um aparelho de telefonia móvel e efetuar os procedimentos determinados pelo seu desenvolvedor, com a verificação do número do telefone informado.[4] Nesse caso, é preciso ser titular de uma linha telefônica móvel.

Há, contudo, outras formas de utilizar esse app, inclusive sem ser titular de linha telefônica.

O uso do app sem um número de telefone ou sem um cartão SIM é possível mediante a sua instalação no dispositivo onde será utilizado (telefone, tablet ou computador) seguida da instalação de um outro app, que pode ser o TextNow[5] ou o 2ndLine, sendo este restrito a aparelhos com o sistema operacional Android[6], ou outro app que forneça um número de telefone virtual.[7] Outra forma é mediante a instalação de um simulador (emulador) de Android em um computador sucedida da instalação do app que fornecerá o número de telefone virtual e do WhatsApp.[8]

Uma terceira forma, ainda, é a utilização de um telefone fixo: basta abrir o app em um computador e inserir o número do telefone. Neste caso, haverá falha na verificação do número e será disponibilizada a opção de receber uma chamada para

---

3. ZUBOFF, Shoshana. *A era do capitalismo de vigilância*: a luta por um futuro humano na nova fronteira do poder. Trad. George Schlesinger. Rio de Janeiro: Intrínseca, 2020. p. 20.

4. Disponível em: https://faq.whatsapp.com/general/download-and-installation/about-supported-operating-systems/. Acesso em: 14 jun. 2021.

5. Detalhes sobre o método em https://odiario.com.br/internet/aplicativos/whatsapp/usar-whatsapp-sem-numero-de-telefone/. Acesso em: 14 jun. 2021.

6. Mais detalhes em COLOMBO, Clóvis. "2 formas de como usar WhatsApp sem número de telefone [2021]". Disponível em: https://sindicontblu.org.br/como-usar-whatsapp-sem-numero/. Acesso em: 14 jun. 2021.

7. Disponível em: https://www.supertutorial.com.br/criar-numero-virtual-conheca-11-aplicativos-id3275. Acesso em: 14 jun. 2021.

8. COLOMBO, Clóvis. "WhatsApp sem número". In: *Sindicont Tech Gerenciamento*. Disponível em: https://sindicontblu.org.br/como-usar-whatsapp-sem-numero/. Acesso em: 14 jun. 2021.

confirmação, ocasião em que a ligação será efetuada ao telefone fixo e fornecido um código para verificação e utilização do WhatsApp no computador.[9]

Essas informações são importantes, porquanto auxiliam a compreensão – e a visualização da complexidade da busca da responsabilização - de alguns tipos de fraude praticadas por meio do uso do aplicativo que têm sido veiculadas na mídia. As mais comuns são: (a) as realizadas por meio da habilitação de uma linha telefônica titularizada por terceiro em um chip "em branco", conhecida como "SIM Swap"[10]; (b) a clonagem do perfil do usuário do aplicativo WhatsApp mediante a sua habilitação/ utilização em outro dispositivo; (c) a falsificação, diga-se assim, do perfil do usuário do aplicativo WhatsApp mediante a inclusão de uma fotografia da vítima no perfil do aplicativo vinculado a uma linha telefônica utilizada pelo próprio fraudador.[11]

Na primeira hipótese, cogita-se, de alguma forma, a participação da operadora de telefonia[12], seja no momento da verificação da documentação apresentada quando da solicitação de transferência da linha telefônica para um outro chip, seja pela ausência dessa verificação, ou ainda mediante conluio entre o fraudador e algum colaborador da empresa de telefonia que tenha acesso ao sistema que efetua essa transferência.[13]

Vale referir que a Lei 10.703/2003 prevê ser dever dos prestadores de serviços de telecomunicações na modalidade pré-paga manter cadastro atualizado de usuários, reunindo informações como nome e endereço completo, número do documento de identidade ou CPF, em se tratando de pessoa física, e CNPJ em se tratando de pessoa jurídica. Nada obstante a previsão legal, noticia-se que, na prática, a exigência era restrita ao número do CPF, o que vinha acarretando danos sérios ao consumidor, como

---

9. Disponível em: https://odiario.com.br/internet/aplicativos/whatsapp/usar-whatsapp-sem-numero-de-te-lefone/. Acesso em: 14 jun. 2021.

10. FEITOSA JR., Alessandro. "SIM Swap: conheça a técnica que clona WhatsApp e frauda app de cartão de crédito". In: *Gizmodo Brasil*, Disponível em: **https://gizmodo.uol.com.br/sim-swap-tecnica-clona-what-sapp/**. Acesso em: 15 jun. 2021.

11. Nesse sentido, nota divulgada pela Associação dos Magistrados Brasileiros, intitulada "AMB alerta para mais um golpe por Whatsapp", publ. 17 ago. 2020. Disponível em: **https://www.amb.com.br/amb-alerta--para-mais-um-golpe-por-whatsapp/**. Acesso em: 16 jun. 2021.

12. "Entenda como funciona golpe no WhatsApp que vitimou deputados federais". *Revista Consultor Jurídico*, 10 fev. 2018. Disponível em: https://www.conjur.com.br/2018-fev-10/entenda-funciona-golpe-whatsapp--vitimou-deputados. Acesso em: 16 jun. 2021.

13. Na Recomendação 05/2019, do Gabinete de Segurança Institucional da Presidência da República, além da menção à participação de um criminoso inserido no grupo de telefonia, há referência a chamadas com a finalidade de engenharia social, além da clonagem física de um chip mediante a inserção dele em um equipamento próprio para isso. Recomendação 05/2019 – Como agir em caso de clonagem do celular. Presidência da República, Gabinete de Segurança Institucional – Departamento de Segurança da Informação, p. 2. Disponível em: https://www.ctir.gov.br/arquivos/alertas/2019/recomendacao_2019_05_como_agir_ em_caso_de_clonagem_do_aparelho_celular.pdf. Acesso em: 16 jun. 2021. Tatiana Gumm define engenharia social como "mecanismo que tem como objetivo obter informações sigilosas e importantes através da exploração da confiança das pessoas, principalmente através de enganação.". GUMM, Tatiana. *Fraudes no segmento de telefonia móvel no Brasil*, p. 23. Monografia apresentada ao Departamento de Contabilidade do setor de Ciências Sociais Aplicadas da Universidade Federal do Paraná, como requisito para obtenção do título de especialista em Gestão de Riscos Corporativos. Disponível em: https://acervodigital.ufpr.br/ bitstream/handle/1884/66588/TATIANA%20GUMM.pdf?sequence=1&isAllowed=y. Acesso em: 17 jun. 2021.

a prisão de inocentes em virtude da utilização dos seus dados pessoais na habilitação de linhas de telefonia móvel.[14] Por iniciativa de algumas operadoras, a partir de 2020 houve alterações no procedimento de cadastro na linha pré-paga[15] e, atualmente, há também a possibilidade de consulta pública sobre a vinculação ao número do CPF a alguma conta de telefonia pré-paga junto às prestadoras participantes[16], o que possibilita um maior controle, inclusive por parte da potencial vítima, do uso de seus dados para fins ilícitos com a utilização de celular pré-pago vinculado ao seu CPF. De forma mais genérica, a Resolução 477/2007 da Anatel estabelece, em seu artigo 10, inciso XX, ser dever das prestadoras do serviço de telefonia manter o cadastro dos seus usuários atualizado.[17]

Essa falta de exigência de apresentação de comprovantes dos dados pessoais parece contribuir para a ocorrência do SIM Swap, visto que, em regra, apenas o titular da linha telefônica deveria conseguir habilitá-la em outro chip, o que se mostra necessário em caso de perda, furto ou roubo de aparelhos de telefonia móvel.

Indícios de que uma pessoa foi vítima de SIM Swap podem ser a indisponibilidade da linha telefônica ao consumidor titular, constatada pela impossibilidade de enviar ou receber mensagens ou ligações, bem como o recebimento de notificações de que o SIM ou o número de telefone foi ativado em outro local.[18]

No caso do SIM Swap, o fraudador pode ter acesso aos contatos mediante a recuperação dos dados, eventualmente até das conversas estabelecidas no aplicativo WhatsApp, conforme seja, a vítima, usuária de algum serviço de backup das conversas.[19]

A segunda hipótese – habilitação do perfil (número do telefone) do aplicativo WhatsApp em outro celular ou dispositivo – pode ser perfectibilizada por meio de *phishing*[20], mediante dados vazados na internet ou pelo fornecimento de código

---

14. PAGNAN, Rogério. "Uso de CPF de inocentes em celulares por criminosos faz Anatel mudar regra". In: *Folha de São Paulo*, publ. 08 abr. 2019. Disponível em: https://www1.folha.uol.com.br/cotidiano/2019/04/uso-de-cpf-de-inocentes-em-celulares-por-criminosos-faz-anatel-mudar-regra.shtml. Acesso em: 16 jun. 2021.

15. Segundo a ANATEL, a ativação do chip passa a exigir do consumidor a resposta a perguntas para validação, as quais dizem respeito aos seus dados pessoais, por meio do próprio celular. Disponível em: https://www.gov.br/anatel/pt-br/dados/utilidade-publica/cadastro-pre-pago. Acesso em: 16 jun. 2021.

16. As prestadoras participantes são Algar, Claro, Oi, Sercomtel, TIM e Vivo, e a consulta pode ser efetuada pelo link https://cadastropre.com.br/#/consulta. Acesso em: 16 jun. 2021.

17. ANATEL, Resolução 477, de 07 ago. 2007, Disponível em: https://informacoes.anatel.gov.br/legislacao/resolucoes/2007/9-resolucao-477. Acesso em: 17 jun. 2021.

18. MENNITTI, Danieli. "Saiba como evitar e lidar com um golpe de clonagem do chip". In: *Tecmundo*, publ. 20/01/2020. Disponível em: https://www.tecmundo.com.br/seguranca/149476-saiba-evitar-lidar-golpe--clonagem-chip.htm. Acesso em: 16 jun. 2021.

19. Em regra, as conversas ficam armazenas apenas no aparelho celular, conforme informações disponíveis em: https://www.whatsapp.com/security/.

20. MENNITTI, Danieli. "Saiba como evitar e lidar com um golpe de clonagem do chip". In: *Tecmundo*, publ. 20/01/2020. Disponível em: https://www.tecmundo.com.br/seguranca/149476-saiba-evitar-lidar-golpe-clonagem-chip.htm. Acesso em: 16 jun. 2021. Sobre a definição de phishing, https://br.malwarebytes.com/phishing/. Acesso em: 16 jun. 2021.

recebido pela vítima ao fraudador. O fraudador entra em contato com o usuário do aplicativo, identificando-se como preposto de alguma empresa prestadora de serviços já contratados pelo usuário e refere, por exemplo, a necessidade de atualização do cadastro e de envio de um código que a seguir será recebido por SMS. O usuário, então, com esse diálogo em mente, não atenta ao fato de que o SMS que recebe contém, além do código, uma advertência de que não deve ser compartilhado e que é oriundo do WhatsApp e não da prestadora de serviços em nome de quem o fraudador supostamente fala. O envio do SMS ocorre porque o fraudador está buscando habilitar em outro aparelho celular o aplicativo com o número da linha móvel da vítima e esta optou, ao se cadastrar no aplicativo WhatsApp, por receber códigos via SMS. Ou seja, aqui se fala em engenharia social.[21]

Em 2021, a Anatel editou o Ato 77/2021[22], que aprova requisitos de segurança cibernética para equipamentos para telecomunicações, com previsão de vigência para julho do corrente ano. Nada obstante, dificilmente essas medidas terão impacto em golpes que utilizam a engenharia social, pois aqui não se trata de vulnerabilidade relacionada a *software/firmware* ou a configurações de equipamentos, mas de vulnerabilidade do próprio usuário, com quem o fraudador estabelece uma relação de confiança, em determinada medida, a partir da coleta de dados pessoais facilmente obtidos na rede mundial de computadores ou por meio da infinidade de cadastros preenchidos pelos consumidores e de serviços consumidos por ele. Sob essa ótica é que se afirma que a informação ao usuário/consumidor é a melhor estratégia preventiva no que diz respeito a fraudes praticadas por meio de engenharia social.

Nesse sentido, merece destaque a cartilha criada pela Polícia Civil do Distrito Federal.[23] Embora faça referência especificamente ao golpe do SIM Swap, é um excelente exemplo que pode vir a ser replicado por todos os agentes envolvidos, em especial as prestadoras do serviço de telefonia, os gestores dos aplicativos de envio de mensagens e os órgãos de defesa do consumidor. A cartilha elaborada pelo Ministério Público do Distrito Federal e Territórios em agosto de 2020, lado outro, é um pouco mais ampla, referindo-se ao golpe aplicado por meio de *phishing,* descrito como "'captura de conta de WhatsApp' pelo código de acesso" e ao golpe que trazemos como terceira hipótese neste artigo e que a seguir será explorado, além de abordar o uso do WhatsApp no computador – denominado WhatsApp Web.[24]

A terceira hipótese – falsificação do perfil do WhatsApp mediante a sua replicação em outro número de telefone –, aparentemente mais simples, dispensa a participação

---

21. FANTINATO, Giovana. "Mulher 'dá golpe em golpista' no WhatsApp e repercute na internet". In: *Tecmundo*, publ. 12 maio 2021. Disponível em: https://www.tecmundo.com.br/internet/217177-post-usuaria-dando--golpe-golpista-repercute-internet-veja.htm. Acesso em: 16 jun. 2021.

22. Disponível em: https://informacoes.anatel.gov.br/legislacao/index.php/component/content/article?id=1505. Acesso em: 17 jun. 2021.

23. Disponível em: https://www.pcdf.df.gov.br/images/PCDF_ALERTA_PARA_GOLPE_DO_WHATSAPP_COM_PERDA_DA_LINHA_TELEFONICA.pdf. Acesso em: 17 jun. 2021.

24. Disponível em: https://www.mpdft.mp.br/portal/pdf/imprensa/cartilhas/cartilha_sugestoes_uso_seguro_whatsapp_mpdft.pdf. Acesso em: 17 jun. 2021.

(ativa ou omissiva) do titular da linha telefônica[25] e da própria operadora de telefonia. É que ela pode ser viabilizada tanto pela utilização da fotografia publicizada no perfil a ser duplicado (atualmente, a fotografia do perfil do WhatsApp pode estar disponível para todos ou apenas para os contatos do usuário, conforme opções de privacidade selecionadas no aplicativo[26]), quanto pela localização de fotografias e informações dos titulares dos perfis clonados disponibilizadas na rede mundial de computadores[27] e pelo vazamento de informações pessoais.

Nesta última hipótese, questiona-se o meio de acesso aos contatos do titular do perfil "replicado" por parte do fraudador. Afinal, o fraudador não clonou o chip da vítima, nem obteve a senha de acesso ao perfil replicado. Uma possibilidade parece ser o compartilhamento dessas informações por redes sociais, como Facebook, com terceiros, já que esses são dados que podem ser coletados por elas.[28] Trata-se de tema relacionado diretamente com a proteção e o tratamento de dados, tema que não será aqui abordado de maneira específica, mas que guarda estreita conexão com ao menos uma das formas de fraude praticadas por meio do WhatsApp.

Nos três casos, o fraudador, de posse dos contatos do titular do perfil do aplicativo e passando-se por ele, realiza solicitação de transferência de valores monetários a terceiros. E a engenharia social verifica-se também aqui. Afinal, imagina-se ter sido necessário coletar dados do usuário do perfil do WhatsApp, além dos contatos, para escolher para quem e de que forma dirigir o pedido de transferência bancária.

Verifica-se, em todos esses casos, distintas ações dos fraudadores a partir de uma mesma relação jurídica base de consumo estabelecida entre os agentes econômicos (aplicativo de troca de mensagens e operadora de telefonia móvel) e os consumidores (contratantes da linha telefônica e do app, bem como terceiros vítimas do evento, os chamados *bystandards* do art. 17 do CDC). Tal relação é regida pelas normas

---

25. PEDROSO, Ana Luiza. "Novo golpe duplica WhatsApp e pede dinheiro para contatos", publ. 27 mar. 2021. In: *Mundo Conectado*. Disponível em: https://mundoconectado.com.br/artigos/v/17821/novo-golpe-duplica-whatsapp-e-pede-dinheiro-para-contatos. Acesso em: 16 jun. 2021.

26. Disponível em: https://faq.whatsapp.com/android/account-and-profile/how=-to-edit-your-profile/?lang-pt_br. Acesso em: 17 jun. 2021.

27. Ilustra a hipótese o caso do golpe de que foi vítima direta a mãe da modelo Carol Trentini. "Carol Trentini desabafa sobre golpe sofrido pela mãe no WhatsApp: 'Fez dois empréstimos, está endividada'". In: *Gaucha ZH, donna*, 27 maio 2021. Disponível em: https://gauchazh.clicrbs.com.br/donna/gente/noticia/2021/05/carol-trentini-desabafa-sobre-golpe-sofrido-pela-mae-no-whatsapp-fez-dois-emprestimos-esta-endividada-ckp70bo2u004m018m6g1f2jqj.html. Acesso em: 14 jun. 2021.

28. Sobre a coleta de dados pelo Facebook, NETHER, Nicholas Augustus de Barcellos. *Proteção de dados dos usuários de aplicativos*. Curitiba: Juruá, 2018. p. 144-148. O autor menciona notícia publicada no site The Verge, datada de 2018, de autoria de Tom Warren, que menciona que a coleta especificamente dos contatos do usuário da rede social é uma opção disponibilizada a pretexto de facilitar a localização das pessoas com quem quer se conectar – Disponível em: https://www.theverge.com/2018/3/25/17160944/facebook-call-history-sms-data-collection-android. Acesso em: 17 jun. 2021. Mais recentemente, houve alterações na política de privacidade do WhatsApp, que compartilha os dados que coleta dos seus usuários com o Facebook. WAKKA, Wagner. "Facebook agora detalha melhor a coleta e o uso de informações dos usuários". In: *Canaltech*, publ. 13/01/2021. Disponível em: https://canaltech.com.br/redes-sociais/facebook-agora-detalha-melhor-a-coleta-e-o-uso-de-informacoes-dos-usuarios-177338/. Acesso em: 17 jun. 2021.

protetivas do CDC e pelas demais normas que compõem o sistema de proteção ao consumidor[29], dentre as quais destacamos aquelas que – aliás, constituem *direitos básicos* do consumidor - determinam o dever de informar do fornecedor; o dever de segurança quantos aos produtos e serviços postos no mercado de consumo (Teoria da Qualidade-Segurança); a educação sobre o consumo adequado de produtos e serviços; bem como a *efetiva* prevenção e reparação de danos.

3. AS CONFIGURAÇÕES DE SEGURANÇA DO *WHATSAPP*. É POSSÍVEL FAZER MAIS E MELHOR?

Nos termos do CDC, o acidente de consumo ocorre quando o fornecedor (neste caso, o aplicativo de mensagens e/ou a operadora de telefonia móvel) faz parte de uma cadeia de fornecimento de serviço defeituoso, seja por falhas de concepção (defeito intrínseco), seja por falhas de informação (defeito extrínseco), gerando a responsabilidade pelos danos causados. Os fornecedores, aqui, podem ser dois, mas é preciso que sobre cada qual se verifiquem os pressupostos da responsabilização civil (neste caso, objetiva), devendo-se afastar, a nosso ver, concepções que levem a uma aplicação da teoria da conditio *sine qua non* na verificação do nexo de causalidade[30], pressuposto acerca do qual se apresentam as maiores dissonâncias jurídicas.

O Código de Defesa do Consumido determina, ao amparo da chamada Teoria da Qualidade, que os produtos e serviços sejam seguros. Além disso, o art. 6º do CDC contempla como direitos básicos do consumidor "a educação e divulgação sobre o *consumo adequado dos produtos e serviços* (...)" (inc. II); "a informação adequada e clara sobre os diferentes produtos e serviços (...), *bem como sobre os riscos que apresentem*" (inc. III); e "*a efetiva prevenção* e reparação de danos (...)" (inc. VI).

Partindo apenas desses dispositivos é possível afirmar que o WhatsApp, ao estabelecer uma relação de consumo com seus usuários, deve: *i.* educá-los para o consumo[31]; *ii.* informá-los sobre os riscos que seu serviço apresenta e *iii.* efetivamente,

---

29. Registre-se a sempre relevante disposição do art. 7º, *caput*, do CDC, segundo a qual "Os direitos previstos neste código não excluem outros decorrentes de tratados ou convenções internacionais de que o Brasil seja signatário, da legislação interna ordinária, de regulamentos expedidos pelas autoridades administrativas competentes, bem como dos que derivem dos princípios gerais do direito, analogia, costumes e eqüidade."

30. Tendo em vista o breve espaço deste artigo, bem como se tratar de primeiras impressões sobre o tema, não abordaremos detalhadamente o argumento do nexo causal e suas teorias. Destaca-se, no entanto, que parecem inadequadas as defesas que se possa fazer, *a priori*, de uma responsabilização da operadora de telefonia móvel pelo uso fraudulento de aplicativos. A noção de defeito no CDC, no entanto, encontra direta relação com o uso esperado que a coisa (produto ou serviço ofertado) possa ter para o(a) consumidor(a). Nesse sentido, considerando-se o significativo uso de apps de troca de mensagens no Brasil, que têm seu uso eminentemente vinculado à contratação de plano de telefonia celular, vislumbra-se uma possibilidade de futura responsabilização das operadoras por omissão na construção de soluções de segurança que previnam, nos termos do art. 6º, VI, do CDC, a ocorrência de danos aos usuários.

31. Consoante a doutrina dos autores do anteprojeto do CDC, a educação de que cuida o art. 6º, II, do CDC deve ser encarada sob dois aspectos, o formal e o informal. O informal é de responsabilidade dos próprios fornecedores, "procurando *bem informar* o consumidor" (grifos no original). GRINOVER, Ada Pelegrini (Coord.). *Código de Defesa do Consumidor, comentado pelos autores do anteprojeto.* 6. ed. Rio de Janeiro: Forense Universitária, 1999. p. 124. Já sob a perspectiva formal da educação para o consumo Walter Moura

prevenir danos decorrentes de tais riscos. Ao lado disso, lembremos que, no Brasil, somos 11 milhões de analfabetos[32] (ou seja, 6,6% da população não têm capacidade de ler ou escrever, mas são capazes de assinar o nome e de enviar um áudio). Ademais, 29% da população possui dificuldades para interpretar e aplicar textos e realizar operações matemáticas simples no cotidiano.[33] E o analfabetismo digital é uma triste realidade que coloca o Brasil na 69ª posição no relatório anual "The Inclusive Internet Index 2021", elaborado pela revista britânica *The Economist*, no quesito que avalia o preparo do país para a Internet, devido, em parte, ao baixo nível de alfabetização digital (80º posição de um total de 100 países avaliados).[34]

Aplicando tais premissas, vejamos concretamente se é possível dizer que o WhatsApp constrói, oferece e implementa soluções de segurança (para dar conta de seu dever de colocar no mercado um serviço com qualidade-segurança); se educa e informa o consumidor brasileiro[35] sobre os riscos de seu serviço e se, efetivamente (advérbio de modo), previne o consumidor contra danos advindos do serviço prestado.

Segundo as configurações de segurança do WhatsApp, um recurso que pode ser utilizado pelo usuário do app é a "confirmação em duas etapas", que constitui um "recurso opcional que adiciona uma camada extra de segurança à sua conta de WhatsApp".[36] Conforme informações do aplicativo, para ajudar o usuário a lembrar do seu PIN, o WhatsApp solicitará que seja inserido, periodicamente, o PIN criado para a confirmação em duas etapas. Essa confirmação em duas etapas serve para dificultar - não necessariamente evitar em todos os casos - acessos indevidos, mas se

---

aponta a importância de se promoverem "ensinamentos que podem ser úteis ao cotidiano do educando, independentemente da ambiência contratual, preparando cada estudante para lidar com as complexidades do mercado (*e.g.*, da moeda, da formação dos preços, das ofertas, do crédito e de financiamentos de todos os gêneros, de seguros, entre outros fenômenos econômicos de certa complexidade), do meio em que vive (*e.g.*, sustentabilidade, competitividade, a importância de denunciar práticas abusivas ou irregulares) e da sua realidade doméstica (*e.g.*, segurança alimentar, riscos, orçamento familiar, ou mesmo para se posicionar bem sobre como, quando e onde trocar, devolver ou pedir abatimento de produtos e serviços de baixa qualidade)". MOURA, Walter José Faiad. Pensar e implementar a educação do consumidor no Brasil. In: MIRAGEM, Bruno Nubens Barbosa; MARQUES, Claudia Lima; OLIVEIRA, Amanda Flávio de (Coord.). *25 Anos do Código de Defesa do Consumidor:* trajetória e perspectivas. São Paulo: Ed. RT, 2016. p. 799-816, esp. p. 805.

32. Disponível em: https://agenciabrasil.ebc.com.br/educacao/noticia/2020-07/taxa-cai-levemente-mas-brasil-ainda-tem-11-milhoes-de-analfabetos. Acesso em: 03 jul. 2021.

33. O dado é do *Indicador de Alfabetismo Funcional (Inaf)*, divulgado em 2018 e disponível em: https://jornal. usp.br/atualidades/escolas-brasileiras-ainda-formam-analfabetos-funcionais/. Acesso em: 03 jul. 2021.

34. https://theinclusiveinternet.eiu.com/explore/countries/BR/performance/indicators/readiness. Acesso em: 03 jul. 2021.

35. Tendo em conta o breve espaço deste artigo, deixamos de abordar aqui outras vulnerabilidades e hipervulnerabilidades características (embora não exclusivas) do consumidor brasileiro, de ordem econômica, etária (o uso de apps por menores e por idosos), incapacitante etc.

36. Disponível em: https://www.whatsapp.com/security/. Acesso em: 07 de julho de 2021. Registre-se que a ausência da ativação do mecanismo de validação em duas etapas, pela qual só se permite a validação do aplicativo em outro aparelho com a autenticação de senha PIN do usuário, tem sido utilizada como argumento de defesa pelas empresas de telefonia móvel em casos nos quais se discute a sua responsabilidade pela clonagem de chip. Veja-se: TJMS, AC 0843066-23.2019.8.12.0001, 4ª CC, rel. Des. Júlio Roberto Siqueira Cardoso, j. 17 dez. 2020.

o usuário não seguir os passos de verificação poderá, por outro lado, vir a perder o acesso à conta ou mesmo vê-la apagada após determinado prazo.

O que se verifica aqui, portanto, é que é possível um aumento no grau de segurança da conta do consumidor, uma "camada extra de segurança", mas cuja opção, atualmente, está a cargo do próprio usuário. Se ele optar pela maior segurança, adverte o app, o esquecimento da senha PIN pode acabar levando ao apagamento da conta e à perda dos dados/conversas nela armazenados. Isso porque a criptografia de ponta-a-ponta, que é usada pelo WhatsApp, é um recurso (este não opcional para o usuário) de segurança que protege os dados durante a troca de mensagens, de modo que seu conteúdo só é acessado pelos dois extremos da comunicação, isto é, pelo remetente e pelo destinatário, não ficando armazenado no próprio app (e evitando, com isso, que também possa ser interceptado), mas apenas nos aparelhos celulares.

Tecnicamente, portanto, é possível afirmar que há níveis de segurança contra fraudes mais elevados dos que os ora utilizados de forma impositiva pelo aplicativo, como a dupla verificação. Mas será que o app poderia ser responsabilizado pela sua não implantação obrigatória?

A princípio, entendemos que sim. Ainda que o aumento na segurança signifique, de outro lado, um acréscimo de risco de perda de informações armazenadas, tem-se que é dever do fornecedor colocar no mercado de consumo produtos e serviços o mais seguro possíveis, observando, com isso, o direito do consumidor à prevenção de danos tanto patrimoniais como morais. Verificando as formas mais comuns de fraude relatadas no item 1, percebe-se que as duas primeiras poderiam ter um ganho significativo (embora não absoluto) de segurança com o uso da dupla verificação.[37] Já a terceira, de toda forma, por contar com a participação ativa da vítima, independeria desse sistema.

Além disso, é importante referir que todas as modalidades de fraude descritas restariam igualmente diminuídas com mais educação e informação aos usuários, o que demanda, por outro lado, também um incremento nas políticas de estado visando à alfabetização digital. Relativamente aos agentes econômicos, como o WhatsApp, é preciso que o sistema estatal de defesa do consumidor esteja vigilante e acompanhe a atuação do setor para poder atestar se a aplicação promove a educação e a divulgação sobre o *consumo adequado dos produtos e serviços* e se informa[38], suficientemente, o

---

37. Mais recentemente, em maio de 2021, noticiou-se uma evolução na aplicação dos golpes através do aplicativo WhatsApp, que burla o sistema da dupla verificação. Notícia e mais detalhes podem ser obtidos em https://www.techtudo.com.br/noticias/2021/05/novo-golpe-do-whatsapp-clonado-rouba-senha-da-verificacao--em-duas-etapas.ghtml. Acesso em: 10 jul. 2021.

38. Com efeito, o dever de informação imposto ao fornecedor no CDC comporta graus, podendo configurar, conforme a situação, um dever de esclarecer, de aconselhar ou mesmo de advertir. E nesse sentido o CDC, expressamente, dispõe: "Art. 9º O fornecedor de produtos e serviços potencialmente nocivos ou perigosos à saúde ou segurança deverá informar, *de maneira ostensiva e adequada*, a respeito da sua nocividade ou periculosidade, sem prejuízo da adoção de outras medidas cabíveis em cada caso concreto." (g.n.) Na hipótese concreta dos perigos à segurança cibernética do consumidor, é dever dos fornecedores tanto adverti-lo, em seus canais, na mídia e de todas as maneiras que estiverem à sua disposição, sobre os riscos

consumidor *brasileiro* [com todas as peculiaridades que o caracterizam] sobre os riscos de seu serviço.

4. A RESPONSABILIDADE CIVIL E O RISCO DA ATIVIDADE DIANTE DA TECNOLOGIA DIGITAL: QUAIS AS FRONTEIRAS DO FORTUITO INTERNO?

Alguns casos envolvendo fraudes praticadas por meio do aplicativo WhatsApp chegaram ao Poder Judiciário em vários estados brasileiros, tendo, no polo passivo da demanda, a empresa de telefonia ou mesmo o Facebook.[39]

Em dezembro de 2020, a 4ª Câmara Cível do Tribunal de Justiça do Mato Grosso do Sul julgou a Apelação Cível 0843066-23.2019.8.12.0001[40], ocasião em que manteve sentença que responsabilizou a prestadora do serviço de telefonia celular por danos morais sofridos por consumidor que foi vítima de fraude pelo método SIM Swap. Segundo consta do acórdão, o consumidor percebeu a ausência de funcionamento da linha de telefonia móvel e, após formalizar reclamação junto à empresa de telefonia, o serviço foi restabelecido e os atos praticados pelo fraudador cessaram. Em juízo, o consumidor apresentou o protocolo de atendimento, conferindo verossimilhança às suas alegações, ao passo que a ré nada esclareceu a respeito. Nas razões de decidir do acórdão, constou expressamente que a modalidade de clonagem sofrida pelo consumidor foi a do SIM Swap, na qual não há concorrência da vítima para a perfectibilização do golpe, *in verbis*:

> "[...]. No entanto, é possível também, segundo amplamente divulgado na imprensa nacional, que a empresa de telefonia efetue a transferência 'da linha' para 'chip' de terceiro, seja por engodo, ou por concorrência delitiva, nominada 'SIM SWAP': *'no qual o golpista obtém um chip de celular com o número da vítima, o que pode ser feito enganando um atendente da operadora ou simplesmente o subornando'* [...]".

Em situação similar, de alegação de golpe pelo método SIM Swap, a 9ª Câmara Cível do Tribunal de Justiça do estado do Rio Grande do Sul, no julgamento da Apelação Cível 502003533.2020.8.21.0001[41], manteve sentença de improcedência da pretensão indenizatória veiculada contra a empresa de telefonia. Depreende-se do acórdão proferido pelo Tribunal gaúcho que, diferente do caso apreciado em Mato Grosso do Sul, o consumidor não procedeu a qualquer registro de reclamação quanto ao funcionamento da linha de telefonia celular no período em que os fraudadores agiram. Assim, diante de autos instruídos exclusivamente com reportagens e alega-

---

de práticas delituosas a que estão sujeitos pelo uso de suas plataformas como, ostensivamente, informar a maneira de melhor prevenir os danos após a ocorrência dos ilícitos, indicando condutas a serem tomadas pelo consumidor e canais de ajuda – que, obviamente, devem estar disponíveis e ser eficientes – em casos como roubo ou furto do celular, rackeamento de dados, clonagens etc.

39. No ano de 2014, o Facebook efetivou a compra do WhatsApp por US$ 22 bilhões, o que foi considerando um dos maiores negócios do mercado de tecnologia até hoje.

40. TJMS, AC 0843066-23.2019.8.12.0001, 4ª CC, rel. Des. Júlio Roberto Siqueira Cardoso, j. 17 dez. 2020.

41. TJRS, AC 502003533.2020.8.21.0001, 9ª CC, rel. Des. Eugênio Facchini Neto, j. 28 abr. 2021.

ções desacompanhadas de indícios concretos de que a fraude tenha tido, de alguma forma, relação causal com falha na prestação do serviço de telefonia, a sentença de improcedência foi mantida.

Ambos os julgados ilustram bem a relevância de uma produção mínima de provas em tais ações indenizatórias, a determinar, de um lado, a caracterização do defeito na prestação do serviço ou, de outro, a culpa do consumidor em razão de eventual imprudência no uso do app. Isso porque ainda que seja direito do consumidor a facilitação da defesa dos seus direitos em juízo com a inversão do ônus da prova (CDC, art. 6º, VIII), é mister que este aponte indícios de um nexo de causalidade entre o serviço prestado e o dano sofrido. Sobretudo considerando as múltiplas formas de prática de golpes envolvendo o aplicativo WhatsApp[42], inclusive com o uso de engenharia social. Nesse sentido é que uma providência simples, como o registro de inacessibilidade da linha de telefonia móvel não apenas conferiu verossimilhança às alegações do consumidor no caso apreciado pelo TJMS, como determinou a cessação da atividade criminosa, laborando em favor de todos os envolvidos.

Já a 2ª Turma Cível do Tribunal de Justiça do Distrito Federal e Territórios, no julgamento da Apelação Cível 0720471-26.2020.8.07.0001[43], teve a oportunidade de apreciar a temática vertida neste trabalho tendo por réu o Facebook. Nesse caso, a consumidora sustentou ter recebido uma ligação de um número desconhecido, mas percebeu que se tratava de um golpe. Então, em seguida ao término da ligação notou a inacessibilidade ao seu perfil no aplicativo WhatsApp, passando também a receber ligações de familiares narrando os pedidos de dinheiro efetuados em seu nome. Neste caso, a despeito das solicitações de desabilitação do perfil do WhatsApp ao número da linha de telefonia móvel titularizada pela consumidora formuladas ao réu, inclusive pelos meios por ele indicados, até o ajuizamento da demanda o perfil seguia sendo utilizado pelo fraudador.

A ação ajuizada pela consumidora foi de imposição de obrigação de fazer. Invocando o Marco Civil da Internet (Lei 12.965/2014) e o Código de Defesa do Consumidor, os julgadores reconheceram que os danos suportados pela consumidora decorreram, primordialmente, da falha de segurança no aplicativo e da ineficiência do suporte em bloquear o acesso de terceiro invasor. Reconheceu-se, portanto, que a clonagem do perfil do WhatsApp da forma como operada naquele caso constituía fortuito interno, afirmando-se que: "Sobre a dupla verificação de conta, não é admissível que o aplicativo repasse ao consumidor o ônus de ativar

---

42. Essa multiplicidade de meios de fraudar, aliás, é um dificultador a que possa, o magistrado, decidir pela verossimilhança das alegações do consumidor exclusivamente com base em "informações de domínio público ou particular", ainda que, como sugere Bruno Miragem, "todas devidamente explicitadas por ocasião da fundamentação da decisão de inversão do ônus probatório". MIRAGEM, Bruno. *Curso de Direito do Consumidor*. 8. ed. São Paulo: Thomson Reuters Brasil, 2019. p. 842.

43. TJDFT, AC 0720471-26.2020.8.07.0001, Acórdão 133;9421, rel. Des. Cesar Loyola, rel. Designado Des. Sandoval Oliveira, 2ª Turma Cível, j. 19 maio 2021. O resultado do julgamento no tocante à indenização por danos morais se deu por maioria, pela improcedência do pedido indenizatório.

um serviço de segurança, utilizando isso para eximir-se de sua responsabilidade." Nesse sentido, sustentou o colegiado que "se a ativação de dupla verificação é suficiente para evitar clonagens, cabe ao réu, sob pena de responder pela falha, programar referida ferramenta de segurança automaticamente, e não deixar a cargo do consumidor, que, em sua grande maioria, não é devidamente informado e sequer conhece a ferramenta de segurança".

Embora possa haver alguma divergência quanto a esse argumento pretoriano, no caso específico do julgado do TJDFT verificou-se, ainda, a inércia do Facebook na resolução do problema mesmo após as inúmeras tentativas de solução por parte da consumidora, o que justificou a procedência dos pedidos de indenização por dano material, correspondente à aquisição de novo chip de telefone pela apelante, e por danos morais.

Perspectiva interessante que acrescenta um ator possível no que tange à responsabilidade civil por fraude praticada por meio do WhatsApp foi apreciada pelo Tribunal de Justiça de São Paulo no julgamento da Apelação Cível 1013719-31.2020.8.26.0002.[44] Nesse julgado, segundo se extrai da leitura do acórdão, a consumidora acionou a instituição financeira destinatária dos valores solicitados pelo golpista por meio do perfil clonado no WhatssApp ao fundamento de que foi comunicada do ilícito a tempo de bloquear a conta dos estelionatários e, assim, evitar o saque dos valores depositados. A sentença de improcedência foi cassada pelo Tribunal para se viabilizar a produção da prova pretendida pela consumidora, uma vez que é possível que haja responsabilidade da instituição financeira. Asseverou o relator que, nos termos da Circular 3.681 do BACEN, art. 4º, XIII, "o banco deve gerenciar os riscos através de 'mecanismos de monitoramento e de autorização das transações de pagamento, com o objetivo de prevenir fraudes, detectar e bloquear transações suspeitas de forma tempestiva'".

Verifica-se, assim, que o risco da ocorrência de danos (o risco-criado, na forma do art. 927, par. único, do CC/02) pelo uso de aplicativos como o WhatsApp é evidente e se relaciona, diretamente, com a atividade lucrativa desenvolvida pelos agentes econômicos (aplicativo e operadora de telefonia). Em assim sendo, é possível cogitar-se de fortuito interno, tornando a responsabilização dos fornecedores viável, em cada hipótese, conforme o tipo de fraude de que tenha sido vítima o consumidor(a) e a prova produzida, considerando os parâmetros do art. 6º, VIII, do CDC. As fronteiras entre o caso fortuito interno e o fato concorrente ou exclusivo do consumidor são estabelecidas a partir das circunstâncias próprias de cada caso concreto, tendo em vista as variadas formas de enganação de que podem ser vítimas os usuários e usuárias do serviço.

---

44. TJSP, AC 1013719-31.2020.8.26.0002, Rel. Des. Spencer Almeida Ferreira, 38ª Câmara de Direito Privado, j. 15 jun. 2021.

5. CONCLUSÃO

No breve espaço deste artigo questionou-se, a partir de justificativa apresentada na introdução, a quem compete arcar com os danos decorrentes de fraudes perpetradas por meio do uso do aplicativo de conversas WhatsApp. Tendo em vista as variadas formas de fraude analisadas, chegou-se a algumas conclusões, sendo de destacar que este ainda é um tema em construção e que merece um estudo mais aprofundado.

A primeira delas diz com a necessidade de se analisar, em cada caso e da forma parametrizada pelo art. 6º, VIII, do CDC, o tipo de fraude de que foi vítima o consumidor, a fim de estabelecer o nexo causal com o aplicativo, com a operadora ou o fato exclusivo da vítima. Isso porque, a depender do golpe usado pelo fraudador por meio do WhatsApp, o app pode ter concorrido por falha em seu sistema de segurança, a operadora, por erro nas questões que envolvem verificação cadastral ou mesmo conluio de colaborador a ela vinculado ou o consumidor pode ter sido enganado sem qualquer contribuição causal dos agentes econômicos.

A segunda refere-se à imposição dos deveres expressos no CDC aos fornecedores de produtos e serviços no mercado brasileiro, inclusive os digitais, como é o caso do aplicativo de mensagens WhatsApp. Dentre esses deveres destacam-se o de educar os consumidores para o consumo, o de informá-los sobre os riscos que seu serviço apresenta e o de, *efetivamente*, prevenir danos decorrentes desses riscos. Tais deveres advêm dos correlatos direitos básicos reconhecidos a todos os consumidores pelo art. 6º do Código, dispositivo que contempla uma síntese dos direitos de ordem material e processual explicitados ao longo da Lei 8.078/90.

Por fim, conclui-se que o desejado desenvolvimento tecnológico não pode ser razão para descurar-se da proteção da pessoa humana do consumidor, sendo primordial ter-se em mente que a tecnologia não é sua inimiga. Nesse passo, fundamental é saber reconhecer e distinguir, com base na alegoria usada por Shoshana Zuboff, o *mestre* dos fantoches e o fantoche propriamente dito.

6. REFERÊNCIAS BIBLIOGRÁFICAS

ASSOCIAÇÃO DOS MAGISTRADOS BRASILEIROS, "AMB alerta para mais um golpe por Whatsapp", publ. 17 ago. 2020. Disponível em: https://www.amb.com.br/amb-alerta-para-mais-um-golpe-por--whatsapp/. Acesso em: 16 jun. 2021.

COLOMBO, Clóvis. "WhatsApp sem número". In: *Sindicont Tech Gerenciamento*. Disponível em: https://sindicontblu.org.br/como-usar-whatsapp-sem-numero/. Acesso em: 14 jun. 2021.

FANTINATO, Giovana. "Mulher 'dá golpe em golpista' no WhatsApp e repercute na internet". In: *Tecmundo*, publ. 12 maio 2021. Disponível em https://www.tecmundo.com.br/internet/217177-post-usuaria-dando-golpe-golpista-repercute-internet-veja.htm, Acesso em: 16 jun. 2021.

FEITOSA JR., Alessandro. "SIM Swap: conheça a técnica que clona WhatsApp e frauda app de cartão de crédito". In: *Gizmodo Brasil*. Disponível em: https://gizmodo.uol.com.br/sim-swap-tecnica-clona--whatsapp/. Acesso em: 15 jun. 2021.

GRINOVER, Ada Pelegrini (Coord.). *Código de Defesa do Consumidor, comentado pelos autores do anteprojeto*. 6. ed. Rio de Janeiro: Forense Universitária, 1999.

MENNITTI, Danieli. "Saiba como evitar e lidar com um golpe de clonagem do chip". In: *Tecmundo*, publ. 20 jan. 2020. Disponível em: https://www.tecmundo.com.br/seguranca/149476-saiba-evitar-lidar--golpe-clonagem-chip.htm. Acesso em: 16 jun. 2021.

MIRAGEM, Bruno. *Curso de Direito do Consumidor*. 8. ed. São Paulo: Thomson Reuters Brasil, 2019.

MOURA, Walter José Faiad. Pensar e implementar a educação do consumidor no Brasil. In: MIRAGEM, Bruno Nubens Barbosa; MARQUES, Claudia Lima; OLIVEIRA, Amanda Flávio de (Coord.). *25 Anos do Código de Defesa do Consumidor*: trajetória e perspectivas. São Paulo: Ed. RT, 2016. p. 799-816.

NETHER, Nicholas Augustus de Barcellos. *Proteção de dados dos usuários de aplicativos*. Curitiba: Juruá, 2018.

PEDROSO, Ana Luiza. "Novo golpe duplica WhatsApp e pede dinheiro para contatos", publ. 27 mar. 2021. In: *Mundo Conectado*. Disponível em: https://mundoconectado.com.br/artigos/v/17821/novo-golpe-duplica-whatsapp-e-pede-dinheiro-para-contatos. Acesso em: 16 jun. 2021.

WAKKA, Wagner. "Facebook agora detalha melhor a coleta e o uso de informações dos usuários". In: *Canaltech*, publ. 13 jan. 2021. Disponível em https://canaltech.com.br/redes-sociais/facebook-agora--detalha-melhor-a-coleta-e-o-uso-de-informacoes-dos-usuarios-177338/. Acesso em: 17 jun. 2021.

ZUBOFF, Shoshana. *A era do capitalismo de vigilância*: a luta por um futuro humano na nova fronteira do poder. Trad. George Schlesinger. Rio de Janeiro: Intrínseca, 2020.

GREENWASHING E O APELO AMBIENTAL NAS MENSAGENS PUBLICITÁRIAS E O DANO MORAL COLETIVO NAS RELAÇÕES DE CONSUMO

Cláudio José Franzolin

Professor pesquisador titular do Programa de Pós-Graduação em Direito da Pontifícia Universidade Católica de Campinas (PPGD-PUC-Campinas), na linha de pesquisa Políticas Públicas e Direitos Humanos. Professor no mestrado da disciplina Relações privadas e seus institutos jurídicos e os direitos humanos e da disciplina Seminários Avançados de Pesquisa. Professor na graduação de direito civil e de direito do consumidor. Membro titular do Comitê de Ética e Pesquisa com seres humanos. Integrante da componente Jurídica do Projeto Institucional HIDS (Hub Internacional para o desenvolvimento sustentável) na implantação de laboratório vivo de cidade inteligente e sustentável em Campinas (Unicamp/Puc-Campinas). Associado do Iberc e Brasilcon. Autor de trabalhos científicos. Advogado.

Salvar o planeta, todavia, é uma expressão tão falsa quanto presunçosa. (...) Ao contrário do que esse slogan faz pensar, não é o planeta que está sendo posto em perigo pelos drásticos impactos ambientais contemporâneos. Nunca será demais repetir que o que está na berlinda é a possibilidade de a espécie humana evitar que seja acelerado o processo de sua própria extinção
(José Eli da Veiga, p. 34)

Sumário: 1. Introdução – 2. A publicidade e o conteúdo da mensagem publicitária de conteúdo ambiental; 2.1 Consumo sustentável: muito além de mensagens publicitárias de conteúdo ambiental; 2.2 Informação e publicidade enganosa sob a perspectiva das mensagens de conteúdo ambiental – 3. Dano coletivo decorrente de mensagens publicitárias ambientais baseadas no *greenwashing* e seus pressupostos; 3.1 O dano moral coletivo, interesses extrapatrimoniais transindividuais no contexto do *greenwashing* – 4. Conclusão – 5. Referencias bibliográfica.

1. INTRODUÇÃO

A Convenção de Estocolmo[1] deu visibilidade à sustentabilidade como um novo paradigma[2] e fomentado o aumento de 38 vezes mais a legislação ambiental; mas, para PNUMA-ONU,[3] fazer cumprir essas leis é um dos maiores desafios para serem

---

1. Declaração de Estocolmo sobre o ambiente humano. 1972. Conferência das Nações Unidas sobre o meio ambiente humano em junho de 1972. Disponível em: http://www.direitoshumanos.usp.br/index.php/Meio-Ambiente/declaracao-de-estocolmo-sobre-o-ambiente-humano.html.
2. CANDEMIL, Renata. Mudanças de paradigma para uma sociedade sustentável: um novo desafio para o direito brasileiro? *Revista de direito ambiental*, n. 68, p. 13-45, 2012.
3. PNUMA (Programa das Nações Unidas para o Meio Ambiente PNUMA). *Crescem as leis para proteger o meio ambiente, mas há falhas graves de implementação, afirma novo relatório da ONU* (24/1/2019). Disponível em: https://www.unep.org/pt-br/noticias-e-reportagens/press-release/crescem-leis-para-proteger-o-meio-ambiente-mas-ha-falhas. Acesso em: 05 jul. 2021.

mitigados os efeitos deletérios ao meio ambiente: como mudança do clima, redução da poluição e perda de espécies e de *habitats*. Ou seja, a sustentabilidade não pode ser mera retórica; precisa realizar-se na prática. Sem contar, ainda, conforme Eli da Veiga, que a expressão "sustentabilidade" passa, assim, por "vulgares abusos".[4]

No contexto empresarial, dita expressão passa a ser utilizadas pelas empresas,[5] por meio de estratégias de *marketing,* com o intuito de transmitir imagem de que elas adotam responsabilidade socioambiental nas suas atividades. Só que, adverte Eli Veiga, "nada garante que tais comportamentos ou processos sejam realmente sustentáveis".[6]

Vale citar, nessa perspectiva, Fábio Alperowitch, entrevistado pelo Valor Econômico, ao afirmar que meio ambiente e direitos humanos, se antes na visão dos investidores eram pautas ideológicas, agora, estas precisam se incorporar ao ambiente corporativo, porém, adverte o entrevistado, se elas são apenas preocupações aparentes, ou seja, estratégias de marketing, ocorre o *greenwashing*.[7]

À medida que os fornecedores, por meio de mensagens publicitárias ou informações aos seus consumidores, ou aos seus investidores e acionistas,[8] transmitem valores ambientais e sustentáveis, sem concreta e efetivamente praticá-los, comprometem-se, simultaneamente, dois interesses extrapatrimoniais e transindividuais, quais sejam, o primeiro sob a perspectiva do direito do consumidor, o direito à informação enquanto direito fundamental (art. 6º, III do CDC) e, por conseguinte, a transparência; o segundo o direito ambiental, pois o intuito visa, apenas, incrementar lucro sem preocupações com a tutela ambiental. Assim, o presente estudo, enquadrando o *greenwashing* no âmbito do dano moral coletivo, visa tutelar direitos fundamentais de terceira geração, "direitos que não se destinam (...) à proteção dos interesses de um indivíduo (...)",[9] mas, sim, o "gênero humano",[10] assim, direitos que fomentam a solidariedade, os direitos sociais, proteção do meio ambiente, dentre outros.

Nessa rota, o método adotado é a hermenêutica filosófica apontada por Lênio Streck,[11] a qual, embora manejada pelo autor sob a perspectiva da interpretação

---

4. VEIGA, José Eli da. *Sustentabilidade:* a legitimação de um novo valor. 2. ed. São Paulo: Senac, 2010. p. 20.
5. Esclareça-se que será utilizada a expressão fornecedor ou empresa, sem atentar à especificidade técnico-jurídica, detendo-se sim, na análise do dano coletivo nas relações de consumo decorrente do uso inadvertido de mensagens publicitárias
6. VEIGA, José Eli da. *Sustentabilidade,* cit., p. 21.
7. DATT, Felipe. Conduta das empresas passa a ser valorizada: meio ambiente e direitos humanos não são pautas ideológicas, diz pioneiro em ESG no Brasil, 31 ago. 2020. *Valor Econômico.* Disponível em: https://valor.globo.com/publicacoes/suplementos/noticia/2020/08/31/conduta-das-empresas-passa-a-ser-valorizada.ghtml. Acesso em: 07 jul. 2021.
8. A abordagem do *greenwashing* no contexto de assédio por parte das empresas para captar investidores e novos acionistas mais sensíveis aos valores ambientais não serão abordadas nesse estudo; detendo-se, apenas, no âmbito das relações de consumo.
9. BONAVIDES, Paulo. *Curso de direito constitucional.* 30. ed. São Paulo: Malheiros, 2015. p. 584.
10. BONAVIDES, Paulo. *Curso de direito constitucional,* cit., p. 584.
11. STRECK, Lênio Luiz. *Verdade e consenso*: constituição, hermenêutica e teorias discursivas. 5. ed. São Paulo: Saraiva, 2014. p. 191.

constitucional, é possível estabelecer canais axiológicos quando se destaca a importância de o Estado proteger direitos fundamentais. Esclareça-se que, por meio de um método hermenêutico,[12] alinha-se para a busca do justo, da verdade jurídica, sob a perspectiva da situação concreta de tutela de interesses transindividuais.

Referido método será abordado, à luz do direito civil constitucional,[13] pois permite a compreensão "conjunta de princípios e regras individualizados pelo aplicador, do sistema sociocultural, e dos elementos condicionantes dos fatos em cada conflito de interesses",[14] assim, estabelecem-se melhores conexões de sentido entre valores constitucionais e a funcionalidade da responsabilidade civil ante os danos coletivos decorrentes do *greenwashing,*

2. A PUBLICIDADE E O CONTEÚDO DA MENSAGEM PUBLICITÁRIA DE CONTEÚDO AMBIENTAL

2.1 Consumo sustentável: muito além de mensagens publicitárias de conteúdo ambiental

Como já escrevemos em outra oportunidade,[15] se, num primeiro momento, consumo era compreendido para o atendimento das necessidades do consumidor, no contexto contemporâneo, conforme Fátima Portilho – valendo-se de Herber e Fehér – a "categoria essencialista"[16] não ocorre mais no consumo, ou seja, não se esgota nas necessidades existenciais do consumidor.[17] O consumo incorpora "uma série de motivações mais complexas"[18] as quais, dentre outras, conforme Baudrillard, estão relacionadas à "abundância"[19] e ao desperdício.[20] Só que, prossegue ele, ocorrem graves consequências deletérias ao meio ambiente natural ou artificial, por exemplo, ruído, poluição do ar e da água, destruição de paisagens;[21] citamos, ainda, aquecimento global, riscos futuros à biodiversidade, geração excessiva de resíduos

---

12. MAMMAS, Jeannette Antonios. *Fenomenologia existencial do direito*: crítica do pensamento jurídico brasileiro. 2. ed. São Paulo: Quartier Latin, 2003. p. 103.

13. LOBO, Paulo. *Direito civil*: parte geral. 6. ed. São Paulo: Saraiva, 2017. v. 1. p. 64. Por outro lado, Streck não compartilha dos doutrinadores que acolhem o direito civil constitucional e nem da possibilidade de preenchimento de cláusulas gerais pelo intérprete, sob o fundamento de que não é democrático delegar ao juiz o preenchimento do conteúdo das, assim chamadas, cláusulas gerais (STRECK, Lênio Luiz. *Verdade e consenso*, cit., p. 229).

14. TERRA, Aline de Miranda Valverde. Liberdade do intérprete na metodologia civil constitucional. SCHEREIBER, Anderson; KONDER, Carlos Nelson. *Direito civil constitucional*. São Paulo: Grupo Gen/Atlas, 2016. p. 47-70, em especial, p. 49.

15. Consultar: FRANZOLIN, Cláudio José. Proteção ambiental e direito do consumidor: para um consumo sustentável em construção. *Revista de direito do consumidor*, n. 119, p. 129-165, set.-out. 2018.

16. PORTILHO, Fátima. *Sustentabilidade ambiental, consumo e cidadania*. 2. ed. São Paulo: Editora Cortez, 2010. p. 75.

17. PORTILHO, Fátima. *Sustentabilidade ambiental*, cit., p. 76.

18. BAUDRILLARD, Jean. *A sociedade de consumo*. Trad. Artur Morão. Lisboa, Edições 79, 2014. p. 16.

19. BAUDRILLARD, Jean. *A sociedade de consumo*, cit., p. 39.

20. BAUDRILLARD, Jean. *A sociedade de consumo*, cit., p. 39.

21. BAUDRILLARD, Jean. *A sociedade de consumo*, cit., p. 33.

etc. O caminho para que o consumo seja mais sustentável, envolve novos contextos. Nessa rota, sob o prisma normativo, a L. 14.181/2021,[22] incorporou como princípio da Política Nacional das Relações de Consumo, o inciso IX, ao art. 4º, do CDC, que é "fomento de ações direcionadas à educação (...) ambiental dos consumidores", revelando uma maior sintonia entre consumo e meio ambiente, ou seja, a importância do consumo sustentável.

Consumo sustentável, conforme Juliane de Almeida Ribeiro e Ricardo Teixeira Veiga, é "a consciência ecológica na compra de produtos e serviços, o não desperdício de recursos, o empenho em reciclagem de materiais e produtos e a propensão para um estilo de vida menos consumista"[23] e, abrange, segundo eles, quatro dimensões: consciência ecológica, economia de recursos, reciclagem e uma categoria híbrida que é compra de produtos usados e à preocupação em reutilizá-los sempre que possível.

No direito do consumidor, Leonardo de Medeiros Garcia aponta que, para promover a proteção ambiental no contexto das relações de consumo, demanda, formulação de políticas públicas, implementação da informação ambiental e preocupação com a publicidade ambiental.[24] Alfredo Rangel Ribeiro,[25] por sua vez, entende a relação de consumo a partir de um ciclo helicoidal, pois, assim, o intérprete tem uma compreensão mais visível de todos os partícipes, sejam contratantes efetivos ou potenciais, incluídos, também, os que são atingidos pelos impactos ambientais se não é sustentável o consumo.

Destaque-se, ainda, o consumo sustentável numa perspectiva global, à medida que a Agenda 2030 da ONU[26] aponta, dentre seus Objetivos, a necessidade de que todos adotem consumo e produção responsáveis.[27]

---

22. BRASIL. *L. 14.181/2021*. Disponível em: http://www.planalto.gov.br/ccivil_03/_Ato2019-2022/2021/Lei/L14181.htm#:~:text=LEI%20N%C2%BA%2014.181%2C%20DE%201%C2%BA%20DE%20JULHO%20DE%202021&text=Altera%20a%20Lei%20n%C2%BA%208.078,e%20o%20tratamento%20do%20superendividamento. Acesso em: 12 jul. 2021.

23. RIBEIRO, Juliane de Almeida; VEIGA, Ricardo Teixeira. Proposição de uma escala de consumo sustentável. *R. Administração*, v. 46, n. 1, p. 45-60, jan.-mar. 2011.

24. GARCIA, Leonardo de Medeiros. *Consumo sustentável*: a proteção do meio ambiente no Código de Defesa do Consumidor [de acordo com a L. 13.186/2015]. São Paulo, 2016, passim.

25. RIBEIRO, Alfredo Rangel. *Direito do consumo sustentável* [Biblioteca de direito do consumidor]. São Paulo: Ed. RT, 2018. p. 249.

26. NAÇÕES UNIDAS. Os ODS em ação. Disponível em: https://www.undp.org/sustainable-development-goals?utm_source=EN&utm_medium=GSR&utm_content=US_UNDP_PaidSearch_Brand_English&utm_campaign=CENTRAL&c_src=CENTRAL&c_src2=GSR&gclid=Cj0KCQjwiqWHBhD2ARIsAPCDzamp1EUR-X1y_HHM7FVxGlEtgydZ1hrSGwQ9KLI1PP-7kpjgSePZd7gaAquWEALw_wcB. Acesso em 06 jul. 2021.

27. VIEIRA, Luciane Klein Vieira; CIPRIANO, Ana Cândida Muniz. A proteção ao consumidor e o desenvolvimento sustentável: as orientações das Nações Unidas para a implementação de práticas de consumo sustentáveis. *Revista de Direito Ambiental*, v. 100, p. 583-610, out.-dez. 2020.

Superar a economia apenas crescimentista,[28] rumo ao desenvolvimento sustentável,[29] se revela a sustentabilidade como um concreto valor.[30]

Então, apenas afirmar o fornecedor que seus produtos têm tecnologia 'verde', ou que 'são ambientalmente responsáveis', ou que ele preserva a natureza, diz muito pouco. Consumo sustentável vai além de uma mensagem publicitária; mas, o fornecedor ao agregar valores sustentáveis para incrementar lucros e ampliar mercados, não só, aproveita da condição de vulnerabilidade do consumidor, como descumpre o direito à informação, a veracidade e a confiança.

Ademais, essa estratégia do fornecedor de atrelar à sua marca aos conceitos caros de desenvolvimento e consumo sustentáveis com o intuito de atender apenas desempenho e interesse econômico, ou seja, transmitir uma expressividade social junto aos concorrentes e aos consumidores, sem a correspondente e efetiva proteção ambiental ocorre uma categoria de dano com repercussão coletiva.

---

28. Extrair, fabricar, usar, descartar: a receita é antiga. Desde a Primeira Revolução Industrial (de 1760 a cerca de 1840), este modelo linear permeia a produção de praticamente tudo o que é consumido pelo ser humano – vestuário, utensílios, embalagens, eletroeletrônicos, eletrodomésticos e, mais recentemente, os modernos gadgets. Retira-se o recurso da natureza e ele é modificado, transformado em produto, utilizado e jogado no lixo. Até o século XX, as matérias-primas eram consideradas abundantes e, por isso, tinham baixo custo. Esta característica foi reforçada pelos avanços nos processos de extração. Foi no início deste século XXI que despertamos para o fato de que, além de a demanda estar cada vez maior, alguns recursos poderiam se findar – esta não era uma hipótese amplamente discutida, e nem mesmo considerada no passado. Neste cenário, surgiram estruturas que colaboram com a perpetuação do modelo. Em função disso, os sistemas de design de produtos, manufatura, tributário, fiscal, legal, financeiro e de logística, entre outros, foram desenvolvidos para atender ao esquema e nunca buscaram incluir iniciativas que promovessem o reaproveitamento ou a reciclagem de materiais. Pesou o próprio comportamento do consumidor, completamente acomodado neste padrão. Porém, o século XXI impôs um novo posicionamento, a conscientização e atitudes inovadoras de pessoas e empresas: se os recursos são finitos, devem ser reaproveitados, renovados, reutilizados. Até 2030, cerca de 2 bilhões de pessoas serão adicionados à classe média. Mantendo-se os padrões produtivos, haverá escassez de recursos e uma forte pressão sobre custos de materiais. (OHDE, Carlos (Org.); MATTAR, Helio et al. *Economia Circular*: um modelo que dá impulso à economia, gera empregos e protege o meio ambiente. [e-book] Edson Perin/NetpressBooks. 2018. p. 25).

29. "Cinco são as premissas que permeiam a concepção de desenvolvimento sustentável: em primeiro lugar, a relação de interdependência entre a vida humana e a conservação da natureza e do meio ambiente em suas diversas dimensões. Em segundo lugar, a constatação de que a Terra está enferma e a restauração de sua saúde depende de harmonização das atividades humanas com as leis da natureza. Em terceiro lugar, o fato de que a degradação ambiental limite a capacidade de desenvolvimento econômico da humanidade como um todo. Em quarto, o desenvolvimento econômico é condição *sine qua non* para se alcançar o desenvolvimento sustentável, porquanto a pobreza material gera maior pressão sobre a base de recursos naturais do planeta, tornando-o mais vulnerável a catástrofes. Finalmente, o desenvolvimento econômico deve ter como fim último a satisfação das necessidades da família humana, especialmente das populações marginalizadas dos países mais pobres. A concepção de desenvolvimento sustentável trouxe dois grandes progressos em relação à concepção anterior. O primeiro foi o reconhecimento de que o crescimento, desenvolvimento humano e proteção ambiental interagem e se influenciam mutuamente, sendo contraproducentes políticas estanques. O segundo se relaciona à adoção da ética ecológica ou da posteridade, que se assenta sobre a salvaguarda das oportunidades de autodeterminação das gerações futuras. (RODRIGUES JR., Edson Beas. O princípio do desenvolvimento sustentável como princípio geral do direito: origem histórica e conteúdo normativo. *Revista dos Tribunais*, a. 140, v. 940, p. 309-341, fev. 2014, em especial, p. 315.

30. Conforme José Eli da Veiga. *Sustentabilidade*, cit., p. 30.

2.2 Informação e publicidade enganosa sob a perspectiva das mensagens de conteúdo ambiental

Marcas transnacionais e com forte penetração na coletividade faz com que os titulares delas, enquanto fornecedores, tentando contornar os impactos de degradação ambiental, a estratégia de marketing passa a apelar não só para temas ambientais, como também, temas sociais.

Por outro, também, passa a surgir o consumidor verde. ou seja, "o indivíduo que, em seu processo de decisão de compra, considera além da qualidade/preço, também a variável ambiental: neste caso, há predileção por produtos que não agridem o meio ambiente e as marcas que vão contra esses ideais são substituídas".[31] Só que essa análise não corresponde que o consumidor terá condições de avaliar se o fornecedor incorpora em todas as etapas do processo produtivo e na sua cadeia de suprimentos, inclusive, na etapa pós-consumo, gestão e programas de integridade de forma sustentável.

Na verdade, na sociedade de consumo, os fornecedores criam diferentes mensagens e modelos de campanha publicitária, e assim, inovam por meio de vários conteúdos.

A informação é relevante para o direito do consumidor e para o direito ambiental. É reconhecida a situação existencial de vulnerabilidade do consumidor (art. 4º, I, do CDC) e, por isso, Marques, Benjamin e Miragem destaca a relevância da informação na relação de consumo, tanto que ela se apresenta em vários momentos, como na etapa pré-contratual, na oferta; no vício ou do defeito do produto ou serviço (arts. 12, 13, 14, 20, 30, 31, 33, 35, 46, 54, do CDC); ademais, prosseguem, informação é um dos deveres que decorrem da boa-fé, princípio máximo do Código de Defesa do Consumidor (art. 4º, caput, do CDC).[32]

Em termos de publicidade, ela é uma das expressões do direito de informação. Só que, dado o potencial persuasivo do *marketing*, a publicidade "deixa de ser instrumento de mera informação".[33] Assim, para ser qualificada como enganosa, basta a aptidão dela ter capacidade de indução em erro. "Inexigível (...) que o consumidor tenha, de fato e concretamente, sido enganado";[34] ou seja, mais importante da publicidade para que ela não seja enganosa, conforme os autores, é que ela respeite os princípios da transparência e boa-fé.[35] Só que o *greenwashing* atenta à veracidade,

---

31. CIDADE, Noelle Rigel de Oliveira; MACHADO, Diego de Queiroz et al. Dimensões do consumo sustentável no comportamento de consumidores de alimentos saudáveis. *Signos do Consumo*, São Paulo, v. 13, n. 1, p. 3-19, jan.-jun. 2021, em especial, p. 5.

32. MARQUES, Claudia Lima; BENJAMIN, Antônio Herman V.; MIRAGEM, Bruno. *Comentários ao Código de Defesa do Consumidor.* 3. ed. São Paulo: Ed. RT, 2010. p. 248.

33. BENJAMIN, Antonio Herman V.; MARQUES, Claudia Lima; BESSA, Leonardo Roscoe. *Manual de direito do consumidor.* 9. ed. São Paulo: Ed. RT, 2020. p. 314.

34. BENJAMIN, Antonio Herman V.; MARQUES, Claudia Lima; BESSA, Leonardo Roscoe. *Manual de direito do consumidor,* cit., p. 322.

35. Marques, Claudia Lima; BENJAMIN, Antônio Herman V.; MIRAGEM, Bruno. *Comentários,* cit., p. 252.

aos valores ambientais, desrespeita a transparência e tem como única perspectiva a expansão de vendas pelo fornecedor dos seus produtos e serviços.

Assim, pode-se conceituar *greenwashing* como "ampliación selectiva de información ambientalmente positiva a través de la publicidad, que causa una imagen distorsionada de la realidad en la mente del consumidor, en la que estos aspectos 'ecológicos' se encuentran sobre-representados".[36]

Publicidades e mensagens de conteúdo ambiental, inclusive, transmitem mais de um sentido; ao mesmo tempo, informação verdadeira, contendo conteúdo e sentidos múltiplos.[37]

Em se tratando de *greenwashing*, para compreender o seu conteúdo, Maria da Conceição Maranhão Pfeiffer[38] aponta sete formatos os quais ela se baseou no estudo feito pela *Terrachoice Environmental Marketing*. A partir daí, buscamos o referido estudo de como a publicidade pode se caracterizar *greenwashing*. A *Terrachoice* denomina-os como os sete pecados do greenwashing. Porém, nos atemos a dois deles, mais sintonizados com o contexto do presente estudo do dano moral coletivo:

> o pecado do custo ambiental camuflado: a mensagem publicitária informa que o produto ou serviço é alinhado é sustentável, ambientalmente correta, ou seja, qualificando-o coo 'produto verde'. Só que ficam sem respostas aspectos os quais não se pode apreender a extensão da mensagem. Por exemplo, se ao produzir papel, o fornecedor adquire madeiras de quem as extrai de forma; se está ou não sendo observado o nível de emissão de poluentes; se adota medidas adequadas quanto à destinação de produtos químicos utilizados no processo produtivo sem que comprometa o meio ambiente;[39]

> o pecado da ausência de provas: o fornecedor divulga informações realçando as virtudes e qualidades positivas ambientais, sem possibilidade de serem facilmente constatadas, comprovadas pelo destinatário, no caso, aqui, os consumidores; (...).[40]

---

36. MORITZ Hallama; RIBO, Marc Montlló et al. El fenómeno del *greenwashing* y su impacto sobre los consumidores propuesta metodológica para su evaluación. *Aposta. Revista de ciências sociales*, n. 50, p. 1-38, jul.-ago. 2011, em especial, p. 7 [Disponível em: http://www.apostadigital.com/revistav3/hemeroteca/moritz.pdf. Acesso: 08 jul. 2021.

37. BENJAMIN, Antonio Herman V.; MARQUES, Claudia Lima; BESSA, Leonardo Roscoe. *Manual de direito do consumidor*, cit., p. 324.

38. PFEIFFER, Maria da Conceição Maranhão. Direito à informação e ao consumo sustentável. – Tese de doutorado do Programa de Pós-Graduação, Universidade de São Paulo, 2011. Disponível em: https://www.teses.usp.br/teses/disponiveis/2/2131/tde-10092012-162142/publico/DIREITO_A_INFORMA-CAO_E_AO_CONSUMO_SUSTENTAVEL_versao_compl.pdf. Acesso em: 07 jul. 2021.

39. "Sin of the Hidden Trade-off: committed by suggesting a product is "green" based on an unreasonably narrow set of attributes without attention to other important environmental issues. Paper, for example, is not necessarily environmentally-preferable just because it comes from a sustainably-harvested forest. Other important environmental issues in the paper-making process, including energy, greenhouse gas emissions, and water and air pollution, may be equally or more significant" (Terrachoice. Part of Underwriters Laboratories Global Network. *The sins of greenwashing*: home and Family edition. 2010, p. 10. Disponível em: http://faculty.wwu.edu/dunnc3/rprnts.TheSinsofGreenwashing2010.pdf. Acesso em: 10 jul. 2021.

40. "Sin of No Proof: committed by an environmental claim that cannot be substantiated by easily accessible supporting information or by a reliable" (Idem).

Por outro lado, nada impede que o fornecedor adote como estratégia informações ambientais atreladas as marcas de seus produtos ou serviços. Só que, daí há a rotulagem ambiental,[41] mas, o fornecedor deve adequar o conteúdo da informação às normas regulamentares e, ainda, adotar condutas leais e de transparência. Assim, temos, a NBR ISO 14020;[42] há também a NBR ISSO 14021 que, reconhecendo a possibilidade de constar rotulagem ambiental e autodeclarada pelo fornecedor, mas de forma específica. Vejamos:

> (..)A proliferação de declarações ambientais criou a necessidade da existência de normas de rotulagem ambiental que requeiram que se leve em conta todos os aspectos pertinentes ao ciclo de vida do produto no momento de desenvolver as referidas declarações. As autodeclarações ambientais podem ser feitas por fabricantes, importadores, distribuidores, varejistas ou por qualquer pessoa que possa se beneficiar delas. As declarações ambientais feitas com referência a produtos podem assumir a forma de textos, símbolos ou gráficos impressos no produto ou no rótulo da embalagem ou em literatura sobre o produto, boletins técnicos, propaganda, publicidade, telemarketing, bem como na mídia digital ou eletrônica, como a Internet. Em autodeclarações ambientais, a garantia de confiabilidade é essencial. (...). Convém que a metodologia de avaliação utilizada pelos autores de declarações ambientais seja clara, transparente, cientificamente sólida e documentada para que os compradores efetivos ou em potencial possam ter certeza da validade destas declarações.[43]

Destaque-se também, o CONAR – Conselho Nacional de Autorregulamentação Publicitária – ao incluir, no seu Código Brasileiro de Autorregulamentação Publicitária novas regras sobre a publicidade que contenha apelos de sustentabilidade.[44]

---

41. Por exemplo, Antonio Carlos Efing, "A rotulagem ambiental é uma ferramenta de comunicação que objetiva aumentar o interesse do consumidor por produtos de menor impacto ambiental, possibilitando a melhoria ambiental contínua orientada pelo mercado. É por isso que deve ser usada com ética e transparência para não confundir, iludir nem distorcer conceitos sobre preservação ambiental aliada à sustentabilidade socio-econômica, e, sim, informar o consumidor, o que hão fazem as empresas que se utilizam do *greenwashing*" (EFING, Antonio Carlos; GREGORIO, Carolina Lückemeyer. Greenwashing e rotulagem ambiental no direito do consumidor à informação. *Revista de Direito do Consumidor*, v. 113, p. 439-455, set.-out. 2017.

42. Da referida ISO consta: "Quanto à informação ambiental nos rótulos dos produtos destaca o objetivo: "3 Objetivo dos rótulos e declarações ambientais A meta geral dos rótulos e declarações ambientais é, através de comunicação e informações precisas e verificáveis, que não sejam enganosas, sobre os aspectos ambientais de produtos e serviços, promover a demanda e o fornecimento dos produtos e serviços que causem menor impacto ambiental, estimulando, assim, o potencial para uma melhoria ambiental contínua, ditada pelo mercado. (...) E, ainda, consta, o 4.5 Princípio 4 4.5.1. As informações referentes aos procedimentos, metodologias e quaisquer critérios usados para dar suporte a rótulos e declarações ambientais devem estar disponíveis e ser fornecidas a todas as partes interessadas sempre que solicitadas" (ABNT NBR ISO 14020. Rótulos e declarações ambientais – Princípios gerais. *ABNT – Associação Brasileira de Normas Técnicas*, jun. 2002.

43. ABNT NBR ISO 14021. Rótulos e declarações ambientais – Autodeclarações ambientais (rotulagem do tipo II). (19/9/2017). *A Associação Brasileira de Normas Técnicas (ABNT)*. Ainda, há outras normas regulamentares.

44. Acerca de questões ambientais em mensagens publicitárias, de natureza institucional o CONAR já se manifestou no seguinte sentido: "Essa Representação foi iniciada pela direção do Conar a partir de queixas de consumidores indignados com campanha da Vale S.A., divulgando medidas de reparação pelos danos causados em virtude do rompimento da barragem de sua propriedade, na cidade de Brumadinho (MG).Os queixosos apontaram as seguintes irregularidades:- menção à recuperação do Rio Paraopeba, contestada por matéria jornalística; (...). Concluiu propondo a alteração, para que seja excluída dos anúncios a frase "Análises indicam que o rio poderá voltar à sua condição inicial". Seu voto foi aceito por unanimidade (CONAR. *Vale*: um ano após a tragédia de Brumadinho, a vale segue reparando danos causado e prestando

Nessa rota, a mensagem publicitária séria, verdadeira, e clara, objetiva poderá ser veiculada e contribuir para fortalecer, o consumo sustentável; inclusive, alinha-se como uma proposta, entre as nove apresentadas por Marcelo Sodré, ao sugerir o 'selo verde':

> (...) III. Valorizar a rotulagem ambiental dos produtos, inclusive regulamentar o chamado "Selo Verde", como um canal válido de informações a respeito dos produtos, processos e impactos ambientais positivos ou negativos; tornar a certificação ambiental um instrumento válido de orientação aos consumidores; (...).[45]

Portanto, a mensagem publicitária deverá apresentar conteúdo preciso e específico; sob pena de incorrer num dano coletivo. Enfim, o *greenwashing*, seja decorrente de informações em selos inadequados, publicidade enganosa ou abusiva, afetam, simultaneamente, dois interesses transindividuais de natureza difusa: o direito ao meio ambiente ecologicamente equilibrado e a relação de consumo a qual deve ser amparada na transparência, boa-fé, inerentes ao direito à informação.

Independe, portanto, se o consumidor adquire o produto ou utiliza o serviço. Seja a publicidade falsa, inteira ou parcialmente, seja informações veiculadas de natureza ambiental que, de alguma forma desvirtua o consumo sustentável, intencionalmente ou não, estamos diante de um dano moral coletivo.

3. DANO COLETIVO DECORRENTE DE MENSAGENS PUBLICITÁRIAS AMBIENTAIS BASEADAS NO *GREENWASHING* E SEUS PRESSUPOSTOS

No momento que se verifica o consumo, conforme Clotilde Perez, mais que um ato, ele é um processo, que se realiza por variadas estratégias de aproximação, informação, formação de opinião, mas também de sedução; ademais, prossegue, consumo é "um ritual de construção de vínculos de sentido pela mediação da cultura (i)material que envolve múltiplos processos (...) de natureza complexa, ora na informação e objetividade, ora no mais puro encantamento".[46] Detendo-se na informação, uma das formas de ocorrer no consumo é por meio publicidade, enquanto linguagem promocional e persuasiva, nas palavras de Clotilde Perez, que aquela se realiza. E aqui, a persuasão é o enquadramento do *greenwashing* e a necessidade de se tutelar o consumidor.

À medida que se agrega desempenho sustentável e social às marcas, dirigidas, essencialmente ao consumidor, o fornecedor nada mais faz senão tentar impulsionar seus produtos e serviços no mercado, com intuito de seduzir, encantar, e de alguma forma induzir escolhas do consumidor, sujeito este vulnerável, numa sociedade de

---

contas à sociedade. Conselheira: Carla Félix de Simas. 3ª, 4ª. 8ª. T. Maio/2020. Disponível em: http://www.conar.org.br/. Acesso em: 10 jul. 2021).

45. SODRÉ, Marcelo Gomes. Padrões de consumo e meio ambiente. *Revista de direito do consumidor*, v. 31, p. 25-35, jul.-set. 1999.

46. PEREZ, Clotilde. *Há limites para o consumo?* Barueri: Estação das Letras e Cores, 2020. p. 13.

consumo manejada por meio de publicidade. E nesse cenário é que o *greenwashing* deve ser enquadrado como uma conduta ilícita.

Enfim, o fornecedor e aqueles que, de alguma forma concorrem na estratégia da propagar valores como bem-estar, meio ambiente equilibrado, com o intuito meramente econômico às suas marcas, afeta direito à informação verdadeira e, ainda, descumpre o direito à informação ambiental. Enfim, o *greenwashing*, potencializa mensagens as quais desvirtuam a necessária proteção do meio ambiente ecologicamente equilibrado e bem-estar, transcendendo da esfera individual. É um dano que impõe ao intérprete a necessária abertura do sistema, para alinhavar conexões axiológicas entre responsabilidade civil e interesses transindividuais extrapatrimoniais e a tutela do livre desenvolvimento da personalidade[47] numa sociedade cada vez mais massificada e com novos direitos decorrentes da solidariedade enquanto um dos objetivo do Estado Democrático.

Sob essa perspectiva do "fenômeno normativo moderno se mostra em grande nível de influências extrajurídicas, projetando-se em extensão e profundidade no Direito".[48]

É preciso reconhecer, ademais, que a "esfera da liberdade se torna mais permeável a elementos externos",[49] a pluralidade de situações jurídicas as quais passam a ser mais sensíveis aos institutos jurídicos,[50] exigindo uma compreensão mais funcio-

---

47. TEIXEIRA NETO, Felipe. Ainda sobre o conceito de dano moral coletivo. TEIXEIRA NETO, Felipe. *Dano moral coletivo*. Indaiatuba: Editora Foco, 2018. 29-52.
48. NALIN, Paulo R. Ribeiro. Ética e boa-fé no adimplemento contratual. In: FACHIN, Luis Edson (Coord.). *Repensando fundamentos do direito civil contemporâneo*. Rio de Janeiro: Renovar, 1998. p. 173-210.
49. VIEIRA, Iacyr de Aguilar. A autonomia da vontade no Código Civil brasileiro e no Código de Defesa do Consumidor. *Revista dos Tribunais*, 791, p. 31-106, set. 2001.
50. A partir das reflexões lançadas por Ludwig Raizer, o direito privado sempre ficou atrelado, no campo abstrato da sociedade, aos institutos e aos princípios jurídicos clássicos, vale dizer, o casamento, a propriedade, a posse, os contratos. Institutos como instrumentos para a circulação de bens e de serviços, mas garantidos por uma estabilidade. Mas, na verdade, continua Raiser, referidos institutos teriam muito a enfrentar, quando em contato com os acontecimentos sociais. Assim, conforme o autor, o contrato não é uma pura expressão da autonomia negocial, pois a autonomia negocial de um, se depara com a do outro. Quando elas convergem assumem uma projeção nos meios social, econômico e político. Essas conotações individuais provocaram perturbações nas relações sociais e, por conseguinte, fizeram com que o Estado cada vez mais se preocupasse com o poder vinculativo que tal autonomia causava no meio social. Paralelo a essa supremacia do individualismo, começa também a implementar e fomentar a participação política e popular, ocasionando consequências no direito privado. Diríamos então, a partir do escólio do autor, que o exercício da cidadania e a construção de um Estado Democrático de Direito levam a sociedade a se mobilizar, buscando redirecionar a empresa e a propriedade para que ela tenha um valor, um sentido, um fim a ser atingido. Esta visão democrática que vai se concretizando, faz com que o Estado redimensione ao seu papel. Logo, surge a necessidade de efetivação de proteção dos direitos dos idosos, crianças, consumidores, hipossuficientes, doentes, grupos étnicos etc. A partir daí, sem que se exclua o direito privado e o público, há sim um *Estado de bem-estar social*. É necessário superar o sentido de oposição e contradição entre direito privado e direito público. A partir daí, esclarece Raiser que a autodeterminação e a autorresponsabilidade dos seres humanos lhes sejam asseguradas de forma livre, como também a satisfação de suas necessidades vitais e básicas (por ex.: o acesso a bens). *A multiplicidade de funções de um instituto é familiar à ciência do Direito Privado já há muito tempo*, mas o que o autor pretende é o emprego contemporâneo do mesmo instituto jurídico a várias realidades sociais, ao mesmo tempo, pois assim *vai acolher várias funções, de maneiras diversas, conforme o campo da vida social em que está empregado.* (RAIZER, Ludwig. O futuro do direito privado. *Revista da*

nalizada, como é o caso da propriedade[51] e a responsabilidade civil[52]. Assim, ante a metodologia do direito civil constitucional pode contribuir para o preenchimento e fundamento do dano moral coletivo e a importância de se manejar a responsabilidade civil diante dos apelos ambientais praticados pelos fornecedores em suas mensagens publicitárias, denominadas *greenwashing*.

3.1 O dano moral coletivo, interesses extrapatrimoniais transindividuais no contexto do *greenwashing*

A embalagem é prejudicial ao meio ambiente? Quem se importa? Quem não tem compromisso com as consequências das suas escolhas não assume obrigações com o futuro (Adalberto Pasqualotto, *RDCons*, 110, p. 87).

Mais do que considera-lo *homo economicus*, o consumidor é dotado de dignidade[53] conforme dispõe a Política Nacional das Relações de Consumo. Assim, o consumidor tem reconhecido sua tutela no prisma individual e coletiva.

Sem se ater ao campo do dano moral individual,[54] merece destaque é o fundamento do dano moral coletivo decorrente do *greenwashing*.

Quando se destaca sobre a gênese, o fundamento do dano moral coletivo, a doutrina também se debruça sobre sua intrincada fundamentação. Heloísa Carpena sustenta, em sede de dano moral coletivo, que ele se caracteriza quando há lesão a um bem jurídico protegido, tendo como titulares os membros de uma coletividade.[55]

Sob a perspectiva dos impactos coletivos do *greenwashing*, o que se destaca é que ela, enquanto publicidade enganosa ou abusiva, é porque ela não foi elaborada

---

Procuradoria Geral do Estado do Rio Grande do Sul, 9 (25), p. 12-35, 1979. Disponível em: https://www.pge.rs.gov.br/revista-da-pge.

51. O direito de propriedade, hoje, tem vários modelos proprietários que decorrem da própria complexidade do ambiente onde ela se insere, seja por deferência a elementos políticos, sociais, econômicos ou éticos. Loureiro deixa de considerar a propriedade como direito subjetivo, para classificá-la como *situação subjetiva complexa, ou relação jurídica complexa* e assim, o autor, citando Salvattori Pugliati "existe sim uma pluralidade de institutos em torno de um interesse". (LOUREIRO, Francisco Eduardo. *A propriedade como relação jurídica complexa*. Rio de Janeiro: Renovar, 2003).

52. Conforme Farias, Braga Neto e Rosenvald, a responsabilidade civil pode funcionalizar em várias decisões: função reparatória, função punitiva, função precaucional, mais a frente, destaca que conforme e tempo e lugar, a responsabilidade civil pode assumir quatro funções: função de reagir ao ilícito danoso e reparar o sujeito atingido pela lesão; restaurar o lesado ao *status quo ante*, função punitiva, função de desestímulo (FARIAS, Cristiano Chaves de; ROSENVALD, Nelson; BRAGA NETO, Felipe Peixoto. *Curso de direito civil*: responsabilidade civil. 6. ed. Salvador: JusPodivm, 2019. v. 3. p. 79.

53. Nesse sentido: PASQUALOTTO, Adalberto. Dignidade do consumidor e dano moral. *Revista de direito consumidor*, v. 110, a. 26, p. 79-116, mar.-abr. 2017.

54. PASQUALOTTO, Adalberto. *Dignidade do consumidor e dano moral*, cit.; SANTANA, Héctor Valverde. *Dano moral no direito do consumidor* [Biblioteca de direito do consumidor – 38]. São Paulo: Ed. RT, 2009; COSTA, Judith Martins. Os danos à pessoa e a natureza da sua reparação. COSTA, Judith Martins (Coord.). *A (re) construção do direito privado*. São Paulo: Ed. RT, 2002.

55. CARPENA, Heloisa Helena. Dano moral coletivo nas relações de consumo. TEPEDINO, Gustavo; FACHIN, Luiz Edson (Coord.). *O direito e o tempo*: embates jurídicos e utopias contemporâneas. Estudos em homenagem ao Professor Ricardo Pereira Lira. Rio de Janeiro: Renovar, 2008. p. 827-846, em especial, p. 833.

em conformidade com as normas regulamentares; assim, compromete, a lealdade, veracidade, boa-fé, transparência e, sob a perspectiva ambiental, os valores ecológicos. Um fabricante, por exemplo, que veicula que seus produtos não emitem poluentes, mas, depois, verifica-se que emite, causa dano coletivo porque compromete a lealdade coletiva, a verossimilhança da mensagem publicitária e interesses ambientais.

Ficou conhecido o caso, que ficou denominado como *dieselgate,* o qual envolveu a divulgação em mensagens publicitárias que o veículo de uma dada marca não emitia poluentes; só que, mais, tarde, foi comprovado que, na verdade, ele – o veículo – dispunha de um sofisticado *software* inteligente nele instalado o qual, quando submetido a testes, os resultados apresentavam-se que o dito veículo não era poluente, quando, na verdade o era. Não se discute que o veículo movido a combustível fóssil não seja, poluente; o problema é propagar mensagem publicitária sugerindo que a montadora tinha preocupações ambientais, quando, na verdade não tinha.[56] No caso, a fornecedora persuadiu por meio da mensagem publicitária conteúdo ambiental inverídico, com o único intuito dela potencializar suas vendas; Só que, ao potencializar suas vendas, ela também causa – seja em menor ou maior extensão – aumento da emissão de poluentes e assim, poluição atmosférica, repercutindo na saúde do ser humano.

No caso, exposto, nos Estados Unidos, em que pese as peculiaridades de cada legislação, ficou definido no acordo, que os proprietários têm a opção deles venderem de volta o veículo à montadora ou receberem o conserto acrescido de um valor em dinheiro, como compensação,[57] Já, na Alemanha, é movida uma ação coletiva[58] e que abstemos, nesse trabalho de tratar porque foge ao propósito desse estudo.

Nesse viés dogmático, a prática de *greenwashing* enquanto desrespeito aos consumidores e ao meio ambiente, incide a tutela transindividual, o que significa a necessidade de se dar mais efetividade à tutela preventiva dos direitos fundamentais coletivos no Estado Democrático de Direito, considerando o dano moral coletivo.

---

56. Para uma análise mais detalhada sob a perspectiva da emissão de poluentes de veículos cujas marcas têm projeções transnacionais, consultar: FRANZOLIN, Cláudio José; VIEIRA, Luciane Klein. Emissões de poluentes em veículos e empresas transnacionais: a tutela ambiental na sociedade de consumo e os desafios no cenário internacional. *Revista de direito do consumidor,* v. 121, p. 459-499, jan.-fev. 2019.

57. VOLKSWAGEN recomprará carros fraudados e dará até US$ 10 mil a donos nos EUA: no total, Volkswagen desembolsará cerca de US$ 15 bilhões nos EUA (28.06.2016). *G1.* Disponível em: [http://g1.globo.com/carros/noticia/2016/06/vw-recomprara-carros-fraudados-e-dara-ate-us-10-mil-donos-nos-eua.html]. Acesso em: 14 jul. 2021.

58. "O desfecho, no entanto, é imprevisível porque se trata da estreia da "ação de modelo declaratório" (AMD), a 'Musterfeststellungsklage', em alemão, que tem similaridades com as ações coletivas americanas, nas quais os processos são apresentados por um indivíduo atuando em nome de um grupo. O novo instrumento legal foi introduzido na lei alemã na esteira do 'Dieselgate' para facilitar indenizações coletivas a consumidores prejudicados por grandes empresas. (Volkswagen enfrentará maior ação coletiva da Alemanha O caso das fraudes nas emissões de diesel já custaram mais de US$ 30 bilhões à montadora alemã. MILLER, Joel. Volkswagen enfrentará maior ação coletiva da Alemanha: O caso das fraudes nas emissões de diesel já custaram mais de US$ 30 bilhões à montadora, (1º out. 2019). *Valor Econômico.* Disponível em: https://valor.globo.com/empresas/noticia/2019/10/01/volkswagen-enfrentara-maior-acao-coletiva-da-alemanha.ghtml. Acesso em: 11 jul. 2021.

A doutrina tem se debruçado para fundamentar o dano moral coletivo. Assim, quando se verifica o dano moral coletivo, Farias, Rosenvald, e Braga Neto defendem que o dano moral coletivo, não visa uma compensação financeira, mas, sim, uma evidente feição de natureza inibitória; ademais, reconhece a importância do alinhamento do dano moral coletivo como uma pena civil. Em suma, "o fato transgressor deve ser grave suficiente para produzir intranquilidade social e alterações relevantes na ordem coletiva.[59]

Para Roscoe[60] *dano moral coletivo* encontra justificativa pela relevância social e interesse público atrelado à proteção e tutela dos direitos metaindividuais; esclarece, ademais, que 'dano moral coletivo', ante as expressões 'dano' e 'moral' desvirtua a sua compreensão funcional e dogmática; para ele, na verdade dano moral coletivo deve ser alinhavado à função punitiva da responsabilidade civil. E essa percepção dos autores citados contribuem, portanto, que o dano ambiental seja manejado para impedir fornecedores de manejarem publicidades com apelos ambientais as quais visam, apenas, potencializar mercados e consumidores, ou, transmitir a imagem de que eles tem responsabilidades socioambientais.

Ainda, merece destaque Guilherme Magalhães Martins,[61] quando reconhece a possibilidade de se incorrer em dano moral coletivo a publicidade enganosa, o que significa, prossegue, de que ela deve ser aferida sob a perspectiva objetiva e não sob a perspectiva subjetiva do anunciante. Assim, tanto a enganosa como a abusiva devem ser conduzida no mesmo sentido (art. 37, §§ 1º e 2º, do CDC). E nesse sentido, o autor também destaca a função punitiva quando se refere ao dano moral coletivo.

Em suma, o dano moral coletivo deve ser manejado para evitar o *greenwashing*.

Quanto à intensidade do dano moral coletivo, a medida preventiva ou o caráter punitivo deve ser mais acentuado, se o *greenwashing* é praticado por empresas que já causaram ou são reincidentes em danos ambientais.

Ademais, o ato ilícito decorrente do *greenwashing* ante o art. 7º, do Código de Defesa do Consumidor, também pode envolver mais de um agente responsável. Por exemplo, o comerciante, a agência de publicidade e a entidade certificadora.

Embora, a princípio, o comerciante não seja responsável, pode incorrer na responsabilização pelo *greenwashing* se ele associa à sua mensagem, produto divulgado pelo fabricante como sustentável. Por exemplo, o comerciante cria mensagem publicitária que só vende produtos ecologicamente adequados, e vincula a ela produto do fabricante.

---

59. FARIAS, Cristiano Chaves de; ROSENVALD, Nelson; BRAGA NETO, Felipe Peixoto. *Curso,* cit., passim.
60. BESSA, Leonardo Roscoe. Dano moral coletivo e seu caráter punitivo. *Revista dos Tribunais,* v. 919, p. 515-528, maio 2012.
61. MARTINS, Guilherme Magalhães. Dano moral coletivo nas relações de consumo. *Revista de Direito do Consumidor,* v. 82, p. 87-109 abr.-jun. 2012.

Considerando o *marketing*, ele está associado as mais variadas práticas comerciais, as quais Fernando Gherardini Santos[62] destaca quatro: oferta (arts. 31, 32, 33 e 35, do CDC), informação (arts. 30 e 31, do CDC), publicidade (arts. 30, 35, 36, 37, do CDC) e apresentação (arts. 31 e 35, do CDC).

Vale realçar que a mensagem publicitária pode ser veiculada, seja por meio de jingles, filmes, *clips*, *spots*, cartazes, gravuras, *slogans*, enfim, podem contemplar as mais variadas estratégias para capturar o interesse do consumidor. Sem contar que ainda pode estar contida por meio de *merchandising*[63]. Assim, por exemplo, o *merchandising* que, em uma cena, ao divulgar um produto num filme, novela, se enaltece que ele é escolhido pela celebridade que conduz a cena, porque apresenta grandes virtudes sustentáveis. Nessa hipótese pode ocorrer ou não a responsabilização da agência de publicidade, mas cuja abordagem não é tratada nesse estudo.

Também é possível ampliar o ângulo de análise, com base no art. 7º, do Código de Defesa do Consumidor, e considerar a solidariedade da entidade que eventualmente tenha concedido o selo certificador de qualidade de um dado produto como ecologicamente adequado, ou seguro, ou algo análogo.

Selos de aprovação de qualidade são aqueles "os quais são fornecidos por entidades ligadas ao desenvolvimento científico e tecnológico que envolve determinada área de produção ou de prestação de serviço".[64] Assim, o resultado mercadológico apresenta-se vantajoso. E que, conforme o perfil do consumidor, ele não está necessariamente, a procura de produtos, pelo preço, mas, sim, pelo valor ecológico agregado e, assim, pode vir a optar por aquele que contenha o selo estampado no produto.

Conforme Dallari, tais selos representam vantagens; por outro, adverte a autora, pode ocorrer a responsabilização também da entidade certificadora. Por exemplo, se empresa está veiculando seus produtos com selo que atesta seu produto como sustentável, mas, na verdade, a entidade certificadora concedeu o certificado indevidamente, nesse caso, há responsabilidade solidária entre anunciante e a entidade certificadora.[65]

Assim, analisar o dano moral coletivo como forma de prevenir e combater *greenwashing* implica evitar o desrespeito aos direitos básicos do consumidor, enquanto comunidade difusa que está unida em virtude da mensagem publicitária caracterizada como *greenwashing*, e cujo agente causador do dano podem concorrer o fornecedor e terceiros.

---

62. SANTOS, Fernando Gherardini. Direito do marketing [biblioteca de direito do consumidor – 14]. São Paulo: Ed. RT, 2000. p. 134.
63. "(...) prática de divulgação de produtos em filmes, novelas, livros, ou qualquer espécie de veículo...". (SANTOS, Fernando Gherardini. Direito do *marketing*, cit., p. 229).
64. DALLARI, Cleusa Abreu. Selo de aprovação de qualidade. In: DINIZ, Maria Helena (Coord.). *Atualidades jurídicas*. São Paulo: Saraiva, 2000. v. 2. p. 97-102, em especial, p. 98.
65. DALLARI, Cleusa Abreu. *Selo de aprovação de qualidade*,. cit., p. 99.

4. CONCLUSÃO

Consumo sustentável, "deixa de ser uma bandeira exclusiva de ambientalistas ou algo protelado para um futuro distante. É um processo que envolve modelos criativos e razoável dose de inovação, dentro de uma lógica sustentada por dois importantes pilares: a visão da cadeia produtiva com suas conexões socioambientais e o reconhecimento dos fornecedores como elos estratégicos na busca pela sustentabilidade".[66]

Assim, se o fornecedor divulga que assume responsabilidade socioambiental, por meio da publicidade, significa que ele contempla uma complexa variedade de exigências, tais quais, facilidade na disponibilização das informações que divulga, que ele adota programas de integridade voltados para gestão sustentável em todas as etapas do processo produtivo, incluído, aí, a cadeia de suprimentos; que ele incorpora externalidades ambientais, inclusive na etapa pós-consumo, e assim, atende aos objetivos e princípios da Lei de Política Nacional de Resíduos Sólidos (arts. 6º e 7º, da L. 10.305/2010-LPNRS) etc. Apenas para citar alguns exemplos, pois a abrangência é bem mais extensa.

Assim, se o fornecedor divulga, por meio de mensagens publicitárias, valores alinhados à sustentabilidade, sejam elas falsas, ou de sentido dúbio, ou de alguma forma acentua a vulnerabilidade do consumidor já reconhecida juridicamente no direito do consumidor, ocorrem dois danos coletivos.

Primeiro porque o fornecedor viola a transparência que se revela no direito à informação enquanto direito básico; segundo porque o fornecedor transmite uma falsa responsabilidade socioambiental, exclusivamente voltado para atender ao interesse capitalista individualista, patrimonialista e crescimentista. Ou seja, o fornecedor não corresponde com a tutela coletiva do consumidor com a tutela ambiental etc.

Nesse contexto, destacamos a importância de se reconhecer o dano moral coletivo e sua interface com a tutela mais efetiva do consumo sustentável, e assim, ser manejada a responsabilidade civil impedindo publicidades enganosas com apelo ambiental – *greenwashing* – delas serem veiculadas. Destaque—se a função punitiva da responsabilidade civil, permitindo que o intérprete seja mais sensível a tutela dos objetivos econômicos, sociais, em sintonia com valores ambientais e proteção do consumidor.

5. REFERENCIAS BIBLIOGRÁFICAS

ABNT NBR ISO 14021. Rótulos e declarações ambientais – Autodeclarações ambientais (rotulagem do tipo II). (19/9/2017). *A Associação Brasileira de Normas Técnicas (ABNT)*.

ABNT NBR ISO 14020. Rótulos e declarações ambientais – Princípios gerais. *ABNT – Associação Brasileira de Normas Técnicas*, jun. 2002.

---

66. BETIOL, Luciana Stocco; UEHARA, Thiago Hector Kanashiro et al. [Realização: Centro de Estudos em Sustentabilidade (GVces) da Escola de Administração de São Paulo da Fundação Getulio Vargas – FGV-E-AESP] *Compra Sustentável*: a força do consumo público e empresarial para uma economia verde e inclusiva. São Paulo: Programa Gestão Pública e Cidadania, 2012. p. 72.

BAUDRILLARD, Jean. *A sociedade de consumo*. Trad. Artur Morão. Lisboa, Edições 79, 2014.

BENJAMIN, Antonio Herman V.; MARQUES, Claudia Lima; BESSA, Leonardo Roscoe. *Manual de direito do consumidor*. 9. ed. São Paulo: Ed. RT, 2020.

BESSA, Leonardo Roscoe. Dano moral coletivo e seu caráter punitivo. *Revista dos Tribunais*, v. 919 maio 2012.

BONAVIDES, Paulo. *Curso de direito constitucional*. 30. ed. São Paulo, Malheiros, 2015.

BRASIL. *L. 14.181/2021*. Disponível em: Erro! A referência de hiperlink não é válida.http://www.planalto.gov.br/ccivil_03/_Ato2019-2022/2021/Lei/L14181.htm#:~:text=LEI%20N%C2%BA%20 14.181%2C%20DE%201%C2%BA%20DE%20JULHO%20DE%202021&text=Altera%20a%20 Lei%20n%C2%BA%208.078,e%20o%20tratamento%20do%20superendividamento. Acesso em: 12 jul. 2021.

CARPENA, Heloisa Helena. Dano moral coletivo nas relações de consumo. TEPEDINO, Gustavo; FACHIN, Luiz Edson (Coord.). *O direito e o tempo*: embates jurídicos e utopias contemporâneas. Estudos em homenagem ao Professor Ricardo Pereira Lira. Rio de Janeiro: Renovar, 2008.

CIDADE, Noelle Rigel de Oliveira; MACHADO, Diego de Queiroz et al. Dimensões do consumo sustentável no comportamento de consumidores de alimentos saudáveis. *Signos do Consumo, São Paulo*, v. 13, n. 1, jan.-jun. 2021.

CONAR. *Vale*: um ano após a tragédia de Brumadinho, a vale segue reparando danos causado e prestando contas à sociedade. Conselheira: Carla Félix de Simas. 3ª, 4ª. 8ª. T. Maio/2020. Disponível em: http://www.conar.org.br/.

COSTA, Judith Martins. Os danos à pessoa e a natureza da sua reparação. COSTA, Judith Martins (Coord.). *A (re) construção do direito privado*. São Paulo: Ed. RT, 2002.

DALLARI, Cleusa Abreu. Selo de aprovação de qualidade. In: DINIZ, Maria Helena (Coord.). *Atualidades jurídicas*. São Paulo: Saraiva, 2000. v. 2.

DATT, Felipe. Conduta das empresas passa a ser valorizada: meio ambiente e direitos humanos não são pautas ideológicas, diz pioneiro em ESG no Brasil, 31 ago. 2020. *Valor Econômico*. Disponível em: https://valor.globo.com/publicacoes/suplementos/noticia/2020/08/31/conduta-das-empresas-passa-a-ser-valorizada.ghtml. Acesso em: 07 jul. 2021.

DECLARAÇÃO de Estocolmo sobre o ambiente humano. 1972. Conferência das Nações Unidas sobre o meio ambiente humano em junho de 1972. disponível em: http://www.direitoshumanos.usp.br/ index.php/Meio-Ambiente/declaracao-de-estocolmo-sobre-o-ambiente-humano.html.

EFING, Antonio Carlos; GREGORIO, Carolina Lückemeyer. Greenwashing e rotulagem ambiental no direito do consumidor à informação. *Revista de Direito do Consumidor*, v. 113, set.-out. 2017.

FARIAS, Cristiano Chaves de; ROSENVALD, Nelson; BRAGA NETO, Felipe Peixoto. *Curso de direito civil*: responsabilidade civil. 6. ed. Salvador, JusPodivm, 2019. v. 3.

FRANZOLIN, Cláudio José; VIEIRA, Luciane Klein. Emissões de poluentes em veículos e empresas transnacionais: a tutela ambiental na sociedade de consumo e os desafios no cenário internacional. *Revista de direito do consumidor*, v. 121, p. 459-499, jan.-fev. 2019.

FRANZOLIN, Cláudio José. Proteção ambiental e direito do consumidor: para um consumo sustentável em construção. *Revista de direito do consumidor*, n. 119, p. 129-165, set.-out. 2018.

GARCIA, Leonardo de Medeiros. *Consumo sustentável*: a proteção do meio ambiente no Código de Defesa do Consumidor [de acordo com a L. 13.186/2015]. São Paulo, 2016.

LOBO, Paulo. *Direito civil*: parte geral. 6. ed. São Paulo, Saraiva, 2017. v. 1.

LOUREIRO, Francisco Eduardo. *A propriedade como relação jurídica complexa*. Rio de Janeiro: Renovar, 2003.

MAMMAS, Jeannette Antonios. *Fenomenologia existencial do direito*: crítica do pensamento jurídico brasileiro. 2. ed. São Paulo, Quartier Latin. 2003.

MARQUES, Claudia Lima; BENJAMIN, Antônio Herman V.; MIRAGEM, Bruno. *Comentários ao Código de Defesa do Consumidor*. 3. ed. São Paulo: Ed. RT, 2010.

MARTINS, Guilherme Magalhães. Dano moral coletivo nas relações de consumo. *Revista de Direito do Consumidor*, v. 82, abr.-jun. 2012.

MORITZ Hallama, Moritz; RIBO, Marc Montlló et al. El fenómeno del *greenwashing* y su impacto sobre los consumidores propuesta metodológica para su evaluación. *Aposta. Revista de ciências sociales*, n. 50, jul-ago. 2011.

NAÇÕES UNIDAS. *Os ODS em ação*. Disponível em: https://www.undp.org/sustainable-development-goals?utm_source=EN&utm_medium=GSR&utm_content=US_UNDP_PaidSearch_Brand_English&utm_campaign=CENTRAL&c_src=CENTRAL&c_src2=GSR&gclid=Cj0KCQjwiqWHBhD2ARIsAPCDzamp1EUR-X1y_HHM7FVxGlEtgydZ1hrSGwQ9KLI1PP-7kpjgSePZd7gaAquWEALw_wcB. Acesso em: 06 jul. 2021.

NALIN, Paulo R. Ribeiro. Ética e boa-fé no adimplemento contratual. FACHIN, Luis Edson (Coord.). *Repensando fundamentos do direito civil contemporâneo*. Rio de Janeiro: Renovar, 1998.

OHDE, Carlos (Org.); MATTAR, Helio et al. *Economia Circular*: um modelo que dá impulso à economia, gera empregos e protege o meio ambiente. [e-book] Edson Perin/NetpressBooks. 2018.

PASQUALOTTO, Adalberto. Dignidade do consumidor e dano moral. *Revista de direito consumidor*, v. 110, a. 26, mar.-abr. 2017.

PEREZ, Clotilde. *Há limites para o consumo?* Barueri: Estação das Letras e Cores, 2020.

PFEIFFER, Maria da Conceição Maranhão. *Direito à informação e ao consumo sustentável*. – Tese de doutorado do Programa de Pós-Graduação, Universidade de São Paulo, 2011. Disponível em: https://www.teses.usp.br/teses/disponiveis/2/2131/tde-10092012-162142/publico/DIREITO_A_INFORMACAO_E_AO_CONSUMO_SUSTENTAVEL_versao_compl.pdf. Acesso em: 07 jul. 2021.

PNUMA (Programa das Nações Unidas para o Meio Ambiente PNUMA). *Crescem as leis para proteger o meio ambiente, mas há falhas graves de implementação, afirma novo relatório da ONU (24/1/2019)*. Disponível em: https://www.unep.org/pt-br/noticias-e-reportagens/press-release/crescem-leis-para-proteger-o-meio-ambiente-mas-ha-falhas. Acesso em: 05 jul. 2021.

PORTILHO, Fátima. *Sustentabilidade ambiental, consumo e cidadania*. 2. ed. São Paulo, Editora Cortez, 2010.

RAIZER, Ludwig. O futuro do direito privado. *Revista da Procuradoria Geral do Estado do Rio Grande do Sul*, 9 (25), 1979.

RIBEIRO, Alfredo Rangel. *Direito do consumo sustentável* [Biblioteca de direito do consumidor]. São Paulo: Ed. RT, 2018.

RIBEIRO, Juliane de Almeida; VEIGA, Ricardo Teixeira. Proposição de uma escala de consumo sustentável. *R. Administração*, v. 46, n. 1, jan.-mar. 2011.

RODRIGUES JR., Edson Beas. O princípio do desenvolvimento sustentável como princípio geral do direito: origem histórica e conteúdo normativo. *Revista dos Tribunais*, a. 140, v. 940, fev. 2014.

SANTOS, Fernando Gherardini. *Direito do marketing* [biblioteca de direito do consumidor – 14]. São Paulo: Ed. RT, 2000.

SODRÉ, Marcelo Gomes. Padrões de consumo e meio ambiente. *Revista de direito do consumidor*, v. 31, jul.-set. 1999.

STRECK, Lênio Luiz. *Verdade e consenso*: constituição, hermenêutica e teorias discursivas. 5. ed. São Paulo: Saraiva, 2014.

TEIXEIRA NETO, Felipe. Ainda sobre o conceito de dano moral coletivo. In: TEIXEIRA NETO, Felipe. *Dano moral coletivo*. Indaiatuba: Editora Foco, 2018.

TERRA, Aline de Miranda Valverde. Liberdade do intérprete na metodologia civil constitucional. In: SCHEREIBER, Anderson; KONDER, Carlos Nelson. *Direito civil constitucional*. São Paulo: Grupo Gen/Atlas, 2016.

TERRACHOICE. Part of Underwriters Laboratories Global Network. *The sins of greenwashing*: home and Family edition. 2010, p. 10. Disponível em: http://faculty.wwu.edu/dunnc3/rprnts.TheSinsof-Greenwashing2010.pdf. Acesso em: 10 jul. 2021.

SANTANA, Héctor Valverde, *Dano moral no direito do consumidor* [Biblioteca de direito do consumidor – 38]. São Paulo: Ed. RT, 2009.

VEIGA, José Eli da. *Sustentabilidade:* a legitimação de um novo valor. 2. ed. São Paulo: Senac, 2010.

VIEIRA, Luciane Klein Vieira; CIPRIANO, Ana Cândida Muniz. A proteção ao consumidor e o desenvolvimento sustentável: as orientações das Nações Unidas para a implementação de práticas de consumo sustentáveis. *Revista de Direito Ambiental*, v. 100, out.-dez. 2020.

VIEIRA, Iacyr de Aguilar. A autonomia da vontade no Código Civil brasileiro e no Código de Defesa do Consumidor. *Revista dos Tribunais*, 791, set. 2001.

VOLKSWAGEN recomprará carros fraudados e dará até US$ 10 mil a donos nos EUA: no total, Volkswagen desembolsará cerca de US$ 15 bilhões nos EUA (28 jun. 2016). *G1*. Disponível em: [http://g1.globo.com/carros/noticia/2016/06/vw-recomprara-carros-fraudados-e-dara-ate-us-10-mil-donos-nos-eua.html]. Acesso em: 14 jul. 2021.

E-COMMERCE E *MARKETPLACES*: RESPONSABILIDADE CIVIL NA RELAÇÃO DE CONSUMO ELETRÔNICA

Luis Miguel Barudi

Advogado. Doutor pela Universidade Estadual do Oeste do Paraná – UNIOESTE. Mestre pela Pontifícia Universidade Católica do Paraná – PUCPR. Professor do Curso de Direito do Centro Universitário UDC – Foz do Iguaçu/PR. Membro do Grupo de Pesquisa Constitucionalismo e Estado Contemporâneo – UNIOESTE. Associado do IBERC – Instituto Brasileiro de Responsabilidade Civil. Endereço eletrônico: miguel-barudi@udc.edu.br / luismiguel@advogadosbbs.com

Sumário: 1. Introdução – 2. Pós-modernidade e direito; 2.1 Sociedade em redes e cibercultura; 2.2 Os efeitos da cibercultura no direito; 2.3 A morfologia do consumo na cibercultura: o *e-commerce* – 3. A relação de consumo virtual e a responsabilidade civil dos *marketplaces*; 3.1 O contrato eletrônico; 3.2 Os *marketplaces* como centros de compras virtuais – 3.3 A responsabilidade civil dos *marketplaces* no âmbito da relação de consumo – 4. Considerações finais – 5. Referências bibliográficas.

1. INTRODUÇÃO

O presente artigo traz uma abordagem acerca da alteração da forma como se relacionam os atores sociais no mercado de consumo a partir do advento da pós--modernidade, analisada sob o prisma da *sociedade em redes* e da *cibercultura*. Nesse contexto se inserem o avanço tecnológico, a internet e o *e-commerce*.

A problemática enfrentada diz respeito à necessidade imposta ao Direito frente à nova realidade social informada, em especial no que se refere à interpretação e aplicação das normas de proteção das relações de consumo, incidindo no instituto do contrato e da responsabilidade civil.

Num primeiro momento, apresenta-se as características da pós-modernidade em suas dimensões determinadas: sociedade em redes e cibercultura. Desse pressuposto inicial, o estudo passa pela influência do modelo social contemporâneo no direito, trazendo o conceito de pós-positivismo e chega ao novo formato das relações consumeristas, marcado pelo *e-commerce*.

Na segunda seção, o artigo analisa a relação de consumo virtual, mediante apresentação de conceitos como o de contrato eletrônico e sua diferenciação em face do contrato tradicional, passando ao conceito e função dos *marketplaces* no âmbito do *e-commerce*, finalizando com a questão do papel desses na relação de consumo e a forma de responsabilização dessas plataformas digitais com relação à falha na prestação de serviço e nos acidentes de consumo.

Como resultado da pesquisa realizada, é possível definir o *marketplace* como fornecedor equiparado à posição do comerciante, sendo assim, parte da relação de consumo e da cadeia de fornecimento, devendo suportar o ônus da responsabilização por eventuais danos causados aos consumidores, respeitando desse modo a principiologia do microssistema de defesa das relações de consumo, presente no ordenamento jurídico brasileiro.

2. PÓS-MODERNIDADE E DIREITO

2.1 Sociedade em redes e cibercultura

Considera-se que a humanidade, atualmente, se encontra em um período no qual se altera drasticamente o modo de vida dos indivíduos, o funcionamento das sociedades e o papel das instituições, dentre elas a do Direito. Essa constatação decorre de transformações sociais ocorridas nas últimas décadas e que têm sido objeto de pesquisa de estudiosos de diversas áreas, especialmente da Sociologia e da Filosofia. Esses estudos contribuem para que se tenha uma visão ampliada dessa nova organização social e de suas características.

Segundo Shinn (2008, p. 45-48), a modernidade anunciou o fim do sagrado que marcava a pré-modernidade e embasava a conduta individual e coletiva, dando lugar a uma epistemologia racional crítica, à "universalidade", ao ideal iluminista de progresso e ao determinismo, que passam a determinar as formas de interação social, um tipo de conhecimento e um sistema epistemológico dominante.

Em relação à pós-modernidade, sua descrição é definitivamente menos consensual e homogênea do que aquelas descrições e análises da modernidade, sendo marcada por numerosas nuances e sutilezas analíticas trazidas pelos diversos autores que a descrevem, como dito acima. Porém, é possível detectar a concordância quanto a algumas proposições centrais, especialmente no que se refere à diferenciação dada para com a modernidade, da relação entre ciência, tecnologia e conhecimento e, como resultado, sua influência nas relações interindividuais e coletivas.

O processo de integração/globalização da sociedade, promovido pelos avanços tecnológicos na área da informação, promove uma tendência à adoção de formas estandardizadas de cultura, modelos econômicos e relações sociais. E nesse contexto de mudanças e transições, partindo da modernidade para a pós-modernidade, é que se inserem as novas formas de comércio e contratualização das relações interindividuais.

A partir dessas premissas, a relação entre conhecimento, informação e tecnologia é condicionante para implementação das sociedades informacionais ou do conhecimento. As características da pós-modernidade, especialmente a complexidade e a não linearidade, o desenvolvimento e difusão do computador, a geração da realidade virtual, a comunicação global, criam as novas estruturas sociais.

Com base na obra de Manoel Castells, essa sociedade é formada em *rede*, que é um conjunto de nós interconectados, sendo cada um desses nós o ponto no qual uma curva se entrecorta. O que é ou representa cada um desses nós, depende da natureza da rede na qual está incluído. Podem ser bolsas de valores e instituições bancárias na rede de fluxos financeiros globais. (CASTELLS, 2018, p. 553-554).

Em sua análise, Castells (2018, p. 464) essa nova lógica espacial, denominada de *espaço de fluxos* encontra-se em oposição à organização espacial historicamente enraizada de nossa experiência comum, o *espaço de lugares*. Essa hipótese trazida pelo autor informa uma das principais características da pós-modernidade: a alteração da dinâmica espacial como base material da experiência social.

Em síntese, a topologia das sociedades em rede determina que a distância (ou frequência e intensidade de interação) entre dois pontos/nós (ou posições sociais) é menor (ou mais frequente, ou mais intensa), se ambos os pontos/nós pertencerem à mesma rede do que se pertencerem a redes diferentes. Por sua vez, os fluxos dentro de uma determinada rede não têm nenhuma distância, ou a mesma distância, entre os nós. A exclusão/inclusão em redes e a relação entre redes, possibilitadas pelas tecnologias de informação, configuram os processos e funções predominantes em nossas sociedades (CASTELLS, 2018, p. 554).

Uma estrutura social baseada em redes é um sistema aberto altamente dinâmico, suscetível à inovação sem que isso ameace seu equilíbrio. Por essa característica as redes se amoldam apropriadamente a uma economia capitalista fundada na inovação, globalização e centralização descentralizada; à flexibilidade e adaptabilidade do trabalho e da produção; e à uma organização social que vise a superação do espaço e a invalidação do tempo (CASTELLS, 2018, p. 554).

Como afirma Castells, a expansão das relações em rede chegando a ser caracterizadora da sociedade contemporânea com base em suas proposições só se tornou possível em decorrência das novas tecnologias de informação e comunicação, que possibilitam a desconexão efetiva dos significados tradicionais de espaço e tempo. Não significa dizer que não existem mais o espaço físico ou o tempo cronológico, mas que estes conceitos não servem mais ao propósito de direcionar ou limitar as ações sociais.

As tecnologias de informação e comunicação são o ponto de interconexão da teoria da sociedade em rede de Castells e a proposta de Lévy configurada nos conceitos de ciberespaço e cibercultura. É possível afirmar que sem o que denomina Lévy de *ciberespaço* não seria viável pensar em sociedade em rede e fluxos de informação conforme preconiza Castells. Tampouco tratar da *cibercultura* como defendida pelo próprio Lévy.

Explica-se essa afirmação pelos conceitos trazidos por Lévy (2010, p. 17). O *ciberespaço*, também chamado de *rede* pelo autor, é definido como o novo meio de comunicação que surge da interconexão mundial de computadores. Já a *cibercultura* é definida como o conjunto de técnicas (materiais e intelectuais), de práticas, de atitudes, de modos de pensamento e de valores que se desenvolvem juntamente com o crescimento do *ciberespaço*.

Os dispositivos (computadores pessoais, telefones móveis, *tablets*, redes de satélites, programas e aplicativos, redes de cabeamento, telefonia, grandes computadores que servem para receber, guardar e retransmitir dados) não são a essência do ciberespaço. Formam apenas sua estrutura material, física. A essência do ciberespaço e, a partir desse, da cibercultura, está na forma como as pessoas utilizam essa estrutura física de dispositivos para estabelecer as relações com outras pessoas e instituições de todo gênero. Essa forma de interação, pessoal, mas despersonalizada, em tempos cronológicos diferentes, mas em tempo real, em lugares distantes, mas tornados próximos pelos dispositivos é que caracteriza a cibercultura e o ciberespaço no plano técnico.

A partir dessas premissas é que se percebe a relação reflexiva entre tecnologia, cultura e relações de consumo. A dinâmica de transformação constante e cada vez mais célere trazida pela pós-modernidade altera a atuação dos indivíduos e suas relações interpessoais, influenciando, como dito, na produção e reprodução da vida social, como afirmam Castells e Lévy. Essas condicionantes se inserem também no campo jurídico, alterando sua racionalidade e sua topologia, como se verá adiante.

2.2 Os efeitos da cibercultura no direito

O Direito, assim como os demais campos do saber ou estruturas da sociedade também se organiza sistemicamente ou *em rede*. Podemos dizer que a *rede do sistema jurídico* é formada por diversos nós, dentre esses, pelo sistema normativo, pelo sistema judiciário, pela advocacia, pelo Ministério Público, pelo Poder Executivo, pelo Poder Legislativo e pelos administrados – cidadãos, empresas, entidades.

O ciberespaço, *locus* virtual no qual se insere o *e-commerce* e a rede do sistema jurídico se caracteriza como um espaço criativo e cooperativo que altera as formas de atuação dos nós pertencentes com relação às formas anteriores de atuação, bem como no sentido de seu desempenho e inserção no novo sistema. Esses desafios se apresentam a todos os nós (agentes e posições sociais) atuais e futuros sendo determinante a adaptabilidade dos atuais participantes para buscar inserção nessa realidade.

Partindo das conjunções apresentadas, a pós-modernidade traz impactos para o Direito como ciência. O positivismo lógico da modernidade já não atende à nova realidade social, fazendo surgir diferentes epistemologias, influenciando diretamente nos conhecimentos e saberes necessários para sua aplicação e compreensão.

O positivismo jurídico, incorporando o positivismo filosófico, procurou criar uma ciência jurídica com características análogas às ciências exatas e naturais, partindo das seguintes premissas: identificação plena do direito com a lei; completude do ordenamento jurídico; não reconhecimento dos princípios como normas; dificuldade de explicar conceitos indeterminadaos; identificação entre vigência e validade da lei; formalismo jurídico; e ausência de tratamento da questão da legitimidade do direito (CAMBI, 2011, p. 80).

Continua o autor indicando que o direito como produto cultural, tem suas alterações ligadas umbilicalmente às mudanças culturais do mundo globalizado, carcaterizado pelas relações de troca, de comunicação e de trânsito, para além das fronteiras nacionais e, portanto, inserido também no contexto da epistemologia da complexidade. Na pós-modernidade, as soluções dos problemas não resultam apenas do racionalismo, do determinismo e do cientificismo, exigindo sua reaproximação com a filosofia (CAMBI, p. 58-59).

Como percebemos, o tratamento dado por Cambi ao direito como fenômeno social e cultural, se aproxima das propostas de Castells (redes), de Lévy (cibercultura) e de Shinn (entrelaçamento). Por esse olhar, não há como mantermos o ideário de que o direito é uma ciência pura, abstrata, que deve ser tratado de forma isolada das demais ciências sociais e humanas.

Nesse contexto, na busca pela superação da crise instalada, o Direito apresenta um novo marco filosófico: o pós-positivismo. O debate acerca de sua caracterização situa-se na confluência das duas grandes correntes de pensamento que oferecem paradigmas opostos para o Direito: o jus naturalismo e o positivismo. Opostos, mas por vezes, complementares (BARROSO, 2005, p. 4-5).

O pós-positivismo é marcado pela superação dos modelos puros (jus naturalismo e positivismo) por um conjunto difuso e abrangente de ideias. A superação histórica do jus naturalismo e do positivismo abriram caminho para um conjunto amplo e ainda inacabado de reflexões acerca do Direito, sua função social e sua interpretação. O pós-positivismo busca ir além da legalidade estrita, mas não despreza o direito posto: procura empreender uma leitura moral do Direito, mas sem recorrer a categorias metafísicas. A interpretação e aplicação do ordenamento jurídico devem ser inspiradas por uma teoria de justiça e o desenvolvimento de uma teoria dos direitos fundamentais edificada sobre o fundamento da dignidade humana (BARROSO, 2005, p. 4-5).

Some-se a isso a utilização de técnicas legislativas com o emprego de formulações vagas, conceitos abertos, prevendo a necessidade de sua integração interpretativa. Disto resulta um paradigma normativo aberto, sem as mesmas certezas dos tempos de codificação, podendo-se afirmar que o direito, na pós-modernidade, não é caracterizado por uma estrutura piramidal, construida a partir dos códigos, mas concebido como uma rede, como um banco de dados, que se traduz em infinitas informações disponíveis ao mesmo tempo, dificilmente matizadas (CAMBI, 2011, p. 59).

2.3 A morfologia do consumo na cibercultura: o *e-commerce*

Considerando as proposições iniciais, referentes à sociedade em redes e a cibercultura, com sua influência na forma como os indivíduos e a sociedade interagem entre si nos diversos aspectos da vida cotidiana, aborda-se o tema relativo ao consumo de bens e serviços nessa realidade social virtualizada no âmbito do ciberespaço. Nesse contexto, surge o *comércio eletrônico* ou *e-commerce*, na terminologia internacional.

Segundo Kotler (2000), o termo *e-commerce* incorpora em sua polissemia uma variedade de transações e interações eletrônicas, por meio das quais se disponibiliza e adquire serviços e produtos das mais diversas modalidades. Desde serviços de informação e de *e-marketing*, que são acessados por assinatura de forma gratuita ou onerosa, passando por transações bancárias, investimentos financeiros e a contratação propriamente de serviços específicos ou produtos de natureza durável ou não durável.

Conforme a lógica da sociedade em redes e da cibercultura, esses nós ou canais emitem fluxos, fornecendo informações (notícias, bibliotecas, educação, viagens, esportes, consultas), entretenimento (diversão e jogos), serviços de compra, oportunidades e diálogos (informativos, fóruns, salas de bate-papo) e *e-mail*.

As primeiras transações eletrônicas surgem em 1970 utilizando as formas EDI (*Eletronic Data Interchange*) que consiste na transferência eletrônica de documentos e EFT (*Eletronic Funds Transfer*), que é a transferência eletrônica de fundos, estas utilizadas pelo setor bancário. Até esse momento, as transações comerciais e financeiras eram realizadas de unicamente de forma presencial. Em 1979 Michael Aldrich utilizou um aparelho de televisão modificado e ligada à uma linha telefônica, associado a um computador, também modificado para transações em tempo real, utilizando como *interface* o teletexto.[1]

A partir de seus inícios, o *e-commerce* se fortaleceu e difundiu com a popularização da internet, que facilitou o acesso às plataformas e ao processo transações eletrônicas, especialmente de consumo. Inicialmente apenas alguns produtos eram comercializados pela internet, atuando em mercados específicos. Atualmente o *e-commerce* funciona em todos as áreas do mercado consumidor, transacionando praticamente todos os tipos de produtos e serviços disponíveis aos consumidores.

No que tange às relações de consumo, o *e-commerce* é mais do que uma simples transação eletrônica de bens e serviços, inclui os esforços de pré-venda e os atendimentos pós-venda, assim como conjunto de atividades auxiliares, como as pesquisas de mercado, políticas de *marketing*, suporte e atendimento ao cliente.

Nessa gama de atividades, a redução de custos é um dos atrativos do *e-commerce* tanto para os consumidores quanto para os fornecedores, eliminando etapas e intermediários, bem como custos fixos como estruturas físicas de atendimento e vendas, número de colaboradores, custos fiscais, dentre outros.

No Brasil, percebe-se uma tendência crescente de consumidores e fornecedores quanto à utilização das plataformas de *on-line*, fazendo do *e-commerce* um dos principais canais de interação entre os atores econômicos. Serviços bancários, agendamento de atendimentos, compras, pesquisas de mercado e outras funcionalidades passaram a ser cotidianamente realizados de forma virtual. Realidade essa exacerbada com o

---

1. Sistema unidirecional de telecomunicação que, servindo-se de um sinal de televisão ou de uma linha telefônica, transmite informação em forma de texto ou grafismos para a tela receptora de um televisor equipado com decodificador (https://languages.oup.com/google-dictionary-pt/).

isolamento social imposto pela pandemia Covid-19, o que acelerou o processo de digitalização do mercado.

Uma pesquisa[2] realizada pela empresa americana de *software* de relacionamento para clientes e empresas *Freshworks* indica que, no grupo de dez países pesquisados, os brasileiros foram os que mais migraram das compras presenciais para as *on-line* durante a pandemia. De acordo com o resultado da pesquisa, 70% dos consultados no Brasil disseram que fizeram a mudança contra uma média geral de 48%.

Na outra ponta, pesquisa realizada pela Idwall em parceria com o E-Commerce Brasil[3] demonstra a transformação digital pela qual passam os lojistas de varejo no Brasil. Dos respondentes, 50% acreditam que o setor está migrando sua estratégica para as plataformas digitais. Ainda, 21% dos respondentes afirmaram que de 80% a 100% dos processos (vendas, transações, aquisição de clientes etc.) da companhia são hoje realizados de forma digital. Para finalizar, 71% acreditam que a transformação digital é fundamental para qualquer setor e 21% entendem que é essencial para a sobrevivência do setor no mercado.

É permitido afirmar que a internet, a cibercultura e o ciberespaço alteraram a morfologia do consumo global, trazendo para esse contexto as principais características da pós-modernidade: a desconexão entre tempo e espaço por intermédio do *e-commerce*. Por essa modalidade de transação se viabiliza a possibilidade de realização de contratos de consumo, tendo por objeto produtos e serviços, em qualquer horário – não apenas em horário comercial – e de qualquer lugar – eliminando a necessidade de espaços físicos de comercialização e fronteiras geográficas de produção e distribuição.

Nesse ambiente negocial diferente do tradicional, o direito das relações de consumo e o instituto da responsabilidade civil, são levados a buscar evolução, respondendo às demandas sociais surgidas na pós-modernidade e exacerbadas em alguns aspectos pela dinâmica de redes e da cibercultura.

3.   A RELAÇÃO DE CONSUMO VIRTUAL E A RESPONSABILIDADE CIVIL DOS *MARKETPLACES*

3.1   O contrato eletrônico

Ao mesmo tempo em que a possibilidade de interação negocial desprovida das limitações de tempo e espaço, característica do *e-commerce*, promove uma revolução na forma como a sociedade se comporta no mercado de consumo, esta também provoca incerteza quanto à aplicação e interpretação da norma jurídica. O primeiro instituto afetado é o *contrato*.

---

2.   O levantamento foi realizado de forma *on-line* entre os dias 23 de março e 7 de abril de 2021, com a consulta de 10,5 mil consumidores de 18 a 75 anos destes dez países. Disponível em: (https://www.ecommercebrasil. com.br/noticias/brasileiro-migra-compras-online/).

3.   Disponível em: https://www.ecommercebrasil.com.br/noticias/transformacao-digital-pesquisa-idwall/.

Segundo Tartuce (2020, p. 855), em uma visão clássica ou moderna, o contrato pode ser conceituado como um *"negócio jurídico bilateral ou plurilateral que visa à criação, modificação ou extinção de direitos e deveres com conteúdo patrimonial"*. Entretanto, afirma o autor que, diante das profundas alterações estruturais e funcionais pelas quais vem passando o instituto, é preciso encontrar um conceito pós-moderno de contrato.

Nesse sentido, tem-se a definição de Paulo Nalin (2005, p. 255), que propõe um conceito pós-moderno ou contemporâneo de contrato, que constitui a *"relação jurídica subjetiva, nucleada na solidariedade constitucional, destinada à produção de efeitos jurídicos existenciais e patrimoniais, não só entre os titulares subjetivos da relação, como também perante terceiros"*.

Outra faceta das relações contemporâneas, além da mitigação da patrimonialidade, é a necessidade de agilidade da contratação no contexto do mercado de consumo globalizado e do consumo em massa. Surgem nesse cenário, os contratos de adesão e a contratação em massa, utilizados por empresas movidas pela intenção de contratar com uma grande quantidade de sujeitos e que fornecem, antecipadamente, condições gerais de contratação estandardizadas e aplicáveis a todos os negócios envolvendo aquele produto ou serviço.

Essa transformação teve resposta em uma série de ações estatais, por meio de normas jurídicas protetoras dos sujeitos vulneráveis e que regem as relações contratuais. O dirigismo contratual insere no ordenamento jurídico normas e princípios como a boa-fé objetiva e a função social do contrato, buscando o equilíbrio das relações contratuais, especialmente no que tange às relações de consumo.

No ambiente da cibercultura e do *e-commerce* emerge uma nova face do instituto contratual, o *contrato eletrônico*, que se diferencia do contrato tradicional pela forma de manifestação da vontade dos contratantes e pelo meio pelo qual se exterioriza o termo contratual. Como afirma Schreiber (2020, p. 592), o advento das novas tecnologias inaugura novos espaços de atuação contratual, como nos contratos celebrados via internet, libertando o contrato do seu substrato físico, mas exigem novos instrumentos que assegurem a proteção dos consumidores e demais contratantes no ambiente virtual.

3.2 Os *marketplaces* como centros de compras virtuais

Com o desenvolvimento e expansão do *e-commerce* surgem novos modelos de negócio no contexto do ciberespaço. Tem-se como exemplos: venda direta, clube de compras, *marketplace*, compras coletivas, comparador de preços, dentre outros. O intuito desses modelos de negócio é propiciar benefícios ao consumidor quanto às possibilidades de escolha, centralização de aquisição, economia e qualidade, permitindo a adoção da modalidade mais conveniente conforme suas necessidades.

Cada uma dessas formas de *e-commerce* é operacionalizada com características próprias e, consequentemente, traz implicações jurídicas igualmente específicas. para tanto, deve-se observar como ocorre a participação da plataforma e o nível de participação desta na mediação da relação entre o fornecedor direto e o consumidor final, especialmente na intervenção ou não na execução do contrato de consumo.

Trata-se como intermediador o modelo que atua de maneira a promover a conexão entre o fornecedor direto e o consumidor, interferindo de algum modo ou assumindo alguma etapa do processo de negociação e venda. Por esse prisma, são plataformas intermediadoras ou facilitadoras aquelas que permitem a aproximação entre vendedores e compradores em ambiente virtual.

Como objeto da presente análise, se destaca o *marketplace*, modalidade de shopping virtual que permite aos fornecedores anunciar seus produtos e serviços, oferecendo formas de comercialização, métodos de divulgação, sistemas de pagamento, espaço para ofertas, facilitando aos consumidores encontrar diversos produtos e serviços em uma única plataforma e garantindo aos fornecedores um grande volume de visitantes.

O *marketplace* oportuniza que uma gama de fornecedores, geralmente menores, com pouca visibilidade e recursos financeiros, ofertarem seus produtos e serviços em um único *site*, cobrando para tanto uma comissão ou taxa fixa. O *marketplace* se encarrega de realizar todo o processo de venda, aplicando o conceito de *onestop-shop*, ou seja, concentrando as operações e a experiência de compra numa mesma plataforma. Dessa forma, o consumidor torna-se cliente do *marketplace*, considerando que toda a experiencia de consumo se dá com a plataforma e não com o lojista/varejista, mesmo que este último seja o fornecedor e realize a entrega do produto ou serviço.

O *marketplace* não fornece o produto ou serviço adquiridos, nem possui controle sobre esses. Sua função é a de prestação, mediante remuneração, de um serviço ao fornecedor: administrar a realização da venda e as circunstâncias referentes a esta. O serviço prestado engloba a fase pré-contratual e continua até a fase pós-contratual. Por consequência, o fornecedor é consumidor da plataforma, tendo em vista que contrata o serviço de intermediação de venda no comércio eletrônico.

A funcionalidade do modelo se diferencia por oferecer um ambiente de "vitrine virtual" para bens de consumo e um ambiente seguro para a realização da contratação, sob o ponto de vista do fornecedor e do consumidor. É possível afirmar que se trata de uma nova modalidade de fornecedor, não contemplada expressamente pelo Código de Defesa do Consumidor ou outra legislação específica. Essa é a problemática que surge: qual a natureza do *marketplace* no âmbito da relação de consumo? Seria integrante da cadeia de fornecimento ou mero intermediário que possui apenas vínculo jurídico com o fornecedor que o contratou?

Seguindo a epistemologia jurídica contemporânea, conforme descrito pela definição do pós-positivismo, o CDC como microssistema de proteção das relações de consumo, apresenta uma definição ampla de fornecedor, com o intuito de proteger o consumidor, elemento vulnerável da relação. O conceito aberto se torna fundamental para que não se restrinja ou exclua novos atores que possam surgir com a evolução social, permitindo o reconhecimento desses como fornecedores.

No caso do *marketplace,* este se caracteriza como um intermediador ativo na relação de consumo, realizando todo o processo de venda, incluindo o pós-venda, mantendo contato direto com o consumidor final. Mesmo que não seja proprietário dos bens e executor dos serviços disponibilizados na plataforma, sua função representa um elo essencial na relação de consumo. Por essa razão, entende-se que o *marketplace* faz parte, ativamente, como integrante da cadeia de fornecimento e, consequentemente, é fornecedor.

3.3 A Responsabilidade Civil dos *marketplaces* no âmbito da relação de consumo

Partindo do pressuposto adotado pelo presente estudo de que as plataformas de *marketplace* se caracterizam como fornecedoras, cabe destacar em qual modalidade de fornecedor se enquadrariam. No caso, entende-se que são uma espécie de comerciantes, integrantes da cadeira de fornecimento, assumindo uma série de obrigações, desde a fase pré-contratual à fase pós-contratual, perante os consumidores, implicando na sua responsabilização pelo descumprimento de alguma delas.

Essas obrigações, ditas inerentes à atividade, se configuram na garantia de um ambiente seguro para o consumidor considerando as práticas comerciais em si e o correto tratamento dos dados fornecidos, sem a ocorrência de práticas abusivas próprias do meio eletrônico. O *marketplace* também possui o dever de incluir o produto ou o serviço na plataforma digital ou *site*, indicando suas características e informando o consumidor quanto ao produto ou serviço a ser contratado.

Cite-se a abrangência do dever de informação aplicado ao *marketplace* incluindo o preço da contratação, condições de pagamento, custos de frete, taxa de juros, prazo de entrega, dentre outros. Deve informar, ainda, o registro dos fornecedores, nome das empresas, tanto do *marketplace* quanto do fornecedor direto, garantindo transparência e acesso aos fornecedores para acionamento da cláusula de garantia, o exercício do direito de arrependimento ou o ajuizamento de uma ação judicial.

Por fim, após a confirmação do pagamento, o fornecedor direto será responsável pelo envio do bem ou a prestação de serviço. Entretanto, o *marketplace,* como intermediador, mantem a obrigação de acompanhar o processo de entrega, mediando a comunicação entre fornecedor direto e consumidor final.

Nesse sentido, Bruno Miragem (2020), afirma que o *marketplace* responderá direta e objetivamente pelo descumprimento dos deveres próprios da atividade de intermediação que desempenhe, assim como em relação à segurança dos atos que venha a desempenhar, como é o caso dos riscos inerentes ao tratamento dos dados pessoais do consumidor que venha a ter acesso em razão do negócio que intermedeia, dentre os quais suas informações financeiras, no caso de participar da transação relativa ao pagamento do preço.

Além do descumprimento de deveres próprios, os *marketplaces* se responsabilizam solidariamente por eventuais acidentes de consumo causados pelos produtos e serviços que oferecem. Considerando sua atuação como plataforma intermediadora que disponibiliza o produto ou o serviço em seu site, promovendo o risco atinente a esses bens, devendo também ser responsabilizada por eventuais danos que possam causar.

Mediante análise dos princípios e normas que regem as relações de consumo, não é possível excluir as plataformas de intermediação da responsabilização, tendo em vista que realizam atividade com fins lucrativos, especializada, habitual e remunerada. O lucro auferido com a prestação do serviço de intermediação de venda afasta o argumento de os *marketplaces* seriam equiparados aos shoppings centers ou atuam como espaço de simples exposição dos produtos e serviços, pois exercem atividade empresarial especializada com o intuito de obter vantagem econômica por meio do pagamento de comissão por venda concretizada ou mediante taxa fixa estabelecida.

De outro lado, essas empresas aproveitam economicamente a confiança depositada pelos consumidores em suas marcas, consolidadas no mercado de consumo e utilizadas como atrativo mercadológico para visitação, exposição e realização de contratos com consumidores em potencial. Esse diferencial é buscado também pelos fornecedores menores, que vislumbram o potencial de disseminação de seus produtos e serviços de forma mais eficiente no mercado.

Nesse caso, a responsabilidade dos *marketplaces* é de natureza solidária, conforme imposição do CDC quanto aos fornecedores que constituem a cadeia ante a ocorrência de qualquer dano ao consumidor. A solidariedade obriga todos os fornecedores no que se refere à reparação do consumidor lesado, possibilitando maiores chances de recebimento da indenização em consequência ao maior número de beneficiados pela relação de consumo que podem ser chamados a reparar o dano.

4. CONSIDERAÇÕES FINAIS

Ante as mudanças sociais e econômicas trazidas pela pós-modernidade, com a expansão do *e commerce* no dia a dia das relações de consumo, torna-se imprescindível a discussão acerca dos institutos do contrato e da responsabilidade civil.

Nesse ponto, a interpretação e aplicação das normas jurídicas, mediante a perspectiva do pós-positivismo, adotando princípios orientadores advindos do direito constitucional e que permeiam o direito civil e o direito do consumidor, em especial a dignidade humana, se tornam imprescindíveis.

Dessa forma, os modelos de negócio contemporâneos, fundados no comércio eletrônico, nos contratos virtuais e nos *marketplaces* necessitam de análise específica, utilizando-se das cláusulas abertas para sua adequação à ordem normativa expressa na legislação, mesmo que não haja previsão legal específica.

Com base nessa proposta, é cabível a responsabilização dos *marketplaces* pela falha na prestação de seus serviços específicos, incluindo os danos causados aos fornecedores e consumidores, bem como sua responsabilização por eventuais acidentes de consumo, mesmo considerando a ausência de vínculo direto com os produtos e serviços disponibilizados em suas plataformas.

O motivo para se chegar a essa conclusão está na concepção ampla de fornecedor e cadeia de fornecimento, trazida pelo Código de Defesa do Consumidor e na aplicação do conceito de boa-fé objetiva e função social do contrato, advindos originariamente do texto constitucional.

Dessa maneira se atingem os objetivos do microssistema de proteção das relações de consumo, com a proteção integral do agente vulnerável da relação – o consumidor – frente aqueles que, por desenvolverem atividade lucrativa, habitual e profissional, se enquadram como fornecedores sem sentido amplo, sendo obrigados a assumir os riscos de sua atuação no mercado de consumo.

5. REFERÊNCIAS BIBLIOGRÁFICAS

BARROSO, L. R. e BARCELLOS, A. P. O começo da história: a nova interpretação constitucional e o papel dos princípios no direito brasileiro. *Revista de Direito Administrativo,* Rio de Janeiro, n. 232, p. 141-176, abr.-jun. 2003.

BARROSO, L. R. Neoconstitucionalismo e constitucionalização do direito: o triunfo tardio do direito constitucional no Brasil. *Revista de Direito Administrativo,* Rio de Janeiro, n. 240, p. 1-42, abr.-jun. 2005.

CAMBI, E. *Neoconstitucionalismo e neoprocessualismo:* direitos fundamentais, políticas públicas e protagonismo judiciário. 2. ed. São Paulo: Ed. RT, 2011.

CASTELLS, M. *A sociedade em redes.* Trad. Roneide Venancio Majer. 19. ed. São Paulo: Paz e Terra, 2018.

KOTLER, P. *Administração de marketing.* 10. ed. São Paulo: Prentice Hall, 2000.

LÉVY, P. *A inteligência coletiva:* por uma antropologia do ciberespaço. 4. ed. São Paulo: Loyola, 2003.

LÉVY, P. *Cibercultura.* Trad. Carlos Irineu da Costa. 3. ed. São Paulo: Editora 34, 2010.

MIRAGEM, B. *Curso de direito do consumidor.* 6. ed. São Paulo: Thomson Reuters Brasil, 2020.

NALIN, P. *Do contrato:* conceito pós-moderno. Curitiba: Juruá, 2005.

SCHREIBER, A. *Manual de direito civil:* contemporâneo. 3. ed. São Paulo: Saraiva Educação, 2020.

SHINN, T. Desencantamento da modernidade e da pós-modernidade: diferenciação, fragmentação e a matriz de entrelaçamento. *SCIENTIÆ ZUDIA,* São Paulo, v. 6, n. 1, p. 43-81, 2008.

TARTUCE, F. *Manual de direito civil:* volume único. 10. ed. Rio de Janeiro: Forense; São Paulo: MÉTODO, 2020.

RESPONSABILIDADE CIVIL DO COMERCIANTE NO COMÉRCIO ELETRÔNICO

Marcelo Benacchio

Mestre e Doutor pela Pontifícia Universidade Católica de São Paulo. Professor permanente do Mestrado e Doutorado em Direito da Universidade Nove de Julho. Professor titular de Direito Civil da Faculdade de Direito de São Bernardo do Campo. Juiz de Direito.

Emanuelle Clayre Silva Banhos

Mestranda em Direito pela Universidade Nove de Julho. Especialista em Direito Civil pela Pontifícia Universidade Católica de Minas Gerais. Advogada.

Sumário: 1. Introdução – 2. A definição de comércio eletrônico – 3. Legislação aplicável ao comércio eletrônico no Brasil – 4. A responsabilidade civil no mercado consumidor; 4.1 A situação jurídica de fornecedor. O comerciante como uma das espécies de fornecedor – 5. A responsabilidade civil do comerciante no comércio eletrônico – 5.1 A responsabilidade do intermediário no *marketplace* – 6. Considerações finais – 7. Referências bibliográficas.

1. INTRODUÇÃO

O avanço tecnológico gerado pela globalização culminou no surgimento da sociedade da informação, com o crescimento e dependência da *Internet* pela sociedade. Diante disso, uma das principais características da pós-modernidade é a aceleração de processos globais e o encurtamento de distâncias entre pessoas, empresas e lugares.

As empresas passaram a utilizar a *Internet* e outros meio tecnológicos para a realização de seus negócios, por meio da oferta de produtos e serviços aos consumidores, o que resultou no comércio eletrônico.

Em que pese os benefícios gerados por esta modalidade de comércio, este trouxe dificuldades para o direito do consumidor, advindas da massificação de contratos e da dificuldade de promover a adequada proteção ao consumidor.

Diante desse cenário, faz-se necessário analisar a responsabilidade civil do comerciante no âmbito do comércio eletrônico, a fim de compreender quando esta ocorrerá nesta modalidade de comércio típica da pós-modernidade.

Considerando-se que o comércio eletrônico pode ser realizado por qualquer via eletrônica como, por exemplo, o telefone ou televisão, este estudo limitar-se-á à análise da responsabilidade do comerciante no caso de lojas virtuais, por meio da *Internet*.

Trata-se de uma pesquisa descritiva que, auxiliada por revisão bibliográfica e documental, pretende examinar a definição e características do comércio eletrônico para, em seguida, avaliar as normas e leis aplicáveis a esta modalidade de comércio no Brasil, e o papel da responsabilidade civil no mercado consumidor, o sistema de responsabilidade civil do Código de Defesa do Consumidor (CDC), a compreensão da situação jurídica do fornecedor comerciante e, enfim, a responsabilidade civil do comerciante no âmbito das lojas virtuais, por meio da *Internet*, e no *marketplace*.

2. A DEFINIÇÃO DE COMÉRCIO ELETRÔNICO

A globalização econômica não é um fenômeno novo para a sociedade, podendo ser vista desde as épocas mais antigas da humanidade, até chegar ao *Homo globalizatus*, com forte circulação de bens, capitais e avanço tecnológico (LEWANDOWSKI, 2004, p. 253).

A partir do século XX, com o fim da Segunda Guerra Mundial, esse fenômeno se intensificou e provocou profundas mudanças sociais, mormente caracterizadas pelo rompimento das fronteiras entre países, expansão de mercados no âmbito transnacional e o surgimento de empresas com poder econômico maior que Estados.

Neste caminho, ao final do último quarto do século XX, as empresas passaram a ocupar um papel de maior destaque na sociedade, em especial face o avanço tecnológico que rompeu barreiras entre os países para o mercado, e impactou no modo de vida das pessoas, na forma de conduzir suas negociações e na possibilidade de acessa-lo a partir de qualquer ponto do planeta.

Isto é, a partir do momento que o avanço tecnológico das empresas lhes permitiu utilizar a *Internet*[1] e as redes eletrônicas e de comunicações em massa para suas atividades, trazendo-lhes a possibilidade de negociar sem quaisquer fronteiras, seja em relação as empresas (*Business to Business* – B2B- comércio eletrônico entre empresas), seja em relação aos consumidores (*Business to Consumer* – B2C – comércio eletrônico entre empresas e consumidores) (KLEE, 2014), originou-se, então, um novo espaço de comércio para a sociedade, em contraposição ao comércio tradicional.

Esse novo espaço é denominado "comércio eletrônico", e é conceituado por Cláudia Lima Marques como:

> [...] o comércio "clássico" de atos negociais entre empresários e clientes para vender produtos e serviços, agora realizado através de contratações à distância, conduzidos por meios eletrônicos (*e-mail*, mensagens de texto etc.), por Internet (*on-line*) ou por meios de telecomunicação em massa (telefones fixos, televisão a cabo, telefones celulares etc.). (LIMA MARQUES, 2004, p. 35)

---

1. Acerca da definição de *internet*, Guilherme Magalhães Martins afirma que "A Internet pode ser definida como uma rede de computadores ligados entre si, perfazendo-se a conexão e comunicação por meio de um conjunto de protocolos, denominados TCP/IP (*Transmission Control Protocol/Internet Protocol*), de maneira que a identificação das suas fronteiras físicas se torna impossível, em virtude da sua difusão pelo planeta, atravessando várias nações como se fora um rio tendo englobado milhares de outras redes ao redor do mundo, que passaram a adotar tais protocolos" (MARTINS, 2016, s.p.).

Em resumo, o comércio eletrônico é o comércio convencional, contudo, realizado à distância por meio da divulgação e comercialização com amparo em meios eletrônicos, especialmente, o uso da *Internet*,[2] que teve como antecessora a rede ARPANet (*Advance Research Projects*) que, no ano de 1969, serviu para conectar o Departamento de Defesa norte-americano a universidades e órgãos militares, originando-a, no ano seguinte, com o *Interneting Project*, que objetivou uniformizar o sistema de transmissão de dados (COELHO, 2012).

Com a moderna tecnologia, torna-se superado o entendimento tradicional do mercado como um local exclusivamente físico para realização de negociações e trocas, haja vista que a *Internet* e demais meios tecnológicos possibilitaram tornar virtual o local de realização das transações comerciais.

Deste modo, além da concretização da negociação por meios eletrônicos, com a troca de dados digitais, a principal característica desse tipo de negócio jurídico é a sua conclusão sem a presença física das partes contratantes, razão pela qual, são denominados "contratos à distância no comércio eletrônico" (LIMA MARQUES, 2004, p. 35-36), contratos estes que são um novo instrumento do mercado globalizado para formação de negócios jurídicos, tipicamente do período pós-moderno.[3]

Além do formato de contratos gerado por esta modalidade de comércio, que deu origem um novo ambiente para compras, vendas e trocas, surgiu, também, a figura do estabelecimento virtual que é definido deste modo pelo tipo de acesso, isto é, se houver descolamento no espaço é físico, mas no caso da transmissão e recepção de dados é virtual[4] (COELHO, 2012).

A ausência de fronteiras entre os contratantes, o crescimento do número de internautas e a facilidade de comprar a partir de qualquer lugar do globo enseja o crescimento desse tipo de comércio, além de gerar oportunidades de negócios e empregos, isso porque, entende-se que o comércio eletrônico tem gerado "democracia comercial", pois gera a possibilidade de que produtos e serviços com menor destaque no mercado, possam ser introduzidos e divulgados com maior expressão no mercado e economia de custos (TEIXEIRA, 2015, p. 30).

---

2. Sobre os meios utilizados para a contratação eletrônica à distância, estes podem ser diversos, contudo, diante do avanço tecnológico, especialmente na década de 90, podem se resumir, atualmente, basicamente no uso da *Internet*. Neste sentido, vide Cláudia Lima Marques (2004, p. 37).

3. Rodrigo Eivelvein do Canto infere que "o crescimento meteórico do número de internautas reflete as principais características da pós-modernidade: a compressão do espaço-tempo e a aceleração dos processos globais, "de forma que se sente que o mundo é menor e as distâncias mais curtas, que os eventos em um determinado lugar têm um impacto imediato sobre pessoas e lugares situados a uma grande distância". A contemporaneidade rompeu com as barreiras espaciais da vida social, acabando com o domínio das relações face a face e abrindo espaço para uma relação entre 'ausentes'. Da mesma forma, culturas locais são penetradas e moldadas instantaneamente por influências estrangeiras 'invisíveis' àqueles que convivem no mundo off-line. O ciberespaço proporcionou mudanças profundas na forma como as pessoas se comunicam, gerando expectativas de ser um 'paraíso democrático'" (CANTO, 2015, s.p.).

4. Fábio Ulhoa Coelho (2012) entende que é possível o estabelecimento virtual ter fundo de empresa.

Diante do cenário pandêmico, provocado pela Covid-19 a partir de 2020, dados das Nações Unidas relevam que o comércio eletrônico cresceu de 20,8% em 2019, para 25,9% em 2020, arrecadando US$ 26,7 trilhões, devido as medidas de distanciamento social, enquanto o comércio físico teve retração (NAÇÕES UNIDAS, 2021). Nesta categoria de comércio, o Brasil ficou na 20ª posição dos países com mais vendas, com cerca de US$ 16 bilhões, sendo que, nesta categoria, as três primeiras posições correspondem, respectivamente, a China, Estados Unidos e Reino Unido (NAÇÕES UNIDAS, 2021).

Apesar das facilidades e benefícios gerados por este meio de comércio, existe o significante aumento dos riscos gerados pelas negociações virtuais, que expõem o consumidor a fraudes, bem como, reforça sua posição de vulnerabilidade[5] ao negociar e depositar sua confiança em um fornecedor desconhecido, prejudicando as relações negociais, pois gera um sentimento de desconfiança e insegurança no consumidor.

Desta maneira, face ao intenso crescimento desta forma de comércio, o qual teve especial incremento a partir de 2020 devido à crise sanitária e econômica gerada pela Covid-19, faz-se necessário compreender a responsabilidade civil do comerciante na esfera do comércio eletrônico, no que diz respeito às lojas virtuais.

3. LEGISLAÇÃO APLICÁVEL AO COMÉRCIO ELETRÔNICO NO BRASIL

Considerando-se que, hodiernamente, o comércio eletrônico se desenvolve, basicamente, por meio da *Internet*, convém avaliar quais as normas que o regem no Brasil, especialmente ante os altos valores que movimenta no país, que crescem ano após ano.

O Decreto 7.962, de 15 de março de 2013, regulamenta a Lei 8.078, de 11 de setembro de 1990, isto é, o Código de Defesa do Consumidor, a fim de disciplinar acerca da contratação no comércio eletrônico, em nove artigos.

Este Decreto abrange alguns aspectos considerados essenciais para a contratação em ambiente digital, os quais são descritos no artigo 1º, incisos I a III, quais sejam: a) prestar informações claras a respeito do produto, serviço e do fornecedor; b) atendimento facilitado ao consumidor; e, c) respeito ao direito de arrependimento.

Além do Decreto 7.962, de 15 de março de 2013, e do Código de Defesa do Consumidor, outras normas também são aplicáveis às contratações oriundas do comércio eletrônico, dentre as quais se destaca, neste trabalho, a Lei 13.709 de 14 de agosto de 2018, conhecida como Lei Geral de Proteção de Dados Pessoais (LGPD), a Lei 12.965 de 23 de abril de 2014, que é o Marco Civil da Internet, e estabelece princípios, garantias, direitos e deveres para o uso da Internet no Brasil.

---

5. A vulnerabilidade do consumidor no comércio eletrônico possui algumas características específicas, como a insegurança com relação a realização do contrato, a ausência de clareza que impeça a correta identificação do seu objeto, assim como a dificuldade de identificação do fornecedor e o próprio meio pelo qual a contratação se realiza que pode atrapalhar o discernimento do consumidor com relação a negociação (KLEE, 2014).

A Lei Geral de Proteção de Dados Pessoais (LGPD), segundo seu artigo 1º, possui como objeto dispor sobre o tratamento de dados pessoais, por pessoa natural ou por pessoa jurídica de direito público ou privado, inclusive no âmbito digital, com a finalidade de proteger direitos fundamentais da pessoa natural. Esta lei impacta no comércio eletrônico, pois, ao coletar dados pessoais dos consumidores, conforme seu artigo 5º, inciso X, a empresa será responsável pelos dados, desde sua coleta, até sua eliminação na sua atividade empresarial, razão pela qual, as empresas necessitam se adequar à lei.[6]

Finalmente, a Lei 12.965 de 23 de abril de 2014, conhecida como Marco Civil da Internet, por meio de seus princípios, garantias, direitos e deveres para o uso da Internet no Brasil tem por pressuposto dar maior segurança aos usuários da Internet e, consequentemente, no comércio eletrônico. Tanto é que o artigo 7º, *caput*, afirma que o acesso à Internet é essencial para que as pessoas exerçam a cidadania, sendo-lhes assegurados, dentre outros direitos, a aplicação das normas de proteção e defesa do consumidor nas relações de consumo realizadas em ambiente virtual, conforme inciso XIII.

4. A RESPONSABILIDADE CIVIL NO MERCADO CONSUMIDOR

Atualmente a quase totalidade dos Estados não mais adota um sistema econômico puramente liberal ou socialista, há intervenção estatal no domínio econômico objetivando um modelo de economia de mercado com preocupação da correção das desigualdades e promoção do desenvolvimento econômico na busca de um equilíbrio entre a atividade econômica e a justiça social (DALLA VIA, 2006, p. 50).

Como afirma Natalino Irti (2004, p. 99), o mercado não é um *locus naturalis,* mas sim um *locus artificialis*, enfim, um sistema de relações governado pelo direito, pois, o mercado não é encontrado, mas sim criado pelo direito. Tratando-se de um organismo artificial construído desde uma escolha consciente de uma decisão política do Estado. Isso, conclui o professor italiano, é a *mão visível da Lei.*

No Brasil, o art. 170, inc. V, da Constituição Federal insere o valor da proteção do consumidor como um dos princípios conformadores da *ordem econômica intervencionista* (GRAU, 2005, p. 74) de cunho capitalista (assegurada pelo direito fundamental da livre iniciativa econômica) de nosso Estado, na busca do *bem de todos*.[7]

---

6. Renata Mota Maciel e Marcelo Benacchio (2020, p. 41-42) refletindo acerca do poder econômico das empresas no passado e no futuro afirmam que "o futuro, por sua vez, já aponta sinais no sentido de que o domínio sobre a coleta, o uso e o tratamento de dados pessoais inexoravelmente integrará, senão total, ao menos parcialmente, todos os modelos de negócio que vem se desenvolvendo, ao passo que a empresa, já no próximo quadril deste século, terá por ativo substancial os dados pessoais de seus clientes ou parceiros".
7. Ricardo Hasson Sayeg e Wagner Balera (2019) ponderam acerca da doutrina do Capitalismo Humanista no Brasil, na qual o exercício do capitalismo alinhado com os valores dos direitos humanos pode ter o condão de promover o desenvolvimento, com a inclusão de todas as pessoas e promoção do bem de todos, indistintamente.

Nessa linha, as normas jurídicas de responsabilidade civil de ordem pública e de interesse social constantes do Código de Defesa do Consumidor (art. 1º) também têm o caráter de controle do mercado, exaltando a preocupação com o ser humano, não permitindo a redução da dignidade pessoal a um valor de troca ou a um simples cálculo econômico (PERLINGIERI, 2003, p. 240-255).

De maneira geral, as normas de responsabilidade civil elegem as situações desfavoráveis, nominadas de dano, transferindo-as para um sujeito diverso da vítima conforme o critério de imputação estabelecido (a culpa ou outro critério diverso, normalmente, a teoria do risco).

No mercado consumidor as normas de responsabilidade civil vão acabar por conformar os comportamentos dos fornecedores no sentido da consecução da proteção ao consumidor, pois, será mais interessante (eficiente) aos fornecedores a adoção de métodos seguros de inserção de produtos e serviços no mercado consumidor a suportar as consequências econômicas (aumento dos custos) do desrespeito aos direitos do consumidor garantidores de sua esfera físico-psíquica e econômica.

Quanto maior a rigidez da norma de responsabilidade civil incidente, maior será o dever de cuidado do responsável; assim, uma norma de responsabilidade civil objetiva em relação de consumo redundará em incentivo às vítimas na propositura de ações e, por consequência, atuação rigorosa dos fornecedores tomando todas as precauções para evitar danos àqueles (SHAVELL, 2004, p. 181-182).

Nessa ordem de ideais, a finalidade da responsabilidade civil no mercado consumidor será a de regular os comportamentos dos fornecedores que sempre adotarão comportamentos conformes à defesa do consumidor ante as normas jurídicas incidentes, já que esse atuar também é alinhado à racionalidade econômica da atividade que exercem relativamente à inserção de produtos e serviços no mercado consumidor; aliás, essa situação é empiricamente constatável ao se observar a mudança do comportamento dos fornecedores desde a vigência do Código de Defesa do Consumidor.

O sistema de responsabilidade civil do Código de Defesa do Consumidor mostrou-se, portanto, como absolutamente inovador com relação aos modelos existentes até então, porquanto foi concebido sob o fundamento da dignidade da pessoa com a necessidade de sua proteção, daí a preocupação com uma resposta efetiva às lesões de bens não patrimoniais e patrimoniais.

Além disso, a produção em massa, o incessante incremento da tecnologia, associado ao apogeu do sistema capitalista de produção levado à escala planetária, passou a exigir um paradigma de responsabilidade civil eficiente para o atendimento de um sujeito de direito novo - a figura pós-moderna do consumidor.

Diante disso, a responsabilidade civil foi estruturada a partir do bem jurídico protegido, ou seja, a incolumidade físico-psíquica e econômica do consumidor. Assim, houve a criação dos critérios de imputação do fato (CDC, art. 12-17) e vício (CDC, art. 18-21) do produto e serviço, aquele (fato) objetivando a proteção das situações jurídicas não patrimoniais e este (vício) as situações jurídicas patrimoniais.

A doutrina diverge na forma de descrever o fenômeno legislativo, tanto que Roberto Senise Lisboa (2001) utiliza a expressão a fato e vício tal como o texto legal. E, noutro giro, Antônio Herman V. Benjamin (2008, p. 108) concebeu a *teoria da qualidade* que *comporta dois aspectos distintos*: a proteção do patrimônio do consumidor *(com o tratamento dos vícios de qualidade por inadequação)* e a proteção da saúde do consumidor *(com o tratamento dos vícios de qualidade por insegurança)*.

Seja como for, fato/vício ou qualidade por inadequação/insegurança, não há dúvidas da existência de dois critérios de imputação distintos da responsabilidade civil no Código de Defesa do Consumidor em conformidade com o bem jurídico afetado – extrapatrimonial ou patrimonial.

Ante a diversidade de regimes de responsabilidade (fato e vício) e a impossibilidade de sua cumulação, a busca do aplicador da norma não é por um traço *exclusivo*, mas sim o *preponderante* (BENJAMIN, 2008, p. 101). Portanto, em todas as hipóteses de lesão à esfera físico-psíquica do consumidor, será possível pretender-se, *pelo mesmo regime* (fato do produto ou serviço), a também reparação dos danos de cunho patrimonial.[8]

Enfim, de forma difusa, o fato do produto e serviço é tratado doutrinariamente com a expressão *acidente de consumo* provocado por um *defeito* resultante em ofensa à esfera físico-psíquica do consumidor, porquanto a disciplina jurídica do fato do produto e serviço refere sempre à existência de um defeito gerador do acidente de consumo. Já o vício do produto e serviço é referido como *vício* que redunda em violação à esfera econômica.

4.1 A situação jurídica de fornecedor. O comerciante como uma das espécies de fornecedor

O Código de Defesa do Consumidor trata das relações jurídicas de consumo, a qual, como ensina Nelson Nery Junior (2004, p. 540-541), compõem-se dos sujeitos (consumidor e fornecedor), objeto (produtos e serviços) e o elemento teleológico (aquisição pelo consumidor na condição de destinatário final); portanto, presentes esses elementos, a relação jurídica será regida pelo sistema jurídico das relações de consumo.

Os modernos e complexos processos de produção e prestação de serviços passaram a envolver um grande número de agentes econômicos vinculados por intermináveis redes contratuais nos planos nacionais e internacionais, resultando na fragmentação da responsabilidade desses agentes em conformidade com a divisão das atividades de *produção, montagem, criação, construção, transformação, importação, exportação, distribuição ou comercialização de produtos ou prestação de serviços*.

---

8. Nosso pensamento funda-se a unidade do ilícito não sendo concebível, a nossa luz, diversidade de regimes jurídicos pelo mesmo fato. Em sentido diverso, Paulo de Tarso Vieira Sanseverino (2002, p. 156) pugna pela possibilidade da aplicação simultânea dos dois regimes (vício e fato).

Nesse diapasão, o Código de Defesa do Consumidor frente à necessidade de abarcar todos os envolvidos em atividades profissionais relativas à produção e oferta de produtos e serviços no mercado de consumo criou a ampla figura jurídica do fornecedor nos termos do artigo 3º, *caput*, composta por todos aqueles que participam da produção e distribuição de produtos e serviços no mercado consumidor.

O comerciante é uma das espécies de fornecedor. Caracteriza-se por desenvolver *atividade tipicamente profissional* (LIMA MAQUES, 2002, p. 226-327) de *comercialização e distribuição de produtos*, sem o desenvolvimento de uma atividade de produção, importação ou montagem.

Isto é, trata-se de um intermediário, da figura que está entre o produtor, importador, montador e o consumidor, ou destinatário final do bem, contemplando, portanto, qualquer um que esteja na cadeia produtiva, mas não detenha controle da produção ou seja usuário do bem, em regra, como explica Tarcisio Teixeira:

> No fundo, quando se trata da atividade de intermediação de mercadorias ou de determinados serviços o intermediário é um comerciante, o qual nada mais é do que um vendedor que faz a negociação de bens/mercadorias comprando-as para revendê-las ou apenas aproximando o produtor-vendedor do comprador-consumidor. O comerciante é o grande ativador da economia, sendo que pode ser atacadista ou varejista (TEIXEIRA, 2015, p. 103).

O comerciante possui, portanto, a intermediação como sua atividade, pois adquire produtos os revende aos destinatários finais, sem promover mudanças em suas características de fábrica ou, ainda, pode aproximar vendedor e comprador. Ou seja, o comerciante pode exercer sua atividade por meio da circulação de bens entre o fabricante e o consumidor, podendo atuar, também, como revendedor, ou executando a intermediação entre o prestador e o usuário de um serviço.

Apesar de muitas vezes haver a coincidência da figura do comerciante do direito consumerista com a do empresário do direito comercial as noções são distintas,[9] pois, o comerciante enquanto fornecedor encerra conceito jurídico de maior amplitude ante a possibilidade, em casos específicos, da inclusão das sociedades civis, associações e fundações quando atuem no mercado consumidor.[10]

---

9. Da mesma forma, o profissional liberal não é empresário ante a exclusão contida no parágrafo único do art. 966 do Código Civil, todavia pode ser fornecedor a exemplo da expressa referência contida no art. 14, § 4º, do Código de Defesa do Consumidor.

10. Roberto Senise Lisboa (2001, p. 130-131) afirma a respeito: "Mesmo as entidades sem fins econômicos podem, eventualmente, ser consideradas fornecedoras. Deve-se analisar cuidadosamente o caso concreto, a fim de se concluir corretamente sobre a aplicação do Código de Defesa do Consumidor ou não. Para que a entidade sem fins econômicos seja considerada fornecedora, é indispensável que ela forneça alguma atividade em prol de "filiados", que possuem a obrigação de pagar uma manutenção periódica, mas que não têm qualquer poder deliberativo para influir, fazendo prevalecer a sua vontade nas decisões do ente moral. (...) Além das associações e das fundações, tome-se por exemplo a cooperativa, que é, nos termos da legislação em vigor, uma sociedade pessoal de natureza civil, cujo objetivo é a prestação de serviços a seus afilhados, como produção, crédito, entre outros (art. 4º da Lei 5.764, de 16.12.1971)".

Diante disso, nada obstante as críticas existentes[11] e a polissemia do termo, considerada a expressão empregada pelo legislador (CDC, art. 13) pertinente a utilização do termo comerciante para os fins deste estudo, como uma das espécies de fornecedor, a fim de analisar a responsabilidade destes que atuam como intermediários nas compras via comércio eletrônico, com destaque para o *e-commerce*, uma vez que, nesta modalidade de comércio, vários tipos de negócios podem ser considerados como de intermediação, ou seja, realizados pela figura do comerciante.

Existem muitas modalidades de sítios eletrônicos para realização deste tipo de comércio, cuja responsabilidade civil dependerá da espécie de negócio, dentre os quais, destacam-se como principais: (i) sites de fornecedores (lojas virtuais); (ii) sites de facilitadores ou intermediários; e, (iii) portais empresariais (B2B- *business to business*) (SANTOS, 2012).

Os *sites* de fornecedores (lojas virtuais) podem ser entendidos como locais, em ambiente virtual, utilizados como canal de venda exclusiva ou complementar, enquanto que os sites facilitadores ou intermediários são aqueles aproveitados para a realizar o contato ente vendedores e compradores, e, enfim, os portais empresariais são mecanismos para promoção de negócios entre empresas vendedoras e compradoras (TEIXEIRA, 2015, p. 136).

Neste estudo, interessa as duas primeiras modalidades de comércio eletrônico, sendo que na segunda, ou seja, os sites de facilitadores ou intermediários ainda podem oferecer um leque maior de produtos e serviços a serem ofertados entre comerciante e consumidor, como disponibilizadores de espaços, shopping virtual, leilões virtuais e classificados (SANTOS, 2012).

Os disponibilizadores são os sites que oferecem espaços para anúncios de terceiros em seus sites, que direcionam o interessado, por meio de *link*, para a página do fornecedor, enquanto que os shoppings virtuais são plataformas para que vendedores cadastrem, anunciem e vendam seus produtos, mediante cobrança de taxa ou comissão ao vendedor pelo "*shopping*". Por sua vez, os sites de leilão virtual atuam de maneira parecida com os leilões tradicionais, entre empresas (B2B) ou entre empresas e consumidores (B2C), diferentemente do sites de classificados nos quais os anunciantes cadastram seus produtos ou serviços para oferta aos consumidores, sendo que o rendimento deste deriva do número de acesso por usuários e da disponibilização de *banner* para anúncios.

---

11. Nesse sentido, manifesta-se Ana Luiza de Andrade Fernandes Nery (2009, p. 120), como segue: "Preferimos utilizar a denominação fornecedor imediato a comerciante, termo eivado de antiga conceituação ao que hoje se qualifica, em direito empresarial, como sendo empresário, constituindo-se velharia do sistema de direito privado. Ademais, a expressão fornecedor imediato tem alcance mais amplo, caracterizada esta mais própria do Direito do Consumidor e de grande importância para a consubstanciação do papel deste agente econômico na cadeia de consumo".

Por fim, várias empresas podem atuar de forma a abranger mais de uma forma de comércio em um mesmo espaço virtual, ou seja, podem ser, ao mesmo tempo, shoppings virtuais, site de classificados, ou outra modalidade.

5. A RESPONSABILIDADE CIVIL DO COMERCIANTE NO COMÉRCIO ELETRÔNICO

No comércio eletrônico, tanto a distância quanto o meio eletrônico existentes entre o consumidor e o comerciante no momento da negociação, enfatizam a vulnerabilidade daquele, impactando em seus direitos quando não observadas as diretrizes e normas destinadas não apenas ao Direito do Consumidor em geral, mas, especificamente, ao comércio eletrônico.

Cumpre, portanto, avaliar a responsabilidade civil do comerciante nos negócios realizados no comércio eletrônico, no âmbito da *Internet*, limitando-se este estudo à análise da modalidade de sites de fornecedores (lojas virtuais), previamente exposta no item 3.1.

A responsabilidade civil dependerá do tipo de negócio desenvolvido, entretanto, o Ministério da Justiça brasileiro publicou, em 2010, as "Diretrizes para as relações de consumo estabelecidas no Comércio Eletrônico", que visam sua aplicação entre fornecedores e consumidores em qualquer fase da relação de consumo (MINISTÉRIO DA JUSTIÇA, 2010).

As Diretrizes estabelecem em seu Capítulo II, item 7, que a responsabilidade dos fornecedores, seja de serviços ou produtos pela Internet, tem como fundamento a vulnerabilidade do consumidor, nos mesmos termos do Código de Defesa do Consumidor, regulamentado para o comércio eletrônico pelo Decreto 7.962/2013 e, no que couber, as demais normas expostas nesta pesquisa, sendo que, em caso de danos ao consumidor, para auferir a responsabilidade deve-se observar a o nexo causal entre o dano e o defeito do serviço (MINISTÉRIO DA JUSTIÇA, 2010).

Especificamente no que tange a responsabilidade dos sites de fornecedores (lojas virtuais), que dispõem de sites próprios, nos casos em que são titulares comerciantes que revendem produtos ou serviços fabricados ou produzidos por outrem, a ele serão aplicadas as regras diferenciadas estabelecidas pelo Código de Defesa do Consumidor.

Isso porque, o artigo 12 que dispõe sobre a responsabilidade por fato do produto menciona, expressamente, as categorias de fornecedores que são responsáveis, a saber: fabricante, produtor, construtor e importador.

Assim, ainda que o comerciante seja titular de loja virtual, nos termos do supramencionado artigo, inicialmente apenas os fornecedores elencados serão solidariamente responsáveis pelo fato do produto, pois, mesmo que ordinariamente responsável pela reparação de danos, face a sua conexão com o consumidor, o legislador do CDC optou por se limitar as figuras elencadas no *caput* do referido artigo (LIMA MARQUES; BENJAMIN; MIRAGEM, 2019).

Contudo, como consta do art. 13 do Código de Defesa do Consumidor, a responsabilidade civil do comerciante é mitigada, ocorrendo somente em hipóteses específicas: (i) produto sem identificação do fornecedor que o fabricou, construiu, produziu ou importou, (ii) ausência de identificação adequada do produtor ou importador e, (iii) má conservação de produtos perecíveis.

No tocante as hipóteses dos incisos I e II, no âmbito do comércio eletrônico, estas foram impostas como um dever do fornecedor pelo Decreto 7.962, de 15 de março de 2013, que regulamenta o CDC, a fim de disciplinar a contratação no comércio eletrônico, sendo claro em seu artigo 1º quanto ao dever de prestar informações transparentes a respeito do produto, serviço e do fornecedor, no comércio eletrônico.

Em todas as situações descritas no artigo 13, há violação à regra de boa-fé objetiva, descumprimento do dever de informação nas duas primeiras e proteção da confiança e expectativa do consumidor na terceira no sentido da correta conservação do produto pelo comerciante ante o caráter profissional de sua atividade. Fora dessas três situações especificadas em lei não responde o comerciante por danos oriundos de produtos defeituosos ofensivos à integridade físico-psíquica do consumidor.

Nestes termos, a responsabilidade civil do comerciante por acidentes de consumo (fato do produto) é *supletiva* ou *subsidiária* da responsabilidade inicialmente imputada ao fabricante, produtor, construtor, e o importador; estabelecendo-se tão somente nos casos de produto anônimo (sem identificação do produtor ou importador), mal identificado ou mal conservado pelo comerciante; fora disso, não se cogita de responsabilidade secundária do comerciante.

As razões de política legislativa para a atenuação da responsabilidade civil do comerciante, apesar de gerar aparente perplexidade pelo fato do comerciante tratar-se do fornecedor mais próximo do consumidor, decorrem da mudança do papel do comerciante na sociedade de massa, da impossibilidade de controle dos defeitos por seu distanciamento do processo produtivo e ainda de motivos de cunho econômico.

No mesmo artigo 13, em seu parágrafo único, o legislador assegurou o direito de regresso ao fornecedor que reparou os dados causados ao consumidor. Entrementes, apesar do direito de regresso estar previsto no dispositivo referentemente à responsabilidade civil do comerciante, sua aplicação deve ocorrer em qualquer hipótese de solidariedade existente no Código de Defesa do Consumidor. Isso porque, o disposto neste artigo, aplica-se a quaisquer casos de solidariedade, pois o direito de regresso tem por fim afastar a responsabilização de um dos codevedores além da sua contribuição para a ocorrência do dano (BENJAMIN, 2008, p. 135).

Diferente da responsabilidade pelo fato do produto, no tocante ao regime de vícios, do art. 18 e do art. 20, o comerciante é responsabilizado solidariamente, haja vista que pelo Código de Defesa do Consumidor, serão responsáveis todos aqueles que fizeram parte do processo de disponibilização do produto no mercado, desde o fabricante até o comerciante, pois a cada um deles é imputado o dever de qualidade-adequação do produto (LIMA MARQUES; BENJAMIN; MIRAGEM, 2019).

Nesta seara, vale salientar que os problemas mais comuns decorrentes dessa modalidade de comércio advêm de seis casos: (i) publicidade *on-line;*[12] (ii) demora ou não entrega do produto ou serviço; (iii) cobrança de taxas extras, não pormenorizadas no comento da contratação; (iv) devolução de produtos e direito ao arrependimento; (v) desrespeito as especificações contratadas e situações cobertas pela garantia do produto ou serviço; e, (vi) problemas decorrentes do modo de pagamento ofertado pelo fornecedor (SANTOS, 2012).

Enfim, outra questão interessa quanto à responsabilização nesta modalidade de comércio eletrônico, é a aplicação do Código de Defesa do Consumidor nos negócios jurídicos celebrados entre o consumidor no Brasil e um fornecedor da internet que esteja estabelecido em outro país, por meio do acesso a site estrangeiro, haja vista que existe a regra geral do artigo 9º, §2º da Lei de Introdução às normas do Direito Brasileiro que pressupõe a aplicação da lei do país em que foi constituída a obrigação, sendo que se considera constituída no local de residência do proponente ou, neste caso, o comerciante (COELHO, 2012), enquanto que, de outro lado, há entendimento[13] pela aplicação da normas do Código de Defesa do Consumidor, ainda que se trate de contratação internacional.

5.1 A responsabilidade do intermediário no *marketplace*

Uma das modalidades de comércio eletrônico que mais crescem são as plataformas de *marketplace* (também chamado de *shopping virtual*), nas quais o comerciante que não possui uma loja virtual própria utiliza, para comercializar produtos ou serviços, uma plataforma disponibilizada por um intermediário que facilita a aproximação de vendedores e compradores em ambiente virtual como, por exemplo, o site Mercado Livre.

É neste espaço que o consumidor pode adquirir produtos ou serviços do comerciante que está utilizando a plataforma fornecida pelo portal provedor, mediante cobrança de taxa ou comissão do comerciante, e oferecimento de condições para comercialização como, por exemplo, amplo volume de visitantes.

Ao disponibilizar espaço virtual na internet para facilitação, viabilização de vendas e compras de produtos ou contratação de serviços, o intermediário participa das negociações entre comerciante e consumidor, assumindo a posição de fornecedor de serviços.

---

12. Acerca da publicidade *on-line*, Cláudia Lima Marques (2004, p. 168) enfatiza que "[...] a publicidade da Internet ou utilização de marketing *on-line* perante a consumidores deve seguir os mesmos parâmetros de boa-fé do CDC e os mesmos efeitos e relação à confiança despertada nos consumidores que a publicidade por outros meios de comunicação de massas. O uso do meio eletrônico para fazer seu *marketing* e ofertas é uma opção que responsabiliza os fornecedores de toda aquela cadeia de fornecimento, valorizando-se aqui muito a 'marca' e o art. 30 do CDC para concluir que a publicidade cria confiança, vincula e 'obriga o fornecedor que a fizer a veicular ou dela se utilizar' (art. 30 do CDC)".
13. Nesse sentido, vide estudo de Cláudia Lima Marques (2004, p. 303-466).

A responsabilidade entre o vendedor e o intermediador, nesta modalidade, dependerá da natureza da atividade desenvolvida por aquele que anuncia seus produtos na plataforma. Deste modo, o Superior Tribunal de Justiça decidiu, no Recurso Especial 1880344-SP, julgado em 09 de março de 2021, que caso o vendedor seja um profissional que exerça tal atividade com habitualidade, a responsabilidade civil do intermediador seguirá as normas do Código Civil, pois ele não se adequará ao conceito de fornecedor disposto no art. 3º do CDC (BRASIL, 2021).

De outra parte, caso o anunciante não seja profissional e não venda produtos ou ofereça serviços com habitualidade, na hipótese de falha na prestação de serviços por parte do intermediário, aplicar-se-á as normas previstas no CDC (BRASIL, 2021).

Igualmente, o site intermediador será responsável perante o consumidor em caso de danos na sua relação junto ao comerciante, vez que o CDC definiu a responsabilidade solidária entre todos aqueles que participam da relação de consumo, conforme artigo 7º, parágrafo único, e conforme jurisprudência pacífica do STJ (Recurso Especial 1760965 – SC), especialmente, em razão do fato de que, no comércio eletrônico, o consumidor não tem contato físico com os fornecedores (BRASIL, 2020).

Isso porque, aquele que possui vantagem econômica ou de qualquer outra natureza, no exercício da atividade de intermediário na relação entre consumidor e comerciante, atrai para si a qualidade de participante da cadeia de consumo, o que faz com que passe a ter legitimidade para responder face eventuais aos prejuízos que o consumidor venha sofrer (BRASIL, 2016).

Assim, enquanto intermediário, o responsável pelo site responderá solidariamente em caso de danos ou prejuízos ao consumidor, sendo sua responsabilidade objetiva, isto é, independentemente da demonstração de culpa.

6. CONSIDERAÇÕES FINAIS

O fenômeno da globalização, caracterizado pelo avanço tecnológico, provocou relevantes mudanças na sociedade, e transpôs as relações de consumo, antes presenciais, para o ambiente virtual, alterando significativamente o comportamento do consumidor.

A figura do comerciante necessitou se adequar ao mundo pós-moderno, introduzindo-se nas negociações virtuais por meio de diversas formas de comércio eletrônico, como as lojas virtuais, nas quais, ao invés de um espaço físico, passou a comercializar seus produtos por meio da Internet, em um estabelecimento virtual.

A ausência de contato físico entre vendedor e comprador, contudo, ensejou o aumento da vulnerabilidade do consumidor neste mercado, o que deu ensejo a normas e diretrizes, além do CDC, que regulamentassem e orientassem essa modalidade de comércio a fim de gerar maior segurança para o consumidor.

Neste sentido, ainda que em ambiente eletrônico, a figura do comerciante está abrangida pelo disposto no artigo 13 do CDC, isto é, sua responsabilidade civil quanto ao fato do produto é mitigada, e só é prevista nas três situações descritas nos incisos deste dispositivo.

Entretanto, embora subsidiária, a responsabilidade do comerciante no artigo 13, parágrafo único, é solidária em relação aos demais fornecedores, sobretudo o produtor, sendo que este dispositivo se aplica a todas as hipóteses de solidariedade presentes no CDC.

Contrariamente a responsabilidade por fato do produto, conforme art. 18 e do art. 20, o comerciante é responsabilizado solidariamente no regime de vícios, pois o CDC prevê a responsabilidade de todos os responsáveis pela disponibilização do produto no mercado, desde o fabricante até o comerciante.

Quanto à responsabilidade no *marketplace* (shopping virtual) entre vendedor e o intermediador, esta dependerá da natureza da atividade desenvolvida por aquele que anuncia seus produtos na plataforma, pois, caso a exerça com habitualidade não haverá responsabilidade do intermediador em caso de prejuízos ou danos com a venda. De outro lado, caso o vendedor não ofereça produtos ou serviços com habitualidade, na hipótese de falha na prestação de serviços por parte do intermediário, aplica-se as disposições do CDC.

Quanto a sua responsabilidade perante o consumidor, o intermediário será responsável em caso de danos, pois perante o CDC está caracterizada a responsabilidade solidária entre todos aqueles que participam da relação de consumo.

Portanto, o comércio eletrônico é uma realidade cada vez mais presente na vida das pessoas, como demonstra seu crescimento exponencial ano após ano, refletindo-se na necessidade de atenção e regulação desta forma de comércio para acompanhar seus rápidos passos na sociedade pós-moderna.

7. REFERÊNCIAS BIBLIOGRÁFICAS

ALVIM, Arruda et al. *Código do consumidor comentado*. São Paulo: Ed. RT, 1995.

BENACCHIO, Marcelo. Valoração constitucional da proteção do consumidor. Universitária: *Revista do Curso de Mestrado em Direito*, Araçatuba, 2007, v. 7, n. 1, jul. 2007.

BENACCHIO, Marcelo. Responsabilidade civil do comerciante por defeito do produto. In: Lotufo, Renan; Martins, Fernando Rodrigues. (Org.). *20 anos do Código de Defesa do Consumidor*: conquistas, desafios e perspectivas. São Paulo: Saraiva, 2011. p. 357-377.

BENACCHIO, Marcelo; MACIEL, Renata Mota. A LGPD sob a perspectiva da regulação do poder econômico. In: DE LIMA, Cíntia Rosa Pereira (Coord.). *Comentários à Lei Geral de Proteção de Dados*: Lei n. 13.709/2018, com alteração da Lei n. 13.853/2019. São Paulo: Almedina, 2020.

BRASIL. Superior Tribunal de Justiça, Recurso Especial (REsp) 1.880.344 – SP, rel. Min. Nancy Andrighi. Brasília, 09 mar. 2021, *DJe* 11 mar. 2021.

BRASIL. Superior Tribunal de Justiça, Recurso Especial (REsp) 1.760.965 – SC, rel. Min. Benedito Gonçalves. Brasília, 14 set. 2020 *DJe* 16 set. 2020.

BRASIL. Tribunal de Justiça do Distrito Federal e dos Territórios, Acórdão 986.238. rel. Juiz Eduardo Henrique Rosas, 3ª T. Recursal, Brasília, 07 dez. 2016 *DJe* 13 dez. 2016.

CANTO, Rodrigo Eidelvein do. *A vulnerabilidade dos consumidores no comércio eletrônico e a reconstrução da confiança na atualização do código de defesa do consumidor*. São Paulo: Ed. RT, 2015. [livro eletrônico – sem paginação]

CALAIS-AULOY, Jean; STEINMETZ, Frank. *Droit de La consommation*. Paris: Dalloz, 1996.

CALDARA DE ALMEIDA, Francisco Augusto. A intervenção de terceiros nas lides de consumo. In: GOMES SODRÉ, Marcelo, MEIRA, Fabíola e CALDEIRA, Patrícia (Coord.). *Comentários ao Código de Defesa do Consumidor*. São Paulo: Verbatim, 2009.

CALVÃO DA SILVA, João. *Responsabilidade civil do produtor*. Coimbra: Almedina, 1990.

CARNEVALI, U. et al. *La responsabilità per danno da prodotti difettosi*. Milano: Giuffrè, 1990.

COELHO, Fábio Ulhoa. *Curso de direito comercial*: direito de empresa. 13. ed. São Paulo: Saraiva, 2012. v. 3.

DALLA VIA, Alberto R. *Derecho constitucional económico*. Buenos Aires: Abeledo-Perrot, 2006.

FERNANDES NERY, Ana Luiza de Andrade. A responsabilidade do comerciante à luz do artigo 13 do CDC. In: *Comentários ao Código de Defesa do Consumidor*. GOMES SODRÉ, Marcelo. MEIRA, Fabíola e CALDEIRA, Patrícia. São Paulo: Verbatim, 2009.

FERREIRA DA ROCHA, Sílvio Luís. *Responsabilidade civil do fornecedor pelo fato do produto no direito brasileiro*. São Paulo: Ed. RT, 1992.

HERMAN V. BENJAMIN, Antônio; LIMA MARQUES, Cláudia; BESSA, Leonardo Roscoe. *Manual de direito do consumidor*. São Paulo: Ed. RT, 2008.

KLEE, Antonia Espíndola Longoni. *Comércio eletrônico*. São Paulo: Ed. RT, 2014. [livro eletrônico – sem paginação].

LEWANDOWSKI, Enrique Ricardo. *Globalização, regionalização e soberania*. São Paulo: Editora Juarez de Oliveira, 2004.

LIMA MARQUES, Claudia. *Contratos no Código de Defesa do Consumidor*: o novo regime das relações contratuais. São Paulo: Ed. RT, 2002.

LIMA MARQUES, Claudia. *Confiança no comércio eletrônico e a proteção do consumidor*: (um estudo dos negócios jurídicos de consumo no comércio eletrônico). São Paulo: Ed. RT, 2004.

LIMA MARQUES, Claudia; BENJAMIN; Antonio Herman V.; MIRAGEM, Bruno. *Comentários ao Código de Defesa do Consumidor*. 3. ed. São Paulo: Thomson Reuters Brasil, 2019. [livro eletrônico – sem paginação].

LOTUFO, Renan. *Código Civil comentado*: obrigações: parte geral (arts. 233 a 420). São Paulo: Saraiva, 2003. v. 2.

MARTINS, Guilherme Magalhães. *Contratos eletrônicos de consumo*. 3 ed. São Paulo: Atlas, 2016. [livro eletrônico – sem paginação].

MINISTÉRIO DA JUSTIÇA. *Diretrizes para as relações de consumo estabelecidas*

no comércio eletrônico. 2010. Disponível em: https://www.gov.br/mj/pt-br/assuntos/seus-direitos/consumidor/Anexos/diretrizes do comercio eletronico.pdf/view. Acesso em: 10 jun. 2021

NAÇÕES UNIDAS. *Comércio eletrônico salta para US$ 26,7 trilhões com venda online durante Covid-19*. 03 mai. 2021. Disponível em: https://news.un.org/pt/story/2021/05/1749422. Acesso em: 10 jun. 2021.

NERY JUNIOR, Nelson, WATANABE, Kazuo et al. *Código brasileiro de Defesa do Consumidor comentado pelos autores do anteprojeto*. Rio de Janeiro: Forense Universitária, 2004.

PERLINGIERI, Pietro. *Il diritto dei contratti fra persona e mercato*. Napoli: Edizioni Scientifiche Italiane, 2003.

PÜSCHEL, Flavia Portella. *A responsabilidade por fato do produto no CDC*: acidentes de consumo. São Paulo: Quartier Latin, 2006.

SANSEVERINO, Paulo de Tarso Vieira. *Responsabilidade civil no Código do Consumidor e a defesa do fornecedor*. São Paulo: Saraiva, 2002.

SANTOS, Manoel J. Pereira dos. Responsabilidade civil dos provedores de conteúdo pelas transações comerciais eletrônicas. In: SILVA, Regina Beatriz Tavares da; SANTOS, Manoel J. Pereira dos (Coords.). *Responsabilidade civil na internet e nos demais meios de comunicação*. 2. ed. São Paulo: Saraiva, 2012. (Série GVlaw).

SAYEG, Ricardo; BALERA, Wagner. *Fator CapH capitalismo humanista a dimensão econômica dos direitos humanos*. São Paulo: Editora Max Limonad, 2019.

SENISE LISBOA, Roberto. *Responsabilidade civil nas relações de consumo*. São Paulo: Ed. RT, 2001.

SHAVELL, Seteven. *Foundations of economic analysis of law*. Cambridge: Belknap, 2004.

TEIXEIRA, Tarcisio. *Comércio eletrônico*: conforme o Marco Civil da Internet e a regulamentação do e-commerce no Brasil. São Paulo: Saraiva, 2015.

TEPEDINO, Gustavo. *Temas de direito civil*. Rio de Janeiro: Renovar, 2001.

VALLE DRESCH, Rafael de Freitas. Análise econômica do direito: uma análise exclusiva ou complementar? In: BENETTI TIMM, Luciano. (Org.). *Direito & economia*, Porto Alegre: Livraria do Advogado, 2008.

ZAGREBELSKY, Gustavo. *Il diritto mite*. Torino: Enaudi, 1992.

A RESPONSABILIDADE CIVIL DAS PLATAFORMAS DIGITAIS DE COMPARTILHAMENTO POR DANOS AO CONSUMIDOR USUÁRIO

Audrea Pedrollo Lago

Bacharela e Mestranda em Direito pela Universidade Federal de Santa Catarina (UFSC). Advogada. Membro do Grupo de Pesquisa Direito Civil na Contemporaneidade (UFSC).

Rodrigo Tissot de Souza

Pós-graduado em Direito Empresarial pela Fundação Getúlio Vargas (FGV/SP). Bacharel e Mestrando em Direito pela Universidade Federal de Santa Catarina (UFSC). Advogado.

Carolina Medeiros Bahia

Doutora em Direito pela Universidade Federal de Santa Catarina (UFSC). Professora Adjunta C, nível II, do Centro de Ciências Jurídicas da UFSC, atuando nos cursos de graduação, mestrado acadêmico e mestrado profissional. Membro do Grupo de Pesquisa Direito Ambiental na Sociedade de Risco (GPDA/UFSC-CNPq). Diretora do Instituto O Direito Por Um Planeta Verde.

Sumário: 1. Introdução – 2. Do consumo compartilhado ao consumo colaborativo – 3. Responsabilidade civil de consumo – 4. Natureza jurídica da plataforma digital de compartilhamento: fornecedora ou mera intermediária da relação de consumo? – 5. Conclusão – 6. Referências bibliográficas.

1. INTRODUÇÃO

O consumo por meio de plataformas digitais de compartilhamento tem se tornado cada vez mais comum. A possibilidade de acesso aos serviços que determinados bens podem oferecer sem que haja necessidade de adquiri-los tem levado diversos consumidores a aderir a esse novo modelo de negócio.

Contudo, como qualquer nova tecnologia inserida no mercado de consumo, o consumo compartilhado – como é entendido tal fenômeno – faz surgir novos riscos aos consumidores que, a título de exemplo, optam por "alugar" a casa de um desconhecido por alguns dias durante sua viagem ou mesmo tomar uma carona com um estranho, por meio de aplicativos desenvolvidos por empresas renomadas.

Neste cenário, questiona-se se, diante da ocorrência de acidentes de consumo, existe a possibilidade de reconhecimento da plataforma digital de compartilhamento como fornecedora, nos termos do art. 3º da Lei 8.078/90, e, por consequência, do dever de indenizar em favor dos consumidores, ou se, por se caracterizarem como meras intermediárias desta relação de consumo, esta responsabilidade deve ser atribuída ao fornecedor imediato do bem que proporciona o serviço buscado pelo consumidor.

Assim, a presente pesquisa, partindo de um levantamento doutrinário e documental e empregando o método dedutivo, objetiva perquirir a natureza jurídica da plataforma digital de compartilhamento no âmbito do consumo compartilhado, mediante análise das funções por ela exercidas na relação de consumo. Para tanto, será dividida em três etapas. Na primeira, será esmiuçado o consumo compartilhado, sendo analisado seu conceito, sua origem e suas principais características. Após, será estudado o microssistema de responsabilidade civil da Lei 8.078/90, para que se possa melhor compreender em quais fundamentos se baseia do dever de indenizar no âmbito do diploma consumerista para, por fim, verificar quem são os agentes do consumo compartilhado e, quanto à plataforma, investigadas as funções exercidas pela ela.

2. DO CONSUMO COMPARTILHADO AO CONSUMO COLABORATIVO

O consumo colaborativo, em sua essência, apresenta-se como uma forma de consumir um bem, ou o serviço que ele pode oferecer, por meio do acesso temporário a ele em detrimento da aquisição. Trata-se do compartilhamento de recursos que contam com uma capacidade ociosa, tendo como retribuição atributos monetários ou não[1], uma troca de bens e serviços que visa aumentar a otimização de recursos subutilizados[2].

Pode-se mencionar, a título de exemplo, a pessoa que tem a necessidade de se locomover de um local para outro e, para tanto, ao invés de adquirir um veículo, utiliza-se de uma carona, ou mesmo procura locar um carro ou uma bicicleta, tão somente pelo tempo necessário a atingir seu objetivo, e o faz locando-os de outra pessoa que possui esses bens, mas que os subutiliza. Em outras palavras: ela quer a utilidade do carro ou da bicicleta, não sua propriedade e, por isso, prioriza o acesso temporário.

O consumo colaborativo, segundo Bostman e Rogers, apresenta quatro princípios estruturantes: a massa crítica, o poder de capacitação ociosa, a crença nos bens comuns e a confiança em estranhos.

A massa crítica, conceito importado da sociologia, designa um impulso suficientemente forte existente em um sistema para torná-lo autossustentável[3]. Aplicado ao consumo colaborativo, trata-se da quantidade mínima de mentalidade social para que o sistema possa funcionar[4]. Sua importância no âmbito do consumo em status de compartilhamento tem duas feições: a primeira relacionada à escolha e a segunda à atração de novos consumidores.

---

1. BOTSMAN, Rachel. The sharing economy lacks a shared definition. Nov. 2013. Disponível em https://www.fastcompany.com/3022028/the-sharing-economy-lacks-a-shared-definition. Acesso em: 26 fev. 2022.
2. MUÑOZ, Pablo; COHEN, Boyd. *Mapping out the sharing economy*: A configurational approach to sharing business modeling: Technological Forecasting ans Social Change, v. 125, p. 21-37, 2017. p. 23.
3. BALL, Philip. *Critical mass*: how one thing leads to another. Macmillan, 2004.
4. MUCELIN, Guilherme. Peers Ins.: a nova estrutura da relação de consumo na economia do compartilhamento. *Revista do direito do consumidor*, São Paulo, v. 118, p. 77-126, jul.-ago. 2018. p. 89.

É que o consumo "tradicional" da sociedade de hiperconsumo é caracterizado pela disponibilidade de uma enorme quantidade de produtos e serviços, com diferentes qualidades e preços, colocados à disposição dos consumidores, que possuem um amplo poder no ato de escolha. E, neste contexto, para que o consumo compartilhado se sustente, é necessário que exista em variedade suficiente de produtos e serviços para satisfazer o consumidor da mesma forma[5].

Já em relação à atração de novos consumidores, é importante que haja uma "perenidade de consumidores que se tornem fiéis ao consumo compartilhado"[6]. É que o consumo compartilhado, como se verá adiante, consiste em uma quebra de paradigma em relação ao consumo clássico – baseado na propriedade – e, em razão disso, pode gerar inseguranças aos consumidores por se apresentar como uma nova prática, até então não muito comum. Fala-se em prova social ao se mencionar o fenômeno de que, para que as pessoas se convençam a aderir a uma mudança de hábito, a maioria delas precisa ver ou experimentar uma massa crítica de consumidores também fazer a troca[7].

O segundo princípio estruturante, o poder de capacitação ociosa, consiste na potencialidade de determinado ativo que não é utilizada, ativo este que pode ser tangível ou intangível[8]. No cerne do consumo colaborativo está o cálculo de como podemos aproveitar esta capacidade ociosa e distribuí-la em outro lugar, onde ela se faz necessária. É de se rememorar que a capacidade ociosa está relacionada não apenas com produtos materiais, como bicicletas, carros e furadeiras, mas também com ativos menos tangíveis, como tempo, habilidades, espaço ou *commodities*, como eletricidade[9].

A crença nos bens comuns, terceiro princípio, consiste na ideia de aproveitamento de um bem por diversas pessoas[10]. Sobre o tema, David Bollier afirma que os bens comuns são o novo paradigma para criar valor e organizar uma comunidade de interesses compartilhados[11].

Por fim, e definitivamente não menos relevante, o princípio da confiança em estranhos reflete que todas as formas de consumo compartilhado exigem que se confie em

---

5. BOTSMAN, Rachel; ROGERS, Roo. *O que é meu é seu*. Como o consumo colaborativo vai mudar o nosso mundo. Trad. Rodrigo Sardenberg. Porto Alegre: Bookman, 2011. p. 64.
6. MUCELIN. Guilherme. *Conexão online e hiperconfiança*: os players da economia do compartilhamento e o Direito do Consumidor. São Paulo: Thomson Reuters Brasil, 2020. p. 73.
7. BOTSMAN, Rachel; ROGERS, Roo. *O que é meu é seu*: como o consumo colaborativo vai mudar o nosso mundo. Trad. Rodrigo Sardenberg. Porto Alegre: Bookman, 2011. p. 68-70.
8. MUCELIN. Guilherme. *Conexão online e hiperconfiança*: os players da economia do compartilhamento e o Direito do Consumidor. São Paulo: Thomson Reuters Brasil, 2020. p. 73-74.
9. BOTSMAN, Rachel; ROGERS, Roo. *O que é meu é seu*: como o consumo colaborativo vai mudar o nosso mundo. Trad. Rodrigo Sardenberg. Porto Alegre: Bookman, 2011. p. 71-73.
10. BOTSMAN, Rachel; ROGERS, Roo. *O que é meu é seu*: como o consumo colaborativo vai mudar o nosso mundo. Trad. Rodrigo Sardenberg. Porto Alegre: Bookman, 2011. p. 74-76.
11. BOLLIER, David. *Viral Spiral*: How the Commoners Build a Digital Republic of Their Own. Nova Iorque: New Press, 2008.

alguém que não se conhece[12], seja para permitir que alguém adentre em sua propriedade para cultivar uma horta, para aceitar uma carona de um motorista desconhecido, para se hospedar por algumas noites na residência de um completo estranho.

Sem a confiança, o consumo em *status* de compartilhamento não seria viável. Notadamente no contexto do comércio eletrônico, ela se apresenta como imprescindível, já que os contratantes muitas vezes encontram-se geograficamente separados e não se conhecem. É, como se verá, o desenvolvimento de um ambiente de confiança coloca a plataforma digital de compartilhamento em uma posição de extrema relevância no consumo compartilhado.

Ocorre que esse compartilhamento de bens, como ato quase que desinteressado e baseado em um senso de comunidade, não é exatamente o que se observa nos modelos de negócio cujo crescimento saltou aos olhos do mundo nos últimos anos: o ato de compartilhar recebeu uma nova importância no contexto informático[13].

Essa estrutura principiológica do consumo colaborativo – o ato de compartilhar ativos com capacidade ociosa excedente – foi aproveitada, mas modificada, organizada e monetizada[14] por empresas que, ao constatar a potencialidade de produtos com capacidade ociosa excedente serem transformados em ativos, viram uma grande oportunidade de negócio.

Assim, o consumo em *status* de compartilhamento ou consumo compartilhado é um novo modelo de negócio que se utilizou da estrutura e dos princípios do consumo colaborativo para oferecer produtos e serviços com capacidade ociosa excedente no mercado de consumo por meio de plataformas digitais on-line, tais como sites e aplicativos.

Essas plataformas foram desenvolvidas por empresas que, ao se darem conta que ativos subutilizados teriam uma enorme potencialidade para lhes gerar lucros, desenvolveram um modelo de negócio baseado em uma nova forma de consumir e que, diferentemente do consumo colaborativo, que tem como intenção o sentimento de coletividade, tem por escopo a rentabilidade. As empresas passam a buscar, na esfera privada do consumidor, seus bens, habilidades e demais ativos com capacidade ociosa excedente e que podem ser comercializados[15].

Essa percepção por parte dessas empresas se deu no melhor momento possível: não se pode olvidar que a conformação da sociedade de consumo se deu com base na acumulação de bens. Nos Estados Unidos, o setor de guarda-volumes movimenta

---

12. MUCELIN. Guilherme. *Conexão online e hiperconfiança*: os players da economia do compartilhamento e o Direito do Consumidor. São Paulo: Thomson Reuters Brasil, 2020. p. 75.

13. MUCELIN. Guilherme. *Conexão online e hiperconfiança*: os players da economia do compartilhamento e o Direito do Consumidor. São Paulo: Thomson Reuters Brasil, 2020. p. 35.

14. MUCELIN. Guilherme. *Conexão online e hiperconfiança*: os players da economia do compartilhamento e o Direito do Consumidor. São Paulo: Thomson Reuters Brasil, 2020. p. 23.

15. EUROPEAN COMISSION. Exploratory study of consumer issues in online peer-to-peer platform markets. Luxembourg: *Publications Office of the European Union*, 2017. p. 65.

22 bilhões de dólares por ano. Espaços de armazenamento para alugar aumentaram 740% nas últimas duas décadas. Destes, cerca de 30% vêm da utilização por empresas que locam estes espaços para guardar documentos de contabilidade e equipamentos de escritórios, mas é consequência do armazenamento de posses que não cabem mais nas casas das pessoas, ou seja, produtos que as pessoas não querem mais em suas nossas casas, mas que pagam para armazená-los de qualquer maneira[16]. Neste cenário, o compartilhamento de bens subutilizados foi visualizado pelo setor econômico como uma oportunidade de auferir lucro[17], já que as plataformas digitais de compartilhamento, desenvolvidas pelas empresas, percebem uma significativa porcentagem da transição.

Dessa forma, ao contrário da etiqueta que se tem atribuído ao consumo compartilhado, ele não é um produto verde[18], ao menos no que diz respeito às intenções do mercado que o impulsiona. Na verdade, não se pode negar que quanto maior for a adesão ao consumo compartilhado, maiores serão os reflexos ambientais positivos destas práticas, especialmente no que se refere à quantidade de lixo gerado, já que se aumenta o potencial de uso dos ativos.

Muito embora o consumo compartilhado possa se apresentar como uma alternativa mais sustentável ao consumo tradicional e esse argumento seja utilizado com intuito publicitário por empresas o exploram, sua essência *eco-friendly* não foi comprovada, nem como intenção das empresas, tampouco dos consumidores que dele se utilizam[19], que apresentam, em geral, motivação predominantemente econômica, como rapidez e melhor preço, para aderir a este novo formato de consumo[20].

Acerca da terminologia empregada para se referir ao fenômeno em análise, apesar de muitos estudos se referirem a ele como "economia do compartilhamento" (*sharing economy*), entende-se que este termo se apresenta como um "conceito guarda-chuva"[21], de modo a englobar os inúmeros âmbitos em que o consumo colaborativo foi aplicado, mas que fogem ao objeto de análise deste estudo.

Daí a necessidade de referir aos serviços oferecidos por plataformas digitais como a *Uber*, *Airbnb* e *iFood* como consumo compartilhado ou consumo em *status* de compartilhamento, ou seja, trata-se do consumo colaborativo inserido na sociedade

---

16. BOTSMAN, Rachel; ROGERS, Roo. *O que é meu é seu*: como o consumo colaborativo vai mudar o nosso mundo. Trad. Rodrigo Sardenberg. Porto Alegre: Bookman, 2011 p. 10-13.
17. MUCELIN. Guilherme. *Conexão online e hiperconfiança*: os players da economia do compartilhamento e o Direito do Consumidor. São Paulo: Thomson Reuters Brasil, 2020. p. 307.
18. MUCELIN. Guilherme. *Conexão online e hiperconfiança*: os players da economia do compartilhamento e o Direito do Consumidor. São Paulo: Thomson Reuters Brasil, 2020.
19. MUCELIN. Guilherme. *Conexão online e hiperconfiança*: os players da economia do compartilhamento e o Direito do Consumidor. São Paulo: Thomson Reuters Brasil, 2020. p. 67-69.
20. MUCELIN. Guilherme. *Conexão online e hiperconfiança*: os players da economia do compartilhamento e o Direito do Consumidor. São Paulo: Thomson Reuters Brasil, 2020. p. 68.
21. MUCELIN. Guilherme. *Conexão online e hiperconfiança*: os players da economia do compartilhamento e o Direito do Consumidor. São Paulo: Thomson Reuters Brasil, 2020.

de consumo com evidente intuito comercial. Ambas as terminologias, assim como tantas outras, são englobadas pela economia do compartilhamento.

A grande adesão a esta nova forma de consumir vem representando, como dito, uma quebra paradigmática do tradicional modelo baseado no acúmulo de bens, já que há uma substituição de preferência pela propriedade para o acesso. Hoje, cada vez mais o consumidor não deseja a coisa em si, mas sua utilidade[22], o que ela pode proporcionar. Isso se coaduna, inclusive, com o que foi descrito por Lipovetsky, ao analisar o que ele denomina por "fase III da sociedade de consumo", que, dentre outras características, está relacionada a uma "economia da experiência", em que "o hiperconsumidor busca menos a posse das coisas por si mesmas que a multiplicação das experiências"[23].

Reflete, de certa forma, a razão pela qual se tem se observado um enorme crescimento e adesão aos serviços oferecidos pelos sites e aplicativos que exploram esse novo modelo de negócio, notadamente pelo esforço que é empreendido pelas marcas que nele atuam em transformar o consumo compartilhado em uma nova experiência.

Cláudia Lima Marques ensina, também, que a economia compartilhada – conceito que engloba o consumo compartilhado – concebe novos modelos de correlações de negócios, que não mais tem por objeto a venda/aquisição de propriedade de bens e na formação de patrimônio individual, mas no uso em comum das utilidades oferecidas por um mesmo bem[24]. Para a autora, consumo compartilhado veio para ficar e é uma nova forma de consumo.

Ocorre que essa nova forma de consumir trouxe consigo incertezas jurídicas em diversos ramos do Direito. Ao objetivo deste estudo, interessam aquelas relacionadas ao Direito do Consumidor, mais especificamente no que se refere à responsabilidade civil por acidentes de consumo. Por apresentar uma relação triangular, que será aprofundada adiante, em contraponto a relação linear do consumo "tradicional", o consumo compartilhado desafia os conceitos antagônicos de consumidor e fornecedor desenvolvidos pela Lei 8.078/90, gerando dúvidas a quem se deve recorrer quando da ocorrência de um fato do serviço.

Questiona-se, neste sentido, quem seria o fornecedor do produto ou serviço oferecido na plataforma on-line: o proprietário do bem, aquele que o disponibiliza no mercado de consumo mediante o serviço oferecido pela plataforma? Ou o próprio site ou aplicativo, que é onde consumidor-fruidor busca o produto ou serviço e que,

---

22. MUCELIN. Guilherme. *Conexão online e hiperconfiança*: os players da economia do compartilhamento e o Direito do Consumidor. São Paulo: Thomson Reuters Brasil, 2020. p. 74.

23. GILLES, Lipovetsky. *A felicidade paradoxal*: ensaio sobre a sociedade de hiperconsumo. Tradução Maria Lúcia Machado. São Paulo: Companhia das Letras, 2007. p. 63.

24. MARQUES, Cláudia Lima. A nova noção de fornecedor no consumo compartilhado: um estudo sobre as correlações do pluralismo contratual e o acesso ao consumo. *Revista de Direito do Consumidor*, São Paulo, v. 111, maio-jun. 2017. p. 150.

A RESPONSABILIDADE CIVIL DAS PLATAFORMAS DIGITAIS DE COMPARTILHAMENTO **303**

para além disso, organiza e controla o modelo de negócio, de forma profissional? A quem deve recorrer o consumidor em caso de acidentes de consumo?

Essas indagações assumem relevância na medida em que se torna evidente que o consumo compartilhado traz com a sua expansão novos riscos ao consumidor, que utiliza os serviços de transporte oferecido pela plataforma on-line e embarca em um veículo com um completo desconhecido ou aluga, por um final de semana, o quarto na casa de um hóspede com quem nunca teve contato. A quem recorrer em caso de acidente de consumo?

Para melhor compreender esta questão, faz-se necessário uma melhor compreensão acerca do microssistema de responsabilidade civil instituído pela Lei 8.078/90 – Código de Defesa do Consumidor.

3. RESPONSABILIDADE CIVIL DE CONSUMO

O sistema protetivo das relações de consumo foi inaugurado em 1990 com o advento do Código de Defesa do Consumidor. A lei é considerada referência no direito comparado e rende elogios nas mais variadas partes do mundo. De fato, houve aderência do Poder Judiciário e dos atores do sistema de justiça aos regramentos estatuídos pela lei de regência das relações de consumo. Justamente pela rápida adesão à lei, há grande dificuldade em recordar a realidade das relações de consumo no período anterior ao CDC.

Sem a existência de lei específica, as relações de consumo eram disciplinadas pelo Código Civil de 1916, com os dogmas do vetusto diploma, pautado essencialmente no patrimonialismo e no individualismo que caracterizavam os códigos oitocentistas. Em suma, aos consumidores era atribuído o ônus de comprovar as alegações formuladas em face do fornecedor, bem como deveria ser comprovada a culpa ou o dolo para que houvesse a possibilidade de responsabilizá-lo por eventuais danos sofridos em razão da relação de consumo.

O resultado não poderia ser outro: um extremo desestímulo no que se refere ao acesso à Justiça, fato que consolidava a ausência de reparação por diversos danos impostos aos consumidores. Desse modo, as práticas violadoras aos direitos dos consumidores não só deixavam de ser indenizadas como eram estimuladas pela arquitetura do sistema legislativo, que presumia a igualdade das relações disciplinadas pelo Código Civil, inexistente entre as partes que compõem as relações de consumo.

Nesse contexto por vezes esquecido, o Código de Defesa do Consumidor foi considerado um grande avanço, já que a norma passou a delinear as relações de consumo, conceituando os seus atores e estabelecendo regras próprias para a responsabilização civil dos fornecedores. Em oposição ao exposto acima, o art. 6º, VIII do CDC alterou o sistema processual aplicável às relações de consumo e facilitou a defesa dos direitos do consumidor, inaugurando a inversão do ônus probatório quando presente a hipossuficiência ou a verossimilhança das alegações.

Para além disso, com base na teoria do risco, os artigos 12 e 14 do CDC sedimentaram a responsabilidade objetiva dos fornecedores pelos prejuízos causados a terceiros. Em outras palavras, independentemente da existência de culpa, deve o fornecedor reparar os danos quando demonstrado o defeito ou o vício de um produto ou serviço cujo nexo de causalidade tenha aderência com o dano comprovado.

Assim sendo, em um fornecimento de serviços defeituoso, havendo dano, responderá o fornecedor independentemente de culpa. De acordo com o art. 14, §1º, do CDC, é defeituoso o serviço que não fornece a segurança que o consumidor dele pode esperar, levando em conta algumas circunstâncias relevantes, como o modo de seu fornecimento, o resultado e os riscos que razoavelmente dele se esperam e a época em que foi fornecido.

Por outro lado, não é considerado defeituoso e, portanto, não exsurge responsabilidade ao fornecedor, quando novas técnicas são adotadas para a prestação de um serviço. Trata-se de corolário da análise em relação à época de fornecimento do serviço. Ainda, são hipóteses de ausência de responsabilização a inexistência do defeito e a culpa exclusiva do fornecedor ou de terceiro.

São, portanto, requisitos para a responsabilização, no modelo "padrão" das relações de consumo: o ato ilícito, o dano e o nexo de causalidade. Como demonstrado, há facilitação para a defesa em juízo dos direitos do consumidor, com a inversão do ônus probatório e a responsabilização independentemente de culpa.

Além disso, a Política Nacional de Relações de Consumo, disposta no art. 4º, expressamente afirma que dentre seus objetivos está o atendimento das necessidades dos consumidores quanto à saúde e segurança, garantindo padrões adequados de qualidade. Como ação, o inciso V do mesmo artigo ordena o incentivo à criação pelos fornecedores de meios eficientes de controle de qualidade e segurança dos serviços.

Dentre os direitos básicos do consumidor, insculpidos no art. 6º e incisos, destaca-se a proteção da vida, da saúde e segurança contra os riscos provocados por práticas no fornecimento de produtos e serviços. Ainda a respeito da segurança, o art. 8º determina que os produtos e serviços colocados no mercado de consumo não acarretarão riscos à saúde ou segurança, exceto os considerados normais e previsíveis em decorrência de sua natureza. Por fim, deve-se destacar o art. 10, que proíbe o fornecedor de colocar no mercado produto ou serviço que sabe ou deveria saber apresentar alto grau de nocividade ou periculosidade à saúde ou segurança.

Diante do cenário legislativo de tutela absoluta da saúde e segurança dos consumidores, não há qualquer dúvida a respeito da existência de um dever legal de vigilância e cuidado na prevenção dos danos aos consumidores. É bem verdade que o dever legal encontra as limitações já descritas, como as relacionadas à época em que o serviço foi concebido ou mesmo quanto a culpa de terceiros. No entanto, o dever de cuidado, informação e cautela é mandatório.

Assim que não há conclusão outra que não pela existência concreta de deveres de cuidado, cautela e vigilância por parte da plataforma digital, deveres estes que surgem da confiança da qual é fiadora, fator essencial para os vultosos lucros auferidos por meio da intermediação. Com o reconhecimento do dever, inexorável a responsabilidade pelos efeitos decorrentes de sua violação.

4. NATUREZA JURÍDICA DA PLATAFORMA DIGITAL DE COMPARTILHAMENTO: FORNECEDORA OU MERA INTERMEDIÁRIA DA RELAÇÃO DE CONSUMO?

Muito embora o microssistema de responsabilidade civil consolidado pela Lei 8.078/90 seja digno de elogios, quando inserido no contexto do consumo em *status* de compartilhamento, ele acaba por ser desafiado, na medida em que se apoia nos tradicionais conceitos de fornecedor e consumidor do diploma consumerista.

Isso porque, conforme mencionado no início deste estudo, um dos motivos pelos quais o consumo compartilhado repercutiu em desafios para a ciência jurídica, em especial, ao Direito do Consumidor, é que ele se materializa por meio de uma relação que é, no mínimo, triangular, que contrasta com a relação linear fornecedor-consumidor do consumo realizado nos moldes tradicionais, colocando em xeque esses conceitos, muito embora não se possa olvidar que se trata, se fato, de uma relação de consumo.

E, para uma melhor compreensão da questão que aqui se analisa, é fundamental elucidar quem são os "ocupantes" dos vértices deste "triângulo".

Os agentes da relação do consumo compartilhado compreendem o consumidor-fruidor – aquele que deseja usufruir de certo produto ou serviço -, o consumidor-provedor – que detém o produto ou serviço buscado pelo consumidor-fruidor, com capacidade ociosa excedente – e a plataforma digital de compartilhamento – site ou aplicativo que, em uma primeira análise, se apresenta como o local de encontro entre os ambos.

Neste sentido, a economia do compartilhamento[25] favoreceu uma virada paradigmática na visão econômica de quem é o consumidor.[26] É que, no consumo compartilhado, os consumidores desenvolvem diversificadas funções nesta nova relação de consumo, o que faz surgir o questionamento no sentido de os conceitos de consumidor e fornecedor estarem em descompasso com as novas dinâmicas de consumo.[27]

Isso porque, compreende-se que o consumidor-fruidor, conforme o próprio nome já sugere, também é um consumidor, pois se utiliza de um serviço oferecido

---

25. A economia compartilhada é gênero, de que é espécie do consumo compartilhado.
26. MUCELIN. Guilherme. *Conexão online e hiperconfiança*: os players da economia do compartilhamento e o Direito do Consumidor. São Paulo: Thomson Reuters Brasil, 2020. p. 100.
27. MELLER-HANICH, Caroline. Economia compartilhada e proteção do consumidor. Trad. Ardyllis Soares. *Revista de Direito do Consumidor,* São Paulo, v. 105, maio-jun. 2016. p. 20.

pela própria plataforma. Em regra, ele não é um profissional, mas sim um cidadão que possui um ativo com capciosa excedente e deseja oferecê-lo – muitas vezes temporariamente – no mercado de consumo. Muito embora possa parecer que o consumo compartilhado aconteça apenas entre esses pares, ele é viabilizado e estruturado por uma plataforma[28], sem a qual a relação seria inviável.

O consumidor-fruidor, também nomeado pela doutrina estrangeira como *peer-consumers*[29], *consumers-obtainers*[30] ou *Nachfrage*[31], trata-se do consumidor final, aquele que retira o serviço ou o produto do mercado, mesmo que de forma transitória, por meio do acesso: "Aquele indivíduo pessoa física inserido nos arranjos de consumo da economia do compartilhamento que procura obter um produto ou um serviço oferecido por outro consumidor, através do serviço oferecido por uma plataforma digital ligada à internet que atua profissionalmente em determinado ramo e que pode desenvolver o produto ou serviço ao mercado de consumo com o intuito de lhe retirar algum proveito econômico"[32].

O consumidor-fruidor é duplamente consumidor, na medida em que, simultaneamente, pratica o ato de consumir perante o consumidor-par, adquirindo dele um produto ou serviço, e consome o serviço oferecido pela plataforma digital, "que viabiliza e controla o *locus digitalis* de encontro do consumo compartilhado em forma de serviço"[33].

No outro vértice da relação triangular, encontra-se o consumidor-provedor, *prosumer*, que utiliza os serviços da plataforma para oferecer um produto ou serviço seu com capacidade ociosa excedente no mercado de consumo, sem se confundir com o conceito clássico de fornecedor[34]. Ele é definido pela OCDE como um indivíduo que fornece serviços e produtos no sistema do consumo compartilhado[35].

Mucelin elucida que o consumidor-fornecedor é consumidor *stricto sensu* em relação à plataforma e, em relação ao fruidor, em geral, se apresenta como outro consumidor, que coloca à disposição da plataforma determinado bem para ser adquirido

---

28. MUCELIN. Guilherme. *Conexão online e hiperconfiança*: os players da economia do compartilhamento e o Direito do Consumidor. São Paulo: Thomson Reuters Brasil, 2020. p. 107.
29. ORGANIZATION FOR ECONOMIC CO-OPERATION AND DEVELOPMENT. *Protecting consumers in peer platform markets*: exploring the issues. 2016 Ministerial meeting on the digital economy. Background Report.
30. Ertz, MYRIAM; DURIF, Fabien; ARCAND, Manon. Collaborative Consumption: conceptual snapshot at a buzzword. *Journal of Entrepreneurship Education*, v. 19, n. 2, p. 1-23, 2016.
31. HENSELING, Christine; GOSSEN, Maike. Peer-*to*-Peer Sharing als Element eines transformative Konsums? Einblicke in Konsumverhalten uns Motive von Peer-to-Peer Sharing-Nutern in Deutschland. 2017.
32. MUCELIN. Guilherme. *Conexão online e hiperconfiança*: os players da economia do compartilhamento e o Direito do Consumidor. São Paulo: Thomson Reuters Brasil, 2020. p. 108.
33. MUCELIN. Guilherme. *Conexão online e hiperconfiança*: os players da economia do compartilhamento e o Direito do Consumidor. São Paulo: Thomson Reuters Brasil, 2020. p. 113.
34. MUCELIN. Guilherme. *Conexão online e hiperconfiança*: os players da economia do compartilhamento e o Direito do Consumidor. São Paulo: Thomson Reuters Brasil, 2020. p. 109.
35. ORGANISATION FOR ECONOMIC CO-OPERATION AND DEVELOPMENT. *Protecting consumers in peer platform markets*: exploring the issues. 2016 Ministerial meeting on the digital economy. Background Report.

e utilizado pelo consumidor-fruidor, sem que perca sua qualificação de consumidor e a incidência das normas protetivas do diploma consumerista.

Por fim, no terceiro vértice, tem-se a plataforma de compartilhamento on-line. Antes de conceituá-las, cumpre rememorar que o problema que levou a realização da presente pesquisa é que as empresas responsáveis pelo desenvolvimento das plataformas digitais de compartilhamento muitas vezes advogam no sentido de que elas se apresentam como meras intermediárias da relação de consumo formada entre consumidor-provedor e consumidor-fruidor, como se realizassem o papel de um mero anunciantes. Essa tese é sustentada com o intuito de que não sejam albergadas pelo conceito de fornecedora do art. 3º da Lei 8.078/90, de modo a "escapar" da incidência do sistema de responsabilidade civil do diploma consumerista.

No entanto, o que se infere da análise da sistemática do consumo compartilhado é justamente o oposto pois, conforme aprofundamento realizado a seguir, quem detém o controle de todo o modelo de negócio é a empresa responsável pelo desenvolvimento da plataforma de compartilhamento, ao passo que o consumidor-provedor meramente adere aos termos por ela impostos ao oferecer seu bem ou serviço no aplicativo ou site.

Diz-se que a empresa proprietária da plataforma digital de compartilhamento é responsável por todo controle do modelo de negócio pois é ela quem desenvolve o site e o aplicativo acessados pelos consumidores-fruidores, quem contrata serviços de marketing para atrair novos clientes, quem realiza contratos de seguro, dentre outras funções. Para Mucelin, esse controle pela plataforma é exercido sob três aspectos: controle externo, controle da prestação principal propriamente dito e controle significativo.

Por meio do controle externo, a empresa responsável pelo site ou aplicativo realiza empréstimos, oferece assistência técnica ao consumidor, faz cessão de uso da marca e estabelece metas e recompensas aos consumidores-provedores. O controle da prestação principal do sistema contratual propriamente dito é exercido por meio da imposição do local e tempo, onde deve realizar-se a prestação, da modalidade de pagamento, da fixação do preço e do estabelecimento de sanções para o caso de descumprimentos. Por fim, o controle significativo consiste na exigência de preenchimento de fichas cadastrais, certidões que atestem a probidade do consumidor-provedor e demais condutas que visem à redução dos riscos econômicos[36].

Para além disso, muitas vezes, ainda, a plataforma coordena o pagamento – diretamente ou oferecendo seguros, por exemplo -, servindo como mais uma forma de incentivo de confiança aos (dois) consumidores envolvidos no negócio. A presença

---

36. LORENZETTI, Ricardo. Redes contractuales: conceptualización jurídica, relaciones internas de colaboración, efectos frente a terceros. *Revista da Faculdade de Direito da UFRGS*, Porto Alegre, v. 16, n. 16, 1998. p. 184-185.

deste fornecedor principal, organizador do compartilhamento, acaba por "contaminar a relação de consumo", trazendo para si deveres de boa-fé[37].

Tudo é organizado e controlado pela plataforma e esse controle é utilizado, inclusive, como instrumento de atração dos consumidores, na medida em que ele é responsável pelo desenvolvimento de um ambiente de confiança, que, como visto é um dos principais princípios estruturantes do consumo colaborativo[38].

No âmbito do comércio eletrônico, essa confiança assume um papel primordial[39], na medida em que as transações através dele realizadas ocorrem à distância, em massa, sob relações desumanizadas. Em razão disso, é comum que os consumidores se questionem acerca da credibilidade do negócio e isso está intimamente ligado à insegurança que é resultado da "fragilidade e vulnerabilidade sem precedentes" da pós-modernidade[40].

Ao estudar o tema, Cláudia Lima Marques enaltece a importância da função da plataforma de desenvolver um ambiente de confiança para que ocorra a transação, referindo-se a ela como o profissional, no exercício habitual de sua atividade para obtenção de lucro, que constrói o *locus* para o encontro de duas pessoas, não se constituindo em um terceiro, mas sempre em um fornecedor. A autora identifica essa plataforma, que também denomina de guardião de acesso (*gatekeeper*), como um fornecedor escondido, mas que, na verdade, é o fornecedor principal da economia do compartilhamento, que apenas se viabiliza por ser organizada e remunerada[41].

A confiança depositada na marca da plataforma digital de compartilhamento (*Uber, Airbnb*), que, por ser amplamente – em alguns casos mundialmente – reconhecida como um profissional que exerce atividade econômica de forma organizada, desenvolve um ambiente de favorável para que ocorra o consumidor se sinta seguro em utilizar aquele serviço, segurança esta que não se faria presente sem a presença deste profissional[42]. Tanto é assim que o consumidor-fruidor busca o produto ou serviço no próprio site ou aplicativo, e não diretamente mediante transação direta com o consumidor-provedor.

---

37. MARQUES, Cláudia Lima, A nova noção de fornecedor no consumo compartilhado: um estudo sobre as correlações do pluralismo contratual e o acesso ao consumo. *Revista de Direito do Consumidor*, São Paulo, v. 111, maio-jun. 2017. p. 252-253.

38. MUCELIN. Guilherme. *Conexão online e hiperconfiança*: os players da economia do compartilhamento e o Direito do Consumidor. São Paulo: Thomson Reuters Brasil, 2020. p. 237.

39. MARQUES, Cláudia Lima. *Confiança no comércio eletrônico e a proteção do consumidor*: um estudo dos negócios jurídicos de consumo no comércio eletrônico. São Paulo: Ed. RT, 2004. p. 32-33.

40. BAUMAN, Zygmunt. *Confiança e medo na cidade*. Trad. Eliana Aguiar. Rio de Janeiro: Zahar, 2009. p. 3.

41. MARQUES, Cláudia Lima. A nova noção de fornecedor no consumo compartilhado: um estudo sobre as correlações do pluralismo contratual e o acesso ao consumo. *Revista de Direito do Consumidor*, São Paulo, v. 111, maio-jun. 2017. p. 253.

42. MARQUES, Cláudia Lima. A nova noção de fornecedor no consumo compartilhado: um estudo sobre as correlações do pluralismo contratual e o acesso ao consumo. *Revista de Direito do Consumidor*, São Paulo, v. 111, p. 247-268, maio-jun. 2017.

Desse modo, fica evidente que a plataforma digital de compartilhamento é, longe de uma mera intermediária, o centro do consumo compartilhado: é ela quem, ao desenvolver o site ou aplicativo, ao criar estratégias de marketing e de publicidade, ao impor contratos-padrões aos integrantes, condições de uso e de sanções para o seu descumprimento, organiza e controla o modelo de negócio[43]. O papel desempenhado pelo site ou aplicativo é como o de uma estrada, pela qual passam todos os contratos, sem as quais não haveria qualquer consumo[44].

E, neste contexto, aos fornecedores de produtos e serviços que se utilizam da internet para exercer suas atividades mercantis, a missão de criar um ambiente em que o consumidor se sinta seguro a firmar contratos torna-se fundamental. A função da confiança, é, portanto, impulsionar o negócio jurídico por meio da crença e da previsibilidade da conduta do parceiro contratual. Especificamente no âmbito do consumo em *status* de compartilhamento, é certo que o consumidor não se arriscaria a pegar uma carona ou se hospedar na casa de um desconhecido, se não fosse a confiança depositada na marca.

À luz da sistemática do diploma consumerista apresentada no segundo tópico, essa confiança deve ser legítima e corresponder às expectativas relacionadas à segurança esperada pelo consumidor[45], cabendo ao direito absorvê-la a fim de trazer estabilidade a estas contratações[46] que, por natureza, são carregadas de desconfiança, conferindo-lhes legitimidade e protegendo-as com a imposição de deveres de conduta. Isso não significa que ao direito caiba a substituição da confiança necessária a conformação dos contratos eletrônicos, mas sim o reconhecimento de quais expectativas são dignas de proteção[47].

A proteção da confiança é, antes de mais nada, uma resposta à massificação das contratações e das práticas negociais, notadamente as despersonificadas e desterritorializadas, que geram uma crise de confiança[48]. O consumidor é presumidamente vulnerável e, como tal, precisa confiar[49].

Conclui-se assim que, se a segurança da contratação é "oferecida" pela plataforma, ela é a principal fornecedora do consumo compartilhado, tanto pelo controle do modelo de negócio que exerce como pela confiança por ela criada e que o viabiliza,

---

43. MUCELIN. Guilherme. *Conexão online e hiperconfiança*: os players da economia do compartilhamento e o Direito do Consumidor. São Paulo: Thomson Reuters Brasil, 2020. p. 223.
44. MARQUES, Cláudia Lima. A nova noção de fornecedor no consumo compartilhado: um estudo sobre as correlações do pluralismo contratual e o acesso ao consumo. *Revista de Direito do Consumidor*, São Paulo, v. 111, p. 247-268, maio-jun. 2017.
45. MARQUES, Cláudia Lima. *Confiança no comércio eletrônico e a proteção do consumidor*: um estudo dos negócios jurídicos de consumo no comércio eletrônico. São Paulo: Ed. RT, 2004. p. 32-33
46. LUHMANN, Niklan. Confianza. *Meximo*: universidad Iberoamericana, 1996. p. 14.
47. MUCELIN. Guilherme. *Conexão online e hiperconfiança*: os players da economia do compartilhamento e o Direito do Consumidor. São Paulo: Thomson Reuters Brasil, 2020. p. 252-253.
48. MIRAGEM, Bruno. *Curso de direito do consumidor*. 6. ed. São Paulo: Ed. RT, 2016. p. 54.
49. BAGGIO, Andreza Cristina. *O direito do consumidor brasileiro e a teoria da confiança*. São Paulo: Ed. RT, 2012. p. 125-126.

devendo, portanto, ser reconhecido seu dever de indenizar em caso de danos à incolumidade dos consumidores.[50]

5. CONCLUSÃO

Com origem nas práticas do consumo colaborativo, que têm como principal característica o compartilhamento desinteressado de bens com capacidade ociosa excedente entre pessoas da mesma comunidade[51], o consumo compartilhado pode ser compreendido como o modelo de negócio por meio do qual "A" compartilha um recurso seu com "B", utilizando, para tanto, do serviço prestado por um site ou aplicativo que organiza, de forma profissional, esta transição. "B" pretende, ao invés de adquirir o bem, sua mera utilidade temporária ou de um serviço que ele possa lhe proporcionar.

Com crescimento vertiginoso nas últimas décadas, essa nova modalidade de consumo, no entanto, tem desafiado os conceitos tradicionais de consumidor e fornecedor, definidos no Código Brasileiro de Direito do Consumidor e levantado debates acerca da possibilidade ou não de responsabilização das plataformas digitais de compartilhamento por danos aos consumidores– fruidores dos bens ou serviços por elas disponibilizados.

Como desenvolvido neste capítulo, toda a sistemática da responsabilidade civil do Código de Defesa do Consumidor tem como fundamento a segurança do consumidor e a mitigação dos riscos gerados pelas atividades mercantis, sendo evidente que as expectativas relacionadas à segurança merecem a tutela do direito. Por isso, o consumo em *status* de compartilhamento vai de encontro aos conceitos tradicionais e antagônicos de consumidor e fornecedor, mas não lhes retira significado, os renova.

Dessa forma, partindo da compreensão de que essas a plataformas exercem mais do que a mera função de intermediárias no consumo compartilhado, atuando como verdadeiras guardiãs do acesso e de que é função da ordem jurídica proteger a confiança por elas despertada[52], como uma forma de tutelar o consumidor dos riscos inerentes a este tipo de negócio, defendeu-se, neste espaço, a possibilidade de enquadrá-las como fornecedoras e, consequentemente, de responsabilizá-las por eventuais acidentes de consumo[53] Essa responsabilidade deverá ser auferida e apurada caso a caso e ter por critério a quantidade de controle por ela exercido.

---

50. MIRAGEM, Bruno. Transporte Coletivo de passageiros. *Revista de Direito do Consumidor*, v. 100, p. 87-88.
51. BOTSMAN, Rachel; ROGERS, Roo. *O que é meu é seu*: como o consumo colaborativo vai mudar o nosso mundo. Trad. Rodrigo Sardenberg. Porto Alegre: Bookman, 2011.
52. FERRAZ JUNIOR, Tércio Sampaio. *Introdução do estudo do Direito*. São Paulo: Atlas, 2003. p. 103.
53. FRADA, Manuel António de Castro Portugal Cordeiro da. *Teoria da confiança e responsabilidade civil*. Coimbra: Almedina, 2016. p. 18.

6. REFERÊNCIAS BIBLIOGRÁFICAS

BAGGIO, Andreza Cristina. *O direito do consumidor brasileiro e a teoria da confiança*. São Paulo: Ed. RT, 2012.

BALL, Philip. *Critical mass*: how one thing leads to another. Macmillan, 2004.

BAUMAN, Zygmunt. Confiança e medo na cidade. Trad. Eliana Aguiar. Rio de Janeiro: Zahar, 2009. p. 3.

BOLLIER, David. *Viral Spiral*: How the Commoners Build a Digital Republic of Their Own. Nova Iorque: New Press, 2008.

BOTSMAN, Rachel; ROGERS, Roo. *O que é meu é seu*: como o consumo colaborativo vai mudar o nosso mundo. Trad. Rodrigo Sardenberg. Porto Alegre: Bookman, 2011.

BOTSMAN, Rachel. *The sharing economy lacks a shared definition*. Nov. 2013. Disponível em https://www.fastcompany.com/3022028/the-sharing-economy-lacks-a-shared-definition. Acesso em: jun. 2021.

ERTZ, Myriam; DURIF, Fabien; ARCAND, Manon. Collaborative Consumption: conceptual snapshot at a buzzword. *Journal of Entrepreneurship Education*, v. 19, n. 2, p. 1-23, 2016.

EUROPEAN COMISSION. *Exploratory study of consumer issues in online peer-to-peer platform markets*. Luxembourg: Publications Office of the European Union, 2017. p. 65.

FERRAZ JUNIOR, Tércio Sampaio. *Introdução do estudo do direito*. São Paulo: Atlas, 2003.

FRADA, Manuel António de Castro Portugal Cordeiro da. *Teoria da confiança e responsabilidade civil*. Coimbra: Almedina, 2016. p. 18.

GILLES, Lipovetsky. *A felicidade paradoxal*: ensaio sobre a sociedade de hiperconsumo. Trad. Maria Lúcia Machado. São Paulo: Companhia das Letras, 2007.

HENSELING, Christine; GOSSEN, Maike. *Peer-to-Peer Sharing als Element eines transformative Konsums?* Einblicke in Konsumverhalten uns Motive von Peer-to-Peer Sharing-Nutern in Deutschland. 2017.

LORENZETTI, Ricardo. Redes contractuales: conceptualización juridica, relaciones internas de colaboración, efectos frente a terceros. *Revista da Faculdade de Direito da UFRGS*, Porto Alegre, v. 16, n. 16, p. 161-202, 1998.

LUHMANN, Niklan. *Confianza*. Meximo: universidad Iberoamericana, 1996.

MARQUES, Cláudia Lima. *Confiança no comércio eletrônico e a proteção do consumidor*: um estudo dos negócios jurídicos de consumo no comércio eletrônico. São Paulo: Ed. RT, 2004.

MARQUES, Cláudia Lima. A nova noção do fornecedor no consumo compartilhado: um estudo sobre as correlações do pluralismo contratual e o acesso ao consumo. *Revista de Direito do Consumidor*, São Paulo, v. 111, maio-jun.

MELLER-HANICH, Caroline. Economia compartilhada e proteção do consumidor. Trad. Ardyllis Soares. *Revista de Direito do Consumidor*, São Paulo, v. 105, p. 19-31, maio-jun. 2016.

MIRAGEM, Bruno. *Curso de direito do consumidor*. 6. ed. São Paulo: Ed. RT, 2016.

MIRAGEM, Bruno. Transporte Coletivo de passageiros. *Revista de Direito do Consumidor*, v. 100.

MUCELIN. Guilherme. *Conexão online e hiperconfiança*: os players da economia do compartilhamento e o Direito do Consumidor. São Paulo: Thomson Reuters Brasil, 2020.

MUCELIN. Guilherme. Peers Ins.: a nova estrutura da relaçao de consumo na economia do compartilhamento. *Revista do direito do consumidor*, São Paulo, v. 118, p. 77-126, jul.-ago, 2018.

MUÑOZ, Pablo; COHEN, Boyd. *Mapping out the sharing economy*: A configurational approach to sharing business modeling: Technological Forecasting ans Social Change, v. 125, p. 21-37, 2017.

ORGANIZATION FOR ECONOMIC CO-OPERATION AND DEVELOPMENT. *Protecting consumers in peer platform markets*: exploring the issues. 2016 Ministerial meeting on the digital economy. Background Report.

A RESPONSABILIDADE CIVIL POR DANOS CAUSADOS POR MEDICAMENTOS NA JURISPRUDÊNCIA DO STJ: RISCO DO DESENVOLVIMENTO E DEVER DE INFORMAR

Pedro Modenesi

Mestre em Direito Civil pela Universidade do Estado do Rio de Janeiro – UERJ. Bacharel em Direito pela Pontifícia Universidade Católica do Rio de Janeiro – PUC-Rio. Professor de disciplinas jurídicas em cursos de pós-graduação. Associado do Instituto Brasileiro de Estudos de Responsabilidade Civil – IBERC. Membro do conselho de pareceristas da Revista Eletrônica de Direito do Centro Universitário Newton Paiva. É autor de artigos publicados em revistas científicas e coautor de livros, na área jurídica. Pesquisador da área de Direito e tecnologia da informação. Foi assessor jurídico da 2ª Promotoria de Justiça Cível da Capital no Ministério Público do Estado do Rio de Janeiro (2013-2018). Advogado.

Sumário: 1. Introdução – 2. Risco do desenvolvimento e responsabilidade civil – 3. Controvérsias jurídicas sobre a responsabilidade civil pelo acidente de consumo de medicamento na jurisprudência do STJ: dever de informar e risco do desenvolvimento – 4. Conclusão – 5. Referências bibliográficas.

1. INTRODUÇÃO

Neste trabalho, serão exploradas as repercussões práticas e controvérsias jurídicas decorrentes da correlação entre saúde, informação e consumo esclarecido, que são três direitos fundamentais no *paradigma da sociedade de risco* no qual desponta o consumo massificado de produtos – inclusive de medicamentos –, que foi possibilitado pelos profundos avanços tecnológicos e científicos ocorridos na segunda metade do século XX e intensificados no início deste século.[1]

Além do embasamento constitucional da defesa do consumidor no inciso XXXII e do acesso à informação no inciso XIV, ambos do art. 5º da Constituição da República (CR), a saúde é prevista expressamente nos arts. 6º e 196 como *direito social* de todos e dever do Estado por meio do qual se promove o bem-estar físico, mental e social dos indivíduos.[2] Sua faceta positiva ou prestacional habilita o sujeito a exigir tratamento adequado prestado pelo Estado, inclusive mediante pleito judicial. Já sua

---

1. O conceito de *sociedade de risco* é originalmente cunhado pelo sociólogo alemão Ulrich Beck. Segundo o autor: "Na modernidade tardia, a produção social de *riqueza* é acompanhada sistematicamente pela produção social de *riscos*. Consequentemente, aos problemas e conflitos distributivos da sociedade da escassez sobrepõem-se os problemas e conflitos surgidos a partir da produção, definição e distribuição de riscos científico-tecnologicamente produzidos" (grifos originais). BECK, Ulrich. *Sociedade de risco*: rumo a uma outra modernidade. 2. ed. São Paulo: Editora 34, 2011. p. 23-24.

2. A defesa do consumidor também constitui princípio da ordem econômica, conforme o art. 170, V, CR.

perspectiva negativa ou de abstenção visa não expor a risco a saúde das pessoas, bem como conferir a prerrogativa individual de não ser obrigado a submeter-se a determinado tratamento medicinal. Por conseguinte, advém o *direito à autodeterminação sanitária*, consistente na faculdade de aceitar, recusar ou interromper voluntariamente tratamentos de saúde.[3] Neste ponto, o direito à saúde relaciona-se com o direito à informação, pois é essencial sejam prestadas ao paciente informações adequadas, claras e seguras aptas a possibilitar que o indivíduo exerça sua autonomia da vontade de forma livre e esclarecida, o que configura o *consentimento informado* necessário ao tratamento clínico, cirúrgico ou medicamentoso.[4, 5]

Particularmente quanto aos medicamentos, em especial aqueles com contraindicações, sobressai a necessidade de seu consumo esclarecido, pois seu uso pode causar danos à incolumidade físico-psíquica do consumidor.[6] Nesse sentido, é ilustrativa a passagem de Sergio Cavalieri: "Se, por um lado, devemos aos remédios a melhoria da saúde e o expressivo aumento da sobrevida da população – dificilmente vamos encontrar uma pessoa idosa que não faça uso diário de pelo menos um remédio –, por outro lado, devemos também a eles algumas lamentáveis tragédias".[7, 8]

A relevância do tema, além de observada pela doutrina especializada, também foi considerada pela legislação que, logo no primeiro inciso do art. 6º do Código de Defesa do Consumidor (CDC), prevê, dentre os direitos básicos do consumidor, "a *proteção da vida, saúde e segurança* contra os riscos provocados por práticas no fornecimento de produtos e serviços considerados perigosos ou nocivos" (grifou-se).

O legislador conferiu destaque também, no inciso III do art. 6º do CDC, ao direito "a *informação adequada e clara* sobre os diferentes produtos e serviços, com especificação correta de quantidade, características, composição, qualidade, tributos incidentes e preço, bem como *sobre os riscos que apresentem*" (grifou-se).

---

3. RAMOS, André de Carvalho. *Curso de direitos humanos*. 7. ed. São Paulo: Saraiva Educação, 2020. p. 890.
4. O consentimento informado denomina-se também *consentimento livre e esclarecido* que expressa o "princípio da autonomia que o norteia, permitindo ao paciente, livremente, decidir acerca de seu próprio corpo, sua vida, o que só será possível após devidamente esclarecido sobre todos os fatores atinentes à sua saúde, ao tratamento, o que ultrapassa a mera informação fornecida sem a devida compreensão e apreensão do significado pelo paciente". PEREIRA, Paula Moura Francesconi de Lemos. *Relação médico-paciente*: o respeito à autonomia do paciente e a responsabilidade civil do médico pelo dever de informar. Rio de Janeiro: Lumen Juris, 2011. p. 111.
5. Um estudo sobre o consentimento do paciente em relação à medicação aplicável à Covid-19 é feita em: VALESI, Raquel; GOZZO, Débora. Medicação aplicável à Covid-19, consentimento do paciente e responsabilidade civil do médico. *Revista IBERC*, Belo Horizonte, v. 3, n. 2, maio-ago. 2020.
6. Para maiores informações sobre a importante relação entre responsabilidade civil e medicina confira-se: ROSENVALD, Nelson; MENEZES, Joyceane Bezerra de; DADALTO, Luciana (Coords.). *Responsabilidade civil e medicina*. 2. ed. Indaiatuba: Editora Foco, 2021.
7. CAVALIERI FILHO, Sergio. Responsabilidade civil por danos causados por remédios. *Revista da EMERJ*, Rio de Janeiro, v. 2, n. 8, 1999. p. 11.
8. A respeito da responsabilidade civil por danos derivados de medicamentos defeituosos, veja-se: TOMÉ, Patricia Rizzo. A responsabilidade civil por danos causados em virtude de medicamentos defeituosos. In: ROSENVALD, Nelson; MENEZES, Joyceane Bezerra de; DADALTO, Luciana (Coords.). *Responsabilidade civil e medicina*. 2. ed. Indaiatuba: Editora Foco, 2021.

Ademais, após a parte introdutória do CDC formada pelos arts. 1º ao 7º, os arts. 8º, 9º e 10 inauguram a parte dispositiva do Código, tratando, em seção específica, da *proteção à saúde e segurança* dos consumidores. A matéria inaugural é justificada em razão da "preocupação do legislador em estabelecer critérios para tutela do bem mais valioso a ser preservado nas relações de consumo: a vida do consumidor".[9]

Dada a importância da temática, suas implicações concretas e seus questionamentos jurídicos naturalmente chegaram ao Superior Tribunal de Justiça (STJ), onde se destacam três acórdãos sobre o assunto: o REsp 971.845-DF (*caso Survector*) julgado em agosto de 2008, o REsp 1.599.405-SP (*caso Vioxx*) julgado em abril de 2017 e o REsp 1.774.372-RS (*caso Sifrol*) julgado em maio de 2020, que seguramente foi um dos principais julgados sobre Direito do Consumidor proferidos no último ano. O entendimento da Corte e os fundamentos erigidos em cada um dos acórdãos serão, adiante, analisados e cotejados com a literatura jurídica especializada. Antes, porém, a fim de facilitar a compreensão do tema e da evolução jurisprudencial a seu respeito, será abordada a responsabilidade civil pelo denominado *risco do desenvolvimento*.

2. RISCO DO DESENVOLVIMENTO E RESPONSABILIDADE CIVIL

Conceitua-se o *risco do desenvolvimento* como aquele que não pode ser detectável, pelo fornecedor, ao tempo do lançamento do produto ou serviço no mercado, vindo a ser descoberto depois de algum período de fruição pelos consumidores. De acordo com Herman Benjamin: "É defeito que, em face do estado da ciência e da técnica à época da colocação do produto ou serviço em circulação, era desconhecido e imprevisível", sendo considerado espécie do gênero *defeito de concepção*, decorrente de "projeto" e "fórmulas".[10] Logo, os riscos do desenvolvimento advêm de defeitos ocultos do produto ou do serviço que causarão danos imprevisíveis aos seus usuários – o que conformará a *periculosidade do desenvolvimento*, que se distingue da *periculosidade inerente*, e será delineada na próxima seção.

A responsabilização do produtor ou prestador de serviço por dano proveniente do risco do desenvolvimento é um dos temas de responsabilidade civil mais palpitantes no *paradigma da sociedade de risco*.[11] Na Europa, a Diretiva 85/374/CEE previu expressamente, no art. 7º, alínea "e", o risco do desenvolvimento como hipótese excludente da responsabilidade do produtor, nas seguintes palavras: "O produtor não é responsável nos termos da presente directiva se provar: e) Que o estado dos

---

9. DENARI, Zelmo. Da qualidade de produtos e serviços, da prevenção e da reparação dos danos. In: GRINOVER, Ada Pellegrini. *et al. Código brasileiro de defesa do consumidor:* comentado pelos autores do anteprojeto. 7. ed. Rio de Janeiro: Forense Universitária, 2001. p. 143.

10. BENJAMIN, Antônio Herman de Vasconcellos e. *Comentários ao Código de Proteção do Consumidor.* São Paulo: Saraiva, 1991, p. 67. Confira-se também: BENJAMIN, Antônio Herman V.; MARQUES, Claudia Lima; BESSA, Leonardo Roscoe. *Manual de direito do consumidor.* 2. ed. São Paulo: Ed. RT, 2009. p. 127 e 131.

11. Sobre o impacto dos novos riscos na responsabilidade civil é essencial a leitura da obra coletiva: ROSENVALD, Nelson; DRESCH, Rafael de Freitas Valle; WESENDONCK, Tula. *Responsabilidade civil:* novos riscos. Indaiatuba: Editora Foco, 2019.

conhecimentos científicos e técnicos no momento da colocação em circulação do produto pelo produtor não permitiu detectar a existência do defeito". Não obstante, a referida diretiva "deixou a critério de cada país membro a possibilidade de definir a respeito da adoção ou exclusão da responsabilidade no âmbito interno", de modo que as normas protetivas da diretiva configuram, portanto, um piso para a tutela do consumidor, que poderá ser elevado de acordo com a ponderação de cada Estado-membro.[12] Destaque-se, inclusive, que alguns países europeus derrogaram a excludente prevista no art. 7º, alínea "e" e, assim, responsabilizam o produtor pelo risco do desenvolvimento.[13]

A questão também não é pacífica no Brasil, onde há autores como Bruno Miragem[14] e Herman Benjamin que defendem a responsabilidade do fornecedor pelo risco do desenvolvimento, afirmando este último, exemplificativamente, que: "Por adotar um sistema de responsabilidade civil objetiva alicerçado no *risco de empresa*, a lei brasileira não podia, com razão, exonerar o fabricante, o produtor, o construtor e o importador na presença de um risco do desenvolvimento" (grifo original).[15] Cite-se também Sergio Cavalieri que assevera que "os riscos de desenvolvimento devem ser enquadrados como *fortuito interno* – risco integrante da atividade do fornecedor –, pelo que não exonerativo da sua responsabilidade" (grifo original).[16] Note-se que a doutrina aproxima o risco do desenvolvimento ao risco do empreendimento, cujo acolhimento deste último pelo CDC já é amplamente reconhecido.[17]

Por outro lado, há quem sustente que o risco do desenvolvimento é hipótese eximente de responsabilidade, "insusceptível de levar à responsabilização do fornecedor pelo fato do produto".[18]

Mesmo dentre os autores favoráveis à responsabilização do fornecedor pelo risco do desenvolvimento, no âmbito das relações de consumo, não há consenso quanto ao seu fundamento legal. Tula Wesendonck, que possui aprofundada pesquisa sobre o tema, afirma que o art. 931 do Código Civil (CC) é o dispositivo que melhor fundamenta a hipótese. Dispõe o citado artigo: "Ressalvados outros casos previstos em lei especial, os empresários individuais e as empresas respondem independentemente de culpa pelos danos causados pelos produtos postos em circulação". A autora defende, com base no *diálogo das* fontes, que

---

12. WESENDONCK, Tula. A responsabilidade civil pelos danos decorrentes dos riscos do desenvolvimento do medicamento Sifrol. *Revista de Direito do Consumidor*, v. 123, maio-jun. 2019. p. 3.

13. WESENDONCK, Tula. A responsabilidade civil pelos riscos do desenvolvimento: evolução histórica e disciplina no direito comparado. *Revista Direito & Justiça*, Porto Alegre, v. 38, jul.-dez. 2012. p. 219.

14. MIRAGEM, Bruno. *Curso de direito do consumidor.* 7. ed. São Paulo: Ed. RT, 2018. p. 31-32.

15. BENJAMIN, Antônio Herman V.; MARQUES, Claudia Lima; BESSA, Leonardo Roscoe. *Manual de direito do consumidor.* 2. ed. São Paulo: Ed. RT, 2009. p. 131.

16. CAVALIERI FILHO, Sergio. *Programa de responsabilidade civil.* 10. ed. São Paulo: Atlas, 2012. p. 536.

17. CAVALIERI FILHO, Sergio. *Programa de responsabilidade civil.* 10. ed. São Paulo: Atlas, 2012. p. 514.

18. MARINS, James. *Responsabilidade da empresa pelo fato do produto:* os acidentes de consumo no código de proteção e defesa do consumidor. São Paulo: Ed. RT, 1993. p. 137.

para imputar a responsabilidade civil nos casos de danos decorrentes de riscos do desenvolvimento, é mais benéfico ao consumidor utilizar o art. 931 em vez de fundamentar a responsabilidade civil com base no art. 12 do CDC. Isso porque, com a utilização do diploma civil, é evitada a discussão em torno da época em que o produto foi colocado em circulação. Dessa forma, no caso de danos decorrentes de medicamentos que produzem efeitos desconhecidos, é mais efetiva a proteção ao consumidor pela aplicação do CC do que pela aplicação do CDC.[19]

Wesendonck identifica um aspecto da matéria em exame que é alvo de concordância: "Tanto entre os juristas favoráveis à responsabilização do produtor pelos riscos do desenvolvimento, quanto entre os que são contrários a ela, vislumbra-se um ponto comum: o dano ocorre em virtude de um defeito que o produto apresenta".[20]

Logo, aceita a premissa de que o risco do desenvolvimento advém de defeito do produto ou do serviço, concorda-se com Paulo de Tarso Sanseverino que assegura que "os riscos de desenvolvimento constituem modalidade de defeito de projeto ou concepção do produto ou do serviço estando perfeitamente enquadrados nos arts. 12, *caput*, e 14, *caput* do CDC".[21]

Além disso, no inciso II do § 1º, tanto do art. 12 quanto do art. 14 do CDC, é feita alusão expressa aos *riscos que razoavelmente se esperam* do produto e do serviço como parâmetro para a configuração do defeito gerador da responsabilidade civil. Sendo o risco do desenvolvimento desconhecido e imprevisível ao tempo da comercialização do produto ou do serviço, ele, evidentemente, não é um risco que razoavelmente se espera e, acaso concretizado, frustra a legítima expectativa do consumidor quanto ao padrão de segurança. Assim, compreende-se que o teor e a função dos referidos dispositivos legais consumeristas guardam manifesta correlação com o conteúdo da teoria do risco do desenvolvimento.

Portanto, sustenta-se neste trabalho que, em relações de consumo, a responsabilidade civil do fornecedor pelos danos decorrentes da concretização dos riscos do desenvolvimento tem fundamento no art. 12, § 1º, II do CDC, quanto ao *fato do produto*, e no art. 14, §1º, II do CDC, quanto ao *fato do serviço*.

Desse modo, são aplicados dispositivos legais próprios do Código do Consumidor, o que dispensaria o recurso ao *diálogo das fontes*, o qual é mais adequado à hipótese de ausência de norma consumerista típica ou quando houver norma efetivamente mais protetiva ao consumidor prevista em fonte legislativa diversa

---

19. WESENDONCK, Tula. A responsabilidade civil pelos danos decorrentes dos riscos do desenvolvimento do medicamento Sifrol. *Revista de Direito do Consumidor*, v. 123, maio-jun. 2019. p. 4. Veja-se ainda: WESENDONCK, Tula. A responsabilidade civil pelos riscos do desenvolvimento: evolução histórica e disciplina no direito comparado. *Revista Direito & Justiça*, Porto Alegre, v. 38, jul.-dez. 2012. A propósito, confira-se também: CALIXTO, Marcelo Junqueira. O art. 931 do Código Civil de 2002 e os riscos do desenvolvimento. *Revista Trimestral de Direito Civil*, Rio de Janeiro: Padma, v. 6, n. 21, jan.-mar. 2005.
20. WESENDONCK, Tula. A responsabilidade civil pelos riscos do desenvolvimento: evolução histórica e disciplina no direito comparado. *Revista Direito & Justiça*, Porto Alegre, v. 38, jul.-dez. 2012. p. 216.
21. SANSEVERINO, Paulo de Tarso Vieira. *Responsabilidade civil no Código do Consumidor e a defesa do fornecedor*. 2. ed. São Paulo: Saraiva, 2007. p. 335.

do CDC.[22, 23] Em regra, a aplicação da lei especial (CDC) tem preferência sobre a lei geral (Código Civil).

Acrescente-se que a aplicação da teoria do risco do desenvolvimento com fundamento nas normas consumeristas referidas acima tem a vantagem de possibilitar a responsabilização por danos decorrentes tanto de produtos quanto de serviços defeituosos – ao passo que o art. 931, CC restringe a responsabilidade pelo risco do desenvolvimento aos "produtos postos em circulação", não fazendo referência a serviços.

Observe-se, ainda, que o CDC, no art. 10, § 1º, criou um dever de informação específico para a hipótese de concretização do risco do desenvolvimento, ao dispor que: "O fornecedor de produtos e serviços que, posteriormente à sua introdução no mercado de consumo, tiver conhecimento da periculosidade que apresentem, deverá comunicar o fato imediatamente às autoridades competentes e aos consumidores, mediante anúncios publicitários".

A adoção do risco do desenvolvimento como fundamento da responsabilidade civil objetiva nas relações de consumo, sobretudo em relação a serviços e produtos medicinais, concretiza valores constitucionais fundamentais a partir da promoção da justiça (preâmbulo constitucional), da dignidade da pessoa humana (art. 1º, III, CR), da solidariedade (art. 3º, I, CR), da vida e segurança (art. 5º, *caput*, CR) e da defesa do consumidor (art. 5º, XXXII, CR). Objetivamente, a atribuição do risco do desenvolvimento ao fornecedor evita que o consumidor, vítima de um acidente de consumo, suporte individualmente os perigos e custos do desenvolvimento tecnológico-científico de produtos e serviços. É uma forma de se realizar justiça distributiva a partir da repartição equitativa dos riscos inerentes à sociedade de consumo, haja vista que os benefícios do progresso são, em tese, disponibilizados para todos. Nesse sentido, Sergio Cavalieri assevera que: "Se os seus benefícios são para todos, os riscos devem ser socializados, e isso se consegue mediante os mecanismos de preços e os seguros sociais, através dos quais todos temos que pagar o preço do progresso, e não somente a vítima".[24]

Até mesmo porque, se um medicamento é lançado no mercado e apenas posteriormente são descobertos efeitos adversos, seus consumidores foram, de fato, cobaias do processo de desenvolvimento e aprimoramento dos produtos comercializados pela indústria farmacêutica. Nessa perspectiva, o Ministro João Otávio de Noronha, no julgamento do REsp 971.845-DF analisado adiante, ao tomar ciência de

---

22. Bruno Miragem, ao tratar da norma do art. 931, CC sobre a responsabilidade pelo risco do desenvolvimento, afirma que: "Não está claro, contudo, qual será o sentido que a jurisprudência indicará à esta disposição do Código Civil de 2002, em especial em relação à sua compatibilidade com o CDC". MIRAGEM, Bruno. *Curso de direito do consumidor*. 7. ed. São Paulo: Revista dos Tribunais, 2018. p. 32.

23. A respeito de uma hipótese concreta de aplicação do *diálogo das fontes* como recurso apto a promover a proteção integral do consumidor, veja-se: MARTINS, Guilherme Magalhães; MODENESI, Pedro. A proteção do adimplente diante da abusiva pretensão de cobrança de instituições financeiras e a jurisprudência do Superior Tribunal de Justiça (REsp 1.645.589/MS). *Revista de Direito do Consumidor*, v. 130, jul.-ago. 2020.

24. CAVALIERI FILHO, Sergio. Responsabilidade civil por danos causados por remédios. *Revista da EMERJ*, Rio de Janeiro, v. 2, n. 8, 1999. p. 20.

que determinados medicamentos deixaram de ser comercializados em alguns países da Europa, mas continuaram sendo vendidos, por bastante tempo, em países em desenvolvimento como o Brasil, consignou incisivo questionamento nos seguintes termos: "Descuido das nossas autoridades sanitárias ou do velho e tão falado interesse econômico de indústrias farmacêuticas que se utilizam de países mais pobres como teste de laboratório, num evidente desrespeito à vida humana?".[25] À vista disso, finaliza-se este tópico com lição categórica de Tula Wesendonck, a seguir transcrita:

> Interessa à sociedade imputar a responsabilidade pelos riscos do desenvolvimento ao fabricante, porque isso o compromete com a qualidade e segurança dos produtos que coloca no mercado, evitando que seja lançado um produto, sem que se tenha investigado adequadamente os seus efeitos, fazendo com que a coletividade funcione como "cobaias da indústria".[26]

3. CONTROVÉRSIAS JURÍDICAS SOBRE A RESPONSABILIDADE CIVIL PELO ACIDENTE DE CONSUMO DE MEDICAMENTO NA JURISPRUDÊNCIA DO STJ: DEVER DE INFORMAR E RISCO DO DESENVOLVIMENTO

Nesta seção, o inteiro teor e os fundamentos dos votos dos três principais acórdãos proferidos pelo STJ sobre responsabilidade civil por acidente de consumo de medicamentos servirão de ponto de partida para uma análise crítica dos conceitos legais e doutrinários concernentes ao tema.

Objetiva-se correlacionar as perspectivas doutrinária, legislativa e jurisprudencial a fim de contribuir para uma interpretação e aplicação do Direito que se oriente pelo princípio da dignidade da pessoa humana e busque realizar justiça nos casos concretos mediante a defesa do consumidor e a promoção de sua vida e segurança.

O Recurso Especial 971.845-DF (*caso Survector*), em 21 de agosto de 2008, foi julgado por maioria pela Terceira Turma do STJ, o que revela um inicial dissenso entre os Ministros da corte sobre a aplicação da responsabilidade civil em casos de danos decorrentes do uso de medicamentos.

De acordo com os fatos relatados no inteiro teor do acórdão, tratou-se de caso em que o consumidor ajuizou ação indenizatória em face do laboratório Servier do Brasil Ltda. com vistas a reparar danos morais e materiais advindos do consumo do medicamento Survector – no período de 1989 a 2000 –, que foi inicialmente comercializado de forma livre, em cuja bula constava sua indicação para ativar o metabolismo cerebral (ativador de memória), sem contraindicações. Todavia, posteriormente, o laboratório alterou a bula do remédio para constar como sua indicação principal o tratamento de estados depressivos e acrescentar uma série de efeitos colaterais ad-

---

25. STJ, REsp 971.845-DF, 3ª T., rel. Min. Humberto Gomes de Barros, rel. para acórdão Min. Nancy Andrighi, j. 21 ago. 2008.
26. WESENDONCK, Tula. A responsabilidade civil pelos riscos do desenvolvimento: evolução histórica e disciplina no direito comparado. *Revista Direito & Justiça*, Porto Alegre, v. 38, jul.-dez. 2012. p. 215.

versos, fazendo com que sua venda passasse a ser controlada mediante apresentação de receita médica.[27]

O consumidor alegara que, quando se inteirou dos efeitos maléficos do remédio, após mais três anos de consumo, já tinha se tornado dependente do medicamento e experimentava inúmeros distúrbios como desregulação completa do sono, depressão, incapacidade de concentração, irritabilidade, entre outros.[28] Importante ressaltar que, com base na alegação autoral, depreende-se que o consumidor tomou ciência dos efeitos adversos da medicação entre os anos de 1992 e 1993.

A sentença julgou parcialmente procedente o pedido do consumidor para condenar o réu ao pagamento de indenização por danos morais no valor de R$ 100.000,00 (cem mil reais) sob o fundamento de que a bula do remédio não continha advertência sobre os riscos a ele inerentes.

O acórdão de segundo grau deu provimento ao recurso do réu sob o fundamento de que o consumidor fez uso do remédio sem orientação médica, o que configura a culpa exclusiva da vítima e exclui a responsabilidade do fornecedor, nos termos do art. 12, § 3º, III, CDC.

No recurso especial, o consumidor alegou, em síntese, que o laboratório comercializou medicamento nocivo à saúde sem informar suas possíveis reações adversas ao usuário.

Ao apreciar o mérito do recurso especial, o relator, que restou vencido juntamente com o Ministro Ari Pargendler, negou provimento ao recurso sob o fundamento de que a automedicação do consumidor interrompe o nexo causal, que é necessário mesmo em hipótese de responsabilidade objetiva.[29]

A Ministra Nancy Andrighi proferiu voto-vista que inaugurou a divergência com entendimento que restou, ao final, prevalecente. Em seu voto foram apreciadas considerações técnicas acerca do cloridrato de amineptina, substância ativa do Survector. Citou-se o boletim de farmacovigilância publicado em 1999 pelo Ministério da Saúde da República Portuguesa, no qual se noticia que na França foram notificados diversos casos de abuso de amineptina, o que serviu de amparo à decisão de Portugal suspender definitiva e totalmente a comercialização de medicamentos que contenham a referida substância. Mencionou-se ainda que a Organização Mundial da Saúde (OMS), em 2003, recomendou a todos os seus membros a restrição da fabricação e distribuição da amineptina, tendo como base o relatório OMS 915/2003, no qual se afirma que:

---

27. STJ, REsp 971.845-DF, 3ª T., rel. Min. Humberto Gomes de Barros, rel. para acórdão Min. Nancy Andrighi, j. 21 ago. 2008. Cf. p. 5 do inteiro teor do acórdão.
28. STJ, REsp 971.845-DF, 3ª T., rel. Min. Humberto Gomes de Barros, rel. para acórdão Min. Nancy Andrighi, j. 21 ago. 2008. Cf. p. 5, 9 e 10 do inteiro teor do acórdão.
29. Registre-se que o voto do Ministro Ari Pargendler não consta no inteiro teor do acórdão do REsp 971.845-DF disponibilizado no *site* do STJ.

O Comitê estimou que *o grau de risco para a saúde pública e a sociedade associado à possibilidade de abuso da amineptina é considerável* e tomou nota de que sua utilização se associa com uma importante hepatotoxicidade. Sua utilidade terapêutica é, quando muito, escassa ou moderada. Em muitos países ela já foi retirada do mercado, mas em outros segue sendo adquirível.[30] (Grifou-se).

Diante dessas circunstâncias, o entendimento vencedor concluiu que o fato de o medicamento – com alta potencialidade de dependência – ter sido comercializado livremente, por mais de três anos, com uma bula que anunciava a ausência de contraindicações configura hipótese de publicidade enganosa violadora do art. 6º, IV, CDC. Foi considerado, também, que o laboratório descumpriu a norma que prevê que "[o] fornecedor de produtos e serviços que, posteriormente à sua introdução no mercado de consumo, tiver conhecimento da periculosidade que apresentem, deverá comunicar o fato imediatamente às autoridades competentes e aos consumidores, mediante anúncios publicitários", conforme o art. 10, § 1º, CDC.

O Ministro Sidnei Beneti, ao acompanhar a divergência vencedora, confirmou a responsabilidade objetiva do laboratório (art. 12, CDC), bem como afirmou ter havido "errônea informação de efeitos" do medicamento.[31] O Ministro João Otávio de Noronha ratificou a ausência de indicação do risco de dependência do fármaco.

De acordo com a cronologia dos fatos relatados no acórdão, infere-se que os riscos do medicamento foram identificados após o início de sua comercialização e consequente uso pelos consumidores. Nesse sentido, afirma-se no acórdão que: "Mesmo *após a constatação da alta periculosidade* da Amineptina, que a levou a modificar a bula do medicamento, não consta que o laboratório tenha feito um grande comunicado sequer, pela imprensa em geral, alertando os consumidores das *novas descobertas e do risco* em que a droga os colocava" (grifou-se).[32] Note-se que na década de 1980 e início da década de 1990, período do início da comercialização do medicamento e de seu uso pelo consumidor, os riscos do Survector ainda não haviam sido detectados cientificamente, o que, segundo o acórdão do STJ, apenas ocorreu a partir de 1999 com a publicação do boletim de farmacovigilância pelo Ministério da Saúde de Portugal e, em 2003, com a divulgação do relatório OMS n. 915/2003.[33]

Logo, o defeito já integrava o produto no momento de sua introdução no mercado de consumo, embora os riscos dele decorrentes ainda fossem desconhecidos

---

30. STJ, REsp 971.845-DF, 3ª T., rel. Min. Humberto Gomes de Barros, rel. para acórdão Min. Nancy Andrighi, j. 21 ago. 2008.

31. STJ, REsp 971.845-DF, 3ª T., rel. Min. Humberto Gomes de Barros, rel. para acórdão Min. Nancy Andrighi, j. 21 ago. 2008. Cf. p. 24 do inteiro teor do acórdão.

32. STJ, REsp 971.845-DF, 3ª T., rel. Min. Humberto Gomes de Barros, rel. para acórdão Min. Nancy Andrighi, j. 21 ago. 2008. Cf. p. 17 do inteiro teor do acórdão.

33. Registre-se que, de acordo com o texto a seguir citado, os riscos e efeitos colaterais do medicamento foram considerados conhecidos pelo fornecedor desde a sua comercialização inicial, embora não tenham sido corretamente informados ao consumidor. Nesse sentido: BASTOS, Daniel Deggau; PETEFFI DA SILVA, Rafael; SILVA, Sabrina Jiukoski da. A responsabilidade civil dos fornecedores pelo fato do produto: acidente de consumo em decorrência do uso de medicamentos. *Revista de Direito do Consumidor*, São Paulo, v. 127, jan.-fev. 2020.

e imprevisíveis, o que configura hipótese de responsabilidade do fornecedor pelo risco do desenvolvimento, a ensejar a reparação dos danos provenientes do defeito tardiamente identificado. A despeito de o STJ ter imputado, no caso concreto, a responsabilidade civil ao laboratório, o risco do desenvolvimento não foi reconhecido expressamente pelo órgão julgador.

Ressalte-se que o dever de informação específico para a hipótese de concretização do risco do desenvolvimento, previsto no art. 10, § 1º, CDC, foi invocado na decisão do STJ, embora também não tenha havido menção ao conceito de risco do desenvolvimento.

Diante de outra conjuntura fática, a Terceira Turma do STJ, em 04 de abril de 2017, julgou, por unanimidade, o Recurso Especial 1.599.405-SP (*caso Vioxx*), ao qual subjaz ação indenizatória por danos materiais e morais advindos do falecimento do consumidor, que, segundo foi alegado, decorreu da ingestão do medicamento Vioxx, produzido pelo laboratório Merck Sharp & Dohme Farmacêutica Ltda., o qual não teria adotado, na bula do remédio, as devidas cautelas quanto a possíveis reações adversas.

No centro da controvérsia recursal, afora uma questão processual probatória que não terá espaço para análise neste trabalho, estava o critério legal de *defeito*, considerado pela doutrina um conceito jurídico indeterminado.[34] A questão consiste na qualificação jurídica do produto como defeituoso ou não de acordo com os parâmetros do Código de Defesa do Consumidor, em especial o previsto no art. 12, § 1º, pois o defeito é o elemento gerador da responsabilidade civil objetiva por acidente de consumo. Em termos práticos, buscava-se decidir se o laboratório farmacêutico responde objetivamente pelos danos advindos da morte, por insuficiência renal, do consumidor que, mediante prescrição médica, ingeriu medicamento anti-inflamatório por aquele produzido, cuja bula advertia expressamente, como possíveis reações adversas, a ocorrência de doenças renais graves.

No *paradigma da sociedade de risco*, a produção e o consumo em massa de produtos e serviços são acompanhados pela criação de riscos individuais e coletivos.[35] O risco torna-se um elemento intrínseco da vida social contemporânea que não é possível ser eliminado completamente. Assim, o Código de Defesa do Consumidor, coerente com seu tempo, não tem a pretensão de impedir a comercialização e o consumo de produtos e serviços que gerem risco à saúde e segurança dos consumidores. Herman Benjamin esclarece que "o Código não estabelece um sistema de segurança absoluta para os produtos e serviços. O que se requer é uma *segurança dentro dos padrões da expectativa legítima dos consumidores*" (grifo original).[36]

---

34. BENJAMIN, Antônio Herman V.; MARQUES, Claudia Lima; BESSA, Leonardo Roscoe. *Manual de direito do consumidor*. 2. ed. São Paulo: Ed. RT, 2009. p. 125.

35. Confira-se: BECK, Ulrich. *Sociedade de risco*: rumo a uma outra modernidade. 2. ed. São Paulo: Editora 34, 2011. p. 24.

36. BENJAMIN, Antônio Herman V.; MARQUES, Claudia Lima; BESSA, Leonardo Roscoe. *Manual de direito do consumidor*. 2. ed. São Paulo: Ed. RT, 2009. p. 125-126.

Nesse sentido, formulou-se o conceito de periculosidade inerente (art. 8º, CDC) segundo o qual os riscos normais e previsíveis, em razão da essência e propriedades natas dos produtos ou serviços, são perfeitamente admissíveis e não os qualificam como defeituosos, desde que sejam adequadamente prestadas informações claras a seu respeito, garantindo-se a ciência do consumidor e sua autodeterminação.

Logo, a periculosidade inerente, por si só, não é considerada defeito do produto ou serviço, desde que ostensiva e adequadamente informada ao consumidor. Por conseguinte, eventuais danos decorrentes da concretização de riscos "normais e previsíveis" do produto ou serviço não ensejam a responsabilidade do fornecedor, tendo em conta não haver frustração de legítimas expectativas do consumidor.

Para configurar a responsabilidade civil do fornecedor de produto intrinsicamente perigoso não é suficiente que o dano sofrido pelo consumidor decorra meramente de sua fruição. Exemplifique-se com a faca que tem como principal qualidade seu corte afiado, o qual mediante uso regular é capaz de causar ferimento no usuário. Logo, a imputação de responsabilidade ao fornecedor dependerá da constatação do nexo de causalidade entre o dano e o defeito de concepção, de fabricação ou de informação do produto.[37]

Nesse contexto, é oportuna a lembrança de que o sistema protetivo do consumidor acolhe a teoria do risco do empreendimento como fundamento da responsabilidade por acidente de consumo, rechaçando-se a teoria do risco integral na qual o fornecedor assumiria a posição de segurador universal de seus produtos e serviços.[38]

No caso concreto, objeto do Recurso Especial 1.599.405-SP, constatou-se que todo anti-inflamatório ostenta, dentre suas reações adversas, a possibilidade de causar doenças renais, o que configura um risco normal e intrínseco a essa espécie de medicação. Comprovou-se que o laboratório, desde o início da comercialização do Vioxx, desincumbiu-se de seu dever de informar mediante a prestação de informações aos consumidores relativas a reações adversas, entre elas o desenvolvimento de doenças renais graves, as quais, desse modo, representavam um risco previsível para os usuários do fármaco. Destarte, concluiu a Terceira Turma do STJ que o medicamento não possuía o defeito a ele imputado, seja de informação, seja de concepção, o que exclui a responsabilidade do laboratório fornecedor, de acordo com o art. 12, § 3º, II, CDC.

O estudo do *caso Vioxx* permite traçar uma importante distinção entre os conceitos de *risco inerente* e *risco do desenvolvimento*. O produto ou serviço dotado de *periculosidade inerente*, isto é, que ofereça riscos "normais e previsíveis" (art. 8º, CDC) ao consumidor não é considerado, por si só, defeituoso, pois os riscos dessa espécie, desde que adequadamente informados ao consumidor (art. 9º, CDC), são *razoavel-*

---

37. Sobre a classificação dos defeitos em relação à sua origem, veja-se: BENJAMIN, Antônio Herman V.; MARQUES, Claudia Lima; BESSA, Leonardo Roscoe. *Manual de direito do consumidor*. 2. ed. São Paulo: Ed. RT, 2009. p. 126-129.

38. A propósito: CAVALIERI FILHO, Sergio. *Programa de responsabilidade civil*. 10. ed. São Paulo: Atlas, 2012. p. 514. Confira-se também: STJ, REsp 1.599.405-SP, 3ª T., rel. Min. Marco Aurélio Bellizze, j. 04 abr. 2017.

mente esperados, e, acaso concretizem-se em danos, não haverá responsabilidade civil do fornecedor, haja vista não ter havido frustração das legítimas expectativas do consumidor quanto ao padrão de segurança – conforme o art. 12, § 1º, II, e o art. 14, § 1º, II do CDC.

Por outro lado, o *risco do desenvolvimento* é "desconhecido e imprevisível" ao tempo do lançamento do produto ou do serviço no mercado, vindo a ser detectado depois de algum período de fruição pelos consumidores. Esse tipo de risco provém de defeito de concepção do produto ou do serviço que permanece oculto até ocasionar danos aos seus usuários. O que se pode denominar *periculosidade do desenvolvimento* caracteriza-se pela imprevisibilidade, pois seu risco não é *razoavelmente esperado ou esperável* e, quando se concretiza em dano, frustra a legítima expectativa do consumidor diante da carência de segurança, o que configura o defeito do produto ou do serviço, elemento gerador da responsabilidade civil do fornecedor – de acordo com o art. 12, § 1º, II, e o art. 14, § 1º, II do CDC.

Os parâmetros de distinção entre o risco inerente e o risco do desenvolvimento, acima apresentados, serão úteis para a análise de casos concretos e a identificação de hipóteses de incidência da responsabilidade do fornecedor de produtos e serviços perigosos à saúde ou segurança do consumidor, conforme será visto a partir do exame do próximo caso.

O mais recente acórdão do STJ sobre responsabilidade civil por acidente de consumo de medicamento foi proferido em 05 de maio de 2020 e certamente é um dos principais julgados sobre Direito do Consumidor do último ano. Trata-se do Recurso Especial 1.774.372-RS (*caso Sifrol*) julgado por unanimidade pela Terceira Turma do STJ. A situação concreta compreende o uso do medicamento Sifrol, fabricado pelo laboratório Boehringer Ingelheim do Brasil, que causou ao consumidor, como efeito colateral, o distúrbio mental chamado *jogo patológico*, comumente conhecido como *vício em jogar*, o qual, por sua vez, acarretou a dilapidação de seu patrimônio – segundo fora afirmado na ação indenizatória ajuizada em face do referido fornecedor. O pedido de indenização por danos materiais e morais fundamentou-se na alegação de que o remédio não teria oferecido a segurança que dele legitimamente se podia esperar, em razão da carência de esclarecimentos sobre os riscos relacionados à sua ingestão, especialmente, sobre o jogo patológico.

De acordo com o inteiro teor do acórdão, o laboratório reconheceu que, ao tempo em que o consumidor iniciou o uso do Sifrol, não constava na bula do remédio a possibilidade de dependência compulsiva por jogos, o que foi incluído apenas posteriormente.[39]

Diante dessas circunstâncias, a Terceira Turma do STJ considerou, em primeiro lugar, o risco inerente ao medicamento que gera o *dever de informar qualificado* previsto no art. 9º, CDC, o qual exige que o fornecedor de produtos e serviços potencialmente

---

39. STJ, REsp 1.774.372-RS, 3ª T., rel. Min. Nancy Andrighi, j. 05 maio 2020. Cf. p. 29 do inteiro teor do acórdão.

perigosos à saúde ou segurança do consumidor preste informações, de maneira ostensiva e adequada, sobre sua nocividade ou periculosidade. Acrescentou-se que a violação do referido dever é prevista no art. 12, § 1º, II, CDC como hipótese de defeito de informação do produto, gerador da responsabilidade objetiva do fornecedor pelo evento danoso dele decorrente.

Em segundo lugar, o voto da Ministra Relatora, apreciou a hipótese de *risco do desenvolvimento*, compreendido como aquele que não podia ser conhecido no momento em que o medicamento foi colocado em circulação, o que conformaria defeito existente desde o momento da concepção do produto, embora não perceptível inicialmente, configurando, pois, hipótese de fortuito interno.

Repare-se que o acórdão, a despeito de ter reconhecido a responsabilidade objetiva do fabricante do medicamento, não foi preciso quanto ao fundamento dessa responsabilização, conforme se verifica de seu inteiro teor e notadamente do parágrafo conclusivo da seção a respeito do tema, a seguir transcrito: "Por todo o exposto, *seja com base na falha do dever de informar, seja com base no risco do desenvolvimento*, não merece reparo o acórdão recorrido no que tange à imputação de responsabilidade objetiva ao laboratório pelo acidente de consumo sofrido pela paciente" (grifou-se).[40]

Todavia, cumpre ressaltar que na bula do remédio, à época em que foi utilizado pelo consumidor, constava a seguinte advertência: "Este produto é um novo medicamento e, embora as pesquisas realizadas tenham indicado eficácia e segurança quando corretamente indicado, *podem ocorrer reações adversas imprevisíveis ainda não descritas ou conhecidas*" (grifou-se).[41] Esse contexto configura típica hipótese de risco do desenvolvimento, haja vista que os ensaios clínicos e os estudos científicos realizados pelo laboratório não foram capazes de detectar, antes do início da comercialização do medicamento, a reação adversa causadora da *compulsão por jogos*, que apenas foi descoberta após um período de uso pelos consumidores.

Dessa forma, diante da concretização de riscos do medicamento que não eram razoavelmente dele esperados, viola-se o dever de segurança e frustram-se as expectativas legítimas do consumidor, o que configura o defeito do produto, de acordo com art. 12, § 1º, II, CDC. Constatados os danos e a relação de causalidade com o medicamento, cujo defeito ou os efeitos colaterais nocivos à saúde foram tardiamente detectados, nasce, incontestavelmente, a obrigação de indenizar.

Destarte, talvez bastasse ao STJ fundamentar o acórdão do *caso Sifrol* na teoria do risco do desenvolvimento, sendo prescindível a invocação da violação do dever de informar pelo laboratório. Sem embargo, o julgamento é paradigmático, pois, pela primeira vez, um Tribunal Superior brasileiro reconheceu expressamente o risco do desenvolvimento como fundamento para a imputação de responsabilidade civil ao fornecedor por danos causados por medicamentos.

---

40. STJ, REsp 1.774.372-RS, 3ª T., rel. Min. Nancy Andrighi, j. 05 maio 2020.
41. STJ, REsp 1.774.372-RS, 3ª T., rel. Min. Nancy Andrighi, j. 05 maio 2020. Cf. p. 31 do inteiro teor do acórdão.

4. CONCLUSÃO

A responsabilização do produtor ou prestador de serviço por dano proveniente da concretização dos *riscos do desenvolvimento* é um dos temas de responsabilidade civil mais palpitantes no *paradigma da sociedade de risco*.[42] Diante da existência de entendimentos divergentes sobre a compatibilidade da teoria do risco do desenvolvimento com o ordenamento jurídico brasileiro, buscou-se adotar uma interpretação orientada pelos princípios constitucionais da solidariedade e da dignidade da pessoa humana que seja apta promover justiça nos casos concretos mediante a defesa do consumidor e a promoção de sua saúde e segurança.

Nesse sentido, sustenta-se que, em relações de consumo, a responsabilidade do fornecedor pelo risco do desenvolvimento tem fundamento no art. 12, § 1º, II do CDC, quanto ao *fato do produto*, e no art. 14, §1º, II do CDC, quanto ao *fato do serviço*. Entende-se que a atribuição do risco do desenvolvimento ao fornecedor evita que o consumidor, vítima de um acidente de consumo, suporte individualmente os perigos e custos do desenvolvimento tecnológico-científico de produtos e serviços. É uma forma de se realizar justiça distributiva a partir da repartição equitativa dos riscos intrínsecos à sociedade de consumo, haja vista que os benefícios do progresso são disponibilizados para todos.

O Superior Tribunal de Justiça, no Recurso Especial 1.774.372-RS (*caso Sifrol*), que é um dos principais julgados sobre Direito do Consumidor proferidos em 2020, reconheceu expressamente o risco do desenvolvimento como fundamento para a imputação de responsabilidade civil objetiva ao fabricante de medicamento causador de danos ao consumidor. Não bastasse a reconhecida fundamentalidade jurídica do tema, sua importância é realçada diante da presente pandemia de coronavírus,[43] que tem provocado acelerado e intenso desenvolvimento de pesquisas científicas e ensaios clínicos voltados à criação de vacinas – que são uma espécie de medicamento imunobiológico – e medicamentos com finalidade profilática, curativa ou paliativa destinados a prevenção, tratamento e combate da Covid-19.[44] Portanto, mais do que nunca, é reforçada a necessidade de se interpretar e aplicar o Direito de modo a promover os fundamentos jurídicos, humanísticos e éticos da Constituição da República de 1988, assegurando-se a saúde e a vida humanas.

---

42. BECK, Ulrich. *Sociedade de risco*: rumo a uma outra modernidade. 2. ed. São Paulo: Editora 34, 2011. p. 24.
43. Os impactos da pandemia de coronavírus nas relações jurídicas, em especial na responsabilidade civil, são amplamente debatidos em: MONTEIRO FILHO, Carlos Edison do Rêgo; ROSENVALD, Nelson; DENSA, Roberta (Coords.). *Coronavírus e responsabilidade civil*: impactos contratuais e extracontratuais. 2. ed. Indaiatuba: Editora Foco, 2021.
44. ANVISA. *Agência nacional de vigilância sanitária*. Disponível em: https://www.gov.br/anvisa/pt-br/acesso-ainformacao/perguntasfrequentes/medicamentos/conceitos-e-definicoes. Acesso em: 26 jul. 2021.

5. REFERÊNCIAS BIBLIOGRÁFICAS

ANVISA. *Agência nacional de vigilância sanitária*. Disponível em: https://www.gov.br/anvisa/pt-br/acesso-ainformacao/perguntasfrequentes/medicamentos/conceitos-e-definicoes. Acesso em: 26 jul. 2021.

BASTOS, Daniel Deggau; PETEFFI DA SILVA, Rafael; SILVA, Sabrina Jiukoski da. A responsabilidade civil dos fornecedores pelo fato do produto: acidente de consumo em decorrência do uso de medicamentos. *Revista de Direito do Consumidor*, São Paulo, v. 127, jan.-fev. 2020.

BECK, Ulrich. *Sociedade de risco*: rumo a uma outra modernidade. 2. ed. São Paulo: Editora 34, 2011.

BENJAMIN, Antônio Herman de Vasconcellos e. *Comentários ao Código de Proteção do Consumidor*. São Paulo: Saraiva, 1991.

BENJAMIN, Antônio Herman V.; MARQUES, Claudia Lima; BESSA, Leonardo Roscoe. *Manual de direito do consumidor*. 2. ed. São Paulo: Ed. RT, 2009.

CALIXTO, Marcelo Junqueira. O art. 931 do Código Civil de 2002 e os riscos do desenvolvimento. *Revista Trimestral de Direito Civil*, Rio de Janeiro: Padma, v. 6, n. 21, jan.-mar. 2005.

CAVALIERI FILHO, Sergio. Responsabilidade civil por danos causados por remédios. *Revista da EMERJ*, Rio de Janeiro, v. 2, n. 8, 1999.

CAVALIERI FILHO, Sergio. *Programa de responsabilidade civil*. 10. ed. São Paulo: Atlas, 2012.

DENARI, Zelmo. Da qualidade de produtos e serviços, da prevenção e da reparação dos danos. In: GRINOVER, Ada Pellegrini et al. *Código brasileiro de defesa do consumidor*: comentado pelos autores do anteprojeto. 7. ed. Rio de Janeiro: Forense Universitária, 2001.

MARINS, James. *Responsabilidade da empresa pelo fato do produto*: os acidentes de consumo no código de proteção e defesa do consumidor. São Paulo: Ed. RT, 1993.

MARTINS, Guilherme Magalhães; MODENESI, Pedro. A proteção do adimplente diante da abusiva pretensão de cobrança de instituições financeiras e a jurisprudência do Superior Tribunal de Justiça (REsp 1.645.589/MS). *Revista de Direito do Consumidor*, São Paulo, v. 130, jul.-ago. 2020.

MIRAGEM, Bruno. *Curso de direito do consumidor*. 7. ed. São Paulo: Ed. RT, 2018.

MONTEIRO FILHO, Carlos Edison do Rêgo; ROSENVALD, Nelson; DENSA, Roberta (Coords.). *Coronavírus e responsabilidade civil*: impactos contratuais e extracontratuais. 2. ed. Indaiatuba: Editora Foco, 2021.

PEREIRA, Paula Moura Francesconi de Lemos. *Relação médico-paciente*: o respeito à autonomia do paciente e a responsabilidade civil do médico pelo dever de informar. Rio de Janeiro: Lumen Juris, 2011.

RAMOS, André de Carvalho. *Curso de direitos humanos*. 7. ed. São Paulo: Saraiva Educação, 2020.

ROSENVALD, Nelson; DRESCH, Rafael de Freitas Valle; WESENDONCK, Tula. *Responsabilidade civil*: novos riscos. Indaiatuba: Editora Foco, 2019.

ROSENVALD, Nelson; MENEZES, Joyceane Bezerra de; DADALTO, Luciana (Coords.). *Responsabilidade civil e medicina*. 2. ed. Indaiatuba: Editora Foco, 2021.

SANSEVERINO, Paulo de Tarso Vieira. *Responsabilidade civil no Código do Consumidor e a defesa do fornecedor*. 2. ed. São Paulo: Saraiva, 2007.

TOMÉ, Patricia Rizzo. A responsabilidade civil por danos causados em virtude de medicamentos defeituosos. In: ROSENVALD, Nelson; MENEZES, Joyceane Bezerra de; DADALTO, Luciana (Coords.). *Responsabilidade civil e medicina*. 2. ed. Indaiatuba: Editora Foco, 2021.

VALESI, Raquel; GOZZO, Débora. Medicação aplicável à Covid-19, consentimento do paciente e responsabilidade civil do médico. *Revista IBERC*, Belo Horizonte, v. 3, n. 2, maio-ago. 2020.

WESENDONCK, Tula. A responsabilidade civil pelos riscos do desenvolvimento: evolução histórica e disciplina no direito comparado. *Revista Direito & Justiça*, Porto Alegre, v. 38, jul.-dez. 2012.

WESENDONCK, Tula. A responsabilidade civil pelos danos decorrentes dos riscos do desenvolvimento do medicamento Sifrol. *Revista de Direito do Consumidor*, São Paulo, v. 123, maio-jun. 2019.

RESPONSABILIDADE CIVIL PELOS RISCOS DO DESENVOLVIMENTO, PANDEMIA DE COVID-19 E VACINAS

Marcelo Junqueira Calixto

Doutor e Mestre em Direito Civil (UERJ). Professor Adjunto da PUC-Rio (Mestrado e Graduação) e dos cursos de Pós-Graduação da FGV, UERJ e EMERJ. Advogado.

Sumário: 1. Os riscos do desenvolvimento. O permanente debate sobre a responsabilidade civil do fabricante. Possível socialização do risco – 2. O caso Sifrol julgado pelo STJ. Riscos do desenvolvimento entendidos como fortuito interno – 3. A fabricação de vacinas contra o coronavírus e a transferência de responsabilidade aos países adquirentes – 4. Referências bibliográficas.

1. OS RISCOS DO DESENVOLVIMENTO. O PERMANENTE DEBATE SOBRE A RESPONSABILIDADE CIVIL DO FABRICANTE. POSSÍVEL SOCIALIZAÇÃO DO RISCO

Certamente um dos temas mais controvertidos da responsabilidade civil do fornecedor, os *riscos do desenvolvimento* podem ser definidos como aqueles riscos desconhecidos pelo mais avançado estado da ciência e da técnica, no momento da prestação do serviço, ou da introdução do produto no mercado, e que só vêm a ser descobertos mais tarde, por força do desenvolvimento científico.[1] A expressão consagrada é, portanto, uma redução da expressão "riscos do produto ou do serviço que o desenvolvimento técnico-científico permite descobrir".

Para que se possa falar em *riscos do desenvolvimento* é necessário, em suma, que estejam presentes dois requisitos: a) *temporal* e b) *científico*. O primeiro quer significar que, para que se possa falar em riscos do desenvolvimento, é indispensável o

---

1. Sobre o tema seja consentido remeter a Marcelo Junqueira CALIXTO. *A Responsabilidade Civil do fornecedor de produtos pelos riscos do desenvolvimento*. Rio de Janeiro: Renovar, 2004.

Entre os inúmeros artigos jurídicos nacionais específicos sobre o tema dos riscos do desenvolvimento podem ser citados: a) Marcelo Junqueira CALIXTO, "O art. 931 do código civil de 2002 e os riscos do desenvolvimento". In: *Revista Trimestral de Direito Civil – RTDC*, v. 21, Rio de Janeiro, p. 53-93, 2005; b) Marcos CATALAN. "Notas acerca do desenvolvimento tecnológico e do dever de reparar danos ignorados no desvelar do processo produtivo". In: STAUT JÚNIOR, Sérgio Said (Org.). *Estudos em Direito Privado:* uma homenagem ao prof. Luiz Carlos Souza de Oliveira. Curitiba: Luiz Carlos Centro de Estudos Jurídicos, 2014; c) KROETZ, Maria Cândida; SILVA, Luiz Augusto da. "Um Prometeu 'Pós-Moderno?' Sobre desenvolvimento, riscos e a responsabilidade civil nas relações de consumo". In: *Revista Brasileira de Direito Civil*, v. 09, jul.-set. 2016; d) MILANI, Juliane Teixeira; GLITZ, Frederico Eduardo. "Anotações sobre o risco de desenvolvimento: análise do caso da Talidomida". In: *Revista Luso-Brasileira de Direito do Consumo*, v. V, n. 17, p. 177-205, mar. 2015; e) WESENDONCK, Tula. "A responsabilidade civil pelos riscos do desenvolvimento: evolução histórica e disciplina no Direito Comparado". In: *Direito e Justiça – Revista de Direito da PUC/RS*, v. 38, Porto Alegre, p. 213-227, jul.-dez. 2012.

decurso de um prazo, o qual pode ser mais ou menos longo. Dentro deste prazo é necessário que se observe o segundo requisito, isto é, novas descobertas científicas que permitam afirmar a existência de um risco que, anteriormente, era desconhecido.

A hipótese, assim, é certamente distinta do disposto no art. 12, § 2º e no art. 14, § 2º, ambos do CDC, uma vez que, em tais casos, o que se observa é a introdução no mercado de um produto mais seguro ou a prestação de um serviço dotado de um patamar mais elevado de segurança.[2] Dessa forma, nos dois casos é possível falar que somente se está mitigando um risco *já conhecido* pelo fornecedor e pela sociedade de consumo. Está ausente, em resumo, o segundo requisito dos riscos do desenvolvimento, a saber, o *avanço científico* capaz de descobrir um *novo risco* anteriormente desconhecido.

Feita esta distinção, é possível afirmar que os *riscos do desenvolvimento* não ganharam tratamento expresso no CDC brasileiro. E nem mesmo na Diretiva 85/374/CEE, que lhe serviu de inspiração no tema específico da responsabilidade pelo *fato do produto*, os riscos do desenvolvimento receberam tratamento uniforme. Certo é que tal hipótese está, em regra, prevista como *excludente* da responsabilidade civil do fornecedor, o que se depreende de seu art. 7º, alínea "e".[3] Contudo, o art. 15, número 1, letra "b", do mesmo diploma comunitário, autoriza que cada Estado-Membro da Comunidade tenha a liberdade de decidir, em sua lei nacional, se *mantém* ou *afasta* referida excludente.[4] Percebe-se, assim, que o estudo do tema no âmbito europeu exige o conhecimento das diversas leis nacionais de "internalização" da norma comunitária, uma vez que esta adotou uma "solução de compromisso" por força dos insuperáveis debates que marcaram a sua elaboração justamente no que se refere ao presente tema. Em consequência, é possível observar que, embora muitos países tenham realmente optado por manter a exclusão, outros, em menor número, afastaram-na, sendo ainda possível observar países que adotaram uma "solução intermediária", isto é, mantiveram a excludente como regra, mas passaram a prever a responsabilidade do fornecedor para certos produtos, justamente aqueles com maior potencial para a ocorrência dos riscos do desenvolvimento.[5]

A razão para tamanha divisão parece residir no fato de os argumentos para uma ou outra decisão legislativa serem realmente relevantes. De fato, a favor da *exclusão*

---

2. Recorde-se o disposto no art. 12, § 2º e no art. 14, § 2º, ambos do CDC: "Art. 12. (...). § 2º O produto não é considerado defeituoso pelo fato de outro de melhor qualidade ter sido colocado no mercado"; "Art. 14. (...). § 2º O serviço não é considerado defeituoso pela adoção de novas técnicas".

3. Afirma o art. 7º, alínea "e", na tradução portuguesa: "Art. 7º. O produtor não é responsável nos termos da presente directiva se provar: (...); e) Que o estado dos conhecimentos científicos e técnicos no momento da colocação em circulação do produto não lhe permitiu detectar a existência do defeito".

4. Eis a redação do dispositivo: "Art. 15. 1. Qualquer Estado-membro pode: (...); b) Em derrogação da alínea e) do artigo 7º, manter ou, sem prejuízo do procedimento definido no n. 2, prever na sua legislação que o produtor é responsável, mesmo se este provar que o estado dos conhecimentos científicos e técnicos no momento da colocação do produto em circulação não lhe permitia detectar a existência do defeito".

5. Para um estudo mais aprofundado das leis nacionais europeias seja consentido remeter a CALIXTO, Marcelo Junqueira. *A Responsabilidade Civil*, cit., p. 183-190. Na doutrina europeia é recomendável a magnífica obra de SILVA, João Calvão da. *Responsabilidade civil do produtor*. Coimbra: Almedina, 1990.

da responsabilidade costuma ser apontado o desestímulo à realização de novas pesquisas científicas, – por força do temor de vir a ser descoberto um risco anteriormente desconhecido –, e a dificuldade na contratação de um seguro pelo fornecedor, uma vez que se trata de risco desconhecido. Da mesma forma, o permanente estudo acerca de *potenciais riscos* pode levar à excessiva demora na introdução de um produto no mercado ou na prestação de um serviço, o que poderia ser considerado, ao menos em tese, como prejudicial aos interesses do consumidor.

A favor, porém, da *responsabilidade* do fornecedor, deve ser apontado o fato de que, sendo o risco desconhecido pela ciência, será, com maior razão, desconhecido pelo consumidor. Assim, este se vê surpreendido em sua "legítima expectativa de segurança", sendo, igualmente, a *vítima* de uma atividade que se acredita lucrativa para o fornecedor. Tal situação poderia, inclusive, levar à convicção de que seres humanos passaram a ser tratados, sem o seu consentimento, como *cobaias humanas*.

Não é por outra razão que se pode reconhecer verdadeira *divisão* na doutrina brasileira, uma vez que, de um lado, estão aqueles que defendem a *inexistência de defeito* no produto ou serviço, pois este é um conceito *relativo* e necessariamente dependente do conhecimento científico. Seria possível, em suma, falar que a *legítima expectativa* do consumidor é dependente do avanço obtido pela ciência.[6]

Outros autores, porém, entendem que esta hipótese pode ser considerada como uma nova espécie de defeito, – o *defeito do desenvolvimento* –, pois parece inquestionável a *reversão* da expectativa de segurança do consumidor, critério suficiente para a afirmação do caráter *defeituoso* do produto ou do serviço.[7] Também semelhante a esta última visão seria o tratamento da questão como uma nova espécie de *fortuito interno*, uma vez que se trata de um *risco inerente* ao produto ou ao serviço, o qual, portanto, deve ser suportado pelo fornecedor e não pelo consumidor.[8]

A necessidade, entretanto, de conciliar o desenvolvimento científico com a proteção do consumidor, nos termos do art. 4º, inciso III, do CDC, parece permitir a defesa da *responsabilidade* do fornecedor nesta hipótese, limitando-a, porém, a um prazo máximo, um *prazo de responsabilidade* e não, propriamente, de prescrição ou de decadência.[9] À falta de referência expressa no CDC, tal prazo pode ser buscado,

---

6. Veja-se, nesse sentido, Gustavo TEPEDINO, "A Responsabilidade Médica na Experiência Brasileira Contemporânea. In: *Revista Trimestral de Direito Civil*, Rio de Janeiro, v. 02, p. 41-75, abr.-jun. 2000.

7 É o que se lê em VASCONCELOS, Antônio Herman de; BENJAMIN et al., *Comentários ao Código de Proteção do Consumidor.* São Paulo: Saraiva, 1991. p. 67 68.

8. É a tese defendida por CAVALIERI FILHO, Sérgio. "Responsabilidade civil por danos causados por remédios". In: *Revista de Direito do Consumidor*, São Paulo, n. 29, p. 55-62, jan.-mar. 1999.

9. Recorde-se a redação do dispositivo: "Art. 4º A Política Nacional das Relações de Consumo tem por objetivo o atendimento das necessidades dos consumidores, o respeito à sua dignidade, saúde e segurança, a proteção de seus interesses econômicos, a melhoria da sua qualidade de vida, bem como a transparência e harmonia das relações de consumo, atendidos os seguintes princípios: (...); III – harmonização dos interesses dos participantes das relações de consumo e compatibilização da proteção do consumidor com a necessidade de desenvolvimento econômico e tecnológico, de modo a viabilizar os princípios nos quais se funda a ordem econômica (art. 170, da Constituição Federal), sempre com base na boa-fé e equilíbrio nas relações entre consumidores e fornecedores".

por analogia, no Código Civil, sendo então aplicável o prazo máximo de *dez anos* do art. 205 deste diploma.[10] Observe-se que esta situação, embora inovadora na legislação nacional, não se mostra divorciada da solução adotada pela Diretiva 85/374/CEE que a prevê no art. 11, inclusive estipulando o mesmo prazo decenal.[11] Tal prazo, é oportuno lembrar, teria sido previsto justamente para a hipótese de adoção da *responsabilidade* do fornecedor, nos termos do citado art. 15, número 1, letra "b", da mesma norma comunitária.

Certo é, porém, que o tema só muito recentemente foi julgado pelo STJ, provavelmente pelo fato de se ter adotado uma *socialização* do *risco* para a situação mais conhecida, a saber, o caso do medicamento *Talidomida*.[12] Esta *socialização* do *risco* se revelou por meio da promulgação da Lei 7.070/1982, a qual atribui ao Instituto Nacional da Seguridade Social (INSS) a obrigação de pagar uma *pensão mensal* a tais pessoas após a realização da competente perícia. Este exame pericial destina-se a estabelecer o "grau da dependência" da vítima, sendo avaliados e graduados *quatro* aspectos, o que determina que o valor da pensão varie entre um e quatro salários mínimos.[13] Referida perícia servirá de fundamento para o pagamento de uma nova parcela, a título de danos *extrapatrimoniais*, a qual variará entre R$ 50 mil e R$ 400 mil, conforme o grau da dependência da vítima.[14] Tal parcela, paga uma única vez

---

10. Afirma o art. 205 do Código Civil: "Art. 205. A prescrição ocorre em dez anos, quando a lei não lhe haja fixado prazo menor".

11. Dispõe o art. 11 da norma comunitária: "Art. 11. Os Estados-membros estabelecerão na sua legislação que os direitos concedidos ao lesado nos termos da presente diretiva se extinguem no termo de um período de dez anos a contar da data em que o produtor colocou em circulação o produto que causou o dano, exceto se a vítima tiver intentado uma ação judicial contra o produtor durante este período".

12. De origem alemã, tal medicamento foi largamente usado no final dos anos cinquenta e início dos anos sessenta como um eficiente analgésico. Contudo, o avanço dos estudos científicos permitiu afirmar que o seu princípio ativo era capaz de atravessar a placenta e, em consequência, acarretar graves danos ao feto, em especial aos seus membros superiores e inferiores, os quais não se desenvolvem plenamente. Essas pessoas são consideradas como "portadoras da síndrome da Talidomida".

13. Veja-se, nesse sentido, o disposto no art. 1º da Lei 7.070/82: "Art. 1º – Fica o Poder Executivo autorizado a conceder pensão especial, mensal, vitalícia e intransferível, aos portadores da deficiência física conhecida como "Síndrome da Talidomida" que a requererem, devida a partir da entrada do pedido de pagamento no Instituto Nacional de Previdência Social – INPS.

    § 1º – O valor da pensão especial, reajustável a cada ano posterior à data da concessão segundo o índice de Variação das Obrigações Reajustáveis do Tesouro Nacional ORTN, será calculado, em função dos pontos indicadores da natureza e do grau da dependência resultante da deformidade física, à razão, cada um, de metade do maior salário mínimo vigente no País.

    § 2º – Quanto à natureza, a dependência compreenderá a incapacidade para o trabalho, para a deambulação, para a higiene pessoal e para a própria alimentação, atribuindo-se a cada uma 1 (um) ou 2 (dois) pontos, respectivamente, conforme seja o seu grau parcial ou total".

    A realização da perícia vem prevista no art. 2º da mesma Lei: "Art. 2º – A percepção do benefício de que trata esta Lei dependerá unicamente da apresentação de atestado médico comprobatório das condições constantes do artigo anterior, passado por junta médica oficial para esse fim constituída pelo Instituto Nacional de Previdência Social, sem qualquer ônus para os interessados".

14. Veja-se, nesse sentido, o disposto no art. 1º da Lei 12.190/2010: "Art. 1º É concedida indenização por dano moral às pessoas com deficiência física decorrente do uso da talidomida, que consistirá no pagamento de valor único igual a R$ 50.000,00 (cinquenta mil reais), multiplicado pelo número dos pontos indicadores da natureza e do grau da dependência resultante da deformidade física (§ 1º do art. 1º da Lei 7.070, de 20 de dezembro de 1982)".

pelo INSS, está prevista na Lei 12.190/2010, a qual também impõe que a vítima assine um "termo de opção" por meio do qual renuncia a qualquer ação judicial em face do fabricante do produto.[15]

Trata-se de solução que *não* encontra paralelo na legislação comunitária europeia a qual, como dito, serviu de inspiração para o diploma consumerista nacional. Também não é possível afirmar que esta decisão do legislador venha a ser utilizada em novos casos envolvendo os riscos do desenvolvimento, sendo, de todo modo, possível acreditar que a mesma poderá ser adotada em hipóteses de elevada *repercussão social*, tal como se observou no caso da *Talidomida*. Este tratamento *coletivo* da questão, porém, não afasta a convicção acerca do caráter *defeituoso* do produto, antes a confirma, embora seja necessária, igualmente, a submissão desta responsabilidade a um prazo máximo a fim de harmonizar os interesses de consumidores e fornecedores, nos termos da lei (CDC, art. 4°, inciso III).

Também favorável à tese da responsabilidade, embora sem qualquer referência a um prazo máximo, pode ser visto a recente decisão do Superior Tribunal de Justiça por ocasião do julgamento do Recurso Especial n. 1.774.372/RS, sendo Relatora a Ministra Nancy Andrighi.[16]

---

15. É o que se lê no art. 4° do Decreto 7.235/2010, de 19 de julho de 2010, o qual regulamentou a Lei 12.190/2010, *verbis*: "Art. 4° Para o recebimento da indenização por dano moral de que trata este Decreto, a pessoa com deficiência física decorrente do uso da talidomida deverá firmar termo de opção, conforme modelo anexo a este Decreto, declarando sua escolha pelo recebimento da indenização por danos morais de que trata a Lei 12.190, de 2010, em detrimento de qualquer outra, da mesma natureza, concedida por decisão judicial. Parágrafo único. O termo de opção poderá ser firmado por representante legal ou procurador investido de poderes específicos para este fim".

16. Eis a ementa do julgado, no que interessa para a presente reflexão: "(...) 5. O risco inerente ao medicamento impõe ao fabricante um dever de informar qualificado (art. 9° do CDC), cuja violação está prevista no § 1°, II, do art. 12 do CDC como hipótese de defeito do produto, que enseja a responsabilidade objetiva do fornecedor pelo evento danoso dele decorrente. 6. O ordenamento jurídico não exige que os medicamentos sejam fabricados com garantia de segurança absoluta, até porque se trata de uma atividade de risco permitido, mas exige que garantam a segurança legitimamente esperável, tolerando os riscos considerados normais e previsíveis em decorrência de sua natureza e fruição, desde que o consumidor receba as informações necessárias e adequadas a seu respeito (art. 8° do CDC). 7. O fato de o uso de um medicamento causar efeitos colaterais ou reações adversas, por si só, não configura defeito do produto se o usuário foi prévia e devidamente informado e advertido sobre tais riscos inerentes, de modo a poder decidir, de forma livre, refletida e consciente, sobre o tratamento que lhe é prescrito, além de ter a possibilidade de mitigar eventuais danos que venham a ocorrer em função dele. 8. O risco do desenvolvimento, entendido como aquele que não podia ser conhecido ou evitado no momento em que o medicamento foi colocado em circulação, constitui defeito existente desde o momento da concepção do produto, embora não perceptível a priori, caracterizando, pois, hipótese de fortuito interno. 9. Embora a bula seja o mais importante documento sanitário de veiculação de informações técnico-científicas e orientadoras sobre um medicamento, não pode o fabricante se aproveitar da tramitação administrativa do pedido de atualização junto a Anvisa para se eximir do dever de dar, prontamente, amplo conhecimento ao público – pacientes e profissionais da área de saúde –, por qualquer outro meio de comunicação, dos riscos inerentes ao uso do remédio que fez circular no mercado de consumo. 10. Hipótese em que o desconhecimento quanto à possibilidade de desenvolvimento do jogo patológico como reação adversa ao uso do medicamento SIFROL subtraiu da paciente a capacidade de relacionar, de imediato, o transtorno mental e comportamental de controle do impulso ao tratamento médico ao qual estava sendo submetida, sobretudo por se tratar de um efeito absolutamente anormal e imprevisível para a consumidora leiga e desinformada, especialmente para a consumidora portadora de doença de Parkinson, como na espécie. 11. De um lado, a culpa concorrente do consumidor não está elencada dentre as hipóteses

2. O CASO SIFROL JULGADO PELO STJ. RISCOS DO DESENVOLVIMENTO ENTENDIDOS COMO FORTUITO INTERNO

O caso versava sobre uma consumidora do Rio Grande do Sul que, em 1997, foi diagnosticada como portadora do Mal de Parkinson. Como forma de tratamento foi indicado o uso do medicamento SIFROL, fabricado e comercializado, com exclusividade, pela Boehringer Ingelheim do Brasil Química e Farmacêutica Ltda. Segundo narrado nos autos do processo, porém, no período de julho de 2001 a setembro de 2003, enquanto a consumidora fazia uso do produto, ela também desenvolveu uma "compulsão para o jogo", a qual cessou após a suspensão dessa medicação.

A sentença prolatada julgou improcedentes os pedidos de reparação dos danos extrapatrimoniais e de indenização dos danos materiais. A apelação da autora foi, porém, provida pelo TJRS, tendo sido determinada a indenização dos danos *materiais*, na espécie "danos emergentes", no montante de R$ 524.760,89 e também a reparação dos danos *extrapatrimoniais* no valor de R$ 20.000,00. O fundamento utilizado pelo TJRS foi o disposto no art. 927, parágrafo único, do Código Civil, tendo, igualmente, sido destacado que os valores estabelecidos pelo tribunal local decorreram do reconhecimento da "culpa concorrente" da vítima, a qual se revelava em uma superdosagem do SIFROL, "bem como o seu emprego com o CRONOMET". De fato, na visão do TJRS, a vítima teria "contrariado a prescrição farmacêutica de uso" do SIFROL. Esta apontada *culpa concorrente* acarretou uma redução de "45% dos danos efetivamente suportados pela parte autora".[17]

As duas partes interpuseram recursos especiais para o STJ, tendo sido desde logo admitido o recurso do réu e inadmitido o da autora. Esta veio a falecer, mas o agravo interposto foi provido para determinar a sua conversão em recurso especial, sendo parte, doravante, o espólio da falecida consumidora. No julgamento dos recursos pela Terceira Turma do STJ houve o desprovimento do recurso interposto pelo réu e o provimento parcial do recurso interposto pelo espólio, justamente para que se afastasse a "culpa concorrente" da autora, uma vez que, na visão do Tribunal Superior, a situação narrada configura, em verdade, uma violação ao art. 12 do CDC, ou seja, uma hipótese de responsabilidade civil objetiva do fabricante por *fato do produto*, tendo a consumidora feito uso do produto segundo a dosagem prescrita por sua médica, não tendo ingerido, "por conta própria, dosagem superior à recomendada pelo laboratório ou à prescrita por sua médica".[18]

---

que excluem a responsabilidade do fabricante, previstas no rol do § 3º do art. 12 do CDC; de outro lado, a responsabilidade por eventual superdosagem ou interação medicamentosa não pode recair sobre o paciente que ingere a dose prescrita por seu médico, considerando, sobretudo, a sua vulnerabilidade técnica enquanto consumidor. (...)".

O acórdão foi publicado no DJe em 18 maio 2020.

17. Para uma aprofundada análise da decisão do TJRS é recomendada a leitura de WESENDONCK, Tula. "A Responsabilidade Civil pelos danos decorrentes dos riscos do desenvolvimento do medicamento Sifrol", In: *Revista de Direito do Consumidor*, São Paulo, v. 123, p. 161-183, maio-jun. 2019.

18. Dispõe o art. 12, *caput*, do CDC: "Art. 12. O fabricante, o produtor, o construtor, nacional ou estrangeiro, e o importador respondem, independentemente da existência de culpa, pela reparação dos danos causados

Na fundamentação de seu voto a Ministra Relatora inicialmente recorda que a Organização Mundial da Saúde (OMS) considera o "jogo patológico" como uma "doença" e que uma "simples pesquisa na rede mundial de computadores revela a existência de diversos estudos científicos sobre a possível relação do uso de agonistas da dopamina (como o Sifrol), prescritos para o tratamento da doença de Parkinson, com o desenvolvimento de jogo patológico pelos pacientes". Recorda, ainda, que em 14/12/2007 a ANVISA emitiu um alerta destacando a possível relação entre o uso de medicamentos para o tratamento do Mal de Parkinson e as Desordens do Controle do Impulso.

A seguir, a Ministra Nancy Andrighi entende ser fato *incontroverso*, no caso concreto submetido a julgamento, que o jogo patológico foi reconhecido como um dos efeitos colaterais do uso do SIFROL, muito embora o laboratório réu *não* tenha feito constar da bula deste medicamento referido efeito. Esse alerta só teria sido inserido *posteriormente* ao início do tratamento da autora, o que caracterizaria o caráter *defeituoso* do produto por infração do "dever de informar".

Aqui se encontra a questão central do julgado, uma vez que o laboratório argumenta que a bula já trazia, de todo modo, um alerta de que se tratava de "medicamento novo" e que poderiam ocorrer "reações adversas imprevisíveis ainda não descritas ou conhecidas", tendo, ainda, seguido "todas as regras farmacovigilância do setor" e adotado "os trâmites legais da ANVISA para a atualização da bula do SIFROL".

Referida argumentação é, realmente, decisiva para que se possa enquadrar a situação como verdadeira hipótese de *riscos do desenvolvimento*. Em verdade, se o laboratório tinha *ciência* dos riscos decorrentes do uso do produto e não informou os consumidores, estará patente a colocação no mercado de um produto *defeituoso*, nos termos do CDC (art. 12, § 1º), seja sob a espécie de "defeito de concepção", seja na modalidade "defeito de informação".[19] Em tal circunstância, não há espaço para que se possa invocar os chamados "riscos do desenvolvimento" como possível excludente da responsabilidade civil.

Contudo, caso o laboratório réu conseguisse demonstrar que, ao tempo da introdução do produto no mercado, não havia *nenhum estudo científico* que demonstrasse o nexo causal entre o uso do SIFROL e o "jogo patológico", estaria, em tese, presente a situação de "riscos do desenvolvimento". A Ministra Relatora, porém, rechaçou a

---

aos consumidores por defeitos decorrentes de projeto, fabricação, construção, montagem, fórmulas, manipulação, apresentação ou acondicionamento de seus produtos, bem como por informações insuficientes ou inadequadas sobre sua utilização e riscos".

Por ter afastado a *culpa concorrente* da consumidora o Tribunal da Cidadania também majorou a reparação do dano *extrapatrimonial* para R$ 30 mil.

19. Recorde-se o disposto no art. 12, § 1º, do CDC: "§ 1º O produto é defeituoso quando não oferece a segurança que dele legitimamente se espera, levando-se em consideração as circunstâncias relevantes, entre as quais: I – sua apresentação; II – o uso e os riscos que razoavelmente dele se esperam; III – a época em que foi colocado em circulação". Sobre as espécies de *defeitos* dos produtos já se escreveu em outra sede (CALIXTO, Marcelo Junqueira. *A Responsabilidade Civil*, cit., p. 141-143).

possibilidade de se invocar os riscos do desenvolvimento como uma excludente da responsabilidade, tratando tal situação, ao contrário, como uma hipótese de *fortuito interno* gerador da responsabilidade civil do fabricante. Afirma, de fato, a Ministra Nancy Andrighi em seu voto condutor do julgamento:

> Ainda que se pudesse cogitar de risco do desenvolvimento, entendido como aquele que não podia ser conhecido ou evitado no momento em que o medicamento foi colocado em circulação, tratar-se-ia de *defeito* existente desde o momento da *concepção* do produto, embora não perceptível a priori, caracterizando, pois, hipótese de *fortuito interno* (grifou-se).

Tal afirmação, embora feita em um recurso não submetido ao rito dos "recursos repetitivos", representa um importante precedente que tende a ser seguido pelos demais Tribunais inferiores e que coloca o Brasil entre os países que *não* reconhecem os *riscos do desenvolvimento* como uma *excludente* da responsabilidade civil do fornecedor de produtos.[20] Representa, assim, um sopro de esperança em meio a tantas incertezas que são observadas, especialmente, na indústria farmacêutica.

3. A FABRICAÇÃO DE VACINAS CONTRA O CORONAVÍRUS E A TRANSFERÊNCIA DE RESPONSABILIDADE AOS PAÍSES ADQUIRENTES

De fato, considerando o cenário de pandemia causado pelo novo coronavírus, pode-se dizer que houve uma *corrida mundial* pela vacinação da população e, ao final de um curto período de testes, tornou-se possível a produção, em larga escala, de diversos imunizantes. O risco, porém, de efeitos adversos decorrentes da vacinação parece também potencializado pela rapidez com que foram feitos os ensaios clínicos que resultaram na produção e comercialização mundial das vacinas.

Não é por outra razão que os fabricantes de referido produto têm procurado transferir para os *países* adquirentes a *responsabilidade* pelos eventuais *danos* decorrentes do seu emprego na população. Passa, assim, a haver uma escolha entre não ter acesso a certas espécies de vacinas ou, assumindo o risco, permitir que uma quantidade maior de imunizantes possa, efetivamente, ser entregue à população.

O Brasil, recentemente, optou pela segunda alternativa, editando a Lei 14.125, de 10 de março de 2021, a qual "dispõe sobre a responsabilidade civil relativa a eventos adversos pós-vacinação contra a Covid-19 e sobre a aquisição e distribuição de vacinas por pessoas jurídicas de direito privado". Por força deste diploma os entes federativos ficam "autorizadas a adquirir vacinas e a *assumir os riscos referentes à responsabilidade civil, nos termos do instrumento de aquisição ou fornecimento de vacinas celebrado*, em relação a *eventos adversos pós-vacinação*, desde que a Agência Nacional de Vigilância Sanitária (Anvisa) tenha concedido o respectivo registro ou autorização

---

20. O mesmo tratamento se observa, por exemplo, em países como a Alemanha e a Espanha, como recorda POLETTO, Carlos Eduardo Minozzo. "Considerações acerca da responsabilização do produtor pelos danos decorrentes dos efeitos colaterais do Sifrol". In: *Revista de Direito do Consumidor*, São Paulo, v. 131, p. 297-321, set.-out. 2020.

temporária de uso emergencial" (art. 1º, *caput*; original não grifado). Além disso, também se prevê que estes mesmos entes federativos possam "constituir garantias ou contratar seguro privado, nacional ou internacional, em uma ou mais apólices, para a cobertura dos riscos de que trata o caput deste artigo" (art. 1º, § 1º).

O que se busca, em suma, é uma *definição* acerca de quem deverá assumir os riscos *desconhecidos* e *conexos* ao uso do produto. São, em suma, os riscos que só o *desenvolvimento científico* será capaz de, eventualmente, confirmar, justamente o que já foi tratado aqui sob a rubrica dos *riscos do desenvolvimento*.

Nesse sentido, é interessante observar que a mesma Lei 14.125/2021 também prevê que o "Poder Executivo federal poderá instituir *procedimento administrativo próprio* para a avaliação de *demandas* relacionadas a eventos adversos pós-vacinação" (art. 3º), dispositivo ainda não regulamentado. De todo modo, tal previsão normativa já denota uma tomada de posição em favor da apontada *socialização* do *risco*, tal como observado em relação à Talidomida, não se adotando, assim, o entendimento consagrado pelo STJ no precedente citado, o qual, como visto, reconhece a responsabilidade civil do próprio *fabricante* do produto *defeituoso*.

4. REFERÊNCIAS BIBLIOGRÁFICAS

BENJAMIN, Antônio Herman de Vasconcelos et al. *Comentários ao Código de Proteção do Consumidor.* São Paulo: Saraiva, 1991.

CALIXTO, Marcelo Junqueira. *A responsabilidade civil do fornecedor de produtos pelos riscos do desenvolvimento.* Rio de Janeiro: Renovar, 2004.

CALIXTO, Marcelo Junqueira. "O art. 931 do código civil de 2002 e os riscos do desenvolvimento". In: *Revista Trimestral de Direito Civil – RTDC,* Rio de Janeiro, v. 21, 2005.

CALIXTO, Marcelo Junqueira. "Reflexões em torno do conceito de obrigação, seus elementos e suas fontes". In: *Obrigações:* estudos na perspectiva civil-constitucional. Rio de Janeiro: Renovar, 2005.

CATALAN, Marcos. "Notas acerca do desenvolvimento tecnológico e do dever de reparar danos ignorados no desvelar do processo produtivo". In: STAUT JÚNIOR, Sérgio Said (Org.). *Estudos em Direito Privado*: uma homenagem ao prof. Luiz Carlos Souza de Oliveira. Curitiba: Luiz Carlos Centro de Estudos Jurídicos, 2014.

CAVALIERI FILHO, Sérgio. "Responsabilidade civil por danos causados por remédios". São Paulo, 29, jan.-mar. de 1999.

CORDEIRO, António Manuel da Rocha e Menezes. *A boa-fé no direito civil.* Lisboa: Almedina, 2001.

GLITZ, Frederico Eduardo e MILANI, Juliane Teixeira. "Anotações sobre o risco de desenvolvimento: análise do caso da Talidomida". In: *Revista Luso-Brasileira de Direito do Consumo,* v. V, Curitiba, n. 17, mar. 2015.

MARTINS-COSTA, Judith. *A boa-fé no Direito Privado*: Critérios para sua aplicação. 2. ed. São Paulo: Saraiva, 2018.

MIRAGEM, Bruno. *Direito civil*: direito das obrigações. 2. ed. São Paulo: Saraiva, 2018.

MIRAGEM, Bruno. *Responsabilidade civil.* 2. ed. Rio de Janeiro: Forense, 2021.

NEVES, José Roberto de Castro. *Direito das obrigações,* 7. ed. Rio de Janeiro: GZ, 2017.

PEREIRA, Caio Mário da Silva. *Instituições de Direito Civil*, 29. ed. atualizada por Guilherme Calmon Nogueira da Gama. Rio de Janeiro: Forense, 2017. v. 2.

PEREIRA, Paula Moura Francesconi de Lemos. *Responsabilidade Civil nos Ensaios Clínicos*. Indaiatuba: Foco, 2019.

POLETTO, Carlos Eduardo Minozzo. "Considerações acerca da responsabilização do produtor pelos danos decorrentes dos efeitos colaterais do Sifrol". In: *Revista de Direito do Consumidor*, São Paulo, v. 131, p. 297-321, set-out de 2020.

SCHREIBER. Anderson. *A proibição de comportamento contraditório:* tutela da confiança e venire contra factum proprium, 4. ed. São Paulo: Atlas, 2006.

SCHREIBER. Anderson. *Manual de Direito Civil contemporâneo*. 3. ed. São Paulo: Saraiva, 2020.

SCHREIBER. Anderson; TARTUCE, Flávio; SIMÃO, José Fernando; MELO, Marco Aurélio Bezerra de; DELGADO, Mário Luiz. *Código Civil comentado:* doutrina e jurisprudência, 2. ed. Rio de Janeiro: Forense, 2020.

SILVA, João Calvão da. *Responsabilidade Civil do produtor.* Coimbra: Almedina, 1990.

SILVA, Luiz Augusto da; KROETZ, Maria Cândida. "Um Prometeu 'Pós-Moderno?' Sobre desenvolvimento, riscos e a responsabilidade civil nas relações de consumo". In: *Revista Brasileira de Direito Civil*, v. 09, jul.-set. de 2016.

SILVA, Clóvis V. do Couto e. *A obrigação como processo*. São Paulo: José Bushatsky, 1976.

TARTUCE, Flávio. *Direito Civil*. 15. ed. Rio de Janeiro, Forense, 2020. v. 3.

TARTUCE, Flávio. *Responsabilidade Civil*. 2. ed. Rio de Janeiro: Forense, 2020.

TEPEDINO, Gustavo. "A Responsabilidade Médica na Experiência Brasileira Contemporânea. In: *Revista Trimestral de Direito Civil*, Rio de Janeiro, v. 02, abr.-jun. de 2000.

TEPEDINO, Gustavo; BANDEIRA, Paula Greco. *Fundamentos do Direito Civil, v. 3*: contratos. Rio de Janeiro: Forense, 2020.

TEPEDINO, Gustavo; KONDER, Carlos Nélson. *Fundamentos do Direito Civil, v. 3*: contratos. Rio de Janeiro: Forense, 2020.

WESENDONK, Tula. "A responsabilidade civil pelos riscos do desenvolvimento: evolução histórica e disciplina no Direito Comparado". In: *Direito e Justiça – Revista de Direito da PUC/RS*, Porto Alegre, v. 38, jul.-dez. 2012.

A RESPONSABILIDADE CIVIL PELOS RISCOS DO DESENVOLVIMENTO NAS RELAÇÕES DE CONSUMO E O CONTEXTO DA PANDEMIA COVID-19

Caroline Vaz

Doutora em Direito pela Universidade de Zaragoza.

Promotora de Justiça MPRS.

Sumário: 1. Contextualização do risco na sociedade contemporânea; 1.1 O paradoxo desenvolvimento/risco; 1.2 Definição dos riscos do desenvolvimento – 2. Riscos do desenvolvimento nas relações de consumo – 3. As reflexões sobre a responsabilidade pelos riscos do desenvolvimento no CDC e as vacinas contra a Covid-19; 3.1 Responsabilidade civil no CDC e direitos fundamentais; 3.2 As vacinas contra a Covid-19 e a aplicação da responsabilidade civil do CDC – 4. Considerações finais – 5. Referências bibliográficas.

1. CONTEXTUALIZAÇÃO DO RISCO NA SOCIEDADE CONTEMPORÂNEA

1.1 O paradoxo desenvolvimento/risco

Dentre tantas consequências dos avanços tecnológicos algumas afetam prejudicialmente os seres humanos nos seus direitos mais elementares, como a saúde e a própria vida. Não se desconhecem, por outro lado, os reflexos positivos que as novas descobertas científicas trazem à sociedade, mas o paradoxo desenvolvimento/danos tem sido constante.

Essa realidade gera tamanha incerteza que a sociedade resta por vezes incrédula quando submetida a experimentar novos medicamentos, substâncias ou tratamentos que podem ser considerados benéficos para a cura de doenças ou para a melhoria da qualidade de vida.

É certo também que tais avanços não se descolam do contexto de risco no qual estamos inseridos no atual quadrante histórico e, nesse sentido, "a gestão dos riscos passou a ser uma das preocupações de governos e agências internacionais desde o século XX. Porém, nem sempre as ações se orientam sobre uma matriz reflexiva, que aponte as diferentes interpretações sobre o risco e suas causas", como afirmam Zanirato, Ramires, Amicci, Zulimar e Ribeiro.[1]

---

1. ZANIRATO, Silvia Helena et al. Sentidos do risco: interpretações teóricas. *Biblio 3W,* Revista Bibliográfica de Geografía y Ciencias Sociales, Barcelona, v. 13, n; 785, 25 mayo 2008. Disponível em: http://www.ub.es/geocrit/b3w-785.htm.

Assim, importante partir da análise do risco para que se possa compreender seus contornos e abordagens jurídicas, para além da econômica, social entre outras que permeiam o interesse no tema.

Segundo Rafaelli Di Giorgi, "a análise do risco na sociedade contemporânea pode ter a função de racionalizar o medo [...] o tema do risco tornou-se objeto de interesse e preocupação da opinião púbica quando o problema da ameaça ecológica permitiu a compreensão de que a sociedade produziria tecnologias que poderiam acarretar danos incontroláveis".[2]

O mesmo autor traz duas alternativas de tratamento do risco, segundo ele, consequência da verificação de que a segurança é um artefato em que não se pode confiar. A primeira seria

> tratar o risco como uma condição existencial, o resultado de uma condenação à liberdade, que explicava a insegurança como o reflexo de caráter arriscado da existência. [...] a outra trata da hipótese da segunda modernidade, também chamada de contra-modernidade ou sociedade de risco. [...] a sociedade sob o domínio absoluto da modernização da indústria [...] esta sociedade começa aí onde falham pela sua incapacidade de controlar as ameaças que provêm das decisões. Tais ameaças são de natureza ecológica, tecnológica, política, e as decisões são resultado de relações que derivam da racionalidade universal.[3]

Di Giorgi arremata concluindo que "o risco não é nem uma condição existencial do homem, muito menos a categoria ontológica de sociedade moderna [...] é uma modalidade de relação com o futuro: é uma forma de determinação das indeterminações segundo a diferença de probabilidade/improbabilidade".[4]

Por essa abordagem, compreende-se o fenômeno como algo real, que faz parte da própria existência humana. Contudo, Ortwin Renn esclarece que pode ter uma heterogeneidade de sentidos. Para melhor compreendê-lo há que se fazer uma análise sistemática de seus variados significados, sendo que explica o risco na perspectiva técnico-científica e cultural. Segundo ele, "as análises técnicas são compreendidas como espelho da relação entre observação e realidade e não consideram que as causas dos danos e a magnitude das consequências sejam ambas mediadas pelas experiências e interações sociais."[5]

Assim, os aspectos que refletem na saúde da sociedade, notadamente em relação aos consumidores no momento de fazerem suas escolhas ao comprar um produto ou contratar um serviço, merecem reflexões e debates não só no universo jurídico.

---

2. DI GIORGI, Raffaele. *Direito, democracia e risco*: vínculo com o futuro. Porto Alegre: Fabris, 1998. p. 194.
3. DI GIORGI, 1998, p. 196.
4. Ibid., p. 197.
5. RENN, Ortwin. Concepts of risk. In: KRIMSKY, S., GOLDING, D. (Eds.). *Social theories of risk*. Westport: Praeger, 1992. p. 61.

1.2 Definição dos riscos do desenvolvimento

Sob o foco científico os riscos do desenvolvimento podem ser definidos como "aqueles riscos não cognoscíveis pelo mais avançado estado da ciência e da técnica no momento da introdução do produto no mercado de consumo e que só vem a ser descobertos após um período de uso do produto, em decorrência do avanço nos estudos científicos."[6]

Em se tratando de medicamentos, esses riscos ocorrem em produtos, que possuindo um defeito indetectável na data em que foi fabricado ou colocado em circulação, provoca danos a terceiros. Por isso, é comum a afirmação de que os riscos do desenvolvimento demonstram a ocorrência de danos tardios, já que somente em um momento posterior, com o desenvolvimento dos conhecimentos técnicos e científicos, é que se torna possível determinar que o produto é defeituoso.[7]

A responsabilidade civil por eventuais danos ocorridos nesse contexto é tema debatido e ainda controvertido, já que diante da incerteza das consequências e, por outro lado, da necessidade do avanço científico para a proteção dos interesses indisponíveis restam arestas jurídicas, políticas e sociais a serem observadas.

Outro prisma relevante para análise diz respeito às relações de consumo, quando os consumidores precisam, com base na autonomia da vontade, eleger qual produto, dentre diversos semelhantes, inclusive medicamentos, irão adquirir e não raras vezes também passam a serem vítimas de danos à saúde ou à própria vida.

No Brasil, havendo o vício ou fato do produto, existirá a possibilidade de reparação de danos, nos termos dos artigos 12 e 14 da Lei 8.072/90 (Código de Defesa do Consumidor). Mas onde e quando afinal incidem as referidas normas consumeristas em se tratando de riscos do desenvolvimento? Essa pergunta ainda não encontra resposta uníssona na doutrina brasileira.

2. RISCOS DO DESENVOLVIMENTO NAS RELAÇÕES DE CONSUMO

Em que pesem as diferentes conotações de riscos globalizados, os que interessam como marco teórico para este artigo, partindo da conceituação de Beck, são aqueles diretamente relacionados ao homem em decorrência do processo produtivo, especificamente aos medicamentos adquiridos pelos destinatários finais (consumidores), colocados à disposição destes pelos fornecedores, nos termos dos artigos 2º e 3º do CDC.

Conforme Goldim, o Bioethics Thesaurus, que é um instrumento de pesquisa para todos os campos da Bioética, caracteriza risco como sendo a probabilidade de

---

6. CALIXTO, Marcelo Junqueira. *A responsabilidade civil do fornecedor de produtos pelos riscos do desenvolvimento*. Rio de Janeiro: Renovar, 2004. p. 176.

7. WESENDONCK, Tula. *A responsabilidade civil pelos riscos do desenvolvimento*: evolução histórica e disciplina no direito comparado. Porto Alegre: Direito & Justiça, 2012. p. 214.

ocorrência de um evento desfavorável. Cox caracteriza risco em saúde como sendo o perigo potencial de ocorrer uma reação adversa à saúde das pessoas expostas a ele.[8] Aduz, ainda,

> Risco, de acordo com a Resolução CNS196/96, é a possibilidade de danos à dimensão física, psíquica, moral, intelectual, social, cultural ou espiritual do ser humano, em qualquer fase de uma pesquisa e dela decorrente. Caberia distinguir a noção de risco processo de risco produto. Risco processo é aquele a que estão expostos os participantes de uma pesquisa, os próprios pesquisadores e os trabalhadores envolvidos, é aquele risco que ocorre ao longo do projeto. Risco produto é o risco decorrente do projeto, é aquele que atinge a sociedade de forma indistinta. É o risco que resulta dos rejeitos ou de outras formas de contaminação ambiental, por exemplo. O risco natural, ou seja, aquele que o paciente já possui, deve ser diferenciado do risco criado, ou construído, segundo Giddens, por um procedimento diagnóstico ou terapêutico ou por uma intervenção de pesquisa.[9]

No que tange à responsabilidade civil, alguns países adotam posições mais ortodoxas, outros uma posição intermediária quando o foco são os riscos do desenvolvimento, atribuindo esta a fornecedores de certos produtos, exonerando os demais, como é o exemplo da Alemanha, da Espanha e da França.[10]

Na Alemanha, atribui-se a responsabilidade pelos riscos do desenvolvimento ao fornecedor de medicamentos. Na Espanha há a responsabilidade do fornecedor de medicamentos e do fornecedor de gêneros alimentícios para produtos destinados ao consumo humano.[11] Na França, a responsabilidade pelos riscos do desenvolvimento se impõe no que se refere aos produtos derivados do corpo humano.[12]

No Brasil, temos o artigo 931 do Código Civil (Lei 10.406/02) que estabelece: "Ressalvados outros casos previstos em lei especial, os empresários individuais e as empresas respondem independentemente de culpa pelos danos causados pelos produtos postos em circulação". Ou seja, permite a responsabilidade em caso tipificado e específico.

Já o artigo 12, § 3º, do Código de Defesa do Consumidor, somente exonera o fabricante, o produtor, o construtor, nacional ou estrangeiro, e o importador quando provarem que não colocaram o produto no mercado, ou que, embora tenham colocado o defeito inexistia, ou ainda, em caso de culpa exclusiva do consumidor ou de terceiros.

---

8. GOLDIM, José Roberto. *Risco*. Disponível em: http://www.bioetica.ufrgs.br/risco.htm. Acesso em: 12 ago. 2021.
9. Id.
10. WESENDONCK, Tula. *A responsabilidade civil pelos riscos do desenvolvimento*: evolução histórica e disciplina no direito comparado. Porto Alegre: Direito & Justiça, 2012. p. 221.
11. CALIXTO, Marcelo Junqueira. O art. 931 do Código Civil de 2002 e os riscos do desenvolvimento. *Revista Trimestral de Direito Civil*, Rio de Janeiro: Padma, v. 6, 2005. p. 81.
12. SILVERIA, Diana Montenegro da. *Responsabilidade civil por danos causados por medicamentos defeituosos*. Coimbra: Editora Coimbra, 2010. p. 240.

Portanto, não há previsão expressa dos riscos do desenvolvimento como excludente de responsabilidade para as relações de consumo, deixando a legislação aberta para ter seu reconhecimento viabilizado.

Por outro lado, pela 3ª Turma do Superior Tribunal de Justiça, o julgamento do Recurso Especial 1.774.372/RS, da lavra da relatora Nancy Andrighi[13] trata de uma referência jurisprudencial para o encaminhamento de situações que envolvam os riscos do desenvolvimento.

Uma consumidora do Rio Grande do Sul que, em 1997, foi diagnosticada como portadora do mal de Parkinson. Como forma de tratamento foi indicado o uso do medicamento Sifrol, fabricado e comercializado, com exclusividade, pela Boehringer Ingelheim do Brasil Química e Farmacêutica Ltda. Segundo narrado nos autos do processo, porém, no período de julho de 2001 a setembro de 2003, enquanto a consumidora fazia uso do produto, ela também desenvolveu uma "compulsão para o jogo", a qual cessou após a suspensão dessa medicação, caso esse que foi bem analisado por Tula Wesendonck.[14]

Refere a jurista que a sentença julgou improcedentes os pedidos de reparação dos danos extrapatrimoniais e de indenização dos danos materiais. A apelação da

---

13. Da decisão destaca-se o trecho mais relevante: "(...) 5) O risco inerente ao medicamento impõe ao fabricante um dever de informar qualificado (artigo 9º do CDC), cuja violação está prevista no §1º, II, do artigo 12 do CDC como hipótese de defeito do produto, que enseja a responsabilidade objetiva do fornecedor pelo evento danoso dele decorrente. 6) O ordenamento jurídico não exige que os medicamentos sejam fabricados com garantia de segurança absoluta, até porque se trata de uma atividade de risco permitido, mas exige que garantam a segurança legitimamente esperável, tolerando os riscos considerados normais e previsíveis em decorrência de sua natureza e fruição, desde que o consumidor receba as informações necessárias e adequadas a seu respeito (artigo 8º do CDC). 7) O fato de o uso de um medicamento causar efeitos colaterais ou reações adversas, por si só, não configura defeito do produto se o usuário foi prévia e devidamente informado e advertido sobre tais riscos inerentes, de modo a poder decidir, de forma livre, refletida e consciente, sobre o tratamento que lhe é prescrito, além de ter a possibilidade de mitigar eventuais danos que venham a ocorrer em função dele. 8) O risco do desenvolvimento, entendido como aquele que não podia ser conhecido ou evitado no momento em que o medicamento foi colocado em circulação, constitui defeito existente desde o momento da concepção do produto, embora não perceptível a priori, caracterizando, pois, hipótese de fortuito interno. 9) Embora a bula seja o mais importante documento sanitário de veiculação de informações técnico-científicas e orientadoras sobre um medicamento, não pode o fabricante se aproveitar da tramitação administrativa do pedido de atualização junto a Anvisa para se eximir do dever de dar, prontamente, amplo conhecimento ao público – pacientes e profissionais da área de saúde – por qualquer outro meio de comunicação, dos riscos inerentes ao uso do remédio que fez circular no mercado de consumo. 10) Hipótese em que o desconhecimento quanto à possibilidade de desenvolvimento do jogo patológico como reação adversa ao uso do medicamento Sifrol subtraiu da paciente a capacidade de relacionar, de imediato, o transtorno mental e comportamental de controle do impulso ao tratamento médico ao qual estava sendo submetida, sobretudo por se tratar de um efeito absolutamente anormal e imprevisível para a consumidora leiga e desinformada, especialmente para a consumidora portadora de doença de Parkinson, como na espécie. 11) De um lado, a culpa concorrente do consumidor não está elencada dentre as hipóteses que excluem a responsabilidade do fabricante, previstas no rol do §3º do artigo 12 do CDC; de outro lado, a responsabilidade por eventual superdosagem ou interação medicamentosa não pode recair sobre o paciente que ingere a dose prescrita por seu médico, considerando, sobretudo, a sua vulnerabilidade técnica enquanto consumidor. (...)". Disponível em: https://stj.jusbrasil.com.br/jurisprudencia/888883986/recurso-especial-ag-no-resp-1774372-rs-2018-0272691-3.

14. Tula WESENDONCK, "A Responsabilidade Civil pelos danos decorrentes dos riscos do desenvolvimento do medicamento Sifrol". In: *Revista de Direito do Consumidor*, São Paulo, v. 123, maio-jun. 2019. p. 161-183.

autora foi, porém, provida pelo TJ-RS, tendo sido determinada a indenização dos danos materiais, na espécie "danos emergentes", no montante de R$ 524.760,89, e também a reparação dos danos extrapatrimoniais no valor de R$ 20 mil. O fundamento utilizado pelo TJ-RS foi o disposto no artigo 927, parágrafo único, do Código Civil, tendo, igualmente, sido destacado que os valores estabelecidos pelo tribunal local decorreram do reconhecimento da "culpa concorrente" da vítima, a qual decorreria de uma superdosagem do Sifrol, "bem como o seu emprego com o Cronomet". De fato, na visão do TJ-RS, a vítima teria "contrariado a prescrição farmacêutica de uso" do Sifrol. Esta apontada *culpa concorrente* acarretou uma redução de "45% dos danos efetivamente suportados pela parte autora".

As partes interpuseram recursos especiais para o STJ, admitido o recurso do réu e inadmitido o da autora. Esta veio a falecer, mas o agravo interposto foi provido para determinar a sua conversão em recurso especial, sendo parte, doravante, o espólio da falecida consumidora. No julgamento dos recursos pela 3ª Turma do STJ houve o desprovimento do recurso interposto pelo réu e o provimento parcial do recurso interposto pelo espólio, justamente para que se afastasse a "culpa concorrente" da autora, uma vez que, na visão do tribunal superior, a situação narrada configura, em verdade, uma violação ao artigo 12 do CDC, ou seja, uma hipótese de responsabilidade civil objetiva do fabricante, tendo a consumidora feito uso do produto segundo a dosagem prescrita por sua médica, não tendo ingerido, "por conta própria, dosagem superior à recomendada pelo laboratório ou à prescrita por sua médica".

A relatora destaca que a Organização Mundial da Saúde (OMS) considera o "jogo patológico" como uma "doença" e que uma "simples pesquisa na rede mundial de computadores revela a existência de diversos estudos científicos sobre a possível relação do uso de agonistas da dopamina (como o Sifrol), prescritos para o tratamento da doença de Parkinson, com o desenvolvimento de jogo patológico pelos pacientes". Recorda, ainda, que em 14/12/2007 a Anvisa emitiu um alerta destacando a possível relação entre o uso de medicamentos para o tratamento do mal de Parkinson e as desordens do controle do impulso.

A seguir, a ministra Nancy Andrighi entende ser fato incontroverso, no caso concreto submetido a julgamento, que o jogo patológico foi reconhecido como um dos efeitos colaterais do uso do Sifrol, muito embora o laboratório réu não tenha feito constar da bula desse medicamento referido efeito. Esse alerta só teria sido inserido *posteriormente* ao início do tratamento da autora, o que caracterizaria o caráter *defeituoso* do produto por infração do "dever de informar".[15]

---

15. Segundo o Ministro do Superior Tribunal de Justiça Humberto Martins o direito à informação está diretamente relacionado com a liberdade de escolha daquele que consome (EREsp 1.515.895). Ele explicou que a autodeterminação do consumidor depende essencialmente da informação que lhe é transmitida, pois esse é um dos meios de formar a opinião e produzir a tomada de decisão a respeito do que é consumido. "Mais do que obrigação decorrente de lei, o dever de informar é uma forma de cooperação, uma necessidade social. Na atividade de fomento ao consumo e na cadeia fornecedora, o dever de informar tornou-se autêntico ônus proativo incumbido aos fornecedores (parceiros comerciais, ou não, do consumidor), pondo fim à

No plano fático, outros precedentes históricos bem ilustram os impactos dos riscos do desenvolvimento aos consumidores decorrentes de produtos colocados em circulação pelos fornecedores[16] os quais, depois de alguns anos, foram detectados como prejudiciais à saúde e à vida de quem os utilizou.

O caso mais citado ainda é o do remédio Talidomida Contergam, usado como anti-inflamatório e sedativo, que ingerido por mulheres grávidas, acarretou o nascimento de crianças com ausência de membros ou má-formação do nascituro, bem como o anticolesterol MER-29, distribuído nos EUA entre 1959 e 1962 que ocasionou cegueira e graves problemas de catarata em algumas pessoas que o utilizaram.[17]

A vacina Salk, contra a poliomielite, que por um defeito na concepção acabou provocando a doença em centenas de crianças na Califórnia. Também por defeito na concepção, em 1972 o talco Morhange causou intoxicação em várias crianças na França, inclusive levando à morte.[18]

Entre a década de 50 e 70 mais de duzentas mil mulheres foram tratadas com o medicamento DES (ditilstilbestrol) que era composto de estrógeno para evitar aborto ou parto prematuro. Depois que as crianças nasceram, começou a se investigar uma ligação entre o uso do medicamento e o aparecimento de câncer de mama nas mulheres que usaram o medicamento e danos na segunda e terceira geração dessas mulheres quando possível identificar, nas filhas, câncer vaginal e malformação no útero, enquanto nos filhos, perceberam-se malformações genitais, câncer de testículo, infertilidade, menos quantidade de esperma e danos cromossômicos no esperma. Na terceira geração foram detectados danos cerebrais nos netos das mulheres que haviam tomado o medicamento.

Destaca-se o longo período para que os danos pudessem ser percebidos, já que somente foram vistos na adolescência ou fase adulta dos filhos das mulheres que usaram o medicamento. Além disso, acredita-se que ainda existe a possibilidade de que as próximas gerações venham a sofrer consequências.[19]

Na Espanha, em julho de 2001, foram registrados oitenta e dois casos de reações adversas depois do uso do medicamento Lipobay (anticolesterol que foi retirado do mercado pela Bayer por ter provocado morte de trinta e uma pessoas nos EUA). O uso do medicamento associado a outro medicamento anticolesterol com o princípio ativo gemfibrozilo causou insuficiência renal nos pacientes, tendo levado a morte

---

antiga e injusta obrigação que o consumidor tinha de se acautelar (*caveat emptor*)", refere Humberto Martins no julgamento do REsp 1.364.915. Disponível em: https://stj.jusbrasil.com.br/jurisprudencia/23323769/recurso-especial-resp-1364915-mg-2013-0021637-0-stj/relatorio-e-voto-23323771. Acesso em: 10 jun. 2021.

16. Sobre relações de consumo vide: MARQUES, Cláudia Lima. *Contratos no Código de Defesa do Consumidor*. 9. ed. São Paulo: Ed. RT, 2019.

17. Disponível em: https://saude.abril.com.br/blog/com-a-palavra/o-novo-escandalo-da-talidomida/. Acesso em: 10 set. 2021.

18. CAVALIERI FILHO, Sergio. *Responsabilidade civil por danos causados por remédios*. Disponível em: www.emerj.tjrj.jus.br. Acesso em: 20 jun. 2021.

19. WESENDONCK, Tula. *A responsabilidade civil pelos riscos do desenvolvimento*: evolução histórica e disciplina no direito comparado. Porto Alegre: Direito & Justiça, 2012. p. 217.

de seis pessoas no país e cem em todo o mundo.[20] Já em setembro de 2004 a empresa farmacêutica Merck, Sharp e Dohme retirou do mercado o medicamento Vioxx, que era indicado para alívio da osteoporose, artrite reumatoide e alívio da dor aguda. Como foram detectados casos de complicações cardiovasculares associadas ao uso de Vioxx, o laboratório decidiu retirar voluntariamente o produto do mercado. A estimativa é de que ele causou entre oitenta e oito mil e cento e quarenta e quatro acidentes cardiovasculares graves nos EUA desde 1999, dos quais quarenta e quatro por cento foram fatais.[21]

No plano internacional, a Comunidade Econômica Europeia por meio da Diretiva 85/374/CEE estabeleceu a responsabilidade decorrente de produtos defeituosos, objetivando orientar os países Estados-Membros quanto ao tema.

O artigo 1º da referida Diretiva responsabiliza o produtor quanto ao dano causado por um defeito no produto, conforme: "O produtor é responsável pelo dano causado por um defeito do seu produto".[22]

O direito europeu expressamente tratou como hipótese de excludente de responsabilidade por intermédio do artigo 7º, alínea "e" da Diretiva, os riscos do desenvolvimento, estabelecendo: "Artigo 7º. O produtor não é responsável nos termos da presente diretiva se provar: e) que o estado dos conhecimentos científicos e técnicos no momento da colocação em circulação do produto não lhe permitiu detectar a existência do defeito."[23]

Conforme ALABART, entre os países europeus tem prevalecido a exclusão da responsabilidade na hipótese de risco do desenvolvimento, podendo ser citados a Inglaterra, Irlanda, Portugal, Itália, Grécia, Dinamarca, Holanda, Áustria e Suécia. A Finlândia sempre responsabilizou o fornecedor e Luxemburgo também afastou a excludente. A Espanha, em regra, prevê a exclusão de responsabilidade, mas em dois setores relevantes, alimentos e medicamentos, estipula a responsabilidade do fornecedor.[24]

A Diretiva europeia 85/374/CEE foi a origem do artigo 12 do CDC que exigiu expressamente a existência de defeito de um produto para que fosse deflagrada a responsabilidade civil do fornecedor.[25]

---

20. WESENDONCK, Tula. *A responsabilidade civil pelos riscos do desenvolvimento*: evolução histórica e disciplina no direito comparado. Porto Alegre: Direito & Justiça, 2012. p. 217-218.

21. WESENDONCK, Tula. *A responsabilidade civil pelos riscos do desenvolvimento*: evolução histórica e disciplina no direito comparado. Porto Alegre: Direito & Justiça, 2012. p. 218.

22. Disponível em: https://op.europa.eu/en/publication-detail/-/publication/b21bef4e-b528-49e2-a0f9-142d-c503969a/language-pt.

23. Jornal Oficial das Comunidades Europeias. *Diretiva do Conselho 85/374*, p. 19. Disponível em: 31985L0374_PT.pdf.pt.pdf. Acesso em: 11 maio 2021.

24. CALIXTO, Marcelo Junqueira. *A responsabilidade civil do fornecedor de produtos pelos riscos do desenvolvimento*. Rio de Janeiro: Renovar, 2004. p. 187.

25. WESENDONCK, Tula. *A responsabilidade civil pelos riscos do desenvolvimento*: evolução histórica e disciplina no direito comparado. Porto Alegre: Direito & Justiça, 2012. p. 216.

Porém, comparando-se o regime do direito brasileiro e europeu, observa-se que o CDC é uma norma mais benéfica ao consumidor que a Diretiva 85/374/CEE ao dispor no art. 4º que cabe ao lesado a prova do dano, do defeito e do nexo causal entre o defeito e o dano. Isso porque o CDC não excluiu de forma expressa a viabilidade de responsabilização do fornecedor pelos riscos do desenvolvimento, [26] já a Diretiva exclui expressamente a responsabilidade do fornecedor na hipótese de riscos no desenvolvimento (art. 7º), mas admite a possibilidade de que os Estados derroguem a excludente.[27]

Desse modo, o posicionamento adotado pela Comunidade Econômica Europeia é, em regra, utilizar os riscos do desenvolvimento como uma excludente de responsabilidade, entretanto, qualquer Estado-membro pode legislar ao contrário, prevendo notadamente a responsabilização do produtor,[28] disciplina essa que não está presente na legislação consumerista.

3. AS REFLEXÕES SOBRE A RESPONSABILIDADE PELOS RISCOS DO DESENVOLVIMENTO NO CDC E AS VACINAS CONTRA A COVID-19

3.1 Responsabilidade civil no CDC e direitos fundamentais

Foi em razão do aumento na produção industrial que se iniciou a reflexão sobre a necessidade da figura do consumidor e tornou-se necessária a criação de normas para reger as relações que o envolviam e a criação de segurança jurídica para os indivíduos vulneráveis expostos a efeitos prejudiciais.

Isso porque os acidentes envolvendo os trabalhadores naquela época denotavam a falta de capacidade técnica para laborar diante dos incrementos no maquinário, o que se repete anos mais tarde como os consumidores diante das situações concretas em que estes ficam em evidente desvantagem econômica, cognitiva, educacional, informacional.

CALIXTO destaca acerca dos acidentes de consumo:

> Com isto mudam rapidamente também as dimensões da potencialidade danosa inerente aos produtos defeituosos: isto que primeiramente representava de regra um defeito isolado de um produto singular pode se transformar então em um perigo de dano que acompanha cada um dos produtos fabricados por um empresário. Acrescente-se o fato, estatisticamente comprovado, que também o emprego das máquinas mais aperfeiçoadas nos modernos processos de trabalho indus-

---

26. WESENDONCK, Tula. *A responsabilidade civil pelos riscos do desenvolvimento*: evolução histórica e disciplina no direito comparado. Porto Alegre: Direito & Justiça, 2012. p. 216.
27. WESENDONCK, Tula. *A responsabilidade civil pelos riscos do desenvolvimento*: evolução histórica e disciplina no direito comparado. Porto Alegre: Direito & Justiça, 2012. p. 219.
28. SOUZA NETTO, José Laurindo de; GUILHERME, Gustavo Calixto; GARCEL, Adriane. A responsabilidade civil pelos riscos do desenvolvimento no ordenamento jurídico brasileiro. *Revista Direito e Justiça*, 2019.

trial conduz inevitavelmente, nada obstante a adoção de todas as medidas de controle oferecidas pela técnica, à produção de singulares exemplares defeituosos.[29]

No Brasil, o INMETRO monitora os acidentes de consumo desde 2006, por meio do Banco de Dados de Acidentes de Consumo, passando a disponibilizar em seu site relatórios e estatísticas de acidentes relatados pelos consumidores.[30]

Acidentes de consumo conforme o INMETRO:[31]

ocorrem quando um produto ou serviço prestado provoca danos ao consumidor, quando utilizado ou manuseado com as instruções de uso do fornecedor. Ou seja, um acidente de consumo ocorre quando há uma falha/defeito no produto, ou quando ele não atende ao nível de segurança que dele se espera.

Como direito fundamental, a defesa do consumidor está prevista no ordenamento jurídico brasileiro no artigo 5º, XXXII, da Constituição Federal, o que o coloca a salvo da possibilidade de reforma pelo poder constituinte instituído.[32]

A defesa do consumidor também está estabelecida como um dos princípios da ordem econômica e financeira da Carta Magna, estabelecida no artigo 170, V, do texto constitucional, que prevê que a ordem econômica tem por fim assegurar a existência digna, conforme os ditames da justiça social, observados, entre outros princípios, a defesa do consumidor.[33]

Dessa forma, sendo a proteção do consumidor um direito fundamental e o CDC uma norma de origem constitucional, vez que a Lei nº 8.078/90 foi criada por meio do artigo 48 do Ato das Disposições Constitucionais Transitórias, a relação de consumo deve ser tutelada por todos os dispositivos da Constituição, como o direito à vida, à saúde e à dignidade da pessoa humana.[34]

Não há dúvidas, assim, de que incide diretamente sobre as relações de consumo toda a tutela prioritária da ordem jurídica, mormente quando por meio das regras e princípios insculpidos na Lei Consumerista se busca a proteção de Direitos indisponíveis como a integridade física e psíquica de pessoas em situação de vulnerabilidade.[35]

---

29. CALIXTO, Marcelo Junqueira. *A Responsabilidade Civil do Fornecedor de Produtos pelos Riscos do Desenvolvimento*. Rio de Janeiro: Renovar, 2004. p. 09.

30. INMETRO. *Acidentes de consumo (2020)*. Disponível em: saiba-mais-sinmac.pdf (www.gov.br). Acesso em: 19 abr. 2021.

31. INMETRO. *Acidentes de consumo (2020)*. Disponível em: saiba-mais-sinmac.pdf (www.gov.br). Acesso em: 19 abr. 2021.

32. MIRAGEM, Bruno. *Curso de Direito do Consumidor*. 7. ed. São Paulo: Editora Thomson Reuters Revista dos Tribunais, 2018. p. 60.

33. SOUZA NETTO, José Laurindo de; GUILHERME, Gustavo Calixto; GARCEL, Adriane. A responsabilidade civil pelos riscos do desenvolvimento no ordenamento jurídico brasileiro. *Revista Direito e Justiça*, 2019.

34. SOUZA NETTO, José Laurindo de; GUILHERME, Gustavo Calixto; GARCEL, Adriane. A responsabilidade civil pelos riscos do desenvolvimento no ordenamento jurídico brasileiro. *Revista Direito e Justiça*, 2019.

35. Reitera-se que o direito do consumidor tem como princípio basilar o direito à informação, o qual implica em um dever de informar de forma clara e cognoscível por parte do fornecedor, pois o consumidor é a parte em desvantagem na relação de consumo. Essa desvantagem, também chamada de vulnerabilidade, pode ser de natureza técnica, jurídica, fática e informacional. A vulnerabilidade informacional é definida pela

No entanto, deve ser analisada no caso concreto a sua aplicação quanto ao tema das Vacinas desenvolvidas e colocadas em circulação pela indústria, pois nessa situação mais atual é que se estabelece a necessidade de reflexão sobre os riscos do desenvolvimento e as consequências que podem ser deixadas pelo combate à pandemia causada pela Covid-19, no que tange a produtos medicamentosos. As vacinas colocadas em circulação mundialmente estão a todo instante gerando questionamentos pelos órgãos técnicos e por alguns usuários em virtude de efeitos adversos que possam do seu uso surgir no futuro.

3.2 As vacinas contra a Covid-19 e a aplicação da responsabilidade civil do CDC

As vacinas são produtos que protegem as pessoas de serem contaminadas por uma determinada doença. Geralmente contêm o vírus ou a bactéria causadora da enfermidade em forma atenuada ou inativa, ou seja, inofensivos para a saúde. Tecnologias mais atuais também permitem incluir apenas partes desses microrganismos, como proteínas, e outros tipos de moléculas. Depois de a dose ser injetada, os antígenos levam o corpo a produzir anticorpos para enfrentar esses invasores. Assim, quando a pessoa imunizada realmente for infectada pelo vírus ou bactéria, dificilmente terá a doença ou vai desenvolvê-la numa forma muito mais branda.[36]

As que estão sendo usadas no Brasil e no mundo até o momento (CoronaVac, Oxford/AstraZeneca, BioNTech/Pfizer, Johnson e Johnson e Sputnik V) são aplicadas em doses adequadas, de acordo com os cientistas e profissionais responsáveis pelas políticas de saúde, para imunizar toda sua população, se incluídas também as crianças (para quem ainda pendem discussões sobre a eficácia das vacinas).[37]

Em março de 2021 gestantes e puérperas que apresentavam algum tipo de comorbidade foram incluídas no Plano Nacional de Imunização (PNI) para receberem a vacina AstraZeneca contra a Covid-19 após especialistas observarem uma alta no número de mortes de mulheres grávidas. Contudo, recentemente a ANVISA recomendou que a vacina da AstraZeneca/Fiocruz contra a Covid-19 não fosse mais aplicada nas gestantes, pelo menos temporariamente, conforme informações do Governo Federal.[38]

Professora Cláudia Lima Marques como a vulnerabilidade básica do consumidor e normatizada pelo Código de Defesa do Consumidor Brasileiro (CDC), a qual coloca o fornecedor detentor e responsável por informar ao consumidor todos os dados sobre o produto/serviço, seus riscos e periculosidade. In: MARQUES, Cláudia Lima. *Contratos no Código de Defesa do Consumidor*: o novo regime das relações contratuais. São Paulo: Ed. RT, 2019.

36. NOVO, Benigno Núñez. A primeira vacina contra o coronavírus (Covid-19): Rússia parte na frente. *Brasil Escola*.

37. Disponível em: https://ourworldindata.org/covid-vaccinations?country=BRA. Acesso em: ago. 2021.

38. Disponível em: https://www.gov.br/pt-br/noticias/saude-e-vigilancia-sanitaria/2021/07/governo-recomenda-vacinacao-contra-covid-19-em-gestantes-e-puerperas-sem-comorbidades. Acesso em: jun. 2021.

A decisão foi tomada após a morte por acidente vascular cerebral de uma grávida no Rio de Janeiro depois de ter tomado a primeira dose da vacina. O Ministério da Saúde ainda investiga o caso para constatar se essa reação adversa tem a ver com a vacina. Após o alerta da ANVISA, o Ministério da Saúde passou a orientar aos estados que vacinem as gravidas com comorbidades com a CoronaVac, do Butantan, ou a Cominarty, da Pfizer até que a análise do caso AstraZeneca seja concluída.[39]

Caso parecido aconteceu nos EUA onde autoridades de saúde suspenderam o uso da vacina da Johnson & Johnson após o relato de seis casos de coágulos sanguíneos entre as 7,7 milhões de pessoas que receberam a vacina. Os cientistas estão verificando se esses e outros casos estão ligados à vacina. Os seis casos ocorreram em mulheres entre 18 e 48 anos, e os sintomas surgiram de 6 a 13 dias após a vacinação, segundo o CDC e a FDA, a agência reguladora de medicamentos dos Estados Unidos. Por enquanto, ambas as entidades recomendaram a suspensão do uso da vacina de dose única da Johnson & Johnson.[40]

Até o momento, apesar de haver alguns casos de reações após a aplicação da primeira dose em algumas pessoas, os casos comprovados de que essas reações adversas tenham relação com as vacinas disponibilizadas para a população em geral são poucos e, frequentemente, relacionados a alguma comorbidade.

A responsabilidade do fornecedor quanto aos riscos do desenvolvimento é questão de grande debate na doutrina nacional (e internacional). Porém, a complexidade gira em torno da possibilidade de responsabilização do fornecedor quanto aos danos causados por supostos defeitos que não eram conhecidos na época da inserção do produto no mercado e que vieram a ser identificados pelo avanço técnico e científico, após causarem danos aos consumidores, uma vez que não há dispositivo expresso na legislação sobre o tema como ocorre no artigo 931 do Código Civil.

Nesse sentido, a vingar a aplicação do CDC, tem-se uma responsabilidade objetiva, mas não pelo risco integral, uma vez que são admitidas excludentes expressas (artigo 12, § 3º, do CDC). Entre as excludentes, não estão previstas as fundadas nos riscos do desenvolvimento.[41]

Na doutrina, essa questão é controversa, conforme já referido, podendo se identificar duas vertentes: uma sustentando que estão presentes todos os pressupostos da responsabilidade civil do fornecedor (defeito, dano e nexo causal), e outra que entende inexistente um dos pressupostos, o defeito, afastando-se, por consequência, a responsabilidade.[42]

---

39. Fonte: PINHEIRO, Chloé. Vacina da AstraZeneca: da suspensão em grávidas ao futuro do imunizante. *Veja Saúde*, 14 maio 2021.
40. YAN, Holly. Efeitos colaterais das vacinas contra Covid-19 podem ser um bom sinal. *CNN BRASIL,* 2021.
41. CALIXTO, Marcelo Junqueira. *A responsabilidade civil do fornecedor de produtos pelos riscos do desenvolvimento*. Rio de Janeiro: Renovar, 2004. p. 01.
42. CALIXTO, Marcelo Junqueira. *A responsabilidade civil do fornecedor de produtos pelos riscos do desenvolvimento*. Rio de Janeiro: Renovar, 2004. p. 200.

Simpatizantes da primeira vertente acreditam que o defeito do produto, nesses casos, é um tipo de defeito de concepção e que o sistema de responsabilidade civil objetiva não pode exonerar o fabricante, o construtor, o produtor e o importador na presença de um risco de desenvolvimento.[43]

Maria Parra Lucan também tem posicionamento favorável quanto a responsabilização do fornecedor, pela predominância da responsabilidade objetiva e pela existência do defeito no produto.[44]

Não se pode olvidar que os técnicos dos laboratórios, da indústria farmacêutica e os governamentais realizam uma série de pesquisas e estudos antes de distribuírem seus produtos e estes chegarem aos seus destinatários, sem falar nas autorizações pelos órgãos responsáveis pela liberação desses produtos em cada país. Os consumidores, vulneráveis tecnicamente, por sua vez, confiam que o medicamento é seguro e que não terão consequências adversas à saúde ou à própria vida, especialmente quando utilizam tais produtos observando as informações nos rótulos, bulas etc.

Nesse sentido, a referida decisão da Ministra Andrighi

"Ainda que se pudesse cogitar de risco do desenvolvimento, entendido como aquele que não podia ser conhecido ou evitado no momento em que o medicamento foi colocado em circulação, tratar-se-ia de defeito existente desde o momento da concepção do produto, embora não perceptível a priori, caracterizando, pois, hipótese de fortuito interno".[45]

Essa decisão abre um precedente indicativo de o Brasil, a exemplo de outros países, de *lege ferenda não* reconhece os *riscos do desenvolvimento* como uma *excludente* da responsabilidade civil do fornecedor de produtos. O que, conforme referido por Marcelo Calixto, "representa um sopro de esperança em meio a tantas incertezas que são observadas, especialmente, na indústria farmacêutica".

Favorece para essa reflexão, a averiguação de que os fabricantes lucram com a atividade que exercem e por consequência, é bem provável que estejam mais preparados para suportar os prejuízos decorrentes dos danos que os seus produtos possam causar à sociedade. Seja sob o âmbito da contratação de seguros para indenização seja pela distribuição do prejuízo no custo do produto, consoante destaca Tula Wesendonck.[46]

O debate segue, mas é bem verdade que se percebe um caminhar para a proteção das vítimas consumidoras em relação aos riscos do desenvolvimento, a fim de se fazer uma leitura constitucional à luz dos Direitos Fundamentais que precisam preponderar, especialmente em países que se preocupam com a saúde, a vida e a

---

43. BENJAMIN, Antônio Herman V.; BESSA, Leonardo Roscoe; MARQUES, Cláudia Lima. *Manual de Direito do Consumidor*. São Paulo: Ed. RT, 2014. p. 182.
44. LUCAN citada por CALIXTO, Marcelo Junqueira. *A responsabilidade civil do fornecedor de produtos pelos riscos do desenvolvimento*. Rio de Janeiro: Renovar, 2004. p. 207-208.
45. Disponível em: https://stj.jusbrasil.com.br/jurisprudencia/888883986/recurso-especial-ag-no-resp-1774372-rs-2018-0272691-3.
46. WESENDONCK, Tula. *A responsabilidade civil pelos riscos do desenvolvimento: evolução histórica e disciplina no direito comparado*. Porto Alegre: Direito & Justiça, 2012. p. 224.

solidariedade social. Na sociedade de risco global na qual nos inserimos, imprescindível o desenvolvimento também de estratégias para a precaução de efeitos adversos à saúde e à vida dos consumidores em nível mundial e a isso o universo jurídico também precisa estar atento. Quiçá a responsabilidade civil possa colaborar com a aplicação de outras funções que melhor traduzam as expectativas atuais, individuais e coletivas, da sociedade.[47]

4. CONSIDERAÇÕES FINAIS

Como visto, o tema a respeito da responsabilidade civil do fornecedor pelos riscos do desenvolvimento, ou a sua exclusão, segue em debate, especialmente num contexto de Pandemia, como o da Covid-19 e as vacinas disponibilizadas para seu enfrentamento.

Afinal, qual a responsabilidade do fornecedor pelos riscos do desenvolvimento de novos produtos, especificamente medicamentos, sob a égide das relações de consumo?

Em decorrência da inexistência de previsão expressa na Lei 8.078/90 sobre essa espécie de responsabilidade civil ou sua exclusão, seria relevante um posicionamento legislativo ante à responsabilidade pelos riscos do desenvolvimento para um caminho seguro e conclusivo.

A melhor solução a ser adotada seria a responsabilização do fornecedor, visto que a defesa do consumidor tem status de direito fundamental na Constituição da República Federativa do Brasil. Assim sendo, transmitir um dano que foi causado exclusivamente pelo fabricante ao consumidor é ir de encontro aos direitos fundamentais, pois mesmo que o defeito tenha sido constatado tardiamente este está ligado a eventual defeito do produto que poderia ter sido evitado.

Optar por responsabilizar o fornecedor pelos riscos do desenvolvimento poderá tornar mais lento o desenvolvimento de alguns produtos importantes como medicamentos ou até mesmo inibi-los? Mas, por outro lado, não responsabilizar o fornecedor não seria dar margem a um número expressivo de efeitos contrários à vida e à saúde das presentes e futuras gerações?

A tendência na doutrina e jurisprudência brasileiras, como em alguns países, é no sentido de que os fornecedores devam assumir os riscos do desenvolvimento, não os adotando como excludente, conforme o precedente do STJ retromencionado.[48] Neste sentido, ficam abertas possibilidades de adequação, por meio de institutos jurídicos como o consagrado Direito à Informação dos Consumidores, podendo,

---

47. Sobre novas funções, estratégias e possibilidades da responsabilidade civil contemporânea: VAZ, Caroline. *Funções da responsabilidade civil*. Editora Livraria do Advogado, 2009; ROSENVALD, Nelson. *A responsabilidade civil pelo ilícito lucrativo*. 2. ed. Editora JusPodium. 2021; ROSENVALD, Nelson. *As funções da responsabilidade civil*. Editora Saraiva; ROSENVALD, Nelson e TEIXEIRA NETO, Felipe. *Dano moral coletivo*. Indaiatuba: Editora Foco, 2018.

48. Disponível em: https://stj.jusbrasil.com.br/jurisprudencia/888883986/recurso-especial-ag-no-resp--1774372-rs-2018-0272691-3.

para tanto, os fornecedores trazerem, além de maior segurança às suas produções, a referência de prazos de testes, por exemplo, dentro do qual o consumidor se cientifica dos danos que poderão advir, a exemplo do que ocorreu no caso de algumas vacinas que circulam pelo Brasil e pelo mundo, antes de serem universalizadas, consoante já disciplinado no Direito Comparado.

A reflexão acerca de medidas antecipatórias ao risco faz parte do comportamento esperado por todos nós, inseridos numa sociedade de risco global, e especialmente por aqueles que exercem atividades de risco, notadamente nas relações de consumo, quando num dos polos da relação estão pessoas vulneráveis que confiam nas instituições públicas e privadas.

5. REFERÊNCIAS BIBLIOGRÁFICAS

BENJAMIN, Antônio Herman V.; BESSA, Leonardo Roscoe; MARQUES, Cláudia Lima. *Manual de Direito do Consumidor*. São Paulo: Ed. RT, 2014.

BIERNATH, André. Vacinas contra a covid-19: porque Brasil poderia ter reservado doses antes mesmo da aprovação da Anvisa, segundo especialistas. *BBC NEWS BRASIL*. São Paulo. 2021. Disponível em: Vacinas contra a Covid-19: porque Brasil poderia ter reservado doses antes mesmo da aprovação da Anvisa, segundo especialistas - BBC News Brasil. Acesso em: 14 maio 2021.

BRASIL. [Constituição (1988)]. *Constituição da República Federativa do Brasil*. Brasília, DF: Senado Federal, 1988.

BRASIL. *Lei 10.406*, de 10 de janeiro de 2002. Institui o Código Civil.

BRASIL. *Lei 8.078*, de 11 de setembro de 1990. Institui o Código de Defesa do Consumidor.

CALIXTO, Marcelo Junqueira. *A Responsabilidade Civil do Fornecedor de Produtos pelos Riscos do Desenvolvimento*. Rio de Janeiro: Renovar, 2004.

CALIXTO, Marcelo Junqueira. O art. 931 do Código Civil de 2002 e os riscos do desenvolvimento. *Revista Trimestral de Direito Civil*, Rio de Janeiro, v. 6, 2005.

CALIXTO, Marcelo Junqueira. *O artigo 931 do Código Civil de 2002 e os riscos do desenvolvimento*. 2009. Disponível em: O artigo 931 do Código Civil de 2002 e os riscos do desenvolvimento – Âmbito Jurídico (ambitojuridico.com.br). Acesso em: 10 maio 2021.

CALIXTO, Marcelo Junqueira. *Crise da Covid-19, vacina e riscos do desenvolvimento*. 2021. Disponível em: ConJur – Crise da Covid-19, vacina e riscos do desenvolvimento. Acesso em: 02 maio 2021.

CAVALIERI FILHO, Sergio. *Responsabilidade civil por danos causados por remédios*. Rio de Janeiro: Editora Justiça & Cidadania, 2001.

CAVALIERI FILHO, Sergio. *Programa de responsabilidade civil*. 14. ed. São Paulo: Atlas, 2020.

DIAS, José de Aguiar. *Da responsabilidade civil*. 12. ed. Rio de Janeiro: Editora Lumen Juris, 2011.

DI GIORGI, Raffaele. *Direito, democracia e risco*: vínculo com o futuro. Porto Alegre: Fabris, 1998.

EUR-Lex. *Acesso ao Direito da União Europeia*. Diretiva 85/374/CEE. Disponível em: EUR-Lex – 31985L0374 - PT - EUR-Lex (europa.eu). Acesso em: 29 abr. 2021.

GONÇALVES, Carlos Roberto. *Responsabilidade Civil*. 14. ed. São Paulo: Saraiva, 2012.

GONÇALVES, Carlos Roberto. *Direito Civil 1*: esquematizado: parte geral: obrigações e contratos. 8. ed. São Paulo: Saraiva, 2018.

GONÇALVES, Carlos Roberto. *Responsabilidade Civil*. 19. ed. São Paulo: Saraiva, 2020.

INMETRO. *Acidentes de consumo* (2020). Disponível em: saiba-mais-sinmac.pdf (www.gov.br). Acesso em: 19 abr. 2021.

JORNAL OFICIAL DAS COMUNIDADES EUROPEIAS. *Directiva do Conselho 85/374.* Disponível em: 31985L0374_PT.pdf.pt.pdf. Acesso em: 11 mar. 2021.

LIMA, Alvino. *Culpa e risco.* São Paulo: Ed. RT, 1960.

MIRAGEM, Bruno. *Curso de Direito do Consumidor.* 7. ed. São Paulo: Editora Thomson Reuters Revista dos Tribunais, 2018.

MIRAGEM, Bruno. *Responsabilidade Civil.* 2. ed. Rio de Janeiro: Forense, 2021.

NOVO, Benigno Núñez. A primeira vacina contra o coronavírus (Covid-19): Rússia parte na frente. *Brasil Escola.* Disponível em: A primeira vacina contra o coronavírus (Covid-19): Rússia parte na frente (uol.com.br). Acesso em: 15 maio 2021.

PINHEIRO, Chloé. Vacina da AstraZeneca: da suspensão em grávidas ao futuro do imunizante. *Veja Saúde.* 14 maio 2021. Disponível em: Covid-19: Vacina da AstraZeneca: da suspensão em grávidas ao futuro do imunizante | Veja Saúde (abril.com.br). Acesso em: 19 maio 2021.

REVISTA BRASILEIRA DE SAÚDE MATERNO INFANTIL. *Vacinas para Covid-19 – o estado da arte* (2021). Disponível em: Vacinas para Covid-19 – o estado da arte (scielo.br). Acesso em: 12 abr. 2021.

ROSENVALD, Nelson. *A responsabilidade civil pelo ilícito lucrativo.* 2. ed. Editora JusPodium. 2021.

ROSENVALD, Nelson. *As funções da Responsabilidade Civil.* Editora Saraiva, 2017.

ROSENVALD, Nelson e TEIXEIRA NETO, Felipe. *Dano moral coletivo.* Indaiatuba: Editora Foco, 2018.

SCARTEZZINI, Ana Claudia Goffi Flaquer. *Risco do desenvolvimento e a legítima expectativa do consumidor.* 2010. Tese. Mestrado – Faculdade de direito da USP. Disponível em: (Microsoft Word - P\301GINAS INICIAIS – ANA CLAUDIA) (usp.br). Acesso em: 03 maio 2021.

SCIELO. *Vacinas anticovid*: um olhar da saúde coletiva (2020). Disponível em: SciELO - Saúde Pública - Vacinas Anticovid: um Olhar da Saúde Coletiva Vacinas Anticovid: um Olhar da Saúde Coletiva (scielosp.org). Acesso em: 20 mar. 2021.

SILVA. Bruna Bier. *Sobre a vacina da Pfizer e os riscos do desenvolvimento no Brasil.* 2021. Disponível em: ConJur – Opinião: A vacina da Pfizer e os riscos do desenvolvimento. Acesso em: 03 maio 2021.

SILVERIA, Diana Montenegro da. *Responsabilidade civil por danos causados por medicamentos defeituosos.* Coimbra: Editora Coimbra, 2010.

SOGESP. *Vacinação Covid-19.* 18 de abril de 2021. Disponível em: sogesp_covid19_cartilha_vacina-cao_completa2104.pdf.

STOCO, Rui. *Tratado de responsabilidade civil*: doutrina e jurisprudência. 8. ed. São Paulo: Ed. RT, 2011.

WESENDONCK, Tula. *A responsabilidade civil pelos riscos do desenvolvimento*: evolução histórica e disciplina no direito comparado. Porto Alegre: Direito & Justiça, 2012. p. 214.

PARTE III
RESPONSABILIDADE CIVIL, CONSUMO E PROTEÇÃO DE DADOS PESSOAIS

PROTEÇÃO DE DADOS PESSOAIS E CLÁUSULAS DE NÃO INDENIZAR EM RELAÇÕES DE CONSUMO: TUTELA DA VULNERABILIDADE DO CONSUMIDOR E TEORIA DOS EFEITOS DA LESÃO

Carlos Edison do Rêgo Monteiro Filho

Professor Titular de Direito Civil da Universidade do Estado do Rio de Janeiro – UERJ (graduação, mestrado e doutorado). Ex-coordenador do Programa de Pós-Graduação em Direito da UERJ. Doutor em Direito Civil e Mestre em Direito da Cidade pela UERJ. Procurador do Estado do Rio de Janeiro. Vice-presidente do Instituto Brasileiro de Estudos de Responsabilidade Civil (IBERC). Associado Fundador do Instituto Avançado de Proteção de Dados (IAPD). Membro da Comissão de Direito Civil da Ordem dos Advogados do Brasil – Seccional do Rio de Janeiro (OAB/RJ), do Instituto Brasileiro de Direito Civil (IBDCivil) e do Comitê Brasileiro da *Association Henri Capitant des amis de la culture juridique française* (AHC-Brasil). Sócio-fundador de Carlos Edison do Rêgo Monteiro Filho Advogados.

Diana Loureiro Paiva de Castro

Mestre em Direito Civil pela Universidade do Estado do Rio de Janeiro (UERJ). Professora em cursos de pós-graduação da Universidade do Estado do Rio de Janeiro (CEPED/UERJ) e da Pontifícia Universidade Católica do Rio de Janeiro (IDD/PUC-Rio). Procuradora do Estado de São Paulo. Coordenadora do Núcleo Temático de Estudos e Pesquisas sobre Propriedade Intelectual e Inovação da Procuradoria Geral do Estado de São Paulo. Associada Fundadora do Instituto Avançado de Proteção de Dados (IAPD). Membro do Instituto Brasileiro de Direito Civil (IBDCivil), do Instituto Brasileiro de Estudos de Responsabilidade Civil (IBERC) e do Comitê Brasileiro da *Association Henri Capitant des amis de la culture juridique française* (AHC-Brasil). Vice-Presidente da Região Sudeste na Associação Nacional dos Procuradores dos Estados e do Distrito Federal (ANAPE). Bacharel em Direito pela UERJ. Foi Procuradora da Fundação de Amparo à Pesquisa do Estado de São Paulo (FAPESP).

Sumário: 1. Introdução – 2. A invalidade das cláusulas de não indenizar em caso de incidente de segurança com dados pessoais e a tutela da vulnerabilidade do consumidor – 3. A invalidade das cláusulas de não indenizar em caso de incidente de segurança com dados pessoais e a teoria dos efeitos da lesão – 4. A necessidade de interpretação sistemática para as cláusulas de não indenizar, as cláusulas penais e as cláusulas limitativas do objeto contratual – 5. Notas conclusivas – 6. Referências bibliográficas.

1. INTRODUÇÃO

Exemplos não faltam sobre a previsão, em Termos de Serviços e Políticas de Privacidade, de cláusulas que restringem a reparação integral de eventuais danos sofridos por seus usuários. Vejam-se duas ilustrações.

Nos Termos de Serviços do YouTube, está previsto que "a responsabilidade total do YouTube e de suas afiliadas por qualquer reivindicação proveniente ou relacionada ao serviço limita-se: (a) ao valor da receita paga pelo YouTube a você com relação ao seu uso do serviço nos 12 meses anteriores à data de envio da sua notificação por escrito ao YouTube e (b) a US$ 500, o que for maior".[1]

Já no Contrato de Serviços da Microsoft, afirma-se: "se você tiver alguma base para recuperar os danos (inclusive violação destes Termos), até a extensão permitida pela lei aplicável, você concorda que seu recurso exclusivo será recuperar, da Microsoft ou de qualquer afiliada, revendedor, distribuidor, Aplicativos de Terceiros e Provedores de Serviços e fornecedores, danos diretos até o valor equivalente ao valor pago por seus Serviços para o mês durante o qual ocorreu o prejuízo ou a violação (ou até USD$ 10,00 se os Serviços forem gratuitos)".[2]

Como se sabe, admite-se, amplamente, no ordenamento pátrio, a gestão de riscos contratuais pelas partes – importante manifestação de autonomia privada.[3] Um dos instrumentos que podem ser utilizados para essa alocação são as chamadas "cláusulas de não indenizar",[4] objeto do presente artigo. Trata-se da inclusão, no contrato, de cláusula que exclui a reparação por perdas e danos decorrentes do inadimplemento (cláusula de exoneração) ou que fixa valor máximo de reparação pecuniária (cláusula de limitação).

O tema das cláusulas de não indenizar não conta com normativa específica no Código Civil brasileiro. Os tribunais, a seu turno, não assumiram postura ativa na construção da disciplina incidente. Como resultado, delineia-se quadro de incertezas na prática negocial. Diante da aludida omissão legislativa e jurisprudencial, assume a doutrina importante atribuição[5] de elucidar os parâmetros de interpretação-aplicação desses ajustes.

Tradicionalmente, foram concebidos como requisitos de validade das cláusulas de não indenizar bilateralmente pactuadas:[6] (i) não incidência da convenção sobre a obrigação principal do negócio jurídico; (ii) impossibilidade de referência ao dolo ou à culpa grave e (iii) respeito à ordem pública. De acordo com o primeiro requisito, o ajuste só poderia dizer respeito a obrigações acessórias, sob pena de privar o negócio jurídico de efeitos. Conforme o segundo requisito, considerar-se-ia inaplicável o pacto relativo ao inadimplemento doloso ou gravemente culposo, diante do perigo de desnaturação do ajuste em condição puramente potestativa. Consoante o terceiro

---

1. Disponível em: https://www.youtube.com/t/terms. Acesso em: 10 jul. 2021.
2. Disponível em: https://www.microsoft.com/pt-br/servicesagreement/. Acesso em: 10 jul. 2021.
3. TEPEDINO, Gustavo. Autonomia privada e cláusulas limitativas de responsabilidade. Editorial. *Revista Brasileira de Direito Civil*, v. 23, 2020. p. 12-13.
4. Neste trabalho, serão utilizados como sinônimos os vocábulos "cláusula", "convenção", "ajuste" e "pacto". Ademais, a expressão "cláusulas de não indenizar" será utilizada para se referir conjuntamente às cláusulas limitativas e excludentes do dever de indenizar.
5. Seja consentido remeter a MONTEIRO FILHO, Carlos Edison do Rêgo. Reflexões metodológicas: a construção do observatório de jurisprudência no âmbito da pesquisa jurídica. *Revista Brasileira de Direito Civil*, v. 9, 2016. p. 8.
6. "Requer a cláusula, naturalmente, todas as condições de validade que nenhum contrato dispensa. É muito importante, para a sua eficácia, a questão da aceitação da estipulação por parte daquele a quem aproveitaria, na sua ausência, a ação de reparação do dano" (DIAS, José de Aguiar. *Cláusula de não-indenizar*: chamada cláusula de irresponsabilidade. Rio de Janeiro: Forense, 1980. p. 247).

requisito, não se admitiria que as partes estipulassem a exclusão ou a limitação da reparação por perdas e danos diante de direitos indisponíveis, isto é, em contraposição a normas cogentes.[7]

Nesse cenário, o presente trabalho se volta à análise desse terceiro pressuposto de validade. Mais especificamente, examinam-se duas das principais hipóteses em que se cogita, em tema de cláusulas de não indenizar, a incidência do requisito da ordem pública, referentes à: (i) vulnerabilidade do credor e (ii) lesão à pessoa humana.

Afigura-se possível limitar ou excluir, por meio de cláusula contratual, a reparação por perdas e danos decorrentes de incidentes de segurança com dados pessoais[8]? Faz diferença se o dano for moral ou material? A solução se altera se, em vez de cláusula limitativa ou excludente do dever de reparar, a previsão do contrato for de cláusula penal ou de cláusula limitativa do objeto contratual? São os problemas que se busca enfrentar neste artigo, com enfoque específico nas relações de consumo.

2. A INVALIDADE DAS CLÁUSULAS DE NÃO INDENIZAR EM CASO DE INCIDENTE DE SEGURANÇA COM DADOS PESSOAIS E A TUTELA DA VULNERABILIDADE DO CONSUMIDOR

Primeiramente, cabe analisar se, diante da vulnerabilidade do consumidor, as cláusulas limitativas e excludentes do dever de indenizar se afiguram admitidas ou proibidas em relações de consumo e de que modo a normativa sobre o tema deve ser interpretada.[9]

Como se sabe, a defesa do consumidor está prevista na Constituição da República de 1988 como direito fundamental (art. 5º, XXXII) e como princípio da ordem econômica (art. 170, V).[10] Segundo o artigo 2º, *caput*, do Código de Defesa do Consumidor, é consumidor "toda pessoa física ou jurídica que adquire ou utiliza produto ou serviço como destinatário final". A esse respeito, formaram-se, ao longo

---

7. A respeito de uma proposta de releitura de tais requisitos tradicionais de validade, seja consentido remeter a CASTRO, Diana Loureiro Paiva de. *Potencialidades funcionais das cláusulas de não indenizar*: releitura dos requisitos tradicionais de validade. Dissertação defendida no âmbito do Programa de Pós-Graduação *Stricto Sensu* da Faculdade de Direito da Universidade do Estado do Rio de Janeiro, 2018.

8. Segundo a Autoridade Nacional de Proteção de Dados (ANPD), "um incidente de segurança com dados pessoais é qualquer evento adverso confirmado, relacionado à violação na segurança de dados pessoais, tais como acesso não autorizado, acidental ou ilícito que resulte na destruição, perda, alteração, vazamento ou ainda, qualquer forma de tratamento de dados inadequada ou ilícita, os quais possam ocasionar risco para os direitos e liberdades do titular dos dados pessoais" (Disponível em: https://www.gov.br/anpd/pt-br/assuntos/incidente-de-seguranca. Acesso em: 10 jul. 2021).

9. Seja consentido remeter a CASTRO, Diana Loureiro Paiva de; OLIVA, Milena Donato. As cláusulas de não indenizar nas relações de consumo e nos contratos de adesão nas relações civis. *Revista de Direito do Consumidor* (Revista dos Tribunais Online), v. 129, 2020. p. 1-15.

10. Art. 5º, CRFB/88. "Todos são iguais perante a lei, sem distinção de qualquer natureza, garantindo-se aos brasileiros e aos estrangeiros residentes no País a inviolabilidade do direito à vida, à liberdade, à igualdade, à segurança e à propriedade, nos termos seguintes: XXXII – o Estado promoverá, na forma da lei, a defesa do consumidor"; Art. 170, CRFB/88. "A ordem econômica, fundada na valorização do trabalho humano e na livre iniciativa, tem por fim assegurar a todos existência digna, conforme os ditames da justiça social, observados os seguintes princípios: V – defesa do consumidor".

das décadas, dois nortes interpretativos. O primeiro, denominado maximalismo, descreve o consumidor como destinatário fático do produto ou serviço,[11] admitindo o uso profissional, desde que haja o emprego indireto na cadeia produtiva. O segundo, chamado de finalismo e adotado pelo Superior Tribunal de Justiça a partir do julgamento do Recurso Especial 541.867/BA,[12] em 2004, afasta o uso profissional, caracterizando o consumidor como o destinatário fático e econômico do produto ou serviço.[13]

Mais recentemente, observa-se, na jurisprudência, tendência à mitigação da teoria finalista, considerando consumidor todo aquele que se encontra em "estado de vulnerabilidade".[14] A teoria do finalismo aprofundado,[15] responsável por esse abrandamento, se afigura como a mais adequada à tábua axiológica constitucional, ao permitir a releitura do sistema à luz da análise concreta das vulnerabilidades.[16] Registre-se que há também, no Código de Defesa do Consumidor, a figura do consumidor por equiparação, como forma de proteger os sujeitos que estão em situação de vulnerabilidade, mas não são destinatários finais do produto ou serviço (arts. 17 e 29 do CDC[17]).[18]

Posta a premissa de compreensão do consumidor como a pessoa física ou jurídica em situação de vulnerabilidade, cabe analisar o tratamento legislativo acerca das cláusulas de não indenizar nessa seara. Inicia-se pelo comando do artigo 6º, VI, do CDC,[19] que elenca a reparação integral como direito básico do consumidor, assegu-

---

11. ALVIM, Arruda; ALVIM, Thereza; ALVIM, Eduardo Arruda; MARINS, James. *Código do consumidor comentado*. São Paulo: Ed. RT, 1995. p. 29. Na jurisprudência, cf. STJ, REsp 208.793/MT, 3ª T., rel. Min. Carlos Alberto Menezes Direito, j. 18 nov. 1999; STJ, REsp 286.441/RS, 3ª T., rel. Min. Antônio de Pádua Ribeiro, rel. p/ Acórdão Min. Carlos Alberto Menezes Direito, j. 07 nov. 2002; STJ, REsp 263.229/SP, 1ª T., rel. Min. José Delgado, j. 14 nov. 2000.
12. "A aquisição de bens ou a utilização de serviços, por pessoa natural ou jurídica, com o escopo de implementar ou incrementar a sua atividade negocial, não se reputa como relação de consumo e, sim, como uma atividade de consumo intermediária" (STJ, REsp 541.867/BA, 2ª S., rel. Min. Antônio de Pádua Ribeiro, rel. p/ Acórdão Min. Barros Monteiro, j. 10 nov. 2004).
13. CAVALIERI FILHO, Sergio. *Programa de direito do consumidor*. São Paulo: Atlas, 2014. p. 67-69.
14. Nessa direção, o STJ decidiu que "é relação de consumo a estabelecida entre o caminhoneiro que reclama de defeito de fabricação do caminhão adquirido e a empresa vendedora do veículo, quando reconhecida a vulnerabilidade do autor perante a ré" (STJ, AgRg no AREsp 426.563/PR, 4ª T., rel. Min. Luis Felipe Salomão, j. 03 jun. 2014). V. tb. STJ, RMS 27.512/BA, 3ª T., rel. Min. Nancy Andrighi, j. 20 ago. 2009.
15. MARQUES, Claudia Lima; BENJAMIN, Antonio Herman V.; MIRAGEM, Bruno. *Comentários ao código de defesa do consumidor*. São Paulo: Ed. RT, 2013. p. 117.
16. Na ressalva de Perlingieri: "(...) o consumidor não é um *status*, mas uma posição contratual a ser individualizada e averiguada a cada vez" (PERLINGIERI, Pietro. *O direito civil na legalidade constitucional*. Rio de Janeiro: Renovar, 2008. p. 543).
17. Art. 17, CDC: "Para os efeitos desta Seção, equiparam-se aos consumidores todas as vítimas do evento"; Art. 29, CDC: "Para os fins deste Capítulo e do seguinte, equiparam-se aos consumidores todas as pessoas determináveis ou não, expostas às práticas nele previstas".
18. Seja consentido remeter a CASTRO, Diana Loureiro Paiva de; OLIVA, Milena Donato. As cláusulas de não indenizar nas relações de consumo e nos contratos de adesão nas relações civis. *Revista de Direito do Consumidor* (Revista dos Tribunais Online), v. 129, 2020. p. 2.
19. Art. 6º, CDC. "São direitos básicos do consumidor: (...) VI – a efetiva prevenção e reparação de danos patrimoniais e morais, individuais, coletivos e difusos". Na doutrina, cf. BENJAMIN, Antonio Herman de Vasconcellos. O código brasileiro de proteção do consumidor. *Revista de Direito do Consumidor*, v. 7, 1993. p. 269.

rando, para tanto, a efetiva prevenção e reparação de danos patrimoniais e morais, individuais, coletivos e difusos.

Nessa esteira, o artigo 25 do CDC, situado na Seção III, "Da responsabilidade por vício do produto e do serviço", do Capítulo IV, "Da qualidade de produtos e serviços, da prevenção e da reparação dos danos", do Título I, "Dos direitos do consumidor", dispõe que "é vedada a estipulação contratual de cláusula que impossibilite, exonere ou atenue a obrigação de indenizar prevista nesta e nas seções anteriores". Alcança, assim, a Seção II do Capítulo IV, relativa à responsabilidade pelo fato do produto e do serviço, e a Seção I do Capítulo IV, que cuida da proteção à saúde e à segurança.

Em seguida, o artigo 51, I, do CDC lista, dentre as cláusulas abusivas, o ajuste de não indenizar e complementa o tratamento da matéria ao diferenciar a disciplina incidente para o consumidor pessoa física e para o consumidor pessoa jurídica. Segundo o dispositivo, afiguram-se nulas de pleno direito "as cláusulas contratuais relativas ao fornecimento de produtos e serviços que impossibilitem, exonerem ou atenuem a responsabilidade do fornecedor por vícios de qualquer natureza dos produtos e serviços ou impliquem renúncia ou disposição de direitos". De outro giro, prevê que, "nas relações de consumo entre o fornecedor e o consumidor pessoa jurídica, a indenização poderá ser limitada, em situações justificáveis".

Em síntese, conforme se extrai da interpretação dos artigos 6º, VI, 25 e 51, I, do Código de Defesa do Consumidor, *será a cláusula excludente ou limitativa inválida se o consumidor for pessoa física*.[20] Por outro lado, tratando-se de pessoa jurídica consumidora, será lícita a convenção limitativa do dever de indenizar em situações justificáveis e nulo o pacto excludente.[21]

Como visto, estão incluídas no conceito de consumidor tanto a pessoa física quanto a pessoa jurídica em situação de vulnerabilidade (art. 2º, *caput*, CDC). No entanto, na interpretação-aplicação do Código de Defesa do Consumidor, não se pode descurar do fato de que a pessoa física possui valores existenciais que não são comuns à pessoa jurídica e que recebem tutela privilegiada no ordenamento pátrio. O tema da cláusula de não indenizar constitui exemplo dessa diferença de valores e de disciplina incidente entre pessoa física e pessoa jurídica.[22]

Como se está analisando, no presente trabalho, a proteção de dados pessoais, a questão que se coloca é quanto ao consumidor pessoa natural (física), titular de tais informações objeto de tratamento pelo fornecedor (art. 5º, V, LGPD[23]). Assim, *a*

---

20. Na jurisprudência, cf. STJ, REsp 1.155.395/PR, 4ª T., rel. Min. Raul Araújo, j. 1º out. 2013.
21. Na jurisprudência, v. TJPR, Ap. Cív. 1203773-5, 11ª CC, rel. Des. Rui Portugal Bacellar Filho, j. 05 ago. 2015.
22. Seja consentido remeter a CASTRO, Diana Loureiro Paiva de; OLIVA, Milena Donato. As cláusulas de não indenizar nas relações de consumo e nos contratos de adesão nas relações civis. *Revista de Direito do Consumidor* (Revista dos Tribunais Online), v. 129, 2020. p. 3.
23. Art. 5º, LGPD (Lei Geral de Proteção de Dados Pessoais – Lei federal 13.709/2018). "Para os fins desta Lei, considera-se: (...) V – titular: pessoa natural a quem se referem os dados pessoais que são objeto de tratamento".

incidência é da vedação absoluta às cláusulas de não indenizar. Lembre-se que o artigo 45 da Lei Geral de Proteção de Dados Pessoais prevê que "as hipóteses de violação do direito do titular no âmbito das relações de consumo permanecem sujeitas às regras de responsabilidade previstas na legislação pertinente".[24] Em síntese, o consumidor terá assegurado o direito à reparação integral dos danos sofridos em decorrência de incidentes de segurança com dados pessoais.

3. A INVALIDADE DAS CLÁUSULAS DE NÃO INDENIZAR EM CASO DE INCIDENTE DE SEGURANÇA COM DADOS PESSOAIS E A TEORIA DOS EFEITOS DA LESÃO

A invalidade das cláusulas de não indenizar em caso de incidente de segurança com dados pessoais também resulta de uma segunda perspectiva, não menos importante, relativa à inadmissibilidade de se limitar ou excluir a reparação de danos decorrentes de lesão à pessoa humana, à luz da teoria dos efeitos da lesão.

Constitui direito fundamental da pessoa humana a proteção de seus dados pessoais, o que está essencialmente vinculado ao princípio da dignidade da pessoa humana, fundamento do sistema jurídico (art. 1º, III, CRFB/88[25]).[26] Não se pode admitir a exoneração ou a limitação do dever de reparar danos resultantes de lesão à pessoa, sob pena de se pôr em xeque o referido princípio fundamental.[27]

Em outras palavras, o reconhecimento da proteção dos dados pessoais como direito fundamental decorre da tutela, mais ampla, conferida pela Constituição à pessoa humana.[28] A partir da elevação da pessoa humana e da sua plena realização existencial a valores supremos do ordenamento jurídico,[29] verifica-se linha de ruptura com o sistema patrimonialista e individualista de outrora, e se inicia a definição de um direito fundamental à proteção dos dados pessoais em harmonia com princípios e valores existenciais.[30]

---

24. Nesse sentido, cf. LIMA, Cíntia Rosa Pereira de. Da invalidade da cláusula de não indenizar em matéria de proteção de dados. In: FALEIROS JÚNIOR, José Luiz de Moura; LONGHI, João Victor Rozatti; GUGLIARA, Rodrigo (Coords.). *Proteção de dados pessoais na sociedade da informação*: entre dados e danos. Indaiatuba: Foco, 2021. p. 397-412.

25. Art. 1º, CRFB/88. "A República Federativa do Brasil, formada pela união indissolúvel dos Estados e Municípios e do Distrito Federal, constitui-se em Estado Democrático de Direito e tem como fundamentos: (...) III – a dignidade da pessoa humana".

26. RODOTÀ, Stefano. *A vida na sociedade de vigilância*: privacidade hoje. Rio de Janeiro: Renovar, 2008. p. 68; DONEDA, Danilo. A proteção dos dados pessoais como um direito fundamental. *Espaço jurídico*, v. 12, n. 2, 2011. p. 91-108.

27. Seja consentido remeter a MONTEIRO FILHO, Carlos Edison do Rêgo; CASTRO, Diana Loureiro Paiva de. Dano moral e *homo sacer*: o problema do Enunciado 385 da Súmula do Superior Tribunal de Justiça e sua recente ampliação. *Revista de Direito Privado*, v. 73, 2017, p. 129.

28. FACHIN, Luiz Edson. *Teoria crítica do direito civil à luz do novo código civil brasileiro*. Rio de Janeiro: Renovar, 2012. p. 40.

29. TEPEDINO, Gustavo. Normas constitucionais e direito civil na construção unitária do ordenamento. In: TEPEDINO, Gustavo. *Temas de direito civil*. Rio de Janeiro: Renovar, 2006. t. III. p. 6.

30. TEPEDINO, Gustavo. Premissas metodológicas para a constitucionalização do direito civil. In: TEPEDINO, Gustavo. *Temas de direito civil*. Rio de Janeiro: Renovar, 2004. p. 22.

Como visto, a ordem pública figura entre os tradicionais requisitos de validade das cláusulas de não indenizar. No entanto, ao tratar desse pressuposto, a doutrina brasileira se refere, recorrentemente, apenas à proibição das cláusulas em face de reparação de *dano moral*.

À luz da teoria dos efeitos da lesão, deve-se incluir na proibição também a indenização de *danos materiais* decorrentes de lesão à pessoa humana, uma vez que, nesse caso, a limitação ou a exclusão violariam a mesma prioridade valorativa. Em outras palavras, por esse raciocínio, não se admite a limitação ou a exclusão da reparação de danos decorrentes de incidentes de segurança com dados pessoais, sejam materiais, sejam morais.

Cabe relembrar que a *teoria dos efeitos da lesão* sustenta a superação da identidade entre dano e lesão. O dano é *o efeito* da lesão. Se não chegam a ser antagônicas, as fórmulas empregadas se mostram bem distintas: dizer-se que "dano = lesão" é bem diferente de afirmar-se que "dano = efeito da lesão".[31]

A lesão à pessoa humana pode gerar também efeitos patrimoniais, na forma de danos emergentes e lucros cessantes. Assim, a "lesão à pessoa humana" não pode ser sinônimo ou núcleo de definição do conceito de "dano moral". O dano será patrimonial ou extrapatrimonial a depender do efeito antijurídico produzido, que não guarda correlação com a natureza do bem jurídico tutelado.[32]

Seja o efeito patrimonial, seja extrapatrimonial, a lesão é, de toda forma, à pessoa humana, o que justifica a inadmissibilidade de cláusulas limitativas ou excludentes. Assim, como a lesão à pessoa pode suscitar variados efeitos, a interpretação que se propõe – *teoria dos efeitos da lesão* – permite a construção da invalidade da cláusula tanto para danos morais quanto para danos materiais.

No caso de incidente de segurança com dados pessoais, mesmo quando a consequência (dano) é material, a lesão em jogo é existencial (à pessoa humana). Violaria a ordem pública na legalidade constitucional a exoneração ou a limitação da reparação em face de tais eventos. Não se admite, portanto, cláusula limitativa ou excludente quando está em jogo a proteção de dados pessoais, assim como não é permitida a cláusula na hipótese de lesão à integridade psicofísica de passageiro no contrato de transporte ou de paciente por intervenção médica. Se, nos termos da Constituição, as situações existenciais passam a gozar de prioridade axiológica, não será possível, sob pena de subversão hermenêutica, a prefixação de valor máximo ou a exclusão de reparação pecuniária por lesão à pessoa humana. Seja o dano material, seja moral, a solução é a mesma.

---

31. A respeito da formulação da teoria dos efeitos da lesão, seja consentida a referência a MONTEIRO FILHO, Carlos Edison do Rêgo. *Elementos de responsabilidade civil por dano moral*. Rio de Janeiro: Renovar, 2000. p. 40 e ss.; MONTEIRO FILHO, Carlos Edison do Rêgo. *Responsabilidade contratual e extracontratual*: contrastes e convergências no direito civil contemporâneo. Rio de Janeiro: Processo, 2016. p. 130-131.

32. Seja consentido remeter a MONTEIRO FILHO, Carlos Edison do Rêgo. O conceito de dano moral e as relações de trabalho. *Civilistica.com*, a. 3, n. 1, 2014. Disponível em: http://civilistica.com/o-conceito-de--dano-moral-nas-relacoes-de-trabalho. Acesso em: 10 jul. 2021.

Torna-se necessária, assim, interpretação ampliativa no sentido de serem proibidas cláusulas que limitem ou excluam a reparação de danos *materiais ou morais* decorrentes de lesão à pessoa humana. Essa conclusão *se aplica a toda e qualquer relação, de consumo ou civil*. Em síntese, também sob esta perspectiva, o consumidor, vítima da lesão existencial, terá assegurado o direito à reparação integral dos danos sofridos em decorrência de incidentes de segurança com dados pessoais.

4. A NECESSIDADE DE INTERPRETAÇÃO SISTEMÁTICA PARA AS CLÁUSULAS DE NÃO INDENIZAR, AS CLÁUSULAS PENAIS E AS CLÁUSULAS LIMITATIVAS DO OBJETO CONTRATUAL

Passo adiante, se não se admitem cláusulas de não indenizar em caso de incidente de segurança com dados pessoais em relações de consumo, também não se pode permitir que as cláusulas penais e as cláusulas limitativas do objeto contratual gerem o mesmo efeito vedado. Em síntese, nenhuma cláusula pode restringir a reparação integral do consumidor.

Abra-se breve parêntese para que sejam compreendidos os efeitos das cláusulas de não indenizar diante do inadimplemento contratual. Como se sabe, configurando-se a mora do devedor, põe-se ao credor a possibilidade de obter coercitivamente a exata prestação devida, bem como pleitear perdas e danos.[33] Se presente, na relação negocial, cláusula de não indenizar, esta atuará apenas com relação ao segundo efeito (perdas e danos), permanecendo hígido o direito do credor à exata prestação devida. Por outro lado, nos casos de inadimplemento absoluto, afiguram-se cabíveis os instrumentos (i) da resolução contratual[34] e (ii) da execução pelo equivalente,[35] sendo possível, em ambas as situações, o pleito indenizatório. Observe-se que, se pactuada cláusula de não indenizar, apenas a reparação por perdas e danos sofrerá constrição, permanecendo hígido o direito do credor ao equivalente à prestação devida, na hipótese de execução pelo equivalente, bem como à restituição da prestação já cumprida, no caso de resolução contratual.[36]

Então, por exemplo, se se verificar a mora do devedor em contrato de compra e venda de determinado produto tecnológico, o credor terá direito tanto a obter coercitivamente a entrega da coisa quanto a pleitear a reparação por perdas e danos.[37]

---

33. VINEY, Geneviève; JOURDAIN, Patrice. *Traité de droit civil*: les effets de la responsabilité. Paris: L.G.D.J., 2001. p. 29.
34. CHEVALLIER, Jean; BACH, Louis. *Droit civil*. Paris: Sirey, 1995. t. 1. p. 532-533.
35. TERRA, Aline de Miranda Valverde. *Cláusula resolutiva expressa*. Belo Horizonte: Fórum, 2017. p. 136.
36. Seja consentido remeter a CASTRO, Diana Loureiro Paiva de. Cláusulas limitativas e excludentes do dever de indenizar: espécies, efeitos e controle valorativo. In: TERRA, Aline de Miranda Valverde; GUEDES, Gisela Sampaio da Cruz (Coords.). *Inexecução das obrigações*: pressupostos, evolução e remédios. Rio de Janeiro: Processo, 2020. v. 1. p. 339-368.
37. SALEILLES, Raymond. *Étude sur la théorie générale de l'obligation d'après le premier projet de code civil pour l'empire allemand*. Paris: Librairie Générale de Droit et de Jurisprudence, 1925. p. 195-196; SMORTO, Guido. *Il danno da inadempimento*. Padova: CEDAM, 2005. p. 17; MARTINEZ, Pedro Romano. *Da cessação do contrato*. Coimbra: Almedina, 2015. p. 175.

A cláusula de não indenizar apenas atua quanto ao segundo direito. Por outro lado, supondo-se que o credor ainda não tenha cumprido sua prestação e que venha a se configurar o inadimplemento absoluto do devedor nesse mesmo contrato, o credor terá direito à execução pelo equivalente, isto é, ao valor pecuniário correspondente à coisa, bem como à reparação por perdas e danos. A cláusula de não indenizar também somente atua quanto a esse segundo direito.

Fechando-se o parêntese aberto para a compreensão dos efeitos e retornando-se à delimitação de fronteiras, cabe sublinhar que as cláusulas de não indenizar se diferenciam das cláusulas penais que exercem a função de fixar, previamente, o montante de perdas e danos.[38] Em primeiro lugar, enquanto a cláusula penal estipula valor fixo, o ajuste limitativo estabelece teto de reparação e a convenção excludente priva o credor do recebimento da indenização.[39] Há duas outras distinções entre as cláusulas de não indenizar e as convenções penais referidas: enquanto as segundas podem gerar como consequência que o valor pago pelo devedor supere a extensão do dano, nas primeiras isso não acontece, já que a função do ajuste é justamente a de limitar ou excluir (nunca aumentar) a reparação por perdas e danos.[40] Além disso, enquanto o ajuste penal dispensa a comprovação dos prejuízos, tal prova se faz necessária para os pactos de não indenizar.[41]

Ainda que não se confundam tais convenções, a cláusula penal pode gerar, no caso concreto, efeito idêntico ao do pacto limitativo do dever de indenizar: a restrição da reparação por perdas e danos.[42] Nesse ponto, cabe relembrar a regra do artigo 416, parágrafo único, do Código Civil, de que o credor não poderá pleitear indenização suplementar, se a extensão do dano causado for maior do que o montante fixado na cláusula penal, salvo se assim for convencionado pelas partes.[43] Portanto, nas hipóteses em que não for previsto o direito do credor de pleitear os prejuízos excedentes, o pacto penal também poderá exercer, no caso prático, o efeito de limitação da reparação.[44] Adota-se, neste trabalho, a terminologia cláusulas penais *de perfil limitativo* para caracterizar os ajustes penais nesses casos de restrição à reparação integral.

De outro ângulo, as convenções limitativas e excludentes do dever de indenizar se distinguem das cláusulas limitativas do objeto contratual. Isso porque estas atuam no momento fisiológico, enquanto aquelas versam sobre o momento patológico

---

38. THUR, A. von. *Tratado de las obligaciones*. Madrid: Editorial Reus, 1934. p. 235. t. I.
39. CHEVALLIER, Jean; BACH, Louis. *Droit civil*. Paris: Sirey, 1995. t. 1. p. 526; MALAURIE, Philippe; AYNÈS, Laurent. *Cours de droit civil*. Paris: Cujas, 1995. t. VI. p. 503.
40. CARBONNIER, Jean. *Droit civil*. t. 4. Paris: Presses Universitaires de France, 1956. p. 332.
41. A respeito da aproximação entre a cláusula limitativa e a cláusula penal, v. PLANIOL, Marcel; RIPERT, Georges. *Traité pratique de droit civil français*. Paris: Librairie générale de droit et de jurisprudence, 1952. t. VI. p. 549.
42. Sobre o tema da cláusula penal, cf. ROSENVALD, Nelson. *Cláusula penal*: a pena privada nas relações negociais. Indaiatuba: Editora Foco, 2020. p. 117.
43. Art. 416, CC. "Parágrafo único. Ainda que o prejuízo exceda ao previsto na cláusula penal, não pode o credor exigir indenização suplementar se assim não foi convencionado. Se o tiver sido, a pena vale como mínimo da indenização, competindo ao credor provar o prejuízo excedente".
44. TOURNEAU, Philippe le. *La responsabilité civile*. Paris: Dalloz, 1976. p. 119.

da relação obrigacional.[45] É exemplo de cláusula limitativa do objeto contratual a previsão de que o agente deixe de assumir as obrigações de segurança e de proteção de dados pessoais nos tratamentos realizados.

Assim, a cláusula limitativa do objeto contratual se refere à não assunção de determinada obrigação por parte do devedor. Já nas convenções de não indenizar, o devedor assume a obrigação, mas um dos efeitos de seu inadimplemento, o de reparar pecuniariamente o credor, é limitado ou excluído. Permanecem hígidos, portanto, neste último caso, os outros direitos do credor diante do descumprimento: à exata prestação devida, ao equivalente ao devido e à restituição do já cumprido.

Embora não se confundam tais ajustes, a cláusula limitativa do objeto contratual gera, no caso prático, efeito idêntico ao do pacto excludente: a exoneração do dever de indenizar por perdas e danos.[46] No entanto, causa outras consequências ainda mais gravosas, relativas à exclusão dos referidos direitos à exata prestação devida, ao equivalente ao devido e à restituição do já cumprido. Denota-se, assim, a necessidade de controle funcional até mais rigoroso para os ajustes limitativos do objeto contratual.

Por último, diante dessas aproximações de efeitos, faz-se necessária *interpretação sistemática dos requisitos de validade para essas quatro cláusulas* que disciplinam a responsabilidade contratual: (i) penal de perfil limitativo; (ii) limitativa do dever de indenizar; (iii) excludente do dever de indenizar; (iv) limitativa do objeto contratual. Inicia-se a explicação pelo paralelo entre a cláusula penal de perfil limitativo e a cláusula limitativa do dever de indenizar. Depois, se passa para o cotejo entre a cláusula de exoneração do dever de indenizar e a cláusula limitativa do objeto contratual.

A afinidade funcional entre as cláusulas penais de perfil limitativo e as cláusulas limitativas do dever de indenizar se fundamenta, primeiramente, no entendimento de que estruturas diversas podem gerar, concretamente, o mesmo efeito, caso em que receberão normativa equivalente. Assim, causando tanto as cláusulas penais quanto as cláusulas limitativas o efeito de restrição do dever de reparar por perdas e danos, os requisitos tradicionais de validade deverão ser interpretados sistematicamente para os dois ajustes.[47]

Além disso, o avizinhamento funcional se justifica para evitar a burla à lei por parte do devedor. Se as cláusulas penais de perfil limitativo não fossem inválidas nos casos em que os ajustes limitativos do dever de indenizar o são, bastaria a fixação contratual do pacto penal em baixo montante, sem previsão de possibilidade de indenização suplementar, para que o fornecedor escapasse da proibição legal, obtendo justamente o efeito vedado, isto é, a restrição do dever de indenizar.

---

45. MALAURIE, Philippe; AYNÈS, Laurent. *Cours de droit civil*. Paris: Cujas, 1995. t. VI. p. 494-495.
46. MALINVAUD, Philippe; FENOUILLET, Dominique; MEKKI, Mustapha. *Droit des obligations*. Paris: Lexis-Nexis, 2014. p. 619-620.
47. PERLINGIERI, Pietro. *O direito civil na legalidade constitucional*. Rio de Janeiro: Renovar, 2008. p. 118.

Na ponderação entre a autonomia negocial e o princípio da reparação integral,[48]observa-se que os ajustes em análise produzem concretamente semelhante grau de restrição a este princípio. Desse modo, nas hipóteses em que o prato da balança da ponderação se inclina para a prevalência do princípio da reparação integral, invalidando-se as convenções limitativas, não devem ser também admitidas as cláusulas penais de perfil limitativo.[49] A explicação é simples, insista-se: incide idêntica prioridade valorativa.[50]

Assim, em termos práticos, se a extensão do dano causado em decorrência de incidente de segurança com dado pessoal for maior do que o montante de perdas e danos fixado previamente na convenção penal, deverá ser assegurado o direito do consumidor aos prejuízos excedentes, mesmo se assim não tiver sido pactuado expressamente. Afasta-se a incidência do artigo 416, parágrafo único, do Código Civil.

Imaginem-se três cláusulas previstas em contratos de consumo distintos, todas justamente para as hipóteses de reparação de danos decorrentes de incidentes de segurança com dados do consumidor (dados pessoais): (a) uma primeira, penal, que fixa, previamente, o montante de perdas e danos em 500 unidades, sem previsão de possibilidade de indenização suplementar; (b) uma segunda, limitativa, que estabelece o teto de 500 unidades; e (c) uma terceira, de exoneração, que exclui o dever de indenizar. Suponha-se que seja causado, concretamente, dano na extensão de 1.000 unidades. *Tratando-se de incidentes de segurança com dados pessoais em relações de consumo*, não se admitirá o efeito de limitação ou de exclusão do dever de reparar por perdas e danos para nenhuma das três cláusulas, independentemente de ser cláusula penal ou cláusula de não indenizar. A reparação do consumidor será integral para as três hipóteses, ou seja, na extensão de 1.000 unidades. Afinal, o caso é de lesão à pessoa humana consumidora.

Demais disso, os mesmos fundamentos se aplicam para o paralelo entre as cláusulas excludentes do dever de indenizar e as convenções limitativas do objeto contratual. Estas se aproximam daquelas ao também excluírem a reparação por perdas e danos, mas, a rigor, revelam-se ainda mais gravosas aos interesses do consumidor, na medida em que eliminam outros direitos diante do descumprimento.[51]

---

48. PEREIRA, Vinicius. *Cláusula de não indenizar*: entre riscos e equilíbrio. Rio de Janeiro: Lumen Juris, 2015. p. 40.

49. OLIVA, Milena Donato; ABÍLIO, Vivianne da Silveira. A cláusula penal compensatória estipulada em benefício do consumidor e o direito básico à reparação integral. *Revista de Direito do Consumidor* (Revista dos Tribunais Online), v. 105, 2016. p. 7.

50. Seja consentido remeter a MONTEIRO FILHO, Carlos Edison do Rêgo. Rumos cruzados do direito civil pós-1988 e do constitucionalismo de hoje. In: MONTEIRO FILHO, Carlos Edison do Rêgo. *Rumos contemporâneos do direito civil*: estudos em perspectiva civil-constitucional. Belo Horizonte: Fórum, 2017. p. 20.

51. V. MONTEIRO, António Pinto. *Cláusulas limitativas e de exclusão de responsabilidade civil*. Coimbra: Almedina, 2003. p. 116-121; ADRIANO, Germana Carlotta. *Clausole di esonero e di limitazione della responsabilità civile*. Roma: Aracne Editrice, 2009. p. 86-88; PRATA, Ana. *Cláusulas de exclusão e de limitação da responsabilidade contratual*. Coimbra: Almedina, 1985. p. 519.

Nesse sentido, sob pena de fraude à lei, não se admite que a exoneração do dever de indenizar, quando vedada, seja obtida por meio da pactuação de cláusula limitativa do objeto contratual, sob o argumento de que o fornecedor estaria apenas definindo o conteúdo negocial. Como consequência, também as cláusulas limitativas do objeto contratual deverão se submeter ao juízo de merecimento de tutela que faz prevalecer a reparação integral diante de lesão à pessoa humana em relação de consumo.

Desse modo, é proibido que cláusula limitativa do objeto contratual exclua obrigação que, uma vez inobservada, gerará lesão à pessoa humana consumidora. Por exemplo, não se admite que o fornecedor deixe de assumir as obrigações de segurança e de proteção de dados pessoais nos tratamentos realizados.

5. NOTAS CONCLUSIVAS

Em linha tracejada que contenha, em um dos extremos, a plena satisfação do crédito e, no extremo oposto, o seu completo esvaziamento, a cláusula penal, a cláusula limitativa do dever de indenizar, a cláusula excludente do dever de indenizar e a cláusula limitativa do objeto contratual se apresentam em sequência, produzindo esta última efeitos mais gravosos, vez que sequer a obrigação é assumida.

Há, assim, progressiva delimitação da tutela creditícia: inicialmente, nenhuma medida é excluída, mas tão somente limitadas as perdas e danos; em seguida, exonera-se o devedor da obrigação de indenizar, permanecendo hígidos outros efeitos do inadimplemento; ao fim, nenhum remédio restará ao credor. Ocorre, em outras palavras, progressiva transferência de riscos: desde riscos compartilhados entre credor e devedor; passando-se pela transferência parcial de riscos ao credor (relativos à reparação pecuniária) até a transferência integral de riscos.

Em relações de consumo, não será admitido, em todo o caminho da referida linha tracejada, limitar ou excluir a reparação por perdas e danos decorrentes de incidentes de segurança com dados pessoais, seja o dano moral ou material. Para qualquer caso de lesão à pessoa humana consumidora, deve ser integral a reparação dos efeitos dessa lesão. A vulnerabilidade do consumidor é, assim, plenamente tutelada, e seu direito fundamental à proteção dos dados pessoais devidamente resguardado. Concretiza-se, dessa forma, a previsão do artigo 2º, VI, da Lei Geral de Proteção de Dados Pessoais, que elenca a defesa do consumidor como um dos fundamentos da disciplina da proteção de dados pessoais.[52]

6. REFERÊNCIAS BIBLIOGRÁFICAS

ADRIANO, Germana Carlotta. *Clausole di esonero e di limitazione della responsabilità civile*. Roma: Aracne Editrice, 2009.

ALVIM, Arruda; ALVIM, Thereza; ALVIM, Eduardo Arruda; MARINS, James. *Código do consumidor comentado*. São Paulo: Ed. RT, 1995.

---

52. Art. 2º, LGPD. "A disciplina da proteção de dados pessoais tem como fundamentos: (...) VI – a livre iniciativa, a livre concorrência e a defesa do consumidor (...)".

BENJAMIN, Antonio Herman de Vasconcellos. O código brasileiro de proteção do consumidor. *Revista de Direito do Consumidor*, v. 7, 1993.

CARBONNIER, Jean. *Droit civil*. Paris: Presses Universitaires de France, 1956. t. 4.

CASTRO, Diana Loureiro Paiva de. *Potencialidades funcionais das cláusulas de não indenizar*: releitura dos requisitos tradicionais de validade. Dissertação defendida no âmbito do Programa de Pós-Graduação *Stricto Sensu* da Faculdade de Direito da Universidade do Estado do Rio de Janeiro, 2018.

CASTRO, Diana Loureiro Paiva de. Cláusulas limitativas e excludentes do dever de indenizar: espécies, efeitos e controle valorativo. In: TERRA, Aline de Miranda Valverde; GUEDES, Gisela Sampaio da Cruz (Coords.). *Inexecução das obrigações*: pressupostos, evolução e remédios. Rio de Janeiro: Processo, 2020. v. 1.

CASTRO, Diana Loureiro Paiva de; OLIVA, Milena Donato. As cláusulas de não indenizar nas relações de consumo e nos contratos de adesão nas relações civis. *Revista de Direito do Consumidor* (Revista dos Tribunais Online), v. 129, 2020.

CAVALIERI FILHO, Sergio. *Programa de direito do consumidor*. São Paulo: Atlas, 2014.

CHEVALLIER, Jean; BACH, Louis. *Droit civil*. Paris: Sirey, 1995. t. 1.

DIAS, José de Aguiar. *Cláusula de não-indenizar*: chamada cláusula de irresponsabilidade. Rio de Janeiro: Forense, 1980.

DONEDA, Danilo. A proteção dos dados pessoais como um direito fundamental. *Espaço jurídico*, v. 12, n. 2, 2011.

FACHIN, Luiz Edson. *Teoria crítica do direito civil à luz do novo código civil brasileiro*. Rio de Janeiro: Renovar, 2012.

LIMA, Cíntia Rosa Pereira de. Da invalidade da cláusula de não indenizar em matéria de proteção de dados. In: FALEIROS JÚNIOR, José Luiz de Moura; LONGHI, João Victor Rozatti; GUGLIARA, Rodrigo (Coords.). *Proteção de dados pessoais na sociedade da informação*: entre dados e danos. Indaiatuba: Foco, 2021.

MALAURIE, Philippe; AYNÈS, Laurent. *Cours de droit civil*. Paris: Cujas, 1995. t. VI.

MALINVAUD, Philippe; FENOUILLET, Dominique; MEKKI, Mustapha. *Droit des obligations*. Paris: LexisNexis, 2014.

MARQUES, Claudia Lima; BENJAMIN, Antonio Herman V.; MIRAGEM, Bruno. *Comentários ao código de defesa do consumidor*. São Paulo: Ed. RT, 2013.

MARTINEZ, Pedro Romano. *Da cessação do contrato*. Coimbra: Almedina, 2015.

MONTEIRO, António Pinto. *Cláusulas limitativas e de exclusão de responsabilidade civil*. Coimbra: Almedina, 2003.

MONTEIRO FILHO, Carlos Edison do Rêgo. *Responsabilidade contratual e extracontratual*: contrastes e convergências no direito civil contemporâneo. Rio de Janeiro: Processo, 2016.

MONTEIRO FILHO, Carlos Edison do Rêgo. Reflexões metodológicas: a construção do observatório de jurisprudência no âmbito da pesquisa jurídica. *Revista Brasileira de Direito Civil*, v. 9, 2016.

MONTEIRO FILHO, Carlos Edison do Rêgo. Rumos cruzados do direito civil pós-1988 e do constitucionalismo de hoje. In: MONTEIRO FILHO, Carlos Edison do Rêgo. *Rumos contemporâneos do direito civil*: estudos em perspectiva civil-constitucional. Belo Horizonte: Fórum, 2017.

MONTEIRO FILHO, Carlos Edison do Rêgo; CASTRO, Diana Loureiro Paiva de. Dano moral e homo sacer: o problema do Enunciado 385 da Súmula do Superior Tribunal de Justiça e sua recente ampliação. *Revista de Direito Privado*, v. 73, 2017.

MONTEIRO FILHO, Carlos Edison do Rêgo. *Elementos de responsabilidade civil por dano moral.* Rio de Janeiro: Renovar, 2000.

MONTEIRO FILHO, Carlos Edison do Rêgo. O conceito de dano moral e as relações de trabalho. *Civilistica.com*, a. 3, n. 1, 2014. Disponível em: http://civilistica.com/o-conceito-de-dano-moral-nas--relacoes-de-trabalho. Acesso em 10.7.2021.

OLIVA, Milena Donato; ABÍLIO, Vivianne da Silveira. A cláusula penal compensatória estipulada em benefício do consumidor e o direito básico à reparação integral. *Revista de Direito do Consumidor* (Revista dos Tribunais Online), v. 105, 2016.

PEREIRA, Vinicius. *Cláusula de não indenizar*: entre riscos e equilíbrio. Rio de Janeiro: Lumen Juris, 2015.

PERLINGIERI, Pietro. *O direito civil na legalidade constitucional.* Rio de Janeiro: Renovar, 2008.

PLANIOL, Marcel; RIPERT, Georges. *Traité pratique de droit civil français.* Paris: Librairie générale de droit et de jurisprudence, 1952. t. VI.

PRATA, Ana. *Cláusulas de exclusão e de limitação da responsabilidade contratual.* Coimbra: Almedina, 1985.

RODOTÀ, Stefano. *A vida na sociedade de vigilância*: privacidade hoje. Rio de Janeiro: Renovar, 2008.

ROSENVALD, Nelson. *Cláusula penal*: a pena privada nas relações negociais. Indaiatuba: Editora Foco, 2020.

SALEILLES, Raymond. *Étude sur la théorie générale de l'obligation d'après le premier projet de code civil pour l'empire allemand.* Paris: Librairie Générale de Droit et de Jurisprudence, 1925.

SMORTO, Guido. *Il danno da inadempimento.* Padova: CEDAM, 2005.

TEPEDINO, Gustavo. Premissas metodológicas para a constitucionalização do direito civil. In: TEPEDINO, Gustavo. *Temas de direito civil.* Rio de Janeiro: Renovar, 2004.

TEPEDINO, Gustavo. Normas constitucionais e direito civil na construção unitária do ordenamento. In TEPEDINO, Gustavo. *Temas de direito civil.* Rio de Janeiro: Renovar, 2006. t. III.

TEPEDINO, Gustavo. Autonomia privada e cláusulas limitativas de responsabilidade. Editorial. *Revista Brasileira de Direito Civil*, v. 23, 2020.

TERRA, Aline de Miranda Valverde. *Cláusula resolutiva expressa.* Belo Horizonte: Fórum, 2017.

THUR, A. Von. *Tratado de las obligaciones.* Madrid: Editorial Reus, 1934. t. I.

TOURNEAU, Philippe le. *La responsabilité civile.* Paris: Dalloz, 1976.

VINEY, Geneviève; JOURDAIN, Patrice. *Traité de droit civil*: les effets de la responsabilité. Paris: L.G.D.J., 2001.

DISCRIMINAÇÃO ALGORÍTMICA DE PREÇOS, PERFILIZAÇÃO E RESPONSABILIDADE CIVIL NAS RELAÇÕES DE CONSUMO[1]

José Luiz de Moura Faleiros Júnior

Doutorando em Direito Civil pela Universidade de São Paulo – USP/Largo de São Francisco. Doutorando em Direito, na área de estudo 'Direito, Tecnologia e Inovação', pela Universidade Federal de Minas Gerais – UFMG. Mestre e Bacharel em Direito pela Universidade Federal de Uberlândia – UFU. Especialista em Direito Digital. Especialista em Direito Civil e Empresarial. Associado Fundador do Instituto Avançado de Proteção de Dados – IAPD. Membro do Instituto Brasileiro de Estudos de Responsabilidade Civil – IBERC. Advogado e Professor. *E-mail*: jfaleiros@usp.br

Filipe Medon

Doutorando e Mestre em Direito Civil pela Universidade do Estado do Rio de Janeiro (UERJ). Professor Substituto de Direito Civil na Universidade Federal do Rio de Janeiro (UFRJ) e de cursos de Pós-Graduação e Extensão da PUC-Rio, ESA/OAB Nacional, ESA/OAB-RJ, ITS-Rio, Fundação Escola Superior do Ministério Público do Rio Grande do Sul, CERS, IERBB/MP-RJ, Instituto New Law, CEPED-UERJ, EMERJ, CEDIN e do Curso Trevo. Membro da Comissão de Proteção de Dados e Privacidade da OAB-RJ, do Instituto Brasileiro de Estudos de Responsabilidade Civil (IBERC) e do Instituto Brasileiro de Direito de Família. Pesquisador em Gustavo Tepedino Advogados. Advogado. Autor do livro: "Inteligência Artificial e Responsabilidade Civil: autonomia, riscos e solidariedade". Instagram: @filipe.medon

"Too little is known about how the personal information economy works; much of the private sector's actions remain masked by commercial confidentiality and many organisations have yet to recognise the value of greater openness."[2]

– Susanne Lace

Sumário: 1. Introdução – 2. A perfilização para além do mero conceito: notas sobre sua tutela jurídica no Brasil – 3. A discriminação algorítmica de preços e seus desafios – 4. Como fiscalizar abusos algorítmicos? Deveres informacionais e governança de dados como possíveis respostas – 5. Conclusão – 6. Referências bibliográficas

---

1. Este artigo foi originalmente submetido à publicação na *Revista de Direito da Responsabilidade* (Coimbra, ano 3, 2021), que pode ser acessada em: https://revistadireitoresponsabilidade.pt/.
2. LACE, Susanne. The new personal information agenda. In: LACE, Susanne (Ed.). *The glass consumer*: life in a surveillance society Bristol: The Policy Press, 2005. p. 238.

1. INTRODUÇÃO

Algoritmos de Inteligência Artificial estão em toda a parte. Da polícia preditiva, passando pela análise do crédito, pela seleção de currículos em vagas de emprego e pela decisão de quem será atropelado no caso de veículos autônomos. No entanto, tem sido intensamente debatido o inegável e perigoso impacto da utilização de estruturas algorítmicas para a otimização de resultados nas relações de consumo, especialmente no que diz respeito à publicidade comportamental e à contratação eletrônica. É, de fato, a partir dessa modelagem negocial pautada pela coleta massiva de dados pessoais que se tem hoje a possibilidade de estratificação das preferências de consumo, por meio da técnica que a doutrina contemporânea designa como perfilização ou *profiling*, na expressão em língua inglesa.

No Brasil, tais práticas esbarram em limitações normativas inauguradas pelo próprio Código de Defesa do Consumidor (Lei 8.078/1990), a exemplo do direito à proteção contra a publicidade enganosa e abusiva (art. 6º, IV) e da vedação à publicidade discriminatória (art. 37, § 2º). O tema ainda se conecta ao Marco Civil da Internet (Lei 12.965/2014) e à necessária garantia de neutralidade da rede (art. 3º, IV e art. 9º), bem como à Lei Geral de Proteção de Dados Pessoais (Lei 13.709/2018), com destaque para princípios como a finalidade (art. 6º, I), adequação (art. 6º, II), necessidade (art. 6º, III) e, sobretudo, não discriminação (art. 6º, IX), além da previsão expressa quanto à incidência da lei, com todos os seus rigores, aos casos de utilização de dados para a formação do perfil comportamental da pessoa natural (art. 12, § 2º).

Nada obstante, apesar do aumento de normas voltadas à tutela da discriminação causada por algoritmos, ainda são visualizadas cotidianamente diversas distorções no mercado de consumo, que acabam violando tais normas, aproveitando-se da dificuldade de fiscalização desses abusos para continuar lesando direitos numa lógica perversa de custo e benefício: tem valido o risco da transgressão. É tendo este cenário como pano de fundo que o presente artigo buscará investigar como a efetivação dessas normas pode se dar, indo além do mero conceito de perfilização, a partir da estruturação de deveres informacionais específicos e, ainda, por meio da governança de dados, na tentativa de buscar caminhos para concretizar os direitos dos consumidores, que cada vez mais se veem diante de relações assimétricas e díspares, sobretudo em razão da utilização inconsequente de algoritmos indevidamente calibrados.

2. A PERFILIZAÇÃO PARA ALÉM DO MERO CONCEITO: NOTAS SOBRE SUA TUTELA JURÍDICA NO BRASIL

O termo perfilização é mais complexo do que parece. Em simples linhas, pode-se dizer que corresponde à utilização de dados pessoais para categorizar preferências e interesses, usualmente com o intuito de obtenção de alguma vantagem. Entretanto, o próprio termo em inglês (*profiling*) tem origem mais específica, remontando sua origem às Ciências Criminais e à prática investigativa que buscava reconstruir determinado crime a partir da análise detalhada da cena do crime ou do perfil do suposto criminoso. Nunca houve, porém, clareza conceitual quanto à tradução do termo ou à sua aplicação:

> O perfilamento criminal (*criminal profiling*, em inglês), também tem sido denominado de: perfilagem criminal, perfilamento comportamental, perfilhamento de cena de crime, perfilamento da personalidade criminosa, perfilamento do ofensor, perfilamento psicológico, análise investigativa criminal e psicologia investigativa. Por conta da variedade de métodos e do nível de educação dos profissionais que trabalham nessa área, existe uma grande falta de uniformidade em relação às aplicações e definições desses termos. Consequentemente, os termos são usados inconsistentemente e indistintamente.[3]

A técnica pode ser empregada para as mais diversas finalidades, embora a categorização de consumidores seja uma das principais. Além dela, destaca-se, por exemplo, a larga utilização para disseminação de desinformação, como amplamente discutido no contexto das eleições presidenciais norte-americanas de 2016 e do "Brexit" no Reino Unido. Ou, ainda, da utilização por parte da própria Administração Pública, seja para controle alfandegário, seja para segurança pública.

A verdade é que há poucas barreiras para que perfis de usuários sejam criados de modo a viabilizar atividades preditivas. A título exemplificativo, imagine-se a utilização de algoritmos voltados para a análise sobre o padrão de condução que um motorista, com todas as suas habilidades, terá em uma cidade que ainda não conhece e está visitando pela primeira vez, em comparação a um motorista residente naquela localidade. Pense-se, ainda, no motorista de aplicativo, que terá padrão diferente do que um cidadão que pouco dirige a cada dia. A finalidade do algoritmo preditivo será a identificação de padrões para alocação de cada perfil em grupos pré-determinados. A isso se dá o nome de perfilização.[4]

Em síntese, pode-se dizer que tal prática consiste na utilização de grandes acervos de dados, analisados e processados por algoritmos que propiciam "o delineamento do perfil comportamental do indivíduo, que passa a ser analisado e objetificado a partir dessas projeções".[5] Trasponha-se tal lógica para modelos implementados no mercado de consumo e o resultado usualmente envolverá otimizações quanto à veiculação de publicidade,[6] robustecida pela utilização de *cookies*,[7] a precificação e o estímulo ao consumo.

---

3. HEUSI, Tálita Rodrigues. Perfil criminal como prova pericial no Brasil. *Brazilian Journal of Forensic Sciences, Medical Law and Bioethics*, Itajaí, v. 5, n. 3, 2016. p. 237.

4. ZANATTA, Rafael. Perfilização, Discriminação e Direitos: do Código de Defesa do Consumidor à Lei Geral de Proteção de Dados. *ResearchGate*. fev. 2019. Disponível em: https://bit.ly/3hQe5wM. Acesso em: 10 ago. 2021. Segundo o autor, "*profiling* (expressão inglesa de perfilização) significa 'o ato ou processo de extrapolar informação sobre uma pessoa baseado em traços ou tendências conhecidas'".

5. MARTINS, Guilherme Magalhães; LONGHI, João Victor Rozatti; FALEIROS JÚNIOR, José Luiz de Moura. A pandemia da covid-19, o "profiling" e a Lei Geral de Proteção de Dados. *Migalhas*, 28 abr. 2020. Disponível em: https://bit.ly/3lcN34E. Acesso em: 10 ago. 2021.

6. BASAN, Arthur Pinheiro. *Publicidade digital e proteção de dados pessoais*: o direito ao sossego. Indaiatuba: Foco, 2021. p. 131 et seq.

7. *Cookies* são arquivos de texto gerados durante o acesso a um *website* que são gravados no disco rígido do computador para serem utilizados pelo navegador, sendo que alguns (*cookies* temporários) permanecem na

Como ensina Danilo Doneda, a perfilização (*profiling*) permite que grandes acervos de dados sejam utilizados por sociedades empresárias que se dedicam a obter "uma 'metainformação', que consistiria numa síntese dos hábitos, preferências pessoais e outros registros da vida desta pessoa", sendo que "o resultado pode ser utilizado para traçar um quadro das tendências de futuras decisões, comportamentos e destino de uma pessoa ou grupo".[8] Com efeito, pode-se afirmar que esta técnica, em essência, proporciona o aumento do poder contratual do fornecedor, por lhe permitir antecipar as preferências do consumidor[9] a ponto de, até mesmo, predizer seu comportamento negocial,[10] o que pode trazer diversos riscos, sobretudo para a liberdade de contratar, acentuando ainda mais a disparidade de poder inerente às relações de consumo.[11]

Em resposta a tais práticas, a proteção aos grandes fluxos de informações passou a ser objeto de intensa regulamentação, ressaltando-se o Marco Civil da Internet (Lei 12.965, de 23 de abril de 2014), a Lei Geral de Proteção de Dados Pessoais (Lei 13.709, de 14 de agosto de 2018), a Lei de Acesso à Informação (Lei 12.527, de 18 de novembro de 2011) e o Código de Defesa do Consumidor (Lei 8.078, de 11 de setembro de 1990) – apenas para exemplificar.[12]

---

memória RAM e são apagados assim que o programa navegador é encerrado, ao passo que outros (*cookies* permanentes) são gravados no disco rígido quando do término da navegação. Têm por objetivo básico fornecer maior conveniência na utilização da *Internet*, evitando que certos dados precisem ser fornecidos a cada vez que uma página é visitada, e armazenando informações relativas às preferências de um usuário. Para mais detalhes, consultar DENSA, Roberta; DANTAS, Cecília. Notas sobre publicidade digital: cookies e spams. In: MARTINS, Guilherme Magalhães; LONGHI, João Victor Rozatti (Coord.). *Direito digital*: direito privado e Internet. 4. ed. Indaiatuba: Foco, 2021. p. 694-700. Com efeito, a doutrina ainda sinaliza: "(...) um cookie, dependendo de como é feito, tem o poder de coletar informações do usuário como seu número de IP, o navegador e o sistema operacional que utiliza, o horário em que acessou o site, quais áreas do site que visitou mais vezes, de que outro site seu acesso se originou (caso tenha seguido um link), etc. Apenas a primeira informação das listadas acima já bastaria para marcar a invasão da privacidade do usuário. O número de IP (*Internet Protocol*) está para a *Internet* como a impressão digital está para a identificação de pessoas. O IP fornece o provedor, o navegador e o sistema operacional do usuário, por exemplo. Com o número do IP, pode-se (tendo o conhecimento técnico para tanto) facilmente saber a identidade real e a localização de qualquer um que tenha acessado a Internet". QUEIROZ, Danilo Duarte de. Privacidade na Internet. In: REINALDO FILHO, Demócrito (Coord.). *Direito da Informática*: temas polêmicos, Bauru: Edipro, 2002. p. 88.

8. DONEDA, Danilo. *Da privacidade à proteção dos dados pessoais*: elementos da formação da Lei Geral de Proteção de Dados. 2. ed. São Paulo: Thomson Reuters Brasil, 2019. p. 151.

9. Segundo Zanatta, o processo de perfilamento envolve, pelo menos, as etapas de (a) registro dos dados, (b) agregação e monitoramento de dados, (c) identificação de padrões nos dados, (d) interpretação de resultados, (e) monitoramento dos dados para checar resultados e (f) aplicação de perfis. ZANATTA, Rafael. Perfilização, Discriminação e Direitos: do Código de Defesa do Consumidor à Lei Geral de Proteção de Dados. *ResearchGate*. fev. 2019. Disponível em: https://bit.ly/3hQe5wM. Acesso em: 10 ago. 2021. p. 6.

10. MIRAGEM, Bruno. A Lei Geral de Proteção de Dados (Lei 13.709/2018) e o direito do consumidor. *Revista dos Tribunais*, São Paulo, v. 1009, nov. 2019. p. 213.

11. CHANDER, Anupam. *The electronic silk road*: How the web binds the world in commerce. New Haven: Yale University Press, 2013. p. 209. Anota: "Trade creates a web of relationships that can enrich the lives (and finances) of both parties. Of course, trade can also be corrosive, exploiting people who have few opportunities, despoiling the environment, or undercutting local producers through unfair competition. Trade in services poses different risks than trade in goods, threats to privacy and security, and risks associated with the quality of a service."

12. BASAN, Arthur Pinheiro; FALEIROS JÚNIOR, José Luiz de Moura. A proteção de dados pessoais e a concreção do direito ao sossego no mercado de consumo. *Civilistica.com*, Rio de Janeiro, ano 9, n. 3, set.-dez. 2020. p. 17-19.

A construção de semelhante arcabouço protetivo não afasta, contudo, a importância do controle regulatório, como destaca James Beniger, para quem "[c]ada nova inovação tecnológica estende os processos que sustentam a vida social humana, aumentando assim a necessidade de controle e a melhoria da tecnologia de controle."[13] Nesse contexto, William Staples também denuncia os riscos de que a violação a práticas como a perfilização podem causar ao direito fundamental à privacidade,[14] o que também é objeto de preocupação por parte de Michael Froomkin, que ressalta a necessidade de que sejam adotadas contramedidas urgentes a tais práticas, sob pena de estarmos todos vivendo em uma *goldfish bowl*[15] – metonímia utilizada pelo autor para se referir ao aquário transparente no qual peixes-dourados são usualmente expostos, sem qualquer privacidade. Como afirma o juiz e pesquisador norte-americano Frank Pasquele, na atualidade, "importantes autores corporativos detêm um conhecimento sem precedentes das minúcias de nossas vidas diárias, enquanto sabemos pouco ou nada sobre como eles usam esse conhecimento para influenciar as importantes decisões que nós – e eles – tomamos."[16] Trata-se, portanto, "do 'One-Way Mirror': o espelho que só reflete um dos lados, enquanto o outro tudo vê, mas não é visto."[17]

Na LGPD, dispositivo bastante tímido, inserido em um único parágrafo do artigo que cuida da anonimização de dados (artigo 12, § 2º), conceitua a referida prática: "[p]oderão ser igualmente considerados como dados pessoais, para os fins desta Lei, aqueles utilizados para formação do perfil comportamental de determinada pessoa natural, se identificada."

---

13. BENIGER, James R. *The control revolution*: technological and economic origins of the information society. Cambridge: Harvard University Press, 1986. p. 434, tradução livre. No original: "Each new technological innovation extends the processes that sustain human social life, thereby increasing the need for control and for improved control technology."

14. STAPLES, William G. *Encyclopedia of privacy*. Westport: Greenwood Press, 2007. p. 93. Comenta: "Key issues in the debate over the authority to violate personal privacy concern racial or ethnic profiling, wiretapping, monitoring of personal communications via cellular telephones, access to personal records that show the reading habits of private citizens, monitoring of electronic mail and other Internet use, monitoring of personal movement via the Global Positioning System (GPS), and the use of radio frequency identification (RFID) chips to track the movement of pets, personal goods, and items shipped, among others."

15. FROOMKIN, A. Michael. The death of privacy? *Stanford Law Review*, Stanford, v. 32, maio 2000. p. 1465. Diz: "That surveillance technologies threaten privacy may not be breaking news, but the extent to which these technologies will soon allow watchers to permeate modem life still has the power to shock. Nor is it news that the potential effect of citizen profiling is vastly increased by the power of information processing and the linking of distributed databases. We are still in the early days of data mining, consumer profiling, and DNA databasing, to name only a few. The cumulative and accelerating effect of these developments, however, has the potential to transform modem life in all industrialized countries. Unless something happens to counter these developments, it seems likely that soon all but the most radical privacy freaks may live in the informational equivalent of a goldfish bowl."

16. No original: "Important corporate actors have unprecedented knowledge of the minutiae of our daily lives, while we know little to nothing about how they use this knowledge to influence the important decisions that we – and they – make". (PASQUALE, Frank. The black box society: the secret algorithms that control money and information. Cambridge: Harvard University Press, 2015. p. 09).

17. MEDON, Filipe. *Inteligência artificial e responsabilidade civil*: autonomia, riscos e solidariedade. Salvador: JusPodivm, 2020. p. 289.

Segundo Juliano Madalena:

para a correta aplicação do direito na internet, é de suma importância a análise da relação jurídica que dialoga com este fenômeno. (...) Por certo, o regime jurídico da internet obedece complexa tarefa interpretativa, exigindo um esforço multidisciplinar que possibilite a extração do conjunto dos fatos para a constituição de uma matéria. Contudo, considerando os aspectos jurídicos que a internet oferece a vida social e possível assentar a existência de uma disciplina particular do direito que opera criando e balizando regras sociais de direito objetivo e subjetivo.[18]

A doutrina já se dedica à compreensão dos desdobramentos jurídicos dessa prática, antevendo os principais impactos da discriminação algorítmica. A sofisticação é tão grande que até mesmo equipamentos e acessórios de uso pessoal – como *gadgets* e *wearables* (tecnologias vestíveis) – são parte de novas estruturas que catalogam dados e "monitoram a frequência cardíaca e respiratória do indivíduo, além de medirem a intensidade física, os níveis de estresse e as calorias gastas, como se dá com a *PoloTech Shirt*, da grife *Ralph Lauren*."[19] Em contraste ao conforto e à comodidade que tais estruturas – inclusive as vestíveis – proporcionam, surge grande preocupação com violações a direitos básico dos consumidores na sociedade da informação.[20]

A conclusão, ao menos parcial, é a de que os dados pessoais que subsidiam decisões automatizadas acabam sendo coletados, em grande parte, de manifestações voluntárias por parte dos usuários, que os cedem muitas vezes como contrapartida para a participação em "espaços de lazer, como ocorre com as redes sociais, ou, até mesmo, da busca pela saúde, a exemplo da coleta de dados sensíveis das tecnologias vestíveis voltadas para o monitoramento corporal."[21]

3. A DISCRIMINAÇÃO ALGORÍTMICA DE PREÇOS E SEUS DESAFIOS

A discriminação de preços, que é objeto central do presente estudo, é frequentemente levada a efeito por técnicas georreferenciais de conversão proporcional de moedas. Exemplo clássico é do comércio de jogos eletrônicos em plataformas digitais, como Steam, Epic Games, Origin, Ubisoft Connect e outras, nas quais o usuário cria uma conta e indica seu país de residência. A partir disso, o idioma do *software* passa a ser o do país indicado e, na precificação dos produtos digitais (os jogos), em vez de uma conversão de moeda em tempo real (por exemplo, de dólares americanos para reais, conforme a cotação vigente), é apresentado um preço proporcional ao praticado

---

18. MADALENA, Juliano. Regulação das fronteiras da Internet: um primeiro passo para uma teoria geral do direito digital. *In:* MARTINS, Guilherme Magalhães; LONGHI, João Victor Rozatti (Coords.). *Direito digital:* direito privado e Internet. 4. ed. Indaiatuba: Foco, 2021. p. 186.

19. MEDON, Filipe. *Inteligência artificial e responsabilidade civil:* autonomia, riscos e solidariedade. Salvador: JusPodivm, 2020. p. 235.

20. BENÖHR, Iris. *EU consumer law and human rights.* Oxford: Oxford University Press, 2013. p. 212. Anota: "Perhaps more importantly, the current framework of consumer law still lacks a social perspective, making consumer protection subordinate to market-making objectives, and failing to address recent demands of European consumer-citizens."

21. MEDON, Filipe. *Inteligência artificial e responsabilidade civil:* autonomia, riscos e solidariedade. Salvador: JusPodivm, 2020. p. 245.

no varejo do país específico. A prática é denominada de *regional pricing support* e, a partir dela, um consumidor norte-americano paga proporcionalmente mais por um mesmo jogo eletrônico vendido digitalmente do que um consumidor residente no Brasil, se considerada apenas a precificação comparada pela conversão da moeda. O consumidor brasileiro, por sua vez, paga proporcionalmente mais que um consumidor argentino. Tudo em razão de disparidades de valorização das respectivas moedas.[22]

Todavia, tal prática acaba se mostrando imperfeita, já que a utilização de ferramentas tecnológicas como as *Virtual Private Networks – VPNs* permite alterar o *Internet Protocol – IP* do usuário, ludibriando a plataforma para que determinado consumidor pareça estar noutro país, sem que realmente esteja. Com isso, diversas medidas de limitação à alteração do país de residência nessas plataformas de comércio de jogos eletrônicos têm sido implementadas.[23]

Muito diferentes são as práticas identificadas pela doutrina como *geo pricing* e *geo blocking*, que também levam em conta a localização geográfica para precificação algorítmica, mas com nuances próprias. No Brasil, teve grande repercussão o caso da "Decolar.com", que contou com atuação pioneira do Ministério Público do Estado do Rio de Janeiro, que formalizou denúncia, por ocasião dos Jogos Olímpicos do Rio de Janeiro, em 2016, em relação à sociedade empresária que apresentava precificação variável a depender da localização de acesso à plataforma do potencial consumidor.[24] Diante da grande repercussão, passou-se a discutir mais amplamente os limites de tais aferições, de sua utilização e a necessidade de que se conceba uma resposta, pelos direitos fundamentais, à predição algorítmica de comportamentos.[25]

---

22. Sobre isso, cf. JANSKÝ, Petr; KOLCUNOVA, Dominika. Regional differences in price levels across the European Union and their implications for its regional policy. *The Annals of Regional Science*, Cham, v. 58, p. 641-660, 2017.

23. PARKER, Jason. Steam Region Change Now Limited to Enforce Regional Pricing. *E-sportsTalk*, 24 jun. 2021. Disponível em: https://www.esportstalk.com/news/steam-region-change-now-limited-to-enforce--regional-pricing/. Acesso em: 12 ago. 2021.

24. O caso específico teve início a partir da atuação ministerial do Promotor de Justiça Dr. Guilherme Magalhães Martins, à época da 5ª Promotoria de Tutela Coletiva do Consumidor da Capital, do Ministério Público do Estado do Rio de Janeiro, e seguiu, com a instauração de inquérito civil (347/2016) e a propositura de ação civil pública (0111117– 27.2019.8.19.0001) – que também contou com a atuação do Promotor de Justiça Dr. Pedro Rubim Borges Fortes – em face da empresa "Decolar.com". Mais detalhes sobre o caso e sobre a emblemática atuação ministerial podem ser obtidos em. FORTES, Pedro Rubim Borges; MARTINS, Guilherme Magalhães; OLIVEIRA, Pedro Farias. O consumidor contemporâneo no Show de Truman: a geodiscriminação digital como prática ilícita no direito brasileiro. *Revista de Direito do Consumidor*, São Paulo, n. 124, p. 235-260, jul.-ago. 2019; MARTINS, Guilherme Magalhães. O *geopricing* e *geoblocking* e seus efeitos nas relações de consumo. In: FRAZÃO, Ana; MULHOLLAND, Caitlin (Coord.) *Inteligência artificial e direito*: ética, regulação e responsabilidade. São Paulo: Thomson Reuters Brasil, 2019. p. 633-650; MORASSUTTI, Bruno Schimitt. Responsabilidade civil, discriminação ilícita e algoritmos computacionais: breve estudo sobre as práticas de geoblocking e geopricing. *Revista de Direito do Consumidor*, São Paulo, n. 124, p. 213-234, jul.-ago. 2019; FALEIROS JÚNIOR, José Luiz de Moura; BASAN, Arthur Pinheiro. Desafios da predição algorítmica na tutela jurídica dos contratos eletrônicos de consumo. *Revista da Faculdade de Direito da UFRGS*, Porto Alegre, n. 44, p. 131-153, dez. 2020.

25. EDER, Niklas. Privacy, non-discrimination and equal treatment: developing a fundamental rights response to behavioural profiling. *In*: EBERS, Martin; GAMITO, Marta Cantero (Ed.). *Algorithmic governance and governance of algorithms*: Legal and ethical challenges. Cham: Springer, 2021. p. 44-47.

No referido caso, foi instaurado inquérito civil para apurar a ocorrência da discriminação de preços baseada em localização georreferencial, o que deu origem a uma ação civil pública ajuizada perante o Judiciário estadual fluminense e, paralelamente, a Secretaria Nacional do Consumidor – Senacon impôs sanção administrativa (multa) de R$ 7,5 milhões à empresa. O debate, naturalmente, gerou grande repercussão e despertou olhares para o debate jurídico em torno dos limites da perfilização, pois é a partir dela que discriminações levadas a efeito por algoritmos de Inteligência Artificial são perpetradas.

A diferença identificada, nesse caso, em comparação ao das plataformas de comercialização de jogos eletrônicos, envolve o objeto da precificação. A reserva de quartos de hotel ou a compra de passagens aéreas envolve prestação de serviços idêntica para todo consumidor. É diferente, portanto, do *download* realizado num ou noutro país. O hotel ou o voo são os mesmos; o jogo eletrônico, licenciado para venda, varia. Essa diferença é de enorme relevo, tendo em vista que o que a legislação busca combater é a discriminação ilícita e não toda e qualquer discriminação.

Segundo Maria Luiza Kurban Jobim:

> O traço distintivo, portanto, entre o preço dinâmico e o preço personalizado, por mais difícil, na prática, que estes possam se demonstrar, é a relação direta entre a disponibilidade para pagamento inferida pelo fornecedor – a partir de dados pessoais e comportamentais do consumidor – com a fixação do preço. A DAP [disposição a pagar] reflete o valor atribuído pelo indivíduo às mercadorias e serviços que deseja adquirir e se refere ao maior valor monetário que as pessoas estão dispostas a pagar. (...) A lógica adjacente à implementação do preço personalizado tal como concebido no presente é relativamente recente, sendo viabilizada sobretudo pela coleta maciça de dados hoje possível no ambiente virtual.[26]

Outros exemplos podem ser conjecturados a partir dessa diferenciação conceitual e, sem dúvidas, um dos temas de maior relevância no atual contexto dos desafios já envolve a compreensão dos limites de práticas discriminatórias levadas a efeito de forma sofisticada e, por vezes, velada, em função do processamento massivo de dados.

A dificuldade de se investigar eventuais abusos se acirra na exata medida em que são desvendados mecanismos complexos e robustecidos por técnicas preditivas baseadas em *machine learning* (aprendizado de máquina): uma das principais, senão a principal, ferramenta de Inteligência Artificial. Também se torna desafiador o debate em relação à eventual possibilidade de realização de auditoria de algoritmos de Inteligência Artificial aplicados na operacionalização desses sistemas, o que entra em rota de colisão com a necessidade de proteção ao segredo industrial, usualmente invocado como barreira à realização de perícias judiciais e fiscalizações a partir, por exemplo, da norma prevista no parágrafo primeiro do artigo 20 da LGPD.

---

26. JOBIM, Maria Luiza Kurban. Precificação personalizada (personalised pricing): progresso ou retrocesso? Definições e reflexões preliminares a partir da Lei Geral de Proteção de Dados (LGPD) e da Análise Econômica do Direito (AED). In: SARLET, Gabrielle Bezerra Sales; TRINDADE, Manoel Gustavo Neubarth; MELGARÉ, Plínio (Coord.). *Proteção de dados*: temas controvertidos. Indaiatuba: Foco, 2021. p. 257.

No caso envolvendo *geo pricing* e *geo blocking*, um Recurso em Mandado de Segurança levado ao crivo do Superior Tribunal de Justiça resultou em entendimento, consolidado em decisão monocrática, no sentido de que o sigilo excepcionalmente deve imperar no ato processual pericial.[27] Em síntese, mantém-se o processo judicial acessível ao público, mas se atribui o sigilo ao ato pericial para impedir que se escancare ao público detalhes técnicos sobre o código-fonte do algoritmo.

Merece destaque, contudo, o entendimento doutrinário que sinaliza que, "sendo o consumo parte essencial do cotidiano do ser humano e o consumidor o sujeito em que se encerra todo o ciclo econômico, não poderia tal matéria restar esquecida pelos profissionais do direito, homens públicos e cientistas".[28] Não por outra razão, a disciplina do comércio eletrônico[29] floresceu fortemente influenciada pela interpretação ampla do princípio da confiança[30] e dos deveres colhidos da boa-fé objetiva, que geram efeitos sobre prática de precificação, inclusive quando operacionalizadas por algoritmos.[31]

---

27. Eis a ementa: "Recurso ordinário em mandado de segurança. Ação civil pública. Decretação de segredo de justiça. Ilegalidade. Existência. Geodiscriminação. *Geo-pricing. Geo-blocking.* Processo coletivo. Publicidade. Necessidade, com resguardo apenas dos direitos de propriedade intelectual. 1. As práticas de "geodiscriminação" – discriminação geográfica de consumidores –, como o *geo-pricing* e o *geo-blocking*, desenvolvem-se no contexto da sociedade de risco e da informação, por intermédio de algoritmos computacionais, e – se comprovados – possuem a potencialidade de causar danos a número incalculável de consumidores, em ofensa ao livre mercado e à ordem econômica. 2. O processo coletivo, instrumento vocacionado à tutela de situações deste jaez, é moldado pelo princípio da informação e publicidade adequadas (*fair notice*), segundo o qual a existência da ação coletiva deve ser comunicada aos membros do grupo. 3. A publicidade, erigida a norma fundamental pelo novo Código de Processo Civil (Art. 8º), garante transparência e torna efetivo o controle da atividade jurisdicional, motivo pelo qual também representa imperativo constitucional conforme se depreende do *caput* do art. 37 e do inciso IX do art. 93. 4. Não se desconhece que, em hipóteses excepcionais, é possível a decretação de sigilo de processos judiciais, conforme dispõe o art. 189 do CPC/2015. No entanto, na hipótese, tendo em vista os princípios que informam o processo coletivo e as garantias constitucionais e legais que socorrem os consumidores, o que na verdade atende o interesse público ou social é a publicidade do processo, que versa sobre possível prática de "geodiscriminação". 5. Outrossim, conforme requerido pelo próprio Ministério Público do Estado do Rio de Janeiro e com o escopo de, a um só tempo, resguardar o interesse público e preservar direitos de propriedade intelectual, considero razoável a manutenção do segredo de justiça tão somente no que diz respeito ao algoritmo adotado pela Decolar. com Ltda. e à eventual perícia de informática relativa a tal algoritmo em toda a base de dados adotada para a operação do sistema de reservas eletrônicas. 6. Recurso ordinário em mandado de segurança conhecido e parcialmente provido." (STJ, RMS 61.306/RJ, rel. Min. Luis Felipe Salomão, *DJe* 10 dez. 2019).

28. AMARAL, Luiz Otávio de Oliveira. *Teoria geral do direito do consumidor*. São Paulo: Ed. RT, 2010. p. 19.

29. Em interessante investigação, Claudia Lima Marques analisa os impactos ultrafronteiriços da Internet sobre o comércio eletrônico – na mesma linha do que pontua o já citado Lorenzetti, uma vez que "a distância física pode causar insegurança quanto às informações, a qualidade e as garantias para esse contrato." MARQUES, Claudia Lima. Normas de proteção do consumidor (especialmente, no comércio eletrônico) oriundas da União Europeia e o exemplo de sua sistematização no Código Civil alemão de 1896 – notícia sobre as profundas modificações no BGB para incluir a figura do consumidor. *Revista de Direito Privado*, São Paulo, v. 1, n. 4, out. 2000. p. 70.

30. Confira-se, por todos: MARQUES, Claudia Lima. *Confiança no comércio eletrônico e a proteção do consumidor*: um estudo dos negócios jurídicos de consumo no comércio eletrônico. São Paulo: Revista dos Tribunais, 2004. p. 35; MIRANDA, José Gustavo Souza. A proteção da confiança nas relações obrigacionais. *Revista de Informação Legislativa*, Brasília, a. 38, n. 153, jan.-mar. 2002. p. 137 et seq.

31. Visando evitar discriminações e atendendo aos objetivos fundamentais da Constituição da República, em especial ao de promover o bem de todos, sem preconceitos de origem, raça, sexo, cor, idade e quaisquer outras formas de discriminação, o CDC consagrou como direitos básicos do consumidor a liberdade de

Em síntese, a oferta de um produto ou serviço no mercado acarreta a possibilidade de que qualquer consumidor efetue a sua contratação, ainda que eletronicamente, mas desde que esteja disposto a pagar o preço exigido e contanto que lhe sejam garantidos critérios justos de oferta, preço e acesso. Em razão disso, a lei proíbe que o fornecedor faça distinção de valores ou que realize ofertas contendo qualquer forma de indução exagerada (inclusive a partir da formação do perfil de consumo), conforme expressamente prevê o CDC:

> Art. 39. É vedado ao fornecedor de produtos ou serviços, dentre outras práticas abusivas: [...]
>
> II – recusar atendimento às demandas dos consumidores, na exata medida de suas disponibilidades de estoque, e, ainda, de conformidade com os usos e costumes; [...]
>
> IX – recusar a venda de bens ou a prestação de serviços, diretamente a quem se disponha a adquiri-los mediante pronto pagamento, ressalvados os casos de intermediação regulados em leis especiais.

Como se pode notar, a própria norma consumerista somente permite a recusa nos casos excepcionais de intermediação regulados em leis especiais. E tal proibição de discriminação é de tamanha importância jurídica que a recusa de venda de bens e produtos oferecidos no mercado chega a configurar crime contra as relações de consumo, nos termos da Lei 8.137/1990:

> Art. 7º Constitui crime contra as relações de consumo: I – favorecer ou preferir, sem justa causa, comprador ou freguês, ressalvados os sistemas de entrega ao consumo por intermédio de distribuidores ou revendedores; [...] VI – sonegar insumos ou bens, recusando-se a vendê-los a quem pretenda comprá-los nas condições publicamente ofertadas, ou retê-los para o fim de especulação.

Dessa maneira, o CDC se ancora na ideia de que a liberdade de escolha e a igualdade nas contratações devem ser respeitadas nas relações jurídicas consumeristas, visando consagrar uma sociedade plural mas, do mesmo modo, igualitária no que se refere ao exercício de direitos no mercado de consumo.[32] Quando empregado de modos incompatíveis, o "profiling" pode acabar desatendendo a esse postulado,

---

escolha e a igualdade na aquisição de bens e serviços. Nesse sentido, vale lembrar, inclusive, o artigo 2º da Declaração Universal de Direitos Humanos: "Não será também feita nenhuma distinção fundada na condição política, jurídica ou internacional do país ou território a que pertença uma pessoa, quer se trate de um território independente, sob tutela, sem governo próprio, quer sujeito a qualquer outra limitação de soberania." ORGANIZAÇÃO DAS NAÇÕES UNIDAS. Assembleia Geral das Nações Unidas. *Declaração Universal dos Direitos Humanos*. Paris. 10 dez. 1948. Disponível em: https://nacoesunidas.org/wp-content/uploads/2018/10/DUDH.pdf. Acesso em: 11 ago. 2021.

32. Sobre o tema, Cristina Coteanu anota o seguinte: "With the advent of the electronic marketplace, the traditional view about the role of the principle of fair trading in completing legal systems changes. (...) Whilst it can be considered that the fair-trading principle might be an adequate principle for regulating consumer protection in its relation with the Internal Market, within the electronic marketplace, its effectiveness encounters difficulties. Problems may arise relating to the unified interpretation of concepts in the effective application of this principle, such as: 'unfair commercial practices,' 'distort economic behaviour,' 'reasonable expectations of average consumer,' 'vulnerable consumers' etc. A unified approach at international level would help to lessen the significant semantic differences in the application of the fair-trading principle in different stages of the B2C commercial relationships." COTEANU, Cristina. *Cyber consumer law and unfair trading practices*. Londres: Routledge, 2005. p. 208.

ao permitir a conjugação de informações variadas, tais como hábitos de consumo, histórico de compras, além de dados cadastrais do consumidor para a formação e categorização de perfis que segregam e que são submetidos ao crivo de algoritmos, gerando eventuais distorções e discriminações, embora não se possa dizer que é o próprio algoritmo o responsável por discriminar.

4. COMO FISCALIZAR ABUSOS ALGORÍTMICOS? DEVERES INFORMACIONAIS E GOVERNANÇA DE DADOS COMO POSSÍVEIS RESPOSTAS

As contratações eletrônicas marcam a transformação do comércio eletrônico, no qual se situa o debate em torno de abusos algorítmicos, inclusive no contexto da precificação discriminatória. De fato, é preciso lembrar que a doutrina dos contratos eletrônicos surgiu para garantir a observância a preceitos tradicionais da disciplina da contratualística em novos formatos, o que trouxe à tona desafios igualmente novos e decorrentes de ilegalidades e abusividades que foram sendo enfrentados ao longo de mais de duas décadas de existência do CDC[33] exatamente para que a disciplina jurídica pudesse manter sua higidez, em observância à almejada confiança.

Embora a proteção conferida às relações de consumo seja, em princípio, mais intensa,[34] os contratos eletrônicos de consumo foram, enfim, consolidados na disciplina consumerista como desdobramentos integrados ao ordenamento pela boa-fé objetiva em sua tríplice função.[35] O tema é repleto de peculiaridades, a ponto de a doutrina cunhar o termo ciber-consumidor[36] para se referir ao usuário-internauta

---

33. MIRAGEM, Bruno. The illegal and abusive: proposals for a systematic interpretation of abusive practices in the 25 years of the Consumer Defense Code. In: MARQUES, Claudia Lima; WEI, Dan (Eds.). *Consumer law and socioeconomic development*: national and international dimensions. Cham: Springer, 2017. p. 253 et seq.

34. Segundo a doutrina: "Crucially, the fact that Brazilian consumer law is underpinned by the concept of the 'vulnerable consumer' means that it does not adopt the contract as the fundamental basis of consumer protection. The objective is to place consumption in a much broader context including pre-and post–contractual phases. Consumption is thus seen as independent of the existence of a contract." SIMPSON, Robin. A universal perspective on vulnerability: international definitions and targets. In: RIEFA, Christine; SAINTIER, Séverine (Ed.). *Vulnerable consumers and the law*: consumer protection and access to justice. Londres: Routledge, 2021. p. 40. Valioso lembrar, ainda, o que apontam Louise Teitz e David Stewart quanto à educação para o consumo, com reverberações nas etapas pré e pós-contratuais e impactos transnacionais: "Private international law can contribute to the avoidance as well as the resolution of disputes at the level of the individual consumer. Educating consumers and providing them with the information and means to avoid exploitation in the first instance reduces the need for governmental enforcement. Establishing effective measures for the prompt resolution of B2C disputes can frequently be a more effective solution than after-the-fact governmental enforcement." TEITZ, Louise Ellen; STEWART, David P. International consumer protection and private international law. In: MARQUES, Claudia Lima; WEI, Dan (Ed.). *Consumer law and socioeconomic development*: national and international dimensions. Cham: Springer, 2017. p. 70.

35. MARTINS, Guilherme Magalhães. *Contratos eletrônicos de consumo*. 3. ed. São Paulo: Atlas, 2016. p. 118.

36. A expressão é sugerida pela doutrina portuguesa, tendo aparecido nos escritos de Elsa Dias Oliveira, que, em síntese, descreve que aquele "celebra contratos através da Internet (...), [é] correntemente designado por consumidor internauta ou ciber-consumidor". OLIVEIRA, Elsa Dias. *A protecção dos consumidores nos contratos celebrados através da Internet*. Coimbra: Almedina, 2002. p. 57. No Brasil, de modo semelhante, a terminologia foi apresentada, com pioneirismo, por Claudia Lima Marques, se reportando aos estudos de

que firma contratos eletrônicos de consumo. E tal investigação se torna ainda mais desafiadora quando analisada em razão da utilização de algoritmos de Inteligência Artificial,[37] que, como descreve Lauren Scholz, repercutem sobre a disciplina jurídica dos contratos:

> Esta abordagem, para avaliar contratos algorítmicos, apresenta resultados melhores ao atingir as metas de redução de externalidades e preservação do jogo justo no comércio do que no *status quo* ambíguo de ignorar contratos algorítmicos como uma categoria especial de acordos. A abordagem faz isso ao mesmo tempo em que faz jus às ações e riscos assumidos pelas partes do acordo. Dito de outra forma, esta abordagem multifacetada para contratos algorítmicos permite que a lei mantenha acordos algorítmicos quando eles são feitos de forma justa, mas produz reequilíbrio justamente quando eles não são.[38]

Tem-se a expectativa de que agentes de tratamento de dados adotem posturas de conformidade e adesão a parâmetros regulatórios que aclarem a interseção entre a tutela da privacidade e a proteção das relações de consumo.[39] Para isso, deveres específicos devem ser assumidos por controladores e operadores que exploram atividades econômicas em mercados ricos em dados.

Não é por outra razão que a LGPD consagrou o dever de segurança dos dados, em seu artigo 46, que trata da imprescindibilidade de resguardo aos direitos fundamentais que consolidam a proteção de dados pessoais, impondo a controladores e operadores o zelo por seus sistemas.[40] Dito de outro modo, o dispositivo estabeleceu

---

Thibault Verbiest. MARQUES, Claudia Lima. *Confiança no comércio eletrônico e a proteção do consumidor*: um estudo dos negócios jurídicos de consumo no comércio eletrônico. São Paulo: Ed. RT, 2004. p. 57. Ainda, pode-se mencionar o conceito bastante assertivo de Pedro Modenesi, que descreve o ciber-consumidor como "o civil ou leigo que adquire produto ou serviço, pela Internet, de um fornecedor (empresário ou profissional)." MODENESI, Pedro. Contratos eletrônicos de consumo: aspectos doutrinário, legislativo e jurisprudencial. In: MARTINS, Guilherme Magalhães; LONGHI, João Victor Rozatti (Coords.). *Direito digital*: direito privado e Internet. 4. ed. Indaiatuba: Foco, 2021. p. 564.

37. GOETTENAUER, Carlos Eduardo. Algoritmos, inteligência artificial, mercados. Desafios ao arcabouço jurídico. In: FRAZÃO, Ana; CARVALHO, Angelo Gamba Prata de (Coords.). *Empresa, mercado e tecnologia*. Belo Horizonte: Fórum, 2019. p. 271-274.

38. SCHOLZ, Lauren H. Algorithmic contracts. *Stanford Technology Law Review*, Stanford, v. 20, n. 2, p. 128-168, set.-dez. 2017, p. 167, tradução livre. No original: "This approach to evaluating algorithmic contracts does a better job at achieving the goals of reducing externalities and preserving fair play in commerce than the ambiguous status quo of ignoring algorithmic contracts as a special category of agreement. The approach does this while doing justice to the actions and risks assumed by the parties to the agreement. Put another way, this multi-pronged approach to algorithmic contracts allows the law to uphold algorithmic agreements when they are fairly made, but rightfully gives relief when they are not."

39. STUCKE, Maurice E.; GRUNES, Allen P. *Big Data and competition policy*. Oxford: Oxford University Press, 2016. p. 276. Anotam: "The first signpost of progress is when the agencies and courts recognize the competitive implications of data and how privacy protection can be an important parameter of non-price competition in a post-industrial economy. The next signpost is when they move beyond what is quantifiable to what is important, and beyond their price – centric tools to legal standards and presumptions that capture these important non – price parameters of competition."

40. SILVA, Alexandre Barbosa da; FRANÇA, Philip Gil. Novas tecnologias e o futuro das relações obrigacionais privadas na era da inteligência artificial: a preponderância do "Fator Humano". In: EHRHARDT JÚNIOR, Marcos; CATALAN, Marcos; MALHEIROS, Pablo (Coords.). *Direito civil e tecnologia*. Belo Horizonte: Fórum, 2020. p. 507. Anotam: "Padrões éticos e de moralidade precisam ser estabelecidos para que um mínimo de segurança exista no desenvolvimento das relações interativas na realidade virtual digital. Tal indicação

nuances para a tutela da responsabilidade civil em razão de danos decorrentes desse valor imperativo (segurança dos dados), delimitando um critério geral de imputação lastreado na verificação, no mapeamento e na demonstração dos resultados e riscos do tratamento, sob pena de se ter um tratamento irregular de dados (art. 44, II, LGPD) na prestação de serviços por parte dos provedores, com emanação lastreada na ruptura de uma expectativa legítima (que ultrapassa a concepção de 'defeito') quanto à segurança dos processos de coleta, tratamento e armazenagem de dados.

Referida previsão é bastante similar àquela prevista pelo Regulamento Geral de Proteção de Dados europeu,[41] com destaque para seu artigo 2º, que elenca como fundamentos o respeito à privacidade, a autodeterminação informativa, a liberdade de expressão, de informação, de comunicação e de opinião, a inviolabilidade da intimidade, da honra e da imagem, o direito ao livre desenvolvimento da personalidade, o desenvolvimento econômico e tecnológico, a livre iniciativa, a livre concorrência e a defesa do consumidor.[42]

No Brasil, quando se prima pela previsibilidade de certos riscos a partir de uma 'atuação em conformidade[43] para o controle da responsabilização erigida pelo novo marco regulatório,[44] na linha do que já vem sinalizando a doutrina estrangeira,[45]

é necessária, pois desenvolver-se por meio da interação com elementos exógenos e endógenos não é uma opção para o ser humano, mas, sim, um caminho inescapável. Contudo, nesse contexto, algumas perguntas que se sobressaem são: até quando, de que forma e qual será o preço desse desenvolvimento do ser humano ante as realidades virtuais que cria?"

41. CASTRO, Catarina Sarmento e. *Direito da informática, privacidade e dados pessoais.* Coimbra: Almedina, 2005. p. 229.

42. CORDEIRO, A. Barreto Menezes. *Direito da proteção de dados.* Coimbra: Almedina, 2020. p. 326-335 e 346-347.

43. BIONI, Bruno Ricardo. *Proteção de dados pessoais:* a função e os limites do consentimento. Rio de Janeiro: Forense, 2019. p 165.

44. Sobre o tema, anota a doutrina: "Dúvidas não há, diante do cenário de mudança já delineado no presente artigo, que a atuação em conformidade com a LGPD demandará a estruturação de mecanismos (técnicos e organizacionais) robustos direcionados exclusivamente a assegurar o respeito à legalidade no tratamento de dados pessoais. Além de garantir a conformidade com as demais normas da LGPD, os agentes de tratamento devem construir estruturas que permitam o atendimento a diversos outros deveres específicos, associados a boas práticas corporativas. É o caso (i) do dever de manter registro de todas as atividades de tratamento realizadas (art. 37); (ii) da apresentação, pelo controlador, quando requisitado, de relatório de impacto à proteção de dados pessoais (art. 38); (iii) da observância, por ambos os agentes de tratamento, das normas de segurança (art. 46) – que, se não comprovadas, induzem à sua automática responsabilização (art. 44, parágrafo único); e, ainda (iv) da comprovação da efetividade do programa de governança em privacidade adotado, nos termos do art. 50, § 2º, inciso II. Identificar quais medidas organizacionais e técnicas deverão ser adotadas na construção de um programa de compliance de dados pessoais não consiste em tarefa simples e, na ausência de outros parâmetros, parece adequado recorrer às orientações extraídas da própria LGPD, bem como às bases previamente estabelecidas em áreas, como a legislação antitruste e anticorrupção, em que se debatem os requisitos de programas de compliance efetivos." FRAZÃO, Ana; OLIVA, Milena Donato; ABÍLIO, Vivianne da Silveira. Compliance de dados pessoais. In: TEPEDINO, Gustavo; FRAZÃO, Ana; OLIVA, Milena Donato (Coords.). *Lei Geral de Proteção de Dados Pessoais e suas repercussões no direito brasileiro.* São Paulo: Thomson Reuters Brasil, 2019,.p. 698-699.

45. AYRES, Ian; BRAITHWAITE, John. *Responsive regulation:* transcending the deregulation debate. Oxford: Oxford University Press, 1992. p. 135. Destacam: "Dominant firms are larger and seem to take the lead in setting price and other competitive variables, whereas the smaller fringe firms are followers, more passively matching the competitive decisions of the dominant firm(s)."

exige-se uma série de medidas de comprovação de boas práticas[46] que, se presentes, moldarão o espectro de aferição da má conduta geradora de responsabilidade. Trabalha-se, assim, em termos de responsabilidade civil, com uma renovada função preventiva[47] que revela nítido alinhamento entre os modelos europeu e brasileiro:

> Há grande semelhança quando se compara os direitos europeu e brasileiro sob esse ponto de vista. Afinal, a grande inovação que a LGPD operou no ordenamento jurídico brasileiro pode ser compreendida exatamente na instituição de um modelo *ex-ante* de proteção de dados. Fundamenta-se esse conceito no fato de que não existem mais dados irrelevantes diante do processamento eletrônico e ubíquo de dados na sociedade da informação. Considerando que os dados pessoais são projeções diretas da personalidade, qualquer tratamento de dados acaba por influenciar a representação da pessoa na sociedade, podendo afetar sua personalidade e, portanto, tem o potencial de violar os seus direitos fundamentais.[48]

Nesse contexto específico, inúmeras ações podem (e devem) ser implementadas por quem detém o poder sobre os sistemas, a fim de salvaguardar os riscos relacionados à proteção de dados dos usuários que se valem de um serviço específico e para que haja lisura nas operações de tratamento. Práticas como a minimização do volume de processamento de dados pessoais (*privacy by design*),[49] a anonimização,[50] a permissibilidade ao monitoramento do tratamento pelo titular dos dados e até mesmo a realização de treinamentos regulares com as equipes são exemplos de ações que fomentam uma cultura de prevenção.

É fundamental, assim, que se tenha em conta que cada política ou boa prática de segurança de dados envolverá a articulação de algum objetivo independente e igualmente desejável por controladores e operadores. Como consequência disso, a responsabilização por tratamento irregular de dados (art. 44 da LGPD) pressuporá o equacionamento do enfrentamento das ações cabíveis e regularmente esperadas do respectivo agente para que seja possível promover o reequilíbrio das tensões causadas durante tais operações e que culminem na perda da autodeterminação

---

46. JACKMAN, David. *The compliance revolution*: how compliance needs to change to survive. Nova Jersey: John Wiley & Sons, 2015. p. 68. Destaca: "The embedding of corporate culture is a priority for compliance departments because a pro-compliance culture will deliver so many of the regulatory objectives, in theory, without too much intervention or cajoling by compliance."

47. ROSENVALD, Nelson; OLIVEIRA, Fabrício de Souza. *O ilícito na governança dos grupos de sociedades.* Salvador: JusPodivm, 2019. p. 331. Destacam os autores: "O modelo jurídico da responsabilidade civil é por essência cambiante, extremamente sensível aos influxos econômicos e sociais. Na sociedade de riscos, um altivo papel do ordenamento jurídico consiste em induzir, de forma generalizada, comportamentos virtuosos, orientando potenciais ofensores a adotar medidas de segurança a evitar condutas danosas. Uma ode à virtude da 'previdência' (olhar antes)."

48. BIONI, Bruno Ricardo; MENDES, Laura Schertel. Regulamento Europeu de Proteção de Dados Pessoais e a Lei Geral brasileira de Proteção de Dados: mapeando convergências na direção de um nível de equivalência. In: TEPEDINO, Gustavo; FRAZÃO, Ana; OLIVA, Milena Donato (Coords.). *Lei Geral de Proteção de Dados Pessoais e suas repercussões no direito brasileiro.* São: Paulo: Thomson Reuters Brasil, 2019. p. 810-811.

49. NARAYANAN, Arvind; SHMATIKOV, Vitaly. Myths and fallacies of personally identifiable information. *Communications of the ACM*, Austin, v. 53, n. 6, jun. 2010. p. 24.

50. CAVOUKIAN, Ann; CASTRO, Daniel. Big Data and innovation, setting the record straight: de-identification does work. *The Information Technology & Innovation Foundation*, Ontario, jun. 2014. p. 1.

informativa (ou, noutros dizeres, em verdadeira manipulação do controle exercido pelo consumidor sobre sua decisão).[51]

Nessa direção, é digna de nota a contribuição de Ernest Weinrib, que destaca serem autônomos os objetivos aferidos como justificações independentes da lei de regência, às quais são aplicadas, e quanto à independência entre umas e outras, para que possam representar impulsos normativos incompatíveis que precisam ser equilibrados.[52] E, reforçando essa ideia, é importante registrar que a remissão feita ao CDC no artigo 45 da LGPD não a afasta; em verdade, revela a necessidade de verdadeiro diálogo de fontes a fim de efetivar a proteção do ciberconsumidor.

Em um período no qual o bem-estar dos indivíduos e das sociedades passou a depender fortemente das Tecnologias de Informação e Comunicação (TICs),[53] o papel de institutos jurídicos tradicionais, por sua vez, passou a impor revisitações para que direitos fundamentais possam ser preservados. Na Internet, sendo a privacidade o mais evidente desse rol de direitos, novos riscos capazes de ameaçá-la demandam intervenções estruturais voltadas a esse viés de prevenção.[54]

Na seara pré-contratual, a lisura e a transparência são esperadas como desdobramentos da boa-fé objetiva que rege as relações de consumo e pela qual se permite integrar a norma jurídica para a junção do 'dever fundamental' de proteção (segura) dos dados pessoais, emanado da LGPD, aos deveres de respeito à própria

---

51. WERTHEIN, Jorge. A sociedade da informação e seus desafios. *Ciência da Informação*, Brasília, v. 29, n. 2, p. 71-77, maio-ago. 2000. p. 76. Comenta: "A perda do sentimento de controle sobre a própria vida e a perda da identidade são temas que continuam preocupantes e que estão ainda por merecer estratégias eficientes de intervenção."

52. WEINRIB, Ernest J. The disintegration of duty. In: MADDEN, M. Stuart (Ed.). *Exploring tort law*. Cambridge: Cambridge University Press, 2005. p. 177-178. O autor ainda comenta: "In these circumstances there can only be different specific kinds of duty, with each kind representing the particular policies or the particular balance among policies that are recognized as decisive in situations of that sort. Moreover, the conception of duty is inwardly fragmented into the various policies that favor one party or the other. The duty issue is therefore seen as the locus not for defining the wrong identically from the standpoint of both parties, but for forwarding or balancing policies that rest on considerations that apply differently to each of them."

53. BUCKLAND, Michael. *Information and society*. Cambridge: The MIT Press, 2017. p. 51. Comenta: "Sensing significant developments in one's environment and seeking to influence others – becoming informed and informing others – are basic to survival. In human societies, these interactions are largely and increasingly achieved through documents. When we speak of a community knowing something, it commonly means that some of the individuals in a community know something. The ability to influence what is known within a group can have important political, economic, and practical consequences. What people know is a constituent part of their culture and knowing, believing, and understanding always occurs within a cultural context. In this way, information always has physical, mental, and social aspects that can never be fully separated."

54. NISSENBAUM, Helen. *Privacy in context*: technology, policy, and the integrity of social life. Stanford: Stanford University Press, 2010. p. 231. Anota: "We have a right to privacy, but it is neither a right to control personal information nor a right to have access to this information restricted. Instead, it is a right to live in a world in which our expectations about the flow of personal information are, for the most part, met; expectations that are shaped not only by force of habit and convention but a general confidence in the mutual support these flows accord to key organizing principles of social life, including moral and political ones. This is the right I have called contextual integrity, achieved through the harmonious balance of social rules, or norms, with both local and general values, ends, and purposes. This is never a static harmony, however, because over time, conditions change and contexts and norms evolve along with them."

boa-fé objetiva e à proteção das relações de consumo, já delimitados como *standards* normativo-comportamentais no Código de Defesa do Consumidor.[55] Isso porque "os fornecedores que conduzem negócios por meio eletrônico na Internet devem esclarecer como coletam e usam os dados dos consumidores, em face do direito de informação por estes titularizado (art. 6º, III, da Lei 8.078/1990)".[56]

Nesse plano, considerando-se que a proteção da privacidade e dos dados pessoais é melhor estruturada quando existente o desejável rol de boas práticas (que se traduzem, ao fim e ao cabo, no imperativo da prevenção[57]), tradicionalmente delineado por corporações que exploram atividades voltadas a mercados ricos em dados (*data-rich markets*), e, por serem tais corporações as detentoras do controle de arquitetura e programação das plataformas onde se operam tais transações, a partir de algoritmos hipercomplexos (verdadeiras 'caixas-pretas'[58]), o que se observa é sua sobrepujança ao *animus* regulatório e fiscalizatório de um Estado particularmente frágil, "no qual os mecanismos de controle de preços são mefistolicamente exercidos pelos oligopólios; no qual a sedução exercida pela publicidade e pelo *marketing* agressivo ultrapassa os limites do inverossímil (...)".[59]

Para combater essa situação, não se pode admitir a adoção abusiva de práticas discriminatórias na Internet, que impedem até mesmo a concretização de direitos humanos já consolidados.[60] Em conclusão, ao se perquirir as nuances relativas à

---

55. MARQUES, Claudia Lima. *Contratos no Código de Defesa do Consumidor*. 8. ed. São Paulo: Ed. RT, 2016. p. 810; MIRAGEM, Bruno. Função social do contrato, boa-fé e bons costumes: nova crise dos contratos e a reconstrução da autonomia negocial pela concretização das cláusulas gerais. In: MARQUES, Claudia Lima (Org.). *A nova crise do contrato*. São Paulo: Ed. RT, 2007. p. 176-200.

56. MARTINS, Guilherme Magalhães. *Responsabilidade civil por acidente de consumo na Internet*. 3. ed. São Paulo: Ed. RT, 2020. p. 360 et seq.

57. Analisando a existência de uma 'função proativa' da responsabilidade civil, que consiste na possibilidade de que se exija atitudes conscientes, diligentes e, de fato, proativas por parte das empresas em relação à utilização dos dados pessoais, conferir: MORAES, Maria Celina Bodin de; QUEIROZ, João Quinelato de. Autodeterminação informativa e responsabilização proativa. In: Proteção de dados pessoais: privacidade versus avanço tecnológico. *Cadernos Adenauer*, Rio de Janeiro, ano XX, n. 3, p. 113-125, 2019.

58. PASQUALE, Frank. *The black box society*: the secret algorithms that control money and information. Cambridge: Harvard University Press, 2015. p. 6-7. Anota: "Real secrecy establishes a barrier between hidden content and unauthorized access to it. We use real secrecy daily when we look our doors or protect our e-mail with passwords. Legal secrecy obliges those privy to certain information to keep it secret; a bank employee is obliged both by statutory authority and by terms of employment not to reveal customers' balances to his buddies. Obfuscation involves deliberate attempts at concealment when secrecy has been compromised. For example, a firm might respond to a request for information by delivering 30 million pages of documents, forcing its investigator to waste time looking for a needle in a haystack. And the end result of both types of secrecy, and obfuscation, is opacity, my blanket term for remediable incomprehensibility."

59. DE LUCCA, Newton. A proteção dos consumidores no âmbito da internet. *In:* LIMA, Cíntia Rosa Pereira de; NUNES, Lydia Neves Bastos Telles (Coords.). *Estudos avançados de direito digital*. Rio de Janeiro: Elsevier, 2014. p. 97.

60. ZARREHPARVAR, Mandana. A nondiscriminatory information society. In: JØRGENSEN, Rikke Frank (Ed.). *Human rights in the global information society*. Cambridge: The MIT Press, 2006. p. 233. Aduz: "No other human rights can be claimed if the nondiscrimination principle is not applied. Nondiscrimination is the principle that makes the other rights operational and, in a sense, makes human rights universal, not only

efetiva prevenção para a tutela das relações jurídicas de consumo (e, efetivamente, às contratações eletrônicas de consumo) na Internet, impõe-se verificar a existência de deveres de governança como resposta às dificuldades inerentes à tutela dessa nova realidade.[61]

É importante registrar, por derradeiro, que "outra maneira de se estabelecer padrões mais seguros é impor aos agentes que coletam e tratam os dados pessoais a obrigação de o fazer o mínimo possível (*privacy by default*), ou seja, estabelecendo como padrão a denominada '*data minimization*'".[62] Não se descarta, ademais, a possibilidade do *enforcement*, "por autoridades reguladoras ou concorrenciais, de acesso a tais mecanismos".[63]

A Agência Nacional de Proteção de Dados – ANPD revela-se como figura central de todo esse processo, que ultrapassa a ideia de que a segurança da informação representaria mera utilização de bloqueios que evitem a invasão e o vazamento de dados,[64] pois o que se almeja, ao fim e ao cabo, é chegar a um contexto de completa e verdadeira delimitação de métodos preventivos capazes de propagar uma cultura de integridade (*compliance*), transparência (*transparency*) e *accountability*.

---

in judicial discourse but also, to a great degree, in political and moral discourse. The WSIS Declaration of Principles and the Action Plan for the development of a global information society, although only political documents that state parties have committed themselves to, serve as platforms from which the development of the global information society should occur. The documents signal the importance of the information society, and such a society cannot exist as a democratic one if the principle of nondiscrimination is not applied. The documents ought to remind the states of their obligations to combat discrimination and to recommend implementation and mainstreaming of the non-discrimination principle in national legislation and policies to protect individuals from violations of human rights and secure their rights to access ICT. The information society can become a reality only when all human beings can claim their rights without prejudice and discrimination."

61. PÉREZ LUÑO, Antonio Enrique. *Manual de informatica e derecho*. Barcelona: Ariel, 1996. p. 10 et seq.

62. LIMA, Cíntia Rosa Pereira de. *Autoridade Nacional de Proteção de Dados e a efetividade da Lei Geral de Proteção de Dados*: de acordo com a Lei Geral de Proteção de Dados (Lei 13.709/2018 e as alterações da Lei 13.853/2019), o Marco Civil da Internet (Lei 12.965/2014) e as sugestões de alteração do CDC (PL 3.514/2015). São Paulo: Almedina, 2020. p. 313. A autora ainda conclui: "Disto se conclui que a confluência do direito e da tecnologia é fundamental para assegurar a proteção dos dados pessoais, um dos direitos de personalidade, pelo menos quanto aos princípios da transparência (conhecimento de que há coleta de dados pelo indivíduo) e do consentimento (prévia anuência do titular dos dados). Tais ferramentas serão eficazes se tiver a coordenação da trilogia: i) sistemas de informação; ii) boas práticas de mercado; e iii) *design* físico e infraestrutura da rede."

63. FRAZÃO, Ana. Big Data, plataformas digitais e principais impactos sobre o direito da concorrência. In: FRAZÃO, Ana; CARVALHO, Angelo Gamba Prata de (Coords.). *Empresa, mercado e tecnologia*. Belo Horizonte: Fórum, 2019. p. 196. E a autora complementa (p. 197): "Para isso, é necessário ampliar o rol de critérios e parâmetros utilizados na análise tradicional, cujos instrumentos nem sempre serão idôneos para compreender as novas conjunturas, bem como resgatar o papel do direito da concorrência com a proteção do processo competitivo, da diversidade, qualidade e inovação, bem como da tutela do consumidor não apenas pelo critério do menor preço, mas pelo critério do seu bem estar, visto sob perspectiva mais ampla, que abranja, obviamente, seus direitos de personalidade e autodeterminação."

64. SIMÃO FILHO, Adalberto. Dano ao consumidor por invasão do site ou da rede. In: DE LUCCA, Newton; SIMÃO FILHO, Adalberto (Coords.). *Direito & Internet*: aspectos jurídicos relevantes. São Paulo: Edipro, 2001. p. 103.

5. CONCLUSÃO

Pelo exposto, mostra-se inquestionável que a perfilização constitui tendência irrefreável em mercados regidos e robustecidos por dados. A tendência à personalização de produtos e serviços a partir de técnicas algorítmicas dá a tônica de um novo modo de se anunciar e contratar, e a vulnerabilidade ínsita às relações díspares de consumo se transforma em um ambiente no qual é difícil saber se há algum tipo de predição algorítmica, embora isso se torne cada dia mais frequente. Trata-se, pois, de um paradigma no qual a transparência deve ser buscada, em respeito aos direitos básicos dos consumidores, que devem estar cientes, o tanto quanto possível, que suas vidas estão sendo comandadas por decisões automatizadas.

Além disso, é necessário estipular soluções adequadas para as peculiaridades de cada modelo de predição voltada à definição de preços, pois, como se procurou demonstrar, nem toda prática será automaticamente abusiva ou ilícita. Tudo dependerá do contexto, do objeto, das partes envolvidas e da sistemática de contratação eletrônica, além, é claro, do grau de implementação de algoritmos na sistematização dessa contratação.

Modelos de precificação regional (*regional pricing*), que visam simplesmente sanar disparidades de conversão de moeda entre países nos quais sejam comercializados infoprodutos (como jogos eletrônicos) podem se revelar lícitas e adequadas à padronização de preços em mercados diversos. Por outro lado, a geodiscriminação baseada apenas na localização do terminal de acesso (identificado por IP), que visa adquirir uma passagem aérea ou reservar um quarto de hotel, pode não o ser, pois o objeto da realização do consumo (o voo ou o hotel) não varia de consumidor para consumidor.

Deveres de prevenção devem ser parametrizados para nortear a implementação de algoritmos em diferentes contextos. E, nesse aspecto, normas como a LGPD devem ser aliadas a outras como o CDC para se efetivar a proteção às relações de consumo travadas a partir do comércio eletrônico, ainda que com o recurso a algoritmos de Inteligência Artificial. A fiscalização de tudo isso, finalmente, dependerá de verdadeira atuação proativa de autoridades nacionais robustas e dedicadas à revisão constante de atividades exploradas nesses ambientes, em tarefa compartilhada com a sociedade civil e seus representantes

6. REFERÊNCIAS BIBLIOGRÁFICAS

AMARAL, Luiz Otávio de Oliveira. *Teoria geral do direito do consumidor*. São Paulo: Ed. RT, 2010.

AYRES, Ian; BRAITHWAITE, John. *Responsive regulation*: transcending the deregulation debate. Oxford: Oxford University Press, 1992.

BASAN, Arthur Pinheiro. *Publicidade digital e proteção de dados pessoais*: o direito ao sossego. Indaiatuba: Foco, 2021.

BASAN, Arthur Pinheiro; FALEIROS JÚNIOR, José Luiz de Moura. A proteção de dados pessoais e a concreção do direito ao sossego no mercado de consumo. *Civilistica.com*, Rio de Janeiro, ano 9, n. 3, set.-dez. 2020.

BENIGER, James R. *The control revolution*: technological and economic origins of the information society. Cambridge: Harvard University Press, 1986.

BENÖHR, Iris. *EU consumer law and human rights*. Oxford: Oxford University Press, 2013.

BIONI, Bruno Ricardo. *Proteção de dados pessoais*: a função e os limites do consentimento. Rio de Janeiro. Forense, 2019.

BIONI, Bruno Ricardo; MENDES, Laura Schertel. Regulamento Europeu de Proteção de Dados Pessoais e a Lei Geral brasileira de Proteção de Dados: mapeando convergências na direção de um nível de equivalência. In: TEPEDINO, Gustavo; FRAZÃO, Ana; OLIVA, Milena Donato (Coords.). *Lei Geral de Proteção de Dados Pessoais e suas repercussões no direito brasileiro*. São: Paulo: Thomson Reuters Brasil, 2019.

BUCKLAND, Michael. *Information and society*. Cambridge: The MIT Press, 2017.

CASTRO, Catarina Sarmento e. *Direito da informática, privacidade e dados pessoais*. Coimbra: Almedina, 2005.

CAVOUKIAN, Ann; CASTRO, Daniel. Big Data and innovation, setting the record straight: de-identification does work. *The Information Technology & Innovation Foundation*, Ontario, p. 1-18, jun. 2014.

CHANDER, Anupam. *The electronic silk road*: How the web binds the world in commerce. New Haven: Yale University Press, 2013.

CORDEIRO, A. Barreto Menezes. *Direito da proteção de dados*. Coimbra: Almedina, 2020.

COTEANU, Cristina. *Cyber consumer law and unfair trading practices*. Londres: Routledge, 2005.

DE LUCCA, Newton. A proteção dos consumidores no âmbito da internet. In: LIMA, Cíntia Rosa Pereira de; NUNES, Lydia Neves Bastos Telles (Coords.). *Estudos avançados de direito digital*. Rio de Janeiro: Elsevier, 2014.

DENSA, Roberta; DANTAS, Cecília. Notas sobre publicidade digital: cookies e spams. In: MARTINS, Guilherme Magalhães; LONGHI, João Victor Rozatti (Coord.). *Direito digital*: direito privado e Internet. 4. ed. Indaiatuba: Foco, 2021.

DONEDA, Danilo. *Da privacidade à proteção dos dados pessoais*: elementos da formação da Lei Geral de Proteção de Dados. 2. ed. São Paulo: Thomson Reuters Brasil, 2019.

EDER, Niklas. Privacy, non-discrimination and equal treatment: developing a fundamental rights response to behavioural profiling. In: EBERS, Martin; GAMITO, Marta Cantero (Ed.). *Algorithmic governance and governance of algorithms*: Legal and ethical challenges. Cham: Springer, 2021.

FALEIROS JÚNIOR, José Luiz de Moura; BASAN, Arthur Pinheiro. Desafios da predição algorítmica na tutela jurídica dos contratos eletrônicos de consumo. *Revista da Faculdade de Direito da UFRGS*, Porto Alegre, n. 44, p. 131-153, dez. 2020.

FORTES, Pedro Rubim Borges; MARTINS, Guilherme Magalhães; OLIVEIRA, Pedro Farias. O consumidor contemporâneo no Show de Truman: a geodiscriminação digital como prática ilícita no direito brasileiro. *Revista de Direito do Consumidor*, São Paulo, n. 124, p. 235-260, jul.-ago. 2019.

FRAZÃO, Ana. Big Data, plataformas digitais e principais impactos sobre o direito da concorrência. In: FRAZÃO, Ana; CARVALHO, Angelo Gamba Prata de (Coords.). *Empresa, mercado e tecnologia*. Belo Horizonte: Fórum, 2019.

FRAZÃO, Ana; OLIVA, Milena Donato; ABÍLIO, Vivianne da Silveira. Compliance de dados pessoais. In: TEPEDINO, Gustavo; FRAZÃO, Ana; OLIVA, Milena Donato (Coords.). *Lei Geral de Proteção de Dados Pessoais e suas repercussões no direito brasileiro*. São Paulo: Thomson Reuters Brasil, 2019.

FROOMKIN, A. Michael. The death of privacy? *Stanford Law Review*, Stanford, v. 32, p. 1461-1544, maio 2000.

GOETTENAUER, Carlos Eduardo. Algoritmos, inteligência artificial, mercados. Desafios ao arcabouço jurídico. In: FRAZÃO, Ana; CARVALHO, Angelo Gamba Prata de (Coords.). *Empresa, mercado e tecnologia*. Belo Horizonte: Fórum, 2019.

HEUSI, Tálita Rodrigues. Perfil criminal como prova pericial no Brasil. *Brazilian Journal of Forensic Sciences, Medical Law and Bioethics*, Itajaí, v. 5, n. 3, p. 232-250, 2016.

JACKMAN, David. *The compliance revolution*: how compliance needs to change to survive. Nova Jersey: John Wiley & Sons, 2015.

JANSKÝ, Petr; KOLCUNOVA, Dominika. Regional differences in price levels across the European Union and their implications for its regional policy. *The Annals of Regional Science*, Cham, v. 58, p. 641-660, 2017.

JOBIM, Maria Luiza Kurban. Precificação personalizada (personalised pricing): progresso ou retrocesso? Definições e reflexões preliminares a partir da Lei Geral de Proteção de Dados (LGPD) e da Análise Econômica do Direito (AED). In: SARLET, Gabrielle Bezerra Sales; TRINDADE, Manoel Gustavo Neubarth; MELGARÉ, Plínio (Coord.). *Proteção de dados*: temas controvertidos. Indaiatuba: Foco, 2021.

LACE, Susanne. The new personal information agenda. In: LACE, Susanne (Ed.). *The glass consumer*: life in a surveillance society Bristol: The Policy Press, 2005.

LIMA, Cíntia Rosa Pereira de. *Autoridade Nacional de Proteção de Dados e a efetividade da Lei Geral de Proteção de Dados*: de acordo com a Lei Geral de Proteção de Dados (Lei 13.709/2018 e as alterações da Lei 13.853/2019), o Marco Civil da Internet (Lei 12.965/2014) e as sugestões de alteração do CDC (PL 3.514/2015). São Paulo: Almedina, 2020.

MADALENA, Juliano. Regulação das fronteiras da Internet: um primeiro passo para uma teoria geral do direito digital. In: MARTINS, Guilherme Magalhães; LONGHI, João Victor Rozatti (Coords.). *Direito digital*: direito privado e Internet. 4. ed. Indaiatuba: Foco, 2021.

MARQUES, Claudia Lima. *Confiança no comércio eletrônico e a proteção do consumidor*: um estudo dos negócios jurídicos de consumo no comércio eletrônico. São Paulo: Ed. RT, 2004.

MARQUES, Claudia Lima. *Contratos no Código de Defesa do Consumidor*. 8. ed. São Paulo: Ed. RT, 2016.

MARTINS, Guilherme Magalhães. *Contratos eletrônicos de consumo*. 3. ed. São Paulo: Atlas, 2016.

MARTINS, Guilherme Magalhães. *O geopricing e geoblocking e seus efeitos nas relações de consumo*. In: FRAZÃO, Ana; MULHOLLAND, Caitlin (Coord.) *Inteligência artificial e direito*: ética, regulação e responsabilidade. São Paulo: Thomson Reuters Brasil, 2019.

MARTINS, Guilherme Magalhães. *Responsabilidade civil por acidente de consumo na Internet*. 3. ed. São Paulo: Ed. RT, 2020.

MARTINS, Guilherme Magalhães; LONGHI, João Victor Rozatti; FALEIROS JÚNIOR, José Luiz de Moura. A pandemia da Covid-19, o "profiling" e a Lei Geral de Proteção de Dados. *Migalhas*, 28 abr. 2020. Disponível em: https://bit.ly/3lcN34E. Acesso em: 10 ago. 2021.

MEDON, Filipe. *Inteligência artificial e responsabilidade civil*: autonomia, riscos e solidariedade. Salvador: JusPodivm, 2020.

MIRAGEM, Bruno. Função social do contrato, boa-fé e bons costumes: nova crise dos contratos e a reconstrução da autonomia negocial pela concretização das cláusulas gerais. *In*: MARQUES, Claudia Lima (Org.). *A nova crise do contrato*. São Paulo: Ed. RT, 2007.

MIRAGEM, Bruno. A Lei Geral de Proteção de Dados (Lei 13.709/2018) e o direito do consumidor. *Revista dos Tribunais*, São Paulo, v. 1009, p. 173-222, nov. 2019.

MIRAGEM, Bruno. The illegal and abusive: proposals for a systematic interpretation of abusive practices in the 25 years of the Consumer Defense Code. In: MARQUES, Claudia Lima; WEI, Dan (Eds.). *Consumer law and socioeconomic development*: national and international dimensions. Cham: Springer, 2017.

MIRANDA, José Gustavo Souza. A proteção da confiança nas relações obrigacionais. *Revista de Informação Legislativa*, Brasília, a. 38, n. 153, jan.-mar. 2002.

MODENESI, Pedro. Contratos eletrônicos de consumo: aspectos doutrinário, legislativo e jurisprudencial. In: MARTINS, Guilherme Magalhães; LONGHI, João Victor Rozatti (Coords.). *Direito digital*: direito privado e Internet. 4. ed. Indaiatuba: Foco, 2021.

MORAES, Maria Celina Bodin de; QUEIROZ, João Quinelato de. Autodeterminação informativa e responsabilização proativa. *In:* Proteção de dados pessoais: privacidade versus avanço tecnológico. *Cadernos Adenauer*, Rio de Janeiro, ano XX, n. 3, p. 113-125, 2019.

MORASSUTTI, Bruno Schimitt. Responsabilidade civil, discriminação ilícita e algoritmos computacionais: breve estudo sobre as práticas de geoblocking e geopricing. *Revista de Direito do Consumidor*, São Paulo, n. 124, p. 213-234, jul.-ago. 2019.

NARAYANAN, Arvind; SHMATIKOV, Vitaly. Myths and fallacies of personally identifiable information. *Communications of the ACM*, Austin, v. 53, n. 6, p. 24-26, jun. 2010.

NISSENBAUM, Helen. *Privacy in context*: technology, policy, and the integrity of social life. Stanford: Stanford University Press, 2010.

ORGANIZAÇÃO DAS NAÇÕES UNIDAS. Assembleia Geral das Nações Unidas. *Declaração Universal dos Direitos Humanos*. Paris. 10 dez. 1948. Disponível em: https://nacoesunidas.org/wp-content/uploads/2018/10/DUDH.pdf. Acesso em: 11 ago. 2021.

PARKER, Jason. Steam Region Change Now Limited to Enforce Regional Pricing. *E-sportsTalk*, 24 jun. 2021. Disponível em: https://www.esportstalk.com/news/steam-region-change-now-limited-to-enforce-regional-pricing/. Acesso em: 12 ago. 2021.

PASQUALE, Frank. *The black box society*: the secret algorithms that control money and information. Cambridge: Harvard University Press, 2015.

PÉREZ LUÑO, Antonio Enrique. *Manual de informatica e derecho*. Barcelona: Ariel, 1996.

QUEIROZ, Danilo Duarte de. Privacidade na Internet. In: REINALDO FILHO, Demócrito (Coord.). *Direito da Informática*: temas polêmicos, Bauru: Edipro, 2002.

ROSENVALD, Nelson; OLIVEIRA, Fabrício de Souza. *O ilícito na governança dos grupos de sociedades*. Salvador: JusPodivm, 2019.

SCHOLZ, Lauren H. Algorithmic contracts. *Stanford Technology Law Review*, Stanford, v. 20, n. 2, p. 128-168, set.-dez. 2017.

SILVA, Alexandre Barbosa da; FRANÇA, Philip Gil. Novas tecnologias e o futuro das relações obrigacionais privadas na era da inteligência artificial: a preponderância do "Fator Humano". In: EHRHARDT JÚNIOR, Marcos; CATALAN, Marcos; MALHEIROS, Pablo (Coords.). *Direito civil e tecnologia*. Belo Horizonte: Fórum, 2020.

SIMÃO FILHO, Adalberto. Dano ao consumidor por invasão do site ou da rede. In: DE LUCCA, Newton; SIMÃO FILHO, Adalberto (Coords.). *Direito & Internet*: aspectos jurídicos relevantes. São Paulo: Edipro, 2001.

SIMPSON, Robin. A universal perspective on vulnerability: international definitions and targets. In: RIEFA, Christine; SAINTIER, Séverine (Ed.). *Vulnerable consumers and the law*: consumer protection and access to justice. Londres: Routledge, 2021.

STAPLES, William G. *Encyclopedia of privacy*. Westport: Greenwood Press, 2007.

STUCKE, Maurice E.; GRUNES, Allen P. *Big Data and competition policy*. Oxford: Oxford University Press, 2016.

TEITZ, Louise Ellen; STEWART, David P. International consumer protection and private international law. In: MARQUES, Claudia Lima; WEI, Dan (Ed.). *Consumer law and socioeconomic development*: national and international dimensions. Cham: Springer, 2017.

WEINRIB, Ernest J. The disintegration of duty. In: MADDEN, M. Stuart (Ed.). *Exploring tort law*. Cambridge: Cambridge University Press, 2005.

WERTHEIN, Jorge. A sociedade da informação e seus desafios. *Ciência da Informação*, Brasília, v. 29, n. 2, p. 71-77, maio-ago. 2000.

ZANATTA, Rafael. Perfilização, Discriminação e Direitos: do Código de Defesa do Consumidor à Lei Geral de Proteção de Dados. *ResearchGate*. fev. 2019. Disponível em: https://bit.ly/3hQe5wM. Acesso em: 10 ago. 2021.

ZARREHPARVAR, Mandana. A nondiscriminatory information society. In: JØRGENSEN, Rikke Frank (Ed.). *Human rights in the global information society*. Cambridge: The MIT Press, 2006.

O PRINCÍPIO DA PRECAUÇÃO E O PRINCÍPIO DA PREVENÇÃO: DIÁLOGOS ENTRE A LGPD E O CDC

Cíntia Rosa Pereira de Lima

Professora Associada de Direito Civil da Faculdade de Direito da USP Ribeirão Preto – FDRP. Doutora em Direito Civil pela Faculdade de Direito da USP com estágio na Universidade de Ottawa (Canadá) com bolsa CAPES – PDEE – Doutorado Sanduíche e livre-docente em Direito Civil Existencial e Patrimonial pela Faculdade de Direito de Ribeirão Preto (USP). Pós-doutorado em Direito Civil pela *Università degli Studi di Camerino* (Itália) com fomento FAPESP e CAPES. Líder e Coordenadora dos Grupos de Pesquisa "Tutela Jurídica dos Dados Pessoais dos Usuários da Internet" e "Observatório do Marco Civil da Internet", cadastrados no Diretório de Grupos de Pesquisa do CNPq e do Grupo de Pesquisa "Tech Law" do Instituto de Estudos Avançados (IEA/USP). Presidente do Instituto Avançado de Proteção de Dados – IAPD. Pesquisadora Ano Sabático do IEA/USP – Polo Ribeirão Preto (2020). Advogada.

Marilia Ostini Ayello Alves de Lima

Advogada. Associada Fundadora do IAPD – Instituto Avançado de Proteção de Dados. Integrante dos Grupos de Pesquisa "Observatório do Marco Civil da Internet no Brasil" e "Observatório da Lei Geral de Proteção de Dados", ambos da FDRP-USP. LLM em Direito Civil pela Faculdade de Direito de Ribeirão Preto – FDRP/USP. Extensão universitária na modalidade Difusão: Direito e Internet, ministrado pela Faculdade de Direito de Ribeirão Preto – FDRP/USP. Ex-coordenadora da Comissão de Direito Civil e da Comissão OAB vai à Escola e à Faculdade. Secretária da Comissão de Direito Digital, Internet e Tecnologia da OAB da 12ª Subseção OAB/SP.

Sumário: 1. Introdução – 2. Breve comparativo: LGPD e CDC – 3. Princípios da precaução e da prevenção; 3.1 Princípio da prevenção; 3.2 Princípio da precaução – 4. Conclusão – 5. Referências bibliográficas.

1. INTRODUÇÃO

A preocupação com a proteção da privacidade e da intimidade dos indivíduos tem raízes profundas no tempo, mas a partir das impactantes transformações ocorridas nas últimas décadas, advindas dos avanços tecnológicos, a discussão ganhou grande relevância.

O célere desenvolvimento econômico, social e tecnológico contemporâneo, deram origem à chamada "sociedade informacional", expressão cunhada por Manuel Castells que exprime uma nova estrutura social, chamada por ele de "*capitalismo informacional*" em que considera que a atividade econômica e a nova organização social se baseiam, material e tecnologicamente na informação.[1]

---

1. CASTELLS, Manuel. *The rise of the network society*: the information age: economy, society and culture. Cornwall: Blackwell Publishers, 2000. v. 1. p. 17.

Neste sentido, a proteção à privacidade e à intimidade passou a não ser mais suficiente para a tutela da pessoa humana no contexto do capitalismo informacional, dando ensejo à tutela específica dos dados pessoais como realçado por Stefano Rodotà,[2] que propõe a redefinição do conceito da tutela da privacidade, a partir da constatação de que o objeto do próprio direito à privacidade ampliou-se para abranger um universo de atividades praticadas pelas pessoas, com potencial de circulação de comunicação informacional que migrou de uma clássica sequência de pessoa-informação-sigilo para pessoa-informação-circulação e controle, observou-se a necessidade de se atribuir ao titular do direito à privacidade, o direito de exigir formas de circulação controlada de seus dados, e não somente o direito de interromper o fluxo das informações que possam lhes dizer respeito.

Os dados são insumos para inúmeras atividades econômicas, tornando-se objetos de crescente e pujante mercado. Sendo hodiernamente travadas discussões sobre o compartilhamento massivo de informações, *big data*, *profiling*, utilização da inteligência artificial, algoritmos, internet das coisas etc.

Newton De Lucca, deixa claro a importância do tema ao mencionar: "no corrente século XXI, tanto a terra, quanto a maquinaria, ficarão irreversivelmente para trás, passando os dados ao lugar de ativo principal do planeta, concentrando-se o esforço político no controle do fluxo desses dados".[3]

Para além da seara econômica, este fenômeno gera repercussões nas esferas individuais dos cidadãos, ganhando, assim, os dados, "uma importância transversal, tornando-se vetores das vidas e das liberdades individuais, bem como da sociedade e da democracia."[4]

É necessário, portanto, proteger os direitos fundamentais à liberdade, intimidade e privacidade, bem como resguardar a específica proteção jurídica à hipervulnerabilidade do titular de dados pessoais. Cumpre destacar a distinção entre o direito à privacidade que tem como objeto, o resguardo de parcela da vida privada, e o direito à proteção de dados pessoais,[5] direito fundamental decorrente do corolário da dignidade da pessoa humana,[6] cujo objeto é a proteção dos titulares dos dados pessoais

---

2. Persona, riservatezza, identità. Prime note sistematiche sulla protezione dei dati personali. In: *Rivista Critica del Diritto Privato*, anno XV, n. 1, março 1997. p. 583-609. p. 588-591.

3. DE LUCCA, Newton. Coluna Migalhas de Proteção de Dados. *Yuval Noah Harari e sua visão dos dados pessoais de cada um de nós*. Disponível em: https://www.migalhas.com.br/coluna/migalhas-de-protecao--de-dados/346519/yuval-noah-harari-e-sua-visao-dos-dados-pessoais-de-cada-um-de-nos Acesso em: 20 ago. 2021.

4. FRAZÃO, Ana. Fundamentos da proteção dos dados pessoais – Noções introdutórias para a compreensão da importância da Lei Geral de Proteção de dados. In: FRAZÃO, Ana; TEPEDINO, Gustavo; OLIVA, Milena Donato (Coords.). *Lei Geral de Proteção de Dados Pessoais e suas repercussões no Direito brasileiro*. São Paulo: Editora Thomson Reuters Brasil, 2019. p. 24.

5. A Proposta de Emenda à Constituição (PEC) 17/2019, pretende inserir o inciso XII-A, ao art. 5°, e o inciso XXX, ao art. 22, da Constituição Federal para incluir a proteção de dados pessoais entre os direitos fundamentais do cidadão e fixar a competência privativa da União para legislar sobre a matéria.

6. No dia 07 de maio de 2020, o Supremo Tribunal Federal, na Ação Direta de Inconstitucionalidade (ADI) 6387, afirmou ser o direito à proteção de dados um direito fundamental. Disponível em: https://jurisprudencia.stf.

possibilitando o acesso e controle de suas informações e impedindo que sejam tratados em desacordo com as regras e códigos de conduta.[7]

A Lei 13.709 de 14 de agosto de 2018, Lei Geral de Proteção de Dados (LGPD), instrumentaliza a dinâmica que contribui para o incremento da importância e do valor dos dados pessoais. Trazendo em seu bojo, além da boa-fé, dez princípios balizadores das atividades de tratamento de dados pessoais, são eles: da finalidade, da adequação, da necessidade, do livre acesso, da qualidade dos dados, da transparência, da segurança, da prevenção, da não discriminação e da responsabilização e prestação de contas (art. 6º da LGPD).

Sob a ótica principiológica, é necessária a análise da implementação de mecanismos focados na identificação e mitigação dos riscos decorrentes da manipulação de dados pessoais, especialmente numa sociedade de extrema vigilância líquida exercida por meio tecnológico contra todos, buscando-se, desta forma, evitar severos danos aos titulares de dados.[8] Destaca-se, assim, a tríade de princípios trazidos na LGPD: da segurança, da prevenção e da prestação de contas.

Insculpido no art. 6º, inciso VI da LGPD, o princípio da segurança, é entendido como a "utilização de medidas técnicas e administrativas aptas a proteger os dados pessoais de acessos não autorizados e de situações acidentais ou ilícitas de destruição, perda, alteração, comunicação ou difusão". Sem dúvida, a violação de dados pessoais põe em xeque os direitos dos titulares de dados, desta maneira, os agentes de tratamento de dados, possuem o ônus de estabelecer medidas eficazes para compelir os acessos não autorizados às informações pessoais dos titulares dos dados e, consequentemente, a ocorrência de eventuais danos.[9]

O princípio da prevenção está intimamente relacionado a este e vem descrito na LGPD (inciso VIII do art. 6º) como a "adoção de medidas para prevenir a ocorrência de danos em virtude do tratamento de dados pessoais".

Enquanto o princípio da responsabilização e prestação de contas (inciso X, art. 6º da LGPD), também chamado de *accountability* é a: "demonstração, pelo agente, da adoção de medidas eficazes e capazes de comprovar a observância e o cumprimento das normas de proteção de dados pessoais e, inclusive, da eficácia dessas medidas". A LGPD prevê, portanto, que os agentes de tratamento de dados devem observar e cumprir todas as exigências legais, mas que também, devem comprovar a eficácia des-

---

jus.br/pages/search?base=acordaos&pesquisa_inteiro_teor=false&sinonimo=true&plural=true&radicais=-false&buscaExata=true&page=1&pageSize=10&queryString=ADI%206387&sort=_score&sortBy=desc. Acesso em: 30 jul. 2021.

7. LIMA, Cíntia Rosa Pereira de. Da inviolabilidade da cláusula de não indenizar em matéria de proteção de dados. In: FALEIROS JÚNIOR, José Luiz de Moura; LONGHI, João Victor Rozatti; GUGLIARA, Rodrigo (Coords.). *Proteção de dados pessoais na sociedade da informação*: entre dados e danos. Indaiatuba, SP: Editora Foco, 2021. p. 397-404.
8. ZUBOFF, Shoshana. *The Age of Surveillance Capitalism*. Nova York: Public Affairs, 2019.
9. LIMA, Cíntia Rosa Pereira de. *Autoridade Nacional de Proteção de Dados e a Efetividade da Lei Geral de proteção de Dados*. São Paulo: Editora Almedina, 2020. p. 204-206.

sas medidas. Ou seja, deve ser adotado um modelo de governança capaz de assegurar o cumprimento de tais obrigações e, ao mesmo tempo, a organização e manutenção de documentos que comprovem que tais obrigações estão sendo satisfeitas.

Miriam Wimmer[10] realça que os princípios previstos na LGPD não são criações inéditas do legislador brasileiro, pois eles são inspirados em princípios já consolidados em documentos internacionais e leis de proteção de dados de outros países.

Portanto, a legislação europeia – *General Data Protection Regulation* (GDPR) – e a brasileira de proteção de dados adotaram um modelo de regulação baseado na prevenção e mitigação de danos coletivos, ou em outras palavras, uma regulação do risco do tratamento de dados para os titulares. Antes de definir medidas, salvaguardas e mecanismos, é necessário identificar os riscos que geram impacto potencial sobre o titular dos dados pessoais para preveni-los.[11]

Pode-se destacar que os princípios elencados no art. 6º da LGPD guardam grande semelhança com a principiologia do art. 4º do Código de Defesa do Consumidor.

Assim, aliada a necessidade de se gerar efetiva proteção e segurança ao tratamento dos dados pessoais e sob o olhar do risco em relação ao tratamento de dados pessoais, neste capítulo far-se-á uma análise do princípio da prevenção, previsto expressamente na LGPD e no Código de Defesa do Consumidor e do princípio da precaução, implícito no Código de Defesa do Consumidor, devendo ser feita uma leitura transversal sobre o tema.

2. BREVE COMPARATIVO: LGPD E CDC

A proteção de dados tem reflexos diretos no direito do consumidor, especialmente nesse modelo de economia, cada vez mais informacional, no qual os modelos de negócios passam pelo uso e fluxo intenso dos dados. Os titulares de dados pessoais, em grande maioria, são consumidores (seja a figura de consumidor padrão prevista no *caput* do art. 2º do CDC, seja nas figuras equiparadas a consumidor, previstas no parágrafo único do art. 2º, art. 17 e art. 29 do CDC).

Esse fluxo de dados pessoais, pode ser utilizado para elaboração de *score* de crédito, *profiling*, *open banking*, previsão de possíveis escolhas para a formação de perfis para oferta de produtos e serviços ou até mesmo a utilização de dados para manipular o consumidor.

---

10. Capítulo 4 – A LGPD e o balé dos princípios: tensões e convergências na aplicação dos princípios de proteção de dados pessoais ao setor público. In: FRANCOSKI, Denise de Souza Luiz; TASSO, Fernando Antonio. *A Lei Geral de Proteção de Dados Pessoais*: aspectos práticos e teóricos relevantes no setor público e privado. São Paulo: Ed. RT, 2021. p. 166.

11. ZANATTA, Rafael Augusto Ferreira. Proteção de Dados Pessoais como regulação de risco: uma nova moldura teórica? In: I Encontro da Rede de Governança da Internet, nov. 2017 Anais eletrônicos. *Anais Rede* 2017. p. 175-184. Disponível em: http://www.redegovernanca.net.br/public/conferences/1/anais/Anais_REDE_2017-1.pdf. Acesso em: 1º ago. 2021.

Normas de proteção de consumidores e normas de proteção de dados possuem impactos recíprocos entre si no âmbito de seu escopo e aplicabilidade na busca de melhoria do bem-estar da sociedade.[12]

Cumpre destacar que dentre os fundamentos da proteção de dados pessoais, trazidos no art. 2º da LGPD, o inciso VI, traz de forma expressa a defesa do consumidor. Nesse sentido, foi assinado um acordo de cooperação técnica entre a Autoridade Nacional de Proteção de Dados – ANPD e a Secretaria Nacional do Consumidor – SENACON,[13] que prevê ações conjuntas nas áreas de proteção de dados pessoais e defesa do consumidor.

Além disso, o art. 45 da LGPD reforça a aplicação do CDC diante de uma relação jurídica de consumo.

Resta claro, que disposições do CDC anteciparam normas hoje contidas na LGPD, senão de forma idêntica, ao menos muito semelhantes. Dentre os princípios do CDC que fundamentam a proteção de dados pessoais, com destaque para:

a) *Princípio da transparência*: previsto no art. 4º, *caput* do CDC, segundo o qual as relações de consumo devem ser pautadas na transparência, assim como o tratamento dos dados pessoais, art. 6º, inciso I da LGPD.

b) *Princípio da vulnerabilidade*: o art. 4º, inciso I do CDC, reconhece a vulnerabilidade do consumidor no mercado de consumo. Por conta da busca desenfreada na sociedade informacional de coletar dados pessoais. O titular dos dados é a parte mais vulnerável da relação, inclusive esta é a tônica de toda a LGPD que traz diversos mecanismos para a proteção do titular de dados.

c) *Princípio da boa-fé e equilíbrio nas relações entre consumidores e fornecedores*: verdadeira regra de conduta nas relações de consumo, está previsto no art. 4º, inciso III do CDC, assim como está previsto no art. 6º, *caput* da LGPD, devendo as atividades de tratamento de dados pessoais observar a boa-fé objetiva.[14] Deve estar presente o princípio da boa-fé e haver equilíbrio na relação entre consumidores e fornecedores e, justamente na proteção de dados, que não busca aniquilar os objetivos de lucro dos agentes de tratamento de dados, mas equilibrar esses interesses com a proteção dos consumidores.

---

12 TIMM, Luciano Benetti; MARQUES, Leonardo Albuquerque Marques; MAIOLINO, Isabela. Desafios para a defesa do consumidor e proteção de dados: necessidade de coordenação entre os sistemas. In: BLUM, Renato Opice (Coord.). Proteção de dados: desafios e soluções na adequação à lei. 2. ed. Rio de Janeiro: Editora Forense, 2021. p. 283-299.

13. Disponível em: https://www.gov.br/anpd/pt-br/assuntos/noticias/anpd-e-senacon-assinam-acordo-de-co-operacao-tecnica Acesso em: 1º ago. 2021.

14. Cf. MARQUES, Claudia Lima. *Contratos no Código de Defesa do Consumidor*: o novo regime das relações contratuais. 4. ed. São Paulo: Ed. RT, 2002. p. 181: "[...] uma atuação 'refletida', uma atuação refletindo, pensando no outro, no parceiro contratual, respeitando-o, respeitando seus interesses legítimos, suas expectativas razoáveis, seus direitos, agindo com lealdade, sem abuso, sem obstrução, sem causar lesão ou desvantagem excessiva, cooperando para atingir o bom fim das obrigações: o cumprimento do objetivo contratual e a realização dos interesses das partes."

Além destes princípios, importante destacar o *direito à informação*: o CDC estabelece que dentre os direitos básicos do consumidor está o da informação, que deve ser adequada e clara sobre os diferentes produtos e serviços, nos termos do art. 6º, inciso III. A exemplo disso, o art. 9º da LGPD prevê que o titular de dados pessoais terá acesso facilitado às informações sobre tratamento de dados, que serão disponibilizadas de forma clara, adequada e ostensiva. A Lei prevê, também, que em caso de alteração de informações quanto à finalidade do tratamento do dado, forma e duração, bem como quanto ao seu compartilhamento, o titular deverá ser informado (art. 8º, § 6º da LGPD).

É necessária a promoção constante do diálogo entre LGPD e CDC, considerando a nova percepção do poder da tecnologia e os riscos que podem gerar ao tratar dados pessoais e o fato de que há possíveis lacunas na regulação que podem permitir violações a privacidade dos cidadãos.[15]

3. PRINCÍPIOS DA PRECAUÇÃO E DA PREVENÇÃO

Preliminarmente, deve-se resgatar os estudos sobre a caracterização dos princípios e suas funções no ordenamento jurídico. Humberto Ávila[16] afirma que, *in verbis*:

> [...] o significado preliminar dos dispositivos pode experimentar uma dimensão imediatamente comportamental (regra), finalística (princípio) e/ou metódica (postulado) [...]. As regras podem ser dissociadas dos princípios quanto ao modo como prescrevem o comportamento. As regras são normas imediatamente descritivas na medida em que estabelecem obrigações, permissões e proibições mediante a descrição da conduta a ser cumprida. Os princípios são normas imediatamente finalísticas, já que estabelecem um estado de coisas cuja promoção gradual depende dos efeitos decorrentes da adoção a ela necessários. Os princípios são normas cuja qualidade frontal é, justamente, a determinação da realização de um fim juridicamente relevante, ao passo que característica dianteira das regras é a previsão do comportamento.

Princípios jurídicos consistem em pensamentos diretivos, emanando orientações gerais que estabelecem objetivos a serem alcançados, agindo como fundamento normativo para a interpretação e aplicação do Direito. Os princípios funcionam como lentes interpretativas para as complexas regras previstas na legislação protetiva de dados.[17].

Como já destacado, os princípios trazidos na LGPD são reprodução de princípios previstos em diversos documentos de outros países e legislações de proteção

---

15. DOMINGUES, Juliana Oliveira; PARAVELA, Tatyana Chiari. *Coluna Migalhas de Proteção de Dados*. Open banking: o futuro do sistema financeiro aberto no Brasil na perspectiva do Consumidor. Disponível em:https://www.migalhas.com.br/coluna/migalhas-de-protecao-de-dados/350766/open-banking-o-futuro-do--sistema-financeiro-aberto-no-brasil Acesso em: 28 ago. 2021.

16. ÁVILA, Humberto. *Teoria dos princípios*: da definição à aplicação dos princípios jurídicos. 6. ed. ampl. e atual. São Paulo: Malheiros, 2006. p. 167.

17. WIMMER, Mirian. Op. cit., p. 165.

de dados internacionais, especialmente da Europa e Estados Unidos, sendo possível extrair um "núcleo duro" de princípios.[18]

No entanto, a distinção entre regras e princípios tendem a se fragilizar diante da redação do art. 6º da LGPD, pois a definição dos princípios elencados neste dispositivo traz verdadeiros comandos ou regras de conduta.

Nas mais recentes legislações sobre o tema é possível perceber que instrumentos individuais de garantia dos indivíduos convivem cada vez mais com uma abordagem regulatória baseada no risco do tratamento de dados pessoais.

É sob o viés do risco e as consequências do tratamento de dados pessoais para o consumidor que este capítulo pretende demonstrar ser possível aplicação do princípio da precaução a estas relações.

3.1 Princípio da prevenção

O Código de Defesa do Consumidor tutela a prevenção de danos, mas, na hipótese de prejuízo, garante a integral indenização, de forma a ressarcir ou compensar o consumidor. É direito básico do consumidor a efetiva prevenção e reparação de danos patrimoniais e morais, individuais, coletivos ou difusos, nos termos do art. 6º, inciso VI, *in verbis*: "a efetiva prevenção e reparação de danos patrimoniais e morais, individuais, coletivos e difusos".

A LGPD busca a modificação da cultura do tratamento de dados pessoais, cabendo aos agentes de tratamento evitar danos aos titulares de dados pessoais, desde antes do tratamento, na medida em que a reparação destes danos, muitas vezes será pouco eficiente.

Neste sentido, o princípio da prevenção deve ser pautado no conceito de *privacy by design,* de Ann Cavoukian[19] que possui sete pilares, quais sejam: (1) proatividade e não reatividade, prevenção e não correção: o objetivo é antecipar os problemas e entregar soluções que impeçam que eles aconteçam; (2) privacidade como configuração padrão: os dados dos titulares devem ser protegidos automaticamente; (3) privacidade incorporada ao *design:* o projeto deve ser concebido para garantir a proteção dos dados do usuário; (4) funcionalidade completa: o projeto deve ser plenamente utilizável caso o usuário opte por não fornecer seus dados; (5) segurança de ponta a ponta: proteção durante todo o ciclo de vida do dado, da coleta até o descarte; (6) visibilidade e transparência; (7) respeito à privacidade do usuário.

Além disso, a LGPD prevê que os agentes de tratamento, nos termos do artigo 50, "poderão formular regras de boas práticas e de governança que estabeleçam as

---

18. DONEDA, Danilo. Panorama histórico da proteção de dados. In: DONEDA, Danilo, SARLET, Ingo Wolfgang; RODRIGUES JÚNIOR, Otávio Luiz; MENDES, Laura Schertel (Coords.). *Tratados de Proteção de Dados Pessoais.* Rio de Janeiro: Editora Forense, 2021. p. 5-13

19. Apud VAINZOF, Rony. *Lei Geral de Proteção de Dados comentada.* MALDONADO, Viviane Nóbrega. BLUM, Renato Opice (Coords.). 2. ed. rev., atual. e ampl. São Paulo: Thomson Reuters Brasil, 2019.

condições de organização, o regime de funcionamento, os procedimentos, incluindo reclamações e petições de titulares, as normas de segurança, os padrões técnicos, as obrigações específicas para os diversos envolvidos no tratamento, as ações educativas, os mecanismos internos de supervisão e de mitigação de riscos e outros aspectos relacionados ao tratamento de dados pessoais". A governança corporativa é peça fundamental ao princípio da prevenção.[20]

3.2 Princípio da precaução

O princípio da precaução consiste na orientação de se imprimir um elevado nível de proteção à vida e à saúde do consumidor, nas hipóteses em que há incerteza científica sobre os reais riscos que determinados bens oferecidos no mercado podem representar à incolumidade físico-psíquica dos consumidores.

Embora não esteja expressamente previsto no CDC, encontra força imperativa em vários dispositivos, tais como: arts. 6º, inciso I, 8º, 9º, 10, 12 a 17 etc.

Enquanto o princípio da prevenção busca evitar um dano nos casos em que os riscos decorrentes de uma atividade ou uso de um determinado produto são conhecidos (dano provável), o princípio da precaução é utilizado nos casos em que há incerteza científica quanto a esses riscos (dano possível).[21]

O princípio da *accountability* apresenta-se como um vetor determinante para a *abertura* dos processos de tomadas de decisão acerca do que será considerado como um *risco tolerável* nas atividades de tratamento de dados. Isto porque a participação e o engajamento público em tais circuitos decisórios serão diretamente proporcionais ao quão

elástico será o conteúdo de tal obrigação de prestação de contas por parte dos agentes econômicos. Com isso, permite-se, ao mesmo tempo, que a discussão seja porosa à valores eventualmente preteridos, uma vez experimentada a participação de atores com um outro olhar e motivados por interesses até mesmo antagônicos por parte de quem tem o dever de reportar.[22]

O relatório de impacto à proteção de dados pessoais (RIPD), nos termos do art. 5º, XVII da LGPD é a "documentação do controlador que contém a descrição dos processos de tratamento de dados pessoais que podem gerar riscos às liberdades civis e aos direitos fundamentais, bem como medidas, salvaguardas e mecanismos de mitigação de risco".[23]

---

20. CAVOUKIAN, Ann. *The 7 Foundationla Principles*. Disponível em: https://www.iab.org/wp-content/IAB-uploads/2011/03/fred_carter.pdf Acesso em: 1º ago. 2021.
21. ANDRADE, Adriano; MASSON, Cleber; ANDRADE, Landolfo. *Interesses difusos e coletivos*. 4. ed. rev., atual. e ampl. Rio de Janeiro: Editora Método, 2014.
22. LIMA, Cíntia Rosa Pereira de. *Autoridade Nacional de Proteção de Dados e a Efetividade da Lei Geral de Proteção de Dados*, cit., p. 206-209.
23. Cf. LIMA, Cíntia Rosa Pereira de; OLIVEIRA, Cristina Godoy Bernardo de. *Relatório de impacto à proteção de dados*: mitos e verdades – parte 1. Disponível em: https://iapd.org.br/relatorio-de-impacto-a-protecao-

A LGPD, no parágrafo único do art. 38, trouxe o conteúdo mínimo de um RIPD: "o relatório deverá conter, no mínimo, a descrição dos tipos de dados coletados, a metodologia utilizada para a coleta e para a garantia da segurança das informações e a análise do controlador com relação a medidas, salvaguardas e mecanismos de mitigação de risco adotados". Entretanto, cabe à ANPD, art. 55-j, inc. XIII, trazer luz aos procedimentos mínimos que devem ser utilizados para sua elaboração e precisar quando será obrigatório, bem como quais elementos e o tipo de análise que se espera encontrar em tal documentação.

Em linhas gerais, a finalidade do RIPD é apontar qualquer risco que possa surgir de determinada atividade de tratamento de dados e que vai direcionar o controlador a mitigar os riscos mapeados.

Neste sentido, pode-se afirmar que o RIPD na LGPD pode servir de maneira eficiente à concretude do princípio da precaução, o que demandará um olhar atento por parte da ANPD. Quanto à metodologia, existem várias metodologias para fazer essa avaliação. A ISO 29.134 tem diretrizes para aplicar tal metodologia. Para cada risco identificado, define-se: a probabilidade de ocorrência do evento de risco, o possível impacto caso o risco ocorra, avaliando o nível potencial de risco para cada evento. Como exemplo, os parâmetros escalares podem ser utilizados para representar os níveis de probabilidade e impacto que, após a multiplicação, resultarão nos níveis de risco, que direcionarão a aplicação de medidas de segurança. A CNIL fornece gratuitamente uma ferramenta para efetuar de forma guiada um DPIA, mas com base no GDPR.[24] No Brasil, em novembro de 2020, o Ministério da Economia liderou um estudo sobre o tema, resultando no Guia de Avaliação de Riscos de Segurança e Privacidade.[25]

O antigo *Working Party 29*, atual *Data Protection Board,* elaborou um parecer 248 sobre o tema,[26] oferecendo diretrizes sobre este documento, além de uma relação das hipóteses nas quais este documento é obrigatório. São nove as circunstâncias nas quais o DPIA será obrigatório, a saber:

Avaliação de crédito (*Credit Scoring*)

Criação de perfis a partir de decisões automatizadas

Monitoramento sistemático (ex. câmeras de segurança)

Tratamento de dados pessoais sensíveis

Tratamento de dados pessoais em massa

-de-dados/. Acesso em: 29 ago. 2021. LIMA, Cíntia Rosa Pereira de; OLIVEIRA, Cristina Godoy Bernardo de. *Relatório de impacto à proteção de dados*: mitos e verdades – parte 2. Disponível em: https://iapd.org.br/relatorio-de-impacto-a-protecao-de-dados-parte-2/. Acesso em: 29 ago. 2021.

24. Disponível em: https://www.cnil.fr/en/open-source-pia-software-helps-carry-out-data-protection-impact-assesment. acesso em: 29 ago. 2021.

25. Disponível em: https://www.gov.br/governodigital/pt-br/governanca-de-dados/guia-de-avaliacao-de-riscos-de-seguranca-e-privacidade.pdf. Acesso em: 29 ago. 2021.

26. Disponível em: https://ec.europa.eu/newsroom/article29/items/611236. Acesso em: 29 ago. 2021.

Combinação de duas ou mais operações de tratamento de dados

Tratamento de dados pessoais de vulneráveis

Tratamento de dados com aplicação de tecnologias novas

Tratamento de dados que impeça o exercício de um ou mais direitos assegurados aos titulares de dados

Na Europa, discute-se se basta constatar uma destas circunstâncias para a obrigatoriedade do *DPIA (Data Protection Impact Assessment)*, ou se basta constatar uma delas. À luz do princípio da precaução, basta uma destas circunstâncias para determinar a obrigatoriedade do Relatório de Impacto à Proteção de Dados Pessoais. O que dependerá, no entanto, de regulação específica por parte da ANPD.

4. CONCLUSÃO

A aproximação axiológica entre o CDC e a LGPD é clara, primeiro porque diante da monetização dos dados pessoais, o tratamento de dados quase sempre envolve uma remuneração direta ou indireta fazendo incidir a caracterização de produtos ou serviços previstos no § 2º do art. 3º do CDC. Segundo, a figura do titular de dados está muito próxima da figura do consumidor, seja a figura padrão prevista no *caput* do art. 2º do CDC, seja as figuras equiparadas (a coletividade – parágrafo único do art. 2º do CDC, as vítimas dos acidentes de consumo – art. 17 do CDC e as pessoas expostas às práticas comerciais – art. 29 do CDC). Além disso, tanto o consumidor quanto o titular de dados pessoais são caracterizados pela vulnerabilidade socioeconômica, jurídica e informacional, justificando uma vez mais os intensos diálogos entre o CDC e a LGPD. Por fim, os agentes de tratamento, controlador e operador, definidos nos incisos VI e VII da LGPD, como pessoa natural ou jurídica, de direito público ou privado, o primeiro define as regras do tratamento; e o segundo, as coloca em prática. Portanto, tais figuras estão em consonância com a definição do art. 3º, *caput* do CDC. Este panorama é confirmado pelo art. 45 da LGPD que, expressamente, reforça a possibilidade de aplicar o CDC para solucionar os problemas relacionados à responsabilidade civil.

Porém não somente a responsabilidade civil, pois presente uma relação jurídica de consumo, todos os dispositivos do CDC podem ser aplicados para reger a relação jurídica decorrente das atividades de tratamento de dados.

Não é por acaso, então, que os princípios previstos no art. 6º da LGPD estão em consonância com os princípios consumeristas expressos no art. 4º do CDC. Entretanto, a LGPD mencionou expressamente o princípio da prevenção (inc. VIII), assim como o faz o CDC, no art. 6º, inc. VI ao garantir ao consumidor o direito à reparação dos danos.

Muito embora as leis não mencionarem o princípio da precaução, este pode ser extraído da leitura dos arts. 8º, 9º e 10 do CDC, que os produtos e serviços que acarretem riscos à saúde ou segurança dos consumidores não podem ser inseridos no mercado, devendo o fornecedor informar ostensivamente os perigos à saúde ou a segurança ao consumidor de maneira ostensiva e adequada.

Semelhantemente, os agentes de tratamento de dados não podem realizar as atividades de tratamento de dados quando sabem ou deveriam saber do seu alto grau de periculosidade à proteção dos titulares de dados pessoais, a menos que tais riscos sejam identificados, mapeados e mitigados por medidas de segurança técnicas e organizacionais. Esta regra pode ensejar o princípio da precaução, cujo instrumento deve ser o Relatório de Impacto à Proteção de Dados Pessoais, considerado pela lei como "documentação do controlador que contém a descrição dos processos de tratamento de dados pessoais que podem gerar riscos às liberdades civis e aos direitos fundamentais, bem como medidas, salvaguardas e mecanismos de mitigação de risco" (inc. XVII do art. 5º da LGPD).

Diante disto, este tema deverá ser cuidadosamente regulado pela Autoridade Nacional de Proteção de Dados, atentando-se para as hipóteses nas quais tal procedimento será obrigatório para trazer clareza e segurança jurídica tanto aos agentes de tratamento de dados quanto para os titulares de dados pessoais.

5. REFERÊNCIAS BIBLIOGRÁFICAS

ÁVILA, Humberto. *Teoria dos princípios*: da definição à aplicação dos princípios jurídicos. 6. ed. ampl. e atual. São Paulo: Malheiros, 2006.

ANDRADE, Adriano; MASSON, Cleber; ANDRADE, Landolfo. *Interesses difusos e coletivos*. 4. ed. rev., atual. e ampl. Rio de Janeiro: Editora Método, 2014.

BRASIL. *Proposta de Emenda à Constituição (PEC) 17/2019.* Disponível em: https://www25.senado.leg. br/web/atividade/materias/-/materia/135594. Acesso em: 1º ago. 2021.

BRASIL. Lei 13.709, de 14 de agosto de 2018. Lei Geral de Proteção de Dados (LGPD). Brasília, *Diário Oficial da União,* 14 de agosto de 2018. Disponível em: http://www.planalto.gov.br/ccivil_03/_ato2015-2018/2018/lei/L13709.htm. Acesso em: 10 ago. 2021.

BRASIL. Lei 8.078, de 11 de setembro de 1990. Dispõe sobre a proteção do consumidor e dá outras providências. *Diário Oficial da União,* 12 de setembro de 1990. Disponível em: http://www.planalto. gov.br/ccivil_03/leis/l8078compilado.htm Acesso em: 15 ago. 2021.

BRASIL. Supremo Tribunal Federal. ADI 6.387. rel. Min. Rosa Weber. Disponível em: https://jurisprudencia.stf.jus.br/pages/search?base=acordaos&pesquisa_inteiro_teor=false&sinonimo=true&plural=true&radicais=false&buscaExata=true&page=1&pageSize=10&queryString=A-DI%206387&sort=_score&sortBy=desc, último acesso em: 30 jul. 2021.

CASTELLS, Manuel. *The rise of the network society*: the information age: economy, society and culture Cornwall: Blackwell Publishers, 2000. v. 1.

CAVOUKIAN, Ann. *The 7 Foundationla Principles.* Disponível em: https://www.iab.org/wp-content/ IAB-uploads/2011/03/fred_carter.pdf. Acesso em: 1º ago. 2021.

DE LUCCA, Newton. *Coluna Migalhas de Proteção de Dados.* Yuval Noah Harari e sua visão dos dados pessoais de cada um de nós. Disponível em: https://www.migalhas.com.br/coluna/migalhas-de-protecao-de-dados/346519/yuval-noah-harari-e-sua-visao-dos-dados-pessoais-de-cada-um-de-nos. Acesso em: 20 ago. 2021.

DONEDA, Danilo. Panorama histórico da proteção de dados. In: DONEDA, Danilo; SARLET, Ingo Wolfgang; RODRIGUES JÚNIOR, Otávio Luiz; MENDES, Laura Schertel (Coords.). *Tratado de Proteção de Dados Pessoais*. Rio de Janeiro: Editora Forense, 2021. p. 05-13.

DOMINGUES, Juliana Oliveira; PARAVELA, Tatyana Chiari. *Coluna Migalhas de Proteção de Dados*. Open banking: o futuro do sistema financeiro aberto no Brasil na perspectiva do Consumidor. Disponível em: https://www.migalhas.com.br/coluna/migalhas-de-protecao-de-dados/350766/open-banking--o-futuro-do-sistema-financeiro-aberto-no-brasil Acesso em: 28 ago. 2021.

FRAZÃO, Ana. Fundamentos da proteção dos dados pessoais: Noções introdutórias para a compreensão da importância da Lei Geral de Proteção de dados. In: FRAZÃO, Ana; TEPEDINO, Gustavo; OLIVA, Milena Donato (Coords.). *Lei Geral de Proteção de Dados Pessoais e suas repercussões no Direito brasileiro*. São Paulo: Editora Thomson Reuters Brasil, 2019.

HARTMANN, Ivar Alberto Martins. O princípio da precaução e sua aplicação no direito do consumidor: dever de informação. *Direito & Justiça*, v. 38, n. 2, p. 156-182, jul.-dez. 2012 Disponível em: https://revistaseletronicas.pucrs.br/ojs/index.php/fadir/article/view/12542 Acesso em: 1º fev. 2021.

LIMA, Cíntia Rosa Pereira de. Da inviolabilidade da cláusula de não indenizar em matéria de proteção de dados. In: FALEIROS JÚNIOR, José Luiz de Moura; LONGHI, João Victor Rozatti; GUGLIARA, Rodrigo (Coords.). *Proteção de dados pessoais na sociedade da informação*: entre dados e danos. Indaiatuba, SP: Editora Foco, 2021. p. 397-404.

LIMA, Cíntia Rosa Pereira de. *Autoridade Nacional de Proteção de Dados e a Efetividade da Lei Geral de proteção de Dados*. São Paulo: Editora Almedina, 2020.

LIMA, Cíntia Rosa Pereira de; OLIVEIRA, Cristina Godoy Bernardo de. *Relatório de impacto à proteção de dados*: mitos e verdades – parte 1. Disponível em: https://iapd.org.br/relatorio-de-impacto-a-protecao-de-dados/. Acesso em: 29 ago. 2021.

LIMA, Cíntia Rosa Pereira de; OLIVEIRA, Cristina Godoy Bernardo de. *Relatório de impacto à proteção de dados*: mitos e verdades – parte 2. Disponível em: https://iapd.org.br/relatorio-de-impacto-a-protecao-de-dados-parte-2/. Acesso em: 29 ago. 2021.

MARQUES, Claudia Lima. *Contratos no Código de Defesa do Consumidor*: o novo regime das relações contratuais. 4. ed. São Paulo: Ed. RT, 2002.

RODOTÀ, Stefano. Persona, riservatezza, identità. Prime note sistematiche sulla protezione dei dati personali. In: *Rivista Critica del Diritto Privato*, anno XV, n. 1, p. 583-609, março 1997.

TIMM, Luciano Benetti; MARQUES, Leonardo Albuquerque Marques; MAIOLINO, Isabela. Desafios para a defesa do consumidor e proteção de dados: necessidade de coordenação entre os sistemas. In: BLUM, Renato Opice (Coord.). *Proteção de dados*: desafios e soluções na adequação à lei. 2. ed. Rio de Janeiro: Editora Forense, 2021. p. 283-299.

VAINZOF, Rony. *Lei Geral de Proteção de Dados comentada*. MALDONADO, Viviane Nóbrega. BLUM, Renato Opice (Coords.). 2. ed. rev., atual. e ampl. São Paulo: Thomson Reuters Brasil, 2019.

WIMMER, Mirian. A LGPD e o balé dos princípios: tensões e convergências na aplicação dos princípios de proteção de dados pessoais ao setor público. In: FRANCOSKI, Denise de Souza Luiz; TASSO, Fernando Antonio (Coords.) *A Lei Geral de Proteção de Dados Pessoais*: aspectos práticos e teóricos relevantes no setor público e privado. São Paulo: Editora Thomson Reuters, 2021. p. 163-186.

ZANATTA, Rafael Augusto Ferreira. Proteção de Dados Pessoais como regulação de risco: uma nova moldura teórica? In: I Encontro da Rede de Governança da Internet, nov. 2017. Anais eletrônicos. *Anais Rede 2017*. p. 175-184. Disponível em: http://www.redegovernanca.net.br/public/conferences/1/anais/Anais_REDE_2017-1.pdf. Acesso em: 1º ago. 2021.

ZUBOFF, Shoshana. *The Age of Surveillance Capitalism*. Nova York: Public Affairs, 2019.

DEVER DE CUIDADO E RESPONSABILIDADE CIVIL DAS INSTITUIÇÕES FINANCEIRAS NAS OPERAÇÕES EM AMBIENTE DIGITAL

Flaviana Rampazzo Soares

Mestre e Doutora em Direito pela Pontifícia Universidade Católica do Rio Grande do Sul (PUC/RS). Especialista em Direito Processual Civil. Advogada e Professora.

Sumário: 1. Introdução – 2. Breves notas quanto à evolução tecnológica no setor bancário – 3. Apontamentos quanto aos principais problemas vivenciados pelos clientes que usam serviços bancários no ambiente não presencial – 4. A hipervulnerabilidade do cliente no ambiente não presencial e o dever de cuidado dos bancos – 5. A responsabilidade dos bancos nas operações *on-line* – 6. O desafio da prova e do nexo causal – 7. Conclusão – 8. Referências bibliográficas.

1. INTRODUÇÃO

Este artigo tem como objetivo avaliar a incidência do dever de cuidado, aplicado à atividade bancária executada on-line quanto aos serviços ofertados aos seus clientes, a qual vem se acentuando porque estes estão sendo levados a utilizar os serviços digitais, a ensejar a ampliação da exposição a riscos de perdas financeiras decorrentes de acessos irregulares, fraudes e operações irregulares.[1]

Em razão disso, foram traçados os seguintes problemas de pesquisa: (a) verificar quais são os principais desafios enfrentados pelos consumidores de serviços bancários no ambiente digital, com ênfase nas práticas ilícitas com o objetivo de subtrair indevidamente os recursos dos clientes; (b) verificar quando e sob quais circunstâncias os bancos devem ser responsabilizados por operações irregulares perpetradas, que geram prejuízos aos clientes; e (c) examinar a incidência do dever de cuidado na atividade bancária executada não presencialmente, tanto do cliente, quanto dos bancos.

A premissa básica utilizada neste texto é o teor da Súmula n. 297 do Superior Tribunal de Justiça (STJ), de 2004, segundo a qual "o Código de Defesa do Consumidor é aplicável às instituições financeiras".

Adicionalmente, será verificado o sentido e alcance da Súmula n. 479 do STJ, de 2012, a qual preceitua que instituições financeiras "respondem objetivamente

---

1. Por esse motivo, parte do pensamento exposto e do conteúdo desenvolvido neste trabalho tem origem no seguinte trabalho prévio publicado pela Autora: SOARES, Flaviana Rampazzo. O dever de cuidado e a responsabilidade por defeitos. *Revista de Direito Civil Contemporâneo*, São Paulo. Editora Revista dos Tribunais. v. 13, p. 139-170, 2017.

pelos danos gerados por fortuito interno relativo a fraudes e delitos praticados por terceiros no âmbito de operações bancárias".

Por isso, será utilizado basicamente o sistema de responsabilidade previsto no referido Código (CDC).

Este texto abordará apenas a responsabilidade por fraudes em contas bancárias, não sendo ampliado o objeto para instituições financeiras em geral.

Como metodologia de pesquisa, este texto utiliza como método de abordagem o dedutivo, assim como o dialético, de natureza aplicada e, na técnica de pesquisa, enfatiza-se a coleta doutrinária com abordagem qualitativa. O método de procedimento é o documental.

Explicitados os pontos iniciais quanto aos contornos deste texto, passa-se a uma breve explanação quanto ao desenvolvimento da tecnologia no setor bancário.

2. BREVES NOTAS QUANTO À EVOLUÇÃO TECNOLÓGICA NO SETOR BANCÁRIO

Os estudos quanto aos usos e os impactos da inteligência artificial no Direito são recentes, e apresentam desafios aos quais cabem aos juristas proporem soluções.

Diversos setores estão migrando as suas atividades, total ou parcialmente, do mundo "concreto" ou físico para o mundo on-line. Trata-se de um fenômeno exponencial, tanto geográfica quanto numericamente, e, assim, atividades que eram realizadas pessoalmente por seres humanos, passaram a ser executadas por robôs ou, ainda que por pessoas, a execução passou a ser feita por meios eletrônicos e remotos.

Um dos setores que está ampliando exponencialmente o uso da tecnologia nas suas atividades é o bancário. No Brasil, até meados dos anos 1980, o indivíduo que quisesse fazer uma transferência bancária para outro, deveria se dirigir pessoalmente a uma agência do banco no qual mantinha a sua conta, ao balcão de informações, receber uma senha de atendimento, aguardar em uma fila ou sentado em cadeiras dispostas em espaço específico da agência, e, quando fosse chamado pelo funcionário do caixa, passar os dados da conta para operar a transferência e apresentar o seu cartão do banco e documento de identidade, assinando documentos comprobatórios da operação.

Os clientes costumavam conhecer por nome tanto os funcionários das agências, quanto os gerentes de conta, que normalmente atuavam por anos a fio em uma função, na mesma cidade. Geralmente eram poucas agências e as pessoas conheciam as instituições financeiras autorizadas a funcionar pelo Banco Central do Brasil.

A progressão em matéria de atendimento por máquinas ocorreu ao longo dos anos, tendo alguns saltos, como na época da implementação dos caixas eletrônicos automáticos (*Automatic Teller Machine* – ATM), terminais bancários que se disseminaram a partir da segunda metade da década de 1980, os quais possibilitavam ao cliente realizar diretamente saques, depósitos, transferências e consultas a informações de conta. Esses serviços foram sendo aprimorados conforme a evolução da informática, e atualmente esses dispositivos realizam uma gama de atividades muito maior que as disponíveis ao início da sua implantação.

Paulatinamente, o cheque, título de crédito grandemente utilizado como modo (ordem) de pagamento, foi perdendo espaço,[2] primeiramente para o cartão magnético, depois para as operações digitais.

O desenvolvimento das atividades do setor também fez com que as mesmas passassem a ser efetivadas predominantemente por meio de canais digitais, o que foi incentivado ostensivamente pelos próprios bancos, sendo que os clientes (até os mais resistentes ao uso da tecnologia) foram levados incisivamente a utilizar os meios digitais para realizar as suas transações, a ponto de, atualmente, responderem por 74% do volume total de operações,[3] inclusive em razão da pandemia da COVID-19, que fez com que os mesmos passassem a evitar se deslocarem a agências bancárias e fizessem uso preponderante de *mobile banking*.

Outro fenômeno que se agregou a esse cenário é o da pulverização tanto dos tipos de atividades, quanto das instituições que atuam no setor, inclusive *fintechs* (*financial technology*), que atuam com produtos e serviços financeiros digitais ou de *BaaS (Banking as a Service)*, que permite a pessoas jurídicas agirem como instituições de pagamento.

Aliado a isso, foram desenvolvidos os designados "bancos digitais", nos quais é inteiramente on-line a interação com os clientes e as operações efetivadas por estes por intermédio de plataforma eletrônica, pois esses bancos não dispõem de agências físicas,[4] tendo estrutura física enxuta.

Inegavelmente, a evolução tecnológica no setor bancário traz inúmeros benefícios, como a possibilidade de realização automática de diversos atos que, se fossem realizados manualmente, seriam humanamente impossíveis de serem concretizados, em razão do seu volume exponencial. Ademais, trazem o benefício de redução de custos, pois, quanto maior o volume de operações utilizando uma mesma infraestrutura, menor será o consumo de recursos, de tempo e de trabalho à sua execução.

O emprego da Inteligência Artificial no setor bancário continuará revolucionando o modo pelo qual o cliente se relaciona com o banco, *v.g.*, com o atendimento realizado cada vez mais intensamente por assistentes virtuais; com sistemas que permitem o monitoramento em tempo real das reações dos clientes; com o ofere-

---

2. Vide gráfico e dados do Banco Central do Brasil em: https://www3.bcb.gov.br/sgspub/consultarvalores/consultarValoresSeries.do?method=consultarGraficoPorId&hdOidSeriesSelecionadas=25225. Acesso em: 20 ago. 2021.
3. Informações disponíveis no site da Febraban: https://noomis.febraban.org.br/temas/inovacao/canais-digitais-respondem-por-74-das-transacoes-bancarias-em-abril. Acesso em: 02 ago. 2021.
4. Na forma das Resoluções 4.656 e 4.657/2018, do CMN. Informações disponíveis em: https://www.bcb.gov.br/estabilidadefinanceira/fintechs. Acesso em: 02 ago. 2021.

cimento de produtos ou serviços personalizados.[5] E, ao mesmo tempo em que os bancos aperfeiçoam as suas ferramentas tecnológicas de segurança da atividade e de atendimento ao cliente, igualmente os fraudadores buscam meios de burlar os sistemas e de obter acesso aos recursos dos clientes.

No entanto, esse desenvolvimento tecnológico aplicado ao setor bancário tem gerado inúmeros contratempos aos clientes, o que será objeto do próximo tópico.

3. APONTAMENTOS QUANTO AOS PRINCIPAIS PROBLEMAS VIVENCIADOS PELOS CLIENTES QUE USAM SERVIÇOS BANCÁRIOS NO AMBIENTE NÃO PRESENCIAL[6]

Segundo levantamento divulgado pelo Instituto Brasileiro de Defesa do Consumidor (Idec), com a pandemia, houve o acréscimo considerável de 70% de reclamações contra bancos, instituições financeiras e administradoras de cartões, seja pelo site www.consumidor.gov.br, seja pela ouvidoria do Banco Central do Brasil,[7] sem contar ações judiciais, sendo que boa parte destas reclamações dizem respeito a irregularidades, sigilo e segurança envolvendo cartões de crédito e operações de crédito, que alcançam aproximadamente 20% desses registros.

Com isso, não se quer dizer que a elevação dessas reclamações decorra necessariamente da pandemia, mas que este fenômeno, aliado à postura dos bancos de levarem os clientes a utilizar os canais digitais de autoatendimento, abriu um campo propício ao incremento das fraudes que são praticadas virtualmente.

Conforme mencionado ao início deste texto, se, antes, o cliente se dirigia pessoalmente à agência bancária e lá executava os comandos aptos à concretização das suas operações desejadas, tendo certeza de que efetivamente estava tratando com o seu banco, atualmente elas são executadas em ambiente digital, no qual o cliente não sabe com quem está interagindo, se um agente humano ou não humano (robô), se um legítimo representante do banco ou se um fraudador.

Basta pensar que qualquer pessoa que olhe um cartão de crédito poderá fazer compras on-line com os números capturados (o número do cartão e o código de segurança), ou, ainda, qualquer pessoa que tenha uma máquina de cartão que funcione por aproximação igualmente terá condição técnica de subtrair indevidamente recursos de um cliente, a demonstrar que o padrão de segurança nas operações bancárias tem as suas fragilidades.

---

5. Informação disponível em: https://www2.deloitte.com/us/en/insights/industry/financial-services/artificial--intelligence-ai-financial-services-frontrunners.html. Acesso em: 03 ago. 2021.

6. Esclareça-se a opção pelo uso da expressão "ambiente não presencial", no título deste tópico, porque, se fosse empregada a locução "ambiente virtual", esta não expressaria a totalidade das fraudes que serão abordadas neste texto, uma vez que, na atualidade, algumas ocorrem por telefone, e são associadas a atos *on-line*.

7. Vide notícia em: https://agenciabrasil.ebc.com.br/economia/noticia/2021-04/reclamacoes-contra-institui-coes-financeiras-disparam-na-pandemia. Acesso em: 03 ago. 2021.

No Brasil, o número de ataques virtuais (conhecidos como *phishing*) para furto de dados bancários teve elevação de 43% no primeiro semestre de 2020[8] e representou 54% dos crimes financeiros mundiais na *internet* no mesmo ano.[9] Há inúmeros casos de indivíduos que relataram ter recebido telefonemas de pessoas se identificando como funcionários do banco do qual são clientes, passando informações que conferem com aquelas pertencentes a este (de modo a gerar confiança neste de efetivamente estar conversando com alguém do banco), e afirmando que o cliente teria tido a sua conta bloqueada, *hackeada* ou mesmo liberada. A seguir, passam instruções para o cliente fazer contato com o telefone de atendimento do banco que consta no verso do cartão, orientando que o telefonema deve ser feito pela linha comum (não celular) para que o cliente execute determinados comandos.

O larápio não desliga o telefone e segue conectado em linha, aguardando o cliente digitar o número do telefone do banco e finge atender novamente, como se fosse do banco em uma nova chamada telefônica. Conforme relatou um consumidor:

> "Vejo que na hora a gente fica atordoado e se for uma pessoa mais simples e que não tenha habilidades com bancos e cartões cai facilmente. Outra coisa que os golpistas fazem é ligar normalmente em horários em que o banco já está fechado, para você optar pelo 0800 ao invés de ir na agência buscar informações. A dica é, se acontecer, pare e pense como agir. E só ligue no 0800 depois de pelo menos 10 minutos".[10]

Um fato chama a atenção no relato acima: há pessoas mais suscetíveis a serem vítimas da *phishing* e, não obstante o fato de que o cliente deve ser cauteloso para evitar que isso ocorra, o banco também tem o dever de alertar a ocorrência dessas práticas aos seus correntistas, tão logo tenha conhecimento do ocorrido, assim como deve sugerir aos clientes medidas para evitar prejuízos, além de implementar salvaguardas para reduzir riscos de prejuízos, como travas para operações suspeitas ou opções de personalização como, por exemplo, limitar os valores diários para operações com o PIX, ou emitir alertas aos clientes.

Outra ação lesiva que tem se tornado comum é o furto de *smartphones* durante o uso por seus proprietários, de modo que os larápios acessam os dados do telefone desbloqueado para sacar quantias da conta do cliente, fazer transferências bancárias, pagarem contas ou fazerem compras on-line utilizando os dados dos cartões dos proprietários.[11]

Se nos exemplos acima descritos percebe-se que o cliente realmente foi vítima de um golpe, e o banco dificilmente teria condições de evitá-lo, porque não há mo-

---

8. Noticiado em: https://extra.globo.com/economia/roubo-de-dados-bancarios-pela-internet-cresceu-43-no-pais-no-primeiro-semestre-24555102.html. Acesso em: 05 ago. 2021.
9. Noticiado em: https://extra.globo.com/economia/roubo-de-contas-digitais-foi-principal-crime-financeiro-na-internet-em-2020-24898685.html. Acesso em: 05 ago. 2021.
10. Publicado em: https://www.jmais.com.br/canoinhense-relata-tentativa-de-golpe-do-cartao-de-credito/. Acesso em: 05 ago. 2021.
11. Notícia disponível em: https://invest.exame.com/mf/como-evitar-acesso-app-bancos-roubo-celular. Acesso em: 04 ago. 2021.

dificação no padrão de segurança que lhe é exigível e realmente houve desatenção (e nenhum ser humano consegue estar permanentemente atento), há situações nas quais a insegurança pode advir do próprio sistema envolvido no atendimento, direta ou indiretamente.

Exemplifica-se com o atendimento via aplicativo (*app*) de mensagens (por exemplo, WhatsApp, Telegram ou Signal) oferecido por muitos bancos. Sabe-se que, *v.g.*, o WhatsApp não é um *app* com nível de segurança "padrão ouro", pois há casos de "golpistas que usam engenharia social para roubar contas dos usuários e a distribuição de *malwares* por meio de *links* são rotina". Destarte, há inúmeros casos de pessoas que tiveram a sua conta no referido *app* clonada, ou hackeada, sabendo-se igualmente que o protocolo de criptografia desse *app* é aberto e não há acesso ao código fonte. Portanto, "a privacidade do aplicativo se torna uma questão do quanto você confia no Facebook",[12] rede social essa que está envolvida em recentes episódios de vazamentos de dados.[13]

A criptografia de ponta a ponta do mencionado *app* protege as mensagens contra violações, mas o administrador do *app* coleta e utiliza para si (ou compartilhando com terceiros) informações tais como os dados de uso, o histórico de compras e de dados financeiros, a localização do aparelho, o número do telefone, a lista de contatos vinculada ao usuário, as interações realizadas e a frequência de uso do aplicativo, o que revela a sua deficiência como canal de comunicação entre cliente e banco, notadamente porque, por exemplo, no atendimento de cartão de crédito, o atendente virtual costuma pedir os dados da conta bancária (número da conta, agência, número parcial do cartão) e código de segurança.

Ou seja, com essas informações, um colaborador do gerenciador do *app* pode ter acesso a dados da conta do cliente, do banco que escolheu o *app* como meio de comunicação e de atendimento, e sobre o qual o cliente não tem ingerência quanto a como se proteger para evitar fraudes, uma vez que ele não conhece o atendente, o gerente e tampouco sabe razoavelmente se de fato está em contato com o seu banco, se realmente está falando com alguém confiável e se efetivamente é seguro passar as suas informações. Trata-se de um verdadeiro aprisionamento tecnológico, no qual, se o cliente optar por não passar os dados, não será atendido, e, se passar os dados, pode estar propiciando uma ação fraudulenta da qual o prejuízo imediato recairá sobre os recursos da sua conta bancária.

O Banco do Brasil, por exemplo, no atendimento via WhatsApp, costuma solicitar o nome completo do cliente, o seu número de inscrição no CPF, o nome completo da mãe do correntista, a sua data de nascimento completa, o nome completo

---

12. Informação do site Olhar Digital. Disponível em: https://olhardigital.com.br/2021/01/22/noticias/signal--telegram-e-whatsapp-qual-e-mais-seguro/, e em https://veja.abril.com.br/economia/whatsapp-ja-tem-acesso-a-maioria-dos-dados-que-agora-pede-sua-autorizacao/. Acesso em: 04 ago. 2021.

13. Notícia disponível em: https://exame.com/tecnologia/o-escandalo-de-vazamento-de-dados-do-facebook--e-muito-pior-do-que-parecia/. Acesso em: 04 ago. 2021.

de quem possui cartão adicional e o código de segurança do cartão. Se esses dados forem acessados por quem quer que não seja o próprio banco ou o correntista, será uma situação absolutamente propícia à consumação de condutas fraudulentas, tendo como alvo os recursos do correntista.

Na mesma linha da exposição de dados, noticiou-se que a Caixa Econômica Federal apresentava uma vulnerabilidade em seu *site,* que permitiria a apropriação indevida por terceiros de dados pessoais e de credenciais de acesso a contas, permitindo "que os atacantes criassem páginas falsas ou aplicações maliciosas que funcionavam como se estivessem rodando a partir dos domínios oficiais da estatal, dificultando a detecção e possibilitando a realização de ataques de engenharia social."[14]

Se a captura da senha ou dos dados do cliente ocorreu por uma conduta que a si não seja imputável, ou que este razoavelmente pudesse supor se tratar de uma tentativa de *phishing*, então é possível atribuir responsabilidade ao banco. O âmbito dessa responsabilidade e o fator de imputação respectivo é o que será analisado no próximo tópico do texto.

4. A HIPERVULNERABILIDADE DO CLIENTE NO AMBIENTE NÃO PRESENCIAL E O DEVER DE CUIDADO DOS BANCOS

O CDC dita que a vulnerabilidade do consumidor no mercado de consumo é princípio a ser atendido pela Política Nacional das Relações de Consumo (art. 4º, inciso I), a funcionar como premissa que merece conformação a cada aplicação prática.[15]

A vulnerabilidade representa a admissão de que, na relação de consumo, o consumidor geralmente está em posição de inferioridade se comparado ao *status* do fornecedor, o que fundamenta a edição de regras protetivas específicas,[16] e a hipervulnerabilidade traduz o agravamento dessa reconhecida vulnerabilidade, em razão de fatores biológicos (idade, condição psicofísica), sociais, culturais, educacionais, técnicos e econômicos; de defeitos ou vícios do próprio produto; do momento de uso do produto ou de fruição do serviço, ou mesmo do fator geográfico. Esses fatores, embora não sejam determinantes, são indicativos de maior probabilidade de configuração de hipervulnerabilidade.

Os contornos da hipervulnerabilidade são mais complexos que os da vulnerabilidade, sendo admitido o emprego de critérios qualitativos (v.g., a potencialização de dano de acordo com o avanço da idade) ou quantitativos (v.g., a elevação da probabilidade de dano por constatação estatística), avaliados isolada ou conjuntamente.

---

14. O trecho entre aspas consta na notícia, a qual está disponível em: https://canaltech.com.br/seguranca/vulnerabilidade-no-site-da-caixa-permitia-roubo-de-dados-de-clientes-178149/. Acesso em: 07 ago. 2021.
15. DWORKIN, Ronald. *Levando os direitos a sério.* 3. ed. São Paulo: Martins Fontes, 2010. p. 39.
16. GRINOVER, Ada Pellegrini et al. *Código brasileiro de defesa do consumidor*: comentado pelos autores do anteprojeto. 10. ed. Rio de Janeiro: Forense, 2011. v. 1. p. 73-74.

Se, no âmbito do CDC, a vulnerabilidade atua como princípio, e a hipervulnerabilidade pode atuar como regra, o resultado é que deverá haver maior rigor na análise da conduta do fornecedor, exigindo-se deste um maior cuidado na sua atuação, tanto a efetivada, quanto a desejável.

Nesse espectro, deve-se admitir que o consumidor é vulnerável em matéria de evolução tecnológica e de uso de dispositivos digitais, pois quem tem maior condição de conhecer e de razoavelmente controlar tais domínios é o fornecedor.

Nos serviços bancários prestados no ambiente digital, é hipervulnerável o cliente sem conhecimento técnico (categoria na qual está a maioria dos consumidores), em face da maior suscetibilidade a prejuízos decorrentes da conduta maliciosa de terceiros. A hipervulnerabilidade alcança especialmente as pessoas idosas, que inegavelmente são mais frágeis, em razão da constatação científica da progressiva e inelutável redução das suas habilidades funcionais; estando mais propensas a dificuldades cognitivas em maior ou menor escala,[17] pois, v.g., idosos são mais predispostos a lapsos de memória e psicologicamente podem ser mais propensos ao prejuízo decorrente das investidas ilícitas de pessoas mal-intencionadas.[18]

Por isso, embora os requisitos da responsabilidade civil permaneçam incólumes (conduta juridicamente qualificada, nexo de causalidade, nexo de imputação e dano), "o grau de exigência de uma conduta adequada é maior quando presente situação de hipervulnerabilidade", de modo que, conforme aumenta a hipervulnerabilidade, igualmente se eleva o padrão de *cuidado* exigível por parte do fornecedor, pois o cliente legitimamente crê que o *app*, *site* ou canal de contato oferecido é seguro e confiável.[19]

O cuidado, assim, surge como *dever jurídico* que permeia a atividade do fornecedor até que cumpra a função para a qual o produto ou serviço foi concebido (pois esta é a *causa* do fornecimento), além de obrar como cânone interpretativo tanto dos

---

17. De acordo com a literatura médica, as pessoas idosas sujeitam-se a declínios no desempenho em tarefas cognitivas que exigem que se processe ou transforme rapidamente as informações para tomar uma decisão, incluindo medidas de velocidade de processamento, memória de trabalho e função cognitiva executiva, alterações na estrutura neuronal sem morte neuronal, perda de sinapses e disfunção de redes neuronais. As doenças relacionadas à idade aceleram a taxa de disfunção neuronal, perda neuronal e declínio cognitivo, com muitas pessoas desenvolvendo deficiências cognitivas graves o suficiente para prejudicar suas habilidades funcionais diárias. MURMAN, Daniel L. The Impact of Age on Cognition. *Seminars in hearing* v. 36,3 (2015): 111-21. doi:10.1055/s-0035-1555115. Disponível em: https://www.ncbi.nlm.nih.gov/pmc/articles/PMC4906299/. Acesso em: 08 ago. 2021.

    Adicionalmente, veja-se: DENSA, Roberta; NISHIYAMA, Adolfo. A proteção dos consumidores hipervulneráveis: os portadores de deficiência, os idosos, as crianças e os adolescentes. *Revista de Direito do Consumidor*, São Paulo, v. 76, p. 13-45, out.-dez. 2010.

18. A CF prevê, em seu art. 230, que o Estado deve amparar as pessoas idosas, "assegurando sua participação na comunidade, defendendo sua dignidade e bem-estar e garantindo-lhes a vida". O Estatuto do Idoso igualmente é importante marco de proteção especial, na defesa dessas pessoas.

    A respeito da vulnerabilidade do idoso, consulte-se ainda: SCHMITT, Cristiano Heineck. *Consumidores hipervulneráveis*: a proteção do idoso no mercado de consumo. São Paulo: Atlas, 2014.

19. SOARES, Flaviana Rampazzo; PASQUALOTTO, Adalberto. Consumidor hipervulnerável: análise crítica, substrato axiológico, contornos e abrangência. *Revista de Direito do Consumidor*, São Paulo, v. 113. p. 81-109, set.-out. 2017.

dispositivos do CDC que tratam da responsabilidade por defeito, quanto da referida Súmula n. 479 do STJ, no que concerne ao conteúdo dos acontecimentos contemplados no conceito de "fortuito interno relativo a fraudes e delitos praticados por terceiros no âmbito de operações bancárias".

A incidência do *dever de cuidado* na responsabilidade por defeitos, no âmbito do CDC, embora se trate de responsabilidade objetiva, não diz respeito à aferição de culpa, mas, sim, no preenchimento do conteúdo do vocábulo *defeito* contido no texto da lei, considerando as circunstâncias do caso concreto.

Essa premissa está na base do argumento defendido neste texto, no sentido de que as atividades executadas no ambiente bancário on-line têm enorme potencial de acarretar danos ao consumidor. As ferramentas digitais oferecidas pelos bancos são irrefreáveis, inexoráveis e permeadas por um risco inerente, conquanto sejam inegavelmente úteis tanto aos bancos quanto aos usuários, de modo que, embora o oferecimento das ferramentas de transações *on-line* ao cliente seja lícito (e este até mesmo é obrigado a utilizá-las, sob pena de não ter acesso a determinados produtos ou serviços, ou de ter o seu acesso mais complexo ou dificultado), o parâmetro de cuidado exigível dos bancos quanto ao crédito e à administração financeira do consumidor é maior do que aquele presente em ferramentas digitais que não tratam de interesses imprescindíveis aos usuários.

A boa-fé é o substrato do dever de cuidado, consubstanciado em um dos princípios fundamentais das relações de consumo (art. 4º, III, do CDC), atuando como fonte de deveres de conduta, princípio limitador do exercício de direitos subjetivos, além de servir como cânone interpretativo.[20] A incidência do princípio da boa-fé e do dever de cuidado enseja a obrigação dos bancos de garantirem a segurança dos produtos ou serviços oferecidos, preservando o patrimônio do consumidor e pondo-o a salvo de práticas que representem prejuízo.[21]

Os bancos podem invocar as excludentes de responsabilidade tradicionais, que são a não inserção do produto ou serviço no mercado, a inocorrência de defeito ou a conduta exclusiva do consumidor ou o fato de terceiro. Porém, a conduta exclusiva do consumidor ou o fato de terceiro nas operações bancárias on-line somente serão consideradas alegações admissíveis para excluir a responsabilidade se estiverem absolutamente desvinculadas das condutas omissivas, comissivas ou informativas que competem ao banco.[22]

---

20. MARQUES, Cláudia Lima. *Contratos no Código de Defesa do Consumidor*. 4. ed. São Paulo: Ed. RT, 2002. p. 180; SOARES e Pasqualotto, ob. e loc. cit.
21. SILVA, Clóvis V. do Couto e. O princípio da boa-fé no direito brasileiro e português. In: *Estudos de direito civil brasileiro e português*. São Paulo: Ed. RT, 1980, passim.
22. O caso fortuito e força maior; a prescrição; o fato do príncipe; os riscos de desenvolvimento e a cláusula de não indenizar também são apontados por parte da doutrina como excludentes da responsabilidade do fornecedor no acidente de consumo. Porém, são pontos em que não há consenso.

Se é admitida a ideia de vulnerabilidade e de hipervulnerabilidade, igualmente deve ser reconhecido que a incidência do dever de cuidado, embora seja aplicável a todos os consumidores, não significa que o banco sempre e necessariamente deva compensar integralmente prejuízos sofridos. A indenização a ser concedida pode ser escalonada conforme o consumidor concretamente considerado tenha maior possibilidade de reconhecer fatores de risco ao uso da tecnologia do setor (por exemplo, um consumidor idoso com parco nível de educação formal tem maior necessidade de amparo do que um cliente que seja formado em ciência da computação).

Ademais, reconhece-se o reconhecimento e a necessária aplicação do art. 51, inc. I, do CDC, o qual permite ao julgador limitar a indenização a ser arbitrada, quando o consumidor for uma pessoa jurídica, quando a definição do conteúdo do defeito na atividade do banco, que permitiu ou não evitou a concretização de uma fraude bancária on-line, for mais favorável ao usuário.

5. A RESPONSABILIDADE DOS BANCOS NAS OPERAÇÕES *ON-LINE*

Indubitavelmente, conforme mencionado na introdução, o CDC deve ser chamado a solucionar os casos nos quais o cliente é vítima de atividades lesivas dirigidas aos seus saldos bancários. Em regra, o CDC abriga a imputação objetiva de responsabilidade do fornecedor por vícios ou defeitos nos produtos ou serviços.[23] Neste texto, sustenta-se que é possível falar de defeito em se tratando de qualquer vulnerabilidade interna ou externa que permita ou facilite ataques contra a conta bancária do cliente.

Os casos de vulnerabilidade interna podem ser considerados aqueles nos quais os próprios sistemas bancários possuem falhas que permitam de qualquer modo a obtenção de dados que abram espaço à prática de *phishing* ou outras do mesmo gênero, que causem prejuízo ao cliente. E na vulnerabilidade externa se enquadram as hipóteses nas quais os ataques são inicialmente alheios aos sistemas bancários, porém, é constatada uma conduta dos bancos, seja na falha do dever de informação ao consumidor para tornar o acesso ao sistema seguro, seja ao não instituir anteparos para evitar que terceiros façam uso de informações vazadas ou de funcionalidades do próprio sistema bancário, levando o consumidor a erro (que não seja grosseiro) e permitindo o acesso a dados de conta.

Ademais, consumidores estão sendo "lançados" ao mundo digital sem que sejam educados para isso, notadamente aqueles sem formação digital ou prática no ambiente on-line, e isso abre uma enorme brecha para que problemas ocorram. Na atividade dos bancos, a crescente e inexorável migração para a esfera digital agrava os riscos de uma atividade que por si já é arriscada, pois o dinheiro é o grande cha-

---

23. CAVALIERI FILHO, Sérgio. *Programa de responsabilidade civil*. 11. ed. São Paulo: Editora Atlas, 2014. p. 180-181; SCHREIBER, Anderson. *Novos paradigmas da responsabilidade civil*: da erosão dos filtros da reparação à diluição dos danos. 2. ed. São Paulo: Editora Atlas, 2009. p. 31.

mariz aos aproveitadores,[24] e o universo virtual, com o uso de inteligência artificial, permite que um criminoso esteja, ao mesmo tempo, assediando correntistas de um extremo ao outro do país.

De todo modo, o objeto deste texto diz respeito ao *defeito*, que tange ao amparo (segurança) dos interesses patrimoniais e extrapatrimoniais do consumidor, tendo em vista a segurança legitimamente esperada quanto ao serviço oferecido pelo banco, no qual há a proeminência do dever de cuidado que o fornecedor deve ter em relação ao consumidor para que seja preenchido o conteúdo dessa expressão, que é um conceito jurídico indeterminado.[25] O banco, ao receber os recursos dos consumidores, assume o compromisso (obrigação) de cuidado tanto dos seus clientes, quando destes recursos que lhe são confiados.

Sendo objetiva a responsabilidade do fornecedor (banco), de acordo com o disposto no art. 12 do CDC para produtos e do art. 14 do CDC para serviços, o dever de cuidado impõe um grau de zelo maior, sobretudo nas hipóteses de consumidores hipervulneráveis (por exemplo, aqueles leigos em matéria de tecnologia, os idosos, as pessoas com déficits cognitivos) e na construção do que se entende por segurança legitimamente esperada, como se demonstrará.

Assim, o primeiro questionamento a ser feito é se existe um dever de segurança do banco quanto ao seu cliente no ambiente de atendimento não presencial, a seguir, determinar qual seria o padrão de conduta admissível e, por fim, confrontar esse padrão considerado como recomendável com a conduta praticada, para avaliar se o serviço é considerado defeituoso, pela falta do dever de segurança que dele legitimamente se esperava.

Conquanto seja admissível pela experiência comum, que não há uma situação de segurança absoluta para produtos e serviços, o CDC, no texto dos artigos 12 e 14, não explicita quais são os elementos concretos que caracterizam um defeito, o que é compreensível por se tratar de um *conceito jurídico indeterminado*, sendo comum a referência doutrinária quanto ao uso e os riscos razoavelmente esperados do produto ou serviço, ou mesmo a época em que foram colocados em circulação, que são fatores a ter em vista na análise do caso concreto.

A época em que o produto ou serviço foi posto em circulação está vinculada ao estagio da evoluçao da tecnologia que permita proteger os sistemas bancarios disponíveis para uso dos consumidores, pois somente pode ser exigido do banco o

---

24. "Como sabido, os bancos lidam com dinheiro e dinheiro atrai os bandidos, em escala cada vez mais crescente e ousada, consoante bem demonstra a mídia diuturna ao narrar os assaltos a bancos pelo país afora. E porque atraem assaltantes, os bancos têm o dever de segurança, pois, de acordo com a Teoria do Risco, quem aufere o bônus, suporta o ônus, fundado no brocardo *ubi emolumentum, ibi onus*, ou seja, onde reside o ganho, reside o encargo." HORA NETO, João. O crime de "saidinha de banco" e o fortuito interno. *Revista de Direito Privado*, São Paulo, v. 51/2012, p. 231-271, jul.-set. 2012.

25. SILVA, João Calvão da. *Responsabilidade civil do produtor*. Coimbra: Almedina, 1990. p. 294.

atendimento de um padrão de segurança existente ou exigível ao tempo em que essa ferramenta foi disponibilizada para uso e efetivamente utilizada.

O uso previsível e os riscos razoavelmente esperados do produto ou serviço, por sua vez, tratam do seu aproveitamento normal, da utilização conforme o usual. Por isso, cabe ao banco antever condutas dos consumidores que sejam previsíveis. Aplicando-se esse raciocínio à responsabilidade bancária, é crível que consumidores acessem *links* enviados pelo próprio banco ou por quem aparente de modo verossímil ser o banco aos olhos de uma pessoa comum, assim como é presumível a boa-fé do consumidor que passa os seus dados por WhatsApp em contato com canal de atendimento do banco, ou, ainda, é exigível do banco que suspenda temporariamente operações atípicas até que contate o consumidor para confirmá-las.

A doutrina refere que o fornecedor deve ter o conhecimento e o controle daquilo que oferece e, por isso, deve observar a qualidade e a segurança dos seus produtos ou serviços, além de suportar o resultado do fornecimento, pois foi quem criou o risco de dano e, por fim, a ele incumbe a atribuição de antever a possibilidade de defeito e acautelar-se quanto a isso, contratando seguro de responsabilidade civil e incorporando essa despesa ao seu custo,[26] além de adotar medidas tais como "Certificação Digital, Criptografia de dados, *firewalls*, teclado virtual, gerador de número de cartões de crédito para compras on-line, *tokens*, rotatividade de senhas, bloqueio automático após determinado número de tentativas infrutíferas de acesso".[27]

Complementarmente, cabe ao consumidor, dentre outros, conservar adequadamente os seus dispositivos de *hardware*, manter atualizado o *software* (inclusive o antivírus) e ter cuidados com as suas senhas e cartões.[28] Quanto ao uso de senhas fracas ou óbvias, cabe igualmente ao banco evitar que isso ocorra, o que é perfeitamente possível mediante o uso de ferramentas de inteligência artificial, as quais

---

26. PASQUALOTTO, Adalberto de Souza. A responsabilidade civil do fabricante e os riscos do desenvolvimento. *Revista da Ajuris*, Porto Alegre, n. 59, p. 148-168, nov. 1993. Especialmente na p. 151-152.

27. PEREIRA FILHO, Valdir Carlos. Responsabilidade civil dos bancos em operações financeiras realizadas pela internet. *Revista de direito bancário e do mercado de capitais*, São Paulo, v. 42, p. 163-181, out.-dez. 2008.
Ainda, adverte o autor: "Além da adoção de tais mecanismos, cabe aos bancos efetivamente esclarecer seus clientes sobre os riscos e os meios de evitar problemas na internet. Os bancos devem, além de investir na estrutura de segurança, investir na educação dos seus clientes. Compete à instituição financeira dar, com o devido destaque, ciência das regras a serem observadas para evitar interferência de terceiros (hacker), ataques de vírus e similares que possam causar prejuízos, utilizando os variados canais de comunicação para fornecerem informações para seus clientes se prevenirem de ações criminosas na internet."

28. Nos casos conhecidos como o "golpe do motoboy", o banco não responde pelos prejuízos da vítima, conforme demonstra a seguinte ementa: "Recurso inominado. Ação de indenização por danos materiais e morais. Golpe do motoboy. Ligação do fraudador se passando por funcionário do banco e informando que o cartão havia sido clonado e que um motoboy passaria para coletá-lo. Autora que efetuou a entrega do seu cartão a terceiro e informou sua senha, a qual é pessoal e intransferível. Transações financeiras, compras e saques realizados com o cartão. Evento ocorrido fora do estabelecimento da parte ré. Impossibilidade de atribuir a responsabilidade ao *banco*. Culpa exclusiva da vítima. Aplicação do artigo 14, § 3º, II, do CDC. Sentença mantida por seus próprios fundamentos. Recurso desprovido. TJRS. 2ª T. Recursal cível. Recurso cível 71010028918. Relatora: Ana Cláudia Cachapuz Silva Raabe, j. 30 jun. 2021.

podem impedir o cadastramento de determinadas senhas (por exemplo, a senha que corresponda à data de nascimento do cliente).

O dever de cuidado incide como meio de determinar a conduta aceitável do fornecedor quanto ao produto ou serviço oferecido, inclusive no que diz respeito ao dever de informar o consumidor, bem como para permitir que os justos interesses dos consumidores dos serviços bancários sejam assegurados e que os seus legítimos objetivos sejam alcançados.

Obviamente não se deve dar guarida a pretensões de clientes de má-fé, ou de clientes inegavelmente descuidados por não terem observados regras básicas de atenção aos seus dados bancários, a ensejar o dilema da prova, que será tratado no próximo tópico deste texto.

6. O DESAFIO DA PROVA E DO NEXO CAUSAL

Um dos grandes desafios em matéria de desfalques indevidos de clientes bancários no ambiente on-line é a prova de que o consumidor não utilizou a sua senha ou cartão ou que não repassou indevidamente a senha ou o cartão a terceiros.

Ao mesmo tempo em que o art. 373 do CPC atribui ao autor o ônus de comprovar o fato constitutivo do seu alegado direito, o § 1º do mesmo artigo autoriza ao juiz a distribuir o ônus da prova de modo distinto ao da regra geral, em face das "peculiaridades da causa relacionadas à impossibilidade ou à excessiva dificuldade de cumprir o encargo" que competir à parte, ou com vistas a facilitar a "obtenção da prova do fato contrário".

Aliado a isso, o CDC, em seu art. 6º, inc. VIII segue a mesma linha, permitindo ao julgador inverter o ônus da prova caso entenda que a alegação da parte seja verossímil ou caso a parte seja hipossuficiente (notadamente quanto à hipossuficiência técnica típica das questões de ciências da computação e dos sistemas informáticos).

Com isso, poderá incidir sobre o banco o ônus de comprovar que não falhou no exercício das atividades que lhe competiam, e que foi o próprio cliente ou terceiro que, por um ato absolutamente desvinculado da conduta do banco, praticou o ato ilícito que gerou o prejuízo.

A avaliação não deve se limitar à conduta do banco diante da ação inevitável de terceiros ou do próprio correntista. Igualmente deve ser analisado se o banco tratou de *mitigar o dano* caso este tenha sido praticado por terceiro totalmente desvinculado da referida instituição. Por isso, é possível afirmar que o banco não se eximirá da sua responsabilidade se permitir operações atípicas (por exemplo, o "limpa conta", ou operações em montantes elevados, ou um número excessivo de operações sucessivas em um mesmo dia), que sejam incomuns ao perfil do consumidor, ainda que executadas em razão de uma coleta de dados proveniente de uma fraude durante uma investida de um larápio a um cliente, ou se não tiver meios de rastrear eficientemente as operações realizadas,[29] de modo a reduzir ou eliminar a chance de localização do causador direto do dano.

A esse respeito, mencione-se a precisa lição de Hironaka, ao inovar na sua tese de responsabilidade pressuposta, no sentido de que "o efeito liberatório" da responsabilidade "só será admitido, então, se o fato de terceiro ou da vítima excluir, de maneira indubitável, o elo causal necessariamente existente entre o exercício da atividade perigosa e o dano produzido", não bastando, para tanto, "que essas pessoas tenham apenas se imiscuído no exercício da atividade perigosa para que o agente seja liberado; terá sido necessário que as medidas para evitar a intromissão tenham sido tomadas à exaustão".[30]

Na jurisprudência, a inversão do ônus da prova é medida que costuma ser adotada como regra de julgamento ou como regra de instrução, "até porque dúvida não mais remanesce no sentido de que o sistema de segurança bancário é vulnerável a fraudes",[31] a ter como configurado o defeito na prestação de serviço bancário nos

---

29. BRAGA NETO, Felipe; ROSENVALD, Nelson; CHAVES DE FARIAS, Cristiano. *Novo tratado de responsabilidade civil.* 2. ed. São Paulo: Saraiva, 2017. p. 1081.

30. HIRONAKA, Giselda. *Responsabilidade pressuposta.* Belo Horizonte: Del Rey, 2005. p. 309.

31. Trecho de acórdão com a seguinte ementa: "Responsabilidade Civil. Danos materiais e morais. Defeito na prestação do serviço bancário. Movimentações financeiras indevidas realizadas pela internet. Falha na segurança do serviço bancário disponibilizado aos correntistas. Verossimilhança das alegações dos consumidores no que tange às operações impugnadas e que importaram em transferências indevidas pela internet no valor de R$ 55.598,64. Admissibilidade da inversão do ônus probatório no caso. Negligência do banco evidenciada. Ressarcimento determinado. Consideração de que, conquanto tenha alegado a instituição financeira que as operações bancárias contestadas foram realizadas mediante a utilização de senha secreta, *token* [senha provisória gerada *on-line*] e QR Code, não produziu prova eficaz neste sentido. Culpa exclusiva dos correntistas não evidenciada. Negligência do banco evidenciada. Responsabilidade civil configurada. Danos morais caracterizados. Consideração de que houve também a indevida inclusão do nome da pessoa jurídica autora no cadastro de inadimplentes. Indenização por danos morais, arbitrada em R$ 10.000,00, preservada. Aplicação ao caso da diretriz traçada na Súmula n. 479, do Superior Tribunal de Justiça. Pedido inicial julgado procedente. Sentença mantida. Recurso improvido." TJSP. 19ª Câmara Cível, APC 010351-91.2019.8.26.0602, rel. Des. João Camillo de Almeida Prado Costa, J. 28 abr. 2020.

E, do Tribunal de Justiça do Rio Grande do Sul: Apelação cível. Recurso adesivo. Negócios jurídicos bancários. Ação declaratória de inexistência de débito cumulada com indenização por danos materiais e morais. Transação em conta corrente. Realização de *saques* bancários e compras em estabelecimentos comerciais por *terceiro*. Falha na prestação de serviço caracterizada. Repetição de indébito na forma simples. Dano moral. Dever de indenizar não configurado. Sentença parcialmente modificada. Fraude *bancária*. O ônus da prova, no caso em comento, é da parte demandada, nos termos do art. 373, II, do CPC/15 e nada vindo aos autos como forma de demonstrar a existência de fato impeditivo, modificativo e extintivo do direito da parte autora, faz presumir a veracidade do alegado na peça exordial, reconhecendo-se, assim, a ilicitude da transferência. Ademais, a *responsabilidade* da instituição financeira decorre do risco integral de sua atividade, respondendo objetivamente por fraudes e delitos praticados por *terceiros* no âmbito de operações *bancárias*, em caso fortuito interno, que derivam da própria atividade *bancária* e, portanto, que lhe cabia evitar. Por tal razão, faz jus a parte autora a restituição do valor da transferência efetuada por *terceira* pessoa. Dano moral. Para se fazer jus à reparação por dano moral não basta alegar prejuízos aleatórios ou em potencial, é necessária a comprovação do dano efetivo sofrido pela parte. Demandante não logrou provar fato constitutivo de seu direito, nos termos do art. 373, inc. I, do CPC/2015, não havendo comprovação de que a situação vivenciada tenha abalado moralmente o autor. Condenação de danos extrapatrimoniais afastada. (...). Negaram provimento a ambos os apelos, por maioria, vencido parcialmente o relator, que dava parcial provimento ao apelo do réu e julgava prejudicado o recurso adesivo do autor. TJRS, 17ª Câmara Cível, APC 70083901777, rel. Des. Giovanni Conti, j. 30 jul. 2020.

casos de empréstimos, saques ou retiradas de quantias na conta de correntista, sem que o banco tenha comprovado que partiram do cliente, ou de terceiro por culpa do correntista.

Não se pode esquecer, na determinação do dever de diligência na proteção ao consumidor, dos casos em que "a coisa fala por si" (*res ipsa loquitur*), situação que ocorre quando, analisado determinado fato, verifica-se que ele não seria possível de ter ocorrido, exceto se fosse o resultado de uma falta de diligência do fornecedor, ou mesmo do próprio consumidor. Ou seja, em condições normais, frutos de um cuidado razoável, determinado produto ou serviço não causaria um dano: o dano só ocorreu porque houve uma falha no dever de se conduzir com um cuidado razoável.

Ademais, o ônus de comprovar a inexistência de defeito, no Brasil, é do fornecedor,[32] pois, havendo dano e nexo de causalidade, todos os exemplos vistos indicam que "a coisa fala por si", ou seja, se o produto causou um dano, por ser inseguro (defeituoso), o dever de demonstrar que o produto não é inseguro é do fornecedor.

O banco pode se eximir da responsabilidade se comprovar que o dano foi produzido em razão de ato da própria vítima ou de terceiro, totalmente desvinculado da conduta da instituição. No caso de concurso de causas para a produção do dano, haverá repartição da responsabilidade, e, consequentemente, do dever de indenizar, conforme o grau atribuível a cada agente, se houver concorrência culposa da vítima ao evento danoso (art. 945 do CC). Haverá solidariedade entre os causadores do dano na concorrência de causas que não envolva a vítima como concausadora (art. 942 do CC).[33]

Tanto a questão do nexo causal, quanto da sua prova, são temas desafiadores em matéria de ilícitos praticados no ambiente digital. No entanto, no momento, não se vislumbra solução melhor do que a que foi explicitada acima.

7. CONCLUSÃO

Neste texto, afirmou-se que o incremento das atividades bancárias no ambiente da *internet* tem elevado exponencialmente a possibilidade de ocorrência de fraudes, cujas vítimas diretas são os correntistas.

A seguir, mencionou-se que a atividade bancária está sujeita à incidência dos ditames do CDC, e que a responsabilidade dos bancos por defeitos é objetiva.

---

32. Conforme art. 12, § 3°, II, e art. 14, § 3°, I, do CDC.

    Calixto, juntamente com a maioria da doutrina nacional, afirma que "nosso direito, ao contrário do direito comunitário europeu, adota uma presunção relativa de defeito do produto, por força do dano sofrido pelo consumidor, dispensando-se este de sua prova cabal." (CALIXTO, Marcelo Junqueira. *A responsabilidade civil do fornecedor de produtos pelos riscos do desenvolvimento*. Rio de Janeiro: Renovar, 2004. p. 148).

33. MIRAGEM, Bruno. Tendências da responsabilidade das instituições financeiras por danos ao consumidor. *Revista de Direito do Consumidor*, São Paulo, v. 87, p. 51-91, maio-jun. 2013.

Ao reconhecer a aplicabilidade do critério objetivo de imputação por defeito, sustentou-se que o conteúdo concreto do vocábulo defeito deve ser apreciado casuisticamente, tendo em vista as circunstâncias do evento lesivo, bem como a identificação da configuração de uma situação de hipervulnerabilidade. Essa construção casuística do defeito leva em conta deveres oriundos da boa-fé, notadamente da confiança e do dever de cuidado, que é atribuído tanto ao fornecedor, quanto ao consumidor, bem como a maior suscetibilidade ao dano nas atividades bancárias operadas pelo consumidor no ambiente digital.

Destarte, é legítimo que o cliente tenha a expectativa de que os canais de comunicação e de operação sejam seguros e protegidos, assim como igualmente é legítimo que o consumidor se conduza cuidadosamente, no resguardo dos seus dados, cartões e senhas.

Aduziu-se a necessidade de que seguros sejam efetivamente implementados, para cobrirem prejuízos decorrentes de acessos indevidos e que os sistemas bancários sejam protegidos para evitar tentativas ilegítimas de obtenção de dados ou informações dos clientes ou de cruzamentos de dados ou informações para chegar a outros, destacando-se igualmente o dever de mitigar danos, no sentido de que o banco atue para evitar a ocorrência de prejuízos inaceitáveis, caso ocorra descuido do correntista apto a viabilizar a atuação de criminosos. Para tanto, a pergunta a responder é se o banco fez o que era admissível para evitar que o prejuízo alcançasse o patamar efetivamente detectado.

Referiu-se que, de acordo com a análise das circunstâncias concretas, a fraude *on-line* que resulta em saque de recursos da conta do cliente pode ser caracterizada como um evento de fortuito interno, quando for possível concluir que essa ocorrência seja ínsita ao risco da atividade bancária desenvolvida em rede.

Acentuou-se o dever de informar do banco quanto aos aspectos que circundam a segurança digital relativa à segurança dos dispositivos bancários e dos dados de conta e de acesso do cliente, além dos comandos que podem ser executados para reduzir prejuízos em caso de ataque e de fácil acesso para que o cliente possa fazer os bloqueios cabíveis, o que é particularmente relevante tendo em vista a inexistência de uma educação digital massificada, que possibilite aos próprios correntistas ter condições de praticar os melhores atos com vistas à sua própria segurança.

Vale lembrar, por fim, que os casos de responsabilidade pelo fato do consumo, não dispensam a indicação do causador do dano e o seu responsável, além do nexo causal, sendo pressupostos o defeito do produto ou serviço, o dano, o nexo causal entre o *defeito* e o *dano*, além do o nexo de imputação.

8. REFERÊNCIAS BIBLIOGRÁFICAS

BRAGA NETO, Felipe; ROSENVALD, Nelson; CHAVES DE FARIAS, Cristiano. *Novo tratado de responsabilidade civil*. 2. ed. São Paulo: Saraiva, 2017.

CALIXTO, Marcelo Junqueira. *A responsabilidade civil do fornecedor de produtos pelos riscos do desenvolvimento*. Rio de Janeiro: Renovar, 2004.

CAVALIERI FILHO, Sérgio. *Programa de responsabilidade civil*. 11. ed. São Paulo: Editora Atlas, 2014.

DENSA, Roberta; NISHIYAMA, Adolfo. A proteção dos consumidores hipervulneráveis: os portadores de deficiência, os idosos, as crianças e os adolescentes. *Revista de Direito do Consumidor*, São Paulo, v. 76, p. 13-45, out.-dez. 2010.

DWORKIN, Ronald. *Levando os direitos a sério*. 3. ed. São Paulo: Martins Fontes, 2010.

FROTA, Pablo Malheiros da Cunha. *Responsabilidade por danos*. Imputação e nexo de causalidade. Curitiba: Juruá, 2014.

GRINOVER, Ada Pellegrini et al. *Código brasileiro de defesa do consumidor*: comentado pelos autores do anteprojeto. 10. ed. Rio de Janeiro: Forense, 2011. v. 1.

HIRONAKA, Giselda. *Responsabilidade pressuposta*. Belo Horizonte: Del Rey, 2005.

HORA NETO, João. O crime de "saidinha de banco" e o fortuito interno. *Revista de Direito Privado*, São Paulo, v. 51/2012, p. 231-271, jul.-set. 2012.

MARQUES, Cláudia Lima. *Contratos no Código de Defesa do Consumidor*. 4. ed. São Paulo: Ed. RT, 2002.

MIRAGEM, Bruno. Tendências da responsabilidade das instituições financeiras por danos ao consumidor. *Revista de Direito do Consumidor*, São Paulo, v. 87, p. 51-91, maio-jun. 2013.

MURMAN, Daniel L. The Impact of Age on Cognition. *Seminars in hearing*, v. 36,3 (2015): 111-21. doi:10.1055/s-0035-1555115. Disponível em: https://www.ncbi.nlm.nih.gov/pmc/articles/PMC4906299/. Acesso em: 08 ago. 2021.

PASQUALOTTO, Adalberto de Souza. A responsabilidade civil do fabricante e os riscos do desenvolvimento. *Revista da Ajuris*, Porto Alegre, n. 59, p. 148-168, nov. 1993.

PEREIRA FILHO, Valdir Carlos. Responsabilidade civil dos bancos em operações financeiras realizadas pela internet. *Revista de direito bancário e do mercado de capitais*, São Paulo, v. 42, p. 163-181, out.-dez. 2008.

SCHMITT, Cristiano Heineck. *Consumidores hipervulneráveis*: a proteção do idoso no mercado de consumo. São Paulo: Atlas, 2014.

SCHREIBER, Anderson. *Novos paradigmas da responsabilidade civil*: da erosão dos filtros da reparação à diluição dos danos. 2. ed. São Paulo: Editora Atlas, 2009.

SILVA, Clóvis V. do Couto e. O princípio da boa-fé no direito brasileiro e português. In: *Estudos de direito civil brasileiro e português*. São Paulo: Ed. RT, 1980.

SILVA, João Calvão da. *Responsabilidade civil do produtor*. Coimbra: Almedina, 1990.

SOARES, Flaviana Rampazzo; PASQUALOTTO, Adalberto. Consumidor hipervulnerável: análise crítica, substrato axiológico, contornos e abrangência. *Revista de Direito do Consumidor*, São Paulo, v. 113. p. 81-109, set.-out. 2017.

SOARES, Flaviana Rampazzo. O dever de cuidado e a responsabilidade por defeitos. *Revista de Direito Civil Contemporâneo*, São Paulo, v. 13, p. 139-170, 2017.

LIMITES E CONTORNOS DA RESPONSABILIDADE CIVIL DOS AGENTES DE TRATAMENTO DE DADOS. "DIÁLOGO ENTRE O CDC E A LGPD"

Adalberto Simão Filho

Mestre e Doutor em direito das relações sociais pela PUC-SP. Pós-doutor pela Faculdade de Direito da Universidade de Coimbra-Portugal. Professor Titular do programa de mestrado da Universidade de Ribeirão Preto-UNAERP/SP. Professor dos Programas de Pós-graduação em Contratos e em direito empresarial da PUC/Cogeae e da EPD, Associado Fundador do IAPD-Instituto Avançado de Proteção de Dados; IBDCONT e IBERC– Instituto Brasileiro de Responsabilidade Civil – Sócio-diretor de Simão Filho – Advogados Associados. São Paulo – Brasil.

Sumário: 1. Introdução – 2. Agentes de tratamento de dados em congruência com princípios e fundamentos da LGPD – 3. O consumidor titular de dados pessoais e sua proteção – 4. Níveis de responsabilidades dos agentes de tratamento de dados – 5. Uma proposta interpretativa do alcance da responsabilidade civil – 6. Conclusão – 7. Referências bibliográficas.

1. INTRODUÇÃO

A aplicação da teoria geral da responsabilidade civil para as situações decorrentes da violação de direitos ou geração de danos ainda que exclusivamente moral, ensejando a reparação em razão da ação ou omissão voluntária, negligência ou imprudência sob a ótica da responsabilidade subjetiva do agente causador do dano, como prevista nos arts. 186 e art. 975 do Código Civil, demonstrou-se insuficiente para determinadas situações aonde haveria o dever indenizatório, mesmo que distante do padrão da culpa do agente.

A previsão excepcionada pelo parágrafo único do art. 927 do Código Civil, da adoção da responsabilidade objetiva para a obrigação de reparar o dano, independentemente de culpa, nos casos especificados em lei, ou quando a atividade normalmente desenvolvida pelo agente causador do dano implicar em razão de sua natureza, risco para os direitos de outrem, apresenta concretude à teoria objetiva ou teoria do risco calcada no fato do exercício da atividade econômica geradora de um dano a outrem, determinando o dever reparatório, com base em elementos como a comprovação do dano e o nexo de causalidade entre o dano e a ação, independente da prova da culpa.

Independente dessa previsão de natureza civilista, a Lei 8078/90 – Código de Defesa do Consumidor (CDC), adotou nas relações consumerista, a teoria do risco onde se prescinde da existência de culpa como pressuposto único válido para gerar a obrigação indenizatória. Avalia-se nesta espécie, a existência do dano e o nexo de causalidade entre o consumidor, o produtos e/ou o serviço, sempre considerando-se os elementos de exclusão da responsabilidade previstos neste diploma legal e as exceções à regra geral, como a capitulada no art. 14 parágrafo 4º, relativa à responsabilidade do profissional liberal por falhas na prestação de serviços, cuja apuração obedecerá os elementos lastreados na teoria da culpa.

Com o advento da Lei 13.709/2018 (LGPD) que trata da proteção de dados pessoais a partir de um microssistema específico de regras onde se pretende a responsabilização dos agentes de tratamento de dados em face de eventos, incidentes de vazamento ou acidentes que possam de alguma forma refletir nos direitos dos titulares de dados, vislumbra-se a necessidade de se procurar harmonizar as atividades protetivas deste diploma legal, com os ditames do CDC na medida em que, em muitas das hipóteses legais, a coleta e tratamento de dados pessoais e sensíveis, é efetivada em face de Consumidor titular e dados pessoais.

Do ponto de vista da eficiência sistêmica e protetiva de ambas as normas, aliadas aos ditames do Código Civil, este ensaio propõe a efetivação de um sistema interpretativo que leve em conta o diálogo necessário entre os dois diplomas legais protetivos, que será permeado, no que concernente e adequado, pelos princípios advindos da Lei 13.874/19 que instituiu a declaração de direitos de Liberdade Econômica e garantias de livre mercado, para melhor fixar a interpretação dos níveis e responsabilidades que possam ser carreados aos agentes geradores do danos relacionados a eventos de vazamento de dados pessoais, buscando a reparabilidade e a proteção.

2. AGENTES DE TRATAMENTO DE DADOS EM CONGRUÊNCIA COM PRINCÍPIOS E FUNDAMENTOS DA LGPD

Segundo a LGPD, são designados e nomeados por agentes de tratamento de dados, o controlador que é a pessoa natural ou jurídica, de direito público ou privado, a quem competem as decisões referentes ao tratamento de dados pessoais e operador que consiste na pessoa natural ou jurídica, de direito público ou privado, que realiza o tratamento de dados pessoais em nome do controlador.

Ambos devem observância aos fundamentos que disciplinam a proteção de dados consistentes do respeito à privacidade; a autodeterminação informativa; a liberdade de expressão, de informação, de comunicação e de opinião; a inviolabilidade da intimidade, da honra e da imagem; o desenvolvimento econômico e tecnológico e a inovação; a livre iniciativa, a livre concorrência e a defesa do consumidor e os direitos humanos, o livre desenvolvimento da personalidade, a dignidade e o exercício da cidadania pelas pessoas naturais.

E será no pleno exercício das atividades de tratamento de dados pessoais, que os agentes de tratamento deverão observar a boa-fé e a principiologia estabelecida pelo legislador (art. 6º) que é voltada para temas como finalidade, adequação, necessidade, livre acesso, qualidade dos dados, transparência, segurança, prevenção, não discriminação e, finalmente, a responsabilização e prestação de contas.

Essas condutas descritas aos agentes de tratamento de dados, possuem ponto de comunicação com o CDC como se observará mais adiante, na exata dimensão apresentada por Newton De Lucca[1] onde *a responsabilidade dos vários agentes que atuam no âmbito da Internet não há de fugir, em princípio, das característica fundamentais do instituto da responsabilidade civil.*

E explicitando a posição, De Lucca segue mencionando que não haverá, em suma, um tipo de responsabilidade civil na internet que refuja aos cânones do largo edifício da responsabilidade construído secularmente pelo direito civil. Na sua ótica, haverá, apenas e tão somente, características especiais na conduta dos atores que precisarão ser cuidadosamente analisadas em confronto com a teoria geral de responsabilidade civil.[2]

Comungamos com esta posição pois, não se faz possível afirmar que nas relações jurídicas decorrentes da utilização da internet como ferramenta característica do ambiente de sociedade informacional, se tenha criado ou alicerçado as bases de um sobre direito ou algo que se possa sobrepor ao sistema de responsabilização então vigente.

3. O CONSUMIDOR TITULAR DE DADOS PESSOAIS E SUA PROTEÇÃO

Para a melhor compreensão do alcance da proposta interpretativa que se fará adiante, há que se fixar por primeiro, alguns conceitos trazidos em LGPD cuja aplicação se fará em qualquer operação de tratamento realizada em território nacional, por pessoa natural ou por pessoa jurídica de direito público ou privado, independentemente do meio, do país de sua sede ou do país onde estejam localizados os dados.

Para a finalidade destes ensaio, partimos das premissas conceituais estabelecidas em lei onde a expressão dado pessoal, consiste em toda informação relacionada a pessoa natural identificada ou identificável e, por sua vez, dado pessoal sensível consiste em todo o dado pessoal sobre origem racial ou étnica, convicção religiosa, opinião política, filiação a sindicato ou a organização de caráter religioso, filosófico ou político, dado referente à saúde ou à vida sexual, dado genético ou biométrico, quando vinculado a uma pessoa natural. O titular dos dados, é a pessoa natural a quem se referem os dados pessoais que são objeto de tratamento.

Ao estabelecer a LGPD em seu artigo 3º o alcance da norma de aplicabilidade, acabou por criar em seus incisos, alguns condicionantes que devem ser verificados

---

1. Como se infere do artigo denominado "Alguns aspectos da responsabilidade civil no âmbito da internet". In: DINIZ, Maria Helena; LISBOA, Roberto Senise (Org.). *O Direito Civil no Séc. XXI*. São Paulo: Saraiva. 2003. p. 431.
2. Op. cit., p. 431. O Professor Newton De Luca, um dos primeiros autores de destaque a se debruçar sobre temas relativos ao direito do espaço virtual de forma metodológica e evolutiva, sempre respeitando as origens sistêmica, apresentou a resistência natural do meio jurídico ao ambiente digital e relembrou a clássica frase do Professor Fábio Konder Comparato: "a tradição misoneísta dos nossos jurisconsultos continua a condenar às trevas exteriores toda e qualquer manifestação jurídica que não se enquadre no seu sistema".

pois, a partir destes, se procurará efetivar uma classificação decorrente de conexões que possam gerar a relação e a confluência entre os diplomas LGPD e CDC.

Portanto, com base no alcance e na observância da norma de aplicabilidade, propomos a seguinte classificação que é verificada a partir das conexões decorrentes da operação de coleta e de tratamento de dados, a primeira a partir do gênero e a segunda, observada a espécie e finalidade da coleta:

> a) *Conexão civil e territorial.* Ocorrerá nas operações de coleta e de tratamento de dados pessoais titularizados por indivíduos internos, realizadas no território nacional. Observar-se-á para fins de estabelecer esta conexão que, sempre que o tratamento de dados for proveniente de fora do território nacional, este só será admitido internamente, se o país de proveniência proporcionar grau de proteção de dados pessoais adequado à LGPD e, ainda, desde que não sejam objeto de comunicação, uso compartilhado de dados com agentes de tratamento brasileiros ou objeto de transferência internacional de dados com outro país que não o de proveniência. (Fundamento: art. 3º, inciso I, alternativa final do inciso II e inciso III c/c. art. 4º inciso IV).

> b) *Conexão consumerista:* Ocorrerá quando nas operações de coleta de dados pessoais e atividades de tratamento decorrentes, se tenha por objetivo a oferta ou o fornecimento de bens ou serviços. (Fundamento: art. 3º, inciso II primeira parte).

Para se estabelecer as consequências jurídicas deste sistema classificatório proposto a partir da detecção de que há dois níveis distintos de tratamento e de proteção aos titulares de dados pessoais, onde em um deles o titular terá cedido os seus dados, de forma voluntária ou involuntária, para tratamento por terceiros, por força de uma relação de consumo originária ou em andamento, permitimo-nos efetivar alguma digressão legislativa conceitual para melhor aclarar o raciocínio.

Se há na LGPD a previsão de uma conexão consumerista, como demonstrado, advinda das atividades de tratamento de dados pessoais que tenham por objetivo a oferta de produto ou de serviços, deve-se destacar que estes temas sob a ótica do CDC são assim disciplinados: Produto é qualquer bem, móvel ou imóvel, material ou imaterial e Serviço é qualquer atividade fornecida no mercado de consumo, mediante remuneração, inclusive as de natureza bancária, financeira, de crédito e securitária, salvo as decorrentes das relações de caráter trabalhista(art. 3º CDC). Fornecedor é toda pessoa física ou jurídica, pública ou privada, nacional ou estrangeira, bem como os entes despersonalizados, que desenvolvem atividade de produção, montagem, criação, construção, transformação, importação, exportação, distribuição ou comercialização de produtos ou prestação de serviços (art. 3º). E Consumidor é toda pessoa física ou jurídica que adquire ou utiliza produto ou serviço como destinatário final. Consumidor por equiparação, consiste na coletividade de pessoas, ainda que indetermináveis, que haja intervindo nas relações de consumo e, ainda, todas as vítimas do evento. (art. 2º c/c. art. 17.)

Portanto, quando o art. 3º inciso II da LGPD, efetua a disposição que nos autorizou a apresentar a proposta de classificação a partir da conexão consumerista, considerou-se toda a atividade de tratamento que tenha por objeto a oferta ou o fornecimento de bens ou serviços, e, por via de consequência, a interpretação de que há uma categoria de consumidores que deve ter proteção especifica enquanto em ambiente de relação de consumo, aqui denominada como Consumidor titular de dados pessoais.

Interpenetram-se nesta hipótese classificatória, os direitos decorrentes da legislação consumerista com os direitos proveniente da LGPD, relativos aos titulares dos dados, e há que se gerar a harmonização para que se evite interpretação dissonante ou resultados que desprezam outros vetores de natureza econômica, como os decorrentes da lei de Liberdade Econômica.

Assim é que o conjunto de direitos estabelecidos ao titular dos dados pessoais pelo art. 17 da LGPD (independente de quaisquer de suas condições ou idade), visa assegurar a titularidade dos dados pessoais a toda pessoa natural, garantindo os direitos fundamentais de liberdade, de intimidade e de privacidade, gerando-lhe o direito de obter do controlador, a qualquer momento a confirmação da existência de tratamento; acesso aos dados; correção de dados incompletos, inexatos ou desatualizados; anonimização, bloqueio ou eliminação de dados desnecessários, excessivos ou tratados em desconformidade com o disposto nesta Lei; revogação de consentimento, portabilidade e eliminação dos dados pessoais na forma prevista em lei, observadas as exceções. (Arts. 8, 16 e 17) e informes sobre compartilhado de dados e sobre consequências negativas do não consentimento do titular.

Já o CDC a partir do art. 6º, elenca entre os direitos básicos do consumido, alguns direitos que estão intimamente relacionados com os objetivos protetivos da LGPD e serão apresentados para fins de harmonização. Inicia-se com a proteção da vida, saúde e segurança contra os riscos provocados por práticas no fornecimento de produtos e serviços considerados perigosos ou nocivo; a informação adequada e clara sobre os diferentes produtos e serviços, acessível também à pessoa com deficiência, com especificação correta de quantidade, características, composição, qualidade, tributos incidentes e preço, bem como sobre os riscos que apresentem; a proteção contra a publicidade enganosa e abusiva, métodos comerciais coercitivos ou desleais, bem como contra práticas e cláusulas abusivas ou impostas no fornecimento de produtos e serviço, além da efetiva prevenção e reparação de danos patrimoniais e morais, individuais, coletivos e difusos.

Na verificação da responsabilidade civil do agente causador do dano, há que se investigar primariamente, em que situação jurídica o titular dos dados pessoais objeto de evento fatalístico está em face da ocorrência.

Neste ponto, preleciona Aguiar Dias[3] que há casos em que a distinção se faz necessária, porque os fatos, materialmente expostos, não foram suficientes para caracterizar a responsabilidade, sendo precioso que se estabeleça a sua natureza. Para o Autor, esta investigação da natureza jurídica deve ocorrer toda vez que, não havendo uma presunção de culpa ou qualquer outra fórmula pela qual sobrevive a

---

3. DIAS, Jose de Aguiar. *Da responsabilidade civil*. 4. ed. Rio de Janeiro: Forense, 1960. p. 214.

doutrina da culpa, a situação exata do problema de responsabilidade civil seja uma exigência indispensável do princípio da prova.

Dessa forma, parece ser possível se identificar na LGPD a dupla previsão legal, acerca da natureza e alcance de responsabilidade civil e das excludências legais aplicáveis ao fato concreto entre outros o decorrente de casos de incidente, acidente ou quaisquer evento de vazamento que envolva os dados pessoais de um titular.

E neste caso, há que se efetuar a investigação apropriada cuja base objetiva será o caso concreto e os seus desdobramentos, para fins de se determinar a natureza jurídica proveniente ou não de uma relação de consumo, como forma de se bem aplicar o sistema de responsabilidade civil adequado e que possa gerar a necessária proteção ao titular dos dados.

4. NÍVEIS DE RESPONSABILIDADES DOS AGENTES DE TRATAMENTO DE DADOS

Há uma expectativa e uma conduta esperada dos agentes de tratamento de dados pessoais, consoante descrita no art. 50 da LGPD, na formulação regras de boas práticas e de governança que estabeleçam as condições de organização, o regime de funcionamento, os procedimentos, incluindo reclamações e petições de titulares, as normas de segurança, os padrões técnicos, as obrigações específicas para os diversos envolvidos no tratamento, as ações educativas, os mecanismos internos de supervisão e de mitigação de riscos e outros aspectos relacionados ao tratamento de dados pessoais.

Em atenção aos princípios gerais de LGPD, quando do estabelecimento das regras de boas práticas por parte dos agentes de tratamento, estes levarão em consideração, a natureza, o escopo, a finalidade e a probabilidade e a gravidade dos riscos e dos benefícios decorrentes de tratamento de dados do titular observando-se a estrutura, a escala e o volume de suas operações, bem como a sensibilidade dos dados tratados e a probabilidade e a gravidade dos danos para os titulares dos dados, cabendo-lhes a faculdade de implementar um programa de governança em privacidade contendo os requisitos mínimos previstos em lei.[4]

---

4. Nos termos do inciso I do Art. 50, o programa de governança em privacidade deverá minimamente conter a demonstração e o comprometimento do controlador em adotar processos e políticas internas que assegurem o cumprimento, de forma abrangente, de normas e boas práticas relativas à proteção de dados pessoais; aplicável a todo o conjunto de dados pessoais que estejam sob seu controle, adaptado à estrutura, à escala e ao volume de suas operações, bem como à sensibilidade dos dados tratados, com o estabelecimento de políticas e salvaguardas adequadas com base em processo de avaliação sistemática de impactos e riscos à privacidade, que tenha o objetivo de estabelecer relação de confiança com o titular, por meio de atuação transparente e que assegure mecanismos de participação do titular, esteja integrado a sua estrutura geral de governança e estabeleça e aplique mecanismos de supervisão internos e externos, contando com planos de resposta a incidentes e remediação, atualizado e monitorado constantemente, de forma tal que possa demonstrar a sua efetividade em especial, a pedido da autoridade nacional ou de outra entidade responsável por promover o cumprimento de boas práticas ou códigos de conduta, os quais, de forma independente, promovam o cumprimento desta Lei.

LIMITES E CONTORNOS DA RESPONSABILIDADE CIVIL DOS AGENTES DE TRATAMENTO DE DADOS

Paralelamente, quando se pretende harmonizar os diplomas legislativos mencionados, não se pode deixar de considerar também, as aparentes contradições geradas com algumas disposições da Lei 12.965/2014 – Marco Civil da Internet. Como mencionam Ana Frazao e Ana Rafaela Medeiros,[5] um dos maiores problemas da insuficiências do art. 19 da Lei 12.965/2014 é que ele acaba por privilegiar a liberdade de expressão em detrimento de outras garantias constitucionais, em afronta ao art. 5º, X, da CF, que reconhece a inviolabilidade dos direitos à intimidade, à vida privada, à honra e à imagem das pessoas e assegura, expressamente, a reparação integral pelo dano material ou moral decorrentes de sua violação. Aliás, a inconstitucionalidade do art. 19 do Marco Civil é objeto de discussão no RE 1.037.396, pendente de julgamento no STF.

Os sistemas utilizados para o tratamento de dados pessoais objetivando a proteção dos titulares, devem ser estruturados de forma a atender aos requisitos de segurança, aos padrões de boas práticas e de governança e aos princípios gerais da LGPD. Todavia, há também que se atentar para a boa interpretação em harmonia com a Constituição Federal e diplomas concernentes que é a proposta deste ensaio.

Como já ponderava Alvino Lima,[6] os problemas da responsabilidade são tão somente os da reparação das perdas. Na sua ótica, os danos e a reparação não poderiam ser aferidos pela medida da culpabilidade, mas devem emergir do fato causador da lesão de um bem jurídico, a fim de se manterem incólumes aos interesses em jogo, cujo desequilíbrio é manifesto, observados os limites da responsabilidade subjetiva.

A matéria de responsabilidade civil e ressarcimento de danos em LGPD, se tipifica a partir do art. 42 quando disciplina que o controlador ou o operador que, em razão do exercício de atividade de tratamento de dados pessoais, causar a outrem dano patrimonial, moral, individual ou coletivo, em violação à legislação de proteção de dados pessoais, é obrigado a repará-lo

A questão que nos parece mais instigante, é se estabelecer a natureza jurídica das regras dos arts. 42 a 45 da LGPD para a adoção da responsabilidade padrão prevista no Código Civil de forma subjetiva, cabendo a aferição do ato ilícito nos termos dos arts. 186 e 187 do Código Civil ou, se adotará a sistemática objetiva excepcionada no parágrafo único do art. 927.

Um tratamento de dados pessoais será considerado irregular quando deixar de observar a legislação ou quando não fornecer a segurança que o titular dele pode esperar, consideradas certas circunstâncias relevantes, como o modo pelo qual e

---

5. A partir do instigante artigo denominado Responsabilidade civil dos provedores de internet: a liberdade de expressão e o art. 19 do Marco Civil. O Marco Civil da Internet não pode, portanto, ser interpretado como uma espécie de "blindagem" das plataformas ao Código Civil, ao Código do Consumidor e à própria Constituição Federal, para restringir a tutela dos danos injustos causados a seus usuários por conteúdos de terceiros. Se o art. 19 já sofre críticas desde a sua edição, com maior razão é justificável sustentar que a sua premissa de aplicação irrestrita é a neutralidade da plataforma em relação aos conteúdos.
6. In: *Culpa e risco*. São Paulo: Ed. RT, 1960. p. 176.

realizado; o resultado e os riscos que razoavelmente dele se esperam; as técnicas de tratamento de dados pessoais disponíveis à época em que foi realizado.

Caberá aos agentes de tratamento, num conceito conhecido por "privacy by design" adotar desde a fase de concepção do produto[7] ou do serviço até a sua execução, medidas de segurança, técnicas e administrativas aptas a proteger os dados pessoais de acessos não autorizados e de situações acidentais ou ilícitas de destruição, perda, alteração, comunicação ou qualquer forma de tratamento inadequado ou ilícito.

A Responsabilidade pelos danos decorrentes da violação da segurança dos dados será do controlador ou do operador que der causa ao dano ao deixar de adotar as medidas de segurança necessárias.

Visando assegurar a efetiva indenização ao titular dos dados, a LGPD disciplina que os controladores que estiverem diretamente envolvidos no tratamento do qual decorreram danos ao titular dos dados respondem solidariamente, e o operador responde solidariamente pelos danos causados pelo tratamento quando descumprir as obrigações da legislação de proteção de dados ou quando não tiver seguido as instruções lícitas do controlador, hipótese em que o operador equipara-se ao controlador, salvo nos casos de exclusão previstos no art. 43 para os agentes de tratamento de dados.[8]

Neste ponto, observa-se que disciplina o art. 14 do CDC encontra-se em sintonia com a excludência da regra prevista no art. 43 da LGPD ao dispor que o fornecedor de serviços só não será responsabilizado quando provar que, tendo prestado o serviço, o defeito inexiste; a culpa exclusiva do consumidor ou de terceiro.

Há que se reconhecer, à luz do art. 4º do CDC a vulnerabilidade do consumidor no mercado de consumo, quando se relaciona à proteção de seus dados pessoais coletados por força deste nível de relação de forma tal que as políticas governamentais devem ser assertivas a ponto de possibilitar ao consumidor titular de dados pessoais, que os fornecedores efetivem a garantia de que produtos e serviços ofertados possam ter padrões adequados de qualidade, segurança, durabilidade e desempenho.

Nesse ponto cabe o diálogo entre a principiologia estabelecida na Lei 13.874/19 que instituiu a Declaração de direitos de liberdade econômica, estabelecendo garantias de livre mercado; as premissas do CDC e os fundamentos econômicos da LGPD.

---

7. Art. 46. Os agentes de tratamento devem adotar medidas de segurança, técnicas e administrativas aptas a proteger os dados pessoais de acessos não autorizados e de situações acidentais ou ilícitas de destruição, perda, alteração, comunicação ou qualquer forma de tratamento inadequado ou ilícito.§ 1º A autoridade nacional poderá dispor sobre padrões técnicos mínimos para tornar aplicável o disposto no caput deste artigo, considerados a natureza das informações tratadas, as características específicas do tratamento e o estado atual da tecnologia, especialmente no caso de dados pessoais sensíveis, assim como os princípios previstos no caput do art. 6º desta Lei.§ 2º As medidas de que trata o caput deste artigo deverão ser observadas desde a fase de concepção do produto ou do serviço até a sua execução.

8. Art. 43. Os agentes de tratamento só não serão responsabilizados quando provarem: I – que não realizaram o tratamento de dados pessoais que lhes é atribuído; II – que, embora tenham realizado o tratamento de dados pessoais que lhes é atribuído, não houve violação à legislação de proteção de dados; ou III – que o dano é decorrente de culpa exclusiva do titular dos dados ou de terceiro.

LIMITES E CONTORNOS DA RESPONSABILIDADE CIVIL DOS AGENTES DE TRATAMENTO DE DADOS

Ao se instituir a Declaração de Direitos de Liberdade Econômica, que estabelece normas de proteção à livre iniciativa e ao livre exercício de atividade econômica e disposições sobre a atuação do Estado como agente normativo e regulador, assinalou-se que interpretam-se em favor da liberdade econômica, da boa-fé e do respeito aos contratos, aos investimentos e à propriedade, todas as normas de ordenação pública sobre atividades econômicas privada.

A outro lado, ao se colocar como princípio maior a liberdade como uma garantia no exercício de atividades econômicas e a boa-fé do particular perante o poder público e, ainda, ao se apresentar um conjunto de direitos atinentes às pessoas, naturais ou jurídicas, essenciais para o desenvolvimento e o crescimento econômicos do País, observado o disposto no parágrafo único do art. 170 da Constituição Federal, a lei em questão visa também o fomento da atividade econômica, a partir de certas premissas lógicas.

E o CDC busca entre outros, a harmonização dos interesses dos participantes das relações de consumo e compatibilização da proteção do consumidor, sem se descuidar da necessidade de desenvolvimento econômico e tecnológico, de modo a viabilizar os princípios nos quais se funda a ordem econômica, sempre com base na boa-fé e equilíbrio nas relações entre consumidores e fornecedores.

A LGPD cria normas gerais de interesse nacional, que devem ser observadas pela União, Estados, Distrito Federal e Municípios objetivando a partir da proteção primaria dos titulares de dados pessoais, o desenvolvimento econômico e tecnológico e a inovação, além da livre iniciativa, a livre concorrência e a defesa do consumidor.

Portanto, esta será a ambiência legislativa que demandará do exercício interpretativo em face do caso concreto, para se sopesar a atribuição de responsabilidade civil em casos específicos e concretos decorrentes de incidentes com os dados pessoais, levando-se também em conta os ditames da ANPD – Autoridade Nacional de Proteção de Dados sobre a matéria e o seu poder sancionador.

5. UMA PROPOSTA INTERPRETATIVA DO ALCANCE DA RESPONSABILIDADE CIVIL

Parafraseamos Alvino Lima[9] que com a sua preditividade já vaticinava que a vida ai está, com todo o espetáculo das suas realizações criadoras de novas situações jurídicas a desafiar e a exigir soluções sem desmantelo da harmonia social pois vivemos em uma sociedade cada vez mais complexa e que exige desenvolvimento de ação humana onde as relações obrigatórias são funções das relações econômicas e sociais em que a intensificação de umas significa o desenvolvimento de outras, onde a vontade e sua autonomia deve ceder terreno aos princípios que impõem a segurança jurídica nas relações de qualquer natureza. Desta forma se transformam os velhos

---

9. LIMA, Alvino. *Culpa e risco*. São Paulo: Ed. RT, 1960. p. 344 e 349.

conceitos dogmáticos e se adaptam na medida em que, novas concepções surgem para a solução dos problemas impostos pela vida.

Este desafio entre o novo – as mudanças e o porvir, será o grande dilema interpretativo e vetor no que concerne aos temas de LGPD relacionados à responsabilidade civil em ambiente de sociedade da informação que sofre severo impacto das tecnologias e da utilização de plataforma de comunicação e de transmissão de dados no modelo Big Data,[10] objetivando a necessária resposta legal para temas de proteção de titulares de dados pessoais.

A necessidade de se interpretar os eventos relacionados a incidentes de vazamento de dados enquanto caracterizado o Titular dos dados pessoais como consumidor, encontra-se regulada pelo art. 45 da LGPD que expressa o sentido de que as hipóteses de violação do direito do titular no âmbito das relações de consumo permanecem sujeitas às regras de responsabilidade previstas na legislação pertinente.

A forma possível de interpretação das regras contidas nos arts. 43 a 45 da LGPD a partir das conexões apresentadas neste ensaio, classificadas como conexão civil e territorial e Conexão consumerista, do ponto de vista pragmático leva a afirmação de que a coleta de dados pessoais pode ser resultante de inúmeras relações a jurídicas, além da coleta decorrente de relação de consumo entre o fornecedor de produtos e de serviços e o consumidor titular dos dados pessoais.

A título de exemplo, tem-se as coletas de dados pessoais advindas de atividades empresariais como coleta dos dados de colaboradores, funcionários, prestadores de qualquer natureza, parceiros comerciais e estratégicos, bem como de dados de terceiros que possam ter interesse em adentrar ao ambiente empresarial (físico ou virtual) para o exercício de qualquer atividade que não seja a decorrente de relação de consumo.

Portanto, na interpretação provável, há que se verificar objetivamente o caso concreto para que se possa gerar o diálogo legislativo que possibilite a real proteção a ser dada ao consumidor titular dos dados pessoais violados em relação de consumo, no que concerne aos seus direitos, de forma individual ou coletiva, para que a plenitude dos mesmos possa ser preservada.

Neste sistema interpretativo proposto, deve-se considerar que a coleta e tratamento de dados pessoais pode ter sido feita à luz dos permissivos contido em uma das bases legais[11] do art. 7º da LGPD onde, o consentimento manifestado é apenas uma delas e onde contratos e legitimo interesse também as compõem.

---

10. A propósito das questões relacionadas ao Big Data, efeitos e parâmetros, veja SIMÃO FILHO, Adalberto et SCHWARTZ, Germano André Doederlein. Big Data em tempos de internet das coisas. In: PARENTONI, Leonardo (Coord.). *Direito, Tecnologia e Inovação*. Belo Horizonte: Editora D´Placido, 2018. v. 1.

11. As base legais para o tratamento dos dados pessoais, em síntese são: consentimento pelo titular; para o cumprimento de obrigação legal ou regulatória; pela administração pública na execução de políticas públicas; para a realização de estudos por órgão de pesquisa, garantida, sempre que possível, a anonimização dos dados pessoais; quando necessário para a execução de contrato ou de procedimentos preliminares relacionados a contrato do qual seja parte o titular, a pedido do titular dos dados; para o exercício regular de direitos em

Dessa forma, não será incomum que por alguma conformidade especifica relacionada a episódio de vazamento de dados pessoais, se tenha que efetivar a interpretação de negócios jurídicos, onde houve a coleta e tratamento de dados pessoais de consumidores, em razão de sua natureza e das especificidades.

Observe-se aqui uma peculiaridade decorrente do sistema classificatório proposto. Em ambas as conexões civis e territoriais e consumeristas, as previsões legais relacionadas às excludências de responsabilidade previstas na LGPD e no CDC, são aplicáveis. Todavia, há que se observar que eventuais pactos excludentes de responsabilidade efetivados com titulares de dados, podem ter o seu valor reduzido ou comprometido, a depender da forma classificatória da operação.

Explicamo-nos. Como preleciona Jaime Santos Briz[12] a responsabilidade se exclui não somente quando ocorrerem causas legais que suprimam a antijuridicidade ou a culpabilidade, como também em certos casos, por meio de acordo de vontades expresso ou tácito, onde por meio de estipulação expressa, se tenha excluído de antemão ou de forma antecipada, a responsabilidade decorrente de ações ou omissões lastreadas em condutas culposas ou dolosas, como as provenientes da teoria do risco.

Em se tratando de evento que envolve consumidor titular de dados quando participante de relação de consumo, a interpretação de um pacto de excludência de responsabilidade, deve ser restritiva haja vista o sistema de cláusulas abusivas previsto no CDC.

O art. 6º do CDC prevê como direito do consumidor, a possibilidade de modificação de cláusulas contratuais, sempre que for necessário o restabelecimento do equilíbrio das relações entre os consumidores e os fornecedores. A sua vez, no artigo 51, da Lei 8.078/90, apresenta a lista exemplificava de cláusulas abusivas que podem gerar um desequilíbrio entre os direitos e obrigações das partes, em detrimento do consumidor.

Destarte, um pacto visando a excludência de responsabilidade do fornecedor, acaba por refletir na disposição do inciso I do art. 51, na medida em que poderá implicar em renúncia de direitos, mormente se impossibilitar, exonerar ou atenuar a responsabilidade do fornecedor por vícios de qualquer natureza dos produtos e serviços.

O pacto de excludência de responsabilidade neste caso, poderá ser presumido como uma vantagem exagerada, ofendendo os princípios fundamentais do sistema jurídico a que pertence, restringindo direitos ou obrigações fundamentais inerentes à natureza do contrato, de tal modo a ameaçar seu objeto ou equilíbrio contratual.

E neste ponto, em muitos dos casos a serem levados ao Poder Judiciário, entidades arbitrais e/ou a ANPD, dadas as questões excludentes apresentadas ou mitigadoras de

---

processos de qualquer natureza; para a proteção da vida ou da incolumidade física do titular ou de terceiro; para a tutela da saúde; interesses legítimos do controlador ou de terceiro;– para a proteção do crédito.

12. BRIZ, Jaime Santos. *La Responsabilidad Civil*. 4. ed. Madrid: Editorial Montecorvo, 1986. p. 36.

responsabilidade, haverá que se interpretar os fatos ocorridos, considerando-se também as modificações geradas pela lei de Liberdade Econômica, entre as quais aquela relacionada ao sistema interpretativo do art. 113 do Código Civil, considerando-se que a interpretação do negócio jurídico deve lhe atribuir o sentido que for confirmado pelo comportamento das partes posterior à celebração do negócio; corresponder aos usos, costumes e práticas do mercado relativas ao tipo de negócio; corresponder à boa-fé; for mais benéfica à parte que não redigiu o dispositivo e corresponder a qual seria a razoável negociação das partes sobre a questão discutida, inferida das demais disposições do negócio e da racionalidade econômica das partes, consideradas as informações disponíveis no momento de sua celebração.

Todavia, em razão do sistema protetivo da LGPD em consonância com as disposições já citadas do CDC, pode-se subsumir que sejam quais forem os parâmetros objetivos para a interpretação das cláusulas contratuais de negócio jurídico interempresarial que, na sua execução possa ter redundado de forma direta ou indireta num acidente com os dados pessoais, mesmo que estas partes tenham livremente pactuado as regras de interpretação, de preenchimento de lacunas e de integração do negócios jurídico, de forma diversa daquelas previstas em leis específicas de cunho protetivo, decerto o nível de interpretação que a autoridade judicante, administrativa ou regulatória fará com vistas à proteção e defesa do consumidor titular de dados pessoais sujeito a evento nocivo sem a sua concorrência direta ou indireta, possivelmente será o de prestigiar as normas protetivas que melhor possam atender a este titular de dado quando se relaciona ao caso concreto.

Para tanto e para que possa também gerar a comunicabilidade dos dois diplomas específicos consistentes do CDC e da LGPD com os ditames do Código Civil, do Marco Civil de Internet e da Lei de Liberdade Econômica, há que se observar os direitos de contrapeso existentes nestes diplomas e as condutas excludentes e mitigadoras de responsabilidade, sem se descuidar do objetivo protetivo da norma, à luz dos arts. 5º e 170 da Constituição Federal, por meio de métodos que reflitam uma ciência interpretativa de sopesamento a toda prova, sempre na busca do resultado útil e sintonizado com os demais parâmetros relacionados aos princípios constitucionais, para se obter a pacificação social.

6. CONCLUSÃO

Com o estabelecimento da cultura protetiva de dados pessoais no pais, por força das políticas públicas assertivas e do regramento equitativo e pontual advindo da ANPD-Autoridade Nacional de Proteção de Dados, aliado às aspirações pertinentes e precisas decorrentes da implantação dos princípios e fundamentos da Lei de Liberdade Econômica, de forma a produzir a segurança necessária aos negócios e relações comerciais ou institucionais e qualquer natureza, há também que se possibilitar padrões de interpretação que possam conduzir ao fortalecimento das estruturas de controle e de fiscalização das atividades relacionadas a coleta e utilização de dados pessoais, em ambiente onde prepondera o uso de tecnologia e o pleno acesso aos meios digitais de comunicabilidade e de tráfego de dados, para que os princípios e fundamentos da LGPD possam ser efetivos e eficientes.

E será neste cenário onde prepondera a distopia e a transformação e onde os dados circulam na velocidade da luz ou do pensamento, que se instaura o grande desafio de gerar a concretização da política protetiva dos titulares de dados pessoais.

Adotou-se neste breve ensaio, uma classificação para melhor se possibilitar a aplicabilidade das normas e conceitos resultantes da responsabilidade civil por eventos de vazamento de dados pessoais. A proposta se fez a partir do reconhecimento de que as disposições de LGPD autorizam a verificação da existência de uma conexão civil e territorial toda vez em que a operação de coleta e tratamento de dados pessoais de indivíduos internos, for realizada no território nacional e uma conexão consumerista que ocorre quando a atividade de tratamento tenha por objetivo a oferta ou o fornecimento de bens ou serviços, haja vista que o art. 45 da LGPD expressa que as hipóteses de violação do direito do titular no âmbito das relações de consumo, permanecem sujeitas às regras de responsabilidade previstas na legislação pertinente.

Nessa ótica proposta, a análise da responsabilidade civil, seu alcance, limites, excludentes e formas, perpassará primeiramente, pela investigação da natureza jurídica da relação que gerou a coleta e o tratamento de dados pessoais, inclusive no que tange ao seu sentido finalista. Desta forma, as disposições do CDC poderão ser utilizadas no âmbito deste microssistema, sempre que se detectar que estão presentes no negócio jurídico concreto, os elementos próprios da relação de consumo e a pessoa do fornecedor de produtos ou de serviços, além da pessoa do consumidor como titular de dados pessoais, observadas as causas legais de excludência de responsabilidade e, ainda, dando-se interpretação aos eventuais pactos de não responsabilização, observada a base objetiva do negócio em relação à sua natureza jurídica, em conjugação com o disposto no art. 51 do CDC.

A busca da harmonização dos diplomas legais mencionados e uma clara vocação e aspiração para a proteção dos titulares de dados pessoais a partir de um ambiente previamente gerado e implantado onde prepondera a necessidade de prevenção e de mitigação do dano e de seus efeitos, mormente em face de consumidores como titulares de dados pessoais, contribuirá para a eficiência no fortalecimento da cultura protetiva no pais aliada aos preceitos da liberdade econômica, resultando na boa aplicabilidade das normas voltadas para a responsabilização e afastando se dos indesejáveis excessos de qualquer natureza.

7. REFERÊNCIAS BIBLIOGRÁFICAS

BAUMAN, Zygmunt. *Vigilância líquida. Diálogos com David Lyon*. Rio de Janeiro: Zahar, 2013.

BERGÉ, Jean-Sylvestre. Direito e circulação de dados na Internet: apelo por uma dupla renovação das abordagens. In: SIMÃO FILHO, Adalberto; DE LUCCA, Newton; LIMA, Cintia R. P.; MACIEL, Renata Mota (Coord.). *Direito e internet iv*. São Paulo: Quartier Latin, 2019.

BRIZ, Jaime Santos. *La Responsabilidad Civil*. 4. ed. Madrid: Editorial Montecorvo. 1986.

CAPITÁN, Eva R. Jordà et FERNÁNDEZ, Verónica de Priego. *La protección y seguridade de La persona em internet. Aspectos sociales y jurídicos*. Madrid: Editorial Reus. 2014.

CASTELLS, Manuel. *A Sociedade em rede. A era da informação*: economia, sociedade e cultura. 6. ed. São Paulo: Paz e Terra. 2010. v. 1.

CASTELLS, Manuel. *Fim de milênio. A era da informação*: economia, sociedade e cultura. São Paulo: Paz e Terra, 2012. v. 3.

DE LUCCA, Newton. Direito do Consumidor. São Paulo: Quartier Latin, 2003.

DE LUCCA, Newton. Alguns aspectos da responsabilidade civil no âmbito da internet. In: DINIZ, Maria Helena; LISBOA, Roberto Senise (Org.). *O Direito Civil no Séc. XXI*. São Paulo: Saraiva. 2003.

DIAS, Jose de Aguiar. *Da responsabilidade civil*. 4. ed. Rio de Janeiro: Forense, 1960.

DINIZ, Maria Helena. *Curso de direito civil*. 35. ed. São Paulo: Saraiva, 2021. v. 7.

DONEDA, Danilo. Princípios da proteção de dados pessoais, p. 369 a 384. In: SIMÃO FILHO, Adalberto; DE LUCCA, Newton; LIMA, Cintia R. P. (Org.). *Direito e internet iii*. São Paulo: Quartier Latin, 2015.

DONEDA, Danilo. Rumo à Autoridade Nacional de Proteção de Dados. In: SIMÃO FILHO, Adalberto; DE LUCCA, Newton; LIMA, Cintia R. P.; MACIEL, Renata Mota (Coord.). *Direito e internet iv*. São Paulo: Quartier Latin, 2019.

FRAZÃO, Ana et MEDEIROS, Ana Rafaela. Responsabilidade civil dos provedores de internet: a liberdade de expressão e o art. 19 do Marco Civil. *Migalhas de responsabilidade civil*. Publicado em 23 de fevereiro de 2001.

LIMA, Alvino. *Culpa e risco*. São Paulo: Ed. RT, 1960.

LIMA, Cintia Rosa Pereira et PEROLI, Kelvin. Desafios para a atuação independente da Autoridade Nacional de Proteção de Dados. In: SIMÃO FILHO, Adalberto; DE LUCCA, Newton; LIMA, Cintia R. P.; MACIEL, Renata Mota (Coord.). *Direito e internet iv*. São Paulo: Quartier Latin, 2019.

LIMA, Cintia Rosa Pereira. *A imprescindibilidade de uma entidade de garantia para a efetiva proteção dos dados pessoais no cenário futuro do Brasil*. Tese de Livre Docência defendida na Universidade de São Paulo. 2015.

NIGER, Sergio. *Le nuove dimensioni della privacy*: dal diritto alla riservatezza alla protezione dei dati personali. Padova: Cedam, 2006.

PARENTONI, Leonardo et LIMA, Henrique Cunha Souza. Proteção de dados pessoais no Brasil: Antinomias internas e aspectos internacionais. In: SIMÃO FILHO, Adalberto; DE LUCCA, Newton; LIMA, Cintia R. P.; MACIEL, Renata Mota (Coord.). *Direito e internet iv*. São Paulo: Quartier Latin, 2019.

RIFKIN, Jeremy. *La sociedad de coste marginal cero. El internet de las cosas El procomún colaborativo y el eclipse del capitalismo*. Barcelona: Paidós, 2014.

RODOTÁ, Stefano. *A vida na sociedade da vigilância. A privacidade hoje*. Rio de Janeiro: Renovar, 2008.

SIMÃO FILHO, Adalberto et SCHWARTZ, Germano André Doederlein. Big Data em tempos de internet das coisas. In: PARENTONI, Leonardo (Coord.). *Direito, Tecnologia e Inovação*. Belo Horizonte: Editora D´Placido, 2018. v. l.

DANO MORAL COLETIVO E INCIDENTES ENVOLVENDO DADOS PESSOAIS: NECESSÁRIO DIÁLOGO DE FONTES ENTRE A LGPD, O CDC E AS DEMAIS NORMAS QUE REGEM A MATÉRIA

Gabriel Oliveira de Aguiar Borges

Doutorando em Direito Político e Econômico pela Universidade Presbiteriana Mackenzie. Mestre e bacharel em Direito pela Universidade Federal de Uberlândia. Professor de Direito Civil da Universidade Estadual de Goiás e do Centro Universitário do Triângulo. Advogado.

Sumário: 1. Introdução – 2. Do diálogo de fontes – 3. Do instituto do dano moral coletivo – 4. A proteção ao direito fundamental à proteção de dados no ordenamento jurídico brasileiro – 5. Responsabilidade civil na LGPD e a questão do dano moral coletivo em diálogo de fontes com demais normas que regem a matéria – 6. Conclusão – 7. Referências bibliográficas.

1. INTRODUÇÃO

A Lei Geral de Proteção de Dados Pessoais (LGPD) é clara em afirmar que os danos moral coletivos serão compensados em caso de irregularidades no tratamento de dados.

A discussão que nos propomos a fazer é a forma como se dará essa indenização. É que a matéria é regulada por inúmeros dispositivos legais no nosso ordenamento jurídico, especialmente pelo Código de Defesa do Consumidor (CDC) e pela Lei da Ação Civil Pública (LACP).

Alguns autores propõem a interpretação sistemática para resolver a questão da responsabilidade civil na LGPD. Não discordamos disso, mas defenderemos a aplicação da teoria do diálogo de fontes de Erik Jayme para resolver a querela.

Iniciaremos o trabalho explicando a teoria do diálogo das fontes, passaremos pela forma da tutela do direito fundamental à proteção de dados no Brasil e, por fim, chegaremos à Responsabilidade Civil por danos morais coletivos na LGPD, em diálogo de fontes com as demais legislações aplicáveis.

2. DO DIÁLOGO DE FONTES

Como será visto abaixo, inúmeros autores, quando tratam da responsabilidade civil em matéria de proteção de dados, propõem a adoção do método sistemático para análise dos dispositivos que regulam o assunto. Por esse processo, compara-se o dispositivo analisado com outros, seja da mesma lei ou de diplomas diferentes, desde que referentes ao mesmo objeto, utilizando-se, assim, uma norma para conhecer o espírito da outra, conciliando-se palavras antecedentes e consequentes, examinando-se as regras em conjunto, com vistas à dedução do sentido de cada uma.[1]

Nossa proposta é trabalhar com a teoria do diálogo de fontes, especialmente para tratar do dano moral coletivo. Havendo mais de uma lei ou fonte no mesmo ordenamento e ao mesmo tempo, o alemão Erik Jayme, em teoria importada por Claudia Lima Marques para o Brasil, propõe um diálogo entre essas fontes normativas, com vistas a superar antinomias aparentes que são apresentadas.[2]

Ora, a pós-modernidade trouxe, consigo, o pluralismo, não só no direito, mas em todas as áreas, sendo que, no campo da ciência jurídica, ele se apresenta sob a forma de uma pluralidade de leis especiais, sujeitos a serem protegidos e agentes a serem tutelados. Renasce, nesse momento em que vivemos, a necessidade de proteção dos direitos humanos, trazendo verdadeiro *revival* da importância dos direitos fundamentais, não só coletivos, como é o objeto de nosso estudo, mas até mesmo dos individuais, o que se contrapõe antinomicamente à abertura comercial mundial e aproximação econômica decorrentes da pós-modernidade.[3]

O professor alemão também faz uso da Constituição como meio de responder os problemas das antinomias e da complexidade dos sistemas jurídicos na era da descodificação. É o que ocorre no Brasil, eis que a Constituição traz uma lista positivada enorme de direitos fundamentais, fora aqueles que são atípicos, protegidos pelo art. 5º, §2º, da Constituição. Desses direitos típicos e atípicos, nasce a lei infraconstitucional, bem como os novos códigos. Reconstrói-se o direito por intermédio de uma microcodificação nova. O Código de Defesa do Consumidor é exemplo claríssimo de legislação advinda diretamente de nossa Lei Maior.[4]

Antigamente, tínhamos uma visão que Claudia Lima Marques chama de "moderna" ou "perfeita" do ordenamento jurídico no tempo, onde a lei antiga aparecia como tese, a nova como antítese e, à giza de síntese, a nova revogava a antiga, o que trazia clareza e certeza ao sistema jurídico do Direito Privado. Havia três critérios para resolver esses conflitos, a saber: anterioridade, especialidade e hierarquia. Norberto Bobbio defendia a hierarquia como o critério definitivo para solução de antinomias.[5]

Hoje, a sociedade é muito mais complexa e o direito passa pela idade da descodificação e da microrrecodificação (como é o caso do CDC), bem como a

---

1. MAXIMILIANO, Carlos. *Hermenêutica e aplicação do direito*. 2. ed. Rio de Janeiro: Forense, 2011. p. 104.
2. MARQUES, Claudia Lima. Superação das antinomias pelo diálogo das fontes: o modelo brasileiro de coexistência entre o Código de Defesa do Consumidor e o Código Civil de 2002. *Revista de Direito do Consumidor*, n. 51, jul.-set. 2004. p. 35.
3. Ibidem, p. 49-50.
4. Ibidem, p. 50-51.
5. Ibidem, p. 57-58. Nesse sentido, ver BOBBIO, Norberto. *Teoria do ordenamento jurídico*. Brasília: UnB, 1990. p. 92; BOBBIO, Norberto. Des critères pour résoudre les antinomies. In: PERELMAN, Chaïm (Coord.). *Les antinomies en droit*. Bruxelas: Bruylant, 1965. p. 255.

tópica jurídica, trazendo-se uma grande pluralidade de leis ou fontes, de forma que a concepção do direito enquanto sistema leva a doutrina mais recente a procurar uma forma de harmonizar ou coordenar essas diferentes normas. É o que se denomina "coerência derivada ou restaurada", que procura não só uma eficiência hierárquica, como também funcional do sistema plural e complexo do nosso direito atual.[6]

Assim, a solução pós-moderna é tanto tópica quanto sistemática, eis que precisa ser mais flexível, fluída, o que autoriza maior mobilidade e fineza de distinções. Não se almeja apenas superar paradigmas, mas fazer os padrões conviverem e coexistirem entre si. Dificilmente se fala em revogação expressa, substituída pela incerteza da revogação tácita indireta, de forma que as leis se incorporam entre si, a exemplo do que ocorre no art. 2.043 do Código Civil de 2002 (CC/02).[7]

Assim, o presente trabalho fará uso da teoria do autor alemão Erik Jayme, cuja proposta, em apertada síntese, é a de, em vez de conflitar leis, enxergar a possibilidade de uma coordenação sistemática, no famoso diálogo de fontes.

> Uma coordenação flexível e útil [...] das normas em conflito no sistema, a fim de restabelecer a sua coerência. Muda-se, assim, o paradigma: da retirada simples (revogação) de uma das normas em conflito do sistema jurídico ou do "monólogo" de uma só norma (a "comunicar" a solução justa), à convivência dessas normas, ao "diálogo" das normas para alcançar a sua *"ratio"*, a finalidade visada ou "narrada" em ambas. Este atual e necessário "diálogo das fontes" permite e leva à aplicação simultânea, coerente e coordenada das plúrimas fontes legislativas convergentes, com finalidade de proteção efetiva.[8]

Feito esse breve introito da temática do diálogo das fontes, passaremos às fontes que vamos colocar para dialogar.

3. DO INSTITUTO DO DANO MORAL COLETIVO

O professor Nelson Rosenvald, ao falar de dano moral coletivo, afirma que essa expressão é um neologismo indicativo da lesão extrapatrimonial a interesses transindividuais. Trata-se de figura "camaleônica" e sua funcionalidade vai além da aparente missão de compensar danos. Almeja-se à consecução de objetivos que se associam aos *punitive damages* e até mesmo ao *disgorgement*, a depender dos critérios adotados pelos julgadores quando da definição do *quantum debeatur.*[9]

---

6. Ibidem, p. 58. Nesse ponto, Claudia Lima Marques faz referência à crítica de Canaris à tópica, Cf. CANARIS, Claus-Wilhelm. *Pensamento sistemático e conceito de Sistema na ciência do Direito.* Trad. Antonio Manuel da Rocha: Lisboa: Calouste Gulbenkian, 1989, especialmente p. 255 e ss., bem como cita, para tratar da tópica, a obra de Theodor Wiehweg, Cf. WIEHWEG, Theodor. *Tópica e jurisprudência.* Trad. Tércio Sampaio Ferraz Júnior. Brasília: Departamento de Imprensa Nacional, MJ-UnB, 1979.
7. Ibidem, p. 58.
8. Ibidem, p. 59.
9. ROSENVALD, Nelson. *A responsabilidade civil pelo ilícito lucrativo. O disgorgement* e a indenização restitutória. Salvador: JusPodivm, 2019. p. 486.

Ora,

Em uma sociedade de massa, o direito privado alcança a esfera social, pois prevalece o princípio da solidariedade. Transitamos do sujeito isolado para o "sujeito situado", que se coloca diante de bens públicos escassos. Isso requer uma tutela jurídica diferenciada. Enquanto cada indivíduo titulariza a sua própria carga de valores, a comunidade possui uma dimensão ética, independentemente de suas partes. Ela possui valores morais e um patrimônio ideal a receber tutela. [...] Diante de uma ordem constitucional que se centra no princípio da dignidade humana, qualquer dano injusto praticado contra interesses legítimos, mesmo que imateriais, é intolerável.[10]

A gênese dessa discussão toda vem dos danos ao meio ambiente, cujo valor para a humanidade é inestimável. Além de ser bem de uso comum do povo, o meio ambiente se consubstancia em interesses indivisíveis cujo elo é a premissa da solidariedade. Assim, o que o dano ambiental lesa não é apenas o equilíbrio ecológico, mas valores precípuos da coletividade, qualidade de vida e saúde. E, bem comum que é, o meio ambiente possui por características a indivisibilidade dos benefícios, já que não podem os indivíduos se apropriarem deste para fins privados, bem como o caráter difuso da titularidade do bem jurídico, que, ao mesmo tempo que pertence a todos, não pertence a ninguém, sendo indispensável reconhecer que pertence até mesmo às gerações futuras.[11]

Portanto, o conceito do professor Rosenvald para "dano moral coletivo" é

o resultado de toda ação ou omissão lesiva significante, praticada por qualquer pessoa contra o patrimônio da coletividade, considerada esta as gerações presentes e futuras, que suportam um sentimento de repulsa por um fato danoso irreversível, de difícil reparação ou de consequências históricas.[12]

Ou, na lição de Felipe Teixeira Neto,

Aquele decorrente da lesão a um interesse de natureza transindividual titularizado por um grupo indeterminado de pessoas ligadas por meras circunstâncias de fato que, sem apresentar consequências de ordem econômica, tenha gravidade suficiente a comprometer, de qualquer forma, o fim justificador da proteção jurídica conferida ao bem difuso indivisível correspondente, no caso, a promoção da dignidade da pessoa humana.[13]

Despiciendo lembrar que o microssistema dos processos coletivos no Brasil, em vez de apontar para modelos distintos de tutela coletiva para direitos difusos, coletivos e individuais homogêneos – conceitos a serem melhor explorados abaixo –, viabiliza que uma única demanda reúna todas essas tutelas, sob a proteção da mesma entidade legitimada – por exemplo, o Ministério Público ou as associações –,

---

10. Ibidem, p. 487.
11. ROSENVALD, Nelson. O dano moral coletivo como uma pena civil. In: ROSENVALD, Nelson; TEIXEIRA NETO, Felipe (Org.). *Dano moral coletivo.* Indaiatuba: Foco, 2018. p. 98-100.
12. ROSENVALD, Nelson. *A responsabilidade civil pelo ilícito lucrativo. O disgorgement* e a indenização restitutória. Salvador: Juspodivm, 2019. p. 487-488.
13. TEIXEIRA NETO, Felipe. *Dano moral coletivo.* Curitiba: Juruá, 2014. p. 253.

independentemente da qualificação imprimida a esses direitos, com fulcro no CDC, mormente no parágrafo único de seu art. 81.[14]

Valoriza-se esse instituto não apenas como dano sofrido por um ente abstrato, mas às vezes, como verdadeira pena civil direcionada ao ofensor, atendendo às funções pedagógica e punitiva da responsabilidade civil, funcionando, também, em determinadas situações, como sanções voltadas à frustração do ilícito lucrativo, de maneira a remover ganhos ilegitimamente obtidos pelo autor do dano.[15]

Ora, se o dano moral coletivo tivesse escopo puramente compensatório, não se justificaria uma segunda condenação do ofensor a uma reparação quando todos os afetados pela atividade lesiva já tivessem seus pedidos individuais acolhidos pelo poder judiciário.[16] Paradigmático nesse sentido o julgado abaixo:

> STJ, informativo 643, 29 de março de 2019: "Dano ambiental. Ações civis públicas. Tutela dos direitos individuais homogêneos. Inexistência de prejuízo à reparação dos danos individuais e ao ajuizamento de ações individuais. Conveniência da suspensão dos feitos individuais" (REsp 1.525.327-PR, Rel. Min. Luis Felipe Salomão, Segunda Seção, DJe 01/03/2019).

O professor Rosenvald nos lembra, outrossim, que a via mais adequada para efetivar a pena civil ou o resgate do lucro ilícito, em matéria de efetividade, seria a da Ação Civil Pública, eis que, por intermédio de um único processo judicial, se obtém todo o montante decorrente da situação fática que lesou o interesse difuso, o que evita decisões contraditórias, e ainda impede que o produto da sanção restitutória ou punitiva seja retido por apenas algumas pessoas quando várias foram as lesadas. Ora, aqui, temos tanto a coisa julgada *erga omnes* quanto a *ultra partes*, sem que se realize qualquer debate acerca do enriquecimento sem causa, já que o valor se destina ao fundo do art. 13 da LACP.[17]

Portanto, estamos diante de pena civil amparada pela reserva legal e aceita com mais tranquilidade por parte da doutrina civilista, eis que não há discussão acerca de enriquecimento sem causa.[18]

É possível, outrossim, que o dano moral coletivo tenha contornos de disgorgement

> quando a avaliação do ilícito tenha em consideração os ganhos auferidos pelo infrator com a prática da conduta ofensiva de natureza transindividual. Aqui se insere o "skimming off" – técnica da exclusão do lucro ilegítimo que realiza o cálculo da quantificação do dano moral coletivo a

---

14. VENTURI, Elton; VENTURI, Thaís Pascoalotto. O dano moral em suas dimensões coletiva e acidentalmente coletiva. In: ROSENVALD, Nelson; TEIXEIRA NETO, Felipe. *Dano moral coletivo*. Indaiatuba: Foco, 2019. p. 397.
15. ROSENVALD, Nelson. *A responsabilidade civil pelo ilícito lucrativo. O disgorgement e a indenização restitutória*. Salvador: JusPodivm, 2019. p. 491.
16. Idem.
17. ROSENVALD, Nelson. *A responsabilidade civil pelo ilícito lucrativo. O disgorgement e a indenização restitutória*. Salvador: JusPodivm, 2019. P. 493.
18. Ibidem, p. 494.

partir da estimativa do saldo positivo decorrente da transgressão coletiva. [...] Possibilita a tutela efetiva dos bens jurídicos lesados, de maneira a sancionar economicamente o transgressor coletivo e prevenir o fenômeno da ilicitude lucrativa. [...] Não impõe um impacto econômico superior ao lucro verificado em determinado período. Assim, a sentença condenatória tem o condão de excluir o lucro ilegítimo do período impugnado sem internalizar um prejuízo excessivo que poderia ser prejudicial aos acionistas, acarretar a falência da empresa e prejuízos ao desenvolvimento da economia.[19]

Originalmente, a técnica do *skimming off* foi desenvolvida no âmbito do direito concorrencial. Trazendo-a para a tutela coletiva de direitos transindividuais, ela possui importante aplicação na prevenção e também no *enforcement* em casos de transgressões coletivas em que seja muito difícil individualizar o prejuízo, mas cujo impacto difuso seja evidente. Exemplificativamente, o impacto de práticas antitruste não costuma ser facilmente calculado. Porém, há indubitável prejuízo social na manipulação de preços ou na dominação de mercado. Na mesma linha, determinadas lesões a direitos transindividuais acabam afetando o mercado, o meio ambiente e até o Estado democrático de direito, sem, contudo, ser possível calcular o prejuízo individualizado ao consumidor, ser humano ou cidadão.[20]

4. A PROTEÇÃO AO DIREITO FUNDAMENTAL À PROTEÇÃO DE DADOS NO ORDENAMENTO JURÍDICO BRASILEIRO

É comum que, para o cadastro em aplicações de internet, o usuário seja submetido a ler e concordar com termos de uso e políticas de privacidade. Porém, sabe-se que muitos usuários não leem tais documentos e, ainda nas raras vezes em que o fazem, não conseguem entender seu conteúdo, ou levam muito tempo para isso.[21] E o que é pior, se a pessoa discordar dos termos apresentados, não raramente ficará impossibilitada de ter acesso à aplicação, deixando de usufruir de importantes produtos e serviços *on-line*.[22]

Alvin E. Roth, sobre a rejeição de consumidores a ofertas consideradas injustas, leciona:

> Os casos em que os consumidores rejeitam ofertas que consideram injustas são mais comuns do que se imagina, surpreendendo até mesmo gigantes do marketing. Em 1999, por exemplo, a Coca-Cola testou máquinas de venda que podiam aumentar os preços, automaticamente, quando a temperatura ambiente subisse. A reação negativa foi rápida – e a empresa também foi rápida em abandonar a ideia. Vemos assim que as pessoas comuns que julgam certas transações espe-

---

19. Ibidem, p. 493-494.
20. FORTES, Pedro Rubim Borges; OLIVEIRA, Pedro Farias. A quantificação do dano moral coletivo. In: ROSENVALD, Nelson; TEIXEIRA NETO, Felipe (Orgs.). *Dano moral coletivo*. Indaiatuba: Foco, 2019. P. 318-319.
21. MCDONALD, Allecia M.; CRANOR, Lorrie Faith. The cost of reading privacy policies. *Journal of Law and Policy for the Information Society*, v. 4, p. 543-568, 2008.
22. CATE, Fred H.; MAYER-SCHÖNBERGER, Viktor. Notice and consent in a world of Big Data. *International Data Privacy Law*, v. 3, n. 2, p. 67, 2013.

cialmente desagradáveis têm voz ativa quando podem comprar em outro lugar, ou simplesmente não comprar – e isso desempenha um papel na formação dos mercados.[23]

Não é, contudo, o caso da rejeição, por exemplo, das abusivas políticas de privacidade de algumas redes sociais. Rejeitá-las causaria ao usuário "dissidente" um custo pessoal e social considerável, eis que tais provedores de aplicação estão cada vez mais inseridos na vida social e até mesmo nas relações político-econômicas entre as pessoas e o Estado, empresas privadas e até mesmo com a própria comunidade.[24] É diferente de deixar de tomar uma Coca-Cola.

Muitos autores, nesse contexto, ressaltam que o mero consentimento se mostra insuficiente para o mister de tutelar a privacidade e proteger dados pessoais das pessoas frente a desafios que pululam na contemporaneidade, como a publicidade comportamental, o *Big Data*, o rastreamento e monitoramento de usuários da *Web* etc.[25]

A discussão envolvendo a proteção dos dados pessoais é mais antiga do que a própria popularização da internet. Em 1981, por exemplo, Vittorio Frosini já se atentava para a necessidade de se proteger os dados por meio do *habeas data*, reconhecendo, ao sujeito de direito, o direito de dispor dos próprios dados, a exemplo do direito de dispor do próprio corpo (amparado pelo *habeas corpus*).[26]

E de fato, na Constituição Federal de 1988, o *habeas data* vem na forma de ação constitucional. Cumpre destacar lição do ex-ministro Sepúlveda Pertence, no sentido de que

> É preciso ver que o sentido da criação dessa consagração explícita do *habeas data* tem menos a utilidade de uma criação de instrumentos processuais, que a rigor seriam desnecessários, do que dar ênfase ao direito substancial, assegurado o acesso de qualquer cidadão aos dados sobre a pessoa do impetrante, constantes de registros ou bancos de dados de entidades governamentais ou de caráter público, ou direito à retificação compulsória dos dados inexatos.[27]

Depois disso, paulatinamente, a questão da proteção de dados foi entrando para o debate político, a exemplo da Declaração de Santa Cruz de La Sierra, assinada pelo

---

23. ROTH, Alvin E. *Como funcionam os mercados*. A nova economia das combinações e do desenho de mercado. Trad. Isa Mara Lando e Mauro Lando. São Paulo: Portfolio-Penguin, 2016. p. 38.
24. MENDES, Laura Schertel. *Privacidade, proteção de dados e defesa do consumidor*. linhas gerais de um novo direito fundamental. São Paulo: Saraiva, 2014. p. 22.
25. MENDES, Laura Schertel; FONSECA, Gabriel Campos Soares da. Proteção de dados para além do consentimento: tendências de materialização. In: DONEDA, Danilo et al. (Coord.). *Tratado de proteção de dados pessoais*. Rio de Janeiro: Forense, 2021. p. 74.
26. FROSINI, Vittorio. La protezione dela riservatezza nella società informatica. *Informatica e Diritto*, fascículo 1º, p. 9-10, jan.-abr. 1981. Hoje, já se propõe a metáfora do *habeas mente*, com vistas a proteger o consumidor de ser molestado pelas publicidades abusivas de consumo na internet. Ver, nesse sentido, BASAN, Arthur Pinheiro. *Publicidade digital e proteção de dados pessoais*. Indaiatuba: Foco, 2021.
27. PERTENCE, Sepúlveda. Dos instrumentos de garantia de direitos: *habeas corpus*, ação popular, direito de petição, mandado de segurança individual e coletivo, mandado de injunção e *habeas data*. In: SEMINÁRIO SOBRE DIREITO CONSTITUCIONAL. *Série Cadernos do CEJ*. Brasília: Conselho da Justiça Federal, 1992. p. 54, *apud*, DONEDA, Danilo. Panorama histórico da proteção de dados pessoais. In: DONEDA, Danilo et al. (Coord.) *Tratado de proteção de dados pessoais*. Rio de Janeiro: Forense, 2021. p. 13.

Brasil em 2003, que menciona a fundamentalidade do direito à proteção de dados pessoais.[28]

No direito interno, temos um *codex* consumerista que se propôs a estabelecer vetores e princípios de proteção ao consumidor, sem falar em um eficiente sistema de tutela desta classe, absorvendo-se inúmeras demandas relacionadas a dados pessoais, eis que não raro as operações de tratamento são realizadas no bojo de relações de consumo. Aliás, se observam inúmeros princípios de proteção de dados pelas lentes do Código de Defesa do Consumidor.[29]

Também o Superior Tribunal de Justiça (STJ), desde a década de 1990, mormente em julgados sobre a aplicabilidade do Código de Defesa do Consumidor aos cadastros negativos de crédito, já tratava de privacidade de uma maneira diferente daquela tutela classicamente reservada à exclusão de terceiros. Em 1995, por exemplo, ao julgar o REsp 22.337-8/RS, o Ministro Ruy Rosado mencionou o direito fundamental à autodeterminação informativa, aparecido na Alemanha.[30]

O debate no âmbito das relações consumeristas, eventualmente, canalizou para a edição da Lei do Cadastro Positivo (Lei 12.414/2011).

Posteriormente, a discussão chega ao poder público, promulgando-se a Lei de Acesso à Informação (Lei 12.527/2011) para regulamentar o princípio da transparência, trazendo regramento específico para a proteção de dados pessoais detidos pelo poder público.[31]

Em 2014, por fim, vem o Marco Civil da Internet (Lei 12.965/2014), que estabeleceu o regime de direitos do usuário da internet, tratando, dentre outros assuntos de igual relevância, de procedimentos e direitos relacionados aos dados pessoais do usuário. Porém, paulatinamente, a economia mundial foi se tornando mais e mais voltada a dados, o que levou à necessidade de uma nova legislação, que protegesse os dados pessoais de maneira mais ampla e eficiente.

Além dos governos, temos grandes *players* econômicos criando o chamado espelho de uma só via,[32] sabendo muito sobre as pessoas, sem que, necessariamente, estas saibam muito sobre eles. É a constante vigilância e monitoramento da vida das pessoas que possibilita a criação desse espelho.[33]

---

28. DONEDA, Danilo. Op. cit., p. 13.
29. Ibidem, p. 14. Sobre a observação de princípios de proteção de dados pela ótica do CDC, ver CARVALHO, Ana Paula Gambogi. O consumidor e o direito à autodeterminação informacional. *Revista de Direito do Consumidor*, n. 46, p. 77-119, abr.-jun. 2003.
30. CUEVA, Ricardo Villas Bôas. A proteção de dados pessoais na jurisprudência do Superior Tribunal de Justiça. In: TEPEDINO, Gustavo; FRAZÃO, Ana; OLIVA, Milena Donato (Coord.). Lei geral de proteção de dados pessoais e suas repercussões no Direito brasileiro. São Paulo: Ed. RT, 2019. p. 88-89.
31. DONEDA, Danilo. Op. cit., p. 15.
32. Tradução nossa para "one-way mirror".
33. PASQUALE, Frank. *The black box society*. The secret algorithms that control money and information. Cambridge: Harvard University Press, 2015. p. 42 e ss.

Não obstante, apenas em 2018 é que foi promulgada a Lei Geral de Proteção de Dados (LGPD), com vistas a empoderar o titular de dados nessa relação. A novel legislação pretende "contornar, dentro do possível, os efeitos nefastos de um capitalismo cada vez mais baseado na vigilância e na opacidade".[34]

Despiciendo reafirmar que o que a LGPD faz é sacramentar, no plano infraconstitucional, um direito fundamental que já existia,[35] qual seja a proteção de dados, conexo a noções já consagradas, a exemplo da dignidade humana, do livre desenvolvimento da personalidade, da autodeterminação informativa e até da privacidade.

Aliás, a dignidade humana, por ser um dos valores mais importantes de nosso ordenamento, acaba se tornando uma espécie de "coringa" que os teóricos utilizam para fundamentar praticamente tudo. Porém, conforme sugere lição de Ingo Sarlet, ela é um valor ao qual a proteção de dados se amolda perfeitamente:

> As conexões entre o princípio da dignidade da pessoa humana e o direito fundamental à proteção dos dados pessoais são intensas, embora nem sempre compreendidas do mesmo modo no âmbito das diferentes ordens jurídicas. Os dois principais pontos de contato, todavia, são o princípio autonômico (autodeterminação) e os direitos da personalidade, representados aqui, por sua vez, pelo direito (de natureza geral) ao livre desenvolvimento da personalidade e os direitos especiais à privacidade e à autodeterminação informativa, igualmente conectados entre si, mas que não esgotam o leque de alternativas.[36]

Prova dessa perfeita adequação é o fato de que o primeiro julgado a se preocupar com a proteção de dados, advindo da Alemanha envolvia a proteção de dados do cidadão contra a Administração Pública, tendo o BVerfG suspendido liminarmente os efeitos de uma lei que instituía o censo naquele país. O primeiro encarregado da agência federal de proteção e dados em terras germânicas afirma que:

> O cerne moral e político das preocupações do Tribunal Constitucional foi (e é) o da garantia da liberdade dos cidadãos em face da repressão por parte do Estado, de modo que a argumentação deduzida na decisão foi orientada de acordo com o objetivo da proteção da liberdade de ação do ser humano, sendo a transparência da coleta de informações um meio para alcançar tal finalidade.[37]

Considerando que a primeira geração[38] de direitos fundamentais tratava justamente da importância da proteção de algumas liberdades individuais contra a opressão estatal,[39] o fato de o primeiro julgado do BVerfG envolvendo proteção de

---

34. CUEVA, Ricardo Villas Bôas. Op. cit., p. 88-89.
35. Sobre direitos fundamentais não expressos na Constituição, ver, por todos, SANTOS, Eduardo Rodrigues dos. *Direitos fundamentais atípicos*: uma análise da cláusula de abertura do art. 5º, § 2º, da CF/88. Salvador: JusPodivm, 2017.
36. SARLET, Ingo Wolfgang. Fundamentos constitucionais: o direito fundamental à proteção de dados. In: DONEDA, Danilo et al. (Coord.) *Tratado de proteção de dados pessoais*. Rio de Janeiro: Forense, 2021. p. 30.
37. Ibidem, p. 31.
38. Entendemos que, na maioria das vezes, o termo "dimensão" é mais adequado do que "geração", mas, no caso deste estudo, optamos por "geração", pois estamos falando de direitos fundamentais em uma perspectiva histórica.
39. Sobre isso, ver, por todos, BONAVIDES, Paulo. *Do Estado liberal ao Estado social*. 7. ed. São Paulo: Malheiros, 2008.

GABRIEL OLIVEIRA DE AGUIAR BORGES

dados ser justamente contra a Administração Pública deixa clara a correlação entre este direito e a dignidade humana enquanto *ratio* de todos os direitos fundamentais.

5. RESPONSABILIDADE CIVIL NA LGPD E A QUESTÃO DO DANO MORAL COLETIVO EM DIÁLOGO DE FONTES COM DEMAIS NORMAS QUE REGEM A MATÉRIA

O *caput* do art. 42 da LGPD tem a seguinte dicção: "Art. 42. O controlador ou o operador que, em razão do exercício de atividade de tratamento de dados pessoais, causar a outrem dano patrimonial, moral, individual ou coletivo, em violação à legislação de proteção de dados pessoais, é obrigado a repará-lo".

Ou seja, a norma traz uma pluralidade de espécies de danos, quais sejam, "dano patrimonial, moral, individual ou coletivo".

Com a erosão dos tradicionais filtros da responsabilidade civil (culpa e nexo de causalidade), cabe ao dano exercer o papel de selecionar as pretensões a serem acolhidas pelo Judiciário. Ora, no direito civil clássico, os danos eram reparados apenas de maneira excepcional. O sistema capitalista protegia a liberdade dos agentes econômicos com um sistema jurídico pouco influente na circulação de riquezas e no exercício das atividades negociais, levando aquele que eventualmente fosse lesado pelo capitalista a ter de apresentar prova cabal de que o dano era decorrente de ato ilícito culposo. A complexidade da produção de tal prova levou essa tarefa a ser conhecida como *"prova diabólica"*.[40]

Nosso código civil trouxe sistema aberto por meio da cláusula geral de reparação de danos do art. 927.[41] Portanto, temos um sistema incompleto, capaz de evoluir e, portanto, ser modificado, o que trouxe ao sistema um quê de dinamicidade, com contínuo, embora paulatino, desenvolvimento, o que foi ensinado por Claus-Wilhelm Canaris.[42]

Ora, o dano se apresenta como fato jurídico *stricto sensu*, ou seja, independente de ato humano como dado essencial.[43] Assim, o fato de o evento danoso se ligar a uma ação humana, intencional ou não, lícita ou ilícita, não tem o condão de alterar a natureza do dano, que se afigura como mero fato jurídico, mesmo se for provocado por ato humano.

Ainda assim, importante separar a noção física e a jurídica de dano.

Na concepção naturalista, considerava-se o dano que um bem determinado sofreu. Se a noção do dano fosse um conceito simplesmente naturalista, seriam as leis da física que dariam as regras

---

40. Sobre isso, ver, por todos, SCHREIBER, Anderson. *Novos paradigmas da responsabilidade civil*: da erosão dos filtros da reparação à diluição dos danos. 5. ed. São Paulo: Atlas, 2013. p. 9-80 (capítulos 1 e 2).

41. "Aquele que, por ato ilícito (arts. 186 e 187), causar dano a outrem, fica obrigado a repará-lo".

42. CANARIS, Claus-Wilhelm. *Pensamento sistemático e conceito de sistema na ciência do direito*. Trad. Antônio Manuel da Rocha. Lisboa: Calouste Gulbenkian, 1989. p. 104.

43. MELLO, Marcos Bernardes de. *Teoria do fato jurídico*: plano da existência. São Paulo: Saraiva, 2005. p. 127.

próprias para a fixação dos limites do dano indenizável. Essa concepção meramente física do dano se amoldava aos valores individualistas dos Oitocentos, em que a reparação era exclusivamente destinada aos danos patrimoniais, certos e tangíveis. Era a era da certeza, na qual a segurança jurídica representava o imobilismo.[44]

De qualquer maneira, especialmente após a segunda metade do século XX, onde, claramente, temos uma "virada kantiana" do Direito Privado, em que se passa a inserir a dignidade humana como valor mais importante, ao invés da proteção do patrimônio, o paradigma da solidariedade desloca o eixo da responsabilidade civil, anteriormente preocupado com a culpabilidade do autor do dano, passando a focar na reparação da vítima, de forma a deferir a indenização de ampla categoria de danos, mesmo que incertos ou extrapatrimoniais, já que a incerteza também é matéria prima das soluções jurídicas.[45]

Com vistas a se falar em justa indenização por danos sofridos, indispensável a comprovação de dois elementos, sendo um fático e outro jurídico, a saber: o prejuízo e a lesão jurídica. É dizer, a vítima precisa demonstrar que o prejuízo é fato jurídico violador de interesse juridicamente tutelado de sua titularidade.[46]

Quando o CC/02 preconiza, em seu art. 186, que "aquele que, por ação ou omissão voluntária, negligência ou imprudência, violar direito e causar dano a outrem, ainda que exclusivamente moral, comete ato ilícito", ele traz conceito deveras vago e impreciso, que será preenchido tanto pela doutrina como pela jurisprudência, em análise casuística, a partir do estudo da juridicidade dos interesses disputados, ou seja, verdadeira cláusula geral.[47]

Acertou o legislador, já que, se houvesse utilizado o sistema de *fattispecie* para a reparação civil de danos, teria desconsiderado que a pessoa se realiza por intermédio de uma complexa gama de situações, havendo-se que reconhecer o dever de abstenção de interferência por parte de terceiros.

Realmente, as situações humanas são muito complexas para o sistema de *fattispecie* na Responsabilidade Civil. Niklas Luhmann ensinava que o ser humano tem, no mundo, um sem-número de possíveis experiências e ações, embora limitado potencial em termos de percepção, assimilação de informação e ação atual e inconsciente, de forma essa complexidade resulta na seleção forçada de quais experiências deseja ter e, também, uma contingência, correspondente ao perigo de desapontamento quando

---

44. BRAGA NETTO, Felipe Peixoto; FARIAS, Cristiano Chaves de; ROSENVALD, Nelson. *Curso de Direito Civil*, v. 3. Salvador: JusPodivm, 2014, p. 268.
45. SILVA, Rafael Peteffi da. *Responsabilidade civil pela perda de uma chance*. São Paulo: Atlas, 2007. p. 72.
46. MONTENEGRO, Antonio Lindbergh. *Ressarcimento de danos*. Rio de Janeiro: Lumen Juris, 2009. p. 7.
47. Cláudia Lima Marques identifica essa técnica como uma característica importante da pós-modernidade, onde o consenso será legitimado pelo diálogo entre as diversas fontes do Direito, que aparece como instrumento de comunicação e método de legitimação, investigando, na ética, filosofia, dentre outros elementos exteriores ao sistema jurídico, novos fundamentos para a argumentação jurídica. Ver MARQUES, Claudia Lima. Contratos de time-sharing e proteção do consumidor. *Revista de Direito do Consumidor*, n. 22, p. 67-68.

as expectativas humanas não são supridas pelo mundo à sua volta, com a necessidade de se assumir riscos.[48]

Aumenta-se o problema quando se nota que, no mundo em que vivemos, já complexo e com infinitas possibilidades, há, além de tudo, outras pessoas, o que resulta no que Luhmann chama de "dupla contingência do mundo social". Deixa-se a contingência simples existente apenas no âmbito da percepção que o ser humano tem do mundo e entra-se numa contingência dupla.

> Reconhecer e absorver as perspectivas de um outro como minhas próprias só é possível se reconheço o outro como um outro eu. Essa é a garantia da propriedade da nossa experiência. Com isso, porém, tenho que conceder que o outro possui igualmente a liberdade de variar seu comportamento da mesma forma que eu. Também para ele o mundo é complexo e contingente. Ele pode errar, enganar-se, enganar-me. Sua intenção pode significar minha decepção. O preço da absorção de perspecativas [sic] estranhas é, formulado em termos extremados, sua inconfiabilidade.[49]

Dessa maneira, com vistas a ter algum controle sobre essa complexidade de interações sociais, não é suficiente que a pessoa possa ter experiências com o mundo, sendo necessário que ela tenha expectativas sobre as ações do outro e, além disso, expectativas acerca das próprias expectativas que o outro tem sobre as ações dela. O problema se torna ainda mais complexo uma vez que nos lembramos que a maioria das relações humanas não se dá somente entre duas pessoas, mas entre grupos sociais inteiros, que podem ter infinitos membros:

> É necessário considerar ainda que existem um terceiro, um quarto, e outros planos da reflexidade, ou seja, expectativas sobre expectativas de expectativas... E isso tudo com relação a uma multiplicidade de temas, frente a uma multiplicidade de pessoas, e com uma relevância constantemente em alteração conforme cada situação.[50]

Nesse diapasão, cumpre recordar a cada vez mais atual lição do mestre italiano Pietro Perlingieri, para quem, no novo sistema de fontes, mudam-se radicalmente a configuração e a tutela de situações subjetivas, já que o direito subjetivo, que sempre foi figura controvertida, perde centralidade, afluindo-se a exigência de diversificar interesses, resultando em formas e técnicas de tutela das pessoas por meio de novos instrumentos, individualizados segundo o tipo de interesse a ser tutelado e a ponderação de valores a ser realizada.[51]

Assim, pode-se conceituar o dano como lesão a interesse legitimamente tutelável.[52] Portanto, temos verdadeira cláusula geral de dano, que permite que o magistrado, caso a caso, verifique se o interesse violado é ou não digno de proteção jurídica.

---

48. LUHMANN, Niklas. *Sociologia do direito i*. Trad. Gustavo Baye. Rio de Janeiro: Edições Tempo Brasileiro, 1993. p. 45-46.
49. Ibidem, p. 47.
50. Ibidem, p. 49.
51. PERLINGIERI, Pietro. *O direito civil na legalidade constitucional*. Trad. de Maria Cristina de Cicco. Rio de Janeiro: Renovar, 1999. p. 678.
52. SCHREIBER, Anderson. Op. cit., p. 189.

Ainda assim, há que se advertir que, para que a interpretação da cláusula geral do dano seja legítima, deverá ser feita de maneira racional, objetiva e controlável.[53]

Com vistas a evitar decisionismos, há que se realizar a ponderação de bens e de interesses, conforme lição de Anderson Schreiber, em um processo de quatro etapas.

Na primeira, é feito o exame abstrato de merecimento de tutela do interesse lesado. Obviamente, não há necessidade, de que o interesse lesado esteja expressamente declarado em alguma norma, podendo ser extraído da dignidade humana ou outra cláusula geral.[54]

Na segunda, realiza-se o exame abstrato de merecimento de tutela do interesse lesivo. É o momento em que se verifica a antijuridicidade da conduta do lesante, já que o réu poderá, em ação de reparação ou compensação, suscitar a legitimidade de sua conduta, com supedâneo em regra, cláusula geral ou princípio.[55]

Em um terceiro momento, se averigua acerca da existência de regra legal de prevalência entre os interesses em conflito, caso tanto o interesse consubstanciado na conduta lesiva quanto o interesse lesado sejam abstratamente tutelados. O exemplo trazido por Schreiber é o da veiculação da imagem de uma pessoa, captada em uma filmagem, que se mostra necessária à administração da justiça: não pode o titular da imagem alegar ter sofrido dano indenizável, uma vez que o próprio CC/02 estabelece, em seu art. 20, que, se necessária à administração da justiça, a utilização da imagem de uma pessoa não poderá ser proibida.[56]

Na quarta e última etapa, verifica-se a inexistência de regra legal de prevalência entre os interesses conflitantes, cabendo ao magistrado ponderar os interesses em choque e definir a relação de prevalência entre eles, com base na leitura das circunstâncias concretas por intermédio das lentes do direito, analisando, comparativamente, o grau de realização do interesse lesivo e o de afetação do interesse lesado. Assim, se extrai, da norma, regra de prevalência que vale para as circunstâncias do caso concreto, o que vai definir se, naquelas condições, o interesse lesivo justifica o ônus imposto ao interesse lesado.[57]

Em resumo, há que se fazer, primeiramente, a seguinte pergunta: "o interesse lesado é tutelado por norma jurídica?". Em caso de resposta negativa, não há dano a ser indenizado.

Por outro lado, sendo a resposta positiva, pergunta-se: "a conduta lesiva é vedada por norma jurídica?". Se sim, existe a prevalência legal (abstrata) do interesse lesado,

---

53. BRAGA NETTO, Felipe Peixoto; FARIAS, Cristiano Chaves de; ROSENVALD, Nelson. Op. cit., p. 271. Afirmam os autores que "nada se coaduna menos com a ideia do Estado de Direito do que a figura de um oráculo despótico ou iluminado, que esteja acima dos critérios de interpretação".
54. SCHREIBER, Andreson. Op. cit., p. 164-165.
55. Ibidem, p. 165-166.
56. Ibidem, p. 166-168.
57. Ibidem, p. 168-169.

o que levará à próxima pergunta: "há lesão concreta?". Se a resposta for "sim", há dano a ser indenizado. Se não, não há.

Não sendo a conduta lesiva vedada por norma jurídica, se deve indagar acerca da existência de eventual regra legal de prevalência entre os interesses tutelados. Se houver, volta-se à segunda pergunta do parágrafo anterior, pois estaremos diante da prevalência legal *in abstracto* do interesse lesado. Havendo lesão, há dano a ser indenizado. Não havendo, não há.

Por outro lado, não havendo regra legal de prevalência entre os interesses tutelados, se realizará a ponderação judicial, buscando a resposta da seguinte pergunta: "o grau de realização do interesse lesivo justifica o grau de afetação concreta do interesse lesado?". Se não justificar, há dano a ser indenizado. Se justificar, não há.[58]

Destacamos que o dano injusto não se vincula a um ato ilícito, pois, conforme lição antiga, porém não superada de Orlando Gomes, a principal mudança da responsabilidade civil se afigura no "giro conceitual do ato ilícito para o dano injusto".[59] Explicamos: a obrigação de reparar o dano injusto não é efeito jurídico vinculado a um comportamento ilícito e culposo, pois poderá recair, também, sobre ato lícito, pela violação de uma norma ou pelo risco da própria atividade. Assim, ainda que o ato jurídico consista no exercício de direito próprio, ele poderá causar dano injusto a terceiro.

Essa expressão "dano injusto" foi importada do direito italiano, onde o art. 2043 do *Codice Civile* afirma que qualquer fato doloso ou culposo que causar a alguém um dano injusto obrigará o autor do fato a reparar o dano.[60] Despiciendo afirmar que o legislador na península itálica optou por qualificar o dano como fato jurídico e ainda trouxe a palavra "injusto" (*"ingiusto"*) com vistas a qualificar o dano que ofende interesse juridicamente tutelável, saindo daquela vinculação entre o conceito de injustiça e o conceito de antijuridicidade.[61]

Francesco Galgano conceitua o dano injusto como lesão a interesse alheio, merecedor de proteção conforme o direito, exemplificando com a situação em que um sujeito que constrói edifício no próprio terreno lesa interesse de seus vizinhos a usufruir de uma visão panorâmica, mas, não lhes perpetra dano injusto, pois não é um interesse juridicamente tutelável, enquanto a pessoa que constrói em local onde o direito proíbe a construção, tornando-se o interesse do vizinho digno de receber a tutela do ordenamento jurídico.[62]

---

58. Toda essa sequência de perguntas está esquematizada em SCHREIBER, Anderson. Op. cit., p. 169.
59. GOMES, Orlando. Tendências modernas na Teoria da Responsabilidade Civil. In: DI FRANCESCO, José Roberto Pacheco. *Estudos em Homenagem ao Professor Silvio Rodrigues*. São Paulo: Saraiva, 1989. p. 295.
60. "Qualunque fatto doloso o colposo, che cagiona ad altri un danno ingiusto, obbliga colui che ha commesso il fatto a risarcire il danno". ITALIA. *Codice civile*. Disponível em: https://www.studiocataldi.it/codicecivile/codice-civile.pdf. (Acesso em: 26 dez. 2018).
61. BIANCA, Massimo. *Diritto civile, V*: La responsabilità. Milano: Giuffrè, 2011. p. 537.
62. GALGANO, Francesco. *Diritto Privato*. Padova: CEDAM, 2006. p. 366.

Salienta-se que, diferentemente dos italianos e a exemplo do art. 1382 do *Code* francês, a norma constante do art. 927 do CC/02, não qualificou o dano como injusto.[63] Ainda assim, em atenção ao princípio da proporcionalidade, não será suficiente a alegação de mero lucro cessante ou diminuição de patrimônio para que se esteja diante do dano. Este deverá ser injusto, relevante no confronto entre ofensor e ofendido.[64]

E o dano na LGPD?

> Embora a primeira vítima de um tratamento ilegal de dados pessoais seja o seu próprio titular, ferido em sua privacidade [...], a LGPD amplia expressamente essa esfera de proteção, de modo a abranger não apenas interesses outros daquele mesmo titular (interesses econômicos, por exemplo), mas também interesses transindividuais que possam ter sido lesados pelo referido tratamento. Vale dizer: a esfera de incidência do regime de responsabilidade civil da LGPD não é demarcada pelo interesse lesado, ou por uma especial condição do sujeito que sofre a lesão (e.g., titular dos dados pessoais), mas sim pela atividade lesiva: incide a LGPD sobre qualquer dano decorrente do exercício da atividade de tratamento de dados pessoais.[65]

O art. 42 não fala em culpa, o que seria capaz de indicar a adoção de regime de responsabilidade objetiva. Em contrapartida, referido diploma não emprega a expressão "independentemente de culpa", como acontece no Código Civil (arts. 927, parágrafo único, e 931) e no Código de Defesa do Consumidor (arts. 12, *caput* e 14, *caput*), o que nos permite extrair da omissão uma preferência pela responsabilidade subjetiva.[66]

Favoravelmente à tese de que a responsabilidade é subjetiva, advoga, também, a parte final do art. 42, que faz referência a dano causado "em violação à legislação de proteção de dados pessoais", expressão que sugere uma responsabilidade pautada na violação de deveres jurídicos (culpa normativa) – ou seja, uma responsabilidade subjetiva.[67]

De toda forma, Schreiber procura não interpretar os preceitos de maneira isolada, ignorando suas conexões com outros dispositivos. O autor prefere uma interpretação sistemática, entendendo ser de extrema relevância, nesse contexto, o art. 44 da LGPD.[68]

A teor do art. 44, duas são as hipóteses de tratamento irregular de dados pessoais:

> (a) quando o referido tratamento deixar de observar a legislação; e (b) quando não fornecer a segurança que o titular dele pode esperar, "consideradas as circunstâncias relevantes", dentre as

---

63. O art. 927 do CC/02 afirma que "Aquele que, por ato ilícito (arts. 186 e 187), causar dano a outrem, fica obrigado a repará-lo", ao passo que o art. 1382 do *Code*, hoje art. 1240 (após modificação legislativa em 2016), preconiza que "Tout fait quelconque de l'homme, qui cause à autrui un dommage, oblige celui par la faute duquel il est arrivé à le réparer".
64. BRAGA NETTO, Felipe Peixoto; FARIAS, Cristiano Chaves de; ROSENVALD, Nelson. Op. cit., p. 278.
65. SCHREIBER, Anderson. Responsabilidade civil na Lei Geral de Proteção de Dados Pessoais. In: DONEDA, Danilo et al. *Tratado de proteção de dados pessoais*. Rio de Janeiro: Forense, 2021. p. 322.
66. Ibidem, p. 323-324.
67. Ibidem, p. 324.
68. Ibidem, p. 325. Note-se que o autor faz uma opção pelo supracitado método sistemático de interpretação.

quais (b.1) o modo pelo qual o tratamento é realizado (se física ou digitalmente, por exemplo), (b.2) o resultado e os riscos que razoavelmente dele se esperam, e (b.3) as técnicas de tratamento de dados pessoais disponíveis à época em que foi realizado.[69]

O autor afirma que o art. 44 traz versão adaptada da ideia de *defeito do serviço* que aparece no art. 12, § 1º, do Código de Defesa do Consumidor.

Não seria absurdo cogitar aqui de um "tratamento defeituoso" dos dados pessoais, muito embora a LGPD não empregue explicitamente a noção de "defeito" – como talvez devesse ter feito, em benefício de alguma coerência sistêmica. [...] A LGPD emprega construção análoga nesta matéria àquela empregada na legislação especial que se ocupa da responsabilidade do fornecedor de produtos ou serviços, que consiste, como se sabe, em exemplo de responsabilidade civil *objetiva*.[70]

Portanto,

Não há uma resposta unívoca à indagação sobre a espécie de responsabilidade civil que vigora no âmbito da LGPD. Tal como ocorre no Código Civil e, também, no Código de Defesa do Consumidor, ambos os regimes de responsabilidade civil – subjetivo e objetivo – convivem na legislação de proteção de dados pessoais. Dentre as hipóteses de responsabilidade subjetiva, o legislador destacou, por meio do parágrafo único do art. 44, a hipótese de ausência de adoção das medidas protetivas indicadas no art. 46, mas isso não afasta outros casos de responsabilidade civil subjetiva (por inobservância de deveres legalmente previstos para o agente que realiza o tratamento de dados pessoais alheios) e muito menos os casos de responsabilidade civil objetiva, decorrentes do tratamento de dados pessoais que não forneça a segurança que pode esperar o titular dos referidos dados, à luz das circunstancias indicadas nos incisos do art. 44 da LGPD.[71]

Schreiber alerta para o fato de que a instituição de uma hipótese de responsabilidade objetiva no âmbito da LGPD não deve ser motivo de espanto. De resto, a própria LGPD, uma vez que reconhece a aplicabilidade do CDC ao tratamento de dados pessoais em relações de consumo, já lançou as bases da matéria com vistas a uma responsabilidade sem indagação de culpa. A própria cláusula geral de responsabilidade objetiva que aparece no parágrafo único do art. 927 do Código Civil também se aplicaria, teoricamente, ao tratamento de dados pessoais, eis que estamos diante de atividade que, na realidade hodierna, caracterizada pela hiperconectividade e pela demanda insaciável por exposição, suscita risco excessivo.[72]

Não é raro que as operações de tratamento de dados pessoais envolvam informações referentes a mais de um titular. Assim, as lesões, costumam atingir mais de uma vítima ao mesmo tempo. Voltando os olhos para esse fato, o §3º do art. 42 da LGPD preconiza que "as ações de reparação por danos coletivos que tenham por objeto a responsabilização nos termos do *caput* deste artigo podem ser exercidas coletivamente em juízo, observando o disposto na legislação pertinente.[73]

---

69. Ibidem, p. 325-326.
70. Ibidem, p. 326.
71. Ibidem, p. 327-328.
72. Ibidem, p. 328.
73. Ibidem, p. 335.

O direito brasileiro, conforme visto alhures, autoriza a propositura de ações judiciais coletivas com vistas à reparação de danos morais individuais, sempre que decorrentes da lesão a interesses individuais homogêneos, quais sejam, aqueles "decorrentes de origem comum" (CDC, art. 81, III).

Sobre isso, relevante a lição de Kazuo Watanabe:

> origem comum não significa, necessariamente, uma unidade factual e temporal. As vítimas de uma publicidade enganosa veiculada por vários órgãos de imprensa e em repetidos dias ou de um produto nocivo à saúde adquirido por vários consumidores num largo espaço de tempo e em várias regiões têm, como causa de seus danos, fatos com homogeneidade tal que os tornam a origem comum de todos eles.[74]

Todos esses danos estão englobados no regime da LGPD, que faz remissão à disciplina processual das ações coletivas para a legislação pertinente. Não havendo no Brasil lei que regule de maneira geral as ações coletivas, tal papel vem sendo desempenhado pela Lei da Ação Civil Pública (Lei 7.347/1985) e pelo próprio Código de Defesa do Consumidor, que devem servir de base ao intérprete do assunto.[75]

> Há que se apontar [...] o Código de Defesa do Consumidor como antecedente de regra positivada no ordenamento jurídico brasileiro que dispõe sobre a segurança. Consoante determinação expressa do art. 4º do CDC, é um dos objetivos da Política Nacional das Relações de Consumo a segurança do consumidor. Todo consumidor tem, assim, um direito básico à segurança de acordo com esse diploma legal. Sabe-se que a marca da proteção do consumidor é sua presunção de vulnerabilidade. Ocorre que, diante das frequentes situações de coleta de dados pessoais nas mais variadas atividades informáticas [...] o consumidor/usuário fica alheio aos detalhes técnicos envolvidos em tais atividades. A ele só resta confiar.[76] [...] sustenta-se não meramente a vulnerabilidade do consumidor, mas até mesmo sua hipervulnerabilidade, o que faz com que a informação a ser dada pelos fornecedores seja mais ampla e especializada, sobretudo acerca dos riscos envolvidos. Tal consideração é reforçada pelo Marco Civil da Internet (MCI) – Lei 12.965/2014 –, que prevê em seu art. 7º, VI, a necessidade do fornecimento de "informações claras e completas" acerca do regime de proteção dos registros de conexão e acesso a aplicações.[77]

Ainda, nesse contexto, não raramente, o fornecedor dá instruções de uso de seus produtos ou serviços, com vistas a evitar comportamentos descuidados por parte do consumidor. Consequentemente, em situações de descumprimento de orientações por parte do consumidor, estamos diante do instituto da culpa exclusiva da vítima. É um dever de cuidado que deve ser observado pelo próprio consumidor.[78]

---

74. WATANABE, Kazuo. *Código Brasileiro de Defesa do Consumidor comentado pelos autores do Anteprojeto*. Rio de Janeiro: Forense, 2001. p. 745.
75. SCHREIBER, Anderson. Responsabilidade civil na Lei Geral de Proteção de Dados Pessoais. In: DONEDA, Danilo et al. *Tratado de proteção de dados pessoais*. Rio de Janeiro: Forense, 2021. p. 336.
76. LORENZETTI, Ricardo Luis. *Consumidores*. Buenos Aires: Rubinzal y Asociados, 2003. p. 62-63. "No se trata de un problema de negligencia, sino de una necesidad: se tuviera que verificar razonablemente cada acto, sería imposible vivir, y los costos de transacción serían altíssimos".
77. MENKE, Fabiano. GOULART, Guilherme Damasio. Segurança da informação e vazamento de dados. In: DONEDA, Danilo et al. *Tratado de proteção de dados pessoais*. Rio de Janeiro: Forense, 2021, p. 340-341.
78. Ibidem, p. 341. Em rodapé, os autores destacam: "Sem que isso signifique, por óbvio, a transferência do risco da atividade do fornecedor para o consumidor, o que não é admitido".

Despiciendo destacar o papel da boa-fé objetiva. Nota-se, nesse ínterim, que este princípio tem cada vez mais sido localizado também no território da matéria da proteção de dados.[79]

A boa-fé objetiva aparece no art. 4º, III, do CDC e também no *caput* do art. 6º da LGPD, dispositivo que elenca os princípios de proteção de dados no Brasil. Importante recordar também a importância do Código Civil para delimitar as funções da boa-fé objetiva,[80] ao utilizá-la como apoio de verificação de licitude, conforme o art. 187, cânone de interpretação, bem como o art. 113 e a cláusula geral dos contratos, no art. 422. Ademais, a boa-fé também gera deveres, principalmente com a consideração dos famosos deveres anexos e de proteção.[81]

> O mercado promete oferecer ao consumidor a melhor técnica e a confiança que é forjada dessa promessa, posta na publicidade e no constante e reiterado estímulo para que se utilize cada vez mais de tais meios, impõe a respectiva obrigação de proteger o consumidor contra os riscos derivados do uso da tecnologia.[82]

Assim como Schreiber, Fabiano Menke alerta para a necessidade da realização de interpretação sistemática, com vistas a integrar os diplomas legais nas relações de tratamento de dados pessoais, mormente pela previsão expressa na LGPD da consideração do regime de responsabilidade previsto no CDC, conforme o art. 45 daquela legislação.

> O intérprete também deverá levar em consideração as disposições do MCI, a saber, acerca do dever de informar sobre as práticas de segurança utilizadas na provisão de serviços, conforme o §4º do art. 10, e também o dever de armazenar registros de conexão e do acesso a aplicações de maneira segura [...], conforme a disposição dos arts. 13 e 15 do MCI, além dos direitos e garantias do seu art. 7º.[83]

Recorda-se situação não muito pretérita em que o Banco Inter firmou acordo com o MPDFT em sede de ação civil pública, levando ao pagamento de multa de R$ 1,5 milhão em situação de vazamento de dados de mais de 19 mil clientes.[84]

---

79. Ibidem, p. 342.
80. Importante destacar ressalva feita por Fabiano Menke em outro estudo, *verbis*: "Há que se ter cuidado, na concreção da boa-fé, para que não se cometa o exagero de se valer dessa cláusula geral como um coringa que desempenhe a função de 'salvar', em qualquer situação, a parte que descumpra seus deveres, que eventualmente tenha feito um mal negócio ou que pretenda dela se valer sem maiores fundamentos concretos e robustos que demonstrem a sua violação" MENKE, Fabiano. Comentário aos artigos 104 a 185 do Código Civil. In: NANNI, Giovanni Ettore (Org.). *Comentários ao Código Civil*: direito privado contemporâneo. São Paulo: Saraiva, 2019. v. 1. p. 198.
81. Idem.
82. BRANCO, Gerson Luiz Carlos. A proteção das expectativas legítimas derivadas das situações de confiança: elementos formadores do princípio da confiança e seus efeitos. *Revista de Direito Privado*, São Paulo, n. 12, out.-dez. 2002. p. 201.
83. MENKE, Fabiano. GOULART, Guilherme Damasio. Segurança da informação e vazamento de dados. In: DONEDA, Danilo et al. *Tratado de proteção de dados pessoais*. Rio de Janeiro: Forense, 2021. p. 343-344.
84. Ibidem, p. 353.

Todo vazamento é capaz de causar danos extrapatrimoniais advindos da sensação de medo e receio de divulgação ou, até mesmo, em caso de dados pessoais sensíveis, uma violação da privacidade e intimidade dos titulares. Pode, também, haver danos patrimoniais quando terceiros de má-fé fazem uso dos dados para cometer as mais variadas fraudes, no que se costuma chamar de *identity theft*.[85]

Ademais, o §3º do art. 48 preconiza que "será avaliada eventual comprovação de que foram adotadas medidas técnicas adequadas que tornem os dados pessoais afetados ininteligíveis, no âmbito e nos limites técnicos de seus serviços, para terceiros não autorizados a acessá-los".

Assim, a ANPD pode impor sanções administrativas conforme a gravidade da infração. Destacamos que o art. 52 fala de infrações de maneira genérica, sem diferenciá-las. Dessa maneira, o artigo cobre tanto uma infração como desvio de finalidade na atividade de tratamento, quanto uma infração mais grave, como vazamentos.[86]

Trazendo a discussão para o âmbito do dano moral coletivo, o jovem pesquisador Vinicius Marra nos recorda que

> Como pressuposto fático para a requisição do dano moral coletivo, é necessário considerar a categoria dos interesses subjetivos os quais se solicita tutela judicial, podendo ser: a) coletivos em sentido estrito, b) difusos ou c) individuais homogêneos; merecendo, se coletivos, a tutela coletiva por parte do Estado, no bojo da Ação Civil Pública, diploma popularmente chamado de forma homônima, lei 7.347.[87]

O interesse na segurança dos dados pessoais do titular advém de uma relação dentre os titulares que produz coesão entre o grupo de tais consumidores que se consolida por estar sob a égide do mesmo contrato que contém os termos de uso e a política de proteção de dados de qualquer serviço, que levou os usuários a passar a figurar uma coletividade que consome os mesmos serviços. Estamos, pois, diante de, interesse coletivo em sentido estrito na segurança e no tratamento responsável dos dados dos usuários, em estrita observância de todas as regras técnicas com vistas à prevenção de vazamentos e consequentes utilizações indevidas por parte de terceiros de má-fé.[88]

6. CONCLUSÃO

Por todo o exposto, já à giza de conclusão, podemos compreender que a LGPD, claramente, possibilitou a indenização de danos morais coletivos. Porém, a legislação não explica de maneira clara como se deve realizar essa indenização.

---

85. Ibidem, p. 354.
86. Ibidem, p. 355.
87. MARRA, Vinicius Rezende. Dano moral coletivo por vazamento de dados em redes sociais. In: LONGHI, João Victor Rozatti; FALEIROS JÚNIOR, José Luiz de Moura (Coords.). *Estudos essenciais de direito digital*. Uberlândia: LAECC, 2019. p. 431.
88. Ibidem, p. 432.

Portanto, é necessária a aplicação de outros dispositivos e, também, de doutrinas acerca de outros dispositivos para que possa compreender a forma de processamento dessas indenizações.

Dessa maneira, deve-se aplicar o CDC e a LACP com vistas ao *disgorgement* e à aplicação da função punitiva da responsabilidade civil, por meio da ação civil pública, ajuizada por qualquer um dos colegitimados, recuperando-se o lucro ilícito, indenizando-se as vítimas e, ainda possibilitando a aplicação da pena civil nos casos de violação ao direito fundamental à proteção de dados de uma coletividade.

7. REFERÊNCIAS BIBLIOGRÁFICAS

BASAN, Arthur Pinheiro. *Publicidade digital e proteção de dados pessoais.* Indaiatuba: Foco, 2021.

BIANCA, Massimo. *Diritto civile, V:* La responsabilità. Milano: Giuffrè, 2011.

BOBBIO, Norberto. Des critères pour résoudre les antinomies. In: PERELMAN, Chaïm (Coord.). *Les antinomies en Droit.* Bruxelas: Bruylant, 1965.

BOBBIO, Norberto. *Teoria do ordenamento jurídico.* São Paulo: UnB, 1990.

BONAVIDES, Paulo. *Do Estado liberal ao Estado social.* 7. ed. São Paulo: Malheiros, 2008.

BRAGA NETTO, Felipe Peixoto; FARIAS, Cristiano Chaves de; ROSENVALD, Nelson. *Curso de Direito Civil,* v. 3. Salvador: JusPodivm, 2014.

BRANCO, Gerson Luiz Carlos. A proteção das expectativas legítimas derivadas das situações de confiança: elementos formadores do princípio da confiança e seus efeitos. *Revista de Direito Privado,* São Paulo, n. 12, p. 169-225, out.-dez. 2002.

CANARIS, Claus-Wilhelm. *Pensamento sistemático e conceito de sistema na ciência do direito.* Trad. Antônio Manuel da Rocha. Lisboa: Calouste Gulbenkian, 1989.

CARVALHO, Ana Paula Gambogi. O consumidor e o direito à autodeterminação informacional. *Revista de Direito do Consumidor,* n. 46, p. 77-119, abr.-jun. 2003.

CATE, Fred H.; MAYER-SCHÖNBERGER, Viktor. Notice and consent in a world of Big Data. *International Data Privacy Law,* v. 3, n. 2, p. 67, 2013.

CUEVA, Ricardo Villas Bôas. A proteção de dados pessoais na jurisprudência do Superior Tribunal de Justiça. In: TEPEDINO, Gustavo; FRAZÃO, Ana; OLIVA, Milena Donato (coord.). Lei geral de proteção de dados pessoais e suas repercussões no direito brasileiro. São Paulo: Ed. RT, 2019.

DONEDA, Danilo. Panorama histórico da proteção de dados pessoais. In: DONEDA, Danilo et al. (Coord.). *Tratado de proteção de dados pessoais.* Rio de Janeiro: Forense, 2021.

FORTES, Pedro Rubim Borges; OLIVEIRA, Pedro Farias. A quantificação do dano moral coletivo. In: ROSENVALD, Nelson; TEIXEIRA NETO, Felipe (Orgs.). *Dano moral coletivo.* Indaiatuba: Foco, 2019.

FROSINI, Vittorio. La protezione dela riservatezza nella società informatica. *Informatica e Diritto,* fascículo 1°, p. 9-10, jan.-abr. 1981.

GALGANO, Francesco. *Diritto Privato.* Padova: CEDAM, 2006.

GOMES, Orlando. Tendências modernas na Teoria da Responsabilidade Civil. In: DI FRANCESCO, José Roberto Pacheco. *Estudos em Homenagem ao Professor Silvio Rodrigues.* São Paulo: Saraiva, 1989.

LORENZETTI, Ricardo Luis. *Consumidores.* Buenos Aires: Rubinzal y Associados, 2003.

LUHMANN, Niklas. *Sociologia do Direito I.* Trad. Gustavo Baye. Rio de Janeiro: Edições Tempo Brasileiro, 1993.

MARQUES, Claudia Lima. Contratos de time-sharing e proteção do consumidor. *Revista de Direito do Consumidor*, 22.

MARQUES, Claudia Lima. Superação das antinomias pelo diálogo das fontes: o modelo brasileiro de coexistência entre o Código de Defesa do Consumidor e o Código Civil de 2002. *Revista de Direito do Consumidor*, n. 51, jul./set. 2004.

MARRA, Vinicius Rezende. Dano moral coletivo por vazamento de dados em redes sociais. In: LONGHI, João Victor Rozatti; FALEIROS JÚNIOR, José Luiz de Moura (Coords.). *Estudos essenciais de direito digital*. Uberlândia: LAECC, 2019.

MAXIMILIANO, Carlos. *Hermenêutica e aplicação do direito*. 2. ed. Rio de Janeiro: Forense, 2011.

MCDONALD, Allecia M.; CRANOR, Lorrie Faith. The cost of reading privacy policies. *Journal of Law and Policy for the Information Society*, v. 4, p. 543-568, 2008.

MELLO, Marcos Bernardes de. *Teoria do fato jurídico*: plano da existência. São Paulo: Saraiva, 2005.

MENDES, Laura Schertel. *Privacidade, proteção de dados e defesa do consumidor*: linhas gerais de um novo direito fundamental. São Paulo: Saraiva, 2014.

MENDES, Laura Schertel; FONSECA, Gabriel Campos Soares da. Proteção de dados para além do consentimento: tendências de materialização. In: DONEDA, Danilo et al. (Coord.). *Tratado de proteção de dados pessoais*. Rio de Janeiro: Forense, 2021.

MENKE, Fabiano. Comentário aos artigos 104 a 185 do Código Civil. In: NANNI, Giovanni Ettore (Org.). *Comentários ao Código Civil*: direito privado contemporâneo. São Paulo: Saraiva, 2019.

MENKE, Fabiano. GOULART, Guilherme Damasio. Segurança da informação e vazamento de dados. In: DONEDA, Danilo et al. *Tratado de proteção de dados pessoais*. Rio de Janeiro: Forense, 2021.

MONTENEGRO, Antonio Lindbergh. *Ressarcimento de danos*. Rio de Janeiro: Lumen Juris, 2009.

PASQUALE, Frank. *The black box society*. The secret algorithms that control money and information. Cambridge: Harvard University Press, 2015.

PERLINGIERI, Pietro. *O direito civil na legalidade constitucional*. Trad. de Maria Cristina de Cicco. Rio de Janeiro: Renovar, 1999.

ROSENVALD, Nelson. *A responsabilidade civil pelo ilícito lucrativo*. O *disgorgement* e a indenização restitutória. Salvador: JusPodivm, 2019.

ROSENVALD, Nelson. O dano moral coletivo como uma pena civil. In: ROSENVALD, Nelson; TEIXEIRA NETO, Felipe (Org.). *Dano moral coletivo*. Indaiatuba: Foco, 2018.

ROTH, Alvin E. *Como funcionam os mercados*. A nova economia das combinações e do desenho de mercado. Trad. Isa Mara Lando e Mauro Lando. São Paulo: Portfolio-Penguin, 2016.

SANTOS, Eduardo Rodrigues dos. *Direitos fundamentais atípicos*: uma análise da cláusula de abertura do art. 5º, § 2º, da CF/88. Salvador: JusPodivm, 2017.

SARLET, Ingo Wolfgang. Fundamentos constitucionais: o direito fundamental à proteção de dados. In: DONEDA, Danilo et al. (Coord.) *Tratado de proteção de dados pessoais*. Rio de Janeiro: Forense, 2021.

SCHREIBER, Anderson. *Novos paradigmas da responsabilidade civil*: da erosão dos filtros da reparação à diluição dos danos. 5. ed. São Paulo: Atlas, 2013.

SCHREIBER, Anderson. Responsabilidade civil na Lei Geral de Proteção de Dados Pessoais. In: DONEDA, Danilo et al. *Tratado de proteção de dados pessoais*. Rio de Janeiro: Forense, 2021.

SILVA, Rafael Peteffi da. *Responsabilidade civil pela perda de uma chance*. São Paulo: Atlas, 2007.

TEIXEIRA NETO, Felipe. *Dano moral coletivo*. Curitiba: Juruá, 2014.

VENTURI, Elton; VENTURI, Thaís Pascoalotto. O dano moral em suas dimensões coletiva e acidentalmente coletiva. In: ROSENVALD, Nelson; TEIXEIRA NETO, Felipe. *Dano moral coletivo*. Indaiatuba: Foco, 2019.

WATANABE, Kazuo. *Código Brasileiro de Defesa do Consumidor comentado pelos autores do Anteprojeto*. Rio de Janeiro: Forense, 2001.

WIEHWEG, Theodor. *Tópica e jurisprudência*. Trad. Tércio Sampaio Ferraz Júnior. Brasília: Departamento de Imprensa Nacional, MJ-UnB, 1979.

A INTELIGÊNCIA ARTIFICIAL APLICADA AO *MARKETING* E A LEI GERAL DE PROTEÇÃO DE DADOS (LGPD): PERSPECTIVAS SOBRE A RESPONSABILIDADE CIVIL NO TRATAMENTO DE DADOS PESSOAIS PARA DELINEAMENTO DO PERFIL DO CONSUMIDOR

Sabrina Jiukoski da Silva

Doutoranda e mestra em Direito pelo Programa de Pós-Graduação em Direito da Universidade Federal de Santa Catarina (UFSC). Professora Substituta de Direito Civil da Universidade Federal do Rio de Janeiro (UFRJ). Bolsista CNPq. Membro do Grupo de Pesquisa de Direito Civil Contemporâneo e do Instituto Brasileiro de Estudos de Responsabilidade Civil (IBERC).

Thatiane Cristina Fontão Pires

Doutoranda e mestra em Direito pelo Programa de Pós-Graduação em Direito da Universidade Federal de Santa Catarina (UFSC). LL.M. em andamento na Universidade de Maastricht (Holland-High Potential Scholarship). Membro do Grupo de Pesquisa de Direito Civil Contemporâneo.

Sumário: 1. Introdução – 2. A inteligência artificial aplicada às estratégias de *marketing* e o processo de perfilização – 3. LGPD e a responsabilidade civil do uso de aplicação de inteligência artificial no delineamento do perfil do consumidor – 4. Considerações finais – 5. Referências bibliográficas.

1. INTRODUÇÃO

O avanço tecnológico mudou significativamente o hábito de compra dos consumidores. Pouco tempo atrás, era necessário dirigir-se às lojas físicas para a aquisição de bens e serviços. Para tanto, as possíveis influências externas para o ato de consumo eram propagandas realizadas nas mídias tradicionais. Na contemporaneidade, porém, o consumidor sequer precisa sair de casa para adquirir um produto ou serviço e, antes de tudo, utiliza-se de plataformas de busca, como *Google*, para pesquisar qual fornecedor tem o produto ou serviço mais indicado para as suas necessidades. Não satisfeito, consulta redes sociais, como *YouTube*, *Instagram* ou *Facebook*, para saber a opinião de outros consumidores, blogueiros e famosos acerca do produto escolhido para, então, tomar sua decisão.

Se na era pré-internet o obstáculo comercial era físico, diante da necessidade de aproximação entre os consumidores e os fornecedores, atualmente, todos os serviços, produtos e outros bens da informação podem ser acessados virtualmente.

Nesse contexto, conforme Pedro Domingos, a dificuldade comercial passou a ser a previsão dos "cliques".[1]

Por conseguinte, as estratégias de *marketing* também passaram por uma mudança de paradigma. O foco empresarial migrou das mídias tradicionais para o ambiente virtual e passou a ser, sobretudo, o perfil comportamental do consumidor.[2] Entender o público-alvo, as características demográficas, o comportamento econômico para expandir as vendas, refinar produtos e preços, padronizar entregas e fornecer o *link* perfeito para cada tipo de usuário são, hoje, objetivos prementes do *marketing*, o que só se torna possível com o auxílio dos algoritmos[3] de Inteligência Artificial (IA).

Notável é o progresso proporcionado pelos algoritmos de IA ao *marketing* empresarial, posto que, em maior ou menor grau, essa tecnologia possibilita que programas de computador, em tempo real e em larga escala, por si próprios, passem a definir comportamentos humanos individuais ou de grupo – com base na análise do grande volume de dados pessoais deixados pelos usuários-consumidores no ambiente virtual – e direcionar campanhas publicitárias em conformidade com os dados tratados, atingindo resultados que seus criadores não eram capazes de alcançar.[4]

Esses sistemas são, hoje, classificados como semiautônomos, na medida que ainda possuem supervisão direta de seus programadores. Todavia, os sistemas de IA, sejam eles supervisionados ou não, têm o potencial de operar e decidir de forma verdadeiramente autônoma, ou seja, sem o aval ou, até mesmo, o conhecimento de seus programadores. E essas ações independentes dos sistemas de IA trazem novos desafios jurídicos e, portanto, demandam soluções de forma premente.[5]

---

1. DOMINGOS, Pedro. *O algoritmo mestre*. Trad. Aldir José Coelho Corrêa da Silva. São Paulo: Novatec, 2017, p. 34.
2. TORRES, Cláudio. *A bíblia do marketing digital:* tudo o que você precisa saber sobre marketing e publicidade na internet e não tinha a quem perguntar. 2. ed. São Paulo: Novatec, 2019. Cumpre consignar que o *marketing* engloba todas as composições criativas para se alcançar clientes e vendas, como infere-se: "[...] quando falamos em *marketing*, não se iluda, estamos falando também de vendas, de atrair novos clientes, de fidelizar os atuais, enfim, de fazer negócios. Como algumas empresas dividem as áreas de *marketing* e vendas em dois departamentos, muitas pessoas acabam criando a ideia equivocada de que são duas coisas distintas. Na verdade, vendas é parte do *marketing*. É um de seus resultados, mas não o único. Vender com rentabilidade, fidelizar clientes, expandindo o negócio e valorizando a marca no mercado, essa é uma das funções do *marketing*." (TORRES, 2019, p. 65).
3. Em síntese, "um algoritmo é uma sequência de instruções que informa ao computador o que ele deve fazer" (DOMINGOS, 2017, p. 24).
4. A exemplo, *Netflix, Amazon Prime* e *Disney+* utilizam algoritmos de IA para analisar dados como avaliações de filmes, compartilhamento nas redes sociais e histórico de filmes assistidos nas plataformas, para recomendar novos títulos aos assinantes, assim como entender por que as pessoas são emocionalmente atraídas por alguns conteúdos e por outros não (MACIEL, Rui. *Serviços como Netflix querem usar a IA para criar uma conexão emocional com você*, 2019). As redes varejistas, como *Renner* e *Target*, estão utilizando os algoritmos de IA para analisar o hábito de compra dos consumidores e tornar mais personalizada a venda de produtos em suas lojas (LOTUFO, Érico. *Com inteligência artificial, Renner quer "prever" venda de produtos*, 2020; e TARGET: *entenda como a loja monitora o comportamento do consumidor*, 2020).
5. Para ilustrar, esse receio de lacunas de responsabilidade é uma das razões que levaram o Parlamento Europeu a aprovar, em 20 de outubro de 2020, uma resolução que inclui uma "Proposta de Regulamento do Parlamento Europeu e do Conselho sobre a responsabilidade pelo funcionamento de Sistemas de inteligência artificial". Essa proposta coloca mais pressão sobre a Comissão, que, com base no relatório apresentado pelo

Dentre as áreas sensíveis ao avanço tecnológico da IA, situa-se, notadamente, a prática de identificação de perfis comportamentais do consumidor, usualmente denominada pela expressão inglesa *profiling*,[6] uma vez que as suas consequências negativas (danos) causadas aos mais diversos usuários-consumidores podem ser potencializadas, ainda mais, através do uso de aplicações de IA. Nesse contexto, o presente estudo tem como objetivo introduzir o problema da imputação de responsabilidade por danos causados pelas aplicações de Inteligência Artificial no delineamento do perfil comportamental do consumidor (perfilização), trazendo perspectivas da atual Lei Geral de Proteção de Dados (LGPD).

Para tanto, na primeira parte, é apresentado o conceito de IA, as suas principais características, notadamente a falta de limites em relação aos resultados que ela pode alcançar, bem como as estratégias de *marketing* que estão sendo delineadas com sua aplicação e os riscos e danos vivenciados pelos consumidores diante da perfilização.

Na segunda parte do artigo, a partir da caracterização do processo de perfilização como tratamento de dados pessoais, passa-se à análise dos pressupostos da responsabilidade civil previstos na LGPD em face do tratamento irregular de dados, introduzindo os principais debates doutrinários acerca da matéria, bem como aspectos-chave da normativa aplicáveis ao delineamento do perfil do consumidor, em abordagem comparada com o regulamento análogo europeu (Regulamento Geral de Proteção de Dados – RGPD).

2. A INTELIGÊNCIA ARTIFICIAL APLICADA ÀS ESTRATÉGIAS DE *MARKETING* E O PROCESSO DE PERFILIZAÇÃO

A programação de computadores, por muito tempo, resumiu-se ao processo de descrever as etapas necessárias para que uma máquina realizasse determinada tarefa e alcançasse um objetivo previamente determinado. A habilidade de acumular e aprender a partir de experiências, utilizando-se do aprendizado daí extraído, assim como a capacidade de agir de forma independente e tomar decisões de modo autônomo sempre foram características associadas à inteligência humana.[7]

Grupo de Peritos em Responsabilidade e Novas Tecnologias – Formação de Novas Tecnologias (EG-NTF), publicou um relatório sobre as implicações de segurança e responsabilidade de IA, Internet das Coisas (Internet of Things – IoT) e robótica em fevereiro de 2020 e vem trabalhando em propostas legislativas há algum tempo. A propósito, cf. WENDEHORST, Christiane. Strict Liability for AI and other Emerging Technologies. *Journal of European Tort Law*, v. 11, n. 2, 2020. p. 150-180.

6. Rafael Zanatta pontua que "No dicionário de língua inglesa, *profiling* (expressão inglesa de perfilização) significa "o ato ou processo de extrapolar informação sobre uma pessoa baseado em traços ou tendências conhecidas". Na tradição da ciência da informação anglo-saxônica, a perfilização se refere ao processo de construção e aplicação de um perfil de usuário (*user profile*) gerado por análises de dados computadorizadas". (ZANATTA, Rafael. *Perfilização, Discriminação e direitos*: do Código de Defesa do Consumidor à Lei Geral de Proteção de Dados Pessoais. 2019. p. 04-05).

7. PIRES, Thatiane Cristina Fontão; PETEFFI DA SILVA, Rafael. A responsabilidade civil pelos atos autônomos da inteligência artificial: notas iniciais sobre a resolução do Parlamento Europeu. *Revista Brasileira de Políticas Públicas*, Brasília, v. 7, n. 3, 2017. p. 238-254.

O desenvolvimento da inteligência artificial (IA), no entanto, promoveu uma verdadeira revolução nesse sentido, uma vez que possibilitou a mimetização da maneira como o cérebro humano funciona – e, consequentemente, da forma como os seres humanos aprendem e se comportam –, por meio de algoritmos aplicados em programas de computador. Isso permitiu que as máquinas passassem a aprender com as próprias experiências e a executar, com maior ou menor grau de autonomia, tarefas semelhantes às humanas.[8]

Desse modo, os algoritmos de IA se distanciaram dos algoritmos tradicionais de computação, por possuírem capacidade de atuar de forma autônoma, a partir de experiências acumuladas, extraindo conhecimento e tomando decisões independentemente de seus criadores.[9] Assim como os humanos, portanto, as soluções de IA podem aplicar regras, aprender a partir de novos dados e informações e se adaptar às mudanças em seu ambiente.[10]

Klaus Schwab sinaliza que os sistemas de IA estão sendo responsáveis por progressos impressionantes na última década, impulsionados tanto pelo aumento exponencial da capacidade de processamento, quanto pela disponibilidade de grandes quantidades de dados pessoais.[11] Muitos algoritmos de IA aprendem a partir de rastros de dados que os seres humanos deixam no ambiente digital e, mediante a análise de tais informações, apresentam sugestões, automatizando processos de decisão. Isso facilita e torna mais ágeis as conclusões empresariais com base em dados ou em experiências vividas.[12]

Dito de outro modo, à medida que os seres humanos passaram a estar conectados diariamente ao ambiente virtual – dependendo cada vez mais de seus *smartphones*, computadores e assistentes virtuais –, o volume, a velocidade e a variedade de dados pessoais deixados no ambiente virtual cresceram significativamente e, com isso, as empresas visualizaram uma grande oportunidade de melhoramento de seu *core business*.[13]

Mas esse melhoramento, grande parte através de estratégias de *marketing*, só é possível com a criação de bancos de dados específicos e de ferramentas cognitivas artificiais. Daí por que o progressivo interesse empresarial nos sistemas de IA, em seu

---

8. DUAN, Y.; EDWARDS, J. S.; DWIVEDI, Y. K.. Artificial intelligence for decision making in the era of big data – evolution, challenges and research agenda. *International Journal of Information Management*, 48, 2019. p. 63-71.

9. PIRES; PETEFFI DA SILVA, 2017.

10. CANHOTO, Ana Isabel; CLEAR, Fintan. Artificial intelligence and machine learning as business tools: A framework for diagnosing value destruction potential. *Business Horizons*, n. 63, p. 183-193, 2020.

11. Os incisos I e II do artigo 5º da LGPD definem, respectivamente, dados pessoas como "informação relacionada a pessoa natural identificada ou identificável" e dados pessoais sensíveis como "dado pessoal sobre origem racial ou étnica, convicção religiosa, opinião política, filiação a sindicato ou a organização de caráter religioso, filosófico ou político, dado referente à saúde ou à vida sexual, dado genético ou biométrico, quando vinculado a uma pessoa natural".

12. SCHWAB, Klaus. *A Quarta Revolução Industrial*. Trad. Daniel Moreira. São Paulo: Edipro, 2016.

13. Diz respeito à principal atividade de uma companhia.

subcampo do *machine learning*,[14] que é responsável, propriamente, pela habilidade de realizar o cruzamento de dados e extrair deles conhecimento de forma autônoma.

Pedro Domingos[15] pontua que as empresas passam por três estágios de crescimento na contemporaneidade e, ao final, necessitam do auxílio do *machine learning* para permanecerem no mercado de consumo, visto que esses algoritmos de aprendizagem fazem o papel de conciliadores, unindo fornecedores e consumidores.

Na primeira fase, as empresas fazem tudo manualmente. Ou seja, os proprietários conhecem pessoalmente seus clientes e encontram ou recomendam produtos ou serviços caso a caso. Com o crescimento da empresa, porém, isso já não é possível, e uma segunda fase se inicia. Trata-se da fase em que a empresa se depara com a necessidade de usar programas de computador. São necessários, então, programadores, consultores e gerentes de bancos de dados, e milhões de linhas de código são escritas para automatizar aquelas funções empresariais que, logicamente, podem ser automatizadas. Dessa forma, um número muito maior de consumidores é atendido, porém, de forma não personalizada, pois decisões são tomadas de acordo com categorias demográficas elementares, e os programas de computador empregados são rígidos demais para satisfazer a infinita versatilidade humana. Após um determinado ponto, não são encontrados programadores e consultores suficientes para fazer tudo que é necessário, momento em que a empresa passa a adotar o *machine learning*.[16]

Para tanto, os sistemas de IA possuem três componentes básicos de funcionamento. O primeiro deles é, justamente, os dados de entrada (*in-put*), ainda que não estruturados, como imagens, falas e conversas. O segundo componente é composto por algoritmos de *machine learning*, responsáveis pelo processamento dos dados de entrada. Tais algoritmos podem ser: (i) supervisionados[17] (quando recebem de seus programadores um modelo rotulado para que possam aprender o padrão e, a partir

---

14. Em tradução livre, literalmente, aprendizagem de máquina. Isso significa que, quando um problema é dado para a IA resolver, os seus desenvolvedores não fornecem um algoritmo específico que descreve o passo a passo para alcançar a solução. Pelo contrário, é fornecida apenas uma descrição do problema em si, o que permite à IA construir o caminho para chegar a uma solução, ou seja, a tarefa da IA é buscar por uma solução através do seu próprio aprendizado. A propósito: POOLE, David; MACKWORTH, Alan. *Artificial Intelligence*: Foundations of Computational Agents. Cambridge (UK): Cambridge University Press, 2010.

15. DOMINGOS, 2017.

16. A título de exemplo, sem *machine learning*, *Amazon* precisaria codificar, precisamente, os gastos de todos os seus clientes em um programa de computador, assim como *Facebook* teria que escrever um programa que selecionasse as melhores atualizações a serem exibidas para cada usuário; por sua vez, *Walmart*, que vende milhões de produtos, precisaria tomar bilhões de decisões complexas todos os dias. Desse modo, as empresas aplicam algoritmos de aprendizagem às montanhas de dados pessoais acumulados e deixam que eles, por si próprios, rompam a sobrecarga de informações e apontem o que os consumidores buscam ou querem adquirir naquele determinado momento (DOMINGOS, 2017).

17. Importante sinalizar, desde logo, que mesmo o processo de *machine learning* supervisionado, em que a função do algoritmo é inferida a partir de pares de dados de entrada e de saída rotulados, deve permitir que o algoritmo determine corretamente os rótulos (*labels*) para instâncias não previstas. Assim, diversas são as razões do porquê o algoritmo resultante possa vir a se comportar, posteriormente, de maneira imprevisível, notadamente erros no processo de rotulagem (*labelling*). Cf. WENDEHORST, 2020.

dele, executar tarefas e desenvolver regras a serem aplicadas); (ii) não supervisionados (quando recebem apenas um conjunto de dados de treinamento com entradas sem rótulos e a tarefa do algoritmo é encontrar a melhor maneira de agrupar os pontos de dados e estabelecer como eles podem estar relacionados); e, por fim, (iii) de reforço (quando recebem um conjunto de dados de treinamento e uma meta a ser alcançada, sendo sua obrigação encontrar a melhor combinação de ações para alcançar essa meta). O terceiro, e último, componente da IA é, pois, a decisão resultante desse processo algoritmo ou uma seleção de resultados para ações humanas futuras, isto é, para a tomada de decisão empresarial futura.[18]

Os algoritmos de aprendizagem no *marketing* normalmente recebem dados e uma meta a ser alcançada. Assim sendo, classificam-se como não supervisionados e são utilizados para garantir resultados considerados mais assertivos na tomada de decisão.[19][20] São, ainda, projetados e utilizados tanto em decisões estratégicas, quanto em decisões táticas e operacionais. Dentre essas, destacam-se, essencialmente, a otimização automática de campanhas, a identificação de perfis comportamentais de consumidores – individuais ou em grupos –, prevendo tanto comportamentos de compra futuras, quanto estratégias para obter um maior número de consumidores e padronização de preços.

Como exemplo típico de aplicação de IA ao *marketing*, Thomas Davenport *et al.* elenca a otimização de preços, visto que o preço de um produto ou serviço deve ser baixo o suficiente para atrair clientes, mas alto o suficiente para permitir que a empresa obtenha lucros. Outro uso, consequentemente, está na identificação do perfil dos clientes: os altamente propensos a comprar, os muito improváveis de comprar e, por fim, aqueles intermediários. Depois disso, é possível direcionar a publicidade aos clientes intermediários, pois, via de regra, são os consumidores que podem fornecer os maiores retornos financeiros.[21]

Em outros casos, ainda, os sistemas de IA chegam a iniciar conversas por mensagens instantâneas ou chamadas telefônicas com potenciais clientes e, em seguida, os direcionam para um vendedor (humano). Do mesmo modo, entregam produtos sem que os consumidores se envolvam no processo de escolha e compra propriamente dito. Isto é, os clientes preenchem pesquisas de estilo e a IA avalia esses estilos, cria *links* e envia notas pessoais. O resumo dessas descobertas, após os cliques dos usuários, é encaminhado a estilistas de moda, que selecionam roupas adequadas com o perfil de cada consumidor e enviam os produtos selecionados. Outros sistemas de IA, por

---

18. CANHOTO; CLEAR, 2020.
19. CANHOTO; CLEAR, 2020.
20. Complementando, Duan, Edwards e Dwivedi enfatizam que "A nova onda de sistemas de IA tem melhorado a capacidade de usar dados para fazer previsões e tem reduzido, substancialmente, o custo de realizar tais previsões". No original: "The new wave of AI systems has improved an organisation's ability to use data to make predictions and has substantially reduced the cost of making predictions" (DUAN; EDWARDS; DWIVEDI, 2019, p. 63).
21. DAVENPORT, Thomas; GUHA, Abhijit; GREWAY, Dhruv; BRESSGOTT, Timna Bressgott. How artificial intelligence will change the future of marketing. *Journal of the Academy of Marketing Science*, n. 48, p. 24-42, 2020.

fim, incluem reconhecimento facial, varreduras biológicas, análises de estímulos (a exemplo do DNA e das temperaturas corporais).[22]

As possibilidades dos sistemas de IA no *marketing* são ilimitadas, contudo, como pontua Bruno Bioni, o ato de consumo está sendo modelado[23] e, mais do que isso, o direcionamento comportamental algorítmico e todas as ações daí decorrentes estão influenciando os consumidores, como também estão aumentando o controle sobre os usuários, ocasionando práticas discriminatórias e abusivas, além de causar danos às pessoas.

Dito de outra maneira, inúmeros são os dados sensíveis disponíveis no ambiente virtual – dados que revelem a origem racial ou étnica, o gênero, a preferência sexual, as opiniões políticas e as convicções religiosas – e a conectividade e a capacidade cognitiva da IA apresentam muitos desafios. Como enfatizam Canhoto e Clear, a IA pode se conectar a inúmeros ambientes externos, de modo que os dados coletados e verdadeiramente minerados serão desconhecidos por seus criadores, além de poderem vir a ser corrompidos, mostrarem-se incompletos ou enganosos. Os algoritmos de IA podem produzir resultados incompreensíveis para os seres humanos, o que os torna impossíveis de corrigir ou controlar, como quando os *bots*[24] de negociação de IA do *Facebook* desenvolveram sua própria linguagem. Ou ainda, podem apresentar limitações na conversão de recursos complexos em formatos binários e criar *loops*, tornando-se complexos para seus programadores.[25] Mais do que isso, nesse processo, a depender do conteúdo da amostra de dados tratada, podem vir a direcionar oportunidades, potencializar padrões negativos e fomentar publicidades abusivas.

Exemplos de ações discriminatórias e abusivas realizadas por algoritmos de inteligência artificial e que se tornaram conhecidas no Brasil são, respectivamente, o *geoblocking* e o *geopricing*. O primeiro trata de um conjunto de ações que impedem determinados consumidores, diante de suas origens geográficas, de acessar e comprar produtos ou serviços como, por exemplo, locação de veículos e reservas de hotéis que, por vezes, têm o preço alterado conforme a região do consumidor. O segundo trata da precificação diferenciada de produtos e serviços, também com base em origens geográficas. Ou seja, o preço de determinado produto ou serviço variará de acordo com a região que o consumidor está (que é identificada através do número do IP). Dessa forma, não apenas as experiências dos usuários serão diferentes, mas

---

22. DAVENPORT et al., 2020.
23. BIONI, Bruno Ricardo. *Proteção de dados pessoais*: a função e os limites do consentimento. Rio de Janeiro: Forense, 2019. p. 122.
24. *Bot*, diminutivo de *robot*, também conhecido como *Internet bot* ou *web robot*, é uma aplicação de *software* concebido para simular ações humanas repetidas vezes de maneira padrão, da mesma forma como faria um robô (KONGTHON, Alisa et al. Implementing an online help desk system based on conversational agent. *Proceedings of the International Conference on Management of Emergent Digital EcoSystems*, n. 69, 2009).
25. CANHOTO; CLEAR, 2020.

também as ofertas que serão feitas dependendo da região, riqueza, gênero, raça e idade dos consumidores.[26]

Com a introdução de sistemas de IA mais avançados, a probabilidade de danos deve aumentar. Isso porque é intrínseco à inteligência artificial: (a) o ímpeto de se auto aperfeiçoar; (b) o desejo de ser racional; (c) a busca pela preservação da utilidade das suas funções; (d) a prevenção da falsificação de seus resultados operacionais ou das suas propriedades funcionais; (e) o desejo de adquirir recursos e usá-los de forma eficiente.[27] Essas aspirações são, apenas, objetivos intermediários e convergentes que levam ao objetivo final para o qual a IA foi criada. Ao alcançar tais objetivos intermediários, visando atingir o objetivo final, a IA pode causar danos a terceiros.[28]

Como corolário lógico, essa propagação dos sistemas de IA no *marketing* empresarial permite a enunciação de uma série de questões jurídicas, principalmente no que tange à disciplina da responsabilidade civil. Os exemplos do *geoblocking* e o *geopricing* ilustram que a operação da IA e seus possíveis desdobramentos podem causar danos, assim como muitos outros em que os sistemas de IA podem tomar decisões independentes, sem transparência e, por vezes, não imaginadas por seus programadores.

3. LGPD E A RESPONSABILIDADE CIVIL DO USO DE APLICAÇÃO DE INTELIGÊNCIA ARTIFICIAL NO DELINEAMENTO DO PERFIL DO CONSUMIDOR

Ao se tratar da Inteligência Artificial (IA), duas das principais características novas que podem suscitar dúvidas acerca das noções de responsabilidade civil tradicionais são a autonomia e a opacidade. O termo autonomia refere-se, justamente, a essa certa falta de previsibilidade no que diz respeito à reação do *software* a circunstâncias não antecipadas. Trata-se, em particular, de situações em que a codificação do *software* ocorreu total ou parcialmente com a ajuda de *machine learning* – muito embora a noção de IA deva ser mais ampla e mais neutra do ponto de vista tecnológico –, tornando difícil prever como o *software* reagirá a cada situação específica no futuro.[29]

Embora o comportamento imprevisto em situações não antevistas pelo programador também possa ocorrer com o *software* de tipo tradicional, algoritmos criados com a ajuda de *machine learning* não podem ser facilmente analisados, especialmente

---

26. MARTINS, Guilherme Magalhães. *O geopricing e geoblocking e seus efeitos nas relações de consumo.* In: FRAZÃO, Ana; MULHOLLAND, Caitlin (Coords.) *Inteligência artificial e direito*: ética, regulação e responsabilidade. São Paulo: Thomson Reuters Brasil, 2019. p. 636-637.

27. MUEHLHAUSER, Luke; SALAMON, Anna. Intelligence explosion: evidence and import. In: EDEN, Amnon (Ed.) et al. *Singularity hypotheses*: a scientific and philosophical assessment. Heidelberg: Springer, 2012. p. 15-42.

28. PIRES; PETEFFI DA SILVA, 2017.

29. WENDEHORST, 2020.

quando métodos sofisticados de *deep learning*[30] foram empregados. Essa opacidade do código – chamado "efeito caixa-preta" (*black box effect*) – significa que não é fácil explicar por que a IA se comportou de uma maneira particular em uma dada situação. Tarefa ainda mais difícil seria rastrear esse comportamento de volta a qualquer ponto que pudesse ser chamado de "defeito" do código programado ou qualquer falha no processo de desenvolvimento.[31]

Nesse contexto, as propostas aos desafios impostos pela IA usualmente se dividem entre medidas de prevenção (*ex ante response*) ou de responsabilidade (*ex post response*). Uma abordagem puramente econômica – que tem sido a abordagem predominante, por exemplo, nos Estados Unidos da América – insiste que as medidas de prevenção devem ser tomadas apenas quando o custo geral dessas medidas ainda seja inferior ao custo geral do dano provável de ser causado. Se, porém, o custo das medidas preventivas excederia o custo total do dano provável, tais medidas não são necessárias, ou não deveriam ser tomadas, porque simplesmente deixar que o dano ocorra, compensando-se as vítimas posteriormente, seria mais eficiente.[32] Alguns iriam mais longe, dizendo que isso é verdade mesmo quando nenhuma compensação é concedida (fórmula de Kaldor-Hicks[33]).[34]

Por sua vez, a Europa sempre seguiu um caminho diferente, por várias razões, incluindo que a morte, lesões corporais e (outras) violações dos direitos fundamentais não podem ser simplesmente reduzidas a um valor monetário. Outrossim, defende-se que a abordagem puramente econômica muitas vezes não leva em conta o real custo de acidentes, por exemplo, o dano econômico causado por uma falta geral de confiança por parte dos consumidores e outros danos coletivos, bem como questões sociais.[35] Tais considerações apontam que medidas de prevenção e de responsabilidade não devem ser totalmente independentes umas das outras. Pelo contrário, uma conexão mais estreita entre ambas as respostas é aconselhável.[36]

Isso significa dizer, *inter alia*, que se o risco vier a se materializar, a pessoa responsável pelo dano será, justamente, aquela que deveria ter evitado o risco através da

---

30. O *deep learning,* ou simplesmente aprendizagem profunda, é uma subdivisão do machine learning e pode ser definido, em apertada síntese, como "o uso de redes neurais em multiníveis para encontrar padrões em imensos corpos de dados". No original: "Deep learning (DL) is the use of multilevel neural networks to find patterns in huge bodies of data" (BODEN, Maggie. *On deep learning, artificial neural networks, artificial life, and good-old fashioned AI.* Oxford University Press's Blog. 2016).
31. WENDEHORST, 2020.
32. Cf. KOLSTAD, Charles; ULEN, Thomas; JOHNSON, GARY. Ex Post Liability for Harm vs. Ex Ante Safety Regulation: Substitutes or Complements? *The American Economic Review,* 1990.
33. Em apertada síntese, a fórmula Kaldor-Hicks afirma que um resultado é proveitoso se quem obteve o ganho poderia, hipoteticamente, compensar aquele que sofreu a perda. Cf. a respeito: KALDOR, N. Welfare Propositions of Economics and Interpersonal Comparisons of Utility. *The Economic Journal (EJ),* 1939, 549; bem como: HICKS, J.R. The Foundations of Welfare Economics. *EJ,* 1939, 696.
34. WENDEHORST, 2020.
35. WENDEHORST, 2020.
36. Chega-se a afirmar que é da natureza e do propósito da imputação de responsabilidade a função de prevenir o dano. Cf. European Group on Tort Law. *Principles of European Tort Law (PETL),* art. 10:101, parte 2: "Damages also serve the aim of preventing harm".

adoção de medidas de prevenção. Nesse contexto, a regulamentação de um *standard* mínimo de segurança a ser adotado deve determinar, até mesmo, a distribuição do ônus da prova quanto ao nexo de causalidade e possíveis excludentes (ao se provar que as medidas de segurança foram adotadas).[37]

Não raramente, os dados tratados no âmbito do *marketing* serão de cunho pessoal dos usuários-consumidores, enquadrando-se, pois, na categoria de tratamento de dados pessoais. Nesse ponto, seja por uma questão de tradição jurídica, seja em função da evidente inspiração da recente Lei Geral de Proteção de Dados (LGPD) brasileira em relação à normativa análoga europeia (Regulamento Geral de Proteção de Dados – RGPD), é natural a comparação com o velho continente.[38]

No cenário europeu, o RGPD impõe ao controlador a obrigação de aplicar medidas técnicas adequadas para assegurar e poder comprovar que o tratamento de dados está sendo realizado em conformidade com o diploma normativo, sem perder de vista o contexto e a finalidade do tratamento de dados, bem como os riscos para os direitos e liberdades das pessoas naturais.[39] Nota-se, pois, a opção pela conjunção de medidas de prevenção com a de eventual responsabilidade nos casos de não atendimento do padrão mínimo de segurança, que engloba, *v.g.*, a declaração de consentimento livre dos usuários, bem como a existência de um interesse legítimo para a atividade de tratamento.[40]

Em sentido similar, a responsabilidade civil no âmbito da LGPD tem em conta, em primeiro lugar, a natureza da atividade de tratamento de dados, que a norma procura restringir às hipóteses com fundamento legal (art. 7º), bem como que o tratamento não compreenda dados além do que o estritamente necessário (princípio da finalidade, art. 6º, III), nem seja inadequado ou desproporcional em relação à sua finalidade (art. 6º, II).[41]

No que tange mais especificamente à obrigação de indenizar dos agentes de tratamento,[42] o artigo 42 estabelece a regra geral para sua configuração, ao passo que o artigo 43 prevê as hipóteses excludentes de responsabilidade, dentre as quais se destaca a possibilidade de prova, por parte dos agentes de que, embora tenham

---

37. WENDEHORST, 2020.
38. Cf. PAIM, Bruna Werlang; GONÇALVES, Lukas Ruthes. A responsabilidade civil no tratamento de dados pessoais pelas aplicações de inteligência artificial. In: WACHOWICZ, Marcos (Org.). *Proteção de dados pessoais em perspectiva*: LGPD e RGPD na ótica do direito comparado. Curitiba: Gedai, UFPR, 2020. p. 451-480.
39. PAIM; GONÇALVES, 2020.
40. Cf. UNIÃO EUROPEIA. *Regulamento (UE) 2016/679 do Parlamento Europeu e do Conselho, de 27 de abril de 2016*, Preâmbulo, parágrafos 24 e 40 a 49.
41. MENDES, Laura Schertel; DONEDA, Danilo. Reflexões iniciais sobre a nova Lei Geral de Proteção de Dados. *Revista de Direito do Consumidor*, São Paulo, v. 120, ano 27, p. 469-483, nov.-dez. 2018.
42. Conforme a definição da própria legislação, os agentes de tratamento são os controladores e os operadores de dados (art. 5º, inc. IX). O controlador "é pessoa natural ou jurídica, de direito público ou privado, a quem competem as decisões referentes ao tratamento de dados pessoais" e o operador, por sua vez, é "pessoa natural ou jurídica, de direito público ou privado, que realiza o tratamento de dados pessoais em nome do controlador" (art. 5º, inc. VI e VII da LGPD).

realizado o tratamento de dados pessoais que lhes é atribuído, não houve violação à legislação de proteção de dados (inciso II) – ou seja, o padrão mínimo de segurança foi devidamente adotado.

Da simples leitura dos artigos citados, percebe-se que o legislador nacional optou por não definir, expressamente, a modalidade de responsabilidade civil a ser aplicada no âmbito da LGPD. Como corolário, a doutrina civilista nacional apresenta forte discussão sobre o fundamento de imputação do dever de indenizar, em que se defrontam dois princípios ético-jurídicos: o princípio da culpa e o do risco.

Sustenta-se, de um lado, que a legislador optou por consagrar a responsabilidade subjetiva, pois, dentre tantos argumentos presentes na doutrina, o legislador teria adotado uma espécie de culpa normativa,[43] afastando-se da concepção clássica de culpa e se alicerçando em uma visão objetiva, pautada na adequação do tratamento à norma.[44] De outro lado, afirma-se que a omissão legislativa dá-se porque a atividade de tratamento de dados pessoais possui um risco próprio ou intrínseco e, portanto, se configura objetiva à luz parágrafo único do artigo 927 do Código Civil (CC/2002).[45] Finalmente, há quem defenda que não é possível ter uma abordagem unitária, uma vez que a sistemática da norma apresenta ora viés objetivo, ora subjetivo.[46]

Cumpre aqui fazer uma crítica pontual aos defensores da culpa normativa, visto que o que se pretende por meio da expressão é, em verdade, fazer alusão ao critério objetivo do conceito de ato ilícito, ou seja, a antijuridicidade. A tradição nacional tem a antijuridicidade como elemento da responsabilidade civil a partir da locução "violar direito" (art. 186 do CC/2002), que, agora, está presente no *caput* do art. 42 e no inc. II do art. 43 ambos da LGPD ("violação à legislação de proteção de dados pessoais").

Dito de outro modo, culpa e antijuridicidade não se confundem, posto que, consoante elucida Rafael Peteffi da Silva, "o juízo de antijuridicidade conecta-se com o desvalor que recai sobre o fato que está em contradição com o interesse

---

43. GUEDES, Gisela Sampaio da Cruz; MEIRELES, Rose Melo Venceslau. Término do Tratamento de Dados. In: FRAZÃO, Ana; TEPEDINO, Gustavo; OLIVA, Milena Donato. *Lei Geral de Proteção de Dados Pessoais e suas repercussões no Direito brasileiro.* São Paulo: Thomson Reuters Brasil, 2019. p. 219-241.

44. Também são partidários dessa corrente: BIONI, Bruno; DIAS, Daniel. Responsabilidade civil na proteção de dados pessoais: construindo pontes entre a Lei Geral de Proteção de Dados Pessoais e o Código de Defesa do Consumidor. *civilistica.com,* v. 9, n. 3, p. 1-23, 22 dez. 2020. TEPEDINO, Gustavo. Desafios da Lei Geral de Proteção de Dados (LGPD). *Revista Brasileira de Direito Civil – RBDCivil,* Belo Horizonte, v. 26, out.-dez. 2020, p. 11-15.

45. Nesse sentido: MENDES; DONEDA, 2018; e GODINHO, Adriano Marteleto; QUEIROGA NETO, Genésio Rodrigues de; TOLÊDO, Rita de Cássia de Morais. A responsabilidade civil pela violação a dados pessoais. *Revista IBERC,* v. 3, n. 1, 3 abr. 2020.

46. A propósito: BRUNO, Marcos Gomes da Silva. Da responsabilidade e do ressarcimento de danos. In: MALDONADO, Viviane Nóbrega; BLUM, Renato Opice (Coord.). *LGPD*: Lei Geral de Proteção de dados comentada. 2. ed. rev., atual. e ampl. São Paulo: Thomson Reuters Brasil, 2019. pp. 322-331. SCHREIBER, Anderson. Responsabilidade civil da Lei Geral de Proteção de Dados Pessoais. In: DONEDA, Danilo; SARLET, Ingo Wolfgang; MENDES, Laura Schertel; RODRIGUES JUNIOR, Otavio Luiz; BIONI, Bruno Ricardo. *Tratado de proteção de dados pessoais.* Rio de Janeiro: Forense, 2021. p. 319-338.

preponderante declarado pela norma [ato contrário à norma], afastando-se definitivamente de um juízo de culpabilidade".[47] Por tal motivo se afirma que a antijuridicidade está igualmente presente na responsabilidade objetiva, notadamente porque "o ordenamento jurídico cobre com o manto da antijuridicidade os fatos causadores de danos que estiverem dentro da área de atuação de determinado agente, ainda que a conduta *normalmente* desenvolvida, apesar de perigosa, não seja considerada, *per se*, ilícita".[48]

A partir desses pressupostos, a responsabilidade civil dos agentes de tratamento deve ser interpretada como sendo objetiva, por se tratar de uma atividade que, por sua natureza, implica em riscos para os direitos dos usuários (parágrafo único do artigo 927 do CC/2002), além de ser normalmente desenvolvida pelos operadores e controladores.

Outrossim, no que concerne especificamente aos danos causados por aplicações de IA, frisa-se que a responsabilidade subjetiva não responde adequadamente aos desafios colocados pelas tecnologias digitais emergentes, visto que tanto a autonomia, quanto a opacidade tornam difícil rastrear o dano a qualquer tipo de intenção ou negligência por parte de um ator humano.[49]

Os agentes de tratamento de dados devem ser, portanto, responsabilizados, independentemente da comprovação de culpa, podendo-se afirmar que a LGPD consagrou uma cláusula geral de responsabilidade civil objetiva,[50] cujo elemento essencial para imputação é o tratamento irregular dos dados pessoais coletados.

Consoante a LGPD, o tratamento de dados pessoais será irregular nas hipóteses de: (i) inobservância da legislação de proteção (art. 44, *caput*); e (ii) fornecimento de segurança inferior àquela que o titular dos dados pode esperar, sendo relevante, para tal configuração, o modo pelo qual o tratamento é realizado, o resultado e os riscos que razoavelmente dele se esperam, e as técnicas de tratamento de dados pessoais disponíveis à época em que foi realizado (art. 44, *caput* e incisos). Assim, respondem pelos danos decorrentes da violação da segurança dos dados o controlador ou

---

47. PETEFFI DA SILVA, Rafael. Antijuridicidade como requisito da responsabilidade civil extracontratual: amplitude conceitual e mecanismos de aferição. *Revista de Direito Civil Contemporâneo*, São Paulo, v. 18, ano 6, jan.-mar. 2019. p. 196.
48. PETEFFI DA SILVA, 2019, p. 198.
49. WENDEHORST, 2020. O mesmo se aplica aos fenômenos de complexidade, abertura e vulnerabilidade dos ecossistemas digitais, bem como às novas tecnologias distribuídas de livro-razão (DLT), como *blockchain*, em que o risco é diluído pela interação de um número muito grande de diferentes pessoais, muitas das quais guardam anonimato.
50. O termo responsabilidade civil objetiva é utilizado, aqui, em sentido amplo, para qualquer forma de responsabilidade sem culpa. Isso engloba, pois, a responsabilidade desencadeada pela violação de determinadas leis ou padrões específicos (*non-compliance liability*), cujo objetivo inclui a prevenção de danos do tipo em questão, bem como a responsabilidade por defeito do produto. Não se ignora, porém, o entendimento segundo o qual o termo deva ser, indiscutivelmente, reservado para as formas de responsabilidade baseadas quase exclusivamente na causalidade e que, como tais, não exigem qualquer tipo de não conformidade ou defeito ou mau desempenho. Em defesa do uso estrito do termo responsabilidade objetiva: WENDEHORST, 2020.

o operador que, ao deixar de adotar as medidas de segurança previstas no artigo 46 desta Lei, der causa ao dano (art. 44, parágrafo único).

Por fim, o artigo 45 da LGPD remete à aplicabilidade do Código de Defesa do Consumidor (CDC) às hipóteses de violação do direito do titular dos dados no âmbito das relações de consumo. O marco regulatório brasileiro abrange, portanto, todas as operações de tratamento de dados pessoais realizadas no território nacional (art. 3º), englobando também as operações de dados nas relações consumeristas. Por derradeiro, a leitura do *standard* mínimo da LGPD deve ser realizada em conjunto com as diretrizes do microssistema consumerista.

Como se vê, o legislador vinculou o tratamento irregular dos dados pessoais a dois critérios: a observância da legislação de proteção e a legítima expectativa de segurança. A proteção contra o tratamento irregular não visa, contudo, a uma segurança absoluta, já que o tratamento de dados não pode ser considerado irregular simplesmente em razão de as expectativas subjetivas do titular terem sido frustradas.[51] Trata-se, pois, de um parâmetro objetivo, consubstanciado na expectativa legítima do público em geral, aferida não pela análise individual da vítima, mas por meio da concepção coletiva da sociedade de consumo, ou melhor, da sociedade de informação.[52]

É evidente o paralelo com o código consumerista ao se adotar o critério segurança na LGPD. A doutrina aponta tratar-se de uma fórmula indeterminada, que estará sempre vinculada à casuística,[53] predominando, no aspecto, a corrente que entende ser objetivo o critério de segurança. Para Guilherme Reinig, "o critério objetivo tem como vantagem exigir do juiz que procure, ao decidir o caso concreto, generalizar ao máximo os fundamentos de sua decisão, a fim de que a mesma solução possa ser aplicada a casos semelhantes".[54]

A despeito da adoção de critérios objetivos, a noção de segurança no ambiente digital é nebulosa, sobretudo ao se subsumir as circunstâncias relevantes elencadas pelo legislador às aplicações de IA, nas quais a autonomia é uma característica previsível que, por sua vez, pode gerar resultados inesperados. Nesse ponto, adverte

---

51. No ponto, fazendo-se um paralelo com a legislação consumerista acerca do defeito do produto, a defectibilidade do produto se baseia numa falta de segurança que o público em geral pode legitimamente esperar. O parametro para a verificação do defeito, assim como na Diretiva 85/74/CEE (art. 6º), são as legítimas expectativas de segurança. (REINIG, Guilherme Henrique Lima. *A responsabilidade do produtor pelos riscos do desenvolvimento*. Livro Digital. São Paulo: Atlas, 2013).

52. Para maiores esclarecimentos, ver: BENJAMIN, Antônio Herman de Vasconcellos e. Da qualidade de produtos e serviços, da prevenção e da reparação dos danos. In: *Comentários ao Código de Proteção do Consumidor*. Coord. Juarez de Oliveira. São Paulo: Saraiva, 1991. p. 60.

53. Nesse sentido, SANSEVERINO, Paulo de Tarso Vieira. *Responsabilidade Civil no Código do Consumidor e a Defesa do Fornecedor*. 3. ed. São Paulo: Saraiva, 2010, p. 125; REINIG, 2013. p. 30; e BENJAMIN, 1991. p. 60.

54. REINIG, 2013, p. 31. O autor aponta críticas tanto ao critério subjetivo quanto ao critério objetivo de segurança legitimamente esperada, pois ambos são imprecisos. A imprecisão é própria do conceito de defeito estipulado, mas o critério objetivo, como aponta, é mais adequado para as análises dos casos concretos. Partindo, assim, da ideia de que segurança deve ser analisada a partir da segurança legitimamente esperada pelo consumidor médio (REINING, 2013, p. 31-32).

Dominique Guinard, "a segurança dos objetos inteligentes é tão forte quanto seu enlace mais fraco".[55] Ou seja, as soluções de segurança ainda não estão consolidadas entre controladores e operadores, sendo ainda objeto de debate. Nesse contexto, ao menos hipoteticamente, a autonomia da IA traz novamente à tona o problema dos riscos indetectáveis pelo estado dos conhecimentos científicos e técnicos, tratado pela teoria do risco do desenvolvimento.[56]

Outro aspecto sensível diz respeito ao fato de a LGPD vincular o resultado e os riscos esperados à noção de consentimento, confidencialidade e finalidade. Os dados pessoais estão caracterizados na legislação, em regra geral, como informações relacionadas à pessoa natural identificada ou identificável (art. 5º, inc. I),[57] e essas informações só podem ser coletadas e tratadas mediante o consentimento pelo titular (art. 7º, inc. I), sendo vedado o tratamento de dados pessoais mediante vício de consentimento (art. 8º, *caput* e § 3º).[58]

Infere-se, portanto, que o instituto do consentimento passa a figurar como instrumento, por excelência, da manifestação da escolha individual. Se, por um lado, tal aspecto privilegia a autodeterminação informativa,[59] por outro lado, passa a figurar como instrumento de legitimação de situações potencialmente abusivas.

A exemplo, muito embora o regulamento europeu de proteção de dados tenha tratado expressamente do fenômeno da perfilização, garantindo ao titular dos dados o direito de não estar sujeito a decisões baseadas somente em processamento automático, acabou por excepcionar essa regra caso a decisão esteja apoiada no consentimento explícito do titular dos dados.[60] Ocorre que, e não é demais pontuar, uma análise puramente literal dos dispositivos aplicáveis pode levar a crer que o consentimento "pode ser dado [pura e simplesmente] validando uma opção ao visitar um sítio *web* na *Internet*, selecionando os parâmetros técnicos para os serviços da sociedade da informação ou mediante outra declaração ou conduta que indique claramente nesse contexto que aceita o tratamento proposto".[61] Argumenta-se, assim, que o consentimento não pode ser dissociado da noção de finalidade prevista no regulamento.

---

55. No original: "After all, the security of a smart object is only as strong as its weakest connected link". GUINARD, Dominique. *The Politics Of The Internet Of Things*, 2016.
56. A propósito: REINIG, Guilherme Henrique Lima; CARNAÚBA, Daniel Amaral. Responsabilidade civil e novas tecnologias: riscos do desenvolvimento retornam à pauta. *Revista Consultor Jurídico*, 25 de novembro de 2019.
57. O legislador brasileiro tomou o cuidado de conceituar os dados pessoais sensíveis e os dados anonimizados (art. 5º, inc. II e III).
58. A legislação elenca hipóteses em que o tratamento de dados pode ser realizado sem o consentimento do titular, vide *caput* e incisos do art. 7º.
59. DONEDA, Danilo. *Da privacidade à proteção de dados pessoais*. Rio de Janeiro: Renovar, 2006. p. 366. O surgimento do direito à autodeterminação informativa tem suas origens no ordenamento jurídico alemão. A ideia central é garantir o direito de autodeterminação dos indivíduos no sentido de poder controlar e fiscalizar o levantamento de seus dados pessoais e relativos à sua vida privada (DONEDA, 2006, p. 196).
60. UNIÃO EUROPEIA. *Regulamento (UE) 2016/679 do Parlamento Europeu e do Conselho, de 27 de abril de 2016*. Seção 4, artigo 22, (1) e (2), alínea c.
61. UNIÃO EUROPEIA. *Regulamento (UE) 2016/679 do Parlamento Europeu e do Conselho, de 27 de abril de 2016*. Preâmbulo, Parágrafo 32.

No mesmo sentido, a fiel observância dos termos da LGPD também deverá acarretar o desvinculamento da ideia de consentimento do simples "eu aceito" ou "eu concordo" ao final de grandes textos de política de privacidade presentes no acesso a sítios eletrônicos, aplicativos e redes sociais. Os termos de uso generalistas, complexos e em letras muito pequenas, que permitem coletar todo e qualquer tipo de dado para fins de "melhoria dos serviços" ou de "compartilhamento com terceiros", não são suficientes para configurar o consentimento dos usuários. O consentimento deverá referir-se a finalidades determinadas, pois o tratamento de dados só poderá ocorrer com propósitos legítimos, específicos, explícitos e informados ao titular, sem possibilidade de tratamento posterior de forma incompatível com essas finalidades (inc. I do art. 6º). Importante frisar que as autorizações genéricas para o tratamento de dados pessoais serão nulas (§ 4º do art. 8).

Esse aspecto final deve representar um grande desafio para as ações de *compliance* junto aos agentes de tratamento de dados que atuam nos processos de perfilização mediante a aplicação de IA, porquanto a conexão com a finalidade precípua do tratamento poderá ser perdida no decorrer do processo, sobretudo diante das características de autonomia e opacidade dessa nova tecnologia.

4. CONSIDERAÇÕES FINAIS

O problema da imputação de responsabilidade civil por danos causados pelas aplicações de Inteligência Artificial (IA) tem ensejado inúmeros debates no âmbito acadêmico. Está claro que a IA, por suas características próprias, não encontra limites teóricos e que inúmeros danos podem derivar do seu uso. Dentro desse universo de possíveis aplicações, tratou-se do uso da IA no delineamento do perfil comportamental do consumidor. A relevância do problema exposto é tangível e tende a afetar cada vez mais a sociedade, já que as empresas estão investindo nessa área para crescimento de mercado.

A partir da caracterização do processo de perfilização como atividade de tratamento de dados pessoais dos usuários-consumidores, bem como das diferentes abordagens jurídicas da questão, verificou-se que os agentes de tratamento de dados devem ser responsabilizados independentemente de culpa, em consonância com os diplomas normativos aplicáveis (LGPD e CDC). Trata-se, assim, de modalidade de responsabilidade objetiva, cujo elemento essencial de imputação será o tratamento irregular dos dados pessoais, sendo este observado quando ocorrer em inobservância da legislação de proteção ou frustrar a legítima expectativa de segurança dos titulares dos dados.

Dessarte, questões relativas à segurança dos titulares passam a ser pauta de análise, pois as características de autonomia e opacidade da IA fazem reavivar o problema dos riscos indetectáveis pelo estado dos conhecimentos científicos e técnicos.

Por derradeiro, apontou-se como aspecto merecedor de especial atenção a importância conferida pela legislação de proteção ao consentimento do titular dos dados. Se, por um lado, tal aspecto privilegia a autodeterminação informativa, por outro lado, passa a figurar como instrumento de legitimação de situações potencialmente abusivas.

5. REFERÊNCIAS

BENJAMIN, Antônio Herman de Vasconcellos e. Da qualidade de produtos e serviços, da prevenção e da reparação dos danos. In: OLIVEIRA, Juarez de (Coord.). *Comentários ao Código de Proteção do Consumidor.* São Paulo: Saraiva, 1991.

BIONI, Bruno Ricardo. *Proteção de dados pessoais:* a função e os limites do consentimento. Rio de Janeiro: Forense, 2019.

BIONI, Bruno; DIAS, Daniel. Responsabilidade civil na proteção de dados pessoais: construindo pontes entre a Lei Geral de Proteção de Dados Pessoais e o Código de Defesa do Consumidor. *civilistica. com,* v. 9, n. 3, p. 1-23, 22 dez. 2020.

BODEN, Maggie. *On deep learning, artificial neural networks, artificial life, and good-old fashioned AI.* Oxford University Press's Blog. Disponível em: Erro! A referência de hiperlink não é válida.https:// blog.oup.com/2016/06/artificial-neural-networks-ai/. Acesso em: 30 jun. 2021.

BRUNO, Marcos Gomes da Silva. Da responsabilidade e do ressarcimento de danos. *In:* MALDONADO, Viviane Nóbrega; BLUM, Renato Opice (Coord.). *LGPD:* Lei Geral de Proteção de Dados comentada. 2. ed. rev., atual. e ampl. São Paulo: Thomson Reuters Brasil, 2019. p. 322-331.

CANHOTO, Ana Isabel; CLEAR, Fintan. Artificial intelligence and machine learning as business tools: A framework for diagnosing value destruction potential. *Business Horizons,* n. 63, p. 183-193, 2020.

CORACCINI, Raphael. *Walmart transforma megastore em laboratório de inteligência artificial.* 2019. Disponível em: https://www.consumidormoderno.com.br/2019/04/29/walmart-megastore-em-laboratorio-de-inteligencia-artificial/. Acesso em: 22 jun. 2021.

DAVENPORT, Thomas; GUHA, Abhijit; GREWAY, Dhruv; BRESSGOTT, Timna Bressgott. How artificial intelligence will change the future of marketing. *Journal of the Academy of Marketing Science,* n. 48, p. 24-42, 2020.

DOMINGOS, Pedro. *O algoritmo mestre.* Trad. Aldir José Coelho Corrêa da Silva. São Paulo: Novatec, 2017. p. 34.

DONEDA, Danilo. *Da privacidade à proteção de dados pessoais.* Rio de Janeiro: Renovar, 2006.

DUAN, Y.; EDWARDS, J. S.; DWIVEDI, Y. K.. Artificial intelligence for decision making in the era of big data – evolution, challenges and research agenda. *International Journal of Information Management,* 48, 2019.

GODINHO, Adriano Marteleto; QUEIROGA NETO, Genésio Rodrigues de; TOLÊDO, Rita de Cássia de Morais. A responsabilidade civil pela violação a dados pessoais. *Revista IBERC,* v. 3, n. 1, 3 abr. 2020.

GUEDES, Gisela Sampaio da Cruz; MEIRELES, Rose Melo Venceslau. Término do Tratamento de Dados. *In:* FRAZÃO, Ana; TEPEDINO, Gustavo; OLIVA, Milena Donato. *Lei Geral de Proteção de Dados Pessoais e suas repercussões no Direito brasileiro.* São Paulo: Thomson Reuters Brasil, 2019. p. 219-241.

GUINARD, Dominique. *The Politics Of The Internet Of Things.* 2016. Disponível em: https://techcrunch. com/2016/02/25/the-politics-of-the-internet-of-things/. Acesso em: 10 jul. 2021.

HICKS, J. R. The Foundations of Welfare Economics. *EJ,* 1939, 696.

KALDOR, N. Welfare Propositions of Economics and Interpersonal Comparisons of Utility. *The Economic Journal (EJ),* 1939, 549.

KOLSTAD, Charles; ULEN, Thomas; JOHNSON, GARY. Ex Post Liability for Harm vs. Ex Ante Safety Regulation: Substitutes or Complements? *The American Economic Review*, 1990.

KONGTHON, Alisa et al. Implementing an online help desk system based on conversational agent. *Proceedings of the International Conference on Management of Emergent Digital EcoSystems*, n. 69, 2009.

LOTUFO, Érico. *Com inteligência artificial, Renner quer "prever" venda de produtos. 2020.* Disponível em: https://epocanegocios.globo.com/Empresa/noticia/2020/07/com-inteligencia-artificial-renner-quer--prever-venda-de-produtos.html. Acesso em: 22 jun. 2021.

MACIEL, Rui. *Serviços como Netflix querem usar a IA para criar uma conexão emocional com você.* 2019. Disponível em: https://canaltech.com.br/inteligencia-artificial/servicos-de-streaming-querem-usar--a-ia-para-criar-uma-conexao-emocional-com-voce-145293/. Acesso em: 22 jun. 2021.

MARTINS, Guilherme Magalhães. O *geopricing* e *geoblocking* e seus efeitos nas relações de consumo. In: FRAZÃO, Ana; MULHOLLAND, Caitlin (Coords.). *Inteligência Artificial e Direito*: ética, regulação e responsabilidade. São Paulo: Thomson Reuters Brasil, 2019.

MENDES, Laura Schertel; DONEDA, Danilo. Reflexões iniciais sobre a nova Lei Geral de Proteção de Dados. *Revista de Direito do Consumidor,* São Paulo, v. 120, ano 27, p. 469-483, nov.-dez. 2018.

MUEHLHAUSER, Luke; SALAMON, Anna. Intelligence explosion: evidence and import. In: EDEN, Amnon (Ed.) et al. *Singularity hypotheses*: a scientific and philosophical assessment. Heidelberg: Springer, 2012. p. 15-42.

PAIM, Bruna Werlang; GONÇALVES, Lukas Ruthes. A responsabilidade civil no tratamento de dados pessoais pelas aplicações de inteligência artificial. In: WACHOWICZ, Marcos (Org.). *Proteção de dados pessoais em perspectiva*: LGPD e RGPD na ótica do direito comparado. Curitiba: Gedai, UFPR, 2020.

PETEFFI DA SILVA, Rafael. Antijuridicidade como requisito da responsabilidade civil extracontratual: amplitude conceitual e mecanismos de aferição. *Revista de Direito Civil Contemporâneo,* São Paulo, v. 18, ano 6, p. 169-214, jan.-mar. 209.

PIRES, Thatiane Cristina Fontão; PETEFFI DA SILVA, Rafael. A responsabilidade civil pelos atos autônomos da inteligência artificial: notas iniciais sobre a resolução do Parlamento Europeu. *Revista Brasileira de Políticas Públicas*, Brasília, v. 7, n. 3, p. 238-254, 2017.

POOLE, David; MACKWORTH, Alan. *Artificial Intelligence*: Foundations of Computational Agents. Cambridge (UK): Cambridge University Press, 2010.

REINIG, Guilherme Henrique Lima. *A responsabilidade do produtor pelos riscos do desenvolvimento.* Livro Digital. São Paulo: Atlas, 2013.

REINIG, Guilherme Henrique Lima; CARNAÚBA, Daniel Amaral. Responsabilidade civil e novas tecnologias: riscos do desenvolvimento retornam à pauta. *Revista Consultor Jurídico*, 25 de novembro de 2019. Disponível: Erro! A referência de hiperlink não é válida.https://www.conjur.com.br/2019-nov-25/direito-civil-atual-riscos-novas-tecnologias-retornam-pauta. Acesso em: 10 jul. 2021.

SANSEVERINO, Paulo de Tarso Vieira. *Responsabilidade Civil no Código do Consumidor e a Defesa do Fornecedor.* 3. ed. São Paulo: Saraiva, 2010.

SCHREIBER, Anderson. Responsabilidade civil da Lei Geral de Proteção de Dados Pessoais. In: DONEDA, Danilo; SARLET, Ingo Wolfgang; MENDES, Laura Schertel; RODRIGUES JUNIOR, Otavio Luiz; BIONI, Bruno Ricardo. *Tratado de proteção de dados pessoais*. Rio de Janeiro: Forense, 2021. p. 319-338.

SCHWAB, Klaus. *A Quarta Revolução Industrial*. Trad. Daniel Moreira. São Paulo: Edipro, 2016.

TARGET: *entenda como a loja monitora o comportamento do consumidor.* 2020. Disponível em: https://www.traycorp.com.br/conteudo/target-e-o-comportamento-do-cliente/. Acesso em: 22 jun. 2021.

TEPEDINO, Gustavo. Desafios da Lei Geral de Proteção de Dados (LGPD). *Revista Brasileira de Direito Civil – RBDCivil*, Belo Horizonte, v. 26, p. 11-15, out.-dez. 2020.

TORRES, Cláudio. *A bíblia do marketing digital:* tudo o que você precisa saber sobre marketing e publicidade na internet e não tinha a quem perguntar. 2. ed. São Paulo: Novatec, 2019.

UNIÃO EUROPEIA. *Regulamento (UE) 2016/679 do Parlamento Europeu e do Conselho, de 27 de abril de 2016.* Disponível em: Erro! A referência de hiperlink não é válida.https://eur-lex.europa.eu/legal-content/PT/TXT/?uri=celex%3A32016R0679. Acesso em: 15 jul. 2021.

WENDEHORST, Christiane. Strict Liability for AI and other Emerging Technologies. *Journal of European Tort Law*, v. 11, n. 2, p. 150-180, 2020. Disponível em: https://doi.org/10.1515/jetl-2020-0140. Acesso em: 15 jun. 2021.

ZANATTA, Rafael. *Perfilização, Discriminação e Direitos*: do Código de Defesa do Consumidor à Lei Geral de Proteção de Dados Pessoais. 2019. Disponível em: Erro! A referência de hiperlink não é válida.https://www.researchgate.net/publication/331287708_Perfilizacao_Discriminacao_e_Direitos_do_Codigo_de_Defesa_do_Consumidor_a_Lei_Geral_de_Protecao_de_Dados_Pessoais. Acesso em 22 jun. 2021.

RESPONSABILIDADE CIVIL NA LEI GERAL DE PROTEÇÃO DE DADOS, CONSUMO E A INTENSIFICAÇÃO DA PROTEÇÃO DA PESSOA HUMANA NA INTERNET

Guilherme Magalhães Martins

Procurador de Justiça no Ministério Público do Estado do Rio de Janeiro. Professor Associado de Direito Civil da Faculdade Nacional de Direito – Universidade Federal do Rio de Janeiro. Professor permanente do Doutorado em Direitos, Instituições e Negócios da Universidade Federal Fluminense – PPGDIN. Doutor e Mestre em Direito Civil pela UERJ. Segundo Vice-Presidente do Instituto Brasilcon e Diretor institucional do IBERC. Pós-doutor em Direito Comercial pela Faculdade de Direito da USP – Largo de São Francisco.

João Victor Rozatti Longhi

Pós-Doutor em Direito pelo *International Post-doctoral Programme in New Technologies and Law do Mediterranea International Centre for Human Rights Research* (MICHR – *Università "Mediterranea" di Reggio Calabria*), Itália. Pós-Doutor pela Universidade Estadual do Norte do Paraná – UENP. Doutor em Direito Público pela Faculdade de Direito da Universidade de São Paulo – USP/Largo de São Francisco. Mestre em Direito Civil pela Faculdade de Direito da Universidade do Estado do Rio de Janeiro – UERJ. Bacharel em Direito pela Universidade Estadual Paulista "Júlio de Mesquita Filho" – UNESP-Franca. Professor visitante do PPGD da Universidade Estadual do Norte do Paraná – UENP e Professor Substituto de Graduação do Universidade Estadual do Oeste do Paraná (UNIOESTE). Defensor Público no Estado do Paraná.

Sumário: 1.Introdução. A importância do risco na responsabilidade civil – 2. Dados pessoais, responsabilidade civil e consumo – 3. Conclusão – 4. Referências bibliográficas

1. INTRODUÇÃO. A IMPORTÂNCIA DO RISCO NA RESPONSABILIDADE CIVIL

A responsabilidade civil se revela como um dos mais difíceis ramos do Direito Civil, não podendo ser desconsiderado que o crescimento qualitativo e quantitativo dos chamados "novos danos", trazidos pela idade da técnica, não pode ser desvinculado da necessidade de proteção do sujeito-vítima, razão de ser de todas as intervenções legislativas na matéria.[1]

O foco da responsabilidade civil volta-se da culpa para o dano, em virtude da insuficiência de um sistema de responsabilidade civil baseado na reprovabilidade da conduta do autor do fato.

---

1. RODOTÀ, Stefano. *Il problema della responsabilità civile*. Milano: Giuffrè, 1966. p. 16-17.

A desvinculação da reparação como ideia de "castigo" para sancionar quem causou o dano injustamente demonstra a mudança ocorrida no núcleo do sistema reparatório, que se volta para quem sofreu o dano, e não para quem o cometeu – o que leva a doutrina civilista à concepção da responsabilidade civil como um "direito de danos".[2] A teoria do risco desvincula a responsabilidade da voluntariedade do ato,[3] ligado ao velho direito, de bases patrimonialistas e individualistas.

O risco, aponta a melhor doutrina, implica uma tríplice libertação: "uma vez que o direito se tornava, através da teoria do risco, livre de qualquer referência metafísica e da consequente problemática de fundamento: este pode concentrar-se só na lei, expressão da vontade do grupo, apto doravante a dispor, como quiser, acerca dos modos que considerar mais justos para a repartição das responsabilidades. Depois, uma ´libertação jurídica´, tendo-se desfeito a dependência em face do exame da causalidade, no qual a ideia de culpa mantinha o regime da respectiva reparação. Isso equivalia a situar a sede da obrigação delituosa no contrato social, e não já, como se tinha feito durante tantos séculos, na natureza das coisas. Por fim e para nós mais importante, a teoria do risco representou uma 'liberação política'; graças à ideia de risco, a política de responsabilidade desvinculou a relação de simbiose que havia entre a sanção da conduta e a proteção da vítima."[4] Esse último aspecto teria reflexos no regime de seguros, e propiciaria um giro conceitual do ato ilícito para o dano injusto; nas palavras de Maria Celina Bodin de Moraes, "a reparação do dano sofrido, em qualquer caso, alcançou um papel muito mais relevante do que a sanção pelo dano causado".[5]

É bem verdade que, recentemente, em especial no Brasil, é possível notar claramente um movimento de recuo no caminho narrado, até então percorrido no direito civil, amiúde contrário ao princípio da dignidade da pessoa humana e à proteção dos vulneráveis. Trata-se dos retrocessos legislativos, jurisprudenciais e doutrinários supostamente legitimados por um discurso da "liberdade econômica", que esconde um método perverso de relegar a vítima à própria sorte, resgatar a culpa como elemento central da responsabilidade civil, esvaziar o conceito de dano moral como um mero aborrecimento e, ao fim e ao cabo, demolir as conquistas de direitos refletidas no campo do Direito de Danos, ressuscitando o elemento subjetivo e afastando-se do risco como fator principal de imputação.

Recortado à questão da proteção dos dados pessoais e da responsabilidade civil no âmbito da LGPD, este trabalho procurará abordar o tema sempre em diálogo com as premissas da sociedade de consumo, do risco e, principalmente, em diálogo com o Direito do Consumidor, campo fértil da proteção dos vulneráveis, centrado na

---

2. VENTURI, Thais Goveia. *Responsabilidade civil preventiva*. São Paulo: Malheiros, 2014. p. 64.
3. ALTERINI, Atilio. *Responsabilidad civil*: limites de la reparación civil. 3. ed. Buenos Aires: Abeledo-Perrot, 1999. p. 107.
4. MORAES, Maria Celina Bodin. *Danos à pessoa humana*: uma leitura civil-constitucional dos danos morais. Rio de Janeiro: Renovar, 2003. p. 12-13.
5. MORAES, Maria Celina Bodin. *Danos à pessoa humana*, cit., p. 13.

responsabilidade civil independente de culpa como epicentro da responsabilidade civil na proteção dos dados pessoais.

2. DADOS PESSOAIS, RESPONSABILIDADE CIVIL E CONSUMO

Os dados pessoais, aponta Frank Pasquale, têm sido usados por governos e grandes *players* econômicos para a criação daquilo que denomina *one-way mirror*, possibilitando que tais agentes saibam tudo dos cidadãos, enquanto estes nada sabem acerca dos primeiros. Tudo isso acontece por meio de um monitoramento e vigília constantes sobre cada passo da vida das pessoas, levando a um capitalismo de vigilância e a uma sociedade de vigilância.[6]

Como exemplo da dimensão dos riscos envolvidos, ganhou dimensões políticas globais o episódio conhecido escândalo da *Cambridge Analytica*. Baseado em uma cláusula do *Facebook*, a empresa britânica foi acusada de pagar pequenas quantias para alguns milhares de usuários preencherem um formulário em um aplicativo, tendo acesso a seus dados e, inclusive, de todos os seus *amigos* na rede social, totalizando mais de 87 milhões de internautas. Com suas preferências, que foram indevidamente utilizadas, através de uma autorização colhida por meio tortuoso, supostamente foram influenciadas decisões políticas no *Brexit* e na eleição presidencial norte-americana de 2016.

Independentemente da comprovação da efetiva influência do escândalo *Cambridge Analytica* nas eleições norte-americanas, os efeitos documentados no mercado de dados pessoais podem ter significativos efeitos, havendo a necessidade de regulação e transparência sobre a propaganda política, bem como medidas de proteção. A assimetria entre as partes pode dar lugar a todo tipo de manipulação.[7]

O capitalismo de vigilância unilateralmente demanda a experiência humana como material bruto a ser traduzido em dados comportamentais. Alguns desses dados são aplicados para melhorar produtos ou serviços, o restante é declarado um excedente comportamental, alimentado através de avançados processos de manufatura denominados inteligência artificial, fabricados por meio de processos de predição de comportamentos que antecipam o que o usuário irá fazer agora, logo e mais tarde. Finalmente, esses produtos baseados na predição são objeto de negócios em um espaço que a autora Shoshana Zuboff denomina *mercados de futuros comportamentais*.[8]

É conhecido o caso de uma grande empresa varejista norte-americana que, mediante o uso do Big Data, passou a inferir a probabilidade de gravidez de suas

---

6. PASQUALE, Frank. *The Black Box Society*: the secret algorithms that control money and information. Cambridge: Harvard University Press, 2015. p. 09.

7. FRAZÃO, Ana. Objetivos e alcance da Lei Geral de Proteção de Dados. In: TEPEDINO, Gustavo; FRAZÃO, Ana; OLIVA, Milena Donato. *Lei Geral de Proteção de Dados Pessoais e sua repercussão no direito brasileiro*. São Paulo: Ed. RT, 2019. p. 108-109.

8. ZUBOFF, Shoshana. *The Age of Surveillance Capitalism*: The Fight for a Human Future at the New Frontier of Power. Nova Iorque: Public Affairs, 2018, pos. 188 (*e-book*).

consumidoras, inclusive o estágio em que se encontra, mediante a verificação dos produtos habitualmente adquiridos. Assim, utilizou-se a informação para direcionar produtos de acordo com sua fase de gravidez. Este exemplo permite identificar o modo como se utilizam os dados pessoais no mercado de consumo, determinando um padrão que ensejará uma repetição no futuro, com publicidade direcionada.[9]

No entanto, o uso dessas informações pode ser também nocivo. Por exemplo, se tais informações forem passadas para os laboratórios para aumentarem o preço de determinado medicamento; ou, em razão do histórico da navegação do usuário, tais informações forem passadas para a seguradora calcular o risco atuarial etc. Para o Direito Digital, a prática denominada *profiling* (ou "perfilamento", como se convencionou denominar em português)[10] possui grande importância, pois reflete uma faceta da utilização dos algoritmos que, empregados nos processos de tratamento de grandes acervos de dados (*Big Data*), propiciam o delineamento do "perfil comportamental" do indivíduo, que passa a ser analisado e objetificado a partir dessas projeções.[11]

Na visão de Byung-Chul Han, "o respeito está ligado aos nomes. Anonimidade e respeito se excluem mutuamente. A comunicação anônima que é fornecida pela mídia digital desconstrói enormemente o respeito. Ela é corresponsável pela cultura de indiscrição e falta de respeito [que está] em disseminação (...) É nisso que

---

9. MIRAGEM, Bruno. A Lei Geral de Proteção de Dados (Lei 13.709/2018) e o direito do consumidor. In: MARTINS, Guilherme Magalhães; ROSENVALD, Nelson. *Responsabilidade civil e novas tecnologias*. Foco: Indaiatuba, 2020. p. 57.

10. A tradução do termo é colhida das Ciências Criminais, como explica Tálita Heusi: "O perfilamento criminal (*criminal profiling*, em inglês), também tem sido denominado de: perfilagem criminal, perfilamento comportamental, perfilhamento de cena de crime, perfilamento da personalidade criminosa, perfilamento do ofensor, perfilamento psicológico, análise investigativa criminal e psicologia investigativa. Por conta da variedade de métodos e do nível de educação dos profissionais que trabalham nessa área, existe uma grande falta de uniformidade em relação às aplicações e definições desses termos. Consequentemente, os termos são usados inconsistentemente e indistintamente". HEUSI, Tálita Rodrigues. Perfil criminal como prova pericial no Brasil. *Brazilian Journal of Forensic Sciences, Medical Law and Bioethics*, Itajaí, v. 5, n. 3, p. 237, 2016.

11. Para Klaus Schwab, na obra A Quarta Revolução Industrial, "o que está acontecendo atualmente com os dispositivos vestíveis nos dá uma noção da complexidade da questão da privacidade. Um número crescente de companhias de seguros tem pensado em fazer a seguinte oferta a seus segurados: se você usar um dispositivo que monitora seu bem-estar – quando você dorme e faz exercícios, o número de passos que você dá todos os dias, o tipo de calorias que consome etc.– e se concordar que essas informações possam ser enviadas para seu provedor de seguros de saúde, oferecemos um desconto em seu prêmio.
Será que devemos dar boas-vindas a esse avanço por que ele nos motiva a viver vidas mais saudáveis? Ou ele toma um rumo preocupante a um estilo de vida em que a vigilância – do governo e das empresas – irá tornar-se cada vez mais intrusiva? No momento, esse exemplo refere-se a uma escolha individual – a decisão de aceitar ou não um dispositivo de bem-estar.
Mas insistindo nisso mais uma vez, vamos supor que agora o empregador peça que todos seus funcionários usem um dispositivo que envia dados relativos à saúde para a seguradora, porque a empresa quer melhorar a produtividade e, possivelmente, diminuir seus custos com os seguros de saúde. E se a empresa exigir que seus funcionários mais relutantes aceitem o pedido ou paguem uma multa? Então, o que anteriormente parecia uma escolha consciente individual – usar um dispositivo ou não – passa a ser uma questão de conformidade com as novas normas sociais, mesmo que alguém as considere inaceitáveis". SCHWAB, Klaus. *A Quarta Revolução Industrial*. Trad. Daniel Moreira Miranda. São Paulo: Edipro, 2016. p. 106.

consiste a sua violência. Nome e respeito estão ligados um ao outro. O nome é base para o reconhecimento, que sempre ocorre de modo nominal [*namentlich*]. Também estão ligadas à nominalidade [*Namentlichkeit*] práticas como a responsabilidade, a confiança ou a promessa. Pode-se definir a confiança como uma *crença nos nomes*. A responsabilidade e a promessa também são um ato nominal. A mídia digital, que separa a mensagem do mensageiro, o recado do remetente, aniquila o nome".[12]

Na Lei Geral de Proteção de Dados, dispositivo bastante tímido, inserido em um único parágrafo do artigo que cuida da anonimização[13] de dados (artigo 12, parágrafo segundo), conceitua a referida prática: "Poderão ser igualmente considerados como dados pessoais, para os fins desta Lei, aqueles utilizados para formação do perfil comportamental de determinada pessoa natural, se identificada".[14]

A grande capacidade de processamento de dados inseridos a cada ato permite que se verifique a personalidade dos indivíduos melhor do que eles próprios e se provoque reações premeditadas; por isso, não se trata apenas de informá-lo sobre o uso de seus dados ou educá-lo para bem usar a Internet, pois o déficit informacional é invencível.[15]

O objetivo de determinadas redes sociais, como o Facebook, anota Marta Peirano, é o de converter cada pessoa viva em uma célula de sua base de dados, para poder enchê-la de informação. Sua política é acumular a maior quantidade possível dessa informação para vendê-la ao melhor licitante. Somos o produto. Mas a atitude de seus dois mil e duzentos milhões de usuários tem sido aceitá-lo. Não há banalidade do mal, a não ser, nas palavras da autora, a banalidade da comodidade do mal.[16]

A jurisprudência já se debruçou sobre o tema, tendo o Superior Tribunal de Justiça, em decisão paradigmática, no julgamento do Recurso Especial 1.457.199-RS,[17]

---

12. HAN, Bhung-Chul. *No enxame;* perspectivas do digital. Trad. Lucas Machado. Petrópolis: Vozes, 2018. p. 14-15.

13. Acerca da anonimização, remete-se o autor ao clássico artigo de Paul Ohm: OHM, Paul. Broken promises of privacy. *UCLA Law Review,* Los Angeles, v. 57, p. 1701-1777, 2010.

14. Acerca do tema, confira-se MARTINS, Guilherme Magalhães; LONGHI, João Victor Rozatti; FALEIROS JÚNIOR, José Luiz. A pandemia da Covid-19, o "profiling" e a Lei Geral de Proteção de Dados. Migalhas, 28 abr. 2020. Disponível em: https://www.migalhas.com.br/depeso/325618/a-pandemia-da-covid-19-o--profiling-e-a-lei-geral-de-protecao-de-dados. Acesso em: 02 maio 2020.

15. SCHMIDT NETO, André Perin. *O livre-arbítrio na era do Big Data.* São Paulo: Tirant lo Blanch, 2021. p. 161.

16. PEIRANO, Marta. *El enemigo conoce el sistema:* manipulación de datos, personas y influencias después de la Economia de la atención. Barcelona: Penguin Random House, 2019. p. 16 (*e-book*).

17. STJ, REsp 1.457.199-RS, rel. Min. Paulo de Tarso Sanseverino, j. 12 nov. 2014. Posteriormente, o STJ consolidou entendimento sobre o tema do *Credit Scoring* na "Súmula 550 – A utilização de escore de crédito, método estatístico de avaliação de risco que não constitui banco de dados, dispensa o consentimento do consumidor, que terá o direito de solicitar esclarecimentos sobre as informações pessoais valoradas e as fontes dos dados considerados no respectivo cálculo." Por derradeiro, importante também frisar que o STJ firmou a tese no julgamento repetitivo 915 de que: "Em relação ao sistema 'credit scoring', o interesse de agir para a propositura da ação cautelar de exibição de documentos exige, no mínimo, a prova de: i) requerimento para obtenção dos dados ou, ao menos, a tentativa de fazê-lo à instituição responsável pelo sistema de pontuação, com a fixação de prazo razoável para atendimento; e ii) que a recusa do crédito almejado ocorreu em razão da pontuação que lhe foi atribuída pelo sistema 'scoring'. Logo, apesar de não constituir base de dados na visão do STJ, o direito à informação do consumidor segue preservado."

verificado os riscos do *score* de crédito praticado pelas instituições financeiras, levando à delimitação de perfis sem qualquer filtro ético, nas mãos do controlador e operador do tratamento de dados, levando a situações extremamente deletérias ao corpo eletrônico.[18]

Numa interpretação sistemática do Artigo 42,[19] deve ser afirmada como regra geral na Lei Geral de Proteção de Dados a responsabilidade objetiva dos agentes de tratamento, ou seja, o controlador[20] e o operador,[21] tendo em vista o risco da atividade. Tal conclusão decorre do Artigo 927, parágrafo único do Código Civil, em cujos termos haverá obrigação de indenizar o dano, independentemente de culpa, nos casos especificados em lei, ou, como é a hipótese da proteção de dados pessoais, quando a atividade normalmente desenvolvida pelo autor do dano implicar, por sua natureza, risco para os direitos de outrem.[22] Tal norma se aplica aos danos ocorridos em qualquer fase do processamento de dados pessoais.[23]

O principal e mais importante efeito do princípio da solidariedade social (artigo 3º, I, Constituição da República) e da justiça distributiva[24] na matéria é a imputação objetiva da responsabilidade civil, ampliando o campo de reparação, de modo a facilitar a vida da vítima, melhor diluindo os riscos por todo o tecido social,[25] considerado ainda o princípio da reparação integral (artigo 944, Código Civil). A valorização da pessoa humana leva os cidadãos a exigir sempre mais do Estado-providência, de modo que a culpa, nas palavras de Patrice Jourdain, "como fundamento único da

---

18. MARTINS, Guilherme Magalhães. Responsabilidade civil, acidente de consumo e a proteção do titular de dados na Internet. In: FALEIROS JÚNIOR, José Luiz de Moura; LONGHI, João Victor Rozatti; GUGLIARA, Rodrigo. *Proteção de dados pessoais na sociedade da informação*: entre dados e danos. Indaiatuba: Foco, 2021. p. 83.

19. Consoante prevê o Artigo 42 da Lei 13.709/2018, "O controlador ou o operador que, em razão do exercício de atividade de tratamento de dados pessoais, causar a outrem dano patrimonial, moral, individual ou coletivo, e violação à legislação de proteção de dados pessoais, é obrigado a repará-lo".

20. O Artigo 5º, VI da LGPD define o controlador como a "pessoa natural ou jurídica, de direito público ou privado, a quem competem as decisões referentes ao tratamento de dados pessoais".

21. Já o operador é definido no Artigo 5º, VII da LGPD como a "pessoa natural ou jurídica, de direito público ou privado, que realiza o tratamento de dados pessoais em nome do controlador".

22. É verdade que "o acolhimento da responsabilidade objetiva quase sempre se faz por meio da expressão *'independentemente de culpa'*, como ocorre nas leis extravagantes como as seguintes: a que regula a responsabilidade civil por danos nucleares (Lei 6.453, de 17.10.1977, artigo 4º), a Lei ambiental (Lei 6.938, de 31.8.1981, artigo 14, parágrafo primeiro), o Código de Defesa do Consumidor (Lei 8078, de 11.9.1990, artigos 12 e 14), o Estatuto do Torcedor (Lei 10.671, de 15.5.2003, artigo 19), a Lei de Biossegurança (Lei 11.105, de 24.3.2005, artigo 20), a Lei que institui a política nacional de recursos sólidos (Lei 12.305, de 2 de agosto de 2010, artigo 51)". CHINELLATO, Silmara Juny de Abreu. Marco Civil da internet e direito autoral: responsabilidade civil dos provedores de conteúdo. In: DE LUCCA, Newton; SIMÃO FILHO, Adalberto; LIMA, Cíntia Rosa de. *Direito & Internet*. São Paulo: Quartier Latin, 2015. v. III. t. II. p. 325.

23. CHINELLATO, Silmara Juny de Abreu; MORATO, Antonio Carlos. Direitos básicos de proteção de dados pessoais, o princípio da transparência e a proteção dos direitos intelectuais. In: MENDES, Laura Schertel; DONEDA, Danilo; SARLET, Ingo Wolfgang; RODRIGUES JR., Otávio Luiz. *Tratado de proteção de dados pessoais*. Rio de Janeiro: Forense, 2021. p. 655.

24. BRIZ, Jaime Santos. *La responsabilidad civil*: derecho sustantivo y derecho procesal. Madrid: Montecorvo, 1970. p. 377.

25. DE CUPIS, Adriano. *El daño*; Teoria general de la responsabilidad civil. 2. ed. Trad. Angel Martínez Sarrión. Barcelona: Bosch, 1975. p. 191.

responsabilidade civil, se torna então uma veste demasiado apertada para indenizar todas as vítimas".[26]

Conforme já apontamos, em casos extremos, os danos causados podem ser enormes, acarretando a perpetuação de seus efeitos pelo fato de a informação permanecer armazenada na Internet – é nesse contexto que se cogita de um direito ao esquecimento, não obstante a visão do Supremo Tribunal Federal sobre o tema, cristalizada no Tema de Repercussão Geral 786[27] – impondo riscos muito maiores do que se imagina quanto à coleta e tratamento de dados.[28] Mas o que está em questão é a natureza da atividade, em si arriscada, devendo os grandes e pequenos danos ser tratados de maneira isonômica.

Insuficiente, ao contrário do que defende parte da doutrina, a aplicação de uma culpa normativa, face ao histórico declínio da culpa, projetando-se a indenização de danos como o objetivo principal da responsabilidade civil, lado a lado com a evolução do risco, na doutrina e jurisprudência,[29] abrangendo, nos limites daquele dispositivo, a atividade individual.

Por mais que a culpa tenha evoluído da concepção moral ou psicológica à concepção normativa, as dificuldades na sua comprovação mais se assemelham, para as vítimas, a um edifício cheio de portas e janelas trancadas, em face dos cada mais frequentes vazamentos de dados, ou, em linguagem mais técnica, incidentes de segurança.[30]

---

26. JOURDAIN, Patrice. *Les príncipes de la responsabilité civile*. 6. ed. Paris: Dalloz, 2003. p. 10-11.

27. Acerca do tema, remete-se o tema a MARTINS, Guilherme Magalhães. Direito ao esquecimento no STF: A Tese de Repercussão 786 e seus efeitos. *Migalhas de Responsabilidade Civil*. São Paulo, 18 de fevereiro de 2021. Disponível em: https://www.migalhas.com.br/coluna/migalhas-de-responsabilidade-civil/340463/direito-ao-esquecimento-no-stf-repercussao-geral-786-e-seus-efeitos. Acesso em: 04 out. 2021.

28. MARTINS, Guilherme Magalhães; FALEIROS JÚNIOR, José Luiz de Moura. Compliance digital e responsabilidade civil na Lei Geral de Proteção de Dados. In: MARTINS, Guilherme Magalhães; ROSENVALD, Nelson. *Responsabilidade civil e novas tecnologias*. Indaiatuba: Foco, 2020. p. 282.

29. VINEY, Geneviève. *Droit Civil; Introduction à la responsabilité*. 2. ed. Paris: LGDJ, 1995. p. 80-83. Para Alvino Lima, "dentro do critério da responsabilidade fundada na culpa não era possível resolver um sem-número de casos, que a civilização moderna criava e evitara; imprescindível se tornara, para a solução do problema da responsabilidade extracontratual, afastar-se do elemento moral, da pesquisa psicológica, do íntimo do agente, ou da possibilidade de previsão ou de diligência, para colocar a questão sob um aspecto até não encarado devidamente, isto é, sob o ponto de vista exclusivo da reparação do dano. O fim por atingir é exterior, objetivo, de simples reparação, e não interior e subjetivo, como na imposição de pena. Os problemas da responsabilidade são tão-somente os problemas de reparação de perdas. O dano e a reparação não devem ser aferidos pela medida da culpabilidade, mas devem emergir do fato causador da lesão a um bem jurídico, a fim de se manterem incólumes os interesses em jogo, cujo desequilíbrio é manifesto, se ficarmos dentro dos estreitos limites de uma responsabilidade subjetiva". LIMA, Alvino. *Culpa e risco*. 2. ed. São Paulo: Ed. RT, 1998. p. 115-116.

30. Fundamental lembrar os termos do Enunciado 38, aprovado na I Jornada de Direito Civil do Conselho da Justiça Federal: "A responsabilidade fundada no risco da atividade, como prevista na segunda parte do parágrafo único do artigo 927 do novo Código Civil, configura-se quando a atividade normalmente desenvolvida pelo autor do dano causar a pessoa determinada um ônus maior do que aos demais membros da coletividade".

Gera insegurança e soa um retrocesso, nos dias de hoje, afirmar que a Lei Geral de Proteção de Dados pode gerar responsabilidade geral subjetiva, em virtude da parte final do artigo 942, que alude ao dano causado "em violação à legislação de proteção de danos pessoais", expressão essa que não pode ser vista restritivamente em sua interpretação literal, mas sim de forma mais ampla, dentro de um sistema, em consonância com a mencionada regra do Artigo 927, parágrafo único do Código Civil, prestigiando a resistência ao modelo individualista liberal.

A responsabilidade se transfere do indivíduo ao grupo, pelo viés dos organismos sociais;[31] o regime subjetivo, pela sua dificuldade probatória, criou injustiças no passado, fazendo com que todos os danos recaíssem sobre os ombros da vítima. O argumento econômico, por si só, no sentido de que adoção do regime objetivo ampliaria o número de demandas ressarcitórias, inibindo o desenvolvimento, retirando a atratividade no desenvolvimento de novas tecnologias de tratamento de dados no Brasil, não convence, pois a história demonstrou que a objetivação da responsabilidade em nada obstou a evolução tecnológica.[32]

Os danos decorrentes dos incidentes de segurança que se relacionam ao risco inerente ao desenvolvimento de atividade de tratamento de dados, como vazamentos não intencionais e invasão de sistemas e bases de dados por terceiros não autorizados, devem ser situados como riscos intrínsecos à atividade de tratamento de dados, e considerados como fortuito interno, não podendo ser afastada a obrigação de indenizar dos agentes de tratamento em virtude de tais fatos.[33]

Em diversas oportunidades, a Lei 13.709/2018 alude à expressão "risco". Tal ocorre no Artigo 5º, XVII, que define o relatório de impacto dados pessoais, em função dos *riscos às liberdades civis e aos direitos fundamentais;* o mesmo pode ser dito em relação ao Artigo 48, parágrafo primeiro, inciso IV, que remete ao incidente de segurança, que possa acarretar *risco* ou dano relevante aos titulares, caso em que a comunicação à Autoridade Nacional e ao titular deverá envolver *os riscos relacionados ao incidente.* Outra referência ao risco pode ser encontrada no Artigo 44, II da Lei 13.709/2018, em cujos termos o tratamento de dados pessoais será irregular quando não fornecer a segurança que o titular dele pode esperar, observadas as circunstâncias relevantes, dentre as quais o resultado e o risco que razoavelmente dele se esperam. Este dispositivo parece exprimir uma concepção adaptada de defeito (arts. 12, parágrafo primeiro e 14, parágrafo primeiro, Lei 8078/90), numa visão sistêmica com as normas consumeristas.

Ainda, a LGPD prevê expressamente a competência dos órgãos de defesa do consumidor para atuar, mediante requerimento do titular dos dados, no caso de

---

31. MARTINS, Guilherme Magalhães. Risco, solidariedade e responsabilidade civil. In: MARTINS, Guilherme Magalhães (Coord.) *Temas de responsabilidade civil.* Rio de Janeiro: Lumen Juris, 2012. p. X.

32. MORAES, Maria Celina Bodin. LGPD: um novo regime de responsabilização civil dito "proativo". *Editorial à Civilistica.com.,* Rio de Janeiro, a. 8, n. 3, 2019. Disponível em: https://civilistica.com/wp-content/uploads1/2020/04/Editorial-civilistica.com-a.8.n.3.2019-2.pdf. Acesso em: 29 ago. 2021. p. 4.

33. MULHOLLAND, Caitlin. Op. cit., p. 3.

infração dos seus direitos pelo controlador (artigo 18, parágrafo oitavo), bem como o dever de articulação entre a Autoridade Nacional de Proteção de Dados e outros órgãos titulares de competência afeta à proteção de dados, como é o caso dos órgãos de defesa do consumidor (artigo 55-K, parágrafo único). Outra norma a ser levada em conta é o artigo 64 da LGPD, que prevê expressamente que "os direitos e princípios expressos nesta Lei não excluem outros previstos no ordenamento jurídico pátrio relacionados à matéria ou nos tratados internacionais em que a República Federativa do Brasil seja parte".

Desponta, em tais normas, o princípio da precaução, voltado à eliminação prévia (anterior à produção do dano) dos riscos da lesão, por meio de normas específicas, impondo restrições aos agentes econômicos de maior potencial lesivo, que deverão ser proativos, a partir do conceito de prestação de contas (artigo 6º, X, LGPD), lado a lado com uma fiscalização eficiente pelo poder público. Deve ser considerada sobretudo a natureza grave e irreversível de tais danos, que produzirão efeitos a longo prazo.[34]

Especificamente no campo das relações de consumo, nestes tempos caracterizados por concentração de empresas, proliferação de serviços e produtos complexos e sofisticados, o que se acentua pelas facetas tecnológicas, considerando o apelo e assédio ao consumidor, época de desenvolvimento econômico e consumo de massa denominado *sociedade de consumo,* instala-se um acentuado desequilíbrio ou desigualdade de forças entre produtores e distribuidores, de um lado, e consumidores, do outro, o que faz sentir a necessidade de regulação, promovendo a defesa dos mais fracos, dos vulneráveis.[35]

Os dois incisos do parágrafo primeiro do artigo 42 da LGPD, de forma semelhante do RGPD europeu, estabelecem as hipóteses expressas em que haverá solidariedade entre operadores e controladores de dados. No primeiro caso, tem-se a responsabilidade civil solidária por danos causados pelo tratamento que descumprir as obrigações da legislação de proteção de dados ou que não seguir as instruções lícitas do controlador, hipótese em que o operador equipara-se ao controlador. No segundo caso, tem-se a solidariedade dos controladores que estiverem diretamente envolvidos no tratamento, quando forem vários.[36]

Por seu turno, o parágrafo segundo do art. 42 da LGPD estabelece uma inversão do ônus da prova em favor do titular de dados pessoais, dialogando com o Artigo 6º, VIII da Lei 8078/90, mesmo quando não houver relação de consumo. Já o art. 42, parágrafo terceiro prevê que as ações de reparação por danos coletivos que tenham por objeto a responsabilização dos agentes de tratamento podem ser exercidas coletivamente em juízo. Tal norma deve ser lida em conjunto com o art. 6º, inciso VI do

---

34. VINEY, Geneviéve; JOURDAIN, Patrice. *Traité de droit civil.* Les effets de la responsabilité. 2. ed. Paris: LGDJ, 2001. p. 21.
35. SILVA, João Calvão da. *Responsabilidade civil do produtor.* Coimbra: Almedina, 1990. p. 29.
36. MARTINS, Guilherme Magalhães; FALEIROS JÚNIOR, José Luiz de Moura. *Compliance digital e responsabilidade civil na Lei Geral de Proteção de Dados,* cit., p. 283.

CDC, que prevê como direito básico do consumidor "a efetiva prevenção e reparação de danos patrimoniais e morais, individuais, coletivos e difusos".

A compreensão do dano moral coletivo vincula-se aos direitos metaindividuais e aos respectivos instrumentos de tutela, exigindo uma análise da responsabilidade civil sob o viés não somente estrutural, como sobretudo funcional, tendo em vista o princípio da precaução, conferindo tutela não só às relações de consumo, como também ao meio ambiente, patrimônio cultural, ordem urbanística e outros bens que extrapolem o interesse individual.[37]

Finalmente, as excludentes de responsabilidade civil são contempladas no Artigo 43 da LGPD, de inspiração consumerista, que assim prevê:

> Artigo 43 – Os agentes de tratamento só não serão responsabilizados quando provarem:
>
> I – que não realizaram o tratamento de dados pessoais que lhes é atribuído;
>
> II – que, embora tendo realizado o tratamento de dados pessoais que lhes é atribuído, não houve violação à legislação de proteção de dados; ou
>
> III – que o dano é decorrente de culpa exclusiva do titular dos dados ou de terceiro.

A não realização do tratamento aparece também na legislação europeia (RPGD, artigo 82, (3), *in fine*), residindo na causalidade, ou seja, não tendo sido determinado agente causador do tratamento de dados, não se lhe pode atribuir a responsabilidade pelos danos eventualmente sofridos pelo titular.[38]

As demais excludentes, da ausência de violação à legislação de proteção de dados (II) e culpa exclusiva do titular dos dados ou de terceiro (III) devem ser aferidas somente sob o prisma da causalidade, abstraindo-se de qualquer visão de reprovabilidade da conduta ou mesmo evitando-se buscar intepretações onde a lei não enxergou, como um retrocesso à culpa, ainda que normativa, considerando que, historicamente, a culpa já cumpriu seu papel na responsabilidade civil.

Em continuidade, verifica-se que o tratamento irregular de dados pessoais é contemplado no Artigo 44 da LGPD, igualmente de inspiração consumerista, que prevê as circunstâncias relevantes a serem consideradas para a sua incidência:

---

37. BESSA, Leonardo Roscoe. Dano moral coletivo. In: MARQUES, Cláudia Lima; MIRAGEM, Bruno. *Doutrinas essenciais, Direito do Consumidor*, São Paulo, v. 5, 2011. p. 492. Em importante precedente coletivo, relacionado à biometria na Linha 4 do Metrô de São Paulo, o Tribunal de Justiça de São Paulo considerou a responsabilidade objetiva (TJ-SP, CP 1090663-42.2018.8.26.0100, 37ª Vara Cível – Foro Central Cível, j. 07 maio 2021). A ementa é a seguinte: "Proibição da coleta e tratamento de imagens e dados biométricos tomados, sem prévio consentimento, de usuários das linhas de metrô da Linha 4. A ré confessa que há detecção da imagem dos usuários, usada para fins estatísticos, mediante o uso de algoritmos computacionais. CDC, publicidade enganosa e abusiva – métodos comerciais coercitivos ou desleais – art. 6º, III e IV. Art. 31, CDC, informações corretas, claras, precisas, ostensivas. Danos morais coletivos arbitrados em R$ 100.000,00".

38. MARTINS, Guilherme Magalhães; FALEIROS JÚNIOR, José Luiz de Moura. *Compliance digital e responsabilidade*, cit., p. 284.

Artigo 44 – O tratamento de dados pessoais será irregular quando deixar de observar a legislação ou quando não fornecer a segurança que o titular dele pode esperar, consideradas as circunstâncias relevantes, dentre as quais:

I – o modo pelo qual é realizado;

II – o resultado e os riscos que razoavelmente dele se esperam;

III – as técnicas de tratamento de dados pessoais disponíveis à época em que foi realizado.

O Artigo 45 da Lei 13.709/2018 remete à legislação especial, no caso o Código de Defesa do Consumidor, sempre que presentes os seus pressupostos de aplicação, a partir dos conceitos de consumidor (artigos 2º, *caput* e parágrafo único, 17 e 29, Lei 8078/90) e fornecedor(artigo 3º, Lei 8078/90). A defesa do consumidor aparece como princípio da disciplina da proteção de dados pessoais no Artigo 2º, VI da Lei 13.709/18, lado a lado com a livre iniciativa e a livre concorrência. Esta última norma reforça a harmonização dos interesses dos participantes das relações de consumo e compatibilização da proteção do consumidor com a necessidade de desenvolvimento econômico e tecnológico, de modo a viabilizar os princípios nos quais se funda a ordem econômica (Artigo 170 da Constituição da República), sempre com base na boa-fé e equilíbrio nas relações entre consumidores e fornecedores.

A responsabilidade civil, no âmbito das relações de consumo, é objetiva, por expressa menção legal, conforme os artigos 12 e 14 do Código de Defesa do Consumidor, a partir da adoção da teoria do risco criado. Conforme o artigo 12 da Lei 8078/90, "o fabricante, o produtor, o construtor, nacional ou estrangeiro, e o importador respondem, independentemente da existência de culpa, pela reparação dos danos causados aos consumidores por defeitos decorrentes de seus projetos", posição essa também assumida no Artigo 14, relativo à prestação de serviços. Basta ao consumidor, portanto, a prova do dano e do nexo causal, tendo sido aquela norma fortemente inspirada na Diretiva 85/374/CEE.[39]

Além de aludir à segurança legitimamente esperada, que o consumidor pode esperar, no artigo 14, parágrafo primeiro, o Código de Defesa do Consumidor dá relevância à potencialidade de produtos e serviços que possam ser nocivos à saúde e segurança dos consumidores, exigindo informação clara e adequada, além de proibir a colocação no mercado de tais produtos e serviços quando o fornecedor sabe ou deveria saber de tais circunstâncias (arts. 8º, 9 e 10, Lei 8078/90).[40]

A diferença mais importante entre os regimes da LGPD e do CDC está na amplitude das hipóteses de responsabilidade solidária. Enquanto na LGPD o reconheci-

---

39. MARTINS, Guilherme Magalhães. *Responsabilidade civil por acidente de consumo na Internet*. 3. ed. São Paulo: Ed. RT, 2020. p. 129.

40. CHINELLATO, Silmara Juny de Abreu. Da responsabilidade civil no Código de 2002. Aspectos fundamentais. Tendências do direito contemporâneo. In: TEPEDINO, Gustavo; FACHIN, Luiz Edson (Coord.) *O Direito e o Tempo*: embates jurídicos e utopias contemporâneas. Estudos em homenagem ao professor Ricardo Pereira Lira. Rio de Janeiro: Renovar, 2008. p. 959-960.

mento da responsabilidade solidária se submete ao artigo 42, parágrafo primeiro,[41] a responsabilidade nas relações de consumo, em regra, é solidária (Lei 8078/90, Artigo 7º, parágrafo único, combinado com Artigo 25, parágrafos primeiro e segundo), facilitando a reparação do dano sofrido pelo consumidor.[42]

Convém não olvidar que, em relação ao consumidor pessoa física, que será ao mesmo tempo titular dos dados, se impõe a proteção de dados como um direito fundamental, seja em virtude da norma do Artigo 5º, XXXII, da Constituição da República, seja de forma autônoma. Nos dias 06 e 07 de maio de 2020, o Supremo Tribunal Federal proferiu decisão histórica ao reconhecer um direito fundamental autônomo à proteção dos dados pessoais, referendando a medida cautelar nas ações diretas de inconstitucionalidade 6.387, 6.388, 6389, 6.393 e 6.390, suspendendo a aplicação da Medida Provisória 954/2018.

Por dez votos a um, o julgamento do Plenário do Supremo Tribunal Federal confirmou decisão monocrática da Ministra Rosa Weber, que deferiu a medida cautelar requerida pelo Conselho Federal da Ordem dos Advogados do Brasil, para suspender o inteiro teor da Medida Provisória 954, de 17 de abril de 2020, de cuja súmula se lê:

> dispõe sobre o compartilhamento de dados por empresas de telecomunicações prestadoras de Serviço Telefônico Fixo Consultado e de Serviço Móvel Pessoal com a Fundação Instituto Brasileiro de Geografia e Estatística, para fins de suporte à produção estatística oficial durante a situação de emergência da saúde pública de importância internacional decorrente do coronavírus (Covid-19), de que trata a Lei 13.979, de 06 de fevereiro de 2020.

A mencionada decisão, que consolidou o dado pessoal como merecedor de tutela constitucional, reconheceu que não há dados pessoais neutros ou insignificantes no atual contexto, tendo em vista a formação de perfis informacionais de grande valia para o mercado e para o Estado, inexistindo, portanto, dados insignificantes, consoante o voto da Ministra Cármen Lúcia.[43]

Mas não se trata de regimes excludentes, devendo haver um diálogo de fontes entre a Lei Geral de Proteção de Dados (mais específica) e o Código de Defesa do Consumidor (lei geral), em relação à tutela dos direitos do consumidor-titular.

---

41. Lei 13.709/2018, "art. 42 (...) § 1º A fim de assegurar a efetiva indenização ao titular dos dados: I – o operador responde solidariamente pelos danos causados pelo tratamento quando descumprir as obrigações da legislação de proteção de dados ou quando não tiver seguido as instruções lícitas do controlador, hipótese em que o operador equipara-se ao controlador, salvo nos casos de exclusão previstos no art. 43 desta Lei; II – os controladores que estiverem diretamente envolvidos no tratamento do qual decorreram danos ao titular dos dados respondem solidariamente, salvo nos casos de exclusão previstos no art. 43 desta Lei".

42. SCHREIBER, Anderson. Responsabilidade civil na Lei Geral de Proteção de Dados Pessoais. In: MENDES, Laura Schertel; DONEDA, Danilo; SARLET, Ingo Wolfgang; RODRIGUES JR, Otavio Luiz. *Tratado de proteção de dados pessoais*. Rio de Janeiro: Forense, 2021. p. 335.

43. MENDES, Laura Schertel. Decisão histórica do STF reconhece direito fundamental à proteção de dados pessoais. *Jota*, 10 maio 2020. Disponível em: https://www.jota.info/paywall?redirect_to=//www.jota.info/opini ao-e-analise/artigos/decisao-historica-do-stf-reconhece-direito-fundamental-a-protecao-de-dados--pessoais-1005 2020. Acesso em: 16 jul. 2020.

As normas da LGPD sobre a responsabilidade civil dos agentes de tratamento de dados pessoais são justificadas por alguns princípios em especial: segurança (artigo 6º, VII), prevenção (artigo 6º, VIII) e responsabilização e prestação de contas (art. 6º, X), sendo o debate complementado pelo artigo 46 e seguintes, que versam sobre a segurança de dados, governança e sanções administrativas adequadas em caso de incidentes.[44]

Deve ser mencionado ainda o princípio da transparência (artigo 6º, VI), que garante a clareza, precisão e acessibilidade de informações de como os dados pessoais são tratados, assim como sobre aqueles que tratam tais dados,[45] encontrando-se intimamente ligado à informação, direito básico do consumidor, consoante o artigo 6º, III da Lei 8078/90.

Transparência, para Alcides Tomasetti Jr., significa

uma situação informativa favorável à apreensão racional – pelos agentes econômicos que figuram como sujeitos naquelas declarações e decorrentes nexos normativos – dos sentimentos, impulsos e interesses, fatores, conveniências e injunções, todos os quais surgem ou são suscitados para interferir e suscitar e condicionar as expectativas e o comportamento daqueles mesmos sujeitos, enquanto consumidores e fornecedores conscientes de seus papéis, poderes, deveres e responsabilidades.[46]

3. CONCLUSÃO

O modelo individualista liberal centrado na culpa não atende às exigências da sociedade da informação, sobretudo em face dos incidentes de segurança envolvendo a proteção de dados pessoais, devendo-se buscar um modelo mais solidarista, centrado no risco, conforme a evolução da responsabilidade civil, ampliando o campo da reparação, de modo a promover uma maior proteção das vítimas.

A solidariedade inspira uma vocação social do Direito, sobretudo no tocante à distribuição dos riscos da atividade econômica.

Mesmo a ideia de uma culpa normativa, por infração à lei, mostra-se insuficiente em face das novas demandas, embora caiba ao Judiciário o importante papel de concretização dos comandos da Lei Geral de Proteção de Dados Pessoais, Artigo 42 e seguintes, dando-se ênfase aos direitos fundamentais envolvidos, seja do ponto de vista dos dados pessoais, seja do ponto de vista do direito do consumidor.

---

44 MULHOLLAND, Caitlin. A LGPD e o fundamento da responsabilidade civil dos agentes de tratamento de dados pessoais: culpa ou risco? *Migalhas de Responsabilidade Civil*. Disponível em: https://www.migalhas.com.br/coluna/migalhas-de-responsabilidade-civil/329909/a-lgpd-e-o-fundamento-da-responsabilidade-civil-dos-agentes-de-tratamento-de-dados-pessoais--culpa-ou-risco. Acesso em: 29 ago. 2021. p. 01.

45 CHINELLATO, Silmara Juny de Abreu; MORATO, Antonio Carlos. Direitos básicos de proteção de dados pessoais, o princípio da transparência e a proteção dos direitos intelectuais. In: MENDES, Laura Schertel; DONEDA, Danilo; SARLET, Ingo Wolfgang; RODRIGUES JR., Otávio Luiz. *Tratado de proteção de dados pessoais*. Rio de Janeiro: Forense, 2021. p. 641-642.

46 TOMASETTI JR., Alcides. Transparência e regime da informação no Código de Proteção e Defesa do Consumidor. In: CORREIA, Atalá; CAPUCHO, Fábio Jun. Direitos da personalidade: a contribuição de Silmara J. A. Chinellato. Barueri: Manole, 2019, pos 6362 (*e-book*).

4. REFERÊNCIAS BIBLIOGRÁFICAS

ALVIM, Agostinho. *Da inexecução das obrigações e suas consequências*. 3. ed. Rio de Janeiro: Editora Jurídica e Universitária, 1965.

ALTERINI, Atilio. *Responsabilidad civil:* limites de la reparación civil. 3. ed. Buenos Aires: Abeledo-Perrot, 1999.

BESSA, Leonardo Roscoe. Dano moral coletivo. In: MARQUES, Cláudia Lima; MIRAGEM, Bruno. *Doutrinas essenciais; Direito do Consumidor,* São Paulo, v. 5, 2011.

BRIZ, Jaime Santos. *La responsabilidad civil:* derecho sustantivo y derecho procesal. Madrid: Montecorvo, 1970.

CHINELLATO, Silmara Juny de Abreu; MORATO, Antonio Carlos. Direitos básicos de proteção de dados pessoais, o princípio da transparência e a proteção dos direitos intelectuais. In: MENDES, Laura Schertel; DONEDA, Danilo; SARLET, Ingo Wolfgang; RODRIGUES JR., Otávio Luiz. *Tratado de proteção de dados pessoais*. Rio de Janeiro: Forense, 2021.

CHINELLATO, Silmara Juny de Abreu. Da responsabilidade civil no Código de 2002. Aspectos fundamentais. Tendências do direito contemporâneo. In: TEPEDINO, Gustavo; FACHIN, Luiz Edson (Coord.) *O Direito e o Tempo:* embates jurídicos e utopias contemporâneas. Estudos em homenagem ao professor Ricardo Pereira Lira. Rio de Janeiro: Renovar, 2008.

CHINELLATO, Silmara Juny de Abreu. Marco Civil da internet e direito autoral: responsabilidade civil dos provedores de conteúdo. In: DE LUCCA, Newton; SIMÃO FILHO, Adalberto; LIMA, Cíntia Rosa de. *Direito & Internet*. São Paulo: Quartier Latin, 2015. v. III. t. II.

DE CUPIS, Adriano. *El daño:* teoria general de la responsabilidad civil. 2. ed. Trad. Angel Martínez Sarrión. Barcelona: Bosch, 1975.

FRAZÃO, Ana. Objetivos e alcance da Lei Geral de Proteção de Dados. In: TEPEDINO, Gustavo; FRAZÃO, Ana; OLIVA, Milena Donato. *Lei Geral de Proteção de Dados Pessoais e sua repercussão no direito brasileiro*. São Paulo: Ed. RT, 2019.

HAN, Bhung-Chul. *No enxame:* perspectivas do digital. Trad. Lucas Machado. Petrópolis: Vozes, 2018.

HEUSI, Tálita Rodrigues. Perfil criminal como prova pericial no Brasil. *Brazilian Journal of Forensic Sciences, Medical Law and Bioethics,* Itajaí, v. 5, n. 3, p. 237, 2016.

LIMA, Alvino. *Culpa e risco*. 2. ed. São Paulo: Ed. RT, 1998.

LYON, David. *The electronic eye:* the rise of surveillance society. Oxford: Polity Press, 1994 (*e-book*).

JOURDAIN, Patrice. *Les príncipes de la responsabilité civile*. 6. ed. Paris: Dalloz, 2003.

MARTINS, Guilherme Magalhães. Risco, solidariedade e responsabilidade civil. In: MARTINS, Guilherme Magalhães (Coord.) *Temas de responsabilidade civil*. Rio de Janeiro: Lumen Juris, 2012.

MARTINS, Guilherme Magalhães. *Responsabilidade civil por acidente de consumo na Internet*. 3. ed. São Paulo: Ed. RT, 2020.

MARTINS, Guilherme Magalhães; LONGHI, João Victor Rozatti; FALEIROS JÚNIOR, José Luiz. A pandemia da Covid-19, o "profiling" e a Lei Geral de Proteção de Dados. Migalhas, 28 abr. 2020. Disponível em: https://www.migalhas.com.br/depeso/325618/a-pandemia-da-covid-19-o-profiling-e-a-lei-geral-de-protecao-de-dados. Acesso em: 02 maio 2020.

MARTINS, Guilherme Magalhães; FALEIROS JÚNIOR, José Luiz de Moura. Compliance digital e responsabilidade civil na Lei Geral de Proteção de Dados. In: MARTINS, Guilherme Magalhães; ROSENVALD, Nelson. *Responsabilidade civil e novas tecnologias*. Indaiatuba: Foco, 2020.

MARTINS, Guilherme Magalhães. Direito ao esquecimento no STF: A Tese de Repercussão 786 e seus efeitos. *Migalhas de Responsabilidade Civil*. São Paulo, 18 de fevereiro de 2021. Disponível em: https://

www.migalhas.com.br/coluna/migalhas-de-responsabilidade-civil/340463/direito-ao-esquecimento-no-stf-repercussao-geral-786-e-seus-efeitos. Acesso em: 04 out. 2021.

MARTINS, Guilherme Magalhães. Responsabilidade civil, acidente de consumo e a proteção do titular de dados na Internet. In: FALEIROS JÚNIOR, José Luiz de Moura; LONGHI, João Victor Rozatti; GUGLIARA, Rodrigo. *Proteção de dados pessoais na sociedade da informação*: entre dados e danos. Indaiatuba: Foco, 2021.

MENDES, Laura Schertel. Decisão histórica do STF reconhece direito fundamental à proteção de dados pessoais. Jota, 10 maio 2020. Disponível em: https://www.jota.info/paywall?redirect_to=//www.jota.info/opiniao-e-analise/artigos/decisao-historica-do-stf-reconhece-direito-fundamental-a-protecao--de-dados-pessoais-1005 2020. Acesso em: 16 jul. 2020.

MIRAGEM, Bruno. A Lei Geral de Proteção de Dados (Lei 13.709/2018) e o direito do consumidor. In: MARTINS, Guilherme Magalhães; ROSENVALD, Nelson. *Responsabilidade civil e novas tecnologias*. Foco: Indaiatuba, 2020.

MORAES, Maria Celina Bodin. *Danos à pessoa humana*: uma leitura civil-constitucional dos danos morais. Rio de Janeiro: Renovar, 2003.

MORAES, Maria Celina Bodin. LGPD: um novo regime de responsabilização civil dito "proativo". *Editorial à Civilistica.com.*, Rio de Janeiro, a. 8, n. 3, 2019. Disponível em: https://civilistica.com/wp-content/uploads1/2020/04/Editorial-civilistica.com-a.8.n.3.2019-2.pdf. Acesso em: 29 ago. 2021.

MULHOLLAND, Caitlin. A LGPD e o fundamento da responsabilidade civil dos agentes de tratamento de dados pessoais: culpa ou risco? *Migalhas de Responsabilidade Civil*. Disponível em: https://www.migalhas.com.br/coluna/migalhas-de-responsabilidade-civil/329909/a-lgpd-e-o-fundamento-da--responsabilidade-civil-dos-agentes-de-tratamento-de-dados-pessoais--culpa-ou-risco. Acesso em: 29 ago. 2021.

OHM, Paul. Broken promises of privacy. *UCLA Law Revie,*. Los Angeles, v. 57, p. 1701-1777, 2010.

PASQUALE, Frank. *The Black Box Society*: the secret algorithmy that control money and information. Cambridge: Harvard University Press, 2015.

PEIRANO, Marta. *El enemigo conoce el sistema*: manipulación de datos, personas y influencias después de la Economia de la atención. Barcelona: Penguin Random House, 2019.

RODOTÀ, Stefano. *Il problema della responsabilità civile*. Milano: Giuffrè, 1966.

SCHMIDT NETO, André Perin. *O livre-arbítrio na era do Big Data*. São Paulo: Tirant lo Blanch, 2021. p. 161.

SCHWAB, Klaus. *A Quarta Revolução Industrial*. Trad. Daniel Moreira Miranda. São Paulo: Edipro, 2016.

SILVA, João Calvão da. *Responsabilidade civil do produtor*. Coimbra: Almedina, 1990.

SCHREIBER, Anderson. Responsabilidade civil na Lei Geral de Proteção de Dados Pessoais. In: MENDES, Laura Schertel; DONEDA, Danilo; SARLET, Ingo Wolfgang; RODRIGUES JR, Otavio Luiz. *Tratado de Proteção de Dados Pessoais*. Rio de Janeiro: Forense, 2021.

TOMASETTI JR., Alcides. Transparência e regime da informação no Código de Proteção e Defesa do Consumidor. In: CORREIA, Atalá; CAPUCHO, Fábio Jun. *Direitos da personalidade*: a contribuição de Silmara J. A. Chinellato. Barueri: Manole, 2019 (*e-book*).

VENTURI, Thaís Goveia Pascoaloto. *Responsabilidade civil proativa*. São Paulo: Malheiros, 2014.

VINEY, Geneviève. *Droit Civil*: Introduction à la responsabilité. 2. ed. Paris: LGDJ, 1995.

ZUBOFF, Shoshana. *The Age of Surveillance Capitalism*: The Fight for a Human Future at the New Frontier of Power. Nova Iorque: Public Affairs, 2018.

A GENEALOGIA DE UM LITÍGIO: UM RELATO SOBRE O CASO IDEC *VERSUS* VIAQUATRO

Rafael A. F. Zanatta

Diretor da Associação *Data Privacy* Brasil de Pesquisa. Mestre pela Faculdade de Direito da USP e doutorando pelo Instituto de Energia e Ambiente da USP. Mestre em direito e economia pela Universidade de Turim. *Alumni do Privacy Law and Policy Course* da Universidade de Amsterdam. *Research Fellow da The New School* (EUA). Membro da Rede Latino-Americana de Vigilância, Tecnologia e Sociedade (Lavits). Membro do Instituto Brasileiro de Responsabilidade Civil (Iberc). Foi coordenador do programa de direitos digitais do Instituto Brasileiro de Defesa do Consumidor (2015-2018). Líder de projetos do InternetLab e pesquisador da Escola de Direito da Fundação Getulio Vargas.

Sumário: 1. Introdução – 2. O planejamento para o litígio; 2.1 O contexto de redes de ativismo que apoiou a elaboração da ação; 2.2 A formação do grupo de trabalho que elaborou o litígio – 3. A relação de reforço mútuo entre proteção de dados e fundamentos da defesa do consumidor; 3.1 Utilizando a LGPD de forma correta mesmo sem sua entrada em vigor; 3.2 Retornando ao básico: a força do direito do consumidor nas relações com os serviços públicos – 4. Conclusão – 5. Referências bibliográficas.

1. INTRODUÇÃO

Este ensaio tem como propósito promover uma reflexão bastante modesta, em primeira pessoa, sobre o surgimento de um dos litígios mais emblemáticos do emergente campo da proteção de dados pessoais no Brasil: a ação civil pública promovida pelo Instituto Brasileiro de Defesa do Consumidor (Idec) contra a concessionária ViaQuatro, da Linha Amarela do metrô de São Paulo, pela instalação das Portas Interativas Digitais (PIDs), dispositivos de publicidade que coletavam dados biométricos dos passageiros do metrô, inferindo quatro tipos de emoção diante da reação perante peças publicitárias.[1]

Meu objetivo neste ensaio é suprir uma lacuna, na literatura especializada, sobre o surgimento deste litígio, a partir de uma narrativa sobre os bastidores de elaboração da ação, o modo como a tese foi construída e o processo de colaboração entre academia e sociedade civil na construção desta ação civil pública.

Esse tipo de produção de narrativa se mostra relevante na medida em que mais estudos jurídicos sobre proteção de dados pessoais reconhecem a importância deste litígio – para alguns, o primeiro grande caso sobre reconhecimento facial no Brasil; para outros uma primeira grande experiência de advocacia de interesse público em proteção de dados pessoais em menos de 15 dias de aprovação da Lei Geral de Proteção

---

1. Para uma introdução sobre a ação civil pública e acesso direto à petição inicial, ver https://idec.org.br/noticia/idec-vai-justica-contra-coleta-de-emocoes-de-usuarios-do-metro-de-sp

de Dados Pessoais (Lei 13.709/2018).[2] Mesmo diante da crescente relevância deste caso,[3] que obteve decisão liminar favorável, confirmada posteriormente em juízo de mérito em primeira instância, inexiste um relato abrangente sobre o surgimento do caso e sobre as táticas mobilizadas na elaboração da ação civil pública. Apesar de lecionar constantemente sobre responsabilidade civil[4] e por utilizar esse caso como uma das discussões em sala de aula, até hoje não tinha tido a oportunidade de organizar as ideias sobre o surgimento do caso, transformando essas ideias em texto minimamente coerente.[5] Eis o esforço deste ensaio genealógico.

É importante, de partida, avisar o(a) leitor(a) sobre o que *não pretendo* neste ensaio. Diria, em síntese, que não pretendo três coisas. Primeiro, não pretendo fazer uma apologia da ação civil pública ou de suas teses, em tom parecerístico, como se houvesse a necessidade de convencer alguém sobre as virtudes da ação ou da robustez das teses jurídicas apresentadas. Segundo, não pretendo explicar os desdobramentos judiciais do caso, em especial a decisão do Tribunal de Justiça de São Paulo.[6] Terceiro, não pretendo realizar generalizações a partir do relato deste caso ou tirar lições jurídicas mais gerais sobre ações civis públicas,[7] responsabilidade civil e danos morais coletivos.[8]

---

2. Como exemplos do impacto do caso na literatura especializada, ver DA SILVA, Lorena Abbas; FRANQUEIRA, Bruna Diniz; HARTMANN, Ivar A. O que os olhos não veem, as câmeras monitoram: reconhecimento facial para segurança pública e regulação na América Latina. *Revista Digital de Direito Administrativo*, v. 8, n. 1, p. 171-204, 2021. LOUREIRO, Maria Fernanda Battaglin; CARNEIRO, João Víctor Vieira. Problematizando o direito à privacidade e à proteção de dados pessoais em face da vigilância biométrica. *Teknokultura*, v. 17, n. 2, p. 204-213, 2020. SOUZA, Michel RO; ZANATTA, Rafael A. F. The Problem of Automated Facial Recognition Technologies in Brazil: Social Countermovements and the New Frontiers of Fundamental Rights. *Latin American Human Rights Studies*, v. 1, 2021.

3. Em comunicação privada, o professor Rodrigo Firmino, da PUC-PR, me informou que o caso chamou atenção do Prof. David Lyon, que o incluiu em seu último trabalho sobre resistências à vigilância no Sul Global. Infelizmente não possuo os detalhes da obra, pois imagino que ela está em vias de edição e publicação em 2022. Incluo esta nota sobre Lyon em razão de sua importância para os chamados *surveillance studies*, um campo interdisciplinar que tem apresentado crescimento expressivo nos últimos anos.

4. As aulas são ministradas na Data Privacy Brasil Ensino, escola de formação em proteção de dados pessoais sediada em São Paulo. Minha participação em universidades públicas, como a Universidade de São Paulo, tem ocorrido como professor convidado.

5. Sou grato à Roberta Densa e Nelson Rosenvald pelo convite e pela paciência em aguardar uma primeira versão deste ensaio. Sou profundamente grato ao Instituto Brasileiro de Responsabilidade Civil (Iberc) pela experiência constante de trocas sobre esses assuntos.

6. HIGIDIO, José. ViaQuatro deve indenizar por implantar sistema de detecção facial nas estações, Conjur, 10 de maio de 2021. Disponível em: https://www.conjur.com.br/2021-mai-10/viaquatro-indenizar-implantar-sistema-deteccao-facial. Para a versão integral da decisão da 37ª Vara Cível do Tribunal de Justiça do Estado de São Paulo, ver https://www.conjur.com.br/dl/viaquatro-indenizar-implantar-sistema.pdf

7. Para uma análise, em profundidade, sobre tutela coletiva em proteção de dados pessoais, ver ZANATTA, Rafael AF; SOUZA, Michel RO. A tutela coletiva em proteção de dados pessoais: tendências e desafios. DE LUCCA, Newton; ROSA, Cíntia. *Direito & Internet V: proteção de dados pessoais*. São Paulo: Quartier Latin, 2019.

8. Este não é um artigo científico e tampouco um estudo de caso. Mesmo se fosse, uma das regras básicas dos estudos de caso é evitar a generalização (a construção de uma teoria geral) a partir de experiências situadas e operadas no nível micro. É um erro comum de pesquisadores promover um salto entre experiências específicas e socialmente situadas e teorias gerais e abstratas.

O objetivo do ensaio é descritivo, mas com um elemento crucial que precisa ser explicitado: a inserção social do autor nas relações sociais que compõem a trajetória desta ação. Não pretendo, assim, criar um manto de objetividade extremado, como se fosse possível um deslocamento completo a um *eixo externo de observação*.[9] Pelo contrário: a análise proposta é embevecida de elementos subjetivos, de conexão interna, relações sociais e elementos biográficos, que se confundem com minha própria passagem pelo Instituto Brasileiro de Defesa do Consumidor (Idec), organização sem fins lucrativos criada em 1987 e conhecida pela defesa dos direitos difusos perante os diversos poderes, incluindo o Judiciário.

Com o relato, não quero ser panfletário ou promover uma espécie de relato autobiográfico de segunda categoria. A intenção, como disse, é apresentar um conjunto de elementos factuais importantes que auxiliam a compreensão de como surgiu esta ação civil pública e o empreendimento coletivo em sua elaboração. Quem sabe, outros litigantes possam aprender com as dificuldades do caso do Idec, em especial a força da colaboração e do *fazer junto*. Uma das grandes lições deste caso é precisamente o método de colaboração e de investigação conjunta, o que abre novos caminhos de reflexão sobre as colaborações entre Ministérios Públicos, Defensorias Públicas, Organizações Não-Governamentais (ONGs) e Núcleos de Universidades ou Projetos de Extensão.[10]

Argumento que, em cenário de "coletivização da proteção de dados pessoais"[11] e aumento da complexidade em torno das formas da abusividade no tratamento de dados pessoais, colaborações centradas em pesquisas serão centrais para a formulação de litígios estratégicos com chances de êxito. Ações judiciais apressadas, não baseadas em pesquisa e desleixadas tenderão a ser repelidas pelo Judiciário. Nesse sentido, o caso "Idec *vs* ViaQuatro" ilumina uma reflexão sobre método na advocacia de interesse

---

9. Apesar de não ser uma apresentação de uma pesquisa, metodologicamente tenho uma aproximação com a ideia de pesquisa-intervenção no sentido de análise cartográfica. Essa moldura reconhece que toda pesquisa é intervenção e que o pesquisador está *inserido*, pertencente à caminhada do percurso orientado pelo plano da experiência e intervenção, que transforma a realidade ao modo que a compreende. Ver PASSOS, Eduardo; KASTRUP, Virgínia; ESCÓSSIA, Liliana da (Orgs.). *Pistas do método da cartografia*: pesquisa-intervenção e produção de subjetividade. Porto Alegre: Sulinas, 2015.

10. Sobre colaboração interinstitucional em casos de judicialização, com enfoque na saúde, ver VASCONCELOS, Natalia Pires de. Entre justiça e gestão: colaboração interinstitucional na judicialização da saúde. *Revista de Administração Pública*, v. 55, p. 923-949, 2021.

11. Em diferentes ensaios, tenho argumentado que a coletivização é um processo estrutural de transformação da linguagem jurídica em torno da proteção de dados pessoais, saindo de uma matriz centrada exclusivamente em direitos individuais, bem uma transformação dos instrumentos do sistema de justiça aptos a concretizar tais direitos, que podem variar do aparato administrativo de defesa dos direitos coletivos do consumidor (como ocorre com a Federal Trade Commission nos Estados Unidos da América ou com a Secretaria Nacional do Consumidor no Brasil), a porosidade às demandas coletivas em Autoridades de Proteção de Dados Pessoais (por meio de audiências públicas e inquéritos participativos com entidades civis) e ampliação da tutela coletiva pelo Poder Judiciário, como ocorre com a proposta de reformas sobre *collective redress* na União Europeia e afirmação constitucional das Ações Civis Públicas no Brasil. Ver ZANATTA, Rafael. Tutela coletiva e coletivização da proteção de dados pessoais. In: PALHARES, Felipe (Coord.). *Temas atuais de proteção de dados*. São Paulo: Thomson Reuters Brasil, 2020.

público.[12] Diferentemente de litígios apressados, feitos em uma mesma semana após uma notícia de grande repercussão midiática, o caso ViaQuatro foi pensado, estruturado, rediscutido, articulado em suas dimensões de impacto jornalístico e midiático, formulado com uma visão de longo prazo e concebido como um litígio estratégico.[13] Descreve-lo, *por dentro*, é uma forma de contribuir com futuras discussões sobre defesas de direitos em dados pessoais, que assumirão, cada vez mais, uma dimensão coletiva.

2. O PLANEJAMENTO PARA O LITÍGIO

O caso "Idec vs ViaQuatro" teve início formal, em sentido jurídico, com o ajuizamento da ação em 30 de agosto de 2018. Evidentemente, houve um enorme trabalho por trás, influenciado por uma construção em rede e um contexto de construção de capacidade jurídica para litígios em direitos digitais.[14] Meu objetivo nessa seção é detalhar os bastidores do surgimento da ação, em especial a identificação da natureza do ato ilícito das Portas Interativas Digitais.

2.1 O contexto de redes de ativismo que apoiou a elaboração da ação

No início de 2018, diversos fatores estavam em jogo, compondo uma trama mais complexa de razões que ajudam a compreender o porquê do engajamento do

---

12. Não é meu objetivo realizar uma discussão aprofundada sobre advocacia de interesse público. Remeto o leitor a dois estudos clássicos que influenciam fortemente minha visão sobre o assunto: CAPPELLETTI, Mauro. Vindicating the public interest through the courts: A comparativist's contribution. *Buffalo Law Review*, v. 25, p. 643, 1975. DENTI, Vittorio. L'avvocato e la difesa di interessi collettivi. *Il Foro Italiano*, v. 101, p. 111/112-119/120, 1978.

13. Como argumentado por Daniel Sarmento, professor da Universidade Estadual do Rio de Janeiro, na conferência "Litigância estratégica em direitos humanos", realizado pelo Fundo Brasil de Direitos Humanos em abril de 2016, litígio estratégico é aquele litígio que tem uma preocupação da realidade para além de um caso específico. Como disse Sarmento: "Às vezes seu objetivo é ganhar uma causa, às vezes não é. Às vezes você pode resolver deflagrar o litígio apenas para chamar atenção para um problema. Você pode querer projetar luzes onde havia sombras. Às vezes você pode instaurar um litígio estratégico achando que as suas chances de vencer são pequenas, tendo ali a possibilidade de um acordo futuro. São diversos os objetivos dos litígios estratégicos". Para Sarmento, o principal *locus* do litígio estratégico no Brasil tem sido o Supremo Tribunal Federal.

14. Capacidade jurídica (*legal capacity*) é um conceito sociológico amplamente utilizado. Aqui, utilizo para designar o domínio de habilidades jurídicas para operação dentro do campo jurídico, como a formulação de ações judiciais, a compreensão de técnicas processuais e o modo de operação das Cortes e as estratégias de litígios que podem provocar mudanças sociais e políticas significativas. A construção dessa capacidade, dentro das organizações civis, é algo crucial quando se tem por objetivo a transformação social por meio das Cortes. Nem todas as organizações civis podem ser enquadradas como organizações de advocacia de interesse público (*public interest law organizations* – PILO). Catherine Albiston e Laura Beth Nielsen, em estudo sobre como as PILOs se financiam nos EUA, identificam que esse "modelo orientado a causas" da advocacia de interesse público teve grande desenvolvimento em 1970 quando a Fundação Ford decidiu se tornar a maior apoiadora de organizações de advocacia de interesse público, a partir das experiências exitosas do movimento negro, em especial os litígios estratégicos da *National Association for the Promotion of Colored People* (NAACP). Sobre as tensões em torno do financiamento dessas organizações que buscavam vitórias jurídicas, ver ALBISTON, Catherine R.; NIELSEN, Laura Beth. Funding the Cause: How Public Interest Law Organizations Fund Their Activities and Why It Matters for Social Change. *Law & Social Inquiry*, v. 39, n. 1, p. 62-95, 2014.

Idec neste tipo de litígio. Vale situar que, desde 2015, eu coordenava o programa de Direitos Digitais e Telecomunicações do Idec, acompanhando um movimento civil, global, de afirmação dos direitos digitais.[15] Essa linguagem era fortemente apoiada pelo Marco Civil da Internet (Lei 12.965/2014), legislação pioneira aprovada em abril de 2014 no Brasil. Apesar de não existir uma definição legal do que são direitos digitais – o Marco Civil da Internet tampouco utiliza essa expressão –, costumo definir direitos digitais como os direitos civis, sociais e econômicos relacionados à datificação da sociedade, tendo como eixo central de preocupação o impacto dessas novas tecnologias à fruição de direitos fundamentais.[16] Os direitos digitais não são somente os direitos da Internet.[17] O *digital* conecta-se à digitalização no sentido de acoplamento entre átomos e bits, de novas intermediações pela datificação e pela junção entre o material e o imaterial. Nesse sentido, a proteção de dados pessoais, enquanto elemento dos direitos digitais, também opera no "mundo físico", como uma ida a farmácia ou uma simples compra de supermercado. Dificilmente existirá um serviço ou relação de troca completamente fechado às mediações dos smartphones, computadores e dados que permitem a identificação de uma pessoa natural. Faz sentido pensar os direitos digitais como uma reconfiguração dos direitos fundamentais em um cenário de transformação do capitalismo imaterial, sempre conectado

---

15. Essa noção de direitos digitais, neste ensaio, não tem nenhuma relação com questões específicas de direitos autorais e novas mídias, como *digital rights management*, sistema operacionalizado para identificação de autoria e uso de produtos digitais. A noção de direitos digitais é sociologicamente informada pela atuação das entidades civis que se autointitulam como *defensoras dos direitos digitais*, como a *Derechos Digitales* no Chile ou a Red en Defensa de los Derechos Digitales no México.

16. Acredito que uma definição estática para os direitos digitais é impossível. Há quinze anos atrás, no Brasil, os direitos digitais possuíam grande ênfase ao direito de criar conteúdo online, disponibilizá-lo, recriar conteúdo e não sofrer consequências danosas pela cocriação cultural. Há cinco anos, os direitos digitais possuíam forte ênfase discursiva em torno da neutralidade de rede, o direito de não ser discriminado pelo tipo de dado trafegado e o direito de utilizar a Internet como instrumento de efetivação cidadã. Atualmente, os direitos digitais possuem ênfase na proteção de dados pessoais, no direito de um "ambiente informacional saudável" (não poluído por notícias falsas e por *fake News*) e no devido processo na mediação de conteúdo por comunidades e plataformas. Nota-se, nesse sentido, que o discurso em torno dos direitos digitais é plástico e molda-se aos contextos específicos e nas ameaças a direitos fundamentais por formas distintas de mediação da vida cívica pelas tecnologias e pelas forças econômicas. As pesquisas sobre o assunto (no que consiste o discurso sobre direitos digitais?) apontam reflexões semelhantes: "La diversidad de la conceptualización de los derechos digitales se complejiza con la aparición de nuevas plataformas y sus políticas de uso, pero también por las políticas públicas aplicadas en diferentes contextos. (...) los derechos digitales hacen alusión a derechos fundamentales, los cuales se ven constreñidos en los entornos digitales y, siendo un tema con principios jurídicos, ponen en evidencia la transversalidad de los asuntos sociales, culturales, económicos y políticos. De manera que el planteamiento apunta a una propuesta eficiente, eficaz y que se apegue a los derechos humanos, pero a la vez que tome en cuenta los espacios desde donde se producen y reproducen las prácticas que atacan estos derechos". GALINDO NÚÑEZ, Alma Celia. Derechos digitales: una aproximación a las prácticas discursivas en internet desde la etnografía virtual. *PAAKAT: revista de tecnología y sociedad*, v. 9, n. 16, p. 5-18, 2019.

17. Evidentemente, os direitos digitais possuem forte relação com o processo de constitucionalismo civil, formulado por agentes não estatais em escala global, em aproximação com os fóruns de governança da internet. Sobre essa relação entre governança da Internet e a constituição da linguagem sobre os direitos digitais, ver MENDES, Gilmar Ferreira; FERNANDES, Victor Oliveira. Constitucionalismo digital e jurisdição constitucional: uma agenda de pesquisa para o caso brasileiro. *Revista Brasileira de Direito*, v. 16, n. 1, p. 1-33, 2020.

às dimensões materiais, e novas formas de intermediação na vida cívica, social e econômica pelo fenômeno de plataformização.[18]

Além desse esforço de afirmação de novos direitos digitais pela sociedade civil organizada pós-Marco Civil da Internet, incluindo a proteção de dados pessoais, o segundo fato relevante a se destacar é a existência da campanha *Seus Dados São Você*, da Coalizão Direitos na Rede, existente desde setembro de 2017.[19] A Coalizão é um coletivo informal de mais de 40 organizações da sociedade civil que defendem direitos digitais, em especial (i) liberdade de expressão, (ii) neutralidade da rede e (iii) privacidade e proteção de dados pessoais. Eu havia participado da fundação da coalizão do primeiro semestre de 2016, ao lado de ativistas e pesquisadoras como Fernanda Bruno (MidiaLab UERJ), Joana Varon (Coding Rights), Bia Barbosa (Intervozes), Flávia Lefreve (Proteste), Renata Mielli (Barão de Itararé), entre outros. Nossa visão estratégica era que a proteção de dados pessoais seria a pauta positiva de regulação e afirmação de direitos, em profunda conexão com os princípios do Marco Civil da Internet. O objetivo da campanha era não somente lutar pela aprovação do projeto de lei de proteção de dados pessoais (PL 5276/2016), como também criar uma narrativa popular sobre a importância desses direitos. Em outras palavras, mostrar que a proteção de dados *está em tudo*. Não só no ambiente on-line e no uso de aplicativos, mas também nas farmácias, no transporte público, nas escolas e na aposentadoria, como já afirmado.[20]

A Coalizão se notabilizou por criar um fluxo de trocas entre as entidades civis e os centros de pesquisas. Alguns membros da coalizão eram ostensivamente direcionados à pesquisa, como o Grupo de Políticas Públicas e Acesso à Informação da Universidade de São Paulo (GPOPAI/USP), o Instituto de Tecnologia e Sociedade (ITS-Rio) e a Rede Latino Americana de Estudos de Vigilância, Tecnologia e Sociedade (Lavits). Mesmo estando no Idec, por ter ingressado no programa de doutorado do Instituto de Energia e Ambiente da USP em 2017, fui convidado a integrar a Lavits. Assim, mantinha os pés em dois barcos: no Idec, organização focada em incidência e assuntos políticos urgentes, e a Lavits, organização acadêmica que vive o tempo e o ritmo da pesquisa universitária.

A primeira vez que ouvi falar sobre as portas interativas digitais foi por meio de uma mensagem enviada por uma mestranda do Laboratório de Jornalismo da Unicamp, que integra a Lavits. Ela enviou um link de um *press release* da concessionária

---

18. QUINTARELLI, Stefano. *Capitalismo immateriale*: le tecnologie digitali e il nuovo conflitto sociale. Torino: Bollati Boringhieri, 2019.

19. Sobre a Coalizão e o surgimento da campanha "Seus Dados São Você" no contexto dos trabalhos da Comissão Especial de Tratamento e Proteção de Dados Pessoais na Câmara dos Deputados, ver BIONI, Bruno; RIELLI, Mariana. A Construção Multissetorial da LGPD: histórias e aprendizados. In: BIONI, Bruno. *Proteção de dados pessoais*: contexto, narrativas e elementos fundantes. São Paulo: B. R. Bioni Sociedade de Advocacia, 2021. p. 44-58.

20. Para uma análise completa, com base em uma linha do tempo de 2010 a 2021, sobre a atuação da sociedade civil no debate sobre proteção de dados pessoais, com enfoque na Coalizão Direitos na Rede, ver https://idec.org.br/dadospessoais/linha-do-tempo.

ViaQuatro que anunciava um moderno sistema de reconhecimento facial na Linha Amarela. O *release* não despertou a atenção da grande mídia. Apenas em veículos muito especializados em assuntos de transporte reverberou a notícia do anúncio de um moderno sistema de identificação das emoções dos passageiros diante das peças publicitárias exibidas em grandes telões para aqueles que esperavam o metrô. A narrativa era celebratória e vangloriava a inovação feita em São Paulo.

Desde 2016, eu coordenava grupos de estudos sobre litígios estratégicos e direitos difusos com os alunos de graduação da Faculdade de Direito da Universidade de São Paulo, por meio de uma parceria entre Idec e o Departamento Jurídico XI de Agosto.[21] Nós estávamos em busca de um caso representativo e paradigmático de violação de direitos difusos. Em 2016, havíamos ajuizado uma ação civil pública contra as franquias de dados na Internet fixa, sem sucesso em razão da Resolução da Agência Nacional de Telecomunicações que impediu a cobrança por pacotes de dados das empresas Oi, Vivo, NET e TIM.[22] Em 2017, havíamos formulado o rascunho de uma ação civil pública pela cobrança abusiva dos SVAs (Serviços de Valor Adicionado), que gerou milhões de reais de lucro para essas empresas às custas da lesão de direitos dos mais pobres. A ação foi elaborada com a Defensoria Pública do Estado de São Paulo, mas não foi ajuizada em razão dos esforços políticos de denúncia feitos pelo Idec diretamente à Anatel, por meio da superintendente de direitos dos consumidores, Elisa Leonel. Havia, enfim, o desejo de encontrar a ação civil pública correta, que até então não tinha acontecido.

O caso das portas interativas digitais pareceu chocante e explicitou a possibilidade de explorar um litígio com seus múltiplos efeitos.[23] Como aceitar que os dados de milhões de passageiros fossem coletados para fins de publicidade sem qualquer consentimento ou informações minimamente transparentes sobre a necessidade do seu uso?

2.2   A formação do grupo de trabalho que elaborou o litígio

Após a circulação da mensagem na Lavits, minha iniciativa imediata foi propor um grupo de estudos para viabilizar o ajuizamento de uma ação civil pública. Para

---

21. No contexto latino-americano, o "litígio estratégico" também é comumente chamado de "litígio paradigmático", "litígio de causas justas", "litígio de interesse público" ou "litígio de impacto". Em todas essas definições, encontra-se a ideia comum de que o uso da ação judicial é uma ferramenta de incidência política, orientada a reverter desigualdades sociais ou situações de lesão de direitos fundamentais. Objetiva-se, por meio do sistema de justiça, algum tipo de mudança estrutural nas práticas sociais e nas instituições ou mesmo reformas legais (discussões legislativas que se desdobram em razão da polêmica travada por um tribunal de justiça).

22. A ação foi ajuizada no Tribunal de Justiça do Distrito Federal e Territórios em abril de 2016, no ápice da crise das franquias de dados na internet fixa, que corria em paralelo ao processo de impeachment da Presidente Dilma Rousseff.

23. O litígio estratégico é sempre pensado em múltiplas dimensões e efeitos. Primeiro, o efeito material direto de desenho de políticas públicas de acordo com decisões em sede judicial. Segundo, o efeito material indireto por meio da formação de coalizões de ativistas para incidir nos temas debatidos. Terceiro, o efeito simbólico direto do problema se definir e ser percebido como uma violação de direito. Quarto, o efeito simbólico indireto de a opinião pública perceber o problema como grave e urgente.

tanto, precisaríamos vencer três barreiras iniciais. Primeiro, uma sólida e convincente descrição dos elementos fáticos (a apresentação da *causa petendi*).[24] Como o projeto foi iniciado? Que empresa seria responsável pelo software de detecção de emoções? Como os dados seriam armazenados? Qual política de privacidade balizaria esse tratamento? Que receitas a Via Quatro poderia obter com isso? Para quem os relatórios sobre impactos das peças publicitárias poderiam ser vendidos? Como a implementação das Portas Interativas Digitais ocorreu de modo silencioso e sem informações adequadas aos usuários?

A segunda barreira era o enquadramento jurídico do problema. Por ser uma receita acessória em um contrato de concessão de um serviço público de transporte, que direitos estariam afetados? O direito social ao transporte previsto na Constituição Federal? Os princípios de moralidade administrativa aplicáveis aos concessionários? Os direitos básicos dos consumidores, assumindo que o provimento do serviço de transporte público é uma relação de consumo? Os direitos previstos no Código de Defesa do Consumidor? O direito de não estar submetido a uma prática abusiva, relacionada à exploração da própria imagem?

A terceira barreira era uma noção clara sobre o que poderíamos formular em termos de pedidos. Seria o caso de simplesmente exigir a interrupção das Portas Interativas Digitais? Haveria um dano social? Haveria um dano moral coletivo, uma violação aos valores comunitários em uma dimensão ética e significativa? Caberia um pedido para que houvesse apenas mais informações transparentes? Ou caberia atrelar a coleta de dados à obtenção de consentimento livre, específico e informado por parte do titular, o cidadão passageiro? Seria possível a reparação pela violação de direitos difusos?

Diante de uma necessidade mais *factual*, jornalística e de investigação, e uma necessidade mais *argumentativa*, no sentido jurídico, foi estruturada uma colaboração que se mostrou crucial para o sucesso da formulação da petição inicial da ação civil pública.

De início, pesquisadoras da Lavits já haviam aceitado a colaboração.[25] Por informações internas comentadas pelas pesquisadoras do Idec – na época estavam Barbara Prado Simão, Juliana Oms e Livia Torres –, tomamos conhecimento que o

---

24. Vale lembrar a lição de Cândido Rangel Dinamarco: "Entre os ônus processuais, o primeiro e de maior peso é o ônus de afirmar, especificamente considerado nos termos do ônus de demandar. E como quem pede há de justificar o *petitum* alinhando uma *causa petendi*, só demanda adequadamente quem fundamenta de modo adequado. Daí a inépcia da petição inicial à qual falte, entre outros elementos essenciais, a causa de pedir deduzida de modo claro e com inteireza com relação aos fatos relevantes para a constituição do direito que alega". DINAMARCO, Cândido Rangel. *Fundamentos do Processo Civil moderno*. 6. ed. São Paulo: Malheiros, 2010. p. 929.

25. A provocação inicial "vamos pensar em uma ação civil pública?" surgiu por meio do aplicativo de mensageria Telegram. Pesquisadores da Rede Latino-Americana de Vigilância, Tecnologia e Sociedade se articulam neste grupo e trocam informações de forma assíncrona. Eu estava no grupo há alguns meses quando ocorreu, em abril de 2018, o anúncio das PIDs. Uma das grandes impulsionadoras da colaboração foi Jamila Venturini, que hoje é diretora executiva da ONG Derechos Digitales, sediada no Chile.

A GENEALOGIA DE UM LITÍGIO: UM RELATO SOBRE O CASO IDEC *VERSUS* VIAQUATRO **501**

Professor Rafael Mafei, do Departamento de Filosofia e Teoria Geral do Direito da USP, coordenava um grupo de pesquisa do Programa de Educação Tutorial, o PET/USP, criado pelo Professor José Eduardo Faria. Sabíamos que o grupo do Prof. Mafei estava estudando privacidade de forma empírica, por meio de um conjunto de análises de casos do Supremo Tribunal Federal. Ao falar com Mafei por telefone e expor o caso, perguntei se ele gostaria de uma colaboração formal na construção de um litígio estratégico em torno do caso da ViaQuatro. Ele aceitou e combinamos uma reunião na sede do Idec, em Perdizes, São Paulo, com sua equipe de estudantes de graduação da Faculdade de Direito da USP.

Após o aceite de Lavits e PET/USP, foi criado um plano de trabalho com uma designação de atividades de pesquisa. Lavits e PET entrariam em uma posição consultiva, alimentando o Idec com subsídios, por meio de pesquisa, para a proposição de uma ação civil pública. Inicialmente, a divisão interna de trabalho foi feita do seguinte modo:

- Lavits seria responsável pela documentação factual do caso, incluindo as informações sobre o anúncio das Portas Interativas Digitais, evidencias de que as Portas foram anunciadas como "reconhecimento facial", informações sobre a empresa responsável pela exploração econômica das reações pela detecção facial, explicações, de natureza técnica, sobre o mercado de *Digital Out of Home* e detecção de emoções;

- PET/USP seria responsável por apresentar uma argumentação de natureza constitucional sobre o direito à privacidade, em conexão com a tradição brasileira de direito civil (direitos da personalidade), incorporando os achados da pesquisa com a reflexão trazida para o caso;

- Idec seria responsável por estruturar uma argumentação sobre violação de direitos com base no Código de Defesa do Consumidor, precedentes sobre práticas abusivas no Superior Tribunal de Justiça e incorporação do racional da proteção de dados pessoais no interior na argumentação.

Após a elaboração de um plano de litigância, foram identificadas as teses principais que poderiam ser elaboradas, partindo de uma percepção de que a coleta de dados biométricos e emoções dos passageiros, por meio das Portas Interativas Digitais, seria uma espécie de "pesquisa de opinião forçada". Seria como mostrar uma propaganda para uma pessoa e tentar obter a informação de como ela reagiu. A forma clássica e ética de se fazer isso seria por meio de uma pesquisa de opinião, pedindo licença e permissão para perguntar *como a pessoa se sentiu*. A problemática toda do caso envolvia um elemento perverso: ao invés de pedir permissão para a pessoa, o pesquisador simplesmente inicia a pesquisa. Ao invés de perguntar como a pessoa se sente, toma a informação do rosto da pessoa, por um processo de inferência, que é de natureza probabilística.[26]

---

26. Essa natureza é muito bem explicada pelo professor Sergio Amadeu, da Universidade Federal do ABC. Reproduzo sua explicação didática sobre o funcionamento do reconhecimento facial: "Trata-se de um

Durante os meses de maio a agosto de 2018, as equipe produziram *briefings* e relatórios iniciais, que se somaram ao trabalho interno do Idec de estruturação da petição inicial, por meio do seu Departamento Jurídico.[27] A petição foi escrita diversas vezes, com reestruturações significativas influenciadas pela definição do fio condutor da ação. O principal aprendizado deste processo foi a construção de uma relação de reforço mútuo entre a proteção de dados pessoais e os elementos mais básicos da defesa do consumidor e do direito civil, como abuso de direito, vedação de prática abusivas e boa-fé. Como explicarei a seguir, a ação possui uma estratégia que posso chamar de "isca de peixe": utiliza a LGPD para chamar atenção para uma problemática nova (tratamento de dados pessoais sensíveis), porém mobiliza elementos fundantes da defesa do consumidor para identificação do ilícito. Enfrenta o novo a partir do velho.

3. A RELAÇÃO DE REFORÇO MÚTUO ENTRE PROTEÇÃO DE DADOS E FUNDAMENTOS DA DEFESA DO CONSUMIDOR

A construção do litígio, entre maio e agosto de 2018, foi fortemente influenciada por uma série de fatores, como a elaboração da versão final da Lei Geral de Proteção de Dados Pessoais (Lei 13.709/2018)[28] e a efetividade do Código de Defesa dos Usuários de Serviços Públicos, legislação federal aprovada em 2017 e que contou com uma *vacatio legis* de um ano.

Descrevo, nesta parte final, como esses fatores foram cruciais para a formulação dos contornos jurídicos do caso e definição dos pedidos da ação civil pública, que se cristalizaram no quadro-resumo abaixo:

---

processo automatizado que compara uma imagem captada por uma câmera ou dispositivo de coleta com as imagens armazenadas em um banco de dados. Uma das primeiras missões do algoritmo é conseguir detectar o rosto da pessoa dentro da imagem. Depois da detecção do rosto, ele precisa ser alinhado, colocado virtualmente em determinada posição que facilite a fase seguinte que é a de extração de medidas. O algoritmo, conforme seu treinamento anterior, irá medir a distância entre olhos, entre os olhos e o nariz, a posição da boca, a textura da pele, enfim irá extrair medidas da imagem, irá quantificá-la. Em seguida, conforme seu modelo, irá comparar a imagem quantificada com cada uma das fotografias digitalizadas e inseridas em seu banco de dados. Assim, o algoritmo vai emitindo uma pontuação enquanto compara duas imagens, dois rostos, o do seu alvo e o que está armazenado na estrutura de dados. (...) os sistemas de reconhecimento são probabilísticos. Eles não podem responder se aquela imagem é ou não é de determinada pessoa. Eles fornecem percentuais de semelhança e diferença". AMADEU, Sergio. As tecnologias de reconhecimento facial, *A Terra É Redonda*, 01 de junho de 2021. Disponível em: https://aterraeredonda.com.br/as-tecnologias-de-reconhecimento-facial/.

27. O coordenador jurídico era Christian Tarik. Durante o processo de elaboração da ação, houve a contratação de Michel Roberto Oliveira de Souza, que se somou aos esforços de construção da ação civil pública no mês de agosto.

28. Como explicado em outro texto, o processo de formatação final da LGPD foi repleto de lobbies e mobilizações do setor privado, que já se articulavam desde 2017 por meio de cartas abertas e manifestos do setor privado em defesa de uma legislação flexível e aderente aos interesses das empresas de tecnologia no Brasil. Ver ZANATTA, Rafael. A nova batalha em torno da proteção dos dados pessoais no Brasil: o que defendem diferentes atores?. In: Núcleo de Informação e Coordenação do Ponto BR, *Pesquisa TIC Domicílios*. São Paulo: Comitê Gestor da Internet, 2017. p. 83-91.

A GENEALOGIA DE UM LITÍGIO: UM RELATO SOBRE O CASO IDEC *VERSUS* VIAQUATRO

Quadro 01. Resumo da ação civil pública do Idec apresentada na petição (2018)	
Fatos	Trata-se de ação civil pública promovida para cessar a coleta de dados de forma obrigatória de consumidores por meio das Portas Interativas Digitais, nas estações da [Linha Amarela operada pela concessionária] ViaQuatro, tutelando-se o direito por tratamento de dado biométrico sem consentimento do consumidor e por imposição de obrigações excessivas ao consumidor de serviço de transporte público;
Direito	A conduta ilegal da Ré: (i) viola o direito básico do usuário de serviços públicos a proteção de suas informações, nos termos da Lei 12.527/2011 (art. 6°, IV, do Código de Defesa dos Direitos do Usuário dos Serviços Públicos); (ii) descumpre os parâmetros definidos pelo art. 11 da Lei 13.709/2018;[29] (iii) descumpre o direito básico do consumidor de proteção contra práticas abusivas nos termos do art. 6°, IV, do CDC; (iv) consiste em prática abusiva, nos termos do art. 39, V, do CDC; (v) desobedece a obrigação dos fornecedores de informar aos consumidores de forma clara sobre os preços de produtos e serviços (artigos 6° e 31, do CDC); e (vi) a proibição de imposição de cumprimento de obrigações excessivamente onerosas pelos consumidores que ensejem vantagens manifestamente excessivas para os fornecedores (arts. 6°, V, 39, V, e 51, parágrafo 1°, I a III); (vii) descumpre o direito constitucional de proteção de imagem (art. 5°, CF) e viola o artigo 20 do Código Civil; (viii) infringe o direito de crianças e adolescentes pela coleta de dados pessoais;
Tutela de urgência	A demanda também busca tutela de urgência para determinar que a Ré cesse a coleta de dados das "portas interativas digitais", comprovando-se o desligamento das câmeras já instaladas, sob pena de multa diária de R$ 50.000,00 (cinquenta mil reais) por dia de descumprimento (art. 84, caput e § 3°, do CDC c/c art. 537, caput e § 2°, do CPC).

Fonte: petição inicial do Idec (2018, p. 2)

Apesar de estarmos profundamente conectados com o debate de proteção de dados pessoais na época – que encontrava um momento político bastante único, diante dos impactos brutais do escândalo Cambridge Analytica,[30] as tensões em torno do novo Cadastro Positivo e as pressões do setor privado e da sociedade civil organizada em torno da aprovação do texto da Comissão Especial de Tratamento e Proteção de Dados Pessoais[31] –, a ação foi pensada a partir dos fundamentos de transparência, abuso de direito e práticas abusivas.

3.1 Utilizando a LGPD de forma correta mesmo sem sua entrada em vigor

A elaboração da ação civil pública contra a ViaQuatro ocorreu precisamente durante o período de aprovação do Projeto de Lei 4060/2012, combinado com o

---

29. Por um erro de digitação, na petição inicial do Idec consta referência ao art. 10. No entanto, a análise jurídica é sobre base legal de tratamento de dados pessoais sensíveis, previsto no art. 11 da LGPD.

30. O escandalo ocorreu em 18 de março de 2018 e teve um impacto gigantesco no processo legislativo brasileiro. Fabrício Mota Alves, em depoimento ao Observatório da Privacidade e Proteção de Dados Pessoais, explicou como foi feita a articulação para que houvesse uma Sessão Temática no Plenário do Senado Federal para discutir proteção de dados pessoais. Esse foi um momento-chave, segundo ele, em que os Parlamentares se aproximaram do tema, na esteira do escândalo envolvendo o Facebook: https://www.observatorioprivaci-dade.com.br/memoria/2018-uma-conjuncao-astral/.

31. Como observado pelo Idec na sua "Linha do tempo da LGPD", o mês de abril de 2018 foi marcado por três movimentações importantes: (i) o término dos trabalhos regulares da Comissão Especial e a possibilidade de apresentação de um texto final pelo Deputado Orlando Silva, relator da Comissão; (ii) a realização de uma sessão temática no Senado Federal para discutir o PL 330/2013, que contava com apoio do governo federal, gerando uma competição entre dois projetos de lei (um da Câmara e outro do Senado); (iii) o movimento de oposição ao cadastro positivo pelos Procons e Idec, o que mobilizou um consenso sobre a necessidade da LGPD antes da aprovação do CP, com apoio de Rodrigo Maia e Orlando Silva, iniciando-se "uma série de reuniões para disputar o texto final do projeto". Ver https://idec.org.br/dadospessoais/linha-do-tempo.

Projeto de Lei 5276/2016, na Câmara dos Deputados e no Senado Federal, levando o texto à promulgação pelo Presidente Michel Temer, em 14 de agosto de 2018.

A lei, como se sabe, "dispõe sobre o tratamento de dados pessoais, inclusive nos meios digitais, por pessoa natural ou por pessoa jurídica de direito público ou privado, com o objetivo de proteger os direitos fundamentais de liberdade e de privacidade e o livre desenvolvimento da personalidade da pessoa natural" (art. 1º, LGPD), apresentando um arcabouço conceitual[32] e institucional complexo. Sua efetividade plena, no entanto, ocorreria originalmente "18 meses de sua publicação oficial" (art. 65, LGPD).[33]

O primeiro desafio argumentativo foi de utilização da LGPD de forma acessória, concentrando-se na existência de um direito fundamental à privacidade aos usuários dos serviços públicos de transportes e consumidores. Por isso, no tópico "regime jurídico da proteção de dados pessoais" (2.2.2.), a argumentação iniciou-se pelo reconhecimento de que a proteção de dados pessoais é um direito decorrente do direito constitucional à vida privada e intimidade, localizado no inciso X do art. 5º da Constituição Federal.

A LGPD foi utilizada de forma pedagógica, pois nossa percepção era que a ação civil pública seria, possivelmente, uma *primeira experiência de aprendizagem sobre a proteção de dados pessoais pelo juízo*.[34] Por isso, desde o início, nossa preocupação era como fazer uma ação civil pública em que os fundamentos jurídicos não fossem simplesmente apresentados de forma técnica, mas que conduzissem o leitor – no caso, o magistrado ou magistrada – a uma espécie de aula sobre a proteção de dados pessoais.

Nesse sentido, essa primeira parte da petição inicial, tem uma função pedagógica sobre proteção de dados pessoais que ampara a problematização em torno do caso, mesmo sem ser o elemento principal de fundamentação jurídica dos pedidos. Em síntese, o que a petição faz nesse ponto específico (2.2.2) é:

a) Apresentar uma dimensão constitucional da proteção de dados e sua conexão com a gramática dos direitos fundamentais;

---

32. Para uma análise sobre os fundamentos, em caráter histórico, ver DONEDA, Danilo. *Da Privacidade à Proteção de Dados Pessoais*. 2. ed. rev. e atual. Rio de Janeiro: Ed. RT, 2019.

33. A história da prorrogação da LGPD merece um artigo à parte. A data original de um e ano e meio foi modificada já no final de 2018 pela Medida Provisória 869/2018, aprovada por Michel Temer semanas antes do término de seu mandato, e posteriormente convertida em Lei 13.853/2019 (que dizia que a entrada em vigor de diversos dispositivos ocorreria 24 meses após a data da publicação). Em 2020, com a pandemia, acentuou-se o discurso de impossibilidade de cumprimento da LGPD. A Lei 14.010/2020 modificou o art. 65 da LGPD, definindo dia 1º de agosto de 2021 quanto aos arts. 52, 53 e 54. Na prática, a lei teve vigência plena em setembro de 2020.

34. Sobre a relação entre tutela coletiva e aprendizado no sistema de justiça, ver ZANATTA, Rafael A. F. A tutela coletiva na proteção de dados pessoais. *Revista da AASP*, n. 144, nov. 2019. ZANATTA, Rafael. Tutela coletiva e coletivização da proteção de dados pessoais. In: PALHARES, Felipe (Coord.). *Temas atuais de proteção de dados*. São Paulo: Thomson Reuters Brasil, 2020.

b) Expandir a base normativa da proteção de dados, conectando-a com o Código de Defesa do Consumidor, Código Civil, Lei de Acesso à Informação e Marco Civil da Internet, antes mesmo da LGPD;

c) Apresentar, na esteira do pensamento de Stefano Rodotà, uma transição do paradigma da privacidade enquanto sigilo para uma noção expandida de informação-circulação-controle, com enfoque em transparência e possibilidade de autodeterminação informativa;

d) Identificar, com base na doutrina de Laura Schertel Mendes, as manifestações jurídicas da autodeterminação informativa no Código de Defesa do Consumidor, Lei do Cadastro Positivo e Marco Civil da Internet;

e) Expor a ideia de legalidade no tratamento de dados pessoais como respeito aos limites legais e, por meio do diálogo das fontes de Claudia Lima Marques e a interpretação sistemática da Constituição Federal e do Código de Defesa do Consumidor, identificar a proteção da personalidade e da privacidade no âmbito do direito civil e a consolidação de um conceito de direito à privacidade do consumidor;

O tópico seguinte, "Violação de direito por tratamento de dado biométrico sem consentimento" (2.2.3), expõe uma questão de natureza técnica com fortes impactos jurídicos. A questão é definir se as imagens coletadas pelas Portas Interativas Digitais são processadas e capazes de gerar Identificadores Únicos (IDs) para cada avatar de expressão humana captada pelas câmeras instaladas no metrô, promovendo a identificação única e inequívoca de uma pessoa.

Para tanto, foi necessário estudar um conjunto de patentes sobre o funcionamento de técnicas de reconhecimento facial. Esse foi um processo bastante longo de estudos, pois se baseou na leitura de patentes e descrições técnicas de ancoragem e análise de vetores (como a 2-D *affine transformation*, que é um algoritmo que define pontos de ancoragem sobre olhos, cantos internos e externos dos olhos e ponta do nariz; uma vez detectados, a matriz de transformação computa minimizando a soma ou o erro de quadrado mínimo da localização detectada). Algo que facilitou meus estudos sobre o tema foi a obtenção de uma bolsa, pela Open Society Foundations, para participar do curso Privacy Law & Policy do Instituto de Direito Informático da Universidade de Amsterdam, em julho de 2018.

Em Amsterdam, durante uma aula com uma ex-diretora da *Autoriteit Persoonsgegevens* (Autoridade de Proteção de Dados Pessoais da Holanda), tive contato com o caso do *Normenkader digitale billboards* (sistema de outdoors digitais), que envolvia o uso de câmeras de detecção de emoções de transeuntes em espaços públicos.[35] O caso "caiu como uma luva", pois envolvia denúncias de cidadãos incomodados com a violação do direito básico de proteção de dados pessoais. Apesar de não ter ocorrido uma decisão administrativa final, a Autoridade notificou a empresa para que ela interrompesse os processos de coletas de dados pessoais sem consentimento. Ao tomar conhecimento da notificação, fiz uma leitura com tradutor e pedi para colegas holandeses confirmarem se minha interpretação estava correta. Ao ter a validação

---

35. Disponível em: https://autoriteitpersoonsgegevens.nl/nl/nieuws/ap-informeert-branche-over-norm-camera%E2%80%99s-reclamezuilen.

dos pares sobre a correta compreensão, decidi utilizar o precedente da Autoridade de Proteção de Dados Pessoais na ação civil público, mesmo sem ser uma "fonte do direito" no sentido clássico.

O precedente holandês se mostrou particularmente importante, pois a Autoridade reconhecia que o operador do sistema de outdoors deveria ter o consentimento dos transeuntes para tratar seus dados pessoais, por meio de um consentimento *informado* e *específico*. A *Autoriteit Persoonsgegevens* recomendou, inclusive, a utilização de etapas intermediárias de validação, por meio de aplicativo e um QR Code. Como argumentado na ACP, "a interpretação da Autoridade Holandesa de Proteção de Dados Pessoais oferece um importante precedente para o modo como todo o arcabouço normativo, aliado à Lei 13.709/2018 e o direito fundamental à proteção de dados pessoais do consumidor, deve ser interpretado no Brasil" (IDEC, 2018, p. 31).

Toda essa construção se mostrou acertada, na medida em que antecipou a decisão do Supremo Tribunal Federal, de 2020, sobre o reconhecimento da proteção de dados pessoais como um direito fundamental autônomo. Na estratégia mobilizada na ação civil pública, o pedido de *cessação de violação de direito* não seria dependente da vigência da LGPD, na medida em que o princípio do consentimento seria identificável no tecido jurídico composto pelas normas constitucionais, Código de Defesa do Consumidor e leis específicas, como Lei do Cadastro Positivo e Marco Civil da Internet.

Além disso, a principal construção argumentativa da ação é a localização desse direito fundamental no interior no Código de Defesa dos Usuários de Serviços Públicos (Lei 13.460/2017), como será explicado a seguir.

3.2 Retornando ao básico: a força do direito do consumidor nas relações com os serviços públicos

Uma das etapas mais interessantes de construção da argumentação jurídica da ação civil pública contra a ViaQuatro foi a leitura rigorosa da Lei 13.460/2017, que entrou em vigor em 26 de junho de 2018, período em que a ação estava sendo escrita. A Lei introduziu, no ordenamento jurídico brasileiro, o Código de Defesa dos Usuários de Serviços Públicos, norma crucial para o caso, já que envolve direitos básicos no uso do transporte público, um direito social previsto constitucionalmente e um serviço público prestado pelo Estado, de forma direta ou indireta.

Havia pouca literatura sobre o Código, que, até então, era novidade. Havia também poucas matérias jornalísticas sobre a norma, aprovada discretamente durante o governo Michel Temer. A LGPD chamava muito mais atenção do que o Código. Sua utilidade, no entanto, era gigantesca. O Código estabeleceu normas básicas para participação, proteção e defesa dos direitos do usuário de serviços públicos, aplicando-se também aos serviços prestados por particulares (Lei 13.460/2017, art. 2º).

O Código federal aproximou-se da linguagem da Lei Estadual de Proteção e Defesa do Usuário do Serviço Público do Estado de São Paulo (Lei 10.294/1999). A lei paulistana dizia que o usuário faz jus à "prestação de serviços públicos de boa qualidade" e que o direito à qualidade do serviço envolve "a adequação entre meios e fins, vedada a imposição de exigências, obrigações, restrições e sanções não previstas em lei" (art. 7º, V). Já a lei federal estabeleceu que o usuário tem direito à "adequada prestação dos serviços", devendo observar a "adequação entre meios e fins, vedada a imposição de exigências, obrigações, restrições e sanções não previstas na legislação" (art. 5º, IV) – mesmo texto da lei estadual.

A argumentação sobre proporcionalidade e adequação entre meios e fins foi central. Partindo de Robert Alexy e, mais especificamente, de Odete Medauer, discutiu-se o *dever de não imposição de obrigações excessivas*. Ou seja, o dever de não impor aos indivíduos obrigações ou restrições em medida superior àquela estritamente necessária ao atendimento do interesse público. E foi justamente nesse ponto que a argumentação se mostrou potente. A ViaQuatro não é uma empresa de publicidade ou uma plataforma de *data analytics*. Ela é uma concessionária de serviço público de transporte. Ela explora economicamente a Linha Amarela do metrô de São Paulo, que transporta 600 mil pessoas diariamente, em geral trabalhadores e trabalhadoras que dependem do metrô para chegar de casa até local do trabalho. Como afirmado pela própria ViaQuatro, sua missão seria transportar as pessoas com rapidez, segurança e eficiência. As Portas Interativas Digitais não possuíam qualquer relação com esses três pilares. Em nossa opinião – como bem colocado pelo Prof. Rafael Mafei no início de nossas colaborações –, o sistema funcionava como uma pesquisa de opinião "com suas próprias emoções e traços biométricos".

Esse, aliás, foi o fio condutor da argumentação, que já havia sido sinalizado em pequeno texto produzido por Philippe Sundfeld, Mateus Piva Adami e Ronaldo Lemos. Eles também haviam se indignado contra a inadequação entre as finalidades pretendidas pelas PIDs – um negócio embasado em uma cláusula de receita acessória, direcionando a ViaQuatro a uma exploração comercial completamente nova: a exploração da efetividade das peças publicitárias a partir das emoções dos passageiros, convertendo essa inteligência em relatórios que poderiam ser revendidos a parceiros comerciais. É a partir deste quadro, muito relacionado ao direito administrativo e uma lógica constitucional dos direitos fundamentais dos consumidores, que apresentamos um conjunto de argumentos, em especial:

a) A conduta ilegal da ViaQuatro por violar o direito básico do usuário de serviços públicos a proteção de suas informações pessoais, conforme o art. 6º, IV, do Código de Defesa dos Direitos dos Usuários dos Serviços Públicos;

b) O descumprimento do direito básico dos consumidores de proteção contra práticas abusivas nos termos do art. 6º, IV, do Código de Defesa do Consumidor; enquadrando-se, como prática abusiva, o ato de exigir do consumidor vantagem manifestamente excessiva;

c) O ilícito pelo descumprimento de obrigações dos fornecedores de informar aos consumidores, de forma clara, sobre as características dos serviços ofertados (artigos 6º e 31 do Código de Defesa do Consumidor);

d) A imposição de cumprimento de obrigações excessivamente onerosas pelos consumidores que ensejem vantagens manifestamente excessivas para os fornecedores, nos termos dos arts. 6º, V, 39, V e 51, § 1º, I a III, do Código de Defesa do Consumidor.

Ao passo que a argumentação sobre o direito à imagem é mais acessível em termos de identificação de regras constitucionais (art. 5º, X) e no próprio Código Civil –basta ver o capítulo sobre direitos da personalidade, em especial as provisões do art. 20 e art. 21 do Código Civil –, o caso buscou outra construção intelectual, talvez inovadora, sobre os direitos constitucionais dos consumidores, originalmente previstos no Código de Defesa do Consumidor e ampliados pelo Código de Defesa dos Usuários de Serviços Públicos. Como argumentado por André Dias Fernandes, a teoria do diálogo das fontes (*dialogue des sources*) pode contribuir sobremaneira para o incremento da proteção do consumidor-usuário de serviços públicos.[36] A estratégia mobilizada na ação foi ampliar o diálogo entre defesa do consumidor, direito constitucional e direito administrativo, em um caso complexo sobre os "limites morais dos mercados"[37] envolvendo obtenção de receita acessória.

O aprendizado conjunto, fechando um ciclo longo de aprendizado e de construção argumentativa, foi um interessante *retorno aos fundamentos*, no sentido de reforço nos elementos mais fundantes da defesa do consumidor, como o direito à transparência, a boa-fé nas relações de consumo e a contenção de abusividades por parte do fornecedor. Isso torna a ação civil pública contra a ViaQuatro sofisticada e de fronteira, com relação ao questionamento sobre reconhecimento facial e exploração econômica das emoções, mas, ao mesmo tempo, básica e fundamentalmente tradicional no que toca aos institutos do direito que são mobilizados. O novo e o velho juntos, em um caso que gerará inúmeras discussões sobre seus fundamentos jurídicos e sobre a existência de um dano moral coletivo, graças a natureza do ilícito e seu altíssimo impacto social.

4. CONCLUSÃO

Neste relato, expliquei como surgiu a ação civil pública do Instituto Brasileiro de Defesa do Consumidor contra a ViaQuatro, concessionária que explora a Linha Amarela do metrô de São Paulo, pela implementação das Portas Interativas Digitais. Expliquei a natureza do problema envolvido na ação, a "pesquisa de opinião" compulsória com base na coleta da imagem das pessoas e a utilização de um software capaz de realizar a detecção da emoção dos passageiros, com possibilidade de atribuição de um Identificado Único a partir da análise vetorial das características que compõem um rosto humano.

---

36. FERNANDES, André Dias. Corte de energia elétrica e derrotabilidade normativa: necessidade de diálogo entre o Código de Defesa do Consumidor, o Código de Defesa do Usuário de Serviços Públicos e a Constituição. *Revista de Direito do Consumidor*, p. 249-277, 2020.

37. SATZ, Debra. *Why some things should not be for sale:* the moral limits of markets. Oxford: Oxford University Press, 2010.

Argumentei como o processo de colaboração entre diferentes instituições – de pesquisa em ciências sociais, de pesquisa em direito e de defesa de direitos coletivos – foi central para construção de um litígio de natureza estratégica. Desde o começo, o litígio foi pensado para gerar um conjunto de impactos no sistema de justiça, bem como na esfera pública, por meio da colaboração com jornalistas no momento de sua divulgação. O caso está longe de ter fim e provavelmente será decidido, em segunda instância, pelo Tribunal de Justiça de São Paulo, podendo chegar ao Superior Tribunal de Justiça. Meu objetivo não foi analisar o *processo judicial*, analisando os argumentos de petição e de contestação, mas sim *a formação do litígio em si*, em especial o processo de reflexão sobre os desafios do caso e a colaboração entre organizações civis. Espero que essa reflexão genealógica desperte novos olhares sobre o papel da colaboração na formulação de litígios em proteção de dados pessoais, que exigem estudos cautelosos para que teses sejam bem formuladas e não gerem o efeito reverso do que o premeditado. Litígios mal construídos geram péssimas decisões para a sociedade civil. É preciso conter a irresponsabilidade de uma litigância desenfreada em LGPD que não constrói casos com calma, paciência e análises de riscos de êxito. Como diz o ditado italiano, *chi va piano va sano e va lontano*.

5. REFERÊNCIAS BIBLIOGRÁFICAS

ALBISTON, Catherine R.; NIELSEN, Laura Beth. Funding the Cause: How Public Interest Law Organizations Fund Their Activities and Why It Matters for Social Change. *Law & Social Inquiry*, v. 39, n. 1, p. 62-95, 2014.

AMADEU, Sergio. As tecnologias de reconhecimento facial. *A terra é redonda*, 01 de junho de 2021. Disponível em: https://aterraeredonda.com.br/as-tecnologias-de-reconhecimento-facial/.

BIONI, Bruno; RIELLI, Mariana. A Construção Multissetorial da LGPD: histórias e aprendizados. In: BIONI, Bruno. *Proteção de dados pessoais*: contexto, narrativas e elementos fundantes. São Paulo: B. R. Bioni Sociedade de Advocacia, 2021. p. 44-58.

CAPPELLETTI, Mauro. Vindicating the public interest through the courts: a comparativist's contribution. *Buffalo Law Review*, v. 25, p. 643, 1975.

DA SILVA, Lorena Abbas; FRANQUEIRA, Bruna Diniz; HARTMANN, Ivar A. O que os olhos não veem, as câmeras monitoram: reconhecimento facial para segurança pública e regulação na América Latina. *Revista Digital de Direito Administrativo*, v. 8, n. 1, p. 171-204, 2021.

DENTI, Vittorio. L'avvocato e la difesa di interessi collettivi. *Il Foro Italiano*, v. 101, p. 111-112-119-120, 1978.

DINAMARCO, Cândido Rangel. *Fundamentos do Processo Civil moderno*. 6. ed. São Paulo: Malheiros, 2010.

DONEDA, Danilo. *Da privacidade à proteção de dados pessoais*. 2. ed. rev. e atual. Rio de Janeiro: Ed. RT, 2019.

FERNANDES, André Dias. Corte de energia elétrica e derrotabilidade normativa: necessidade de diálogo entre o Código de Defesa do Consumidor, o Código de Defesa do Usuário de Serviços Públicos e a Constituição. *Revista de Direito do Consumidor*, p. 249-277, 2020.

GALINDO NÚÑEZ, Alma Celia. Derechos digitales: una aproximación a las prácticas discursivas en internet desde la etnografía virtual. *PAAKAT: revista de tecnología y sociedad*, v. 9, n. 16, p. 5-18, 2019.

LOUREIRO, Maria Fernanda Battaglin; CARNEIRO, João Víctor Vieira. Problematizando o direito à privacidade e à proteção de dados pessoais em face da vigilância biométrica. *Teknokultura*, v. 17, n. 2, p. 204-213, 2020.

MENDES, Gilmar Ferreira; FERNANDES, Victor Oliveira. Constitucionalismo digital e jurisdição constitucional: uma agenda de pesquisa para o caso brasileiro. *Revista Brasileira de Direito*, v. 16, n. 1, p. 1-33, 2020.

QUINTARELLI, Stefano. *Capitalismo immateriale: le tecnologie digitali e il nuovo conflitto sociale*. Torino: Bollati Boringhieri, 2019.

PASSOS, Eduardo; KASTRUP, Virgínia; ESCÓSSIA, Liliana da (Orgs.). *Pistas do método da cartografia:* pesquisa-intervenção e produção de subjetividade. Porto Alegre: Sulinas, 2015

SATZ, Debra. *Why some things should not be for sale:* the moral limits of markets. Oxford: Oxford University Press, 2010.

SOUZA, Michel RO; ZANATTA, Rafael A. F. The Problem of Automated Facial Recognition Technologies in Brazil: Social Countermovements and the New Frontiers of Fundamental Rights. *Latin American Human Rights Studies*, v. 1, 2021.

VASCONCELOS, Natalia Pires de. Entre justiça e gestão: colaboração interinstitucional na judicialização da saúde. *Revista de Administração Pública*, v. 55, p. 923-949, 2021.

ZANATTA, Rafael A. F. A nova batalha em torno da proteção dos dados pessoais no Brasil: o que defendem diferentes atores?. In: Núcleo de Informação e Coordenação do Ponto BR, *Pesquisa TIC Domicílios*. São Paulo: Comitê Gestor da Internet, 2017. p. 83-91.

ZANATTA, Rafael A. F.; SOUZA, Michel RO. A tutela coletiva em proteção de dados pessoais: tendências e desafios. DE LUCCA, Newton; ROSA, Cíntia. *Direito & Internet V:* proteção de dados pessoais. São Paulo: Quartier Latin, 2019.

ZANATTA, Rafael A. F. A tutela coletiva na proteção de dados pessoais. *Revista da AASP*, n. 144, nov. 2019.

ZANATTA, Rafael. Tutela coletiva e coletivização da proteção de dados pessoais. In: PALHARES, Felipe (Coord.). *Temas atuais de proteção de dados*. São Paulo: Thomson Reuters Brasil, 2020.

PARTE IV
RESPONSABILIDADE CIVIL,
SUPERENDIVIDAMENTO
E NOVAS SITUAÇÕES LESIVAS

RESPONSABILIDADE CIVIL POR SUPERENDIVIDAMENTO NAS RELAÇÕES DE CONSUMO: O PAPEL DO FORNECEDOR NA CONCESSÃO DE CRÉDITO AO CONSUMIDOR

Hildeliza Lacerda Tinoco Boechat Cabral

Doutora e mestra em Cognição e Linguagem (Uenf). Estágio Pós-doutoral em Direito Civil e Processual Civil (Ufes). Membro da Sociedade Brasileira de Bioética (SBB). Membro do Instituto Brasileiro de Estudos em Responsabilidade Civil (IBERC). Membro do Instituto Brasileiro de Direito de Família (IBDFAM). Membro do Instituto Brasileiro de Política e Direito do Consumidor (BRASILCON). Membro Efetivo da Associação de Bioética Jurídica da UNLP (Argentina). Membro do Instituto Internacional de Direitos Humanos (IIDH). Coordenadora do Grupo de Estudos e Pesquisa em Bioética e Dignidade Humana (Gepbidh). Professora dos Cursos de Direito e Medicina.

Lattes: http://lattes.cnpq.br/3000681744460902.

Orcid: https://orcid.org/0000-0002-9871-8867.

E-mail pessoal: hildeboechat@gmail.com

Alinne Arquette Leite Novais

Doutoranda em Cognição e Linguagem (Uenf). Mestra em Direito Civil (Uerj). Especialista em Gestão Judiciária (UnB). Membro do Instituto Brasileiro de Estudos em Responsabilidade Civil (IBERC). Membro do Instituto Brasileiro de Direito de Família (IBDFAM). Membro do Instituto Brasileiro de Política e Direito do Consumidor (BRASILCON). Membro Efetivo da Associação de Bioética Jurídica da UNLP (Argentina). Membro do Instituto Internacional de Direitos Humanos (IIDH). Membro do Grupo de Estudos e Pesquisa em Bioética e Dignidade Humana (Gepbidh). Juíza de Direito Titular da 4ª Vara Cível da Comarca de Muriaé – MG; Coordenadora do Núcleo Regional de Muriaé da Escola Judicial Desembargador Edésio Fernandes; Membro do Conselho Deliberativo da Associação dos Magistrados Mineiros (Amagis).

Lattes: http://lattes.cnpq.br/6915929812511236.

Orcid: https://orcid.org/0000-0002-8331-2792.

E-mail pessoal: alinnearquette@gmail.com

Moyana Mariano Robles-Lessa

Licenciada em Letras pela UNIFSJ. Estudante do curso de Direito pela UNIG – Campus V, cursando atualmente o 10º período. Pós-graduada em Direito Tributário pelo Damásio Educacional, com Docência do Ensino Superior. Mestranda em Cognição e Linguagem/UENF. Pesquisadora do Grupo de Estudos e Pesquisa em Bioética e Dignidade Humana. Pesquisadora do Grupo de Pesquisa Desafios do Processo/UFES.

Sumário: 1. Considerações iniciais – 2. Fundamentos para a prevenção e tratamento do superendividamento – 3. Meios legais para a prevenção e tratamento do superendividamento – 4. Responsabilidade civil do fornecedor por superendividamento – 5. Considerações finais – 6. Referências bibliográficas.

1. CONSIDERAÇÕES INICIAIS

A sociedade contemporânea se estrutura sobre as bases de um mercado de consumo em que a informação, a vigilância, a objetificação das pessoas, a comparação, a competição impulsionam a população à busca pela satisfação pessoal por meio da aquisição desenfreada de produtos e a contratação de serviços nem sempre necessários, além de práticas mercadológicas que violam a boa-fé do consumidor tais como o compartilhamento de dados sem autorização o mesmo ciência por parte do consumidor, que cotidianamente são inundados por uma enxurrada de publicidade de produtos que o agressivo marketing cria envolvimento por uma falsa facilidade que, ao final, se revela uma verdadeira armadilha. Dentre essas promessas está a excessiva oferta de crédito a consumidores pouco informados a respeito de seus direitos e dos encargos do futuro contrato. O consumo desenfreado, a suposta facilidade de crédito e parcelamento ofertados a todo instante ao consumidor concorrem para o superendividamento em que muitos se encontram. Tal situação gerou preocupação governamental, demonstrada pelo legislador nacional, que materializou tal preocupação na criação da Lei 14.181 de 2021 – conhecida como lei do superendividamento, recentemente sancionada.

Vários são os abusos relacionados aos créditos disponíveis no mercado de consumo, iniciando-se nas práticas de oferta, que realmente são predatórias, ocorrendo um assédio das instituições financeiras, que, se valendo de estratégias desleais para convencer o consumidor a tomar o crédito, anunciando taxas de juros que não são cumpridas e sem a devida informação a respeito da cobrança de tarifas e demais aspectos que oneram a contratação, sem detalhar as reais condições de maneira clara. Assim, o presente capítulo tem por objetivo analisar tais práticas desleais ofertadas aos consumidores capazes de gerar endividamento tal que chega a violar sua dignidade, analisando os dispositivos da nova legislação, procurando ressaltar os aspectos relevantes a serem observados da normatização que tem como interesse fundamental e estrutural aperfeiçoar a disciplina do crédito ao consumidor, observando a prevenção e o tratamento do superendividamento. Vale-se de metodologia qualitativa, mediante pesquisa bibliográfica, livros e artigos de juristas consagrados e estudiosos do direito do consumidor, bem como da análise da própria Lei 14.181/2021 e material disponível nos sites especializados e plataformas indexadas.

Frisa-se que o assunto abordado é de interesse social, visto que todo cidadão celebra diariamente contratos consumeristas, além da extrema relevância para os fornecedores, que devem adotar nova postura, em observância às novas regras do crédito responsável e das potenciais situações capazes de desencadear o superendividamento, buscando, inclusive, proteger-se de eventual responsabilização civil.

2. FUNDAMENTOS PARA A PREVENÇÃO E TRATAMENTO DO SUPERENDIVIDAMENTO

A recém-promulgada Lei 14.181/2021, conhecida como lei do superendividamento, que alterou a Lei 8.078/1990 e 10.741/2003, na devida ordem: o Código de

Defesa do Consumidor (CDC) e o Estatuto do Idoso, aperfeiçoa as regras do crédito ao consumidor e dispõe acerca da prevenção e do tratamento do superendividamento.

Logo nos artigos iniciais, tratou o legislador instituir uma política pública de prevenção e tratamento do superendividamento que garanta ao consumidor o direito à inclusão social, incluindo no art. 4º do Código de Defesa do Consumidor o inciso X, que estabelece com um dos princípios da Política Nacional das Relações do Consumo a: "X – prevenção e tratamento do superendividamento como forma de evitar a exclusão social do consumidor". (NR).[1]

Não restam dúvidas de que o consumidor se apresenta em situação de vulnerabilidade[2] perante o fornecedor. E de que a relação contratual entre ambos não é regrada pelo equilíbrio contratual. Cabral traduz claramente essa preocupação em tutelar a parte frágil em uma relação jurídica: "Essa especial tutela da dignidade humana muito influenciou a inspiração de leis protetivas, sobretudo aquelas que encerram a defesa dos desiguais, tutelando a parte frágil das relações jurídicas, o vulnerável".[3] Ainda de acordo com os ensinamentos da autora, "a proteção do consumidor se inspira no ideal de tutela aos vulneráveis, ao lado de outras leis protetivas, fruto de comando constitucional, [...] que impõe um tratamento diferenciado àqueles que apresentam uma flagrante desigualdade".[4]

A respeito, especificamente, da criação do Código de Defesa do Consumidor à luz da função social pertinente às relações jurídicas contratuais, Cabral (2016), traz os seguintes apontamentos:

> [...] a CF estabeleceu a exigência dessa normatização através do art. 5º, XXXII, art. 170, V e 48 do Ato das Disposições Constitucionais Transitórias (ADCT), a partir do reconhecimento de que nessa relação jurídica entre fornecedor e consumidor, o segundo apresenta uma vulnerabilidade, que somente poderá ser compensada com a aplicação de certas prerrogativas que a lei faculta à parte frágil do contrato.[5]

Nesse mesmo sentido, Arquette tratou do princípio da tutela do hipossuficiente, afirmando que a teoria contratual é norteada, além dos demais princípios, clássicos e novos, pelo princípio da tutela do contratante débil, protegendo aquele que se encontra em posição de inferioridade na relação contratual, como forma de concreção do princípio constitucional da igualdade.[6]

---

1. BRASIL. *Lei 14.181, de 1º de julho de 2021*. Altera a Lei 8.078, de 11 de setembro de 1990 (Código de Defesa do Consumidor), e a Lei 10.741, de 1º de outubro de 2003 (Estatuto do Idoso), para aperfeiçoar a disciplina do crédito ao consumidor e dispor sobre a prevenção e o tratamento do superendividamento. Disponível em: http://www.planalto.gov.br/ccivil_03/_ato2019-2022/2021/lei/L14181.htm. Acesso em: 10 ago. 2021.
2. Frágil, indefeso, desprotegido. Todo consumidor é vulnerável – art. 4º do CDC.
3. CABRAL, Hildeliza Lacerda Tinoco Boechat. *Síntese do Direito do Consumidor*. 2. ed. rev. Campos dos Goytacazes/RJ: Brasil Multicultural, 2016. p. 27.
4. CABRAL, Hildeliza Boechat. *Síntese do direito do consumidor*. 2. ed. rev. Campos dos Goytacazes/RJ: Brasil Multicultural, 2016. p. 28.
5. CABRAL, Hildeliza Boechat. *Síntese do direito do consumidor*. 2. ed. rev. Campos dos Goytacazes/RJ: Brasil Multicultural, 2016. p. 28.
6. ARQUETTE, Alinne Arquette Leite Novaes. *A teria contratual e o Código de Defesa do Consumidor*. São Paulo: Ed. RT, 2001. p. 84-85.

Gagliano e Oliveira defendem que é responsabilidade do Poder Público criar, com eficácia, políticas públicas capazes de oferecer ao cidadão/consumidor educação financeira, prevenindo assim contextos de superendividamento.[7] E, deste modo, gerar noções elementares de prevenção e tratamento ao superendividado, pois é notória a importância do crédito para o fomento do mercado, mas obviamente sua concessão deve envolver um processo responsável não apenas do consumidor, mas também do fornecedor. Contudo, não é isso que temos visto atualmente e, mesmo com a proteção do Código de Defesa do Consumidor, o consumidor não encontra-se livre de muitas práticas e cláusulas abusivas na concessão de crédito, o que ensejou, aliás, a elaboração da já citada Lei 14.181, de 2021, que atualiza o Código de Defesa do Consumidor e o Estatuto do Idoso para estabelecer um novo regime jurídico de prevenção e tratamento do superendividamento no Brasil.

O mínimo existencial como fundamento constitucional da sistemática e hermenêutica da novel norma. Diante das dificuldades pontuadas a respeito da relação pouco igualitária entre consumidor e fornecedor, torna-se indispensável debater e refletir acerca dos direitos fundamentais que buscam assegurar a cada cidadão uma vida digna, incluindo-se nesta temática análise das causas que levam o consumidor ao superendividamento. "O endividamento é um fato individual, mas com consequências sociais e sistêmicas, cada vez mais claras."[8]

A oferta predatória de crédito no mercado de consumo tem-se tornado, cada vez mais, uma prática das instituições financeiras, seja diretamente, seja por intermédio de outros fornecedores, ultrapassando os limites da razoabilidade e efetivamente, vitimando o consumidor em verdadeiros abusos e, em consequência, o superendividamento que, no caso do consumidor pessoa física, viola sua dignidade humana. Como exemplo dessa prática predatória, têm-se os contratos de concessão de crédito consignado, conquanto sejam, a princípio, aqueles que cobram juros menores do consumidor, também têm sido campo fértil para as práticas e cláusulas abusivas, notadamente contra aposentados e pensionistas do INSS, em que os fornecedores abusam da hipervulnerabilidade dos consumidores, decorrente geralmente de sua idade já avançada, saúde debilitada, pouco conhecimento ou precária condição social.[9]

Vitor Guglinski (2015), apresenta o conceito dos consumidores denominados hipervulneráveis: "nada obstante o reconhecimento da vulnerabilidade de todos os

---

7. GAGLIANO, Pablo Stolze; OLIVEIRA, Carlos Eduardo Elias de. Comentários à Lei do Superendividamento (Lei 14.181, de 1º de julho de 2021) e o princípio do crédito responsável. *Revista Jus Navigandi*, ISSN 1518-4862, Teresina, ano 26, n. 6575, 2 jul. 2021. Disponível em: https://jus.com.br/artigos/91675. Acesso em: 11 ago. 2021.

8. REYMAO, Ana Elizabeth Neirao; OLIVEIRA, Felipe Guimarães de. O superendividamento do consumidor no Brasil: um debate necessário entre o direito e a economia no século XXI. *Revista de Direito, Globalização e Responsabilidade nas Relações de Consumo.* Brasília, v. 2, n. 1, p. 178, jan.-jun., 2016. Disponível em: https://www.indexlaw.org/index.php/revistadgrc/article/view/691/684. Acesso em: 10 ago. 2021

9. CASTRO, Nélio Fernando Martins de; CABRAL, Hildeliza Lacerda Tinoco Boechat. A hipervulnerabilidade do idoso no mercado consumidor. *Conexão Acadêmica*, v. 10, dez. 2019. Disponível em: http://www.conexaoacademica.net/. Acesso em 15 ago. 2021.

consumidores, há grupos que demonstram uma fragilidade ainda maior nas relações de consumo, isto é, pessoas ainda mais vulneráveis à atuação do fornecedor."[10] Para o autor, os denominados consumidores hipervulneráveis, estão mais submetidos às ações do mercado, à insegurança e ao efeito prejudicial de determinados produtos, bem como à prática abusiva dos fornecedores do mercado de consumo, que se aproveitam dessa vulnerabilidade acentuada com o intuito de benefício próprio econômico. E ainda enumera:

> Comumente, o grupo de consumidores hipervulneráveis é composto por idosos, crianças, pessoas portadoras de necessidades especiais, deficientes mentais, analfabetos e semianalfabetos, enfermos, pessoas sensíveis ao consumo de certos produtos, enfim, quaisquer pessoas que se revelem mais fracas em razão de sua especial condição física ou psíquica.[11]

Assim, embora o crédito consignado possa trazer oportunidades para que o consumidor se organize financeiramente e, com isso, movimente o mercado, em razão da cobrança de taxas de juros mais aceitáveis, a oferta e contratação tem sido praticada pelos fornecedores de maneira abusiva e, muitas vezes, extremamente prejudicial ao consumidor. Portanto, analisar os limites entre as oportunidades e os abusos que decorrem dessa modalidade de concessão de crédito é realmente fundamental para que se busque, nessa sociedade caótica, o respeito à dignidade da pessoa humana através da garantia do mínimo existencial.

Souza (2021), ao abordar as inovações apresentadas pela Lei 14.181/2021, observando o restabelecimento de um acordo de dívidas e o desenvolvimento gradativo do superendividamento, traz a seguinte informação: "O mínimo existencial é um conceito derivado do princípio da dignidade humana (CF, art. 1º, III), que consiste na menor renda mensal apta a proporcionar ao ser humano uma existência digna"[12], ou seja, que permita ao indivíduo a possibilidade de preservar as necessidades fundamentais para a manutenção da vida, quais sejam: saúde, educação, alimentação, moradia. Também a nova legislação se manifesta expressamente a respeito da proteção ao mínimo existencial. O Capítulo VI-A, cuida da prevenção e do tratamento do superendividamento da pessoa natural, observando o crédito responsável e a educação financeira do consumidor. O artigo 54-A, § 1º dispõe: "Entende-se por superendividamento a impossibilidade manifesta de o consumidor pessoa natural, de boa-fé, pagar a totalidade de suas dívidas de consumo, exigíveis e vincendas,

---

10. GUGLINSKI, Vitor. Breves linhas sobre a hipervulnerabilidade do consumidor-turista. *Jusbrasil*, 2015. Disponível em: https://vitorgug.jusbrasil.com.br/artigos/185480810/breves-linhas-sobre-a-hipervulnerabilidade-do-consumidor-turista. Acesso em: 11 ago. 2021.
11. GUGLINSKI, Vitor. Breves linhas sobre a hipervulnerabilidade do consumidor-turista. *Jusbrasil*, 2015. Disponível em: https://vitorgug.jusbrasil.com.br/artigos/185480810/breves-linhas-sobre-a-hipervulnerabilidade-do-consumidor-turista. Acesso em: 11 ago. 2021.
12. SOUZA, Heitor José Fidelis Almeida de. Inovações implementadas pela Lei 14.181/21: o processo de repactuação de dívidas e o processo por superendividamento. *Migalhas*, 2021. Disponível em: https://www.migalhas.com.br/depeso/348562/inovacoes-implementadas-pela-lei-14-181-21. Acesso em: 09 ago. 2021.

sem comprometer seu mínimo existencial, nos termos da regulamentação."[13] E o parágrafo 2° do referido artigo esclarece que "as dívidas referidas no § 1° deste artigo englobam quaisquer compromissos financeiros assumidos decorrentes de relação de consumo, inclusive operações de crédito, compras a prazo e serviços de prestação continuada."[14] Deste modo, resta evidenciada a preocupação do legislador ao criar a lei do superendividamento, que as contas financeiras adquiridas na relação de consumo, não poderão afetar o mínimo existencial que garanta a dignidade da pessoa humana – princípio basilar da Constituição da República Federativa do Brasil/1988.

Escorço histórico da elaboração, aprovação e vigência da Lei 14.181/2021. Após ratificar o mínimo existencial como axioma inspirador da Lei de Endividamento, é importante um breve retrospecto sobre a Lei. Antes de ser finalmente sancionada, a matéria de que trata a referida Lei foi exaustivamente estudada e analisada. Tendo origem no "Senado com o Projeto de Lei do Senado (PLS) n. 283, de 2013, fruto dos trabalhos da Comissão Temporária de Modernização do Código de Defesa do Consumidor",[15] prosseguindo para a "Câmara dos Deputados como Projeto de Lei (PL) 3.514/2015, retornando ao Senado como Projeto de Lei (PL) 1.805, de 2021 (Substitutivo)."[16]

O anteprojeto que elaborou a lei do superendividamento, foi conduzido "por ilustres juristas, como o ministro do Superior Tribunal de Justiça Hermann Benjamin e a professora Claudia Lima Marques, referências na área."[17] De acordo com os doutrinadores Gagliano e Oliveira "já tardava para o Brasil um marco legal para a prevenção e o tratamento do superendividamento."[18] Corroborando a afirmação dos nobres juristas, a correspondente do canal CNN Brasil, Adriana de Luca – em maio do presente ano – antes da publicação da lei do superendividamento, apresentou dados da inadimplência do brasileiro: "contas atrasadas e boletos se multiplicando fazem parte da realidade de 62 milhões de brasileiros que estão inadimplentes. Segundo

---

13. BRASIL. *Lei 14.181, de 1° de julho de 2021.* Altera a Lei 8.078, de 11 de setembro de 1990 (Código de Defesa do Consumidor), e a Lei 10.741, de 1° de outubro de 2003 (Estatuto do Idoso), para aperfeiçoar a disciplina do crédito ao consumidor e dispor sobre a prevenção e o tratamento do superendividamento. Disponível em: http://www.planalto.gov.br/ccivil_03/_ato2019-2022/2021/lei/L14181.htm. Acesso em: 10 ago. 2021.

14. BRASIL. *Lei 14.181, de 1° de julho de 2021.* Altera a Lei 8.078, de 11 de setembro de 1990 (Código de Defesa do Consumidor), e a Lei 10.741, de 1° de outubro de 2003 (Estatuto do Idoso), para aperfeiçoar a disciplina do crédito ao consumidor e dispor sobre a prevenção e o tratamento do superendividamento. Disponível em: http://www.planalto.gov.br/ccivil_03/_ato2019-2022/2021/lei/L14181.htm. Acesso em: 10 ago. 2021.

15. GAGLIANO, Pablo Stolze; OLIVEIRA, Carlos Eduardo Elias de. *Comentários à Lei do Superendividamento (Lei 14.181, de 1° de julho de 2021) e o princípio do crédito responsável,* cit. Disponível em: https://jus.com.br/artigos/91675. Acesso em: 11 ago. 2021.

16. GAGLIANO, Pablo Stolze; OLIVEIRA, Carlos Eduardo Elias de. *Comentários à Lei do Superendividamento (Lei 14.181, de 1° de julho de 2021) e o princípio do crédito responsável,* cit. Disponível em: https://jus.com.br/artigos/91675. Acesso em: 11 ago. 2021.

17. LAHOZ, Maria Alice Trentini; SILVA, Vitor Esmanhotto da. Breves apontamentos à Lei do Superendividamento. *Conjur,* 2 ago. 2021. Disponível em: https://www.conjur.com.br/2021-ago-02/opiniao-breves-apontamentos-lei-superendividamento. Acesso em: 11 ago. 2021.

18. GAGLIANO, Pablo Stolze; OLIVEIRA, Carlos Eduardo Elias de. *Comentários à Lei do Superendividamento (Lei 14.181, de 1° de julho de 2021) e o princípio do crédito responsável,* cit. Disponível em: https://jus.com.br/artigos/91675. Acesso em: 11 ago. 2021.

Serasa, metade deles têm a renda inteira comprometida, e o 'superendividamento' acaba fazendo com que fiquem com o 'nome sujo'."[19]

A nova lei apresenta inserção nos princípios do Código de Defesa do Consumidor. O artigo 4° acrescentou dois incisos – IX e X, que instituem novos princípios. São eles: o princípio à educação financeira e ambiental dos consumidores (art. 4°, IX) e, o princípio à prevenção e tratamento do superendividamento, com o intuito de impedir a exclusão social do consumidor (art. 4°, X).[20] Enfim, além da inclusão de novos princípios, é possível verificar outras alterações relacionadas aos instrumentos, direitos e cláusulas abusivas do CDC. Cavalcante (2021) cita como exemplo algumas dessas modificações: o acréscimo de dois novos instrumentos utilizados para efetivar a Política Nacional das Relações de Consumo; a inserção de três novos direitos básicos do consumidor; a inclusão de duas novas cláusulas consideradas abusivas; entre outros.[21] Conclui-se, portanto, que as novas medidas incorporadas ao CDC pela Lei do Superendividamento "causarão sensíveis mudanças no mercado de consumo, sendo de interesse de todas as partes envolvidas — consumidores e fornecedores de crédito (inclusive compras a prazo) — a adequação e compreensão de seus dispositivos."[22]

Eficácia da Lei 14.181/2021. Após breve histórico a respeito da aprovação e vigência da Lei 14.181/2021, será analisada sua eficácia. A Lei 14.181, que conforme dito anteriormente, altera o Código de Defesa do Consumidor e o Estatuto do Idoso, introduzindo e efetivando a concepção de superendividamento da pessoa natural, de boa-fé, ao mesmo tempo que determina providências para a prevenção desta condição de endividamento que compromete consideravelmente a renda do consumidor. Apresenta ainda regras inovadoras para oferta, contratação e negociação de crédito. "Em linhas gerais, a norma endereça princípios e regras para oferta, contração e negociação de crédito, e cria mecanismos de fomento à repactuação de dívidas e à possibilidade de sua renegociação judicial."[23]

---

19. LUCA, Adriana de. Número de brasileiros endividados tem nova alta em abril. *CNN Brasil*, 8 maio 2021. Disponível em: https://www.cnnbrasil.com.br/business/2021/05/09/numero-de-brasileiros-endividados--tem-nova-alta-em-abril. Acesso em: 10 ago. 2021.

20. BRASIL. *Lei 14.181, de 1° de julho de 2021.* Altera a Lei 8.078, de 11 de setembro de 1990 (Código de Defesa do Consumidor), e a Lei 10.741, de 1° de outubro de 2003 (Estatuto do Idoso), para aperfeiçoar a disciplina do crédito ao consumidor e dispor sobre a prevenção e o tratamento do superendividamento. Disponível em: http://www.planalto.gov.br/ccivil_03/_ato2019-2022/2021/lei/l.14181.htm. Acesso em: 10 ago. 2021.

21. CAVALCANTE, Márcio André Lopes. Breves comentários à Lei do Superendividamento (Lei 14.181/2021). *Dizer o Direito*, 2021. Disponível em: https://www.dizerodireito.com.br/2021/07/breves-comentarios-lei-do.html. Acesso em 11 ago. 2021.

22. LAHOZ, Maria Alice Trentini; SILVA, Vitor Esmanhotto da. Breves apontamentos à Lei do Superendividamento. *Conjur*, 2 ago. 2021. Disponível em: https://www.conjur.com.br/2021-ago-02/opiniao-breves-apontamentos-lei-superendividamento. Acesso em: 11 ago. 2021.

23. TOZZINI FREIRE ADVOGADOS. *Lei do superendividamento do consumidor*: novo regime para oferta, contratação e negociação de crédito. 12 de julho de 2021. Disponível em: https://tozzinifreire.com.br/boletins/lei-do-superendividamento-do-consumidor-novo-regime-para-oferta-contratacao-e-negociacao-de-credito. Acesso em: 10 ago. 2021.

Há que se registrar, que o Projeto de Lei originário conheceu vetos pelo Presidente da República, em especial referente à matéria de crédito consignado, que estariam previstas no art. 54-E do Código de Defesa do Consumidor. Esse dispositivo buscava estabelecer que o desrespeito ao limite da margem consignável daria direito à imediata revisão do contrato, podendo o juiz, de forma alternada ou cumulada, dilatar o prazo de pagamento previsto no contrato original, de modo a adequá-lo ao limite, sem acréscimo nas obrigações do consumidor; reduzir os encargos da dívida e da remuneração do fornecedor; constituir, consolidar ou substituir garantias. A despeito de tais regras terem sido vetadas e, portanto, não estarem em vigor, é possível buscar soluções semelhantes para a situação tratada na Constituição da República e nos textos legais vigentes, sempre tendo como pressuposto a boa-fé objetiva do consumidor.

Ademais, "os vetos ainda poderão ser revistos pelo Congresso Nacional."[24]

Destarte, a Lei 14.181/2021, entrou em vigor na data de sua publicação – 02 de julho de 2021. Quanto à validade, a mencionada norma não é aplicável a negócios e atos realizados antes de sua vigência, que deverão obedecer às regras anteriores. Quanto à sua eficácia, a normatização torna-se válida a partir de sua publicação no Diário Oficial da União (02/07/2021), contudo, os efeitos produzidos por negócios jurídicos realizados anteriormente da entrada em vigor da Lei 14.181/2021, deverão seguir os novos preceitos. Validade e eficácia estão previstas expressamente no art. 3º da nova norma: "A validade dos negócios e dos demais atos jurídicos de crédito em curso constituídos antes da entrada em vigor desta Lei obedece ao disposto em lei anterior, mas os efeitos produzidos após a entrada em vigor desta Lei subordinam-se aos seus preceitos."[25]

3. MEIOS LEGAIS PARA A PREVENÇÃO E TRATAMENTO DO SUPERENDIVIDAMENTO

Conforme mencionado anteriormente, a nova lei do superendividamento desde sua origem tem intuito de ordenar mecanismos que contribuam para a prevenção e o tratamento de dívidas acumuladas pela pessoa natural. Mas afinal, o que é o superendividamento? Cabral (2016), leciona que o superendividamento é "situação preocupante que, geralmente decorre de práticas abusivas cujo alvo é o consumidor desinformado sobre as taxas de juros praticadas no mercado e as consequências da

---

24. TOZZINI FREIRE ADVOGADOS. *Lei do superendividamento do consumidor*: novo regime para oferta, contratação e negociação de crédito. 12 de julho de 2021. Disponível em: https://tozzinifreire.com.br/boletins/lei-do-superendividamento-do-consumidor-novo-regime-para-oferta-contratacao-e-negociacao-de-credito. Acesso em: 10 ago. 2021.
25. BRASIL. *Lei 14.181, de 1º de julho de 2021*. Altera a Lei 8.078, de 11 de setembro de 1990 (Código de Defesa do Consumidor), e a Lei 10.741, de 1º de outubro de 2003 (Estatuto do Idoso), para aperfeiçoar a disciplina do crédito ao consumidor e dispor sobre a prevenção e o tratamento do superendividamento. Disponível em: http://www.planalto.gov.br/ccivil_03/_ato2019-2022/2021/lei/L14181.htm. Acesso em: 10 ago. 2021.

excessiva oferta de crédito."[26] A autora ainda alerta que tal fenômeno é crescente no país, chegando "a preocupar as autoridades e os órgãos de defesa do consumidor".[27] Esta preocupação se justifica, pois "comumente as pessoas atingem a situação de superendividamento em decorrência da excessiva oferta de crédito, do desconhecimento quanto às taxas de juros e do poderoso *marketing* utilizado pelas instituições bancárias e financeiras."[28]

Montenegro posicionou-se pontuando que a nova legislação dará ao consumidor endividado "uma nova chance de se reerguer financeiramente, sem deixar de pagar os empréstimos e os crediários em aberto. Em vez de procurar uma financeira para contrair uma nova dívida, a pessoa vai procurar o Tribunal de Justiça em seu estado."[29] Deste modo, observando que o Código de Defesa do Consumidor necessitava de uma atenção direcionada à prevenção e tratamento do superendividado, a Lei 14.181/2021 instituiu os artigos 54-A ao 54-G, que tratam da referida matéria, com atenção concentrada nas particularidades do fornecedor em relação ao serviço/produto prestado ao consumidor e, que serão examinadas e ponderadas nos tópicos que seguem.

A Prevenção ao Superendividamento é a primeira questão deste item. Os dispositivos analisados agora apresentam o instituto da prevenção ao consumidor de boa-fé, tendo como objetivo resguardá-lo de dívidas excessivas e de situações que o levem a vivenciar o endividamento sem controle ou conhecimento. "Na parte da prevenção, a lei pretende alterar a realidade, objetivando a concessão de crédito mais responsável."[30] Na disposição estrutural da Lei 14.181/2021, o capítulo VI-A regula minuciosamente a prevenção ao superendividamento. Os parágrafos 1º e 2º, do artigo 54-A, já comentados no tópico 1.1, apresentaram conceito e definições sobre o superendividamento. E, no parágrafo 3º, tem-se o cuidado do legislador de retirar a aplicação da nova lei às hipóteses de débitos adquiridos mediante fraude ou má-fé, realizados com dolo no intento do não pagamento, ou decorrentes da compra de produtos ou da contratação de serviços, classificados como luxuosos de valor elevado. São, entretanto, hipóteses em que não se utilizam as regras de proteção nas dívidas do consumidor. A prevenção nesse caso está direcionada ao outro polo da relação contratual, o fornecedor, que também pode ser lesionado pelo consumidor possuidor de intenção de agir com maldade e causar dano.

---

26. CABRAL, Hildeliza Boechat. *Síntese do direito do consumidor*. 2. ed. rev. Campos dos Goytacazes/RJ: Brasil Multicultural, 2016. p. 164.
27. CABRAL, Hildeliza Boechat. *Síntese do direito do consumidor*. 2. ed. rev. Campos dos Goytacazes/RJ: Brasil Multicultural, 2016. p. 165.
28. CABRAL, Hildeliza Boechat. *Síntese do direito do consumidor*. 2. ed. rev. Campos dos Goytacazes/RJ: Brasil Multicultural, 2016. p. 165.
29. MONTENEGRO, Manuel Carlos. Nova lei faz da conciliação uma chance de recomeço para pessoas superendividadas. *Agência CNJ de Notícias*, 2021. Disponível em: https://www.cnj.jus.br/nova-lei-faz-da-conciliacao-uma-chance-de-recomeco-para-superendividados/. Acesso em: 10 ago. 2021.
30. BARCELLOS, Rodrigo. A prevenção e o tratamento do superendividamento do consumidor. *BTLAW*, 2021. Disponível em: https://btlaw.com.br/2021/07/12/a-prevencao-e-o-tratamento-do-superendividamento-do-consumidor/. Acesso em: 09 ago. 2021.

Os artigos do novel diploma legal aqui evidenciados integram um conjunto de medidas a serem adotadas e revisadas, notadamente, pelos fornecedores de crédito. "São situações que, embora decorressem do próprio texto do CDC em sua interpretação lógica (artigo 52) e possam até parecer redundantes, foram particularizados para maior proteção do consumidor e destacam a vulnerabilidade dele no mercado creditício."[31] Por sua vez, o artigo 54-B, dispõe sobre o fornecimento de crédito e da venda a prazo, no qual o fornecedor ou o intermediário devem informar ao consumidor na hora da oferta, de forma antecipada e adequada: o custo total e a descrição dos elementos do produto; sobre as taxas de juros que comporão a relação contratual; a quantidade das prestações e o prazo de validade da oferta; os dados identificatórios do fornecedor, incluindo o endereço eletrônico e; sobre o direito do consumidor à liquidação antecipada e não onerosa do débito. Ainda o artigo 54-C, entre outras vedações, proíbe na oferta de crédito ao consumidor, de forma expressa ou implicitamente, especificar que a operação creditícia poderá ser realizada sem uma pré--avaliação da situação financeira do consumidor. Há que destacar uma importante vedação desse artigo, presente no inciso IV: "assediar ou pressionar o consumidor para contratar o fornecimento de produto, serviço ou crédito, principalmente se se tratar de consumidor idoso, analfabeto, doente ou em estado de vulnerabilidade agravada ou se a contratação envolver prêmio."[32] Entre tantas possibilidades de prevenção ao superendividamento, certamente, uma atenção especial deve ser dada aos consumidores em situação de hipervulnerabilidade, conforme determina o inciso supramencionados, como é o caso dos aposentados e pensionistas.

A redação do artigo 54-D, orienta o fornecedor quanto aos procedimentos prévios que deve seguir ao ofertar crédito ao consumidor. Na sequência, tem-se o artigo 54-F, que determina como conexos, coligados ou interdependentes, o contrato principal de fornecimento de produto/serviço e o contrato acessório de crédito, que tem por objeto garantir financiamento, conforme as hipóteses especificadas em seus incisos. E, no artigo 54-G, que encerra o Capítulo VI-A, da prevenção e do tratamento do superendividamento, há um rol de vedações ao fornecedor de produtos/serviços que envolva crédito.

Sendo assim, é importante salientar que a prevenção ao superendividamento está instituída e regulamentada, trazendo aos consumidores e fornecedores diretrizes e apontamentos da função de cada uma das partes na relação contratual de concessão de crédito. A nova legislação "certamente traz consequências ao mercado creditício, o qual deverá se adequar imediatamente às novas regras."[33]

---

31. LAHOZ, Maria Alice Trentini; SILVA, Vitor Esmanhotto da. Breves apontamentos à Lei do Superendividamento. *Conjur*, 2 ago. 2021. Disponível em: https://www.conjur.com.br/2021-ago-02/opiniao-breves-apontamentos-lei-superendividamento. Acesso em: 11 ago. 2021.

32. BRASIL. *Lei 14.181, de 1º de julho de 2021*. Altera a Lei 8.078, de 11 de setembro de 1990 (Código de Defesa do Consumidor), e a Lei 10.741, de 1º de outubro de 2003 (Estatuto do Idoso), para aperfeiçoar a disciplina do crédito ao consumidor e dispor sobre a prevenção e o tratamento do superendividamento. Disponível em: http://www.planalto.gov.br/ccivil_03/_ato2019-2022/2021/lei/L14181.htm. Acesso em: 10 ago. 2021.

33. LAHOZ, Maria Alice Trentini; SILVA, Vitor Esmanhotto da. Breves apontamentos à Lei do Superendividamento. *Conjur*, 2 ago. 2021. Disponível em: https://www.conjur.com.br/2021-ago-02/opiniao-breves-apontamentos-lei-superendividamento. Acesso em: 11 ago. 2021.

Tratamento do superendividamento. Nesse aspecto, o Capítulo V, busca por via da conciliação uma solução para as dívidas do consumidor perante seu credor. O artigo 104-A descreve o procedimento de conciliação, que deve ocorrer a pedido do consumidor superendividado, desde que pessoa natural: "o juiz poderá instaurar processo de repactuação de dívidas, com vistas à realização de audiência conciliatória, presidida por ele ou por conciliador credenciado no juízo, com a presença de todos os credores de dívidas previstas no art. 54-A deste Código."[34] Na audiência conciliatória "o consumidor apresentará proposta de plano de pagamento com prazo máximo de 5 (cinco) anos, preservados o mínimo existencial, nos termos da regulamentação, e as garantias e as formas de pagamento originalmente pactuadas."[35] Barcellos explica: "Infrutífera a conciliação, instaura-se o processo de superendividamento, no qual fica assegurado, aos credores, o recebimento de, no mínimo, o principal corrigido monetariamente. A lei não está a autorizar o calote do consumidor."[36] E, ainda afirma que ao se levar em consideração os obstáculos de recuperação desses créditos "a lei, diferentemente do que pode parecer em uma primeira análise, pode favorecer os credores, abrindo nova possibilidade de recebimento de, ao menos, o principal corrigido de créditos considerados perdidos."[37] Ainda sobre as possibilidades favoráveis para o mercado econômico que, o tratamento do superendividamento pode gerar, tem-se a seguinte previsão:

> Se forem exitosas as conciliações ou o processo de superendividamento, a Lei que ora entrou em vigor pode gerar efeitos positivos microeconômicos, com o resgate daqueles consumidores que estavam fora do mercado de consumo, e macroeconômicos, ao se ter em conta os bilhões de freais que seriam reincluídos no mercado, pelos milhões de consumidores superendividados que iriam voltar a consumir e a pagar parceladamente os seus débitos.[38]

Outra iniciativa de tratamento ao superendividamento presente na nova lei refere-se à Política Nacional de Relações de Consumos, que orientam "a prática estatal no tratamento das relações consumeristas, como o efeito programático de

---

34. BRASIL. *Lei 14.181, de 1º de julho de 2021*. Altera a Lei 8.078, de 11 de setembro de 1990 (Código de Defesa do Consumidor), e a Lei 10.741, de 1º de outubro de 2003 (Estatuto do Idoso), para aperfeiçoar a disciplina do crédito ao consumidor e dispor sobre a prevenção e o tratamento do superendividamento. Disponível em: http://www.planalto.gov.br/ccivil_03/_ato2019-2022/2021/lei/L14181.htm. Acesso em: 10 ago. 2021.

35. BRASIL. *Lei 14.181, de 1º de julho de 2021*. Altera a Lei 8.078, de 11 de setembro de 1990 (Código de Defesa do Consumidor), e a Lei 10.741, de 1º de outubro de 2003 (Estatuto do Idoso), para aperfeiçoar a disciplina do crédito ao consumidor e dispor sobre a prevenção e o tratamento do superendividamento. Disponível em: http://www.planalto.gov.br/ccivil_03/_ato2019-2022/2021/lei/L14181.htm. Acesso em: 10 ago. 2021.

36. BARCELLOS, Rodrigo. A prevenção e o tratamento do superendividamento do consumidor. *BTLAW*, 2021. Disponível em: https://btlaw.com.br/2021/07/12/a-prevencao-e-o-tratamento-do-superendivida-mento-do-consumidor/. Acesso em: 09 ago. 2021.

37. BARCELLOS, Rodrigo. A prevenção e o tratamento do superendividamento do consumidor. *BTLAW*, 2021. Disponível em: https://btlaw.com.br/2021/07/12/a-prevencao-e-o-tratamento-do-superendivida-mento-do-consumidor/. Acesso em: 09 ago. 2021.

38. BARCELLOS, Rodrigo. A prevenção e o tratamento do superendividamento do consumidor. *BTLAW*, 2021. Disponível em: https://btlaw.com.br/2021/07/12/a-prevencao-e-o-tratamento-do-superendivida-mento-do-consumidor/. Acesso em: 09 ago. 2021.

que sejam reguladas normas que efetivem seus comandos."[39] Como por exemplo: "propagandas que esclareçam ao público os malefícios que o uso abusivo de crédito pode ocasionar, normas que impeçam que pessoas com dívidas sejam impedidas de acessar determinados serviços e produtos."[40] E por último, a "instituição de procedimentos judiciais ou extrajudiciais que possibilitem a regularização de dívidas."[41]

Sendo assim, a dificuldade "dos consumidores superendividados levou o Legislador a alterar o texto normativo e, em consequência, o novo direito posto terá o poder de alterar a realidade"[42] E tal afirmação leva à reflexão a respeito da "importância da aplicação concreta do Direito como pensamento ao serviço da vida."[43]

4. RESPONSABILIDADE CIVIL DO FORNECEDOR POR SUPERENDIVIDAMENTO

Cavalieri Filho apresenta o efeito da responsabilidade civil no Código de Defesa do Consumidor. Para o nobre jurista, o CDC originou "um microssistema de proteção ao vulnerável, com regras e princípios próprios, certo que, na temática responsabilidade civil, a Lei 8.078/90 é um verdadeiro marco, um divisor de águas."[44] De acordo com suas lições "tal norma especial, em razão da pessoa que busca tutelar, provocou uma verdadeira revolução na temática responsabilidade civil do fornecedor frente aos danos causados ao consumidor, inaugurando um regramento próprio e específico"[45] O ilustre doutrinador dá especial atenção ao fato de que o CDC "estabeleceu, como regra, a responsabilidade objetiva dos fornecedores pelos danos causados aos consumidores, em razão da violação de um dever jurídico preexistente em Lei de

---

39. LA ROSA, Igor Borges. Lei do superendividamento: análise das disposições trazidas pela Lei 14.181/2021. *Conjur*, 2021. Disponível em: https://www.conjur.com.br/2021-jul-22/la-rosa-analise-disposicoes-trazidas-lei- 141812021. Acesso em: 11 ago. 2021.

40. LA ROSA, Igor Borges. Lei do superendividamento: análise das disposições trazidas pela Lei 14.181/2021. *Conjur*, 2021. Disponível em: https://www.conjur.com.br/2021-jul-22/la-rosa-analise-disposicoes-trazidas-lei- 141812021. Acesso em: 11 ago. 2021.

41. LA ROSA, Igor Borges. Lei do superendividamento: análise das disposições trazidas pela Lei 14.181/2021. *Conjur*, 2021. Disponível em: https://www.conjur.com.br/2021-jul-22/la-rosa-analise-disposicoes-trazidas-lei- 141812021. Acesso em: 11 ago. 2021.

42. BARCELLOS, Rodrigo. A prevenção e o tratamento do superendividamento do consumidor. *BTLAW*, 2021. Disponível em: https://btlaw.com.br/2021/07/12/a-prevencao-e-o-tratamento-do-superendividamento-do-consumidor/. Acesso em: 09 ago. 2021.

43. BARCELLOS, Rodrigo. A prevenção e o tratamento do superendividamento do consumidor. *BTLAW*, 2021. Disponível em: https://btlaw.com.br/2021/07/12/a-prevencao-e-o-tratamento-do-superendividamento-do-consumidor/. Acesso em: 09 ago. 2021.

44. CAVALIERI FILHO, Sergio. Responsabilidade civil nas relações de consumo e dos profissionais liberais; excludentes de responsabilidade nas relações de consumo. *EMERJ, Cadernos do Curso de Extensão de Direito do Consumidor*, n. 1, p. 39, 2013. Disponível em: https://www.emerj.tjrj.jus.br/paginas/publicacoes/cadernos_de_direito_do_consumidor/edicoes/cadernos_de_direito_do_consumidor_37.pdf. Acesso em: 10 ago. 2021.

45. CAVALIERI FILHO, Sergio. Responsabilidade civil nas relações de consumo e dos profissionais liberais; excludentes de responsabilidade nas relações de consumo. *EMERJ, Cadernos do Curso de Extensão de Direito do Consumidor*, n. 1, p. 39, 2013. Disponível em: https://www.emerj.tjrj.jus.br/paginas/publicacoes/cadernos_de_direito_do_consumidor/edicoes/cadernos_de_direito_do_consumidor_37.pdf. Acesso em: 10 ago. 2021.

segurança e de adequação."[46] Significando afirmar "que pouco importa a vontade, a intenção e a ignorância do fornecedor quanto a eventual vícios existentes no produto ou no serviço."[47]

Tartuce e Neves (2021), conceituam como categoria basilar da responsabilidade civil o ato ilícito e o abuso de direito.[48] Os autores ensinam que "o Código Brasileiro de Defesa do Consumidor consagra como regra a responsabilidade objetiva e solidária dos fornecedores de produtos e prestadores de serviços, frente aos consumidores."[49] Essa alternativa tem por objetivo contribuir com a proteção aos direitos do consumidor, em favor "da reparação integral dos danos, constituindo um aspecto material do acesso à justiça. Desse modo, não tem o consumidor o ônus de comprovar a culpa dos réus nas hipóteses de vícios ou defeitos dos produtos ou serviços."[50] Assim, ratificada a responsabilidade civil normatizada no CDC, como regra, a responsabilidade objetiva e solidária dos fornecedores em relação aos consumidores. Então, nas situações de superendividamento do consumidor, essa será a teoria adotada quando se tratar de responsabilidade civil. Visto que, quem expõe outra pessoa a atividades de risco "deve arcar com as consequências da situação de agravamento. Uma dessas decorrências é justamente a responsabilidade objetiva e solidária dos agentes envolvidos com a prestação ou fornecimento."[51]

Conforme assinalado, a Lei do Superendividamento estabelece regras para a prevenção à ruína financeira do consumidor que, em última análise, leva à sua exclusão social e, ainda, traz normas para o tratamento da situação do consumidor já superendividado, assim considerado aquele que, nos termos do novo art. 54-C do Código de Defesa do Consumidor, incluído ela citada lei, a pessoa natural, de boa-fé, que manifestamente não tem possibilidade de pagar a totalidade de suas dívidas de consumo, exigíveis e vincendas, sem comprometer seu mínimo existencial.

Se tais regras foram introduzidas no Código de Defesa do Consumidor, por óbvio que, seguindo a natureza da própria lei modificada, elas são de natureza social e

---

46. CAVALIERI FILHO, Sergio. Responsabilidade civil nas relações de consumo e dos profissionais liberais; excludentes de responsabilidade nas relações de consumo. *EMERJ, Cadernos do Curso de Extensão de Direito do Consumidor*, n. 1, p. 39, 2013. Disponível em: https://www.emerj.tjrj.jus.br/paginas/publicacoes/cadernos_de_direito_do_consumidor/edicoes/cadernos_de_direito_do_consumidor_37.pdf. Acesso em: 10 ago. 2021.

47. CAVALIERI FILHO, Sergio. Responsabilidade civil nas relações de consumo e dos profissionais liberais; excludentes de responsabilidade nas relações de consumo. *EMERJ, Cadernos do Curso de Extensão de Direito do Consumidor*, n. 1, p. 39, 2013. Disponível em: https://www.emerj.tjrj.jus.br/paginas/publicacoes/cadernos_de_direito_do_consumidor/edicoes/cadernos_de_direito_do_consumidor_37.pdf. Acesso em: 10 ago. 2021.

48. TARTUCE, Flávio; NEVES, Daniel Amorim Assumpção. *Manual de Direito do Consumidor*: direito material e processual. Vol. Único. 10. ed. Rio de Janeiro: Método, 2021. p. 129.

49. TARTUCE, Flávio; NEVES, Daniel Amorim Assumpção. *Manual de Direito do Consumidor*: direito material e processual. Vol. Único, 10. ed. Rio de Janeiro: Método, 2021. p. 129.

50. TARTUCE, Flávio; NEVES, Daniel Amorim Assumpção. *Manual de Direito do Consumidor*: direito material e processual. Vol. Único. 10. ed. Rio de Janeiro: Método, 2021. p. 129.

51. TARTUCE, Flávio; NEVES, Daniel Amorim Assumpção. *Manual de Direito do Consumidor*: direito material e processual. Vol. Único. 10. ed. Rio de Janeiro: Método, 2021. p. 129.

de ordem pública, vinculando, portanto, os fornecedores ao seu cumprimento e os submetendo a sanções em caso de descumprimento.

Responsabilidade decorrente da falta de prevenção e de tratamento. Inicialmente, a concessão/obtenção de crédito nas relações de consumo deve ser uma atividade que envolve cuidados não apenas para o consumidor, que deve contratar com cautela, observando suas possibilidades financeiras, mas também para o fornecedor, que precisa agir fundado no princípio da boa-fé objetiva, cumprindo os deveres anexos criados por tal princípio, informando ao consumidor todos, efetivamente todos, os detalhes da contratação e não apenas aquelas nuances sobre as quais for indagado.

Embora esse dever seja decorrente dos princípios que norteiam a relação de consumo, notadamente do já citado princípio da boa-fé objetiva, mas também dos princípios da função social do contrato, da eticidade, da solidariedade social e seu viés contratual, princípios que já constavam no Código de Defesa do Consumidor em sua redação originária, é fato que a cautela na contratação somente era cobrada do consumidor, de modo que a ele era imputada a completa responsabilidade pelas contratações que o levassem ao superendividamento. Assim, percebendo a insuficiência das já consagradas normas do Código de Defesa do Consumidor e de sua interpretação cada vez mais para fechada e desprotetiva, o legislador brasileiro viu a necessidade de imputar expressamente ao fornecedor o dever de atuar de forma a prevenir o superendividamento e de tratá-lo, caso já existente.

De fato, a prevenção ao superendividamento não deve ser uma função atribuída apenas ao consumidor, que muitas vezes é atraído por promessas falsas e, ainda, por uma necessidade imediata, devendo o fornecedor contribuir, com a concessão responsável de crédito, para que o consumidor possa manter-se solvente e incluído na sociedade.

Dessa forma, passando o fornecedor a ter o dever de prevenir o superendividamento, através do cumprimento das normas incluídas no Código de Defesa do Consumidor pela Lei 14.181, 2021, o descumprimento de tal dever pode ensejar sua responsabilização civil.

Nesse sentido, o art. 54-C veda condutas ao fornecedor de crédito que podem ludibriar o consumidor, principalmente os hipervulneráveis, e levá-lo ao superendividamento e, ainda, prevê art. 54-D deveres de informação e esclarecimento ao consumidor, além da análise das condições de crédito, antes da contratação, estabelecendo, em seu parágrafo único, que o descumprimento de tais deveres e, também, daqueles previstos nos arts. 52 e 54-C, poderá ensejar a redução dos juros, dos encargos ou de qualquer acréscimo ao principal, bem como a dilação do prazo de pagamento previsto no contrato original, conforme decisão judicial a ser tomada considerando a gravidade da conduta do fornecedor e as possibilidades financeiras do consumidor, podendo ainda serem cumuladas outras sanções e indenização por perdas e danos, patrimoniais e morais, ao consumidor.

Com tais previsões, reforça-se, então, os deveres de informação em contratações de crédito impostos ao fornecedor pelo art. 52 do Código de Defesa do Consumidor e os amplia, esmiúça e, principalmente, traz sanções ao fornecedor que os descumpri, dentre as quais a possibilidade de sua responsabilização civil pelos danos materiais e morais eventualmente causados ao consumidor.

Tais dispositivos não estabelecem a modalidade de responsabilidade civil, mas conforme já analisado, a interpretação sistemática do Código de Defesa do Consumidor leva à conclusão de que ela é objetiva, independentemente de culpa do fornecedor, portanto. Isso porque, de fato, a sistemática da legislação consumerista parte do pressuposto de que a atividade do fornecedor expõe o consumidor a risco, que deve ser assumido pelo seu criador.

Enfim, o fornecedor responde civilmente, de forma objetiva, caso descumpra os deveres legais de prevenção ao superendividamento, por eventuais danos causados ao consumidor.

Entretanto, na atual sociedade há muitos consumidores que já estão em situação de superendividamento, de modo que para eles as regras preventivas já não mais bastam. Com tal consideração, o legislador foi além da prevenção, estabelecendo regras, tanto de direito material quando de direito processual, para o tratamento do superendividamento.

Na verdade, prevenção e tratamento se complementam e a responsabilidade civil advinda da não observância pelo fornecedor das regras que os estabelecem poderá existir independentemente da contratação, uma vez que o Código de Defesa do Consumidor superou a contratual/extracontratual e essa superação é reforçada pela Lei do Superendividamento, ao estabelecer deveres e responsabilidade do fornecedor no momento pré-contratual.

A Lei 14.181/2021, após estabelecer normas de prevenção à ruína do consumidor, que se inicia no campo financeiro mas avassala toda a sua vida, porque acaba por excluí-lo socialmente, prevê o tratamento do superendividamento, trazendo normas embasadas na dignidade da pessoa humana, na boa-fé objetiva, na solidariedade, buscando reincluir o consumidor na sociedade e no mercado de consumo.

Assim, são criados deveres específicos para o fornecedor de crédito, que deverá cooperar para a superação da situação violação do mínimo existencial do consumidor decorrente de suas dívidas, maiores que suas possibilidades de pagamento.

Os já citados arts. 54-B, 54-C e 54-D trazem regras de direito material mais ligadas à fase pré-contratual e, portanto, estabelecem deveres preventivos ao fornecedor. Contudo, tais dispositivos têm também aplicabilidade para o tratamento do superendividamento, notadamente em casos de renovação de contrato, em que o consumidor refinancia a dívida que já não está conseguindo pagar através da celebração de um novo contrato. Essa possibilidade, inclusive, encontra-se implícita no inciso V do art. 54-C, que veda ao fornecedor "condicionar o atendimento de pretensões do consumidor ou o início de tratativas à renúncia ou à desistência de demandas judiciais, ao pagamento de honorários advocatícios ou a depósitos judiciais".

O art. 54-G do Código de Defesa do Consumidor também veda condutas ao fornecedor de crédito, tratando de situações em que o contrato foi celebrado e, ainda assim, elas não necessariamente estão ligadas ao tratamento, podendo ser consideradas condutas preventivas ou de tratamento, a depender da situação concreta. Por óbvio, em tais situações o descumprimento dos deveres também poderá ensejar a responsabilização do fornecedor por danos ao consumidor, de natureza moral ou patrimonial e de forma objetiva. Ora, o fato de o dispositivo não estabelecer sanção específica não exclui a sanção genérica prevista claramente entre os direitos do consumidor, no art. 6°, VI, do Código de Defesa do Consumidor, pois sofrendo o consumidor o dano, há de merecer a reparação.

5. CONSIDERAÇÕES FINAIS

A Constituição da República, objetivando a construção de uma sociedade livre, justa e solidária, visando a erradicação da pobreza, elevou a pessoa humana e seus direitos existenciais ao vértice do ordenamento jurídico. De fato, a opção constitucional consolidada pela primazia da pessoa humana, além de merecer aplicação direta às relações intersubjetivas, impõe observância pelo legislador infraconstitucional e, ainda, pelos aplicadores do direito, de uma verdadeira cláusula geral de tutela da pessoa humana. Revelando que, na prática, a dignidade da pessoa humana é conceito em desenvolvimento, em construção e constante aperfeiçoamento, permitindo a mobilidade protetiva, não como campo para o arbítrio, mas como construção a ser efetivada diante do caso concreto. Nessa esteira, o Código de Defesa do Consumidor, inspirado em mandamento constitucional decorrente da previsão do direito fundamental à defesa do consumidor, deve atuar como forma de concreção dos princípios constitucionais e possibilitar a busca pelo respeito à dignidade da pessoa humana e à igualdade.

Deveras, o Código de Defesa do Consumidor estabelece o reconhecimento da vulnerabilidade do consumidor, prevendo princípios e regras para a tutela do hipossuficiente e estabelecendo a boa-fé objetiva como princípio da Política Nacional das Relações de Consumo que, aplicadas às situações práticas, possibilitam a adoção de medidas para coibir violações à dignidade humana e ao mínimo existencial. Assim, a prestação, que já nasceu desproporcional para o consumidor, pode ser modificada para restabelecer o equilíbrio ao contrato, pode ser revista uma prestação que, embora tenha nascido proporcional se tornou desproporcional. Em ambos os casos basta a prova do requisito objetivo, a desproporcionalidade, já que o requisito subjetivo, a vulnerabilidade do consumidor, é presumida, conforme o art. 4°, I, do Código de Defesa do Consumidor.

O princípio da autonomia da vontade e da liberdade contratual, bases do *pacta sunt servanda*, absolutos no Estado liberal, foram relativizados pela adoção de novos princípios, mais condizentes com o Estado social, como a boa-fé objetiva, o equilíbrio econômico, a tutela do hipossuficiente e a função social do contrato. Continuar permitindo abusos contra o consumidor, fundados na alegação de que o contrato faz lei entre as partes, não é uma opção de respeito e cumprimento à Constituição da República, sequer sendo possível, para afastar a revisão contratual, invocar a proteção constitucional ao ato jurídico perfeito, pois não se pode considerar perfeito o ato jurídico que viola o fundamento da dignidade humana.

Portanto, a segurança jurídica esperada da atividade jurisdicional não é aquela embasada em manutenção de relações abusivas e desproporcionais, mas no reconhecimento de que o ordenamento jurídico precisa ser interpretado sistematicamente e ser respeitado por todos, notadamente os fornecedores de crédito ao mercado de consumo, que precisam rever sua postura e adotar medidas consoante o princípio da solidariedade, no viés da eficácia horizontal dos direitos fundamentais, segundo o padrão da boa-fé objetiva e seus deveres anexos, já que os tomadores desses valores são, em regra, as pessoas mais vulneradas do mercado de consumo.

6. REFERÊNCIAS BIBLIOGRÁFICAS

BARCELLOS, Rodrigo. A prevenção e o tratamento do superendividamento do consumidor. *BTLAW*, 2021. Disponível em: https://btlaw.com.br/2021/07/12/a-prevencao-e-o-tratamento-do-superendividamento-do-consumidor/. Acesso em: 09 ago. 2021.

BRASIL. *Lei 14.181, de 1º de julho de 2021.* Altera a Lei 8.078, de 11 de setembro de 1990 (Código de Defesa do Consumidor), e a Lei 10.741, de 1º de outubro de 2003 (Estatuto do Idoso), para aperfeiçoar a disciplina do crédito ao consumidor e dispor sobre a prevenção e o tratamento do superendividamento. Disponível em: http://www.planalto.gov.br/ccivil_03/_ato2019-2022/2021/lei/L14181.htm. Acesso em: 10 ago. 2021.

CABRAL, Hildeliza Boechat. *Síntese do Direito do Consumidor.* 2. ed. rev. Campos dos Goytacazes/RJ: Brasil Multicultural, 2016.

CAVALCANTE, Márcio André Lopes. Breves comentários à Lei do Superendividamento (Lei 14.181/2021). *Dizer o Direito*, 2021. Disponível em: https://www.dizerodireito.com.br/2021/07/breves-comentarios-lei-do.html. Acesso em: 11 ago. 2021.

CAVALIERI FILHO, Sergio. Responsabilidade civil nas relações de consumo e dos profissionais liberais; excludentes de responsabilidade nas relações de consumo. *EMERJ, Cadernos do Curso de Extensão de Direito do Consumidor*, n. 1, p. 37-54, 2013. Disponível em: https://www.emerj.tjrj.jus.br/paginas/publicacoes/cadernos_de_direito_do_consumidor/edicoes/cadernos_de_direito_do_consumidor_37.pdf. Acesso em: 10 ago. 2021.

GAGLIANO, Pablo Stolze; OLIVEIRA, Carlos Eduardo Elias de. Comentários à Lei do Superendividamento (Lei 14.181, de 1º de julho de 2021) e o princípio do crédito responsável. *Revista Jus Navigandi*, ISSN 1518-4862, Teresina, ano 26, n. 6575, 2 jul. 2021. Disponível em: https://jus.com.br/artigos/91675. Acesso em: 11 ago. 2021.

GUGLINSKI, Vitor. Breves linhas sobre a hipervulnerabilidade do consumidor-turista. *Jusbrasil*, 2015. Disponível em: https://vitorgug.jusbrasil.com.br/artigos/185480810/breves-linhas-sobre-a-hipervulnerabilidade-do-consumidor-turista. Acesso em: 11 ago. 2021.

LA ROSA, Igor Borges. Lei do superendividamento: análise das disposições trazidas pela Lei 14.181/2021. *Conjur*, 2021. Disponível em: https://www.conjur.com.br/2021-jul-22/la-rosa-analise-disposicoes-trazidas-lei-141812021. Acesso em: 11 ago. 2021.

LAHOZ, Maria Alice Trentini; SILVA, Vitor Esmanhotto da. Breves apontamentos à Lei do Superendividamento. *Conjur*, 2 ago. 2021. Disponível em: https://www.conjur.com.br/2021-ago-02/opiniao--breves-apontamentos-lei-superendividamento. Acesso em: 11 ago. 2021.

LUCA, Adriana de. Número de brasileiros endividados tem nova alta em abril. *CNN Brasil*, 8 mai. 2021. Disponível em: https://www.cnnbrasil.com.br/business/2021/05/09/numero-de-brasileiros-endividados-tem-nova-alta-em-abril. Acesso em: 10 ago. 2021.

MONTENEGRO, Manuel Carlos. Nova lei faz da conciliação uma chance de recomeço para pessoas superendividadas. *Agência CNJ de Notícias*, 2021. Disponível em: https://www.cnj.jus.br/nova-lei--faz-da-conciliacao-uma-chance-de-recomeco-para-superendividados/. Acesso em: 10 ago. 2021.

REYMAO, Ana Elizabeth Neirao; OLIVEIRA, Felipe Guimarães de. O superendividamento do consumidor no Brasil: um debate necessário entre o direito e a economia no século XXI. *Revista de Direito, Globalização e Responsabilidade nas Relações de Consumo*. Brasília, v. 2, n. 1, p. 178, jan.-jun., 2016. Disponível em: https://www.indexlaw.org/index.php/revistadgrc/article/view/691/684. Acesso em: 10 ago. 2021.

SOUZA, Heitor José Fidelis Almeida de. Inovações implementadas pela Lei 14.181/21: o processo de repactuação de dívidas e o processo por superendividamento. *Migalhas*, 2021. Disponível em: https://www.migalhas.com.br/depeso/348562/inovacoes-implementadas-pela-lei-14-181-21. Acesso em: 09 ago. 2021.

TARTUCE, Flávio; NEVES, Daniel Amorim Assumpção. *Manual de Direito do Consumidor: direito material e processual*. vol. Único, 10. ed. Rio de Janeiro: Método, 2021.

TOZZINI FREIRE ADVOGADOS. *Lei do superendividamento do consumidor*: novo regime para oferta, contratação e negociação de crédito. 12 de julho de 2021. Disponível em: https://tozzinifreire.com.br/boletins/lei-do-superendividamento-do-consumidor-novo-regime-para-oferta-contratacao-e--negociacao-de-credito. Acesso em: 10 ago. 2021.

INFLUENCIADORES DIGITAIS DE FINANÇAS E OS RISCOS DO SUPERENDIVIDAMENTO: DO CRÉDITO AO INVESTIMENTO RESPONSÁVEL

Samir Alves Daura

Mestre em Direito pela Universidade Federal de Uberlândia (UFU). Foi pesquisador bolsista da Coordenação de Aperfeiçoamento de Pessoal de Nível Superior (CAPES), nível mestrado. Membro associado do Instituto Brasileiro de Estudos de Responsabilidade Civil (IBERC). Professor de Direito e advogado.

E-mail: samirdaura@outlook.com

Rafael Ferreira Bizelli

Mestre e graduado em Direito pela Universidade Federal de Uberlândia (UFU). Foi pesquisador bolsista da Coordenação de Aperfeiçoamento de Pessoal de Nível Superior (CAPES), nível mestrado. Membro associado do Instituto Brasileiro de Estudos de Responsabilidade Civil (IBERC). Defensor Público do Estado de Minas Gerais (DPMG)

E-mail: rafaelferreirabizelli@hotmail.com

Sumário: 1. Introdução – 2. Os influenciadores digitais no contexto da sociedade de consumo – 3. Educação financeira, riscos e deveres anexos da boa-fé objetiva – 4. Influenciadores digitais enquanto fornecedores no mercado de consumo – 4.1 *Influencers*, responsabilidade e danos – 5. Do crédito ao investimento responsável? – 6. Considerações finais – 7. Referências bibliográficas.

1. INTRODUÇÃO

A revolução digital, propiciada pelo desenvolvimento da internet, acarretou o surgimento de novas mídias e redes de comunicação, estruturadas a partir da denominada "sociedade em rede".[1] Dia e noite, todos estão conectados e não há mais espaço para o "tempo ocioso": "mídia, redes sociais e mercado de consumo" se unem para derrubar as barreiras geográficas e formar um "mundo digital".[2]

Nesta quadra da história, novos atores surgem com protagonismo. Dentre eles, os influenciadores digitais apresentam-se como sujeitos carismáticos, com a capacidade de aglutinar em torno de si uma legião de seguidores que orientam o seu comportamento e estilo de vida de acordo com o referencial estabelecido pelos primeiros. O mercado de consumo e os métodos publicitários não são mais os mesmos: agora,

---

1. CAPOBIANCO, Ligia. A revolução em curso: Internet, Sociedade da Informação e Cibercultura. **Estudos em comunicação**, v. 2, n. 7, p. 175-193, 2010.
2. MARQUES, Claudia Lima; MIRAGEM, Bruno. "Serviços simbióticos" do consumo digital e o PL 3.514/2015 de atualização do CDC. *Revista de Direito do Consumidor*, v. 132, p. 91-118, nov.-dez. 2020.

temos novos fornecedores e novos consumidores, de modo que rever a tradicional relação de consumo é tarefa que se impõe.

O presente estudo não tem a pretensão de estudar a fundo essas profundas modificações vivenciadas hodiernamente. Nesse sentido, o tema a ser tratado é a atuação dos influenciadores digitais que atuam na área de finanças pessoais e orientação ao investimento e o objetivo principal de pesquisa consiste em analisar a responsabilidade civil desses novos atores, sobretudo em face da possibilidade de causarem danos àqueles que orientam a sua tomada de decisão com base em suas orientações.

Delimitado o tema, os seguintes problemas são apresentados: os influenciadores digitais que atuam na área de investimentos e finanças pessoais podem ser responsabilizados quando suas orientações causarem danos aos seguidores? Nesse contexto, seria possível defender a ideia do "investimento responsável" como corolário do princípio da boa-fé e dos deveres anexos de cuidado, informação, lealdade e transparência?

Os objetivos específicos do presente artigo são: a) compreender a inserção dos influenciadores digitais no contexto da sociedade de consumo hodierna e da economia digital; b) estudar a importância e os limites da educação financeira, bem como o papel dos influenciadores digitais na sua difusão pelas mídias sociais; c) analisar se de fato há responsabilidade civil dos influenciadores digitais que atuam na área de finanças pessoais e investimentos, quando sua atuação é capaz de prejudicar a tomada de decisão dos seus seguidores e causar danos graves, como é o caso superendividamento.

Em relação ao aspecto metodológico, foi adotado o método dedutivo, partindo-se da análise da atuação dos influenciadores digitais que operam no ramo das finanças pessoais e investimentos no contexto da economia digital para, posteriormente, compreendermos como se dá a responsabilização desses novos atores no âmbito da economia digital.

2. OS INFLUENCIADORES DIGITAIS NO CONTEXTO DA SOCIEDADE DE CONSUMO

Ao tratar da sociedade de consumo, do sistema capitalista de produção e do surgimento da ideia de "consumismo", especialmente no mundo ocidental, Gilles Lipovetsky destaca a existência de três momentos históricos distintos: a) a construção dos grandes "mercados nacionais"; b) o surgimento da "sociedade da abundância"; c) e a formação da "sociedade do hiperconsumo".[3]

No primeiro momento, a formação dos "mercados nacionais", decorrência das revoluções da indústria e da tecnologia, fomentou as bases da massificação do con-

---

3. LIPOVETSKY, Gilles. *A felicidade paradoxal*: ensaio sobre a sociedade do hiperconsumo. São Paulo: Companhia das Letras, 2007. p. 26-37.

sumo, a partir do surgimento das grandes marcas comerciais e dos "grandes maga-zines". No processo de alavancagem dessas grandes marcas que passaram a integrar a própria estrutura da sociedade de consumo, registre-se a utilização estratégica de imponentes campanhas publicitárias, o que "transformou profundamente a relação do consumidor com o varejista".[4]

Após a segunda guerra mundial, com o aumento da demanda por parte dos consumidores, tem início a "sociedade da abundância", marcada pelo fenômeno da "democratização do consumo", a partir da expansão do crédito e estabelecimento de uma efetiva "cultura consumista", que permitiu ao consumidor se destacar perante a sociedade, a partir do simples ato de consumir. Nesse momento, o grande objetivo foi o de possibilitar a efetiva massificação do consumo, não importando a classe social ou as características que distinguem cada consumidor.[5]

A partir da década de 1970, Lipovetsky vislumbra uma terceira fase da sociedade de consumo, qual seja, a "sociedade do hiperconsumo". Nesse momento de tran-sição, o consumo passa a integrar a própria *psique* humana, voltando ao bem-estar individual e emocional do *homo consumericus*. Para tanto, uma mudança estratégica nas campanhas publicitárias é deflagrada: surge o "marketing sensorial", voltado à afirmação do "consumo emocional".[6]

Seja qual for a fase da sociedade de consumo, interessante é notar que a publi-cidade e as estratégias de marketing sempre estiveram presentes no seu processo evolutivo. Contudo, se durante as duas primeiras fases tratadas por Lipovetsky as campanhas publicitárias tradicionalmente eram direcionadas às massas, a partir da concepção do marketing sensorial, compreender o comportamento do consumi-dor para melhor atender às suas subjetividades passou a ser o grande objetivo a ser perseguido. Para tanto, a internet passou a desempenhar um papel crucial como "mecanismo de disseminação da informação",[7] permitindo o surgimento de "novos produtos e serviços do mundo digital", que, de acordo com Claudia Lima Marques e Bruno Miragem, podem ser observados a partir de três aspectos: a) o surgimento dos "bens e serviços digitais"; b) a interligação entre esses bens e serviços digitais e a internet das coisas; c) e a utilização da "inteligência artificial" na criação de produtos e serviços, bem como no estabelecimento de estratégias para estreitar as relações entre fornecedores e consumidores.[8]

---

4. LIPOVETSKY, Gilles. *A felicidade paradoxal*: ensaio sobre a sociedade do hiperconsumo. São Paulo: Com-panhia das Letras, 2007. p. 29-30.
5. LIPOVETSKY, Gilles. *A felicidade paradoxal*: ensaio sobre a sociedade do hiperconsumo. São Paulo: Com-panhia das Letras, 2007. p. 32-33.
6. LIPOVETSKY, Gilles. *A felicidade paradoxal*: ensaio sobre a sociedade do hiperconsumo. São Paulo: Com-panhia das Letras, 2007. p. 48.
7. LEINER, Barry M. et al. The past and future history of the Internet. *Communications of the ACM*, v. 40, n. 2, p. 102-108, 1997.
8. MARQUES, Claudia Lima; MIRAGEM, Bruno. "Serviços simbióticos" do consumo digital e o PL 3.514/2015 de atualização do CDC. *Revista de Direito do Consumidor*, v. 132, p. 91-118, nov.-dez. 2020.

Nesse contexto, ganham destaque as chamadas "mídias sociais" e os "influenciadores digitais".[9] As mídias sociais, tais como o Google, Facebook, YouTube, Instagram e Twitter, são pessoas jurídicas de direito privado com finalidade lucrativa, que oferecem serviços de comunicação e também atuam como verdadeiras agências de publicidade.[10] Os influenciadores digitais, por sua vez, são pessoas que surgem na esteira das mídias sociais e do "marketing de influência", exercendo um importante papel na tomada de decisão daqueles que são considerados os seus seguidores, ou seja, apresentam um "poder de influenciar em decisões em relação ao estilo de vida, gostos e bens culturais daqueles que estão em sua rede".[11]

Os levantamentos atuais sobre o poder do marketing de influência no Brasil são incontestáveis. Em estudo realizado em agosto de 2019 pela empresa Spark em conjunto com o Instituto QualiBest, constatou-se que 76% dos consumidores já adquiriram algum produto ou serviço a partir da recomendação de um influenciador digital.[12] Em outro estudo, publicado em 2019 pelo IBOPE, os números indicaram que 52% dos internautas brasileiros seguiam algum influenciador digital, sendo que 74% dos entrevistados indicaram que a principal razão para seguir um "*influencer*" seria o "conteúdo com informação relevante" e 50% informaram que costumavam comprar produtos e serviços indicados pelos influenciadores.[13]

Atuando nas diversas mídias sociais, os influenciadores digitais, ao produzirem o seu próprio conteúdo, com foco em um determinado público-alvo, transmitem uma sensação de maior proximidade e empatia para com os seus seguidores, o que os diferencia das celebridades e contribui para criar uma relação de confiança com os consumidores que orientam o seu comportamento com base nas suas recomendações.[14]

A respeito das áreas de atuação dos influenciadores digitais, cite-se os canais e perfis voltados ao humor, saúde, gastronomia, cultura, esportes, entretenimento, beleza e – especialmente para o presente estudo – finanças. De acordo com levantamento publicado em 2021 pela Associação Brasileira das Entidades do Mercado Financeiro

---

9. RIEFA, Christine. Consumer Protection on Social Media Platforms: tackling the challenges of social commerce. in T.Synodinou, Ph. Jougleux, C. Markou, Th. Prastitou, *EU Internet Law in the Digital Era*. Springer, 2019. Disponível em: https://papers.ssrn.com/sol3/papers.cfm?abstract_id=3373704. Acesso em: 12 jul. 2021.

10. FUCHS, Christian. Mídias Sociais e a Esfera Pública. *Contracampo*, v. 34, n. 3, 2015.

11. KARHAWI, Issaaf et al. Influenciadores digitais: conceitos e práticas em discussão. *Communicare*, v. 17, n. 12, p. 46-61, 2017.

12. PEZZOTTI, Renato. 76% dos consumidores já compraram por causa de influenciadores, diz estudo. UOL, 2019. Disponível em: https://economia.uol.com.br/noticias/redacao/2019/09/11/76-dos-consumidores-ja--compraram-por-indicacao-de-influenciadores.htm. Acesso em: 12 jul. 2021.

13. IBOPE – Instituto Brasileiro de Opinião Pública e Estatística O Brasil e os influenciadores digitais. *IBOPE Inteligência*, 2019. Disponível em: https://static.poder360.com.br/2019/11/Influenciadores-digitais-ibope. pdf. Data de acesso: 12 jul. 2021.

14. SILVA, Carlos Mendes Monteiro da; BRITO, Dante Ponte de. Há responsabilização dos influenciadores digitais pela veiculação de publicidade ilícita nas redes sociais? *Revista de Direito do Consumidor*, v. 133, p. 205-221, jan.-fev. 2021.

(Anbima) e pelo Instituto Brasileiro de Pesquisa e Análise de Dados (IBPAD), 266 influenciadores digitais que atuam na área de finanças e investimentos já se comunicam por intermédio das mídias sociais com mais de 74 milhões de brasileiros, o que demonstra um crescente interesse por parte da população em assuntos relacionados à educação financeira.[15]

A princípio, os dados levantados deveriam ser comemorados, sobretudo porque indicam uma possível mudança de comportamento por parte da sociedade brasileira, muito mais caracterizada por uma cultura voltada ao endividamento do que à poupança. Contudo, o que se tem constatado em diversas situações são influenciadores que agem sem qualquer tipo de cautela e precaução, características que são esperadas por parte daqueles que orientam pessoas a lidar com as suas finanças pessoais, a fim de evitar danos mais graves, como por exemplo, o superendividamento dos consumidores.[16]

Desta forma, nos próximos tópicos, o presente estudo analisará de que forma a educação financeira poderá efetivamente contribuir para a formação de uma verdadeira consciência coletiva a respeito dos problemas decorrentes do endividamento excessivo, bem como discutirá o papel e a responsabilidade civil dos influenciadores digitais que atuam no ramo das finanças pessoais, sobretudo diante dos casos em que essa atuação é capaz de causar danos graves, rompendo o liame de confiança naturalmente esperado.

3. EDUCAÇÃO FINANCEIRA, RISCOS E DEVERES ANEXOS DA BOA-FÉ OBJETIVA

Qual é a relevância da educação financeira para que o consumidor possa atuar com uma maior segurança no mercado de consumo, sobretudo para prevenir uma situação de endividamento excessivo? A atuação dos influenciadores digitais na área de finanças e investimentos, por meio das mídias sociais, é algo positivo? Em relação aos influenciadores digitais que atuam nas áreas de finanças e investimentos, poder-se-ia falar em uma necessidade de intensificação dos deveres anexos da boa-fé

---

15. VALOR. Influenciadores de finanças falam para mais de 74 milhões de seguidores, diz estudo. *Valor Investe,* 2021. Disponível em: https://valorinveste.globo.com/educacao-financeira/noticia/2021/06/08/influencia-dores-de-financas-falam-para-mais-de-74-milhoes-de-seguidores-diz-estudo.ghtml. Acesso em: 12 jul. 2021.

16. O superendividamento pode ser conceituado como sendo "[...] a impossibilidade global de o devedor pessoa física, consumidor, leigo e de boa-fé, pagar todas as suas dívidas atuais e futuras de consumo (excluídas as dívidas com o fisco, oriunda de delitos e alimentos)". Cf. MARQUES, Claudia Lima. Cap. 10. Sugestões para uma lei sobre o tratamento do superendividamento de pessoas físicas em contratos de crédito ao consumo: proposições com base em pesquisa empírica de 100 casos no Rio Grande do Sul. In: MARQUES, Claudia Lima; CAVALLAZZI, Rosângela Lunardelli (Org.). *Direitos do Consumidor endividado*: Superendividamento e Crédito. 1ed.São Paulo: Ed. RT, 2006, v. p. 256.

objetiva,[17] como os deveres[18] de cuidado, informação, lealdade e transparência para com os seus seguidores?

Não é tarefa simples responder aos questionamentos acima. No Brasil, é grave o quadro de endividamento dos consumidores, especialmente agravado pela pandemia da Covid-19. Em levantamento publicado pela CNC, constatou-se que 7 em cada 10 famílias encerraram o primeiro semestre do corrente ano com dívidas, tendo o total de endividados alcançado o percentual de 69,7% no mês de junho de 2021, indicando uma forte alta em comparação ao mesmo mês do ano passado. Em relação às famílias que se declararam "muito endividadas", o estudo indicou que 14,7% se enquadram nessa situação, além de que 10,8% declararam não ter condições de pagar as suas dívidas em atraso, dados esses que retratam um quadro preocupante, mais relacionado ao superendividamento do que ao endividamento por si só.[19]

Nesse contexto, poder-se-ia inferir que a defesa da educação financeira é medida que se impõe, seja por meio de políticas públicas ou pela atuação de agentes privados, como no caso das instituições financeiras e dos influenciadores digitais. A própria OCDE recomenda aos seus países membros e convida aos países não membros a adotarem a "Recomendação sobre os Princípios e as Boas Práticas de Educação e Conscientização Financeira", publicada pela Organização em julho de 2005. Nessa Recomendação, além da definição de "educação financeira", constam diversos princípios e boas práticas que deverão ser observados pelos diversos governos e instituições privadas.[20]

A preocupação em construir uma efetiva cultura de poupança no Brasil, que privilegia o investimento em detrimento do endividamento, não é recente. Contudo,

---

17. [...] o princípio da boa-fé estabelece que os direitos e deveres das partes não são, para cada uma, apenas o de realizar a prestação estipulada no contrato ou no negócio jurídico unilateral, eventualmente acrescido de outros deveres previstos pelas partes e ainda dos estabelecidos nas leis, supletivas ou imperativas, aplicáveis ao negócio celebrado: a boa-fé impõe a observância também de muitos outros deveres de conduta, que vêm sendo evidenciados a partir da análise da obrigação de uma perspectiva sistêmica, ou globalizante." Cf. NORONHA, Fernando. *O direito dos contratos e seus princípios fundamentais*: autonomia privada, boa-fé, justiça contratual. São Paulo: Saraiva, 1994. p. 157.
18. CORDEIRO, António Menezes. *Da boa-fé no direito civil*. Coimbra: Almedina, 2011. p. 603-606.
19. CNC – Confederação Nacional do Comércio de Bens e Turismo. Pesquisa de endividamento e inadimplência do consumidor. Disponível em: https://portal-bucket.azureedge.net/wp-content/2021 jul. Analise_Peic_junho_2021.pdf. Acesso em 13 jul. 2021.
20. A educação financeira pode ser definida como "o processo pelo qual consumidores/investidores financeiros aprimoram sua compreensão sobre produtos, conceitos e riscos financeiros e, por meio de informação, instrução e/ou aconselhamento objetivo, desenvolvem as habilidades e a confiança para se tornarem mais conscientes de riscos e oportunidades financeiras, a fazer escolhas informadas, a saber onde buscar ajuda, e a tomar outras medidas efetivas para melhorar seu bem-estar financeiro". Educação financeira, portanto, vai além do fornecimento de informações e aconselhamento financeiro, o que deve ser regulado, como geralmente já é o caso, especialmente para a proteção de clientes financeiros (por exemplo, consumidores em relações contratuais). Cf. OCDE – Organização para Cooperação e Desenvolvimento Econômico, 2005. *Recomendação sobre os Princípios e as Boas Práticas de Educação e Conscientização Financeira*. Disponível em: https://www.oecd.org/daf/fin/financial-education/[PT]%20Recomenda%C3%A7%C3%A3o%20Princ%C3%ADpios%20de%20Educa%C3%A7%C3%A3o%20Financeira%202005%20.pdf. Acesso em: 13 jul. 2021.

estudos em Ciências Comportamentais tem demonstrado que não há uma correlação automática entre um "maior nível de instrução financeira" e um necessário "aperfeiçoamento" da tomada de decisão. Em outras palavras, mesmo indivíduos com conhecimento em educação financeira poderão sucumbir diante das heurísticas e vieses que naturalmente estão presentes no processo cognitivo, evidenciando a racionalidade limitada que caracteriza o ser humano.[21]

Nesse sentido, é preciso cautela em relação à percepção de que o consumidor informado e sabedor de habilidades em matéria financeira está necessariamente preparado para enfrentar todos os "perigos" e desafios naturalmente encontrados no mercado de consumo e de investimentos, posto que tal percepção poderia ser utilizada para permitir uma "inversão de responsabilidades", transferindo exclusivamente para o consumidor, sujeito vulnerável na relação de consumo, riscos que, pela legislação brasileira, deveriam ser suportados pelos fornecedores e por quem a eles se equiparam.[22]

Em uma análise interdisciplinar entre as Ciências Comportamentais, Educação Financeira e Direito do Consumidor, Jason J. Kilborn pontua que a promoção de habilidades financeiras é positiva, mas longe de ser suficiente para evitar decisões equivocadas, tais como decisões que podem levar o indivíduo a uma situação de (super)endividamento, posto que as falhas cognitivas são inerentes à condição humana. Nessa perspectiva, o autor destaca que a depender da forma como se ensina a educação financeira, poderá o consumidor ser tomado por uma sensação de excessivo otimismo, capaz de prejudicar a sua tomada de decisão ao gerar em sua consciência uma ilusão de controle sobre o seu próprio comportamento.[23]

Portanto, a educação financeira é importante, mas não suficiente para conferir uma proteção integral à pessoa. Ademais, o endividamento excessivo é um fenômeno multifacetado que não decorre apenas do comportamento dos consumidores. Há relevantes fatores estruturais, denominados "acidentes da vida", que também são causadores do endividamento excessivo, tais como o desemprego, determinados problemas de saúde que geram dívidas elevadas, entre outros.[24] Em suma, contingências da vida que não estão relacionadas a um maior ou menor conhecimento sobre educação financeira.

---

21. ROGERS, Pablo; FAVATO, Verônica; SECURATO, José Roberto. Efeito educação financeira no processo de tomada de decisões em investimentos: um estudo a luz das finanças comportamentais. In: *II Congresso ANPCONT-Associação Nacional dos Programas de Pós-Graduação em Ciências Contábeis*, Salvador/BA. 2008. p. 3.

22. RAMSAY, Iain; WILLIAMS, Tony. The Crash that launched a thousand fixes: Regulation of Consumer Credit after the Lending Revolution and the Credit Crunch. In: *W G Hart Legal Workshop 2009*: Law Reform and Financial Markets: Institutions and Governance, 23rd – 25th June 2009, Institute of Advanced Legal Studies, London, 2009, p. 15-16. Disponível em: http://sas space.sas.ac.uk/3511/1/Ramsaylain_and_WilliamsToni_Hart2009.pdf. Acesso em: 13 jul. 2021.

23. KILBORN, Jason J. Behavioral economics, overindebtedness & comparative consumer bankruptcy: searching for causes and evaluating solutions. *Emory Bankruptcy Developments Journal*, v. 22, 2005. p. 23-24.

24. BRAUCHER, Jean. Theories of overindebtedness: interaction of structure and culture. *Arizona Legal Studies, Theoretical Inquires in Law*, 2006. p. 329.

Quanto aos influenciadores digitais que atuam na área de investimentos e finanças e que divulgam o seu conteúdo nas diversas mídias sociais, importante será a análise de cada caso, a fim de se estabelecer se o padrão de conduta adotado pelo *influencer* está condizente com o princípio da boa-fé e seus deveres anexos. Assim, o presente estudo considera positiva a atuação de influenciadores que possuem o preparo técnico para auxiliar os seus seguidores a lidar de forma adequada com as suas finanças pessoais, estimulando comportamentos que visem o bem-estar sustentável daqueles que se dispõem a confiar em orientações transmitidas por terceiros a respeito de um assunto tão importante, qual seja, o cuidado com o próprio patrimônio.

Como já destacado anteriormente, a relação entre os influenciadores digitais e os seus seguidores é marcada, sobretudo, pela confiança, sentimento esse que acaba por ser potencializado em relação às finanças pessoais. Os deveres de cuidado, informação, lealdade e transparência se intensificam, posto que o seguidor que se dispõe a confiar na palavra dada pelo influenciador digital, muitas vezes, coloca em risco o patrimônio construído ao longo de sua vida ou mesmo os valores que são necessários para a subsistência própria ou de sua família. Portanto, estimular a confiança excessiva[25] em ganhos irreais, fomentar a ilusão do controle[26] em relação a investimentos que naturalmente são marcados pelo risco ou criar um cenário em que prepondera o otimismo excessivo[27] sobre a reflexão, são exemplos de comportamentos que devem ser repudiados e coibidos, pois comprovadamente podem causar danos graves àqueles que estão a eles expostos, como é o caso do superendividamento[28] dos consumidores.

4. INFLUENCIADORES DIGITAIS ENQUANTO FORNECEDORES NO MERCADO DE CONSUMO

Com o contínuo desenvolvimento da internet, especialmente das mídias sociais, podemos afirmar que os influenciadores digitais, definitivamente, conquistaram um espaço que antes era ocupado com primazia pela mídia tradicional. Como já destacado anteriormente, o Direito ainda procura se adequar a essa nova realidade.

Em relação aos desafios que se apresentam, certamente, a relação de consumo é um deles e precisará ser repensada. Em sua rede de contatos, o influenciador digital exerce grande influência sobre o comportamento dos seus seguidores, posto que entre eles se forma uma intensa relação de confiança, construída a partir de diálogos e relações mais próximas e informais. Cientes do poder que os influenciadores di-

---

25. KILBORN, Jason J. Behavioral economics, overindebtedness and comparative consumer bankruptcy: searching for causes and evaluating solutions. *Emory Bankruptcy Developments Journal*, v. 22, p. 13-46, abr. 2005.

26. LANGER, Ellen J. The illusion of control. *Journal of Personality and Social Psychology*, v. 32, n. 2, p. 311-328, 1975. p. 313.

27. WEINSTEIN, Neil D. Unrealistic optimism about future life events. *Journal of Personality and Social Psychology*, v. 39, n. 5, p. 806-820, 1980.

28. HARRIS, Ron; ALBIN, Einat. Bankruptcy policy in light of manipulation in credit advertising. *Theoretical Inquiries in Law*, v. 7, p. 431-466, 2006.

gitais conquistaram, os diversos fornecedores de produtos e serviços rapidamente compreenderam a capacidade dos primeiros em orientar a tomada de decisão do consumidor, formando vultosas parcerias embasadas em sofisticadas técnicas do marketing de influência.

Desta forma, questiona-se: qual é o papel do influenciador digital na relação de consumo? É possível falar em responsabilidade civil do influenciador digital? Em caso positivo, qual é a modalidade de responsabilidade civil?

A respeito do papel do influenciador digital na relação de consumo, Marília de Ávila e Silva Sampaio e Thainá Bezerra Miranda defendem que os influenciadores digitais devem ser considerados fornecedores por equiparação, pois estabelecem com os seus seguidores relações conexas à relação principal de consumo, exercendo um papel importante para que o ato de consumir seja efetivamente praticado pelo consumidor. Nesse sentido, para as autoras, a responsabilidade civil dos influenciadores, quando configurados os seus requisitos, é medida que se impõe, haja vista que são eles indiretamente remunerados pelo marketing de influência e orientam a tomada de decisão do consumidor/seguidor, que por sua vez, poderá ver o elo de confiança rompido, caso o produto ou o serviço não apresente a qualidade/segurança esperada.[29]

Quanto ao tipo de responsabilidade aplicável ao caso, três posicionamentos surgem: a) o primeiro exclui a responsabilidade do *influencer*, considerando responsável apenas o anunciante; b) o segundo posicionamento defende a responsabilização subjetiva do influenciador digital, haja vista que os seus defensores o enquadram como um profissional liberal; c) o terceiro defende a responsabilidade objetiva dos influenciadores digitais, sob a justificativa de que esses profissionais participam da relação de consumo ao serem equiparados aos fornecedores, devendo ainda assumir os riscos dos produtos e serviços que livremente resolveram divulgar em suas mídias sociais.[30] Sobre os três posicionamentos, o presente estudo compreende que deve prevalecer a responsabilidade civil objetiva dos influenciadores digitais, posto que a relação de confiança estabelecida previamente entre esse profissional e os seus seguidores é construída a partir da boa-fé objetiva e da função social dos contratos.[31]

Em fortalecimento à tese da responsabilidade civil do influenciador digital, importante é compreender o papel e a relevância da informação no contexto da sociedade tecnológica e da economia digital. A respeito do assunto, Fernanda Nunes

---

29. SAMPAIO, Marília de Ávila e Silva; MIRANDA, Thainá Bezerra. A responsabilidade civil dos influenciares digitais diante do Código de Defesa do Consumidor. *Revista de Direito do Consumidor*, v. 133, p. 175-204, jan.-fev. 2021.

30. SAMPAIO, Marília de Ávila e Silva; MIRANDA, Thainá Bezerra. A responsabilidade civil dos influenciares digitais diante do Código de Defesa do Consumidor. *Revista de Direito do Consumidor*, v. 133, p. 175-204, jan.-fev. 2021.

31. SILVA, Michael César; GUIMARÃES, Glayder Daywerth Pereira; BARBOSA, Caio César do Nascimento. Publicidade ilícita e sociedade digital: delineamentos da responsabilidade civil do *digital influencer*. In: BARBOSA, Mafalda Miranda; BRAGA NETTO, Felipe; SILVA, Michael César Silva; FALEIROS JÚNIOR, José Luiz de Moura (Coord.). *Direito digital e inteligência artificial*: diálogos entre Brasil e Europa. Indaiatuba/SP: Editora Foco, 2021. p. 399.

Barbosa ressalta que o dever de informar tem direta relação com a confiança. Nesse sentido, a violação do dever de informar na era tecnológica agrava fortemente a vulnerabilidade do consumidor, gerando "danos informativos" de ordem patrimonial e/ou existencial. Para a autora, os principais "danos informativos" são: o desconhecimento da informação pelo próprio fornecedor diante da imprevisibilidade do produto ou serviço; a "ausência de uma informação dissociada de intenção negocial"; e a "falta de clareza" da informação, propositalmente desconfigurada pelo fornecedor.[32]

Em se tratando de influenciadores digitais que atuam na área de investimentos e finanças pessoais, o cuidado com a informação deve ser potencializado. Em primeiro lugar, o presente estudo não é contrário à atuação dessas pessoas. É salutar a preocupação com questões atinentes à educação financeira, tais como poupança, investimentos, uso sustentável do crédito, entre outros. Por outro lado, o que deve ser alvo de críticas é a divulgação e a promoção da educação financeira como "mero rótulo", situação em que o consumidor se torna uma simples peça a ser manipulada por aqueles que realmente possuem poder sobre a tomada de decisão.

Como soluções para essa nova era dos influenciadores digitais e do marketing de influência, Christine Riefa e Laura Clausen, no contexto da Diretiva 2005/29/CE da União Europeia sobre práticas comerciais desleais, propõem algumas melhorias na recente legislação europeia conhecida por "New Deal for Consumers", que visa proteger o consumidor diante da evolução digital que o mundo vivencia. Em síntese, as autoras propõem três saídas para os desafios enfrentados, que também poderiam ser assimiladas no caso brasileiro: a) reformar e solucionar as lacunas da mencionada diretiva sobre práticas comerciais desleais; b) tratar expressamente da responsabilidade das mídias sociais e das plataformas utilizadas pelos influenciadores digitais, assim como dos principais anunciantes; c) garantir uma fiscalização mais efetiva das práticas e atividades realizadas neste novo mercado digital, o que inclui o fortalecimento das organizações voltadas à proteção dos consumidores e das demandas coletivas em face das grandes corporações da área de tecnologia.[33]

Sobre os influenciadores digitais e as mídias sociais, as supracitadas autoras destacam que a palavra de ordem deve ser o dever de transparência. Exemplificando, conteúdos comerciais que não deixarem claro a sua natureza deverão ser removidos. Ademais, também é preciso exigir uma relação transparente entre os influenciadores e os seus próprios anunciantes, punindo práticas consideradas abusivas, como por

---

32. BARBOSA, Fernanda Nunes. O dano informativo do consumidor na era digital: uma abordagem a partir do reconhecimento do direito do consumidor como direito humano. *Revista de Direito do Consumidor*, v. 122, p. 203-232, mar.-abr. 2019.

33. RIEFA, Christine; CLAUSEN, Laura. Towards Fairness in Digital Influencers' Marketing Practices. 2019. *Journal of European Consumer and Market Law (EuCML)*, n. 8, 2019. Disponível em: https://papers.ssrn.com/sol3/papers.cfm?abstract_id=3364251. Acesso em: 12 jul. 2021.

exemplo, influenciadores que "compram" os seus seguidores ou que os induzem a erro ou lhes causem prejuízos econômicos.[34]

Enfim, vivenciar a era da economia digital implica em reconhecer as profundas mudanças provocadas no modo de vida da sociedade. As mídias tradicionais cedem um espaço cada vez maior para a internet, que por sua vez, possibilita o contato de bilhões de pessoas interconectadas pelas redes sociais. Nesses novos espaços, sobressaem os influenciadores digitais, que conquistam diariamente a confiança de inúmeras pessoas, impondo ao Direito a necessidade de compreender essa realidade, sobretudo para que não falte a devida tutela aos sujeitos vulneráveis. Com esse intuito, no próximo subtópico, o presente estudo passará a tratar da responsabilidade dos influenciadores digitais que atuam na área de finanças e investimentos, sobretudo em razão da intensa relação de confiança que se forma entre eles e os consumidores, relação essa que poderá desencadear em graves danos, caso seja violada por condutas abusivas ou mesmo ilícitas.

4.1 *Influencers*, responsabilidade e danos

Como deve ser compreendida a responsabilidade civil do influenciador digital que atua na área de investimentos e finanças pessoais? Quais são os possíveis danos causados por sua atuação? Diante das reflexões propostas no presente estudo, é possível defender a necessidade de atualização do Código de Defesa do Consumidor para incluir em seu texto disposições sobre um novo padrão de conduta, denominado "investimento responsável"?

É complexa a relação estabelecida entre o *influencer* digital que atua no ramo de investimentos e finanças pessoais e os seus seguidores. Em primeiro lugar, diversas são as formas de atuação, tais como orientações sobre como formar uma reserva financeira, ensinamentos sobre como adquirir valores mobiliários, atuar na bolsa de valores e realizar outros tipos de investimentos, incentivo à geração de renda, explicações sobre como investir em criptomoedas, entre várias outras. Há, inclusive, influenciadores que atuam no ramo de apostas desportivas, o que obviamente não pode ser encarado como medida de educação financeira, mas sim como atividade potencialmente causadora do endividamento.

Como já destacado no tópico anterior, quando se pensa na atividade desenvolvida pelo *influencer*, normalmente, o que se imagina é a atuação de um terceiro que visa facilitar a aquisição de produtos ou serviços ofertados pelos fornecedores. Nesse caso, o presente estudo concorda com a tese da equiparação do influenciador ao fornecedor, posto que a atividade desenvolvida pelo primeiro, além de ser indiretamente remunerada, acaba sendo crucial para que o consumidor efetivamente venha a adquirir o produto ou o serviço. Contudo, especialmente no ramo de finanças e

---

34. RIEFA, Christine; CLAUSEN, Laura. Towards Fairness in Digital Influencers' Marketing Practices. 2019. *Journal of European Consumer and Market Law (EuCML)*, n. 8, 2019. Disponível em: https://papers.ssrn.com/sol3/papers.cfm?abstract_id=3364251. Acesso em: 12 jul. 2021.

investimentos, tem-se observado que o *influencer* pode ser o próprio fornecedor, quando além de orientar a tomada de decisão do seguidor, também oferta a aquisição de cursos, treinamentos ou mesmo informativos sobre a atividade desempenhada.

Neste sentido, cabe ao influenciador digital observar o Código de Defesa do Consumo, pautando a sua atuação de acordo os princípios que regem a publicidade, tais como: identificação, vinculação, veracidade, não abusividade e vedação à publicidade enganosa. Portanto, postagens ou vídeos que visam ocultar conteúdo publicitário (violação ao princípio da identificação), publicidade ilícita que visa deliberadamente abusar da vulnerabilidade do consumidor ou mesmo enganá-lo, bem como conteúdos dissociados da verdade, deverão ser rechaçados, posto violarem expressamente o Código de Defesa do Consumidor.[35]

Além do CDC, o Código Brasileiro de Autorregulação Publicitária destaca as responsabilidades dos anunciantes, dispondo no "Anexo E" a respeito da publicidade atinente aos investimentos, empréstimos e mercado de capitais. No caso, os anúncios deverão observar o "direito de informação" de investidores, acionistas e daqueles que negociam valores mobiliários; o "direito de sigilo" e resguardo da privacidade dos investidores, o dever de "expor projeções ou estimativas de resultados", vedando prognósticos dissociados da realidade; a garantia da "propaganda comparativa"; bem como promover a "educação e orientação do investidor". Observando esses parâmetros, cite-se o julgamento da representação ética realizado pelo Conselho Nacional de Autorregulamentação Publicitária (CONAR), a respeito do "Caso Bettina". Em síntese, a jovem Bettina, em anúncio publicitário veiculado no YouTube pela empresa Empiricus Research, afirmou ter acumulado um patrimônio superior a 1 milhão de reais em apenas três anos de investimentos na bolsa de valores, tendo iniciado a sua jornada com apenas R$ 1.520 investidos. Na decisão do caso, determinou-se a sustação da publicidade e advertência da supracitada empresa, especialmente em razão da ausência de comprovação da oferta realizada e da possibilidade de os consumidores serem prejudicados pela confusão e desinformação veiculadas.[36]

---

35. SAMPAIO, Marília de Ávila e Silva; MIRANDA, Thainá Bezerra. A responsabilidade civil dos influenciares digitais diante do Código de Defesa do Consumidor. *Revista de Direito do Consumidor*, v. 133, p. 175-204, jan.-fev. 2021.

36. Resumo do julgado: "Promessas da Empiricus em anúncios em internet, prometendo elevadas rentabilidades em aplicações financeiras, atraíram reclamações de quase quarenta consumidores. Eles questionam a veracidade das promessas e a falta de maiores explicações capazes de justifica-las. O Conar aceitou as denúncias e juntou nesta representação os seguintes anúncios da Empiricus: "Oi. Meu nome é Bettina. Tenho 22 anos e 1.042.000 reais de patrimônio acumulado"; "Dobre seu salário em tempo recorde"; "+251 todos os dias na sua conta"; "Receba todo mês R$ 1.823,53 de aluguel"; "Milionário com ações" e "O dobro ou nada". Houve medida liminar de sustação concedida pela relatora até o julgamento da representação. A anunciante defendeu-se, alegando ser uma editora e não uma instituição financeira. Informou também ter retirado do ar vários dos anúncios citados, não apresentando argumentos que pudessem justifica-los. A relatora não aceitou as explicações da defesa e propôs a sustação agravada por advertência à Empiricus, notando a falta de qualquer comprovação das ofertas apregoadas e a desinformação e confusão capazes de provocar junto aos consumidores. Seu voto foi aceito por unanimidade." Cf. CONAR – *Conselho Nacional de Autorregulamentação Publicitária*, 2019. Disponível em: http://www.conar.org.br/. Acesso em: 14 jul. 2021.

Como já destacado, o "dano informativo" é um dos grandes dilemas da era digital.[37] Especialmente em relação à área de finanças pessoais e investimentos, o dano informativo pode ser causador de problemas gravíssimos, como é o caso do superendividamento, problema esse existente em qualquer sociedade que se abre ao crédito, mas que pode ser estimulado e agravado por condutas abusivas por parte daqueles que possuem o poder de influenciar a tomada de decisão do consumidor. As consequências nefastas causadas pelo endividamento excessivo atingem desde a saúde mental da pessoa afetada até a sua própria subsistência básica, afetando o mínimo existencial e o próprio "projeto pessoal de vida"[38] do superendividado.

Ademais, tratando-se de influenciares digitais que atuam em redes sociais com capacidade de alcançar milhões de consumidores, a possibilidade de danos coletivos[39] agrava-se drasticamente, especialmente quando a informação transmitida é carente do conhecimento técnico esperado ou mesmo utilizada para persuadir ou enganar os consumidores, seja por meio de técnicas de marketing que se aproveitam das limitações cognitivas inerentes ao ser humano, seja por meio de ações efetivamente criminosas, como é o caso das pirâmides financeiras.[40]

Em suma, para a devida proteção dos consumidores na era digital, em que "até mesmo as chamadas mídias sociais hoje já são instrumentos de consumo",[41] pela própria posição ocupada pelos influenciadores digitais na relação de consumo, auxiliando o fornecedor com a sua "reputação, credibilidade, espontaneidade e proximidade",[42] cumpre considerá-los fornecedores por equiparação, submetidos ao regime da responsabilidade civil objetiva. O mesmo raciocínio deve ser realizado,

---

37. BARBOSA, Fernanda Nunes. O dano informativo do consumidor na era digital: uma abordagem a partir do reconhecimento do direito do consumidor como direito humano. *Revista de Direito do Consumidor*, v. 122, p. 203-232, mar.-abr. 2019.

38. VERBICARO, Dennis; ATAÍDE, Camille da Silva Azevedo; LEAL, Pastora do Socorro Teixeira. Fundamentos ao reconhecimento do dano existencial nos casos de superendividamento: considerações sobre o mínimo existencial, o valor do tempo e a concepção normativa de dano. *Revista de Direito do Consumidor*, v. 120, p. 365-396, nov.-dez. 2018.

39. Guilherme Magalhães Martins, citando a publicidade abusiva ou enganosa como exemplo de fato gerador de dano moral coletivo em sentido amplo, aduz que: "Em matéria de publicidade enganosa, a capacidade de indução em erro significa a potencialidade lesiva da mensagem publicitária, em se tratando de um dado de aferição objetiva, afastado de qualquer consideração sobre a má-fé do anunciante ou mesmo da circunstância de o consumidor efetivamente incorrer em equívoco". Cf. MARTINS, Guilherme Magalhães. A travessia do individual ao social: dano moral coletivo nas relações de consumo. In. ROSENVALD, Nelson; TEIXEIRA NETO, Felipe. *Dano moral coletivo*. Indaiatuba, SP: Editora Foco, 2018. p. 204-205.

40. Sobre o tema, veja o artigo de MARTINS, Fernando Rodrigues; FERREIRA, Keila Pacheco. Vulnerabilidade financeira e economia popular: promoção de bem fundamental social em face da prática de institutos lucrativos ilusórios (das pirâmides ao marketing multinível). *Revista de Direito do Consumidor*, v. 120, p. 365-396, nov.-dez. 2018.

41. MARQUES, Claudia Lima; MIRAGEM, Bruno. "Serviços simbióticos" do consumo digital e o PL 3.514/2015 de atualização do CDC. *Revista de Direito do Consumidor*, v. 132, p. 91-118, nov.-dez. 2020.

42. SILVA, Michael César; GUIMARÃES, Glayder Daywerth Pereira; BARBOSA, Caio César do Nascimento. Publicidade ilícita e sociedade digital: delineamentos da responsabilidade civil do *digital influencer*. In. BARBOSA, Mafalda Miranda; BRAGA NETTO, Felipe; SILVA, Michael César Silva; FALEIROS JÚNIOR, José Luiz de Moura (Coord.). *Direito digital e inteligência artificial*: diálogos entre Brasil e Europa. Indaiatuba/SP: Editora Foco, 2021. p. 394.

quando o *influencer* também atua como fornecedor, vendendo produtos ou serviços por ele prestados.

Por sua vez, quanto aos danos por eles causados, esses poderão ser coletivos (em sentido amplo), como ocorre na divulgação de informações incorretas ou muito arriscadas sem o devido dever de transparência a uma comunidade digital formada por infinitos usuários, além dos danos individuais quando o influenciador digital for direta e pessoalmente contratado por um seguidor/usuário para orientá-lo especificamente, além da hipótese bastante comum de venda de produtos e serviços de finanças em forma de cartilhas e cursos.

5. DO CRÉDITO AO INVESTIMENTO RESPONSÁVEL?

No contexto dos estudos sobre o superendividamento no Brasil, a doutrina ao longo das últimas três décadas tem defendido a necessidade de atualização do CDC, posto que quando de sua entrada em vigor, o fenômeno do endividamento excessivo ainda não era uma realidade, dada a recente abertura do país ao crédito. Esses esforços foram recompensados com a entrada em vigor da Lei 14.181 de 1º de julho de 2021, que visa aperfeiçoar a disciplina do crédito ao consumidor e dispor sobre a prevenção e o tratamento do superendividamento, especialmente a partir da noção de "crédito responsável"[43] como parâmetro de conduta por parte das instituições que lidam com a sua disponibilização no mercado de consumo.

Quanto ao crédito responsável, trata-se da própria necessidade de prevenir e oferecer um tratamento ao superendividamento, resguardando o mínimo existencial e permitindo a repactuação/revisão das dívidas de consumo. O instituto deve ser observado especialmente diante da concessão do crédito e nas vendas a prazo, determinando-se aos fornecedores ou intermediários que, além de prestar as informações obrigatórias dispostas no art. 52 do CDC, que também informem (nos termos do art. 54-B, I, II, III, IV e V do CDC): o custo total da dívida; b) a taxa mensal de juros, os juros de mora, bem como o custo total dos encargos; c) o montante das prestações e o prazo de validade da oferta; d) os seus dados principais, inclusive endereço eletrônico; e) o direito à liquidação antecipada e não onerosa do débito.

O crédito responsável também deve ser observado no momento da oferta (art. 54-C, I, II, III, IV e V do CDC), tendo ela natureza publicitária ou não, sendo vedados comportamentos abusivos que visam, por exemplo, impedir o conhecimento do consumidor a respeito dos riscos e dos ônus que a operação por ele realizada naturalmente possui, ou que que se aproveitem da vulnerabilidade agravada de determinados sujeitos, como é o caso dos idosos. Ainda sobre o crédito responsável, na sua oferta, é dever do fornecedor avaliar de forma cuidadosa se o crédito a ser concedido não representa um ônus extremamente gravoso para o consumidor, o que pode ser feito

---

43. CAVALLAZZI, Rosângela Lunardelli. Confiança no futuro: desconstruindo quatro mitos no tratamento do superendividamento. *Revista de Direito do Consumidor*, v. 100, p. 425-449, jul.-ago. 2015. p. 442.

a partir de informações contidas em bancos de dados (art. 54-D, II, do CDC). Enfim, a partir dos esforços da doutrina, a noção de crédito responsável passou a integrar o CDC, havendo vários outros dispositivos inseridos pela "nova lei do superendividamento" que visam tratar e prevenir esse típico problema da sociedade de consumo.

Por outro lado, se no início da década de 1990 a abertura do país ao crédito era uma novidade, atualmente, a revolução propiciada pela internet, especialmente por meio das redes sociais, implica na necessidade de novamente repensar o Direito do Consumidor, sobretudo para que não falte a devida tutela, agora, nas relações de consumo do mercado digital. Especificamente sobre o tema do presente estudo, inquestionavelmente, a atuação dos influenciadores digitais em matéria de finanças pessoais e investimentos é uma realidade que tem alcançado milhões de brasileiros, a partir da proposta de difundir a educação financeira em um país que historicamente pende mais para uma economia de endividamento em detrimento de uma economia de poupança.

A massificação do crédito e sua concessão destituída de parâmetros, levou à necessidade de o legislador atualizar o CDC e impor o "crédito responsável". Contudo, a evolução tecnológica continua a sua marcha avassaladora, nos levando agora para um "mundo digital", onde os consumidores passam a ter acesso a um amplo conteúdo rotulado como "educação financeira", ofertado por influenciadores digitais nas diversas mídias sociais. Diante dessa nova realidade, não seria o momento de aprofundarmos a discussão em prol do "investimento responsável" como parâmetro de atuação desses novos protagonistas da era digital?

A relevância dessa nova perspectiva está no fato de que, enquanto que o "crédito responsável" encontra amparo numa clara distinção entre mutuante e mutuário, entre instituição financeira e consumidor, permitindo, com isso, que o Direito consiga restabelecer equilíbrios (ou, ao menos, evitar grandes desequilíbrios)[44] entre os sujeitos de direito inter-relacionados, a exemplo da declaração de cláusulas abusivas, do dever de renegociação e da própria revisão judicial dos contratos, o cenário

---

44. "Por esse motivo, há uma parcela da doutrina que converge no sentido de que a existência do princípio da justiça contratual advém, na realidade, do necessário impedimento às injustiças que possam seguir a partir do contrato. Interessante a esse respeito a indicação de José de Oliveira Ascensão. 'a ordem jurídica traduz exuberantemente esta constrição: só admite intervenções fundadas na desproporção ou injustiça do conteúdo nos casos em que o desequilíbrio seja manifesto. Essa revelação acompanha o que em parte já fora transcrito quanto ao pensamento de Canaris, de que pouco se sabe sobre a justiça contratual e que não se deve exigir o asseguramento de resultados justos, senão evitar graves injustiças. Ou, considerando o pluralismo, 'as formas de agir justas não sejam, em princípio, impostas aos cidadãos, mas que certos atos sejam interditos como insuportáveis'. Também em Joaquim de Sousa Ribeiro se encontra uma análise que acompanha, em parte, as posições acima. Nesse sentido, adverte que é mais fácil verificar a justiça do contrato do ponto de vista do caso concreto do que consagrá-la numa 'fórmula vazia'. Assim, disserta que para a justiça contratual 'não basta referir a disparidade de poder; é necessário conexioná-la com a típica situação do objecto de regulação imperativa, para caracterizar a sua concreta forma de expressão e clarificar as razões da sua inaceitabilidade na ordem jurídica. Só assim esses tópicos ganham desenvolvimentos aplicativos e um conteúdo operacionalizável." Cf. MARTINS, Fernando Rodrigues. *Princípio da justiça contratual*. 2. ed. São Paulo: Saraiva, 2011. p. 295-297.

do "investimento (ir)responsável" se afigura como mais perigoso ao consumidor, uma vez que ele mesmo passa a ser considerado (e a se considerar) como o único responsável pelo sucesso das suas aventuras financeiras, sem restar claro, ainda, que está também inserido numa cadeia de fornecimento de serviços, que tem como porta de entrada/saída justamente a figura do influenciador digital de cunho financeiro. Aparentemente, a pessoa física realiza investimentos financeiros de toda ordem e se porta como alguém capacitado, autônomo, enquanto, em verdade, revela-se, novamente, como consumidor e, portanto, vulnerável, notadamente no campo técnico e informacional.[45]

6.   CONSIDERAÇÕES FINAIS

A sociedade de consumo não é mais a mesma nesta quadra da história. Vivemos a "era digital", marcada pela revolução da internet e da comunicação sem barreiras, por meio das "mídias sociais". Nesses novos espaços, surgem os influenciadores digitais, novos profissionais carismáticos, que possuem a habilidade de aglutinar em torno de si milhares (e até milhões) de seguidores, que por sua vez, passam a pautar o seu comportamento de acordo com o estilo de vida e as recomendações dos seus *influencers*.

Os influenciadores atuam nas diversas áreas de interesse da população. Dentre eles, um tipo específico tem ganhado destaque: o *influencer* de finanças e investimentos, que orienta os seus seguidores em temas de educação financeira. Diante da relação de intensa confiança que se espera entre esses novos profissionais do mundo digital e os seus seguidores, importante é caracterizá-los como fornecedores equiparados, a partir da incidência da boa-fé objetiva e dos deveres anexos de cuidado, informação, lealdade e transparência, posto que a violação do padrão de conduta esperado levará à responsabilização civil objetiva daquele que se aproveita da sua condição de prestígio para causar danos a terceiros.

Quanto aos danos que podem ser causados pelos influenciadores de finanças, de ordem coletiva *lato sensu* ou individual, cite-se o superendividamento dos consumidores, recentemente tutelado pela Lei 14.181/2021. Durante o período de debate e tramitação da mencionada lei, a doutrina construiu a noção de "crédito responsável", em virtude da massificação do crédito no Brasil, a partir da década de 1990. Contudo, tendo em vista as profundas mudanças provocadas pela internet e pelas redes sociais, especialmente na área de educação financeira, em que grande parte da população passou a ter informações sobre finanças que antes não estavam ao seu alcance, questiona-se: não seria o momento de avançarmos para uma noção de "investimento responsável" como novo padrão de conduta na economia digital?

---

45.   MARQUES, Claudia Lima; MIRAGEM, Bruno. *O novo direito privado e a proteção dos vulneráveis*. 2. ed. São Paulo: Ed. RT, 2014. p. 156-160.

Os estudos ainda são iniciais e há muito o que pesquisar e analisar. Contudo, acreditamos, desde já, que a noção de "investimento responsável" deverá ocupar lugar de destaque na labuta pela proteção e promoção do consumidor, não como um substituto à noção de "crédito responsável", mas como um aliado, posto se referir a uma situação distinta, paralela, uma vez que, no investimento, o consumidor tende a se considerar como "suficiente" e independente dos demais agentes do mercado, o que pode contribuir para um afastamento ou blindagem da responsabilidade civil dos agentes e fornecedores financeiros, dentre os quais a figura do influenciador digital de finanças.

7. REFERÊNCIAS

BARBOSA, Fernanda Nunes. O dano informativo do consumidor na era digital: uma abordagem a partir do reconhecimento do direito do consumidor como direito humano. *Revista de Direito do Consumidor*, v. 122, p. 203-232, mar.-abr. 2019.

BRAUCHER, Jean. Theories of overindebtedness: interaction of structure and culture. *Arizona Legal Studies, Theoretical Inquires in Law*, p. 323-346, 2006.

CAPOBIANCO, Ligia. A revolução em curso: Internet, Sociedade da Informação e Cibercultura. *Estudos em comunicação*, v. 2, n. 7, p. 175-193, 2010.

CAVALLAZZI, Rosângela Lunardelli. Confiança no futuro: desconstruindo quatro mitos no tratamento do superendividamento. *Revista de Direito do Consumidor*, v. 100, p. 425-449, jul.-ago. 2015.

CNC – Confederação Nacional do Comércio de Bens e Turismo. Pesquisa de endividamento e inadimplência do consumidor. Disponível em: https://portal-bucket.azureedge.net/wp-content/2021/07/Analise_Peic_junho_2021.pdf. Acesso em 13 jul. 2021.

CONAR – Conselho Nacional de Autorregulamentação Publicitária, 2019. Disponível em: http://www.conar.org.br/. Acesso em: 14 jul. 2021.

CORDEIRO, António Menezes. *Da boa-fé no direito civil*. Coimbra: Almedina, 2011.

FUCHS, Christian. Mídias Sociais e a Esfera Pública. *Contracampo*, v. 34, n. 3, 2015.

HARRIS, Ron; ALBIN, Einat. Bankruptcy policy in light of manipulation in credit advertising. *Theoretical Inquiries in Law*, v. 7, p. 431-466, 2006.

IBOPE – Instituto Brasileiro de Opinião Pública e Estatística. O Brasil e os influenciadores digitais. *IBOPE Inteligência*, 2019. Disponível em: https://static.poder360.com.br/2019/11/Influenciadores-digitais--ibope.pdf. Data de acesso: 12 jul. 2021.

KARHAWI, Issaaf et al. Influenciadores digitais: conceitos e práticas em discussão. *Communicare*, v. 17, n. 12, p. 46-61, 2017.

KILBORN, Jason J. Behavioral economics, overindebtedness & comparative consumer bankruptcy: searching for causes and evaluating solutions. *Emory Bankruptcy Developments Journal*, v. 22, p. 13-46, 2005.

LANGER, Ellen J. The illusion of control. *Journal of Personality and Social Psychology*, v. 32, n. 2, p. 311-328, 1975.

LEINER, Barry M. et al. The past and future history of the Internet. *Communications of the ACM*, v. 40, n. 2, p. 102-108, 1997.

LIPOVETSKY, Gilles. *A felicidade paradoxal*: ensaio sobre a sociedade do hiperconsumo. São Paulo: Companhia das Letras, 2007.

MARQUES, Claudia Lima. Cap. 10. Sugestões para uma lei sobre o tratamento do superendividamento de pessoas físicas em contratos de crédito ao consumo: proposições com base em pesquisa empírica de 100 casos no Rio Grande do Sul. In: Claudia Lima Marques; Rosângela Lunardelli Cavallazzi. (Org.). *Direitos do Consumidor endividado*: Superendividamento e Crédito. São Paulo: Ed. RT, 2006, v.

MARQUES, Claudia Lima; MIRAGEM, Bruno. *O novo direito privado e a proteção dos vulneráveis*. 2. ed. São Paulo: Ed. RT, 2014.

MARQUES, Claudia Lima; MIRAGEM, Bruno. "Serviços simbióticos" do consumo digital e o PL 3.514/2015 de atualização do CDC. *Revista de Direito do Consumidor*, v. 132, p. 91-118, nov.-dez. 2020.

MARTINS, Fernando Rodrigues; FERREIRA, Keila Pacheco. Vulnerabilidade financeira e economia popular: promoção de bem fundamental social em face da prática de institutos lucrativos ilusórios (das pirâmides ao marketing multinível). *Revista de Direito do Consumidor*, v. 120, p. 365-396, nov.-dez. 2018.

MARTINS, Guilherme Magalhães. A travessia do individual ao social: dano moral coletivo nas relações de consumo. In. ROSENVALD, Nelson; TEIXEIRA NETO, Felipe. *Dano moral coletivo*. Indaiatuba, SP: Editora Foco, 2018.

NORONHA, Fernando. *O direito dos contratos e seus princípios fundamentais*: autonomia privada, boa-fé, justiça contratual. São Paulo: Saraiva, 1994.

OCDE – Organização para Cooperação e Desenvolvimento Econômico, 2005. *Recomendação sobre os Princípios e as Boas Práticas de Educação e Conscientização Financeira*. Disponível em: https://www.oecd.org/daf/fin/financial-education/[PT]%20Recomenda%C3%A7%C3%A3o%20Princ%C3%ADpios%20de%20Educa%C3%A7%C3%A3o%20Financeira%202005%20.pdf. Acesso em: 13 jul. 2021.

PEZZOTTI, Renato. 76% dos consumidores já compraram por causa de influenciadores, diz estudo. *UOL,* 2019. Disponível em: https://economia.uol.com.br/noticias/redacao/2019/09/11/76-dos-consumidores-ja-compraram-por-indicacao-de-influenciadores.htm. Acesso em: 12 jul. 2021.

RAMSAY, Iain; WILLIAMS, Tony. The Crash that launched a thousand fixes: Regulation of Consumer Credit after the Lending Revolution and the Credit Crunch. In: *W G Hart Legal Workshop 2009*: Law Reform and Financial Markets: Institutions and Governance, 23rd – 25th June 2009, Institute of Advanced Legal Studies, London, 2009, p. 15-16. Disponível em: http://sas space.sas.ac.uk/3511/1/RamsayIain_and_WilliamsToni_Hart2009.pdf. Acesso em: 13 jul. 2021.

RIEFA, Christine. Consumer Protection on Social Media Platforms: tackling the challenges of social commerce. In T. Synodinou, Ph. Jougleux, C. Markou, Th. Prastitou, *EU Internet Law in the Digital Era*. Springer, 2019. Disponível em: https://papers.ssrn.com/sol3/papers.cfm?abstract_id=3373704. Acesso em: 12 jul. 2021.

RIEFA, Christine; CLAUSEN, Laura. Towards Fairness in Digital Influencers' Marketing Practices. 2019. *Journal of European Consumer and Market Law (EuCML)*, n. 8, 2019. Disponível em: https://papers.ssrn.com/sol3/papers.cfm?abstract_id=3364251. Acesso em: 12 jul. 2021.

ROGERS, Pablo; FAVATO, Verônica; SECURATO, José Roberto. Efeito educação financeira no processo de tomada de decisões em investimentos: um estudo a luz das finanças comportamentais. In: *II Congresso ANPCONT-Associação Nacional dos Programas de Pós-Graduação em Ciências Contábeis*, Salvador/BA. 2008.

SAMPAIO, Marília de Ávila e Silva; MIRANDA, Thainá Bezerra. A responsabilidade civil dos influenciadores digitais diante do Código de Defesa do Consumidor. *Revista de Direito do Consumidor*, v. 133, p. 175-204, jan.-fev. 2021.

SILVA, Carlos Mendes Monteiro da; BRITO, Dante Ponte de. Há responsabilização dos influenciadores digitais pela veiculação de publicidade ilícita nas redes sociais? *Revista de Direito do Consumidor*, v. 133, p. 205-221, jan.-fev. 2021.

SILVA, Michael César; GUIMARÃES, Glayder Daywerth Pereira; BARBOSA, Caio César do Nascimento. Publicidade ilícita e sociedade digital: delineamentos da responsabilidade civil do *digital influencer*. In. BARBOSA, Mafalda Miranda; BRAGA NETTO, Felipe; SILVA, Michael César Silva; FALEIROS JÚNIOR, José Luiz de Moura (Coord.). *Direito digital e inteligência artificial:* diálogos entre Brasil e Europa. Indaiatuba/SP: Editora Foco, 2021.

VALOR. Influenciadores de finanças falam para mais de 74 milhões de seguidores, diz estudo. *Valor Investe*, 2021. Disponível em: https://valorinveste.globo.com/educacao-financeira/noticia/2021/06/08/influenciadores-de-financas-falam-para-mais-de-74-milhoes-de-seguidores-diz-estudo.ghtml. Acesso em: 12 jul. 2021.

VERBICARO, Dennis; ATAÍDE, Camille da Silva Azevedo; LEAL, Pastora do Socorro Teixeira. Fundamentos ao reconhecimento do dano existencial nos casos de superendividamento: considerações sobre o mínimo existencial, o valor do tempo e a concepção normativa de dano. *Revista de Direito do Consumidor*, v. 120, p. 365-396, nov.-dez. 2018.

WEINSTEIN, Neil D. Unrealistic optimism about future life events. *Journal of Personality and Social Psychology*, v. 39, n. 5, p. 806-820, 1980.

A RESPONSABILIDADE CIVIL DAS INSTITUIÇÕES FINANCEIRAS NA PREVENÇÃO E TRATAMENTO DO SUPERENDIVIDAMENTO DO CONSUMIDOR: ANÁLISE DA LEI 14.181/2021[1]

Karina da Silva Magatão

Mestre em Direito pela Universidade Federal do Paraná. Especialista em Direito Processual Civil pelo Instituto Romeu Felipe Bacellar. Graduada em Direito pela Pontifícia Universidade Católica do Paraná. Professora dos cursos de graduação e pós-graduação da PUCPR. Membra do Grupo de Pesquisa em Direito do Consumo e Sociedade Tecnológica da PUCPR. Membra da Comissão de Direito do Consumidor da OABPR. Advogada.

E-mail: karinamagatao@hotmail.com

Maristela Denise Marques de Souza

Graduada, Mestre e Doutora em Direito pela Pontifícia Universidade Católica do Paraná. Professora da Graduação em Direito e Especialização Lato Sensu em Direito da PUCPR. Membra do Grupo de Pesquisa em Direito do Consumo e Sociedade Tecnológica da PUCPR. Membra da Comissão de Direito do Consumidor da OABPR. Advogada e consultora jurídica.

E-mail: maristelamsouza@yahoo.com.br

Sumário: 1. Introdução – 2. Superendividamento: fenômeno da sociedade de consumo; 2.1 Concessão de crédito no mercado de consumo; 2.2 Causas do superendividamento; 2.3 Superendividado ativo, a boa-fé e a tutela legal – 3. Prevenção e tratamento do superendividamento do consumidor na lei 14.181/2021; 3.1 Oferta de crédito responsável pelas instituições financeiras como prevenção do superendividamento do consumidor; 3.2 Responsabilidade civil das instituições financeiras no tratamento do superendividamento do consumidor – 4. Notas conclusivas – 5. Referências bibliográficas.

1. INTRODUÇÃO

A cultura do consumismo foi se instalando na sociedade paulatinamente, chegando ao hiperconsumismo dos tempos atuais. Concomitantemente a isso, as instituições financeiras facilitaram a concessão de crédito, ampliaram as formas de pagamento, dilatando os prazos. Chegando, muitas vezes, à beira da irresponsabilidade, fornecendo cartões de crédito, pela bancarização da população de baixa renda, contratos em sua maioria pautados na violação frontal ao princípio da boa-fé

---

1. Altera a Lei 8.078, de 11 de setembro de 1990 (Código de Defesa do Consumidor), e a Lei 10.741, de 1º de outubro de 2003 (Estatuto do Idoso), para aperfeiçoar a disciplina de crédito ao consumidor e dispor sobre a prevenção e o tratamento do superendividamento. Publicação DOU 02 jul. 2021.

objetiva, dos deveres de conduta das instituições financeiras concedentes de crédito, de forma transparente e ética.

Na era do hiperconsumismo, a publicidade opressiva e a concessão irresponsável de crédito devem ser encaradas como problemas de ordem pública, causando problemas sociais e econômicos. Ao passo que são capazes de provocar a situação de superendividamento do consumidor. E por sua vez, propiciam sua exclusão social e sua indignidade, afetando diretamente toda a sua família.

O superendividamento é um fenômeno social global, presente nos países do mundo todo, pertencente à sociedade contemporânea de consumo. Passou a ser estudado, analisado, não somente pela ordem econômica, mas pelos defensores dos consumidores de crédito, vez que afeta diretamente a economia, a distribuição de renda e a estabilidade das famílias afetadas, destacadamente a dignidade do consumidor superendividado.

Devido à proporção do fenômeno contemporâneo, além de alguns países que criaram mecanismos específicos de combate às abusividades de crédito concedido e ao seu tratamento. O Brasil empenhou esforços desde projetos-pilotos implantados na área do superendividamento e seu tratamento, a princípio no Rio Grande do Sul, e a tão esperada Lei 14.181/2021, que entre outras regulamentações, visa combater a oferta e a publicidade abusiva e enganosa de crédito, o controle à concessão desmedida de crédito, a prevenção do superendividamento e garantias do tratamento ao consumidor superendividado.

O presente artigo analisará, sem a pretensão de esgotar o tema, a responsabilidade civil das instituições financeiras, como agentes concedentes de crédito, a partir das atualizações ao Código de Defesa do Consumidor, à prevenção e tratamento do superendividamento do consumidor.

2. SUPERENDIVIDAMENTO: FENÔMENO DA SOCIEDADE DE CONSUMO

A evolução da concessão de crédito é um dos principais temas da sociedade contemporânea, tendo em vista que é indispensável para o desenvolvimento socioeconômico. Contudo, o acesso ao crédito não apresenta somente repercussões positivas, pois nem sempre foi propulsor do desenvolvimento econômico e inclusão social, mas motivador de repercussões negativas, demonstrando o endividamento das sociedades – do homem consumidor. Assim, o crédito está intimamente ligado ao endividamento e ao fenômeno do superendividamento.

Segundo pesquisas de 2018 da Confederação Nacional dos Dirigentes Lojistas e do SPC–Brasil (Serviço de Proteção ao Crédito), cerca de 60 milhões de brasileiros estão endividados, 30 milhões desses estão superendividados.[2] De acordo com a análise e projeções de economistas, com a pandemia, este número deve chegar à

---

2. Disponível em: https://www.brasilcon.org/assinantes-manisfesto. Acesso em 22 abr. 2021.

marca de 42 milhões de superendividados, reflexo em desequilíbrio econômico e social.

Com o advento da Lei 14.181/2021, que atualizou o Código de Defesa do Consumidor em matéria de concessão de crédito e de superendividamento do consumidor, evitar-se-á que as instituições financeiras, antes apoiadas pela insuficiência de regulamentação, cometam abusos com publicidades e ofertas maliciosas, indutoras em erro, que levem o consumidor de boa-fé, ao superendividamento. Às cláusulas abusivas nas contratações, sem a devida informação prévia pelo agente concedente de crédito, o abuso à vulnerabilidade agravada de grupos de consumidores, a exemplo dos idosos, são os primeiros apontamentos das atualizações.

2.1 Concessão de crédito no mercado de consumo

Nos últimos anos, o consumo aumentou consideravelmente no país, em todas as classes sociais, principalmente nas classes C, D e E. A facilidade de obtenção de crédito, a concessão de prazos dilatados para pagamentos e a grande oferta de produtos e serviços levou a uma situação de consumo desequilibrado. A cultura do consumismo foi se formando na sociedade moderna, de modo exponencial, a chegarmos ao hiperconsumismo dos tempos atuais.[3] Concomitantemente a isso, as instituições financeiras facilitaram a concessão de crédito e ampliaram as formas de pagamento.[4]

Quando cresce o consumo, aumentam as ofertas, a produção de bens em geral, mais dinheiro circula no comércio, gerando mais empregos. Ao passo que a pobreza diminui, cresce o poder aquisitivo das classes e a economia aquece, surge o ciclo virtuoso de crédito.

O crédito, por sua vez, pode ser visto como forma de inclusão social. Já que concede aos menos favorecidos a oportunidade de adquirir bens e contratar serviços, nunca pensados, tornando mais acessíveis bens de maior valor, móveis ou imóveis. Pode se afirmar que o crédito tem sua função social, a qual poderá ser atingida por meio de regulamentação e responsabilidade na sua concessão, porém, quando não utilizado corretamente, pode tomar forma inversa, a total segregação do consumidor.

O consumidor, diante da necessidade de bens que lhes garantam um mínimo existencial, busca no crédito facilitado, na dilação dos prazos para o pagamento de suas dívidas, ainda que a juros excessivos. Nesta fase do desenvolvimento humano,

---

3. Da modernidade com a sociedade de consumo de massa à hipermodernidade resultando na sociedade de hiperconsumo, assim estudada por Guilles Lipovetsky, e como todo o mecanismo de produção e seu escoamento leva a massa de consumidores a uma cultura do consumo desenfreado e descartável, ao ponto de comprometer a própria existência e a natureza, tornando a sua identidade como a do homem consumidor (*homusconsumus*). LIPOVETSKY, Guilles. *A felicidade paradoxal. Ensaio sobre a sociedade de hiperconsumo*. Trad. Maria Lucia Machado. São Paulo: Companhia das Letras, 2007.

4. SOUZA. Maristela Denise Marques de. TRINDADE. Naomi Ohashi da. O papel do poder judiciário na proteção do consumidor superendividado. *Conhecimento Interativo*, São José dos Pinhais, PR, v. 6, n. 1, p. 79-105, jan.-jun. 2012.

o consumo é o meio primordial pelo qual os indivíduos têm acesso a serviços e produtos indispensáveis à preservação de uma vida digna.[5]

Surge o ciclo vicioso do crédito, das necessidades básicas de consumo, dificuldades financeiras pelos fatos da vida, tomada de crédito pela promessa facilitada de pagamento, somando-se aos juros excessivos, às dificuldades próprias da economia familiar, gerando o superendividamento do consumidor e sua exclusão da sociedade de consumo.

2.2 Causas do superendividamento

O direito de ingresso no mercado de consumo, abrange não somente as condições financeiras do homem econômico, como também o respeito à saúde, segurança, dignidade, melhoria na qualidade de vida. De forma que todos esses fatores devem ser avalizados para que haja uma efetiva capacidade de consumo.[6]

Na visão de Cláudia Lima Marques,[7] os perigos do crédito podem ser atuais ou futuros. Atuais, porque o consumidor é levado a crer que pode adquirir tudo o que lhe é ofertado, mesmo com orçamento reduzido, chegando ao momento em que a soma das dívidas consome boa parte dos seus rendimentos.

O risco também pode ser futuro, pois no momento da aquisição do bem, o consumidor está empregado e com boa saúde, mas podem ocorrer os chamados "acidentes de vida", como divórcio, doença, perda do emprego, acarretando o endividamento excessivo do consumidor.

Segundo Felipe Kirchner,[8] o endividamento é consequência quase que natural do estilo de vida das pessoas em uma sociedade de consumo, haja vista que "as pessoas tomam crédito para terem acesso a produtos e serviços que estão fora de suas possibilidades financeiras presentes, razão pela qual empenham suas rendas futuras financiando a atividade econômica".

A partir dos dados do Banco Central constantes do Relatório de Economia Bancária, divulgados no primeiro semestre de 2020, no Brasil a população com carteira ativa de crédito atingiu 85 milhões de tomadores em dezembro de 2019. Desse total, 5,4% ou 4,6 milhões estavam em situação de endividamento de risco, ou seja, devem às instituições financeiras mais do que podem pagar. Esse ciclo econômico alterna períodos de expansão e contração. Quando acompanhados de

---

5. DORINI, João Paulo de Campos. Direito de acesso ao consumo. *Revista de Direito do Consumidor*, São Paulo. a. 19, n. 75, jul.-set. 2010. p. 71.
6. Ibidem, p. 50.
7. MARQUES, Claudia Lima. Algumas perguntas e respostas sobre prevenção e tratamento do superendividamento dos consumidores pessoas físicas. *Revista de Direito do Consumidor*, São Paulo, a. 19, n. 75, jul.-set. 2010. p. 20.
8. KIRCHNER, Felipe. Os novos fatores teóricos de imputação do tratamento do superendividamento de pessoas físicas. *Revista de Direito do Consumidor*, São Paulo. a. 17, n. 65, jan.-mar. 2008. p. 69-70.

aumentos mais expressivos de endividamento agregado das famílias, períodos de expansão tendem a ser seguidos por períodos de crise econômica relativamente mais fortes.[9]

A Confederação Nacional do Comércio de Bens, Serviços e Turismo (CNC)[10] revelou que o endividamento apresentou nova e forte alta em junho de 2021, renovando a máxima histórica, com quase 82% de endividados no cartão de crédito. Nas famílias de menor renda, a proporção de endividados ultrapassou 70%, maior número em 11 anos. Pela segunda vez, a inadimplência mostrou alta nos dois indicadores, notadamente entre as famílias de menor renda. O que representa um resultado alarmante, de cada 10 famílias brasileiras, 7 estão endividadas.

Nessas situações, ocorre a "patologia de crédito". Como aponta Adriana Valéria Pugliesi Gardino,[11] "a expansão exacerbada de crédito, aliada à cultura do consumo, pode levar a uma situação de patologia, na qual o consumidor de boa-fé fica impossibilitado de honrar com as obrigações que assumiu: é o fenômeno do superendividamento".

Resta claro que o consumidor vítima do superendividamento vive uma situação de exclusão social, pois sacrifica sua renda na tentativa de adimplir com obrigações assumidas, prejudicando seu sustento, até chegar ao ponto de perder sua dignidade. Desta forma, a regulamentação e proteção do consumidor superendividado é permitir sua inclusão social, reinseri-lo no mercado do consumo de forma a resgatar sua dignidade,[12] preservando o equilíbrio e o desenvolvimento socioeconômico.

---

9. BANCO CENTRAL DO BRASIL. *Relatório de Economia Bancária 2020*. DF: Brasília. 2020. p. 44. "O Relatório de Economia Bancária (REB) trata de um amplo espectro de questões atinentes ao Sistema Financeiro Nacional (SFN) e às relações entre instituições e seus clientes. Esta edição concentra-se nos eventos ocorridos em 2020, marcado pelas repercussões da pandemia da Covid-19.

10. Pesquisa CNC – Endividamento e Inadimplência do Consumidor. Publicado em jun. 2021. Disponível em: https://www.portaldocomercio.org.br/publicacoes/pesquisa-de-endividamento-e-inadimplencia-do-consumidor-peic-junho-de-2021/363192. Acesso em: 23 jun. 2021. A Pesquisa Nacional de Endividamento e Inadimplência do Consumidor (Peic Nacional) é apurada mensalmente pela CNC desde janeiro de 2010. Os dados são coletados, em todas as capitais dos estados e no Distrito Federal, com aproximadamente 18 mil consumidores. Das informações coletadas, são apurados importantes indicadores: percentual de consumidores endividados, percentual de consumidores com contas em atraso, percentual de consumidores que não terão condições de pagar suas dívidas, tempo de endividamento e nível de comprometimento da renda. O aspecto mais importante da pesquisa é que, além de traçar um perfil do endividamento, ela permite o acompanhamento do nível de comprometimento do consumidor com dívidas e sua percepção em relação a sua capacidade de pagamento. Com o aumento da importância de crédito na economia brasileira, sobretudo o crédito ao consumidor, o acompanhamento desses indicadores é fundamental para analisar a capacidade de endividamento e de consumo futuro deste, levando em conta o comprometimento de sua renda com dívidas e sua percepção em relação a sua capacidade de pagamento.

11. GARDINO, Adriana Valeria Pugliesi. Superendividamento do consumidor: breves reflexões. *AJURIS*, Porto Alegre, v. 38, n. 121. mar. 2011. p. 17.

12. A Constituição Federal brasileira coloca, em seu artigo 1º, a tutela da dignidade da pessoa como valor fundamental, e hierarquicamente superior ao patrimônio, em consonância com o previsto na Declaração Universal dos Direitos do Homem. Nesse sentido, o direito de ingresso no mercado de consumo, abrange não somente as condições financeiras do homem econômico, como também o respeito à saúde, segurança, dignidade, melhoria na qualidade de vida.

2.3 Superendividado ativo, a boa-fé e a tutela legal

As importantes alterações ao Código de Defesa do Consumidor, trazidas pela Lei 14.181/2021, dão enfoque ao superendividamento, cujo conceito é previsto no artigo 54–A do CDC, § 1º: *Entende-se por superendividamento a impossibilidade manifesta de o consumidor pessoa natural, de boa-fé, pagar a totalidade de suas dívidas de consumo, exigíveis e vincendas, sem comprometer seu mínimo existencial, nos termos da regulamentação.*

Destacam-se dois pontos importantíssimos deste conceito legal, a boa-fé do consumidor em pagar a totalidade de suas dívidas de consumo, exigíveis e vincendas, e o comprometimento do mínimo existencial.

O legislador observou, com propriedade, aquilo que a doutrina com regularidade sempre destacou em relação à prevenção e tratamento ao superendividamento, o princípio da boa-fé, apresentado como requisito para sua caracterização e, nas palavras de Claudia Lima Marques,[13] "constitui a base do combate ao superendividamento", agora regulado por lei.

A doutrina europeia classifica o devedor superendividado em duas categorias: ativo e passivo. O superendividado passivo é aquele que se endivida por fatores externos como, por exemplo, doença, morte na família, desemprego, redução de salário, divórcio ou separação etc. Note-se que tais fatos são imprevisíveis e geralmente acarretam uma diminuição significativa dos recursos do indivíduo.[14]

O superendividado ativo é aquele que contribui ativamente para se colocar em situação de impossibilidade de pagamento.[15] Pode ser subdividido ainda em: deliberado (de má-fé); ou não deliberado (de boa-fé). O primeiro caso, do consumidor superendividado ativo deliberado, ocorre quando o consumidor contrai dívidas conscientemente, às quais sabe não poder suportar. Em outras palavras, é aquele que, desde o momento da contratação, tinha intenção de não pagar.

Nessa hipótese o consumidor, de forma dolosa, aproveita todas as oportunidades que lhe são oferecias, sem se preocupar com a quitação.[16] Este consumidor, por óbvio, não está protegido pelo instituto do superendividamento, não recebendo apoio para sua recuperação financeira, previsto pela tutela legal.

Conforme afirma Karen Rick Danilevicz Bertoncello,[17] o princípio da boa-fé é pilar fundamental para identificar a situação de superendividamento, bem como a

---

13. MARQUES, Claudia Lima. Algumas perguntas e respostas sobre prevenção e tratamento do superendividamento dos consumidores pessoas físicas. *Revista de Direito do Consumidor*, São Paulo, a. 19, n. 75, jul.-set. 2010. p. 23-24.

14. GARDINO, Adriana Valeria Pugliesi. Superendividamento do consumidor: breves reflexões. *AJURIS*, Porto Alegre, v. 38, n. 121. mar. 2011. p. 32.

15. KIRCHNER, Felipe. Os novos fatores teóricos de imputação do tratamento do superendividamento de pessoas físicas. *Revista de Direito do Consumidor*, São Paulo. a. 17, n. 65, jan.-mar. 2008. p. 74.

16. Ibidem. p. 74.

17. BERTONCELLO, Káren Rick Danilevicz; LIMA, Clarissa Costa de. *Superendividamento aplicado: aspectos doutrinários e experiência no Poder Judiciário*. Rio de Janeiro: GZ Ed., 2010. p. 193-196.

extensão da incidência da tutela legal do instituto, devendo ser negado o benefício ao superendividado ativo consciente.

A outra forma de superendividado ativo é o não deliberado, ou inconsciente, é aquele que sucumbe à publicidade e às ofertas de crédito facilitado, ao mesmo tempo em que gerencia mal seu orçamento. Este consumidor é induzido a adquirir bens supérfluos e desnecessários, na maioria das vezes pela falta de informação e por estar exposto à publicidade ofensiva. Segundo Felipe Kirchner, este consumidor inconsciente, "superestima o seu rendimento por incapacidade de administrar seu orçamento ou por ceder às tentações do consumo e da publicidade, na busca por um padrão de vida mais elevado, que ele próprio (psicológica e socialmente) se impõe".[18]

Ademais, a inserção do § 3º ao artigo 54-B do CDC: *(...) não se aplica ao consumidor cujas dívidas tenham sido contraídas mediante fraude ou má-fé, sejam oriundas de contratos celebrados dolosamente com o propósito de não realizar o pagamento ou decorram da aquisição ou contratação de produtos e serviços de luxo de alto valor.*

Uma vez identificada a boa-fé objetiva do consumidor ao contrair o crédito, e diante do princípio do crédito responsável, deve aquele agir em consonância com os princípios, de modo que o consumidor, ao assumir dívidas, deve evitar futura inadimplência. Essa boa-fé não poderá ser mitigada sob qualquer juízo de valor, senão, corre-se o risco de, no mero fato de um consumidor devedor ter contraído uma dívida além de sua capacidade de pagamento, não poder ser considerada sua atitude como uma conduta de boa-fé. Cada caso precisará ser analisado em seu contexto, para atribuir ao consumidor superendividado a tutela legal.

3. PREVENÇÃO E TRATAMENTO DO SUPERENDIVIDAMENTO DO CONSUMIDOR NA LEI 14.181/2021

Não se pode atribuir ao consumidor toda a responsabilidade relativa ao endividamento excessivo, pois o fornecedor de crédito tem o dever de agir com responsabilidade no momento da concessão, percebendo o superendividado em potencial.

A jurisprudência pátria tem se posicionado no sentido de que o fornecimento de crédito a quem não tem condições de cumprir o contrato corresponde a verdadeiro abuso de direito, prática vedada pelo art. 187 do Código Civil. Neste caso, a oferta ocorreria com desvio da finalidade social, fundamento sobre o qual repousa a liberdade de se fornecer o crédito.[19]

O Código de Autorregulamentação Bancária estipula que a instituição financeira deve conceder crédito responsável e estimular o consumo consciente. Para tanto, conforme o referido documento, o consumidor deve ser tratado com respeito, de

---

18. KIRCHNER, Felipe. Op. cit., p. 74.
19. KIRCHNER, Felipe. Os novos fatores teóricos de imputação do tratamento do superendividamento de pessoas físicas. *Revista de Direito do Consumidor*, São Paulo. a. 17, n. 65, jan.-mar. 2008. p. 203.

forma justa e transparente, devendo lhe serem informadas as condições exatas da concessão do crédito, proporcionando a tomada de decisões conscientes.[20]

A Lei 14.181/2021, publicada em 2 de julho de 2021, tardou sua aprovação para a prevenção e tratamento do superendividamento do consumidor brasileiro, estabelecendo os parâmetros da responsabilidade do fornecedor concedente de crédito ou intermediário, uma tutela diferenciada para a proteção do mínimo existencial do consumidor superendividado, concretizando o objetivo da República Federativa do Brasil previsto no art. 3°, inciso III, da CF/1988 e implementando o direito fundamental previsto no art. 5°, inciso XXXV, da CF/1988. Permite a inclusão social e o combate à exclusão da sociedade de consumo através do acesso ao crédito responsável, à educação financeira e as condições mínimas de sobrevivência dos consumidores.

3.1 Oferta de crédito responsável pelas instituições financeiras como prevenção do superendividamento do consumidor

O Capítulo VI-A do Código de Defesa do Consumidor, dispõe sobre a prevenção do superendividamento da pessoa natural, sobre o crédito responsável e sobre a educação financeira do consumidor.

Em primeira análise, sem pretensão de esgotar o tema, ampliou os deveres das instituições financeiras, no que diz respeito a concessão de crédito, ampliando a responsabilidade civil desses fornecedores e intermediários, desde a intensificação do dever de informar, além do já previsto no artigo 52 CDC,[21] outros itens antes da concessão de crédito ao consumidor, no momento da oferta, prévia e adequadamente, segundo o artigo 54-B, devem ser informados ao consumidor, tais como o custo efetivo total e a descrição dos elementos que o compõe; a taxa efetiva mensal de juros, bem como a taxa dos juros de mora e o total de encargos, de qualquer natureza, previstos para o atraso no pagamento; o montante das prestações e o prazo de validade da oferta, que deve ser, no mínimo, de 2 (dois) dias; o nome e o endereço, inclusive o eletrônico, do fornecedor; o direito do consumidor à liquidação antecipada e não onerosa do débito.[22]

---

20. CÓDIGO DE CONDUTA ÉTICA E AUTORREGULAÇÃO BANCÁRIA. Aprovado pelo Conselho de Autorregulação em 20 jun. 2018. Aprovado pelo Conselho Diretor em 27 jun. 2018. Disponível em: https://cms.autorregulacaobancaria.com.br/Arquivos/documentos/PDF/Informativo. Acesso em: 06 jul. 2021. Artigos 2° ao 7°.

21. Art. 52. No fornecimento de produtos ou serviços que envolva outorga de crédito ou concessão de financiamento ao consumidor, o fornecedor deverá, entre outros requisitos, informá-lo prévia e adequadamente sobre:

    I – preço do produto ou serviço em moeda corrente nacional;

    II – montante dos juros de mora e da taxa efetiva anual de juros;

    III – acréscimos legalmente previstos;

    IV – número e periodicidade das prestações;

    V – soma total a pagar, com e sem financiamento.

22. Art. 54-B. § 1° As informações referidas no art. 52 deste Código e no caput deste artigo devem constar de forma clara e resumida do próprio contrato, da fatura ou de instrumento apartado, de fácil acesso ao consumidor.

Importante é o papel da informação clara e precisa quando se trata de concessão de crédito. Somente o consumidor bem-informado é capaz de tomar a decisão mais acertada e que reflita sua real intenção. Nesse sentido o Código de Defesa do Consumidor estipulou que a informação adequada e clara é direito básico do consumidor, previsto no artigo 6º inciso III.

Ademais, o artigo 4º da lei consumerista, foi acrescido do princípio do crédito responsável, a valorização da prática leal e responsável por parte do fornecedor concedente de crédito, visando a preservação do mínimo existencial nas relações de consumo, garantia da dignidade do consumidor.

Como aponta Pablo Stolze Gagliano,[23] quando comenta as novas normas do CDC acerca do superendividamento, "Em linhas gerais, podemos observar que se trata de uma normatização que imprime concretude à cláusula geral de boa-fé, especialmente na perspectiva da lealdade e do dever de informação".

Dentro do dever geral de conduta do credor, fornecedor de crédito, diretamente ligado ao princípio da boa-fé objetiva, impõe-se não somente ao devedor, mas em especial ao credor, em todas as fases da negociação, um comportamento leal e ético, de modo a evitar o agravamento da dívida que torne impossível ao devedor o seu adimplemento.

Conforme Clarissa Costa de Lima,[24] a intensidade da informação depende do grau de aproximação entre fornecedor e consumidor, ou seja, no primeiro momento, a informação é repassada por meio da publicidade e, posteriormente, no momento da concessão de crédito.

A publicidade deve obedecer ao princípio da informação, tanto através da proibição da publicidade abusiva, na sua forma negativa, quanto através da exigência das informações claras e corretas, de modo positivo. Importante ressaltar que a mensagem publicitária vinculará a oferta de crédito, conforme disposto 54-C do código consumerista.

A publicidade de crédito passa a ter vedação expressa, de forma explícita e implícita, assim como a oferta, seja pelo concedente de crédito ou intermediário, se apresentar as características, elencadas no artigo 54-C e seus incisos, *tais como indicar que a operação de crédito poderá ser concluída sem consulta a serviços de proteção ao crédito ou sem avaliação da situação financeira do consumidor (II)*, o que de fato gera a concessão de crédito irresponsável pelos concedentes; *ocultar ou dificultar a compreensão sobre os ônus e os riscos da contratação de crédito ou da venda a prazo (III)*, importante proibição, vez que na tomada de decisão, o consumidor tem direito

---

23. GAGLIANO. Pablo Stolze. OLIVEIRA. Carlos Eduardo Elias de. Comentários à Lei do Superendividamento (Lei 14.181, de 1º de julho de 2021) e o princípio do crédito responsável. Publicado jul. 2021. Disponível em: https://jus.com.br/artigos/91675/comentarios-a-lei-do-superendividamento-lei-n-14-181-de-1-de-julho-de-2021-e-o-principio-do-credito-responsavel/. Acesso em 05 jul. 2021.

24. LIMA, Clarissa Costa de. Medidas preventivas frente ao superendividamento dos consumidores na União Europeia. *Revista de Direito do Consumidor*, São Paulo. a. 19, n. 76, out-dez. 2010. p. 215.

à informação clara acerca dos termos do contrato, de maneira a contrair obrigação consciente e responsável de crédito; *assediar ou pressionar o consumidor para contratar o fornecimento de produto, serviço ou crédito, principalmente se se tratar de consumidor idoso, analfabeto, doente ou em estado de vulnerabilidade agravada ou se a contratação envolver prêmio (IV)*, proteção aos hipervulneráveis, que ante à fragilidade são expostos às abusividades do mercado de crédito, indutoras de endividamento; *condicionar o atendimento de pretensões do consumidor ou o início de tratativas à renúncia ou à desistência de demandas judiciais, ao pagamento de honorários advocatícios ou a depósitos judiciais (V)*, pois o consumidor renunciar ou mesmo desistir de pleitear seus direitos em juízo, seria o mesmo que negar-lhe o direito fundamental de acesso à justiça, previsto no artigo 5º, inciso XXXV, da Constituição Federal de 1988: "a lei não excluirá da apreciação do Poder Judiciário lesão ou ameaça a direito".

No segundo momento, por ocasião da oferta direta e individualizada ao consumidor, o fornecedor deve ter o cuidado de informar corretamente, e mais, deve dispor de uma informação completa e objetiva, antes da contratação, entre outras condutas, esclarecendo adequadamente sobre a natureza e a modalidade de crédito oferecido, sobre todos os custos incidentes (artigos 52 e 54-B), considerando em especial a idade do consumidor, e sobre as consequências genéricas e específicas do inadimplemento (artigo 54-D, I CDC).

Ainda nesta fase pré-contratual, o fornecedor deve avaliar, de forma responsável, as condições do crédito do consumidor, mediante análise das informações disponíveis em bancos de dados de proteção ao crédito (artigo 54-D, II), conforme estabelece a própria lei consumerista e a lei de proteção de dados (LGPD). No mesmo alcance de deveres, o artigo 54-D, III, impõem ao fornecedor ou ao intermediário, informar a identidade do agente financiador e entregar ao consumidor, ao garante (fiador) e a outros coobrigados cópia do contrato de crédito.

O artigo 54-D parágrafo único da lei consumerista, estabelece as sanções civis aplicáveis ao fornecedor de crédito ou intermediário, no descumprimento de qualquer dos deveres previstos no caput deste artigo e nos artigos 52 e 54-C, podendo acarretar judicialmente a redução dos juros, dos encargos ou de qualquer acréscimo ao principal e a dilação do prazo de pagamento previsto no contrato original, conforme a gravidade da conduta do fornecedor e as possibilidades financeiras do consumidor, sem prejuízo de outras sanções e de indenização por perdas e danos, patrimoniais e morais, ao consumidor.

São considerados contratos conexos, coligados ou interdependentes, o contrato principal de fornecimento de produto ou serviço e os contratos acessórios de crédito que lhe garantam o financiamento, assim qualifica o artigo 54-F da regulamentação, quando o fornecedor de crédito: *I – recorrer aos serviços do fornecedor de produto ou serviço para a preparação ou a conclusão do contrato de crédito; II – oferecer o crédito no local da atividade empresarial do fornecedor de produto ou serviço financiado ou onde o contrato principal for celebrado.* Estabelecendo, portanto, a conexão entre o contrato

A RESPONSABILIDADE CIVIL DAS INSTITUIÇÕES FINANCEIRAS **561**

principal de consumo e acessório de crédito, inclusive reforçando o exercício do direito de arrependimento pelo consumidor, nas hipóteses previstas no artigo 49 do CDC, do contrato principal ou do contrato de crédito, implica a resolução de pleno direito do contrato que lhe seja conexo (artigo 54-F, § 1º).

Em caso de descumprimento dos deveres estabelecidos nos incisos I e II do artigo 54-F, se houver inexecução de qualquer das obrigações e deveres do fornecedor de produto ou serviço, o consumidor poderá requerer a rescisão do contrato não cumprido, inclusive contra a instituição financeira, fornecedora de crédito (§ 2º, artigo 54-F).

Durante a contratação, as instituições financeiras, fornecedoras de crédito e intermediários de crédito, devem guardar a boa-fé, na entrega voluntária da cópia do contrato para o consumidor, garantidores (fiadores) e coobrigados, caracterizando a violação deste dever como prática abusiva (artigo 54-G),[25] bem como o dever de informação e esclarecimento do consumidor e da entrega da minuta do contrato, no empréstimo cuja liquidação seja feita mediante consignação em folha de pagamento, a formalização e a entrega da cópia do contrato ou do instrumento de contratação ocorrerão após o fornecedor de crédito obter da fonte pagadora a indicação sobre a existência de margem consignável (§ 1º, artigo 54-G).

No que diz respeito a cobrança ou ao débito em conta, quando o consumidor houver contestado compra realizada com cartão de crédito ou similar, não poderá o fornecedor, enquanto não for solucionada a controvérsia, proceder a cobrança ou ao débito em conta, sendo que o consumidor tem o prazo de pelo menos 10 (dez) dias de antecedência da data de vencimento da fatura, sendo-lhe permitido se lançado o valor controvertido na fatura, proceder o pagamento apenas da parte incontroversa (Artigo 54-G, I)

Ainda em relação aos cartões de crédito, o artigo 54-G, inciso III, facilita ao consumidor a anulação ou o imediato bloqueio do pagamento, ou ainda a restituição dos valores indevidamente recebidos, sendo que as administradoras de cartões e instituições financeiras emissoras dos cartões de crédito, se impedirem ou dificultarem tal procedimento ao consumidor, estarão incorrendo em prática comercial abusiva.

Percebe-se que o intuito da norma é fazer com que a informação seja de fato conhecida pelo consumidor, responsabilizando o fornecedor pela concessão de crédito. Por conseguinte, o consumidor não se obrigará ao contrato cujas regras desconhece. Do contrário, estar-se-ia colocando em risco o consumidor, que por não compreender os exatos termos do contrato, acaba submetido ao peso de uma dívida que não pode suportar.

Além das informações que devem ser prestadas ao consumidor, para que tenha melhor capacidade de tomar decisões prudentes, a educação financeira é a base da formação de uma consciência consumerista equilibrada. Sendo que a educação é consi-

---

25. II – recusar ou não entregar ao consumidor, ao garante e aos outros coobrigados cópia da minuta do contrato principal de consumo ou do contrato de crédito, em papel ou outro suporte duradouro, disponível e acessível, e, após a conclusão, cópia do contrato; (...).

derada um direito básico do consumidor, conforme dispõe o artigo 6°, inc. II, do CDC,[26] é inclusive um dos princípios a serem seguidos pela Política Nacional das Relações de Consumo,[27] acrescido do princípio do crédito responsável,[28] impondo ao fornecedor, detentor do capital, tomar medidas que reduzam os riscos aos consumidores, parte mais vulnerável da relação contratual, de maneira a evitar o superendividamento.

3.2 Responsabilidade Civil das instituições financeiras no tratamento do superendividamento do consumidor

A concessão responsável de crédito é, sem dúvida, o maior inibidor do endividamento em grande escala. Esta responsabilidade do fornecedor pode ser alcançada conjugando-se as medias preventivas anteriormente mencionadas, como a informação clara e precisa, a consulta a bancos de dados, entre outras, sem deixar de lado a conduta prudente e de boa-fé do credor.

Se de forma preventiva o fornecedor é responsável pela concessão de crédito ao consumidor, de modo a evitar o superendividamento deste, da mesma maneira responsabilizar-se-á em relação ao tratamento da situação já consagrada das dívidas contraídas daquele consumidor, sem a devida atenção aos deveres de conduta.

Com base no princípio da boa-fé, que rege os contratos de consumo, a instituição financeira que concede crédito deve atuar de forma prudente, analisando, em cada caso, as limitações financeiras do consumidor. Assim, pode-se dizer que se o fornecedor é diligente e realiza esta investigação minuciosa, pode prever incidentes de pagamento, diminuindo os riscos de inadimplência.

Mas, apesar de todos os esforços e da boa conduta do fornecedor na análise prévia para a concessão do crédito, o consumidor endividado, tenta negociações, e por fatos da vida, torna-se superendividado. Neste caso, o concedente do crédito não estará eximido de colaborar na recuperação, no tratamento do superendividado, no sentido de "assegurar um novo direito do consumidor de boa-fé ao tratamento do superendividamento através da revisão e da repactuação da dívida na forma de uma conciliação em bloco e um plano de pagamento, sem perdão de dívidas".[29]

---

26. Art. 6°. II – a educação e divulgação sobre o consumo adequado dos produtos e serviços, asseguradas a liberdade de escolha e a igualdade nas contratações;

27. Art. 4°. IX – fomento de ações direcionadas à educação financeira e ambiental dos consumidores; (Incluído pela Lei 14.181, de 2021).

28. CARQUI, Vagner Bruno Caparelli. Princípio do crédito responsável: evitabilidade do superendividamento e promoção da pessoa humana na sociedade de consumo. Dissertação de Mestrado no Programa de Pós-graduação em Direito na Universidade Federal de Uberlândia (orientadora Profa. Keila Pacheco Ferreira), 2016. (Disponível em: https://repositorio.ufu.br/bitstream/123456789/18854/1/PrincipioCreditoReponsavel. pdf.) "A construção do princípio do crédito responsável visa, dessa maneira, estabelecer novos contornos as operações econômicas que envolvam a tomada de crédito, impondo uma regulação que seja suficiente para tutelar essas novas demandas surgidas em virtude dos fatores sociais, políticos e econômicos analisados". (CARQUI, 2016, p. 178).

29. MARQUES. Claudia Lima. A atualização do CDC em matéria de crédito e superendividamento. Disponível em: https://www.conjur.com.br/2021-jul-03/lima-marques-atualizacao-cdc-materia-credito superen-

A RESPONSABILIDADE CIVIL DAS INSTITUIÇÕES FINANCEIRAS **563**

Um ponto positivo do artigo 104-A é a possibilidade de o consumidor/devedor, relacionar todos os seus débitos, e credores, podendo o juiz instaurar processo de repactuação de dívidas, com vistas à realização de audiência conciliatória, presidida por ele ou por conciliador credenciado no juízo. De modo que para a realização de audiência conciliatória, todos os credores são convidados a participar. Porquanto, é possível ao superendividado realizar um pacto de pagamento globalizado e suportável em seu orçamento, para pagamento máximo em 5 (cinco) anos, preservados o mínimo existencial, nos termos da regulamentação, as garantias e as formas de pagamento originalmente pactuadas.

Deve ser observada a possibilidade de o devedor saldar suas dívidas, sem prejuízo do chamado mínimo vital, ou seja, um montante mínimo para garantir a sobrevivência, ressalte-se, digna do devedor, bem como dos que dele dependam financeiramente, como a família.

Caso não haja êxito na conciliação em relação a quaisquer credores, o juiz, a pedido do consumidor, instaurará processo por superendividamento para revisão e integração dos contratos e repactuação das dívidas remanescentes mediante plano judicial compulsório e procederá à citação de todos os credores cujos créditos não tenham integrado o acordo porventura celebrado. Os credores terão 15 (quinze) dias para apresentar documentos e as razões da negativa em aceitar o plano voluntário ou renegociar. Em seguirá, virá o plano de pagamento, que poderá ser apresentado por administrador judicial nomeado e contemplará medidas de temporização ou de atenuação de encargos. O plano judicial compulsório será, então, homologado pelo juízo e assegurará aos credores o pagamento, em no máximo 5 (cinco) anos, do principal, corrigido e atualizado (Art. 104-B).

Os órgãos públicos integrantes do Sistema Nacional de Defesa do Consumidor promoverão a fase conciliatória e preventiva do processo de repactuação de dívidas, nos moldes do art. 104-A do Código, no que couber, com possibilidade de o processo ser regulado por convênios específicos celebrados entre os referidos órgãos e as instituições credoras ou suas associações (Art. 104– C), marcando a extrajudicialidade do tratamento.

É possível constatar que o modelo adotado é o da reeducação, uma vez que os projetos-pilotos implantados na área do superendividamento,[30] bem como a lei dispondo sobre a prevenção e tratamento do superendividamento do consumidor de

---

dividamento. Acesso em: 04 jul. 2021. "Trata-se da chamada 'exceção da ruína', que é baseada no dever anexo de boa-fé de cooperar com o devedor de boa-fé em caso de ruína pessoal (Art. 6º, XI e XII, 104-A), valorizando os Procons e os demais órgãos públicos do SNDC, que poderão fazer tais conciliações em bloco ou convênios com as academias (artigo 104-C)".

30. Projeto-Piloto para tratamento das situações de superendividamento do consumidor, nas Comarcas de Charqueadas e Sapucaia do Sul. Esta louvável iniciativa mereceu o prêmio Innovare no ano de 2008. O Paraná foi o segundo estado a implantar esta forma de tratamento ao consumidor superendividado, seguindo os moldes do projeto gaúcho. Iniciou-se no Tribunal de Justiça do Paraná em caráter experimental (Projeto-Piloto), mediante solicitação de implantação no âmbito dos Juizados especiais pela Juíza Sandra Bauermann.

boa-fé, têm enfoque bastante direcionado para a questão pedagógica e de educação financeira. Com caráter colaborativo entre fornecedor/credor e consumidor/devedor, a finalidade precípua é um receber seus créditos e outro, o consumidor, sair da situação de superendividamento, viabilizando o pagamento do débito de forma a recuperar a sua dignidade e possibilitar a sua reinserção na sociedade de consumo.

4. NOTAS CONCLUSIVAS

Quando o consumo é consciente, e a concessão de crédito é responsável, a economia cresce de forma equilibrada, viabilizando a inclusão social e o desenvolvimento econômico mais justo e igualitário.

O consumidor vítima do superendividamento passa por situação de segregação e exclusão social, sacrificando sua renda, prejudicando seu próprio sustento e o de sua família, na tentativa inócua de adimplir com as obrigações assumidas, afetando sobremaneira a sua dignidade.

A regulamentação da concessão de crédito e da prevenção e tratamento do superendividamento no Brasil, embora tardiamente, está sendo comemorada pela sociedade civil e pelos juristas renomados, mentores da proposta legislativa que culminou na publicação, no dia 02 de julho de 2.021, da Lei n.º 14.181, atualização do CDC que trouxe novas regras na concessão de crédito pelo mercado financeiro e afins, responsabilizando-os de forma preventiva e de forma colaborativa no tratamento do superendividamento.

A responsabilidade das instituições financeiras, fornecedoras de crédito, a partir da observância da "Lei do Superendividamento", reflete mais que a responsabilidade civil objetiva marcada pela lei consumerista, impõe deveres de conduta com a finalidade de prevenção do superendividamento, responsabilidade pré-contratual, contratual e pós-contratual, no que diz respeito ao tratamento do consumidor superendividado.

Desta forma, regulamentar é proteger o consumidor superendividado, é permitir que o consumidor possa retomar o seu crédito e a socialização no mercado de consumo, da mesma maneira que se restabelece o equilíbrio socioeconômico. Neste aspecto o fornecedor concederá o crédito de forma responsável, visando a prevenção do superendividamento e, se este já está caracterizado, de maneira colaborativa deverá contribuir para o tratamento, conciliando judicialmente ou extrajudicialmente.

Cabe, por fim, que os fornecedores de crédito zelem pelos ditames constitucionais da ordem econômica e social, da dignidade humana do consumidor, valores necessários à subsistência mínima do devedor e de sua família, agindo com transparência e clareza na prestação de informações que incumbe às partes reciprocamente na relação jurídica, decorrente da boa-fé objetiva, possibilitando ao consumidor a tomada de decisão consciente do crédito.

Tutelar o consumidor significa dar efetividade aos princípios da função social do contrato, à justiça social e à dignidade da pessoa humana.

5. REFERÊNCIAS BIBLIOGRÁFICAS

CARQUI, Vagner Bruno Caparelli. *Princípio do crédito responsável: evitabilidade do superendividamento e promoção da pessoa humana na sociedade de consumo.* Dissertação de Mestrado no Programa de Pós-graduação em Direito na Universidade Federal de Uberlândia (orientadora Profa. Keila Pacheco Ferreira), 2016 (Disponível em: https://repositorio.ufu.br/bitstream/123456789/18854/1/PrincipioCreditoReponsavel.pdf

BANCO CENTRAL DO BRASIL. *Relatório de Economia Bancária 2020.* DF: Brasília. 2020.

BERTONCELLO, Káren Rick Danilevicz; LIMA, Clarissa Costa de. *Superendividamento aplicado:* aspectos doutrinários e experiência no Poder Judiciário. Rio de Janeiro: GZ Ed., 2010.

CÓDIGO DE CONDUTA ÉTICA E AUTORREGULAÇÃO BANCÁRIA. Aprovado pelo Conselho de Autorregulação em 20 de junho de 2018. Aprovado pelo Conselho Diretor em 27 de junho de 2018. https://cms.autorregulacaobancaria.com.br/Arquivos/documentos/PDF/Informativo. Acesso em: 06 jul. 2021.

DORINI, João Paulo de Campos. Direito de acesso ao consumo. *Revista de Direito do Consumidor,* São Paulo, a. 19, n. 75, p. 43-79, jul.-set. 2010.

GAGLIANO. Pablo Stolze. OLIVEIRA. Carlos Eduardo Elias de. Comentários à Lei do Superendividamento (Lei 14.181, de 1º de julho de 2021) e o princípio do crédito responsável. Publicado jul. 2021. Disponível em: :https://jus.com.br/artigos/91675/comentarios-a-lei-do-superendividamento-lei--n-14-181-de-1-de-julho-de-2021-e-o-principio-do-credito-responsavel/. Acesso em 05 jul. 2021.

GARDINO, Adriana Valeria Pugliesi. Superendividamento do consumidor: breves reflexões. *AJURIS,* Porto Alegre, v. 38, n. 121. mar. 2011.

KIRCHNER, Felipe. Os novos fatores teóricos de imputação do tratamento do superendividamento de pessoas físicas. *Revista de Direito do Consumidor,* São Paulo. a. 17, n. 65, p. 63-113, jan.-mar. 2008.

LEI 10.741, de 1º de outubro de 2003. *(Estatuto do Idoso), para aperfeiçoar a disciplina de crédito ao consumidor e dispor sobre a prevenção e o tratamento do superendividamento.* Publicação DOU 02 jul. 2021. Disponível em: http://www.planalto.gov.br/ccivil_03/_Ato2019-2022/2021/Lei/L14181.htm. Acesso 03 jul. 2021.

LIMA, Clarissa Costa de. Medidas preventivas frente ao superendividamento dos consumidores na União Europeia. *Revista de Direito do Consumidor,* São Paulo. a. 19, n. 76, p. 208-238, out.-dez. 2010.

MARQUES, Claudia Lima. Algumas perguntas e respostas sobre prevenção e tratamento do superendividamento dos consumidores pessoas físicas. *Revista de Direito do Consumidor,* São Paulo, a. 19, n. 75, p. 09-42, jul.-set. 2010.

MARQUES. Claudia Lima. A atualização do CDC em matéria de crédito e superendividamento. Disponível em: https://www.conjur.com.br/2021-jul-03/lima-marques-atualizacao-cdc-materia-credito superendividamento. Acesso em: 04 jul. 2021.

PESQUISA CNC – Endividamento e Inadimplência do Consumidor. Publicado em jun. 2021. Disponível em: https://www.portaldocomercio.org.br/publicacoes/pesquisa-de-endividamento-e-inadimplencia-do-consumidor-peic-junho-de-2021/363192. Acesso em: 23 jun. 2021.

SOUZA. Maristela Denise Marques de. TRINDADE. Naomi Ohashi da. O papel do poder judiciário na proteção do consumidor superendividado. *Conhecimento Interativo,* São José dos Pinhais, PR, v. 6, n. 1, p. 79-105, jan.-jun. 2012.

A LESÃO AO TEMPO COMO INTERESSE JURIDICAMENTE PROTEGIDO NAS RELAÇÕES DE CONSUMO

Rafael Viola

Doutorando em Ciências Jurídico-Civis pela Universidade de Lisboa. Mestre em Direito Civil pela Universidade do Estado do Rio de Janeiro. Procurador da Universidade do Estado do Rio de Janeiro. Professor do IBMEC/RJ.

Sumário: 1. Introdução – 2. A concepção de dano no âmbito da reparação dos danos – 3. Tempo como interesse juridicamente protegido – 4. Lesão ao tempo como dano moral: convergência ou divergência? – 5. Conclusão – 6. Referências bibliográficas.

1. INTRODUÇÃO

A teoria da reparação dos danos está submetida a uma contínua transformação. Sem prejuízo de compreender que tal fenômeno teve lugar em todos os períodos de nossa sociedade,[1] podemos perceber que essa perene metamorfose se acentua com maior intensidade no último século, especialmente em razão da mudança da realidade sociopolítico-econômica que o capitalismo e os avanços tecnológicos trouxeram ao longo deste período.

Tal característica afeta a responsabilidade civil como um todo, mas acaba por ser profundamente sentida no campo dos novos danos. Na nova estrutura social, pautada pela lógica da sociedade de risco em que a produção do risco a domina,[2] não se aceita mais docilmente os golpes do destino, mas, antes, busca-se estabelecer a responsabilidade[3] pelos prejuízos sofridos, quaisquer que sejam. Afinal, essa nova sociedade tecnológica que produziu um incremento na vida, segurança e saúde da humanidade, ao mesmo tempo, trouxe consigo um aumento expressivo da colisão de interesses.

Nesse contexto, o aspecto específico a ser enfrentado no presente estudo diz respeito ao tempo. Poderia o tempo ser legitimamente enquadrado como um interesse merecedor de tutela, cuja lesao seria capaz de desencadear o mecanismo de reparação civil? Em que medida a lesão ao tempo adentra o campo do Direito? Este tema vem

---

1. BELLAYER-LE COQUIL, Rozenn. *Le droit et le risque.* In: ATALA, n. 5, "Au bonheur du risque?", 2005. p. 152.
2. BECK, Ulrich. *Sociedade de risco*: rumo a outra modernidade. São Paulo: Ed. 34, 2010. p. 15.
3. JOSSERAND, Louis. Evolução da responsabilidade civil. In: *Revista Forense*, v. LXXXVI, ano XXXVIII, fascículo 454, 1941. 550.

ganhando cada vez mais destaque no cenário consumerista,[4] especialmente diante dos julgados do Superior Tribunal de Justiça,[5] razão pela qual, procuraremos, sem prejuízo das divergências, identificar critérios que possam orientar um entendimento sobre o tema.

2. A CONCEPÇÃO DE DANO NO ÂMBITO DA REPARAÇÃO DOS DANOS

De modo a estabelecermos as corretas perspectivas sobre o que é a lesão ao tempo, é preciso enfrentar o conceito de dano para fins de reparação. Antes, porém, torna-se necessário entender o fenômeno pelo qual a responsabilidade civil passa. As transformações que afetaram o papel do Estado ao longo do século XX também produziram um impacto significativo no âmbito da reparação dos danos. A atribuição de tarefas de índole social ao Estado na busca pela redução das desigualdades sociais e erradicação da pobreza, promovendo o bem-estar e a qualidade de vida do povo, aliado ao objetivo de construção de uma sociedade livre, justa e solidária, cujo escopo é a promoção da dignidade da pessoa humana,[6] produziu uma intensa mudança da estrutura e da função da responsabilidade civil com o deslocamento do

---

4. Há alguns anos a Ordem dos Advogados do Brasil – OAB promoveu um verdadeiro enfrentamento em relação a difundido entendimento nos tribunais brasileiros, segundo o qual o mero aborrecimento não teria o condão de gerar o dever de indenizar o consumidor. Segundo a Seccional do Rio de Janeiro da OAB, "o mero aborrecimento tem valor". O escopo da "luta" consistia basicamente no cancelamento da súmula 75 do Tribunal de Justiça do Rio de Janeiro, cuja redação estabelecia que "o simples descumprimento de dever legal ou contratual, por caracterizar mero aborrecimento, em princípio, não configura dano moral, salvo se da infração advém circunstância que atenta contra a dignidade da parte" (cf. https://www.oabrj. org.br/noticias/campanha-mero-aborrecimento-tem-valor-acontecera-proxima-terca-dia-4. Acesso em: 17 jul. 2021). Ao final, a súmula foi cancelada pelo Tribunal Fluminense ao argumento de que a expressão "mero aborrecimento" é demasiadamente carregada de subjetivismo, acabando por gerar a possibilidade de decisões conflitantes, legitimando, indireta e involuntariamente, a conduta omissiva e desidiosa dos fornecedores no mercado de consumo (v. Processo Administrativo 0056716-18.2018.8.19.0000, Des. Rel. Mauro Pereira Martins, Órgão Especial, TJ/RJ, j. 17 dez. 2018).

5. Em 2019, o STJ expressamente reconheceu a teoria do desvio produtivo do consumidor, conforme se verifica do REsp 1.737412-SE. Confira-se trecho da ementa: "Recurso especial. Consumidor. Tempo de atendimento presencial em agências bancárias. Dever de qualidade, segurança, durabilidade e desempenho. Art. 4º, II, "d", do CDC. Função social da atividade produtiva. Máximo aproveitamento dos recursos produtivos. Teoria do desvio produtivo do consumidor. Dano moral coletivo. Ofensa injusta e intolerável. Valores essenciais da sociedade. Funções. Punitiva, repressiva e redistributiva. 1. Cuida-se de coletiva de consumo, por meio da qual a recorrente requereu a condenação do recorrido ao cumprimento das regras de atendimento presencial em suas agências bancárias relacionadas ao tempo máximo de espera em filas, à disponibilização de sanitários e ao oferecimento de assentos a pessoas com dificuldades de locomoção, além da compensação dos danos morais coletivos causados pelo não cumprimento de referidas obrigações. (...) 9. Na hipótese concreta, a instituição financeira recorrida optou por não adequar seu serviço aos padrões de qualidade previstos em lei municipal e federal, impondo à sociedade o desperdício de tempo útil e acarretando violação injusta e intolerável ao interesse social de máximo aproveitamento dos recursos produtivos, o que é suficiente para a configuração do dano moral coletivo. 10. Recurso especial provido." (REsp 1.737.412/ SE, rel. Min. Nancy Andrighi, 3ª T., j. 05 fev. 2019, *DJe* 08 fev. 2019).

6. Essas tarefas e objetivos podem ser extraídos dos arts. 1º, III, 3º, I, II e III, todos da CRFB/88.

seu eixo substancial, a que Orlando Gomes denominou de "giro conceitual", do ato ilícito para o dano injusto.[7]

Realmente, as Constituições do século passado, ao introduzirem a cláusula geral de tutela da pessoa humana – também adotada pela Constituição brasileira – acrescida dos princípios da solidariedade social e da justiça distributiva, irradiam seus efeitos na ordem infraconstitucional, promovendo um abandono, ainda que não completo, da função moralizadora da responsabilidade civil de forma a privilegiar a vítima em detrimento do objetivo anterior de punição do responsável.[8] Assim, esse fenômeno, percebido especialmente a partir da metade do século passado, implica numa tendência crescente no sentido de aumentar as garantias oferecidas à vítima.[9] A responsabilidade civil exorbita os estreitos limites historicamente individualistas para buscar novos mecanismos de diluição dos ônus reparatórios entre os mais variados agentes que contribuem para a produção dos danos.[10] A partir de então, extrai-se uma nova percepção da responsabilidade civil pautada não mais pelo ato ilícito, mas pelo dano injusto, que implica num alargamento da noção de dano, que passa a ser a base do sistema.

É nesse contexto que se busca identificar o conceito de dano, garantindo que a vítima não permaneça desprotegida, porquanto, como lembra Wilson Melo da Silva, é preciso que na hipótese de um dano, haja uma efetiva reparação por um imperativo de ordem social e equidade.[11] O ponto de partida da investigação sobre a lesão ao tempo como dano indenizável, depende, portanto, da correta compreensão do que é dano jurídico indenizável.

Uma concepção sem o devido aprofundamento jurídico, poderia tratá-lo como todo prejuízo que alguém sofre, quaisquer que sejam o autor e a causa da lesão.[12] Contudo, na análise jurídica é preciso delimitar adequadamente o conceito de dano, de forma a afastar as chamadas demandas supérfluas e que não sejam merecedoras do desencadeamento do sistema de reparação civil. Em outras palavras, torna-se fundamental verificar, *in concreto*, se o prejuízo oriundo de um acontecimento é capaz de gerar o dever de indenizar.

Hans Fischer busca identificar o dano jurídico como "todo o prejuízo que o sujeito de direitos sofra através da violação dos seus bens jurídicos, com excepção

---

7. GOMES, Orlando. Tendências modernas na teoria da responsabilidade civil. In: *Estudos em homenagem ao professor Silvio Rodrigues*. São Paulo: Saraiva, 1989. p. 294.

8. MORAES, Maria Celina Bodin de. A constitucionalização do direito civil e seus efeitos sobre a responsabilidade civil. In: SOUZA NETO, Cláudio Pereira de; SARMENTO, Daniel (Orgs.). *A constitucionalização do direito*: fundamentos teóricos e aplicações específicas. Rio de Janeiro: Lumen Juris, 2007. p. 238.

9. PEREIRA, Caio Mário da Silva. *Direito civil*: alguns aspectos da sua evolução. Rio de Janeiro: Forense, 2001. p. 142.

10. Idem, p. 235.

11. SILVA, Wilson Melo da. *Responsabilidade sem culpa*. 2. ed. São Paulo: Saraiva, 1974. p. 164.

12. FISCHER, Hans Albrecht. *A reparação dos danos no direito civil*. Trad. António de Arruda Ferrer Correia. S. Paulo: Livraria Acadêmica Saraiva & C.a – Editores, 1938. p. 7.

única daquele que a si mesmo tenha inferido o próprio lesado".[13] Repare-se que tal conceito tem sua noção atrelada ao causador do dano, por meio de uma função moralizadora da reparação civil, e não ao objeto da lesão. Dentro dessa concepção, então, seria dano qualquer prejuízo, desde que causado por outrem, que não a própria vítima. A dificuldade que se pode perceber é a ausência de uma limitação adequada aos prejuízos que a vítima possa vir a sofrer. Superando essa posição, uma corrente mais moderna busca identificar o dano como o prejuízo consistente na lesão de qualquer bem jurídico, aí se incluindo o dano moral.[14] Não obstante o aperfeiçoamento do conceito, parece que ainda faltaria determinar em que medida a lesão do bem jurídico é indenizável. Em outras palavras, é preciso identificar se, apesar da lesão, o dano é provocado por um fato constitutivo de responsabilidade civil, entendido como o fato antijurídico e não somente como ato ilícito. Trata-se de importante evolução que busca diferenciar a antijuridicidade, pressuposto da responsabilidade civil subjetiva, mas distinto da figura do dano.[15]

A evolução pautada pelo processo democrático do século passado se colocou contrária à injustiça da organização econômica que separa na exploração os benefícios e os riscos.[16] Trata-se, como afirma Juan José Casiello, de uma "postura de rebeldia, de rejeição, de não conformidade com o dano sofrido".[17] Com o adensamento populacional e o desenvolvimento de mecanismos, instrumentos, máquinas e atividades cada vez mais perigosas, mais difícil se tornou descobrir os causadores dos danos. Assim, o direito contemporâneo, inclinando-se para o lado da vítima,[18] de modo a satisfazer a consciência jurídica na busca de justiça e do equilíbrio dos interesses e dos direitos,[19] exige uma reparação pelo dano causado e não mais uma responsabilidade. Ou como diria Ripert, "eis o motivo porque o nosso direito atual tende a substituir pela ideia da reparação a ideia da responsabilidade".[20]

Nesse sentido, a percepção do dano como uma violação a um bem jurídico, embora consista em um grande avanço, especialmente pelo reconhecimento da existência do dano moral, tampouco atende aos ideais de uma efetiva proteção da vítima. É uma conceituação limitativa e que tem o condão de excluir uma gama significativa de interesses quando não se puder identificar um bem que esteja sendo violado. Menezes Cordeiro afirma que, apesar do dano jurídico normalmente ser

---

13. Ibidem, p. 7. Nesse sentido, também, DIAS, José de Aguiar. *Da responsabilidade civil*. 11. ed. rev. e atual. de acordo com o Código Civil de 2002, e aumentada por Rui Berford Dias, Rio de Janeiro: Renovar, 2006. p. 972.

14. ALVIM, Agostinho. *Da inexecução das obrigações e suas consequências*. 4. ed. Atual., São Paulo: Saraiva, 1972. p. 172.

15. SANSEVERINO, Paulo de Tarso. *Princípio da reparação integral*: indenização no Código Civil. São Paulo: Saraiva, 2010. p. 179.

16. RIPERT, Georges. *O regimen democrático e o direito civil moderno*. Trad. J. Cortezão. São Paulo: Saraiva & Cia, 1937. p. 328.

17. CASIELLO, Juan José. *El daño injusto como daño jurídico, vinculado con la atipicidad del ilícito resarcible*. Disponível em: http://www.acaderc.org.ar/doctrina/articulos/artcasiello. Acesso em: 13 jan. 2019.

18. RIPERT, Georges. Op. cit., 1937, p. 333.

19. JOSSERAND, Louis. Op. cit., 1941, p. 550.

20. RIPERT, Georges. Op. cit., 1937, p. 333.

A LESÃO AO TEMPO COMO INTERESSE JURIDICAMENTE PROTEGIDO NAS RELAÇÕES DE CONSUMO

aferido a partir da perturbação de bens juridicamente protegidos, concretamente "pode faltar de todo um determinado bem e, contudo, haver dano".[21] Como bem alerta Nelson Rosenvald, vivemos num período de exponencial aumento dos interesses merecedores de tutela, um verdadeiro "big bang"[22] de novas situações. Avançamos caminhos até então desconhecidos e que reclamam por novas soluções. Nesse sentido, ganhou força, especialmente a partir dos estudos teóricos italianos,[23] uma nova concepção acerca do dano ressarcível caracterizado pela sua qualificante como *injusto*. Assim, o dano jurídico ressarcível seria o *dano injusto*. O que seria a injustiça do dano? A esse propósito, define-se o dano injusto como toda e qualquer lesão a um interesse juridicamente tutelado, segundo uma avaliação jurídica e social projetada na dimensão do lesado.[24]

A concepção de dano injusto, em vez de ato ilícito, permite uma ampliação significativa da reparação da vítima, que não se esgota no direito subjetivo, mas, antes, nos interesses merecedores de tutela, entendidos como todos aqueles que a sociedade e os valores comumente aceitos se apresentam como dignos e respeitáveis.[25] Para além disso, garante-se a atipicidade do sistema de ilicitude civil permitindo-se a proteção de situações jurídicas subjetivas ainda que carentes de reconhecimento normativo do interesse lesado. O jurídico não se esgota na lei. A ausência de uma regra legal não afasta a possibilidade de reconhecimento jurídico do interesse merecedor de tutela, pois estar-se-á diante de uma cláusula geral, de norma aberta, aumentando consideravelmente o elenco de prejuízos merecedores de ressarcimento.[26]

---

21. CORDEIRO, António Manuel da Rocha e Menezes. *Tratado de direito civil*. Coimbra: Almedina, 2017. v. VIII. p. 512.

22. ROSENVALD, Nelson. Por uma tipologia dos danos extrapatrimoniais In: PIRES, Fernando Ivo (Org.); GUERRA, Alexandre et al (Coord.). *Da estrutura à função da responsabilidade civil*: uma homenagem do Instituto Brasileiro de Estudos de Responsabilidade Civil (IBERC) ao Professor Renan Lotufo. Indaiatuba: Editora Foco, 2021, p. 308.

23. Em decorrência do art. 2.043 do Código Civil Italiano, que faz menção expressa ao dano injusto. "Art. 2.043, Cod. Civil Italiano – Qualunque fatto doloso o colposo, che cagiona ad altri un danno ingiusto, obbliga colui che ha commesso il fatto a risarcire il danno (Cod. Pen. 185)".

24. MIRABELLI DI LAURO, Antonio Procida. *La responsabilità civile – strutture e funzioni*. Torino: G. Giappichelli Editore, 2004. p. 64. Cf., também, MORAES, Maria Celina, Bodin de. *Danos a pessoa humana*: uma leitura civil-constitucional dos danos morais. Rio de Janeiro: Renovar, 2003. p. 179. e SCHREIBER, Anderson. *Novos paradigmas da responsabilidade civil*: da erosão dos filtros da reparação à diluição dos danos. São Paulo: Atlas, 2007. Nesse sentido, inclusive, é a conclusão alcançada pelo *European Group on Tort Law* (Grupo Europeu do Direito de Responsabilidade Civil). Nos Princípios Europeus de Direito da Responsabilidade Civil, ficou consignado expressamente no art. 2:101 que se considera dano ressarcível aquele consistente numa lesão material ou imaterial a um interesse juridicamente protegido. Cf., ainda, ANTUNES VARELA, João de Matos. *Das obrigações em geral*. v. I. 10 ed. Coimbra: Almedina, p. 598. Apesar do conceito mais adequado, Menezes Cordeiro lembra que, ainda assim, "a noção de interesse é, também, susceptível de faltar, seja em sentido objetivo, seja em sentido subjetivo, sem que, só por isso, não seja de excluir a existência de dano" e conclui que a noção de interesse surge como utilidade "que, uma vez suprimida, dá azo a um dano" (v. CORDEIRO, Antonio Menezes. Op. cit., 2017, p. 512).

25. CASIELLO, Juan José. *El daño injusto como daño jurídico, vinculado con la atipicidad del ilícito resarcible*. Disponível em: http://www.acaderc.org.ar/doctrina/articulos/artcasiello. Acesso em: 13 jan. 2019.

26. "Vivenciamos um 'big bang' de interesses merecedores de tutela, com uma fartura de novas etiquetas, sendo a maior parte objeto de importação jurídica, sem a necessária reflexão sobre a adequação do transplante ao ordenamento jurídico brasileiro." (ROSENVALD, Nelson. Op. cit., 2021, p. 308).

3. TEMPO COMO INTERESSE JURIDICAMENTE PROTEGIDO

A compreensão do tempo é um dos temas mais complexos da história. Quando se cogita do tempo, logo surge na mente das pessoas a noção de medição, de *quantum*. Contudo, como mensurar aquilo que não se vê e não se sente; não se escuta e não se degusta. Será possível medir aquilo que os sentidos não podem perceber? E se não for possível, como reconhecer o tempo como um interesse legítimo?

Buscando respostas a essas questões, Norbert Elias discorre acerca da importância do tempo e o que ele representa do ponto de vista social. A medição do tempo envolve, não algo invisível e desconhecido, mas, antes, um aspecto muito concreto, sujeito a uma norma social que discorre segundo uma pauta sempre igual, que se repete a cada hora, a cada minuto e a cada segundo.[27] É justamente a partir da construção do tempo que se pôde responder a questões acerca da posição dos fatos e da duração dos processos no transcurso dos acontecimentos. Até a modernidade, o tempo servia aos homens, essencialmente, como mecanismo de orientação no universo social. Foi relativamente há pouco tempo que os relógios e, consequentemente, o tempo passaram a desempenhar um papel importante. Nas sociedades complexas, o conjunto de símbolos do calendário torna-se o critério determinante para a regulamentação das relações entre os homens,[28] desde a estipulação de uma viagem, de um descanso ou a duração de um contrato. O tempo é, assim, um instrumento de orientação indispensável para que se possa realizar uma multiplicidade de tarefas variadas.[29]

Não se pode desconsiderar, também, que o tempo é uma instituição que varia conforme o estágio de desenvolvimento da sociedade. De fato, a representação do tempo em determinado sujeito dependerá necessariamente do desenvolvimento das instituições sociais que representam o tempo e difundem seu conhecimento,[30] exercendo uma coerção que se presta para suscitar o desenvolvimento de autodisciplina nos indivíduos – uma pressão discreta, uniforme, perene e onipresente, à qual é impossível escapar.[31]

Nos contornos atuais, o tempo ganha foros de destaque ainda maior. A revolução tecnológica que vivenciamos produziu uma aceleração do tempo.[32] Não se admite mais que as mensagens trocadas demorem dias, quiçá horas a serem respondidas. Buscam-se respostas e soluções quase imediatas; espera-se, no campo das relações de consumo, notadamente com o desenvolvimento contínuo das redes sociais e dos canais de comunicação, que o fornecedor esteja pronto para, a qualquer tempo, responder às demandas dos consumidores. A percepção do tempo modificou-se, tornando-o um bem excessivamente escasso.

---

27. ELIAS, Norbert. *Sobre o tempo*. Trad. Vera Ribeiro. Zahar. Edição Kindle, 2012. p. 3.
28. Idem, p. 7.
29. Idem, p. 13.
30. ELIAS, Norbert. Op. cit., 2012, p. 13.
31. Idem, 23.
32. LORENZETTI, Ricardo L. *Comércio eletrônico*. Trad. Fabiano Menke. São Paulo: Ed. RT, 2004. p. 32.

O reconhecimento da escassez do tempo faz com que se torne aspecto intrinsecamente inerente à própria esfera jurídica do indivíduo, de tal maneira que possa utilizá-lo da forma que melhor lhe aprouver na persecução de seus interesses. Privá-lo do tempo, então, pode afetar decisivamente aspectos existenciais ligados diretamente à liberdade individual e, a depender do caso, da integridade psíquica.[33]

Evidentemente que essa percepção não é suficiente para caracterizar a simples perda do tempo como um dano suficiente a desencadear a reparação civil. O tempo que o consumidor despende para realizar suas tarefas e, até mesmo, solucionar as questões atinentes às suas aquisições no mercado de consumo são inerentes ao dia a dia. Ora, o tempo que o consumidor dispensa para fazer uma ligação de reclamação ou para se dirigir a um estabelecimento para trocar um produto defeituoso não justifica o dever de indenizar. Nem poderia, pois faz parte da vida em sociedade. Afinal, o tempo não para.

Nesse ponto, é preciso distinguir a mera perda do tempo da efetiva lesão ao tempo, qualificada por uma violação a uma situação subjetiva existencial. O direito ao tempo livre não pode justificar demandas supérfluas, incentivando uma litigância excessiva e indesejada. É preciso que esteja devidamente identificada uma repercussão extrapatrimonial na esfera jurídica da vítima. Somente nesse contexto será possível admitir a reparação pela lesão ao tempo, como sói acontecer quando o tempo de espera foge a qualquer expectativa do cliente.

Em julgado do TJ/RJ, por exemplo, um cliente realizou contrato de compra e venda de veículo, mas se recusou recebê-lo em razão de inúmeros defeitos materiais que o inquinavam. Durante quase três anos o consumidor tentou obter a restituição dos valores pagos, injustificadamente retidos pela concessionária do veículo e pela fabricante, o que o levou a ajuizar a demanda.[34] Esse longo tempo gasto pelo consumidor – quase três anos – antes do ajuizamento da ação para obter a devolução dos valores pagos, parece afetar a esfera jurídica do consumidor, justificando a indenização.

---

33. Como lembram Carliana Rigoni e Rodrigo Goldschimdt, "[p]erder o tempo é 'sinônimo de frustação'" (RIGONI, Carliana Luiza, e GOLDSCHMIDT, Rodrigo. O dano temporal: aproximações e divergências com outras espécies de danos imateriais. In: BORGES, Gustavo; MAIA, Maurilio Casas (Orgs.). *Dano temporal*: o tempo como valor jurídico. 2. ed. rev. e ampl. São Paulo: Tirant lo Blanch, 2019. P. 65).

34. "Apelação cível. Direito do consumidor. Ação de conhecimento com pedidos de rescisão de contrato, ressarcimento por danos materiais e compensação por danos morais. Alegação de vício não solucionado no produto. Veículo 0 km com 'batido no lado do carona, bolhas na pintura, aranhado no capô e encontro do para-choque com o capô desalinhado (quase junto) com o farol'. Sentença de procedência(...) Dano moral configurado na modalidade extra rem. Frustração da legítima expectativa do autor de usufruir do bem, somadas às dificuldades que se seguiram para a solução da questão. Aplicação da teoria do desvio produtivo do consumidor. Verba compensatória adequadamente fixada, em observância aos princípios da proporcionalidade e da razoabilidade, bem como às peculiaridades do caso concreto. (...)."
(0198580-80.2014.8.19.0001, Apelação. Des(a). Luiz Roldão de Freitas Gomes Filho, j. 14 jul. 2021, 2ª Câmara Cível)

Ponto fundamental, parece, é que o uso do tempo pelo consumidor para solucionar eventuais problemas que surjam da dinâmica social, não terá a capacidade de gerar o dever de indenizar. Somente quando esse tempo despendido produzir uma repercussão extrapatrimonial na esfera jurídica da vítima é que se poderá afirmar pela ocorrência da *lesão ao tempo*, desencadeador do mecanismo de reparação civil.

4. LESÃO AO TEMPO COMO DANO MORAL: CONVERGÊNCIA OU DIVERGÊNCIA?

Uma vez identificado o que é dano e como o tempo é um interesse juridicamente protegido, é preciso investigar em qual categoria poder-se-ia enquadrar a figura da lesão ao tempo ou, ainda, se seria uma nova modalidade de dano. Nesse sentido, torna-se importante distinguir as espécies de dano, notadamente o problema atinente ao dano extrapatrimonial, uma vez que parece relativamente fácil compreender que o tempo, por si só, não é dotado de patrimonialidade.

De fato, o dano patrimonial pode ser entendido como ofensa ou diminuição de certos valores ou interesses econômicos[35] concretamente merecedores de tutela.[36] Dito diversamente, reconhece-se o dano patrimonial quando a situação prejudicada tenha natureza econômica,[37] resultando na clássica distinção entre danos emergentes e lucros cessantes, quando estivermos diante da efetiva perda patrimonial ou da expectativa de ganho frustrada, respectivamente. O tempo, por sua vez, considerado em si mesmo, não tem aspecto econômico. Esta afirmativa já nos permite criticar a terminologia que vem sendo empregada referente ao "desvio produtivo do consumidor". Para Marcos Dessaune, o desvio produtivo do consumidor pode ser caracterizado como "o fato ou evento danoso que se consuma quando o consumidor sentindo-se prejudicado, gasta o seu tempo vital – que é um recurso produtivo – e se desvia das suas atividades cotidianas – que geralmente são existenciais".[38] Apesar do acerto do autor em vários pontos, na medida em que o consumidor efetivamente sofre um prejuízo em razão da perda do tempo, não parece adequado admitir o termo "produtivo", axiologicamente associado à noção de produção e atividade econômica, para qualificar o dano sofrido. O tempo é essencialmente não patrimonial e, portanto, os critérios de caracterização e quantificação de eventual dano serão distintos daqueles de racionalidade própria dos danos patrimoniais.[39]

---

35. FISCHER, Hans Albrecht. *A reparação dos danos no direito civil*. Trad. António de Arruda Ferrer Correia. S. Paulo: Livraria Acadêmica Saraiva & C.a – Editores, 1938. p. 16.

36. ROSENVALD, Nelson et al. *Novo tratado de responsabilidade civil*. São Paulo: Atlas, 2015. p. 243.

37. CORDEIRO, Antonio Menezes. Op. cit., 2017, p. 513.

38. DESSAUNE, Marcos. Teoria aprofundada do desvio produtivo do consumidor: um panorama. In: *Direito em movimento*, v. 17, n. 1, Rio de Janeiro, 2019. p. 23. V., também, DESSAUNE, Marcos. *Teoria aprofundada do desvio produtivo do consumidor*: o prejuízo do tempo desperdiçado e da vida alterada. 2. ed. Vitória: 2017.

39. No mesmo sentido aqui defendido, v. MONTEIRO FILHO, Carlos Edison do Rêgo. Lesão ao tempo: configuração e reparação nas relações de consumo. In: *Revista OAB/RJ*. Edição especial, p. 20. Disponível em http://revistaeletronica.oabrj.org.br. Acesso em: 17 jul. 2021.

Registre-se que nada impede que esse tipo de lesão se reverta em alguma espécie de dano material. Se, por exemplo, o consumidor – um trabalhador –, em razão da prática abusiva do fornecedor que se recusa a cumprir com os deveres contratuais ou pós contratuais de conserto ou substituição de produto defeituoso, se vê na necessidade de empregar seu tempo para solucionar a questão e, portanto, deixa de desempenhar ofício que o remunera, para além de eventual dano extrapatrimonial pela lesão ao tempo, estar-se-á diante de hipótese de lucros cessantes. De toda sorte, ter-se-iam dois danos indenizáveis distintos, decorrentes do mesmo fato: em razão da recusa injustificada que leva o consumidor a envidar esforços e desperdiçar seu tempo, surge a lesão ao tempo e a perda de valores econômicos em razão dos lucros cessantes.

Mas seria a lesão ao tempo, então, um dano moral? Tal tema exige o enfrentamento de espinhosa discussão no campo da responsabilidade civil. Dano extrapatrimonial e moral podem ser tratados como sinônimos?

Tradicionalmente, os dois institutos são tratados como sinônimos ao argumento de que o Direito brasileiro, ao adotar uma cláusula geral de dano, cuja tipicidade é aberta, conforme se extrai dos art. 186 e 927, ambos do Código Civil, torna desnecessária a criação de novas categorias, pois a violação a todo e qualquer interesse existencial merecedor de tutela poderia ser reconduzido à noção de dano moral prevista na legislação.[40]

Tal conclusão não parece, contudo, adequada para o atual momento da teoria da reparação dos danos. Sem prejuízo dos aprofundados entendimentos esposados pela doutrina e jurisprudência, a nova dinâmica social demanda efetivamente o reconhecimento de novas categorias de danos que, embora não sejam patrimoniais, tampouco se classificam como dano moral. A proteção dos interesses não patrimoniais acompanha o desenvolvimento social e, como dito acima, a avaliação jurídica e social projetada na dimensão do lesado, pode fazer como que se verifiquem novas situações que não se conformam com aquelas típicas do dano moral,[41] enquanto violação a uma situação subjetiva existencial.[42] A título de exemplo, parece possível concluir que o chamado "dano moral coletivo" é, em verdade, um dano extrapatrimonial de natureza social que não guarda correlação com a concepção do dano moral, cuja

---

40. ROSENVALD, Nelson et al. Op. cit., 2015, p. 300. Nelson Rosenvald, contudo, alterou seu entendimento para categoricamente afirmar pela impossibilidade de sustentar a sinonímia de dano moral e extrapatrimonial, de tal maneira que se possa desenvolver uma categorização mais ampla, "apta a conglobar as diferentes formas de repercussão dos múltiplos efeitos não patrimoniais de uma lesão". (ROSENVALD, Nelson. Op. cit., 2021, p. 310).

41. BUARQUE, Elaine. O dano existencial como uma nova modalidade de dano não patrimonial: a necessidade da ampliação do princípio da função social da responsabilidade civil e a busca da reparação integral do dano à pessoa. In: *Revista IBERC*, v. 2, n. 2, maio-ago. 2019. p. 13. Disponível em www.responsabilidadecivil.org/revista-iberc. Acesso em: 17 jul. 2021.

42. MORAES, Maria Celina, Bodin de. *Danos a pessoa humana*: uma leitura civil-constitucional dos danos morais. Rio de Janeiro: Renovar, 2003. p. 188. V., também, BODIN DE MORAES. Conceito, função e quantificação do dano moral. In: *Revista IBERC*, v. 1, n. 1, nov.-fev. 2019, p. 01-24. Disponível em: www.responsabilidadecivil.org/revista-iberc. Acesso em: 17 jul. 2021.

quintessência é estritamente individual, atinente à gama de interesses que irradia a partir da dignidade da pessoa humana. Poder-se-ia afirmar, então, que existem, pelo menos, dois tipos de danos extrapatrimoniais. De um lado o dano moral de natureza individual, tradicionalmente conhecido e, de outro, o dano social,[43] equivocadamente denominado dano moral coletivo.

Assim, é preciso reconhecer que, apesar do dano moral ser um dano extrapatrimonial, a recíproca não é verdadeira. Nem todo dano extrapatrimonial é um dano moral.[44] Tal compreensão viabilizará, com maior grau de maturidade e clareza, a necessária reparação integral da vítima, permitindo a criação de critérios científicos adequados para cada tipo de dano, afastando-se de subjetivismos exagerados e permitindo, concomitantemente, o exercício da ampla defesa e contraditório por parte do ofensor.

Diante do que se expôs até então, torna-se necessário investigar se a lesão ao tempo, enquanto dano extrapatrimonial, configura um dano moral ou se se caracteriza por uma categoria autônoma de dano.[45] Há, até o presente momento, uma profunda discussão se a lesão ao tempo deve ganhar foros de autonomia ou se tratar-se-ia apenas de um fator agregável à quantificação do dano moral.

Em favor da autonomização, argumenta-se que o Código de Defesa do Consumidor, ao estabelecer a teoria da qualidade e da segurança, impôs, concomitantemente, critérios claros para a resolução de problemas de consumo, de tal maneira que seja juridicamente condenável a prática abusiva do fornecedor de produtos e serviços que transfere integralmente ao consumidor o ônus de sua atividade econômica, com sistemáticas infrações aos deveres oriundos da boa-fé objetiva ou mesmo daqueles previstos na legislação, tais como o Decreto 6.523/2008, que trata do Serviço de Atendimento ao Consumidor, correspondendo a negativas de solução de defeitos de produtos ou serviços em tempo razoável.[46]

---

43. Sobre o tema, v. AZEVEDO, Antonio Junqueira. Por uma nova categoria de dano na responsabilidade civil: o dano social. In: *Revista Trimestral de Direito Civil*, Rio de Janeiro, v. 5, n. 19, p. 211-218, 2004.

44. Em sentido contrário, v. Aline De Miranda Valverde Terra para quem "Impende observar que o incremento das pretensões indenizatórias não decorre, em definitivo, de suposta expansão das espécies autônomas de danos, que sempre se restringiram – e assim continua a ser – a duas categorias: o dano moral, entendido como a lesão à dignidade da pessoa humana, a abarcar todos os danos extrapatrimoniais; e o dano patrimonial, subdividido em dano emergente, relativo à efetiva diminuição do ativo ou incremento do passivo patrimonial, e lucro cessante, definido como o não aumento do ativo ou a não diminuição do passivo." (TERRA, Aline de Miranda. Danos autônomos ou novos suportes fáticos de danos? considerações acerca da privação do uso e da perda do tempo nas relações de consumo. In: KNOERR, Viviane Coelho de Séllos; STELZER, Joana; FERREIRA, Keila Pacheco (Coord.). *Direito, globalização e responsabilidade nas relações de consumo*. Florianópolis: CONPEDI, 2015. p. 208.

45. Sobre esse tema, pode-se conferir um histórico sucinto acerca da evolução do pensamento sobre a lesão ao tempo nas últimas duas décadas no Brasil em ROSA, Alexandre Morais da, e MAIA, Maurilio Casa. O dano temporal na sociedade do cansaço: uma categoria lesiva autônoma? In: BORGES, Gustavo; MAIA, Maurilio Casas (Orgs.). *Dano temporal*: o tempo como valor jurídico. 2. ed. rev. e ampl. São Paulo: Tirant lo Blanch, 2019. p. 27-46.

46. MARQUES, Claudia Lima; BERGSTEIN, Laís. O dano pelo tempo perdido pelo consumidor: caracterização, critérios e as posições do STJ. In: BORGES, Gustavo; MAIA, Maurilio Casas (Orgs.). *Dano temporal*: o tempo como valor jurídico. 2. ed. rev. e ampl. São Paulo: Tirant lo Blanch, 2019. p. 162.

Nesse ponto, é preciso traçar um alerta. O tema da lesão ao tempo levanta questões que não são necessariamente jurídicas, apontando para uma insatisfação generalizada em razão da má prestação de serviços no mercado de consumo. Alia-se a essa consideração uma tendência que vem se consolidando desde o final do século XX consistente num incremento exponencial da aplicação de um "caráter punitivo" ou "socioeducativo" na prática judicial, cujo escopo último seria reduzir a ocorrência de danos. Esse é um caminho perigoso, pois pode turvar a visão do jurista, contaminando o debate sobre novas categorias de danos por um ideário de justiça retributiva em razão de serviços mal prestados.

Parece que, muito embora o tempo seja reconhecidamente um interesse jurídico merecedor de tutela, a categorização de um dano depende necessariamente do interesse jurídico lesado e, especialmente, das repercussões que advém da lesão.[47] Assim, para a existência de um dano, torna-se necessária a lesão a um interesse juridicamente protegido – no caso, o tempo. Uma vez que a sua lesão tenha ocorrido, é imperioso avaliar as repercussões produzidas a partir dela. A verdade é que a lesão ao tempo, por si só, nos critérios estabelecidos anteriormente nesse estudo, pode vir a caracterizar uma lesão a um aspecto existencial da pessoa – seja em razão da liberdade ou da própria integridade psicofísica – e, conseguintemente, configura um típico dano moral.

Conclui-se, dessa forma, que, seguindo o entendimento de Carlos Edison do Rego Monteiro,[48] a qualificação da lesão ao tempo como dano dependerá do efeito que ele produz na esfera jurídica do ofendido. Como dito alhures, pode ser que a perda do tempo produza uma repercussão meramente econômica na vítima. Nesse caso, estar-se-á diante de um dano material. Mas quando a perda do tempo exorbita os limites aceitáveis, ele certamente acarretará numa ofensa à um interesse existencial da vítima, desaguando em verdadeiro dano moral. Como lembra Rafael Peteffi e Daniel Deggau, o fato de se reputar autônomo um bem jurídico, que passa a ser reconhecido como merecedor de tutela, não traz como consequência imediata uma indenização a título diferente de categoria de dano.[49]

Não parece existir nenhum fator novo que faça com que a lesão ao tempo possa caracterizar um novo tipo de dano. Em verdade, ao que tudo indica, a construção de uma nova categoria de dano teria como objetivo superar a resistência dos tribunais em reconhecer o tempo como interesse juridicamente protegido. Embora louvável a iniciativa, que reconhece o tempo como interesse merecedor de tutela, ela não observa atentamente os aspectos dogmáticos acerca da caracterização das categorias de dano, abandonando critérios seguros para (i) seu reconhecimento no caso concreto e (ii) quantificação. Há, como lembra Rafael Peteffi e Daniel Deggau, "um

---

47. SILVA, Rafael Peteffi, e BASTOS, Daniel Deggau. A busca pela autonomia do dano pela perda do tempo e a crítica ao compensation for injury as such. In: *Civilistica*, ano 9, n. 2, 2020. p. 8.
48. MONTEIRO FILHO. Carlos Edison do Rêgo. Op. cit., p. 19. Disponível em: http://revistaeletronica.oabrj. org.br. Acesso em: 17 jul. 2021.
49. SILVA, Rafael Peteffi; BASTOS, Daniel Deggau. Op. cit., 2020, p. 15.

perigoso flerte conceitual do dano com a mera conduta antijurídica, possibilitando que a responsabilidade civil possa ser utilizada em um viés puramente punitivista".[50]

Em sentido próximo, a Quarta Turma do Superior Tribunal de Justiça, no julgamento do REsp 1.406.245-SP, de relatoria do Ministro Luis Felipe Salomão, reconheceu, por unanimidade, que a teoria do desvio produtivo do consumidor se reporta a *"danos que, em princípio, não são reparáveis nem calculáveis"*, ostentando, em muitas oportunidades, "feições de caráter patrimonial". Em seguida, pontuou que é preciso cuidado para não considerar situações comuns como se fossem hábeis a provocar a reparação moral e que, apenas em situações-limite, em que se verifica efetiva exposição de risco de direito da personalidade é que se poderia "cogitar de dano moral indenizável".[51]

Apesar de afastar a existência de um dano temporal autônomo, admitindo a possibilidade de indenização pela lesão ao tempo somente quando da violação de algum direito da personalidade, o julgado acabou por restringir demasiadamente a questão do tempo ao exigir lesão a direito da personalidade.

Parece mais acertado que o caminho a ser trilhado seja o reconhecimento do tempo enquanto interesse juridicamente protegido, que integra a esfera jurídica do ofendido, e sua lesão, quando presentes todos os elementos do dever de reparação, sempre que produzir uma ofensa a um interesse existencial, desencadeará os mecanismos da responsabilidade civil com a respectiva indenização por danos morais, cujos critérios de quantificação são amplamente debatidos e consagrados na jurisprudência, sem prejuízo de eventual dano material, conforme estabelecido acima.

5. CONCLUSÃO

Ao longo do presente estudo, buscou-se identificar no que consiste a lesão ao tempo. Notou-se que, condizente com as teorias e tendências acerca da concepção do dano, o tempo, reconhecidamente escasso na sociedade atual, se torna aspecto intrínseco à própria esfera jurídica do indivíduo, de tal maneira que possa utilizá-lo da forma que melhor lhe aprouver na persecução de seus interesses. Privá-lo do tempo, então, pode afetar decisivamente aspectos existenciais ligados diretamente à liberdade individual e, a depender do caso, da integridade psicofísica.

Contudo, a mera perda do tempo não pode ser enquadrada como hipótese de lesão ao tempo, qualificada por uma violação a uma situação subjetiva existencial. O direito ao tempo livre não pode justificar demandas supérfluas, incentivando uma litigância excessiva e indesejada. É preciso que esteja devidamente identificada uma repercussão extrapatrimonial na esfera jurídica da vítima.

---

50. Idem, p. 23.
51. REsp 1.406.245/SP, rel. Min. Luis Felipe Salomão, 4ª T., j. 24 nov. 2020, *DJe* 10 fev. 2021.

Nesse contexto, o reconhecimento do tempo enquanto interesse juridicamente protegido, que integra a esfera jurídica do ofendido, e sua lesão, quando presentes todos os elementos do dever de reparação, desencadeará os mecanismos da responsabilidade civil com a respectiva indenização por danos morais, cujos critérios de quantificação estão amplamente debatidos e consagrados na jurisprudência, sem prejuízo de eventual dano material.

6. REFERÊNCIAS BIBLIOGRÁFICAS

ALVIM, Agostinho. *Da inexecução das obrigações e suas consequências*. 4. ed. Atual., São Paulo: Saraiva, 1972.

ANTUNES VARELA, João de Matos. *Das obrigações em geral*. 10. ed. Coimbra: Almedina, p. 598. v. I.

AZEVEDO, Antonio Junqueira. Por uma nova categoria de dano na responsabilidade civil: o dano social. In *Revista Trimestral de Direito Civil*, v. 5, n. 19, Rio de Janeiro: Padma, 2004.

BECK, Ulrich. *Sociedade de risco: rumo a outra modernidade*. São Paulo: Ed. 34, 2010.

BELLAYER-LE COQUIL, Rozenn. Le droit et le risque. In: *ATALA*, n. 5, "Au bonheur du risque?", 2005.

BODIN DE MORAES, Maria Celina. *Danos a pessoa humana*: uma leitura civil-constitucional dos danos morais. Rio de Janeiro: Renovar, 2003.

BODIN DE MORAES, Maria Celina. A constitucionalização do direito civil e seus efeitos sobre a responsabilidade civil. In: SOUZA NETO, Cláudio Pereira de; SARMENTO, Daniel (Orgs.). *A constitucionalização do direito*: fundamentos teóricos e aplicações específicas. Rio de Janeiro: Lumen Juris, 2007.

BODIN DE MORAES, Maria Celina. Conceito, função e quantificação do dano moral. In: *Revista IBERC*, v. 1, n. 1, nov.-fev. 2019, Disponível em: www.responsabilidadecivil.org/revista-iberc. Acesso em: 17 jul. 2021.

BUARQUE, Elaine. O dano existencial como uma nova modalidade de dano não patrimonial: a necessidade da ampliação do princípio da função social da responsabilidade civil e a busca da reparação integral do dano à pessoa. In: *Revista IBERC*. V. 2, n. 2, maio-ago. 2019, p. 13. Disponível em: www.responsabilidadecivil.org/revista-iberc. Acesso em: 17 jul. 2021.

CASIELLO, Juan José. *El daño injusto como daño jurídico, vinculado con la atipicidad del ilícito resarcible*. Disponível em: http://www.acaderc.org.ar/doctrina/articulos/artcasiello. Acesso em: 13 jan. 2019.

CORDEIRO, António Manuel da Rocha e Menezes. *Tratado de direito civil*. Coimbra: Almedina, 2017. v. VIII.

DESSAUNE, Marcos. Teoria aprofundada do desvio produtivo do consumidor: o prejuízo do tempo desperdiçado e da vida alterada. 2. ed. Vitória: 2017.

DESSAUNE, Marcos. Teoria aprofundada do desvio produtivo do consumidor: um panorama. In: *Direito em movimento*, Rio de Janeiro, v. 17, n. 1, 2019.

DIAS, José de Aguiar. *Da responsabilidade civil*. 11. ed. rev. a e atual. de acordo com o Código Civil de 2002, e aumentada por Rui Berford Dias. Rio de Janeiro: Renovar, 2006.

ELIAS, Norbert. *Sobre o tempo*. Trad. Vera Ribeiro. Zahar. Edição Kindle, 2012.

FISCHER, Hans Albrecht. *A reparação dos danos no direito civil*. Trad. António de Arruda Ferrer Correia. S. Paulo: Livraria Acadêmica Saraiva & C.a – Editores, 1938.

GOMES, Orlando. Tendências modernas na teoria da responsabilidade civil. In: *Estudos em homenagem ao professor Silvio Rodrigues*. São Paulo: Saraiva, 1989.

JOSSERAND, Louis. Evolução da responsabilidade civil. In: *Revista Forense*, v. LXXXVI, ano XXXVIII, fascículo 454, 1941.

LORENZETTI, Ricardo L. *Comércio eletrônico*. Trad. Fabiano Menke. São Paulo: Ed. RT, 2004. p. 32.

MARQUES, Claudia Lima, e BERGSTEIN, Laís. O dano pelo tempo perdido pelo consumidor: caracterização, critérios e as posições do STJ. In: BORGES, Gustavo; MAIA, Maurilio Casas (Orgs.). *Dano temporal*: o tempo como valor jurídico. 2. ed. rev. e ampl. São Paulo: Tirant lo Blanch, 2019.

MIRABELLI DI LAURO, Antonio Procida. *La responsabilità civile – strutture e funzioni*. Torino: G. Giappichelli Editore, 2004.

MONTEIRO FILHO. Carlos Edison do Rêgo. Lesão ao tempo: configuração e reparação nas relações de consumo. In: *Revista OAB/RJ*. Edição especial. Disponível em: http://revistaeletronica.oabrj.org.br. Acesso em: 17 jul. 2021.

PEREIRA, Caio Mário da Silva. *Direito civil*: alguns aspectos da sua evolução. Rio de Janeiro: Forense, 2001.

RIGONI, Carliana Luiza, e GOLDSCHMIDT, Rodrigo. O dano temporal: aproximações e divergências com outras espécies de danos imateriais. In: BORGES, Gustavo; MAIA, Maurilio Casas (Orgs.). *Dano temporal*: o tempo como valor jurídico. 2. ed. rev. e ampl. São Paulo: Tirant lo Blanch, 2019.

RIPERT, Georges. *O regimen democrático e o direito civil moderno*. Trad. J. Cortezão. São Paulo: Saraiva & Cia, 1937.

ROSA, Alexandre Morais da, e MAIA, Maurilio Casa. O dano temporal na sociedade do cansaço: uma categoria lesiva autônoma? In: BORGES, Gustavo; MAIA, Maurilio Casas (Orgs.). *Dano temporal: o tempo como valor jurídico*. 2. ed. rev. e ampl. São Paulo: Tirant lo Blanch, 2019.

ROSENVALD, Nelson et al. *Novo tratado de responsabilidade civil*. São Paulo: Atlas, 2015.

ROSENVALD, Nelson. Por uma tipologia dos danos extrapatrimoniais In: PIRES, Fernando Ivo (Org.); GUERRA, Alexandre et al (Coord.). *Da estrutura à função da responsabilidade civil*: uma homenagem do Instituto Brasileiro de Estudos de Responsabilidade Civil (IBERC) ao Professor Renan Lotufo. Indaiatuba: Editora Foco, 2021.

SANSEVERINO, Paulo de Tarso. *Princípio da reparação integral*: indenização no Código Civil. São Paulo: Saraiva, 2010.

SCHREIBER, Anderson. *Novos paradigmas da responsabilidade civil*: da erosão dos filtros da reparação à diluição dos danos. São Paulo: Atlas, 2007.

SILVA, Rafael Peteffi, e BASTOS, Daniel Deggau. A busca pela autonomia do dano pela perda do tempo e a crítica ao compensation for injury as such. In: *Civilistica*, ano 9, n. 2, 2020.

SILVA, Wilson Melo da. *Responsabilidade sem culpa*. 2. ed. São Paulo: Saraiva, 1974.

TERRA, Aline de Miranda. Danos autônomos ou novos suportes fáticos de danos? considerações acerca da privação do uso e da perda do tempo nas relações de consumo. In: KNOERR, Viviane Coelho de Séllos; STELZER, Joana; FERREIRA, Keila Pacheco (Coord.). *Direito, globalização e responsabilidade nas relações de consumo*. Florianópolis: CONPEDI, 2015.

A TUTELA DO TEMPO DO CONSUMIDOR: POR UMA EVOLUÇÃO DAS PRÁTICAS CONTENCIOSAS

Laís Bergstein

Doutora em Direito do Consumidor e Concorrencial pela Universidade Federal do Rio Grande do Sul (UFRGS), Mestre em Direito Econômico e Socioambiental pela Pontifícia Universidade Católica do Paraná (PUC/PR) e Bacharel em Direito pelo Centro Universitário Curitiba. Alumni do Centro de Estudos Europeus e Alemães (UFRGS-PUCRS) e do programa *Summer School in Consumer Law: National, comparative and international developments da Université du Québec à Montréal* (UQÀM). Coordenadora Adjunta do Programa de Mestrado Profissional em Direito, Mercado, Compliance e Segurança Humana do CERS. Advogada.

lais@dotti.adv.br

José Roberto Trautwein

Doutorando e Mestre em Direito pelo Centro Universitário Autônomo do Brasil (Unibrasil); Pesquisador vinculado ao GP Virada de Copérnico (UFPR); Especialista em Direito Constitucional e em Direito Empresarial. Advogado. joseroberto@dotti.adv.br.

Sumário: 1. Introdução – 2. O tempo como bem jurídico – 3. A superação do dano pelo tempo perdido: por uma evolução das práticas contenciosas – 4. Considerações finais – 5. Referências bibliográficas.

1. INTRODUÇÃO

"A principal dificuldade à aceitação do dano moral em nossa doutrina e jurisprudência é a insondável timidez do jurista brasileiro, timidez que lhe advém, principalmente, da lamentável influência da consideração de elementos estranhos ao problema jurídico, no tratamento e solução de temas doutrinários."[1]

A assertiva de José de Aguiar Dias data de 1955, quando o jurista denunciou que, à época, era frequente, por exemplo, "aparar-se uma condenação pecuniária só porque exorbita de misteriosa tarifa, além da qual os julgadores, ao que parece, não admitem cálculo judiciário" e que "também há verdadeira legião a defender o erário, tardiamente, do erros que não foram evitados e devem ser suportados através da compensação dos prejudicados."[2]

---

1. DIAS, José de Aguiar. Prefácio da 1ª Edição (1955). In: MELO DA SILVA, Wilson. *O dano moral e sua reparação*. 2. ed. Rio de Janeiro: Forense, 1969.
2. DIAS, José de Aguiar. Prefácio da 1ª Edição (1955). In: MELO DA SILVA, Wilson. *O dano moral e sua reparação*. 2. ed. Rio de Janeiro: Forense, 1969.

Nesses últimos 66 anos muito se evoluiu, na doutrina e na prática forense, no estudo dos critérios de compensação de danos extrapatrimoniais.[3] Todavia, a crítica apontada por Aguiar Dias parece-nos tão contemporânea quanto outrora foi.

Com o avanço tecnológico, quando a natureza deixou de ser o limite de velocidade, a distância e o tempo ganharam novos contornos. Vive-se um paradoxo: o tempo é o que o ser humano tem de mais relevante – tempo é vida. Não raras vezes, contudo, a preocupação com o tempo somente surge face à forçada percepção da sua escassez, diante de um evento dramático.

O presente estudo, pautado no método científico-dedutivo, aborda inicialmente os fundamentos do dever de reparação do dano pela perda do tempo nas relações de consumo no Brasil. Relembram-se os marcos doutrinários que contribuem para a consolidação da compreensão de que o tempo do consumidor é um bem de relevância jurídica e que merece especial proteção. Na segunda parte são apresentadas algumas propostas de evolução das práticas contenciosas visando a prevenção dessa especial modalidade de dano.

2. O TEMPO COMO BEM JURÍDICO

O *'Leitmotiv'* da pós-modernidade, o elemento-guia que orienta as relações jurídicas é a valorização dos direitos humanos. Essa concepção, segundo Erik Jayme, significa que a concepção de que somente as razões de natureza econômica devem determinar as ações do homem não é mais convincente, pois as pessoas lutam por valores mais atraentes, valores inerentes à alma.[4] Depois de séculos de racionalismo, de privilégio da razão sobre as outras dimensões humanas, difunde-se o respeito e a valorização da emotividade, da criatividade, da subjetividade e de uma estética que busca o sentido.[5]

A doutrina de Silvio Rodrigues no início da década de 1960 bem exemplifica a evolução da compreensão sobre a tutela dos bens jurídicos: "*Coisa* – é tudo que existe objetivamente, com exclusão do homem. [...] *Bens* – ao contrário, são coisas que, por serem úteis e raras, são suscetíveis de apropriação e contêm valor econômico." Naquele momento, destacou o autor, "o Direito Civil só se interessa pelas coisas suscetíveis de apropriação e tem por um dos seus fins disciplinar as relações entre os homens, concernindo tais bens econômicos", concluindo que "assim, há valores preciosos aos homens que escapam à alçada do direito privado, porque não têm conteúdo econômico. Refiro-me àqueles direitos personalíssimos tais como a vida, a honra, a liberdade etc."

---

3. Por todos: MELO DA SILVA, Wilson. *O dano moral e sua reparação*. 2. ed. Rio de Janeiro: Forense, 1969.
4. JAYME, Erik. Identité Culturelle et Intégration: Le droit international privé postmoderne. Cours général de droit international privé. p. 9-268. In: *Recueil des Cours: collected courses of the Hague Academy of International Law*. Tomo 251. ISBN 978-90-411-0261-2. Haia: Martinus Nijhoff Publishers, 1996. p. 259-262.
5. MASI, Domenico de. *O futuro chegou*: modelos de vida para uma sociedade desorientada. Trad. Marcelo Costa Sievers. Rio de Janeiro: Casa da Palavra, 2014. p. 545.

A TUTELA DO TEMPO DO CONSUMIDOR: POR UMA EVOLUÇÃO DAS PRÁTICAS CONTENCIOSAS **583**

Conforme aponta Vernon Palmer, "antes do século XIX, não se encontra vestígio, em qualquer parte da Europa, de uma expressão como 'dano extrapatrimonial ou imaterial' [dommage non-pécuniaire ou immatériel]", sendo essa "distinção 'bipolar'", resultado de desenvolvimentos que se deram "no decorrer do século XIX em diante."[6]

É bastante clara a evolução da compreensão de que não seria *digno* aceitar dinheiro pelo sofrimento moral até a atual aceitação da possibilidade de compensação. Parece-nos, todavia, que ainda há um longo caminho a ser trilhado no que concerne o reconhecimento de diferentes modalidades destes danos e as possíveis formas de quantificação. O conceito jurídico de dano não é *dado*, mas *construído*.[7] Não existe um rol delimitado e definitivo dos danos, tampouco há uma relação exaustiva dos prejuízos passíveis de reparação no direito brasileiro. Clóvis V. do Couto e Silva, para definir juridicamente o *dano*, parte da premissa de que é a "noção jurídica de interesse [...] que determina a extensão do dano que alguém esteja obrigado a indenizar", pois "como sucede muitas vezes, a norma jurídica seleciona uma fração do fato social para transformá-lo numa situação jurídica. Alude-se a esse propósito a noção de interesse violado."[8]

Maria Celina Bodin de Moraes afirma que contemporaneamente "desvincula-se o conceito de dano da noção de antijuridicidade, adotando-se critérios mais amplos, que englobam não apenas direitos (absolutos ou relativos), mas também interesses que, porque considerados dignos de tutela jurídica, quando lesionados, obrigam à sua reparação."[9]

A Constituição da República de 1988 assegura no art. 5º, incisos V e X, o direito à indenização pelos danos material ou moral. Trata-se de um grande avanço, uma vez que a magistratura não admitia, em muitos casos, indenização por danos morais[10] ou, por vezes, o Supremo Tribunal Federal entendia que os danos morais e materiais não eram cumuláveis.[11] Ao elencar nominalmente os danos *materiais* e *morais*, o texto constitucional trata dos gêneros *danos patrimoniais* e *danos extrapatrimoniais*,

---

6. PALMER, Vernon Valentine. Danos morais: o despertar francês no século XIX. Trad. e notas por: Otavio Luiz Rodrigues Junior, Thalles Ricardo Alciati Valim. *Revista de Direito Civil Contemporâneo*, São Paulo, v. 9. ano 3, out.-dez. 2016. p. 227.

7. MARTINS COSTA, Judith. Os danos à pessoa no direito brasileiro e a natureza da sua reparação. São Paulo, *Revista dos Tribunais*, v. 789, p. 21-47, jul. 2001.

8. COUTO E SILVA, Clóvis V. do. O conceito de dano no direito brasileiro e comparado. São Paulo, *Revista dos Tribunais*, v. 667, maio, 1991. p. 7-16.

9. BODIN DE MORAES, Maria Celina. A constitucionalização do direito civil e seus efeitos sobre a responsabilidade civil. In: BODIN DE MORAES, Maria Celina. *Na medida da pessoa humana*: estudos de direito civil-constitucional. Rio de Janeiro: Renovar, 2010. p. 326.

10. Nesse sentido, veja: CAVALIERI FILHO, Sergio. Os Danos Morais no Judiciário Brasileiro e sua evolução desde 1988. In: TEPEDINO, Gustavo (Org.) *Direito Civil Contemporâneo*: novos paradigmas à luz da legalidade constitucional. São Paulo: Atlas, 2008. p. 97-98.

11. Cita-se, exemplificativamente, os seguintes julgados anteriores à Constituição de 1988: STF – RE 113.705, rel. Min. Oscar Corrêa, 1ª T., j. 30 jun. 1987, DJ 21 ago. 1987; STF – RE 112.622, rel. Min. Aldir Passarinho, 2ª T., j. 27 fev. 1987, DJ 27 mar. 1987; STF – RE 109083, rel. Min. Carlos Madeira, 2ª T., j. 05 ago. 1986, DJ 29 ago .1986.

que podem ser também chamados de *danos às coisas* e *danos às pessoas*, dos quais os danos materiais e morais são espécies, respectivamente.[12]

Com o emprego de duas macrocategorias de danos (patrimoniais e extrapatrimoniais, econômicos e extraeconômicos, ou ainda, materiais e morais *lato sensu*), podem se desdobrar outras subcategorias ou espécies autônomas,[13] como por exemplo os danos materiais (que se subdividem em dano emergente e lucros cessantes), os danos morais, o dano estético, o dano existencial ou o dano resultante da perda de uma chance.[14]

Sabidamente a "plurivocidade da dignidade humana" não deve conduzir ao seu uso como "um trunfo argumentativo", com o abandono dos métodos hermenêuticos adequados, desenvolvidos ao longo de quase 200 anos pela dogmática do Direito Civil.[15] Também a doutrina que defende a interposição de barreiras à incidência imediata dos direitos fundamentais[16] valoriza a elaboração, pelo sistema de Direito Privado, de soluções próprias para os seus problemas internos. Nas palavras de Rodrigues Junior, "a capacidade para o desenvolvimento de soluções intersistemáticas é uma prova histórica da vitalidade do Direito Civil."[17] Em matéria de danos morais, o fundamento da responsabilidade civil por danos à pessoa está assentado no próprio princípio da dignidade da pessoa humana,[18] mas não é este o seu único fundamento jurídico.

A responsabilidade civil é a obrigação jurídica derivada da violação do dever de não causar dano a outrem, ou seja, a violação do *dever de indenidade*. A fonte da obrigação, segundo Paulo Lôbo, não é o dano em si, mas sim o fato jurídico que se constituiu com a violação do dever de não causá-lo, fato do qual deriva a relação obrigacional entre o credor (vítima ou lesionado) e o devedor (agente causador ou imputável pelo dano).[19]

---

12. BERGSTEIN, Laís Gomes. *O tempo do consumidor e o menosprezo planejado*: o tratamento jurídico do tempo perdido e a superação de suas causas. São Paulo: Ed. RT, 2019.

13. A autonomia das subcategorias de danos que não possuem reflexos econômicos ou patrimoniais justifica-se tanto pelas suas características próprias quanto pelos impactos diferenciados que causam no ser humano.

14. Sobre o tema, a lição de Flávio da Costa Higa: "a casuística acerca da perda de uma chance vem experimentando um crescimento geométrico, a tal ponto que os casos concretos hão de demonstrar, a cada dia mais, que, no infinito mundo de possibilidades fáticas da vida em sociedade, a indenização deve ser aquela correspondente ao bem jurídico violado, seja ele patrimonial ou extrapatrimonial." HIGA, Flávio da Costa. *Responsabilidade civil*: a perda de uma chance no Direito do Trabalho. São Paulo: Saraiva, 2012. p. 124.

15. RODRIGUES JUNIOR, Otavio Luiz. *Direito Civil Contemporâneo*: estatuto epistemológico, Constituição e direitos fundamentais. Rio de Janeiro: Forense Universitária, 2019. p. 328-329.

16. Com destaque para: DUQUE, Marcelo Schenk. *Direito Privado e Constituição*: drittwirkung dos direitos fundamentais. São Paulo: Ed. RT, 2013.

17. RODRIGUES JUNIOR, Otavio Luiz. *Direito Civil contemporâneo*: estatuto epistemológico, Constituição e direitos fundamentais. Rio de Janeiro: Forense Universitária, 2019. p. 330.

18. RUZYK, Carlos Eduardo Pianovski. A responsabilidade civil por danos produzidos no curso de atividade econômica e a tutela da dignidade da pessoa humana: o critério do dano ineficiente. In: RAMOS, Carmem Lucia Silveira et al. (Orgs.). *Diálogos sobre direito civil*. Rio de Janeiro: Renovar, 2002. p. 136.

19. LÔBO, Paulo. *Direito Civil*: obrigações. 2. ed. São Paulo: Saraiva, 2011. p. 46.

A TUTELA DO TEMPO DO CONSUMIDOR: POR UMA EVOLUÇÃO DAS PRÁTICAS CONTENCIOSAS **585**

Orlando Gomes lembra que o tradicional estudo da responsabilidade civil atrelada aos atos ilícitos justificava-se no âmbito das relações econômicas de épocas ultrapassadas.[20] Na idade moderna, foi inicialmente no âmbito dos acidentes de trabalho que a noção de culpa como fundamento da responsabilidade revelou-se insuficiente.[21] O fato de as relações sociais serem dotadas de grande dinamismo impossibilita a criação de uma doutrina estática e completa para solucionar todos os problemas relacionados à responsabilidade. O desenvolvimento do maquinismo e depois dos transportes ferroviários, aéreos e rodoviários fez aparecer novos riscos de acidentes corporais e materiais. Novas tecnologias contribuíram com o aparecimento de novos perigos para pessoas, bens e o meio ambiente.[22]

Na pós-modernidade, que por vezes é caracterizada como a *sociedade de risco*,[23] o instituto da responsabilidade deve assumir novos contornos, motivações e finalidades. Com o passar do tempo consagrou-se no Direito Civil brasileiro a teoria do *risco-criado*, indicando que aquele que dá causa à atividade a partir da qual resulta o dano responde pelo dever de indenizar.[24] A doutrina do risco pode ser assim resumida: "todo prejuízo deve ser atribuído ao seu autor e reparado por quem o causou, independentemente de ter ou não agido com culpa."[25]

Como sustenta Nelson Rosenvald, "para aqueles que buscam segurança de seus corpos e suas extensões, cabe ao direito prospectivamente afirmar que a tutela da intangibilidade existencial e patrimonial não autoriza sermos expostos a danos, riscos ou ameaças que excedam aquilo que se justifique em sociedade."[26] Existe, de fato, um limite de tolerância ao risco que não pode ser eliminado.

O sistema de proteção e defesa dos consumidores, por sua vez, inaugurou no Brasil um novo regime, uma nova forma de se pensar as relações de mercado a partir do reconhecimento da vulnerabilidade dos consumidores.[27] A sua defesa reflete a valorização da pessoa enquanto fim em si mesma e, colateralmente, contribui com a promoção de uma concorrência *leal*, embora ainda exista um

---

20. GOMES, Orlando. *Responsabilidade Civil*. Texto rev., atual. e amp. por Edvaldo Brito. Rio de Janeiro: Forense, 2011. p. 83.
21. CAVALIERI FILHO, Sergio. *Programa de Responsabilidade Civil*. 9. ed. rev. e amp. São Paulo: Atlas, 2010. p. 141.
22. VINEY, Geneviève. As tendências atuais do Direito da Responsabilidade Civil. Trad. Paulo Cezar de Mello. In: TEPEDINO, Gustavo (Org.) *Direito Civil contemporâneo*: novos paradigmas à luz da legalidade constitucional. São Paulo: Atlas, 2008. p. 42-43.
23. Como define Ulrich Beck o nosso atual estágio de desenvolvimento social (BECK, Ulrich. *La sociedad del riesgo global*. Madrid: Siglo XXI de España Editores, 2002. p. 75-118).
24. MIRAGEM, Bruno Nubens Barbosa. *Direito Civil*: responsabilidade civil. São Paulo: Saraiva, 2015. p. 276.
25. CAVALIERI FILHO, Sergio. *Programa de Responsabilidade Civil*. 9. ed. rev. e amp. São Paulo: Atlas, 2010. p. 142.
26. ROSENVALD, Nelson. *As funções da responsabilidade civil: a reparação e a pena civil*. 2. ed. São Paulo: Atlas, 2014. p. 11.
27. Veja: MARQUES, Claudia Lima. Algumas observações sobre a pessoa no mercado e a proteção dos vulneráveis no Direito Privado. In: GRUNDMAN, Stefan; MENDES, Gilmar; MARQUES, Claudia Lima; BALDUS, Christian; MALHEIROS, Manuel. *Direito Privado, Constituição e Fronteiras*. Encontros da Associação Luso-Alemã de Juristas no Brasil. 2. ed. São Paulo: Ed. RT, 2014. p. 287 e ss.

longo caminho a se percorrer no que concerne à efetividade dos direitos do consumidor. Como há muito afirma René Ariel Dotti, ainda hoje "o consumidor brasileiro é um ser carente de proteção contra as mais variadas formas de abuso, desde a qualidade da alimentação, dos medicamentos e de outros produtos de primeira necessidade, até os serviços e as coisas supérfluas. Uma vítima ambulante e multi-reincidente."[28]

O Código de Defesa do Consumidor brasileiro (Lei 8.078/1990), primando pela garantia dos produtos e serviços com padrões adequados de qualidade, segurança, durabilidade e desempenho (art. 4º, II, d, CDC), estabelece como princípios da Política Nacional das Relações de Consumo a harmonização dos interesses dos participantes das relações de consumo com base na boa-fé e no equilíbrio. Além disso, atribui ao consumidor os direitos básicos à efetiva prevenção e à reparação integral de danos.

No âmbito das relações de consumo há, para fins de tutela do contratante vulnerável, uma sensível diferença em relação às regras gerais previstas no Código Civil: a prevalência *absoluta* do princípio da *reparação integral dos danos*. Trata-se da compreensão, fundada no disposto no art. 6º, VI, do CDC, de que "devem ser reparados todos os danos causados, sejam os prejuízos diretamente causados pelo fato, assim como aqueles que sejam sua consequência direta."[29]

Diante de uma vasta gama de interesses que não mais se acomodam no conceito tradicional de ato ilícito, formou-se na pós-modernidade a compreensão de que a reparação de danos deve estar mais ligada à noção de dano injusto.[30] A influência da legislação de proteção e defesa do consumidor foi decisiva para uma verdadeira mudança de paradigmas: uma virada de Copérnico da tutela dos direitos ao voltar a atenção para a pessoa vulnerável. Ampliou-se na doutrina e na jurisprudência a noção do que é considerado dano indenizável, dando ensejo às chamadas *novas categorias de danos*.

Dentre elas está o dano pela perda do tempo. O tempo, além de ser o meio necessário para vencer distâncias, é um instrumento fundamental para o desempenho de toda e qualquer atividade humana. E disso se infere a sua importância também para a ciência do Direito. Se o tempo é um recurso indispensável ao desempenho de toda atividade humana, um valor finito, escasso e não renovável (podendo ter inclusive reflexos patrimoniais) e, mais do que isso, se, como enuncia Heidegger

---

28. DOTTI. René Ariel. *O Direito Penal Econômico e a Proteção do Consumidor.* Curitiba: Livraria Ghignone, 1982. p. 43.

29. MIRAGEM, Bruno. *Curso de Direito do Consumidor.* 6. ed. São Paulo: Ed. RT, 2016. p. 227-228.

30. WELTER, Fernando; BERGSTEIN, Laís. O dano pela privação de uso. *Boletim do Escritório Professor René Dotti*, 35. ed. Curitiba, jan.-mar. 2017. Disponível em: https://dotti.adv.br/boletins/boletim-impresso-trimestral/. Acesso em: 5 jul. 2021.

(1998), é elemento constitutivo da própria existência humana, então ele invoca e passa a merecer a tutela jurisdicional.[31]

Na sociedade de consumo nada é 'casual', tudo é 'business', tudo é valor, economia, é opção.[32] O tempo do fornecedor é valorado como custo ou ônus econômico,[33] de modo que, para efeitos de tutela dos agentes vulneráveis nos mercados, não há dúvidas que o tempo do consumidor também é valor e compõe o dano ressarcível.[34]

Marcos Dessaune, na primeira edição da obra pioneira sobre o tema no Brasil, defendeu a existência de situações que importam em um "prejuízo temporal" ao consumidor, que não se enquadram nos conceitos tradicionais de dano material, de perda de uma chance e de dano moral. Desse modo, se estaria diante de "uma nova e importante modalidade de dano até agora desconsiderada no Direito brasileiro: o desvio dos recursos produtivos do consumidor, ou resumidamente, o desvio produtivo do consumidor."[35] Na segunda edição da obra, agora sob o nome de teoria aprofundada, Dessaune (2017) lança um novo olhar sobre o reconhecimento desse especial dever de indenidade dos fornecedores.[36]

Claudia Lima Marques destacou a diferença entre o tempo do consumidor e o do fornecedor constatando que: "a 'perda' ou o desvio do tempo do fornecedor é valorado como custo ou ônus econômico: informar detalhadamente o consumidor é 'custo', cooperar com o consumidor durante a execução dos contratos é 'ônus profissional', elaborar um sistema pós-contratual que evite danos ao consumidor, organizando um SAC efetivo, uma rede de assistência técnica capilarizada, é 'custo'." Consignou que não há dúvidas que "o tempo produtivo do fornecedor é realmente um valor economicamente medido e relevante."

No ano seguinte, na obra premiada com o Jabuti de literatura, Claudia Lima Marques e Bruno Miragem abordaram o tema a partir da percepção de que a primeira das vulnerabilidades do ser humano é a de que a sua vida é finita.[37] Constataram os autores que o nosso tempo é limitado e, economicamente, o tempo do *homo economicus et culturais* do século XXI é destinado ao lazer, à família, às suas realizações, mas, cada vez mais, é perdido em conflitos com os fornecedores. A passagem do tempo deveria ocorrer a favor das pessoas, mas hoje não são raras as situações nas

---

31. HEIDEGGER, Martin. *Il concetto di tempo. Con una Postilla di Hartmut Tietjen. A cura di Franco Volpi*. Milano: Adelphi Edizioni, 1998.

32. MARQUES, Claudia Lima. Apresentação. In: BERGSTEIN, Laís. *O tempo do consumidor e o menosprezo planejado*. São Paulo: Ed. RT, 2019.

33. MARQUES, Claudia Lima. Prefácio. p. 11-12. In: DESSAUNE, Marcos. *Desvio produtivo do consumidor*: o prejuízo do tempo desperdiçado. São Paulo: Ed. RT, 2011. p. 11-12.

34. MIRAGEM, Bruno. *O novo direito privado e a proteção dos vulneráveis*. São Paulo: Ed. RT, 2012.

35. DESSAUNE, Marcos. *Desvio produtivo do consumidor*: o prejuízo do tempo desperdiçado. São Paulo: Ed. RT, 2011.

36. DESSAUNE, Marcos. *Teoria aprofundada do Desvio Produtivo do Consumidor*: o prejuízo do tempo desperdiçado e da vida alterada. Vitória: Edição Especial do Autor, 2017.

37. MARQUES, Claudia Lima; MIRAGEM, Bruno. *O novo direito privado e a proteção dos vulneráveis*. 2. ed. rev., atual. e amp. São Paulo: Ed. RT, 2014. p. 219.

quais o tempo do outro é menosprezado. No âmbito das relações de consumo a perda do tempo do consumidor mediante estratégias organizadas do fornecedor não pode mais ser qualificada como "mero aborrecimento normal."[38]

Em um artigo publicado no Brasil, Sergio Sebástian Barocelli defende que o tempo é um bem com relevância jurídica e, como consequência, quando os fornecedores de bens e serviços, por sua ação ou omissão, ocasionam a perda do tempo dos consumidores, provocam-lhes um prejuízo que deve ser reparado.[39] No mesmo sentido, Maurilio Casas Maia[40] bem pondera que o dano temporal é fruto da pós-modernidade, da nossa sociedade tecnológica, consumidora, de risco e de massas. Maia é um dos defensores da tese de que o desvio produtivo, a perda de tempo pelo consumidor poderá se consolidar como uma *categoria autônoma de dano*, em decorrência do sistema aberto de tutela da dignidade humana, da tutela da liberdade e de responsabilização civil.

Para o fim a que se destina a construção teórica sobre o dever de reparação do dano pela perda do tempo, o fundamental é assegurar que o tempo do consumidor seja valorado, mudando-se a cultura de menosprezo em relação ao existente dever de cuidado e de cooperação dos fornecedores de produtos e serviços no Brasil para com todos os consumidores.[41]

Orlando Celso da Silva Neto, por sua vez, compara a concepção de dano pela perda do tempo à construção doutrinária e jurisprudencial que reconhece o dever de reparação do dano pela privação do uso do bem, que constitui um aborrecimento muitas vezes não grave o suficiente a ponto de caracterizar o dano moral. Percebe-se grande similaridade entre as duas modalidades. Nas palavras do autor, "se a privação do uso do bem pode e deve ser indenizada, não há justificativa para concluir de forma diferente no que diz respeito à perda do tempo útil."[42]

Concluindo que tempo é um ativo indenizável, Silva Neto analisa quando a indenização é devida e sugere alguns parâmetros a serem observados no seu arbitramento por equidade, tais como: "(i) renda do consumidor observando-se máximos e mínimos; (ii) dificuldades encontradas pelo consumidor para efetuar a reclamação,

---

38. MARQUES, Claudia Lima. Algumas observações sobre a pessoa no mercado e a proteção dos vulneráveis no Direito Privado In: GRUNDMAN, Stefan; MENDES, Gilmar; MARQUES, Claudia Lima; BALDUS, Christian; MALHEIROS, Manuel. *Direito Privado, Constituição e fronteiras*. Encontros da Associação Luso-Alemã de Juristas no Brasil. 2. ed. São Paulo: Ed. RT, 2014. p. 215.

39. BAROCELLI, Sergio Sebástian. Cuantificación de daños al consumidor por tiempo perdido. *Revista de Direito do Consumidor,* São Paulo, v. 90, p. 119-140, nov.-dez., 2013.

40. MAIA, Maurilio Casas. O dano temporal indenizável e o mero dissabor cronológico no mercado de consumo: quando o tempo é mais que dinheiro – é dignidade e liberdade. *Revista de Direito do Consumidor*, São Paulo, v. 92, p. 161-176, mar.-abr. 2014.

41. MARQUES, Claudia Lima. Menosprezo planejado de deveres legais pelas empresas leva à indenização. *Revista Consultor Jurídico*, São Paulo, 21 de dezembro de 2016. Disponível em: http://www.conjur.com.br/2016-dez-21/garantias-consumo-menosprezo-planejado-deveres-legais-pelas-empresas-leva-indenizacao. Acesso em: 15 abril 2019.

42. SILVA NETO, Orlando Celso da. Responsabilidade civil pela perda do tempo útil: tempo é um ativo indenizável? *Revista de Direito Civil Contemporâneo*, São Paulo, v. 4, p. 139-162, jul.-set, 2015.

incluindo a existência de diversas instâncias de reclamação (assistência técnica, 0800 etc.); (iii) conduta do fornecedor a partir do momento em que informado do vício/defeito; e (iv) tempo do processo e número dos atos praticados, ainda que a demora do processo não possa ser atribuída ao fornecedor." O autor pondera, ainda, que a indenização gera incentivos positivos tanto para o consumidor buscar seus direitos quanto para o fornecedor empregar maior qualidade em seus processos de atendimento.[43]

Umberto Scramim defende que o cerceamento da utilização do tempo pode implicar, por si só, em um dano moral, independentemente de haver uma lesão concomitante de outro interesse juridicamente tutelado, ou pode, por outro lado, acentuar a extensão do dano moral já existente pela violação de outros direitos da personalidade. Sintetiza o seu entendimento afirmando que "por se tratar de bem jurídico autônomo, o tempo disponível, quando tolhido, já tem o condão de produzir o dever de indenizar"[44] e ressalta a importância da *prevenção* desse dano. E Carlos Edison do Rêgo Monteiro conclui que "o tempo passa, de noção de cunho sociológico e filosófico, a objeto de relações jurídicas contemporâneas" e constitui um "bem juridicamente tutelável".[45]

Como afirma Tercio Sampaio Ferraz Junior, a positivação do direito *aguça* a temática do tempo: a disponibilidade sobre o direito (objetivo ou subjetivo), pelas vias judicial, legislativa ou executiva, faz do tempo um fator de contingência, que precisa ser controlado.[46] Para Zygmunt Bauman a história do tempo começou com a modernidade e com ela se confunde. A modernidade é, assim, "o tempo em que o tempo tem uma história."[47] Segundo François Ost, "o tempo é, inicialmente, e antes de tudo, uma construção social – e, logo, um desafio de poder, uma exigência ética e um objeto jurídico."[48] É possível dizer, ainda, que "escrever sobre o tempo é escrever sobre angústia. Angústia por uma simples razão. O tempo é finito, pois termina com a vida dos seres, tenham eles consciência ou não de tal fato."[49]

Independentemente de qual seja a definição adotada, não há dúvida de que o tempo é um recurso não renovável: "no puede comprarse ni venderse, mendigarse o robarse, almacenarse o ahorrarse, fabricarse, multiplicarse o modificarse. Sólo puede usarse. Y si uno no lo usa, no por eso deja de pasar."[50]

---

43. SILVA NETO, Orlando Celso da. Responsabilidade civil pela perda do tempo útil: tempo é um ativo indenizável? *Revista de Direito Civil Contemporâneo*, São Paulo, v. 4, p. 139-162, jul.-set, 2015.

44. SCRAMIM, Umberto Cassiano Garcia. Da responsabilidade civil pela frustração do tempo disponível. *Revista dos Tribunais*, São Paulo, v. 968, p. 83-99, jun. 2016.

45. MONTEIRO FILHO, Carlos Edison do Rêgo. Lesão ao tempo: configuração e reparação nas relações de consumo. Porto Alegre, *Revista AJURIS*, p. 87-113, v. 43, n. 141, dez. 2016. p. 93.

46. FERRAZ JUNIOR, Tercio Sampaio. *O Direito, entre o futuro e o passado*. São Paulo: Noeses, 2014. p. 7.

47. BAUMAN, Zygmunt. *Modernidade líquida*. Trad. Plínio Dentzien. Rio de Janeiro: Zahar, 2001. p. 128-129

48. OST, François. *O tempo do direito*. Tradução de Élcio Fernandes. Bauru: Edusc, 2005.

49. SIMÃO, José Fernando. *Prescrição e decadência*: início dos prazos. São Paulo: Atlas, 2013.

50. SCHREIBER, Jean-Luis Servan. *Cómo dominar el tiempo*. Buenos Aires: Emecé, 1986. p. 112. Apud: BAROCELLI, Sergio Sebástian. Cuantificación de daños al consumidor por tiempo perdido. *Revista de Direito do Consumidor*, São Paulo, v. 90, p. 119-140, nov.-dez., 2013.

O *tempo* é valor,[51] invoca e merece a tutela da ordem jurídica na medida em que se reconhece que a primeira das vulnerabilidades do ser humano é a sua condição de mortalidade, a constatação de que *a sua vida é finita*.[52] Como todo recurso, o tempo está disponível para ser usado, com a consciência de que não se represa, não repete e não se recupera. O tempo é, assim, um bem jurídico[53] de natureza *sui generis*; particular, infungível, indisponível, incorpóreo, essencial, indivisível e não suscetível a apropriação ou a atos de comércio.[54] No que afeta aos seres humanos, paradoxalmente, "são raros os que acreditam ter o suficiente, embora todos tenham a sua totalidade."[55]

O tempo do consumidor é tratado no presente estudo como um bem com relevância jurídica justamente porque se reconhece, nele, um valor que invoca e merece a tutela do ordenamento. Protege-se a sua percepção subjetiva, os efeitos que a espera injustificadamente prolongada, que a desídia do parceiro contratual produz no ser humano privado da liberdade de escolher a maneira como preferiria dispor daquele intervalo.

Tribunais de Justiça do País há muitos anos estão atentos à importância de se considerar o tempo perdido pelo consumidor para a resolução de problemas ocasionados pelo fornecedor ao solucionar conflitos oriundos das relações de consumo. Cita-se, exemplificativamente, o julgamento realizado em 18/02/2009 pela Trigésima Sétima Câmara de Direito Privado do Tribunal de Justiça de São Paulo, que sopesou expressamente o tempo perdido, o aborrecimento experimentado pelo autor e o descaso da ré ao fixar o valor da indenização por danos morais.[56] Com o aprofundamento e a maior difusão dos estudos doutrinários sobre esse tema, o número de decisões judiciais que consideram o tempo perdido como fator relevante para a reparação de danos cresceu. Decisões sobre a injusta ou involuntária perda do tempo já são encontradas, por exemplo, nos Tribunais de Justiça da Bahia,[57] do Distrito Federal,[58]

---

51. MARQUES, Claudia Lima; MIRAGEM, Bruno. *O novo direito privado e a proteção dos vulneráveis.* 2. ed. São Paulo: Revista dos Tribunais, 2014. p. 219.

52. FIECHTER-BOULVARD, Frédérique. *La notion de vulnérabilité et sa consécration par le droit.* Disponível em: www.pug.fr/extract/show/107. Acesso em: 05 jul. 2021.

53. Na acepção jurídica do termo, *bem* é aquilo que tem valor jurídico. Diz-se que *bem* é o objeto dos direitos, ou, mais precisamente, é "objeto dos direitos o bem sobre o qual o titular exerce os poderes que a ordem jurídica lhe concede." (RAÓ, Vicente. *O Direito e a vida dos direitos.* 7. ed. São Paulo: Ed. RT, 2013. p. 757.)

54. BERGSTEIN, Laís. *O tempo do consumidor e o menosprezo planejado:* o tratamento jurídico do tempo perdido. São Paulo: Ed. RT, 2019. 1.1.4. O tempo como noção jurídica: um bem sui generis a proteger.

55. SERVAN-SCHREIBER, Jean-Luis. *A arte do tempo.* Trad. Teresa Montero Otondo. São Paulo: Cultura Editores, 1991. p. 17.

56. BRASIL. TJSP, Apl 7305449-0, Ac. 3497835, Diadema, 37ª Câmara de Direito Privado, rel. Des. Eduardo Almeida Prado Rocha de Siqueira, j. 18 fev. 2009, Djesp 24 mar. 2009.

57. BRASIL. TJBA, AP 0000303-45.2014.8.05.0216, Salvador, 2ª Câmara Cível, rel. Des. Lisbete Maria Teixeira Almeida Cézar Santos, j. 02 ago. 2016, DJBA 08 ago. 2016.

58. BRASIL. TJDF, Rec 2013.01.1.116440-4, Ac. 765.495, 1ª Turma Recursal dos Juizados Especiais do Distrito Federal, rel. Juiz Leandro Borges de Figueiredo, DJDFTE 13 mar. 2014. p. 270.

do Maranhão,[59] do Paraná,[60] do Rio de Janeiro,[61] do Rio Grande do Sul,[62] de Santa Catarina,[63] de São Paulo[64] dentre outros.

Reconhece-se, inclusive, que "o tempo perdido na vida de alguém constitui bem irrecuperável, um tempo que é irreversivelmente tirado do convívio familiar, do lazer, do descanso ou de qualquer outra atividade de sua preferência, devendo, portanto, ser indenizado com base na perda do tempo livre quando decorrente de condutas ilícitas e abusivas do fornecedor, especialmente, tendo em vista que, hodiernamente, o tempo extrapola sua dimensão econômica, constituindo um bem precioso e insubstituível para o indivíduo."[65]

Embora seja perceptível, de um lado, a conscientização de uma considerável parte dos membros do Poder Judiciário acerca da importância da valorização do tempo do consumidor, nota-se, de outro lado, a dificuldade de muitos em avançar para a cultura do dever de cuidado e cooperação com o consumidor também no que se refere ao tempo da prestação, das reclamações e do cumprimento com as garantias legais.

Domenico de Masi afirma que o *sentido* caracteriza o que é pós-moderno. O autor defende que o futuro pertence a quem souber libertar-se da ideia tradicional do trabalho como obrigação ou dever, apostando em uma mistura de atividades, onde o trabalho se confunde com o tempo livre, com o estudo, com o jogo, enfim, com o *ócio criativo*.[66] É preciso que seja dado ao ser humano a possibilidade de exercer o ócio criativo, a qual lhe é frequentemente tolhida pela sincronização das funções.[67]

---

59. BRASIL. TJMA, Rec 0006588-93.2013.8.10.0040, Ac. 148994/2014, 2ª Câmara Cível, rel. Des. Antonio Guerreiro Júnior, j. 24 jun. 2014, DJEMA 27 jun. 2014.

60. BRASIL. TJPR, 10ª C.Cível, AC. 1055184-7, Curitiba, rel. Arquelau Araujo Ribas, Unânime, J. 07 nov. 2013. BRASIL. TJPR, ApCiv 0883304-5, Londrina, 8ª Câmara Cível, Rel. Juiz Conv. Osvaldo Nallim Duarte, DJPR 11 dez. 2012.

61. BRASIL. TJRJ, APL 0080014-13.2007.8.19.0004, 25ª Câmara Cível, rel. Des. Isabela Pessanha Chagas, j. 18 dez. 2014, DORJ 07 jan. 2015.

62. BRASIL. TJRS, Rec. Cível 20632-03.2013.8.21.9000, Bento Gonçalves, 3ª Turma Recursal Cível, rel. Des. Fábio Vieira Heerdt, j. 30 jan.2014, DJERS 06 fev. 2014. BRASIL. TJRS, RecCv 16980-75.2013.8.21.9000, Porto Alegre, 3ª Turma Recursal Cível. Rel. Des. Fábio Vieira Heerdt. j. 12 dez. 2013, DJERS 18 dez. 2013. BRASIL. TJRS, RCív 0034257-02.2016.8.21.9000, Igrejinha, 2ª Turma Recursal Cível, rel. Des. Roberto Behrensdorf Gomes da Silva, j. 28 set. 2016, DJERS 07 out. 2016.

63. BRASIL. TJSC, Apelação Cível n. 2016.018377-4, de Araranguá, rel. Des. Henry Petry Junior, j. 25 abr. 2016). BRASIL. TJSC, AC 0308328-40.2014.8.24.0023, Florianópolis, 3ª Câmara de Direito Civil, rel. Des. Marcus Túlio Sartorato, DJSC 01 nov. 2016.

64. BRASIL. TJSP, APL 0007852-15.2010.8.26.0038, Ac. 7182456, Araras. 5ª Câmara de Direito Privado, rel. Des. Fábio Podestá, j. 13 nov. 2013, DJESP 28 nov. 2013. BRASIL. TJSP, APL 0022332-16.2010.8.26.0032, Ac. 7934493, Araçatuba, 8ª Câmara Extraordinária de Direito Privado, rel. Des. Fábio Podestá, j. 08 out. 2014, DJESP 28 out. 2014. BRASIL. TJSP, APL 0004337-70.2008.8.26.0028, Ac. 7882835, Aparecida, 4ª Câmara de Direito Público, rel. Des. Paulo Barcellos Gatti, j. 22 set. 2014, DJESP 03 out. 2014. BRASIL. TJSP, APL 1035877-56.2015.8.26.0002, Ac. 10000275, São Paulo, 30ª Câmara de Direito Privado, rel. Des. Maria Lúcia Pizzotti, j. 23 nov. 2016, DJESP 09 dez. 2016.

65. BRASIL. TJBA, AP 0000303-45.2014.8.05.0216, Salvador, 2ª Câmara Cível, rel. Des. Lisbete Maria Teixeira Almeida Cézar Santos, j. 02 ago. 2016, DJBA 08 ago. 2016.

66. MASI, Domenico de. *O ócio criativo*. Tradução: Léa Manzi. Rio de Janeiro: Sextante, 2000. p. 37.

67. Explica Domenico de Masi que, com a produção industrial, criaram-se métodos absurdos para o uso do tempo, mediante a sincronização das funções. Alguns trabalham demais e outros sequer trabalham, alguns

3. A SUPERAÇÃO DO DANO PELO TEMPO PERDIDO: POR UMA EVOLUÇÃO DAS PRÁTICAS CONTENCIOSAS

É fundamental vencer o dano por todos os meios preventivos e repressivos sugeridos pela experiência, sem, contudo, desmantelar e desencorajar as atividades úteis.[68] Mas, vencer o dano não é tarefa simples, eliminá-lo é missão verdadeiramente impossível. Nenhuma sociedade está disposta a prevenir os danos a qualquer custo, busca-se o ponto de equilíbrio.

Pietro Trimarchi já ponderava na década de 1960 que a responsabilidade objetiva tem a função de pressionar para uma redução de riscos.[69] E esta pressão, exercida sobre quem tem o controle das condições gerais de risco, pode ser mais eficaz em alguns casos do que aquela implementada pela responsabilidade por culpa.[70] Como regra geral, no direito brasileiro não basta o risco para ensejar a obrigação de indenizar: é preciso que ocorra, também, o dano.

O sistema jurídico, é sabido, "no solo crea normas, sino que también introduce valores, algunos de ellos constantes y otros mutantes, propio de los procesos sociales y que geran crisis, ingobernabilidad en determinadas oportunidades, que se materializan en daños y que las personas buscan constantemente la reparación de los mismos."[71]

O texto constitucional, em seu art. 5º, *caput*, assegura prioritariamente a "inviolabilidade" dos direitos à vida, à liberdade, à igualdade, à segurança e à propriedade e não a "reparação dos danos causados". Conforme destaca Thaís Goveia Pascoaloto Venturi, em relação a tais direitos, abre-se ao próprio titular do direito a autorização de que atue, sempre que necessário e urgente, para exercer a autotutela contra qualquer ameaça razoável da sua violação, antes mesmo de o Estado prestar as mais eficientes formas de tutela possíveis.[72]

O que é relevante notar, para o contexto deste trabalho, é que se extrai do próprio texto constitucional a lição de que o dever jurídico de prevenção de danos antecede (cronológica e pragmaticamente) o dever de reparação. Pode-se dizer, especialmente

---

serviços são oferecidos em horários completamente inacessíveis a que os usa, enquanto outros tiram férias precisamente quando são requisitados pelos clientes. Cita-se, exemplificativamente, os curadores de museus, que trabalham abundantemente durante o horário comercial e escassamente durante os finais de semana. (DE MASI, 2000, p. 64).

68. LIMA, Alvino. Situação atual, no Direito Civil Moderno, das teorias da culpa e do risco. Rio de Janeiro, *Revista Forense*, v. 83, set. 1940. p. 29.

69. TRIMARCHI, Pietro. Rischio e Responsabilità Oggetiva. Milano: Dott. A. Giuffrè Editore, 1961. P. 36-37

70. *In verbis*: "La responsabilità oggettiva ha dunque la funzione di premere per una riduzione del rischio. E questa pressione, esercitata su chi ha il controllo delle condizioni generali del rischio, può essere in certi casi più efficace che non quella costituita dalla stessa responsabilità per colpa, esercitata su chi compie direttamente i singoli atto dell'attività rischiosa." (TRIMARCHI, 1961, p. 36-37.)

71. GHERSI, Carlos Alberto. WEINGARTEN, Celia. (Coord.) *Tratado de daños reparables*: parte geral. Tomo I. Buenos Aires: La Rey, 2008. p. 17.

72. VENTURI, Thaís Goveia Pascoaloto. *Responsabilidade civil preventiva*. São Paulo: Malheiros, 2014. p. 294-295.

diante do disposto no art. 6º, VI, do CDC, que há um verdadeiro dever jurídico de adoção de medidas e diligências de prevenção de danos nas relações de consumo, o que inclui, necessariamente, o dano decorrente da desarrazoada perda do tempo do consumidor.

Os aborrecimentos anormais, intoleráveis, que afastam o consumidor de sua rotina normal para tentar solucionar problemas decorrentes da falha de prestação de serviços do fornecedor caracterizam, também para Rene Loureiro, um dano moral. No seu entendimento, a conduta do fornecedor que subtrai injustamente o tempo livre do consumidor atinge frontalmente o direito à liberdade, a integridade psíquica, direito à paz, à tranquilidade, à prestação adequada dos serviços contratados, ou seja, a uma série de direitos intimamente relacionados à dignidade humana.[73]

As *Guidelines* das Nações Unidas recomendam aos Estados incentivar todas as empresas a resolver disputas com os consumidores de forma expedita, justa, transparente, barata, acessível e de maneira informal e estabelecer mecanismos voluntários, incluindo serviços de consultoria e procedimentos informais para o registro e o atendimento de reclamações, além de prestar assistência aos consumidores.[74]

O direito de acesso ao Poder Judiciário para se obter uma resposta à lesão ou à ameaça a direito é constitucionalmente protegido (art. 5º, XXXV, CRFB), estabelecendo no rol de direitos e garantias fundamentais do cidadão que "a lei não excluirá da apreciação do Poder Judiciário lesão ou ameaça a direito." Trata-se de corolário do Estado Democrático de Direito que, ao vedar a autotutela e o exercício arbitrário das próprias razões, assegura os meios adequados de resolução de conflitos, sendo o mais relevante deles o direito de ação. São igualmente assegurados – *ao menos no plano teórico* – a razoável duração do processo e os meios que garantam a celeridade de sua tramitação (art. 5º, LXXVIII, CRFB).

Recentemente, algumas práticas forenses têm se revelado perversamente prejudiciais à concretização do direito fundamental de acesso ao Poder Judiciário. A combatida jurisprudência defensiva tem, lamentavelmente, se manifestado de diversas formas para coibir o acesso do consumidor à Justiça. Uma delas tem sido a exigência de reclamação administrativa prévia como requisito para o recebimento de ação judicial. Criou-se, à revelia da legislação processual, uma nova e insustentável condição para a ação. Tal imposição é absolutamente incompatível com o sistema de proteção e defesa do consumidor, pois, conforme estabelece o art. 26, parágrafo 2º, I, do CDC, a reclamação extrajudicial e a tentativa de conciliação com o fornecedor

---

73. LOUREIRO, Rene Edney Soares. Dano moral e responsabilidade objetiva do fornecedor pela perda do tempo produtivo do consumidor. *Revista de Direito do Consumidor*, São Paulo, v. 106, p. 357-378, jul.-ago. 2016.
74. ORGANIZAÇÃO DAS NAÇÕES UNIDAS. *United Nations Guidelines for Consumer Protection* (versão United Nations, New York and Geneva, 2016). United Nations Conference on Trade and Development – UNCTAD. Disponível em: http://unctad.org/en/PublicationsLibrary/ditccplpmisc2016d1_en.pdf. Acesso em: 05 jul. 2021.

não é condição da ação ou requisito para o processamento da petição inicial, mas causa de suspensão do prazo decadencial.[75]

Instrumentos tecnológicos e meios facilitados para o diálogo das partes também contribuem para a resolução amistosa de litígios. Nesse sentido, em maio de 2013 instituiu-se na União Europeia o Regulamento (UE) 524/2013 do Parlamento Europeu e do Conselho para disciplinar a resolução de litígios de consumo *online* com a implementação de uma plataforma de resolução de litígios online ("plataforma de RLL"). A plataforma facilita a resolução de litígios entre consumidores e comerciantes por meio eletrônico e por via extrajudicial, de forma independente, imparcial, transparente, eficaz, célere e justa. Trata-se de um sítio na *internet* interativo, gratuito e acessível em todas as línguas oficiais das instituições da União Europeia que centraliza informações e acesso aos centros de resolução extrajudicial de conflitos dos países integrantes da União, assim como na Noruega, na Islândia ou no Listenstaine.[76]

Seguindo parcialmente o modelo europeu, a Senacon disponibiliza uma plataforma pública na internet para solução de conflitos de consumo, acessível pelo endereço eletrônico www.consumidor.gov.br. O portal Consumidor.gov.br possibilita uma interlocução direta entre consumidores e fornecedores sem qualquer custo, estabelecendo-se um prazo curto de resposta para o fornecedor que opta por se cadastrar. Esta plataforma é monitorada também pelos Procons, Defensorias Públicas, Ministérios Públicos, Tribunais de Justiça e por toda a sociedade.[77] A ferramenta, concebida com base em princípios de transparência e controle social, possibilita a resolução de conflitos de consumo de forma rápida e desburocratizada, em um

---

75. Esse tema ensejou, inclusive, a edição e aprovação, por unanimidade de votos de uma moção de repúdio da Comissão de Defesa do Consumidor do Conselho Federal da OAB, divulgada em março de 2018, com a seguinte redação: "A exigência de reclamação administrativa prévia ou uso dos SACs como requisito para o recebimento de ação judicial é incompatível com o sistema de proteção e defesa do consumidor e com o direito de acesso à Justiça do consumidor lesado, constitucionalmente assegurado. Segundo o CDC, a reclamação extrajudicial e a tentativa de conciliação com o fornecedor de produtos e serviços não é condição da ação ou requisito para o processamento da petição inicial, mas obsta ou é causa de suspensão do prazo decadencial (art. 26, parágrafo 2º, I, CDC), caracterizando direito potestativo do consumidor, não podendo a livre opção do consumidor de não utilizar o 'consumidor.gov' ou outros meios alternativos de solução com os fornecedores, influenciar o direito de ressarcimento de danos morais e materiais do consumidor e o seu acesso direto ao Judiciário."

76. UNIÃO EUROPEIA. Resolução de Litígios em Linha. Disponível em: https://webgate.ec.europa.eu/odr/main/?event=main.adr.show#. Acesso em: 05 jul. 2021.

77. Apenas no mês de agosto de 2017, por exemplo, foram registradas no canal www.consumidor.gov.br, ao todo, 44.012 reclamações. (BRASIL. Secretaria Nacional do Consumidor (Senacon – Ministério da Justiça). Dados abertos da plataforma www.consumidor.gov.br. Disponível em: https://www.consumidor.gov.br/pages/indicador/geral/abrir. Acesso em: 05 jul. 2021.) Os registros da Secretaria Nacional de Defesa dos Consumidores totalizaram, em 2016, exatas 203.487 reclamações consideradas devidamente fundamentadas. (BRASIL. Secretaria Nacional do Consumidor (Senacon – Ministério da Justiça). Atendimentos de Consumidores nos Procons (Sindec). Disponível em: http://dados.gov.br/dataset/cadastro-nacional--de-reclamacoes-fundamentadas-procons-sindec1. Acesso em: 05 jul. 2021.) Outras várias são relatadas informalmente em páginas de redes sociais e em *sites* mediadores de litígios. Cita-se, exemplificativamente, o site Reclame Aqui, que reúne 15.000.000 (quinze milhões) de consumidores cadastrados e 42.000.000 (quarenta e dois) milhões de visualizações na sua página na internet. Dados disponíveis em: https://www.reclameaqui.com.br/institucional/. Acesso em: 05 jul. 2021.

elevado número de situações.[78] Essas mesmas ferramentas alternativas de resolução de conflitos cumprem uma segunda função, que é a de informar aos consumidores a postura habitual dos fornecedores frente às reclamações de outros clientes.[79]

A prática forense releva que uma avaliação adequada dos riscos da demanda é o primeiro passo para se atingir uma composição amigável. A precisa avaliação dos riscos envolvidos e da tendência de julgamento são fatores muito relevantes para a antecipação da resolução do litígio. Um elevado grau de certeza quanto ao entendimento jurisprudencial sobre o tema, ou seja, a existência de segurança jurídica sobre a matéria, contribui sobremaneira para essa avaliação. O diálogo franco entre os patronos e a compreensão pelas partes dos fatores que podem influir na decisão judicial são determinantes para a celebração de acordos. Por outro lado, a instabilidade e a volatilidade das decisões judiciais, a ausência ou a inobservância de um sistema de precedentes[80] e a falta de capacitação dos profissionais para conduzir as tratativas amistosas produzem o efeito contrário: dificultam as composições e incentivam a perpetuação do litígio e a interposição de recursos até a ulterior deliberação judicial.

Outras técnicas de resolução alternativa de conflitos também visam contribuir para se atingir uma composição amigável das partes. Uma delas consiste na formação de *mini-trials*, ou minijulgamentos, por meio dos quais um terceiro, neutro, é chamado para emitir uma opinião técnica sobre o caso, antecipando uma possível decisão judicial. As suas considerações são então sopesadas pelas partes envolvidas, contribuindo para a pacificação do conflito por meio da composição.[81] Essa técnica pode ser implementada mesmo no curso de uma lide judicial, cuidando-se apenas para que o juiz que analisará o caso, antecipando uma possível conclusão, não seja o mesmo prolator da sentença, caso não se atinja a resolução amigável do conflito.

No âmbito dos contratos de longa duração, por sua vez, começam a surgir conselhos técnicos de resolução de conflitos (*disputes resolution boards*[82]) que atuam

---

78. BRASIL. Secretaria Nacional do Consumidor (Senacon – Ministério da Justiça). Portal consumidor.gov.br Disponível em: https://www.consumidor.gov.br/pages/principal/?1476304992307. Acesso em: 05 jul. 2021.

79. Cresce o interesse do consumidor, especialmente nas compras por meios eletrônicos, em saber a nota atribuída aos fornecedores por outros consumidores e essas classificações influenciam as novas contratações. A plataforma consumidor.gov.br apresenta um dos muitos rankings de fornecedores a partir das avaliações apresentadas pelos seus consumidores.

80. Veja, sobre a sistemática implementada no art. 489 do Código de Processo Civil: GRAJALES, Amós Arturo. El Artículo 489 del Nuevo Código Procesal Civil de Brasil y la Normativización del Nuevo Paradigma. In: VASCONCELLOS, Fernando Andreoni; ALBERTO, Tiago Gagliano Pinto. O Dever de fundamentação no novo CPC. Rio de Janeiro: Editora Lumen Juris, 2015.

81. CAHALI, Francisco José. *Curso de Arbitragem*. 5. ed. São Paulo: Ed. RT, 2015. p. 52-53.

82. Diferenciam-se existem três espécies de Dispute Boards: Dispute Review Board (DRB), Dispute Adjudication Board (DAB) e Combined Dispute Board (CDB). Conforme explica Guilherme Augusto Teixeira de Aguiar, "o DRB é caracterizado por realizar apenas sugestões de soluções às partes, não as impondo. Portanto, as suas recomendações não são vinculantes, não sendo as partes obrigadas a aceitar e cumprir as recomendações emitidas pelo Comitê. Por outro lado, a principal característica do DAB é que o Comitê desempenha função decisória, impondo soluções aos conflitos. Dessa forma, o Comitê profere verdadeiras decisões, as quais possuem efeitos vinculantes. Por sua vez, o CDB é um procedimento híbrido entre o DRB e o DAB, no qual, por vezes, são emitidas recomendações não vinculantes e, em outras, são proferidas decisões vinculantes.

desde o início da execução do contrato. Os seus membros, especialistas independentes, acompanham toda a execução do contrato e interferem no seu cumprimento resolvendo dúvidas e apreciando controvérsias visando à preservação do vínculo contratual entre as partes. A atuação do Comitê é tanto preventiva de litígios quanto resolutiva. No Brasil, um *dispute resolution board* foi introduzido, por exemplo, nos contratos para a expansão do metrô de São Paulo, em 2003, obras financiadas pelo Banco Mundial.[83] A prevenção do litígio deve ser fomentada, especialmente nas relações contratuais que tendem a se prolongar no tempo, sobretudo nos contratos de longa duração ou nos contratos de execução diferida.

Vive-se, ainda, uma fase de conscientização acerca da necessidade de tutela dos consumidores, dos turistas, dos agentes vulneráveis nos mercados de consumo. A primeira Convenção Internacional que se concentrou em facilitar o ressarcimento da vítima, criando normas especiais e flexíveis de conflitos de leis que beneficiam a parte mais fraca, foi a Convenção de Haia de 1972, sobre responsabilidade pelo fato dos produtos.[84] A Resolução das Nações Unidas (UN Res. 39/248, 09 abr. 1985) menciona especialmente a necessidade de proteger os consumidores em suas transações e contratos internacionais.[85]

Apresenta-se como um desafio para a proteção dos consumidores a proliferação de termos contratuais inapropriados, especialmente no âmbito do comércio eletrônico. Termos e condições impostas pelos fornecedores e que permitem mudanças unilaterais nos ajustes, exclusões de responsabilidade, cláusulas de jurisdição internacional, dentre outras inúmeras disposições injustas.[86] Assegurar um elevado nível de proteção aos consumidores é indispensável no contexto da sociedade global. No contexto dos negócios transfronteiriços e da desmaterialização dos encontros pelas comunicações por meio eletrônico, a demanda por segurança jurídica das transações é crescente e a confiança exsurge justamente com a harmonização das regras jurídicas.

A tutela coletiva pode ser significativamente aprimorada por meio de decisões estruturais, estabelecendo-se, além da natural declaração do direito e da estipulação do dever de reparação de danos, obrigações futuras e progressivas, exigindo-se dos

---

São inúmeros os benefícios trazidos pelo Dispute Board. A principal vantagem é a prevenção de conflitos, além de ser um mecanismo informal e simplificado, inclusive em comparação com a arbitragem." (AGUIAR, Guilherme Augusto Teixeira de. Dispute Board como solução de controvérsias. São Paulo, *Jota*, publicado em 27 de abril de 2018.)

83. RIBEIRO, Ana Paula Brandão; RODRIGUES, Isabella Carolina Miranda. Os *Dispute Boards* No Direito brasileiro. *Revista Direito Mackenzie*, São Paulo, v. 9, n. 2, p. 128-159.

84. TONIOLLO, Javier Alberto. La protección internacional del consumidor: reflexiones desde la perspectiva del derecho internacional privado argentino. *Revista de Direito do Mercosul*, Buenos Aires/Porto Alegre, ano 2, n. 6, dez., 1998. p. 96.

85. MARQUES, Claudia Lima. *A proteção da parte mais fraca em direito internacional privado e os esforços da CIDIP VII de proteção dos consumidores*. p. 10. Disponível em: http://www.oas.org/es/sla/ddi/docs/publicaciones_digital_XXXIV_curso_derecho_internacional_2007_Claudia_Lima_Marques.pdf. Acesso em: 05 jul. 2021.

86. Veja: LOOS, Marco; LUZAK, Joasia. Wanted: a Bigger Stick. On Unfair Terms in Consumer Contracts with Online Service Providers. *Journal of Consumer Policy*, 2016, v. 39, p. 63-90. DOI 10.1007/s10603-015-9303-7.

envolvidos a apresentação de planos de ação adequados. As decisões construídas nesse modelo podem contribuir, igualmente, para a adoção de procedimentos que resultem na efetiva prevenção de danos (art. 6º, VI, CDC). No âmbito das relações de consumo é possível impor mudanças de conduta ao fornecedor – mudanças progressivas no seu padrão de atendimento. A necessidade de tornar a garantia constitucional de defesa dos consumidores uma "verdade viva" demanda uma intervenção enérgica no mercado de consumo, não apenas posteriormente à ocorrência do dano, como um remédio, mas principalmente antes da sua ocorrência, determinando-se a implementação de medidas preventivas.[87]

Não pode valer a pena causar dano a inúmeros consumidores e responder apenas perante os poucos que têm condições de reclamar junto ao Poder Judiciário. É fundamental dar concretude aos direitos do consumidor, agente vulnerável nos mercados que, a despeito de uma legislação forte e avançada, em muitos aspectos ainda é "uma vítima ambulante e multi-reincidente".

4. CONSIDERAÇÕES FINAIS

Quando os titulares de direitos em relações jurídicas se encontram em uma situação assimétrica considera-se que, além dos princípios gerais de direito, é necessária a construção de uma disciplina particular, assumindo-se um *plus*, um princípio de proteção especial. E isso se faz por meio das ferramentas universais da sistemática do Direito: a declaração de ordem pública e de um princípio de interpretação em favor do titular que se encontra em posição desfavorável.[88]

É compreensível e natural que possam surgir problemas em parte das relações comerciais, a despeito da elevada mecanização e robotização das cadeias produtivas. Mas sabendo-se que o microssistema de proteção e defesa do consumidor fundamenta o regime de responsabilidade objetiva na teoria do *risco-proveito*[89], compete aos fornecedores encontrar meios de solucionar eventuais conflitos de forma ágil. Ao implementar sistemas morosos, pouco eficientes, o fornecedor transfere indevidamente ao consumidor o ônus decorrente de sua inércia, ou, em outras palavras, os riscos inerentes à sua própria atividade. E tal conduta desidiosa pode gerar danos que devem ser reparados, inclusive o dano pela perda do tempo, também chamado de "dano temporal" ou "desvio produtivo do consumidor".

---

87. BERGSTEIN, Lais. O tempo do consumidor e o menosprezo planejado: o tratamento jurídico do tempo perdido e a superação de suas causas. São Paulo: Ed. RT, 2019. p. 250 et seq.

88. GHERSI, Carlos A.; WEINGARTEN, Celia (Coords.) *Tratado de daños reparables*: parte geral. T. I. Buenos Aires: La Ley, 2008. p. 13.

89. "No direito do consumidor, seja pela posição negocial ocupada pelo fornecedor – responsável pela reparação dos danos causados – ou mesmo pelo aspecto econômico que envolve a relação de consumo no mercado de consumo –, o fundamento essencial do regime de responsabilidade objetiva do fornecedor é a teoria do *risco-proveito*. Ou seja, responde pelos riscos de danos causados por atividades que dão causa a tais riscos aqueles que a promovem, obtendo delas vantagem econômica. Trata-se, no caso, da distribuição dos custos que representam os riscos causados pela atividade de fornecimento de produtos e serviços no mercado de consumo." (MIRAGEM, 2014, p. 524.)

A identificação da *natureza* desse "novo dano" não é unânime na doutrina publicada no Brasil. Seria ele um dano existencial? Um dano moral *stricto sensu*, como sugerem os Tribunais? Um dano ao projeto de vida? Mesmo que ainda não se tenha um consenso acerca da sua melhor qualificação jurídica, é certo que o tempo do consumidor deve ser valorado e respeitado na nossa sociedade pós-moderna, pelo recurso escasso e indispensável que é.

A preocupação com o tempo do consumidor continua em pauta. Percebe-se, nitidamente, que a compreensão da doutrina sobre esse tema está evoluindo a passos largos e ganhando novos espaços. Observa-se, ainda, que mesmo dentre os pesquisadores que reconhecem a existência de um dano a ser reparado a partir da imputação ao consumidor da perda do seu tempo em razão de uma por conduta desidiosa do fornecedor, inexiste consenso quanto à natureza jurídica desse dano.

Defendemos que a autonomia das subcategorias de danos – possível em decorrência do sistema aberto de tutela da dignidade humana, da tutela da liberdade e de responsabilização civil – justifica-se tanto pelas suas características próprias quanto pelos impactos diferenciados que causam no ser humano. Logo, não é a relevância do tempo, isoladamente, que justifica a caracterização do dano pela sua perda como uma modalidade autônoma. Afinal, existem outros bens de interesse jurídico cuja tutela é igualmente importante e, mais do que isso, a relevância do tempo para o ser humano é o que justifica o próprio dever de compensação.

A necessidade de se individualizar um percentual ou uma parcela da indenização pelo dano extrapatrimonial (dano moral *lato sensu*) cumpre duas funções: didática e preventiva. A individualização do montante compensatório do dano pelo tempo perdido, destacado dos demais danos patrimoniais ou extrapatrimoniais, cumpre uma função didática: esclarece e incentiva o fornecedor a evitar a repetição desse tipo particular de dano, o que não ocorre de maneira efetiva quando o tempo perdido é avaliado ou elencado apenas como um elemento para o convencimento do Juízo, sem se atribuir a ele um valor nominal próprio.

O tempo perdido pelos consumidores em razão de condutas inadequadas dos fornecedores não pode ser dominado pela *tirania do quantificável*[90], em razão da sua natural dificuldade de mensuração. Recomenda-se a adoção de critérios para a sua valoração e devida compensação, sobretudo porque o princípio da reparação integral de danos assegura ao consumidor o direito a uma apreciação equitativa e ponderada por parte do julgador, a fim de tornar a garantia constitucional de defesa dos consumidores uma *verdade viva*.

---

90. A tirania do quantificável é verificada onde tudo o que pode ser medido tem precedência sobre o que não é mensurável, "o lucro privado sobre o bem público; a velocidade e a eficiência sobre o prazer e a qualidade o utilitário sobre os mistérios e significados que são mais úteis para a nossa sobrevivência." Trata-se, na verdade, da "incapacidade da linguagem e do discurso de descrever fenômenos mais complexos, sutis e fluidos, bem como a incapacidade dos que moldam opiniões e tomam decisões de compreender e valorizar essas coisas mais escorregadias." (SOLNIT, Rebecca. *Os homens explicam tudo para mim*. Trad. Isa Mara Lando. São Paulo: Cultrix, 2017. p. 128.)

5. REFERÊNCIAS BIBLIOGRÁFICAS

AGUIAR, Guilherme Augusto Teixeira de. Dispute Board como solução de controvérsias. São Paulo, *Jota*, publicado em 27 de abril de 2018.

BAROCELLI, Sergio Sebástian. Cuantificación de daños al consumidor por tiempo perdido. *Revista de Direito do Consumidor*, São Paulo, v. 90, p. 119-140, nov.-dez., 2013.

BAUMAN, Zygmunt. Modernidade Líquida. Trad. Plínio Dentzien. Rio de Janeiro: Zahar, 2001.

BECK, Ulrich. *La sociedad del riesgo global*. Madrid: Siglo XXI de España Editores, 2002.

BERGSTEIN, Laís. *O tempo do consumidor e o menosprezo planejado*: o tratamento jurídico do tempo perdido e a superação de suas causas. São Paulo: Ed. RT, 2019.

BODIN DE MORAES, Maria Celina. A constitucionalização do direito civil e seus efeitos sobre a responsabilidade civil. In: BODIN DE MORAES, Maria Celina. *Na medida da pessoa humana*: estudos de direito civil-constitucional. Rio de Janeiro: Renovar, 2010.

BODIN DE MORAES, Maria Celina. *Na medida da pessoa humana*: estudos de direito civil-constitucional. Rio de Janeiro: Renovar, 2010.

BRASIL. Secretaria Nacional do Consumidor (Senacon – Ministério da Justiça). Atendimentos de Consumidores nos Procons (Sindec). Disponível em: http://dados.gov.br/dataset/cadastro-nacional-de--reclamacoes-fundamentadas-procons-sindec1. Acesso em: 05 jul. 2021

CAHALI, Francisco José. *Curso de Arbitragem*. 5. ed. São Paulo: Ed. RT, 2015.

CAVALIERI FILHO, Sergio. Os Danos Morais no Judiciário Brasileiro e sua evolução desde 1988. TEPEDINO, Gustavo (Org.) Direito Civil Contemporâneo: novos paradigmas à luz da legalidade constitucional. São Paulo: Atlas, 2008.

CAVALIERI FILHO, Sergio. *Programa de Responsabilidade Civil*. 9. ed. rev. e amp. São Paulo: Atlas, 2010.

COUTO E SILVA, Clóvis V. do. O conceito de dano no direito brasileiro e comparado. *Revista dos Tribunais*, São Paulo, v. 667, p. 7-16, maio 1991.

DE MASI, Domenico. *O ócio criativo*: entrevista a Maria Serena Palieri. Trad. Léa Manzi. Rio de Janeiro: Sextante, 2000.

DESSAUNE, Marcos. *Desvio produtivo do consumidor*: o prejuízo do tempo desperdiçado. São Paulo: Ed. RT, 2011.

DESSAUNE, Marcos. *Teoria aprofundada do desvio produtivo do consumidor*: o prejuízo do tempo desperdiçado e da vida alterada. Vitória: Edição Especial do Autor, 2017.

DIAS, José de Aguiar. Prefácio da 1ª Edição (1955). In: MELO DA SILVA, Wilson. *O dano moral e sua reparação*. 2. ed. Rio de Janeiro: Forense, 1969.

DOTTI. René Ariel. *O Direito Penal Econômico e a Proteção do Consumidor,* Curitiba: Livraria Ghignone, 1982.

DUQUE, Marcelo Schenk. *Direito Privado e Constituição: drittwirkung dos direitos fundamentais*. São Paulo: Ed. RT, 2013.

FERRAZ JUNIOR, Tercio Sampaio. *O Direito, entre o futuro e o passado*. São Paulo: Noeses, 2014.

FIECHTER-BOULVARD, Frédérique. La notion de vulnérabilité et sa consécration par le droit. Disponível em: www.pug.fr/extract/show/107. Acesso em: 05 jul. 2021.

GHERSI, Carlos Alberto. WEINGARTEN, Celia. (Coord.) Tratado de daños reparables: parte geral. Tomo I. Buenos Aires: La Rey, 2008.

GOMES, Orlando. *Responsabilidade Civil*. Texto rev., atual. e amp. por Edvaldo Brito. Rio de Janeiro: Forense, 2011. p. 83.

GRUNDMAN, Stefan; MENDES, Gilmar; MARQUES, Claudia Lima; BALDUS, Christian; MALHEIROS, Manuel. *Direito Privado, Constituição e fronteiras. Encontros da Associação Luso-Alemã de Juristas no Brasil*. 2. ed. São Paulo: Ed. RT, 2014.

GUGLINSKI, Vitor Vilela. O dano temporal e sua reparabilidade: aspectos doutrinários e visão dos tribunais. *Revista de Direito do Consumidor*, São Paulo, v. 99, p. 125-156, maio-jun. 2015.

HEIDEGGER, Martin. *Il concetto di tempo. Con una Postilla di Hartmut Tietjen. A cura di Franco Volpi*. Milano: Adelphi Edizioni, 1998.

HIGA, Flávio da Costa. *Responsabilidade civil*: a perda de uma chance no Direito do Trabalho. São Paulo: Saraiva, 2012.

JAYME, Erik. Identité Culturelle et Intégration: Le droit international privé postmoderne. Cours général de droit international privé. p. 9-268. In: *Recueil des Cours*: collected courses of the Hague Academy of International Law. Tomo 251. Haia: Martinus Nijhoff Publishers, 1996.

LAMB, Charles. The Life, Letters and Writings of Charles Lamb. (1897). v. II. *Correspondence with Manning*. New York: Cosimo Classics, 2008.

LÔBO, Paulo. *Direito Civil*: obrigações. 2. ed. São Paulo: Saraiva, 2011.

LOOS, Marco; LUZAK, Joasia. Wanted: a Bigger Stick. On Unfair Terms in Consumer Contracts with Online Service Providers. *Journal of Consumer Policy*, 2016, v. 39, p. 63-90. DOI 10.1007/s10603-015-9303-7.

LOUREIRO, Rene Edney Soares. Dano moral e responsabilidade objetiva do fornecedor pela perda do tempo produtivo do consumidor. *Revista de Direito do Consumidor*, São Paulo, v. 106, p. 357-378, jul.-ago. 2016.

MARTINS-COSTA, Judith. Os danos à pessoa no direito brasileiro e a natureza da sua reparação. *Revista dos Tribunais*, São Paulo, v. 789, p. 21-47, jul. 2001.

MARQUES, Claudia Lima. *A proteção da parte mais fraca em direito internacional privado e os esforços da CIDIP VII de proteção dos consumidores*. p. 10. Disponível em: http://www.oas.org/es/sla/ddi/docs/publicaciones_digital_XXXIV_curso_derecho_internacional_2007_Claudia_Lima_Marques.pdf. Acesso em: 05 jul. 2021.

MARQUES, Claudia Lima. Prefácio. p. 11-12. In: DESSAUNE, Marcos. *Desvio Produtivo do Consumidor*: o prejuízo do tempo desperdiçado. São Paulo: Ed. RT, 2011.

MARQUES, Claudia Lima. Algumas observações sobre a pessoa no mercado e a proteção dos vulneráveis no Direito Privado In: GRUNDMAN, Stefan; MENDES, Gilmar; MARQUES, Claudia Lima; BALDUS, Christian; MALHEIROS, Manuel. *Direito Privado, Constituição e fronteiras*. Encontros da Associação Luso-Alemã de Juristas no Brasil. 2. ed. São Paulo: Ed. RT, 2014.

MARQUES, Claudia Lima.; MIRAGEM, Bruno. *O novo direito privado e a proteção dos vulneráveis*. 2. ed. rev., atual. e amp. São Paulo: Ed. RT, 2014.

MARQUES, Claudia Lima.. Menosprezo planejado de deveres legais pelas empresas leva à indenização. *Revista Consultor Jurídico*, São Paulo, 21 de dezembro de 2016. Disponível em: http://www.conjur.com.br/2016-dez-21/garantias-consumo-menosprezo-planejado-deveres-legais-pelas-empresas--leva-indenizacao. Acesso em: 15 abr. 2019.

MARQUES, Claudia Lima. Apresentação. In: BERGSTEIN, Laís. O tempo do consumidor e o menosprezo planejado. São Paulo: Ed. RT, 2019, no prelo.

MARQUES, Claudia Lima. BERGSTEIN, Laís. A valorização e a tutela do tempo do consumidor: a nova posição do STJ sobre responsabilidade do comerciante por vícios. Revista dos Tribunais, São Paulo, v. 997, p. 211-226, jul. 2021.

MASI, Domenico de. *O futuro chegou*: modelos de vida para uma sociedade desorientada. Trad. Marcelo Costa Sievers. Rio de Janeiro: Casa da Palavra, 2014.

MELO DA SILVA, Wilson. *O dano moral e sua reparação*. 2. ed. Rio de Janeiro: Forense, 1969.

MIRAGEM, Bruno Nubens Barbosa. *Direito Civil*: responsabilidade civil. São Paulo: Saraiva, 2015.

MIRAGEM, Bruno Nubens Barbosa. *Curso de Direito do Consumidor*. 6. ed. São Paulo: Ed. RT, 2016.

MONTEIRO FILHO, Carlos Edison do Rêgo. Lesão ao tempo: configuração e reparação nas relações de consumo. Porto Alegre, *Revista AJURIS*, p. 87-113, v. 43, n. 141, dez. 2016.

ORGANIZAÇÃO DAS NAÇÕES UNIDAS. *United Nations Guidelines for Consumer Protection* (versão United Nations, New York and Geneva, 2016). United Nations Conference on Trade and Development – UNCTAD. Disponível em: http://unctad.org/en/PublicationsLibrary/ditccplpmisc2016d1_en.pdf. Acesso em: 05 jul. 2021.

OST, François. *O tempo do direito*. Trad. Élcio Fernandes. Bauru: Edusc, 2005.

PALMER, Vernon Valentine. Danos morais: o despertar francês no século XIX. Trad. e notas por: Otavio Luiz Rodrigues Junior, Thalles Ricardo Alciati Valim. *Revista de Direito Civil Contemporâneo,* São Paulo, v. 9, ano 3, out.-dez. 2016.

PONTES DE MIRANDA, Francisco Cavalcanti. *A margem do Direito*: ensaio de psicologia jurídica. 3. ed. Campinas: Bookseller, 2005.

RIBEIRO, Ana Paula Brandão; RODRIGUES, Isabella Carolina Miranda. Os *Dispute Boards* No Direito brasileiro. São Paulo, *Revista Direito Mackenzie*, v. 9, n. 2, p. 128-159.

RODRIGUES JUNIOR, Otavio Luiz. *Direito Civil Contemporâneo*: estatuto epistemológico, Constituição e direitos fundamentais. Rio de Janeiro: Forense Universitária, 2019.

ROSENVALD, Nelson. *As funções da responsabilidade civil*: a reparação e a pena civil. 2. ed. São Paulo: Atlas, 2014.

RUZYK, Carlos Eduardo Pianovski. A responsabilidade civil por danos produzidos no curso de atividade econômica e a tutela da dignidade da pessoa humana: o critério do dano ineficiente. *In*: RAMOS, Carmem Lucia Silveira et al. (Orgs.). *Diálogos sobre direito civil*. Rio de Janeiro: Renovar, 2002

SCHREIBER, Jean-Luis Servan. Cómo dominar el tiempo. Buenos Aires: Emecé, 1986. p. 112. Apud: BAROCELLI, Sergio Sebástian. Cuantificación de daños al consumidor por tiempo perdido. *Revista de Direito do Consumidor*, São Paulo, v. 90, p. 119-140, nov.-dez. 2013.

SCHREIBER, Anderson. *Novos paradigmas da responsabilidade civil*: da erosão dos filtros da reparação à diluição dos danos. 6. ed. São Paulo: Atlas, 2015.

SCRAMIM, Umberto Cassiano Garcia. Da responsabilidade civil pela frustração do tempo disponível. *Revista dos Tribunais*, São Paulo, v. 968, p. 83-99, jun. 2016.

SILVA NETO, Orlando Celso da. Responsabilidade civil pela perda do tempo útil: tempo é um ativo indenizável? *Revista de Direito Civil Contemporâneo*, São Paulo, v. 4, p. 139-162, jul.-set, 2015.

SIMÃO, José Fernando. *Prescrição e decadência*: início dos prazos. São Paulo: Atlas, 2013.

SOLNIT, Rebecca. *Os homens explicam tudo para mim*. Trad. Isa Mara Lando. São Paulo: Cultrix, 2017.

TEPEDINO, Gustavo (Org.) *Direito Civil Contemporâneo*: novos paradigmas à luz da legalidade constitucional. São Paulo: Atlas, 2008.

TONIOLLO, Javier Alberto. La protección internacional del consumidor: reflexiones desde la perspectiva del derecho internacional privado argentino. *Revista de Direito do Mercosul*, Buenos Aires/Porto Alegre, ano 2, n. 6, dez., 1998. p. 96.

TRIMARCHI, Pietro. Rischio e Responsabilità Oggetiva. Milano: Dott. A. Giuffrè Editore, 1961.

UNIÃO EUROPEIA. Resolução de Litígios em Linha. Disponível em: https://webgate.ec.europa.eu/odr/main/?event=main.adr.show#. Acesso em: 05 jul. 2021.

VENTURI, Thaís Goveia Pascoaloto. *Responsabilidade civil preventiva*. São Paulo: Malheiros, 2014.

VINEY, Geneviève. As tendências atuais do Direito da Responsabilidade Civil. Trad. Paulo Cezar de Mello. In: TEPEDINO, Gustavo (Org.) *Direito Civil Contemporâneo*: novos paradigmas à luz da legalidade constitucional. São Paulo: Atlas, 2008.

WELTER, Fernando; BERGSTEIN, Laís. O dano pela privação de uso. Boletim do Escritório Professor René Dotti, 35. ed. Curitiba, jan.-mar. 2017. Disponível em: https://dotti.adv.br/boletins/boletim-impresso-trimestral/. Acesso em: 05 jul. 2021.

RESPONSABILIDADE CIVIL PELA PUBLICIDADE ABUSIVA DECORRENTE DE LIGAÇÕES DE "TELEMARKETING": UMA ABORDAGEM A PARTIR DO DIREITO DO CONSUMIDOR AO SOSSEGO

Elcio Nacur Rezende

Pós-Doutor, Doutor e Mestre em Direito. Professor da Escola Superior Dom Helder Câmara e da Faculdade Milton Campos. Procurador da Fazenda Nacional.

E-mail: elcionrezende@yahoo.com.br

Paulo Antônio Grahl Monteiro de Castro

Procurador do Município de Belo Horizonte. Doutorando e Mestre em Direito pela Escola Superior Dom Helder Câmara. Bacharel em Direito pela Universidade Federal de Minas Gerais. Especialista em Advocacia Pública pela Universidade de Coimbra, em parceria com o Instituto Democrático, e em Direito Penal e Processual Penal, pela Universidade Gama Filho. Pós-graduando em Mediação, Conciliação e Arbitragem pelo Instituto Democrático em parceria com a Faculdade Arnaldo. Professor do curso de Graduação em Direito da Escola Superior Dom Helder Câmara. Advogado.

E-mail: paulo_monteiro@terra.com.br

Sumário: 1. Introdução – 2. O direito ao sossego como direito da personalidade, a merecer devida proteção, mediante responsabilização civil do eventual ofensor – 3. Entendimento jurisprudencial vacilante: a violação ao sossego caracteriza dano moral indenizável ou implica um mero aborrecimento? – 4. Projetos de lei que enfrentam o tema – 5. Considerações finais – 6. Referências bibliográficas.

1. INTRODUÇÃO

Desde o Código Civil Brasileiro de 1916, já há referência, no direito privado brasileiro, à temática do sossego. O art. 554 do referido diploma dava ao proprietário ou inquilino de um prédio o direito de impedir que o mau uso da propriedade vizinha pudesse prejudicar a segurança, o sossego e a saúde dos que o habitam. Com pequena modificação, dispõe o art. 1.277, do Código Civil Brasileiro de 2002, ao cuidar dos direitos de vizinhança, ter o proprietário ou o possuidor de um prédio o direito de fazer cessar as interferências prejudiciais à segurança, ao sossego e à saúde dos que o habitam, provocadas pela utilização de propriedade vizinha. Estabelece, também, o atual Código Civil, em seu art. 1.336, IV, ser dever do condômino dar às suas partes a mesma destinação que tem a edificação, e não as utilizar de maneira prejudicial ao sossego, salubridade e segurança dos possuidores, ou aos bons costumes.

A Lei de Condomínio e Incorporações, de 1964, por seu turno, já dispunha, em seu art. 10, III, ser defeso a qualquer condômino destinar a unidade a utilização diversa de finalidade do prédio, ou usá-la de forma nociva ou perigosa ao sossego, à salubridade e à segurança dos demais condôminos.

De fato, desde o advento do Código Beviláqua, passando pela Lei de Condomínio e Incorporações e chegando ao atual Código Civil, percebe-se já existir preocupação com o direito ao sossego, muito embora fosse ela restrita ao direito de vizinhança.

Lado outro, no contexto atual, a noção de sossego (e da sua respectiva proteção) exige releitura, na medida em que, com a intensificação das relações humanas, os consumidores estão sujeitos a serem perturbados das mais variadas formas, mormente num contexto de um capitalismo conexionista, em cujo bojo os dados pessoais acabam sendo utilizados, corriqueiramente, entre outras finalidades, para o direcionamento específico de publicidade, o que ocorre, muitas das vezes, de modo francamente indevido.

Referido direcionamento de publicidade, aos consumidores, para além de estar cada vez mais frequente, acaba sendo levado a efeito por diversos meios, tais como anúncios explícitos (veiculados em redes sociais ou durante a navegação pela Internet), mensagens de correio eletrônico, mensagens de SMS ("short message service"), ou, até mesmo, pela via das indesejadas ligações de "telemarketing".

Apesar de não se descurar do fato de que mensagens de correio eletrônico ou por SMS ("short message service") e anúncios explícitos, veiculados em redes sociais, ou durante a navegação pela Internet, possam acarretar violação ao sossego, o fato é que acabam por chamar especial atenção, nesse contexto, as ligações de "telemarketing".

Afirma-se isso na medida em que o atendimento a ligações telefônicas exige do consumidor, muitas vezes, atenção especial, acabando por, até mesmo, interromper atividades cotidianas, inclusive profissionais, ou por atrapalhar momentos de descanso. Esse quadro, aliás, pode, inclusive, se mostrar ainda mais grave, a depender das atividades empreendidas pelo consumidor, ou, mesmo, de situações pessoais propriamente ditas (como no caso das pessoas idosas, adoentadas, debilitadas, ou que tenham filhos pequenos).

O grau de perturbação decorrente de ligações telefônicas de "telemarketing" supera aquele em razão do direcionamento de mensagens, ou de outros anúncios em geral, os quais, muito embora possam, também, ser desagradáveis, não costumam exigir do destinatário atenção específica (ou exclusiva) nem interromper eventual descanso ou outras tarefas que estejam sendo desempenhadas.

Aliás, chamadas telefônicas de "telemarketing" têm o potencial de perturbar, até mesmo, o sono do consumidor, bem assim interromper compromissos importantes de que ele possa estar participando, tais como videochamadas, que, em muito, se intensificaram, a partir da pandemia de Covid-19, tal como noticiado pela imprensa.[1]

---

1. RIBEIRO, Denise. WELLS, Anthony. Com pandemia, demanda por videoconferências dispara em empresas brasileiras. *CNN BRASIL*. São Paulo, 15 abr. 2020. Caderno Business. Disponível em: https://www.cnnbrasil.com.br/business/2020 abr. 15/com-pandemia-demanda-por-videoconferencias-dispara-em-empresas-brasileiras. Acesso em: 11 jul. 2021.

Nesse contexto, é possível se perceber que, na atualidade, a noção de sossego vai muito além do contexto do direito de vizinhança, o que leva ao seguinte problema, que será enfrentado no presente estudo: seria a disciplina legal brasileira, no que tange ao direito (do consumidor) ao sossego, suficiente para lhe assegurar uma tutela jurídica adequada, preventiva e repressiva, no que diz respeito à publicidade abusiva, decorrente de ligações de "*telemarketing*"?

O tema central que se abordará é, portanto, a suficiência (ou não) do arcabouço jurídico brasileiro para assegurar o respeito ao sossego do consumidor, por meio da responsabilização civil dos ofensores, mediante condenação ao pagamento de indenização por danos morais.

O referencial teórico consiste na ideia do direito ao sossego como direito da personalidade, a merecer tutela jurídica adequada, defendida, em especial, no livro "Publicidade digital e proteção de dados pessoais: o Direito ao Sossego" do autor Arthur Pinheiro Basan.[2]

Os métodos de pesquisa escolhidos consistem em análise bibliográfica, com enfoque doutrinário e jurisprudencial, mediante abordagem qualitativa, extraída de pesquisa exploratória e descritiva, utilizando o método hipotético-dedutivo, haja vista tratar-se de assunto eminentemente dogmático.

Justifica-se este trabalho pelo fato de a jurisprudência brasileira ainda ser bastante vacilante no que diz respeito à efetiva responsabilização civil dos ofensores ao sossego do consumidor, mediante ligações de "*telemarketing*", pelos danos morais decorrentes dessa prática, entendendo-se, por vezes, que esse tipo de situação não desbordaria de um "mero aborrecimento".

O objetivo geral deste trabalho é analisar a disciplina legal atinente ao sossego, no contexto do Direito do Consumidor e da Responsabilidade Civil. O objetivo específico é apontar a abusividade da prática de direcionamento de ligações reiteradas de "telemarketing", buscando propor soluções para que haja prevenção (e repressão) de sua ocorrência/reiteração, fazendo-se, sobretudo, um apelo à jurisprudência e ao legislador.

Para tanto, serão destinados tópicos ao direito ao sossego, como direito da personalidade, a merecer devida proteção, mediante responsabilização civil do eventual ofensor; ao entendimento jurisprudencial vacilante em torno do tema; aos projetos de lei que enfrentam a dita temática; e, para encerrar, às considerações finais do trabalho.

2. O DIREITO AO SOSSEGO COMO DIREITO DA PERSONALIDADE, A MERECER DEVIDA PROTEÇÃO, MEDIANTE RESPONSABILIZAÇÃO CIVIL DO EVENTUAL OFENSOR

Como já adiantado, não há legislação expressa, no Brasil, agasalhando o direito ao sossego como direito da personalidade. Nada obstante, esse fator não é empecilho

---

2. BASAN, Arthur Pinheiro. *Publicidade digital e proteção de dados pessoais*: o direito ao sossego. Indaiatuba: Foco, 2021.

e conhecê-lo como tal, na medida em que a doutrina civilista é uníssona em considerar que os direitos da personalidade são ilimitados, até porque seu rol tem natureza meramente exemplificativa.

Em decorrência disso, para se qualificar determinado direito como sendo (ou não) um direito da personalidade, essencial se revela a análise dos atributos de que ele se reveste, sendo certo que eventual dispositivo que o afirme, categoricamente, como detentor dessa estatura, haverá de possuir natureza eminentemente declaratória (e, não, constitutiva).

Os direitos da personalidade, para além de possuírem natureza existencial, não podem ser destacados da pessoa de seu titular e derivam, sobretudo, da própria noção de dignidade humana. No ponto, segundo a lição de Bruno Torquato de Oliveira Naves e Maria de Fátima Freire de Sá, "Direitos da personalidade são aqueles que têm por objeto os diversos aspectos da pessoa humana, caracterizando-a em sua individualidade e servindo de base para o exercício de uma vida digna".[3]

Apesar de poderem ter reflexos patrimoniais (como ocorre, entre outras situações, no caso de indenização por danos morais), os direitos da personalidade são qualificados, majoritariamente, como direitos subjetivos de natureza existencial. Não se pode descurar, de outro lado, da advertência de Bruno Torquato de Oliveira Naves, para quem "Não se pode, nem mesmo, afirmar que os 'direitos' de personalidade são sempre direitos subjetivos. Podem sê-lo, mas também podem ocupar outras situações jurídicas".[4] Complementa, ainda, o referido autor:

> Dentro dessas "situações jurídicas da personalidade", os dados genéticos podem apresentar-se como direito subjetivo, dever jurídico, faculdade, direito potestativo, sujeição, ônus e poder. Será o caso conformado pelo Direito, porém não só pelo Direito dos enunciados normativos do positivismo, mas pelo Direito construído argumentativamente, tendo em vista tais enunciados normativos.[5]

Rosa Maria de Andrade Nery e Nelson Nery Junior pontuam, outrossim, o seguinte:

> A troca da expressão – direito subjetivo por situação jurídica – aguça o sentido da finalidade lógica de nossa análise: o enfoque da fenomenologia do Direito passa a poder desprezar, algumas vezes, o conteúdo das relações intersubjetivas (relacionais), como o mote constante e necessário para a apreensão da ideia de existência de causa do fenômeno jurídico, e a privilegiar categoria jurídica que parte de outro critério que não o dos vínculos meramente relacionais: uma categoria mais abrangente e genérica, da qual os direitos subjetivos são, apenas, um dos aspectos.[6]

---

3. NAVES, Bruno Torquato de Oliveira. SÁ, Maria de Fátima Freire de. *Direitos da personalidade*. Belo Horizonte: Arraes, 2017. p. 18.
4. NAVES, Bruno Torquato de Oliveira. *Direitos de personalidade e dados genéticos*. Belo Horizonte: Escola Superior Dom Helder Câmara, 2010. p. 147.
5. NAVES, Bruno Torquato de Oliveira. *Direitos de personalidade e dados genéticos*. Belo Horizonte: Escola Superior Dom Helder Câmara, 2010. p. 48.
6. NERY, Rosa Maria de Andrade. NERY JUNIOR, Nelson. *Instituições de Direito Civil. Direitos da Personalidade*. São Paulo: Ed. RT, 2017. v. VII.p. 15.

O direito ao sossego se apresenta, exatamente, como corolário da própria noção de dignidade humana (art. 1º, III, da CRFB/1988) e de privacidade (art. 5º, X, da CRFB/1988; art. 21 do Código Civil; art. 17 da LGPD), na medida em que, para o desenvolvimento da personalidade humana, afigura-se preponderante o respeito aos seus momentos de descanso (entendendo-se descanso, aqui, no mais amplo sentido possível).

Tanto se reconhece a importância do respeito ao sossego que a Agência Nacional de Telecomunicações – ANATEL – fixou, em junho de 2019, prazo máximo de 30 (trinta) dias para que fosse criado um sistema para que não mais fossem direcionadas ligações de "telemarketing" a quem a ele aderisse. Vejamos, no ponto, a informação trazida por Arthur Ribeiro Basan:

> Indo nesta mesma direção, isto é indicando a necessidade de garantir o sossego das pessoas expostas às práticas de mercado, a ANATEL fixou no início do mês de junho de 2019 o prazo máximo de 30 (trinta) dias para que as empresas de telefonia criassem uma lista nacional e única de consumidores que não querem receber chamadas de *telemarketing* visando o oferecimento de serviços de telefonia, TV por assinatura e internet. Essa lista ficou popularmente conhecida como "lista de não perturbe". Aliás, após a implantação desta lista, os bancos que trabalham com o crédito consignado buscaram participação no site mencionado, para permitir que os consumidores promovam também o bloqueio de ligações indesejadas relacionadas à oferta de Empréstimo Consignado e Cartão de Crédito Consignado.[7]

No contexto, aliás, de um capitalismo conexionista, em que as pessoas se veem, cada vez mais, e de forma constante, interconectadas, os momentos de sossego se revelam ainda mais importantes. Segundo Maria Zanata Thibes:[8]

> Desse modo, o direito de privacidade emerge com um sentido adicional em relação à ideia de propriedade simples, e que reside, fundamentalmente, no fato de que suas prerrogativas "não emergem do contrato ou de confiança especial, mas são direitos contra o mundo" (grifo meu). A partir deles, reconhece-se a existência de uma esfera que é propriedade do indivíduo, mas cujo sentido principal é o de estar em oposição ao mundo, e que, portanto, deve ser "deixada em paz".

> Vemos, portanto, que a privacidade emerge com dois sentidos fundamentais: como a propriedade tradicional do indivíduo sobre a casa e *a personalidade, e como esfera de existência contra o mundo.* A insistência dos autores em mostrar a diferença entre ambos e estabelecer o último como a singularidade da privacidade mostra claramente que a casa já não era mais entendida como simples propriedade e que sua existência agora adquiria um novo sentido, separado da esfera da reproduçao material e do espaço público em geral.

> (grifos e negritos nossos)

Em verdade, como corolário da noção de privacidade e de dignidade da pessoa humana, acaba por se destacar, em específico, a situação jurídica do direito ao

---

7. BASAN, Arthur Pinheiro. *Publicidade digital e proteção de dados pessoais:* o direito ao sossego. Indaiatuba: Foco, 2021. p. 198.
8. THIBES, Mariana Zanata. *A vida privada na mira do sistema:* a Internet e a obsolescência da privacidade no capitalismo conexionista. 2014. 190f. Tese (Doutorado) – Faculdade de Filosofia, Letras e Ciências Humanas, Universidade de São Paulo, São Paulo, 2014. p. 80.

sossego, a exigir atenção especial, diante das constantes violações a ele impingidas. Importante, nesse contexto, a lição de Arthur Pinheiro Basan:

> As reflexões expostas revelam, portanto, que o direito ao sossego, inerente à ideia de a pessoa não ser importunada pelas publicidades virtuais de consumo, é uma necessidade social contemporânea, própria da Sociedade da Informação, exigindo do Direito, portanto, uma resposta capaz de tutelar as pessoas. Esse direito deve ser instrumentalizado a partir da responsabilidade civil, tendo em vista que é este um dos instrumentos jurídicos aptos a garantir a tutela dos direitos fundamentais frente às relações entre pessoas privadas, impondo limites e obrigações. É exatamente por isso que é possível afirmar que o direito ao sossego enquadra-se como uma releitura do "direito a ser deixado em paz", atrelado ou clássico direito de privacidade, agora, contextualizado às publicidades virtuais.[9]

Aliás, importante destacar que a falta de disciplina específica destinada ao assunto do direito ao sossego não deveria servir, de modo algum, a justificar o atual contexto fático de desproteção. Nesse sentido, vale recobrar a advertência de Miguel Reale, na sua "Visão Geral do Projeto de Código Civil", para quem não seria possível deixar de reconhecer, em nossos dias, a participação de valores éticos no ordenamento jurídico, com compatibilização às conquistas da técnica jurídica, no que se optou, muitas vezes, no referido diploma, por normas genéricas ou cláusulas gerais, "a fim de possibilitar a criação de modelos jurídicos hermenêuticos, quer pelos advogados, quer pelos juízes, para contínua atualização dos preceitos legais".[10]

Trata-se de técnica, certamente, que prima por uma maior possibilidade, dada ao juízo, de interpretar as normas legais, evitando, de outro lado, o engessamento da norma. Lado outro, pode implicar proteção insuficiente de determinados bens jurídicos, na medida em que, por vezes, a falta de disciplina específica pode dar ao julgador a impressão (equivocada, diga-se de passagem) de inexistir o direito em discussão.

Assim, a análise dos caracteres do direito ao sossego, aliada ao raciocínio segundo o qual referido direito é corolário da privacidade e do primado da dignidade da pessoa humana, não deixa dúvida, mesmo à míngua de disposição legal expressa, da sua qualificação como direito da personalidade.

Feita essa constatação, talvez fosse bastante, de fato, a nosso juízo, que se lançasse mão do raciocínio acima empreendido, associado à cláusula geral de tutela dos direitos da personalidade, constante do art. 12, do Código Civil, segundo o qual "Pode-se exigir que cesse a **ameaça**, **ou a lesão**, a direito da personalidade, e **reclamar perdas e danos**, **sem prejuízo de outras sanções previstas em lei**" (grifos e negritos

---

9. BASAN, Arthur Pinheiro. *Publicidade digital e proteção de dados pessoais: o direito ao sossego*. Indaiatuba: Foco, 2021. p. 190.
10. REALE, Miguel. Visão geral do novo Código Civil. In: GAMA, Décio Xavier. *Revista da Emerj. Emerj debate o Novo Código Civil*. Rio de Janeiro: Escola da Magistratura, 2003. Disponível em: https://www.emerj.tjrj. jus.br/revistaemerj_online/edicoes/anais_onovocodigocivil/anais_especial_1/Anais_Parte_I_revistaemerj. pdf. Acesso em: 19 jun. 2020. p. 40.

nossos), como ponto de partida para uma devida responsabilização civil do ofensor ao direito ao sossego do consumidor.

No ponto, aliás, Arthur Pinheiro Basan assinala, de forma didática, que "(...) como forma de instrumentalizar essa tutela do sossego, na medida de não ser importunado por publicidades, será necessário destacar a importância da responsabilidade civil, em especial amparada pelas novas disposições legais que orientam o uso de dados pessoais".[11] E, como é cediço, existem ferramentas suficientes, dentro do arcabouço normativo da responsabilidade civil, para que se imponha ao ofensor o pagamento de indenização (no caso, em razão dos danos morais decorrentes da violação ao sossego, que, como visto, tem natureza de direito da personalidade).

Apesar de o conceito de dano moral ainda ser objeto de alguma polêmica, a melhor doutrina se encaminha para reconhecer que ele representa, em verdade, exatamente, um dano a um direito da personalidade, dentre os quais se incluem, até mesmo, o sossego, tal qual demonstrado neste trabalho. No ponto, vale o recurso à doutrina de Sérgio Cavalieri Filho:

> Temos sustentado que após a Constituição de 1988 todos os conceitos tradicionais de dano moral tiveram que ser revistos. Assim é porque a citada Carta, na trilha das demais Constituições elaboradas após a eclosão da chamada *questão social*, colocou o *homem, a pessoa humana* no vértice do ordenamento jurídico da Nação, fez dela a primeira e decisiva realidade, transformando os seus direitos no fio condutor de todos os ramos jurídicos. Com efeito, a par dos direitos patrimoniais, que se traduzem em uma expressão econômica, a pessoa humana é ainda titular de relações jurídicas que, embora despidas de expressão pecuniária intrínseca, representam para o seu titular um valor maior, por serem atinentes à própria natureza humana. São os *direitos da personalidade*, que ocupam posição supraestatal, dos quais são titulares todos os seres humanos a partir do nascimento com vida (Código Civil, arts. 1º e 2º). São direitos inatos, reconhecidos pela ordem jurídica e não outorgados, atributos inerentes à personalidade, tais como o direito à vida, à liberdade, à saúde, à honra, ao nome, à imagem, à intimidade, à privacidade, enfim, à própria dignidade da pessoa humana.[12]

E, se o sossego, tal como visto, tem natureza de direito da personalidade, a imperativa consequência lógica é no sentido de que a violação a ele imposta há de ensejar a devida reparação nos termos do art. 927, do Código Civil, segundo o qual "Aquele que, por ato ilícito (arts. 186 e 187), causar dano a outrem, fica obrigado a repará-lo". Para além disso, o art. 6º, VI, do Código de Proteção e Defesa do Consumidor, estabelece ser direito básico do consumidor "a efetiva prevenção e reparação de danos patrimoniais e morais, individuais, coletivos e difusos".

Não obstante, mesmo se afigurando claro que o direito ao sossego tenha natureza jurídica de direito da personalidade (merecendo, via de consequência, a correspondente proteção), a jurisprudência ainda se mostra bastante vacilante, ora reconhecendo as abusivas ligações de "*telemarketing*" como configuradoras de dano

---

11. BASAN, Arthur Pinheiro. *Publicidade digital e proteção de dados pessoais*: o direito ao sossego. Indaiatuba: Foco, 2021. p. 134.
12. CAVALIERI FILHO, Sérgio. *Programa de responsabilidade civil*. 14. ed. São Paulo: Atlas, 2020. p. 101.

moral indenizável, ora as reputando como um mero aborrecimento, conforme se verá a seguir.

3. ENTENDIMENTO JURISPRUDENCIAL VACILANTE: A VIOLAÇÃO AO SOSSEGO CARACTERIZA DANO MORAL INDENIZÁVEL OU IMPLICA UM MERO ABORRECIMENTO?

Se, até mesmo em casos que envolvam disciplina legal minudente, ocorre cenário de insegurança jurídica, a probabilidade de sua verificação em situações de maior abstração normativa se revela ainda maior.

O arcabouço jurídico-normativo da responsabilidade civil não afirma, de modo expresso, que ligações indevidas de *"telemarketing"* caracterizem dano moral indenizável. No ponto, o que existe, basicamente, é o regramento geral, segundo o qual, nos termos do art. 927, do Código Civil, "Aquele que, por ato ilícito (arts. 186 e 187), causar dano a outrem, fica obrigado a repará-lo", bem como a já lembrada cláusula geral de tutela dos direitos da personalidade, constante do art. 12, do Código Civil, e a referência do art. 6º, VI, do Código de Proteção e Defesa do Consumidor, segundo a qual é direito básico do consumidor "a efetiva prevenção e reparação de danos patrimoniais e morais, individuais, coletivos e difusos".

Não há jurisprudência consolidada no sentido da configuração (ou não) de dano moral indenizável em casos tais. Se, em alguns julgados, reconhece-se que a violação ao sossego do consumidor, em decorrência de ligações de "telemarketing", ocasiona tal sorte de dano, em outros, acaba-se entendendo pela configuração de um mero aborrecimento.

A propósito, de forma semelhante, diga-se de passagem, já houve grande resistência, anteriormente à Constituição de 1988, à reparação por danos morais, ao argumento de que inexistia princípio geral que a impusesse. No ponto, afirma Carlos Roberto Gonçalves, fazendo referência ao que dispõe o art. 5º, incisos V e X, da CRFB/1988, que "Caio Mário da Silva Pereira observou que tais dispositivos vieram pôr uma pá de cal na resistência à reparação do dano moral, que se integra, assim, definitivamente em nosso direito, fazendo desaparecer o argumento baseado na ausência de um princípio geral".[13]

Deve-se ressaltar que a inexistência de disciplina legal expressa, atrelada à falta de jurisprudência consolidada, por mais que não devesse, a rigor, ter essa consequência, acaba por dar espaço à criação de um cenário de grave insegurança jurídica, que subordina a tentativa de satisfação da pretensão indenizatória a um típico contexto de loteria, o que se revela absolutamente indesejável, para dizer-se o mínimo.

Buscando-se analisar a situação por amostragem, foram objeto de pesquisa julgados do Tribunal de Justiça do Estado de Minas Gerais, do Tribunal de Justiça do

---

13. GONÇALVES, Carlos Roberto. *Direito Civil brasileiro*. 14. ed. São Paulo: Saraiva, 2019. v. 4. p. 418.

Estado de São Paulo, do Tribunal de Justiça do Estado do Rio de Janeiro e do Tribunal de Justiça do Estado do Rio Grande do Sul.

A Décima Sexta Câmara Cível do Tribunal de Justiça do Estado de Minas Gerais, por exemplo, entendeu, no bojo da Apelação Cível n. 1.0000.21.056134-6/001, de Relatoria do Desembargador Marcos Henrique Caldeira Brant, ser "incabível a imposição do dever de indenizar em razão de meros dissabores cotidianos, sobretudo quando não demonstrado o efetivo abalo físico ou psíquico decorrente do fato alegado".[14]

Em sentido oposto, a Décima Sétima Câmara Cível, também do Tribunal de Justiça de Minas Gerais, no julgamento da Apelação Cível n. 1.0000.20.076306-8/001, de Relatoria do Desembargador Roberto Vasconcellos, entendeu pela configuração de dano moral indenizável em razão de reiteradas e abusivas ligações de "telemarketing". Vejamos o seguinte trecho da ementa do julgado:

> A realização de reiteradas e abusivas ligações de 'telemarketing' pela Operadora de Telefonia ao seu cliente, com a oferta insistente de produtos e serviços, em horário não comercial, domingos e feriados, mesmo depois de o consumidor haver manifestado o seu expresso descontentamento e requerido a cessação dos telefonemas, denota conduta ilegal que atenta contra o Sistema de Proteção ao Consumidor e materializa prática abusiva e deflagradora de dano moral.[15]

A apontada vacilância da jurisprudência não é exclusividade do Tribunal Mineiro. No Tribunal de Justiça do Estado de São Paulo, outrossim, não é difícil encontrar julgados tanto no sentido de que ligações abusivas de *"telemarketing"* não acarretam dano moral,[16] como, também, no sentido da configuração de dano extrapatrimonial indenizável.[17]

---

14. TJMG – Apelação Cível 1.0000.21.056134-6/001, rel. Des. Marcos Henrique Caldeira Brant, 16ª Câmara Cível, julgamento em 26 maio 2021, publicação da súmula em 28 maio 2021.

15. TJMG – Apelação Cível 1.0000.20.076306-8/001, rel. Des. Roberto Vasconcellos, 17ª Câmara Cível, julgamento em 17 set. 2020, publicação da súmula em 18 set. 2020.

16. No sentido de que ligações de *"telemarketing"* representam mero aborrecimento, vide:
    – TJSP, Apelação Cível 1015538-18.2020.8.26.0482 rel. José Wagner de Oliveira Melatto Peixoto; Órgão Julgador: 37ª Câmara de Direito Privado; Foro de Presidente Prudente – 2ª Vara Cível; Data do Julgamento: 11 maio 2021; Data de Registro: 11 maio 2021.
    – (TJSP, Apelação Cível 1041038-94.2018.8.26.0114, rel. Ruy Coppola; Órgão Julgador: 32ª Câmara de Direito Privado; Foro de Campinas – 4ª Vara Cível; Data do Julgamento: 30 ago. 2019; Data de Registro: 30 ago. 2019)
    – (TJSP, Apelação Cível 1005429-85.2019.8.26.0576, rel. Décio Rodrigues; Órgão Julgador: 21ª Câmara de Direito Privado; Foro de São José do Rio Preto – 4ª Vara Cível; Data do Julgamento: 22 ago. 2019; Data de Registro: 22 ago. 2019)

17. No sentido de que ligações de *"telemarketing"* ensejam dano moral indenizável, vide:
    – TJSP, Apelação Cível 1003394-25.2018.8.26.0565, rel. Jayme de Oliveira; Órgão Julgador: 29ª Câmara de Direito Privado; Foro de São Caetano do Sul – 1ª Vara Cível; Data do Julgamento: 30 abr. 2021; Data de Registro: 30 abr. 2021;
    – TJSP, Apelação Cível 1007565-38.2018.8.26.0302, rel. Denise Andréa Martins Retamero; Órgão Julgador: 24ª Câmara de Direito Privado; Foro de Jaú – 3ª Vara Cível; Data do Julgamento: 19 nov. 2020; Data de Registro: 19 nov. 2020.
    – TJSP, Apelação Cível 1015122-38.2019.8.26.0562, rel. Melo Bueno; Órgão Julgador: 35ª Câmara de Direito Privado; Foro de Santos – 12ª Vara Cível; Data do Julgamento: 21 out. 2020; Data de Registro: 21 out. 2020;

No âmbito do Tribunal de Justiça do Rio de Janeiro, identificou-se julgado em cujo bojo se entendeu, no ano de 2019, que o comportamento dos prepostos da Ré nas ligações de "telemarketing" seria abusivo e ultrapassaria o mero aborrecimento, caracterizando, pois, dano moral indenizável.[18]

Foram identificadas, também, várias decisões, de Turmas Recursais do Tribunal de Justiça do Estado do Rio Grande do Sul, no sentido da não configuração de dano moral.[19] Nesse sentido, também se pronunciou a Décima Segunda Câmara Cível do Tribunal de Justiça do Estado do Rio Grande do Sul.[20]

Como se pode perceber, o cenário ainda é de uma jurisprudência bastante vacilante, o que, para além de gerar a indesejada figura da insegurança jurídica, acaba, também, na prática, relegando o direito do consumidor ao sossego a uma situação de franca desproteção.

Em situação semelhante à que se verificou, no passado, em torno do dano moral (cujo reconhecimento, antes da explícita previsão constante do art. 5º, V e X, ambos da CRFB/1988, era objeto de franca oposição por parte de alguns juízos), verifica-se, hoje, resistir a jurisprudência em reconhecer que o direcionamento abusivo de ligações de "telemarketing" possa, sim, representar dano moral indenizável.

E, no ponto, parece claro que, enquanto não se verificar, no âmbito jurisprudencial, a efetiva aplicação dos institutos da responsabilidade civil, os fornecedores de produtos e serviços se verão cada vez mais estimulados a violar o sossego alheio, na medida em que o custo da referida prática se lhes afigura vantajoso. Lado outro, avolumando-se condenações ao pagamento de indenização por danos morais, em decorrência de ligações abusivas de "telemarketing", a tendência lógica é de que os fornecedores de produtos e serviços revejam suas práticas, de modo a optar por meios de publicidade que se revelem menos agressivos.

– TJSP, Apelação Cível 1025228-79.2018.8.26.0114, rel. Ruy Coppola; Órgão Julgador: 32ª Câmara de Direito Privado; Foro de Campinas – 7ª Vara Cível; Data do Julgamento: 05 jun. 2019; Data de Registro: 05 jun. 2019.

18. APELAÇÃO n. 0108950-10.2014.8.19.0002. Des. CLAUDIO BRANDÃO DE OLIVEIRA – Julgamento: 22 maio 2019 – 7ª Câmara Cível.

19. Vide:
– Recurso Cível n. 71009717380, 2ª Turma Recursal Cível, Turmas Recursais, Relator: Roberto Behrensdorf Gomes da Silva, Julgado em: 25 nov. 2020;
– Recurso Cível 71009690785, 3ª Turma Recursal Cível, Turmas Recursais, rel. Luís Francisco Franco, Julgado em: 29 out. 2020;
– Recurso Cível 71009306234, 2ª Turma Recursal Cível, Turmas Recursais, rel. Elaine Maria Canto da Fonseca, Julgado em: 30 set. 2020;
– Recurso Cível 71009290412, 4ª Turma Recursal Cível, Turmas Recursais, rel. Oyama Assis Brasil de Moraes, Julgado em: 15 maio 2020;
– Recurso Cível 71008916934, 3ª Turma Recursal Cível, Turmas Recursais, rel. Luís Francisco Franco, Julgado em: 26 set. 2019.

20. Apelação Cível, 70071664700, 12ª Câmara Cível, Tribunal de Justiça do RS, rel. Ana Lúcia Carvalho Pinto Vieira Rebout, julgado em: 18 abr. 2017).

Deve-se destacar, no ponto, de forma análoga, que não são poucos os casos em que o Superior Tribunal de Justiça, em especial, teve importante papel na temática da responsabilidade civil, ao reconhecer, por exemplo, figuras não expressas na legislação, dentre as quais a responsabilidade civil pela perda de uma chance ou pelo lucro da intervenção. Andaria bem o Superior Tribunal de Justiça ao reconhecer a existência de dano moral indenizável em razão da violação do sossego em decorrência de ligações abusivas de "*telemarketing*". Contudo, não foi localizada, até a presente data, decisão do Tribunal da Cidadania, quer num sentido, quer noutro.

Desse modo, embora desnecessária, do ponto de vista técnico, seria salutar, numa perspectiva pragmática, que sobreviesse modificação legislativa a deixar claro que a violação ao sossego do consumidor, mediante ligações de "telemarketing", é ensejadora, sim, de dano moral indenizável.

Vejamos, então, alguns dos projetos de lei que enfrentam o tema.

4. PROJETOS DE LEI QUE ENFRENTAM O TEMA

Estão em tramitação, hoje, no Congresso Nacional, alguns projetos de lei, que versam, ainda que parcialmente, ou, mesmo, por via reflexa, sobre o assunto de que trata o presente estudo. Alguns o fazem de forma mais tímida, ao passo em que outros possuem disposições mais minudentes.

O Projeto de Lei 3.514/2015, da Câmara dos Deputados, pretende incluir, no Código de Proteção e Defesa do Consumidor, o art. 45-F, § 3º, segundo o qual "O fornecedor deve cessar imediatamente o envio de ofertas e comunicações eletrônicas ou de dados a consumidor que manifeste recursa a recebê-las".[21] Pretende incluir, ainda, também no Código de Proteção e Defesa do Consumidor, o art. 60-A, *verbis*:

> **Art. 60-A**. O descumprimento reiterado dos deveres do fornecedor previstos nesta Lei ensejará a aplicação, pelo Poder Judiciário, de **multa civil** em valor adequado à gravidade da conduta e suficiente para inibir novas violações, sem prejuízo das sanções penais e administrativas cabíveis e da indenização por **perdas e danos**, patrimoniais **e morais**, ocasionados aos consumidores.[22]
>
> (grifo e negrito nosso).

A previsão de multa civil é salutar e parece inspirada na sistemática dos "punitive damages", típicos do direito norte-americano. No ponto, apesar de a iniciativa nos parecer louvável, vale lembrar que já houve tentativa de positivação do referido instituto, no âmbito do Direito Consumerista, a qual restou, todavia, frustrada, na medida em que a figura da multa civil, prevista no texto original (e aprovado), do

---

21. BRASIL. Câmara dos Deputados. *Projeto de Lei 3.514/2015*. Disponível em: https://www.camara.leg.br/proposicoesWeb/prop_mostrarintegra?codteor=1408274. Acesso em: 11 jul. 2021.
22. BRASIL. Câmara dos Deputados. *Projeto de Lei 3.514/2015*. Disponível em: https://www.camara.leg.br/proposicoesWeb/prop_mostrarintegra?codteor=1408274. Acesso em: 11 jul. 2021.

Código de Proteção e Defesa do Consumidor, foi objeto de veto pelo então Presidente da República.[23]

Quanto à parte final do dispositivo, sua redação é digna de aplausos, na medida em que deixa clara a possibilidade de as ligações de *"telemarketing"*, na hipótese ali disposta, ensejarem dano moral indenizável. Essa previsão tem o mérito de chamar a atenção, até mesmo do Poder Judiciário, para a gravidade da situação e para a consequência jurídica da violação ao sossego do consumidor, afastando a narrativa segundo a qual representaria um mero aborrecimento.

De forma mais específica, dois outros projetos de lei objetivam inibir a realização de ações invasivas de *"telemarketing"*: o Projeto de Lei 3.314/2019 e o Projeto de Lei 3.476/2019, ambos do Senado Federal.

O Projeto de Lei n. 3.314/2019, do Senado Federal, pretende incluir o inciso XV, ao atual art. 39, do Código de Proteção e Defesa do Consumidor, reconhecendo como prática abusiva (e, portanto, vedada):

> XV – promover, por meio telefônico, em mensagens de áudio, vídeo ou texto, *marketing* invasivo para a oferta de produtos ou serviços ao consumidor cujo nome esteja inscrito em cadastro de bloqueio de recebimento de ligações telefônicas ou de mensagens de dados originadas de serviços de *telemarketing*.[24]

Vale mencionar que, na justificação do referido Projeto de Lei, consta o seguinte:

> O problema do telemarketing invasivo não aflige somente o Brasil. Na União Europeia, ainda que o telemarketing invasivo não seja uma prática tão comum como no Brasil, os consumidores têm a sua disposição ferramentas evitarem essa prática agressiva, especialmente, aquela que vem pela linha do telefone.
>
> (...)
>
> No caso da Espanha, por exemplo, empresas de telecomunicação precisam, por lei, explicar, em cada contato, de onde retiraram as informações pessoais do cliente. Há, também, lista criada pelas próprias empresas como tentativa de autorregulação e de oferta de elemento a mais de qualidade. A entidade reguladora, na Espanha, é a Agência de Proteção de Dados, que aceita denúncias via Internet. O setor campeão de reclamações, como no Brasil, é o da telecomunicação.[25]

O Projeto de Lei 3.476/2019, também do Senado Federal, por seu turno, pretende incluir, ao Código de Proteção e Defesa do Consumidor, o art. 31-A, nos seguintes termos:

---

23. BRASIL. Presidência da República. *Mensagem 664, de 11 de setembro de 1990*. Disponível em: http://www.planalto.gov.br/ccivil_03/leis/Mensagem_Veto/anterior_98/vep664-L8078-90.htm. Acesso em: 11 jul. 2021.
24. BRASIL. Senado Federal. *Projeto de Lei 3.314/2019*. Disponível em: https://legis.senado.leg.br/sdleg-getter/documento?dm=7962004&ts=1624912207458&disposition=inline. Acesso em: 11 jul. 2021.
25. BRASIL. Senado Federal. *Projeto de Lei 3.476/2019*. Disponível em: https://legis.senado.leg.br/sdleg-getter/documento?dm=7962004&ts=1624912207458&disposition=inline. Acesso em: 11 jul. 2021.

RESPONSABILIDADE CIVIL PELA PUBLICIDADE ABUSIVA DECORRENTE DE LIGAÇÕES DE "TELEMARKETING" | 615

Art. 31-A. Ao fornecedor é vedado promover a oferta de produto ou serviço, por ligação telefônica ou por mensagem eletrônica, de voz, texto ou vídeo, ao consumidor que esteja inscrito em cadastro de bloqueio de oferta.

§1° Nos Estados ou Municípios em que não houver cadastro de bloqueio a que se refere o caput deste artigo, caberá ao próprio fornecedor de bens ou de serviços criar e manter um cadastro de bloqueio com esse propósito.

§2° No caso de consumidor não inscrito em cadastro de bloqueio, o fornecedor somente poderá realizar ligação telefônica ou enviar mensagem de voz, texto ou áudio nos dias úteis, entre os horários de 10h00min e 18h00min.

§3° O descumprimento pelo fornecedor das normas previstas neste artigo sujeita-o às sanções de natureza cível, penal e administrativa previstas neste Código.

Trata-se de disposição igualmente elogiável, na medida em que faz constar, expressamente, da legislação positiva, o direito do consumidor de ter seu nome cadastrado em sistema de bloqueio de oferta, bem como disciplina que, mesmo que não esteja ele inscrito na dita ferramenta, somente podem ocorrer ligações em dias úteis e entre os horários de 10h e 18h, de modo a resguardar, de modo mais efetivo, seu direito ao sossego.

Vale lembrar, no ponto, que, segundo Vicente Ráo:

Quanto o direito ultrapassa os limites de sua conceituação filosófica, ou científica, concretizando-se em normas ou regras positivas destinadas a realizá-lo, então adquire força coercitiva.

Concebido por esse modo, é seu elemento constitutivo a proteção-coerção que o poder público lhe confere, a significar que a toda proteção jurídica uma intervenção eventual da força corresponde, para se manter a ordem social efetiva, mediante o respeito das faculdades atribuídas às pessoas e a obrigatoriedade dos respectivos deveres.

Sem esse elemento, a vida do direito pereceria e, com ela, a própria sociedade, destruídas, ambas, pela violência, pelo arbítrio do mais forte sobre o mais fraco.

A proteção-coerção é elemento essencial do direito objetivo, tanto assim que as normas jurídicas positivas se distinguem das normas espirituais, ou morais, principalmente por seu caráter coercitivo.

Representa a proteção-coerção, portanto, a possibilidade do poder público intervir, com a força, em defesa do direito ameaçado, ou violado, a fim de manter, efetivamente, a vida em comum, na sociedade.[26]

Daí, realmente, a importância de os Projetos de Lei em questão avançarem, e terem seus textos harmonizados e aprovados, de modo a ficar clara, no ordenamento jurídico pátrio, a existência de efetivas ferramentas de coerção em havendo violação do direito do consumidor ao sossego quando submetido a ligações abusivas de "*telemarketing*". Do contrário, far-se-iam presentes, apenas, disposições simbólicas, sem o condão de sensibilizar os fornecedores de produtos e serviços a modificarem seu modo de agir, até porque, segundo a acima transcrita lição de Vicente Ráo, a proteção-coerção é elemento essencial do direito positivo.

---

26. RÁO, Vicente. *O direito e a vida dos direitos*. 7. ed. São Paulo: Ed. RT, 2013. p. 63-64.

Por fim, vale destacar que o Projeto de Lei n. 3.515/2015, da Câmara dos Deputados, pretendia incluir, no texto do Código de Proteção e Defesa do Consumidor, o art. 54-C, IV, segundo o qual:

> Art. 54-C. É vedado, expressa ou implicitamente, na oferta de crédito ao consumidor, publicitária ou não: (...) IV – assediar ou pressionar o consumidor para contratar o fornecimento de produto, serviço ou crédito, inclusive a distância, por meio eletrônico ou por telefone, principalmente se se tratar de consumidor idoso, analfabeto, doente ou em estado de vulnerabilidade agravada ou se a contratação envolver prêmio.[27]

Referido Projeto de Lei acabou transformado na recentíssima Lei Federal n. 14.181/2021, publicada em 02/07/2021, que trouxe significativas mudanças ao Código de Proteção e Defesa do Consumidor. Contudo, o referido inciso IV acabou sendo aprovado com redação bastante diferente da inicialmente cunhada, deixando de fazer menção expressa aos meios à distância, eletrônico ou por telefone ("*telemarketing*"). Vejamos a redação que restou aprovada, promulgada e publicada:

> Art. 54-C. É vedado, expressa ou implicitamente, na oferta de crédito ao consumidor, publicitária ou não: (Incluído pela Lei nº 14.181, de 2021)
>
> IV – assediar ou pressionar o consumidor para contratar o fornecimento de produto, serviço ou crédito, principalmente se se tratar de consumidor idoso, analfabeto, doente ou em estado de vulnerabilidade agravada ou se a contratação envolver prêmio; (Incluído pela Lei 14.181, de 2021)

No ponto, ainda que se tratasse de dispositivo destinado a regular a temática do crédito ao consumidor, perdeu-se boa oportunidade para que houvesse referência explícita à proibição de assédio de consumo via ligações telefônicas de "telemarketing". Lado outro, a falta de referência não implica, por óbvio, ter sido o assédio de consumo, mediante ligações de "telemarketing", tornado legítimo.

5. CONSIDERAÇÕES FINAIS

Por meio do presente trabalho, foi possível demonstrar a abusividade da prática de direcionamento de ligações reiteradas de "*telemarketing*", violadoras que se revelam ao direito do consumidor ao sossego, cuja natureza jurídica é de direito da personalidade.

A rigor, portanto, a atual disciplina legal brasileira já haveria de ser suficiente para que se entendesse, de modo uniforme, ser devido o pagamento de indenização por danos morais em se verificando violação ao sossego do consumidor em decorrência da prática acima apontada, até porque, como visto, o direito ao sossego tem iniludível natureza de direito da personalidade, cuja violação implica a ocorrência de dano moral indenizável.

Lado outro, a esse respeito, a jurisprudência pátria ainda se revela deveras vacilante, o que tem implicado proteção deficitária do direito do consumidor ao sos-

---

27. BRASIL. Câmara dos Deputados. *Projeto de Lei 3.515/2015*. Disponível em: https://www.camara.leg.br/proposicoesWeb/prop_mostrarintegra?codteor=1408277&filename=PL+3515/2015. Acesso em: 11 jul. 2021.

sego, acabando por fomentar, por via reflexa, o direcionamento abusivo de ligações de "telemarketing", até porque a proteção-coerção é elemento essencial do direito positivo, sem o qual acaba por se tornar mera recomendação.

Nesse diapasão, dado o comportamento vacilante da jurisprudência, acaba por se mostrar recomendável que sejam empreendidas alterações legislativas, de modo a que fique ainda mais clara a estatura do direito do consumidor ao sossego, que é de direito da personalidade, bem como a consequência jurídica da violação a ele impingida, que é, certamente, a ocorrência de dano moral indenizável.

A despeito de se considerar suficiente, do ponto de vista técnico, a normativa legal existente, conclui-se, de outro lado, do ponto de vista pragmático, pela insuficiência do regramento brasileiro sobre o tema, sobretudo diante da vacilância que se vem verificando, na jurisprudência, no que diz respeito à existência de dano extrapatrimonial indenizável em decorrência da violação ao sossego, situação lhe tem imposto proteção claramente deficitária (quiçá inexistente).

A solução proposta (de cunho absolutamente pragmático, repita-se) é a alteração da legislação, de modo a que nela reste consignado, de forma expressa, que a violação ao sossego do consumidor, pela via de ligações de "telemarketing", ocasiona dano moral indenizável.

A partir dessa previsão, espera-se que se intensifiquem as condenações dos violadores do direito ao sossego ao do consumidor pagamento de indenização por danos morais, o que terá, certamente, a partir da função pedagógica da indenização por danos morais, o condão de incentivar os fornecedores de produtos e serviços a reverem suas práticas publicitárias.

Entrementes, de todo modo, não se deve descurar do fato de que a jurisprudência deva ser conclamada a reconhecer a existência de dano moral indenizável em decorrência da violação do direito ao sossego, empreendida, por meio de ligações abusivas de "telemarketing". Aliás, não são poucos os casos em que o Superior Tribunal de Justiça, em especial, tem tido importante papel, ao reconhecer, por exemplo, figuras não expressas na legislação, dentre as quais a responsabilidade civil pela perda de uma chance ou pelo lucro da intervenção.

6. REFERÊNCIAS BIBLIOGRÁFICAS

AZEVEDO, Álvaro Villaça. *Teoria Geral do Direito Civil*. São Paulo: Atlas, 2012.

BASAN, Arthur Pinheiro. *Publicidade digital e proteção de dados pessoais*: o direito ao sossego. Indaiatuba: Foco, 2021.

BRASIL. Câmara dos Deputados. *Projeto de Lei 3.514/2015*. Disponível em https://www.camara.leg.br/proposicoesWeb/prop_mostrarintegra?codteor=1408274. Acesso em: 11 jul. 2021.

BRASIL. Câmara dos Deputados. *Projeto de Lei 3.515/2015*. Disponível em https://www.camara.leg.br/proposicoesWeb/prop_mostrarintegra?codteor=1408277&filename=PL+3515/2015. Acesso em: 11 jul. 2021.

BRASIL. Presidência da República. *Mensagem n. 664, de 11 de setembro de 1990*. Disponível em: http://www.planalto.gov.br/ccivil_03/leis/Mensagem_Veto/anterior_98/vep664-L8078-90.htm. Acesso em: 11 jul. 2021.

BRASIL. Senado Federal. *Projeto de Lei 3.314/2019*. Disponível em: https://legis.senado.leg.br/sdleg-getter/documento?dm=7962004&ts=1624912207458&disposition=inline. Acesso em: 11 jul. 2021.

BRASIL. Senado Federal. *Projeto de Lei 3.476/2019*. Disponível em: https://legis.senado.leg.br/sdleg-getter/documento?dm=7964693&ts=1624912293897&disposition=inline. Acesso em: 11 jul. 2021.

CAVALIERI FILHO, Sérgio. *Programa de Responsabilidade Civil*. 14. ed. São Paulo: Atlas, 2020.

COLLIER, Paul. *O Futuro do Capitalismo*: enfrentando as novas inquietações. Porto Alegre: L&PM, 2019.

GONÇALVES, Carlos Roberto. *Direito Civil Brasileiro*. 14. ed. São Paulo: Saraiva, 2019. v. 4.

MARTINS-COSTA, Judith. *A boa-fé no Direito Privado*: critérios para sua aplicação. 2. ed. São Paulo: Saraiva, 2018.

MAZZUOLI, Valério de Oliveira. Direitos Comunicativos como direitos humanos: abrangência, limites, acesso à internet e direito ao esquecimento. *Revista do Direito de Língua Portuguesa*, Lisboa, Ano III, n. 6, p. 219-240, jul.-dez. 2015.

MONTEIRO DE CASTRO, Paulo Antônio Grahl. MIGUEL, Luciano Costa. A disciplina legal do direito à privacidade no atual contexto do meio ambiente digital. In: *Revista Brasileira de Direitos e Garantias Fundamentais*, v. 6, n. 2. Disponível em: https://www.indexlaw.org/index.php/garantiasfundamentais/article/view/6983. Acesso em: 09 jul. 2021.

NAVES, Bruno Torquato de Oliveira. *Direitos de personalidade e dados genéticos*. Belo Horizonte: Escola Superior Dom Helder Câmara, 2010.

NAVES, Bruno Torquato de Oliveira. *O direito pela perspectiva da autonomia privada*. Belo Horizonte: Arraes, 2014.

NAVES, Bruno Torquato de Oliveira. SÁ, Maria de Fátima Freire de. *Direitos da Personalidade*. Belo Horizonte: Arraes, 2017.

NERY, Rosa Maria de Andrade. NERY JUNIOR, Nelson. *Instituições de Direito Civil. Direitos da personalidade*. São Paulo: Ed. RT, 2017. v. VII.

PINHEIRO, Patrícia Peck. *Proteção de dados pessoais*: comentários à Lei n. 13.709/2018 (LGPD). 2. ed. São Paulo: Saraiva Educação, 2020.

RÁO, Vicente. *O Direito e a Vida dos Direitos*. 7. ed. São Paulo: Ed. RT, 2013.

REALE, Miguel. Visão geral do novo Código Civil. In: GAMA, Décio Xavier. *Revista da Emerj. Emerj debate o Novo Código Civil*. Rio de Janeiro: Escola da Magistratura, 2003. Disponível em: https://www.emerj.tjrj.jus.br/revistaemerj_online/edicoes/anais_onovocodigocivil/anais_especial_1/Anais_Parte_I_revistaemerj.pdf. Acesso em: 19 jun. 2020.

RIBEIRO, Denise. WELLS, Anthony. Com pandemia, demanda por videoconferências dispara em empresas brasileiras. *CNN BRASIL*. São Paulo, 15 abr. 2020. Caderno Business. Disponível em: https://www.cnnbrasil.com.br/business/2020/04/15/com-pandemia-demanda-por-videoconferencias-dispara-em-empresas-brasileiras. Acesso em: 11 jul. 2021.

THIBES, Mariana Zanata. *A vida privada na mira do sistema*: a Internet e a obsolescência da privacidade no capitalismo conexionista. 2014. 190f. Tese (Doutorado) – Faculdade de Filosofia, Letras e Ciências Humanas, Universidade de São Paulo, São Paulo, 2014.

CONTORNOS DA LICITUDE DA PUBLICIDADE INFANTIL

Roberta Densa

Doutora em Direitos Difusos e Coletivos pela Pontifícia Universidade Católica de São Paulo (PUC-SP). Consultora do PNUD sobre Publicidade Infantil. Professora de Direito Civil e Direitos Difusos e Coletivos. Professora da Faculdade de Direito de São Bernardo do Campo.

Sumário: 1. A legislação brasileira sobre publicidade; 1.2 Publicidade enganosa; 1.3 Publicidade abusiva – 2. Da publicidade de bebidas alcoólicas – 3. Da publicidade de produtos fumígenos – 4. Publicidade para lactentes e produtos alimentícios para a primeira infância; 4.1 Divulgação e práticas comerciais; 4.2 Rotulagem – 5. Resolução Conanda 163/2014 – 6. O Conar e a autorregulação publicitária; 6.1 O Código Brasileiro de autorregulamentação publicitária e a publicidade de produtos infantis; 6.2 Código Brasileiro de autorregulamentação publicitária e a publicidade de produtos fumígenos e bebidas alcoólicas; 6.3 Código Brasileiro de autorregulamentação publicitária e a publicidade de alimentos – 7. Compromisso público dos fornecedores – 8. Notas finais – 9. Referências bibliográficas.

O presente texto tem como objetivo delinear os limites da publicidade infantil conforme a regulação e autorregulação brasileira, para que seja possível compreender quando a publicidade é ilícita e passa a ensejar responsabilidade civil do anunciante.

Inicia-se pelo estudo da regulamentação da publicidade no Código de Defesa do Consumidor, passando para a análise da publicidade de bebidas alcoólicas, e, posteriormente, para a Lei 11.265/2006, que trata da publicidade de produtos alimentícios voltados para a primeira infância.

A resolução Conanda também foi analisada, bem como o Código de Ética Publicitária do Conar, culminando com a análise do compromisso público dos fornecedores.

1. A LEGISLAÇÃO BRASILEIRA SOBRE PUBLICIDADE

A *publicidade* é o principal meio pelo qual os fornecedores demonstram seus produtos e tentam seduzir os consumidores para alcançarem o lucro esperado com a venda de produtos e serviços colocados no mercado. Consequentemente, preocupou-se o legislador com a regulamentação da publicidade com o fito de evitar e reprimir abusos frequentemente ocorridos nesse tipo de atividade.

Inicialmente, cabe fazer rápida distinção entre *publicidade* e *propaganda*. O termo *publicidade* expressa o ato de vulgarizar, de tornar público um fato, uma ideia, sempre com intuito comercial, de gerar lucro. A *propaganda* pode ser definida como a propagação de princípios e teorias, visando a um fim ideológico.

Então,

a publicidade seria o conjunto de técnicas de ação coletiva utilizadas no sentido de promover o lucro de uma atividade comercial, conquistando, aumentando ou mantendo clientes. Já a propaganda é definida como o conjunto de técnicas de ação individual utilizadas no sentido de promover a adesão a um dado sistema ideológico (político, social e econômico).[1]

A intenção da obtenção do lucro é o fator mais importante que diferencia a publicidade da propaganda, razão pela qual não podem os dois conceitos ser utilizados como sinônimos. Assim, por exemplo, a expressão *propaganda eleitoral* é corretamente utilizada para denotar o espaço utilizado pelos partidos políticos para a divulgação de suas ideologias.[2]

Para que a publicidade seja considerada lícita, faz-se necessária a observação dos princípios estabelecidos na lei consumerista, quais sejam:

- *Princípio da identificação da publicidade.* Com efeito, determina o art. 36 do Código de Defesa do Consumidor que "a publicidade deve ser veiculada de tal forma que o consumidor, fácil e imediatamente, a identifique como tal". O princípio da identificação aqui presente visa impelir o anunciante a fazer anúncios publicitários de modo que o consumidor identifique, de plano, que aquilo que está vendo ou ouvindo tem como objetivo convencê-lo a adquirir produto ou serviço disponível no mercado de consumo.

  Insere-se aqui a publicidade simulada, cujo caráter publicitário do anúncio é disfarçado para que o seu destinatário não perceba a intenção promocional da mensagem veiculada. É a hipótese de publicidade com roupagem de reportagem, infelizmente ainda muito comum, mas proibida pelo Código de Defesa do Consumidor.

- *Princípio da inversão do ônus da prova* (ope legis). O ônus da prova da veracidade da informação ou comunicação publicitária cabe sempre a quem a patrocina (art. 38 do CDC).

  O princípio da inversão do ônus da prova é consagrado como direito básico do consumidor (art. 6º, VIII), sendo declarada a inversão do ônus da prova pelo juiz sempre que for constatada a verossimilhança das alegações, ou quando for o consumidor hipossuficiente. No que diz respeito à veracidade da mensagem

---

1. BENJAMIN, Antonio Herman de Vasconcellos et al. *Código brasileiro de Defesa do Consumidor*: comentado pelos autores do anteprojeto. 8. ed. Rio de Janeiro: Forense Universitária, 2004. p. 308.
2. Nesse sentido, Lúcia Ancona Lopez de Magalhães Dias acrescenta: "Se, originalmente, a publicidade poderia se apresentar com uma função eminentemente informativa, isto é, sua característica era dar conhecimento aos interessados da existência de certo produto ou serviço e do local onde poderia ser adquirido –, com a evolução da sociedade de consumo e o aumento da competição entre as empresas fabricantes, a publicidade passou a representar um importante instrumento concorrencial. Tornou-se, assim, ferramenta fundamental na busca de novos clientes, o que criou uma mescla entre o caráter essencialmente informativo e os mecanismos para persuasão. Dia a dia, a publicidade passou a incorporar uma linguagem cada vez mais atrativa e dotada de apelos lógicos e emocionais, com o objetivo de convencer o consumidor a adquirir determinados produtos" (*Publicidade e direito*. 3. ed. São Paulo: Saraiva, 2018, p. 232).

CONTORNOS DA LICITUDE DA PUBLICIDADE INFANTIL **621**

publicitária, o ônus da prova é sempre do patrocinador, sem necessidade da declaração de inversão do ônus da prova pelo juiz.

Portanto, além de a responsabilidade do anunciante ser **objetiva**, este sempre terá o ônus de provar que o anúncio é verídico, facilitando a defesa do consumidor em juízo. Outrossim, a publicidade enganosa ou abusiva deve ser colacionada aos autos pelo consumidor, para que se faça a prova do **conteúdo** da publicidade, não bastando simples alegações do consumidor sobre a existência da publicidade.

• *Princípio da veracidade*. O art. 37 do Código de Defesa do Consumidor proíbe qualquer tipo de publicidade enganosa ou abusiva, o que reforça o princípio da veracidade, expresso no art. 31 do mesmo diploma legal. Assim, o fornecedor deve fazer publicidade com informações corretas, claras, precisas e ostensivas sobre o produto ou serviço anunciado, abstendo-se de utilizar da publicidade enganosa ou abusiva.

O § 1º do art. 37 define propaganda enganosa como "qualquer modalidade de informação ou comunicação de caráter publicitário, inteira ou parcialmente falsa, ou por qualquer outro modo, mesmo por omissão, capaz de induzir em erro o consumidor a respeito da natureza, características, qualidade, quantidade, propriedades, origem, preço e quaisquer outros dados sobre produtos e serviços".

A publicidade abusiva é toda "publicidade discriminatória de qualquer natureza, a que incite à violência, explore o medo ou a superstição, se aproveite da deficiência de julgamento e experiência da criança, desrespeita valores ambientais, ou que seja capaz de induzir o consumidor a se comportar de forma prejudicial ou perigosa à sua saúde ou segurança" (art. 37, § 2º).

Além disso, por força do parágrafo único do art. 36, o fornecedor tem o dever de manter em seu poder os dados fáticos, técnicos e científicos que dão sustentação à mensagem, para o fim de esclarecer a qualquer interessado sobre a veracidade e transparência da publicidade, podendo o consumidor lesado requerer indenização perante o anunciante, sendo essa a finalidade prática de tal dispositivo. O ônus de comprovar a veracidade da campanha publicitária é sempre do fornecedor.

Cumpre esclarecer que a responsabilidade do anunciante é sempre objetiva, ainda que ele alegue não ter intenção de enganar, podendo o consumidor lesado requerer indenização por perdas e danos por prejuízos experimentados em razão de anúncio falso ou abusivo. Ademais, o caráter enganoso da publicidade compreende a potencialidade lesiva e a capacidade de induzir ao erro em razão do poder de sugestão publicitária.

1.2 Publicidade enganosa

A publicidade é enganosa quando a informação nela contida leva o consumidor a erro, seja por informação falsa ou por omissão de informação essencial. Assim, a lei prevê dois tipos de publicidade enganosa: a por comissão (ou ação) e a por omissão. A publicidade enganosa por comissão ocorre por uma afirmação do anunciante inteira ou parcialmente falsa sobre produto ou serviço. As informações inverídicas levam o consumidor a erro e, consequentemente, a adquirir produtos e serviços fundamentado em informação equivocada sobre características, preço, quantidade, qualidade e outros dados sobre o bem de consumo.[3]

As expectativas geradas no consumidor são inverídicas, razão pela qual é possível que ele não adquiriria o produto ou o serviço se tivesse informações claras e precisas a seu respeito, conforme determina o Código de Defesa do Consumidor. Consequentemente, a manifestação de vontade do consumidor é viciada.

A publicidade enganosa por omissão (art. 37, § 3º) ocorre quando o anunciante deixa de informar sobre dado essencial do produto ou serviço. Discute-se o que seria "dado essencial" para a configuração da publicidade enganosa por omissão. Consideramos que a omissão relevante é aquela que, ciente dos dados sonegados, levaria o consumidor a não celebrar o contrato com o fornecedor.

1.3 Publicidade abusiva

A *publicidade abusiva* não é expressamente conceituada pelo Código de Defesa do Consumidor, ficando a cargo da doutrina e jurisprudência a definição do termo. De fato, é possível perceber conceituação clara e precisa sobre a publicidade enganosa, sendo que o mesmo não ocorre com relação à publicidade abusiva.

O art. 37, § 2º, do Código de Defesa do Consumidor trouxe rol exemplificativo dos tipos de publicidade abusiva. De acordo com o dispositivo em comento, é considerada abusiva, *dentre outras*, a publicidade "discriminatória de qualquer natureza, a que incite à violência, explore o medo ou a superstição, se aproveite da deficiência de julgamento e experiência da criança, desrespeita valores ambientais, ou que seja capaz de induzir o consumidor a se comportar de forma prejudicial ou perigosa à sua saúde ou segurança" (grifo nosso).

---

3. Ensina Bruno Miragem: "A publicidade é considerada enganosa quando há divulgação total ou parcialmente falsa, ou ainda quando há omissão de informações relevantes à compreensão pelo consumidor, das características, qualidades e utilidades do produto ou do serviço objeto do anúncio publicitário ('Artigo 37, § 3º. Para os efeitos deste Código a publicidade é enganosa por omissão quando deixar de informar sobre dado essencial do produto ou serviço'). Todavia, há de se considerar que, em termos de linguagem, e das técnicas adotadas pela publicidade, a determinação do que seja verdadeiro ou falso é de difícil verificação, uma vez que, em termos linguísticos, certa mensagem poderá ser considerada verdadeira, mas ao se ter em conta também o modo como a informação é divulgada no anúncio publicitário, poderá ser apreendido de modo diverso pelo público consumidor. Segundo ensina a doutrina, 'entende-se por dano essencial aquele que influi ou pode influir na escolha do consumidor; que se estivesse previsto na publicidade o levaria a adotar um comportamento econômico diverso'. Daí porque o legislador tenha feito referência à finalidade de induzir em erro, como elemento determinante para definição da publicidade enganosa. Ou seja, o decisivo não é a identificação de um equívoco na mensagem, senão sua tomada em conjunto, na percepção do consumidor leigo e vulnerável, como apta a promover o resultado concreto da indução em erro. Trata-se de assegurar, nesta disposição, a proteção da confiança do consumidor frente à promoção da atividade publicitária pelo fornecedor" (*Curso de direito do consumidor*. 6. ed. São Paulo: Ed. RT, 2016. p. 279-280).

Nesse sentido, destacamos que o termo *dentre outras* invoca a natureza exemplificativa do dispositivo, que enumerou diversos tipos de publicidade abusiva, sem, no entanto, conceituá-la de forma precisa.

Nessa perspectiva, diante da falta de definição exata para o termo, já afirmou Lúcia Ancona Lopez de Magalhães Dias:

> O parágrafo 2° não traz em seu texto normativo um conceito preciso de abusividade, mas, com base nas situações nele exemplificadas, pode-se definir como abusiva toda publicidade que contrarie o sistema valorativo que permeia o ordenamento jurídico da nossa sociedade, sobretudo nos mandamentos da Constituição Federal e das leis, tais como o valor da dignidade da pessoa humana (art. 1°, III da CF), da paz social, da igualdade e não discriminação (arts. 3°, IV e 5°, *caput*, da CF), de proteção à criança e ao adolescente (art. 227 da CF), dentre tantos outros de importância para o desenvolvimento de uma sociedade justa e solidária.[4]

Assim, o juiz pode, no caso concreto, identificar outras hipóteses de publicidade abusiva, levando em consideração a autorregulação, a doutrina e a jurisprudência. Pode, ainda, utilizar-se dos conceitos de abuso de direito do Código Civil e do Código de Defesa do Consumidor, a fim de aplicar o dispositivo em comento de forma adequada.

Em relação à publicidade infantil, a dificuldade da doutrina e da jurisprudência está em entender o significado e a extensão da expressão *se aproveite da deficiência de julgamento da criança*.

De fato, a norma não proíbe expressamente a publicidade voltada para crianças e adolescentes. No entanto, não há clareza na dicção legal e, por essa razão, é necessário estabelecer critérios de interpretação que estejam de acordo com o ordenamento jurídico e com a Constituição Federal.

2. DA PUBLICIDADE DE BEBIDAS ALCOÓLICAS

Além das regras estabelecidas pelo Código de Defesa do Consumidor, a publicidade de bebidas alcoólicas e produtos fumígenos está devidamente regulamentada pela Lei 9.294/1996, dando cumprimento ao § 4° do art. 220 da Constituição Federal, que determina: "A propagada comercial de tabaco, bebidas alcoólicas, agrotóxicos, medicamentos e terapias estará sujeita às restrições legais, nos termos do inciso II do parágrafo anterior, e conterá, sempre que necessário, advertência sobre os malefícios decorrentes de seu uso".

Entre as principais restrições impostas pela lei, ressaltamos as que têm por objetivo a proteção da criança e do adolescente, quais sejam:

- a publicidade de bebidas alcoólicas nas emissoras de rádio e televisão somente poderá ocorrer entre as *21 (vinte e uma) horas* e as *6 (seis) horas* (art. 4°);

---

4. DIAS, Lúcia Ancona Lopez de Magalhães. *Publicidade e direito*. 3. ed. São Paulo: Saraiva, 2018. p. 208.

- a publicidade não poderá associar o produto ao esporte olímpico ou de competição, ao desempenho saudável de qualquer atividade, à condução de veículos e a imagens ou ideias de maior êxito ou sexualidade das pessoas (art. 4°, § 1°);
- os rótulos das embalagens de bebidas alcoólicas conterão advertência nos seguintes termos: "Evite o Consumo Excessivo de Álcool" (art. 4°, § 1°);
- é vedada a utilização de trajes esportivos, relativamente a esportes olímpicos, para veicular a propaganda dos produtos (art. 6°).

Veja que a restrição quanto ao horário de veiculação da publicidade estabelecido no mencionado diploma legal guarda correlação com o horário de veiculação de programas e sua classificação indicativa conforme a Portaria 502/2021. O legislador entendeu que crianças e adolescentes não podem ser os destinatários da publicidade e restringiu o horário de sua veiculação ao horário noturno.

As demais restrições são igualmente pertinentes para crianças, adolescentes e, também, adultos. A publicidade contendo associação de bebidas alcoólicas a qualquer atividade esportiva deve ser considerada abusiva, pois, subliminarmente, quer que o consumidor acredite que o uso do álcool é saudável assim como a atividade esportiva.

A proibição do uso de "imagens ou ideias de maior êxito ou sexualidade das pessoas" na publicidade é de suma importância, especialmente para os adolescentes, que estão descobrindo sua sexualidade. Ora, a publicidade não pode fazer crer que uma dose de álcool o fará mais "desejado" e com melhora em desempenho sexual, visto que essa informação é absolutamente inverídica (e, por que não dizer, enganosa).

É preciso esclarecer que, para os fins dessa lei, devemos considerar bebidas alcoólicas somente aquelas que contêm teor alcoólico superior a *treze graus Gay Lussac*. O teor alcoólico de uma bebida é calculado com base na porcentagem de álcool puro presente nela. Uma bebida que possui teor alcoólico 12% vol., por exemplo, tem 12% de álcool em seu volume. Essa mesma medida pode ser expressa em °GL, com a mesma significação (12° GL).

A sigla é a abreviação de *Gay Lussac*, o nome de um químico francês responsável por diversas constatações relativas ao comportamento dos líquidos. Em geral, as cervejas se enquadram entre as bebidas de baixo teor alcoólico (menor ou igual a 6° GL), os vinhos e licores são de médio teor (não ultrapassando os 20° GL) e os uísques, as vodcas e aguardentes têm alto teor alcoólico (chegando, às vezes, aos 40 ou até 50° GL).

Por essa razão, a publicidade de cerveja e outras bebidas consideradas de baixo teor alcoólico não está sujeita às restrições da lei. Essa regra traz inúmeras discussões quanto à proteção de crianças e, principalmente, adolescentes que estão expostos a publicidades de cerveja e outras bebidas durante toda a exibição de programas de televisão, rádio ou navegando na internet.

Embora a referida lei não traga proibição com relação à publicidade dessas bebidas com menor teor alcoólico, é evidente que o fabricante não poderá veicular anúncio que apele para o consumo entre crianças e adolescentes. Vale notar que o Conar, por meio do seu Código de Ética, trouxe uma série de restrições a todo tipo de bebida alcoólica, com ênfase para as proibições relacionadas às crianças e aos adolescentes.

Por outro lado, o art. 79 do Estatuto da Criança e do Adolescente esclarece que as revistas e publicações destinadas ao público infantojuvenil não poderão conter ilustrações, fotografias, legendas, crônicas ou anúncio de bebidas alcoólicas. É evidente que a proibição aqui atinge toda e qualquer bebida alcoólica, independentemente da dosagem de álcool presente em sua composição.

Devemos lembrar que a venda de bebidas alcoólicas ou de qualquer outro produto que possa causar dependência física ou psíquica é expressamente proibida pelo art. 81 do Estatuto da Criança e do Adolescente. Ademais, o Estatuto da Juventude (Lei 12.852, de 5 de agosto de 2013) proíbe, expressamente, que pessoas menores de 18 (dezoito) anos participem de publicidade de bebidas alcoólicas.

3. DA PUBLICIDADE DE PRODUTOS FUMÍGENOS

A mencionada lei, que regulamentou a publicidade de bebidas alcoólicas, impôs restrições, também, à publicidade de produtos fumígenos (cigarros, cigarrilhas, charutos).

Entre as principais proibições estabelecidas pela lei, temos:

- a propaganda comercial dos produtos só poderá ser efetuada por meio de pôsteres, painéis e cartazes, na parte interna dos locais de venda (art. 3º);

- a propaganda não pode induzir as pessoas ao consumo, atribuindo aos produtos propriedades calmantes ou estimulantes, que reduzam a fadiga ou a tensão, ou qualquer efeito similar (art. 3º, II);

- a propaganda não pode associar ideias ou imagens de maior êxito na sexualidade das pessoas, insinuando o aumento de virilidade ou feminilidade de pessoas fumantes (art. 3º, III);

- não pode associar o uso do produto à prática de atividades esportivas, olímpicas ou não, nem sugerir ou induzir seu consumo em locais ou situações perigosas, abusivas ou ilegais (art. 3º, IV);

- não pode incluir a participação de crianças ou adolescentes.

O tratamento dado aos produtos fumígenos é bem mais severo: não é permitida a publicidade em programação audiovisual, além de serem expressamente proibidas a participação de crianças e adolescentes e a propaganda indireta contratada, também denominada *merchandising*, nos programas (art. 3º-A, VII).

Outra regra de proteção aos infantes é trazida pelo § 2º do art. 3º, que determina aos fabricantes a inclusão nas embalagens da frase "fumar na gravidez prejudica o bebê" e "crianças começam a fumar ao verem os adultos fumando".

ROBERTA DENSA

Alguns doutrinadores criticavam a regra do art. 81 do Estatuto da Criança e do Adolescente por não conter proibição expressa de venda de cigarros a menores. A Lei 9.294/1996 incluiu o art. 3º-A proibindo a venda de cigarros aos menores de 18 anos, sanando qualquer dúvida a respeito do assunto.

4. PUBLICIDADE PARA LACTENTES E PRODUTOS ALIMENTÍCIOS PARA A PRIMEIRA INFÂNCIA

A Lei 11.265/2006 regulamenta a comercialização de alimentos para lactentes e crianças de primeira infância e produtos de puericultura correlatos. O objetivo da lei é, conforme expressamente consignado em seu art. 1º, contribuir para a adequada nutrição dos lactentes e das crianças de primeira infância, regulamentando a publicidade dos alimentos nela descritos, bem como do uso de mamadeiras, bicos e chupetas, além de estabelecer política pública no sentido de incentivar o aleitamento materno.

Em relação ao conteúdo publicitário, a lei regulamenta o uso dos seguintes produtos: i) fórmulas infantis para lactentes e fórmulas infantis de seguimento para lactentes; ii) fórmulas infantis de seguimento para crianças de primeira infância; iii) leites fluidos, leites em pó, leites modificados e similares de origem vegetal; iv) alimentos de transição e alimentos à base de cereais indicados para lactentes ou crianças de primeira infância, bem como outros alimentos ou bebidas à base de leite ou não, quando comercializados ou de outra forma apresentados como apropriados para a alimentação de lactentes e crianças de primeira infância; v) fórmula de nutrientes apresentada ou indicada para recém-nascido de alto risco; vi) mamadeiras, bicos e chupetas.

O art. 4º veda expressamente a publicidade das fórmulas infantis para lactentes e fórmulas infantis de seguimento para lactentes[5], fórmula de nutrientes apresentada ou indicada para recém-nascido de alto risco[6], bicos[7] e chupetas.

Por outro lado, o art. 5º da norma em comento regulamenta a publicidade das fórmulas infantis de seguimento para crianças de primeira infância[8], os leites flui-

---

5. Conforme art. 3º, XVIII, da Lei 11.265/2006, considera-se *fórmula infantil para lactentes* o produto em forma líquida ou em pó destinado à alimentação de lactentes até o 6º (sexto) mês, sob prescrição, em substituição total ou parcial do leite materno ou humano, para satisfação das necessidades nutricionais desse grupo etário, e conforme art. 3º, XX, *fórmula infantil de seguimento para lactentes* o produto em forma líquida ou em pó utilizado, por indicação de profissional qualificado, como substituto do leite materno ou humano, a partir do 6º (sexto) mês.

6. Por *fórmula de nutrientes para recém-nascidos de alto risco*, considera-se composto de nutrientes apresentado ou indicado para suplementar a alimentação de recém-nascidos prematuros ou de alto risco (art. 3º, XXX, da Lei 11.265/2006).

7. Para os efeitos da Lei, considera-se bico o objeto apresentado ou indicado para o processo de sucção nutritiva da criança com a finalidade de administrar ou veicular alimentos ou líquidos (art. 3º, VI).

8. Conforme art. 3º, XXI, da Lei 11.265/2006, considera-se *fórmula infantil de seguimento para crianças de primeira infância* o produto em forma líquida ou em pó utilizado como substituto do leite materno ou humano para crianças de primeira infância. Importante notar que a mesma lei considera primeira infância a fase dos 0 (zero) aos 3 (três) anos de idade.

dos, leites em pó, leites modificados[9] e similares de origem vegetal. Nesses casos, os produtos devem conter a seguinte advertência: "O Ministério da Saúde informa: o aleitamento materno evita infecções e alergias e é recomendado até os 2 (dois) anos de idade ou mais".

Já para os alimentos de transição e alimentos à base de cereais indicados para lactentes ou crianças de primeira infância, bem como outros alimentos ou bebidas à base de leite ou não, quando comercializados ou de outra forma apresentados como apropriados para a alimentação de lactentes e crianças de primeira infância, deverá conter os seguintes dizeres: "O Ministério da Saúde informa: após os 6 (seis) meses de idade continue amamentando seu filho e ofereça novos alimentos".

4.1 Divulgação e práticas comerciais

Em relação às práticas comerciais, a lei proíbe a atuação de representantes comerciais para fazer divulgação dos produtos em unidades de saúde, sendo permitida apenas para a comunicação dos aspectos técnico-científicos aos pediatras e nutricionistas (art. 6º). Ademais, o mesmo dispositivo legal determina que é dever do fabricante, distribuidor ou importador notificar seus representantes comerciais ou divulgadores acerca da obrigação contida na norma.

As amostras de produtos poderão ser entregues aos pediatras e nutricionistas por ocasião do lançamento, devendo ser observadas as regras sobre embalagem, conforme veremos a seguir. Cumpre observar que as entregas das amostras podem ocorrer até 18 (dezoito) meses do lançamento do produto, sendo vedada a distribuição caso haja relançamento sem alterações significativas na composição nutricional, e devem vir acompanhadas de protocolo de entrega da empresa.

Vale ressaltar que ficam proibidas as entregas de amostras de fórmula de nutrientes apresentada ou indicada para recém-nascido de alto risco, de mamadeiras, bicos e chupetas.

Por outro lado, ficam permitidos os patrocínios financeiros ou materiais, por parte dos fabricantes, distribuidores ou importadores, apenas às entidades científicas de ensino e pesquisa ou entidades associativas de pediatras e de nutricionistas.

Nessas hipóteses, impõem-se restrições aos beneficiados, como, por exemplo, para que não realizem promoção comercial de seus produtos nos eventos por eles patrocinados, além de limitação à distribuição de material técnico-científico. Além disso, todos os eventos patrocinados deverão incluir nos materiais de divulgação o destaque "Este evento recebeu patrocínio de empresas privadas, em conformidade com a Lei 11.265, de 3 de janeiro de 2006".

---

9. Por *leite modificado* deve-se entender aquele que como tal for classificado pelo órgão competente do poder público (art. 3º, XXIII).

Na mesma toada, ficam proibidas as doações ou vendas a preços reduzidos dos produtos às maternidades ou instituições que prestem assistência a crianças, excetuando-se apenas nas hipóteses de necessidade individual ou coletiva, a critério da autoridade fiscalizadora competente.

Por outro lado, a doação para fins de pesquisa é permitida mediante a apresentação de protocolo aprovado pelo Comitê de Ética em Pesquisa da instituição a que o profissional estiver vinculado, observados os regulamentos editados pelos órgãos competentes. Ademais, o produto objeto de doação para pesquisa deve conter os dizeres: "Doação para pesquisa, de acordo com a legislação em vigor".

4.2 Rotulagem

Ponto bastante relevante diz respeito à rotulagem ou às embalagens dos produtos regulados pela Lei 11.265/2006. Esse tema vem regulado pelo art. 10, que prevê a proibição, no rótulo de *fórmula infantil para lactentes e fórmula infantil de seguimento para lactentes*, de se utilizar fotos, desenhos ou outras representações gráficas que não sejam aquelas necessárias para ilustrar métodos de preparação ou uso do produto.

Essa proibição se deve ao fato de que, no passado, os fornecedores ilustravam as embalagens com fotografia de mulher alimentando o seu filho, o que poderia levar o público a crer que as propriedades nutricionais dos produtos eram equivalentes às do leite materno. Sendo assim, fica permitido apenas o uso de marca ou logomarca desde que esta não utilize imagem de lactente, criança pequena ou outras figuras humanizadas.

Pelas mesmas razões, além da proibição de promover os produtos da empresa fabricante ou de outros estabelecimentos, fica proibido utilizar no rótulo desses produtos:

- denominações ou frases com o intuito de sugerir forte semelhança do produto com o leite materno;
- frases ou expressões que induzam dúvida quanto à capacidade das mães de amamentarem seus filhos;
- expressões ou denominações que identifiquem o produto como mais adequado à alimentação infantil, conforme disposto em regulamento;
- informações que possam induzir o uso dos produtos em virtude de falso conceito de vantagem ou segurança;
- frases ou expressões que indiquem as condições de saúde para as quais o produto seja adequado.

Por outro lado, a rotulagem do produto deve conter a seguinte frase: AVISO IMPORTANTE: "Este produto somente deve ser usado na alimentação de crianças menores de 1 (um) ano de idade com indicação expressa de médico ou nutricionista. O aleitamento materno evita infecções e alergias e fortalece o vínculo mãe-filho".

O rótulo deve, ainda, exibir, com destaque, os riscos do preparo inadequado e as instruções corretas a respeito da preparação do produto, inclusive quanto às medidas de higiene, e dosagem para diluição.

Na mesma linha, há regulamentação em relação à *fórmula infantil de seguimento para crianças de primeira infância*, um pouco menos restritiva. Dessa forma, a rotulagem, além da proibição de promover os produtos da empresa fabricante ou de outros estabelecimentos, não pode utilizar:

- fotos, desenhos ou outras representações gráficas que não sejam aquelas necessárias para ilustrar métodos de preparação ou uso do produto, exceto o uso de marca ou logomarca desde que esta não utilize imagem de lactente, criança pequena ou outras figuras humanizadas;

- denominações ou frases com o intuito de sugerir forte semelhança do produto com o leite materno;

- frases ou expressões que induzam dúvida quanto à capacidade das mães de amamentarem seus filhos;

- expressões ou denominações que identifiquem o produto como mais adequado à alimentação infantil, conforme disposto em regulamento;

- informações que possam induzir o uso dos produtos em virtude de falso conceito de vantagem ou segurança;

- marcas sequenciais presentes nas fórmulas infantis de seguimento para lactentes.

5.   RESOLUÇÃO CONANDA 163/2014

Em iniciativa inédita e de constitucionalidade duvidosa[10], o Conselho Nacional dos Direitos da Criança, Conanda, emitiu resolução sobre o direcionamento da publicidade e comunicação mercadológica para crianças e adolescentes.

As bases explícitas da resolução estão nos "considerandos" iniciais, que revelam fundamento no art. 227 da Constituição Federal, nos arts. 2º, 3º, 4º e 86 do Estatuto da Criança e do Adolescente, no § 2º do art. 37 do Código de Defesa do Consumidor, bem como no Plano Decenal dos Direitos Humanos de Crianças e Adolescentes, especialmente no objetivo estratégico 3.8 – "Aperfeiçoar instrumentos de proteção e defesa de crianças e adolescentes para enfrentamento das ameaças ou violações de direitos facilitadas pelas Tecnologias de Informação e Comunicação".

---

10. Entendemos que a Resolução Conanda 163/2014 é inconstitucional por duas razões: 1) Extrapola suas funções delimitadas no art. 2º da Lei 8.242/1991. Se houvesse regulamentação sobre publicidade infantil, claramente o órgão responsável seria a SENACON, por fazer parte do Sistema Nacional de Defesa do Consumidor e 2) Proíbe qualquer comunicação comercial à criança e adolescente, o que levaria a crer que até mesmo as embalagens de produtos infantis estariam proibidas, contrariando expressamente a Constituição federal, no seu art. 220, e também o próprio Código de Defesa do Consumidor.

A resolução, em seu art. 1º, § 1º, define comunicação mercadológica como "toda e qualquer atividade de comunicação comercial, inclusive publicidade, para a divulgação de produtos, serviços, marcas e empresas independentemente do suporte, da mídia ou do meio utilizado".

Assim, nos termos da resolução, estão abarcadas as publicidades, a rotulagem de produtos, a utilização de logomarcas de produtos destinados a crianças, bem como as práticas comerciais, incluindo o meio digital como forma de divulgação dos produtos.

Mais ainda, em seu art. 1º, § 2º, a resolução também abrange, no conceito de comunicação mercadológica, "dentre outras ferramentas, anúncios impressos, comerciais televisivos, *spots* de rádio, *banners* e páginas na internet, embalagens, promoções, *merchandising*, ações por meio de *shows* e apresentações e disposição dos produtos nos pontos de vendas".

Na sequência, o art. 2º da resolução define como *abusiva*

> [...] a prática do direcionamento de publicidade e de comunicação mercadológica à criança, com a intenção de persuadi-la para o consumo de qualquer produto ou serviço e utilizando-se, dentre outros, dos seguintes aspectos:
>
> I – linguagem infantil, efeitos especiais e excesso de cores;
>
> II – trilhas sonoras de músicas infantis ou cantadas por vozes de criança;
>
> III – representação de criança;
>
> IV – pessoas ou celebridades com apelo ao público infantil;
>
> V – personagens ou apresentadores infantis;
>
> V – desenho animado ou de animação;
>
> VII – bonecos ou similares;
>
> VIII – promoção com distribuição de prêmios ou de brindes colecionáveis ou com apelos ao público infantil; e
>
> IX – promoção com competições ou jogos com apelo ao público infantil[11].

Da leitura do dispositivo, fica fácil perceber que as restrições são absolutamente severas, visto que nenhum tipo de informação que contenha elementos infantis pode ser utilizado para promover produtos e serviços. Na prática, a resolução proíbe, inclusive, a embalagem de frutas com uso de personagens (como a maçã da turma da Mônica).

Ademais, o § 2º do art. 2º também considera abusiva a publicidade e comunicação mercadológica no interior de creches e escolas de educação infantil e fundamental, proibindo, igualmente, a publicidade em uniformes escolares ou materiais didáticos.

---

11. O disposto aplica-se à publicidade e à comunicação mercadológica realizada, dentre outros meios e lugares, em eventos, espaços públicos, páginas de internet, canais televisivos, em qualquer horário, por meio de qualquer suporte ou mídia, seja de produtos ou serviços relacionados à infância ou relacionados ao público adolescente e adulto.

A única ressalva feita ao *caput* do art. 2º está no seu § 3º, que permite a comunicação mercadológica em relação às campanhas de utilidade pública que não configurem estratégia publicitária referente a informações sobre boa alimentação, segurança, educação, saúde, entre outros itens relativos ao melhor desenvolvimento da criança no meio social.

Ou seja, caso haja ações sociais patrocinadas por fornecedores de produtos infantis, fica permitida a utilização de divulgação dos produtos.

De outra banda, o art. 3º da resolução estabelece princípios a serem observados, além dos já presentes no Código de Defesa do Consumidor e no Estatuto da Criança e do Adolescente:

- respeitar a dignidade da pessoa humana, a intimidade, o interesse social, as instituições e os símbolos nacionais;

- ter atenção e cuidado especial com as características psicológicas do adolescente e com a sua condição de pessoa em desenvolvimento;

- não permitir que a influência do anúncio leve o adolescente a constranger seus responsáveis ou a conduzi-los a uma posição socialmente inferior;

- não favorecer ou estimular qualquer espécie de ofensa ou discriminação de gênero, orientação sexual e identidade de gênero, racial, social, política, religiosa ou de nacionalidade;

- não induzir, mesmo implicitamente, sentimento de inferioridade no adolescente, caso este não consuma determinado produto ou serviço;

- não induzir, favorecer, enaltecer ou estimular de qualquer forma atividades ilegais;

- não induzir, de forma alguma, a qualquer espécie de violência;

- não induzir a qualquer forma de degradação do meio ambiente; e

- primar por uma apresentação verdadeira do produto ou serviço oferecido, esclarecendo sobre suas características e funcionamento, considerando especialmente as características peculiares do público-alvo a que se destina.

6. O CONAR E A AUTORREGULAÇÃO PUBLICITÁRIA

O Conselho Nacional de Autorregulamentação Publicitária, Conar, é uma entidade privada, composta por empresas publicitárias, com o objetivo de autorregulamentar o trabalho publicitário. Esse conselho elaborou, em 1978, o Código Brasileiro de Autorregulamentação Publicitária, que inclui os seus conselhos de ética e autorregulamentação para a publicidade.

Assim, todo consumidor que se sentir lesado em razão de publicidade abusiva ou enganosa tem a faculdade de apresentar reclamação ao conselho, podendo o fornecedor responsável pela publicidade ser punido com advertência, recomendação de alteração ou correção do anúncio ou recomendação de sustação da veiculação.

ROBERTA DENSA

Evidentemente, o Conar não tem o poder coativo do Poder Público, e o cumprimento de suas decisões e recomendações tem caráter espontâneo.

Importante notar que as regras do Conar, muitas vezes, servem de parâmetro ao Poder Judiciário para a decisão de casos concretos. Podemos aqui exemplificar com recente caso julgado pelo Tribunal de Justiça de São Paulo, a Apelação Cível 1014920-25.2018.8.26.0068, voto 39.511, em que o relator faz uso das regras do Código Brasileiro de Autorregulamentação Publicitária para decisão sobre publicidade comparativa, que não é regulamentada pelo Código de Defesa do Consumidor e que tem sido bastante discutida:

> Neste sentido, é bastante elucidativo o conteúdo disciplinado pelo Conselho Nacional de Autorregulamentação Publicitária (CONAR), destacado nos trechos em que importam à solução da controvérsia em análise: Artigo 32 – Tendo em vista as modernas tendências mundiais – e atendidas as normas pertinentes do Código da Propriedade Industrial, a publicidade comparativa será aceita, contanto que respeite os seguintes princípios e limites: a. seu objetivo maior seja o esclarecimento, se não mesmo a defesa do consumidor; b. tenha por princípio básico a objetividade na comparação, posto que dados subjetivos, de fundo psicológico ou emocional, não constituem uma base válida de comparação perante o Consumidor; c. a comparação alegada ou realizada seja passível de comprovação; d. em se tratando de bens de consumo a comparação seja feita com modelos fabricados no mesmo ano, sendo condenável o confronto entre produtos de épocas diferentes, a menos que se trate de referência para demonstrar evolução, o que, nesse caso, deve ser caracterizado; e. não se estabeleça confusão entre produtos e marcas concorrentes; f. não se caracterize concorrência desleal, denegrimento à imagem do produto ou à marca de outra empresa; g. não se utilize injustificadamente a imagem corporativa ou o prestígio de terceiros; h. quando se fizer uma comparação entre produtos cujo preço não é de igual nível, tal circunstância deve ser claramente indicada pelo anúncio. (TJSP, Apelação Cível 1014920-25.2018.8.26.0068, Rel. Ricardo Negrão, 2ª Câmara de Direito Empresarial, *DJ* 1º/6/2020)

Portanto, ainda que o conteúdo do Código Brasileiro de Autorregulamentação Publicitária não provenha de um comando normativo, pode ser utilizado pelo Poder Judiciário como parâmetro para interpretação das leis, quando estas clamam por maior esforço hermenêutico.

6.1 O Código Brasileiro de Autorregulamentação Publicitária e a publicidade de produtos infantis

A publicidade de produtos infantis está regulamentada no art. 37 do Código Brasileiro de Autorregulamentação Publicitária. O *caput* do referido dispositivo traz importante alerta aos fornecedores para observar que "os esforços de pais, educadores, autoridades e da comunidade devem encontrar na publicidade fator coadjuvante na formação de cidadãos responsáveis e consumidores conscientes".

Fácil perceber, do exposto no artigo, que o fornecedor/publicitário passa a ser um importante coadjuvante no fortalecimento dos laços familiares, o que está em plena consonância com a regra insculpida no art. 227 da Constituição Federal e nos princípios basilares do Estatuto da Criança e do Adolescente.

CONTORNOS DA LICITUDE DA PUBLICIDADE INFANTIL

Para atingir o objetivo proposto, o de colocar o fornecedor/publicitário entre os responsáveis pela criança e pelo adolescente, estabelece o art. 37 proibições expressas. A proibição mais importante é aquela que prevê que *nenhum anúncio dirigirá apelo imperativo de consumo diretamente à criança.*

Sem dúvida, conforme veremos adiante, essa parte do dispositivo faz respeitar as regras insculpidas no art. 1.634 do Código Civil quanto ao exercício do poder familiar.[12] De fato, cabe aos pais gerir a educação dos filhos, sendo inconcebível que o anunciante desrespeite esse fundamento legal (art. 1.634, I).

Ademais, na forma do art. 37, I, os anúncios deverão refletir "cuidados especiais em relação a segurança e às boas maneiras" e, ainda, abster-se de:

a) desmerecer valores sociais positivos, tais como, dentre outros, amizade, urbanidade, honestidade, justiça, generosidade e respeito a pessoas, animais e ao meio ambiente;

b) provocar deliberadamente qualquer tipo de discriminação, em particular daqueles que, por qualquer motivo, não sejam consumidores do produto;

c) associar crianças e adolescentes a situações incompatíveis com sua condição, sejam elas ilegais, perigosas ou socialmente condenáveis;

d) impor a noção de que o consumo do produto proporcione superioridade ou, na sua falta, a inferioridade;

e) provocar situações de constrangimento aos pais ou responsáveis, ou molestar terceiros, com o propósito de impingir o consumo;

f) empregar crianças e adolescentes como modelos para vocalizar apelo direto, recomendação ou sugestão de uso ou consumo, admitida, entretanto, a participação deles nas demonstrações pertinentes de serviço ou produto;

g) utilizar formato jornalístico, a fim de evitar que anúncio seja confundido com notícia;

h) apregoar que produto destinado ao consumo por crianças e adolescentes contenha características peculiares que, em verdade, são encontradas em todos os similares;

i) utilizar situações de pressão psicológica ou violência que sejam capazes de infundir medo.

Na sequência, o inciso II do art. 37 ordena que, "quando os produtos forem destinados ao consumo por crianças e adolescentes seus anúncios deverão:

a) procurar contribuir para o desenvolvimento positivo das relações entre pais e filhos, alunos e professores, e demais relacionamentos que envolvam o público-alvo;

---

12. Reza o art. 1.634 do Código Civil: "Compete a ambos os pais, qualquer que seja a sua situação conjugal, o pleno exercício do poder familiar, que consiste em, quanto aos filhos: I – dirigir-lhes a criação e a educação; II – exercer a guarda unilateral ou compartilhada nos termos do art. 1.584; III – conceder-lhes ou negar-lhes consentimento para casarem; IV – conceder-lhes ou negar-lhes consentimento para viajarem ao exterior; V – conceder-lhes ou negar-lhes consentimento para mudarem sua residência permanente para outro Município; VI – nomear-lhes tutor por testamento ou documento autêntico, se o outro dos pais não lhe sobreviver, ou o sobrevivo não puder exercer o poder familiar; VII – representá-los judicial e extrajudicialmente até os 16 (dezesseis) anos, nos atos da vida civil, e assisti-los, após essa idade, nos atos em que forem partes, suprindo-lhes o consentimento; VIII – reclamá-los de quem ilegalmente os detenha; IX – exigir que lhes prestem obediência, respeito e os serviços próprios de sua idade e condição".

b) respeitar a dignidade, ingenuidade, credulidade, inexperiência e o sentimento de lealdade do público-alvo;

c) dar atenção especial às características psicológicas do público-alvo, presumida sua menor capacidade de discernimento;

d) obedecer a cuidados tais que evitem eventuais distorções psicológicas nos modelos publicitários e no público-alvo;

e) abster-se de estimular comportamentos socialmente condenáveis.

Da mesma forma, o mencionado dispositivo cumpre a reserva garantida pela lei civil de que cabe aos pais dirigir a criação e educação dos filhos, em especial em relação aos aspectos relacionados à moralidade e ao nível de consumo. Impede-se, com isso, que terceiros invadam a intimidade familiar e tomem as rédeas das decisões que devem ser, exclusivamente, dos pais.

Em complemento, o § 2º do art. 37 ordena que o planejamento de mídia dos anúncios ora mencionados leve em conta que crianças e adolescentes têm sua atenção especialmente despertada para eles. Assim, tais anúncios refletirão as restrições técnica e eticamente recomendáveis, e adotar-se-á a interpretação mais restritiva para todas as normas nele dispostas.

Além disso, o inciso III do mesmo artigo condena a "ação de merchandising ou publicidade indireta contratada que empregue crianças, elementos do universo infantil ou outros artifícios com a deliberada finalidade de captar a atenção desse público específico, qualquer que seja o veículo utilizado".

Por publicidade indireta devemos compreender a publicidade subliminar, que é proibida até mesmo entre adultos, conforme vimos anteriormente, pois implica a consequente restrição da liberdade de escolha do indivíduo, que passa a ser manipulado de forma inconsciente. Aqui, levando em consideração o universo infantil, mais fácil a manipulação, ficando expressamente vedada e exemplificada a publicidade subliminar.

O inciso IV do art. 37 veda a publicidade denominada *product placement* ou *"merchandising"*[13], donde resulta dizer que, durante a programação destinada ao público infantil, não poderá haver publicidade de produtos e serviços destinados exclusivamente ao público infantil, ficando restrita aos intervalos comerciais.

Para que seja avaliada a existência de *merchandising* ou de publicidade indireta, o inciso V do art. 37 a inclui nas diretrizes que devem ser seguidas para averiguara conformidade das ações, e leva em consideração os seguintes aspectos: i) o público-alvo da ação publicitária seja adulto; ii) o produto ou o serviço não seja anunciado objetivando seu consumo por crianças; e iii) a linguagem, as imagens, os sons ou outros artifícios nelas presentes sejam destituídos da finalidade de despertar a curiosidade ou atenção das crianças.

---

13. "Nos conteúdos segmentados, criados, produzidos ou programados especificamente para o público infantil, qualquer que seja o veículo utilizado, a publicidade de produtos e serviços destinados exclusivamente a esse público estará restrita aos intervalos e espaços comerciais."

Em relação aos produtos e serviços proibidos para crianças e adolescentes, em consonância com o Estatuto da Criança e do Adolescente e com a mencionada Lei 9.294/1996, reza o § 1º do art. 37 que crianças e adolescentes não deverão figurar como modelos publicitários em anúncios de bens e serviços incompatíveis com a sua condição de pessoa em desenvolvimento, em especial armas de fogo, cigarros, bebidas alcoólicas, fogos de artifício e outros produtos que não podem ser adquiridos por crianças e adolescentes (art. 81 do ECA).

6.2 Código Brasileiro de Autorregulamentação Publicitária e a publicidade de produtos fumígenos e bebidas alcoólicas

O Anexo "J" do Código Brasileiro de Autorregulamentação Publicitária estabelece regras para publicidade de produtos fumígenos, e, conforme já desenhamos, o tema também é tratado pela Lei 9.294/1996.

Em consonância com a lei federal, o Anexo "J" proíbe qualquer apelo dirigido especificamente a menores de 18 (dezoito) anos, e qualquer pessoa que, fumando ou não, apareça em anúncio regido, deverá ser e parecer maior de 25 (vinte e cinco) anos.

Já em relação às bebidas alcoólicas, diferentemente da lei federal, o Código de Ética traz diferentes e complementares regras. Considera-se bebida alcoólica, para os fins de ética publicitária, "aquela que como tal for classificada perante as normas e regulamentos oficiais a que se subordina o seu licenciamento". Diferentemente da lei federal, as restrições valem para todo tipo de produto, independentemente do seu teor alcoólico.

Classifica, no entanto, as bebidas alcoólicas em três categorias: as normalmente consumidas durante as refeições, por isso ditas de mesa (cervejas e vinhos); demais bebidas alcoólicas, sejam elas fermentadas, destiladas, retificadas ou obtidas por mistura (normalmente servidas em doses); e a categoria dos *"ices"*, *"coolers"*, *"álcool pop"*, *"ready to drink"*, *"malternatives"* e produtos a eles assemelhados, em que a bebida alcoólica é apresentada em mistura com água, suco ou refrigerante.

Estabelece uma série de regras e princípios, deixando bem esclarecido que, por se tratar de produto de consumo restrito e impróprio para determinados públicos e situações, a publicidade deverá ser estruturada de maneira socialmente responsável, sem se afastar da finalidade precípua de difundir marca e características, vedados, por texto ou imagem, direta ou indiretamente, inclusive *slogan*, o apelo imperativo de consumo e a oferta exagerada de unidades do produto em qualquer peça de comunicação.

Entre os princípios trazidos pela autorregulação, o que mais nos importa é aquele que se refere à proteção de crianças e adolescentes. Nesse sentido, as restrições são bem claras e importantes.

De fato, a publicidade não poderá ter crianças e adolescentes como público-alvo e, diante deste princípio, os anunciantes e suas agências adotarão cuidados especiais

ROBERTA DENSA

na elaboração de suas estratégias mercadológicas e na estruturação de suas mensagens publicitárias, observando as seguintes regras:

i) "crianças e adolescentes não figurarão, de qualquer forma, em anúncios; qualquer pessoa que neles apareça deverá ser e parecer maior de 25 anos de idade;

ii) as mensagens serão exclusivamente destinadas a público adulto, não sendo justificável qualquer transigência em relação a este princípio. Assim, o conteúdo dos anúncios deixará claro tratar-se de produto de consumo impróprio para menores; não empregará linguagem, expressões, recursos gráficos e audiovisuais reconhecidamente pertencentes ao universo infantojuvenil, tais como animais "humanizados", bonecos ou animações que possam despertar a curiosidade ou a atenção de menores nem contribuir para que eles adotem valores morais ou hábitos incompatíveis com a menoridade;

iii) o planejamento de mídia levará em consideração este princípio, devendo, portanto, refletir as restrições e os cuidados técnica e eticamente adequados. Assim, o anúncio somente será inserido em programação, publicação ou *website* dirigidos predominantemente a maiores de idade. Diante de eventual dificuldade para aferição do público predominante, adotar-se-á programação que melhor atenda ao propósito de proteger crianças e adolescentes;

iv) os *websites* pertencentes a marcas de produtos que se enquadrem na categoria aqui tratada deverão conter dispositivo de acesso seletivo, de modo a evitar a navegação por menores".

Há, ainda, outros princípios e regras que devem ser observados, pois, de alguma forma, também tocam a defesa e a proteção da criança e do adolescente.

1) Princípio do consumo com responsabilidade social: a publicidade não deverá induzir, de qualquer forma, ao consumo exagerado ou irresponsável.

2) Cláusula de advertência: todo anúncio, qualquer que seja o meio empregado para sua veiculação, conterá "cláusula de advertência", incluindo, nas embalagens e nos rótulos, a reiteração de que a venda e o consumo do produto são indicados apenas para maiores de 18 (dezoito) anos. Atualmente, o Conselho Superior do Conar[14] obriga a constarem as seguintes advertências: – *"Beba com moderação"* – *"Cerveja é bebida alcoólica. venda e consumo proibidos para menores"* – *"Este produto é destinado a adultos"* – *"Evite o consumo excessivo de álcool"* – *"Não exagere no consumo"* – *"Quem bebe menos, se diverte mais"* – *"se for dirigir não beba"* – *"servir cerveja a menor de 18 é crime".*[15]

---

14. Conselho Superior do Conar. Resolução 02./08 REF. Anexo "P" Complementa o Anexo "P" – Cervejas e Vinhos –, do Código Brasileiro de Autorregulamentação Publicitária, de 18 fev. 2008.

15. "Processual civil e consumidor. Publicidade. Dever positivo de informar. Cigarro. Informações em tamanho menor que o regularmente estabelecido. Defeito ínfimo não capaz de violar a ostensividade determinada pelo código do consumidor. Entendimento do tribunal de origem. Súmula 7/STJ. 1. A *vexata quaestio* diz respeito à avaliação do dever de informar, decorrente das normas do Código de Defesa do Consumidor, em especial daquilo que consta nos arts. 9º e 31 do referido diploma legal. 2. *In casu*, o Sodalício *a quo* confirmou que as imagens e avisos presentes nos cartões reproduzem de forma graficamente idêntica os avisos impressos nas embalagens dos produtos e que a única diferença verificável se refere ao tamanho, a qual, conforme destacado na sentença, é ínfima, inapta a violar a ostensividade determinada pela norma consumerista. 3. O CDC traz, entre os direitos básicos do consumidor, a 'informação adequada e clara sobre os diferentes produtos e serviços, com especificação correta de quantidade, características, composição, qualidade e preço, bem como sobre os riscos que apresentam' (art. 6º, inciso III). A oferta e a apresentação de produtos ou serviços devem assegurar informações corretas, claras, precisas, ostensivas e em língua portuguesa sobre

CONTORNOS DA LICITUDE DA PUBLICIDADE INFANTIL **637**

3) Mídia exterior e congêneres: por alcançarem todas as faixas etárias, sem possibilidade técnica de segmentação, as mensagens veiculadas em mídia exterior e congêneres, sejam *"outdoors"*, *"indoors"* em locais de grande circulação, telas e painéis eletrônicos, *"back and front lights"*, painéis em empenas de edificações, *"busdoors"*, envelopamentos de veículos de transporte coletivo, peças publicitárias de qualquer natureza no interior de veículos de transporte, veículos empregados na distribuição do produto, peças de mobiliário urbano e assemelhados etc., quaisquer que sejam os meios de comunicação e o suporte empregados, limitar-se-ão à exibição do produto, sua marca e/ou *slogan*, sem apelo de consumo, mantida a necessidade de inclusão da "cláusula de advertência".[16]

Por fim, o Conar também determina horários de veiculação em Rádio e TV das bebidas alcoólicas, inclusive por assinatura, da seguinte forma:

a. quanto à programação regular ou de linha: comerciais, *spots*, *inserts* de vídeo, textos-foguete, caracterizações de patrocínio, vinhetas de passagem e mensagens de outra natureza, inclusive o *merchandising* ou publicidade indireta, publicidade virtual e as chamadas para os respectivos programas só serão veiculados no período compreendido entre 21h30 (vinte e uma horas e trinta minutos) e 6h (seis horas) (horário local);

b. quanto à transmissão patrocinada de eventos alheios à programação normal ou rotineira: as respectivas chamadas e caracterizações de patrocínio limitar-se-ão à identificação da marca e/ou fabricante, *slogan* ou frase promocional, sem recomendação de consumo do produto. As chamadas assim configuradas serão admitidas em qualquer horário.

Verifica-se paridade quanto ao definido na Lei 9.294/1996 em relação aos horários de exibição, incluindo-se, aqui, as regras para os canais fechados (ou contratados de televisão).

6.3 Código Brasileiro de Autorregulamentação Publicitária e a publicidade de alimentos

O Anexo "H" define as regras sobre publicidade de alimentos, refrigerantes, sucos e bebidas-carbonatadas e as isentas de álcool.

---

suas características, qualidades, quantidade, composição, preço, garantia, prazos de validade e origem, entre outros dados, bem como sobre os riscos que apresentam à saúde e segurança dos consumidores (art. 31 do CDC). A informação deve ser correta (= verdadeira), clara (= de fácil entendimento), precisa (= não prolixa ou escassa), ostensiva (= de fácil constatação ou percepção) e, por óbvio, em língua portuguesa. 4. Ocorre que, na hipótese dos autos, extrai-se do acórdão vergastado e das razões de Recurso Especial que o acolhimento da pretensão recursal demanda reexame do contexto fático-probatório, mormente para avaliar se o defeito na apresentação do produto é capaz de violar a ostensividade determinada pelo *codex* consumerista, o que não se admite ante o óbice da Súmula 7/STJ. 5. Recurso Especial não conhecido" (STJ, 2ª Turma, REsp 1.758.118/SP, rel. Min. Herman Benjamin, *DJe* 11 mar. 2019).

16. *Exceções:* estarão desobrigados da inserção de "cláusula de advertência" os formatos a seguir especificados que não contiverem apelo de consumo do produto: a) publicidade estática em estádios, sambódromos, ginásios e outras arenas desportivas, desde que apenas identifique o produto, sua marca ou *slogan*; b) a simples expressão da marca, seu *slogan* ou a exposição do produto que se utiliza de veículos de competição como suporte; c) as "chamadas" para programação patrocinada em rádio e TV, inclusive por assinatura, bem como as caracterizações de patrocínio desses programas; d) os textos-foguete, vinhetas de passagem e assemelhados.

Segundo o Conar, a publicidade deve seguir diversos parâmetros. Entre eles, ressalta-se a necessidade de valorizar e encorajar, sempre que possível, a prática de exercícios físicos e atividades afins; abster-se de encorajar ou relevar o consumo excessivo nem apresentar situações que incentivem o consumo exagerado ou conflitem com essa recomendação e abster-se de menosprezar a importância da alimentação saudável, variada e balanceada.

Em relação à publicidade de produtos dirigidos às crianças, deve o anunciante:

j) abster-se de desmerecer o papel dos pais, educadores, autoridades e profissionais de saúde quanto à correta orientação sobre hábitos alimentares saudáveis e outros cuidados com a saúde;

k) ao utilizar personagens do universo infantil ou apresentadores de programas dirigidos a este público-alvo, fazê-lo apenas nos intervalos comerciais, evidenciando a distinção entre a mensagem publicitária e o conteúdo editorial ou da programação;

l) abster-se de utilizar crianças muito acima ou muito abaixo do peso normal, segundo os padrões biométricos comumente aceitos, evitando que elas e seus semelhantes possam vir a ser atingidos em sua dignidade.

Mais ainda, quando o produto for destinado à criança, sua publicidade deverá *abster-se de qualquer estímulo imperativo de compra ou consumo*, especialmente se apresentado por autoridade familiar, escolar, médica, esportiva, cultural ou pública, bem como por personagens que os interpretem, salvo em campanhas educativas, de cunho institucional, que promovam hábitos alimentares saudáveis.

7. COMPROMISSO PÚBLICO DOS FORNECEDORES

Além das restrições legais já mencionadas, os fornecedores de produtos alimentícios firmaram compromisso público pela publicidade responsável em dezembro de 2016 e passou a vigorar a partir de janeiro de 2017. Foram signatários do documento as principais empresas do setor alimentício atuantes no mercado de consumo brasileiro.

Conforme documento disponível no *site* http://www.publicidaderesponsavel. com.br/, os fornecedores comprometeram-se a:

- apenas anunciar seus produtos para crianças menores de 12 anos de idade que atendam aos critérios nutricionais comuns, definidos de acordo com orientações nutricionais internacionais com embasamento científico aceito; ou

- não anunciar seus produtos para crianças menores de 12 anos de idade.

O compromisso inclui as comunicações de marketing de produtos alimentícios e bebidas não alcóolicas destinados principalmente a crianças menores de 12 (doze) anos de idade em todas as mídias, incluindo as mídias digitais.

Além disso, todos os fornecedores acordaram em não realizar comunicações de marketing de produtos alimentícios ou de bebidas não alcóolicas em ambiente escolar, em que prevaleçam crianças menores de 12 (doze) anos de idade.

Vale notar que os critérios relativos aos aspectos nutricionais também estão desenhados pelos fornecedores e estabelecem, *grosso modo*, que os produtos com alto teor de sódio, gordura e açúcar sofrem maiores restrições em ações de publicidade.

8. NOTAS FINAIS

Procurou-se descrever as normas brasileiras relativas ao tema da publicidade infantil de modo a trazer o "estado da arte" do tema no Brasil. Nota-se claramente uma norma extensa através da autorregulação do CONAR, que busca dar sentido ao art. 37 do Código de Defesa do Consumidor quanto ao tema da publicidade infantil.

Por outro lado, nota-se que a resolução CONANDA tende a ser bastante restritiva colocando fim a qualquer tipo de comunicação mercadológica dirigida ao público infantil.

Curiosamente, na prática, a publicidade dirigida ao público continua a existir no Brasil, mesmo após a mencionada resolução CONANDA, sendo que tais mensagens publicitárias tendem a respeitar a autorregulação do CONAR.

Forçoso reconhecer, portanto, que a licitude de tais campanhas tentem a ser discutidas no Poder Judiciário, posto que não há orientação clara sobre a temática, levando, muitas vezes, ao questionamento a respeito de qual regramento já existente deve prevalecer.

9. REFERÊNCIAS BIBLIOGRÁFICAS

BENJAMIN, Antonio Herman de Vasconcellos et al. *Código brasileiro de Defesa do Consumidor*: comentado pelos autores do anteprojeto. 8. ed. Rio de Janeiro: Forense Universitária, 2004.

MIRAGEM, Bruno. *Curso de direito do consumidor*. 6. ed. São Paulo: Ed. RT, 2016.

DIAS, Lúcia Ancona Lopez de Magalhães. *Publicidade e direito*. 3. ed. São Paulo: Saraiva, 2018.

DO IDOSO SOSSEGADO AO APOSENTADO TELEFONISTA: A RESPONSABILIDADE CIVIL PELO ASSÉDIO DO *TELEMARKETING* DE CRÉDITO

Arthur Pinheiro Basan

Doutor em Direito pela Universidade do Vale do Rio dos Sinos (UNISINOS). Mestre em Direito pela Universidade Federal de Uberlândia (UFU). Associado Titular do Instituto Brasileiro de Estudos em Responsabilidade Civil (IBERC). Professor adjunto da Universidade de Rio Verde (UniRV).
E-mail: arthurbasan@hotmail.com

Sumário: 1. Introdução – 2. O *telemarketing* de crédito e a prevenção do superendividamento – 3. O assédio de consumo como dano – 4. A responsabilidade civil pela publicidade abusiva: a concreção do direito ao sossego a partir da tutela dos dados pessoais – 5. Considerações finais – 6. Referências bibliográficas.

1. INTRODUÇÃO

É inegável que, dentre as diversas formas de se analisar a sociedade atualmente, o desenvolvimento dos meios de comunicação é um dos fatores que se destaca. Neste contexto de sociedade de rede, visualiza-se não só a ampliação de novas tecnologias, mas também, talvez na mesma proporção, a exposição das pessoas aos novos tipos de danos. Tudo isso dentro de uma realidade social em que os aparelhos de comunicação estão cada vez mais presentes na vida dos consumidores, a ponto de servirem para instrumentalizar o que já se chamou de "corpo eletrônico", isto é, a projeção da personalidade da pessoa humana no ambiente de rede, a partir dos dados pessoais.[1]

Atualmente, há uma nítida fusão de tecnologias e a interação entre os aspectos físicos e digitais das pessoas. Tudo graças a presença cada vez mais marcante da tecnologia no cotidiano dos consumidores, com destaque para o *smartphone*,[2] aparelho celular multifuncional, quase onipresente, considerado muitas vezes parte do corpo das pessoas,[3] e conectado o tempo todo à *internet*.[4]

---

1. BASAN, Arthur Pinheiro; FALEIROS JÚNIOR, José Luiz de Moura. A tutela do corpo eletrônico como direito básico do consumidor. *Revista dos Tribunais*, v. 1021, p. 1-29, 2020.
2. Afirma Cláudio Torres que o "*smartphone* nada mais é que um computador que cabe na sua mão." TORRES, Cláudio. *A bíblia do marketing digital*: tudo o que você queria saber sobre marketing e publicidade na internet e não tinha a quem perguntar. São Paulo: Novatec, 2018. p. 46.
3. "Não é mais surpresa postular a verdadeira razão que impede milhões de pessoas de imaginar a possibilidade de se separar mesmo que por um único segundo, de seus amados telefones celulares. Uma vez que seus sentimentos primordiais sejam despertos, o cérebro não titubeia: ele imediatamente abraça tudo que o rodeia, sem pensar mais por um só instante onde ficavam, momentos antes, suas vãs fronteiras!" In: NICOLELIS, Miguel. *Muito além do nosso eu*: a nova neurociência que une cérbero e máquinas e como ela pode mudar nossas vidas. São Paulo: Planeta, 2017. p. 115.
4. Importante não ignorar outros aparelhos eletrônicos, que seguem a mesma lógica de funcionamento, qual seja, a ampla conexão. Neste ponto, a doutrina destaca que: "Um estudo sobre a 'Addressable TV' demonstra

Neste ponto, é notável que as pessoas utilizam cada vez mais os *smartphones* que, além de cumprirem a função de aparelho telefônico, também permitem a conexão ininterrupta à *internet*, com uma porção de possibilidades permitidas por inúmeros aplicativos, que oferecem desde o acesso a conta bancária ao entretenimento por jogos e vídeos. Conforme se nota, "a experiência humana passa a contar com pequenos companheiros que, para o bem ou para o mal, se integram ao próprio 'eu' como membros corporais ou psíquicos, como é o caso dos celulares".[5]

Como se não bastasse, o uso dos celulares cresceu ainda mais nos últimos anos, em razão do isolamento físico exigido durante o período da pandemia, iniciado no começo de 2020.[6] E para fins da presente pesquisa, destaca-se o crescimento do uso de celulares por idosos, isto é, pessoas com mais de 60 (sessenta) anos de idade.[7]

Assim, o crescimento desse nicho mercadológico, isto é, idosos facilmente comunicáveis por meio dos seus celulares, tornou-se caminho sedimentado para a ampliação do assédio ao consumidor, notadamente no que se refere aos serviços de crédito. É praticamente impossível hoje, no Brasil, desconhecer algum idoso, aposentado, que nunca tenha sido assediado pelo *telemarketing* praticado por instituições financeiras, que oferecem (e muitas vezes impõe) contratos de empréstimo consignado.[8]

Nessa perspectiva, a problemática da presente pesquisa pode ser desenhada a partir das seguintes questões: de que maneira pode-se desenvolver uma ampla tutela do consumidor idoso aposentado, impedindo que seja importunado pelo indesejado assédio de consumo praticado pelo *telemarketing* de crédito? De que modo é possível relacionar a responsabilidade civil e a proteção de dados pessoais dos idosos à garantia do sossego frente as práticas publicitárias abusivas? Como garantir que o

---

que agora há um 'omnichannel' marketing, que usa todas as telas e meios de comunicação ('cross device media'), no chamado 'cross-screen approach', pois é possível enviar publicidades 'direcionadas', tanto nas telas móveis (celulares, tablets) e computadores em geral ('desktop'), conectados à Internet, às redes de TV a cabo e aos streamings, quanto nas TVs, as smarts TV (OTT) e as on-line TVs (OTV, TV conectadas à Internet, CTV), que permitem que cada 'casa/TV/Tela' receba uma outra publicidade, conforme os dados coletados pela própria TV e os outros produtos inteligentes e 'IPs' daquela família, agora identificáveis geograficamente e pelo perfil (' profiling') para o marketing direcionado, tudo com um só 'consentimento sequencial'." MARQUES, Claudia Lima; MIRAGEM, Bruno. "Serviços simbióticos" do consumo digital e o PL 3.514/2015 de atualização do CDC. *Revista de Direito do Consumidor*: RDC, São Paulo, v. 132, p. 91-118, nov.-dez. 2020.

5. BOLESINA, Iuri. *Direito à extimidade*: as inter-relações entre identidade, ciberespaço e privacidade. Florianópolis: Empório do Direito, 2017. p. 180.
6. BASAN, Arthur Pinheiro; JACOB, Muriel Amaral. Habeas Mente: a responsabilidade civil como garantia fundamental contra o assédio de consumo em tempos de pandemia. *Revista IBERC*, v. 3, n. 2, p. 161-189, 24 jul. 2020.
7. BRITO, Sabrina. Pessoas acima de 60 anos embarcam cada vez mais no universo digital. *Veja*, [S. l.], 12 mar. 2021. Disponível em: https://veja.abril.com.br/tecnologia/pessoas-acima-de-60-anos-embarcam-cada-vez-mais-no-universo-digital/ Acesso em: 06 jul. 2021.
8. O Instituto Brasileiro de Defesa do Consumidor (IDEC) tem lançado frequentemente campanhas visando combater esse tipo de prática abusiva de mercado. Disponível em: https://idec.org.br/golpe-aposentadoria. Acesso em: 06 jul. 2021.

idoso possa contemplar o sossego da aposentadoria sem se tornar um telefonista, que precisa ficar rejeitando ofertas de crédito feitas pelo *telemarketing*?

Com base nisso, o presente estudo tem como objetivo geral apontar o necessário reconhecimento de limites às práticas publicitárias de crédito, notadamente às direcionadas ao público idoso, por meio do *telemarketing*. Em verdade, tendo como base a problemática apresentada, o texto trabalha com os seguintes objetivos específicos: i) contextualizar a prática do *telemarketing* de crédito com a necessária prevenção do superendividamento; ii) apontar como as publicidades efetivam o assédio de consumo, que se qualifica como um verdadeiro dano; iii) apresentar a responsabilidade civil como meio viável para a tutela integral do idoso consumidor, especialmente quanto à garantia do seu desejado sossego.

Trabalha-se, portanto, com a hipótese de que as novas tecnologias, relacionadas às ofertas de consumo, ampliaram as possibilidades de danos aos consumidores e, consequentemente, surge a demanda de o sistema jurídico apresentar soluções. Por isso, o direito de proteção de dados destaca-se, trazendo consigo uma releitura do "direito de ser deixado em paz", agora contextualizado com a sociedade de rede.

Partindo daí, a pesquisa utilizará o método de abordagem dedutivo, investigando o desenvolvimento das ofertas de crédito, por meio do *telemarketing*, para evidenciar a problemática da perturbação do sossego dos idosos. O trabalho promoverá a análise bibliográfico-doutrinária para, logo em seguida, oferecer as considerações finais, focada na proteção dos idosos aposentados, e na garantia de um dos direitos mais relevantes no atual contexto de estímulos ao consumo, qual seja, o sossego![9]

2. O *TELEMARKETING* DE CRÉDITO E A PREVENÇÃO DO SUPERENDIVIDAMENTO

Nota-se atualmente o envelhecimento da população, ampliando o percentual de idosos na sociedade brasileira. A título de exemplo, pesquisas realizadas em 2016 indicaram que o país tinha a quinta maior população idosa do mundo,[10] com forte tendência de crescimento nos próximos anos.[11] Evidentemente, é um nicho de mercado também crescente, que indica não só a expansão da oferta de produtos e serviços destinada para este público como também a necessidade de tutelar de maneira mais específica esses consumidores, hipervulneráveis.

---

9. BASAN, Arthur Pinheiro. *Publicidade digital e proteção de dados pessoais*: o direito ao sossego. Indaiatuba: Editora Foco, 2021

10. JORNAL DA USP. *Em 2030, Brasil terá a quinta população mais idosa do mundo*. [S. l.], 07 jun. 2018. Disponível em: https://jornal.usp.br/?p=165490. Acesso em: 07. jul. 2021.

11. IBGE NOTÍCIAS. *Número de idosos cresce 18% em 5 anos e ultrapassa 30 milhões em 2017*. [S. l.] 26 abr. 2018. Disponível em: https://agenciadenoticias.ibge.gov.br/agencia-noticias/2012-agencia-de-noticias/noticias/20980-numero-de-idosos-cresce-18-em-5-anos-e-ultrapassa-30-milhoes-em-2017. Acesso em: 07. jul. 2021.

Isso faz com que parcela dos fornecedores ajustem as ofertas de serviços e produtos de modo personalizado, com o intuito de atingir de forma mais efetiva o público idoso. Até este ponto, não há nada de errado, afinal, faz parte das estratégias de mercado. O problema surge a partir do momento em que os fornecedores, aproveitando-se das condições de vulnerabilidade agravada dos idosos, passam a agir de forma abusiva, como ocorre com a oferta de crédito, destinada particularmente aos aposentados. Através especialmente do *telemarketing*, as instituições financeiras e, de modo ainda mais comum, suas correspondentes bancárias, promovem publicidades de crédito de forma incessante e massiva, instigando a contratação a qualquer custo, mesmo que de forma irresponsável.

Essas ofertas de crédito são direcionadas e personalizadas aos aposentados a partir do acesso obscuro a diversos bancos de dados pessoais, inclusive com indícios de vazamento no próprio sistema do Instituto Nacional do Seguro Social – INSS. Em recente e robusta Ação Civil Pública, promovida pelo Instituto Brasileiro de Defesa do Consumidor (IDEC), ficaram demonstrados fortes indícios não só do vazamento de dados do INSS como também de práticas criminosas por diversos fornecedores, como a realização de contratos fraudulentos de empréstimo consignado.[12]

Importante ressaltar que essa situação tem se tornado prática comum pelas instituições financeiras, conforme frequentemente apontado pela mídia, demonstrando que a conduta abusiva praticada pelas fornecedoras de crédito é, além de tudo, intencional, de forma preordenada. Evidentemente, há aqui a aposta na efetividade do indesejado lucro ilícito, especialmente a partir de práticas abusivas, que violam dispositivos de diversos textos legais, notadamente a recente Lei Geral de Proteção de Dados (LGPD).

A situação se agrava ainda mais ao se verificar que sem os cuidados básicos necessários ao fornecimento de crédito responsável, a oferta de empréstimos consignados torna-se causa direta para a ampliação de situações de superendividamento. Vale lembrar que superendividado é o consumidor de boa-fé que não tem condições de pagar suas dívidas sem comprometer o seu mínimo existencial. Neste ponto, destaca-se a recente Lei do Superendividamento (Lei 14.181/21), que além de trazer o princípio do crédito responsável, impôs uma porção de limites às ofertas de crédito, atualizando tanto o CDC quanto o Estatuto do Idoso.

Neste sentido, dentre as inúmeras e importantes atualizações que a Lei do Superendividamento realizou no sistema jurídico brasileiro, focado na tutela do consumidor, destacam-se as limitações acrescentadas na oferta de crédito. Assim, a lei pretende adicionar ao CDC o art. 54-C, que, desconsiderando os possíveis vetos, foi proposto para ter a seguinte redação:

É vedado, expressa ou implicitamente, na oferta de crédito ao consumidor, publicitária ou não:

---

12. Processo Digital 1041189-84.2021.4.01.3800. Disponível em: https://www.conjur.com.br/dl/acp-inss.pdf. Acesso em: 07 jul. 2021.

I – fazer referência a crédito 'sem juros', 'gratuito', 'sem acréscimo', com 'taxa zero' ou a expressão de sentido ou entendimento semelhante;

II – indicar que a operação de crédito poderá ser concluída sem consulta a serviços de proteção ao crédito ou sem avaliação da situação financeira do consumidor;

III – ocultar ou dificultar a compreensão sobre os ônus e os riscos da contratação do crédito ou da venda a prazo;

IV – assediar ou pressionar o consumidor para contratar o fornecimento de produto, serviço ou crédito, principalmente se se tratar de consumidor idoso, analfabeto, doente ou em estado de vulnerabilidade agravada ou se a contratação envolver prêmio;

Conforme se nota, a prevenção do superendividamento, proposta pela nova legislação, perpassa por uma porção de aspectos, e para o presente texto, merece destaque a vedação ao assédio de consumo. Evidentemente, visando evitar a contratação de crédito irresponsável, prevenindo o superendividamento, o CDC prevê a vedação a qualquer tipo de publicidade que pressione o destinatário a consumir, nos termos do supracitado art. 54-C, inciso IV. Isso inclui as ofertas não solicitadas e importunadoras, enviadas por meio de tecnologias de informação e comunicação, como *short message service* (mensagem *sms*), ligações telefônicas, notificações em aplicativos etc.

Dito de outro modo, as técnicas agressivas de oferta por crédito consignado ou com semelhante retirada direta das contas e pensões dos aposentados, têm levado muitos consumidores idosos, hipervulneráveis, ao superendividamento. Por isso, a atualização do CDC pretende regular melhor a publicidade do crédito, protegendo de forma especial, do assédio de consumo,[13] os consumidores analfabetos, as crianças e, especialmente, os idosos.[14]

Inegavelmente, a questão deve ser tratada com vistas à imposição de limites aos abusos da publicidade de crédito, que além de assediar indevidamente ao consumo irresponsável, é perturbadora de sossego, notadamente quando exercida através do

---

13. Destaca-se que essa ideia já estava presente no Anteprojeto de Lei Geral de defesa do Consumidor do Estado do Rio Grande do Sul, segundo o qual configuraria prática abusiva assediar o consumidor para aquisição de produtos ou serviços, aproveitando-se de sua situação de vulnerabilidade. MARQUES, Claudia Lima; MIRAGEM, Bruno; MOESCH, Teresa Cristina. Comentários ao anteprojeto de lei geral de defesa do consumidor do Estado do Rio Grande do Sul, da OAB/RS. *Revista de Direito do Consumidor*: RDC, São Paulo, v. 90, p. 399-406, nov.-dez. 2013.

14. Neste sentido, destaca a doutrina: "Nos Projetos de Lei do Senado Federal que visam a atualização do CDC, a Comissão de Juristas, coordenada pelo e. Min. Antônio Herman Benjamin, introduziu no direito brasileiro a figura do combate ao assédio de consumo, nominando estratégias assediosas de *marketing* muito agressivas e de *marketing* focado em grupos de consumidores, *targeting*, muitas vezes nos mais vulneráveis do mercado, idosos e analfabetos. A Diretiva Europeia sobre práticas comerciais abusivas, Diretiva 2005/29/CE, em seu art. 8.º, utiliza como termo geral, o de prática agressiva, aí incluídas como espécies o assédio (*harassment*), a coerção (*coercion*), o uso de força física (*physical force*) e influência indevida (*undue influence*). A opção do legislador brasileiro foi de considerar assédio de consumo o gênero para todas as práticas comerciais agressivas que limitam a liberdade de escolha do consumidor." MARQUES, Claudia Lima. *Contratos no código de defesa do consumidor*: o novo regime das relações contratuais. São Paulo: Thomson Reuters Brasil, 2019. *E-book*.

telemarketing. E é exatamente em razão da forma com que o *telemarketing* assedia o consumidor idoso aposentado que esse tipo de prática pode ser qualificada como dano.

3. O ASSÉDIO DE CONSUMO COMO DANO

Fundamentada na liberdade econômica, a publicidade, se totalmente desregulada, pode produzir ilicitudes patentes e, em último caso, gerar danos significativos nas pessoas, afinal, liberdade ilimitada não é direito.[15] Neste sentido, sob a ótica constitucional, o mercado é bem fundamental da coletividade considerada, tendo projeção difusa e, por isso, regulado por leis de ordem pública, de modo que "o direito se impõe como sistema de limites."[16] Assim, é preciso refletir a respeito das limitações necessárias às ofertas de consumo, em especial, diante da recente atualização do CDC, em amplo diálogo com a Lei Geral de Proteção de Dados (LGPD),[17] especialmente quando os destinatários forem pessoas hipervulneráveis.

Obviamente, quanto mais invasivas e incessantes se tornam as publicidades, maiores são os riscos a que os consumidores estão expostos. Dessa maneira, considerando que os aparelhos de comunicação permitem que os consumidores estejam o tempo todo acessíveis, abriu-se espaço aos fornecedores para que realizem ofertas massivas. Essa nova realidade apresenta particularidades, tendo em vista que a publicidade incessante é capaz de perturbar e inutilizar, de maneira indevida, o tempo do consumidor. Nota-se, assim, o surgimento de novas tecnologias de *marketing* agressivo, o que possibilita que a publicidade seja onipresente, materializada de forma cristalina no *telemarketing*.

Daí porque é possível falar que ofertas realizadas pelo *telemarketing*, fundadas em dados pessoais, como a idade e a renda oriunda de aposentadoria, são fontes para a prática do assédio ao consumidor. Esse assédio se refere à prática agressiva, que pressiona a pessoa de forma a influenciar, paralisar ou impor sua decisão de consumo, explorando emoções, sentimentos, fraquezas, medos e a confiança em relação a terceiros, por exemplo, abusando da posição de *expert* do fornecedor e das circunstâncias especiais da pessoa, como a condição social, por exemplo.[18]

Da mesma maneira, também caracteriza-se assédio de consumo o modo pelo qual se exerce a atividade publicitária, como ocorre no *telemarketing* ou no envio não autorizado de e-mails ou mensagens em celulares (os *spams*). Nestes casos, a quan-

---

15. BENJAMIN, Antônio Herman Vasconcellos. O controle jurídico da publicidade. *Revista de Direito do Consumidor*, São Paulo, n. 9, p. 25-57, jan.-mar. 1994.
16. MARTINS, Fernando Rodrigues; FERREIRA, Keila Pacheco. Da idade média à idade mídia: a publicidade persuasiva digital na virada linguística do Direito. In: PASQUALOTTO, Adalberto (Org.). *Publicidade e proteção da infância. Volume 2*. Porto Alegre: Livraria do Advogado. 2018. p. 80.
17. BASAN, Arthur Pinheiro; FALEIROS JÚNIOR, José Luiz de Moura. A proteção de dados pessoais e a concreção do direito ao sossego no mercado de consumo. *Civilistica.com – Revista Eletrônica de Direito Civil*, v. 9(3), p. 1-27, 2020.
18. MARQUES, Claudia Lima. *Contratos no Código de Defesa do Consumidor*: o novo regime das relações contratuais. São Paulo: Thomson Reuters Brasil, 2019. *E-book*.

tidade, frequência ou modo de abordagem evidenciam a deslealdade e a violação da boa-fé objetiva, que caracterizam a prática como abusiva.[19] Comumente, as ofertas de crédito aos aposentados ocorrem dezenas de vezes, por meio de vários contatos, em períodos totalmente inadequados ou mesmo feitas de maneira sucessiva.

No Brasil, é fato notório que os principais abusos são praticados pelas instituições financeiras,[20] em desfavor dos idosos. Essa é, inclusive, uma das razões para que o CDC considere prática abusiva aquela que prevalece da fraqueza ou ignorância do consumidor, tendo em vista sua idade, nos termos do art. 39, inciso IV.[21]

Conforme se nota, esse assédio insere o consumidor idoso em uma situação de vulnerabilidade ainda mais extremada, afinal, a pessoa é convencida e pressionada a adquirir o crédito que muitas vezes não podia e em condições totalmente irresponsáveis. As consequências negativas podem gerar tanto problemas psicológicos (ansiedade e frustração) como dificuldades econômicas, como o já mencionado problema do superendividamento.[22] Vale ressaltar que, no atual contexto, o excesso de publicidades é tão intenso a ponto de causar real ansiedade e perturbação emocional ("distress").[23]

Dessa maneira, defender que o assédio de consumo se qualifica como um dano é notar que o consumidor, especialmente o idoso, possui o direito básico de não ser molestado e perturbado com a finalidade única de ser induzido ao consumo. Aqui, o dano pode ser conceituado com "lesão a um interesse juridicamente tutelado",[24] impulsionando a interpretação quanto à existência ou não do dano sobre o objeto da lesão, qual seja, o interesse da vítima. Daí porque, ao verificar-se a fundamentação jurídica da tutela do idoso, o assédio de consumo surge como evento que efetivamente afeta o sossego, como aspecto da integridade psíquica protegida, configurando o dano de assédio de consumo.

Neste ponto, é importante mencionar que a demonstração do dano demanda a ponderação de interesses. Desse modo, só haverá dano quando a conduta, afetando

---

19. MIRAGEM, Bruno. O ilícito e o abusivo: propostas para uma interpretação sistemática das práticas abusivas nos 25 anos. *Revista de Direito do Consumidor*: RDC, São Paulo, v. 104, p. 99-127, mar.-abr. 2016.

20. A título de exemplo, cite-se relevante caso anunciado pelas mídias digitais. TAKAR, Téo. Bancos são condenados a pagar R$ 10 mi por prática abusiva em consignado. *Economia Uol*, [S. l.], 24 nov. 2017. Disponível em: https://economia.uol.com.br/noticias/redacao/2017/11/24/condenacao-cobranca-emprestimos-consignados-servidores-publicos-bancos-rj.htm. Acesso em: 08 jul. 2021.

21. É vedado ao fornecedor de produtos ou serviços, dentre outras práticas abusivas. [...] [...] IV – prevalecer-se da fraqueza ou ignorância do consumidor, tendo em vista sua idade, saúde, conhecimento ou condição social, para impingir-lhe seus produtos ou serviços. BRASIL. *Lei 8.078, de 11 de setembro de 1990*. [Código de Defesa do Consumidor]. Dispõe sobre a proteção do consumidor e dá outras providências. Disponível em: http://www.planalto.gov.br/ccivil_03/ leis/l8078.htm. Acesso em: 08. jul. 2021.

22. VERBICARO, Dennis; RODRIGUES, Lays; ATAÍDES, Camille. Desvendando a vulnerabilidade comportamental do consumidor: uma análise jurídico-psicológica do assédio de consumo. *Revista de Direito do Consumidor*: RDC, São Paulo, v. 119, p. 349-384, set.-out. 2018.

23. MARQUES, Claudia Lima. *Contratos no código de defesa do consumidor*: o novo regime das relações contratuais. São Paulo: Thomson Reuters Brasil, 2019. *E-book*.

24. SCHREIBER, Anderson. *Novos paradigmas da responsabilidade civil*: da erosão dos filtros da reparação à diluição dos danos. São Paulo: Atlas, 2012. p. 107.

interesse juridicamente tutelado, não seja razoável ou tolerada, tendo como base os interesses contrapostos. Essa ponderação de interesses, no direito civil, já é exercida por institutos como o abuso de direito e a boa-fé objetiva.

Sendo assim, por mais que o *telemarketing* e demais ofertas tenham sustentação na livre iniciativa econômica, o sossego, em especial do idoso aposentado, surge como interesse jurídico que deve ter prevalência nesse embate. Afinal, há sempre de se lembrar da prevalência dos interesses existenciais sobre os interesses patrimoniais.

Daí é possível notar que a tutela dos idosos frente às publicidades de crédito pressupõe o reconhecimento do assédio de consumo como um dano, afinal, é inegável que a perturbação ou a importunação indevida praticada pelas ofertas, alimentadas por dados pessoais dos idosos aposentados, configura lesão ao interesse jurídico tutelado e, consequentemente, dano à pessoa em sua integridade humana.

Ressalta-se que a própria noção de dano sofre fortes mutações ao se considerar as alterações dos perfis sociais em dadas sociedades, de modo que, em um sistema jurídico que enquadra a pessoa como epicentro jurídico, como o brasileiro, é possível notar a progressiva valorização da dimensão existencial nas relações jurídicas.[25] Como base nisso, é preciso destacar que o dano de assédio de consumo se qualifica como dano extrapatrimonial, mais especificadamente na figura do dano moral puro, tendo em vista ser fato desabonador que prejudica o cotidiano saudável da vítima, notadamente pela impacto psíquico que causa.

Em resumo, é possível perceber que o dano aqui analisado se funda na lesão da pessoa à liberdade de atuar de forma plena na realização de sua esfera individual, comprometendo, em última análise, a sua qualidade digna de vida. Em resumo, é possível enquadrar o assédio de consumo como uma espécie de dano extrapatrimonial, que vai além do prejuízo material ou pecuniário.[26]

Dito de outro modo, toda pessoa tem direito de não ser molestada por quem quer que seja, em qualquer aspecto da vida, seja físico, psíquico ou social. Isso porque o ser humano tem o direito viver da melhor forma que quiser, sem a interferência nociva da ninguém, isto é, de forma autônoma. Conforme se nota, "essa é a agenda do ser

---

25. PERLINGIERI, Pietro *O direito civil na legalidade constitucional*. Rio de Janeiro: Renovar, 1999. p. 760.

26. Aponta também a doutrina que: "O assédio de consumo é caracterizado pela prática de condutas agressivas, que afetam diretamente a liberdade de escolha do consumidor e, em situações mais graves e continuadas, seus próprios projetos de vida, atentando contra sua esfera psíquica, que, em meio a tantas estratégias manipuladoras, é subjugado e levado a ceder às pressões do mercado. O que assusta é a velocidade com que esse fenômeno vem se sofisticando, já que, diante da reiteração de tais práticas, o consumidor acaba por assimilá-las como algo natural e, por conseguinte, aceitável. Desse modo, a vulnerabilidade típica das relações consumeristas deve ser ressignificada à luz dessa nova realidade, sendo compreendida também em seu sentido comportamental e não apenas econômico." VERBICARO, Dennis; RODRIGUES, Lays; ATAÍDES, Camille. Desvendando a vulnerabilidade comportamental do consumidor: uma análise jurídico-psicológica do assédio de consumo. *Revista de Direito do Consumidor*: RDC, São Paulo, v. 119, p. 349-384, set.-out. 2018.

humano: caminhar com tranquilidade, no ambiente em que sua vida se manifesta rumo ao seu projeto de vida."[27]

Sendo assim, ao defender que o *telemarketing* importunador, não solicitado, realizado de forma massiva, em horários inadequados, configura assédio de consumo, reconhece-se também a necessária revisitação do "direito de ser deixado em paz", afinal, esse direito decorre da privacidade e, hoje, precisa passar por uma releitura, sob a ótica da proteção de dados pessoais.

Desse modo, não há dúvidas de que as novas tecnologias, aliadas as novas formas de comunicação social, impõem novas modalidades de publicidades, personalizadas e importunadoras, que irritam o sistema jurídico a reagir e fornecer respostas, em especial mediante os instrumentos que ganham destacada relevância, notadamente a responsabilidade civil, pautada na proteção de dados pessoais.

4. A RESPONSABILIDADE CIVIL PELA PUBLICIDADE ABUSIVA: A CONCREÇÃO DO DIREITO AO SOSSEGO A PARTIR DA TUTELA DOS DADOS PESSOAIS

A despeito de tudo isso, é preciso limitar o assédio irrefreável das fornecedoras de crédito. Logo, para enfrentar a problemática proposta, é preciso destacar que o Estado democrático de Direito tem como fundamento as funções que a própria Constituição Federal deve buscar, a saber, i) impor a responsabilidade como limite às liberdades; ii) tutelar a ordem pública; e iii) atingir ao bem comum da sociedade democrática.[28]

Por isso, a concepção de que as práticas de mercado podem subsistir sob a lógica da ampla liberdade fraqueja-se frente ao sistema jurídico que se preocupa com o combate dos abusos e, consequentemente, com a prevenção dos danos que a pessoa humana pode sofrer em sua integridade, física ou psíquica, contemplando o amplíssimo "direito à saúde", como completo bem-estar psicofísico e social.[29]

E é justamente na proteção mais efetiva da pessoa que está o renovado olhar da responsabilidade civil, de modo que o dano passa a ser visto como cláusula geral, em especial quando se trata de direitos fundamentais. Tal análise se dá numa perspectiva dinâmica e concreta em face do interesse lesivo, e não mais na identificação do agente do ato ilícito, afastando-se do apego excessivo à demonstração de culpa.

Como se não bastasse, vale destacar que o sistema jurídico deve ir além de simplesmente agir com a força compensatória, ou seja, é preciso transcender "a epiderme do dano, para alcançar o ilícito em si, seja para preveni-lo, remover os ganhos indevidamente dele derivados ou, em situações excepcionais, punir comportamentos

---

27. DESSAUNE, Marcos. *Desvio produtivo do consumidor*: o prejuízo do tempo desperdiçado. São Paulo: Ed. RT, 2017. p. 140-141.
28. NABAIS, José Casalta. *Por uma liberdade com responsabilidade*: estudos sobre direitos e deveres fundamentais. Coimbra: Coimbra Editora, 2007. p. 30.
29. BODIN DE MORAES, Maria Celina. *Na medida da pessoa humana*: estudos de direito civil-constitucional. Rio de Janeiro: Renovar, 2016. p. 96.

exemplarmente negativos".[30] Daí se extrai as finalidades da responsabilidade civil, quais sejam, reparar ou compensar o dano, punir o ilícito e prevenir o risco.

Em resumo, a responsabilidade civil, em que pese suas diversas funções já consagradas, necessita sempre desempenhar o papel central de desestímulo a comportamentos antijurídicos e atividades que imponham riscos ou ameaças desnecessárias à coletividade, principalmente às pessoas humanas, baseando-se na hermenêutica humanista. É dizer que, no atual contexto, a responsabilidade representa conceito básico e essencial na relação entre ética e Direito, tendo em vista que é ela que objetiva e formaliza as ideias e a relação entre liberdades e limites.[31]

Vale destacar também que a responsabilidade civil de consumo caminha mais no sentido de prevenir os danos (tutela preventiva), para além de esperar que ocorram para posterior reparação (tutela repressiva). Inclusive, a prevenção de danos é direito básico do consumidor, nos termos do art. 6, inciso VI.[32] Tudo isso indica que a responsabilidade civil de consumo, apesar de reconhecer ampla liberdade aos fornecedores, impõe uma porção de limites, especialmente visando a tutela da parte mais fraca da relação. E tal limitação ganha contornos ainda mais nítidos quando se trata de hipervulneráveis, como os idosos.

As reflexões expostas revelam que é preciso realizar a concreção do direito ao sossego do idoso, especialmente no que se refere à garantia dos aposentados de não serem importunados pelas ofertas de crédito realizadas pelo *telemarketing*. Trata-se de uma necessidade social contemporânea, exigindo do Direito, portanto, uma resposta capaz de tutelar esse sujeitos em situação de vulnerabilidade agravada.

Esse direito ao sossego deve ser instrumentalizado a partir da responsabilidade civil, tendo em vista que é o instrumento jurídico apto a garantir a tutela dos direitos fundamentais frente às relações entre pessoas privadas, impondo limites e obrigações. É exatamente por isso que é possível afirmar que o direito ao sossego enquadra-se como uma releitura do "direito a ser deixado em paz", atrelado ao clássico direito de privacidade, mas agora, contextualizado à proteção de dados pessoais.[33]

Em última análise, a liberdade humana efetiva só atingirá o seu grau máximo quando as pessoas não estiverem submetidas a qualquer tipo pressão ou assédio, principalmente se dolosamente criadas pelo mercado. Portanto, o direito ao sossego, como faceta negativa da proteção de dados pessoais, isto é, como proibição do uso

---

30. ROSENVALD, Nelson. *A responsabilidade civil pelo ilícito lucrativo.* Salvador: JusPodivm, 2019. p. 26.
31. FARIAS, Cristiano Chaves de; NETTO, Felipe Peixoto Braga; ROSENVALD, Nelson. *Novo tratado de responsabilidade civil.* São Paulo: Saraiva Educação, 2019. p. 34.
32. "São direitos básicos do consumidor a efetiva prevenção e reparação de danos patrimoniais e morais, individuais, coletivos e difusos." BRASIL. *Lei 8.078, de 11 de setembro de 1990.* [Código de Defesa do Consumidor]. Dispõe sobre a proteção do consumidor e dá outras providências. Disponível em: http://www.planalto.gov. br/ccivm_03/leis/l8078.htm. Acesso em: 08. jul. 2021.
33. BASAN, Arthur Pinheiro; ENGELMANN, WILSON; REICH, José Antônio. A Lei Geral de Proteção de Dados Pessoais e a tutela dos direitos fundamentais nas relações privadas. *Interesse Público*, v. 121, p. 77-110, 2020.

DO IDOSO SOSSEGADO AO APOSENTADO TELEFONISTA **651**

de dados pessoais do consumidor fora das causas legais, deve ser instrumentalizado pela responsabilidade civil.

Isso porque, em que pese tenha o artigo 5º da Constituição Federal estabelecido diversos direitos fundamentais que devem ser protegidos inclusive nas relações entre particulares, como a intimidade e a vida privada[34], a Carta Magna não determinou as devidas garantias fundamentais capazes de instrumentalizar essas tutelas. Vale lembrar que o reconhecimento e a previsão de um direito fundamental na Constituição não são suficientes para assegurar a devida efetividade, sendo, assim, necessários instrumentos jurídicos capazes de protegê-lo perante ameaças de violação.[35]

Assim, por meio de uma interpretação sistêmica do Direito, inclusive partindo das pistas extraídas do próprio artigo 5º, inciso X, o qual assegura o direito a indenização pelo dano material ou moral decorrente violação dos direitos supracitados, é possível defender que a responsabilidade civil, em verdade, visando a tutela da pessoa humana, pode fazer as vezes de verdadeira garantia fundamental.

Com base nisso, a privacidade, especialmente sob o viés da proteção de dados pessoais, enquanto situação jurídica existencial, reclama ampla tutela e promoção, tanto no âmbito material quanto no âmbito processual, diante das lesões que mitigam a sua potência. Verifica-se, assim, largo diálogo entre a tutela inibitória e a responsabilidade civil.

Desse modo, é preciso priorizar a tutela da pessoa humana, por meio da limitação das práticas publicitárias, em desfavor da liberdade total e irrestrita das ofertas de crédito. Afinal, a partir do momento em que o consumidor idoso e aposentado é insistentemente molestado por ligações perturbadoras de *telemarketing*, sua liberdade e integridade psíquica estão sendo violadas.

Daí porque além das projeções contra o ilícito (inibição e remoção), a responsabilidade civil também promove a tutela preventiva, considerando a ameaça de lesão, que não deixa de ser dano pela turbação, sem desconsiderar a cominatória de cessação de lesão, obrigando o lesante a interromper o dano em execução.[36] Sempre destacando que a tutela preventiva não exclui a eventualidade de ocorrência de danos, pois a simples exposição a perigos ou riscos desproporcionais já configura turbação da paz do ofendido, caracterizando lesão a interesse jurídico tutelável, ou seja, dano extrapatrimonial.[37]

---

34. Nos termos da Constituição Federal: "Art. 5º. X – são invioláveis a intimidade, a vida privada, a honra e a imagem das pessoas, assegurado o direito a indenização pelo dano material ou moral decorrente de sua violação" BRASIL. [Constituição, 1988]. *Constituição da República Federativa do Brasil de 1988*. Disponível em: http://www.planalto.gov.br/ccivil_03/constituicao/ constituicao. html. Acesso em: 08. jul. 2021.

35. BASAN, Arthur Pinheiro. Habeas Mente: garantia fundamental de não ser molestado pelas publicidades virtuais de consumo. *Revista de Direito do Consumidor*, v. 131/2020, p. 149-176, 2020.

36. NANNI, Giovanni Ettore (Coord.). *Comentários ao código civil*: direito privado contemporâneo. São Paulo: Saraiva Educação, 2019. p. 94.

37. NANNI, Giovanni Ettore (Coord.). *Comentários ao código civil*: direito privado contemporâneo. São Paulo: Saraiva Educação, 2019. p. 94.

Assim, o texto objetiva levantar limites a serem analisados e repensados no que se refere às publicidades de crédito, segundo o prisma de que o ser humano tem, em sua integridade, o fator psicofísico, de modo que o sossego, especialmente dos idosos, é um direito fundamental. Em outras palavras, a oferta de crédito precisa encontrar demarcações, por meio de controles exigidos, por exemplo, pela proteção de dados pessoais, sempre tendo a promoção da pessoa humana como fundamento.

5. CONSIDERAÇÕES FINAIS

Pelo exposto, ao analisar o assédio provocado pelas ofertas de crédito direcionadas aos idosos aposentados, é necessária uma revisitação dos procedimentos de tutela presentes no sistema jurídico. Trata-se, ao fim e ao cabo, de verdadeira reformulação de limites às liberdades do mercado, o que implica o reconhecimento do papel da responsabilidade civil na garantia de direitos fundamentais.

Partindo desse raciocínio, a publicidade, enquanto prática de mercado, está estritamente relacionada à livre iniciativa econômica, tendo em vista que o mercado mantém expressões e regras próprias, amoldando-se a publicidade como o "falar do mercado",[38] no intuito de promover o lucro mercantil. Em contrapartida, a tutela dos direitos fundamentais é uma das necessárias formas para impedir que o avanço mercadológico viole o direito das pessoas de viverem sem interferências alheias e, além disso, sem sofrerem fortes pressões para o consumo desenfreado, violador da vida substancialmente livre.

Assim, defender que o assédio de consumo pode se enquadrar como dano consiste também em notar que o idoso possui o direito de não ser molestado ou perturbado com a finalidade única de induzir à aquisição de crédito financeiro, na maioria das vezes irresponsável. Tudo isso levando em consideração que a defesa contra o assédio de consumo pode ser reconhecida a partir do direito ao sossego, inerente à ideia de a pessoa não ser importunada a partir do seus dados pessoais, notadamente as informações de sua aposentadoria. Trata-se, portanto, de um problema atual e grave, exigindo do Direito uma resposta capaz de tutelar esses hipervulneráveis.

Inegavelmente, a questão deve ser tratada com vistas à imposição de limites aos abusos das práticas do mercado financeiro, que além de assediar indevidamente ao consumo, perturbam os idosos que atingem a aposentadoria. Tudo isso para dar a base ao reconhecimento do direito ao sossego, como faceta negativa do direito fundamental de proteção de dados.

Afinal, se no século XIX o direito de privacidade, em seu aspecto negativo, ganhou força sob o manto do "direito de ser deixado em paz", na atual sociedade, a

---

38. BAUDRILLARD, Jean apud MARTINS, Fernando Rodrigues; FERREIRA, Keila Pacheco. Da idade média à idade mídia: a publicidade persuasiva digital na virada linguística do Direito. In: PASQUALOTTO, Adalberto (organizador). *Publicidade e proteção da infância. Volume 2.* Porto Alegre: Livraria do Advogado. 2018. p. 80.

proteção dos dados pessoais apresenta-se como instrumento necessário para garantir a devida paz às pessoas. Por isso, ao atiginr a idade avançada, o que deve ser garantido ao idoso, aposentado, que dedicou a vida ao trabalho, é paz, sossego e condições minimamente dignas para a contemplação do resto da vida. Admitir que o aposentado precise cumprir a função de "telefonista de ofertas de crédito" é desrespeitar, em última análise, a própria dignidade da pessoa humana.

6. REFERÊNCIAS BIBLIOGRÁFICAS

BARBER, Benjamin R. *Consumido*. Rio de Janeiro: Record, 2009.

BASAN, Arthur Pinheiro. Habeas Mente: garantia fundamental de não ser molestado pelas publicidades virtuais de consumo. *Revista de Direito do Consumidor*, v. 131/2020, p. 149-176, 2020.

BASAN, Arthur Pinheiro. Publicidade digital e proteção de dados pessoais: o direito ao sossego. Indaiatuba: Editora Foco, 2021.

BASAN, Arthur Pinheiro; ENGELMANN, WILSON; REICH, José Antônio. A Lei Geral de Proteção de Dados Pessoais e a tutela dos direitos fundamentais nas relações privadas. *Interesse Público*, v. 121, p. 77-110, 2020.

BASAN, Arthur Pinheiro; FALEIROS JÚNIOR, José Luiz de Moura. A proteção de dados pessoais e a concreção do direito ao sossego no mercado de consumo. *Civilistica.com – Revista Eletrônica de Direito Civil*, v. 9(3), p. 1-27, 2020.

BASAN, Arthur Pinheiro; FALEIROS JÚNIOR, José Luiz de Moura. A tutela do corpo eletrônico como direito básico do consumidor. *Revista dos Tribunais*, v. 1021, p. 1-29, 2020.

BASAN, Arthur Pinheiro; JACOB, Muriel Amaral. Habeas Mente: a responsabilidade civil como garantia fundamental contra o assédio de consumo em tempos de pandemia. *Revista IBERC*, v. 3, p. 161-189, 2020.

BENJAMIN, Antônio Herman Vasconcellos. O controle jurídico da publicidade. *Revista de Direito do Consumidor*, São Paulo, n. 9, jan.-mar. 1994.

BODIN DE MORAES, Maria Celina. *Na medida da pessoa humana*: estudos de direito civil-constitucional. Rio de Janeiro: Renovar, 2016.

BOLESINA, Iuri. *Direito à extimidade*: as inter-relações entre identidade, ciberespaço e privacidade. Florianópolis: Empório do Direito, 2017.

BRASIL. [Constituição, 1988). *Constituição da República Federativa do Brasil de 1988*. Disponível em: http://www.planalto.gov.br/ccivil_03/constituicao/ constituicao. html. Acesso em: 08 jul. 2021.

BRASIL. Lei 8.078, de 11 de setembro de 1990. *[Código de Defesa do Consumidor]. Dispõe sobre a proteção do consumidor e dá outras providências*. Disponível em: http://www.planalto.gov.br/ccivil_03/ leis/l8078.htm. Acesso em: 08 jul. 2021.

BRITO, Sabrina. Pessoas acima de 60 anos embarcam cada vez mais no universo digital. *Veja*, [S. l.], n. 12 mar. 2021. Disponível em: https://veja.abril.com.br/tecnologia/pessoas-acima-de-60-anos-embarcam-cada-vez-mais-no-universo-digital/ Acesso em: 06 jul. 2021.

DESSAUNE, Marcos. *Desvio Produtivo do consumidor*: o prejuízo do tempo desperdiçado. São Paulo: Ed. RT, 2017.

FARIAS, Cristiano Chaves de; NETTO, Felipe Peixoto Braga; ROSENVALD, Nelson. *Novo tratado de responsabilidade civil*. São Paulo: Saraiva Educação, 2019.

IBGE NOTÍCIAS. *Número de idosos cresce 18% em 5 anos e ultrapassa 30 milhões em 2017*. [S. I.] 26 abr. 2018. Disponível em: https://agenciadenoticias.ibge.gov.br/agencia-noticias/2012-agencia-de-noticias/noticias/ 20980-numero-de-idosos-cresce-18-em-5-anos-e-ultrapassa-30-milhoes-em-2017. Acesso em: 07 jul. 2021.

JORNAL DA USP. *Em 2030, Brasil terá a quinta população mais idosa do mundo*. [S. l.], 07 jun. 2018. Disponível em: https://jornal.usp.br/?p=165490. Acesso em 07 jul. 2021.

MARQUES, Claudia Lima. *Contratos no código de defesa do consumidor*: o novo regime das relações contratuais. São Paulo: Thomson Reuters Brasil, 2019. *E-book*.

MARQUES, Claudia Lima; MIRAGEM, Bruno. "Serviços simbióticos" do consumo digital e o PL 3.514/2015 de atualização do CDC. *Revista de Direito do Consumidor*: RDC, São Paulo, v. 132, p. 91-118, nov.-dez. 2020.

MARQUES, Claudia Lima; MIRAGEM, Bruno; MOESCH, Teresa Cristina. Comentários ao anteprojeto de lei geral de defesa do consumidor do Estado do Rio Grande do Sul, da OAB/RS. *Revista de Direito do Consumidor*: RDC, São Paulo, v. 90, p. 399-406, nov.-dez. 2013.

MARTINS, Fernando Rodrigues; FERREIRA, Keila Pacheco. Da idade média à idade mídia: a publicidade persuasiva digital na virada linguística do Direito. In: PASQUALOTTO, Adalberto (Org.). *Publicidade e proteção da infância. Volume 2*. Porto Alegre: Livraria do Advogado. 2018.

MIRAGEM, Bruno. O ilícito e o abusivo: propostas para uma interpretação sistemática das práticas abusivas nos 25 anos. *Revista de Direito do Consumidor*: RDC, São Paulo, v. 104, p. 99-127 mar.-abr. 2016.

NABAIS, José Casalta. *Por uma liberdade com responsabilidade*: estudos sobre direitos e deveres fundamentais. Coimbra: Coimbra Editora, 2007.

NANNI, Giovanni Ettore (Coord.). *Comentários ao Código Civil*: direito privado contemporâneo. São Paulo: Saraiva Educação, 2019.

NICOLELIS, Miguel. *Muito além do nosso eu*: a nova neurociência que une cérbero e máquinas e como ela pode mudar nossas vidas. São Paulo: Planeta, 2017.

PERLINGIERI, Pietro O *direito civil na legalidade constitucional*. Rio de Janeiro: Renovar, 1999.

ROSENVALD, Nelson. A *responsabilidade civil pelo ilícito lucrativo*. Salvador: JusPodivm, 2019.

SCHREIBER, Anderson. *Novos paradigmas da responsabilidade civil*: da erosão dos filtros da reparação à diluição dos danos. São Paulo: Atlas, 2012.

TAKAR, Téo. Bancos são condenados a pagar R$ 10 mi por prática abusiva em consignado. *Economia Uol*, [S. l.], 24 nov. 2017. Disponível em: https://economia.uol.com.br/noticias/redacao/2017/11/24/condenacao-cobranca-emprestimos-consignados-servidores-publicos-bancos-rj.htm. Acesso em: 08 jul. 2021.

TORRES, Cláudio. A *bíblia do marketing digital*: tudo o que você queria saber sobre marketing e publicidade na internet e não tinha a quem perguntar. São Paulo: Novatec, 2018.

VERBICARO, Dennis; RODRIGUES, Lays; ATAÍDES, Camille. Desvendando a vulnerabilidade comportamental do consumidor: uma análise jurídico-psicológica do assédio de consumo. *Revista de Direito do Consumidor*: RDC, São Paulo, v. 119, p. 349-384, set.-out. 2018.

O MÉTODO BIFÁSICO DE ARBITRAMENTO DA INDENIZAÇÃO POR DANOS MORAIS NAS RELAÇÕES DE CONSUMO

Alexandre Guerra

Doutor e Mestre em Direito Civil pela PUC-SP. Professor de Direito Civil (Escola Paulista da Magistratura e Faculdade de Direito de Sorocaba). Juiz Coordenador Regional da Escola Paulista da Magistratura. Professor convidado nos Cursos de Pós-Graduação da PUC-SP/COGEAE. Juiz de Direito no Estado de São Paulo. Membro Fundador do Instituto de Direito Privado, do Instituto Brasileiro de Estudos de Responsabilidade Civil e do Instituto Brasileiro de Direito Contratual. Autor e coordenador de obras e artigos jurídicos.

Let everything happen to you
Beauty and terror
Just keep going
No felling is final
(Rainer Maria Rilke)

Sumário: 1. Introdução – 2. Posição do problema – 3. Aplicação concreta do método bifásico pelo STJ: análise do Recurso Especial 959.780/ES – 4. Importância na construção de um modelo adequado na realização do direito fundamental de tutela do consumidor – 5. Proposições conclusivas – 6. Referências bibliográficas.

1. INTRODUÇÃO

Honra-me o gentil convite formulado pelos ilustres juristas Roberta Densa, Carlos Edison do Rêgo Monteiro Filho, Guilherme Magalhães Martins e Nelson Rosenvald a participar dessa notável obra do IBERC que trata da necessária relação entre a Responsabilidade Civil e o Direito do Consumidor. Uma vez mais, o desafio é grande, confesso, mas dele não me furtarei. Em um primeiro momento, delinearei os contornos (e as dificuldades) de fixar-se *aprioristicamente* um valor suficiente à indenização de danos morais: encontrar uma quantia que, a um só tempo, bem possa atender à função compensatória da responsabilidade civil (para a vítima, *proporcionando a ela prazeres em contraprestação ao mal sofrido*, como doutrina e jurisprudência insistem em referir), bem como se ponha a realizar os perfis pedagógico/punitivo e promocional do Direito de Danos na contemporaneidade. Não é fácil encontrar essa importância, em especial diante do (justo) receio de que haja, se for expressiva demais, o enriquecimento indevido da própria vítima, o que o Direito não deseja. Em um segundo momento, apresentarei algumas linhas respeito do método bifásico de arbitramento de indenização por danos morais, que tem sido praticado, a meu ver com acerto, pelo Superior Tribunal de Justiça, para conferir segurança e previsibilidade aos julgamentos, de um lado, e, de outro, para realizar o ideal de corporificação do *Justo em concreto*. Por fim, tratarei da importância de observar-se tal critério nas relações de consumo, que, por determinação constitucional, tutelam um o Direito fundamental de proteção cabal ao consumidor. São apenas reflexões de um tema ainda em construção; *no felling is final*. Espero possam essas ideias instigar o leitor.

2. POSIÇÃO DO PROBLEMA

Um dos mais tormentosos temas que desafia os danos morais reside na sua quantificação. De regra, é certo que não há critérios legais preestabelecidos para essa hercúlea tarefa. É verdade que, tempos atrás, já se cogitou, seja na doutrina, seja na jurisprudência, seja na própria legislação, criar-se balizas normativas prévias que deveriam ser observadas rigorosamente pelo julgador quando chamado a assim decidir. Nas relações de trabalho, verdade seja dita, há o art. 223-G da Consolidação das Leis do Trabalho, alterado pela Lei Federal 13.467/17.[1] As críticas contra tal postura legislativa são duras; especialistas em Direito laboral afirmam a inconstitucionalidade dessa regra,[2] dentre outros fundamentos, pois a Constituição Federal de 1988, nos incisos V e X do art. 5º, fixa o direito à indenização dos danos morais sem estabelecer quaisquer critérios limitativos (condicionantes quantitativas) ao Princípio da reparação integral, razão pela qual não caberia ao legislador infraconstitucional assim proceder. Nas relações de consumo (e nas relações de Direito Civil em geral) não é possível cogitar-se da aplicação de tais parâmetros trabalhistas, por certo, em especial por força do Princípio (critério) da especialidade, de modo que as Cortes de Justiça ordinárias reiteradamente afastam (com total acerto) a incidência de tais critérios em relações civis em geral.

A experiência mostra que o ideal de segurança jurídica não se realizou como se imaginara com a criação de valores previamente definidos de indenização de danos morais. Na verdade, essa iniciativa mais serviu como fator de injustiça e iniquidade, ao igualar e equivaler o que, por sua própria estrutura, é desigual e não equivalente. A quantificação da indenização dos danos extrapatrimoniais é pessoal e particular e, porto, inigualável *a priori*. Note que essa questão voltou à baila há poucos dias, quando do lançamento do filme *Worth* (entre nós, *Quanto vale?* [2020]), de Sara

---

1. Consolidação das Leis do Trabalho. Art. 223-G. (...). § 1º. Se julgar procedente o pedido, o juízo fixará a indenização a ser paga, a cada um dos ofendidos, em um dos seguintes parâmetros, vedada a acumulação: I – ofensa de natureza leve, até três vezes o último salário contratual do ofendido; II – ofensa de natureza média, até cinco vezes o último salário contratual do ofendido; III – ofensa de natureza grave, até vinte vezes o último salário contratual do ofendido; IV – ofensa de natureza gravíssima, até cinquenta vezes o último salário contratual do ofendido. § 2º. Se o ofendido for pessoa jurídica, a indenização será fixada com observância dos mesmos parâmetros estabelecidos no § 1º deste artigo, mas em relação ao salário contratual do ofensor. § 3º. Na reincidência entre partes idênticas, o juízo poderá elevar ao dobro o valor da indenização.
2. Por todos, ver: ZARAMELO, Renan Binotto. *Dano moral trabalhista*: a inconstitucionalidade da tarifação celetista. In: https://www.migalhas.com.br/depeso/342125/dano-moral-trabalhista-a-inconstitucionalidade-da-tarifacao-celetista. Acesso: 20 out. 2021.

Corangelo). Baseado em fatos, a obra narra o drama do advogado Kenneth Feinberg, que recebeu do Congresso norte-americano a grave incumbência de, na condição de *administrador especial*, gerir um fundo especialmente criado para compensar as vítimas dos ataques de 11 de setembro (*September 11th Victim Compensation Fund*). A pergunta central do filme (que importa para os passos que pretendo aqui trilhar) é: *é possível identificar um único valor que realize concretamente o valor ideal (e justo) de indenização por danos extrapatrimoniais a pessoas que se encontram em situações e contextos sociais, econômicos, profissionais e culturais absolutamente distintos?* A resposta é negativa, sem dúvida, como se colhe da doutrina de Ricardo Dal Pizzol;[3] "(q) ualquer tentativa de *tarifamento* legal ou jurisprudencial nessa matéria está fadada ao insucesso (da mesma forma que fracassou a fórmula única inicialmente aplicada no *September 11th Victim Compensation Fund*)".

Lucas Girardello Faccio[4] destaca que o tabelamento da indenização de danos morais não escapou da preocupação do Direito italiano. Na Itália, a construção das tabelas não partiu da pena do legislador (o que se poderia objetar malferir o Princípio da legalidade), mas sim dos *Observatórios de Justiça,* em especial o de Milão, que elaborou sua primeira tentativa entre os anos de 1995 e 1996, e cuja aplicação perdurou até o ano de 2004. Como acentua o autor, a solução não trouxe os benefícios esperados, pois "(o) que parecia ser a solução para harmonizar os julgamentos reparatórios no país começou a enfrentar o mesmo problema de desarmonia entre os valores indenizatórios. Cada Tribunal construiu sua própria tabela, havia, por exemplo, a tabela da região de Florença, de Roma, de Milão entre outras. Tentou-se, inclusive, elaborar uma única tabela nacional, mas isso se mostrou inviável."

O problema central que atormenta aos estudiosos do Direito, então, como se vê com nitidez a partir dessas brevíssimas considerações, reside em identificar critério científico adequado para realizar, a um só tempo, os Direitos fundamentais de segurança jurídica e de realização de Justiça no caso concreto. Nas relações de consumo, situações jurídicas massivas por excelência, a necessidade de definir-se corretamente critérios (e valores) assume relevância ímpar, até mesmo para que o Poder Judiciário não descumpra sua missão precípua e sirva como um fator de insegurança jurídica, em uma verdadeira *loteria judiciária* que confira soluções (e valores) díspares para situações fáticas semelhantes. Esse problema de inconsistência, incoerência e desarmonia dos julgamentos, como é notório, desperta a mais intensa preocupação da doutrina e jurisprudência. Nessa quadra, a meu ver, entra em cena o critério bifásico de indenização dos danos extrapatrimoniais, idealizado no Brasil pelo colendo Superior Tribunal de Justiça, e sobre o qual passarei a me debruçar.

---

3. PIZZOL, Ricardo Dal. *Quanto vale uma vida? 11 de setembro, Covid-19 e jurisprudência do STJ.* In: https://www.migalhas.com.br/coluna/migalhas-de-responsabilidade-civil/351935/quanto-vale-uma-vida-11-de--setembro-covid-19-e-jurisprudencia-do-stj. Acesso em: 20 out. 2021.
4. FACCIO, Lucas Girardello. *Um olhar sobre o tabelamento de danos extrapatrimoniais na Itália.* In: https://www.migalhas.com.br/coluna/migalhas-de-responsabilidade-civil/342568/um-olhar-sobre-o-tabelamen-to-dos-danos-extrapatrimoniais-na-italia. Acesso em: 20 out. 2021.

3. APLICAÇÃO CONCRETA DO MÉTODO BIFÁSICO PELO STJ: ANÁLISE DO RECURSO ESPECIAL 959.780/ES

Há cerca de uma década, a partir de voto da pena do e. Min. Paulo de Tarso Sanseverino, a 3ª Turma do STJ sustenta ser tecnicamente correta a adoção do *critério bifásico* na tarefa de quantificação da indenização por danos morais. Em pesquisa eletrônica realizada no *site* da Corte Especial, é possível afirmar que essa tese foi sustentada nos autos de Recurso Especial 959.780/ES, em 26 de abril de 2011. Antes, a mesma Terceira Turma da Corte, nos julgados de e. Min. Nancy Andrighi, já havia acenado pela possibilidade de acolhida desse entendimento.[5] Na quantificação de danos morais, foi assentada a necessidade de se respeitar, em primeiro lugar, os precedentes da Corte, em nome da realização do Direito fundamental de segurança jurídica. Assim se fez nos autos de Recurso Especial 710.879/MG (j. 19.06.2006); "(d)os julgados do STJ sobre o tema, verifica-se que os valores fixados a título de danos morais, em hipóteses semelhantes, têm oscilado entre o equivalente a 200 e 625 salários mínimos, valores esses divididos entre os postulantes da reparação, se houver mais de um".[6] Na segunda fase, é dever da Corte observar as particularidades do caso concreto, para, realizando a Justiça, *manter-se, elevar-se* ou *reduzir-se* o valor considerado nos precedentes. A meu viso, é a posição que hoje melhor atende aos objetivos estabelecidos no artigo 5º da LINDB, "a aplicação da lei, o juiz atenderá aos fins sociais a que ela se dirige e às exigências do bem comum". Garante a harmonia e estabilidade que brota dos precedentes e não descuida do dever de realizar a justiça em concreto. Tal dever de bem agir, vale lembrar, é afirmado no art. 8º do CPC: "ao aplicar o ordenamento jurídico, o juiz atenderá aos fins sociais e às exigências do bem comum, resguardando e promovendo a dignidade da pessoa humana e observando a proporcionalidade, a razoabilidade, a legalidade, a publicidade e a eficiência".

---

5. Ementa: "Direito Civil e Processual Civil. Ação de indenização por danos morais e materiais. Acidente rodoviário sofrido por passageiro de transporte coletivo. Resultado morte. (...) Ao STJ é dado revisar o arbitramento da compensação por danos morais quando o valor fixado destoa daqueles estipulados em outros julgados recentes deste Tribunal, observadas as peculiaridades de cada litígio. A sentença fixou a título de danos morais o equivalente a quinhentos salários mínimos para cada recorrente; o acórdão reduziu o valor para vinte mil reais para a mãe, vinte mil reais para o pai, e dez mil reais para a irmã. – Com base nos precedentes encontrados referentes à hipóteses semelhantes e consideradas as peculiaridades do processo, fixa-se em sessenta mil reais para cada um dos recorrentes, o valor da compensação por danos morais. (...)" (REsp 710.879/MG, rel. Min. Nancy Andrighi, 3ª T., j. 1º jun. 2006, *DJ* 19 jun. 2006, p. 135). Disponível em: https://scon.stj.jus.br/SCON/GetInteiroTeorDoAcordao?num_registro=200401778824&dt_publicacao=19/06/2006. Acesso em: 1º out. 2021.

6. Colhe-se do voto: "Exemplificam esse posicionamento, os seguintes precedentes, todos eles relacionados a acidente envolvendo transporte coletivo com resultado morte de passageiro: i) REsp 721.091/SP, rel. Min. Jorge Scartezzini, *DJ* de 1º/2/06 – majoração do valor de R$ 120.000,00 (cento e vinte mil reais) equivalente à época a 500 (quinhentos) salários mínimos, para R$ 150.000,00 (cento e cinqüenta mil reais), equivalente a 625 (seiscentos e vinte e cinco) salários mínimos, destinados unicamente à mãe da vítima; ii) REsp 703.878/SP, Rel. Min. Jorge Scartezzini, DJ de 12/9/05 – majoração do equivalente a 200 (duzentos) salários mínimos, para R$ 150.000,00 (cento e cinqüenta mil reais), equivalente a 500 salários mínimos à época, valor destinado aos pais da vítima; iii) REsp 575.523/RJ, Rel. Min. Cesar Asfor Rocha, DJ de 2/8/04 – manutenção do valor em R$ 100.000,00 (cem mil reais), concedido à mulher da vítima (...)".

Desenvolvendo o método (critério) com a profundidade que a hipótese requer, Paulo de Tarso Sanseverino[7] argumenta que, na primeira etapa de fixação do *quantum debeatur*, o julgador deve estabelecer um valor básico para a indenização considerando o interesse jurídico lesado e *com base em grupo de precedentes jurisprudenciais que apreciaram casos semelhantes*. Sem dúvida, cuida-se de um valioso critério, que permite realizar a uniformidade e a coerência que pauta a perene busca pela boa prestação jurisdicional. Em um segundo momento, prossegue Sua Excelência, é preciso sejam consideradas *as circunstâncias próprias do caso concreto*, para que, somente então, haja a correta fixação definitiva do valor. Na segunda fase, põe-se em relevo a exigência de equidade (realização da justiça no caso concreto) por meio do arbitramento *equitativo* pelo juiz. O e. Ministro invoca, como fundamentação jurídica de sua posição, a aplicação analógica que realiza o parágrafo único do art. 952 do Código Civil. Como cediço, dispõe o *caput* da regra em foco que "a indenização por injúria, difamação ou calúnia consistirá na reparação do dano que delas resulte ao ofendido". E o parágrafo único do dispositivo em foco, no qual se apega à identificação de critério legal, preconiza que "se o ofendido não puder provar prejuízo material, caberá ao juiz fixar, equitativamente, o valor da indenização, *na conformidade das circunstâncias do caso*".

Merece transcrição parcial o voto proferido no Recurso Especial 959.780/ES, com a devida vênia, pois as razões de decidir nele invocadas permitem bem conhecer o itinerário do Ministro na construção científica da tese, que, a meu ver, reveste-se da mais absoluta razoabilidade e correção técnica, com meus destaques:

> "(...) Como é o primeiro recurso especial em que analiso a quantificação da indenização por dano moral em sessão de julgamento, tomo a liberdade de fazer uma breve digressão acerca do tema.
>
> A reparação dos danos extrapatrimoniais, especialmente a quantificação da indenização correspondente, constitui um dos problemas mais delicados da prática forense na atualidade, em face da dificuldade de fixação de critérios objetivos para o seu arbitramento.
>
> Em sede doutrinária, tive oportunidade de analisar essa questão, tentando estabelecer um critério razoavelmente objetivo para essa operação de arbitramento da indenização por dano moral (Princípio da Reparação Integral – Indenização no Código Civil. São Paulo: Saraiva, 2010, p. 275-313).
>
> Tomo a liberdade de expor os fundamentos desse critério bifásico em que se procura compatibilizar o interesse jurídico lesado com as circunstâncias do caso.

---

7. Ementa: Recurso Especial. Responsabilidade civil. Acidente de trânsito. Morte. Dano moral. *Quantum* indenizatório. Dissídio jurisprudencial. Critérios de arbitramento equitativo pelo juiz. Método bifásico. Valorização do interesse jurídico lesado e das circunstâncias do caso. 1. Discussão restrita à quantificação da indenização por dano moral sofrido pelo esposo da vítima falecida em acidente de trânsito, que foi arbitrado pelo tribunal de origem em dez mil reais. 2. Dissídio jurisprudencial caracterizado com os precedentes das duas turmas integrantes da Segunda Secção do STJ. 3. *Elevação do valor da indenização por dano moral na linha dos precedentes desta Corte, considerando as duas etapas que devem ser percorridas para esse arbitramento. 4. Na primeira etapa, deve-se estabelecer um valor básico para a indenização, considerando o interesse jurídico lesado, com base em grupo de precedentes jurisprudenciais que apreciaram casos semelhantes. 5. Na segunda etapa, devem ser consideradas as circunstâncias do caso, para fixação definitiva do valor da indenização, atendendo a determinação legal de arbitramento equitativo pelo juiz. 6. Aplicação analógica do enunciado normativo do parágrafo único do art. 953 do CC/2002.* 7. Doutrina e jurisprudência acerca do tema. 8. Recurso Especial Provido. (REsp 959.780/ES, rel. Min. Paulo de Tarso Sanseverino, 3ª T., j. 26 abr. 2011, *DJe* 06 maio 2011) Disponível em: https://scon.stj.jus.br/SCON/GetInteiroTeorDoAcordao?num_registro=200700554919&dt_publicacao=06/05/2011. Acesso em: 20 out. 2021.

I – Tarifamento legal

Um critério para a quantificação da indenização por dano extrapatrimonial seria o tarifamento legal, consistindo na previsão pelo legislador do montante da indenização correspondente a determinados eventos danosos.

A experiência brasileira, porém, de tarifamento legal da indenização por dano moral não se mostrou satisfatória.

(...) Nessas hipóteses de tarifamento legal, seja as previstas pelo CC/16, seja as da Lei de Imprensa, que eram as mais expressivas de nosso ordenamento jurídico para a indenização por dano moral, houve a sua completa rejeição pela jurisprudência do STJ, com fundamento no postulado da razoabilidade.

II – Arbitramento equitativo pelo juiz

O melhor critério para quantificação da indenização por prejuízos extrapatrimoniais em geral, no atual estágio do Direito brasileiro, é por arbitramento pelo juiz, de forma eqüitativa, com fundamento no postulado da razoabilidade.

Na reparação dos danos extrapatrimoniais, conforme lição de Fernando Noronha, segue-se o "princípio da satisfação compensatória", pois "o quantitativo pecuniário a ser atribuído ao lesado nunca poderá ser equivalente a um preço", mas "será o valor necessário para lhe proporcionar um lenitivo para o sofrimento infligido, ou uma compensação pela ofensa à vida ou integridade física" (NORONHA, Fernando. Direito das Obrigações. São Paulo: Saraiva, 2003, p. 569).

Diante da impossibilidade de uma indenização pecuniária que compense integralmente a ofensa ao bem ou interesse jurídico lesado, a solução é uma reparação com natureza satisfatória, que não guardará uma relação de equivalência precisa com o prejuízo extrapatrimonial, mas que deverá ser pautada pela eqüidade.

(...) Em Portugal, Almeida Costa chama também a atenção para aspecto semelhante, afirmando, com fundamento no art. 496, n. 3, do CC português, que a indenização correspondente aos danos não patrimoniais deve ser pautada segundo critérios de eqüidade, atendendo-se "não só a extensão e a gravidade dos danos, mas também ao grau de culpa do agente, à situação econômica deste e do lesado, assim como todas as outras circunstâncias que contribuam para uma solução eqüitativa". Ressalva apenas que esse critério não se confunde com a atenuação da responsabilidade prevista no art. 494 do CC português (correspondente ao parágrafo único do art. 944 do CC/2002), pois esta norma pode ser utilizada apenas nos casos de mera culpa, enquanto o art. 496, n. 3, mostra-se aplicável mesmo que o agente tenha procedido com dolo (COSTA, Mário Júlio Almeida. Direito das obrigações. Coimbra: Almedina, 2004, 554).

No Brasil, embora não se tenha norma geral para o arbitramento da indenização por dano extrapatrimonial semelhante ao art. 496, n. 3, do CC português, tem-se a regra específica do art. 953, parágrafo único, do CC/2002, já referida, que, no caso de ofensas contra a honra, não sendo possível provar prejuízo material, confere poderes ao juiz para "fixar, eqüitativamente, o valor da indenização na conformidade das circunstâncias do caso".

Na falta de norma expressa, essa regra pode ser estendida, por analogia, às demais hipóteses de prejuízos sem conteúdo econômico (LICC, art. 4º). Menezes Direito e Cavalieri Filho, a partir desse preceito legal, manifestam sua concordância com a orientação traçada pelo Min. Ruy Rosado de que "a eqüidade é o parâmetro que o novo Código Civil, no seu artigo 953, forneceu ao juiz para a fixação dessa indenização" (DIREITO, Carlos Alberto Menezes; CAVALIERI FILHO, Sérgio. Comentários ao novo Código Civil: da responsabilidade civil, das preferências e privilégios creditórios. Rio de Janeiro: Forense, 2004. v. 13, p. 348).

Esse arbitramento eqüitativo será pautado pelo postulado da razoabilidade, transformando o juiz em um montante econômico a agressão a um bem jurídico sem essa natureza. O próprio julgador da demanda indenizatória, na mesma sentença em que aprecia a ocorrência do ato ilícito, deve proceder ao arbitramento da indenização. A dificuldade ensejada pelo art. 946 do CC/2002, quando estabelece que, se a obrigação for indeterminada e não houver disposição legal ou contratual para fixação da indenização, esta deverá ser fixada na forma prevista pela lei processual, ou seja, por liquidação de sentença por artigos e por arbitramento (arts. 603 a 611 do CPC), supera-se com a aplicação analógica do art. 953, parágrafo único, do CC/2002, que estabelece o arbitramento eqüitativo da indenização para uma hipótese de dano extrapatrimonial.

Com isso, segue-se a tradição consolidada, em nosso sistema jurídico, de arbitrar, desde logo, na mesma decisão que julga procedente a demanda principal (sentença ou acórdão), a indenização por dano moral, evitando-se que o juiz, no futuro, tenha de repetir desnecessariamente a análise da prova, além de permitir que o tribunal, ao analisar eventual recurso, aprecie, desde logo, o montante indenizatório arbitrado. A autorização legal para o arbitramento eqüitativo não representa a outorga pelo legislador ao juiz de um poder arbitrário, pois a indenização, além de ser fixada com razoabilidade, deve ser devidamente fundamentada com a indicação dos critérios utilizados.

A doutrina e a jurisprudência têm encontrado dificuldades para estabelecer quais são esses critérios razoavelmente objetivos a serem utilizados pelo juiz nessa operação de arbitramento da indenização por dano extrapatrimonial.

Tentando-se proceder a uma sistematização dos critérios mais utilizados pela jurisprudência para o arbitramento da indenização por prejuízos extrapatrimoniais, destacam-se, atualmente, as circunstâncias do evento danoso e o interesse jurídico lesado, que serão analisados a seguir.

III – Valorização das circunstâncias do evento danoso (elementos objetivos e subjetivos de concreção)

O arbitramento equitativo da indenização constitui uma operação de "concreção individualizadora" na expressão de Karl Engisch, recomendando que todas as circunstâncias especiais do caso sejam consideradas para a fixação das suas conseqüências jurídicas (ENGISCH, Karl. La idea de concrecion en el derecho y en la ciência jurídica atuales. Trad. Juan José Gil Cremades. Pamplona: Ediciones Universidade de Navarra, 1968, p. 389).

No arbitramento da indenização por danos extrapatrimoniais, as principais circunstâncias valoradas pelas decisões judiciais, nessa operação de concreção individualizadora, têm sido a gravidade do fato em si, a intensidade do sofrimento da vítima, a culpabilidade do agente responsável, a eventual culpa concorrente da vítima, a condição econômica, social e política das partes envolvidas.

No IX Encontro dos Tribunais de Alçada, realizado em 1997, foi aprovada proposição no sentido de que, no arbitramento da indenização por dano moral, "o juiz ... deverá levar em conta critérios de proporcionalidade e razoabilidade na apuração do quantum, atendidas as condições do ofensor, do ofendido e do bem jurídico lesado".

Maria Celina Bodin de Moraes catalogou como "aceites os seguintes dados para a avaliação do dano moral": o grau de culpa e a intensidade do dolo (grau de culpa); a situação econômica do ofensor; a natureza a gravidade e a repercussão da ofensa (a amplitude do dano); as condições pessoais da vítima (posição social, política, econômica); a intensidade do seu sofrimento (MORAES, Maria Celina Bodin de. Danos à Pessoa Humana. Rio de Janeiro: Renovar, 2003, p. 29).

Assim, as principais circunstâncias a serem consideradas como elementos objetivos e subjetivos de concreção são: a) a gravidade do fato em si e suas conseqüências para a vítima (dimensão do dano); b) a intensidade do dolo ou o grau de culpa do agente (culpabilidade do agente); c) a eventual participação culposa do ofendido (culpa concorrente da vítima); d) a condição econômica do ofensor; e) as condições pessoais da vítima (posição política, social e econômica).

No exame da gravidade do fato em si (dimensão do dano) e de suas conseqüências para o ofendido (intensidade do sofrimento). O juiz deve avaliar a maior ou menor gravidade do fato em si e a intensidade do sofrimento padecido pela vítima em decorrência do evento danoso.

Na análise da intensidade do dolo ou do grau de culpa, estampa-se a função punitiva da indenização do dano moral, pois a situação passa a ser analisada na perspectiva do ofensor, valorando-se o elemento subjetivo que norteou sua conduta para elevação (dolo intenso) ou atenuação (culpa leve) do seu valor, evidenciando-se claramente a sua natureza penal, em face da maior ou menor reprovação de sua conduta ilícita.

Na situação econômica do ofensor, manifestam-se as funções preventiva e punitiva da indenização por dano moral, pois, ao mesmo tempo em que se busca desestimular o autor do dano para a prática de novos fatos semelhantes, pune-se o responsável com maior ou menor rigor, conforme sua condição financeira. Assim, se o agente ofensor é uma grande empresa que pratica reiteradamente o mesmo tipo de evento danoso, eleva-se o valor da indenização para que sejam tomadas providências no sentido de evitar a reiteração do fato. Em sentido oposto, se o ofensor é uma pequena empresa, a indenização deve ser reduzida para evitar a sua quebra.

As condições pessoais da vítima constituem também circunstâncias relevantes, podendo o juiz valorar a sua posição social, política e econômica.

A valoração da situação econômica do ofendido constitui matéria controvertida, pois parte da doutrina e da jurisprudência entende que se deve evitar que uma indenização elevada conduza a um enriquecimento injustificado, aparecendo como um prêmio ao ofendido.

O juiz, ao valorar a posição social e política do ofendido, deve ter a mesma cautela para que não ocorra também uma discriminação, em função das condições pessoais da vítima, ensejando que pessoas atingidas pelo mesmo evento danoso recebam indenizações díspares por esse fundamento.

Na culpa concorrente da vítima, tem-se a incidência do art. 945 do CC/2002, reduzindo-se o montante da indenização na medida em que a própria vítima colaborou para a ocorrência ou agravamento dos prejuízos extrapatrimoniais por ela sofridos.

Discute-se, no dano-morte, a possibilidade de redução da indenização, em face da culpa concorrente do falecido. (...)

Essas circunstâncias judiciais, que constituem importantes instrumentos para auxiliar o juiz na fundamentação da indenização por dano extrapatrimonial, apresentam um problema de ordem prática, que dificulta a sua utilização.

Ocorre que, na responsabilidade civil, diferentemente do Direito Penal, não existem parâmetros mínimos e máximos para balizar a quantificação da indenização. Desse modo, embora as circunstâncias judiciais moduladoras sejam importantes elementos de concreção na operação judicial de quantificação da indenização por danos. No futuro, na hipótese de adoção de um tarifamento legislativo, poder-se-iam estabelecer parâmetros mínimos e máximos bem distanciados, à semelhança das penas mínima e máxima previstas no Direito Penal, para as indenizações relativas aos fatos mais comuns. Mesmo essa solução não se mostra alinhada com um dos consectários lógicos do princípio da reparação integral, que é a avaliação concreta dos prejuízos indenizáveis.

De todo modo, no momento atual do Direito brasileiro, mostra-se impensável um tarifamento ou tabelamento da indenização para os prejuízos extrapatrimoniais, pois a consagração da sua reparabilidade é muito recente, havendo necessidade de maior amadurecimento dos critérios de quantificação pela comunidade jurídica. Deve-se ter o cuidado, inclusive, com o tarifamento judicial, que começa silenciosamente a ocorrer, embora não admitido expressamente por nenhum julgado, na fixação das indenizações por danos extrapatrimoniais de acordo com precedentes jurisprudenciais, considerando apenas o bem jurídico atingido, conforme será analisado a seguir.

IV – Interesse jurídico lesado

A valorização do bem ou interesse jurídico lesado pelo evento danoso (vida, integridade física, liberdade, honra) constitui um critério bastante utilizado na prática judicial, consistindo em fixar as indenizações por danos extrapatrimoniais em conformidade com os precedentes que apreciaram casos semelhantes.

Na doutrina, esse critério foi sugerido por Judith Martins-Costa, ao observar que o arbítrio do juiz na avaliação do dano deve ser realizado com observância ao "comando da cláusula geral do art. 944, regra central em tema de indenização" (MARTINS-COSTA, Judith. Comentários ao novo Código Civil: do inadimplemento das obrigações. Rio de Janeiro: Forense, 2003. v. 5, t. 1-2, p. 351). A autora remete para a análise por ela desenvolvida acerca das funções e modos de operação das cláusulas gerais em sua obra A boa-fé no direito privado (São Paulo: Revista dos Tribunais, 1999. p. 330).

Salienta que os operadores do direito devem compreender a função das cláusulas gerais de molde a operá-las no sentido de viabilizar a ressistematização das decisões, que atomizadas e díspares em seus fundamentos, "provocam quebras no sistema e objetiva injustiça, ao tratar desigualmente casos similares". Sugere que o ideal seria o estabelecimento de "grupos de casos típicos", "conforme o interesse extrapatrimonial concretamente lesado e consoante a identidade ou a similitude da *ratio decidendi*, em torno destes construindo a jurisprudência certos tópicos ou parâmetros que possam atuar, pela pesquisa do precedente, como amarras à excessiva flutuação do entendimento jurisprudencial". Ressalva que esses "tópicos reparatórios" dos danos extrapatrimoniais devem ser flexíveis de modo a permitir a incorporação de novas hipóteses e evitar a pontual intervenção do legislador.

Esse critério, bastante utilizado na prática judicial brasileira, embora sem ser expressamente reconhecido pelos juízes e tribunais, valoriza o bem ou interesse jurídico lesado (vida, integridade física, liberdade, honra) para fixar as indenizações por danos morais em conformidade com os precedentes que apreciaram casos semelhantes.

A vantagem desse método é a preservação da igualdade e da coerência nos julgamentos pelo juiz ou tribunal. Assegura igualdade, porque casos semelhantes recebem decisões similares, e coerência, pois as decisões variam na medida em que os casos se diferenciam. Outra vantagem desse critério é permitir a valorização do interesse jurídico lesado (v.g. direito de personalidade atacado), ensejando que a reparação do dano extrapatrimonial guarde uma razoável relação de conformidade com o bem jurídico efetivamente ofendido.

Esse método apresenta alguns problemas de ordem prática, sendo o primeiro deles o fato de ser utilizado individualmente por cada unidade jurisdicional (juiz, câmara ou turma julgadora), havendo pouca permeabilidade para as soluções adotadas pelo conjunto da jurisprudência.

Outro problema reside no risco de sua utilização com excessiva rigidez, conduzindo a um indesejado tarifamento judicial das indenizações por prejuízos extrapatrimoniais, ensejando um engessamento da atividade jurisdicional e transformando o seu arbitramento em uma simples operação de subsunção, e não mais de concreção.

O tarifamento judicial, tanto quanto o legal, não se mostra compatível com o princípio da reparação integral que tem, como uma de suas funções fundamentais, a exigência de avaliação concreta da indenização, inclusive por prejuízos extrapatrimoniais. Na França, a jurisprudência da Corte de Cassação entende sistematicamente que a avaliação dos danos é questão de fato, prestigiando o poder soberano dos juízes na sua apreciação e criticando as tentativas de tarifamento de indenizações (VINEY, Geneviève; MARKESINIS, Basil. La Reparation du dommage corporel: Essai de comparaison des droits anglais e français. Paris: Economica, 1985. p. 48). No Brasil, a jurisprudência do STJ tem respeitado as indenizações por danos extrapatrimoniais arbitradas pelas instâncias ordinárias desde que atendam a um parâmetro razoável, não podendo ser excessivamente elevadas ou ínfimas, consoante será analisado em seguida.

Em suma, a valorização do bem ou interesse jurídico lesado é um critério importante, mas deve-se ter o cuidado para que não conduza a um engessamento excessivo das indenizações por prejuízos extrapatrimoniais, caracterizando um indesejado tarifamento judicial com rigidez semelhante ao tarifamento legal.

V – Método bifásico para o arbitramento equitativo da indenização

O método mais adequado para um arbitramento razoável da indenização por dano extrapatrimonial resulta da reunião dos dois últimos critérios analisados (valorização sucessiva tanto das circunstâncias como do interesse jurídico lesado).

Na primeira fase, arbitra-se o valor básico ou inicial da indenização, considerando-se o interesse jurídico lesado, em conformidade com os precedentes jurisprudenciais acerca da matéria (grupo de casos). Assegura-se, com isso, uma exigência da justiça comutativa que é uma razoável igualdade de tratamento para casos semelhantes, assim como que situações distintas sejam tratadas desigualmente na medida em que se diferenciam.

Na segunda fase, procede-se à fixação definitiva da indenização, ajustando-se o seu montante às peculiaridades do caso com base nas suas circunstâncias. Partindo-se, assim, da indenização básica, eleva-se ou reduz-se esse valor de acordo com as circunstâncias particulares do caso (gravidade do fato em si, culpabilidade do agente, culpa concorrente da vítima, condição econômica das partes) até se alcançar o montante definitivo. Procede-se, assim, a um arbitramento efetivamente eqüitativo, que respeita as peculiaridades do caso.

Chega-se, com isso, a um ponto de equilíbrio em que as vantagens dos dois critérios estarão presentes. De um lado, será alcançada uma razoável correspondência entre o valor da indenização e o interesse jurídico lesado, enquanto, de outro lado, obter-se-á um montante que corresponda às peculiaridades do caso com um arbitramento equitativo e a devida fundamentação pela decisão judicial.

O STJ, em acórdão da relatoria da Ministra Nancy Andrighi, fez utilização desse método bifásico para quantificação da indenização por danos morais derivados da morte de passageiro de transporte coletivo em demanda indenizatória proposta pelos pais e uma irmã da vítima, cuja ementa foi a seguinte: Direito civil e processual civil. Ação de indenização por danos morais e materiais. Acidente rodoviário sofrido por passageiro de transporte coletivo. Resultado morte. Fundamentação deficiente. Prequestionamento. Danos materiais. Reexame de provas. Danos morais. Valor fixado. Revisão pelo STJ. Possibilidade. – Não se conhece do recurso especial na parte em que se encontra deficiente em sua fundamentação, tampouco quando a matéria jurídica versada no dispositivo legal tido por violado não tiver sido apreciada pelo Tribunal estadual. – A improcedência do pedido referente à indenização por danos materiais em 1º e em 2º graus de jurisdição foi gerada a partir da análise dos fatos e provas apresentados no processo, o que não pode ser modificado na via especial. – Ao STJ é dado revisar o arbitramento da compensação por danos morais quando o valor fixado destoa daqueles estipulados em outros julgados recentes deste Tribunal, observadas as peculiaridades de cada litígio. – A sentença fixou a título de danos morais o equivalente a quinhentos salários mínimos para cada recorrente; o acórdão reduziu o valor para vinte mil reais para a mãe, vinte mil reais para o pai, e dez mil reais para a irmã. – Com base nos precedentes encontrados referentes à hipóteses semelhantes e consideradas as peculiaridades do processo, fixa-se em sessenta mil reais para cada um dos recorrentes, o valor da compensação por danos morais. Recurso especial parcialmente conhecido e, nessa parte, provido. (STJ, 3ª T., REsp 710.879/MG, rel. Min. Nancy Andrighi, j. 1º jun. 2006, *DJ* 19 jun. 2006. p. 135-290).

O Tribunal de Justiça de Minas Gerais havia fixado a indenização por danos morais em vinte mil reais para cada um dos pais e dez mil reais para a irmã, ensejando recurso especial. A ministra relatora, após anotar que, em hipóteses semelhantes, o STJ tem fixado as indenizações por danos morais em valores que variam entre 200 e 625 salários mínimos, fazendo referência a um grupo de sete precedentes, passou a analisar as peculiaridades do caso, arbitrando, então, a indenização em sessenta mil reais para cada um dos três demandantes.

Esse método bifásico é o que melhor atende às exigências de um arbitramento eqüitativo da indenização por danos extrapatrimoniais.

VI – Jurisprudência do STJ nos casos de morte da vítima

Por ocasião da elaboração da minha Tese de Doutorado perante a Faculdade de Direito da Universidade Federal do Rio Grande do Sul, orientado pela Professora Doutora Judith Martins-Costa, tive oportunidade de fazer um exame mais detido da jurisprudência do STJ em relação à indenização dos prejuízos extrapatrimoniais derivados do dano-morte, ao longo de dez anos, a partir de 1997, que foi o momento em que esta Corte decidiu efetuar um controle mais efetivo sobre o quantum indenizatório correspondente aos danos extrapatrimoniais em geral, permitindo vislumbrar a tentativa de fixação de valores que atendam às exigências do postulado normativo da razoabilidade.

Na análise de mais de cento e cinqüenta acórdãos da Corte Especial relativos a julgamentos realizados ao longo de dez anos, em que houve a apreciação da indenização por prejuízos extrapatrimoniais ligados ao dano-morte, ficou clara a existência de divergências entre as turmas julgadoras o STJ acerca do que se pode considerar como um valor razoável para essas indenizações.

(...) Pode-se tentar identificar a noção de razoabilidade desenvolvida pelos integrantes da Corte Especial na média dos julgamentos atinentes ao dano-morte. Os julgados que, na sua maior parte, oscilam na faixa entre 200 salários mínimos e 600 salários mínimos, com um grande número de acórdãos na faixa de 300 salários mínimos e 500 salários mínimos, podem ser divididos em dois grandes grupos: recursos providos e recursos desprovidos. Nos recursos especiais desprovidos, chama a atenção o grande número de casos em que a indenização foi mantida em 200 salários mínimos. Os recursos especiais providos, para alteração do montante da indenização por dano extrapatrimonial, são aqueles que permitem observar, com maior precisão, o valor que o STJ entende como razoável para essa parcela indenizatória.

Ainda assim, observa-se a existência de divergência entre as turmas, pois a 4ª Turma tem arbitrado no valor correspondente a 500 salários mínimos, enquanto a 3ª Turma tem fixado em torno de 300 salários mínimos.

Atualmente os parâmetros têm-se revelado os mesmos, como adiante evidencio, iniciando com os mais recentes julgados da Terceira Turma e, após, exemplificando com os da Colenda Quarta Turma desta Corte (...).

Nota-se também nas decisões que se pondera muito o montante total da indenização, quando existem vários demandantes no processo para se evitar um valor final exacerbado. Depreende-se desse leque de decisões que o STJ tem-se utilizado do princípio da razoabilidade para tentar alcançar um arbitramento eqüitativo das indenizações por prejuízos extrapatrimoniais ligados ao dano-morte.

Pode-se estimar que um montante razoável para o STJ situa-se na faixa entre 300 e 500 salários mínimos, embora o arbitramento pela própria Corte no valor médio de 400 salários mínimos seja raro.

Saliente-se, mais uma vez que, embora seja importante que se tenha um montante referencial em torno de quinhentos salários mínimos para a indenização dos prejuízos extrapatrimoniais ligados ao dano-morte, isso não deve representar um tarifamento judicial rígido, o que entraria em rota de colisão com o próprio princípio da reparação integral.

Cada caso apresenta particularidades próprias e variáveis importantes como a gravidade do fato em si, a culpabilidade do autor do dano, a intensidade do sofrimento das vítimas por ricochete, o número de autores, a situação sócio-econômica do responsável, que são elementos de concreção que devem ser sopesados no momento do arbitramento eqüitativo da indenização pelo juiz.

VII – Caso concreto

Passo, assim, ao arbitramento equitativo da indenização, atendendo as circunstâncias do caso.

Na primeira fase, o valor básico ou inicial da indenização, considerando o interesse jurídico lesado (morte da vítima), em conformidade com os precedentes jurisprudenciais acerca da matéria (grupo de casos), acima aludidos, deve ser fixado em montante equivalente a 400 salários mínimos na data de hoje, que é a média do arbitramento feito pelas duas turmas integrantes da Segunda Seção desta Corte.

Na segunda fase, para a fixação definitiva da indenização, ajustando-se às circunstâncias particulares do caso, deve-se considerar, em primeiro lugar, a gravidade do fato em si, pois a vítima, nascida em 03/08/1960 (e-STJ, fl. 21), faleceu com 43 anos de idade, deixando o esposo e quatro filhos, sendo um deles absolutamente incapaz. A culpabilidade do agente foi reconhecida pelo acórdão recorrido, que afirmou a ocorrência de culpa leve no evento danoso. A ausência de prova de culpa concorrente da vítima foi afirmada pela própria sentença. Finalmente, não há elementos acerca da condição econômica das duas partes.

Assim, torno definitiva a indenização no montante equivalente a 500 salários mínimos.

Esse valor será acrescido de correção monetária pelo IPC desde a data da presente sessão de julgamento.

Os juros legais moratórios e os honorários advocatícios seguirão o definido no acórdão recorrido, pois esses tópicos não foram objeto do recurso especial.

Em síntese, voto no sentido do provimento do recurso especial.

É o voto.

Como se percebe pela atenta leitura do substancioso voto em foco, é adequado o método bifásico para a fixação de indenizações por dano moral. Não há dúvida de que a fixação/liquidação do dano moral é tarefa árdua que cabe ao julgador, que, no mais das vezes, à falta de critérios legais preestabelecidos, gera descontentamento de um (ou de todos) os que estão a litigar. Àquele que paga, o valor fixado é excessivo; àquele que o recebe, o valor arbitrado é injusto, porque insuficiente. O dilema parece insuperável, à primeira vista. A saída legislativa, como acima referi, se poderia realizar a segurança jurídica, recebe procedentes críticas pelo flagrante engessamento sistêmico que acarreta, inviabilizando a realização da Justiça em concreto. Daí a adequação do método bifásico, inclusive nas relações que se regem pelo Direito do Consumidor. Em resumo, em primeiro lugar, deve o julgador pôr-se a identificar um valor básico para a reparação, *considerando o interesse jurídico lesado e um grupo de precedentes da Corte*. No segundo momento, deve verificar quais são as circunstâncias do caso que merecem concretamente sobre ele incidir, seja para manter o valor inicialmente fixado, seja para reduzi-lo, seja para elevá-lo, fixando dessa forma, em definitivo, o valor da indenização.

4. IMPORTÂNCIA NA CONSTRUÇÃO DE UM MODELO ADEQUADO NA REALIZAÇÃO DO DIREITO FUNDAMENTAL DE TUTELA DO CONSUMIDOR

Nas relações de consumo[8] que ora particularmente interessam, critério bifásico de quantificação de danos morais retrata a concreta realização dos grupos de fatores relevantes incidentes à busca da solução que mantenha coerência com casos seme-

---

8. Para adequada compreensão dos contornos próprios da responsabilidade civil nas relações de consumo, por todos, seja consentido referir a: MIRAGEM, Bruno. *Curso de direito do consumidor*. 2. ed. Rev. Atual. São Paulo: Ed. RT, 2010; SANTANA, Hector Valverde. Dano moral no direito do consumidor. *Biblioteca de direito do consumidor*, São Paulo, v. 38, 2009.

lhantes, e, ao mesmo tempo, preste-se a evitar reparações irrisórias (valores ínfimos) e o enriquecimento sem causa.[9] Ademais disso, em adequada medida, bem permite realizar o sistema de precedentes judiciais que inspira a aplicação do CPC em vigor. Com efeito, o art. 926 do CPC estabelece que "os tribunais devem uniformizar sua jurisprudência e mantê-la estável, íntegra e coerente". A meu ver, tal regra processual fortalece a necessidade de aplicação do método em causa, seja porque, em um momento inicial, realiza o ideário de previsibilidade e coerência na quantificação, seja porque, em um momento posterior, densifica apropriadamente a necessidade de amoldar-se o quanto colhido a partir do precedente aos contornos do caso concreto, sempre atento, é preciso recordar, aos limites estabelecidos pelo verbete sumular 7 da Corte Especial. Note, ainda, que não há, no sistema de precedentes qualquer menosprezo aos contornos a serem observados no que diz respeito à situação de fato, como enuncia o parágrafo 2º do art. 926 do CPC: "ao editar enunciados de súmula, os tribunais devem ater-se às circunstâncias fáticas dos precedentes que motivaram sua criação". Não é demais recordar, a propósito, que os lindes da adequação ao sistema de precedentes encontra os critérios científicos bem explícitos nos cinco incisos do art. 927.

Como noticia a própria Corte em seu *site*,[10] em uma determinada relação de consumo, houve a aplicação do modelo no julgamento do Recurso Especial 710.879,[11] de relatoria da Ministra Nancy Andrighi. No caso, a Terceira Turma do STJ tratou de valor de indenização a ser paga aos familiares de vítimas fatais de acidente rodoviário com ônibus. Houve o inconformismo com o arbitramento da indenização. O valor fixado destoou consideravelmente daqueles valores praticados em outros julgados recentes da mesma Corte. No caso em destaque, observou-se que em situações semelhantes

---

9. Atente o leitor que o Direito Privado brasileiro não abomina o enriquecimento em si, desde que se trate de um enriquecimento justo (significa dizer, desde que haja causa jurídica suficiente). A respeito, por todos, vale a leitura do excelente: DONINI, Rogério. *Responsabilidade civil a pós-modernidade*: felicidade, proteção, enriquecimento com causa e tempo perdido. Porto Alegre: Sérgio Fabris Editor, 2015.

10. A respeito, ver: https://www.stj.jus.br/sites/portalp/Paginas/Comunicacao/Noticias-antigas/2018/2018-10-21_06-56_O-metodo-bifasico-para-fixacao-de-indenizacoes-por-dano-moral.aspx. Acesso em: 20 out. 2021.

11. Ementa: "Direito Civil e Processual Civil. Ação de indenização por danos morais e materiais. Acidente rodoviário sofrido por passageiro de transporte coletivo. Resultado morte. Fundamentação deficiente. Prequestionamento. Danos materiais. Reexame de provas. Danos morais. Valor fixado. Revisão pelo STJ. Possibilidade. – Não se conhece do recurso especial na parte em que se encontra deficiente em sua fundamentação, tampouco quando a matéria jurídica versada no dispositivo legal tido por violado não tiver sido apreciada pelo Tribunal estadual. – A improcedência do pedido referente à indenização por danos materiais em 1º e em 2º graus de jurisdição foi gerada a partir da análise dos fatos e provas apresentados no processo, o que não pode ser modificado na via especial. – Ao STJ é dado revisar o arbitramento da compensação por danos morais quando o valor fixado destoa daqueles estipulados em outros julgados recentes deste Tribunal, observadas as peculiaridades de cada litígio. – A sentença fixou a título de danos morais o equivalente a quinhentos salários mínimos para cada recorrente; o acórdão reduziu o valor para vinte mil reais para a mãe, vinte mil reais para o pai, e dez mil reais para a irmã. – Com base nos precedentes encontrados referentes à hipóteses semelhantes e consideradas as peculiaridades do processo, fixa-se em sessenta mil reais para cada um dos recorrentes, o valor da compensação por danos morais. Recurso especial parcialmente conhecido e, nessa parte, provido" (REsp 710.879/MG, rel. Min. Nancy Andrighi, 3ª T., j. 1º jun. 2006, *DJ* 19 jun. 2006. p. 135).

(de falecimento de familiar), os valores oscilavam entre 200 e 625 salários mínimos nacionais. Nesse caso, seria razoável que fosse esse o critério eleito na fase inicial. Ocorre que, à espécie, a indenização fixada destoou de tais parâmetros (em primeiro grau de jurisdição foi fixada em 1.500 salários mínimos; e segunda instância, foi reduzido para 142 salários mínimos). Como solução final, na linha dos precedentes, a Corte Especial estabeleceu o valor equivalente a 514 salários mínimos. Assim se aproximou, de fato, do teto fixado pela Corte, na segunda fase de dosimetria, bem consideradas as particularidades fundamentadamente identificadas.

Noutro caso a envolver lide de consumo, nos autos de Recurso Especial 1.152.541, a Terceira Turma do STJ decidiu o qual seria o valor devido valendo-se novamente do modelo bifásico. A hipótese foi de ilícita inclusão em cadastro de devedores sem prévia comunicação. Em segundo grau de jurisdição, foi fixado o valor de R$ 300,00, corrigidos. Não há dúvida que se trata de valor ínfimo. Com efeito, tal importância afasta-se em muito dos critérios reiteradamente acolhidos pela Corte em casos análogos, razão pela qual foi elevado, com acerto, o valor para vinte salários mínimos nacionais. À ocasião, pontificou o eminente ministro Paulo de Tarso Sanseverino a necessidade de elevar-se a indenização na linha dos precedentes da Corte, considerando sempre as duas etapas que devem ser percorridas para o arbitramento do valor, por força de aplicação analógica da regra contida no art. 953 do Código Civil. Na primeira etapa, pondera Sua Excelência, estabeleceu-se "um valor básico para a indenização, considerando o interesse jurídico lesado, com base em grupo de precedentes jurisprudenciais que apreciaram casos semelhantes". Na segunda etapa, prossegue, "devem ser consideradas as circunstâncias do caso, para fixação definitiva do valor da indenização, atendendo à determinação legal de arbitramento equitativo pelo juiz".

Como visto, a etapa inicial assegura a concretização da Justiça Comutativa, estabelecendo um juízo de razoável igualdade de tratamento para casos símiles. Na segunda, esclarece uma vez mais, "partindo-se da indenização básica, eleva-se ou reduz-se o valor definido de acordo com as circunstâncias particulares do caso (gravidade do fato em si, culpabilidade do agente, culpa concorrente da vítima, condição econômica das partes), até se alcançar o montante definitivo, realizando um "arbitramento efetivamente equitativo, que respeita as peculiaridades do caso". Larga (e acertada) tem sido a aceitação de referido critério pela Corte Especial, como se colhe também da pena do e. Min. Luis Felipe Salomão, para quem "(a) adoção dessa técnica uniformizava o tratamento da questão nas duas turmas do tribunal especializadas em direito privado". O método, no seu dizer, "traz um ponto de equilíbrio, pois se alcançará uma razoável correspondência entre o valor da indenização e o interesse jurídico lesado, além do fato de estabelecer montante que melhor corresponda às peculiaridades do caso".

Notem por fim que critérios lógico-sequenciais de identificação de passos a serem trilhados para reduzir-se ao âmbito da razoabilidade as tarefas abstratas são, em outras oportunidades, bem consideradas pelo Direito sem que haja qualquer resistência por parte da doutrina e jurisprudência. É o que se observa, por exemplo,

O MÉTODO BIFÁSICO DE ARBITRAMENTO DA INDENIZAÇÃO POR DANOS MORAIS

no procedimento de dosimetria da sanção penal. Como é notório, de regra, o legislador estabelece, no preceito secundário do tipo penal, o piso e o teto da sanção penal abstratamente cominada. Ao intérprete, na sequência, incumbe a (árdua) tarefa de definir qual é a sanção penal em concreto. O legislador estabelece (sem notícia de qualquer resistência da Academia) o critério trifásico de dosimetria penal, como se colhe do art. 68 do Código Penal: "a pena-base será fixada atendendo-se ao critério do art. 59 deste Código; em seguida serão consideradas as circunstâncias atenuantes e agravantes; por último, as causas de diminuição e de aumento". Mais um argumento para reforçar a pertinência/adequação do critério proposto, que se mostra relevante à busca de justiça e previsibilidade na quantificação de indenização de danos morais.

5. PROPOSIÇÕES CONCLUSIVAS

Como já tive oportunidade de antes referir,[12] a Lei Federal 8.078/90 (Código de Defesa do Consumidor) é o fruto de uma promessa feita na Carta Constitucional de 1988. Desde o seu advento, o CDC foi um diploma fadado a realizar um compromisso ético insculpido no inciso XXXII do art. 5º: "o Estado promoverá, na forma da lei, a defesa do consumidor". Ele deriva do art. 48 do Ato das Disposições Constitucionais Transitórias, ao exigir que o legislador concretizasse um sonho (à época ainda pífio e distante) de defesa do consumidor. Para tanto, fixou o prazo de 120 dias, contados da promulgação da Constituição da República. O CDC significou a explícita afirmação de um novo Direito Fundamental imune a quaisquer tentações que possam vir a recair sobre o Poder Constituinte Derivado (CF/1988, art. 60, § 4º, inc. IV). É importante acentuar, como o fiz em outra ocasião, que todas as vezes que a Constituição Federal do Brasil alude ao termo *consumidor*, sempre o faz sob cariz protetivo, como se pode verificar da leitura dos arts. 5º, inc. XXXII; art. 150, § 5º e art. 170, inc. V.

No plano da responsabilidade civil, como também já fiz salientar, o CDC reconhece a assimetria de poderes entre fornecedor e consumidor, armando-o dos meios necessários para que realizar o Direito fundamental de igualdade na acepção substancial. No que particularmente interessa a esse breve ensaio, o CDC, no inciso VI do art. 6º, veiculando o rol de direitos básicos do consumidor, declara o direito "à efetiva prevenção e reparação de danos patrimoniais e morais, individuais, coletivos e difusos". Justamente por isso, e por todo o mais que já foi até aqui exposto, o CDC é refratário a quaisquer (de)limitações prévias de valores indenitários, sem prejuízo da possibilidade de vir o legislador a fixar um *mínimo de indenização*, como igualmente referi em outra ocasião, sem afastar a possibilidade de indenização suplementar, caso haja a prova produzida pela vítima-consumidora do dano em extensão *a maior*.[13]

---

12. GUERRA, Alexandre. *CDC, 30 anos depois...* In: https://www.migalhas.com.br/coluna/migalhas-de-responsabilidade-civil/334729/cdc--30-anos-depois. Acesso em: 20 out. 2021.
13. A respeito, ver: GUERRA, Alexandre. *Reparação integral vs. indenização tarifada: o que a lei 14.128/21 espera de nós?* In: https://www.migalhas.com.br/coluna/migalhas-de-responsabilidade-civil/344633/reparacao-integral-vs-indenizacao-tarifada. Acesso em: 20 out. 2021.

Dentre os elevados méritos do CDC está a consagração explícita da objetivação da responsabilidade civil, o que, ao depois, seguir-se no Código Civil de 2002, entre outras passagens no parágrafo único do art. 927 e no art. 931. Nas relações de consumo, apropriadamente acolher uma responsabilidade civil fundada na *Teoria do Risco* é, sem dúvida, um avanço exemplar no tratamento da responsabilidade civil pelo fato do produto e do serviço (CDC, arts. 12 e 14). Igualmente digna de aplausos, dentre muitas outras, são as regras que fixam a competência do foro de domicílio do consumidor às pretensões indenizatórias por ele manejadas (art. 101, inc. I) e proclama a disciplina de solidariedade passiva dos fornecedores em uma mesma cadeia de consumo (CDC, arts. 7º, parágrafo único; 18, *caput*; 19, *caput*; 25, §§ 1º e 2º; 28, § 3º; 34). A todo esse sólido arcabouço jurídico se une, em muito boa hora, o critério bifásico de quantificação de indenização de danos morais. Se os conceitos não estão prontos (assim como cada um de nós pode ser definido apenas como um *projeto em construção*), ousar é preciso. *É preciso, mais que nunca, prosseguir*, nos ensina Gonzaguinha. *No felling is final...*

6. REFERÊNCIAS BIBLIOGRÁFICAS

DONINI, Rogério. *Responsabilidade civil a pós-modernidade*: felicidade, proteção, enriquecimento com causa e tempo perdido. Porto Alegre: Sérgio Fabris Editor, 2015.

FACCIO, Lucas Girardello. *Um olhar sobre o tabelamento de danos extrapatrimoniais na Itália*. In: https://www.migalhas.com.br/coluna/migalhas-de-responsabilidade-civil/342568/um-olhar-sobre-o-tabelamento-dos-danos-extrapatrimoniais-na-italia. Acesso em: 20 out. 2021.

PIZZOL, Ricardo Dal. *Quanto vale uma vida? 11 de setembro, Covid-19 e jurisprudência do STJ*. In: https://www.migalhas.com.br/coluna/migalhas-de-responsabilidade-civil/351935/quanto-vale-uma-vida-11-de-setembro-covid-19-e-jurisprudencia-do-stj. Acesso em: 20 out. 2021.

GUERRA, Alexandre. *CDC, 30 anos depois...* In: https://www.migalhas.com.br/coluna/migalhas-de-responsabilidade-civil/334729/cdc--30-anos-depois. Acesso em: 20 out. 2021.

GUERRA, Alexandre. *Reparação integral vs. indenização tarifada*: o que a lei 14.128/21 espera de nós? In: https://www.migalhas.com.br/coluna/migalhas-de-responsabilidade-civil/344633/reparacao-integral-vs-indenizacao-tarifada. Acesso em: 20 out. 2021.

MIRAGEM, Bruno. *Curso de Direito do Consumidor*. 2. ed. rev. atual. São Paulo: Ed. RT, 2010.

SANTANA, Hector Valverde. Dano moral no direito do consumidor. *Biblioteca de direito do consumidor*, São Paulo, v. 38, 2009.

ZARAMELO, Renan Binotto. *Dano moral trabalhista*: a inconstitucionalidade da tarifação celetista. In: https://www.migalhas.com.br/depeso/342125/dano-moral-trabalhista-a-inconstitucionalidade-da-tarifacao-celetista. Acesso em: 20 out. 2021.

DEVERES E RESPONSABILIDADE NO TRATAMENTO E NA PROMOÇÃO DO CONSUMIDOR SUPERENDIVIDADO

Fernando Rodrigues Martins

É professor da graduação e da pós-graduação da Universidade Federal de Uberlândia (UFU), mestre e doutor em Direito pela Pontifícia Universidade Católica de São Paulo (PUC-SP), membro do Ministério Público do Estado de Minas Gerais e presidente do Brasilcon.

Claudia Lima Marques

É professora titular da Universidade Federal do Rio Grande do Sul (UFRGS), doutora pela Universidade de Heidelberg (Alemanha), mestre em Direito (L.L.M.) pela Universidade de Tübingen (Alemanha) e ex-presidente do Brasilcon.

Sumário: 1. Introdução – 2. Atualização do CDC: tutelas *ex ante*; *ex post*; e *ex supra* – 3. A inserção de princípios normativos: entre educação, meios e fim – 4. Novos direitos e deveres básicos e a responsabilidade civil: indenização, prevenção e atenuação – 5. A identificação do dano de assédio de consumo – 6. A cláusula geral de indenização pelo descumprimento da prevenção – 7. Considerações finais – 8. Referências bibliográficas.

1. INTRODUÇÃO

Os deveres são como 'tijolos',[1] que constroem um 'edifício': a obrigação. Essa primeira 'obrigação' (*Schuld*) é de cumprimento voluntário. Os deveres são imputados, por exemplo, a quem concede crédito, a quem intermedia compras a prazos, a quem faz marketing ou ofertas aos consumidores na sociedade brasileira, fazem nascer obrigações que devem ser cumpridas por todos. A lei, por exemplo o CDC atualizado pela Lei 14.181/2021, pode imputar deveres (legais) aos fornecedores de produtos e serviços, que serão fontes destas obrigações, sejam pré-contratuais, contratuais, pós- ou extracontratuais. Atente-se que este 'edifício obrigacional' projeta sempre uma 'sombra' (*Haftung*), uma consequência: a segunda obrigação, aquela de cumprimento impositivo, coativo, por império do Direito e que pode ser exigida na Justiça. No sentido

---

1. Esta figura de linguagem é originalmente de Karl Larenz, renomado autor alemão, que não será citado no corpo do texto, em respeito ao movimento alemão atual de diminuir a circulação de nomes de juristas com passado nazista. Veja LARENZ, Karl. **Allgemeiner Teil des deutschen Bürgerlichen Rechts**. Munique: Beck, 1977, p. 23 e 24. Veja sobre a obrigação, LARENZ, Karl, WOLF, Manfred. **Allgemeiner Teil des deutschen Bürgerlichen Rechts**. 9. ed. Munique: Beck, 2004, § 13, p. 225 e seguintes, livro que não traz mais a figura de linguagem aqui citada.

romano, '*obligare*' é criar um vínculo,[2] é chamar para '*responder*',[3] mas em Roma não se fazia diferença entre *Schuld* e *Haftung* (eram usados como sinônimo: *debitum, obligare, nectare, solvere*), mesmo destacando que a violação da obrigação levava à responsabilidade.[4] Realmente *responder/responsabilidade* é a consequência daquele que viola sua *obrigação* primeira ou viola quaisquer dos deveres a ele imputado!

Aqui queremos nos concentrar nos novos deveres imputados pela Lei 14.181/2021, que entrou em vigor no dia 2 de julho de 2021 para atualizar o Código de Defesa do Consumidor-CDC. Lei que teve uma entrada em vigor sem *vacacio legis,* imediata (Art. 5°), inclusive também no que diz respeito aos "efeitos produzidos após a entrada em vigor' dos contratos de crédito assinados antes de 2 de julho de 2021 (Art. 3° da Lei 14.181/2021). Em outras palavras, as modificações trazidas pela Lei 14.181, de 1° de julho de 2021 nos direitos dos consumidores e nos deveres dos fornecedores aplicam-se imediatamente aos efeitos atuais (como cobrança de dívidas, retiradas de consignados e débitos em conta) dos contratos anteriores,[5] mas também devem reger imperativamente (Art. 1° do CDC) toda a oferta de crédito (e de venda a prazo) desde aquela data na sociedade brasileira.

A entrada em vigor da Lei 14.181/21, que dispõe sobre a prevenção e tratamento ao superendividamento, teve por escopo não apenas inserir no mundo jurídico o instituto do crédito responsável (Art. 6°, XI do CDC), bem como a prevenção e tratamento ao superendividamento (Art. 4°, X c/c Art. 6°, XI do CDC), mas essencialmente atualizar o Código de Defesa do Consumidor para evitar a exclusão social (Art. 4°, X do CDC), com medidas extrajudiciais e judiciais de conciliação, revisão e repactuação de dívidas (Art. 5°, VI e Art. 6°, XI do CDC), que preservem o mínimo existencial (Art. 6°,XIII do CDC).[6]

A legislação que altera o CDC seguiu, na base, as mesmas diretrizes de trinta anos atrás. Fixou princípios normativos (e estratégicos) até então pouco difundidos no

---

2. JUSTINIANO, Flavius P. S. **Institutas do Imperador Justiniano** (trad. Edison BINI), EDIPRO, 2001, p. 154: "A obrigação é um vínculo de direito, constituído com base no nosso Direito Civil,..." ou HONSELL, Heinrich. **Römisches Recht**, 5. Ed, Berlin: Springer, 2002, p. 81:" I,3, 13 pr;: obligatio est iuris vinculum... secundum nostrae civitatis iura."

3. Assim LIEBS, Detlef. **Römisches Recht**, 6. Ed, Göttingen: UTB, 2004, p.229: "...'obligare i.S.v. 'halftabere machen' ist das Kunstprodukt."

4. HONSELL, Heinrich. **Römisches Recht**, 5. Ed, Berlin: Springer, 2002, p. 81:" Einen Unterschied zwischen Schuld und Haftung haben die Römer nicht gemacht. Die Nichterfüllung der Schuld führte zur Haftung."

5. O Artigo terceiro da Lei não foi considerado pelo e. Superior Tribunal de Justiça no recente caso da autorização para débitos em conta, que não garantam o mínimo existencial dos consumidores. No mínimo deveria ser reaberto o prazo para os consumidores se liberarem dos débitos em conta que afetam o mínimo existencial, sem as penas normalmente impostas de vencimento antecipado das dívidas, o que impede que consumidores superendividados retirem ou rescindam os seus débitos em conta, referentes a contas a prazo. Destaque-se assim a norma: "Art. 3° A validade dos negócios e dos demais atos jurídicos de crédito em curso constituídos antes da entrada em vigor desta Lei obedece ao disposto em lei anterior, mas os efeitos produzidos após a entrada em vigor desta Lei subordinam-se aos seus preceitos." Acessível in L14181 (planalto.gov.br).

6. Veja-se MARQUES, Claudia Lima, Cap. 4, in BENJAMIN, Antonio Herman; MARQUES, Claudia Lima; LIMA, Clarissa Costa de; VIAL, Sophia Martini. **Comentários à Lei 14.181/2021: a atualização do CDC em matéria de superendividamento**. São Paulo: Thomson Reuters, 2021, p. 179 e seg.

sistema jurídico, como o do combate à exclusão social. Tratou de consolidar novos direitos básicos (direitos prevalentes), de ordem pública e interesse social. Ocupou-se em cuidar da prevenção ao superendividamento, reforçando as informações obrigatórias do Art. 52 (agora com os artigos 54-B e 54-D), a lista de práticas abusivas do Art. 39 (agora adaptada ao crédito e as vendas a prazo, com os Artigos 54-C e 54-G), a conexidade dos contratos (Art. 54-F) e as sanções por descumprimento dos deveres de conduta de boa-fé (Parágrafo único do Art. 54-D). Foi além em apresentar tratamento (remédio) para consumidores em situação jurídica de superendividamento (artigos 10-A, 104-B e 104-C).

As adequações trazidas pela Lei 14.181/2021 são valorativas,[7] dogmáticas e dispositivas, incrementando a defesa e proteção ao consumidor nas inquietantes e sofisticadas relações jurídicas. Melhor seria continuar a atualização do CDC, com aprovação do PL 3514,2015 sobre mundo digital, pois no domínio da comercialização e da contratualização, a mudança nas modalidades das relações intersubjetivas financeiras, especialmente no acesso ao crédito (consignado, pessoal, crédito em conta etc.), às formas de pagamentos (PIX, cartões de crédito digitais, por aproximação, código de barras em aplicativos etc.) e também de investimentos (*criptomoedas*, *crownfunding* etc.) é exigente de intervenção do Estado pelos deveres de proteção, especialmente pela via legislativa.[8]

Não só isso: as ofertas e publicidades de serviços e produtos pelo mercado de consumo tiveram sobressalto indescritível. A utilização de *bots* em ligações diárias e reiteradas; a vigilância desencadeada pelos *cookies*; os níveis acendrados de uso de inteligência artificial e algoritmos incutindo e verificando desejos, gostos e interesses dos consumidores; e, igualmente a constituição da figura do *digital influencer* (fornecedor equiparado) trouxeram significativa necessidade de revisitar a promoção (*suficiente* e *adequada*) dos vulneráveis.[9]

Pois bem, nesta perspectiva o crédito é ponto elementar (estrutural e funcional) do mercado. No iter da humanidade, a passagem do escambo (*es + câmbio*) para a moeda (*pecus*) não perdeu em perspectiva o crédito (*crença*) como instrumento

---

7. Veja-se no sentido da introdução
8. MARTINS, Fernando Rodrigues; MARQUES, Claudia Lima. https://www.conjur.com.br/2022-fev-23/garantias-consumo-sociedade-digital-credito-responsabilidade-civil com acesso em 18-03-2022.
9. Veja o nosso: MARTINS, Fernando Rodrigues; FERREIRA, Keila Pacheco. MARTINS, Fernando Rodrigues; FERREIRA, Keila Pacheco. Da idade média à idade mídia: a publicidade persuasiva digital na virada linguística do direito. In: PASQUALOTTO, Adalberto (Org.). **Publicidade e proteção da infância**. Porto Alegre: Livraria do Advogado, 2018. v. 2´, p. 90. Destacamos a publicidade por afeição, aquela: "*mais específica que a publicidade invisível, está diretamente ligada aos usuários de grande impacto nas mídias sociais em âmbito regional (pessoas de amplo conhecimento público, celebridades, autoridades etc.) circunvizinhos dos consumidores e que influenciam os seguidores para a aquisição de determinado produto ou contratação de serviços. O aumento da familiaridade, a proximidade e a atração que influencer exerce aumenta significamente a eficácia de vendas. A figura do digital influencer ganha espaço interessante porque o fornecedor acaba utilizando os préstimos de consumidor para persuadir o público alvo, sem ser o autor direto da mídia. Aqui se vê novamente eventual descumprimento aos deveres que imantam a publicidade consoante os princípios da identificação, veracidade e vinculação (CDC, artigos 30, 35 e 36 e parágrafo único)*".

ontológico e teleológico das necessárias evoluções econômicas globais.[10] Contudo, o crédito deixou de ser, há bastante tempo, instituto jurídico-econômico destinado tão somente aos que produzem e atuam profissionalmente no mercado.[11] O equivale dizer que se tornou *elemento básico* na composição econômica dos *núcleos familiares* propiciando acesso a produtos essenciais (habitação, moradia, alimentos, vestuário, utensílios domésticos etc.) e serviços indispensáveis (água potável, energia, ensino, transporte, *internet*, telecomunicações etc.). Por isso, o crédito impactou o mundo, conquistado o meio comercial '*não tardou invadir a esfera da vida privada*'.[12]

Evidentemente se o crédito proporciona o desenvolvimento do mercado e, respectivamente, promove os '*players*', podendo garantir efeitos positivos e preponderantes para a riqueza nacional, *de outro lado*, tem ampla capacidade de – a partir do uso abusivo, de práticas irresponsáveis e de condutas nocivas e vedadas – projetar vastos efeitos negativos, contribuindo significativamente para o superendividamento de grande parte da população e também inflação econômica.[13] Em outras palavras: a pobreza nacional.

Essas externalidades ruinosas relacionam-se com a função social dos contratos[14] e junto a ela a *função social do crédito*.[15] O sistema jurídico admite os efeitos

---

10. Através do crédito, os setores de fábricas, produções, transportes, agronegócios, indústrias, bancos, desenvolvem diariamente as atividades negociais conforme as exigências de demanda e oferta. Veja MIRAGEM, Bruno. Mercado, fidúcia e banca: uma introdução ao exame do risco bancário e da regulação prudencial do sistema financeiro na perspectiva do crédito. **Revista de Direito do Consumidor** 77, p. 185 e seg.

11. PERERA, Luiz Carlos Jacob. **Crédito: história, fundamentos e modelos de análise.** São Paulo: Editora Mackenzie, Saint Paul Editora, 2013.

12. FRADE, Catarina; MAGALHÃES, Sara. Sobreendividamento, a outra face do crédito. In: Direitos do consumidor endividado: superendividamento e crédito. **Coord. Claudia Lima Marques e Rosângela Lunardelli Cavallazzi.** São Paulo: Revista dos Tribunais, 2006, p. 24. Asseveram: "*O crédito passou a ser uma constante no primeiro ciclo de vida das famílias, quando estas procedem à aquisição de equipamento indispensável à sua autonomia familiar e económica (casa, automóvel, electrodomésticos, mobiliário, computador). A aquisição de bens através do recurso ao crédito é o resultado de uma expansão e densificação das necessidades e das práticas de consumo. O crédito está hoje fortemente associado a esses novos padrões de consumo, acompanhando de perto as suas tendências e oscilações*".

13. Veja relatório sobre endividamento de risco do BANCO CENTRAL, acessível in https://www.bcb.gov.br/content/cidadaniafinanceira/documentos_cidadania/serie_cidadania/serie_cidadania_financeira_6_endividamento_risco.pdf (30.03.2022).

14. Congliolo, Pietro. *Philosophia do direito privado.* Tradução de *Eduardo Espinola.* Bahia: Empreza Ed., 1898. p. 268. A doutrina, ainda que oitocentista, já alertava: "*Os limites a contractar que o Estado estabelece derivam das necessidades sociaes de refrear o uso absoluto que o indivíduo pode fazer de sua pessoa e de seus bens: a civilização pode ser considerada como uma lucta contínua e uma série crescente de accordos entre duas forças oppostas: o indivíduo e a communidade. Pode-se repetir aqui o que se disse dos limites a propriedade privada; isto é que estes limites não derivam do direito mas de razões de outro gênero, como interdicção a promessa de factos physicamente impossiveis, a regra economica e social que não pode obrigar uma pessoa perpetuamente ou a norma moral publica que acções illicitas não podem ser estipuladas*".

15. ANDRIGHI, Fátima Nancy. **Novas perspectivas do direito do consumidor.** Palestra proferida no IX Congresso do Sistema Nacional de Defesa do Consumidor. Revista Luso-Brasileira de Direito do Consumo. v. III. n. 12. Brasília: Bonijuris. dez. 2013. p. 14. Anuncia: "*Atualmente, constata-se no Brasil o desvirtuamento completo da função social do crédito. A lucratividade das instituições financeiras alcança patamares elevadíssimos. Mesmo após a intervenção estatal verificada no último ano, os juros continuam em percentuais exagerados para os padrões internacionais, tendo sido verificada, ainda, a elevação das taxas bancárias para fazer frente a essa queda do custo financeiro*".

DEVERES E RESPONSABILIDADE NO TRATAMENTO E NA PROMOÇÃO DO CONSUMIDOR SUPERENDIVIDADO **675**

benéficos dos contratos e do crédito, mas não efeitos maléficos ou perversos, capazes de contrapor à *solidariedade*[16] adotada na legalidade constitucional, causando lesões e prejuízos às pessoas naturais, na condição humana de vulneráveis e hipervulneráveis.[17]

Segundo pesquisa do SERASA, de janeiro de 2022, o número de inadimplentes no país voltou a crescer e alcança 64,82 milhões de brasileiros, se aproximando ao pico da pandemia, em abril de 2021. O valor médio das dívidas chega a R$ 4.022,52 em janeiro – maior desde o início da pandemia. O valor total das dívidas também aumenta e alcança R$ 260,7 bilhões, montante 2 bilhões de reais a mais do que abril de 2020! Em alguns estados do norte e nordeste a representatividade de inadimplentes na população adulta já é de 52,30%, sendo que, no Distrito Federal, a capital do país, já temos 48,04% de sua população adulta em situação de inadimplência.[18] Mas a inadimplência é só o grau mais grave do superendividamento, em que o ponto central é a impossibilidade global do consumidor fazer frente ao total de suas dívidas (exigíveis e não prescritas) e vincendas, sem prejudicar o mínimo (constitucional e) existencial (definido pelo Art. 54-A, §1° do CDC).

Assim, apesar do percentual de inadimplência cair (em virtude do débito em conta e do consignado, em que não há possibilidade de não pagar), a Pesquisa de Endividamento e Inadimplência dos Consumidores Gaúchos (PEIC-RS), de fevereiro de 2022, realizada pela Federação do Comércio de Bens e de Serviços do Estado do Rio Grande do Sul (Fecomércio), registrou 94,3% de famílias endividadas. Trata-se de recorde da série histórica, desde 2010, pois o resultado supera a máxima registrada em janeiro (91,9%) e é 27% maior do que o registrado há um ano antes, em fevereiro de 2021.[19]

A Pesquisa de Endividamento e Inadimplência de Consumidor (PEIC), divulgada em agosto de 2021, demonstrava que o percentual de famílias endividadas no Brasil atingiu 72,9%, sendo certo que 25,6% dos brasileiros não conseguiram

---

16. FACHIN, Luiz Edson. **Contratos e responsabilidade civil: duas funcionalizações e seus traços.** Doutrinas essenciais obrigações e contratos. v. 2. São Paulo: Revista dos tribunais, 2011, p. 291/304. Remarque-se: *"A função social do contrato é contemplada expressamente pelo art. 421 do CC/2002: "Art. 421. A liberdade de contratar será exercida em razão e nos limites da função social do contrato". Não foi, todavia, o Código Civil de 2002 que instituiu a função social do contrato, que já estava presente no ordenamento jurídico, assentada no princípio da solidariedade, bem como na funcionalização da ordem econômica, operada pelo art. 170 da CF/1988".*

17. Veja sobre hipervulnerabiliade, expressão do Min. Antônio Herman Benjamin, a bela decisão: "18. Ao Estado Social importam não apenas os vulneráveis, mas sobretudo os hipervulneráveis, pois são esses que, exatamente por serem minoritários e amiúde discriminados ou ignorados, mais sofrem com a massificação do consumo e a "pasteurização" das diferenças que caracterizam e enriquecem a sociedade moderna." (REsp 586.316/MG, Rel. Ministro Herman Benjamin, Segunda Turma, julgado em 17/04/2007, DJe 19/03/2009).

18. Dados de Janeiro de 2022, acessíveis in https://www.serasa.com.br/limpa-nome-online/blog/mapa-da-inadimplencia-e-renogociacao-de-dividas-no-brasil/

19. CAMPOS, Jonas. BECK, Matheus. Pesquisa da Fecomércio aponta que 94,3% de consumidores estavam endividados em fevereiro no RS in G1, acessível in Pesquisa da Fecomércio aponta que 94,3% de consumidores estavam endividados em fevereiro no RS | Rio Grande do Sul | G1 (globo.com) . (30.03.2022).

quitar as dívidas no prazo.[20] Essa mesma pesquisa assinalou os tipos de dívidas mais comuns, escalonando-as em ordem de afetação aos núcleos familiares na seguinte forma: cartão de crédito (80%); carnês (17%); financiamento de carro (11%); crédito pessoal (10%); financiamento imobiliário (9%); crédito consignado (6,8%); cheque especial (6,3%); outras dívidas (2,1%).

Não podemos nos tornar um país de superendividados, se temos uma lei que previne e que trata o superendividamento, sendo assim este artigo visa destacar os deveres e a imposição de responsabilidades por esta lei. Só se utilizada a Lei 14.181,2021 poderá prevenir este fenômeno social, econômico e jurídico, que vai mais além do individual e é coletivo, risco sistêmico para o país e deletério para a sociedade e o mercado, que é o superendividamento em massas dos consumidores!

2. ATUALIZAÇÃO DO CDC: TUTELAS *EX ANTE; EX POST;* E *EX SUPRA*

Cabe reiterar que o CDC, a despeito do marco trintenário de vigência e da imprescindível contribuição aos vulneráveis e ao sistema jurídico (em especial ao direito privado), necessitava de ajustamento temático, justamente na matéria do crédito ao consumidor e prevenção do superendividamento (agora atualizado pela Lei 14.181/21) e no que se refere à sociedade digital (como já dito o PL 3514/15 ainda está na Câmara para exame).

O processo de atualização do CDC, mesmo que tenha até agora mantido a metodologia do CDC e resguardados os dispositivos outrora consagrados na jurisprudência e dogmática nacional, se vale novamente dos *standards* da *boa-fé*. Com a advertência de se tratar da *boa-fé objetiva qualificada*, já que robustecida por desdobramentos estruturais e funcionais múltiplos e compartilhados: '*lealdade – equidade – competência – diligência*'; '*informação – esclarecimento*'; '*transparência – confirmação – conservação*'; '*know your costumer*'; '*best execution rule*'.[21]

Evidente que as causas subjacentes da readequação normativa do CDC derivam em grande parte das transformações constantes, imediatas e profundas provocadas pela sociedade de mercado, por sua vez, caracterizada em tempos contemporâneos por modelo em permanente construção: ininterrupto, disruptivo e amalgamado entre economia, tecnologia e inovação.

A *economia* voltada precipuamente ao crédito (nas funções de investimento, estímulo à comercialização e, mais recentemente, à subsistência e hiper dependência de

---

20. https://agenciabrasil.ebc.com.br/economia/noticia/2021-08/cnc-percentual-de-familias-com-dividas-chega-729. Acesso em 06-01-2022. O trecho da pesquisa destaca: *"Vale notar que o crédito não é necessariamente um vilão à economia, ele potencializa o consumo das famílias, assim como suporta iniciativas empreendedoras, tão importantes para os informais, hoje em dia. Entretanto, tendo em conta o contexto do endividamento elevado, especialmente pelas compras no cartão de crédito, e com a crise sanitária ainda promovendo incertezas no desempenho econômico, são imperativos mais rigor e planejamento das famílias com as finanças".*

21. MARTINS, Fernando Rodrigues; MARQUES, Claudia Lima. https://www.conjur.com.br/2022-fev-23/garantias-consumo-sociedade-digital-credito-responsabilidade-civil com acesso em 18-03-2022.

núcleos familiares). A *tecnologia* desenvolvida por ferramentas e produtos eletrônicos (bens digitais, internet das coisas, inteligência artificial etc.) colocados à disposição do mercado e controladas por grandes empresas que predominam nesta ambiência seletiva. E a *inovação* fortemente caracterizada pela aceleração dos padrões globais (criação de novos mercados, facilitação dos meios de linguagem, intensa aproximação virtual entre as pessoas e introdução do metaverso: *web me, mundo programável, universo irreal, computação do impossível.*).[22] Daí dizê-la '*sociedade digital de mercado*' ou '*sociedade digital de crédito*'.

Não sem sentido a aguda percepção de que a gestão do sistema econômico é realizada isoladamente pelo mercado, desencadeando inúmeras consequências para a organização comunitária e para o Estado (este, cada vez mais fraco em seu poder regulador e normativo). Em outras palavras: "*Em vez de a economia estar embutida nas relações sociais, são as relações sociais que estão embutidas no sistema econômico*".[23]

À vista disso, pode-se dizer que a *sociedade digital de mercado ou crédito* atua em diversos planos: i – *comunicacional*, conectando digitalmente pessoas e promovendo a expansão do ambiente de negócios (através do princípio da autonomia privada e do consentimento); ii – *institucional*, correlacionando interessados fragmentários funcionais com formação de vastas redes de fornecedores; iii – *procedimental*, utilizando institutos e recursos sobre os quais tem controle exclusivo (contratos, dados, crédito, técnica, ciência etc.); iv – *gerencial*, com incisivas verticalizações sobre espaços públicos e privados influenciando, monitorando ou coordenando as 'tomadas de decisões'. O Estado e as pessoas, a todos os olhos, são reféns dessa sociedade.

Sob tais circunstâncias, a Lei 14.181/21, atualizando a promoção do consumidor, introduz princípios e regras jurídicas *de observação imperativa por parte dos fornecedores*, perfazendo três tipos de tutelas. A primeira, *ex ante*, preventiva e acautelatória, cujo escopo principal é evitar[24] o superendividamento do consumidor e indiretamente colaborar na direção da economia nacional. A segunda, *ex post*, restauradora e reconstituinte, voltada à repactuação dos débitos do consumidor, tratando globalmente as dívidas para permitir o 'direito ao recomeço'[25] sem se descurar do dever de adimplemento. A terceira, *ex supra*, potencializando a garantia e defesa do mínimo existencial, bem como os núcleos de diversos núcleos de direitos fundamentais, na órbita da concretude infraconstitucional.[26]

---

22. DUNKER, Christian. In: Prefácio. **O sujeito na era digital: ensaios sobre psicanálise, pandemia e história.** GOLBERG, Leonardo; AKIMOTO, Claudio. Org. São Paulo: Edições 70, 2021, p. 10.

23. POLANYI, Karl. **A grande transformação: as origens de nossa época.** Tradução de Fanny Wrabel. 2. ed.-Rio de Janeiro: Campus, 2000, p. 77.

24. MARTINS, Fernando Rodrigues. **Comentários ao Código Civil: Direito privado contemporâneo.** São Paulo: Saraiva, 2019, p. 92.

25. Lima, Clarissa Costa de. O tratamento do superendividamento e o direito de recomeçar dos consumidores. São Paulo: Revista dos Tribunais, 2014.

26. BERTONCELLO, Káren Rick Danilevicz. Superendividamento do consumidor: mínimo existencial; casos concretos. São Paulo: Revista dos Tribunais, 2015, p. 73.

Ainda, teleologicamente, estabeleceu políticas de consumo que visam a manutenção e a reinclusão do consumidor no mercado financeiro (CDC, art. 6º, inciso X esclarece o objetivo de: "prevenção e tratamento do superendividamento como forma de evitar a exclusão social do consumidor.) E, preambularmente, considerou o crédito responsável, a educação financeira, a prevenção e tratamento ao superendividamento, assim como a preservação do mínimo existencial como novos '*direitos básicos*' (CDC, art. 6º, incisos XI e XII), ampliando os espaços de afirmação da esfera de atributos da pessoa natural consumidora. E definiu o superendividamento (Art. 54-A e §1ºdo Art. 104-A).[27]

Na esfera da prevenção inaugurou a imposição de deveres aos fornecedores, os quais, inevitavelmente, quando não observados, levam à nulidade das práticas, cláusulas e contratos (como tem ocorrido quanto aos agressivos contratos de cartão de crédito consignado a idosos com saque de toda a quantia do cartão e depósito direto em conta),[28] dão azo a sanções e também à responsabilidade civil, como na aqui tratada hipótese do novo 'dano de assédio' de consumo.

Em outras palavras, são dever de conduta de boa-fé, de informação, cuidado e cooperação com os consumidores. Daí que podemos listar os deveres impostos (ou mesmo esclarecidos, pois existentes desde 1990 como deveres gerais de conduta da boa-fé) pela Lei 14.181/2021 e agora incluídos no CDC, a saber:

Um novo e multifacetado *dever de prática de crédito responsável* (Art. 6,XI), que será consubstanciado através dos reforços do *dever de informação adequada e prévia* (art. 52, 54-B e 54-D) e na qualificação do dever de informar, seja em *dever de esclarecimento* (art. 54-D, I), seja em *dever de avaliação das condições de crédito daquele consumidor* (art. 54-D, II), seja em *dever de entrega do contrato e dever de informação do agente financiador* (Art. 54-D, III). Além de, na publicidade do crédito, criar um novo dever de informação mínima publicitária na oferta de crédito (Art. 54-B, §3º).

Novos deveres de cuidado, como o *dever de não impedir a contestação* (Art. 54-G, I), *dever de entrega de cópia da minuta e do contrato* (Art. 54-G, II), *dever de não impedir o bloqueio e a restituição de valores* em caso de fraude (Art. 54-III), *dever de não indicar que o crédito pode ser concedido sem consulta a serviços de proteção ao crédito ou sem avaliação da situação financeira do consumidor* (Art. 54-C, I).

Novos *deveres de cooperação com os consumidores na prevenção* para que não se tornem superendividados, como o *dever de manter a oferta por 48 horas* (Art. 54-B, III), *dever de resumir com clareza os aspectos mais importantes no contrato ou na fatura* (Art. 54-B, §1º), *dever de não ocultar os riscos e os ônus daquela contratação de crédito ou de venda a prazo* (art. 54-C, III), *dever de não assediar ou pressionar o consumidor*

---

27. Veja crítica in MARQUES, Claudia Lima. Cap. 1, in BENJAMIN, Antonio Herman; MARQUES, Claudia Lima; LIMA, Clarissa Costa de; VIAL, Sophia Martini. **Comentários à Lei 14.181/2021: a atualização do CDC em matéria de superendividamento.** São Paulo: Thomson Reuters, 2021, p. 27 e seg.

28. Veja Tribunal de Justiça do Estado de Goiás – Órgão Especial do TJGO confirma que cartão de crédito consignado ofende Código de Defesa do Consumidor. (30.03.2022).

(Art. 54-C,IV), *dever especial de não assediar consumidores hipervulneráveis* (Art. 54-C, IV in fine), *dever de não condicionar a iniciativa de renegociação ou atendimento das pretensões dos consumidores à renúncias ou desistência de ações judiciais e pagamentos de honorários* (Art. 54-C, V), dever de permitir a comparação dos preços (Art. 6, XIII) e o *dever de preservação do mínimo existencial na concessão do crédito* (Art. 6, XII).

E, sobretudo, novos deveres de cooperação com os consumidores já superendividados para o tratamento de seu problema, como o *dever de negociação de boa-fé para a repactuação de dívidas* (Art. 6, XI combinado com Art. 104-A e 104-C), e *deveres de preservação do mínimo existencial*, seja na concessão do crédito, seja na repactuação das dívidas (Art. 6, XII combinado com Art. 104-B e seu processo por superendividamento para revisão e integração dos contratos e repactuação das dívidas remanescentes).

No campo da repactuação de dívidas, a Lei 14.181,2021 avançou em sistemas conciliatórios, com audiência global com os credores, carências e escalonamentos para pagamentos, sem perder de vista a perspectiva da educação financeira do superendividado.

3. A INSERÇÃO DE PRINCÍPIOS NORMATIVOS: ENTRE EDUCAÇÃO, MEIOS E FIM

A carga princiológica do CDC é talvez das mais profícuas e realizadoras do sistema jurídico em âmbito infraconstitucional. Os destaques aos princípios da boa-fé objetiva[29] e da vulnerabilidade[30], por exemplo, representam chamadas não apenas de reconstrução da cultura jurídica nacional, como também da consecução de precedentes judiciais e administrativos relevantes.

Pois bem. É de registro essencial que os princípios não desfrutam apenas da função interpretativa. Os princípios na realidade são multifuncionais atendendo diversas finalidades na esfera jurídica. Devem ser observados na elaboração, alcance e aplicação das leis (função normogenética); são essenciais na manutenção da unidade do ordenamento (função sistêmica); possibilitam a resolução de conflitos entre

---

29. AGUIAR JÚNIOR, Ruy Rosado de. **A boa-fé na relação de consumo**. In: Doutrinas essenciais de direito do consumidor. v. 1. São Paulo: Revista dos Tribunais, 2011, p. 377-387. Assim já declarava sobre a boa-fé: "*Em primeiro lugar, devo dizer que a boa-fé aparece aqui como princípio orientador da interpretação e não como cláusula geral para a definição das regras de conduta. Expressa fundamental exigência que esta a base da sociedade organizada, desempenhando função de sistematização das demais normas positivadas e direcionando sua aplicação. E um marco referencial para a interpretação e aplicação do Código, o que seria até de certo modo dispensável, pois não se concebe sociedade organizada com base na má-fé, não fosse a constante conveniência de acentuar a sua importância*".

30. MENDES, Laura Schertel. **A vulnerabilidade do consumidor quanto ao tratamento de dados pessoais**. Revista de Direito do Consumidor. v. 102. São Paulo: Revista dos Tribunais, 2015, p. 19-43. Expressa em tema importante às diretrizes do presente artigo: "*A vulnerabilidade do consumidor nesse processo de coleta e tratamento de dados pessoais é tão patente que se cunhou a expressão 'consumidor de vidro' para denotar a sua extrema fragilidade e exposição no mercado de consumo, diante de inúmeras empresas que tomam decisões e influenciam as suas chances de vida, a partir das informações pessoais armazenadas em bancos de dados*".

normas (função orientadora); são obrigatórios na conjugação das regras (função vinculante); suplementam as lacunas (função integrativa).[31]

A Lei 14.181/21 introduziu no art. 4º do CDC quatro novos princípios: *educação financeira* e *ambiental* (inc. IX); *prevenção* ao superendividamento; *tratamento* ao superendividado; e *não exclusão social* do consumidor (inc. X).

O CDC desde 1990 já contemplava a '*educação*' dos consumidores e fornecedores como princípio conducente ao conhecimento de 'direitos e deveres' para melhoria do mercado de consumo. Mesmo que haja presunção absoluta de que todos conhecem as leis (*pura forma de adesão ao positivismo nos termos do art. 3º da LINDB*), o esforço desenvolvido pelo 'princípio da educação' no âmbito do microssistema era (e é) justamente de dar concretude à 'consciência' de respeito aos direitos conquistados, com resultados significativos ao exercício da *cidadania*.

Neste ponto, o atendimento pessoal ou através de ouvidorias de consumidores queixosos ressignificou as atribuições dos órgãos públicos responsáveis pela tutela dos vulneráveis na medida em que tomando ciência de abusos ou ilicitudes individuais ou em massa, adotam os expedientes necessários para atuação, inclusive conjunta através do SNDC. Técnica importante de 'devolução de conceitos' entre cidadão e instituição.[32]

Na órbita dos fornecedores a alegação desconhecimento quanto aos deveres logo tornou-se por completo esvaziada, isto porque não fosse a incidência da presunção já mencionada, em 2010 passou a viger a lei 12.291 que dispõe sobre a obrigatoriedade de manutenção de exemplares do CDC nos estabelecimentos comerciais.

Portanto, o 'princípio da educação', mesmo não alcançando a efetividade integral para qual restou incurso no microssistema (mesmo porque os seguidos descumprimentos das leis consumeristas são claros exemplos disso), tem contribuição importante no cenário jurídico nacional, com anotação de que o ideal seria sua extensão dos planos de ensino universitários para as escolas básicas.

Entretanto, a lei 14.181/21 positivou o '*princípio da educação financeira*' para, desta feita, alcançar especificamente as questões relativas às prestações de serviços creditícios, securitários e bancários, com vistas a evitar o superendividamento. Observe que o *princípio da educação financeira* poderia ser mais bem explorado na mencionada legislação considerando as notórias vulnerabilidades e hipervulnerabilidades de milhões de brasileiros que sequer associam ou assimilam conceitos jurídicos e econômicos (juros, taxas, revisão, repactuação, cláusula) ou são analfabetos (absolutos, funcionais, digitais).[33]

---

31. CANOTILHO, J. J. Gomes. **Direito constitucional**. 6. ed. Coimbra: Almedina, 1991, p. 173
32. Sobre devolução de conceitos ver: MARTINS, Fernando Rodrigues; FERREIRA, Keila Pacheco. **A contingente atualização do Código de Defesa do Consumidor: novas fontes, metodologia e devolução de conceitos**. In: Revista de Direito do consumidor. v. 82. São Paulo: Revista dos Tribunais, 2012, p. 11-53.
33. Veja a crítica de MARQUES, Claudia Lima, Cap. 4, in BENJAMIN, Antonio Herman; MARQUES, Claudia Lima; LIMA, Clarissa Costa de; VIAL, Sophia Martini. **Comentários à Lei 14.181/2021: a atualização do CDC**

O *princípio da educação financeira* atua sobre os três agentes envolvidos nesta relação: Estado, fornecedor do crédito e consumidor.

O Estado, através de políticas públicas elucidativas à população (especialmente a mais vulnerável), está atrelado ao *princípio da educação financeira*, inclusive na ambiência dos chamados Núcleos de Apoio aos Superendividados (NAS). Ligado ao *dever fundamental de proteção*, cumpre ao Estado verdadeiras campanhas para pulverização da cultura do crédito responsável como da cultura do adimplemento, em matéria atinente ao superendividamento.

Os fornecedores de crédito, nos termos do inciso II do art. 54-D, têm o dever de *esclarecer* ao consumidor sobre os custos incidentes do crédito e as consequências genéricas e específicas do inadimplemento. O *dever de esclarecimento* cabe ser exercido pelo fornecedor nos limites da linguagem do tomador do crédito de forma a servir como orientação (como visto uma das funções dos princípios). Ao tempo que esclarece, educa, torna transparente, exemplifica, adverte e contribui para evitar o superendividamento.

Outra vertente do *princípio da educação financeira* respeita ao próprio consumidor, que no plano geral de repactuação, estará condicionado a abster-se de condutas que agravem a situação jurídica de superendividado, conforme preceitua o inciso IV, do § 4º do art. 104-A.

Por sua vez, a *educação ambiental* reforça os passos largos já obtidos pela recente disciplina fruto da coordenação entre meio ambiente e direito do consumidor: consumo sustentável. A preocupação se aloca não apenas com a geração atual, mas com as gerações futuras, mesmo porque é dever provê-las de meio ambiente hígido, útil e preservado. A atenção normativa já tem assento na legalidade constitucional pela simples associação do art. 5º, inciso XXXII e o disposto no art. 225, CF.

Contudo, é importante ter presente que no âmbito das relações internacionais estatais e não governamentais com destaque às Diretrizes da ONU para sustentabilidade em 1999 e 2015 e à Declaração do Rio sobre Meio Ambiente e Desenvolvimento de 1992 a conjunção do consumo humano e gerações futuras é de fundamental importância no que respeita o resguardo dos ecossistemas, qualidade de vida, biodiversidade, ética intergeracional e, inclusive, combate à fome e erradicação da pobreza.[34]

---

em matéria de superendividamento. São Paulo: Thomson Reuters, 2021, p. 184: "*Nesse ponto, o parlamento brasileiro foi tímido, não desenvolvendo instrumentos e guias para esta educação financeira [...] As iniciativas para melhorar a educação financeira já presentes no Brasil ganham reforço, mas é necessário destacar que só a educação financeira não é suficiente, é apenas paliativo, is o fenômeno do superendividamento dos consumidores ocorre também em economias desenvolvidas e sociedades com maior nível de educação financeira*".

34. VIEIRA, Luciane Klein; CIPRIANO, Ana Cândida Muniz. **A proteção do consumidor e o desenvolvimento sustentável: as orientações das Nações Unidas para implementação das práticas de consumo sustentáveis.** Revista de Direito Ambiental. v. 100. São Paulo: Revista dos Tribunais, 2020, p. 583-610. Discorrem: "*Exemplo disso são os Objetivos para o Desenvolvimento Sustentável (ODS), aprovados em agosto de 2015, por ocasião da Cúpula das Nações Unidas para o Desenvolvimento Sustentável. A sua confecção foi fruto de um processo iniciado em 2013, seguindo mandato emanado da Conferência Rio+20, segundo o qual os ODS devem orientar as políticas nacionais e as atividades de cooperação internacional. Conforme se observa, os ODS compõem uma*

Note-se que os dois últimos temas (combate à fome e erradicação da pobreza) são estritamente relacionados com o superendividamento, o que qualifica a *educação ambiental* como elemento de vital (e não meramente retórico) no Brasil.

Em sequência, dois 'princípios-meios' se destacam na lei atualizadora: a prevenção e o tratamento (inciso X, do art. 4°).

A *prevenção*, enquanto princípio, se assenta em atuação institucional *ex ante*, configurando regime de seleção e decisão de normas qualificadas para evitar mal injusto, lesivo e danoso proibido pelo sistema jurídico, mediante técnica prospectiva de resultados. Destarte, identificado aquilo que é ruinoso, providências antecipatórias são adotadas na gestão de riscos concretos, conhecidos e estimados, sem prejuízo de medidas de responsabilização e solidariedade.

A *prevenção ao superendividamento* tem por escopo impedir que as pessoas naturais, de boa-fé, vulneráveis no sentido legal, sofram atentado no mínimo existencial (conceito jurídico constitucional) e sejam excluídas socialmente, permanecendo abaixo da linha da pobreza e sem acesso aos direitos fundamentais sociais.

Mas a prevenção também na lei 14.181/21 tem outra finalidade: o exercício da tutela preventiva, inclusive com responsabilização civil, *mesmo sem danos*,[35] por simples exposição de consumidor ou da coletividade de consumidores a 'riscos intoleráveis' vedados pela norma jurídica.

Em primeiro lugar, a prevenção já está assentada como direito básico do consumidor desde 1990 (CDC, art. 6°, inciso VI) e com a expansão do 'direito de danos', própria dos direitos fundamentais, não faz sentido a atuação da responsabilidade civil apenas com o dano consumado: há necessidade do dano ser impedido. *Em segundo lugar*, os artigos 54-C e 54-D estabelecem, respectivamente, vedações e requisitos para o crédito responsável, o que corresponde dizer que a não observância dos critérios ali estabelecidos demonstram forte viabilidade de dano futuro ao consumidor (critério de probabilidade) com grandes possibilidades de agravamento ao mínimo existencial (critério de gravidade).[36] Em terceiro lugar, a dispensa da lesão não significa a dispensa da 'ameaça de lesão' a direitos de envergadura fundamental.

Já o *tratamento* respeita o restabelecimento da pessoa como medida *ex post*, através de atuação retrospectiva para imunização de efeitos danosos. Cuida-se de orientação às

---

Agenda global que contempla um plano de ação para as pessoas, para o Planeta e para a prosperidade. Buscam fortalecer a paz universal, reconhecendo, entre outros valores, que a erradicação da pobreza em todas as suas formas e dimensões, incluindo a pobreza extrema, é o maior desafio global e um requisito indispensável para o desenvolvimento sustentável, atrelado, portanto, à preservação do meio ambiente. A ideia dos ODS é que todos os Estados e todas as partes interessadas, atuando em parceria colaborativa, devam implementar essa Agenda. Nesse sentido, a ONU tem trabalhado para garantir o desenvolvimento sustentável, considerando as necessidades, em especial dos países em desenvolvimento e o combate à fome, numa perspectiva inclusiva".

35. Lopez, Teresa Ancona. **Princípio da precaução e evolução da responsabilidade civil.** São Paulo: Quartier Latin, 2010. p. 27.

36. Tomamos de base a leitura ambiental da prevenção em: Carvalho, Délton Winter de. **Dano ambiental futuro: a responsabilização civil pelo risco ambiental.** Rio de Janeiro: Forense Universitária, 2008. p. 154.

instituições públicas agirem em termos conciliatórios na busca de soluções pacificadoras entre os interesses dos credores e as possibilidades do consumidor superendividado para resgate da dignidade humana e concreção do 'direito ao recomeço'.

Tratamento é purga, cura, catarse. Expressão melhor não há, diante da patologia que geralmente deriva de acidentes da vida (o superendividamento) e avilta a existência digna do paciente (consumidor). Nos termos da lei 14.181/21 o tratamento é realizável segundo premissas de: complexidade; liquidação; harmonia e subsidiariedade. É *complexo* porque tanto o Poder Judiciário quanto os órgãos do SNDC têm competência para solucionar o conflito. Resolve-se em *liquidação*, pois não se trata de perdão, mas exigência de adimplemento por parte do devedor superendividado. O tratamento se faz *harmônico* já que a opção legislativa é conciliação ou mediação, inclusive com a adaptação de CEJUSCs e criação de NAS. Por fim, há previsão de *subsidiariedade* na eventualidade de decisão judicial necessária, ante a falta de ajuste entre as partes.

Vale dizer, dois 'princípios-meios', cabendo agora avançar no 'princípio-fim'. O inciso X ao mencionar a 'prevenção' e 'tratamento' ao superendividamento como forma de evitar a *exclusão social do consumidor* não reduz a carga principiológica apenas na *prevenção* e *tratamento*. Ao contrário, desdobra-se num *telos*: a *evitabilidade da exclusão social*, que pode ser gerada não apenas por razões como o superendividamento, mas também por situações como: discriminação, ausência de políticas públicas, retrocessos legislativos quanto aos deveres de proteção etc.

Destarte, o *princípio da não exclusão social consumidor* tem por escopo guiar a interpretação dos operadores, colmatar lacunas integrando o sistema, conformar o fornecedor do crédito e transformar a aplicabilidade do sistema para promover a dignidade do consumidor, pessoa natural.

Fortemente amparado na legalidade constitucional que esculpe como objetivos da República Democrática brasileira a criação de uma sociedade livre, justa e solidária, erradicar a pobreza e a marginalização e reduzir as desigualdades sociais e regionais, o *princípio da não exclusão social do consumidor* também é justificativa para parametrizar o mínimo existencial de consumo[37], já que a garantia do primeiro (princípio) se dá pela preservação do segundo (bem fundamental)[38] e vice-versa.

4. NOVOS DIREITOS E DEVERES BÁSICOS E A RESPONSABILIDADE CIVIL: INDENIZAÇÃO, PREVENÇÃO E ATENUAÇÃO

A lei 14.181/21 inseriu novos 'direitos básicos' no art. 6º do CDC, a saber: *prática de crédito responsável, educação financeira e de prevenção e tratamento ao su-*

---

37. BENJAMIN, Antonio Herman; MARQUES, Claudia Lima; LIMA, Clarissa Costa de; VIAL, Sophia Martini. **Comentários à Lei 14.181/2021: a atualização do CDC em matéria de superendividamento**. São Paulo: Thomson Reuters, 2021.
38. MARQUES, Claudia Lima; MARTINS, Fernando Rodrigues Martins. Superendividamento de idosos: a necessidade de aprovação do PL 3515/15. https://www.conjur.com.br/2020-mai-27/garantias-consumo--superendividamento-idosos-preciso-aprolvar-pl-351515. Acesso em 21-03-2022.

perendividamento, preservação do mínimo existencial e informações acerca dos preços por unidade de medida.

Na atualização restante do CDC ainda vindoura, que é a hipótese do PL 3514/15, há previsão de outros direitos básicos: *"XI – a privacidade e a segurança das informações e dados pessoais prestados ou coletados, por qualquer meio, inclusive o eletrônico, assim como o acesso gratuito do consumidor a estes e a suas fontes; XII – a liberdade de escolha, em especial frente a novas tecnologias e redes de dados, vedada qualquer forma de discriminação e assédio de consumo".*[39]

Sobre esse PL 3514/15, mister reintroduzir, como está na LGPD, o direito de autodeterminação (que constava do PL 281/12 oriundo da Comissão de Juristas) e um direito especial frente aos serviços financeiros digitais: *"XI- a proteção contra erros e fraudes na contratação à distância, contra atuação desleal dos intermediários e contra as instruções dadas pelo consumidor, em especial nos serviços à distância e digitais de natureza bancária, financeira, de crédito e securitária."*[40]

Os direitos básicos do consumidor de trinta anos atrás estavam, em grande parte, elencados na Resolução 39/248 ONU. Em 2015, a ONU através da Resolução 70/186 trouxe novas perspectivas aos consumidores, estabelecendo, entre outras, as seguintes diretrizes: a proteção financeira do consumidor; mecanismo de proteção aos ativos dos vulneráveis, estratégias de educação financeira, maiores deveres de informação e transparências pelas instituições financeiras, inclusive quanto aos custos dos créditos.

Direitos assim qualificados como básicos, não são meros direitos subjetivos afinados com a faculdade ou permissibilidade. Representam direitos prevalentes com nítido caráter de universalidade e elasticidade, tendo em vista algumas razões: a origem supranacional para a respectiva internalização (no caso do crédito responsável e do superendividamento, como visto, é a Resolução ONU 70/186 de 2015)[41]; a perfilhação como direito da personalidade[42]; a indisponibilidade que caracteriza referidos direitos[43]; e a imprescindível ligação com o fundamento da dignidade humana.[44]

Os direitos básicos também se aplicados como 'direitos objetivos', modal 'dever-ser', importam em 'deveres'. São deveres que repercutem a todos no respeito

---

39. Texto acessível in COMISSÃO DIRETORA (camara.leg.br) (12.02.2022).
40. MARTINS, Fernando Rodrigues; MARQUES, Claudia Lima. **Sociedade digital de crédito e responsabilidade civil.** https://www.conjur.com.br/2022-fev-23/garantias-consumo-sociedade-digital-credito-responsabilidade-civil com acesso em 21-03-2022.
41. MARQUES, Claudia Lima. **25 anos de Código de Defesa do Consumidor e as sugestões traçadas pela revisão de 2015 das diretrizes da ONU de proteção dos consumidores para a atualização.** RDC. v. 103. São Paulo: Revista dos Tribunais, 2016, p .55-100.
42. CÁCERES, Eliane. **Direitos básicos do consumidor – uma contribuição.** In Revista de Direito do Consumidor. v. 10. São Paulo: Revista dos Tribunais, 1994, p. 75.
43. MIRAGEM, Bruno. **Curso de direito do consumidor.** São Paulo: Revista dos Tribunais, 2019, p. 283.
44. ASCENSÃO, José de Oliveira. **Direito civil: teoria geral.** 2ª ed. Coimbra: Coimbra Editora, 2000. Na observação: *"a pessoa, com a sua dignidade, não é criação do sistema jurídico".*

à dignidade alheia.[45] Por isso, o fornecedor de crédito no exercício da atividade, independentemente da faculdade do consumidor, quando não observa os novos direitos básicos acima declinados pela recente legislação em vigor, imediatamente, já comete ilícito. E, neste ponto, a despeito do ilícito já guardar ampla possibilidade de cessação ou remoção pelo sistema jurídico (CPC, art. 497, parágrafo único), a simples repercussão da conduta sobre o interesse jurídico do consumidor (dano) guardará a necessária responsabilização nos termos do art. 14 do CDC.

Violações aos deveres correspectivos aos mencionados direitos básicos são passíveis de providências.[46] Seria de fácil percepção a hipótese em que o fornecedor despreza a preservação do mínimo existencial na concessão do crédito, colocando o consumidor em séria situação de superendividamento iminente e abalo das bases mínimas para continuar incluído no mercado de consumo. Ou mesmo aquele outro que se nega ao tratamento de situação de superendividamento sem justificativas perante o Poder Judiciário ou Núcleos de Atendimento ao Superendividado (NAS) não comparecendo ou não enviando representante com poderes para a conciliação, como tem ocorrido com muitos fornecedores em consignação.

Outra possibilidade é aquela do fornecedor que não desenvolve prática de crédito responsável, sonegando informações necessárias e expondo consumidores a riscos intoleráveis. Observe que o 'crédito responsável' tem conceituação sistêmica e não dispositiva como o superendividamento (CDC, art. 54-A). O crédito é considerado responsável quando atende às seguintes exigências: i – contém informações específicas que o identificam, quantificam e caracterizam (art. 54-B); ii – não ofende as vedações legais respeitantes à oferta (art. 54-C); iii – embute no fornecedor os riscos de avaliação prévia quanto ao empréstimo (art. 54-D).

Hoje os deveres de conduta de boa-fé são tão ou mais valorados quanto o cumprimento do dever principal no crédito ou na compra a prazo, seu descumprimento em si já é motivo de responsabilidade e mesmo de inadimplemento do contrato.[47] A Lei 14.181,2021 traz novas possibilidades de sanções, a serem determinadas em juízo. Assim o parágrafo único do Artigo 54-D dispõe:

> "Art. 54-D...Parágrafo único. O descumprimento de qualquer dos deveres previstos no caput deste artigo e nos arts. 52 e 54-C deste Código poderá acarretar judicialmente a redução dos juros, dos encargos ou de qualquer acréscimo ao principal e a dilação do prazo de pagamento previsto no contrato original, conforme a gravidade da conduta do fornecedor e as possibilidades financeiras do consumidor, sem prejuízo de outras sanções e de indenização por perdas e danos, patrimoniais e morais, ao consumidor. "

---

45. VASCONCELOS, Pedro Pais de. **Direito da personalidade**. Coimbra: Almedina, 2006, p. 51.
46. Confira as II Jornadas de Pesquisa CDEA. **Enunciado 3:** Os novos direitos básicos inseridos no art. 6º pela Lei 14.181/21 no Código de Defesa do Consumidor são direitos prevalentes fixando deveres correspondentes aos fornecedores.
47. Assim o enunciado do CEJ: "Enunciado 24 – Em virtude do princípio da boa-fé, positivado no art. 422 do novo Código Civil, a violação dos deveres anexos constitui espécie de inadimplemento, independentemente de culpa."

Realmente, os novos deveres expressos no CDC para a concessão de crédito e vendas a prazo têm que ser cumpridos, pois só assim mudaremos o paradigma da dívidas e da exclusão social do consumidor superendividado, para o paradigma do pagamento e da sua reinclusão. A atuação do Ministério Público, da Defensoria Pública e da advocacia em geral, mas ao final, da magistratura brasileira, é que fará estas sanções serem efetivas para prevenir o superendividamento e incentivar a mudança de práticas em nosso mercado. A Lei 14.181,2021 é um leão com dentes, pois intimamente liga aso direitos humanos de vida e sobrevivência (mínimo existencial) e a própria saúde macro da sociedade ou do mercado.

Também na seara extracontratual, a atualização do CDC impõe um paradigma de informação, cuidado e cooperação elevados. Vale lembrar que no âmbito das relações privadas, os direitos da personalidade contextualizam a marcha evolutiva dos direitos humanos, de forma aberta e com responsiva, sendo categorizados como *cláusula geral de tutela da pessoa humana*. Por isso, os direitos básicos são também direitos da personalidade e, via de consequência, direitos prevalentes, de melhor aplicabilidade que os direitos subjetivos.

Tais circunstâncias, somadas à natureza de ordem pública do microssistema[48], permitem a promoção dos direitos da personalidade (ou direitos básicos) do consumidor via tutela indenizatória, tutela preventiva e da tutela atenuatória. A primeira, quando possível, visa *compensar* as lesões sofridas e eventualmente em ricochete (se houver) *reparar* as externalidades patrimoniais; a segunda, como visto, *evitar* que as ameaças se concretizem em lesões; a terceira, quando possível, *in natura, minorar* os efeitos da ofensa (como no exemplo das matérias jornalísticas retificadoras).[49]

5. A IDENTIFICAÇÃO DO DANO DE ASSÉDIO DE CONSUMO

A atualização do CDC trouxe novo tipo de dano: o dano de assédio de consumo. O inciso IV do art. 54-C dispõe como vedação ao fornecedor *"assediar ou pressionar o consumidor para contratar o fornecimento de produto, serviço ou crédito"*. A hipótese legal é de vedação, pois expressa conteúdo proibitório e que, via de consequência, quando não atendido, leva à obrigação de indenizar. Note-se que se trata de gênero, assédio de consumo, e não espécie como na Diretiva europeia[50] e também não

---

48. MARQUES, Claudia Lima; BENJAMIN, Antônio Herman V; MIRAGEM, Bruno. **Comentários ao Código de Defesa do Consumidor**. São Paulo: Revista dos Tribunais, 2010, p. 66. Analisa a autora: *"O CDC é claro, em seu art. 1º, ao dispor que suas normas dirigem-se à proteção prioritária de um grupo social, os consumidores, e que se constituem em normas de ordem pública, inafastáveis, portanto, pela vontade individual"*.
49. VASCONCELOS, Pedro Pais de. **Direito da personalidade**. Coimbra: Almedina, 2006, p. 127.
50. Veja MARQUES, Claudia Lima. A vulnerabilidade dos analfabetos e dos idosos na sociedade de consumo brasileira: primeiros estudos sobre a figura do assédio de consumo. In: MARQUES, Claudia Lima; GSELL, Beate. **Novas Tendências do Direito do Consumidor – Rede Alemanha-Brasil de Pesquisas em Direito do Consumidor**. São Paulo: Ed. RT, 2015. p. 46 e seg.

limitado ao crédito, pois o próprio texto expande para fornecimento de produto, serviço ou crédito.[51]

Destarte, tem-se novo tipo de dano, de natureza extrapatrimonial, que se liga à prática de conduta desagradável, incômoda e constrangedora, geralmente mediante comportamentos reiterados, pelo qual o fornecedor se vale dos meios tecnológicos do mercado (cookies, spams, algoritmos etc.) prevalecendo da posição econômica, inclusive com acesso a dados pessoais ou dados sensíveis dos consumidores.

O *dano de assédio* ocorre simplesmente pela ocorrência da lesão a interesse jurídico tutelável do consumidor (crédito responsável, prevenção ao superendividamento, educação financeira), podendo ter projeção também de natureza patrimonial e tem a *obrigação de indenizar* prevista no art. 14 do CDC. O nexo de imputação é objetivo derivado da atividade financeira desenvolvida pelo agente financeiro, sem a necessidade de demonstração de culpa, como ônus por parte do consumidor.

É importante anotar que o assédio que aqui se trata, muito embora lesione o recato, tranquilidade, sossego e paz do titular de direitos, está voltado mais restritivamente às relações jurídicas de consumo e à pressão realizada por agentes do mercado sobre o consumidor. Portanto, não é qualquer assédio, há a necessidade de condutas (notadamente reiteradas); da ambiência de mercado; de ofertas próprias às relações de consumo. Nestes casos, portanto, são cumuláveis os danos de assédio com os danos que atentem contra a paz e tranquilidade do consumidor (e o tempo do consumidor),[52] porque os bens jurídicos tutelados são diversos (o primeiro atenta contra o mínimo existencial; o segundo é lesivo à paz e tranquilidade).

Entretanto, assédios de consumo existem já propriamente pela realização clara de fraude, com utilização indevida de informações individualizadas, sem que sequer coexista pressão prévia sobre o consumidor e mesmo consentimento.[53] É o caso de algumas instituições financeiras que de posse de dados pessoais de pensionistas e aposentados realizam contratos de créditos consignados sobre os quais as vítimas somente tomaram conhecimento após desconto da parcela (não realmente contratada) sobre seus estipêndios.

---

51. Na I Jornada CDEA de Pesquisa em Superendividamento e Proteção do Consumidor UFRGS UFRJ 2021, houve enunciado sobre o tema do assédio: "*Enunciado 14.* O assédio de consumo, como gênero, está em todas as práticas comerciais agressivas que limitam a liberdade de escolha do consumidor e, ao se considerar as práticas de coerção diversas, a vulnerabilidade potencializada e o tratamento de dados para oferta dirigida e programada de consumo, identificam-se as espécies de: assédio de consumo por persuasão indevida; assédio de consumo por personificação de dados; assédio de consumo qualificado, ao se tratar de consumidor com vulnerabilidade agravada e assédio de consumo agravado por prêmio. Autor: Prof. Dr. Vitor Hugo do Amaral Ferreira." Publicada in Revista de Direito do Consumidor, vol. 139/2022, p. 397 – 408, Jan – Fev / 2022.

52. Veja sobre o dano ao tempo do consumidor as obras complementares de BERGSTEIN, Laís. **O tempo do consumidor e o menosprezo planejado**, São Paulo: RT, 2019 e DESSAUNE, Marcos. **Desvio Produtivo do Consumidor: o prejuízo do tempo desperdiçado**. São Paulo: Ed. RT, 2011.

53. Veja esse noticiário: https://g1.globo.com/mg/triangulo-mineiro/noticia/2021/12/17/banco-c6-e-multado--em-mais-de-r-10-milhoes-por-liberar-consignados-sem-a-autorizacao-em-uberlandia.ghtml

Trata-se de *dano autônomo* e *ressarcível* derivado de condutas proibidas pela norma jurídica e atentatórias à dignidade do consumidor, com possíveis consequências ao patrimônio de vulneráveis. Da mesma maneira, dano que indiretamente atua contra a sociedade na medida em que tem densa magnitude de impactar a coletividade (conceito por equiparação) como também as diretrizes econômicas lastreadas a partir do art. 170 da Constituição Federal.

Por fim, tem-se dano de assédio qualificado quando os titulares do bem jurídico tutelado se tratar de consumidor idoso, analfabeto, doente ou em estado de vulnerabilidade agravada.

Em verdade, tratando-se de ilicitude objetiva e adotando-se o modelo de responsabilidade civil prevista no Código de Defesa do Consumidor (art. 14) vê-se claro defeito na prestação de serviços, especialmente considerando o '*modo de fornecimento*' (pressão, verticalização de oferta, utilização maciça de meios eletrônicos), cabendo ao fornecedor o ônus da prova quanto à ausência de dano de assédio e inexistência de defeito. E de nada adiantará manifestar sobre a 'culpa de terceiros' quando os mesmos compõem a cadeia de fornecimento ou deles não se ocupe o eventual lesante à exaustão para evitar o assédio.[54]

6.   A CLÁUSULA GERAL DE INDENIZAÇÃO PELO DESCUMPRIMENTO DA PREVENÇÃO

Não passa despercebido que o parágrafo único do art. 54-D do CDC atribui expressamente 'indenização por perdas e danos, patrimoniais e morais, ao consumidor' quando não observados, pelos fornecedores, deveres relacionados à informação específica do crédito, riscos e vedações, sem prejuízo de outras sanções, inclusive levando-se em consideração a gravidade da conduta.

Nesta última hipótese, reforça a possibilidade de eventual redução equitativa[55] em esfera própria de atuação da responsabilidade objetiva pelo risco da atividade, que é usual nesse nicho.

Trata-se, ao nosso ver, de cláusula geral de responsabilidade civil pela *violação do dever de segurança*[56], porquanto cabe expressamente ao fornecedor atender aos preceitos contidos nos arts. 54-C e 54-D da lei 14.181/21 de forma a prevenir o superendividamento. Observe também ter caráter sancionatório (especialmente dirigida

---

54.   HIRONAKA, Giselda. **Responsabilidade pressuposta**. Belo Horizonte: Del Rey, 2005. p. 309. Ensina: "*o efeito liberatório só será admitido, então, se o fato de terceiro ou da vítima excluir, de maneira indubitável, o elo causal necessariamente existente entre o exercício da atividade perigosa e o dano produzido. Não bastará, contudo, que essas pessoas tenham, apenas se imiscuído no exercício da atividade perigosa para que o agente seja liberado; terá sido necessário que as medidas para evitar a intromissão tenham sido tomadas à exaustão*".

55.   Se antes o enunciado 46 da I Jornada de Direito Civil do STJ previa a redução equitativa de forma restritiva, contemplando apenas a responsabilidade subjetiva, mais tarde na IV Jornada o mesmo foi suprimido, possibilitando tais balizas também à responsabilidade objetiva.

56.   MIRAGEM, Bruno. **Direito civil: responsabilidade civil**. São Paulo: Saraiva, 2015, p. 99.

aos órgãos públicos de proteção ao consumidor), quando contempla consequências jurídicas pelo descumprimento dos deveres anexos.

Neste último aviso, leitura mais afiada dos incisos nos dois dispositivos revelam desdobramentos da boa-fé objetiva, encetando os chamados deveres de consideração (ou anexos) próprios da relação jurídica fundamental obrigacional e que são obrigatórios, *ex legge*, vinculativos, impondo tarefas (informar, avaliar) e vedando condutas.

Verdadeiro salto jurídico qualitativo considerando que os deveres de prevenção ao superendividamento (previsto na lei) se associaram aos deveres anexos que atuam contra a *prevaricação contratual*. Mais uma vez a lei consumerista se afasta da noção dicotômica da responsabilidade (contratual ou extracontratual) para dar razão "*ao interesse jurídico protegido pelo ordenamento*".[57]

Percebe-se, por isso e também para efetividade e concretude da Lei 14.181/21, que a responsabilidade civil nas hipóteses citadas opera não apenas nas funções compensatória e reparatória. Há verdadeiro '*estímulo pedagógico*' aos fornecedores, estabelecendo a exigência de deveres que são essenciais à eticidade e solidariedade quanto ao instituto do crédito e suas (potenciais e vitais) externalidades, assim encerradas como '*função social do crédito*'.

7. CONSIDERAÇÕES FINAIS

Novos deveres e novas tarefas aos aplicadores da lei para os tornar eficientes e melhorar o mercado brasileiro, especialmente fazendo valer os deveres de prevenção do superendividamento, que são em sua maioria pré-contratuais ou contratuais. Com a atualização do CDC, a responsabilidade civil[58] se adequa, repagina e evolui para servir aos vulneráveis e hipervulneráveis atendendo os objetivos elencados na legalidade constitucional, mesmo porque permeada de cláusulas gerais e conceitos jurídicos indeterminados que permitem o (re)ingresso de direitos e valores fundamentais (*v.b.*, como o mínimo existencial e o combate à exclusão social) para proteger os consumidores brasileiros frente à evolução tecnológica da 'sociedade digital de crédito', em que vivemos. Agora temos que continuar este processo, regulando a concessão online de crédito e os vários serviços, inclusive de pagamento à distância, com a aprovação do PL 3514,2015, que traz um novo direito a nao discriminação e combate ao assédio de consumo.

---

57. MIRAGEM, Bruno. **Curso de direito do consumidor**. 8ª ed. São Paulo: 2019, p. 682.
58. MARQUES, Claudia Lima. **Contratos no Código de defesa do Consumidor: o novo regime das relações contratuais**. 8ª ed. São Paulo: Revista dos Tribunais, 2016, p. 1.089. Mesmo que além da dicotomia entre responsabilidade contratual e extracontratual vale rememorar a frase: "*Se excluo a responsabilidade contratual de um parceiro, retiro de sua obrigação contratual uma força, uma parte intrínseca, sua sombra, como diria Larenz. Crio uma obrigação pela metade, um leão sem dentes, um objeto sem sombras possível*".

8. REFERÊNCIAS BIBLIOGRÁFICAS

AGUIAR JÚNIOR, Ruy Rosado de. *A boa-fé na relação de consumo*. In: Doutrinas essenciais de direito do consumidor. v. 1. São Paulo: Revista dos Tribunais, 2011

ANDRIGHI, Fátima Nancy. *Novas perspectivas do direito do consumidor.* Palestra proferida no IX Congresso do Sistema Nacional de Defesa do Consumidor. Revista Luso-Brasileira de Direito do Consumo. v. III. n. 12. Brasília: Bonijuris. dez. 2013.

ASCENSÃO, José de Oliveira. *Direito civil: teoria geral.* 2ª ed. Coimbra: Coimbra Editora, 2000.

BENJAMIN, Antonio Herman; MARQUES, Claudia Lima; LIMA, Clarissa Costa de; VIAL, Sophia Martini. *Comentários à Lei 14.181/2021: a atualização do CDC em matéria de superendividamento.* São Paulo: Thomson Reuters, 2021.

BERGSTEIN, Laís. *O tempo do consumidor e o menosprezo planejado,* São Paulo: RT, 2019.

BERTONCELLO, Káren Rick Danilevicz. *Superendividamento do consumidor: mínimo existencial; casos concretos.* São Paulo: Revista dos Tribunais, 2015

CÁCERES, Eliane. *Direitos básicos do consumidor – uma contribuição.* In Revista de Direito do Consumidor. v. 10. São Paulo: Revista dos Tribunais, 1994

CANOTILHO, J. J. Gomes. *Direito constitucional.* 6. ed. Coimbra: Almedina, 1991

CARVALHO, Délton Winter de. *Dano ambiental futuro: a responsabilização civil pelo risco ambiental.* Rio de Janeiro: Forense Universitária, 2008.

CONGLIOLO, Pietro. *Philosophia do direito privado. Tradução de Eduardo Espinola.* Bahia: Empreza Ed., 1898.

DESSAUNE, Marcos. *Desvio Produtivo do Consumidor: o prejuízo do tempo desperdiçado.* São Paulo: Ed. RT, 2011

DUNKER, Christian. In: Prefácio. *O sujeito na era digital: ensaios sobre psicanálise, pandemia e história.* GOLBERG, Leonardo; AKIMOTO, Claudio. Org. São Paulo: Edições 70, 2021.

FACHIN, Luiz Edson. *Contratos e responsabilidade civil: duas funcionalizações e seus traços.* Doutrinas essenciais obrigações e contratos. v. 2. São Paulo: Revista dos tribunais, 2011

FRADE, Catarina; MAGALHÃES, Sara. *Sobreendividamento, a outra face do crédito. In: Direitos do consumidor endividado: superendividamento e crédito. Coord. Claudia Lima Marques e Rosângela Lunardelli Cavallazzi.* São Paulo: Revista dos Tribunais, 2006

HARVEY, David. *Condição pós-moderna: uma pesquisa sobre as origens da mudança cultural.* São Paulo: Loyola, 2014

HIRONAKA, Giselda. *Responsabilidade pressuposta.* Belo Horizonte: Del Rey, 2005.

HONSELL, Heinrich. *Römisches Recht,* 5. Ed, Berlin: Springer, 2002.

JUSTINIANO, Flavius P. S. *Institutas do Imperador Justiniano* (trad. Edison BINI), EDIPRO, 2001.

LARENZ, Karl. *Allgemeiner Teil des deutschen Bürgerlichen Rechts.* Munique: Beck, 1977.

LARENZ, Karl, WOLF, Manfred. *Allgemeiner Teil des deutschen Bürgerlichen Rechts.* 9. ed. Munique: Beck, 2004,

LIEBS, Detlef. *Römisches Recht,* 6. Ed, Göttingen: UTB, 2004

LIMA, Clarissa Costa de. *O tratamento do superendividamento e o direito de recomeçar dos consumidores.* São Paulo: Revista dos Tribunais, 2014.

LOPEZ, Teresa Ancona. *Princípio da precaução e evolução da responsabilidade civil.* São Paulo: Quartier Latin, 2010

LORENZETTI, Ricardo Luis. *Comércio eletrônico*. Trad. Fabiano Menke. São Paulo: Revista dos Tribunais, 2004

MARQUES, Claudia Lima. *25 anos de Código de Defesa do Consumidor e as sugestões traçadas pela revisão de 2015 das diretrizes da ONU de proteção dos consumidores para a atualização*. RDC. v. 103. São Paulo: Revista dos Tribunais, 2016.

MARQUES, Claudia Lima. A vulnerabilidade dos analfabetos e dos idosos na sociedade de consumo brasileira: primeiros estudos sobre a figura do assédio de consumo. In: MARQUES, Claudia Lima; GSELL, Beate. *Novas Tendências do Direito do Consumidor – Rede Alemanha-Brasil de Pesquisas em Direito do Consumidor*. São Paulo: Ed. RT, 2015. p. 46-87.

MARQUES, Claudia Lima. *Contratos no Código de defesa do Consumidor: o novo regime das relações contratuais*. 8ª ed. São Paulo: Revista dos Tribunais, 2016.

MARQUES, Claudia Lima; BENJAMIN, Antônio Herman V; MIRAGEM, Bruno. *Comentários ao Código de Defesa do Consumidor*. 7 ed. São Paulo: Revista dos Tribunais, 2021.

MARQUES, Claudia Lima; MARTINS, Fernando Rodrigues Martins. *Superendividamento de idosos: a necessidade de aprovação do PL 3515/15*. https://www.conjur.com.br/2020-mai-27/garantias-consumo-superendividamento-idosos-preciso-aprolvar-pl-351515. Acesso em 21-03-2022.

MARTINS, Fernando Rodrigues. *Comentários ao Código Civil: Direito privado contemporâneo*. São Paulo: Saraiva, 2019

MARTINS, Fernando Rodrigues; FERREIRA, Keila Pacheco. *A contingente atualização do Código de Defesa do Consumidor: novas fontes, metodologia e devolução de conceitos*. In: Revista de Direito do consumidor. v. 82. São Paulo: Revista dos Tribunais, 2012

MARTINS, Fernando Rodrigues; FERREIRA, Keila Pacheco. MARTINS, Fernando Rodrigues; FERREIRA, Keila Pacheco. *Da idade média à idade mídia: a publicidade persuasiva digital na virada linguística do direito*. In: PASQUALOTTO, Adalberto (Org.). *Publicidade e proteção da infância*. Porto Alegre: Livraria do Advogado, 2018

MARTINS, Fernando Rodrigues; MARQUES, Claudia Lima. *Sociedade digital de crédito e responsabilidade civil*. https://www.conjur.com.br/2022-fev-23/garantias-consumo-sociedade-digital-credito-responsabilidade-civil com acesso em 21-03-2022.

MENDES, Laura Schertel. *A vulnerabilidade do consumidor quanto ao tratamento de dados pessoais*. Revista de Direito do Consumidor. v. 102. São Paulo: Revista dos Tribunais, 2015

MIRAGEM, Bruno. *Curso de direito do consumidor*. São Paulo: Revista dos Tribunais, 2019, p. 283.

MIRAGEM, Bruno. Mercado, fidúcia e banca: uma introdução ao exame do risco bancário e da regulação prudencial do sistema financeiro na perspectiva do crédito. *Revista de Direito do Consumidor* 77, p. 185ss.

MIRAGEM, Bruno. *Direito civil: responsabilidade civil*. São Paulo: Saraiva, 2015.

PERERA, Luiz Carlos Jacob. *Crédito: história, fundamentos e modelos de análise*. São Paulo: Editora Mackenzie, Saint Paul Editora, 2013

POLANYI, Karl. *A grande transformação: as origens de nossa época*. Tradução de Fanny Wrabel. 2. ed.- Rio de Janeiro: Campus, 2000.

SOUSA RIBEIRO, J. *O problema do contrato*. As cláusulas contratuais gerais e o princípio da liberdade contratual. Coimbra: Almedina, 1999.

VASCONCELOS, Pedro Pais de. *Direito da personalidade*. Coimbra: Almedina, 2006.

VIEIRA, Luciane Klein; CIPRIANO, Ana Cândida Muniz. *A proteção do consumidor e o desenvolvimento sustentável: as orientações das Nações Unidas para implementação das práticas de consumo sustentáveis*. Revista de Direito Ambiental. v. 100. São Paulo: Revista dos Tribunais, 2020.

ANOTAÇÕES